系统辨识新论

丁　锋　著

科　学　出　版　社

北　京

内 容 简 介

“系统辨识”是大学高年级本科生和研究生的一门课程. 本书是作者教学和科研创新经验的结晶, 汇集了作者及其合作者在系统辨识领域的一些最新研究成果.

本书论述了系统辨识的基本理论和新型辨识方法. 全书共分 8 章, 内容包括: 辨识导引、系统描述的基本模型、辨识精度与辨识基本问题、辅助模型辨识思想与方法、迭代搜索原理与辨识方法、多新息辨识理论与方法、递阶辨识原理与方法、耦合辨识概念与方法.

书中大量 Matlab 仿真例子源程序为初学者快速上手提供了一个学习蓝本. 本书可作为高等院校高年级本科生、研究生“系统辨识”课程的教材, 也可供自动控制类及相关电类专业教师和科技人员选用.

图书在版编目(CIP)数据

系统辨识新论/丁锋著. —北京: 科学出版社, 2013

ISBN 978-7-03-035924-7

Ⅰ. 系… Ⅱ. 丁… Ⅲ. 系统辨识 Ⅳ. N945.14

中国版本图书馆 CIP 数据核字 (2012) 第 258828 号

责任编辑: 姚庆爽 / 责任校对: 宋玲玲
责任印制: 徐晓晨 / 封面设计: 耕 者

科学出版社出版
北京东黄城根北街 16 号
邮政编码: 100717
http://www.sciencep.com

北京凌奇印刷有限责任公司印刷

科学出版社发行 各地新华书店经销

*

2013 年 1 月第 一 版 开本: 787×1092 1/16
2019 年 3 月第二次印刷 印张: 29
字数: 653 000

POD定价: 180.00元
(如有印装质量问题, 我社负责调换)

作 者 简 介

丁锋, 男, 湖北广水人, 2004 年受聘为江南大学"太湖学者"特聘教授, 博士生导师. 1980 年 9 月~1988 年 8 月湖北工业大学本科生、湖北制药厂变配电技术员; 1988 年 9 月~2002 年 6 月清华大学硕士、博士研究生(获优秀博士论文)、讲师、副教授; 2002 年 7 月~2005 年 10 月加拿大阿尔伯塔大学(University of Alberta, 埃德蒙顿)博士后、研究员; 2006 年 3~5 月香港科技大学研究员; 2008 年 5~12 月加拿大卡尔顿大学(Carleton University, 渥太华)访问教授, 2009 年 1 ~ 10 月加拿大瑞尔森大学(Ryerson University, 多伦多)研究员. 发表论文 300 余篇, 其中 SCI 收录 99 篇、EI 收录 186 篇, 32 篇 SCI 论文列入 2001 年 1 月 1 日~2011 年 12 月 31 日 ESI 高被引论文全球前 1%.

他提出和创立了辅助模型辨识思想、多新息辨识理论、递阶辨识原理、耦合辨识概念. 在辅助模型辨识、多新息辨识、递阶辨识、耦合辨识领域作出了杰出贡献, 提出了一系列辨识新方法, 研究了一系列参数估计算法的性能. 他在系统辨识方面所取得的最新研究成果代表着系统辨识学科的前沿之一, 尤其在辨识新方法、辨识方法收敛性分析等方面所作的贡献都是具有前瞻性和开创性的研究.

序 言 一

《系统辨识新论》一书汇集了作者承担多项国家自然科学基金项目的研究成果, 是辨识领域的一部重要著作. 该书除介绍了一些经典辨识方法外, 还着重介绍了作者提出的一些新的基本辨识方法, 首次以专著的形式发表. 该书内容包括基本的最小二乘辨识方法、辅助模型辨识方法、多新息 (multi-innovation) 辨识方法、递阶 (hierarchical) 辨识方法、耦合辨识方法等. 对一些典型辨识方法, 该书深入地分析了算法的机理性质, 包括参数估计误差及其收敛性能等, 揭示了辨识算法一些比较深层的性质和特征, 这对推动系统辨识的发展与应用有着重要的科学意义.

该书提出的一系列辨识方法和辨识算法的研究思想、鞅超收敛定理、辅助模型辨识思想、多新息辨识理论、递阶辨识原理、耦合辨识概念等都是一些原创性的学术新思想. 反映这些最新、最基础性辨识理论与方法等重要研究成果, 都以 Regular Paper 形式发表在《Automatica》、《IEEE Transactions》等国际著名杂志上, 并被国内外同行广泛引用, 这对丰富辨识学科将起到重要作用.

上述研究成果体现了该书的学术水平及其创新点, 在国内外都处于领先位置, 出版该专著具有重要的科学意义. 该书是作者在清华大学、江南大学给硕士生和博士生开设 "系统辨识" 等相关课程基础上, 结合作者多年在系统建模与系统辨识方面的一些最新研究成果写成的. 该书是辨识领域的一本理论专著, 与国内外同类书相比, 其独到之处表现在:

第一, 内容新颖. 该书除了介绍系统辨识的一些经典辨识方法外, 还重点介绍了作者近年来在辨识领域取得的一系列最新的基础性研究成果, 如辅助模型辨识思想与方法、多新息辨识理论与方法、递阶辨识原理与方法, 以及新近提出的多变量系统耦合辨识概念与方法等.

第二, 思路清晰. 该书作者首次把随机系统分为 "时间序列模型"、"方程误差类模型" 和 "输出误差类模型" 三大类, 使辨识算法的类别变得十分清晰; 详细阐述了辨识方法的起源和形成背景, 使得算法推导过程详尽而不冗长.

第三, 原始创新性. 该书不仅传授知识, 而且还传授科学研究与创新的新思想和新方法. 重要的是, 书中还提出了一系列值得学者们深入研究的辨识课题.

第四, 实用性强. 提供了**Matlab**仿真例子和程序, 使读者易于掌握和应用.

丁锋教授在系统辨识领域发表了大量的 SCI 论文和大量 ESI 高被引论文, 其学术贡献得到国内外同行的认可, 可以说他在辨识方面所做的工作代表着系统辨识学科的前沿之一,尤其在辅助模型辨识、多新息辨识、递阶辨识、耦合辨识等方面所作的贡献, 都具有前瞻性和开创性.

中国工程院院士　孙优贤　教授
2012 年 12 月于浙江大学

序 言 二

《系统辨识新论》一书的问世, 对读者是一大喜幸. 尽管国内外出版的系统辨识书不少, 但该书在体系结构、素材选择、写作方法、内容组织等方面都具有独到之处, 都是作者别具一格、独具匠心的创新与安排.

该书介绍了系统辨识的一些基本理论知识, 以及作者多年来在辨识领域取得的系列研究成果, 包括发表在控制界国际著名期刊《Automatica》和《IEEE Transactions》等上, 且被广泛引用的研究成果. 这些研究成果也得到多项国家自然科学基金项目资助 (项目结题成果都被国家自然科学基金委评价为 "优秀"). 该专著包含作者对科学研究事业如火的热情和潜心钻研的科学信心, 是作者致力于科学创新研究给该领域所带来的一笔精神财富和科学财富, 是辨识领域中不可多得的一部研究型理论专著.

《系统辨识新论》这部兼作研究生教材的自传式学术专著涵盖了作者提出的一些新的基本辨识方法, 包括辅助模型辨识思想、多新息辨识理论、递阶辨识原理、耦合辨识概念及其辨识方法等内容. 辅助模型辨识思想是以系统可测信息建立一个辅助模型, 并用辅助模型的输出代替未知变量, 能有效地解决存在不可测变量的系统辨识问题; 多新息辨识理论通过引入新息长度 (innovation length), 将辨识算法中的标量新息扩展为新息向量, 向量信息扩展为新息矩阵, 充分利用历史数据信息和辨识新息, 能加快收敛速度, 提高辨识精度; 递阶辨识原理针对大系统辨识问题, 将原系统分解为若干子辨识模型, 分别辨识子模型, 并处理关联项, 能提高计算效率, 解决复杂模型的辨识难题, 也可用于状态空间模型辨识; 耦合辨识概念主要用于研究结构复杂、子系统间存在参数耦合的线性或非线性多变量系统辨识问题, 减小辨识方法的计算量.

该书的作者丁锋教授具有很高的学术水平, 在系统建模和辨识领域有很高的学术造诣. 我在丁老师的指导下作了一年访问学者, 正是丁老师认真的科学态度和严谨的治学精神, 一丝不苟的工作作风以及对待生活的积极态度, 深深地感染了我. 他的这种态度和精神体现在书中每一个细节上.

与国内外同类书相比, 这部专著具有内容新颖、思路清晰、算法推导过程详细独特特点外, 还具有以下独到之处和特色.

(1) 该书将作者提出的一些新的基本辨识方法, 如辅助模型辨识方法, 多新息辨识方法, 递阶辨识方法, 耦合辨识方法等, 首次以专著的形式发表.

(2) 作者首次把随机系统分为 "时间序列模型"、"方程误差类模型" 和 "输出误差类模型" 三大类, 使辨识算法的类别变得十分清晰; 算法推导过程详尽而不冗长, 易于理解和掌握, 大量的 Matlab 仿真实验有助于理解辨识方法的性能和证实算法的有效性.

(3) 该书原始创新性在于, 不仅传授知识, 而且还传授科学研究与创新的新方法. 该书可作为培养高层次创新型人才的教材和科研用书.

(4) 该书除了注重基础知识的介绍和讨论外, 还特别提出了一些开放性辨识研究课题, 使读者能清楚了解辨识领域还有哪些研究难题尚未解决, 为今后的研究指明了方向.

(5) 书中备有丰富思考题, 以巩固对概念、方法的理解. 每章后面的思考题有三种类型: 一类是与本章内容相关的习题, 是正文的一种补充和延伸; 另一类是与其他章节内容相关的预备知识; 还有一类是需要深入思考的辨识难题, 这类问题的解决就是新的科学发现.

该书不仅浓缩系统辨识的一些经典方法, 而且汇聚了作者多年在系统建模与系统辨识方面的一些最新研究成果, 是作者 96 篇 SCI 论文和 32 篇全球前 1% 高被引 ESI 论文的结晶. 该书除了详细介绍一些经典的基本辨识方法外, 在内容上有很多创新. 例如:

(1) 辅助模型辨识思想渊源于该书作者的硕士学位论文 "多变量系统辨识" (1990 年), 其本质是用辅助模型输出代替系统未知变量, 即 "代替" 思想, 2004 年被首次介绍到国际控制领域, 一些辅助模型辨识研究成果发表在国际著名期刊《Automatica》和《IEEE Transactions on Automatic Control》上.

(2) 多新息辨识理论与辨识方法源于该书作者的博士学位论文 "时变参数系统辨识及其应用" (1994 年), 其本质是扩展系统辨识新息 (innovation): 标量新息扩展为新息向量, 向量新息扩展为新息矩阵, 即 "扩展" 理论, 2007 年多新息辨识理论与辨识方法被首次介绍到国际控制领域, 研究成果以 Regular Paper 形式发表在国际著名期刊《Automatica》和《IEEE Transactions on Systems, Man, and Cybernetics, Part B: Cybernetics》上.

(3) 递阶辨识原理与辨识方法是该书作者 1996 年给清华大学硕士生、博士生讲授 "大系统理论及应用" 课程, 受大系统递阶控制的 "分解 – 协调原理" 的启发提出的, 把 "分解" 的思想引入辨识中, 从而提出了递阶辨识原理, 开辟了递阶辨识研究分支.

作者提出的递阶辨识方法的精彩之处在于: 从一个简单矩阵方程 $\boldsymbol{Ax}=\boldsymbol{b}$ 入手, 把递阶辨识原理应用于西尔维斯特矩阵方程 $\boldsymbol{AX}+\boldsymbol{XB}=\boldsymbol{F}$ 的求解, 再到多变量系统的递阶辨识. 从中可以看出: 作者把一个简单的方法用于解决一个十分困难的问题, 方法真是奇妙, 一环扣一环, 读起来都十分引人入胜, 透视着作者的智慧和精妙.

递阶辨识原理不仅能够解决大规模系统的计算量大的问题, 而且能解决复杂系统的辨识问题, 包括李雅普诺夫矩阵方程和 (耦合) 西尔维斯特矩阵方程等的递阶迭代求解问题. 递阶辨识原理与辨识方法于 2005 年首次介绍到国际控制领域, 发表在国际著名期刊《Automatica》和《IEEE Transactions on Automatic Control》等上.

(4) 耦合辨识概念是该书作者 1988 年在清华大学攻读硕士学位时, 学习 "过程辨识" 多变量线性过程的参数估计方法时, 受到具有公分母特征值多项式传递函数阵的多变量系统递推最小二乘估计方法, 以及子系统辨识方法的启发, 经过二十余年的思考, 2009 年在加拿大多伦多瑞尔森大学 (Ryerson University) 作访问学者时, 提炼形成的. 2010 年第一篇耦合辨识重要研究论文 "非均匀采样系统的部分参数耦合随机梯度辨识方法" 发表在《IEEE Transactions on Automatic Control》.

辅助模型辨识思想、多新息辨识理论、递阶辨识原理、耦合辨识概念、鞅超收敛定理的提出和建立充分体现了丁老师科学研究的洞察力和敏锐力. 这些重要研究成果被国际 SCI (Science Citation Index) 期刊广泛引用, 该书作者有 32 篇 SCI 论文列入 2001 年 1 月 1 日 ~ 2011 年 12 月 31 日 ESI 全球前 1% 高被引论文, 得到领域同行的认可. 相信作者这些贡献必将对系统辨识的发展产生深远的影响.

该书所引用的参考文献主要是作者在该领域一系列研究成果. 这些文献对辨识领域的研究现状进行了比较全面的综述, 几乎包罗了该辨识领域的重要成果和反映相关重要问题的原始文献.

读了该书, 完全改变了以前我对“系统辨识”这门学科的看法, 使我对科学研究方法和科学创新方法有了全新的观念. 该著作是从事该领域的研究人员和学者的一本难得的教学用书和科研参考用书.

王冬青

王冬青 教授

2012 年 12 月于青岛大学

前　言

系统辨识是研究建立系统数学模型的理论与方法. 系统建模和系统辨识在各个学科中都有广泛的应用. 大千世界每一事物都有其运动规律. 不同学科领域的研究对象, 其运动规律用方程描述, 就是数学模型. 因此可以说, 不同学科的发展过程就是建立它的数学模型的过程. 例如, 电学中简单的欧姆定律、基尔霍夫电流定律和电压定律. 物理学更是如此, 如经典力学中的牛顿第二定律、万有引力定律等, 狭义相对论中的洛伦兹变换基本方程组.

辨识就是从含有误差的观测数据中提炼系统的数学模型 (这种误差具有随机性, 简称为噪声). 模型只能表述系统的主要特征, 是实际系统输入–输出特性的一种近似. 对于一个存在随机干扰噪声的复杂系统, 要建立其数学模型, 必须有特别的理论和方法支持, 这就是 "系统辨识理论与方法".

系统建模与模型辨识 (模型参数估计) 是一切控制问题的基础. 随着系统辨识的应用日益广泛, 研究也日益深入, 许多研究成果不断问世. 然而, 还缺乏系统总结这些优秀成果的著作, 这就是本书的写作意图. 这部研究型理论专著《系统辨识新论》重点介绍了作者在辨识领域取得的一系列最新研究成果, 如辅助模型辨识思想、多新息辨识理论、递阶辨识原理、耦合辨识概念与方法等.

本书是作者在清华大学和江南大学为研究生开设的 "系统辨识" 等相关课程教学经验与科学研究经验的结晶, 除注重基础知识和新发现的介绍和讨论外, 还致力于传授科学研究与创新的新方法, 提出了一些开放性的辨识课题, 使读者能清楚地了解辨识领域还有哪些课题尚未解决, 为今后的研究给出思路指引.

全书共 8 章. 第 1 章为辨识导引, 介绍辨识的定义、辨识模型、辨识目的和步骤、辨识方法的类别等, 第 2 章为系统描述的基本模型, 包括模型变换; 第 3 章介绍辨识精度与辨识基本问题, 涉及激励条件和辨识算法收敛分析的基本工具, 以及一些典型辨识算法的收敛定理; 第 4~8 章主要讨论本书作者新提出的辅助模型辨识思想与辨识方法、迭代搜索原理与辨识方法、多新息辨识理论与辨识方法、递阶辨识原理与辨识方法、耦合辨识概念与辨识方法等. 随后是参考文献, 供阅读正文有关章节查阅和参考. 附录介绍了系统噪信比的定义及其计算、主要缩略语英汉对照、有关术语汉英对照, 最后是索引和后记阅读完全书, 回过头来再阅读第 1~3 章, 结合辨识方法重新思考辨识的一些基本问题, 收益会更大.

本书作者首次把随机系统分为 "时间序列模型"、"方程误差类模型" 和 "输出误差类模型" 三大类, 使辨识方法的类别变得清晰; 算法推导过程详尽但不冗长, 易于理解和掌握, 提供的 Matlab 仿真实验有助于理解辨识方法的性能和证实算法的有效性. 书中给出的计算机仿真实验例子和 Matlab 源程序都是本书作者亲自完成的. 因此, 建议读者能亲自完成几个实验, 以加深对理论方法的理解.

阅读本书需要线性代数、随机过程、控制理论的基本知识. 本书可作为我国自动化等电类专业、控制科学与控制工程学科, 培养高层次的创新型人才 (硕士和博士研究生) 的 "系统辨识” 教材和科研用书, 也可作为自学者、有关技术人员、工程师的参考书.

作为本科高年级学生或硕士、博士研究生教材, 由于学时限制, 可讲授一些基础的和主要的内容, 其他的留给自学. 建议的讲授方式如下：第 1 章前 4 节; 第 2 章前 3 节; 第 3 章重点讲解 3.6、3.7 节; 第 4 章重点讲解前 4 节, 先阅读完 4.3 节后, 再看 4.2 节可加深对辅助模型辨识思想的理解; 第 5 章讲授前 3 节; 第 6 章讲授前 5 节; 第 7 章讲授前 4 节、7.6 节和 7.7 节; 第 8 章讲授前 4 节. 思考题可根据讲解内容进行选择, 部分较难, 不作要求. 对辨识的实际工作者来说, 可着重辨识方法的掌握, 完全可以跳过书中一些理论问题 (包括算法收敛性分析的引理和定理证明).

作 者

2012 年 8 月于江南大学

目　录

主要符号说明

数集和数域

$\mathbb{N}$	自然数集：$\mathbb{N}=\{1,2,3,\cdots\}$.
$\mathbb{N}_0$	包括 0 的自然数集：$\mathbb{N}_0=\{0,1,2,3,\cdots\}$.
$\mathbb{Z}$	整数集：$\mathbb{Z}=\{\cdots,-2,-1,0,1,2,\cdots\}$.
$\mathbb{Q}$	有理数集或有理数域.
$\mathbb{R}$	实数集或实数域, $\mathbb{R}:=\mathbb{R}^1$.
$\mathbb{R}^n$	n 维实欧几里得 (Euclidean) 空间, $\mathbb{R}^n:=\mathbb{R}^{n\times 1}$, 或 n 维实数列向量集或实系数函数列向量集 (列向量空间).
$\mathbb{R}^{m\times n}$	所有 m 行 n 列矩阵构成的实空间或实系数函数空间.
$\mathbb{R}^{1\times n}$	n 维实数行向量集或实系数函数行向量集 (行向量空间).
$\mathbb{C}$	复数集或复数域; $\mathbb{F}$ 代表 $\mathbb{R}$ 或 $\mathbb{C}$.
$\mathbb{C}^{m\times n}$	$m\times n$ 复矩阵集或复系数函数矩阵集; $\mathbb{F}^{m\times n}$ 代表 $\mathbb{R}^{m\times n}$ 或 $\mathbb{C}^{m\times n}$.
$\mathbb{C}^n$	n 维复数列向量集或复系数函数列向量集, $\mathbb{C}^n:=\mathbb{C}^{n\times 1}$; $\mathbb{F}^{n\times 1}=:\mathbb{F}^n$ 代表 $\mathbb{R}^n$ 或 $\mathbb{C}^n$.
$\mathbb{C}^{1\times n}$	n 维复数行向量集或复系数函数行向量集.
$\mathbb{F}$	代表 $\mathbb{R}$ 或 $\mathbb{C}$.

数向量和数矩阵

$\mathbf{0}$	适当维数的零向量或零矩阵.
$\mathbf{0}_{m\times n}$	$m\times n$ 零矩阵.
$\mathbf{1}$	元均为 1 的适当维数矩阵.
$\mathbf{1}_{m\times n}$	元均为 1 的 $m\times n$ 矩阵.
$\mathbf{1}_n$	元均为 1 的 n 维列向量, $\mathbf{1}_n:=\mathbf{1}_{n\times 1}$.
$\boldsymbol{I}$	适当维数的单位阵, 其对角元均为 1, 其余元均为零.
$\boldsymbol{I}_n$	n 阶单位阵 $\boldsymbol{I}_n\in\mathbb{R}^{n\times n}$, 其对角元均为 1, 其余元均为零.

基本数学符号

$\mathrm{adj}[\boldsymbol{A}]$	矩阵 $\boldsymbol{A}$ 的伴随矩阵, $\mathrm{adj}[\boldsymbol{A}]=\det[\boldsymbol{A}]\boldsymbol{A}^{-1}$.
$\mathrm{col}[\boldsymbol{X}]$	将矩阵 $\boldsymbol{X}$ 的列按次序排成的向量. 如

	$\boldsymbol{X}=[\boldsymbol{x}_1,\boldsymbol{x}_2,\cdots,\boldsymbol{x}_n]\in\mathbb{R}^{m\times n}$, $\boldsymbol{x}_i\in\mathbb{R}^m$, $i=1,2,\cdots,n$, 那么 $\mathrm{col}[\boldsymbol{X}]:=\begin{bmatrix}\boldsymbol{x}_1\\ \boldsymbol{x}_2\\ \vdots\\ \boldsymbol{x}_n\end{bmatrix}\in\mathbb{R}^{mn}$. 有的资料上用 vec$\boldsymbol{X}$ 代替 col$[\boldsymbol{X}]$.
const	常数.
cov	cov$[\boldsymbol{x},\boldsymbol{y}]$ 表示随机向量 $\boldsymbol{x}$ 和 $\boldsymbol{y}$ 的协方差阵, 定义为 $\mathrm{cov}[\boldsymbol{x}]:=\mathrm{E}[(\boldsymbol{x}-\bar{\boldsymbol{x}})(\boldsymbol{y}-\bar{\boldsymbol{y}})^{\mathrm{T}}]$, $\bar{\boldsymbol{x}}:=\mathrm{E}[\boldsymbol{x}]$.
$D[*]$	$D[x(t)]:=\mathrm{var}[x(t)]$ 表示随机变量 (过程) $x(t)$ 的方差.
$\det[\boldsymbol{X}]$	矩阵 $\boldsymbol{X}$ 的行列式, 即 $\det[\boldsymbol{X}]:=\|\boldsymbol{X}\|$.
$\mathrm{diag}[*,*,\cdots,*]$	对角矩阵.
$\dim\boldsymbol{\varphi}(t)$	表示向量 $\boldsymbol{\varphi}(t)$ 的维数, 如 $\boldsymbol{\varphi}(t)\in\mathbb{R}^n$, 则 $\dim\boldsymbol{\varphi}(t)=n$.
$\mathrm{E}[*]$	数学期望 (均值).
$\mathrm{E}[*\|\mathcal{F}_t]$	对 $\mathcal{F}_t$ 的条件期望 (条件均值).
$\exp(x)$	指数函数, $\exp(x)=\mathrm{e}^x$.
for all	for all $t\geqslant 0$ 表示对所有 $t\geqslant 0$, 即 $t=0,1,2,\cdots$.
for any	for any $t>0$ 表示对每一个 $t>0$, 即 $t=1,2,3,\cdots$.
for large	for large t 表示对大 t.
for some	for some $t>0$ 表示对某个 $t>0$, 如 $t=1,2,3,\cdots$ 中的一个.
$\mathrm{grad}[f(\boldsymbol{x})]$	标量函数 $f(\boldsymbol{x})$ 对向量自变量 $\boldsymbol{x}\in\mathbb{R}^n$ 的梯度 (列向量).
$\mathrm{Im}[s]$	s 的虚部, 若 $s=\sigma+\mathrm{j}\omega$, σ 和 ω 均为实数, 则 $\mathrm{Im}[s]=\omega$.
$\inf[*]$	下界. 例如, $f(x)=\exp(-x^2)$, 则 $\inf[f(x)]=0$.
j	虚数单位, 即 $\mathrm{j}=\sqrt{-1}$.
lim	极限符号.
lim sup	上界极限符号.
$\ln[*]$	以 $\mathrm{e}=2.718281828459\cdots$ 为底的自然对数.
$\max[*,*,\cdots,*]$	$(*,*,\cdots,*)$ 中最大者.
$\min[*,*,\cdots,*]$	$(*,*,\cdots,*)$ 中最小者.
$\mathrm{Re}[s]$	s 的实部, 若 $s=\sigma+\mathrm{j}\omega$, σ 和 ω 均为实数, 则 $\mathrm{Re}[s]=\sigma$.
$\mathrm{sgn}(x)$	符号函数, 即 $\mathrm{sgn}(x)=\begin{cases}1, & x\geqslant 0,\\ -1, & x<0.\end{cases}$
star ($\star$)	Star 积或 $\star$ 积或星积 (即块矩阵 $\star$ 积, 块矩阵内积). 例如,

$$\boldsymbol{X}=\begin{bmatrix}\boldsymbol{X}_1\\\boldsymbol{X}_2\\\vdots\\\boldsymbol{X}_p\end{bmatrix},\ \boldsymbol{Y}=\begin{bmatrix}\boldsymbol{Y}_1\\\boldsymbol{Y}_2\\\vdots\\\boldsymbol{Y}_p\end{bmatrix},\ \boldsymbol{X}\star\boldsymbol{Y}=\begin{bmatrix}\boldsymbol{X}_1\\\boldsymbol{X}_2\\\vdots\\\boldsymbol{X}_p\end{bmatrix}\star\begin{bmatrix}\boldsymbol{Y}_1\\\boldsymbol{Y}_2\\\vdots\\\boldsymbol{Y}_p\end{bmatrix}=\begin{bmatrix}\boldsymbol{X}_1\boldsymbol{Y}_1\\\boldsymbol{X}_2\boldsymbol{Y}_2\\\vdots\\\boldsymbol{X}_p\boldsymbol{Y}_p\end{bmatrix}.$$

sup	上界. 例如, $f(x)=1-\exp(-x^2)$, 则 $\sup[f(x)]=1$.
T	上标 T 表示矩阵转置.
$\mathrm{tr}[\boldsymbol{X}]$	矩阵 $\boldsymbol{X}$ 的迹, 即矩阵 $\boldsymbol{X}$ 的对角元之和 (也等于 $\boldsymbol{X}$ 的特征值之和).
$\mathrm{var}[x(t)]$	随机过程 (变量) $x(t)$ 的方差, 即 $\mathrm{var}[x(t)]=\mathrm{E}\{[x(t)-\mathrm{E}(x(t))]^2\}$.
$\|x\|$	$\|x\|:=\mathrm{abs}(x)$ 表示 x 的绝对值;
$\|\boldsymbol{X}\|$	$\|\boldsymbol{X}\|:=\det[\boldsymbol{X}]$ 表示方阵 $\boldsymbol{X}$ 的行列式.

变量和函数定义

$A=:X$	A 定义为 X.
$X:=A$	A 定义为 X.
$1(t)$	单位阶跃函数：$1(t)=\begin{cases}1, & t\geqslant 0,\\ 0, & t<0.\end{cases}$
$\\|\boldsymbol{X}\\|$	矩阵 $\boldsymbol{X}$ 的范数, 如定义为 $\\|\boldsymbol{X}\\|^2:=\mathrm{tr}[\boldsymbol{X}\boldsymbol{X}^{\mathrm{T}}]$ 或 $\\|\boldsymbol{X}\\|^2:=\lambda_{\max}[\boldsymbol{X}\boldsymbol{X}^{\mathrm{T}}]$.
$\boldsymbol{X}^{-1}$	方阵 $\boldsymbol{X}$ 的逆矩阵, 定义为 $\boldsymbol{X}^{-1}\boldsymbol{X}=\boldsymbol{X}\boldsymbol{X}^{-1}=\boldsymbol{I}$, 或 $\boldsymbol{X}^{-1}=\mathrm{adj}[\boldsymbol{X}]/\det[\boldsymbol{X}]$.
$\boldsymbol{X}^{\mathrm{T}}$	矩阵 $\boldsymbol{X}$ 的转置.
$\boldsymbol{X}^*$	(复) 矩阵 $\boldsymbol{X}$ 的共轭转置.
z^{-1}	单位后移算子, 如 $z^{-1}y(t)=y(t-1)$.
$f(t)=o(g(t))$	表示 $g(t)>0$, $\lim\limits_{t\to\infty}\dfrac{f(t)}{g(t)}=0$.
$f(t)=O(g(t))$	表示 $g(t)\geqslant 0$, 存在常数 $\delta_1>0$ 和 t_1 满足 $\|f(t)\|\leqslant\delta_1 g(t)$, $t\geqslant t_1$.
$\boldsymbol{P}(t)$	协方差矩阵.
δ	相对参数估计误差 $\delta:=\\|\hat{\boldsymbol{\theta}}(t)-\boldsymbol{\theta}\\|/\\|\boldsymbol{\theta}\\|$ 或 $\delta:=\\|\hat{\boldsymbol{\theta}}(t)-\boldsymbol{\theta}(t)\\|/\\|\boldsymbol{\theta}(t)\\|$.
δ_a	绝对参数估计误差 $\delta_a:=\\|\hat{\boldsymbol{\theta}}(t)-\boldsymbol{\theta}\\|$ 或 $\delta_a:=\\|\hat{\boldsymbol{\theta}}(t)-\boldsymbol{\theta}(t)\\|$.
δ_0	均方参数估计初值偏差 $\delta_0:=\mathrm{E}[\\|\hat{\boldsymbol{\theta}}(0)-\boldsymbol{\theta}\\|^2]$, 或 $\delta_0:=\mathrm{E}[\\|\hat{\boldsymbol{\theta}}(0)-\boldsymbol{\theta}(0)\\|^2]$.
δ_{ij}	Kronecker delta 函数, $\delta_{ij}=\begin{cases}1, & i=j,\\ 0, & i\neq j.\end{cases}$
δ_{ns}	噪信比, 其定义见附录 A 和例 3.7-1.
$\boldsymbol{\theta}$ 或 $\boldsymbol{\theta}(t)$	时不变或时变参数向量 (或参数矩阵).
$\hat{\boldsymbol{\theta}}(t)$	参数向量 (矩阵) $\boldsymbol{\theta}$ 或 $\boldsymbol{\theta}(t)$ 在时刻 t 的估计.

$\tilde{\boldsymbol{\theta}}(t)$	参数估计误差 $\tilde{\boldsymbol{\theta}}(t) := \hat{\boldsymbol{\theta}}(t) - \boldsymbol{\theta}$ 或 $\tilde{\boldsymbol{\theta}}(t) := \hat{\boldsymbol{\theta}}(t) - \boldsymbol{\theta}(t)$.
λ	遗忘因子：$0 \leqslant \lambda \leqslant 1$.
$\lambda[\boldsymbol{X}]$	方阵 $\boldsymbol{X}$ 的特征值.
$\lambda_i[\boldsymbol{X}]$	方阵 $\boldsymbol{X}$ 的第 i 个特征值.
$\lambda_{\max}[\boldsymbol{X}]$	对称矩阵 $\boldsymbol{X}$ 的最大特征值.
$\lambda_{\min}[\boldsymbol{X}]$	对称矩阵 $\boldsymbol{X}$ 的最小特征值.
$\sigma[\boldsymbol{X}]$	矩阵 $\boldsymbol{X}$ 的非零奇异值 (不要求为方阵), 它定义为 $\sigma[\boldsymbol{X}] := \sqrt{\lambda[\boldsymbol{X}\boldsymbol{X}^{\mathrm{T}}]}$ 或 $\sigma[\boldsymbol{X}] := \sqrt{\lambda[\boldsymbol{X}^{\mathrm{T}}\boldsymbol{X}]}$.
$\sigma_i[\boldsymbol{X}]$	矩阵 $\boldsymbol{X}$ 的第 i 个非零奇异值.
$\sigma_v^2(t)$ 或 σ_v^2	噪声 $\{v(t)\}$ 的方差.
$\otimes$	Kronecker 积或直积, 若 $\boldsymbol{A} = [a_{ij}] \in \mathbb{R}^{m\times n}$, $\boldsymbol{B} = [b_{ij}] \in \mathbb{R}^{p\times q}$, 则 $\boldsymbol{A} \otimes \boldsymbol{B} = [a_{ij}\boldsymbol{B}] \in \mathbb{R}^{(mp)\times(nq)}$, 一般 $\boldsymbol{A} \otimes \boldsymbol{B} \neq \boldsymbol{B} \otimes \boldsymbol{A}$.
$\star$	Star 积或 $\star$ 积或星积 (即块矩阵 $\star$ 积, 块矩阵内积), 定义见上.
$\circ$	Hadamard 积, 定义为两个矩阵对应元素相乘. 若 $\boldsymbol{A} = [a_{ij}] \in \mathbb{F}^{m\times n}$ 和 $\boldsymbol{B} = [b_{ij}] \in \mathbb{F}^{m\times n}$, 则 $\boldsymbol{A} \circ \boldsymbol{B} = [a_{ij}] \circ [b_{ij}] = [a_{ij}b_{ij}] \in \mathbb{F}^{m\times n}$. Hadamard 积要求两个矩阵的维数相同. 两个矩阵的 Hadamard 积的例子如下: $\begin{bmatrix} a_{11} & a_{12} \\ a_{21} & a_{22} \\ a_{31} & a_{32} \end{bmatrix} \circ \begin{bmatrix} b_{11} & b_{12} \\ b_{21} & b_{22} \\ b_{31} & b_{32} \end{bmatrix} = \begin{bmatrix} a_{11}b_{11} & a_{12}b_{12} \\ a_{21}b_{21} & a_{22}b_{22} \\ a_{31}b_{31} & a_{32}b_{32} \end{bmatrix}$.

第1章　辨识导引

系统辨识是研究建立系统数学模型的理论与方法. 虽然数学建模有很长的研究历史, 但是形成系统辨识学科的历史才几十年. 在这短暂的几十年里, 系统辨识得到了长足的发展, 一些新的辨识方法相继问世, 其理论与应用成果覆盖自然科学和社会科学的各个领域, 包括物理学、生物学、地球科学、气象学、计算机科学、经济学、心理学、政治学等. 在这样的背景下, 回过头来深思系统辨识的一些基本问题, 对系统辨识的发展不无裨益. 作为系统辨识的导引部分, 本章简单介绍辨识的定义, 系统模型与辨识模型, 辨识的基本步骤与辨识目的 (包括辨识实验设计与数据预处理), 以及辨识方法的类别 (包括最小二乘辨识方法、梯度辨识方法、辅助模型辨识方法、多新息辨识方法、递阶辨识方法、耦合辨识方法等).

1.1　引　　言

控制理论与自动化技术的伟大成就是现代科学文明的标志. 控制论辉煌的六十年[1], 控制论在社会和经济发展中的作用[2,3], 现代宇航升天、太空探索, 高集成度计算机芯片的生产和广泛应用, 无不说明控制科学与自动化技术的辉煌成就与贡献[4~14]. 而数学模型是控制理论与自动化的基础.

数学模型 (如牛顿第二定律 $F = ma$, 气态方程 $\dfrac{PV}{T} = nR$ 等) 是所有科学中或特定对象中定量研究事物运动规律的基础. **系统辨识** 是研究建立系统数学模型的理论和方法.

系统辨识、控制理论、状态估计是现代控制论中三个密切相关的研究领域. 它们的关系如图 1.1.1 所示. 控制理论和状态估计离不开系统数学模型. 因此, 辨识是控制理论和状态估计的基础, 是现代控制论的基石. 许多控制理论分析方法和综合方法、状态估计算法 (如典型的观测器设计) 都假设系统模型结构和参数是已知的. 实际控制系统的分析和设计的首要任务是建立系统的数学模型, 所以说系统辨识是自动化控制的一门基础学科.

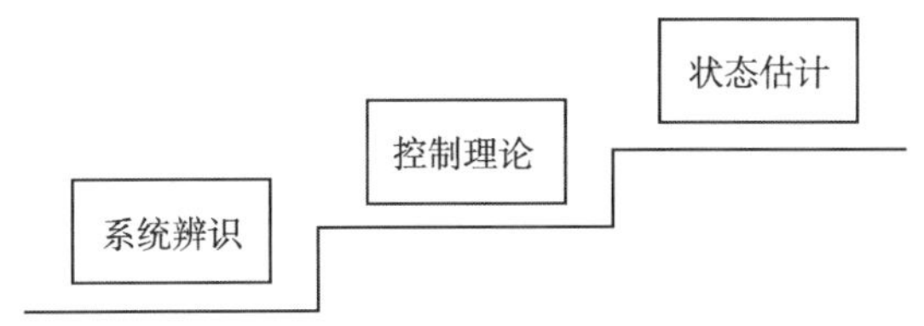

图 1.1.1　系统辨识、控制理论与状态估计三者之间的关系

系统建模与模型辨识 (模型参数估计) 是一切控制问题的基础. 对于实际控制问题, 系统建模和模型参数确定时间往往占整个过程的 80% 甚至更高, 占整个工作量的 80% 以上. 系统模型参数确定后, 许多现成的控制系统设计、分析和综合方法都可套用, 因为实际系统不是追求一个新的控制方法, 而是一个比较成熟控制方法的可靠应用.

如果用传递算子 $G(s)$ 表示线性系统模型 (这里 s 可认为是微分算子), $u(t)$ 表示系统输入, $y(t)$ 表示系统输出, 在这个三元组 $\{u(t),y(t),G(s)\}$ 中, 已知其中两个, 就可以求另外一个. 这个三元组元素有如下关系:

$$y(t)=G(s)u(t),\quad u(t)=\frac{y(t)}{G(s)},\quad G(s)=\frac{y(t)}{u(t)}.$$

第 1 个方程是控制问题, 第 2 个方程是自校正控制问题 (自校正解决跟踪问题, 方程中的 $y(t)$ 一般改为期望的轨迹 $y_r(t)$), 第 3 个方程是辨识问题. 这只是简单说明了它们的关系, 它们各形成了一门学科, 有其各自的研究目标和研究内容.

有了这个三元组, 就可以给控制理论、系统辨识、状态估计下一个简单的定义.

(1) **控制理论** (control theory) 是假设系统模型 $G(s)$ 已知, 研究一定输入下系统输出的行为特性, 如系统的动态品质 (上升时间、超调量、调节时间等)、稳定性等, 并通过反馈来改善系统的动态品质和稳定性能 (即改善系统的闭环传递函数). 也就是说: 控制理论是已知输入 $u(t)$ 和传递函数 $G(s)$ 求系统输出 $y(t)$ 的过程.

(2) **系统辨识** (system identification) 是假设系统输入 $u(t)$ 和输出 $y(t)$ 已知, 求系统的传递函数 $G(s)$, 即通过采集系统的输入输出数据, 研究确定系统数学模型的理论和方法.

一个连续时间动态系统一般可用高阶微分方程来描述 (离散系统用差分方程来描述), 通过引进一些中间变量 (状态变量) $x_i(t)\in\mathbb{R}$, 可以化为一些一阶微分方程 (差分方程), 这个表示系统输入输出关系的方程组称为 **状态空间模型** (state space model). 单输入单输出连续时间线性时不变系统的状态空间模型如下,

$$\begin{cases}\dot{\boldsymbol{x}}(t)=\boldsymbol{A}\boldsymbol{x}(t)+\boldsymbol{b}u(t),\\ y(t)=\boldsymbol{c}\boldsymbol{x}(t)+du(t),\end{cases}$$

其中 $\boldsymbol{x}(t)=[x_1(t),x_2(t),\cdots,x_n(t)]^{\mathrm{T}}\in\mathbb{R}^n$ 为状态向量, $u(t)\in\mathbb{R}$ 和 $y(t)\in\mathbb{R}$ 分别为系统的输入和输出变量, $\boldsymbol{A}\in\mathbb{R}^{n\times n}$, $\boldsymbol{b}\in\mathbb{R}^n$, $\boldsymbol{c}\in\mathbb{R}^{1\times n}$ 和 $d\in\mathbb{R}$ 是系统参数 (矩阵).

(3) **状态估计** (state estimation) 是假设系统模型参数已知, 利用系统的输入输出估计系统的状态, 即假设系统参数 $[\boldsymbol{A},\boldsymbol{b},\boldsymbol{c},d]$ 和输入输出 $\{u(t),y(t)\}$ 已知, 估计系统的状态向量 $\boldsymbol{x}(t)$.

辨识广泛应用于许多科学和工程领域, 如化工过程、电力系统、航空航天、社会经济系统、生物生态系统等. 凡是需要应用观测数据确定数学模型和估计参数的问题都要利用辨识技术. 自适应控制系统是辨识与控制结合的一个典范, 形成了 **自校正控制** (self-tuning control); 辨识与预测控制结合形成 **自校正预测控制** (self-tuning predictive control); 辨识与鲁棒控制结合形成 **自校正鲁棒控制** (self-tuning robust control); 辨识与 H_∞ 控制结合形成 **自校正 H_∞ 控制** (self-tuning H_∞ control) 等.

系统辨识包括系统结构和阶次的识别、系统参数的估计, 以及估计方法的收敛性等. 本章简单介绍辨识的定义、数学模型与辨识模型、辨识步骤和辨识方法的类别. 在后继的章节中, 我们依次介绍有关辨识精度与辨识的基本问题, 辅助模型辨识思想、多新息辨识理论、递阶辨识原理、耦合辨识原理, 以及相应的辨识方法等.

1.2 辨识的定义

1.2.1 系统结构和参数

通过对控制理论方面课程的学习, 我们对 "系统" 和 "控制系统" 的概念有了比较深入的了解. 那么什么是 "系统辨识" 呢? 从字面上讲, **系统辨识** 就是识别一个系统、辨识一个系统. 系统通常是由表征系统输入输出关系的数学模型描述的, 这个模型有其特定的结构和参数. 因此, 系统辨识包含 **系统结构辨识** (system structure identification) 和 **参数估计** (parameter estimation).

系统结构 (或模型结构) 就是系统数学表达式的形式. 对单输入单输出线性系统而言, 模型结构就是系统的 **阶次** (order); 对多变量线性系统而言, 模型结构就是系统的 **能控性结构指数** (controllability structure index) 或 **能观测性结构指数** (observability structure index), 系统阶次等于系统的能控性结构指数或能观测性结构指数之和. 对传递函数而言, 系统参数就是传递函数分子分母多项式的 **系数** (coefficient), 系统阶次就是传递函数分母多项式的 **次数** (degree); 对状态空间模型而言, **系统参数** 就是状态空间模型的 $\boldsymbol{A}$, $\boldsymbol{B}$, $\boldsymbol{C}$, $\boldsymbol{D}$ 矩阵, 系统阶次就是状态向量的维数或 $\boldsymbol{A}$ 矩阵的维数, 它等于系统的能控性结构指数或能观测性结构指数之和.

1.2.2 机理辨识方法或机理建模方法

有些系统可以用机理方法 (如物理学定理) 推导出其数学模型结构形式, 余下的问题就是识别系统参数. 例如, 对于 R-L-C 电路, 如图 1.2.1 所示, 输入为电源电压 $u(t)$, 输出是电容 C 上电压 $y(t)$, 这个系统的传递函数为

$$G(s)=\frac{Y(s)}{U(s)}=\frac{\dfrac{1}{sC}}{R+sL+\dfrac{1}{sC}}=\frac{\dfrac{1}{LC}}{s^2+\dfrac{R}{L}s+\dfrac{1}{LC}},$$

系统的阶次为 $n=2$, 系统的参数为 $\dfrac{R}{L}$ 和 $\dfrac{1}{LC}$. 如果用仪表来测量这个电路系统的电阻、电感和电容值, 就可得到模型的参数 $\dfrac{R}{L}$ 和 $\dfrac{1}{LC}$. 这种方法称为 **机理辨识方法** 或 **机理建模方法**. 机理方法就是运用物理学定理 (电流电压定理)、能量质量平衡定律、热力学定律等, 推导系统模型的解析表达式, 获得模型的结构形式 (结构参数), 采用测量的方法获得系统的参数.

机理建模方法 又称为 **白箱建模方法** (white box modeling), 要求对系统的运动规律有清晰的了解, 可以利用系统的内部机理、物料和能量的平衡关系、物理学定律等来建立系统的数学模型.

对于一些复杂的系统, 要用机理方法细致分析系统的内部行为特征, 是极其困难的, 甚

至是不可能的. 因此, 机理建模方法有其局限性, 因而提出了统计辨识方法, 它仅仅根据系统的输入输出数据建立系统的数学模型.

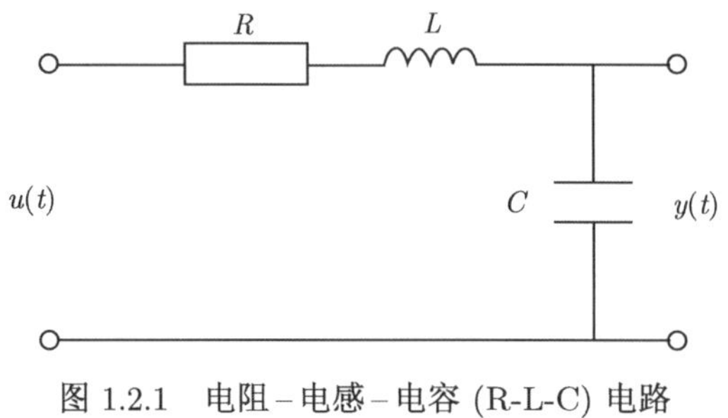

图 1.2.1　电阻 – 电感 – 电容 (R-L-C) 电路

1.2.3　统计辨识方法或统计建模方法

尽管可以用仪表来测量这个 R-L-C 电路系统的电阻、电感和电容, 然而在系统运行情况下, 不允许断电进行测量, 如何辨识系统结构和参数, 正是系统辨识要回答的问题. 系统辨识解决的问题之一, 就是系统在正常运行情况下 (稳定工作点), 在系统输入端加载一个不影响系统正常运行的输入信号 (持续激励信号), 通过量测系统的输入和输出数据, 利用大量的观测数据, 研究辨识方法来识别系统的结构和参数. 这就是通常所说的 **统计辨识方法** 或 **统计建模方法**.

统计建模方法 是基于实验的辨识方法, 也称为 **实验建模方法** 或 **黑箱建模方法** (black box modeling) 方法. 所谓黑箱是指系统内部行为对建模者来说是未知的, 只能根据外部的系统输入和输出数据序列, 确定系统行为的数学模型.

还有一类 **灰箱建模方法** (gray box modeling), 就是白箱与黑箱相结合的建模方法. 实际中, 如果知道系统的运行规律, 就用机理方法推导描述系统行为的数学表达式, 然后用实验的方法估计模型的参数.

有效的辨识策略应该是尽可能地掌握系统的先验知识, 即尽可能地使系统 "白化", 对依然 "黑" 的部分, 即用机理建模方法不能确定的部分和参数, 再采用实验建模方法.

值得指出的是, 虽然有的系统可以根据反应机理推导系统的模型, 但这种模型可能是分布参数的偏微分方程、高度非线性, 不利于系统分析和综合, 不利于用线性控制理论方法设计控制器, 对这样的系统也可采用统计实验方法建立其数学模型.

1.2.4　阶跃响应辨识方法

对于上述电路系统例子, 系统阶次 n 已知, 辨识问题就是用系统输入输出数据 $u(t)$ 和 $y(t)$ 辨识 (估计) 这个系统的参数 $\dfrac{R}{L}$ 和 $\dfrac{1}{LC}$. 当然, 可以给系统施加一个单位阶跃激励 (输入) 信号

$$u(t)=\begin{cases}1, & t\geqslant 0,\\ 0, & t<0,\end{cases}$$

测量系统的输出 $y(t)$. 对输入和输出进行 **拉普拉斯变换** (Laplace transform), 得到 $U(s)=\mathscr{L}[u(t)]$ 和 $Y(s)=\mathscr{L}[y(t)]$, 求它们之比, 就可得到系统的传递函数 (阶次和参数), 这是经

典 **阶跃响应辨识方法** 确定系统的传递函数 (还有 **脉冲响应辨识方法**)[15]. 我们可以用计算机产生一个具有解析表达式的阶跃函数作为输入信号, 但是实际中难以得到 (不可能得到) 输出 $y(t)$ 的解析式 (尽管我们可以使用函数记录仪记录输出曲线). 因此, 这是一种理论方法, 实际中不可行. 解决这一问题就是统计辨识方法: 利用系统的离散输入输出数据序列 $\{u(t),y(t)\colon t=1,2,\cdots\}$ 确定或估计系统参数, 就是辨识要研究的基本问题.

1.2.5 辨识的定义与辨识的四要素

辨识就是从系统的观测数据中, 确定一个与系统特性 "等价" 的模型. 这个定义包括没有输入时的时间序列模型的辨识在内. 模型只能描述系统的主要特征. 如果观测数据包含系统的输入和输出, 那么系统辨识就是拟和一个与系统输入 – 输出外特性最接近的数学模型. "与系统外特性最接近" 可以理解为在同一输入下, 模型的输出 $\hat{y}(t)=Gu(t)$ 最接近系统的真实输出 $y(t)$, 如图 1.2.2 所示 (G 表示输入输出传递关系).

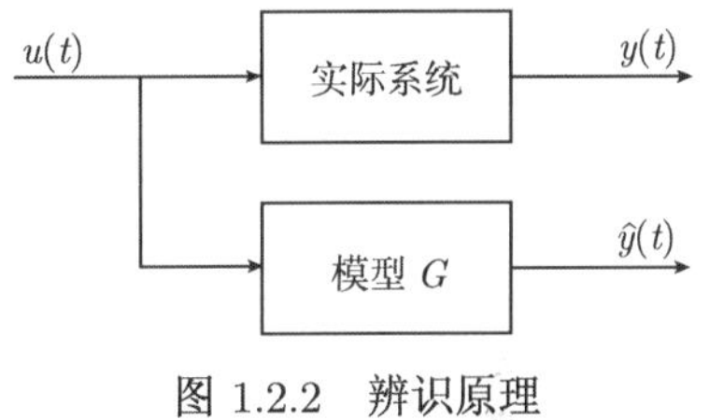

图 1.2.2 辨识原理

这种接近可以用下列 **误差准则函数** (error criterion function) 来描述:

$$J:=\int_0^{\infty}[y(t)-\hat{y}(t)]^2\mathrm{d}t=\int_0^{\infty}[y(t)-Gu(t)]^2\mathrm{d}t \text{ (连续系统)},$$

或

$$J:=\sum_{t=0}^{\infty}[y(t)-\hat{y}(t)]^2=\sum_{t=0}^{\infty}[y(t)-Gu(t)]^2 \text{ (离散系统)}.$$

这只是一种形式的准则函数. 准则函数在有的资料上也称为 **损失函数** (cost function) 或 **目标函数** (objective function). 如果 $J=0$, 那么对任意的 t, 模型输出完全等于系统输出 $\hat{y}(t)=Gu(t)=y(t)$, 这是一种理想情况. 实际中, 对任意的 t, 这个等式是不可能成立的, 因为系统总是受到各种各样的干扰, 测量总是包含误差. 因此, 总是希望准则函数 J 越小越好, 也就是说误差 $y(t)-Gu(t)$ 越小越好, 这个误差具有随机性, 简称为 **噪声** (noise), 用 $v(t)$ 表示, 有

$$v(t)=y(t)-Gu(t),$$

或

$$y(t)=Gu(t)+v(t).$$

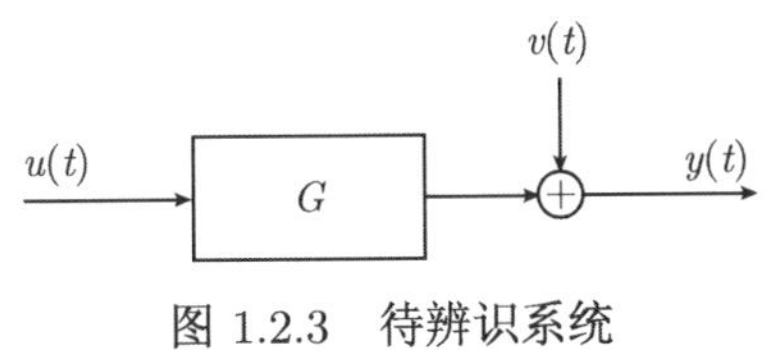

图 1.2.3 待辨识系统

这就是随机系统产生的缘由. 这个准则是极小化系统输出与模型输出之差, 所以这个模型称为 **输出误差模型** (output error model), 可以绘制成图 1.2.3 所示, 其中 $u(t)$ 和 $y(t)$ 为系统的输入和输出, $v(t)$ 为随机干扰噪声, G 为要辨识的等价模型.

辨识可以定义为从给定的输入输出数据中, 通过极小化某一误差准则函数, 确立系统的模型. 因为模型有多种形式, 如连续系统传递函数, 离散系统差分方程, 状态空间模型等, 准则函数的选取依赖于模型形式, 即模型类别. 输入输出数据也是有要求的, 就是期望系统的输入激励信号能够激发出系统的本质特征, 使得系统的输出包含足够的信息来确定系统的数学模型, 这样的输入信号称为 **持续激励信号** (persistently exciting signal). 当然, 不同的辨识方法对输入信号的要求也是不一样的.

准则函数采用不同的优化方法 (如梯度方法、牛顿方法, 最小二乘方法等), 可导致不同的辨识方法. 因此, 笔者总结出 **辨识的四要素**: 输入输出数据、模型、准则函数、优化方法. 简称为数据、模型、准则和优化方法.

1.2.6 一些学者的辨识定义

许多控制理论专家给系统辨识下过定义, 这些定义各有千秋, 下面介绍 Zadeh 与 Ljung 的定义.

美国学者扎德 (L. A. Zadeh) 是模糊系统专家 (University of California, Berkeley, USA), 他于 1962 年在其论文 "From circuit theory to system theory"(从电路理论到系统理论) 中曾对 "系统辨识" 给出了定义: **系统辨识** 是在输入和输出数据基础上, 在指定的一类模型中, 确定一个与被识别系统等价的模型 (System identification: Determination, on the basis of observation of input and output, of a system within a specified class of systems to which the system under test is equivalent)[16]. 这个定义明确了辨识的三个要素, 即输入输出数据、模型类和等价原则. 扎德的定义极为苛刻: 确定一个与被识别系统完全等价的模型无疑是极为困难的, 甚至是不可能的.

瑞典学者荣 (L. Ljung) 是国际上著名辨识专家之一 (Linköping University, Linköping, Sweden). 1978 年他给系统辨识下了更为实用的定义, 即 **系统辨识** 有三要素: 数据、模型类和准则. 系统辨识是按照一个准则, 在模型类中选择一个与数据拟合得最好的模型 (The identification procedure is based on three entities: the data, the set of models, and the criterion. Identification, then, is to select that model in the model set that describes the data best, according to the criterion)[17].

从上述系统辨识定义中可以了解到: 三个要素中数据是辨识的基础; 准则是辨识的优化目标; 模型类是所寻找的模型的范围[18]. 他们的定义中强调了数据、模型和准则三要素. 但是优化手段也很重要, 它是提出新的辨识方法的基础. 新的辨识方法的提出, 以及辨识方法的收敛性分析是系统辨识的主要任务. 从这个层面讲, 辨识方法的优化手段也极其重要. 这就是我们提出 **辨识的四要素** 的缘由. 基于四要素的定义: **系统辨识** 是通过设计适当的输入信号, 利用实验的输入输出数据, 选择一类模型, 构造一误差准则函数, 用一种优化方法确定一个与数据拟合得最好的模型.

系统辨识是设计输入信号, 通过实验数据建立系统数学模型的理论和方法. 大千世界每一事物都有其运动规律. 不同学科领域的研究对象, 将其运动规律用方程描述, 就是数学模型. 从这个层面讲, 不同学科的发展过程就是建立它的数学模型的过程. 物理学更是如此, 如万有引力定律. 因此, 系统建模和系统辨识在各个学科中都有广泛的应用.

1.2.7 关于测量误差问题

学了系统辨识, 我们就走进了一个很不精确的世界: 除了自然数外, 几乎所有测量都是不准确的, 是有误差的, 可以说一切都是测不准的. 测量的精度取决于使用仪器的精度和方法. 连我们最熟悉的光速每秒 30 万公里也是不精确的. 有些人说光速是物体运动最快速度, 这是大错特错的想法! 科学上就没有这个说法! 如果有人要问什么速度比光速快, 那我告诉你, 伽马射线在反射镜中反射 27 次以上就已经超过光速, 在多次仪器测算显示都超过了光速 (100 次伽马射线速度实验的平均值是 312608.7628km/s). 创新需要大胆的假设. 爱因斯坦假设光速是绝对的, 即在一个相对的空间里, 假设一个绝对的光速. 正是这一大胆的假设, 便产生了 **相对论** (relativity), 参见第 8 章的引言. 在他的相对论中, 大于光速就走进一个虚幻的世界 (实际上, 超过光速的射线是存在的). 看看光速的实验测量值: 近代测量真空中光速的简表如表 1.2.1 所示, 随着科学技术的进步, 测量会不断逼近真值, 精度越来越高, 即误差越来越小. 由于测量总是存在误差, 以及实际过程的干扰, 通常在辨识模型中, 人们总要引入随机干扰噪声项.

表 1.2.1 光速测量值年代表

年份	测量者	测量方式	光速/(km/s)	不确定度/(km/s)
1907	Rosa、Dorsey	Esu/emu*	299784	15
1928	Karolus 等	克尔盒	299786	15
1947	Essen 等	谐振腔	299792	4
1949	Aslakson	雷达	299792.4	2.4
1951	Bergstand	光电测距仪	299793.1	0.26
1954	Froome	微波干涉仪	299792.75	0.3
1964	Rank 等	带光谱	299792.8	0.4
1972	Bay 等	稳频氦氖激光器	299792.462	0.018
1973		平差	299792.4580	0.0012
1974	Blaney	稳频 CO_2 激光器	299792.4590	0.0006
1976	Woods 等		299792.4588	0.0002
1980	Baird 等	稳频氦氖激光器	299792.4581	0.0019
1983	国际协议	(规定)	299792.458	(精确值)

* esu 即 electrostatic units 的缩写; emu 为 electromagnetic units 的缩写.

1.3 数学模型与辨识模型

由相互作用又相互依赖的诸要素组成的相对独立的整体可以认为是一个系统. 通常我们把所研究的对象看成一个系统. 为了能有效地、定量地研究系统的性能, 从而进行系统分析、预报等, 数学模型的引入是相当重要的. **模型类别** (classes of model) 有多种, 如直觉模型、概念模型、结构模型、层次模型、物理模型、图表模型、数学模型、辨识模型等. 系统辨识主要考虑描述系统运动规律的数学模型.

1.3.1 数学模型

数学模型 (mathematical model) 是描述系统内在规律用的数学表达式, 反映实际系统的行为特性. 控制系统数学模型是指能用来描述系统的输入 - 输出关系的动态和或静态特性和行为的数学表达式或方程. 同一个研究对象的数学模型是不唯一的, 如线性系统的传递函数模型, 状态空间模型等. 按模型属性划分, 数学模型有下列类别.

1. **静态模型** 和 **动态模型**

模型有静态和动态之分, 用代数方程表示的模型称为静态模型 (static model), 如线性弹簧所受的力 F 与弹簧伸长 (可正可负) x 与弹性系数 k 的关系模型为 $F = kx$; 用微分方程或差分方程表示的模型称为动态模型 (dynamic model), 对应的系统称为 **动态系统** (dynamic system).

2. **参数模型** 和 **非参数模型**

具有揭示系统输入输出关系的解析表达式的模型称为参数模型 (parameter model), 参数估计就是确定这个解析模型的参数, 如传递函数模型、状态空间模型、差分方程模型、微分方程模型等. 难以用参数模型描述的称为非参数模型 (non-parametric model), 如图表曲线和数据模型、阶跃响应、脉冲响应、频率响应曲线等.

3. **线性模型** 和 **非线性模型**

线性模型 (linear model) 用于描述线性系统, 非线性模型 (nonlinear model) 用于描述非线性系统. 输入 – 输出关系满足叠加原理的系统称为线性系统 (在忽略系统中的随机干扰噪声时), 否则称为非线性系统. 实际系统都是非线性系统, 非线性系统的控制方法比较复杂, 而线性系统理论研究比较成熟, 因而经常用线性化的方法, 把有些非线性系统近似为线性系统来处理.

4. **线性参数模型** 和 **非线性参数模型**

如果系统输出 (或经过变化后系统的输出) 可以表示为参数的线性函数, 就称为线性参数模型 (linear parameter model), 对应的系统是 **线性参数系统** (linear parameter system), 也称为 **本质线性模型**. 否则称为 **非线性参数模型** (nonlinear parameter model), 也称为 **本质非线性模型**. 有些非线性系统经过参数化可以化为线性参数系统. 如, 非线性系统

$$y(t) = a_1 y(t-1) + a_2 y(t-2) y(t-3) + b_1 u(t),$$

是一个线性参数系统, 因为输出 $y(t)$ 是参数 (a_1, a_2, b_1) 的线性函数. 又如, 非线性系统

$$y(t) = \frac{b}{u^2(t) + a}$$

是一个本质线性系统 (线性参数系统), 因为这个模型等价为

$$\frac{1}{y(t)} = \frac{u^2(t)}{b} + \frac{a}{b},$$

如果把 $\dfrac{1}{y(t)}$ 看作新系统的输出, 它是参数 $\theta_1 := \dfrac{1}{b}$ 和 $\theta_2 := \dfrac{a}{b}$ 的线性函数. 当我们辨识出 θ_1 和 θ_2, 就可以求出原系统的参数 a 和 b.

同样, 非线性回归问题 (忽略误差)

$$y = a\mathrm{e}^{bx},$$

通过两边取对数, 可以化为一个线性回归问题

$$\ln y = \ln a + bx.$$

尽管不是所有非线性系统都可以转化为线性参数模型, 但有些复杂非线性系统可以转化为简单的非线性模型, 这个简单的非线性模型可能更容易求解.

5. **连续模型** 和 **离散模型**

系统的运动规律是随时间演化的, 如果模型中时间是一个连续变量, 就称为连续 (时间) 模型 (continuous model), 对应的系统称为 **连续时间系统** (continuous-time system), 简称 **连续系统**; 如果模型中时间取离散值, 就称为离散 (时间) 模型 (discrete model), 对应的系统称为 **离散时间系统** (discrete-time system), 简称 **离散系统**.

6. **确定性模型** 和 **随机模型**

如果模型中的变量都是确定性的 (即模型中不含有随机干扰), 就称为确定性模型 (deterministic model); 如果模型中含有随机噪声项, 就称为随机模型 (stochastic model) (这里是指系统输入和 (或) 输出变量中含有随机噪声, 系统参数是确定性的). 如

$$y(t)+a_1y(t-1)+a_2y(t-2)=b_1u(t-1)+b_2u(t-2) \tag{1.3.1}$$

不含随机项, 故是一个确定性模型. 又因为其参数 a_i, b_i 不随时间变化, 故也是一个 (线性) 时不变确定性系统. 假设 $v(t)$ 是一个随机噪声, 那么

$$y(t)+a_1y(t-1)+a_2y(t-2)=b_1u(t-1)+b_2u(t-2)+v(t) \tag{1.3.2}$$

就是一个随机模型 (线性时不变随机系统). 系统参数是随机变化的, 也是一类随机系统. 一般的辨识著作很少深入讨论这类随机系统.

7. **时不变参数模型** 和 **时变参数模型**

如果模型参数不随时间变化, 就是时不变参数模型 (time-invariant parameter model), 对应的系统称为 **时不变系统** (time-invariant system). 式 (1.3.1) 和 (1.3.2) 是时不变模型. 如果模型参数随时间变化, 就是时变参数模型 (time-varying parameter model), 对应的系统称为 **时变系统** (time-varying system). 下面两个系统是时变参数模型:

$$y(t)+a_1(t)y(t-1)+a_2y(t-2)=b_1u(t-1)+b_2u(t-2), \tag{1.3.3}$$

$$y(t)+a_1(t)y(t-1)+a_2(t)y(t-2)=b_1(t)u(t-1)+b_2(t)u(t-2)+v(t), \tag{1.3.4}$$

因为其参数 $a_i(t)$ 和 (或) $b_i(t)$ 是随时间变化的. 只要有一个或一个以上参数随时间变化的系统, 就是时变系统.

时变参数系统辨识需要注意的问题

我们知道, 指数函数的 **泰勒展开** (Taylor expansion) 有很好的收敛性, 即对于任意 t, 下列级数收敛,

$$\mathrm{e}^t=1+t+\frac{1}{2!}t^2+\frac{1}{3!}t^3+\cdots+\frac{1}{n!}t^n+\cdots,\ -\infty<t<+\infty,$$

且收敛半径是无穷大.

假设一个时变参数是

$$a(t)=1-\mathrm{e}^{-t},$$

这是一个有界时变参数, 因为当时间 t 趋于无穷大时, $a(t)$ 收敛于 1, 即 $a(t)\to 1$.

快速变化时变参数的辨识是极其困难的. 一个方法是把时变参数展开成级数, 取其有限项近似, 经过对辨识模型重新参数化, 就将对时变参数的辨识化为对时不变参数的辨识. 这样做可使辨识问题简单, 但导致下列问题.

把 $a(t)$ 展开成级数为

$$a(t)=1-\mathrm{e}^{-t}=t-\frac{1}{2!}t^2+\frac{1}{3!}t^3-\frac{1}{4!}t^4+\cdots+\frac{(-1)^{n-1}}{n!}t^n+\cdots,\quad -\infty<t<+\infty,$$

因为这个级数收敛, 所以人们理所当然地取其有限项近似 (比如 n 项):

$$a(t)\approx t-\frac{1}{2!}t^2+\frac{1}{3!}t^3-\frac{1}{4!}t^4+\cdots+\frac{(-1)^{n-1}}{n!}t^n.$$

尽管该级数对任意的 t (很大的 t) 都成立, 但上式只对很小的 t 成立, 因为 t 是随时间增大的, 对任意有限的 n, 上式右边趋于无穷大, 左边是有界的. 这导致矛盾. 这是用级数展开时变参数进行辨识应注意的问题. 因此, 用 **傅里叶级数** (Fourier series) 的有限项来近似时变参数, 是一种研究时变参数辨识的途径之一. 这种级数和正交函数的线性组合来近似时变参数的方法可以归结为时变系统的跟踪矩阵辨识方法[19].

8. **频域模型与时域模型** (frequency-domain model and time-domain model)
9. **集中参数模型和分布参数模型** (lumped parameter model and distributed parameter model)
10. **微观模型与宏观模型** (micro model and macro model)
11. **不确定性模型** (uncertainty model)
12. **混杂模型** (hybrid model)
13. **模糊模型** (fuzzy model)

按照我们上述分类, 神经网络模型不能成为一类模型, 它是以复合函数形式表示输入输出关系, 就像我们没有列出抛物线模型, 多项式模型, 差分方程模型一样.

1.3.2 辨识模型

为了辨识系统参数, 一般把系统的参数写成一个参数向量形式, 输入输出写成一个信息向量形式, 就得到系统的 **辨识模型** (identification model), 也称为 **辨识表达式** (identification representation). 一般单输入单输出线性参数系统的 **辨识模型** 可以表达为

$$y(t)=\boldsymbol{\varphi}^{\mathrm{T}}(t)\boldsymbol{\theta}+v(t),\tag{1.3.5}$$

其中 $y(t)\in\mathbb{R}$ 为系统输出, $v(t)\in\mathbb{R}$ 是随机干扰噪声, $\boldsymbol{\varphi}(t)=[\varphi_1(t),\varphi_2(t),\cdots,\varphi_n(t)]^{\mathrm{T}}\in\mathbb{R}^n$ 是由系统输入输出数据构成的信息向量, $\boldsymbol{\theta}=[\theta_1,\theta_2,\cdots,\theta_n]^{\mathrm{T}}\in\mathbb{R}^n$ 是待辨识系统的参数向量, 上标 T 表示向量或矩阵转置, n 是参数数目.

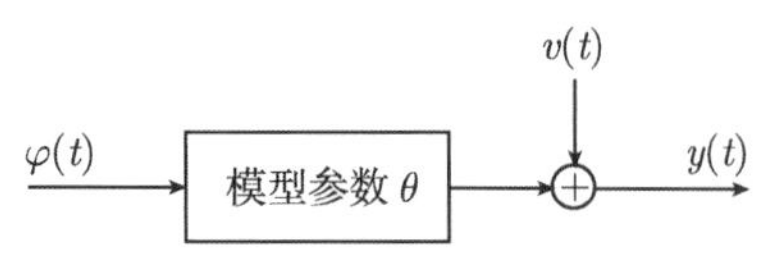

图 1.3.1　辨识模型示意图

式 (1.3.5) 描述的辨识模型示意图如图 1.3.1 所示, 它把输出表示为参数的线性组合形式, 是辨识问题的一个基本表达形式, 称为 **最小二乘格式** (least squares form), 因为这个最小二乘格式辨识模型的参数向量易于用最小二乘方法辨识. 一般线性系统和本质线性系统 (线性参数模型) 都可以化成这种格式.

在这个最小二乘辨识模型中, $y(t)$ 和 $\boldsymbol{\varphi}(t)$ 是观测量. 如果 $y(t)$ 和 $\boldsymbol{\varphi}(t)$ 都可测, 则最小二乘算法能够估计参数向量 $\boldsymbol{\theta}$; 如果信息向量 $\boldsymbol{\varphi}(t)$ 里有部分项不可测, 就需要用增广最小二乘算法, 辅助模型最小二乘算法, 或其他辨识算法进行求解.

如果参数是随时间 t 变化的, 参数向量就写为 $\boldsymbol{\theta}(t)=[\theta_1(t),\theta_2(t),\cdots,\theta_n(t)]^{\mathrm{T}}\in\mathbb{R}^n$, **时变参数系统辨识模型** 为

$$y(t)=\boldsymbol{\varphi}^{\mathrm{T}}(t)\boldsymbol{\theta}(t)+v(t). \tag{1.3.6}$$

下面给出一些标量系统的辨识模型.

1. **线性系统辨识模型**

(1) **线性系统脉冲响应模型**

$$\begin{aligned}y(t)&=b_1u(t-1)+b_2u(t-2)+\cdots+b_nu(t-n)+v(t)\\&=[u(t-1),u(t-2),\cdots,u(t-n)]\begin{bmatrix}b_1\\b_2\\\vdots\\b_n\end{bmatrix}+v(t)\end{aligned}$$

对应的辨识模型为

$$\begin{cases}y(t)=\boldsymbol{\varphi}^{\mathrm{T}}(t)\boldsymbol{\theta}+v(t),\\ \boldsymbol{\varphi}(t)=[u(t-1),u(t-2),\cdots,u(t-n)]^{\mathrm{T}}\in\mathbb{R}^n,\\ \boldsymbol{\theta}=[b_1,b_2,\cdots,b_n]^{\mathrm{T}}\in\mathbb{R}^n.\end{cases}$$

(2) **时变系数差分方程描述的线性系统**

$$y(t)+a_1(t)y(t-1)+a_2y(t-2)=b_1u(t-1)+b_2u(t-2)$$

对应的辨识模型为

$$\begin{cases}y(t)=\boldsymbol{\varphi}^{\mathrm{T}}(t)\boldsymbol{\theta}(t),\\ \boldsymbol{\varphi}(t)=[-y(t-1),-y(t-2),u(t-1),u(t-2)]^{\mathrm{T}}\in\mathbb{R}^4,\\ \boldsymbol{\theta}(t)=[a_1(t),a_2,b_1,b_2]^{\mathrm{T}}\in\mathbb{R}^4.\end{cases}$$

(3) **线性动态系统** (CAR **模型**)

$$A(z)y(t)=B(z)u(t)+v(t), \tag{1.3.7}$$

其中 z^{-1} 为单位后移算子 $[z^{-1}y(t)=y(t-1),\ zy(t)=y(t+1)]$, $A(z)$ 和 $B(z)$ 是 z^{-1} 的常系数时不变多项式, 定义如下,

$$\begin{aligned}A(z)&:=1+a_1z^{-1}+a_2z^{-2}+\cdots+a_{n_a}z^{-n_a},\\B(z)&:=b_1z^{-1}+b_2z^{-2}+\cdots+b_{n_b}z^{-n_b}.\end{aligned}$$

将多项式 $A(z)$ 和 $B(z)$ 的表达式代入式 (1.3.7) 可得

$$\begin{aligned}&(1+a_1z^{-1}+a_2z^{-2}+\cdots+a_{n_a}z^{-n_a})y(t)\\&\quad=(b_1z^{-1}+b_2z^{-2}+\cdots+b_{n_b}z^{-n_b})u(t)+v(t).\end{aligned}$$

利用移位算子的性质, 上式可以写为

$$\begin{aligned}&y(t)+a_1y(t-1)+a_2y(t-2)+\cdots+a_{n_a}y(t-n_a)\\&\quad=b_1u(t-1)+b_2u(t-2)+\cdots+b_{n_b}u(t-n_b)+v(t).\end{aligned}$$

移项得到

$$\begin{aligned}y(t)=&-a_1y(t-1)-a_2y(t-2)-\cdots-a_{n_a}y(t-n_a)\\&+b_1u(t-1)+b_2u(t-2)+\cdots+b_{n_b}u(t-n_b)+v(t).\end{aligned}$$

对应的辨识模型为

$$\begin{cases}y(t)=\boldsymbol{\varphi}^{\mathrm{T}}(t)\boldsymbol{\theta}+v(t),\\ \boldsymbol{\varphi}(t)=[-y(t-1),-y(t-2),\cdots,-y(t-n_a),u(t-1),u(t-2),\cdots,u(t-n_b)]^{\mathrm{T}}\in\mathbb{R}^n,\\ \boldsymbol{\theta}=[a_1,a_2,\cdots,a_{n_a},b_1,b_2,\cdots,b_{n_b}]^{\mathrm{T}}\in\mathbb{R}^n,\ n:=n_a+n_b.\end{cases}$$

2. **非线性系统辨识模型**

(1) **静态非线性系统** (线性参数系统)

$$y=ax^2+bx+c$$

可以写为

$$y=[x^2,x,1]\begin{bmatrix}a\\b\\c\end{bmatrix}.$$

对应的辨识模型为

$$\begin{cases}y=\boldsymbol{\varphi}^{\mathrm{T}}\boldsymbol{\theta},\\ \boldsymbol{\varphi}=[x^2,x,1]^{\mathrm{T}}\in\mathbb{R}^3,\\ \boldsymbol{\theta}=[a,b,c]^{\mathrm{T}}\in\mathbb{R}^3.\end{cases}$$

当量测值为 $(x_i,y_i),\ i=1,2,\cdots,L$ 时, 得到方程

$$\begin{cases}y_i=\boldsymbol{\varphi}_i^{\mathrm{T}}\boldsymbol{\theta},\\ \boldsymbol{\varphi}_i=[x_i^2,x_i,1]^{\mathrm{T}}\in\mathbb{R}^3.\end{cases}$$

又考虑非线性时变系统

$$y(t)=a(t)x^2(t)+bx(t)+c+d\mathrm{e}^t$$

可以写为

$$y(t)=[x^2(t),x(t),1,\mathrm{e}^t]\begin{bmatrix}a(t)\\b\\c\\d\end{bmatrix}.$$

对应的辨识模型为

$$\begin{cases} y(t)=\boldsymbol{\varphi}^{\mathrm{T}}(t)\boldsymbol{\theta}(t), \\ \boldsymbol{\varphi}(t)=[x^2(t),x(t),1,\mathrm{e}^t]^{\mathrm{T}}\in\mathbb{R}^4, \\ \boldsymbol{\theta}(t)=[a(t),b,c,d]^{\mathrm{T}}\in\mathbb{R}^4. \end{cases}$$

(2) **动态非线性系统**

$$\begin{aligned} y(t)&=a_1y(t-1)+a_2y(t-2)y(t-3)+b_1u(t)+b_2u^2(t-1)+c\cos(\sqrt{t})+v(t) \\ &=[y(t-1),y(t-2)y(t-3),u(t),u^2(t-1),\cos(\sqrt{t})]\begin{bmatrix} a_1 \\ a_2 \\ b_1 \\ b_2 \\ c \end{bmatrix}+v(t) \end{aligned}$$

对应的辨识模型为

$$\begin{cases} y(t)=\boldsymbol{\varphi}^{\mathrm{T}}(t)\boldsymbol{\theta}+v(t), \\ \boldsymbol{\varphi}(t)=[y(t-1),y(t-2)y(t-3),u(t),u^2(t-1),\cos(\sqrt{t})]^{\mathrm{T}}\in\mathbb{R}^5, \\ \quad\boldsymbol{\theta}=[a_1,a_2,b_1,b_2,c]^{\mathrm{T}}\in\mathbb{R}^5. \end{cases}$$

(3) **非线性系统**

$$y(t)=\frac{b[\mathrm{e}^t+u^2(t-3)]}{u^2(t)+a_1u(t-1)+a_2u(t-2)}$$

通过定义新的输出 $y_1(t):=1/y(t)$, 新的参数 $\theta_1:=1/b$, $\theta_2:=a_1/b$, $\theta_3:=a_2/b$, 那么这个模型可变化为线性参数系统:

$$\begin{aligned} y_1(t)&=\frac{u^2(t)+a_1u(t-1)+a_2u(t-2)}{b[\mathrm{e}^t+u^2(t-3)]} \\ &=\frac{1}{b}\frac{u^2(t)}{\mathrm{e}^t+u^2(t-3)}+\frac{a_1}{b}\frac{u(t-1)}{\mathrm{e}^t+u^2(t-3)}+\frac{a_2}{b}\frac{u(t-2)}{\mathrm{e}^t+u^2(t-3)} \\ &=\left[\frac{u^2(t)}{\mathrm{e}^t+u^2(t-3)},\frac{u(t-1)}{\mathrm{e}^t+u^2(t-3)},\frac{u(t-2)}{\mathrm{e}^t+u^2(t-3)}\right]\begin{bmatrix} \theta_1 \\ \theta_2 \\ \theta_3 \end{bmatrix}. \end{aligned}$$

对应的辨识模型为

$$\begin{cases} y_1(t)=\boldsymbol{\varphi}^{\mathrm{T}}(t)\boldsymbol{\theta}, \\ \boldsymbol{\varphi}(t)=\left[\dfrac{u^2(t)}{\mathrm{e}^t+u^2(t-3)},\dfrac{u(t-1)}{\mathrm{e}^t+u^2(t-3)},\dfrac{u(t-2)}{\mathrm{e}^t+u^2(t-3)}\right]^{\mathrm{T}}\in\mathbb{R}^3, \\ \quad\boldsymbol{\theta}=\left[\dfrac{1}{b},\dfrac{a_1}{b},\dfrac{a_2}{b}\right]^{\mathrm{T}}\in\mathbb{R}^3. \end{cases}$$

变化后的系统是一个线性参数系统, 当我们辨识出 θ_1, θ_2 和 θ_3, 就可以求出原系统的参数:

$$b=\frac{1}{\theta_1},\quad a_1=\frac{\theta_2}{\theta_1},\quad a_2=\frac{\theta_3}{\theta_1}.$$

(4) **状态空间系统** (state space system)

$$\left\{\begin{aligned}\boldsymbol{x}(t+1)&=\boldsymbol{A}\boldsymbol{x}(t)+\boldsymbol{b}u(t)+\boldsymbol{w}(t),\\ y(t)&=\boldsymbol{c}\boldsymbol{x}(t)+du(t)+v(t),\end{aligned}\right. \tag{1.3.8}$$

其中 $u(t)\in\mathbb{R}$ 和 $y(t)\in\mathbb{R}$ 分别为系统的输入和输出变量, $\boldsymbol{x}(t)\in\mathbb{R}^n$ 为状态向量, $\boldsymbol{A}\in\mathbb{R}^{n\times n}$, $\boldsymbol{b}\in\mathbb{R}^n$, $\boldsymbol{c}\in\mathbb{R}^{1\times n}$ 和 $d\in\mathbb{R}$ 为常数矩阵, $\boldsymbol{w}(t)\in\mathbb{R}^n$ 为 **过程噪声向量** (process noise vector), $v(t)\in\mathbb{R}$ 为 **观测噪声** (observation noise). 定义

$$\boldsymbol{Y}(t):=\begin{bmatrix}\boldsymbol{x}(t+1)\\ y(t)\end{bmatrix}\in\mathbb{R}^{n+1},\quad \boldsymbol{\varphi}(t):=\begin{bmatrix}\boldsymbol{x}(t)\\ u(t)\end{bmatrix}\in\mathbb{R}^{n+1},$$
$$\boldsymbol{\theta}^{\mathrm{T}}:=\begin{bmatrix}\boldsymbol{A} & \boldsymbol{b}\\ \boldsymbol{c} & d\end{bmatrix}\in\mathbb{R}^{(n+1)\times(n+1)},\quad \boldsymbol{e}(t):=\begin{bmatrix}\boldsymbol{w}(t)\\ v(t)\end{bmatrix}\in\mathbb{R}^{n+1}.$$

则 **状态空间模型** (1.3.8) 对应的 **辨识模型** 为

$$\boldsymbol{Y}(t)=\boldsymbol{\theta}^{\mathrm{T}}\boldsymbol{\varphi}(t)+\boldsymbol{e}(t).$$

这是一个线性参数系统. 利用移位算子的性质, 由式 (1.3.8) 的第 1 个方程可得

$$\begin{aligned}z\boldsymbol{x}(t)&=\boldsymbol{A}\boldsymbol{x}(t)+\boldsymbol{b}u(t)+\boldsymbol{w}(t),\\ \boldsymbol{x}(t)&=(z\boldsymbol{I}-\boldsymbol{A})^{-1}\boldsymbol{b}u(t)+(z\boldsymbol{I}-\boldsymbol{A})^{-1}\boldsymbol{w}(t).\end{aligned}$$

将上式代入 (1.3.8) 的第 2 式可得

$$y(t)=[\boldsymbol{c}(z\boldsymbol{I}-\boldsymbol{A})^{-1}\boldsymbol{b}+d]u(t)+\boldsymbol{c}(z\boldsymbol{I}-\boldsymbol{A})^{-1}\boldsymbol{w}(t)+v(t).$$

这里 $y(t)$ 是参数 $\boldsymbol{A}$, $\boldsymbol{b}$, $\boldsymbol{c}$ 和 d 的高度非线性参数系统. 因此, 经过模型变换, 线性参数系统可以转化为非线性参数系统.

1.4 辨识步骤与辨识目的

系统辨识包括结构辨识和参数估计. 实际中两个问题密切相关. 例如, 一个传递函数的阶次和参数, 阶次高参数就多. 在理论研究中, 经常把两个问题分开来研究, 也有的方法同时辨识系统阶次和参数. 本节介绍辨识的基本步骤与辨识目的.

1.4.1 辨识的基本步骤

辨识的基本步骤 如图 1.4.1 所示, 包括实验设计、数据采集、数据预处理、结构辨识 (阶次辨识)、参数估计、模型验证等.

1. **实验设计**

辨识是从系统的输入输出数据提取数学模型的过程. 实验设计 (experimental design) 就是使所得到的数据能包含系统充分多的信息. 实验设计的主要内容包括输入信号的选择、采样周期的确定等. 如果有了系统的先验知识, 知道系统运动规律的一些信息, 将有利于设计合理的实验 (如系统的快慢性可以帮助选择输入信号频带和输入输出信号的采样周期). 系统先验知识可以向实际工程师了解, 也可以通过多次反复实验, 摸索系统的运动规律, 进一步设计一个合理的实验.

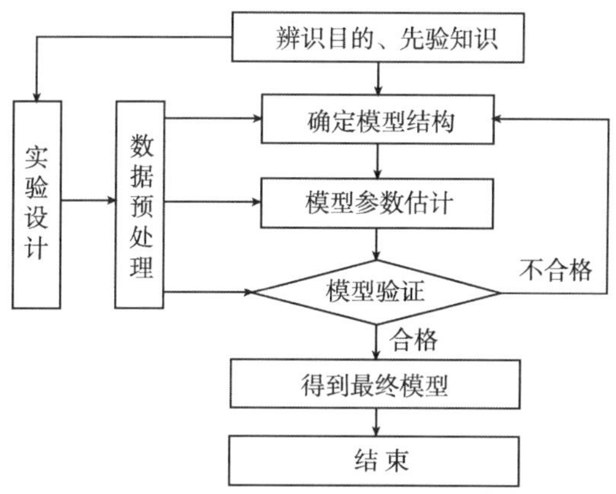

图 1.4.1 辨识的基本步骤

设计实验对系统辨识是极其重要的. 系统日常的运行数据可能并不包含系统的本质特征, 直接用于辨识往往达不到预期效果, 原因在于系统稳态运行, 输入信号幅值变化不够大, 也不满足持续激励信号要求, 造成噪信比太大信息被噪声淹没等.

2. **数据预处理**

用于辨识的数据需要经过数据处理, 因这个处理在辨识之前, 故称为数据预处理 (data preprocessing). 输入输出数据通常都含有直流成分或高频成分, 或由于数据采用了不同量纲, 可能导致错误的辨识结果. 因此, 为使所辨识的模型不受这些因素的影响, 必须对数据进行预处理 (如数据零均值化、数据滤波等), 以提高辨识的精度和辨识模型的可用性.

假定设计一个实验研究气态常数 R (辨识气态常数 R). 根据气态方程

$$\frac{PV}{T}=nR,$$

其中 P 为压强 (帕: Pa), V 为体积 (立方米: m^3), n 为物质的量 (摩: mol), R 为气体常数, T 为热力学温度 (开尔文: K). 热力学温度等于摄氏温度加上 273.15 (如 10°C 即为 283.15K).

在单位压力 ($P=1$)、单位物质的量 ($n=1$) 时, 气体体积 V 与温度 T 有线性关系:

$$V=RT.$$

如果使用摄氏度 (℃) 作为 T 的单位, 测量不同温度 T_i 下气体体积 $V_i, i=1,2,\cdots,m$, 根据最小二乘方法, 极小化误差平方和 **准则函数** (criterion function)

$$J(R):=(V_1-RT_1)^2+(V_2-RT_2)^2+\cdots+(V_m-RT_m)^2,$$

令其对 R 的导数为零:

$$\frac{\mathrm{d}J(R)}{\mathrm{d}R}=-2T_1(V_1-RT_1)-2T_2(V_2-RT_2)-\cdots-2T_m(V_m-RT_m)=0,$$

求解可得到 R 的估计:

$$\hat{R}=\frac{T_1V_1+T_2V_2+\cdots+T_mV_m}{T_1^2+T_2^2+\cdots+T_m^2}.$$

尽管这个计算似乎很完美, 但计算结果却是错误的, 因为在热力学中, T 的单位应该采用绝对温度. 这个辨识错误, 可以采用数据零均值化或在线性模型方程中加一个常数项来纠正, 参见后面的方程常数方法.

3. **结构辨识** 或 **阶次辨识**

模型结构辨识 (structure identification) 依赖于 **辨识的目的** 或模型的用途. 如果模型用于预报或者监测过程变量 (**软测量**: soft sensing), 模型阶次就可以选择大一些; 如果模型用于控制, 模型阶次就应适当, 因为阶次太高会给系统设计和分析造成困难.

系统阶次辨识 (order identification) 的方法很多[18,20~22]. 一般的模型结构主要通过先验知识来得到. 对于离散时间线性系统和 **线性参数模型**, 一种方法是通过分析输入输出数据的相关性确定系统的阶次.

如果知道系统运动规律的解析表达式:

$$\begin{cases} \boldsymbol{x}(t+1)=\boldsymbol{f}(\boldsymbol{x}(t),u(t),\boldsymbol{\theta}), \\ \quad y(t)=g(\boldsymbol{x}(t),u(t),\boldsymbol{\theta}), \end{cases}$$

其中 $\boldsymbol{x}(t)$ 是系统状态向量, $u(t)$ 和 $y(t)$ 是系统的输入和输出, $\boldsymbol{\theta}$ 是系统参数向量, 函数 $\boldsymbol{f}$ 和 g 的形式就是模型的结构. **线性参数系统** (或经过变换获得的线性参数系统) 的结构可以通过输入输出数据进行辨识.

4. **参数估计** 或 **模型参数辨识**

知道模型的结构后, 模型中可能还会有一些参数的值是未知的, 如前面所举的动态模型中的参数向量 $\boldsymbol{\theta}$. 用输入输出数据确定模型中的未知参数 $\boldsymbol{\theta}$ 的过程, 就是 **参数估计** (parameter estimation). 之所以用 "估计" 一词, 是因为实验数据总是有误差的. 这种误差具有随机性, 所以参数估计以统计方法为主, 使用大量的数据才能得到良好的结果.

参数估计算法按执行的方式可分为 **一次完成算法** (也称直接算法)、**递推算法** 和 **迭代算法** 三类.

(1) **一次完成算法** (direct algorithm) 是将所有的数据一次进行处理, 即根据全部数据计算得到参数的估计, 如最小二乘估计. 一次完成算法一般用于 (干扰为白噪声的) 线性参数模型, 如方程误差模型、有限脉冲响应模型等.

当辨识模型中 $v(t)$ 是零均值白噪声, $\boldsymbol{\varphi}(t)$ 是可测的, $\boldsymbol{\varphi}(t)$ 与 $v(t)$ 不相关, 那么一次完成算法给出的参数估计是无偏估计, 也是一致估计, 即信息向量 $\boldsymbol{\varphi}(t)$ 是持续激励的, 随着数据增加, 参数估计收敛于真参数.

(2) **递推算法** (recursive algorithm) 是随时间推移, 采集数据的增加, 不断更新参数估计, 即下一时刻的参数估计等于前一时刻的参数估计加上修正项. 这是一个递推计算过程, 故称为递推算法. 递推算法的递推变量与时间有关, 故适合 **在线辨识** (online identification) 或 **实时估计** (real-time estimation). 递推算法可以用于 (存在白噪声干扰或有色噪声干扰的) 线性参数模型 (如方程误差模型和 CARMA 模型等), 也可用于 (白噪声干扰和有色噪声干扰的) 非线性参数模型. 递推最小二乘算法, 随机梯度算法都是递推辨识算法.

对于实际系统, 随着时间的推移, 采集的输入输出数据 $u(t)$ 和 $y(t)$ 不断增多, 可以采用在线的实时算法计算参数估计, 这种算法通过递推辨识 (即递推参数估计算法) 实现. 递推算法的每一步计算量比较小 (与一次完成算法相比, 每一步的计算量比解一个线性代数方程组要少得多), 特别适用于估计时变参数, 也可以实时估计自适应控制器的参数 (见《自适应控制系统》[23]).

20 世纪 60 年代起, 递推估计算法得到迅速发展, 随后产生了许多不同的方法, 如有限数据窗最小二乘算法、协方差修正算法、卡尔曼滤波算法、随机逼近方法、辅助模型辨识算法、多新息辨识算法、递阶辨识算法等.

(3) **迭代算法** (iterative algorithm) 可以用于非线性参数模型或信息向量中存在未知项的随机系统模型 (如时间序列 MA 模型和 ARMA 模型、有色噪声干扰的方程误差类模型、输出误差类模型等) 的参数估计. 迭代算法是考虑一批量测的数据, 定义一个准则函数, 采用梯度搜索原理、最小二乘原理或牛顿迭代方法, 求解优化问题得到的. 随着迭代次数增加更新参数估计, 如输出误差模型的最小二乘迭代算法和梯度迭代算法. 迭代算法中数据长度是不变的, 迭代变量与时间无关, 一般用于 **离线辨识** (offline identification), 如本书中的最小二乘迭代算法、梯度迭代算法等.

5. **模型验证**

辨识获得的模型必须进行模型验证 (model validation). 模型验证就是检验模型的有效性和适应性. 通过参数估计得到的模型, 虽然是在某种准则下优化得到的 "最好" 的模型, 但是并不一定能达到建模的目的, 所以还必须进行适用性检验, 即模型验证. 这是辨识过程的重要一环, 只有通过适用性检验的模型才是最终的模型. 就像一个满足一定条件的函数都可以展开成 **泰勒级数** (Taylor series), 但是泰勒级数是否收敛到原函数, 还需要进行收敛性分析以确定级数的收敛域.

模型验证的基本原则: 必须承认辨识得到的模型只是实际系统的一个近似, 不能期望找到一个和实际系统完全一致的模型. 如果模型的输入输出特性与实际系统基本一致, 那么就应该认为模型是满意的.

影响模型效果的因素是多方面的, 主要有: 模型结构选择不当; 实验数据误差过大或数据代表性太差; 辨识算法存在问题等.

对于一个物理系统, 如果模型结构或模型解析式已知, 余下的任务就是确定模型中的参数. 在这种情况下, 目标就是参数估计精度. **参数估计精度** (parameter estimation accuracy) δ 可以使用参数估计 $\hat{\boldsymbol{\theta}}$ 与真参数 $\boldsymbol{\theta}$ 之相对误差来衡量:

$$\delta = \frac{\|\hat{\boldsymbol{\theta}} - \boldsymbol{\theta}\|}{\|\boldsymbol{\theta}\|} \times 100\%.$$

然而真参数 $\boldsymbol{\theta}$ 是要估计的, 是未知的, 上式不可计算 (上式只用在仿真中).

模型验证主要有利用先验知识检验和利用数据检验两类. 利用先验知识是模型适用性检验的一条重要途径. 比如通过计算和观察获得模型的阶跃响应, 有经验的工程师可以大致判断模型的适应性. 一些模型从数据的拟合上看不出问题, 但是根据对模型已有的知识却可以断定模型是否适用.

6. **数据检验**

数据检验 (data validation) 有离线数据检验和在线数据检验. 通常先进行离线数据检验, 基本合格后, 再进行在线数据检验.

(1) **离线数据检验**: 当采集到一批数据, 把数据分为两组, 一组数据用于辨识建模 (参数估计), 另一组用于模型验证; 就是在同一输入下, 计算模型的输出, 与系统真实输出进行比较, 通过输出残差 (给模型输出与系统真实输出之差) 的白色性来检验. 模型验证必须使用与建模不同的数据集, 因为建模一般是极小化一误差准则函数, 用于建模的数据往往有很好的拟合性.

(2) **在线数据检验**: 在线数据检验就是将离线检验后的模型接于实际系统, 用于输出预测, 模型输入就是系统的输入, 如果模型输出与系统真实输出很接近, 得到实际工程师的认可, 就可进行模型检验的最后一关: 模型的应用检验.

7. **模型验证的基本方法**[18]

(1) 利用在不同时间区段内采集的输入输出数据, 分别建立系统模型. 如果模型的特性 (如极点、零点分布, 系统增益等) 基本相符, 则可认为模型是可靠的.

(2) 利用两组长度相同的不同数据集, 独立辨识出模型, 并分别计算它们的准则函数, 然后将两组数据交叉使用, 再计算各自的准则函数. 如果对应的准则函数值没有明显的变化, 则可认为模型是可靠的.

(3) 增加辨识中使用的数据长度, 如果准则函数值除以数据长度不再明显变化, 则可认为模型是可靠的.

(4) 检验模型与过程输出残差序列的白色性. 如果残差序列可以视作零均值白噪声序列, 则可认为模型是可靠的.

1.4.2 辨识的目的

在进行建模时, 需要明确模型的用途, 即辨识的目的. 辨识目的不同对模型的要求也不同. 例如, 估计一个物理系统的参数 (电阻、电容或电感), 希望参数估计越接近真参数越好; 用于控制的模型希望输出越接近期望输出越好. 下面简单介绍辨识建模的目的.

1. **物理量的估计** (estimation of physical quantities)

如果辨识的目的是为了估计一个物理量 (估计模型的参数), 则希望估计的参数的精度越高越好, 如设计实验测量或估计光在真空中的速度. 一些物理系统的模型结构往往已知, 辨识建模的目的就是估计模型中参数 (物理常数), 如前述的设计实验估计气体方程的气态常数 R, 估计 **牛顿万有引力定律** (Newton's law of universal gravitation)

$$F = G\frac{mM}{r^2}$$

中的万有引力常数 G, 其中 m 和 M 是两个物体的质量 (kg), r 是两个物体之间的距离 (m), F 是两个物体间的引力 (N).

牛顿发现了万有引力定律, 但引力常量 G 这个数值是多少, 连他本人也不知道. 按说只要测出两个物体的质量, 测出两个物体间的距离, 再测出物体间的引力, 代入万有引力定律, 就可以计算出这个常量. 但因为一般物体的质量太小了, 它们间的引力无法测出, 而天体的质量太大了, 又无法测出质量. 万有引力定律发现了 100 多年, 万有引力常量仍没有一个准确的结果, 这个公式就仍然不是一个完善的等式. 直到 100 多年后, 1798 年英国物理学家卡文迪许利用著名的卡文迪许扭秤 (即卡文迪许实验), 才巧妙地测出了这个常量.

卡文迪许测定的 G 值为 6.754×10^{-11}, 现在公认的 G 值为 6.67×10^{-11}. 需要注意的是, 这个引力常量是有单位的, 它的单位应该是乘以两个质量的单位千克, 再除以距离的单位米

(m) 的平方后, 得到力的单位牛 (N), 故应为 $\mathrm{Nm^2/kg^2}$, 即

$$G = 6.67 \times 10^{-11}\mathrm{Nm^2/kg^2}.$$

注: 到目前为止, 引力常数是物理学常数中最不精确的一个. 由于引力常量的数值非常小, 所以一般质量的物体之间的万有引力是很小的. 我们可以估算一下, 两个质量 50kg 的人相距 0.5m 时之间的万有引力大约 6.67×10^{-7}N, 这么小的力我们根本感觉不到的. 只有质量很大的物体对一般物体的引力我们才能感觉到, 如地球对我们的引力大致就是我们的重力, 月球对海洋的引力导致了潮汐现象. 而天体之间的引力由于星球的质量很大, 又是非常惊人的, 如太阳对地球的引力达 3.56×10^{22}N.

我不知道这个物理学家作了几次实验, 如果是一次实验, 那误差太大了怎么办; 如果是多次实验, 那么他又以哪次实验结果为准, 是否使用了我们的最小二乘方法? 当然可以使用多次计算结果取平均值, 也可以定义一个准则函数求最小二乘估计.

(1) **平均法** (average method).

最简单的是使用多次计算结果的一个简单平均. 把万有引力公式改为

$$G = \frac{Fr^2}{mM}.$$

因此, 多次测量 (假设 n 次) 的万有引力常数的平均值为

$$\bar{G} = \frac{\dfrac{F_1r_1^2}{m_1M_1} + \dfrac{F_2r_2^2}{m_2M_2} + \cdots + \dfrac{F_nr_n^2}{m_nM_n}}{n}.$$

这相当于使用下列准则函数

$$J(G) := \left(G - \frac{F_1r_1^2}{m_1M_1}\right)^2 + \left(G - \frac{F_2r_2^2}{m_1M_1}\right)^2 + \cdots + \left(G - \frac{F_nr_n^2}{m_nM_n}\right)^2.$$

(2) **最小二乘估计** I.

尽管平均值可以消除干扰因素, 增加准确性, 学了系统辨识就知道, 简单的平均不一定是最好的办法. 应该使用我们系统辨识的最小二乘方法. 定义误差平方和准则函数

$$J(G) := \left(F_1 - G\frac{m_1M_1}{r_1^2}\right)^2 + \left(F_2 - G\frac{m_2M_2}{r_2^2}\right)^2 + \cdots + \left(F_n - G\frac{m_nM_n}{r_n^2}\right)^2,$$

令其对 G 导数为零:

$$\begin{aligned}\frac{\mathrm{d}J(G)}{\mathrm{d}G} = &-2\frac{m_1M_1}{r_1^2}\left(F_1 - G\frac{m_1M_1}{r_1^2}\right) - 2\frac{m_2M_2}{r_2^2}\left(F_2 - G\frac{m_2M_2}{r_2^2}\right) - \cdots\\ &-2\frac{m_nM_n}{r_n^2}\left(F_n - G\frac{m_nM_n}{r_n^2}\right) = 0.\end{aligned}$$

求解可得到万有引力常数 G 的最小二乘估计:

$$\hat{G} = \frac{\dfrac{m_1M_1}{r_1^2}F_1 + \dfrac{m_2M_2}{r_2^2}F_2 + \cdots + \dfrac{m_nM_n}{r_n^2}F_n}{\left(\dfrac{m_1M_1}{r_1^2}\right)^2 + \left(\dfrac{m_2M_2}{r_2^2}\right)^2 + \cdots + \left(\dfrac{m_nM_n}{r_n^2}\right)^2}.$$

(3) **最小二乘估计** II.

按照前述的气态方程的气体常数的估计方法, 把万有定律方程改写成下列形式:

$$Fr^2 = GmM.$$

定义误差平方和准则函数

$$J(G) := (F_1 r_1^2 - Gm_1 M_1)^2 + (F_2 r_2^2 - Gm_2 M_2)^2 + \cdots + (F_n r_n^2 - Gm_n M_n)^2.$$

令其对 G 导数为零:

$$\begin{aligned}\frac{\mathrm{d}J(G)}{\mathrm{d}G} = &-2m_1 M_1 (F_1 r_1^2 - Gm_1 M_1) - 2m_2 M_2 (F_2 r_2^2 - Gm_2 M_2) - \cdots \\ &-2m_n M_n (F_n r_n^2 - Gm_n M_n) = 0,\end{aligned}$$

求解可得到万有引力常数 G 的最小二乘估计:

$$\hat{G} = \frac{m_1 M_1 F_1 r_1^2 + m_2 M_2 F_2 r_2^2 + \cdots + m_n M_n F_n r_n^2}{m_1^2 M_1^2 + m_2^2 M_2^2 + \cdots + m_n^2 M_n^2}.$$

上述三个估计精度是不一样的, 那么分析哪一个精度高, 在什么情况下高?

2. **预测** (prediction)

预测和控制是建模的两个重要应用. 根据系统的历史数据建立系统的模型, 就可以用系统的可测输入和输出去预测系统输出的未来的演变, 如最常见的气象预报、洪水预报、市场价格的预测等. 辨识用于预测的模型的参数数目可以大一些, 阶次可以高一些, 准则仍然是预测误差平方和最小. 只要预测误差小就是好的预测模型, 对模型的结构及参数则很少再有其他限制.

3. **控制** (control)

如果建模的目的是为了分析系统的运动规律, 设计控制器对系统实行有效的控制, 那么模型就不应该太复杂, 在满足精度要求下模型阶次不应该太高, 否则会给系统控制器设计带来困难.

线性系统阶次一般可根据系统输入输出数据构成矩阵的秩加以判断. 对于确定性系统, 系统阶次容易判断. 由于实际系统存在噪声干扰, 数据矩阵总是满秩的, 就通过随阶次增加 (即数据矩阵维数的增加), 通过数据矩阵行列式值的显著变化情况来确定系统阶次; 或者构造一个维数大的数据矩阵 (维数高于系统阶次), 使用 **奇异值分解** (Singular Value Decomposition, SVD) 方法, 根据奇异值大小的显著变化情况来确定系统阶次. 总之, 对于控制问题, 阶次选择小一些; 对于预测和软测量问题, 模型阶次可以选择大一些.

1.4.3　实验设计

辨识实验设计包括输入信号的设计 (信号类型、幅度和频带等)、采样周期的选择、实验时间长度 (数据长度)、开环或闭环辨识、离线辨识或在线辨识. 目的是使采集的输入输出数据尽可能多地包含系统的内在特性.

1. **输入信号设计** (design of input signal)

为了使系统是可辨识的, 输入信号必须满足一定的条件. 最低的要求是: 在实验期间, 输入信号必须充分激励系统的所有模态 (过程动态). 从谱分析角度看, 这就意味着输入信号的频谱必须足以覆盖系统的频谱. 理想情况下, 输入信号的频谱应该是无限的, 白噪声就是这样一种信号. 这就引出了持续激励输入信号的概念.

考虑一个最简单的**有限脉冲响应模型**(Finite Impulse Response model, FIR) 描述的系统:

$$y(t)=b_1u(t-1)+b_2u(t-2)+\cdots+b_nu(t-n)+v(t), \tag{1.4.1}$$

其中 $u(t)$ 和 $y(t)$ 分别为系统的输入和输出, $\{v(t)\}$ 是零均值、方差为 σ^2 的白噪声序列:

$$\mathrm{E}[v(t)]=0,\quad \mathrm{E}[v^2(t)]=\sigma^2,\quad \mathrm{E}[v(t)v(s)]=0,\ s\neq t,$$

且与输入信号 $\{u(t)\}$ 不相关: $\mathrm{E}[v(t)u(i)]=0$.

定义参数向量 $\boldsymbol{\theta}$ 和信息向量 $\boldsymbol{\varphi}(t)$ 如下,

$$\begin{aligned}\boldsymbol{\theta}&:=[b_1,b_2,\cdots,b_n]^{\mathrm{T}}\in\mathbb{R}^n,\\ \boldsymbol{\varphi}(t)&:=[u(t-1),u(t-2),\cdots,u(t-n)]^{\mathrm{T}}\in\mathbb{R}^n.\end{aligned}$$

式 (1.4.1) 可以写为最小二乘格式:

$$y(t)=\boldsymbol{\varphi}^{\mathrm{T}}(t)\boldsymbol{\theta}+v(t). \tag{1.4.2}$$

假设数据长度为 L. 采用最小二乘法选择估计参数 $\boldsymbol{\theta}$, 定义误差平方和 **准则函数**

$$\begin{aligned}J(\boldsymbol{\theta})&:=[y(1)-\boldsymbol{\varphi}^{\mathrm{T}}(1)\boldsymbol{\theta}]^2+[y(2)-\boldsymbol{\varphi}^{\mathrm{T}}(2)\boldsymbol{\theta}]^2+\cdots+[y(L)-\boldsymbol{\varphi}^{\mathrm{T}}(L)\boldsymbol{\theta}]^2,\\ &=\sum_{t=1}^{L}[y(t)-\boldsymbol{\varphi}^{\mathrm{T}}(t)\boldsymbol{\theta}]^2.\end{aligned} \tag{1.4.3}$$

极小化 $J(\boldsymbol{\theta})$ 得到 $\boldsymbol{\theta}$ 的估计值 $\hat{\boldsymbol{\theta}}$. 有时为了简化, 这个优化问题可以等价写为

$$\hat{\boldsymbol{\theta}}=\underset{\boldsymbol{\theta}}{\operatorname{argmin}}\sum_{t=1}^{L}[y(t)-\boldsymbol{\varphi}^{\mathrm{T}}(t)\boldsymbol{\theta}]^2,$$

符号 **argmin** 是极小化准则函数获得的解的意思. 令 $J(\boldsymbol{\theta})$ 对 $\boldsymbol{\theta}$ 的导数为零, 得到

$$-2\sum_{t=1}^{L}\boldsymbol{\varphi}(t)[y(t)-\boldsymbol{\varphi}^{\mathrm{T}}(t)\boldsymbol{\theta}]=\mathbf{0},$$

或

$$\left[\sum_{t=1}^{L}\boldsymbol{\varphi}(t)\boldsymbol{\varphi}^{\mathrm{T}}(t)\right]\boldsymbol{\theta}=\sum_{t=1}^{L}\boldsymbol{\varphi}(t)y(t).$$

定义 **数据乘积矩矩阵** (data product moment matrix)

$$\boldsymbol{R}_L:=\sum_{t=1}^{L}\boldsymbol{\varphi}(t)\boldsymbol{\varphi}^{\mathrm{T}}(t)\in\mathbb{R}^{n\times n}.$$

如果矩阵 $\boldsymbol{R}_L$ 是可逆的 (在这种情形, 我们说 $\boldsymbol{\varphi}(t)$ 是持续激励的, 输入 $u(t)$ 是持续激励信号), 那么 $\boldsymbol{\theta}$ 的 **最小二乘估计** (Least Squares Estimate, LSE) 为

$$\begin{aligned}\hat{\boldsymbol{\theta}} &= \left[\sum_{t=1}^{L}\boldsymbol{\varphi}(t)\boldsymbol{\varphi}^{\mathrm{T}}(t)\right]^{-1}\sum_{t=1}^{L}\boldsymbol{\varphi}(t)y(t)\\ &= \boldsymbol{R}_L^{-1}\sum_{t=1}^{L}\boldsymbol{\varphi}(t)y(t).\end{aligned}\tag{1.4.4}$$

将式 (1.4.2) 的 $y(t)$ 代入上式得到

$$\begin{aligned}\hat{\boldsymbol{\theta}} &= \boldsymbol{R}_L^{-1}\sum_{t=1}^{L}\boldsymbol{\varphi}(t)[\boldsymbol{\varphi}^{\mathrm{T}}(t)\boldsymbol{\theta}+v(t)]\\ &= \boldsymbol{\theta}+\boldsymbol{R}_L^{-1}\sum_{t=1}^{L}\boldsymbol{\varphi}(t)v(t).\end{aligned}\tag{1.4.5}$$

利用 $v(t)$ 是零均值白噪声的性质, 假设输入是确定性的 ($\boldsymbol{\varphi}(t)$ 和 $\boldsymbol{R}_L$ 也是确定性的), 式 (1.4.5) 取数学期望得到

$$\begin{aligned}\mathrm{E}[\hat{\boldsymbol{\theta}}] &= \boldsymbol{\theta}+\mathrm{E}\left[\boldsymbol{R}_L^{-1}\sum_{t=1}^{L}\boldsymbol{\varphi}(t)v(t)\right]\\ &= \boldsymbol{\theta}+\boldsymbol{R}_L^{-1}\sum_{t=1}^{L}\boldsymbol{\varphi}(t)\mathrm{E}[v(t)] = \boldsymbol{\theta}.\end{aligned}\tag{1.4.6}$$

这说明 $\hat{\boldsymbol{\theta}}$ 是 $\boldsymbol{\theta}$ 的 **无偏估计** (unbiased estimate).

定义参数估计误差向量 $\hat{\boldsymbol{\theta}}-\boldsymbol{\theta}$ 的 **协方差矩阵** (covariance matrix)

$$\boldsymbol{P}_L := \mathrm{E}[(\hat{\boldsymbol{\theta}}-\boldsymbol{\theta})(\hat{\boldsymbol{\theta}}-\boldsymbol{\theta})^{\mathrm{T}}] \in \mathbb{R}^{n\times n}.$$

注意到 $\boldsymbol{R}_L$ 是对称阵, 利用式 (1.4.5) 可得

$$\begin{aligned}\boldsymbol{P}_L &= \mathrm{E}\left[\left(\boldsymbol{R}_L^{-1}\sum_{t=1}^{L}\boldsymbol{\varphi}(t)v(t)\right)\left(\boldsymbol{R}_L^{-1}\sum_{t=1}^{L}\boldsymbol{\varphi}(t)v(t)\right)^{\mathrm{T}}\right]\\ &= \mathrm{E}\left[\left(\boldsymbol{R}_L^{-1}\sum_{t=1}^{L}\boldsymbol{\varphi}(t)v(t)\right)\left(\sum_{t=1}^{L}v(t)\boldsymbol{\varphi}^{\mathrm{T}}(t)\boldsymbol{R}_L^{-1}\right)\right].\end{aligned}$$

上式中两个和式交叉项相乘的数学期望为零, 所以可以简化为

$$\begin{aligned}\boldsymbol{P}_L &= \boldsymbol{R}_L^{-1}\sum_{t=1}^{L}\boldsymbol{\varphi}(t)\mathrm{E}[v^2(t)]\boldsymbol{\varphi}^{\mathrm{T}}(t)\boldsymbol{R}_L^{-1}.\\ &= \boldsymbol{R}_L^{-1}\sum_{t=1}^{L}\boldsymbol{\varphi}(t)\boldsymbol{\varphi}^{\mathrm{T}}(t)\boldsymbol{R}_L^{-1}\sigma^2\\ &= \boldsymbol{R}_L^{-1}\sigma^2 = \left(\frac{\boldsymbol{R}_L}{L}\right)^{-1}\frac{\sigma^2}{L}.\end{aligned}\tag{1.4.7}$$

从式 (1.4.7) 可以看出, 参数估计误差的协方差矩阵 $\boldsymbol{P}_L$ 取决于输入数据矩阵 $\boldsymbol{R}_L$ 和噪声方差 σ^2.

我们把矩阵 $\boldsymbol{R}_L$ 显式表达出来:

$$\begin{aligned}\frac{\boldsymbol{R}_L}{L}&=\frac{1}{L}\sum_{t=1}^{L}\boldsymbol{\varphi}(t)\boldsymbol{\varphi}^{\mathrm{T}}(t)\\&=\frac{1}{L}\sum_{t=1}^{L}\begin{bmatrix}u(t-1)\\u(t-2)\\\vdots\\u(t-n)\end{bmatrix}[u(t-1),u(t-2),\cdots,u(t-n)]\\&=\frac{1}{L}\sum_{t=1}^{L}\begin{bmatrix}u^2(t-1)&u(t-1)u(t-2)&\cdots&u(t-1)u(t-n)\\u(t-2)u(t-1)&u^2(t-2)&\cdots&u(t-2)u(t-n)\\\vdots&\vdots&&\vdots\\u(t-n)u(t-1)&u(t-n)u(t-2)&\cdots&u^2(t-n)\end{bmatrix}.\end{aligned}\tag{1.4.8}$$

当数据长度 L 很大时, 我们选择输入信号 $\{u(t)\}$ 满足

$$\frac{1}{L}\sum_{t=1}^{L}u(t-i)u(t-j)=\begin{cases}1, & i=j,\\0, & i\neq j.\end{cases}\tag{1.4.9}$$

(1) **单位方差白噪声输入信号**.

如果 $L\to\infty$, 由上式, 输入 $\{u(t)\}$ 可以看做是零均值、单位方差的不相关可测随机变量序列 (相当于单位方差白噪声). 在这种情况下, 有

$$\frac{\boldsymbol{R}_L}{L}=\boldsymbol{I}_n\tag{1.4.10}$$

和

$$\boldsymbol{P}_L=\left(\frac{\boldsymbol{R}_L}{L}\right)^{-1}\frac{\sigma^2}{L}=\frac{\sigma^2}{L}\boldsymbol{I}_n.\tag{1.4.11}$$

上式说明: 参数估计误差协方差阵 $\boldsymbol{P}_L$ 随数据长度 L 增大而减小, 即协方差阵 $\boldsymbol{P}_L$ 随 $1/L$ 衰减. 参数估计误差向量的方差为

$$\begin{aligned}\mathrm{E}[\|\hat{\boldsymbol{\theta}}-\boldsymbol{\theta}\|^2]&=\mathrm{tr}\{\mathrm{E}[(\hat{\boldsymbol{\theta}}-\boldsymbol{\theta})(\hat{\boldsymbol{\theta}}-\boldsymbol{\theta})^{\mathrm{T}}]\}\\&=\mathrm{tr}[\boldsymbol{P}_L]=\frac{n\sigma^2}{L}.\end{aligned}$$

上式说明: 参数估计向量均方误差 $\mathrm{E}[\|\hat{\boldsymbol{\theta}}-\boldsymbol{\theta}\|^2]$ 随数据长度 L 增大而减小, 随噪声方差 σ^2 增大而增大, 即反比于数据长度 L, 正比于噪声方差; 可近似认为参数估计误差 $\hat{\boldsymbol{\theta}}-\boldsymbol{\theta}$ 以 $1/\sqrt{L}$ 速度收敛于零.

在式 (1.4.9) 条件下, 利用式 (1.4.10), 由式 (1.4.4) 可知参数估计有下列简单表达形式:

$$\begin{aligned}\hat{\boldsymbol{\theta}}&=\boldsymbol{R}_L^{-1}\sum_{t=1}^{L}\boldsymbol{\varphi}(t)y(t)\\&=\frac{1}{L}\sum_{t=1}^{L}\boldsymbol{\varphi}(t)y(t).\end{aligned}$$

(2) **方差为 $\boldsymbol{\sigma_u^2}$ 的白噪声输入信号**.

由上述推导可知：如果输入 $\{u(t)\}$ 是零均值、方差为 σ_u^2 的不相关可测随机变量序列，那么有

$$\frac{\boldsymbol{R}_L}{L}=\boldsymbol{I}_n\sigma_u^2,$$

$$\hat{\boldsymbol{\theta}}=\frac{1}{L\sigma_u^2}\sum_{t=1}^{L}\boldsymbol{\varphi}(t)y(t),$$

$$\mathrm{E}[\|\hat{\boldsymbol{\theta}}-\boldsymbol{\theta}\|^2]=\frac{n\sigma^2}{L\sigma_u^2}=\frac{n}{L}\frac{\sigma^2}{\sigma_u^2}.$$

上式说明：如果噪声方差不变，加大输入信号方差可提高参数估计精度.

(3) **幅值为 $\boldsymbol{M}$ 的伪随机二进制持续激励信号**.

类似地，如果输入 $\{u(t)\}$ 采用零均值、幅值为 M 的 $+M$ 或 $-M$ 的持续激励信号，即 $\{u(t)\}$ 满足

$$\frac{1}{L}\sum_{t=1}^{L}u(t-i)u(t-j)=\begin{cases}M^2, i=j,\\ 0,\ \ i\neq j.\end{cases}\tag{1.4.12}$$

那么有

$$\frac{\boldsymbol{R}_L}{L}=\boldsymbol{I}_nM^2,\tag{1.4.13}$$

$$\hat{\boldsymbol{\theta}}=\frac{1}{LM^2}\sum_{t=1}^{L}\boldsymbol{\varphi}(t)y(t),\tag{1.4.14}$$

$$\mathrm{E}[\|\hat{\boldsymbol{\theta}}-\boldsymbol{\theta}\|^2]=\frac{n\sigma^2}{LM^2}=\frac{n}{L}\frac{\sigma^2}{M^2}.\tag{1.4.15}$$

上式说明：加大输入信号的幅值 M，有利于提高参数估计精度. 在获得参数估计 $\hat{\boldsymbol{\theta}}$ 后，根据式 (1.4.3) 可求得噪声方差的估计 (参见定理 3.3.4)：

$$\hat{\sigma}^2=\frac{1}{L-n}J(\hat{\boldsymbol{\theta}}),\quad n:=\dim\boldsymbol{\theta}.\tag{1.4.16}$$

因此，实验中使用输入信号 $u(t)$ 的幅度不宜过小. 输入信号幅度过小，会使系统中的噪声占主导地位，淹没有用的信号. 输入信号幅度也不宜过大，否则使系统进入非线性区域，更重要的是系统在稳定运行时，实验输入信号应在不影响系统正常生产下，幅值应尽量大；另外，输入 $\{u(t)\}$ 对系统的“净扰动”要小，即 $\{u(t)\}$ 中所含的直流分量 (即 $\{u(t)\}$ 的均值) 要尽可能地小，以保证系统不会偏离了正常的稳定工作状态.

上述分析表明：尽管白噪声作为持续激励输入信号有很好的性质 (在计算机仿真中经常用作输入信号)，参数估计也容易计算. 但是白噪声在工业中实现也是不允许的，例如，阀门开度如果剧烈地变化，容易受损坏. 实验信号通常采用幅值为 M 的 **伪随机二进制码** 形成的 **伪随机二进制序列** (Pseudo-Random Binary Sequence, **PRBS**)，简称 **M 序列**.

M 序列是 PRBS 的一种形式，是一个周期性持续激励序列. 它仅有两个值，由一个值变到另一个值要经过一段时间 (Δt 的整数倍，一个 Δt 称为一个节拍：bit) 才发生，且下一个 Δt 的状态与前一个 Δt 的状态相互独立. 这方面的材料可参见文献 [18].

在辨识仿真中, 可以使用 **Matlab 函数** idinput 产生输入信号. 该函数可以产生随机高斯信号, 随机二进制信号, 伪随机二进制信号, 正弦信号等, 用法如下.

```
U = IDINPUT(N,TYPE,BAND,LEVELS)

U: The generated input signal. A column vector or a N-by-Nu matrix.
N: The length of the input.
N = [N Nu] gives a N-by-Nu input (Nu input channels).
N = [P Nu M] gives a M*P-by-Nu input, periodic with period P
    and with M periods.
Default values are Nu = 1 and M =1 ;
TYPE: One of the following:
      'RGS': Generates a Random, Gaussian Signal.
      'RBS': Generates a Random, Binary Signal.
      'PRBS': Generates a Pseudo-random, Binary Signal.
      'SINE': Generates a sum-of-sinusoid signal.
      Default: TYPE = 'RBS'.
```

2. **采样周期选择** (choice of sampling periods)

实际系统一般都是连续时间系统, 采集数据需要经过采样处理. 采样周期的选择, 就是确定输入输出采样时间的间隔. 采样周期的选择直接影响辨识精度, 甚至影响系统的可辨识性.

实际系统选择采样周期, 应该考虑下列因素.

(1) 采样周期应满足 **奈奎斯特 – 香农采样定理** (Nyquist-Shannon sampling theorem) (**Nyquist–Shannon 采样定理**), 即采样速度不应低于系统 **截止频率** 的两倍. 这只是一个理论结果, 无法使用, 因为系统的传递函数是要辨识的, 其截止频率不可能知道.

(2) 采样周期 h 的选取不宜太小, 这是因为当 h 太小时, 如果系统是一个慢过程, 相邻时刻的输出采样值 $y(t)$ 与 $y(t-1)$ 可能没有差别, 导致包含输入输出数据乘积矩矩阵接近奇异, 导致病态方程组, 使辨识的解不可靠. 采样周期也不宜过太大, 太大时, 采集的信号的信息量损失太大, 直接影响辨识精度.

系统的快慢由系统的时间常数决定, 即由稳定系统特征值实部的倒数决定 (是由系统极点的位置决定的).

(3) 从信号分析的角度, 采样应尽可能快, 这样能采集到更多的信息, 精度才可能高. 然而, 对于实际问题, 只要能满足控制或预测精度要求即可, 因为采样周期太小, 单位时间内数据量太大, 计算处理太**耗时** (time-consuming), 增加设备负担.

(4) 采样周期难以有一个严格的规定. 它依赖系统的快速性, 即系统的上升时间和过渡过程时间 (5% 误差内的调节时间). **采样周期** h 的选择是很宽的. 工程上, 采样周期的选择可采用下面的经验公式,

$$h = \frac{t_s}{5 \sim 20},$$

其中 t_s 为过渡过程时间 (5% 误差内的调节时间). 此式说明: 在过渡过程内, 应该采样 5 到 20 个数据. 这只有通过多次实验得到.

3. **实验时间** 或确定数据长度 (test time or determining the data length)

理论分析表明: 参数估计误差一般随数据长度增加而减小. 用于辨识的数据长度 L 越长, 辨识精度越高. 因此, 数据长度应根据要求的辨识精度 (参数估计精度) 确定. 然而, 实际

中不允许实验时间太长, 再说实验时间太长也耗费人力和物力等. 在任何情况下, 数据长度一般应远远大于系统参数数目.

下面以 **有限脉冲响应模型** 描述的系统 (1.4.1) 为例说明实验时间长度 (数据长度) 的确定方法.

假设输入 $\{u(t)\}$ 采用零均值、幅值为 M 的 $+M$ 或 $-M$ 的持续激励信号, 且对某个数据长度 L, 已用某个辨识方法求出参数估计 $\hat{\boldsymbol{\theta}}$, 使用式 (1.4.16) 可以初步估算出噪声方差:

$$\begin{aligned}\hat{\sigma}^2 &= \frac{1}{L-n}J(\hat{\boldsymbol{\theta}}) \\ &= \frac{1}{L-n}\sum_{t=1}^{L}[y(t)-\boldsymbol{\varphi}^{\mathrm{T}}(t)\hat{\boldsymbol{\theta}}]^2.\end{aligned}$$

当参数估计值不准确时, 上式计算出的噪声方差估计只会偏大. 假设给定的参数估计精度为 ε, 即要求误差满足 $\|\hat{\boldsymbol{\theta}}-\boldsymbol{\theta}\| \leqslant \varepsilon$, 我们近似把 $\mathrm{E}[\|\hat{\boldsymbol{\theta}}-\boldsymbol{\theta}\|^2]$ 认为是 $\|\hat{\boldsymbol{\theta}}-\boldsymbol{\theta}\|^2$, 由式 (1.4.15) 可知, 参数估计误差应满足

$$\frac{n\hat{\sigma}^2}{LM^2} \leqslant \varepsilon^2.$$

因此, 在给定的辨识精度下, 实验数据长度 L 必须满足:

$$L \geqslant \frac{n\hat{\sigma}^2}{\varepsilon^2 M^2}.$$

至于 **ARX 模型** 的实验时间长度的确定, 情况要复杂一点.

4. **开环辨识** 还是 **闭环辨识**

如果系统允许, 一般应进行开环辨识 (open-loop identification) 实验, 等系统稳定后 [此时 $u(t)=u_0$ 和 $y(t)=y_0$ 为系统的稳定运行工作点], 再产生一个许可幅值 M 的 M 序列 $u^*(t)$ 作为实验输入信号, 叠加在 $u(t)$ 上, 记录系统的输出 $y(t)$ [输出的变化值为 $y^*(t)=y(t)-y_0$]. 利用输入信号和输出信号的变化值 $\{u^*(t), y^*(t)\}$ 进行模型辨识, 这相当于已经对输入输出数据进行零均值化了.

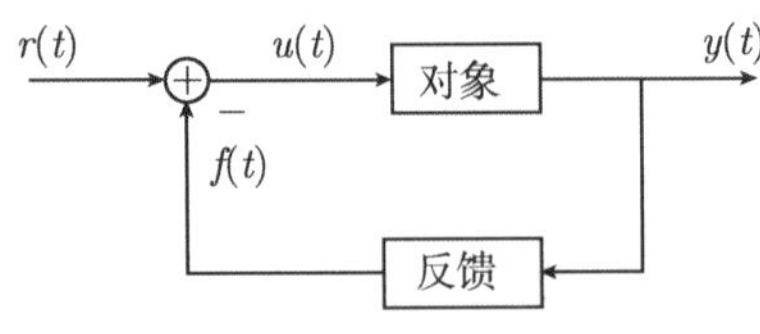

图 1.4.2　闭环系统辨识示意图

如果开环系统不稳定时, 就要进行闭环辨识 (closed-loop identification). 对于闭环系统来说, 参见图 1.4.2, 对象的输入 $u(t)$ (即控制输入) 是参考输入 $r(t)$ 与输出反馈信号 $f(t)$ 的叠加: $u(t)=r(t)-f(t)$, 同样是等闭环系统稳定后 [此时 $r(t)=r_0$, $u(t)=u_0$ 和 $y(t)=y_0$ 为系统的稳定运行工作点], 改变参考输入信号 (即在参考输入上加上一个 M 序列), 记录对象两端的输入输出数据, 利用其变化值进行模型辨识.

5. **离线辨识** 还是 **在线辨识**

离线辨识 (offline identification) 是在所有实验数据采集完了之后才计算参数估计结果. 而在线辨识 (online identification) 中采集数据和计算结果是同时进行的, 在实际中, 如果在系统的稳定工作点附近, 可看做一个时不变系统, 离线辨识即可, 也可进行在线辨识, 通过递

推算法实现. 但在基于辨识的自适应控制系统中, 辨识必须是在线的. 对于时变参数系统, 辨识也必须在线进行.

1.4.4 数据预处理

从辨识实验中收集到的输入输出数据在用于辨识前, 需要进行预处理. 基本的数据预处理方法有 **零均值化方法** 和 **数据滤波方法** 等.

采集的数据一般包含干扰噪声, 如常见的低频干扰、偏离、飘移和周期性变化等. 处理这种信号干扰有两种基本方法：去掉干扰或用噪声模型将干扰考虑进去.

零均值化方法可以去掉信号中的直流成分, 解决数据飘移、偏离问题; 数据滤波方法可以去掉信号中的高频干扰. 因此人们总是先处理数据, 然后进行辨识.

输入输出数据通常都含有直流成分, 用任何辨识方法都无法消除它们对辨识精度的影响. 此外, 数据中的高频成分对辨识也是不利的. 因此对输入输出数据要进行零均值化和剔除高频成分的预处理. 处理得好, 就能显著提高辨识的精度[18].

数据预处理的基本方法 (basic methods of data pre-processing) 如下.

1. **零均值化方法** (zero mean method)

不管是开环辨识实验, 还是闭环辨识实验, 一般要等系统稳定运行后再进行. 系统的稳定工作点记作 $u(t)=u_0$ 和 $y(t)=y_0$. 采集的数据通常是绝对的输入输出 (即观测到的输入输出) 值, 记作为 $u^*(t)$ 和 $y^*(t)$. 辨识一般使用输入输出的变化量 $u(t):=u^*(t)-u_0$ 和 $y(t):=y^*(t)-y_0$. 如果采用零均值的输入信号 (如 M 序列) 叠加在 u_0 上, 那么 u_0 和 y_0 可认为是输入和输出的均值.

设实际观测到的输入输出为 $u^*(t)$ 和 $y^*(t)$, 则零均值化后的输入输出数据为

$$u(t)=u^*(t)-\bar{u},\quad y(t)=y^*(t)-\bar{y}, \tag{1.4.17}$$

其中 $\bar{u}$ 和 $\bar{y}$ 分别为输入输出数据的直流分量 (均值). $\bar{u}$ 和 $\bar{y}$ 就是观测值的平均,

$$\bar{u}=\frac{1}{L}\sum_{t=1}^{L}u^*(t),\quad \bar{y}=\frac{1}{L}\sum_{t=1}^{L}y^*(t), \tag{1.4.18}$$

其中 L 为所考虑的数据长度. 这是一个离线计算均值的方法, 把所有的观测数据进行平均.

还有一种在线计算均值的方法. 实际中, 当前时刻 t 时的均值定义为直到时刻 t 的数据的平均, 因此这个在线均值与 t 有关, 其计算公式为

$$\bar{u}(t)=\frac{1}{t}\sum_{i=1}^{t}u^*(i),\quad \bar{y}(t)=\frac{1}{t}\sum_{i=1}^{t}y^*(i). \tag{1.4.19}$$

在线零均值化后的输入输出数据为

$$u(t)=u^*(t)-\bar{u}(t),\quad y(t)=y^*(t)-\bar{y}(t). \tag{1.4.20}$$

由式 (1.4.19) 可以得到时刻 t 在线均值的递推计算式：

$$\bar{u}(t)=\frac{1}{t}\sum_{i=1}^{t}u^*(i)=\frac{1}{t}u^*(t)+\frac{1}{t}\sum_{i=1}^{t-1}u^*(i)$$

$$\begin{aligned}&=\frac{1}{t}u^*(t)+\frac{t-1}{t}\frac{1}{t-1}\sum_{i=1}^{t-1}u^*(i)\\&=\frac{1}{t}u^*(t)+\frac{t-1}{t}\bar{u}(t-1)\\&=\bar{u}(t-1)+\frac{1}{t}[u^*(t)-\bar{u}(t-1)],\end{aligned}\tag{1.4.21}$$

$$\bar{y}(t)=\bar{y}(t-1)+\frac{1}{t}[y^*(t)-\bar{y}(t-1)].\tag{1.4.22}$$

2. **差分方法** (difference method)

由式 (1.4.17) 可得

$$u^*(t)=u(t)+\bar{u},\quad y^*(t)=y(t)+\bar{y}.\tag{1.4.23}$$

上式说明：对每一个 t, 观测输入输出 $u^*(t)$ 和 $y^*(t)$ 分别都包含了常数均值 $\bar{u}$ 和 $\bar{y}$. 相邻时刻数据观测值之差 $u^*(t)-u^*(t-1)$ 和 $y^*(t)-y^*(t-1)$ 就不包含均值了, 且

$$\begin{aligned}&u^*(t)-u^*(t-1)=u(t)-u(t-1),\\&y^*(t)-y^*(t-1)=y(t)-y(t-1).\end{aligned}$$

因此, 可用观测值之差进行辨识. 设 z^{-1} 是单位后移算子：$z^{-1}y(t)=y(t-1)$. 则有

$$(1-z^{-1})y(t)=y(t)-y(t-1)=:\Delta y(t).$$

考虑差分方程描述的系统：

$$A(z)y(t)=B(z)u(t)+v(t).\tag{1.4.24}$$

辨识算法中所用的输入输出数据应该是经过零均值化处理、不含直流偏差的, 但是实际观测到的输入输出含有偏差, 所以方程两边同时乘以 $(1-z^{-1})$ 得到

$$A(z)(1-z^{-1})y(t)=B(z)(1-z^{-1})u(t)+(1-z^{-1})v(t)$$

或

$$A(z)\Delta y(t)=B(z)\Delta u(t)+\Delta v(t).\tag{1.4.25}$$

其中差分 $\Delta u(t)$ 和 $\Delta y(t)$ 分别为

$$\begin{aligned}&\Delta u(t)=u(t)-u(t-1)=u^*(t)-u^*(t-1),\\&\Delta y(t)=y(t)-y(t-1)=y^*(t)-y^*(t-1).\end{aligned}$$

那么可以直接利用 $\Delta u(t)$ 和 $\Delta y(t)$ 进行辨识, 它们不再含有直流分量. 这样实际上间接地对输入输出数据进行了零均值处理.

值得注意的是, 如果输入采用零均值随机噪声, 采用差分方法, 利用 $\Delta u(t)$ 和 $\Delta y(t)$ 进行辨识, 因为噪声之差还是随机噪声, 但是如果输入采用方波 (如 M 序列), 那么 $\Delta u(t)$ 就变成了脉冲和一些零值, 可能会影响辨识效果. 采用差分后, 噪声模型的结构也发生变化了, 这种方法可以处理噪声为非零均值情形, 因为 $\Delta v(t)=v(t)-v(t-1)$ 的均值为零.

3. **方程常数方法** (equation constant method)

通常用于辨识的输入输出数据需要进行零均值化. 如果用非零均值输入输出数据进行辨识, 可能导致参数估计误差很大, 这可以在待辨识模型中加入一未知常数项来解决. 下面用 CARMA 模型加以说明.

假设测量的输入数据和输出数据分别为 $\{u'(t)\}$ 和 $\{y'(t)\}$, 它们的均值为 $\mathrm{E}[u'(t)] = \mu_u$ 和 $\mathrm{E}[y'(t)] = \mu_y$ (未知的). 令

$$u(t) := u'(t) - \mu_u, \tag{1.4.26}$$

$$y(t) := y'(t) - \mu_y. \tag{1.4.27}$$

则 $\{u(t)\}$ 和 $\{y(t)\}$ 是零均值输入数据序列和零均值输出数据序列. 假设用于辨识的 **CARMA 模型** 为

$$A(z)y(t) = B(z)u(t) + D(z)v(t), \tag{1.4.28}$$

$\{v(t)\}$ 可认为是零均值干扰随机噪声序列, $A(z)$, $B(z)$ 和 $D(z)$ 是单位后移算子 z^{-1} 的多项式 $[z^{-1}y(t) = y(t-1)]$:

$$A(z) = 1 + a_1z^{-1} + a_2z^{-2} + \cdots + a_{n_a}z^{-n_a},$$

$$B(z) = b_1z^{-1} + b_2z^{-2} + \cdots + b_{n_b}z^{-n_b},$$

$$D(z) = 1 + d_1z^{-1} + d_2z^{-2} + \cdots + d_{n_d}z^{-n_d},$$

a_i, b_i 和 d_i 是要用输入输出数据 $\{u(t), y(t)\}$ 进行辨识的参数.

将式 (1.4.26) 和式 (1.4.27) 代入式 (1.4.28) 得到

$$A(z)[y'(t) - \mu_y] = B(z)[u'(t) - \mu_u] + D(z)v(t),$$

或

$$A(z)y'(t) = B(z)u'(t) + D(z)v(t) + A(1)\mu_y - B(1)\mu_u, \tag{1.4.29}$$

其中

$$A(z)\mu_y = A(1)\mu_y = (1 + a_1 + a_2 + \cdots + a_{n_a})\mu_y,$$

$$B(z)\mu_u = B(1)\mu_u = (b_1 + b_2 + \cdots + b_{n_b})\mu_u.$$

令 $f := A(1)\mu_y - B(1)\mu_u$, 就得到一个带有静态未知扰动 f 的 CARMA 模型:

$$A(z)y'(t) = B(z)u'(t) + D(z)v(t) + f. \tag{1.4.30}$$

这个模型中, $\{y'(t)\}$ 和 $\{u'(t)\}$ 是非零均值输出输入数据, 我们把未知静态扰动 (确定性扰动) f 看作一个参数进行辨识, 从而解决使用非零均值数据辨识的问题.

这个方法是在原模型中加一个未知常数, 故我们把这种方法称为方程常数方法[24].

4. **数据预滤波方法** (data pre-filtering method)

用一个 **线性滤波器** (linear filter) 对系统输入输出数据进行滤波, 不会改变线性系统的输入输出关系, 但可能改变系统干扰噪声的结构, 达到提高辨识精度的目的.

考虑下列系统,

$$y(t)=G(z)u(t)+H(z)v(t).$$

其中 $v(t)$ 为白噪声, $G(z)$ 是系统模型的传递函数, $H(z)$ 是噪声模型的传递函数. $w(t):=H(z)v(t)$ 是有色噪声, 即 **相关噪声** (correlated noise).

为了去掉输入输出数据中的高频成分, 可采用 **低通滤波器** (low pass filter) $L(z)$ 对输入输出数据进行滤波. 当然, 滤波器也可根据实际情况进行选择.

上述方程两边同乘以线性滤波器 $L(z)$ 得到

$$L(z)y(t)=G(z)L(z)u(t)+L(z)H(z)v(t).$$

令

$$y_{\rm f}(t):=L(z)y(t),\quad u_{\rm f}(t):=L(z)u(t).$$

因此, 有

$$y_{\rm f}(t)=G(z)u_{\rm f}(t)+L(z)H(z)v(t).$$

如果取 $L(z)=\dfrac{1}{H(z)}$, 那么上式化为一个白噪声干扰的 **输出误差模型** (Output Error model, **OE 模型**):

$$y_{\rm f}(t)=G(z)u_{\rm f}(t)+v(t).$$

然而噪声模型的传递函数 $H(z)$ 是未知, 在递推算法中, 通常采用其估计 $\hat{H}(z)$, 即取

$$L(z)=\frac{1}{\hat{H}(z)}$$

来对输入输出数据进行滤波 (参见文献 [25] 中的基于滤波的递推辨识算法).

1.5　辨识方法的类别

辨识方法 (估计方法) 有很多类别. **辨识方法的类别** 按其计算方式可分为一次完成算法、递推估计方法 (递推辨识方法) 和迭代估计方法 (迭代辨识方法); 按其实时性可分为在线估计方法 (在线辨识方法) 和离线估计方法 (离线辨识方法); 按其属性特征可分为最小二乘估计算法、最小均方估计算法、梯度估计算法、随机逼近估计算法、辅助模型辨识方法、多新息辨识方法、递阶辨识方法、极大似然辨识方法、贝叶斯辨识方法 (Bayesian identification method) 等, 时不变参数估计方法和时变参数估计方法, 以及随机参数估计方法等. 下面简单介绍最小二乘辨识方法、梯度辨识方法、辅助模型辨识方法、多新息辨识方法、递阶辨识方法, 耦合辨识方法, 这些方法将在本书中详细介绍.

1.5.1　最小二乘辨识方法

18 世纪末, 德国数学家高斯 (Johann Carl Friedrich Gauss, 1777 年 4 月 30 日 ~1855 年 2

月 23 日) 首先提出了最小二乘法, 他用最小二乘法计算天体运行的轨道. 这一方法后来被广泛用于系统辨识领域. 20 世纪 60 年代, 随着电子计算机的普及, 系统辨识方法 (参数估计方法) 有了飞速的发展. 为了选出使得模型输出与系统输出 $y(t)$ 尽可能接近的参数估计值, 可用模型与系统输出的误差的平方和来度量接近程度. 使误差平方和最小的参数值即为所求的估计值.

在系统辨识领域中, **最小二乘法** (least squares method) 是一种基本的参数估计方法. 它可用于动态系统辨识, 也可用于静态系统参数拟合; 可用于线性系统, 也可用于非线性系统; 可用于离线估计, 也可用于在线估计; 可用于递推算法, 也可用于迭代算法. 最小二乘法有离线辨识方法和在线辨识方法, 递推辨识和迭代辨识方法.

针对不同的用途, 对最小二乘法进行修正, 就得到了各种相应的最小二乘类辨识算法. 如用于辨识方程误差类模型的递推最小二乘类辨识方法[26], 用于辨识输出误差类模型的辅助模型最小二乘类辨识方法和随机梯度辨识方法[27~30], 用于辨识有色噪声干扰系统的辅助变量最小二乘算法[31, 32], 能够改善辨识精度的最小二乘迭代辨识算法和多新息最小二乘辨识算法[33], 能够降低计算量的递阶最小二乘辨识算法和递阶最小二乘迭代辨识算法等[34~36].

1.5.2 梯度辨识方法

梯度类辨识方法 (gradient type identification method) 的特点是算法中没有协方差矩阵. 与最小二乘法相比, 梯度算法计算量小.

梯度辨识方法的准则函数可采用模型输出与系统输出的误差的平方, 也可采用模型输出与系统输出的误差的平方和. 而最小二乘辨识方法的准则函数只能采用模型输出与系统输出的误差的平方和.

梯度辨识方法是沿着准则函数负梯度方向搜索参数估计 (即通常所说的最速下降法). 梯度辨识方法只能以递推或迭代算法形式实现.

梯度辨识方法派生出许多类型. 如随机梯度辨识算法[37, 38], 遗忘梯度辨识算法[39], 梯度迭代辨识算法[30, 36, 40], 多新息随机梯度辨识算法[41~43], 多新息遗忘梯度辨识算法[41], 能够降低计算量的递阶随机梯度算法和递阶梯度迭代辨识算法等[44].

1.5.3 辅助模型辨识方法

辅助模型辨识思想 (auxiliary model identification idea) 是本书作者在其硕士论文《多变量系统辨识》中提出的[45]. 辅助模型辨识方法主要是针对辨识模型信息向量中存在未知项的辨识难题提出的. **辅助模型辨识** (auxiliary model identification) 的基本思想是, 借助于一个辅助模型, 用系统的可测信息建立一个辅助模型, 用辅助模型的输出代替系统的不可测变量 (即信息向量中的未知项) 的一种辨识方法, 并且通过选择辅助模型的参变量 (参数), 使**辅助模型** (auxiliary model) 的输出逼近这些不可测变量, 从而获得系统参数的一致估计. 辅助模型辨识方法是估计输出误差类模型参数的一种有效方法.

最近, 辅助模型辨识思想已经推广用于解决双率 (多率) 采样数据系统[27~29]、损失数据系统[33, 46, 47], 以及输入非线性输出误差系统的辨识问题[48] 等, 相关论文都发表在国际期刊上.

1.5.4　多新息辨识方法

多新息辨识理论 (multi-innovation identification theory) 是近年来发展起来的新辨识理论. 它是本书作者在其博士学位论文《时变参数系统辨识及其应用》中提出的[49]. 多新息辨识方法是受文献 [50] 算法间断迭代思想的启发, 最初用类比方法, 直接给出了变递推间隔多新息广义投影辨识算法的数学表达式[51]. 后经过深入研究, 从理论上详细推导了多新息投影辨识算法、多新息随机梯度算法、多新息最小二乘辨识算法、变递推间隔多新息最小二乘算法等等. 这使得多新息辨识算法有了严密的数学基础[33, 41, 43, 52].

一般单输入单输出系统递推辨识算法时刻 t 的参数估计 $\hat{\boldsymbol{\theta}}(t) \in \mathbb{R}^n$ 等于前一时刻的参数估计 $\hat{\boldsymbol{\theta}}(t-1)$ 加上增益向量 $\boldsymbol{L}(t) \in \mathbb{R}^n$ 与标量新息 $e(t) \in \mathbb{R}$ 的乘积, 即

$$\hat{\boldsymbol{\theta}}(t) = \hat{\boldsymbol{\theta}}(t-1) + \boldsymbol{L}(t)e(t),$$

我们把这个标量新息 $e(t)$ 加以推广, 就导出了 **多新息辨识方法** (multi-innovation identification method)[41, 51]. 对标量系统而言, 将算法中的标量新息 $e(t) \in \mathbb{R}^1$ 推广为 **新息向量** $\boldsymbol{E}(p,t) \in \mathbb{R}^p$, 即 **多新息** (multi-innovation) (这就是多新息辨识方法名称的由来), 为使矩阵乘法维数兼容, **增益向量** $\boldsymbol{L}(t) \in \mathbb{R}^n$ 须推广为 **增益矩阵** (gain matrix) $\boldsymbol{\Phi}(p,t) \in \mathbb{R}^{n\times p}$, 那么多新息辨识算法可以写作

$$\hat{\boldsymbol{\theta}}(t) = \hat{\boldsymbol{\theta}}(t-1) + \boldsymbol{\Phi}(p,t)\boldsymbol{E}(p,t),$$

其中 $p \geqslant 1$ 为 **新息长度** (innovation length).

我们把基于多新息的辨识理论称为 **多新息辨识理论**, 把基于多新息理论的辨识方法称为 **多新息辨识方法**[33,41～43,51,52].

1.5.5　递阶辨识方法

递阶辨识原理 (hierarchical identification principle), 即分解辨识原理是本书作者博士毕业不久, 1996 年给清华大学硕士、博士研究生讲授 "大系统理论及应用" 时, 受大系统递阶控制的 **分解 – 协调原理** (decomposition–coordination principle) 的启发提出的, 从而建立了递阶辨识原理. 递阶辨识原理不仅可用于解决维数大、变量数多的大系统辨识的计算量大问题[53], 而且对所谓的小系统、具有复杂结构耦合多变量系统的辨识也非常有用. 如在多变量系统传递函数阵 **主模型** (main model) 的递阶辨识方面, 显示出其独到的特点.

递阶辨识原理分三步.

第 1 步: 辨识模型分解为一些子辨识模型;

第 2 步: 采用最小二乘原理分别辨识这些子模型;

第 3 步: 协调处理各子辨识算法间的关联项.

在递阶辨识领域, 基于 **递阶辨识原理**, 本书作者等首次提出了传递函数主模型的递阶梯度迭代辨识方法和递阶随机梯度辨识方法[44]、递阶最小二乘迭代辨识方法和递阶最小二乘辨识方法[34], 提出了状态空间模型的递阶辨识方法[54]、双率系统提升状态空间模型的递阶辨识方法[55] 等, 相关论文都发表在国际权威期刊《Automatica》和《IEEE Transactions》上.

我们把基于递阶辨识原理的辨识方法称为 **递阶辨识方法**[34,44,52～57].

1.5.6 耦合辨识方法

耦合辨识概念 (coupling identification concept) 是继笔者提出和建立辅助模型辨识思想、多新息辨识理论、递阶辨识原理后, 新近提炼形成的一种辨识理念和方法.

耦合辨识概念是本书作者在清华大学攻读硕士学位, 学习萧德云教授讲授的 "过程辨识" 多变量线性过程的参数估计方法时, 受到具有公分母特征值多项式传递函数阵的多变量系统递推最小二乘估计方法, 以及子系统辨识方法的启发, 经过多年的思考提炼形成的. 耦合辨识概念主要用于研究结构复杂、子系统间存在参数耦合的线性或非线性多变量系统辨识问题. 也就是说, 耦合辨识概念是研究参数耦合多变量系统辨识的理论与方法. 耦合辨识中的耦合是并非指多变量系统不同通道输入和输出变量间的耦合关系, 而是指多变量系统的一些子系统辨识模型间的参数耦合关系, 说明多变量子系统辨识算法参数估计间的耦合关系. 本书作者第一篇耦合辨识研究论文 "Partially coupled stochastic gradient identification methods for non-uniformly sampled systems (非均匀采样系统的部分参数耦合随机梯度辨识方法)" 发表在 2010 年国际期刊《IEEE Transactions on Automatic Control》上[58].

耦合辨识概念可以用于参数耦合多变量系统的辨识, 可以结合现存的辨识方法 (如递推最小二乘辨识方法[6]、辅助模型辨识方法[7]、多新息辨识方法[9]、递阶辨识方法 (两阶段或多阶段辨识方法)[5]、迭代辨识方法[8]、基于滤波的递推最小二乘辨识方法[25]、牛顿方法[59] 等, 研究各种干扰噪声模型的多变量系统辨识问题, 提出相应的耦合辨识方法.

1.6 小 结

本章简述了一些建模方法, 从辨识准则函数的优化方法角度, 丰富了先前辨识的三要素, 提出了更为确切的辨识四要素, 阐述了辨识的新定义, 介绍了一些系统模型与辨识模型, 说明了时变参数辨识应注意的问题, 简述了辨识的基本步骤与辨识目的, 包括辨识实验设计与数据预处理, 简单介绍了一些典型的辨识方法及其类别, 包括最小二乘辨识方法、梯度辨识方法、辅助模型辨识方法、多新息辨识方法、递阶辨识方法、耦合辨识方法等.

这一章是辨识导引性介绍, 后继将依次介绍有关辨识精度与辨识的基本问题, 以及辅助模型辨识思想、多新息辨识理论、递阶辨识原理、耦合辨识概念及其相应的辨识方法等. 一些经典的最小二乘辨识方法和梯度辨识方法可参见文献 [18], [23], [60]~[62], 其他辨识综述论文可参见文献 [63]"多率系统建模与辨识" 和文献 [64] "时变系统辨识方法及其收敛定理".

本章主要内容已在《南京信息工程大学学报 (自然科学版)》连载:

"丁锋. 系统辨识 (1): 辨识导引. 南京信息工程大学学报 (自然科学版), 2011, 3(1): 1–22."

"Ding F. System identification: Part A – Introduction to the identification. Journal of Nanjing University of Information Science & Technology (Natural Science Edition), 2011, 3(1): 1–22."

1.7 思 考 题

1. 简述系统辨识、控制理论、状态估计所研究的问题.

2. 简述系统结构、结构指数、系统阶次的异同.
3. 简述机理辨识方法与统计辨识方法的区别.
4. 你认为该书总结的辨识四要素与先前辨识三要素相比, 强调了什么, 为什么?
5. 简述线性系统与线性参数系统的区别.
6. 简述双线性系统与双线性参数系统的区别.
7. 参考输入信号设计的相关内容, 说明当噪声 $\{v(t)\}$ 方差为 1 时, 下列等式成立:

$$\begin{aligned}\boldsymbol{P}_L &:= \mathrm{E}[(\hat{\boldsymbol{\theta}}-\boldsymbol{\theta})(\hat{\boldsymbol{\theta}}-\boldsymbol{\theta})^{\mathrm{T}}]\\ &= \left[\sum_{t=1}^{L}\boldsymbol{\varphi}(t)\boldsymbol{\varphi}^{\mathrm{T}}(t)\right]^{-1}.\end{aligned}$$

这就是我们将

$$\boldsymbol{P}(t) := \left[\sum_{j=1}^{t}\boldsymbol{\varphi}(j)\boldsymbol{\varphi}^{\mathrm{T}}(j)\right]^{-1}$$

称为参数估计误差协方差阵的缘由[65].

8. 假设 θ_i 是未知参数, $\theta_i(t)$ 是未知时变参数, $v(t)$ 是噪声, 写出下列系统的辨识模型,

(1) $y(t)=\theta_1+\theta_2 t+\theta_3\mathrm{e}^t+1$,

(2) $y(t)=u(t)+\theta_2 u^2(t)+\theta_3 u^3(t)+\cdots+\theta_m u^m(t)+v(t)$,

(3) $y(t)=\theta_1 u(t-1)+\theta_2 u^2(t-2)+\cdots+\theta_n u^n(t-n)+v(t)$,

(4) $y(t)=\theta_1 y(t-1)+\theta_2 y(t-2)y(t-3)+\theta_3 u(t)+\theta_4 u(t-1)+v(t)$,

(5) $y(t)+\theta_1(t)y(t-1)+\theta_2 y(t-2)=\theta_3 u(t-1)+\theta_4 u(t-2)+v(t)$,

(6) $y(t)+\theta_1(t)y(t-1)y(t-2)=\theta_2 tu(t-1)+\theta_3(t)u^2(t-1)+v(t)$,

(7) $y(t)+\theta_1\sin(t/\pi)y(t-1)=\theta_2(t)u(t-1)+\theta_3\cos(t)+v(t)$,

(8) $y(t)+\theta_1(t)y(t-1)y(t-2)=\theta_2 u(t-1)+\theta_3 t^2u^2(t-2)+v(t)$.

9. 假设 θ_i 是未知参数, v 是噪声, 写出下列系统的辨识模型,

(1) $y(t)=\theta_1+\theta_2 t+\mathrm{e}^t$,

(2) $y(t)=\theta_1+\theta_2 t+\mathrm{e}^t+2\cos(t)$,

(3) $y(t)=\theta_1+\theta_2 t+\dfrac{1}{\theta_3}t^2+v(t)$,

(4) $y(t)=\theta_1+\theta_2 t+\theta_3+\mathrm{e}^t+v(t)$.

10. 假设 a, b, c 和 d 是未知参数, v 是噪声, 写出下列系统的辨识模型,

(1) $y=ax^2+bx+c+d\ln|x|+d$,

(2) $y=ax^2+\dfrac{x}{b}+c+d\ln(|x|+1)$,

(3) $y=ax^2+\dfrac{x+1}{b}+\mathrm{e}^c\cos(x/\pi)$,

(4) $y=ax^2+\dfrac{x}{b}+\mathrm{e}^{\pi c}\dfrac{\sin(x/\pi)}{x/\pi}+\dfrac{1}{b}$,

(5) $y=ax_1+bx_2+\cdots+cx_n+d+v$,

(6) $y=ax_1+bx_2+\cdots+cx_n+dx_1x_2\cdots x_n+v$,

(7) $y=ax_1+b\mathrm{e}^{x_2}+\cdots+\pi c\sin(x_n)+v$,

(8) $y(t)=ax_1(t)+bx_2(t)+\cdots+cx_n(t)+dx_1(t)x_2(t)\cdots x_n(t)+v(t)$.

11. 写出下列线性系统的辨识模型,

$$(1)\quad y(t)=\frac{b_1z^{-1}+b_2z^{-2}+\cdots+b_nz^{-n}}{1+a_1z^{-1}+a_2z^{-2}+\cdots+a_nz^{-n}}u(t),$$

$$(2)\quad y(t)=\frac{b_1z^{-1}+b_2z^{-2}+\cdots+b_nz^{-n}}{1+a_1z^{-1}+a_2z^{-2}+\cdots+a_nz^{-n}}u(t)+v(t).$$

12. 写出下列非线性系统的辨识模型,

$$(1)\quad y(t)=au^2(t)+bu(t)+2c+d\sin\left(\frac{t}{\pi}\right),$$

$$(2)\quad y(t)=au^2(t)+bu(t)+d+2d\cos\left(\frac{t}{\pi}\right),$$

$$(3)\quad y(t)=a_1y(t-1)+a_2y^2(t-2)+\frac{1}{b_0}[u(t)+b_1u(t-1)].$$

13. 简述一次完成辨识算法、递推辨识算法和迭代辨识算法间的区别.

14. 建立预测模型和建立控制模型应注意什么?

15. 简述辅助模型辨识思想、多新息辨识理论、递阶辨识原理、耦合辨识概念.

16. 设输入输出数据的均值的计算公式为

$$\bar{u}(t)=\frac{1}{t}\sum_{j=1}^{t}u^*(j),\quad \bar{y}(t)=\frac{1}{t}\sum_{j=1}^{t}y^*(j).$$

证明均值 $\bar{u}(t)$ 和 $\bar{y}(t)$ 的递推计算式为

$$\bar{u}(t)=\bar{u}(t-1)+\frac{1}{t}[u^*(t)-\bar{u}(t-1)],$$
$$\bar{y}(t)=\bar{y}(t-1)+\frac{1}{t}[y^*(t)-\bar{y}(t-1)].$$

17. 设 b_i 和 c_i $(i=1,2,\cdots,n)$ 满足

$$b_ic_j=\delta_{ij}=\begin{cases}1, & i=j,\\ 0, & i\neq j,\end{cases}$$

那么下列等式成立:

$$\left[\sum_{i=1}^{n}a_ib_i\right]\left[\sum_{i=1}^{n}c_id_i\right]=\sum_{i=1}^{n}a_id_i.$$

18. 设 $\boldsymbol{\varphi}(t)\in\mathbb{R}^n$ 为信息向量, $v(t)\in\mathbb{R}$ 为零均值、方差 σ^2 的随机噪声, 定义数据乘积矩阵:

$$\boldsymbol{R}_L:=\sum_{t=1}^{L}\boldsymbol{\varphi}(t)\boldsymbol{\varphi}^{\mathrm{T}}(t).$$

说明下列等式成立的条件,

$$\begin{aligned}\boldsymbol{P}_L&=\mathrm{E}\left[\left(\boldsymbol{R}_L^{-1}\sum_{t=1}^{L}\boldsymbol{\varphi}(t)v(t)\right)\left(\boldsymbol{R}_L^{-1}\sum_{t=1}^{L}\boldsymbol{\varphi}(t)v(t)\right)^{\mathrm{T}}\right]\\&=\mathrm{E}\left[\left(\boldsymbol{R}_L^{-1}\sum_{t=1}^{L}\boldsymbol{\varphi}(t)v(t)\right)\left(\sum_{t=1}^{L}v(t)\boldsymbol{\varphi}^{\mathrm{T}}(t)\boldsymbol{R}_L^{-1}\right)\right]\\&=\boldsymbol{R}_L^{-1}\sum_{t=1}^{L}\boldsymbol{\varphi}(t)\mathrm{E}[v^2(t)]\boldsymbol{\varphi}^{\mathrm{T}}(t)\boldsymbol{R}_L^{-1}.\end{aligned}$$

$$= \boldsymbol{R}_L^{-1} \sum_{t=1}^{L} \boldsymbol{\varphi}(t)\boldsymbol{\varphi}^{\mathrm{T}}(t)\boldsymbol{R}_L^{-1}\sigma^2$$

$$= \boldsymbol{R}_L^{-1}\sigma^2 = \left(\frac{\boldsymbol{R}_L}{L}\right)^{-1} \frac{\sigma^2}{L}.$$

19. 什么是系统可辨识性? 一个不能控和 (或) 不可观的系统是否可辨识?

20. 指出下列系统哪些是系统可辨识的, 哪些是参数可辨识的, (x_j, y_j) $(j = 1, 2, \cdots)$ 是观测数据, a, b, c, d 是系统参数, 并写出它们的辨识模型.

(1) $y = ax^2 + b\ln x + c,$

(2) $y = ax^2 + b\ln x + c^2,$

(3) $y = ax^2 + b\ln x + \ln c,$

(4) $y = ax^2 + b\ln x + \mathrm{e}^c,$

(5) $y = ax^2 + b\ln x + \sin(c),$

(6) $y = ax^2 + b(\ln x + d),$

(7) $y = ax^2 + b\ln x + \dfrac{1}{d+1},$

(8) $y = ax^2 + b\ln^2 x + c\ln x + \dfrac{1}{d+1}.$

21. 什么是持续激励信号与持续激励条件, 激励条件一般有哪几种?

22. 简述几乎必然收敛性、依概率 1 收敛、均方收敛、有界收敛性.

23. 设 $\boldsymbol{A} \in \mathbb{R}^{n\times n}$, 且 $\boldsymbol{A}\boldsymbol{A}^{\mathrm{T}} = \boldsymbol{I}$, $|\boldsymbol{A}| < 0$, 证明 $|\boldsymbol{A} + \boldsymbol{I}| = 0$.

第 2 章　系统描述的基本模型

控制是一切科学问题的核心. 数学模型是一切控制问题的基础. 事物的运动规律用方程描述就是 **数学模型** (mathematical model). 不同学科的发展就是建立其数学模型的过程. 本书首次把线性动态系统数学模型分为三类：时间序列模型, 方程误差类模型, 输出误差类模型. 本章详细介绍线性系统的一些基本数学模型, 包括连续系统离散化和模型等价变换, 单输入单输出随机系统模型, 多变量系统模型, 类多变量系统模型, 多输入和多输出系统 (传递函数阵主模型、子模型、子子模型, 多输入单输出系统模型, 单输入多输出系统模型等).

2.1　引　　言

现代科学文明的标志是控制理论与自动化技术飞速发展. 控制论与自动化的辉煌成就 —— 高集成度计算机芯片的生产和广泛应用, 就是控制理论与自动化技术发展的极致和光辉典范. 控制论引起了社会和经济发展的巨大变革[1~4]. 一架飞机 (飞行器) 升天执行任务, 就是一个控制问题. 一座化工厂、一座炼油厂, 一旦设备安装好, 剩余的生产就是一个自动化控制问题, 而且生产这些设备的过程也是一个自动化控制问题[5].

当今物联网技术 (传感网技术) 就是控制理论与自动化技术发展的最高体现, 自动化就是通过对客观事物的感知、检测、传输、信息采集、加工处理, 实现对客观事物的控制, 达到认识自然, 改造自然, 为人类造福的目的.

万物离不开控制. 科学技术的发展离不开计算, 离不开控制. 计算离不开方程, 离不开模型, 计算机更离不开模型. 数学模型是控制理论与自动化的基础. 事物的运动规律用方程描述就是数学模型.

数学模型 有静态与动态之分, 随时间演变的模型称为动态模型, 否则称为静态模型. 数学模型有线性与非线性之分, 输入输出满足叠加原理的模型称为线性模型, 否则称为非线性模型. 数学模型有确定性与随机性之分, 模型中变量受到随机干扰的系统称为随机系统 (**随机模型**), 否则称为确定性系统 (确定性模型). 本书作者首次把随机系统分为 “时间序列模型”、“方程误差类模型” 和 “输出误差类模型” 三大类, 使系统模型的定义和辨识算法的类别变得十分清晰. 在此基础上, 详细介绍线性系统的基本数学模型, 包括连续系统离散化方法和模型等价变换 (阶跃不变变换、双线性变换和欧拉变换、脉冲不变 $z-s$ 变换、离散状态空间模型化为差分方程模型), 单输入单输出随机系统、多变量系统、类多变量系统、多输入和多输出系统 (时间序列模型、方程误差模型和输出误差类模型), 以及传递函数阵主模型、子模型、子子模型, 多输入单输出系统模型, 单输入多输出系统模型等.

2.2　线性系统模型变换

特作申明：本书中有的变量上下文使用了不同的定义, 只要一个变量重新定义了, 就采用新的定义. “$A =: X$” 或 “$X := A$” 表示 “A 记作 (定义为) X” 之意.

(线性) 系统可以用多种模型描述, 如微分方程模型, 状态空间模型, 传递函数模型等. 尽管连续系统辨识方法也有不少研究, 但是由于数字计算机的使用, 使得离散系统辨识方法在理论与应用上都占主流.

本节介绍连续系统离散化、阶跃不变变换、双线性变换和欧拉变换, 以及本书作者提出的广义双线性变换、$z-s$ 变换和离散模型化为差分方程模型.

假设单输入单输出连续时间系统的 **状态空间模型** (state space model) 描述为

$$\begin{cases}\dot{\boldsymbol{x}}(t)=\boldsymbol{A}\boldsymbol{x}(t)+\boldsymbol{b}u(t),\ \boldsymbol{x}(t_0)=\boldsymbol{x}_0,\\ y(t)=\boldsymbol{c}\boldsymbol{x}(t)+du(t),\end{cases} \tag{2.2.1}$$

其中 $\boldsymbol{x}(t)\in\mathbb{R}^n$ 是系统的 (n 维) **状态向量** (state vector), $u(t)\in\mathbb{R}$ 和 $y(t)\in\mathbb{R}$ 分别为系统的输入和输出, $\boldsymbol{A}\in\mathbb{R}^{n\times n}$, $\boldsymbol{b}\in\mathbb{R}^n$, $\boldsymbol{c}\in\mathbb{R}^{1\times n}$ 和 $d\in\mathbb{R}$ 均为常数 **系统矩阵** (system matrices). 状态空间模型 (2.2.1) 常记作 $[\boldsymbol{A},\boldsymbol{b},\boldsymbol{c},d]$. 方程 (2.2.1) 的第 1 式称为 **状态方程** (state equation), 第 2 式称为 **输出方程** (output equation).

2.2.1 阶跃不变变换

下面先推导状态方程的解, 然后给出阶跃不变变换. 方程 (2.2.1) 的第 1 式两边左乘以 $\mathrm{e}^{-\boldsymbol{A}t}$, 移项可得

$$\mathrm{e}^{-\boldsymbol{A}t}\dot{\boldsymbol{x}}(t)-\mathrm{e}^{-\boldsymbol{A}t}\boldsymbol{A}\boldsymbol{x}(t)=\mathrm{e}^{-\boldsymbol{A}t}\boldsymbol{b}u(t)$$

或

$$\mathrm{d}[\mathrm{e}^{-\boldsymbol{A}t}\boldsymbol{x}(t)]=\mathrm{e}^{-\boldsymbol{A}t}\boldsymbol{b}u(t)\mathrm{d}t.$$

上式两边从 t_0 到 t 积分可得

$$\mathrm{e}^{-\boldsymbol{A}t}\boldsymbol{x}(t)-\mathrm{e}^{-\boldsymbol{A}t_0}\boldsymbol{x}(t_0)=\int_{t_0}^{t}\mathrm{e}^{-\boldsymbol{A}\tau}\boldsymbol{b}u(\tau)\mathrm{d}\tau.$$

两边左乘 $\mathrm{e}^{\boldsymbol{A}t}$, 移项得到 **状态解** 和 **输出解** 为

$$\boldsymbol{x}(t)=\mathrm{e}^{\boldsymbol{A}(t-t_0)}\boldsymbol{x}(t_0)+\int_{t_0}^{t}\mathrm{e}^{\boldsymbol{A}(t-\tau)}\boldsymbol{b}u(\tau)\mathrm{d}\tau, \tag{2.2.2}$$

$$\begin{aligned}y(t)&=\boldsymbol{c}\boldsymbol{x}(t)+du(t)\\&=\boldsymbol{c}\mathrm{e}^{\boldsymbol{A}(t-t_0)}\boldsymbol{x}(t_0)+\boldsymbol{c}\int_{t_0}^{t}\mathrm{e}^{\boldsymbol{A}(t-\tau)}\boldsymbol{b}u(\tau)\mathrm{d}\tau+du(t),\ t\geqslant t_0.\end{aligned} \tag{2.2.3}$$

由于同一系统可以用不同模型描述, 为了揭示模型之间的联系, 或是人们出于某种需要, 经常要进行 **模型等价变换** (model equivalence transform). 在 Matlab 中, **有些函数直接实现模型之间相互转换**, 如 c2d 把连续系统转换为离散系统, d2c 把离散系统转换为连续系统, tf2ss 把传递函数转换为状态空间模型, ss2tf 把状态空间模型转化为传递函数模型, 等等.

连续系统离散化, 需要一定的假设. 在不同假设下, 得到的离散模型是不同的. 如果输入采用方波信号, 即输入端采用零阶保持器, 得到离散系统的方法称为阶跃响应不变变换. 此外还有脉冲响应不变变换、斜坡响应不变变换、双线性变换等. 这些方法可借助于 Matlab

的帮助命令 “help c2d” 等查询其功能. 常用的离散化方法是阶跃响应不变变换, 它保证离散系统的输出等于连续系统在采样点的输出值, 因而在计算机控制系统中广泛使用.

设 **采样周期** (sampling period) 为 T, 采用 **零阶保持器** (zero-order hold), 即 $u(t)=u(kT)$, $kT\leqslant t<(k+1)T$. 记 $\boldsymbol{x}(kT)=:\boldsymbol{x}(k)$, $u(kT)=:u(k)$, $y(kT)=:y(k)$, 则 **连续时间状态空间模型** (2.2.1) 对应的 **离散时间状态空间模型** 为

$$\begin{cases}\boldsymbol{x}(k+1)=\boldsymbol{G}\boldsymbol{x}(k)+\boldsymbol{f}u(k),\\ \quad y(k)=\boldsymbol{c}\boldsymbol{x}(k)+du(k),\end{cases}\tag{2.2.4}$$

其中

$$\boldsymbol{G}:=\mathrm{e}^{\boldsymbol{A}T},\quad \boldsymbol{f}:=\int_0^T\mathrm{e}^{\boldsymbol{A}t}\mathrm{d}t\boldsymbol{b}=\boldsymbol{A}^{-1}[\boldsymbol{G}-\boldsymbol{I}]\boldsymbol{b},\tag{2.2.5}$$

其中 $\boldsymbol{I}$ 为适当维数的单位阵, 最后一个等式假设 $\boldsymbol{A}$ 可逆.

证明 将 $t_0=kT$ 和 $t=(k+1)T$ 代入式 (2.2.2), 可得

$$\begin{aligned}\boldsymbol{x}(k+1)&=\mathrm{e}^{\boldsymbol{A}T}\boldsymbol{x}(k)+\int_{kT}^{(k+1)T}\mathrm{e}^{\boldsymbol{A}(kT+T-\tau)}\boldsymbol{b}u(\tau)\mathrm{d}\tau\\&=\mathrm{e}^{\boldsymbol{A}T}\boldsymbol{x}(k)+\int_{kT}^{(k+1)T}\mathrm{e}^{\boldsymbol{A}(kT+T-\tau)}\mathrm{d}\tau\boldsymbol{b}u(k).\end{aligned}$$

进行变量置换: $t=kT+T-\tau$, 可得

$$\begin{aligned}\boldsymbol{x}(k+1)&=\mathrm{e}^{\boldsymbol{A}T}\boldsymbol{x}(k)-\int_T^0\mathrm{e}^{\boldsymbol{A}t}\mathrm{d}t\boldsymbol{b}u(k)\\&=\mathrm{e}^{\boldsymbol{A}T}\boldsymbol{x}(k)+\int_0^T\mathrm{e}^{\boldsymbol{A}t}\mathrm{d}t\boldsymbol{b}u(k)\\&=\boldsymbol{G}\boldsymbol{x}(k)+\boldsymbol{f}u(k),\end{aligned}$$

离散输出方程为

$$y(k)=\boldsymbol{c}\boldsymbol{x}(k)+du(k).$$

由此直接得到关系式 (2.2.5), 证毕. □

从式 (2.2.1) 到式 (2.2.4) 的变换称为阶跃响应不变变换 (step response invariance transform), 简称为 **阶跃不变变换**. 当然, 还有 **脉冲响应不变变换** (impulse response invariance transform)、**斜坡响应不变变换** (slope response invariance transform) 等.

例 2.2.1 试将下列状态空间模型 **离散化** (discretization):

$$\begin{cases}\dot{\boldsymbol{x}}(t)=\begin{bmatrix}-1&0\\1&-2\end{bmatrix}\boldsymbol{x}(t)+\begin{bmatrix}1\\2\end{bmatrix}u(t),\\ y(t)=[2,1]\boldsymbol{x}(t).\end{cases}$$

解 先求 **转移矩阵** $\boldsymbol{\Phi}(t)=\mathrm{e}^{\boldsymbol{A}t}$,

$$(s\boldsymbol{I}-\boldsymbol{A})^{-1}=\begin{bmatrix}s+1&0\\-1&s+2\end{bmatrix}^{-1}$$

$$= \begin{bmatrix} \frac{1}{s+1} & 0 \\ \frac{1}{s+1} - \frac{1}{s+2} & \frac{1}{s+2} \end{bmatrix}.$$

进行 **Laplace 逆变换** 得到

$$\begin{aligned} \boldsymbol{\Phi}(t) &= \mathrm{e}^{\boldsymbol{A}t} = \mathscr{L}^{-1}[(s\boldsymbol{I} - \boldsymbol{A})^{-1}] \\ &= \begin{bmatrix} \mathrm{e}^{-t} & 0 \\ \mathrm{e}^{-t} - \mathrm{e}^{-2t} & \mathrm{e}^{-2t} \end{bmatrix}. \end{aligned}$$

于是有

$$\boldsymbol{G} = \mathrm{e}^{\boldsymbol{A}T} = \begin{bmatrix} \mathrm{e}^{-T} & 0 \\ \mathrm{e}^{-T} - \mathrm{e}^{-2T} & \mathrm{e}^{-2T} \end{bmatrix},$$

$$\begin{aligned} \boldsymbol{f} &= \int_0^T \mathrm{e}^{\boldsymbol{A}t} \mathrm{d}t \boldsymbol{b} \\ &= \begin{bmatrix} -\mathrm{e}^{-t} & 0 \\ -\mathrm{e}^{-t} + \frac{1}{2}\mathrm{e}^{-2t} & -\frac{1}{2}\mathrm{e}^{-2t} \end{bmatrix}_{t=0}^{t=T} \begin{bmatrix} 1 \\ 2 \end{bmatrix} \\ &= \begin{bmatrix} 1 - \mathrm{e}^{-T} & 0 \\ \frac{1}{2} - \mathrm{e}^{-T} + \frac{1}{2}\mathrm{e}^{-2T} & \frac{1}{2} - \frac{1}{2}\mathrm{e}^{-2T} \end{bmatrix} \begin{bmatrix} 1 \\ 2 \end{bmatrix} \\ &= \begin{bmatrix} 1 - \mathrm{e}^{-T} \\ \frac{3}{2} - \mathrm{e}^{-T} - \frac{1}{2}\mathrm{e}^{-2T} \end{bmatrix}. \end{aligned}$$

2.2.2 双线性变换和欧拉变换

1. 双线性变换

Z 变换算子 z 与 **拉普拉斯变换** (Laplace transform) 算子 s 间有如下关系,

$$z = \mathrm{e}^{Ts},$$

其中 T 为采样周期. 用泰勒级数展开, 取其一次项作下列近似,

$$z = \mathrm{e}^{Ts} = \frac{\mathrm{e}^{\frac{T}{2}s}}{\mathrm{e}^{-\frac{T}{2}s}} \approx \frac{1 + \frac{T}{2}s}{1 - \frac{T}{2}s} = \frac{2 + Ts}{2 - Ts}, \tag{2.2.6}$$

或

$$s = \frac{2}{T}\frac{z-1}{z+1}. \tag{2.2.7}$$

式 (2.2.6) 和式 (2.2.7) 即为 **双线性变换** (bilinear transform). 因此, $G(s)$ 与 $G(z)$ 之间的近似变换关系为

$$\begin{cases} G(z) = G(s)\Big|_{s=\frac{2}{T}\frac{z-1}{z+1}}, \\ G(s) = G(z)\Big|_{z=\frac{2+Ts}{2-Ts}}. \end{cases}$$

2. **欧拉变换**

我们也可以作如下一次近似,

$$z = \mathrm{e}^{Ts} \approx 1 + Ts, \tag{2.2.8}$$

或

$$s = \frac{z-1}{T}. \tag{2.2.9}$$

式 (2.2.8) 和式 (2.2.9) 即为 **欧拉变换** (Euler transform).

3. **广义双线性变换**

下面导出一种具有更普遍意义的近似变换[23, 49]. 用泰勒级数展开取其一次项近似, 可得

$$z = \mathrm{e}^{Ts} = \frac{\mathrm{e}^{asT}}{\mathrm{e}^{-(1-a)Ts}} \approx \frac{1+aTs}{1-(1-a)Ts}, \quad 0 \leqslant a \leqslant 1, \tag{2.2.10}$$

或

$$s = \frac{1}{T}\frac{z-1}{a+(1-a)z} = \frac{1}{(1-a)T}\frac{z-1}{z+\dfrac{a}{1-a}}. \tag{2.2.11}$$

式 (2.2.10) 和式 (2.2.11) 是本书作者提出的 **广义双线性变换** (generalized bilinear transform). 当 $a = 0.5$ 时, 广义双线性变换退化为双线性变换.

当 $a = 0$, $a = \frac{1}{3}$, $a = \frac{1}{2}$, $a = \frac{2}{3}$, $a = 1$ 和 $a \in (0, 1)$ 时, 广义双线性变换如表 2.2.1 所示.

表 2.2.1 广义双线性变换表

序号	a 值	变换式		名称
1	0	$z = \dfrac{1}{1-Ts}$,	$s = \dfrac{1}{T}\dfrac{z-1}{z}$	
2	$\frac{1}{3}$	$z = \dfrac{3+Ts}{3-2Ts}$,	$s = \dfrac{3}{2T}\dfrac{z-1}{z+\frac{1}{2}}$	
3	$\frac{1}{2}$	$z = \dfrac{2+Ts}{2-Ts}$,	$s = \dfrac{2}{T}\dfrac{z-1}{z+1}$	双线性变换
4	$\frac{2}{3}$	$z = \dfrac{3+2Ts}{3-Ts}$,	$s = \dfrac{3}{T}\dfrac{z-1}{z+2}$	
5	1	$z = 1 + Ts$,	$s = \dfrac{1}{T}(z-1)$	Euler 变换
6	$(0, 1)$	$z = \dfrac{1+aTs}{1-(1-a)Ts}$,	$s = \dfrac{1}{(1-a)T}\dfrac{z-1}{z+\frac{a}{1-a}}$	

2.2.3 脉冲不变 $z-s$ 变换

双线性变换和欧拉变换的方法简单, 但精度低, 误差大, 往往难以满足工程要求. 本书作者在其博士学位论文中, 根据 **奈奎斯特–香农采样定理** (Nyquist–Shannon sampling theorem) (**Nyquist–Shannon 采样定理**) 和 **恢复定理** 推导了脉冲不变 $z-s$ 变换, 它可以保证连续时间模型与离散时间模型转换的精度[23, 49, 66].

设 $G(s)$ 为连续系统传递函数, $G(z)$ 为离散系统传递函数. 一般从 $G(s)$ 获得 $G(z)$ 的步骤如下,

$$G(s) \xrightarrow{\mathscr{L}^{-1}} g(t) \xrightarrow{t=kT} g(kT) \xrightarrow{Z} G(z), \tag{2.2.12}$$

其中 $\mathscr{L}^{-1}$ 为拉普拉斯逆变换, T 为采样周期, Z 为 Z 变换. 实现过程: 先把 $G(s)$ 进行拉普拉斯逆变换得到脉冲响应 $g(t)$, 对 $g(t)$ 进行采样, 得到 $g(kT)$ $(k=0,1,2,\cdots)$, 再对 $g(kT)$ 进行 Z 变换得到 $G(z)$.

从 $G(z)$ 获得 $G(s)$ 的步骤如下,

$$G(z) \xrightarrow{Z^{-1}} g(kT) \xrightarrow{f(*)} g(t) \xrightarrow{\mathscr{L}} G(s), \tag{2.2.13}$$

其中 Z^{-1} 为 **逆 Z 变换** (inverse Z transform) 符号, $f(*)$ 为 **内插函数** (interpolation function), $\mathscr{L}$ 为拉普拉斯变换. 实现过程: 先把 $G(z)$ 进行逆 Z 变换得到 $g(kT)$, 再根据香农恢复定理, 进行插值得到 $g(t)$, 再对 $g(t)$ 进行拉普拉斯变换得到 $G(s)$.

在一般情况下, 若给定 $G(s)$ 和采样周期 T, 由 $G(s)$ 得到的 $G(z)$ 是唯一的; 由 $G(z)$ 得到的 $G(s)$ 不是唯一的, 但我们希望得到一个通解的方法. 以上计算过程特别繁琐, 这里给出由 $G(s)$ 直接求 $G(z)$, 或由 $G(z)$ 直接求 $G(s)$ 的一种方法, 称为 $z-s$ **变换** ($z-s$ transform).

定理 2.2.1 [23,49] 有理传递函数 $G(s)$ 与离散传递函数 $G(z)$ 构成下列 $z-s$ **变换** 对:

$$G(z)=\frac{1}{2\pi \mathrm{j}}\oint_c G(s)\frac{z}{z-\mathrm{e}^{Ts}}\mathrm{d}s, \tag{2.2.14}$$

$$G(s)=\frac{1}{2\pi \mathrm{j}}\oint_c \frac{G(z)}{z\left(s-\dfrac{1}{T}\ln z\right)}\mathrm{d}z, \tag{2.2.15}$$

其中 c 是包围 $G(s)$ 或 $G(z)$ 所有 **极点** (poles) 的曲线. 用 **留数** (residue) 形式给出的 $z-s$ 变换对为

$$\begin{aligned}G(z)&=\sum_{i=1}^{m}\frac{1}{(n_i-1)!}\frac{\mathrm{d}^{n_i-1}}{\mathrm{d}s^{n_i-1}}\left[(s-s_i)^{n_i}G(s)\frac{z}{z-\mathrm{e}^{Ts}}\right]_{s=s_i}\\&=\sum\left[G(s)\frac{z}{z-\mathrm{e}^{Ts}}\text{在}G(s)\text{极点处的留数}\right],\end{aligned} \tag{2.2.16}$$

$$\begin{aligned}G(s)&=\sum_{i=1}^{m}\frac{1}{(n_i-1)!}\frac{\mathrm{d}^{n_i-1}}{\mathrm{d}z^{n_i-1}}\left[(z-z_i)^{n_i}\frac{G(z)}{z\left(s-\dfrac{1}{T}\ln z\right)}\right]_{z=z_i}\\&=\sum\left[\frac{G(z)}{z\left(s-\dfrac{1}{T}\ln z\right)}\text{在 }G(z)\text{ 极点处的留数}\right],\end{aligned} \tag{2.2.17}$$

其中 s_i 是 $G(s)$ 的极点, z_i 是 $G(z)$ 的极点, n_i 是极点的阶数.

以上是脉冲响应不变变换的 $z-s$ 变换对 (简称脉冲不变 $z-s$ 变换), 还有阶跃响应不变变换的 $z-s$ 变换对 (简称阶跃不变 $z-s$ 变换), 这里暂不作介绍. 只有当输入为脉冲信号时, 脉冲不变 $z-s$ 变换离散系统的输出等于连续系统在采样点的值.

例 2.2.2 设系统的传递函数为

$$G(s)=\frac{cs+d}{(s+a)(s+b)},$$

采样周期为 T, 试求 $G(z)$.

解 根据 $z-s$ 变换, 有

$$\begin{aligned}G(z)&=\frac{1}{2\pi\mathrm{j}}\oint_c G(s)\frac{z}{z-\mathrm{e}^{Ts}}\mathrm{d}s\\&=\frac{1}{2\pi\mathrm{j}}\oint_c\frac{cs+d}{(s+a)(s+b)}\frac{1}{1-\mathrm{e}^{Ts}z^{-1}}\mathrm{d}s\\&=\frac{-ac+d}{b-a}\frac{1}{1-\mathrm{e}^{-aT}z^{-1}}+\frac{-bc+d}{a-b}\frac{1}{1-\mathrm{e}^{-bT}z^{-1}}\\&=\frac{1}{b-a}\frac{(b-a)c+[(ac-d)\mathrm{e}^{-bT}+(d-bc)\mathrm{e}^{-aT}]z^{-1}}{1-(\mathrm{e}^{-aT}+\mathrm{e}^{-bT})z^{-1}+\mathrm{e}^{-(a+b)T}z^{-2}}.\end{aligned}$$

当 $c=0$ 时, 有变换对:

$$G(s)=\frac{d}{(s+a)(s+b)},$$

$$G(z)=\frac{1}{b-a}\frac{d(\mathrm{e}^{-aT}-\mathrm{e}^{-bT})z^{-1}}{1-(\mathrm{e}^{-aT}+\mathrm{e}^{-bT})z^{-1}+\mathrm{e}^{-(a+b)T}z^{-2}}.$$

2.2.4 离散模型化为差分方程模型

在连续时间系统中, 用 t 表示连续时间变量; 在离散时间系统中, 用 k 表示离散时间变量, 即表示变量在时刻 $t=kT$ 取值 (T 为采样周期). 在这里作一个约定: 我们都用 t 表示时间变量, 连续系统中 t 表示连续时间变量, 离散系统中 t 表示离散时间变量.

下面讨论化一般状态空间模型为差分方程的方法. 考虑单输入单输出时不变 **离散时间系统状态空间模型**,

$$\begin{cases}\boldsymbol{x}(t+1)=\boldsymbol{A}\boldsymbol{x}(t)+\boldsymbol{b}u(t),\\ \quad y(t)=\boldsymbol{c}\boldsymbol{x}(t)+du(t),\end{cases}\tag{2.2.18}$$

其中 $\boldsymbol{x}(t)\in\mathbb{R}^n$ 是系统的状态向量, $u(t)\in\mathbb{R}$ 和 $y(t)\in\mathbb{R}$ 分别为系统的输入和输出, $\boldsymbol{A}\in\mathbb{R}^{n\times n}$, $\boldsymbol{b}\in\mathbb{R}^n$, $\boldsymbol{c}\in\mathbb{R}^{1\times n}$ 和 $d\in\mathbb{R}$ 均为常数矩阵.

引入单位前移算子 z 或后移算子 z^{-1}: $zy(t)=y(t+1)$ 和 $z^{-1}y(t)=y(t-1)$. 式 (2.2.18) 用移位算子表示为

$$\begin{cases}z\boldsymbol{x}(t)=\boldsymbol{A}\boldsymbol{x}(t)+\boldsymbol{b}u(t),\\ \ y(t)=\boldsymbol{c}\boldsymbol{x}(t)+du(t).\end{cases}$$

解得

$$\boldsymbol{x}(t)=(z\boldsymbol{I}-\boldsymbol{A})^{-1}\boldsymbol{b}u(t),$$

$$y(t)=[\boldsymbol{c}(z\boldsymbol{I}-\boldsymbol{A})^{-1}\boldsymbol{b}+d]u(t)=:G(z)u(t).\tag{2.2.19}$$

从输入 $u(t)$ 到输出 $y(t)$ 的传递函数为

$$\begin{aligned}G(z)&=\boldsymbol{c}(z\boldsymbol{I}-\boldsymbol{A})^{-1}\boldsymbol{b}+d\\&=\frac{\boldsymbol{c}\,\mathrm{adj}[z\boldsymbol{I}-\boldsymbol{A}]\boldsymbol{b}}{\det[z\boldsymbol{I}-\boldsymbol{A}]}+d\\&=\frac{z^{-n}\boldsymbol{c}\,\mathrm{adj}[z\boldsymbol{I}-\boldsymbol{A}]\boldsymbol{b}+dz^{-n}\det[z\boldsymbol{I}-\boldsymbol{A}]}{z^{-n}\det[z\boldsymbol{I}-\boldsymbol{A}]}.\end{aligned}\tag{2.2.20}$$

这揭示了系统传递函数 $G(z)$ 与状态空间模型间的关系. 这里 $\mathrm{adj}[z\boldsymbol{I}-\boldsymbol{A}]$ 是 $z\boldsymbol{I}-\boldsymbol{A}$ 的 **伴随矩阵** (adjoint matrix), 有下列关系,

$$(z\boldsymbol{I}-\boldsymbol{A})^{-1}=\frac{\mathrm{adj}[z\boldsymbol{I}-\boldsymbol{A}]}{\det[z\boldsymbol{I}-\boldsymbol{A}]}.$$

定义 n 次多项式:

$$\begin{aligned}\alpha(z)&:=z^{-n}\det[z\boldsymbol{I}-\boldsymbol{A}]\\&=z^{-n}(z^n+\alpha_1z^{n-1}+\alpha_2z^{n-2}+\cdots+\alpha_n)\\&=1+\alpha_1z^{-1}+\alpha_2z^{-2}+\cdots+\alpha_nz^{-n},\end{aligned}\tag{2.2.21}$$

$$\begin{aligned}\beta(z)&:=z^{-n}\boldsymbol{c}\,\mathrm{adj}[z\boldsymbol{I}-\boldsymbol{A}]\boldsymbol{b}+dA(z)\\&=\beta_0+\beta_1z^{-1}+\beta_2z^{-2}+\cdots+\beta_nz^{-n}.\end{aligned}\tag{2.2.22}$$

这里 $\alpha(z)$ 为系统 (矩阵 $\boldsymbol{A}$) 的 **特征多项式** (characteristic polynomial). 使用上述定义和式 (2.2.20), 由式 (2.2.19) 有

$$y(t)=\frac{\beta(z)}{\alpha(z)}u(t).\tag{2.2.23}$$

上式又可表示为算子多项式方程:

$$\alpha(z)y(t)=\beta(z)u(t).\tag{2.2.24}$$

这个方程称为 **确定性自回归滑动平均模型** (Deterministic AutoRegressive Moving Average model, **DARMA 模型**). 将多项式 $\alpha(z)$ 和 $\beta(z)$ 的定义式代入上式可得

$$(1+\alpha_1z^{-1}+\alpha_2z^{-2}+\cdots+\alpha_nz^{-n})y(t)=(\beta_0+\beta_1z^{-1}+\beta_2z^{-2}+\cdots+\beta_nz^{-n})u(t).$$

展开得到 **差分方程** (difference equation),

$$\begin{aligned}&y(t)+\alpha_1y(t-1)+\alpha_2y(t-2)+\cdots+\alpha_ny(t-n)\\&\quad=\beta_0u(t)+\beta_1u(t-1)+\beta_2u(t-2)+\beta_3u(t-3)+\cdots+\beta_nu(t-n).\end{aligned}\tag{2.2.25}$$

上式中 α_i 和 β_i 称为 **系统参数** (system parameter), n 称为 **系统阶次** (system order).

注: 由于一般状态空间模型 (2.2.18) 中有 $n^2+2n+1=(n+1)^2$ 个参数, 而差分方程模型 (2.2.25) 或传递函数表达 (2.2.23) 只有 $2n+1$ 个参数. 而规范状态空间规范型中也只有 $2n+1$ 个参数, 因此, 一般把状态空间模型化成差分方程模型或状态空间规范型进行辨识.

例 2.2.3　试将状态空间模型

$$\begin{cases} \boldsymbol{x}(t+1) = \begin{bmatrix} -1 & 1 \\ 1 & -2 \end{bmatrix} \boldsymbol{x}(t) + \begin{bmatrix} 1 \\ 2 \end{bmatrix} u(t), \\ \quad y(t) = [2,\ 1]\boldsymbol{x}(t) \end{cases}$$

化为差分方程模型.

解 对于本例, 有

$$\boldsymbol{A} = \begin{bmatrix} -1 & 1 \\ 1 & -2 \end{bmatrix}, \quad \boldsymbol{b} = \begin{bmatrix} 1 \\ 2 \end{bmatrix}, \quad \boldsymbol{c} = [2,\ 1], \quad d = 0.$$

由于

$$\begin{aligned} (z\boldsymbol{I} - \boldsymbol{A})^{-1} &= \begin{bmatrix} z+1 & -1 \\ -1 & z+2 \end{bmatrix}^{-1} \\ &= \frac{1}{(z+1)(z+2)-1} \begin{bmatrix} z+2 & 1 \\ 1 & z+1 \end{bmatrix} \\ &= \frac{\begin{bmatrix} z+2 & 1 \\ 1 & z+1 \end{bmatrix}}{z^2+3z+1}, \\ G(z) &= \boldsymbol{c}(z\boldsymbol{I} - \boldsymbol{A})^{-1}\boldsymbol{b} + d \\ &= [2,\ 1] \frac{\begin{bmatrix} z+2 & 1 \\ 1 & z+1 \end{bmatrix}}{z^2+3z+1} \begin{bmatrix} 1 \\ 2 \end{bmatrix} \\ &= \frac{[2z+5,\ z+3]}{z^2+3z+1} \begin{bmatrix} 1 \\ 2 \end{bmatrix} \\ &= \frac{4z+11}{z^2+3z+1}. \end{aligned}$$

根据 $y(t) = G(z)u(t)$, 有

$$y(t) = \frac{4z+11}{z^2+3z+1} u(t).$$

或

$$(z^2+3z+1)y(t) = (4z+11)u(t).$$

两边乘以 z^{-2} 得到

$$(1+3z^{-1}+z^{-2})y(t) = (4z^{-1}+11z^{-2})u(t).$$

对应的差分方程为

$$y(t) + 3y(t-1) + y(t-2) = 4u(t-1) + 11u(t-2).$$

状态空间模型 (2.2.18) 的状态解和输出解为

$$\begin{cases} \boldsymbol{x}(t) = \boldsymbol{A}^t \boldsymbol{x}(0) + \sum_{i=0}^{t-1} \boldsymbol{A}^{t-i-1} \boldsymbol{b} u(i), \\ y(t) = \boldsymbol{c}\boldsymbol{A}^t \boldsymbol{x}(0) + \sum_{i=0}^{t-1} \boldsymbol{c}\boldsymbol{A}^{t-i-1} \boldsymbol{b} u(i) + du(t),\ k \geqslant 0. \end{cases} \tag{2.2.26}$$

式中 $\boldsymbol{A}^t$ 为 **状态转移矩阵**, $\boldsymbol{x}(0)$ 为状态初始值.

实际系统经常存在这样或那样的干扰, 且这些干扰往往具有随机性, 通常把这些干扰统称为随机噪声. 上面讨论的 DARMA 模型是一类 **确定性系统模型** (deterministic system model), 当把干扰噪声项加到确定性模型上, 就得到 **随机系统模型** (stochastic system model). 由于存在干扰项, 对随机系统而言, 经常使用术语 **系统模型** (system model) (确定性部分) 和 **噪声模型** (noise model) (干扰部分).

2.3 随机系统模型

为方便起见, 设 $\{u(t)\}$ 为系统输入序列, $\{y(t)\}$ 为系统观测输出序列, $\{v(t)\}$ 为零均值随机白噪声序列, z^{-1} 为单位后移算子: $z^{-1}y(t)=y(t-1)$ 或 $zy(t)=y(t+1)$, $A(z)$, $B(z)$, $C(z)$, $D(z)$ 和 $F(z)$ 是算子 z^{-1} 的常系数时不变多项式, 定义如下,

$$
\begin{aligned}
A(z)&:=1+a_1z^{-1}+a_2z^{-2}+\cdots+a_{n_a}z^{-n_a},\ a_i\in\mathbb{R},\\
B(z)&:=b_1z^{-1}+b_2z^{-2}+\cdots+b_{n_b}z^{-n_b},\ b_i\in\mathbb{R},\\
C(z)&:=1+c_1z^{-1}+c_2z^{-2}+\cdots+c_{n_c}z^{-n_c},\ c_i\in\mathbb{R},\\
D(z)&:=1+d_1z^{-1}+d_2z^{-2}+\cdots+d_{n_d}z^{-n_d}, d_i\in\mathbb{R},\\
F(z)&:=1+f_1z^{-1}+f_2z^{-2}+\cdots+f_{n_f}z^{-n_f}, f_i\in\mathbb{R}.
\end{aligned}
$$

多项式 **系数** (coefficient) a_i, b_i, c_i, d_i 和 f_i 为模型参数. 假设 **阶次** (order) n_a, n_b, n_c, n_d 和 n_f 已知. 根据移位算子的性质, 有

$$
\begin{aligned}
A(z)y(t)&=(1+a_1z^{-1}+a_2z^{-2}+\cdots+a_{n_a}z^{-n_a})y(t)\\
&=y(t)+a_1y(t-1)+a_2y(t-2)+\cdots+a_{n_a}y(t-n_a),\\
B(z)u(t)&=(b_1z^{-1}+b_2z^{-2}+\cdots+b_{n_b}z^{-n_b})u(t)\\
&=b_1u(t-1)+b_2u(t-2)+\cdots+b_{n_b}u(t-n_b),\\
D(z)v(t)&=(1+d_1z^{-1}+d_2z^{-2}+\cdots+d_{n_d}z^{-n_d})v(t)\\
&=v(t)+d_1v(t-1)+d_2v(t-2)+\cdots+d_{n_d}v(t-n_d),\ \text{etc.}
\end{aligned}
$$

本书作者首次把系统模型可以分为三类: 一类是 **时间序列模型**, 一类是 **方程误差类模型**, 一类是 **输出误差类模型**. 下面讨论这些模型.

2.3.1 时间序列模型

时间序列模型 (time series models) 有三个基本模型: 自回归 (AR) 模型, 滑动平均 (MA) 模型, 自回归滑动平均 (ARMA) 模型. 此外, 还有确定性 ARMA 模型 (简称为 DARMA 模型) 和带积分 ARMA 模型 (简称为 ARIMA 模型), 也可归于时间序列模型. 时间序列模型中有两个变量, 一个是观测 $y(t)$, 一个是随机白噪声 $v(t)$.

(1) **自回归模型** (AutoRegressive model, **AR 模型**),

$$A(z)y(t)=v(t), \tag{2.3.1}$$

其特征是方程的一边为白噪声项, 写成差分方程为

$$y(t)+a_1y(t-1)+a_2y(t-2)+\cdots+a_{n_a}y(t-n_a)=v(t).$$

文献 [67] 研究了自回归模型的多新息随机梯度和多新息最小二乘辨识方法. 周毅和丁锋讨论了依等价 AR 模型阶次递增的参数估计方法[68,69]; 丁洁等研究了损失观测数据时间序列 AR 模型的参数估计方法[70].

(2) **滑动平均模型** (Moving Average model, **MA 模型**),

$$y(t)=D(z)v(t), \tag{2.3.2}$$

其特征是方程的一边为观测项 $y(t)$, 写成差分方程为

$$y(t)=v(t)+d_1v(t-1)+d_2v(t-2)+\cdots+d_{n_d}v(t-n_d).$$

丁锋等分析了非平稳 ARMA 过程递推最小二乘辨识算法和随机梯度辨识算法的收敛性[71,72]; 周毅和丁锋研究了滑动平均模型的多新息最小二乘辨识方法和最小二乘迭代辨识方法[73].

(3) **自回归滑动平均模型** (AutoRegressive Moving Average model, **ARMA 模型**),

$$A(z)y(t)=D(z)v(t), \tag{2.3.3}$$

写成差分方程为

$$\begin{aligned}&y(t)+a_1y(t-1)+a_2y(t-2)+\cdots+a_{n_a}y(t-n_a)\\&\quad=v(t)+d_1v(t-1)+d_2v(t-2)+\cdots+d_{n_d}v(t-n_d).\end{aligned}$$

周毅和丁锋提出了依等价 AR 模型阶次递增的自回归滑动平均模型辨识方法[68].

(4) **确定性 ARMA 模型** (Deterministic ARMA model, **DARMA 模型**),

$$A(z)y(t)=B(z)u(t),$$

对应的差分方程为

$$\begin{aligned}&y(t)+a_1y(t-1)+a_2y(t-2)+\cdots+a_{n_a}y(t-n_a)\\&\quad=b_1u(t-1)+b_2u(t-2)+\cdots+b_{n_b}u(t-n_b).\end{aligned}$$

因为在这个模型中, 除观测 $\{y(t)\}$ 是已知外, 系统输入 $\{u(t)\}$ 是确定性信号, 也是已知的, 这就是 DARMA 名称的来历.

(5) **带积分 ARMA 模型** (AutoRegressive Integrated Moving Average model, **ARIMA 模型**),

$$A(z)(1-z^{-1})^dy(t)=D(z)v(t),$$

或

$$A(z)y(t)=\frac{D(z)v(t)}{(1-z^{-1})^d},$$

其中整数 $d\geqslant 0$ 为积分次数. 当 $d=0$ 时, ARIMA=ARMA; 当 $d=1$ 时, 为单重积分 ARIMA 模型.

系统除了 DARMA 模型, **时间序列模型**: AR 模型、MA 模型和 ARMA 模型外, 还有两类重要的 **随机系统模型**: **方程误差类模型** 和 **输出误差类模型**.

2.3.2 方程误差类模型

方程误差类模型 (Equation Error Type models, **EET 模型**) 具有下列形式,

$$A(z)y(t)=B(z)u(t)+w(t), \tag{2.3.4}$$

其中 $w(t)$ 为白噪声或有色噪声, 包括: ① 白噪声过程 $w(t):=v(t)$; ② MA 过程 $w(t):=D(z)v(t)$; ③ AR 过程 $w(t):=\dfrac{1}{C(z)}v(t)$; ④ ARMA 过程 $w(t):=\dfrac{D(z)}{C(z)}v(t)$. 因此, 方程误差类模型包括下列几种模型.

(1) **方程误差模型** (Equation Error model, **EE 模型**), 也称 **受控自回归模型** (Controlled AR model, **CAR 模型**) 或 **带外加输入的自回归模型** (AR model with eXogenous input, **ARX 模型**),

$$A(z)y(t)=B(z)u(t)+v(t). \tag{2.3.5}$$

这里 $w(t):=v(t)$ 为白噪声. 本书作者证明了衰减激励条件下随机系统最小二乘辨识算法的收敛性[26], 证明了衰减激励条件下递阶最小二乘辨识算法的收敛性[74], 研究了双率采样数据系统的随机梯度参数估计算法和损失输出估计及其收敛性[75]. 文献 [76] 研究了 CAR 系统递推最小二乘辨识算法参数估计的收敛速率.

(2) **受控自回归滑动平均模型**, 即 **受控 ARMA 模型**, 简称为 **CARMA 模型**, 或称为 **ARMAX 模型** (即带外加输入的 ARMA 模型) (又称方程误差滑动平均模型)[77],

$$A(z)y(t)=B(z)u(t)+D(z)v(t). \tag{2.3.6}$$

这里 $w(t):=D(z)v(t)$ 为 MA 模型, $w(t)$ 是有色噪声. 文献 [78] 研究了 CARMA 系统多新息增广随机梯度算法及其性能分析; 文献 [79] 提出了基于残差的双率系统递推增广最小二乘辨识方法. 文献 [80] 提出了 CARMA 模型最小二乘迭代辨识方法.

带积分 CARMA 模型 (简称为 CARIMA 模型或 ARIMAX 模型) 为

$$A(z)y(t)=B(z)u(t)+\frac{D(z)}{(1-z^{-1})^d}v(t).$$

当 $d=1$ 时, 有

$$A(z)(1-z^{-1})y(t)=B(z)(1-z^{-1})u(t)+D(z)v(t),$$

即

$$A(z)\Delta y(t)=B(z)\Delta u(t)+D(z)v(t),$$

其中

$$\Delta y(t) := (1-z^{-1})y(t) = y(t) - y(t-1),$$
$$\Delta u(t) := (1-z^{-1})u(t) = u(t) - u(t-1).$$

因此, 带单重积分模型 ($d=1$ 时) 实际上是利用系统的输入输出增量进行辨识, 相当于剔除了输入和输出数据中的直流项 (均值). 类推, 带双重积分 ($d=2$ 时) 模型是利用系统的输入输出的二阶增量进行辨识, 相当于剔除了输入和输出数据中的斜坡项 (均值).

当然, 带积分环节也可与方程误差类的其他模型和输出误差类模型结合, 构成相应的带积分模型, 如 **带积分 CARMA 模型** (即 **CARIMA 模型**), **带积分 Box-Jenkins 模型** 等.

(3) **CARAR 模型** (即 **受控 ARAR 模型**), 也称或 **ARARX 模型** (即带外加输入的 ARAR 模型), 或称 **动态调节模型** (又称方程误差自回归模型),

$$A(z)y(t) = B(z)u(t) + \frac{1}{C(z)}v(t). \tag{2.3.7}$$

这里 $w(t) := \dfrac{1}{C(z)}v(t)$ 为 AR 模型, $w(t)$ 是有色噪声. 陈晓伟和丁锋提出了动态调节模型的最小二乘迭代辨识方法[81]; 王伟等研究了动态调节系统的极大似然最小二乘辨识方法[82]; 肖永松等提出了输入非线性动态调节系统的递推广义最小二乘算法和基于数据滤波的递推最小二乘参数估计方法[83].

(4) **CARARMA 模型** (即 **受控 ARARMA 模型**) 或 **ARARMAX 模型** (即带外加输入 ARARMA 模型) (又称方程误差自回归滑动平均模型)[25,84~86],

$$A(z)y(t) = B(z)u(t) + \frac{D(z)}{C(z)}v(t). \tag{2.3.8}$$

这里 $w(t) := \dfrac{D(z)}{C(z)}v(t)$ 为 ARMA 模型, $w(t)$ 是有色噪声.

CARARMA 模型是方程误差类的一般模型结构形式. 当 $C(z)=1$ 和 (或) $D(z)=1$ 时, 就得到其他方程误差模型.

置有关参数向量 $\boldsymbol{\theta}$ 和信息向量 $\boldsymbol{\varphi}(t)$, 则 CARARMA 系统 (2.3.8) 的辨识模型为[87]

$$\begin{aligned}
y(t) &= \boldsymbol{\varphi}^{\mathrm{T}}(t)\boldsymbol{\theta} + v(t),\\
\boldsymbol{\theta} &:= \begin{bmatrix}\boldsymbol{\theta}_{\mathrm{s}}\\ \boldsymbol{\theta}_{\mathrm{n}}\end{bmatrix} \in \mathbb{R}^{n},\ n := n_a+n_b+n_c+n_d,\\
\boldsymbol{\theta}_{\mathrm{s}} &:= [a_1, a_2, \cdots, a_{n_a}, b_1, b_2, \cdots, b_{n_b}]^{\mathrm{T}} \in \mathbb{R}^{n_a+n_b},\\
\boldsymbol{\theta}_{\mathrm{n}} &:= [c_1, c_2, \cdots, c_{n_c}, d_1, d_2, \cdots, d_{n_d}]^{\mathrm{T}} \in \mathbb{R}^{n_c+n_d},\\
\boldsymbol{\varphi}(t) &:= \begin{bmatrix}\boldsymbol{\varphi}_{\mathrm{s}}(t)\\ \boldsymbol{\varphi}_{\mathrm{n}}(t)\end{bmatrix} \in \mathbb{R}^{n},\\
\boldsymbol{\varphi}_{\mathrm{s}}(t) &:= [-y(t-1), -y(t-2), \cdots, -y(t-n_a), u(t-1), u(t-2), \cdots, u(t-n_b)]^{\mathrm{T}} \in \mathbb{R}^{n_a+n_b},\\
\boldsymbol{\varphi}_{\mathrm{n}}(t) &:= [-w(t-1), -w(t-2), \cdots, -w(t-n_c), v(t-1), v(t-2), \cdots, v(t-n_d)]^{\mathrm{T}} \in \mathbb{R}^{n_c+n_d}.
\end{aligned}$$

这里的下标 s 和 n 分别表示系统模型和噪声模型之意, 取自于英文 “system” 和 “noise” 的首字母.

丁锋提出了 CARARMA 系统递推广义增广最小二乘辨识方法[84]. 文献 [25] 提出了基于数据滤波的 CARARMA 系统递推最小二乘辨识方法; 文献 [88] 提出了 CARARMA 系统的极大似然最小二乘辨识方法. 李俊红提出了 Hammerstein 非线性 CARARMA 系统的极大似然牛顿迭代辨识算法[89]; 丁锋提出了 CARARMA 系统的两阶段最小二乘迭代估计方法[90]. 丁锋和段红红提出了 Box-Jenkins 系统的两阶段递推最小二乘辨识方法和两阶段多新息随机梯度辨识方法[91].

2.3.3　输出误差类模型

输出误差类模型 (Output Error Type models, **OET 模型**) 具有下列形式,

$$y(t)=\frac{B(z)}{A(z)}u(t)+w(t). \tag{2.3.9}$$

模型特征是包含了有理分式项 $\frac{B(z)}{A(z)}u(t)=:x(t)$, 因为 $x(t)$ 是系统真实输出 (true output) 或称无噪输出 (noise-free output), 那么输出 $y(t)$ 中包含了噪声 (误差) $w(t)$, 这是这类模型名称的来历. 这里 $w(t)$ 可以是白噪声或有色噪声. 张勇等讨论了这类有色噪声干扰输出误差系统的偏差补偿递推最小二乘辨识方法[85, 92, 93].

输出误差类模型包括下列几种模型.

(1) **输出误差模型** (Output Error model, **OE 模型**),

$$y(t)=\frac{B(z)}{A(z)}u(t)+v(t). \tag{2.3.10}$$

丁锋和陈通文提出了双率采样数据输出误差系统的辅助模型递推最小二乘算法和辅助模型随机梯度算法[27, 29]; 丁锋等研究了不规则损失数据输出误差系统的遗忘因子辅助模型递推最小二乘算法[46], 提出了输出误差系统的梯度迭代算法 (gradient based iterative algorithm) 和最小二乘迭代算法 (least squares based iterative algorithm)[30], 研究了输出误差系统的辅助模型多新息随机梯度辨识算法的收敛性[94], 提出了稀少量测数据输出误差系统的辅助模型多新息随机梯度辨识方法[47, 95].

(2) **输出误差滑动平均模型** (Output Error Moving Average model, **OEMA 模型**)[33, 42, 96],

$$y(t)=\frac{B(z)}{A(z)}u(t)+D(z)v(t). \tag{2.3.11}$$

丁锋等提出了 OEMA 输出误差模型的梯度迭代辨识方法和最小二乘迭代辨识方法[30], 提出了 OEMA 系统的辅助模型增广随机梯度算法、辅助模型多新息增广随机梯度算法[42], 提出了 OEMA 系统的辅助模型多新息增广最小二乘辨识方法[33].

王冬青提出了 OEMA 系统的辅助模型递推增广最小二乘方法[96] 和基于数据滤波的最小二乘递推估计算法和最小二乘迭代估计算法[97]; 丁洁和丁锋提出了输出误差滑动平均系统的偏差补偿递推最小二乘参数估计方法[98].

(3) **输出误差自回归模型** (Output Error AutoRegressive model, **OEAR 模型**),

$$y(t)=\frac{B(z)}{A(z)}u(t)+\frac{1}{C(z)}v(t). \tag{2.3.12}$$

丁锋等给出了这类输出误差自回归系统的辅助模型广义最小二乘算法的收敛性证明和基于滤波的两阶段递推最小二乘算法[99].

(4) **Box-Jenkins 模型** (BJ model), 又称为输出误差自回归滑动平均模型 (**OEARMA 模型**),

$$y(t)=\frac{B(z)}{A(z)}u(t)+\frac{D(z)}{C(z)}v(t). \tag{2.3.13}$$

Box-Jenkins 模型 (2.3.13) 是输出误差类的模型一般结构形式. 当 $C(z)=1$ 和 (或) $D(z)=1$ 时, 就得到其他输出误差模型.

令

$$x(t):=\frac{B(z)}{A(z)}u(t),\quad w(t):=\frac{D(z)}{C(z)}v(t),$$

以及系统参数向量 $\boldsymbol{\theta}$、系统模型参数向量 $\boldsymbol{\theta}_{\rm s}$ 和噪声模型参数向量 $\boldsymbol{\theta}_{\rm n}$、信息向量 $\boldsymbol{\varphi}(t)$、系统模型信息向量 $\boldsymbol{\varphi}_{\rm s}(t)$ 和噪声模型信息向量 $\boldsymbol{\varphi}_{\rm n}(t)$, 则 Box-Jenkins 模型 (2.3.13) 的辨识模型为

$$\begin{aligned}
y(t)&=\boldsymbol{\varphi}^{\rm T}(t)\boldsymbol{\theta}+v(t),\\
\boldsymbol{\theta}&:=\begin{bmatrix}\boldsymbol{\theta}_{\rm s}\\ \boldsymbol{\theta}_{\rm n}\end{bmatrix}\in\mathbb{R}^{n_a+n_b+n_c+n_d},\\
\boldsymbol{\theta}_{\rm s}&:=[a_1,a_2,\cdots,a_{n_a},b_1,b_2,\cdots,b_{n_b}]^{\rm T}\in\mathbb{R}^{n_a+n_b},\\
\boldsymbol{\theta}_{\rm n}&:=[c_1,c_2,\cdots,c_{n_c},d_1,d_2,\cdots,d_{n_d}]^{\rm T}\in\mathbb{R}^{n_c+n_d},\\
\boldsymbol{\varphi}(t)&:=\begin{bmatrix}\boldsymbol{\varphi}_{\rm s}(t)\\ \boldsymbol{\varphi}_{\rm n}(t)\end{bmatrix}\in\mathbb{R}^{n_a+n_b+n_c+n_d},\\
\boldsymbol{\varphi}_{\rm s}(t)&:=[-x(t-1),-x(t-2),\cdots,-x(t-n_a),u(t-1),u(t-2),\cdots,u(t-n_b)]^{\rm T}\in\mathbb{R}^{n_a+n_b},\\
\boldsymbol{\varphi}_{\rm n}(t)&:=[-w(t-1),-w(t-2),\cdots,-w(t-n_c),v(t-1),v(t-2),\cdots,v(t-n_d)]^{\rm T}\in\mathbb{R}^{n_c+n_d}.
\end{aligned}$$

文献 [36], [40] 提出了 Box-Jenkins 系统的最小二乘迭代辨识算法和梯度辨识算法; 王冬青和丁锋提出了 Box-Jenkins 系统的辅助模型多新息广义增广随机梯度算法[100]; 谢莉等提出了基于输入输出数据滤波的非均匀采样系统递推最小二乘参数估计方法[101].

(5) **一般输出误差模型** 或称为 **自回归 Box-Jenkins 模型** (**AR-BJ 模型**), 上述所有模型的一般结构形式就是下列一般输出误差模型,

$$F(z)y(t)=\frac{B(z)}{A(z)}u(t)+\frac{D(z)}{C(z)}v(t). \tag{2.3.14}$$

如果系统没有迟延, 多项式 $B(z)$ 就定义为

$$B(z):=b_0+b_1z^{-1}+b_2z^{-2}+\cdots+b_{n_b}z^{-n_b}\in\mathbb{R}.$$

如果系统有迟延, 多项式 $B(z)$ 的前几个系数为零. 如果迟延为 d, 则多项式 $B(z)$ 定义为

$$B(z):=b_dz^{-d}+b_{d+1}z^{-d-1}+\cdots+b_{n_b}z^{-n_b}\in\mathbb{R}.$$

问题: 模型 (2.3.14) 中的 5 个多项式, 为什么有 4 个多项式可归一化为首一多项式, 解释其缘故.

谢莉等研究了 AR-BJ 系统的辅助模型递推广义增广最小二乘辨识方法、辅助模型广义增广随机梯度辨识方法[102].

2.3.4 特殊方程误差模型

当模型 (2.3.14) 中多项式取不同值时, 就得到一些特殊的方程误差模型.

(1) **有限脉冲响应模型** (**FIR 模型**),

$$y(t)=B(z)u(t)+v(t). \tag{2.3.15}$$

丁锋和陈通文利用相关分析技术提出了依 FIR 模型阶次递增的迭代参数估计方法[28].

(2) **受控滑动平均模型** (**CMA 模型**) 或 **有限脉冲响应滑动平均模型** (**FIR-MA 模型**),

$$y(t)=B(z)u(t)+D(z)v(t). \tag{2.3.16}$$

文献 [103] 提出了 CMA 系统的交互随机梯度辨识方法. 李俊红等提出输入非线性有限脉冲响应滑动平均系统的极大似然最小二乘辨识方法[104]; 胡惠轶和丁锋提出了基于信息矩阵分解的受控滑动平均系统迭代最小二乘估计算法[105].

(3) **受控自回归滑动平均模型** (**C-ARMA 模型**),

$$y(t)=B(z)u(t)+\frac{D(z)}{C(z)}v(t). \tag{2.3.17}$$

文献 [106] 提出了 C-ARMA 系统的交互最小二乘辨识方法.

2.3.5 特殊输出误差模型

当模型 (2.3.14) 中多项式取不同值时, 就得到一些特殊的输出误差模型.

(1) **自回归输出误差模型** (AR-OE model, **AR-OE 模型**),

$$F(z)y(t)=\frac{B(z)}{A(z)}u(t)+v(t). \tag{2.3.18}$$

(2) **自回归输出误差滑动平均模型** (AR-OEMA model, **AR-OEMA 模型**),

$$F(z)y(t)=\frac{B(z)}{A(z)}u(t)+D(z)v(t). \tag{2.3.19}$$

(3) **自回归输出误差自回归模型** (AR-OEAR model, **AR-OEAR 模型**),

$$F(z)y(t)=\frac{B(z)}{A(z)}u(t)+\frac{1}{C(z)}v(t). \tag{2.3.20}$$

尽管一般随机系统模型派生出如此多的特殊模型, 但这些模型名称十分容易记忆. 记忆方法如下: 模型中的项 $F(z)y(t)$ 或 $A(z)y(t)$ 称为自回归项, $B(z)u(t)$ 称为受控项, $\frac{B(z)}{A(z)}u(t)$ 称为输出误差项, $D(z)v(t)$ 称为滑动平均项 (因为 $w(t):=D(z)v(t)$ 是滑动平均模型), $\frac{1}{C(z)}v(t)$ 称为自回归项 (因为 $w(t):=\frac{1}{C(z)}v(t)$ 是自回归模型). 记住了这些, 上述模型的名称就一目了然.

2.3.6 一般随机系统模型

一般单输入单输出 **随机系统模型** 结构为

$$y(t) = G(z)u(t) + H(z)v(t), \tag{2.3.21}$$

$G(z) \in \mathbb{R}$ 称为 **系统模型** 的 (有理分式) 传递函数, $H(z) \in \mathbb{R}$ 称为 **噪声模型** 的 (有理分式) 传递函数, 其结构图如图 2.3.1 所示. 图中不可测内部变量 $x(t) := G(z)u(t)$ 为系统的 **无噪输出** (noise-free output) 或 **真实输出** (true output), $w(t) := H(z)v(t)$ 为噪声模型输出 (不可测). 只有可测的输入输出数据 $\{u(t), y(t)\}$ 可用来辨识模型参数.

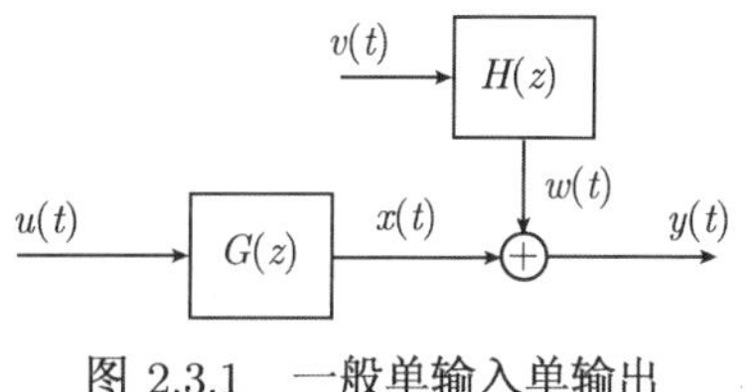

图 2.3.1 一般单输入单输出随机系统的结构图

上述所有随机系统模型都可以化为式 (2.3.21) 的结构形式. 例如,

(1) 对于 Box-Jenkins 模型 (2.3.13), 有

$$G(z) := \frac{B(z)}{A(z)}, \quad H(z) := \frac{D(z)}{C(z)}.$$

(2) 对于 CARARMA 模型 (2.3.8), 两边除以 $A(z)$, 就有

$$G(z) := \frac{B(z)}{A(z)}, \quad H(z) := \frac{D(z)}{A(z)C(z)}.$$

实际中, 有时也把 CARARMA 模型 (2.3.8) 中的 $\dfrac{D(z)}{C(z)}$ 称为噪声模型.

(3) 对于一般输出误差系统 (2.3.14), 两边除以 $F(z)$, 就有

$$G(z) := \frac{B(z)}{F(z)A(z)}, \quad H(z) := \frac{D(z)}{F(z)C(z)}.$$

注: 尽管这些模型可以在两边同乘以或同除以一个多项式, 变为另一种形式的模型, 但是从辨识的角度讲, 这样做一般会增加辨识 (模型) 参数的数目. 例如, OEMA 模型 (2.3.11) 包含 3 个多项式 $A(z)$, $B(z)$ 和 $D(z)$, 它们的系数是待辨识的参数, 3 个多项式包含 $n_a+n_b+n_d$ 个参数. 如果把模型 (2.3.11) 两边同乘以 $A(z)$ 得到

$$A(z)y(t) = B(z)u(t) + D'(z)v(t), \; D'(z) := A(z)D(z).$$

这是个 CARMA 模型, 还是包含三个多项式 $A(z)$, $B(z)$ 和 $D'(z)$, 它们的系数是待辨识的参数, 需要辨识的参数数目从 $n_a+n_b+n_d$ 增加到 $2n_a+n_b+n_d$.

2.4 多变量系统

多变量系统辨识 (multivariable system identification) 方法可以看做是标量系统辨识方法的直接推广和延伸. 多变量系统也称多输入多输出系统 (包括单输入多输出系统和多输入单输出系统). 本书为了便于讨论多变量系统的不同模型结构, 故把多变量系统划分为 “**多变量系统**”、“**类多变量系统**”、“**多输入多输出系统**” 等.

多变量系统辨识有比标量系统辨识更丰富的内容. 多变量系统辨识算法的复杂性, 计算量及参数估计性质 (无偏性, 有效性和收敛性等) 完全取决于所采用的模型及其待辨识参数数目的多少. 因为一种辨识算法在一种模型结构下可获参数的一致无偏估计, 而在另一种模型结构下的参数估计可能是有偏的. 因此, 针对具体对象选择合适的模型, 对于提高辨识精度和减小辨识算法计算量有着重要意义.

单输入单输出系统 (即标量系统) 推广就是多输入多输出系统 (即多变量系统). 也就是将一般标量随机系统

$$F(z)y(t)=\frac{B(z)}{A(z)}\boldsymbol{u}(t)+\frac{D(z)}{C(z)}v(t)$$

的输入 $u(t)\in\mathbb{R}$ 扩展为 **输入向量** (input vector) $\boldsymbol{u}(t)\in\mathbb{R}^r$, 将输出 $y(t)\in\mathbb{R}$ 扩展为 **输出向量** (output vector) $\boldsymbol{y}(t)\in\mathbb{R}^m$, 就得到多变量系统

$$\boldsymbol{F}(z)\boldsymbol{y}(t)=\boldsymbol{A}^{-1}(z)\boldsymbol{B}(z)\boldsymbol{u}(t)+\boldsymbol{C}^{-1}(z)\boldsymbol{D}(z)\boldsymbol{v}(t),$$

其中移位算子多项式也扩展为 **多项式矩阵** (polynomial matrix) 定义为

$$\begin{aligned}
&\boldsymbol{A}(z):=\boldsymbol{I}+\boldsymbol{A}_1z^{-1}+\boldsymbol{A}_2z^{-2}+\cdots+\boldsymbol{A}_{n_a}z^{-n_a},\ \boldsymbol{A}_i\in\mathbb{R}^{m\times m},\\
&\boldsymbol{B}(z):=\boldsymbol{B}_1z^{-1}+\boldsymbol{B}_2z^{-2}+\cdots+\boldsymbol{B}_{n_b}z^{-n_b},\ \boldsymbol{B}_i\in\mathbb{R}^{m\times r},\\
&\boldsymbol{C}(z):=\boldsymbol{I}+\boldsymbol{C}_1z^{-1}+\boldsymbol{C}_2z^{-2}+\cdots+\boldsymbol{C}_{n_c}z^{-n_c},\ \boldsymbol{C}_i\in\mathbb{R}^{m\times m},\\
&\boldsymbol{D}(z):=\boldsymbol{I}+\boldsymbol{D}_1z^{-1}+\boldsymbol{D}_2z^{-2}+\cdots+\boldsymbol{D}_{n_d}z^{-n_d},\ \boldsymbol{D}_i\in\mathbb{R}^{m\times m},\\
&\boldsymbol{F}(z):=\boldsymbol{I}+\boldsymbol{F}_1z^{-1}+\boldsymbol{F}_2z^{-2}+\cdots+\boldsymbol{F}_{n_f}z^{-n_f},\ \boldsymbol{F}_i\in\mathbb{R}^{m\times m}.
\end{aligned}$$

假设 **阶次** (order) n_a, n_b, n_c, n_d 和 n_f 已知, 移位算子 z^{-1} 多项式矩阵 $\boldsymbol{A}(z)$, $\boldsymbol{B}(z)$, $\boldsymbol{C}(z)$, $\boldsymbol{D}(z)$ 和 $\boldsymbol{F}(z)$ 的 **系数矩阵** (coefficient matrix) $\boldsymbol{A}_i\in\mathbb{R}^{m\times m}$, $\boldsymbol{B}_i\in\mathbb{R}^{m\times r}$, $\boldsymbol{C}_i\in\mathbb{R}^{m\times m}$, $\boldsymbol{D}_i\in\mathbb{R}^{m\times m}$ 和 $\boldsymbol{F}_i\in\mathbb{R}^{m\times m}$ 是待辨识的系统参数矩阵, $\boldsymbol{v}(t)\in\mathbb{R}^m$ 为零均值白噪声向量, $z^{-1}\boldsymbol{y}(t)=\boldsymbol{y}(t-1)$. 多变量系统辨识的目标就是利用系统的输入输出数据 $\{\boldsymbol{u}(t),\boldsymbol{y}(t)\}$ 估计系统参数矩阵 $(\boldsymbol{A}_i,\boldsymbol{B}_i,\boldsymbol{C}_i,\boldsymbol{D}_i,\boldsymbol{F}_i)$.

多变量系统模型也可以分为三类: 一类是 **多变量时间序列模型**, 一类是 **多变量方程误差类模型**, 一类是 **多变量输出误差类模型**.

2.4.1 多变量时间序列模型

多变量时间序列模型 (multivariable time series models) 有三个基本模型: 多变量 AR 模型, 多变量 MA 模型, 多变量 ARMA 模型. 现简介如下.

(1) **多变量 AR 模型** (multivariable AR model),

$$\boldsymbol{A}(z)\boldsymbol{y}(t)=\boldsymbol{v}(t),\tag{2.4.1}$$

或

$$\boldsymbol{y}(t)+\boldsymbol{A}_1\boldsymbol{y}(t-1)+\boldsymbol{A}_2\boldsymbol{y}(t-2)+\cdots+\boldsymbol{A}_{n_a}\boldsymbol{y}(t-n_a)=\boldsymbol{v}(t).$$

(2) **多变量 MA 模型** (multivariable MA model),

$$\boldsymbol{y}(t)=\boldsymbol{D}(z)\boldsymbol{v}(t),\tag{2.4.2}$$

或

$$\boldsymbol{y}(t)=\boldsymbol{v}(t)+\boldsymbol{D}_1\boldsymbol{v}(t-1)+\boldsymbol{D}_2\boldsymbol{v}(t-2)+\cdots+\boldsymbol{D}_{n_d}\boldsymbol{v}(t-n_d).$$

(3) **多变量 ARMA 模型** (multivariable ARMA model),

$$\boldsymbol{A}(z)\boldsymbol{y}(t)=\boldsymbol{D}(z)\boldsymbol{v}(t), \tag{2.4.3}$$

或

$$\begin{aligned}&\boldsymbol{y}(t)+\boldsymbol{A}_1\boldsymbol{y}(t-1)+\boldsymbol{A}_2\boldsymbol{y}(t-2)+\cdots+\boldsymbol{A}_{n_a}\boldsymbol{y}(t-n_a)\\&\quad=\boldsymbol{v}(t)+\boldsymbol{D}_1\boldsymbol{v}(t-1)+\boldsymbol{D}_2\boldsymbol{v}(t-2)+\cdots+\boldsymbol{D}_{n_d}\boldsymbol{v}(t-n_d).\end{aligned}$$

(4) **多变量 DARMA 模型** (multivariable DARMA model),

$$\boldsymbol{A}(z)\boldsymbol{y}(t)=\boldsymbol{B}(z)\boldsymbol{u}(t). \tag{2.4.4}$$

(5) **带积分多变量 ARMA 模型** (multivariable ARIMA model, **多变量 ARIMA 模型**),

$$\boldsymbol{A}(z)(1-z^{-1})^d\boldsymbol{y}(t)=\boldsymbol{D}(z)\boldsymbol{v}(t).$$

2.4.2 多变量方程误差类模型

多变量方程误差类模型 (multivarible equation error type model) 具有下列形式,

$$\boldsymbol{A}(z)\boldsymbol{y}(t)=\boldsymbol{B}(z)\boldsymbol{u}(t)+\boldsymbol{w}(t), \tag{2.4.5}$$

其中 $\boldsymbol{w}(t)\in\mathbb{R}^m$ 是零均值白噪声或有色噪声向量, 包括 ① 白噪声过程 $\boldsymbol{w}(t):=\boldsymbol{v}(t)$; ② 多变量 MA 过程 $\boldsymbol{w}(t):=\boldsymbol{D}(z)\boldsymbol{v}(t)$; ③ 多变量 AR 过程 $\boldsymbol{w}(t):=\boldsymbol{C}^{-1}(z)\boldsymbol{v}(t)$; ④ 多变量 ARMA 过程 $\boldsymbol{w}(t):=\boldsymbol{C}^{-1}(z)\boldsymbol{D}(z)\boldsymbol{v}(t)$.

(1) **多变量方程误差模型** (**多变量 CAR 模型** 或 **多变量 ARX 模型**),

$$\boldsymbol{A}(z)\boldsymbol{y}(t)=\boldsymbol{B}(z)\boldsymbol{u}(t)+\boldsymbol{v}(t). \tag{2.4.6}$$

本书作者 2008 年发表在《中国科学》上的论文研究了多变量方程误差系统随机梯度辨识方法的收敛性[37, 38].

(2) **多变量 CARMA 模型** (**多变量 ARMAX 模型**),

$$\boldsymbol{A}(z)\boldsymbol{y}(t)=\boldsymbol{B}(z)\boldsymbol{u}(t)+\boldsymbol{D}(z)\boldsymbol{v}(t). \tag{2.4.7}$$

带积分多变量 CARMA 模型 (多变量 CARIMA 模型或多变量 ARIMAX 模型) 为

$$\boldsymbol{A}(z)\boldsymbol{y}(t)=\boldsymbol{B}(z)\boldsymbol{u}(t)+\frac{\boldsymbol{D}(z)}{1-z^{-1}}\boldsymbol{v}(t),$$

或

$$\boldsymbol{A}(z)\Delta\boldsymbol{y}(t)=\boldsymbol{B}(z)\Delta\boldsymbol{u}(t)+\boldsymbol{D}(z)\boldsymbol{v}(t),\ \Delta:=1-z^{-1}.$$

对应的辨识模型为

$$\begin{aligned}
&\boldsymbol{y}(t)=\boldsymbol{\theta}^{\mathrm{T}}\boldsymbol{\varphi}(t)+\boldsymbol{v}(t),\ n:=mn_a+rn_b+mn_d,\\
&\boldsymbol{\theta}^{\mathrm{T}}:=[\boldsymbol{A}_1,\boldsymbol{A}_2,\cdots,\boldsymbol{A}_{n_a},\boldsymbol{B}_1,\boldsymbol{B}_2,\cdots,\boldsymbol{B}_{n_b},\boldsymbol{D}_1,\boldsymbol{D}_2,\cdots,\boldsymbol{D}_{n_d}]\in\mathbb{R}^{m\times n},\\
&\boldsymbol{\varphi}(t):=[-\Delta\boldsymbol{y}^{\mathrm{T}}(t-1),-\Delta\boldsymbol{y}^{\mathrm{T}}(t-2),\cdots,-\Delta\boldsymbol{y}^{\mathrm{T}}(t-n_a),\Delta\boldsymbol{u}^{\mathrm{T}}(t-1),\Delta\boldsymbol{u}^{\mathrm{T}}(t-2),\cdots,\\
&\qquad\Delta\boldsymbol{u}^{\mathrm{T}}(t-n_b),\boldsymbol{v}^{\mathrm{T}}(t-1),\boldsymbol{v}^{\mathrm{T}}(t-2),\cdots,\boldsymbol{v}^{\mathrm{T}}(t-n_d)]^{\mathrm{T}}\in\mathbb{R}^{n}.
\end{aligned}$$

丁锋和谢新民研究了多变量 CARMA 系统递推增广最小二乘辨识算法的收敛性[77].

(3) **多变量 CARAR 模型**(**多变量 ARARX 模型**, 也称 **多变量动态调节模型**)[37, 38],

$$\boldsymbol{A}(z)\boldsymbol{y}(t)=\boldsymbol{B}(z)\boldsymbol{u}(t)+\boldsymbol{C}^{-1}(z)\boldsymbol{v}(t). \tag{2.4.8}$$

(4) **多变量 CARARMA 模型** (**多变量 ARARMAX 模型**),

$$\boldsymbol{A}(z)\boldsymbol{y}(t)=\boldsymbol{B}(z)\boldsymbol{u}(t)+\boldsymbol{C}^{-1}(z)\boldsymbol{D}(z)\boldsymbol{v}(t). \tag{2.4.9}$$

令

$$\boldsymbol{w}(t):=\boldsymbol{C}^{-1}(z)\boldsymbol{D}(z)\boldsymbol{v}(t).$$

则多变量 CARARMA 系统 (2.4.9) 的辨识模型为

$$\begin{aligned}
&\boldsymbol{y}(t)=\boldsymbol{\theta}^{\mathrm{T}}\boldsymbol{\varphi}(t)+\boldsymbol{v}(t),\ n:=mn_a+rn_b+mn_c+mn_d,\\
&\boldsymbol{\theta}^{\mathrm{T}}:=[\boldsymbol{A}_1,\boldsymbol{A}_2,\cdots,\boldsymbol{A}_{n_a},\boldsymbol{B}_1,\boldsymbol{B}_2,\cdots,\boldsymbol{B}_{n_b},\boldsymbol{C}_1,\boldsymbol{C}_2,\cdots,\boldsymbol{C}_{n_c},\boldsymbol{D}_1,\boldsymbol{D}_2,\cdots,\boldsymbol{D}_{n_d}]\in\mathbb{R}^{m\times n},\\
&\boldsymbol{\varphi}(t):=[-\boldsymbol{y}^{\mathrm{T}}(t-1),-\boldsymbol{y}^{\mathrm{T}}(t-2),\cdots,-\boldsymbol{y}^{\mathrm{T}}(t-n_a),\boldsymbol{u}^{\mathrm{T}}(t-1),\boldsymbol{u}^{\mathrm{T}}(t-2),\cdots,\boldsymbol{u}^{\mathrm{T}}(t-n_b),\\
&\qquad-\boldsymbol{w}^{\mathrm{T}}(t-1),-\boldsymbol{w}^{\mathrm{T}}(t-2),\cdots,-\boldsymbol{w}^{\mathrm{T}}(t-n_c),\boldsymbol{v}^{\mathrm{T}}(t-1),\boldsymbol{v}^{\mathrm{T}}(t-2),\cdots,\boldsymbol{v}^{\mathrm{T}}(t-n_d)]^{\mathrm{T}}\in\mathbb{R}^{n}.
\end{aligned}$$

文献 [107] 提出了多变量 CARARMA 模型的递推广义增广最小二乘算法, 其参数估计误差收敛性可参见文献 [99], [108], [109] 中方法.

当 $\boldsymbol{C}(z)=\boldsymbol{I}$ 和 (或) $\boldsymbol{D}(z)=\boldsymbol{I}$ 时, 由多变量 CARARMA 系统 (2.4.9) 可得到其他方程误差模型.

2.4.3 多变量输出误差类模型

多变量输出误差类模型 (multivariable output error type model) 具有下列形式,

$$\boldsymbol{y}(t)=\boldsymbol{A}^{-1}(z)\boldsymbol{B}(z)\boldsymbol{u}(t)+\boldsymbol{w}(t). \tag{2.4.10}$$

(1) **多变量输出误差模型** (multivariable OE model),

$$\boldsymbol{y}(t)=\boldsymbol{A}^{-1}(z)\boldsymbol{B}(z)\boldsymbol{u}(t)+\boldsymbol{v}(t). \tag{2.4.11}$$

丁锋等提出了这类多变量输出误差系统的辅助模型随机梯度辨识算法和辅助模型递推最小二乘辨识算法, 并研究了其收敛性[110~112].

(2) **多变量输出误差滑动平均模型** (multivariable OEMA model),

$$\boldsymbol{y}(t)=\boldsymbol{A}^{-1}(z)\boldsymbol{B}(z)\boldsymbol{u}(t)+\boldsymbol{D}(z)\boldsymbol{v}(t). \tag{2.4.12}$$

这类系统的一个辨识方法为辅助模型递推增广最小二乘算法.

(3) **多变量输出误差自回归模型** (multivariable OEAR model),

$$\boldsymbol{y}(t)=\boldsymbol{A}^{-1}(z)\boldsymbol{B}(z)\boldsymbol{u}(t)+\boldsymbol{C}^{-1}(z)\boldsymbol{v}(t). \tag{2.4.13}$$

(4) **多变量 Box-Jenkins 模型** (multivariable Box-Jenkins model),

$$\boldsymbol{y}(t)=\boldsymbol{A}^{-1}(z)\boldsymbol{B}(z)\boldsymbol{u}(t)+\boldsymbol{C}^{-1}(z)\boldsymbol{D}(z)\boldsymbol{v}(t). \tag{2.4.14}$$

令

$$\boldsymbol{x}(t):=\boldsymbol{A}^{-1}(z)\boldsymbol{B}(z)\boldsymbol{u}(t),\quad \boldsymbol{w}(t):=\boldsymbol{C}^{-1}(z)\boldsymbol{D}(z)\boldsymbol{v}(t).$$

则多变量 Box-Jenkins 模型 (2.4.14) 的辨识模型为

$$\begin{aligned}
&\boldsymbol{y}(t)=\boldsymbol{\theta}^{\mathrm{T}}\boldsymbol{\varphi}(t)+\boldsymbol{v}(t),\ n:=mn_a+rn_b+mn_c+mn_d,\\
&\boldsymbol{\theta}^{\mathrm{T}}:=[\boldsymbol{A}_1,\boldsymbol{A}_2,\cdots,\boldsymbol{A}_{n_a},\boldsymbol{B}_1,\boldsymbol{B}_2,\cdots,\boldsymbol{B}_{n_b},\boldsymbol{C}_1,\boldsymbol{C}_2,\cdots,\boldsymbol{C}_{n_c},\boldsymbol{D}_1,\boldsymbol{D}_2,\cdots,\boldsymbol{D}_{n_d}]\in\mathbb{R}^{m\times n},\\
&\boldsymbol{\varphi}(t):=[-\boldsymbol{x}^{\mathrm{T}}(t-1),-\boldsymbol{x}^{\mathrm{T}}(t-2),\cdots,-\boldsymbol{x}^{\mathrm{T}}(t-n_a),\boldsymbol{u}^{\mathrm{T}}(t-1),\boldsymbol{u}^{\mathrm{T}}(t-2),\cdots,\boldsymbol{u}^{\mathrm{T}}(t-n_b),\\
&\qquad -\boldsymbol{w}^{\mathrm{T}}(t-1),-\boldsymbol{w}^{\mathrm{T}}(t-2),\cdots,-\boldsymbol{w}^{\mathrm{T}}(t-n_c),\boldsymbol{v}^{\mathrm{T}}(t-1),\boldsymbol{v}^{\mathrm{T}}(t-2),\cdots,\boldsymbol{v}^{\mathrm{T}}(t-n_d)]^{\mathrm{T}}\in\mathbb{R}^{n}.
\end{aligned}$$

陈晶和丁锋提出了多变量非线性 Box-Jenkins 系统的辅助模型广义增广最小二乘和广义增广随机梯度参数估计方法[113].

(5) **一般多变量输出误差模型** (multivariable AR-BJ model, **多变量自回归 Box-Jenkins 模型**),

$$\boldsymbol{F}(z)\boldsymbol{y}(t)=\boldsymbol{A}^{-1}(z)\boldsymbol{B}(z)\boldsymbol{u}(t)+\boldsymbol{C}^{-1}(z)\boldsymbol{D}(z)\boldsymbol{v}(t). \tag{2.4.15}$$

2.4.4 特殊多变量方程误差类模型

当模型 (2.4.15) 中多项式矩阵取不同值时, 就得到一些特殊的 **多变量方程误差模型**.

(1) **多变量 FIR 模型** (multivariable FIR model),

$$\boldsymbol{y}(t)=\boldsymbol{B}(z)\boldsymbol{u}(t)+\boldsymbol{v}(t). \tag{2.4.16}$$

(2) **多变量受控滑动平均模型** (multivariable CMA model, **多变量 CMA 模型**),

$$\boldsymbol{y}(t)=\boldsymbol{B}(z)\boldsymbol{u}(t)+\boldsymbol{D}(z)\boldsymbol{v}(t). \tag{2.4.17}$$

(3) **多变量受控自回归滑动平均模型** (multivariable C-ARMA model, **多变量 C-ARMA 模型**),

$$\boldsymbol{y}(t)=\boldsymbol{B}(z)\boldsymbol{u}(t)+\boldsymbol{C}^{-1}(z)\boldsymbol{D}(z)\boldsymbol{v}(t). \tag{2.4.18}$$

2.4.5 特殊多变量输出误差类模型

当模型 (2.4.15) 中多项式矩阵取不同值时, 就得到一些特殊的多变量输出误差模型.

(1) **多变量自回归输出误差模型** (multivariable AR-OE model),

$$\boldsymbol{F}(z)\boldsymbol{y}(t)=\boldsymbol{A}^{-1}(z)\boldsymbol{B}(z)\boldsymbol{u}(t)+\boldsymbol{v}(t). \tag{2.4.19}$$

(2) **多变量自回归输出误差滑动平均模型** (multivariable AR-OEMA model),

$$\boldsymbol{F}(z)\boldsymbol{y}(t)=\boldsymbol{A}^{-1}(z)\boldsymbol{B}(z)\boldsymbol{u}(t)+\boldsymbol{D}(z)\boldsymbol{v}(t). \tag{2.4.20}$$

(3) **多变量自回归输出误差自回归模型** (multivariable AR-OEAR model),

$$\boldsymbol{F}(z)\boldsymbol{y}(t)=\boldsymbol{A}^{-1}(z)\boldsymbol{B}(z)\boldsymbol{u}(t)+\boldsymbol{C}^{-1}(z)\boldsymbol{v}(t). \tag{2.4.21}$$

当多项式矩阵 $\boldsymbol{C}(z)$, $\boldsymbol{D}(z)$, 或 $\boldsymbol{F}(z)$ 退化为标量多项式 $C(z)$, $D(z)$, 或 $F(z)$ 时, 那么上述多变量系统变为一类新的多变量系统, 其特点是每个通道的噪声模型具有相同的传递函数.

2.4.6 一般多变量随机系统模型

一般多变量 **随机系统模型** 结构如下:

$$\boldsymbol{y}(t)=\boldsymbol{G}(z)\boldsymbol{u}(t)+\boldsymbol{H}(z)\boldsymbol{v}(t), \tag{2.4.22}$$

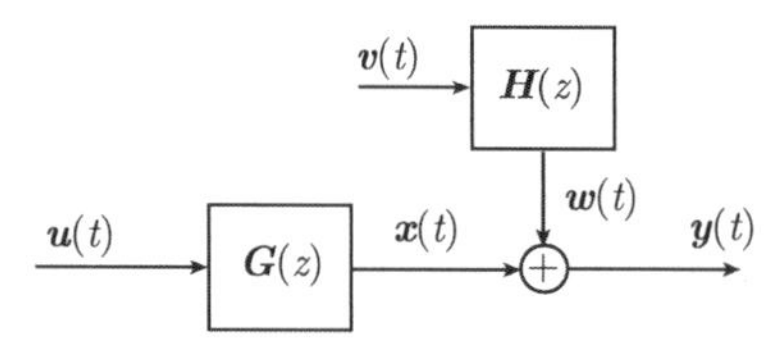

图 2.4.1　一般多变量随机系统的结构图

其中 $\boldsymbol{G}(z)\in\mathbb{R}^{m\times r}$ 为系统模型的 (有理分式) 传递矩阵, $\boldsymbol{H}(z)\in\mathbb{R}^{m\times m}$ 为噪声模型的 (有理分式) 传递矩阵, 其结构图如图 2.4.1 所示. 图中 $\boldsymbol{x}(t):=\boldsymbol{G}(z)\boldsymbol{u}(t)$ 为系统的无噪输出向量或真实输出向量 (不可测), $\boldsymbol{w}(t):=\boldsymbol{H}(z)\boldsymbol{v}(t)$ 为噪声模型输出 (不可测), 系统的可测数据为 $\{\boldsymbol{u}(t),\boldsymbol{y}(t)\}$.

上述所有多变量随机系统模型都可以化为式 (2.4.22) 的结构形式. 例如,

(1) 对于多变量 Box-Jenkins 模型 (2.4.14), 有

$$\boldsymbol{G}(z):=\boldsymbol{A}^{-1}(z)\boldsymbol{B}(z),\quad \boldsymbol{H}(z):=\boldsymbol{C}^{-1}(z)\boldsymbol{D}(z).$$

(2) 对于多变量 CARARMA 模型 (2.4.9), 两边乘以 $\boldsymbol{A}^{-1}(z)$, 就有

$$\boldsymbol{G}(z):=\boldsymbol{A}^{-1}(z)\boldsymbol{B}(z),\quad \boldsymbol{H}(z):=\boldsymbol{A}^{-1}(z)\boldsymbol{C}^{-1}(z)\boldsymbol{D}(z).$$

(3) 对于一般输出误差系统 (2.4.15), 两边乘以 $\boldsymbol{F}^{-1}(z)$, 就有

$$\boldsymbol{G}(z):=\boldsymbol{F}^{-1}(z)\boldsymbol{A}^{-1}(z)\boldsymbol{B}(z),\quad \boldsymbol{H}(z):=\boldsymbol{F}^{-1}(z)\boldsymbol{C}^{-1}(z)\boldsymbol{D}(z).$$

注: 上述多变量系统模型可以在两边同乘以某一多项式矩阵, 变为另一种形式的模型, 但是变化后模型参数数目将会增多.

2.5 类多变量系统

2.5.1 状态空间描述到输入输出表达

考虑 r 个输入 m 个输出的线性多变量系统, 其 **状态空间模型** (state space model) 为

$$\begin{cases} \boldsymbol{x}(t+1)=\boldsymbol{A}\boldsymbol{x}(t)+\boldsymbol{B}\boldsymbol{u}(t), \\ \quad\ \boldsymbol{y}(t)=\boldsymbol{C}\boldsymbol{x}(t)+\boldsymbol{D}\boldsymbol{u}(t). \end{cases} \tag{2.5.1}$$

其中 $\boldsymbol{x}(t) \in \mathbb{R}^n$ 为系统状态向量, $\boldsymbol{u}(t) = [u_1(t), u_2(t), \cdots, u_r(t)]^{\mathrm{T}} \in \mathbb{R}^r$ 为系统输入向量, $\boldsymbol{y}(t) = [y_1(t),\ y_2(t),\ \cdots,\ y_m(t)]^{\mathrm{T}} \in \mathbb{R}^m$ 为系统输出向量, $(\boldsymbol{A}, \boldsymbol{B}, \boldsymbol{C}, \boldsymbol{D})$ 为适当维数的系统矩阵.

对于状态空间模型描述的系统, 丁锋和谢新民提出了能观测性规范状态空间系统的联合参数和状态估计方法[114]; 庄林凡等推导了单输入单输出系统规范状态空间模型的参数和状态估计算法[115]; 顾亚和丁锋提出了单位状态迟延状态空间输出误差系统输入输出表达的辅助模型最小二乘辨识方法[116]. 文献 [117] 研究了多变量系统的观测器规范型实现与能观测性规范型实现[118, 119].

使用移位算子的性质, 可以推导出状态空间模型 (2.5.1) 与其 **传递函数矩阵** $\boldsymbol{G}(z) \in \mathbb{R}^{m\times r}$ 间的关系. 方程 (2.5.1) 可以写作

$$\boldsymbol{y}(t) = [\boldsymbol{C}(z\boldsymbol{I}-\boldsymbol{A})^{-1}\boldsymbol{B}+\boldsymbol{D}]\boldsymbol{u}(t),\ \text{或}\ \boldsymbol{y}(t) = \boldsymbol{G}(z)\boldsymbol{u}(t), \tag{2.5.2}$$

其中 $\boldsymbol{G}(z) := \boldsymbol{C}(z\boldsymbol{I}-\boldsymbol{A})^{-1}\boldsymbol{B}+\boldsymbol{D} \in \mathbb{R}^{m\times r}$ 为系统的传递矩阵 (也称传递函数矩阵或传递函数阵). 进一步展开得到

$$\begin{aligned} \boldsymbol{G}(z) &= \boldsymbol{C}(z\boldsymbol{I}-\boldsymbol{A})^{-1}\boldsymbol{B}+\boldsymbol{D} = \frac{\boldsymbol{C}\,\mathrm{adj}[z\boldsymbol{I}-\boldsymbol{A}]\boldsymbol{B}}{\det[z\boldsymbol{I}-\boldsymbol{A}]}+\boldsymbol{D} \\ &= \frac{z^{-n}\boldsymbol{C}\,\mathrm{adj}[z\boldsymbol{I}-\boldsymbol{A}]\boldsymbol{B}}{z^{-n}\det[z\boldsymbol{I}-\boldsymbol{A}]}+\boldsymbol{D} =: \frac{\boldsymbol{Q}(z)}{\alpha(z)}, \end{aligned}$$

其中 $\alpha(z)$ 是系统的 n 次 **特征多项式** (characteristic polynomial), 它定义为传递矩阵的各元最小公分母首一多项式, 即 $\boldsymbol{G}(z)$ 的最小公分母, $\boldsymbol{Q}(z)$ 是 z^{-1} 的矩阵多项式, 它们可以表达为

$$\begin{aligned} \alpha(z) &:= z^{-n}\det[z\boldsymbol{I}-\boldsymbol{A}] \\ &= 1+\alpha_1 z^{-1}+\alpha_2 z^{-2}+\cdots+\alpha_n z^{-n},\ \alpha_i \in \mathbb{R}, \end{aligned} \tag{2.5.3}$$

$$\begin{aligned} \boldsymbol{Q}(z) &:= z^{-n}\boldsymbol{C}\,\mathrm{adj}[z\boldsymbol{I}-\boldsymbol{A}]\boldsymbol{B}+\boldsymbol{D}\alpha(z) \\ &= \boldsymbol{Q}_0+\boldsymbol{Q}_1 z^{-1}+\boldsymbol{Q}_2 z^{-2}+\cdots+\boldsymbol{Q}_n z^{-n},\ \boldsymbol{Q}_i \in \mathbb{R}^{m\times r}. \end{aligned} \tag{2.5.4}$$

特征多项式 $\alpha(z)$ 的辨识, 对于控制系统极点配置、观测器设计、稳定性分析十分重要[34, 44].

方程 (2.5.2) 可以写作

$$\boldsymbol{y}(t) = \frac{\boldsymbol{Q}(z)}{\alpha(z)}\boldsymbol{u}(t).$$

我们把这个模型称为多变量系统传递函数阵 **主模型** (main model), 其特征是 **传递函数阵** (transfer function matrix) $\boldsymbol{G}(z) = \dfrac{\boldsymbol{Q}(z)}{\alpha(z)}$ 有一个系统特征多项式作为公分母, 分子为一个矩阵多项式. 主模型是相对于分子系统的 **子模型** (submodel) 而言. 上式又可写为

$$\alpha(z)\boldsymbol{y}(t) = \boldsymbol{Q}(z)\boldsymbol{u}(t). \tag{2.5.5}$$

这里 $\alpha(z)$ 是一个标量多项式, 这是与多变量 DARMA 模型的差别, 所以称上式为 **多变量 DARMA-like 模型** 或 **类多变量 DARMA 模型**.

实际系统经常存在这样或那样的干扰作用, 且这些干扰往往具有随机性, 可能是白噪声, 也可能是相关的有色噪声. 在确定性系统 (2.5.5) 中引入不同的随机干扰项, 就得到一些不同多变量随机系统模型, 其中 **多变量 AR-like 模型** (即 **类多变量 AR 模型**) 如下,

$$\alpha(z)\boldsymbol{y}(t)=\boldsymbol{v}(t),$$

或

$$\begin{cases}\alpha(z)y_1(t)=v_1(t),\\ \alpha(z)y_2(t)=v_2(t),\\ \quad\vdots\\ \alpha(z)y_m(t)=v_m(t).\end{cases}$$

这 m 个 AR 模型具有相同的结构形式, 具有相同的标量多项式 $\alpha(z)$, 右边 $v_i(t)$ 都是零均值白噪声过程, $y_i(t)$ 为观测. 从理论上讲, 似乎研究这个多变量 AR 模型没有什么意义. 然而, 任何理论, 只要赋予它实际的含义, 就有价值. 对于预测, 人们总是假设预测对象符合一定的规律, 比如说符合 AR 规律. 最典型的是根据过去的观测来预测天气. 当然, 可以根据某个地点的天气观测量 $y_i(t)$, 建立 AR 预测模型. 要使建立的预测模型也适用于另一地区, 最好联合 m 个地点的观测量 $\{y_i(t),\ i=1,2,\cdots,m\}$, 建立一个适用于 m 个地区的 AR 预测模型. 这就是多变量 AR-like 模型研究的意义所在.

2.5.2 类多变量方程误差类模型

类多变量方程误差类模型 具有下列形式,

$$\alpha(z)\boldsymbol{y}(t)=\boldsymbol{Q}(z)\boldsymbol{u}(t)+\boldsymbol{w}(t), \tag{2.5.6}$$

其中 $\boldsymbol{w}(t)\in\mathbb{R}^m$ 是零均值白噪声或有色噪声向量.

(1) **多变量 CAR-like 模型** (**多变量 ARX-like 模型**)[34, 44, 120],

$$\alpha(z)\boldsymbol{y}(t)=\boldsymbol{Q}(z)\boldsymbol{u}(t)+\boldsymbol{v}(t). \tag{2.5.7}$$

下面推导多变量 ARX-like 系统的辨识模型. 将式 (2.5.3) 的 $\alpha(z)$ 和式 (2.5.4) 的 $\boldsymbol{Q}(z)$ 代入上式, 利用移位算子 z^{-1} 的性质得到

$$(1+\alpha_1z^{-1}+\alpha_2z^{-2}+\cdots+\alpha_nz^{-n})\boldsymbol{y}(t)=(\boldsymbol{Q}_0+\boldsymbol{Q}_1z^{-1}+\boldsymbol{Q}_2z^{-2}+\cdots+\boldsymbol{Q}_nz^{-n})\boldsymbol{u}(t)+\boldsymbol{v}(t),$$

或

$$\begin{aligned}&\boldsymbol{y}(t)+\alpha_1\boldsymbol{y}(t-1)+\alpha_2\boldsymbol{y}(t-2)+\cdots+\alpha_n\boldsymbol{y}(t-n)\\&\quad=\boldsymbol{Q}_0\boldsymbol{u}(t)+\boldsymbol{Q}_1\boldsymbol{u}(t-1)+\boldsymbol{Q}_2\boldsymbol{u}(t-2)+\cdots+\boldsymbol{Q}_n\boldsymbol{u}(t-n)+\boldsymbol{v}(t).\end{aligned}$$

进一步可以写为

$$\boldsymbol{y}(t)+[\boldsymbol{y}(t-1),\boldsymbol{y}(t-2),\cdots,\boldsymbol{y}(t-n)]\begin{bmatrix}\alpha_1\\ \alpha_2\\ \vdots\\ \alpha_n\end{bmatrix}=[\boldsymbol{Q}_0,\boldsymbol{Q}_1,\cdots,\boldsymbol{Q}_n]\begin{bmatrix}\boldsymbol{u}(t)\\ \boldsymbol{u}(t-1)\\ \vdots\\ \boldsymbol{u}(t-n)\end{bmatrix}+\boldsymbol{v}(t). \tag{2.5.8}$$

定义 **参数矩阵** $\boldsymbol{\theta}$, **参数向量** $\boldsymbol{\alpha}$, **输入信息向量** $\boldsymbol{\varphi}(t)$ 和 **输出信息矩阵** $\boldsymbol{\psi}(t)$ 如下,

$$\boldsymbol{\theta}^{\mathrm{T}} := [\boldsymbol{Q}_0, \boldsymbol{Q}_1, \cdots, \boldsymbol{Q}_n] \in \mathbb{R}^{m\times(nr+r)},$$

$$\boldsymbol{\alpha} := \begin{bmatrix} \alpha_1 \\ \alpha_2 \\ \vdots \\ \alpha_n \end{bmatrix} \in \mathbb{R}^n, \quad \boldsymbol{\varphi}(t) := \begin{bmatrix} \boldsymbol{u}(t) \\ \boldsymbol{u}(t-1) \\ \vdots \\ \boldsymbol{u}(t-n) \end{bmatrix} \in \mathbb{R}^{nr+r},$$

$$\boldsymbol{\psi}(t) := [\boldsymbol{y}(t-1), \boldsymbol{y}(t-2), \cdots, \boldsymbol{y}(t-n)] \in \mathbb{R}^{m\times n}.$$

于是, 从式 (2.5.8) 可以得到多变量 CAR-like 系统的 **递阶辨识模型** (hierarchical identification model):

$$\boldsymbol{y}(t) + \boldsymbol{\psi}(t)\boldsymbol{\alpha} = \boldsymbol{\theta}^{\mathrm{T}}\boldsymbol{\varphi}(t) + \boldsymbol{v}(t). \tag{2.5.9}$$

这个模型待辨识的参数包括两部分: 由系统特征多项式系数构成的参数向量 $\boldsymbol{\alpha} \in \mathbb{R}^n$ 和由传递矩阵分子多项式矩阵系数构成的参数矩阵 $\boldsymbol{\theta} \in \mathbb{R}^{(nr+r)\times m}$. 由于这个辨识模型 (2.5.9) 既包含一个参数向量, 又包含一个参数矩阵, 所以标准最小二乘算法不能直接使用. 但是, 可以把参数矩阵 $\boldsymbol{\theta}$ 化为一个堆积向量 $\mathrm{col}[\boldsymbol{\theta}]$, 使用 **Kronecker 积** (Kronecker product) 把模型 (2.5.9) 表示为

$$\begin{aligned}\boldsymbol{y}(t) &= [-\boldsymbol{\psi}(t),\ \boldsymbol{\varphi}^{\mathrm{T}}(t) \otimes \boldsymbol{I}_m] \begin{bmatrix} \boldsymbol{\alpha} \\ \mathrm{col}[\boldsymbol{\theta}^{\mathrm{T}}] \end{bmatrix} + \boldsymbol{v}(t) \\ &= [-\boldsymbol{\psi}(t),\ \boldsymbol{I}_m \otimes \boldsymbol{\varphi}^{\mathrm{T}}(t)] \begin{bmatrix} \boldsymbol{\alpha} \\ \mathrm{col}[\boldsymbol{\theta}] \end{bmatrix} + \boldsymbol{v}(t),\end{aligned} \tag{2.5.10}$$

其中 $\mathrm{col}[\boldsymbol{X}]$ 表示将矩阵 $\boldsymbol{X}$ 的列按次序排成的向量, 如

$$\boldsymbol{X} := [\boldsymbol{x}_1, \boldsymbol{x}_2, \cdots, \boldsymbol{x}_n] \in \mathbb{R}^{m\times n},\ \boldsymbol{x}_i \in \mathbb{R}^m,\ i = 1, 2, \cdots, n,$$

那么

$$\mathrm{col}[\boldsymbol{X}] := \begin{bmatrix} \boldsymbol{x}_1 \\ \boldsymbol{x}_2 \\ \vdots \\ \boldsymbol{x}_n \end{bmatrix} \in \mathbb{R}^{mn}.$$

虽然这个辨识模型 (2.5.10) 可以使用递推最小二乘算法进行辨识, 但计算量很大, 需要计算的 **协方差矩阵** 的维数从 $(nr+r)$ 增加到 $(mnr+mr+n)$. 针对此辨识模型, 本书作者等提出了递阶梯度迭代辨识方法、递阶随机梯度辨识方法、递阶最小二乘迭代辨识方法和递阶最小二乘辨识方法[34, 44].

(2) **多变量 CARMA-like 模型** (**多变量 ARMAX-like 模型**),

$$\alpha(z)\boldsymbol{y}(t) = \boldsymbol{Q}(z)\boldsymbol{u}(t) + \boldsymbol{D}(z)\boldsymbol{v}(t). \tag{2.5.11}$$

带积分多变量 CARMA 模型 (多变量 CARIMA 模型或多变量 ARIMAX 模型) 为

$$\alpha(z)\boldsymbol{y}(t) = \boldsymbol{Q}(z)\boldsymbol{u}(t) + \frac{\boldsymbol{D}(z)}{1-z^{-1}}\boldsymbol{v}(t),$$

或

$$\alpha(z)\Delta \boldsymbol{y}(t) = \boldsymbol{Q}(z)\Delta \boldsymbol{u}(t) + \boldsymbol{D}(z)\boldsymbol{v}(t).$$

当多项式矩阵 $\boldsymbol{D}(z)$ 退化为标量多项式 $D(z)$ 时, 得到

$$\alpha(z)\boldsymbol{y}(t) = \boldsymbol{Q}(z)\boldsymbol{u}(t) + D(z)\boldsymbol{v}(t). \tag{2.5.12}$$

文献 [56] 提出了多变量 CARMA-like 系统 (2.5.12) 的递阶最小二乘迭代辨识方法.

(3) **多变量 CARAR-like 模型**(**多变量 ARARX-like 模型**),

$$\alpha(z)\boldsymbol{y}(t) = \boldsymbol{Q}(z)\boldsymbol{u}(t) + \boldsymbol{C}^{-1}(z)\boldsymbol{v}(t).$$

王冬青等利用递阶辨识原理与梯度搜索原理研究了这类多变量系统的递阶迭代参数估计算法[121].

(4) **多变量 CARARMA-like 模型** (**多变量 ARARMAX-like 模型**),

$$\alpha(z)\boldsymbol{y}(t) = \boldsymbol{Q}(z)\boldsymbol{u}(t) + \boldsymbol{C}^{-1}(z)\boldsymbol{D}(z)\boldsymbol{v}(t). \tag{2.5.13}$$

当 $\boldsymbol{C}(z) = \boldsymbol{I}$ 和 (或) $\boldsymbol{D}(z) = \boldsymbol{I}$ 时, 就得到其他方程误差模型.

2.5.3 类多变量输出误差类模型

类多变量输出误差类模型 具有下列形式,

$$\boldsymbol{y}(t) = \frac{\boldsymbol{Q}(z)}{\alpha(z)}\boldsymbol{u}(t) + \boldsymbol{w}(t). \tag{2.5.14}$$

(1) **类多变量输出误差模型** (multivariable OE-like model, **多变量 OE-like 模型**),

$$\boldsymbol{y}(t) = \frac{\boldsymbol{Q}(z)}{\alpha(z)}\boldsymbol{u}(t) + \boldsymbol{v}(t).$$

(2) **类多变量输出误差滑动平均模型** (multivariable OEMA-like model, **多变量 OEMA-like 模型**),

$$\boldsymbol{y}(t) = \frac{\boldsymbol{Q}(z)}{\alpha(z)}\boldsymbol{u}(t) + \boldsymbol{D}(z)\boldsymbol{v}(t). \tag{2.5.15}$$

文献 [57] 提出了类多变量输出误差滑动平均系统的递阶梯度迭代参数估计算法.

(3) **类多变量输出误差自回归模型** (multivariable OEAR-like model, **多变量 OEAR-like 模型**),

$$\boldsymbol{y}(t) = \frac{\boldsymbol{Q}(z)}{\alpha(z)}\boldsymbol{u}(t) + \boldsymbol{C}^{-1}(z)\boldsymbol{v}(t).$$

(4) **多变量 Box-Jenkins-like 模型** (multivariable BJ-like model),

$$\boldsymbol{y}(t) = \frac{\boldsymbol{Q}(z)}{\alpha(z)}\boldsymbol{u}(t) + \boldsymbol{C}^{-1}(z)\boldsymbol{D}(z)\boldsymbol{v}(t).$$

文献 [122] 讨论了类多变量 Box-Jenkins 系统的辅助模型递阶最小二乘迭代辨识算法.

(5) **一般类多变量输出误差模型** (multivariable AR-BJ-like model, **多变量自回归 Box-Jenkins-like 模型**),

$$f(z)\boldsymbol{y}(t)=\frac{\boldsymbol{Q}(z)}{\alpha(z)}\boldsymbol{u}(t)+\boldsymbol{C}^{-1}(z)\boldsymbol{D}(z)\boldsymbol{v}(t), \tag{2.5.16}$$

其中

$$f(z):=1+f_1z^{-1}+f_2z^{-2}+\cdots+f_nz^{-n},\ f_i\in\mathbb{R}.$$

(6) **辨识模型举例**.

当多项式矩阵 $\boldsymbol{D}(z)$ 退化为标量多项式 $D(z)$ 时, 由式 (2.5.15) 得到一特殊多变量 OEMA-like 系统,

$$\boldsymbol{y}(t)=\frac{\boldsymbol{Q}(z)}{\alpha(z)}\boldsymbol{u}(t)+D(z)\boldsymbol{v}(t). \tag{2.5.17}$$

下面推导这一特殊多变量 OEMA-like 系统 (2.5.17) 的辨识模型. 令

$$\boldsymbol{x}(t):=\frac{\boldsymbol{Q}(z)}{\alpha(z)}\boldsymbol{u}(t)\in\mathbb{R}^m, \tag{2.5.18}$$

或

$$\alpha(z)\boldsymbol{x}(t)=\boldsymbol{Q}(z)\boldsymbol{u}(t).$$

将式 (2.5.3) 的 $\alpha(z)$ 和式 (2.5.4) 的 $\boldsymbol{Q}(z)$ 代入上式, 利用移位算子 z^{-1} 的性质得到

$$(1+\alpha_1z^{-1}+\alpha_2z^{-2}+\cdots+\alpha_nz^{-n})\boldsymbol{x}(t)=(\boldsymbol{Q}_0+\boldsymbol{Q}_1z^{-1}+\boldsymbol{Q}_2z^{-2}+\cdots+\boldsymbol{Q}_nz^{-n})\boldsymbol{u}(t),$$

或

$$\begin{aligned}&\boldsymbol{x}(t)+\alpha_1\boldsymbol{x}(t-1)+\alpha_2\boldsymbol{x}(t-2)+\cdots+\alpha_n\boldsymbol{x}(t-n)\\&\quad=\boldsymbol{Q}_0\boldsymbol{u}(t)+\boldsymbol{Q}_1\boldsymbol{u}(t-1)+\boldsymbol{Q}_2\boldsymbol{u}(t-2)+\cdots+\boldsymbol{Q}_n\boldsymbol{u}(t-n).\end{aligned}$$

移项得到

$$\begin{aligned}\boldsymbol{x}(t)=&-\alpha_1\boldsymbol{x}(t-1)-\alpha_2\boldsymbol{x}(t-2)-\cdots-\alpha_n\boldsymbol{x}(t-n)\\&+\boldsymbol{Q}_0\boldsymbol{u}(t)+\boldsymbol{Q}_1\boldsymbol{u}(t-1)+\boldsymbol{Q}_2\boldsymbol{u}(t-2)+\cdots+\boldsymbol{Q}_n\boldsymbol{u}(t-n).\end{aligned} \tag{2.5.19}$$

将式 (2.5.18) 以及多项式 $D(z)$ 的表达式代入式 (2.5.17) 得到

$$\boldsymbol{y}(t)=\boldsymbol{x}(t)+(1+d_1z^{-1}+d_2z^{-2}+\cdots+d_{n_d}z^{-n_d})\boldsymbol{v}(t).$$

将式 (2.5.19) 代入上式可得

$$\begin{aligned}\boldsymbol{y}(t)=&-\alpha_1\boldsymbol{x}(t-1)-\alpha_2\boldsymbol{x}(t-2)-\cdots-\alpha_n\boldsymbol{x}(t-n)\\&+\boldsymbol{Q}_0\boldsymbol{u}(t)+\boldsymbol{Q}_1\boldsymbol{u}(t-1)+\boldsymbol{Q}_2\boldsymbol{u}(t-2)+\cdots+\boldsymbol{Q}_n\boldsymbol{u}(t-n)\\&+\boldsymbol{v}(t)+d_1\boldsymbol{v}(t-1)+d_2\boldsymbol{v}(t-2)+\cdots+d_{n_d}\boldsymbol{v}(t-n_d).\end{aligned} \tag{2.5.20}$$

定义模型 **参数向量** $\boldsymbol{\vartheta}$, **参数矩阵** $\boldsymbol{\theta}$, **输入信息向量** $\boldsymbol{\varphi}(t)$ 和 **信息矩阵** $\boldsymbol{\psi}(t)$ 如下,

$$
\begin{aligned}
\boldsymbol{\vartheta} &:= \begin{bmatrix} \boldsymbol{\alpha} \\ \boldsymbol{d} \end{bmatrix} \in \mathbb{R}^{n+n_d}, \\
\boldsymbol{\alpha} &:= [\alpha_1, \alpha_2, \cdots, \alpha_n]^{\mathrm{T}} \in \mathbb{R}^{n}, \\
\boldsymbol{d} &:= [d_1, d_2, \cdots, d_{n_d}]^{\mathrm{T}} \in \mathbb{R}^{n_d}, \\
\boldsymbol{\theta}^{\mathrm{T}} &:= [\boldsymbol{Q}_0, \boldsymbol{Q}_1, \boldsymbol{Q}_2, \cdots, \boldsymbol{Q}_n] \in \mathbb{R}^{m\times(nr+r)}, \\
\boldsymbol{\varphi}(t) &:= [\boldsymbol{u}^{\mathrm{T}}(t), \boldsymbol{u}^{\mathrm{T}}(t-1), \boldsymbol{u}^{\mathrm{T}}(t-2), \cdots, \boldsymbol{u}^{\mathrm{T}}(t-n)]^{\mathrm{T}} \in \mathbb{R}^{nr+r}, \\
\boldsymbol{\psi}(t) &:= [\boldsymbol{\psi}_{\mathrm{s}}(t), \boldsymbol{\psi}_{\mathrm{n}}(t)] \in \mathbb{R}^{m\times(n+n_d)}, \\
\boldsymbol{\psi}_{\mathrm{s}}(t) &:= [\boldsymbol{x}(t-1), \boldsymbol{x}(t-2), \cdots, \boldsymbol{x}(t-n)] \in \mathbb{R}^{m\times n}, \\
\boldsymbol{\psi}_{\mathrm{n}}(t) &:= [-\boldsymbol{v}(t-1), -\boldsymbol{v}(t-2), \cdots, -\boldsymbol{v}(t-n_d)] \in \mathbb{R}^{m\times n_d}.
\end{aligned}
$$

于是, 由式 (2.5.19) 可得

$$\boldsymbol{x}(t) = -\boldsymbol{\psi}_{\mathrm{s}}(t)\boldsymbol{\alpha} + \boldsymbol{\theta}^{\mathrm{T}}\boldsymbol{\varphi}(t). \tag{2.5.21}$$

从式 (2.5.20) 可以得到辨识模型

$$\boldsymbol{y}(t) + \boldsymbol{\psi}(t)\boldsymbol{\vartheta} = \boldsymbol{\theta}^{\mathrm{T}}\boldsymbol{\varphi}(t) + \boldsymbol{v}(t). \tag{2.5.22}$$

这就是多变量 OEMA-like 系统 (2.5.17) 的辨识模型. 文献 [57] 提出了多变量 OEMA-like 系统 (2.5.17) 的递阶梯度迭代参数估计算法.

2.5.4　类特殊多变量方程误差模型

当模型 (2.5.16) 中多项式矩阵取不同值时, 就得到一些特殊的多变量方程误差模型.

(1) **多变量 CMA-like 模型** (multivariable CMA-like model),

$$\boldsymbol{y}(t) = \boldsymbol{Q}(z)\boldsymbol{u}(t) + D(z)\boldsymbol{v}(t).$$

(2) **多变量 C-ARMA-like 模型** (multivariable C-ARMA-like model),

$$\boldsymbol{y}(t) = \boldsymbol{Q}(z)\boldsymbol{u}(t) + \frac{D(z)}{C(z)}\boldsymbol{v}(t).$$

2.5.5　类特殊多变量输出误差模型

当模型 (2.5.16) 中多项式矩阵取不同值时, 就得到一些特殊的多变量输出误差模型.

(1) **多变量 AR-OE-like 模型** (multivariable AR-OE-like model),

$$f(z)\boldsymbol{y}(t) = \frac{\boldsymbol{Q}(z)}{\alpha(z)}\boldsymbol{u}(t) + \boldsymbol{v}(t).$$

(2) **多变量 AR-OEMA-like 模型** (multivariable AR-OEMA-like model),

$$f(z)\boldsymbol{y}(t) = \frac{\boldsymbol{Q}(z)}{\alpha(z)}\boldsymbol{u}(t) + \boldsymbol{D}(z)\boldsymbol{v}(t).$$

(3) **多变量 AR-OEAR-like 模型** (multivariable AR-OEAR-like model),

$$f(z)\boldsymbol{y}(t)=\frac{\boldsymbol{Q}(z)}{\alpha(z)}\boldsymbol{u}(t)+\boldsymbol{C}^{-1}(z)\boldsymbol{v}(t).$$

当多项式矩阵 $\boldsymbol{C}(z)$ 或 $\boldsymbol{D}(z)$ 退化为标量多项式 $C(z)$ 或 $D(z)$, 那么上述类多变量系统派生出一些新的多变量系统模型.

2.5.6 一般类多变量随机系统模型

一般类多变量 **随机系统模型** 结构如下 (参见图 2.5.1),

$$\boldsymbol{y}(t)=\frac{\boldsymbol{Q}(z)}{\alpha(z)}\boldsymbol{u}(t)+\frac{\boldsymbol{N}(z)}{\gamma(z)}\boldsymbol{v}(t), \tag{2.5.23}$$

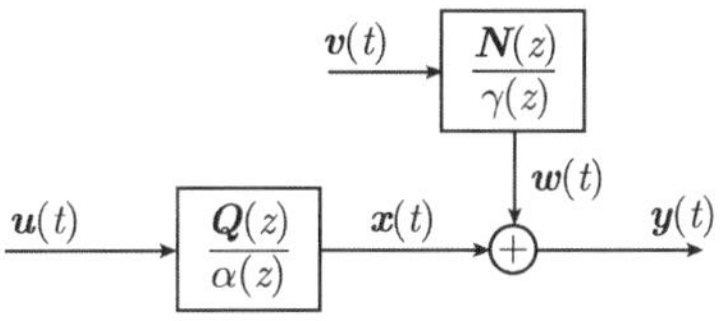

图 2.5.1 类多变量随机系统的结构图

其中

$$\boldsymbol{G}(z):=\frac{\boldsymbol{Q}(z)}{\alpha(z)}\in\mathbb{R}^{m\times r}\text{为系统模型的传递矩阵},$$

$$\boldsymbol{H}(z):=\frac{\boldsymbol{N}(z)}{\gamma(z)}\in\mathbb{R}^{m\times m}\text{为噪声模型的传递矩阵},$$

$\alpha(z)\in\mathbb{R}$ 和 $\gamma(z)\in\mathbb{R}$ 分别系统模型和噪声模型的特征多项式, $\boldsymbol{Q}(z)\in\mathbb{R}^{m\times r}$ 和 $\boldsymbol{N}(z)\in\mathbb{R}^{m\times m}$ 均为多项式矩阵或矩阵多项式, 定义如下,

$$\alpha(z):=1+\alpha_1z^{-1}+\alpha_2z^{-2}+\cdots+\alpha_nz^{-n},\ \alpha_i\in\mathbb{R},$$

$$\boldsymbol{Q}(z):=\boldsymbol{Q}_0+\boldsymbol{Q}_1z^{-1}+\boldsymbol{Q}_2z^{-2}+\cdots+\boldsymbol{Q}_nz^{-n},\ \boldsymbol{Q}_i\in\mathbb{R}^{m\times r},$$

$$\gamma(z):=1+\gamma_1z^{-1}+\gamma_2z^{-2}+\cdots+\gamma_{n_n}z^{-n_n},\ \gamma_i\in\mathbb{R},$$

$$\boldsymbol{N}(z):=\boldsymbol{I}+\boldsymbol{N}_1z^{-1}+\boldsymbol{N}_2z^{-2}+\cdots+\boldsymbol{N}_{n_n}z^{-n_n},\ \boldsymbol{N}_i\in\mathbb{R}^{m\times m}.$$

这里 $\alpha_i\in\mathbb{R}$, $\gamma_i\in\mathbb{R}$, $\boldsymbol{Q}_i\in\mathbb{R}^{m\times r}$ 和 $\boldsymbol{N}_i\in\mathbb{R}^{m\times m}$ 是待辨识的系统参数和参数矩阵.

这个多变量随机系统模型 (2.5.23) 的特征是系统模型和噪声模型都有一个标量特征值多项式作分母, 分子是一个多项式矩阵或矩阵多项式.

2.6 多输入多输出系统

前两节介绍的 "多变量系统" 和 "类多变量系统" 都是多变量系统, 即多输入多输出系统. 在模型中更多的是把系统的多个输入作为一个整体 (即输入向量 $\boldsymbol{u}(t)\in\mathbb{R}^r$) 对待, 把系统的多个输出看作一个整体输出向量 $\boldsymbol{y}(t)\in\mathbb{R}^m$ 对待. 本节的 "多输入多输出系统" 也是多变量系统, 但这里略有不同, 更多的是把多个输入和多个输出分别对待, 而演变出多输入单输出系统、单输入多输出系统、多输入多输出系统, 它们都是多变量系统. 从系统辨识的角度, 这种分别对待很有意义.

考虑传递函数阵描述的 r 个输入 m 个输出线性多变量系统:

$$\boldsymbol{y}(t)=\boldsymbol{G}(z)\boldsymbol{u}(t)+\boldsymbol{w}(t), \tag{2.6.1}$$

其中 $\boldsymbol{u}(t)=[u_1(t),u_2(t),\cdots,u_r(t)]^{\mathrm{T}}\in\mathbb{R}^r$ 为系统输入向量, $\boldsymbol{y}(t)=[y_1(t),y_2(t),\cdots,y_m(t)]^{\mathrm{T}}\in\mathbb{R}^m$ 为系统输出向量, $\boldsymbol{w}(t)=[w_1(t),w_2(t),\cdots,w_m(t)]^{\mathrm{T}}\in\mathbb{R}^m$ 为零均值随机干扰噪声向量,

$\boldsymbol{G}(z) \in \mathbb{R}^{m\times r}$ 是系统模型的 **传递函数阵**, z 是单位前移算子: $z\boldsymbol{y}(t) = \boldsymbol{y}(t+1)$ 和 $z^{-1}\boldsymbol{y}(t) = \boldsymbol{y}(t-1)$. 传递矩阵 $\boldsymbol{G}(z)$ 一般具有下列形式,

$$\boldsymbol{G}(z) = \begin{bmatrix} g_{11}(z) & g_{12}(z) & \cdots & g_{1r}(z) \\ g_{21}(z) & g_{22}(z) & \cdots & g_{2r}(z) \\ \vdots & \vdots & & \vdots \\ g_{m1}(z) & g_{m2}(z) & \cdots & g_{mr}(z) \end{bmatrix} \in \mathbb{R}^{m\times r}, \tag{2.6.2}$$

或

$$\boldsymbol{G}(z) = \begin{bmatrix} \dfrac{b'_{11}(z)}{a'_{11}(z)} & \dfrac{b'_{12}(z)}{a'_{12}(z)} & \cdots & \dfrac{b'_{1r}(z)}{a'_{1r}(z)} \\ \dfrac{b'_{21}(z)}{a'_{21}(z)} & \dfrac{b'_{22}(z)}{a'_{22}(z)} & \cdots & \dfrac{b'_{2r}(z)}{a'_{2r}(z)} \\ \vdots & \vdots & & \vdots \\ \dfrac{b'_{m1}(z)}{a'_{m1}(z)} & \dfrac{b'_{m2}(z)}{a'_{m2}(z)} & \cdots & \dfrac{b'_{mr}(z)}{a'_{mr}(z)} \end{bmatrix} \in \mathbb{R}^{m\times r},$$

其中 $g_{ij}(z)$ 是第 j 个输入 $u_j(t)$ 到第 i 个输出 $y_i(t)$ 间的传递函数, 通常是一个阶次 n_{ij} 的有理分式:

$$g_{ij}(z) := \frac{b'_{ij}(z)}{a'_{ij}(z)} = \frac{b_{ij}(0)z^{n_{ij}} + b_{ij}(1)z^{n_{ij}-1} + b_{ij}(2)z^{n_{ij}-2} + \cdots + b_{ij}(n_{ij})}{z^{n_{ij}} + a_{ij}(1)z^{n_{ij}-1} + a_{ij}(2)z^{n_{ij}-2} + \cdots + a_{ij}(n_{ij})}, \tag{2.6.3}$$

$a'_{ij}(z)$ 与 $b'_{ij}(z)$ 是 z 的 n_{ij} 次互质多项式 (无公因子):

$$a'_{ij}(z) = z^{n_{ij}} + a_{ij}(1)z^{n_{ij}-1} + a_{ij}(2)z^{n_{ij}-2} + \cdots + a_{ij}(n_{ij}),$$

$$b'_{ij}(z) = b_{ij}(0)z^{n_{ij}} + b_{ij}(1)z^{n_{ij}-1} + b_{ij}(2)z^{n_{ij}-2} + \cdots + b_{ij}(n_{ij}).$$

对于辨识而言, 通常在式 (2.6.3) 右边分子分母同乘以 $z^{-n_{ij}}$, 得到

$$g_{ij}(z) = \frac{z^{-n_{ij}}b'_{ij}(z)}{z^{-n_{ij}}a'_{ij}(z)} =: \frac{b_{ij}(z)}{a_{ij}(z)}, \tag{2.6.4}$$

其中

$$a_{ij}(z) := z^{-n_{ij}}a'_{ij}(z) = 1 + a_{ij}(1)z^{-1} + a_{ij}(2)z^{-2} + \cdots + a_{ij}(n_{ij})z^{-n_{ij}}, \tag{2.6.5}$$

$$b_{ij}(z) := z^{-n_{ij}}b'_{ij}(z) = b_{ij}(0) + b_{ij}(1)z^{-1} + b_{ij}(2)z^{-2} + \cdots + b_{ij}(n_{ij})z^{-n_{ij}}. \tag{2.6.6}$$

于是, 传递矩阵 $\boldsymbol{G}(z)$ 可以写为

$$\boldsymbol{G}(z) = \begin{bmatrix} \dfrac{b_{11}(z)}{a_{11}(z)} & \dfrac{b_{12}(z)}{a_{12}(z)} & \cdots & \dfrac{b_{1r}(z)}{a_{1r}(z)} \\ \dfrac{b_{21}(z)}{a_{21}(z)} & \dfrac{b_{22}(z)}{a_{22}(z)} & \cdots & \dfrac{b_{2r}(z)}{a_{2r}(z)} \\ \vdots & \vdots & & \vdots \\ \dfrac{b_{m1}(z)}{a_{m1}(z)} & \dfrac{b_{m2}(z)}{a_{m2}(z)} & \cdots & \dfrac{b_{mr}(z)}{a_{mr}(z)} \end{bmatrix} \in \mathbb{R}^{m\times r}. \tag{2.6.7}$$

如果作用于系统 (2.6.1) 的噪声向量 $\boldsymbol{w}(t) \in \mathbb{R}^m$ 是通过零均值白噪声向量 $\boldsymbol{v}(t) = [v_1(t), v_2(t), \cdots, v_m(t)]^{\mathrm{T}} \in \mathbb{R}^m$ 驱动噪声模型传递函数阵 $\boldsymbol{H}(z) \in \mathbb{R}^{m\times m}$ 的输出, 即 $\boldsymbol{w}(t) := \boldsymbol{H}(z)\boldsymbol{v}(t)$, 那么系统 (2.6.1) 可以写为

$$\boldsymbol{y}(t) = \boldsymbol{G}(z)\boldsymbol{u}(t) + \boldsymbol{H}(z)\boldsymbol{v}(t). \tag{2.6.8}$$

类似地, 噪声模型传递矩阵有形式,

$$\boldsymbol{H}(z) = \begin{bmatrix} \dfrac{d_{11}(z)}{c_{11}(z)} & \dfrac{d_{12}(z)}{c_{12}(z)} & \cdots & \dfrac{d_{1m}(z)}{c_{1m}(z)} \\ \dfrac{d_{21}(z)}{c_{21}(z)} & \dfrac{d_{22}(z)}{c_{22}(z)} & \cdots & \dfrac{d_{2m}(z)}{c_{2m}(z)} \\ \vdots & \vdots & & \vdots \\ \dfrac{d_{m1}(z)}{c_{m1}(z)} & \dfrac{d_{m2}(z)}{c_{m2}(z)} & \cdots & \dfrac{d_{mm}(z)}{c_{mm}(z)} \end{bmatrix} \in \mathbb{R}^{m\times m}, \tag{2.6.9}$$

其中

$$c_{ij}(z) := 1 + c_{ij}(1)z^{-1} + c_{ij}(2)z^{-2} + \cdots + c_{ij}(\mu_{ij})z^{-\mu_{ij}}, \tag{2.6.10}$$

$$c_{ij}(z) := 1 + d_{ij}(1)z^{-1} + d_{ij}(2)z^{-2} + \cdots + d_{ij}(\mu_{ij})z^{-\mu_{ij}}. \tag{2.6.11}$$

如果对式 (2.6.7) 的 $\boldsymbol{G}(z)$ 和式 (2.6.9) 的 $\boldsymbol{H}(z)$ 的分母分别进行通分得到最小公分母多项式, 分子就是矩阵多项式, 系统 (2.6.8) 就转化为式 (2.5.23) 的类多变量随机系统; 如果对式 (2.6.7) 的 $\boldsymbol{G}(z)$ 和式 (2.6.9) 的 $\boldsymbol{H}(z)$ 使用右矩阵分式描述 (Matrix Fraction Description, MFD), 系统 (2.6.8) 就转化为式 (2.4.14) 的多变量 Box-Jenkins 随机系统.

2.6.1 传递函数阵主模型

假设式 (2.6.7) 传递矩阵 $\boldsymbol{G}(z)$ 的最小公分母特征值多项式, 即分母的最小公倍数 (LCM) 多项式为

$$\begin{aligned} \alpha(z) &:= \mathrm{LCM}[a_{ij}(z),\ i = 1, 2, \cdots, m,\ j = 1, 2, \cdots, r] \\ &= 1 + \alpha_1 z^{-1} + \alpha_2 z^{-2} + \cdots + \alpha_n z^{-n} \in \mathbb{R}. \end{aligned}$$

令

$$Q_{ij}(z) := \frac{b_{ij}(z)}{a_{ij}(z)}\alpha(z) = \beta_{ij}(0) + \beta_{ij}(1)z^{-1} + \beta_{ij}(2)z^{-2} + \cdots + \beta_{ij}(n)z^{-n}.$$

那么式 (2.6.7) 传递矩阵 $\boldsymbol{G}(z)$ 可以等价写为

$$\boldsymbol{G}(z) = \frac{1}{\alpha(z)} \begin{bmatrix} Q_{11}(z) & Q_{12}(z) & \cdots & Q_{1r}(z) \\ Q_{21}(z) & Q_{22}(z) & \cdots & Q_{2r}(z) \\ \vdots & \vdots & & \vdots \\ Q_{m1}(z) & Q_{m2}(z) & \cdots & Q_{mr}(z) \end{bmatrix} =: \frac{\boldsymbol{Q}(z)}{\alpha(z)} \in \mathbb{R}^{m\times r}.$$

将上式代入式 (2.6.1) 得到

$$\boldsymbol{y}(t) = \frac{\boldsymbol{Q}(z)}{\alpha(z)}\boldsymbol{u}(t) + \boldsymbol{w}(t), \tag{2.6.12}$$

这就是式 (2.5.14) 的类多变量输出误差类系统, 其中

$$\boldsymbol{Q}(z):=[Q_{ij}(z)]=\boldsymbol{Q}_0+\boldsymbol{Q}_1z^{-1}+\boldsymbol{Q}_2z^{-2}+\cdots+\boldsymbol{Q}_nz^{-n}\in\mathbb{R}^{m\times r},$$

$$\boldsymbol{Q}_i:=\begin{bmatrix}\beta_{11}(i) & \beta_{12}(i) & \cdots & \beta_{1r}(i)\\ \beta_{21}(i) & \beta_{22}(i) & \cdots & \beta_{2r}(i)\\ \vdots & \vdots & & \vdots\\ \beta_{m1}(i) & \beta_{m2}(i) & \cdots & \beta_{mr}(i)\end{bmatrix}\in\mathbb{R}^{m\times r},\ i=0,1,2,\cdots,n.$$

相对于分子系统辨识而言, 系统 (2.6.12) 一般采用直接辨识整个系统的参数, 故把系统 (2.6.12) 称为传递函数阵 **主模型**.

2.6.2 传递函数阵子模型

将式 (2.6.7) 的传递函数阵 $\boldsymbol{G}(z)$ 代入式 (2.6.1) 得到

$$\begin{bmatrix}y_1(t)\\ y_2(t)\\ \vdots\\ y_m(t)\end{bmatrix}=\begin{bmatrix}\dfrac{b_{11}(z)}{a_{11}(z)} & \dfrac{b_{12}(z)}{a_{12}(z)} & \cdots & \dfrac{b_{1r}(z)}{a_{1r}(z)}\\ \dfrac{b_{21}(z)}{a_{21}(z)} & \dfrac{b_{22}(z)}{a_{22}(z)} & \cdots & \dfrac{b_{2r}(z)}{a_{2r}(z)}\\ \vdots & \vdots & & \vdots\\ \dfrac{b_{m1}(z)}{a_{m1}(z)} & \dfrac{b_{m2}(z)}{a_{m2}(z)} & \cdots & \dfrac{b_{mr}(z)}{a_{mr}(z)}\end{bmatrix}\begin{bmatrix}u_1(t)\\ u_2(t)\\ \vdots\\ u_r(t)\end{bmatrix}+\begin{bmatrix}w_1(t)\\ w_2(t)\\ \vdots\\ w_m(t)\end{bmatrix}. \tag{2.6.13}$$

这个多变量系统可以分解为 m 个多输入单输出系统, 上式的第 i 行就是第 i 个子系统, 即**传递函数阵子模型**,

$$\begin{aligned}y_i(t)&=\frac{b_{i1}(z)}{a_{i1}(z)}u_1(t)+\frac{b_{i2}(z)}{a_{i2}(z)}u_2(t)+\cdots+\frac{b_{ir}(z)}{a_{ir}(z)}u_r(t)+w_i(t) \qquad (2.6.14)\\ &=\sum_{j=1}^{r}\frac{b_{ij}(z)}{a_{ij}(z)}u_j(t)+w_i(t),\quad i=1,2,\cdots,m.\end{aligned}$$

对于这 m 个子系统, 每个子系统的输出都无关联, 所以一个多变量系统可以看作多个多输入单输出子系统, 并且每个子系统具有相同的结构, 研究其中一个子系统的辨识问题也具有普遍意义. 后面我们将介绍多输入单输出系统.

注: 但是对于 2.4 节和 2.5 节的所有多变量系统, 都不应该分解为 m 个子系统进行辨识, 否则会大幅度增加辨识算法的计算量.

2.6.3 传递函数阵子子模型

如果把子模型 (2.6.14) 右边各项 $\dfrac{b_{ij}(z)}{a_{ij}(z)}u_j(t)$ 看作一个子子系统, 即 **子子模型** (Sub-SubModel, **SSM 模型**), 也就是把传递函数阵 $\boldsymbol{G}(z)$ 各元 $\dfrac{b_{ij}(z)}{a_{ij}(z)}$ 看作子子模型, 设其输出为 $y_{ij}(t)$, 则有

$$y_{ij}(t)=\frac{b_{ij}(z)}{a_{ij}(z)}u_j(t),\ i=1,2,\cdots,m,\ j=1,2,\cdots,r.$$

这个子子模型的输入 $u_j(t)$ 是可得到的, 但输出 $y_{ij}(t)$ 是不可测的, 它与可测输出 $y_i(t)$ 的关系如下,

$$y_i(t)=\sum_{j=1}^{r}y_{ij}(t)=y_{i1}(t)+y_{i2}(t)+\cdots+y_{ir}(t)+w_i(t).$$

因为只有输入数据 $\{u_j(t)\}$ 和输出数据 $\{y_i(t)\}$ 可得到, 子子模型输出 $\{y_{ij}(t)\}$ 是未知, 造成辨识的困难, 解决的途径是用辅助模型辨识思想或辅助变量方法. 与子系统辨识方法相对应, 把直接辨识传递函数阵 $\boldsymbol{G}(z)$ 各元参数的方法称为子子系统辨识方法 (子子模型参数辨识方法). 因此, 一个 r 输入 m 输出多变量系统共有 mr 个单输入单输出子子系统 (子子模型).

辨识的目标是利用系统输入输出数据 $\{u_j(t),y_i(t)\}$ 和适当的辨识方法估计系统的未知参数 $a_{ij}(l)$ 和 $b_{ij}(l)$, $l=1,2,\cdots,n_{ij}$.

2.7 多输入单输出系统模型

为了简化变量符号, 我们把式 (2.6.14) 的一个多输入单输出子系统表示为

$$y(t)=\frac{B_1(z)}{A_1(z)}u_1(t)+\frac{B_2(z)}{A_2(z)}u_2(t)+\cdots+\frac{B_r(z)}{A_r(z)}u_r(t)+w(t),$$

或

$$y(t)=\sum_{j=1}^{r}\frac{B_j(z)}{A_j(z)}u_j(t)+w(t), \tag{2.7.1}$$

其中 $u_j(t)\in\mathbb{R}$, $j=1,2,\cdots,r$, 是系统的 r 个输入, $y(t)\in\mathbb{R}$ 是系统输出, $w(t)\in\mathbb{R}$ 为零均值白噪声或有色噪声, 多项式 $A_j(z)$ 和 $B_j(z)$ 定义为

$$A_j(z)=1+a_j(1)z^{-1}+a_j(2)z^{-2}+\cdots+a_j(n_j)z^{-n_j},$$

$$B_j(z)=b_j(0)+b_j(1)z^{-1}+b_j(2)z^{-2}+\cdots+b_j(n_j)z^{-n_j}.$$

根据式 (2.7.1) 中分母多项式 $A_j(z)$ 是否相同, 以及噪声 $w(t)$ 的不同性质, 又可演化出下列多输入方程误差类模型和多输入输出误差类模型.

2.7.1 多输入方程误差类模型

设式 (2.7.1) 中分母多项式 $A_j(z)$ 都相同, 且为

$$A(z):=1+a_j(1)z^{-1}+a_j(2)z^{-2}+\cdots+a_j(n)z^{-n},$$

我们有 **多输入方程误差类模型** (multi-input equation error type models):

$$A(z)y(t)=B_1(z)u_1(t)+B_2(z)u_2(t)+\cdots+B_r(z)u_r(t)+w(t), \tag{2.7.2}$$

其中 $w(t)\in\mathbb{R}$ 是零均值白噪声或有色噪声.

(1) **多输入方程误差模型** (**多输入 CAR 模型** 或 **多输入 ARX 模型**),

$$A(z)y(t)=\sum_{j=1}^{r}B_j(z)u_j(t)+v(t). \tag{2.7.3}$$

(2) **多输入 CARMA 模型 (多输入 ARMAX 模型)**,

$$A(z)y(t)=\sum_{j=1}^{r}B_j(z)u_j(t)+D(z)v(t). \tag{2.7.4}$$

带积分多输入 CARMA 模型 (多输入 CARIMA 模型或多输入 ARIMAX 模型) 为

$$A(z)y(t)=\sum_{j=1}^{r}B_j(z)u_j(t)+\frac{D(z)}{1-z^{-1}}v(t).$$

(3) **多输入 CARAR 模型(多输入 ARARX 模型**, 也称 **多输入动态调节模型)**,

$$A(z)y(t)=\sum_{j=1}^{r}B_j(z)u_j(t)+\frac{1}{C(z)}v(t). \tag{2.7.5}$$

(4) **多输入 CARARMA 模型 (多输入 ARARMAX 模型)**,

$$A(z)y(t)=\sum_{j=1}^{r}B_j(z)u_j(t)+\frac{D(z)}{C(z)}v(t). \tag{2.7.6}$$

令

$$w(t):=\frac{D(z)}{C(z)}v(t).$$

则多输入 CARARMA 系统 (2.7.6) 的辨识模型为

$$\begin{aligned}
y(t)&=\boldsymbol{\varphi}^{\mathrm{T}}(t)\boldsymbol{\theta}+v(t),\ n_0:=n+n_1+n_2+\cdots+n_r+r+n_c+n_d,\\
\boldsymbol{\theta}&:=[a_1,a_2,\cdots,a_n,b_1(0),b_1(1),\cdots,b_1(n_1),b_2(0),b_2(1),\cdots,b_2(n_2),\cdots,\\
&\qquad b_r(0),b_r(1),\cdots,b_r(n_r),c_1,c_2,\cdots,c_{n_c},d_1,d_2,\cdots,d_{n_d}]^{\mathrm{T}}\in\mathbb{R}^{n_0},\\
\boldsymbol{\varphi}(t)&:=[-y(t-1),-y(t-2),\cdots,-y(t-n),u_1(t),u_1(t-1),\cdots,u_1(t-n_1),\\
&\qquad u_2(t),u_2(t-1),\cdots,u_2(t-n_2),\cdots,u_r(t),u_r(t-1),\cdots,u_r(t-n_r),\\
&\qquad -w(t-1),-w(t-2),\cdots,-w(t-n_c),v(t-1),v(t-2),\cdots,v(t-n_d)]^{\mathrm{T}}\in\mathbb{R}^{n_0}.
\end{aligned}$$

2.7.2 多输入输出误差类模型

根据式 (2.7.1), **多输入输出误差类模型** (multi-input output error type models) 具有下列形式,

$$y(t)=\sum_{j=1}^{r}\frac{B_j(z)}{A_j(z)}u_j(t)+w(t), \tag{2.7.7}$$

其中 $w(t)\in\mathbb{R}$ 是零均值白噪声或有色噪声.

(1) **多输入输出误差模型** (multi-input OE model),

$$y(t)=\sum_{j=1}^{r}\frac{B_j(z)}{A_j(z)}u_j(t)+v(t). \tag{2.7.8}$$

文献 [123] 提出了多输入单输出输出误差系统的辅助模型多新息随机梯度算法; 文献 [124] 讨

论了基于最小二乘原理的多输入输出误差系统依阶次递增辨识方法; 文献 [125] 讨论了基于相关技术的多输入输出误差系统依阶次递增辨识方法.

(2) **多输入输出误差滑动平均模型** (multi-input OEMA model),

$$y(t)=\sum_{j=1}^{r}\frac{B_j(z)}{A_j(z)}u_j(t)+D(z)v(t). \tag{2.7.9}$$

(3) **多输入输出误差自回归模型** (multi-input OEAR model),

$$y(t)=\sum_{j=1}^{r}\frac{B_j(z)}{A_j(z)}u_j(t)+\frac{1}{C(z)}v(t). \tag{2.7.10}$$

(4) **多输入 Box-Jenkins 模型** (multi-input Box-Jenkins model),

$$y(t)=\sum_{j=1}^{r}\frac{B_j(z)}{A_j(z)}u_j(t)+\frac{D(z)}{C(z)}v(t). \tag{2.7.11}$$

(5) **一般多输入输出误差模型** (multi-input AR-BJ model, **多输入自回归 Box-Jenkins 模型**),

$$F(z)y(t)=\sum_{j=1}^{r}\frac{B_j(z)}{A_j(z)}u_j(t)+\frac{D(z)}{C(z)}v(t). \tag{2.7.12}$$

写出以上 5 个系统的辨识模型, 需定义 r 个 **中间变量** (intermediate variable):

$$x_j(t):=\frac{B_j(z)}{A_j(z)}u_j(t),\ j=1,2,\cdots,r.$$

当 $A_j(z)$ 都相同, 且为 $A(z)$ 时, 上述多输入输出误差类模型退化为

(1)′ **多输入输出误差模型**,

$$y(t)=\frac{1}{A(z)}\sum_{j=1}^{r}B_j(z)u_j(t)+v(t). \tag{2.7.13}$$

本书作者讨论了多输入输出误差系统的辅助模型随机梯度辨识算法及其收敛性[126]; 丁锋等提出了这个多输入单输出 (MISO) 输出误差系统的辅助模型多新息最小二乘辨识算法和偏差补偿最小二乘算法和偏差补偿递推最小二乘辨识算法 (Bias Compensation based Recursive Least Squares algorithm, BC-RLS)[127, 128]. 文献 [129] 研究了多输入输出误差系统辅助模型随机梯度算法的性能性.

(2)′ **多输入输出误差滑动平均模型**,

$$y(t)=\frac{1}{A(z)}\sum_{j=1}^{r}B_j(z)u_j(t)+D(z)v(t). \tag{2.7.14}$$

(3)′ **多输入输出误差自回归模型**,

$$y(t)=\frac{1}{A(z)}\sum_{j=1}^{r}B_j(z)u_j(t)+\frac{1}{C(z)}v(t). \tag{2.7.15}$$

(4)′ **多输入 Box-Jenkins 模型**,

$$y(t)=\frac{1}{A(z)}\sum_{j=1}^{r}B_j(z)u_j(t)+\frac{D(z)}{C(z)}v(t). \tag{2.7.16}$$

(5)′ **一般多输入输出误差模型**,

$$F(z)y(t)=\frac{1}{A(z)}\sum_{j=1}^{r}B_j(z)u_j(t)+\frac{D(z)}{C(z)}v(t). \tag{2.7.17}$$

写出以上 5 个系统的辨识模型, 需定义一个中间变量:

$$x(t):=\frac{1}{A(z)}\sum_{j=1}^{r}B_j(z)u_j(t).$$

2.7.3　特殊多输入方程误差类模型

当模型 (2.7.12) 中多项式取不同值时, 就得到一些特殊的方程误差模型.

(1) **多输入 FIR 模型** (multi-input FIR model),

$$y(t)=\sum_{j=1}^{r}B_j(z)u_j(t)+v(t). \tag{2.7.18}$$

(2) **多输入受控滑动平均模型** (multi-input CMA model, **多输入 CMA 模型**),

$$y(t)=\sum_{j=1}^{r}B_j(z)u_j(t)+D(z)v(t). \tag{2.7.19}$$

(3) **多输入受控自回归滑动平均模型** (multi-input C-ARMA model, **多输入 C-ARMA 模型**),

$$y(t)=\sum_{j=1}^{r}B_j(z)u_j(t)+\frac{D(z)}{C(z)}v(t). \tag{2.7.20}$$

2.7.4　特殊多输入输出误差类模型

当模型 (2.7.12) 中多项式取不同值时, 就得到一些特殊的输出误差模型.

(1) **多输入自回归输出误差模型** (multi-input AR-OE model),

$$F(z)y(t)=\sum_{j=1}^{r}\frac{B_j(z)}{A_j(z)}u_j(t)+v(t), \tag{2.7.21}$$

或

$$F(z)y(t)=\frac{1}{A(z)}\sum_{j=1}^{r}B_j(z)u_j(t)+v(t). \tag{2.7.22}$$

(2) **多输入自回归输出误差滑动平均模型** (multi-input AR-OEMA model),

$$F(z)y(t)=\sum_{j=1}^{r}\frac{B_j(z)}{A_j(z)}u_j(t)+D(z)v(t), \tag{2.7.23}$$

或

$$F(z)y(t)=\frac{1}{A(z)}\sum_{j=1}^{r}B_j(z)u_j(t)+D(z)v(t). \tag{2.7.24}$$

(3) **多输入自回归输出误差自回归模型** (multi-input AR-OEAR model),

$$F(z)y(t)=\sum_{j=1}^{r}\frac{B_j(z)}{A_j(z)}u_j(t)+\frac{1}{C(z)}v(t), \tag{2.7.25}$$

或

$$F(z)y(t)=\frac{1}{A(z)}\sum_{j=1}^{r}B_j(z)u_j(t)+\frac{1}{C(z)}v(t). \tag{2.7.26}$$

2.8 多输出系统

本节讨论与多变量系统辨识实验相关的单输入多输出系统模型结构, 以及多变量系统的马可夫参数模型.

2.8.1 多变量系统结构

一般多输入多输出系统的 **输入输出表达** (input-output representation) 为

$$\begin{bmatrix} y_1(t) \\ y_2(t) \\ \vdots \\ y_m(t) \end{bmatrix}=\begin{bmatrix} \dfrac{B_{11}(z)}{A_{11}(z)} & \dfrac{B_{12}(z)}{A_{12}(z)} & \cdots & \dfrac{B_{1r}(z)}{A_{1r}(z)} \\ \dfrac{B_{21}(z)}{A_{21}(z)} & \dfrac{B_{22}(z)}{A_{22}(z)} & \cdots & \dfrac{B_{2r}(z)}{A_{2r}(z)} \\ \vdots & \vdots & & \vdots \\ \dfrac{B_{m1}(z)}{A_{m1}(z)} & \dfrac{B_{m2}(z)}{A_{m2}(z)} & \cdots & \dfrac{B_{mr}(z)}{A_{mr}(z)} \end{bmatrix}\begin{bmatrix} u_1(t) \\ u_2(t) \\ \vdots \\ u_r(t) \end{bmatrix}+\begin{bmatrix} w_1(t) \\ w_2(t) \\ \vdots \\ w_m(t) \end{bmatrix}, \tag{2.8.1}$$

其中 $\boldsymbol{u}(t)=[u_1(t),\ u_2(t),\ \cdots,\ u_r(t)]^{\mathrm{T}}\in\mathbb{R}^r$ 为系统输入向量, $\boldsymbol{y}(t)=[y_1(t),\ y_2(t),\ \cdots,\ y_m(t)]^{\mathrm{T}}\in\mathbb{R}^m$ 为系统输出向量, $\boldsymbol{w}(t)=[w_1(t),\ w_2(t),\ \cdots,\ w_m(t)]^{\mathrm{T}}\in\mathbb{R}^m$ 为零均值随机干扰噪声向量.

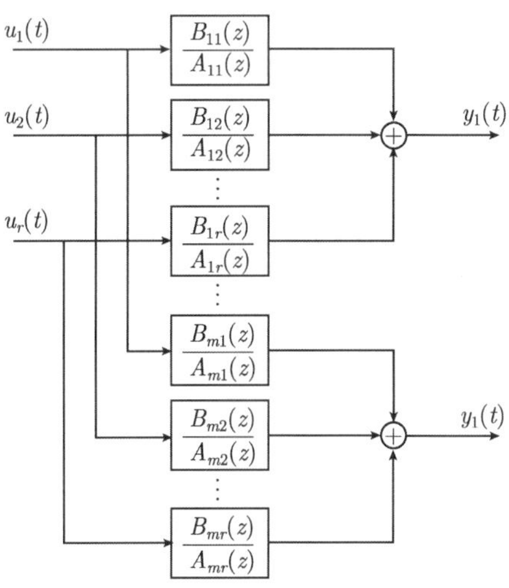

图 2.8.1 多输入多输出系统结构示意图

多输入多输出系统结构示意如图 2.8.1 所示 (图中未画干扰噪声). 尽管多输入多输出系统和多输入单输出系统有很多辨识方法, 但是在多变量系统辨识建模实验中, 也经常采用分别改变每个输入进行实验, 就得到单输入多输出系统.

多变量系统的参数辨识可以采用下列两种途径进行. 设系统处在平衡点 (或称稳定工作点), 这时的输入输出可认为是零 (零均值化), 一种途径是改变所有输入信号, 用数据采集仪记录所有输入和输出的值, 用多输入多输出系统辨识方法估计系统参数. 这种方法的不足之处是: 要准备多个 (r 个) 信号发生器 (设备), 同时产生 r 个不相关持续激励信号作为输入, 况且实际系统在正常运行下实验, 同时改变所有输入, 操作复杂, 增加了系统不稳定的风险, 增加了设备投资. 实际中这种方法是不建议的.

另一种途径操作比较简单, 只需要一个输入信号发生器, 每次实验只改变某一通道输入信号 (如 $u_j(t)$), 不改变其他通道的输入 ($u_i(t)$ 认为是零, $i \neq j$), 用数据采集仪记录这个通道的输入和所有通道的输出值, 分别对每一个输入通道进行实验, 这时的系统是一个 **单输入多输出系统** (SIMO), 共需 r 次独立实验, 利用采集的数据分别辨识 r 个单输入多输出系统, 第 j 次独立实验等价的单输入多输出系统结构示意如图 2.8.2 所示 (图中忽略了噪声项). 这种方法可以辨识出多变量系统 (2.8.1) 每个 **子子模型** 的传递函数 $\dfrac{B_{ij}(z)}{A_{ij}(z)}$. 所以从实用的观点看, 研究单输入多输出多变量系统辨识方法是必要的.

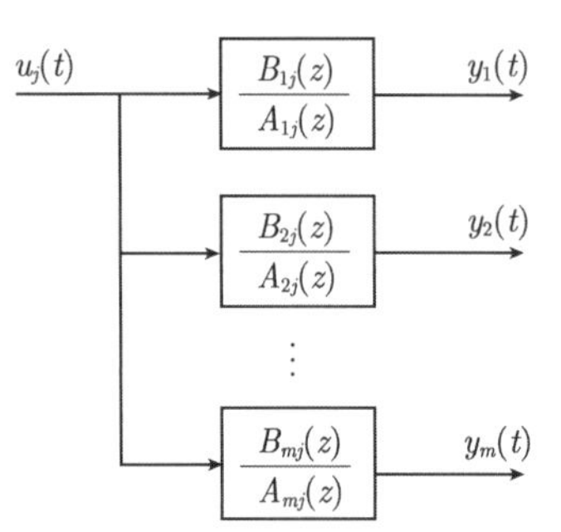

图 2.8.2　输入为 $u_j(t)$ 的单输入多输出系统结构示意图

注: 单输入多输出系统的辨识方法研究很有意义, 因为通过独立实验数据, 可以辨识出整个多变量系统的传递函数矩阵. 然而, 单输入多输出系统控制方法研究没有太大的实际意义.

2.8.2　单输入多输出系统模型

在多输入多输出系统模型中, 将输入向量 $\boldsymbol{u}(t) \in \mathbb{R}^r$ 的维数 r 置为 1, 就得到单输入多输出系统. 由多变量 FIR 模型 (2.4.16) 得到单输入多输出 FIR 模型,

$$\boldsymbol{y}(t) = \boldsymbol{B}(z)u(t) + \boldsymbol{v}(t), \tag{2.8.2}$$

或

$$\begin{cases} y_1(t) = B_1(z)u(t) + v_1(t), \\ y_2(t) = B_2(z)u(t) + v_2(t), \\ \qquad \vdots \\ y_m(t) = B_m(z)u(t) + v_m(t), \end{cases}$$

相应地, 有单输入多输出输出误差模型:

$$\begin{cases} y_1(t) = \dfrac{B_1(z)}{A_1(z)}u(t) + v_1(t), \\ y_2(t) = \dfrac{B_2(z)}{A_2(z)}u(t) + v_2(t), \\ \qquad \vdots \\ y_m(t) = \dfrac{B_m(z)}{A_m(z)}u(t) + v_m(t). \end{cases}$$

当 $A_i(z) = A(z)$ 相同时 (或进行通分), 可得

$$\begin{cases} y_1(t)=\dfrac{B_1(z)}{A(z)}u(t)+v_1(t),\\ y_2(t)=\dfrac{B_2(z)}{A(z)}u(t)+v_2(t),\\ \quad\vdots\\ y_m(t)=\dfrac{B_m(z)}{A(z)}u(t)+v_m(t). \end{cases}$$

在通讯领域, 因为一个信号源发出的信号, 可以在不同的地方接收到, 相当于是单输入多输出系统. 在信号处理的盲辨识与分离研究领域, 经常假设系统是单输入多输出模型结构[130~132].

对于稳定的多变量系统, 只改变第 j 个输入 $u_j(t)$, 不改变其他输入, 即认为 $u_i(t)=0$, $i\neq j$, 由多输入多输出系统 (2.8.1) 得到一个图 2.8.2 所示的 **单输入多输出系统**, 其输入输出表达为

$$\begin{bmatrix} y_1(t)\\ y_2(t)\\ \vdots\\ y_m(t)\end{bmatrix}=\begin{bmatrix}\dfrac{B_{1j}(z)}{A_{1j}(z)}\\ \dfrac{B_{2j}(z)}{A_{2j}(z)}\\ \vdots\\ \dfrac{B_{mj}(z)}{A_{mj}(z)}\end{bmatrix}u_j(t)+\begin{bmatrix} w_1(t)\\ w_2(t)\\ \vdots\\ w_m(t)\end{bmatrix},\quad j=1,2,\cdots,r. \tag{2.8.3}$$

辨识方法是对每一个 j, 只改变 $u_j(t)$, 测量输入 $u_j(t)$ 和输出 $y_1(t)$, $y_2(t)$, $\cdots$, $y_m(t)$ 的变化值, 分别辨识上述每个单输入多输出系统的参数.

2.8.3 马可夫参数或脉冲响应模型

考虑式 (2.8.1) 的 r 个输入 m 个输出线性多变量系统, 重写如下,

$$\boldsymbol{y}(t)=\boldsymbol{G}(z)\boldsymbol{u}(t)+\boldsymbol{w}(t), \tag{2.8.4}$$

其中 $\boldsymbol{u}(t)=[u_1(t), u_2(t), \cdots, u_r(t)]^{\mathrm T}\in\mathbb{R}^r$ 为系统输入向量, $\boldsymbol{y}(t)=[y_1(t), y_2(t), \cdots, y_m(t)]^{\mathrm T}\in\mathbb{R}^m$ 为系统输出向量, $\boldsymbol{w}(t)=[w_1(t), w_2(t), \cdots, w_m(t)]^{\mathrm T}\in\mathbb{R}^m$ 为零均值随机干扰噪声向量, $\boldsymbol{G}(z)\in\mathbb{R}^{m\times r}$ 是系统模型的 **传递函数阵**. 传递矩阵 $\boldsymbol{G}(z)$ 一般具有下列形式,

$$\boldsymbol{G}(z)=\begin{bmatrix} g_{11}(z) & g_{12}(z) & \cdots & g_{1r}(z)\\ g_{21}(z) & g_{22}(z) & \cdots & g_{2r}(z)\\ \vdots & \vdots & & \vdots\\ g_{m1}(z) & g_{m2}(z) & \cdots & g_{mr}(z)\end{bmatrix}\in\mathbb{R}^{m\times r},\quad g_{ij}(z)=\frac{b_{ij}(z)}{a_{ij}(z)}. \tag{2.8.5}$$

设多变量系统 (2.8.4) 稳定, 采用长除法可将式 (2.8.5) 传递矩阵 $\boldsymbol{G}(z)$ 的各元 $\dfrac{b_{ij}(z)}{a_{ij}(z)}$ 展开成幂级数, 则 $\boldsymbol{G}(z)$ 可以表示为

$$\boldsymbol{G}(z)=\boldsymbol{J}_0+\boldsymbol{J}_1z^{-1}+\boldsymbol{J}_2z^{-2}+\cdots+\boldsymbol{J}_nz^{-N}+\cdots+\boldsymbol{J}_iz^{-i}+\cdots,$$

其中 $\boldsymbol{J}_i$ 是待估计的系统参数矩阵, 称为 **马尔可夫参数矩阵** (Markov parameter matrix) 或 **脉冲响应参数矩阵** (impulse response parameter matrix). 上式可近似表示为

$$\boldsymbol{G}(z)=\boldsymbol{J}_0+\boldsymbol{J}_1z^{-1}+\boldsymbol{J}_2z^{-2}+\cdots+\boldsymbol{J}_Nz^{-N}.$$

于是, 多变量系统 (2.8.4) 可以近似表示为有限脉冲响应参数模型,

$$\begin{aligned}\boldsymbol{y}(t)&=(\boldsymbol{J}_0+\boldsymbol{J}_1z^{-1}+\boldsymbol{J}_2z^{-2}+\cdots+\boldsymbol{J}_Nz^{-N})\boldsymbol{u}(t)+\boldsymbol{w}(t)\\&=\boldsymbol{J}_0\boldsymbol{u}(t)+\boldsymbol{J}_1\boldsymbol{u}(t-1)+\boldsymbol{J}_2\boldsymbol{u}(t-2)+\cdots+\boldsymbol{J}_N\boldsymbol{u}(t-N)+\boldsymbol{w}(t).\end{aligned}\tag{2.8.6}$$

由于假设系统稳定, 故当 $i\to\infty$ 时, $\boldsymbol{J}_i\to 0$. 因此, 只要 N 充分大, 式 (2.8.6) 可以满足任何精度要求, 即以任意精度逼近系统 (2.8.4). 然而, 当 N 太大, 模型参数太多, 辨识方法的计算量增大, 因此需要研究依阶次递增的马尔可夫参数矩阵辨识方法. 相关的依阶次递推参数辨识方法可参见：基于相关技术的多输入输出误差系统依阶次递增辨识方法[125], 基于最小二乘原理的多输入输出误差系统依阶次递增辨识方法[124], 依等价 AR 模型阶次递增的自回归滑动平均模型辨识[68], 基于有理分式等价的系统阶次和参数同时辨识[133].

该模型待辨识参数数目为 $S:=mrN$, 它取决于所要求的参数估计精度和系统的快速性 (N 的大小). 马尔可夫参数模型是一种非参数模型, 其精度随 N 不同而异, 通常不便直接衡量, 一般把估计的马尔可夫参数转化成等价的参数模型 (如状态空间模型), 来衡量参数估计精度.

视干扰噪声为 MA 过程 $\boldsymbol{w}(t):=\boldsymbol{D}(z)\boldsymbol{v}(t)$, AR 过程 $\boldsymbol{w}(t):=\boldsymbol{C}^{-1}(z)\boldsymbol{v}(t)$ 和 ARMA 过程 $\boldsymbol{w}(t):=\boldsymbol{C}^{-1}(z)\boldsymbol{D}(z)\boldsymbol{v}(t)$, 由式 (2.8.6) 可以得到不同有色噪声干扰的有限脉冲响应参数模型.

2.9　小　　结

控制学科已经渗透到社会和经济发展各个领域. 在不同领域, 为了处理问题方便, 人们经常使用不同的数学模型, 尽管有些数学模型在某种条件下是等价的, 如状态空间模型与确定性 ARMA 模型. 同一个模型在不同领域有不同的名称, 甚至同一名称表示不同的模型. 本书把随机系统模型分为三大类：时间序列模型、方程误差类模型和输出误差类模型, 使系统模型的定义和辨识算法的类别变得十分清晰. 根据单输入或多输入、单输出或多输出, 白噪声干扰或有色噪声干扰等, 详细总结了标量系统和多变量系统的一些基本描述模型. 尽管这些模型达到成百上千种, 但是每一个模型的构成元素十分明了, 记住这些模型的名称、模型的结构和含义就十分容易了, 一目了然.

本章主要内容已在《南京信息工程大学学报 (自然科学版)》连载：

“丁锋. 系统辨识 (2)：系统描述的基本模型. 南京信息工程大学学报 (自然科学版), 2011, 3(2): 97–117.”

“Ding F. System identification: Part B – Basic models for system description. Journal of Nanjing University of Information Science & Technology (Natural Science Edition), 2011, 3(2): 97–117.”

2.10 思 考 题

1. 试求状态方程

$$\begin{cases}\dot{x}(t)=\begin{bmatrix}-1 & 1\\ 1 & -2\end{bmatrix}x(t)+\begin{bmatrix}1\\0\end{bmatrix}u(t),\\ y(t)=[1,\ 2]x(t)\end{cases}$$

的解, 其中 $u(t)$ 为单位斜坡函数:

$$u(t)=\begin{cases}t, & t\geqslant 0,\\ 0, & t<0.\end{cases}$$

2. 分别用 $z-s$ 变换、双线性变换和 Euler 变换求系统

$$y(t)=G(s)u(t),\quad G(s)=\frac{s+5}{s^2+3s+2}$$

的脉冲传递函数 $G(z)$, 其中采样周期分别为 $T=0.1$ 和 $T=0.5$. 试用计算机计算系统的单位阶跃响应, 比较哪一个变换得到的 $y(t)=G(z)u(t)$ 最接近 $y(t)=G(s)u(t)$, 从而评价这三个变换的性能.

3. 分别用 $z-s$ 变换, 双线性变换和 Euler 变换求系统

$$y(t)=G(z)u(t),\quad G(z)=\frac{z+0.50}{z^2-1.4z+0.48}$$

的连续时间传递函数 $G(s)$, 其中采样周期 $T=0.1$. 试用计算机计算系统的单位阶跃响应, 比较哪一个变换得到的 $y(t)=G(s)u(t)$ 最接近 $y(t)=G(z)u(t)$, 从而评价这三个变换的性能.

4. 试证明凯莱 – 哈密尔顿引理: 若

$$\det[s\boldsymbol{I}-\boldsymbol{A}]=s^n+a_1s^{n-1}+a_2s^{n-2}+\cdots+a_n=0,$$

则

$$\boldsymbol{A}^n+a_1\boldsymbol{A}^{n-1}+a_2\boldsymbol{A}^{n-2}+\cdots+a_n\boldsymbol{I}=\boldsymbol{0}$$

成立.

5. 若 $\boldsymbol{A}=\begin{bmatrix}-1 & 1\\ 1 & -1\end{bmatrix}$, 试求

(1) $\ln\boldsymbol{A}$; (2) $\mathrm{e}^{\boldsymbol{A}}$; (3) $\sin(\boldsymbol{A})$; (4) $\cos(\boldsymbol{A})$.

(提示: 先用级数展开, 然后运用凯莱 – 哈密尔顿引理)

6. 求下列系统的状态转移矩阵 $\boldsymbol{\Phi}(t)=\mathrm{e}^{\boldsymbol{A}t}$,

$$\begin{cases}\dot{\boldsymbol{x}}(t)=\begin{bmatrix}-1 & 0\\ 1 & -1\end{bmatrix}\boldsymbol{x}(t)+\begin{bmatrix}1\\0\end{bmatrix}u(t),\\ y(t)=[1,\ 1]\boldsymbol{x}(t),\\ u(t)=1,\quad t\geqslant 0.\end{cases}$$

分别计算系统的零输入响应、零状态响应、暂态响应和稳态响应.

7. 试求离散时间系统

$$\begin{cases}x(t+1)=\begin{bmatrix}0.9048 & 1.9604\\ 0.9802 & 0.9048\end{bmatrix}x(t)+\begin{bmatrix}1\\2\end{bmatrix}u(t),\\ \quad y(t)=[2,\ 1]x(t)\end{cases}$$

对应的连续时间系统, 其中采样周期 $T=0.1$.

8. 设采样周期 $T=0.1$, 分别用 $z-s$ 变换和双线性变换求下列 $G(s)$ 对应的 $G(z)$,

(1) $G(s)=\dfrac{1}{(s+1)(s+2)^2}$,

(2) $G(s)=\dfrac{s+2}{s(s+1)^3}$.

9. 设采样周期 $T=0.1$, 分别用 $z-s$ 变换和双线性变换求下列 $G(z)$ 对应的 $G(s)$,

(1) $G(z)=\dfrac{1}{(z-0.8)(z-0.6)^2}$,

(2) $G(z)=\dfrac{z+1}{z(z-0.31)^3}$.

10. 设采样周期 $T=0.1$, 试将下列连续时间系统离散化,

$$\begin{cases} \dot{x}(t)=\begin{bmatrix}-2 & -1\\ -1 & -2\end{bmatrix}x(t)+\begin{bmatrix}1\\ 2\end{bmatrix}u(t),\\ y(t)=[2,\ 1]x(t)+2u(t). \end{cases}$$

11. 试将下列状态空间模型化为差分方程模型,

$$\begin{cases} x(t+1)=\begin{bmatrix}-1 & 1 & 1\\ 1 & -2 & 1\\ 1 & 1 & -3\end{bmatrix}x(t)+\begin{bmatrix}1\\ 2\\ 3\end{bmatrix}u(t),\\ \qquad y(t)=[3,\ 2,\ 1]x(t)+u(t). \end{cases}$$

12. 考查级数:

$$\frac{1}{1+x}=1-x+x^2-x^3+x^4-\cdots,\ |x|<1.$$

两边对 x 从 $x=0$ 到 x 求定积分得到:

$$\ln(1+x)=x-\frac{x^2}{2}+\frac{x^3}{3}-\frac{x^4}{4}+\cdots.$$

确定该级数的 **收敛域** (region of convergence).

13. 证明 **Parseval 定理**:

$$\int_{-\infty}^{\infty}x^2(t)\mathrm{d}t=\frac{1}{2\pi}\int_{-\infty}^{\infty}\|X(\mathrm{j}\omega)\|^2\mathrm{d}\omega,$$

其中 $X(\mathrm{j}\omega)$ 为 $x(t)$ 的 **傅里叶变换** (Fourier transform), 即

$$X(\mathrm{j}\omega)=\int_{-\infty}^{\infty}x(t)\mathrm{e}^{-\mathrm{j}\omega t}\mathrm{d}t,$$

$$x(t)=\frac{1}{2\pi}\int_{-\infty}^{\infty}X(\mathrm{j}\omega)\mathrm{e}^{\mathrm{j}\omega t}\mathrm{d}\omega.$$

Parseval 定理可以这样理解: $x(t)$ 视为流经 1Ω 电阻的电流, 则 $\int_{-\infty}^{\infty}x^2(t)\mathrm{d}t$ 代表总能量, Parseval 定理把总能量以谱的形式表示出来.

第 3 章　辨识精度与辨识基本问题

系统辨识是研究建立系统数学模型的理论与方法. 本章讨论系统辨识涉及的一些基本问题, 包括辨识精度、辨识方法的提出、辨识输入信号的设计、参数可辨识性与系统可辨识性、开环可辨识性与闭环可辨识性、可辨识性与能控性和能观测性的关系、可辨识性与输入信号的关系等, 以及与辨识方法收敛性相关的激励信号与激励条件、辨识算法收敛分析的基本工具, 以及几个典型辨识算法及其收敛定理.

3.1　引　　言

控制是许多科学问题的核心, 数学模型是一切控制问题的基础, 控制理论与自动化技术飞速发展铸造了高度的科学文明和人类的辉煌成就. 自动化和信息产品对我们的社会生活和个体生活, 乃至经济发展带来了巨大变革. 控制理论与自动化技术对现代各学科的发展和贡献达到极致[4~11].

客观事物数学模型的建立, 客观事物运动规律的揭示, 为人与自然的和谐发展和统一奠定了基础. 在控制论高度发展的今天, 来回顾一下控制科学的基础: 数学模型和建立数学模型的理论与方法 —— 系统辨识的一些基本问题, 是别有一番情趣的.

公理是无条件成立的共知事实, 一切定理和定律的成立都是有条件的, 辨识方法的收敛定理也是如此. 辨识算法的收敛性与持续激励信号密切相关, 直接使用持续激励输入信号研究辨识方法的性能十分不方便, 为此, 引入了与持续激励信号相关的持续激励条件. 本章系统总结和归纳出强持续激励条件, 广义强持续激励条件, 弱持续激励条件, 广义弱持续激励条件, 衰减激励条件, 期望激励条件, 条件期望激励条件等.

提出新的建模理论、辨识方法, 以及辨识方法在不同条件下, 特别是在更弱条件下的性能分析, 包括时不变系统参数估计的一致收敛性, 时变系统参数估计误差上界的估算, 如何选择算法中最佳参数 (如遗忘因子递推最小二乘算法中的遗忘因子、有限数据窗最小二乘算法中数据窗长度等) 获得最小估计误差上界等, 都是辨识研究的永恒主题[64].

本书把线性参数系统辨识模型分为线性回归模型, 伪线性回归模型 I, 伪线性回归模型 II 和伪线性回归模型 III 四类. 这四类模型都是线性参数模型, 它们可以是线性系统, 也可以是线性参数的非线性系统. 本分类的线性回归模型涵盖了 CAR 模型, 伪线性回归模型 I 涵盖了线性系统的 CARMA 模型, 伪线性回归模型 II 涵盖了线性系统的输出误差模型, 伪线性回归模型 III 涵盖了线性系统方程误差类的 CARAR, CARARMA 模型, 输出误差类的 OEMA 模型, OEAR 模型, Box-Jenkins 模型.

辨识算法的收敛性分析是辨识领域的重要课题, 现存辨识算法的几个漂亮收敛定理只限定于几个特定的系统模型结构, 如线性回归模型, 伪线性回归模型 I 和伪线性回归模型 II. 对于伪线性回归模型 III 和非线性回归模型辨识方法收敛分析都是很困难的研究课题, 目前还没有简洁的收敛结果和漂亮的证明, 这些都是系统辨识研究者有待攻克的研究难题.

3.2 辨识精度

辨识精度 可指辨识模型精度, 辨识模型阶次估计精度, 辨识模型参数估计精度, 或辨识模型输出与实际系统输出的接近程度. 辨识精度可以解释为物理量辨识精度和系统外特性辨识精度.

3.2.1 物理量辨识

物理系统模型中的参数一般都有明确的意义, 对于物理量的辨识, 目标是获得精确的模型参数, 所使用的辨识模型结构应该与物理系统一致. 例如, 对于如图 3.2.1 所示的 R-L-C 电路, 输入为电源电压 $u(t)$, 输出是电容 C 上电压 $y(t)$, 这个系统的传递函数为

$$\begin{aligned}G(s)=\frac{Y(s)}{U(s)}&=\frac{\dfrac{1}{sC}}{R+sL+\dfrac{1}{sC}}\\&=\frac{\dfrac{1}{LC}}{s^2+\dfrac{R}{L}s+\dfrac{1}{LC}}\\&=:\frac{b}{s^2+as+b}.\end{aligned}$$

这个 2 阶电路系统模型有两个参数 $a:=\dfrac{R}{L}$ 和 $b:=\dfrac{1}{LC}$, 分别是物理量电阻 R 与电感 L 的函数, 电感 L 与电容 C 的函数. 对于这个电路系统, 系统辨识的目标就是通过实验数据, 精确地估计出 a 和 b 的值. 物理量辨识的目标是确定 R, L 和 C 的值. 显然, 这里由估计出 a 和 b 的值, 难以从这两个方程 $\dfrac{R}{L}=a$ 和 $\dfrac{1}{LC}=b$ 确定 R, L 和 C 的值 (然而, 我们可以通过其他测量手段, 建立更多的方程来计算 R, L 和 C). 对于给定的输入为电源电压 $u(t)$ 和输出为电容 C 上电压 $y(t)$ 的量测值, 这个电路是系统可辨识的, 但不是参数可辨识的.

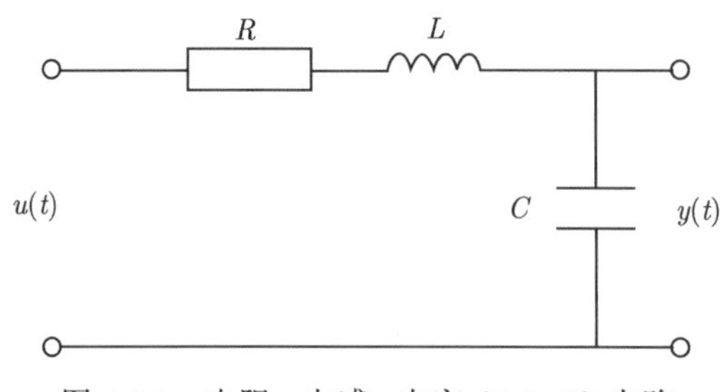

图 3.2.1　电阻 – 电感 – 电容 (R-L-C) 电路

3.2.2 系统外特性辨识

系统辨识包括系统结构或阶次确定和系统参数估计. 辨识精度可以理解为辨识出的系统模型结构的准确性和参数估计精度. 对于物理系统, 模型解析结构通常容易获得, 剩余的问

题就是参数辨识, 就是物理量参数的估计, 如万有引力定理中引力常量 G 的辨识[4].

与物理量辨识相对应的是系统外特性的辨识. 对于一些实际工业过程系统, 如锅炉燃烧系统, 生物反应过程, 其模型结构和参数往往呈现 "不确定性", 且估计的模型结构或阶次也不一定准确 (阶次估计只是一定准则意义下的近似). 在这种情况下, 把辨识精度约束为参数估计精度有失偏颇, 一般把辨识精度解释为辨识模型输出与真实系统输出的接近程度.

例 3.2.1 设对象的传递函数为

$$G(s)=\frac{1}{1+15s+100s^2+10s^3},$$

辨识得到的传递函数为

$$\hat{G}(s)=\frac{1}{1+14.5s+105s^2}.$$

这个辨识模型的阶次与对象阶次不一致 (当然可以选择一个与对象结构一致的辨识模型), 因此比较参数估计精度意义不大.

两个传递函数的单位阶跃响应曲线 $y(t)$ 和 $\hat{y}(t)$ 如图 3.2.2 所示, 阶跃响应误差 $\hat{y}(t)-y(t)$ 随 t 变化曲线如图 3.2.3 所示, 阶跃响应绝对误差 $|\hat{y}(t)-y(t)|$ 随 t 变化曲线如图 3.2.4 所示, 对象 $G(s)$ 和估计 $\hat{G}(s)$ 的波德图如图 3.2.5 所示. 这两个传递函数的增益都为 1, 故它们阶跃响应的稳态值为 $y(\infty)=\hat{y}(\infty)=1$.

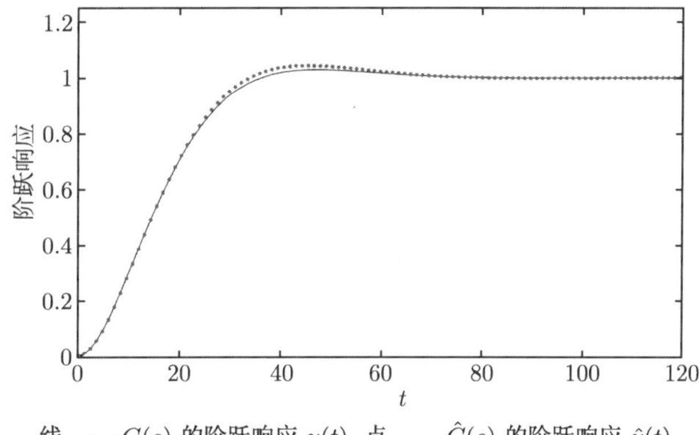

图 3.2.2 对象 $G(s)$ 和估计 $\hat{G}(s)$ 阶跃响应 $y(t)$ 和 $\hat{y}(t)$ 随 t 变化曲线

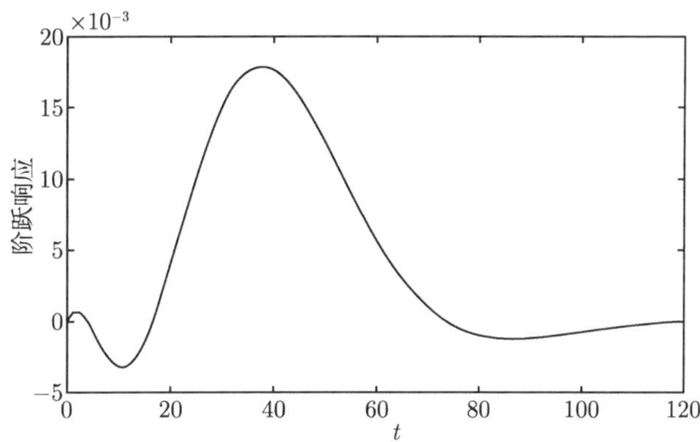

图 3.2.3 阶跃响应误差 $\hat{y}(t)-y(t)$ 随 t 变化曲线

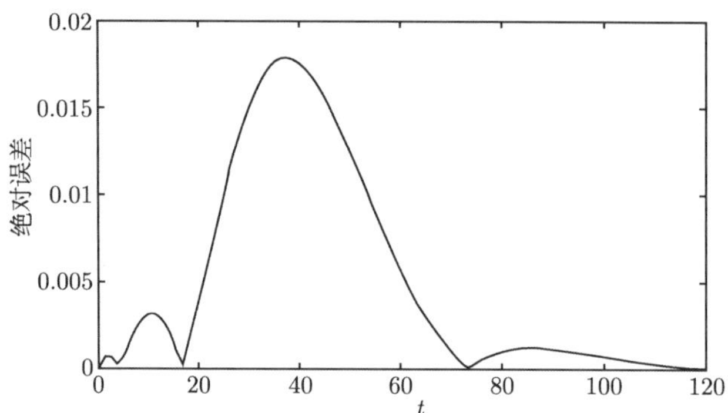

图 3.2.4　阶跃响应绝对误差 $|\hat{y}(t)-y(t)|$ 随 t 变化曲线

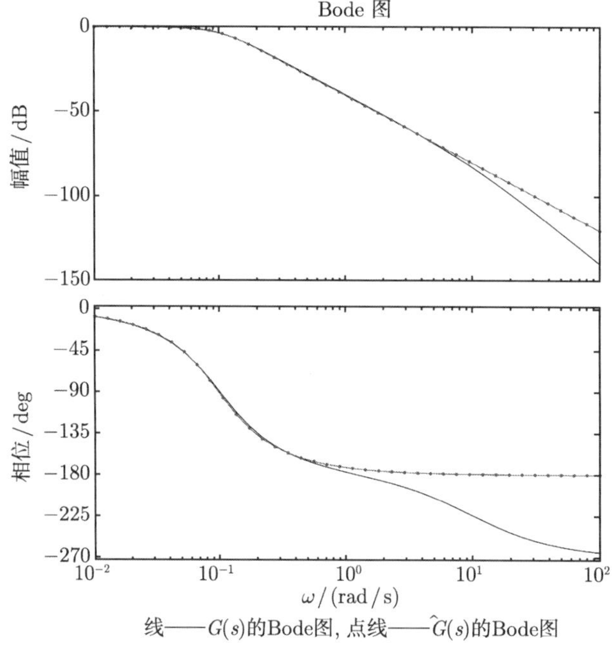

图 3.2.5　对象 $G(s)$ 和估计 $\hat{G}(s)$ 的波特图

通过下面的 Matlab 仿真, 计算出阶跃响应最大相对误差为

$$\max|\hat{y}(t)-y(t)|/y(\infty)<1.8\%.$$

由此可见, 尽管两个传递函数的阶次不同, 但是阶跃响应还是很接近的, 故辨识得到的 $\hat{G}(s)$ 能很好捕捉系统 $G(s)$ 的动态特性. 从系统输出看, 这个辨识精度还是令人满意的.

从频率特性波特 (Bode) 图 3.2.5 可以看出: 当频率 $\omega\leqslant 1\,\mathrm{rad/s}$ 时, 对象 $G(s)$ 和估计 $\hat{G}(s)$ 的复角相位是很接近的; 当频率 $\omega\leqslant 10\,\mathrm{rad/s}$ 时, 对象 $G(s)$ 和估计 $\hat{G}(s)$ 的幅频特性是比较接近的. 故当频率 ω 较小时, $\hat{G}(s)$ 是 $G(s)$ 的一个好的估计.

计算这个例子的阶跃响应 Matlab 源代码如下.

```
%---------------------------------------------------------------
%   Ding Feng (Feng Ding, F. Ding) 2011/06/06 Sunday, 0:39
```

```
%    Filename: ModelAcuracy2011_6_6.m
%              For computing the step responses and errors
%------------------------------------------------------------------------
%    Copyright 2008-
%    Feng Ding (Ding Feng, F. Ding, Ding F.)
%    School of Internent of Things Engineering
%    Jiangnan University
%    Wuxi, Jiangsu Province
%    P.R. China 214122
%    Email: fding@jiangnan.edu.cn
%    www.cc.jiangnan.edu.cn/~fding/index.html
%    www.ece.ualberta.ca/~fding/
%
%    Revision Date: xxx/xx/xx  hh:mm:ss By whom
%------------------------------------------------------------------------
 clear; format short
 b1=[10, 100, 15,1]
 tf1=tf(1, b1)

 b2=[105, 14.5, 1]
 tf2=tf(1,b2)

 L=120;
 [y1, t1]=step(tf1,L);
 [y2, t2]=step(tf2,L);

 figure(1)
 plot(t1,y1,'k',t2,y2,'b.')
 axis([0, 120, 0, 1.25])
 xlabel('\it        t');
 ylabel('Step responses')

 figure(2)
 plot(t1, y2-y1,'k')
 axis([0, 120, -0.005, 0.02])
 xlabel('\it        t');
 ylabel('Step response errors')

 figure(3)
 plot(t1,abs(y2-y1),'k')
 axis([0, 120, 0, 0.02])
 xlabel('\it        t');
 ylabel('Absolute errors')

 [t1, y1, t2, y2, y1-y2, abs(y1-y2)]
 s1=[max(abs(y1-y2)), sum(abs(y1-y2))]
```

3.3 辨识的基本问题

特作申明: 本书中有的变量上下文使用了不同的定义, 只要一个变量重新定义了, 就采用新的定义. “$A =: X$” 或 “$X := A$” 表示 “A 记作 (定义为) X” 之意 (因为符号 $\triangleq$ 没有左右之分, 含义模糊). 上标 T 表示向量或矩阵转置, 符号 $\boldsymbol{I}$ 表示适当维数单位阵, $\boldsymbol{I}_n$ 表示 n 阶单位阵. 矩阵 $\boldsymbol{X}$ 的范数定义为 $\|\boldsymbol{X}\|^2 := \mathrm{tr}[\boldsymbol{X}\boldsymbol{X}^{\mathrm{T}}]$. $\lambda_{\min}[\boldsymbol{X}]$ 表示对称矩阵 $\boldsymbol{X}$ 的 **最小特征值**

(minimum eigenvalue), $\lambda_{\max}[\boldsymbol{X}]$ 表示对称矩阵 $\boldsymbol{X}$ 的 **最大特征值** (maximum eigenvalue). 关系 $f(t)=o(g(t))$ 表示 $g(t)>0$, $\lim\limits_{t\to\infty}\dfrac{f(t)}{g(t)}=0$; $f(t)=O(g(t))$ 表示 $g(t)\geqslant 0$, 存在常数 $\delta_1>0$ 满足 $|f(t)|\leqslant\delta_1 g(t)$.

辨识的基本问题包括: ① 新辨识方法的提出; ② 辨识方法的收敛性分析; ③ 辨识试验中输入信号的设计问题. 第 1 个问题是辨识的基石; 第 2 个是辨识中的理论问题, 涉及参数估计性质, 收敛速度等, 是辨识性能分析中的较难课题, 受到了较多的关注; 第 3 个是辨识实践中输入信号的设计问题. 这些都是辨识领域中极具挑战性的研究课题[52].

辨识方法是系统辨识的基础. 辨识输入信号的设计是为了保证辨识实验所获得的输入输出数据包含系统的本质特征, 也就是说输入信号应该激励系统的所有模态, 这样的输入输出数据包含了足够丰富的信息 (或输入输出数据是充分丰富的), 或输入是持续激励信号, 或由输入输出数据构成的回归信息向量是持续激励的 (persistently exciting), 以至于存在一个辨识方法能够从输入输出数据中确定系统参数.

有些辨识方法, 特别是时变参数辨识方法, 为了提高跟踪时变参数和克服数据饱和的能力, 有时在辨识方法中引入调节参量, 如遗忘因子最小二乘算法和遗忘梯度算法中的遗忘因子, 卡尔曼滤波算法或协方差修正算法中的修正项, 协方差复位最小二乘算法中的复位间隔, 多新息辨识方法中的迭代间隔和新息长度, 广义投影算法中记忆长度或数据窗长度, 有限数据窗最小二乘法中的数据窗长度等, 这些参量的引入使得其收敛性研究更为困难和复杂[134].

在众多 (时变) 参数辨识方法中, 谁的跟踪性能好, 谁的估计误差小, 谁优谁劣, 如何评判. 作者认为, 应在统一条件下 (如持续激励条件, 噪声方差相同等), 对各种 (时变) 参数估计误差上界进行研究, 并寻求调节参量的最佳值, 以使均方参数估计误差上界最小. 通过比较各种方法的最小参数估计误差上界, 从而作出选择[134]. 因此, 首要问题是研究各种 (时变) 系统辨识方法的收敛性能和估计误差上界. 文献 [134] 研究有限数据窗最小二乘法的收敛性及其最小估计误差上界.

与辨识方法性能 (收敛性, 参数估计收敛速率, 估计误差上界) 有关的还有参数可辨识性问题与系统可辨识性问题, 信号的持续激励性和持续激励条件等.

3.3.1 辨识方法的提出

一些辨识方法是根据一些基本定理或原理提出的. 如对于一个线性参数估计问题, 最小二乘辨识算法是根据最小二乘原理, 极小化一个二次准则函数得到的算法; 随机梯度辨识方法和迭代辨识方法是通过梯度搜索或最小二乘搜索得到的算法[30, 36, 40]; 辅助模型辨识方法是借助于辅助模型辨识思想, 用辅助模型输出代替系统的不可测变量的辨识方法[27, 46, 96, 100, 112, 135]; 多新息辨识方法是基于多新息辨识理论, 通过扩展新息长度得到的算法[33,41~43,51,52,78,94]; 递阶辨识方法是基于递阶辨识原理, 通过辨识模型分解和雅可比迭代得到的算法[34,44,53~57,136~139]. 对于一个非线性参数估计问题, 可以采用梯度搜索方法, 牛顿递推辨识方法和牛顿迭代辨识方法[59].

有一些辨识方法是通过类比方法得到的. 如多新息辨识方法是本书作者受文献 [50] 算法间断迭代的启发, 最初用类比方法直接给出了多新息辨识算法的数学表达式[51], 后来从理论上详细推导, 发展了一系列多新息辨识方法, 如多新息投影辨识算法、多新息随机梯度算法、多新息最小二乘辨识算法、变递推间隔多新息最小二乘算法等[33, 41, 43, 52, 140].

3.3.2 辨识输入信号设计

开环系统辨识输入信号设计方法可参第 1 章 1.4.3 节或见文献 [4] 中的 3.3.1 节. 开环系统辨识实验在对象输入端 $u(t)$ 上叠加一个持续激励信号 (参见图 3.3.1), 闭环系统辨识实验是在参考输入端 $r(t)$ 上或在 $u(t)$ 上叠加一个持续激励信号 (参见图 3.3.2). 闭环系统辨识输入信号设计方法还有待进一步研究.

3.3.3 可辨识性问题

1. **参数可辨识性** 与 **系统可辨识性**

可辨识性分为 **参数可辨识性**(parameter identifiability) 和 **系统可辨识性**(system identifiability). 参数可辨识性系指系统数学模型中的每一个参数能根据系统的观测数据确定. 这样的系统是参数可辨识的. 系统可辨识性系指系统的输入输出关系能够从观测数据确定. 这样的系统就是系统可辨识的. 参数可辨识肯定是系统可辨识的, 但系统可辨识不一定是参数可辨识的, 如上面的 R-L-C 电路系统.

考虑抛物线关系所描述的系统,

$$y = ax^2 + bx + c. \tag{3.3.1}$$

这里 x 可认为是系统输入, y 是系统输出, a, b 和 c 是系统参数. 给定 L 个点 (x_i, y_i), $i = 1, 2, \cdots, L$, 且至少有 3 个点不在同一直线上, 就可以唯一确定系统参数. 定义准则函数,

$$\begin{aligned} J_1(a,b,c) &:= \sum_{i=1}^{L}(y_i - ax_i^2 - bx_i - c)^2 \\ &= \sum_{i=1}^{L}(y_i - \boldsymbol{\varphi}_i^{\mathrm{T}}\boldsymbol{\theta})^2, \end{aligned}$$

其中

$$\begin{cases} \boldsymbol{\varphi}_i := [x_i^2, x_i, 1]^{\mathrm{T}} \in \mathbb{R}^3, \\ \boldsymbol{\theta} \ := [a, b, c]^{\mathrm{T}} \in \mathbb{R}^3. \end{cases}$$

极小化 $J_1(a,b,c)$ 给出 $\boldsymbol{\theta}$ 的估计:

$$\hat{\boldsymbol{\theta}} = \left[\sum_{i=1}^{L}\boldsymbol{\varphi}_i\boldsymbol{\varphi}_i^{\mathrm{T}}\right]^{-1}\left[\sum_{i=1}^{L}\boldsymbol{\varphi}_i y_i\right].$$

当至少有 3 个点不在同一直线上, 矩阵 $\sum\limits_{i=1}^{L}\boldsymbol{\varphi}_i\boldsymbol{\varphi}_i^{\mathrm{T}}$ 就是可逆的, 参数估计向量 $\hat{\boldsymbol{\theta}}$ 就有唯一解, 系统参数就是可辨识的. 因此模型 (3.3.1) 是参数可辨识的, 同时也是系统可辨识的.

在上述条件下, 考虑 4 个参数 (a, b, c, d) 的抛物线系统,

$$y = ax^2 + bx + 3c + d. \tag{3.3.2}$$

如果令

$$\begin{cases}\boldsymbol{\phi}_i := [x_i^2, x_i, 3, 1]^{\mathrm{T}} \in \mathbb{R}^4,\\ \boldsymbol{\vartheta} := [a, b, c, d]^{\mathrm{T}} \in \mathbb{R}^4.\end{cases} \tag{3.3.3}$$

定义和极小化准则函数,

$$\begin{aligned}J_2(a,b,c,d) &:= \sum_{i=1}^{L}(y_i - ax_i^2 - bx_i - 3c - d)^2\\ &= \sum_{i=1}^{L}(y_i - \boldsymbol{\phi}_i^{\mathrm{T}}\boldsymbol{\vartheta})^2,\end{aligned}$$

给出 $\boldsymbol{\vartheta}$ 的估计:

$$\hat{\boldsymbol{\vartheta}} = \left[\sum_{i=1}^{L}\boldsymbol{\phi}_i\boldsymbol{\phi}_i^{\mathrm{T}}\right]^{-1}\left[\sum_{i=1}^{L}\boldsymbol{\phi}_i y_i\right].$$

即使有更多的点不在同一直线上, 矩阵 $\sum\limits_{i=1}^{L}\boldsymbol{\phi}_i\boldsymbol{\phi}_i^{\mathrm{T}}$ 也不是可逆的 [当这个矩阵是可逆时, 就说 $\boldsymbol{\phi}_i$ 是持续激励的, 或者说输入信号是持续激励信号], 参数估计向量 $\hat{\boldsymbol{\vartheta}}$ 无解, 故系统参数不是可辨识的或系统参数是不可辨识的 [只要有一个参数不可辨识, 这样的系统就是参数不可辨识的]. 但这个系统是系统可辨识的, 即输入输出关系是可辨识的, 只需令

$$\begin{cases}\boldsymbol{\varphi}_i := [x_i^2, x_i, 1]^{\mathrm{T}} \in \mathbb{R}^3,\\ \boldsymbol{\theta} := [a, b, 3c+d]^{\mathrm{T}} \in \mathbb{R}^3.\end{cases}$$

那么 $\boldsymbol{\theta}$ 的估计为

$$\hat{\boldsymbol{\theta}} = \left[\sum_{i=1}^{L}\boldsymbol{\varphi}_i\boldsymbol{\varphi}_i^{\mathrm{T}}\right]^{-1}\left[\sum_{i=1}^{L}\boldsymbol{\varphi}_i y_i\right].$$

在这种情况下, 矩阵 $\sum\limits_{i=1}^{L}\boldsymbol{\varphi}_i\boldsymbol{\varphi}_i^{\mathrm{T}}$ 是可逆的 [很简单, 读者试证明之], 参数估计向量 $\hat{\boldsymbol{\theta}} \in \mathbb{R}^3$ 有唯一解, 故系统参数向量 $\boldsymbol{\theta} = [a, b, 3c+d]^{\mathrm{T}}$ 是可辨识的, 即 a, b 和 $3c+d$ 是可辨识的, 但 c 和 d 是不可辨识的, 因此模型 (3.3.2) 是系统可辨识的, 但不是参数可辨识的.

下面的例子是参数可辨识的和系统可辨识的,

$$y = ax^2 + b\ln x + c.$$

下面的例子不是参数可辨识的, 但是系统可辨识的,

$$y = ax^2 + b\ln x + \frac{c}{d+1},$$

$$y = ax^2 + b\ln x + c\ln x + \frac{1}{d+1}.$$

2. **可辨识性与辨识算法的关系**

可辨识性是系统的一种属性, 它不依赖于系统的观测数据. 从上述可辨识性定义看, 可辨识性与系统的观测数据有关, 即用什么样的输入信号激励系统产生的输入输出观测数据.

可辨识性不依赖参数辨识 (估计) 算法, 辨识算法只是提供了一种检验可辨识性的判断依据, 辨识算法不能作为判断系统不可辨识性的依据. 也就是说, 一个辨识算法能通过观测数据确定系统参数, 系统就是参数可辨识的; 一个辨识算法不能通过观测数据确定系统参数, 不能说系统是参数不可辨识的 (因为可能是辨识算法本身的问题).

如果系统在某一观测数据集下是可辨识的, 而在另一观测数据集下是不可辨识的, 这样的系统称为参数是可估计的. 如果系统的状态不可测, 对于任意的输入输出数据集, 系统的不能控和 (或) 不能观测子系统总是不可辨识的.

可辨识性与系统的输入输出数据有很大关系. 选择 "良好" 的输入信号, 使得激励系统产生的输出信号也是 "良好" 的, 我们期望这种 "良好" 的输入输出信号具有某种特征, 使得系统是可辨识的. 这种 "良好" 的输入信号定义为持续激励信号. 由持续激励输入信号和系统输出信号构成的回归信息向量是持续激励的, 那么系统是可辨识的.

在上面的系统 (3.3.2) 中, 由于构建了式 (3.3.3) 中不恰当的信息向量 ϕ_i, 导致数据乘积矩矩阵 $\sum\limits_{i=1}^{L}\phi_i\phi_i^{\mathrm{T}}$ 不可逆, 因为这个矩阵中有两行 (或两列) 是线性比例关系, 故参数向量是不可辨识的. 例如对于有限脉冲响应 (FIR) 模型,

$$\begin{aligned}y(t)&=b_1u(t-1)+b_2u(t-2)+b_3u(t-3)\\&=\boldsymbol{\varphi}^{\mathrm{T}}(t)\boldsymbol{\theta},\end{aligned}$$

假设输入信号 $\{u(t):t=1,2,\cdots\}$ 是持续激励的, 那么这个系统是参数可辨识的 (即下式中参数向量 $\boldsymbol{\theta}\in\mathbb{R}^3$ 是可辨识的), 参数向量与信息向量分别为

$$\boldsymbol{\theta}:=\begin{bmatrix}b_1\\b_2\\b_3\end{bmatrix}\in\mathbb{R}^3,\quad \boldsymbol{\varphi}(t):=\begin{bmatrix}u(t-1)\\u(t-2)\\u(t-3)\end{bmatrix}\in\mathbb{R}^3.$$

然而, 如果重新定义参数向量和信息向量:

$$\boldsymbol{\theta}:=\begin{bmatrix}b_1\\b_2/2\\b_2/2\\b_3\end{bmatrix}\in\mathbb{R}^4,\quad \boldsymbol{\varphi}(t):=\begin{bmatrix}u(t-1)\\u(t-2)\\u(t-2)\\u(t-3)\end{bmatrix}\in\mathbb{R}^4,$$

那么这个维数为 4 的参数向量 $\boldsymbol{\theta}\in\mathbb{R}^4$ 是不可辨识的. 因此, 如何参数化一个系统, 得到一个可辨识的辨识模型是重要的.

只有在可辨识的前提下, 估计算法给出的参数估计才是有效的. 由于事先无法知道系统是否是可辨识的, 因此只能在给定输入输出量测数据下, 分析辨识算法参数估计是否收敛于真参数, 来判断参数可辨识性和系统可辨识性, 这就引出了辨识方法的收敛性分析或参数估计性能分析研究课题.

3. 开环可辨识性 与 闭环可辨识性

为了使系统是可辨识的, 输入信号必须满足一定的条件. 一个最低的要求是在整个观测周期上系统的所有模态必须被输入信号持续激励 [这引出了辨识输入信号设计课题]. 如果系统有的模态没有被激励, 系统将是不可辨识的.

开环可辨识性(open-loop identifiability)　对于开环系统, 对象的输入信号与系统输出无关, 可以进行独立设计, 这样的系统可辨识性称为开环系统可辨识性. 对于图 3.3.1 所示的开环系统, $u(t)$ 和 $y(t)$ 为系统的输入和输出, $v(t)$ 为随机干扰噪声, $G(z)$ 是对象的传递函数. 开环系统的输入可以影响输出, 但输出不影响输入, 故开环辨识输入信号可以独立设计. 最简单的方法是采用零均值可测白噪声序列, 或伪随机二进制 (PRBS) 序列. 在 Matlab 中, 可用 rand, randn, idinput 等函数产生输入信号或仿真用的干扰随机噪声.

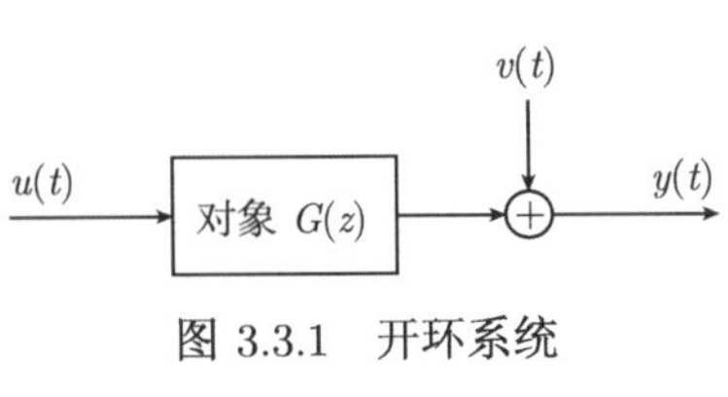

图 3.3.1　开环系统

开环辨识试验　开环辨识试验就是系统在正常运行情况下 (稳定工作点), 这时系统的所有变量认为是零, 相当于零均值化, 在系统输入端 $u(t)$ 上叠加一个不影响系统正常运行的输入信号 (持续激励信号), 或改变对象的输入, 但改变幅度不影响系统正常运行, 通过量测系统的输入和输出数据的改变量, 测得实验数据来研究其辨识问题.

闭环可辨识性(closed-loop identifiability)　对于图 3.3.2 所示的闭环系统, $G_c(z)$ 是控制器的传递函数, $H(z)$ 是反馈通道的传递函数, $r(t)$ 是设定值 (参考输入). 由于闭环系统存在反馈回路, 对象 $G(z)$ 的输入 $u(t)$ 与输出 $y(t)$ 通过反馈回路发生关系, 它们的关系如下,

$$u(t) = G_c(z)[r(t) - H(z)y(t)],$$

即输入信号与输出信号是相关的, 输入信号不可能独立设计 [这引出了闭环系统辨识输入信号设计课题]. 系统正常运行时, 参考输入信号 $r(t)$ 通常是一恒定值 (常数), 不具备持续激励的条件 (不是一个 “好” 的输入信号), 如果忽略噪声 $v(t)$, 那么这样的闭环系统是不可辨识的.

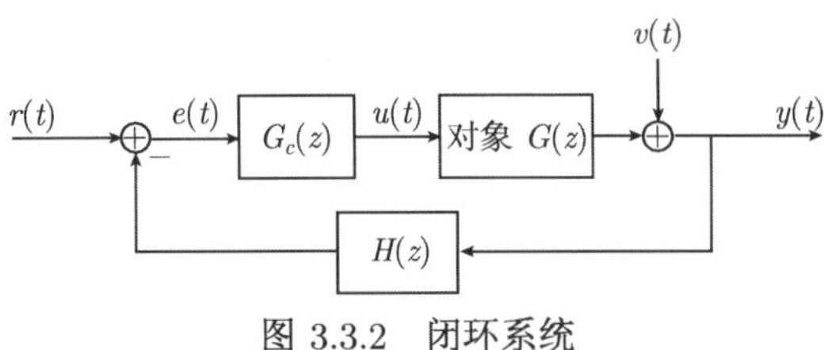

图 3.3.2　闭环系统

闭环辨识试验　闭环辨识试验就是系统在平稳运行情况下 (系统稳定时, 系统各变量认为是零, 相当于零均值化), 在参考输入 $r(t)$ 上叠加一个不影响系统正常运行的激励信号, 或改变 $r(t)$, 通过量测对象的输入信号 $u(t)$ 和输出信号 $y(t)$, 测得实验数据来研究闭环系统的辨识问题. 就量测数据 $\{u(t), y(t)\}$ 来说, 对象 $G(z)$ 的参数辨识方法与开环辨识方法没有不同, 但关键是输入 $u(t)$ 与输出 $y(t)$ 是相关的, 使得闭环辨识方法的收敛性分析更加困难.

4. **可辨识性与能控性和能观测性的关系**

可辨识性与系统的能控性和能观测性 (controllability or observability) 有着密切的联系. 辨识是利用系统外部一些可测变量来获取系统的数学模型, 它只能反映系统的外特性关系; 对系统内部一些不能观测或不能控状态的特性, 辨识结果是无法描述的. 换句话说, 输入与输出数据的关系是系统的外部特征, 描述系统的外特性关系, 在可辨识条件下, 辨识出的模

型是能控能观测子系统 (最小实现的状态空间模型或不可约传递函数模型). 系统的不能控模态和 (或) 不能观测模态是不可辨识的; 不能控和 (或) 不能观测子系统是不可辨识的.

上述论断假设系统状态不可测, 如果系统内部状态是可测的, 情况就不同了. 因此, 讨论随机系统状态空间模型的辨识问题, 要考虑状态可测和不可测两种情况.

考虑单输入单输出状态空间模型,

$$\begin{cases} \boldsymbol{x}(t+1) = \boldsymbol{A}\boldsymbol{x}(t) + \boldsymbol{b}u(t), \\ \quad y(t) \quad = \boldsymbol{c}\boldsymbol{x}(t) + du(t), \end{cases} \tag{3.3.4}$$

其中 $\boldsymbol{x}(t) \in \mathbb{R}^n$ 是 n 维状态变量, $u(t) \in \mathbb{R}$ 和 $y(t) \in \mathbb{R}$ 分别为系统的输入和输出 (可得到的观测数据), $\boldsymbol{A} \in \mathbb{R}^{n\times n}$, $\boldsymbol{b} \in \mathbb{R}^n$, $\boldsymbol{c} \in \mathbb{R}^{1\times n}$ 和 $d \in \mathbb{R}$ 是待辨识参数矩阵或参数向量.

如果根据系统的输入输出或状态变量的信息可以唯一地确定未知参数 $(\boldsymbol{A}, \boldsymbol{b}, \boldsymbol{c}, d)$, 则系统参数是可辨识的; 如果不能唯一地确定参数 $(\boldsymbol{A}, \boldsymbol{b}, \boldsymbol{c}, d)$, 但可以确定输入输出间的传递关系, 则是系统可辨识的.

状态可测情形 (The case with measurable states) 下面讨论状态可测, 即状态已知情形参数矩阵的辨识问题. 假设输入信号 $u(t)$, 输出信号 $y(t)$ 和系统状态向量 $\boldsymbol{x}(t)$ 都是可测的, 那么 (3.3.4) 就可写为系统参数 $(\boldsymbol{A}, \boldsymbol{b}, \boldsymbol{c}, d)$ 的线性回归模型:

$$\boldsymbol{Y}(t) = \boldsymbol{\theta}^{\mathrm{T}}\boldsymbol{\varphi}(t), \tag{3.3.5}$$

其中

$$\boldsymbol{Y}(t) = \begin{bmatrix} \boldsymbol{x}(t+1) \\ y(t) \end{bmatrix} \in \mathbb{R}^{n+1}, \quad \boldsymbol{\theta}^{\mathrm{T}} = \begin{bmatrix} \boldsymbol{A} & \boldsymbol{b} \\ \boldsymbol{c} & d \end{bmatrix} \in \mathbb{R}^{(n+1)\times(n+1)},$$

$$\boldsymbol{\varphi}(t) = \begin{bmatrix} \boldsymbol{x}(t) \\ u(t) \end{bmatrix} \in \mathbb{R}^{n+1}.$$

如果 $\boldsymbol{\varphi}(t)$ 是持续激励的, 故递推最小二乘算法可以估计出式 (3.3.5) 中未知参数矩阵 $\boldsymbol{\theta}$. 因此, 状态可测系统的状态空间模型的可辨识性, 与系统的能控性能观测性无关.

状态不可测情形 (The case with unknown states) 如果能控性矩阵 $\boldsymbol{Q}_c = [\boldsymbol{b}, \boldsymbol{A}\boldsymbol{b}, \boldsymbol{A}^2\boldsymbol{b}, \cdots, \boldsymbol{A}^{n-1}\boldsymbol{b}] \in \mathbb{R}^{n\times n}$满秩, 则系统是能控的, 或说 $(\boldsymbol{A}, \boldsymbol{b})$ 是能控的, 即可以找到一个控制 $u(t)$, 在有限的时间内, 使系统从任意给定的初始状态到达任意指定的终态; 如果能观测性矩阵

$$\boldsymbol{Q}_o = \begin{bmatrix} \boldsymbol{c} \\ \boldsymbol{c}\boldsymbol{A} \\ \boldsymbol{c}\boldsymbol{A}^2 \\ \vdots \\ \boldsymbol{c}\boldsymbol{A}^{n-1} \end{bmatrix} \in \mathbb{R}^{n\times n}$$

满秩, 则系统是能观测的, 或说 $(\boldsymbol{c}, \boldsymbol{A})$ 是能观测的, 即根据输入输出观测数据可以确定系统的所有状态. 简单地说, 能控就是控制输入 $u(t)$ 可以确定状态, 能观测就是根据观测输出能够确定状态. 因此, 输入输出数据只能确定系统既能控又能观测子系统的外部特性; 不能控和 (或) 不能观测的子系统是不可辨识的. 如果能控性矩阵或能观测性矩阵不满秩, 系统的外部描述仅依存于那些能控能观测的状态, 所以 $(\boldsymbol{A}, \boldsymbol{b}, \boldsymbol{c})$ 中那些属于不能控或不能观测状态子空间的未知参数利用系统的外部可测信号是无法确定的.

输入输出表达 (input-output representation) 系统 (3.3.4) 对应的输入输出表达的算子描述 (差分方程模型) 为

$$y(t) = \frac{b(z)}{a(z)}u(t) \text{ 或 } a(z)y(t) = b(z)u(t), \tag{3.3.6}$$

其中 $a(z)$ 和 $b(z)$ 均为单位后移算子 z^{-1} 的多项式 $[z^{-1}y(t) = y(t-1)]$, 定义为

$$\begin{aligned} a(z) &:= z^{-n}\det[z\boldsymbol{I} - \boldsymbol{A}] \\ &= 1 + a_1 z^{-1} + a_2 z^{-2} + \cdots + a_n z^{-n}, \\ b(z) &:= z^{-n}\boldsymbol{c}\,\mathrm{adj}[z\boldsymbol{I} - \boldsymbol{A}]\boldsymbol{b} + da(z) \\ &= b_0 + b_1 z^{-1} + b_2 z^{-2} + \cdots + b_n z^{-n}. \end{aligned}$$

如果 $a(z)$ 和 $b(z)$ 无公因子 (对应于状态空间模型是最小实现), 根据系统的输入输出数据可以唯一确定多项式 $a(z)$ 和 $b(z)$ 的未知参数 (a_i, b_i), 系统 (3.3.6) 是参数可辨识的. 换句话说, 如果系统 (3.3.4) 既能控又能观测, 那么系统 (3.3.6) 中多项式 $a(z)$ 和 $b(z)$ 不存在公因子 (是互质的) , 系统 (3.3.6) 就是参数可辨识的, $2n+1$ 个参数都是可辨识的.

例 3.3.1 考虑下列二阶系统,

$$\begin{cases} \boldsymbol{x}(t+1) = \begin{bmatrix} a_{11} & a_{12} \\ a_{21} & a_{22} \end{bmatrix} \boldsymbol{x}(t) + \begin{bmatrix} 1 \\ 0 \end{bmatrix} u(t), \\ \quad y(t) = [1,\ 0]\boldsymbol{x}(t), \end{cases}$$

系统的能控性矩阵为

$$\boldsymbol{Q}_c = [\boldsymbol{b}, \boldsymbol{A}\boldsymbol{b}] = \begin{bmatrix} 1 & a_{11} \\ 0 & a_{21} \end{bmatrix},$$

系统的能观测矩阵为

$$\boldsymbol{Q}_o = \begin{bmatrix} \boldsymbol{c} \\ \boldsymbol{c}\boldsymbol{A} \end{bmatrix} = \begin{bmatrix} 1 & 0 \\ a_{11} & a_{12} \end{bmatrix}.$$

当 $a_{21} \neq 0$, $a_{12} \neq 0$ 时, $\boldsymbol{Q}_c$ 和 $\boldsymbol{Q}_o$ 是非奇异的, 故系统既能控又能观测, 但如果状态 $\boldsymbol{x}(t)$ 不可测, 系统参数是不可辨识的. 事实上, 该系统的输入输出表达为

$$\begin{aligned} y(t) &= \boldsymbol{c}(z\boldsymbol{I} - \boldsymbol{A})^{-1}\boldsymbol{b}u(t) \\ &= [1,\ 0]\begin{bmatrix} z - a_{11} & -a_{12} \\ -a_{21} & z - a_{22} \end{bmatrix}^{-1} \begin{bmatrix} 1 \\ 0 \end{bmatrix} u(t) \\ &= [1,\ 0]\frac{\begin{bmatrix} z - a_{22} & a_{12} \\ a_{21} & z - a_{11} \end{bmatrix}}{(z - a_{11})(z - a_{22}) - a_{12}a_{21}} \begin{bmatrix} 1 \\ 0 \end{bmatrix} u(t) \\ &= \frac{z - a_{22}}{z^2 - (a_{11} + a_{22})z + a_{11}a_{22} - a_{12}a_{21}} u(t) \\ &= \frac{z^{-1} - a_{22}z^{-2}}{1 - (a_{11} + a_{22})z^{-1} + (a_{11}a_{22} - a_{12}a_{21})z^{-2}} u(t), \end{aligned}$$

或

$$[1-(a_{11}+a_{22})z^{-1}+(a_{11}a_{22}-a_{12}a_{21})z^{-2}]y(t)=(z^{-1}-a_{22}z^{-2})u(t).$$

写成差分方程为

$$y(t)-(a_{11}+a_{22})y(t-1)+(a_{11}a_{22}-a_{12}a_{21})y(t-2)=u(t-1)-a_{22}u(t-2).$$

对于这样的线性系统, 最小二乘方法可以估计出 3 个参数 $-(a_{11}+a_{22})$, $(a_{11}a_{22}-a_{12}a_{21})$ 和 $-a_{22}$ (注: $u(t-1)$ 的系数 1 是已知的, 不用估计). 只有参数 a_{22} 和 a_{11} 是可辨识的, 参数 a_{12} 和 a_{21} 是不可辨识的, 但系统是可辨识的.

上述分析表明, 能控性能观测性并不意味着系统参数是可辨识的. 对于状态空间模型, 当状态不可测时, 通常采用规范状态模型进行辨识.

读者可以研究下列一般二阶系统的能控性能观测性与可辨识性的关系,

$$\begin{cases}\boldsymbol{x}(t+1)=\begin{bmatrix}a_{11} & a_{12}\\ a_{21} & a_{22}\end{bmatrix}\boldsymbol{x}(t)+\begin{bmatrix}b_1\\ b_2\end{bmatrix}u(t),\\ \quad y(t)\quad=[c_1,\ c_2]\boldsymbol{x}(t)+v(t).\end{cases}$$

对于单输入单输出系统, 状态空间描述 (3.3.4) 中有 $n^2+2n+1=(n+1)^2$ 个未知参数 ($\boldsymbol{A}$ 中 n^2 个参数, $\boldsymbol{b}$ 中 n 个参数, $\boldsymbol{c}$ 中 n 个参数, d 中 1 个参数), 假设系统既能控又能观测, 如果系统状态未知, 那么状态空间模型 (3.3.4) 是系统可辨识的, 但不是参数可辨识的. 而能控能观测状态空间模型 (3.3.4) 对应的能控性或能观测性规范型中只有 $2n+1$ 个参数, 是参数可辨识的. 能控能观测规范状态空间模型具有与输入输出表达相同的参数数目, 故是参数可辨识的 (对多变量系统也是如此). 而对于状态不可测的非规范型的状态空间系统, 不管系统是否可控和可观测, 系统不是参数可辨识的.

5. 可辨识性与输入信号之间的关系

可辨识性是系统的一种特征. 对于零初值状态空间模型, 不可控和 (或) 不可观测子系统是不可辨识的. 可辨识性与系统的输入密切相关. 对于零初值状态空间模型, 如果输入信号选择得不好, 可控可观测状态空间系统也可能是不可辨识的. 下面讨论可辨识性与输入信号之间的关系.

例 3.3.2 考虑如下自回归系统,

$$\boldsymbol{x}(t+1)=\boldsymbol{A}\boldsymbol{x}(t), \tag{3.3.7}$$

根据 n 维状态向量 $\boldsymbol{x}(t)\in\mathbb{R}^n$ 的测量值可以唯一确定矩阵 $\boldsymbol{A}$, 则系统是可辨识的 (参数矩阵 $\boldsymbol{A}\in\mathbb{R}^{n\times n}$ 也是可辨识的). 由式 (3.3.7) 可得

$$\begin{cases}\boldsymbol{x}(1)=\boldsymbol{A}\boldsymbol{x}(0),\\ \boldsymbol{x}(2)=\boldsymbol{A}\boldsymbol{x}(1)=\boldsymbol{A}^2\boldsymbol{x}(0),\\ \quad\vdots\\ \boldsymbol{x}(n)=\boldsymbol{A}\boldsymbol{x}(n-1)=\boldsymbol{A}^n\boldsymbol{x}(0).\end{cases}$$

可以等价写为

$$[\boldsymbol{x}(1),\boldsymbol{x}(2),\cdots,\boldsymbol{x}(n)]=\boldsymbol{A}[\boldsymbol{x}(0),\boldsymbol{x}(1),\cdots,\boldsymbol{x}(n-1)], \tag{3.3.8}$$

或

$$[\boldsymbol{x}(1),\boldsymbol{x}(2),\cdots,\boldsymbol{x}(n)]=\boldsymbol{A}[\boldsymbol{x}(0),\boldsymbol{A}\boldsymbol{x}(0),\cdots,\boldsymbol{A}^{n-1}\boldsymbol{x}(0)], \tag{3.3.9}$$

从式 (3.3.8) 可以看出, 如果量测的状态向量 $\boldsymbol{x}(t)$ 构成的矩阵 $[\boldsymbol{x}(0),\boldsymbol{x}(1),\cdots,\boldsymbol{x}(n-1)]\in\mathbb{R}^{n\times n}$ 满秩, 那么参数矩阵 $\boldsymbol{A}$ 就是可辨识的, 且有

$$\begin{aligned}\boldsymbol{A}&=[\boldsymbol{x}(1),\boldsymbol{x}(2),\cdots,\boldsymbol{x}(n)][\boldsymbol{x}(0),\boldsymbol{x}(1),\cdots,\boldsymbol{x}(n-1)]^{-1}\\&=[\boldsymbol{x}(1),\boldsymbol{x}(2),\cdots,\boldsymbol{x}(n)][\boldsymbol{x}(0),\boldsymbol{A}\boldsymbol{x}(0),\cdots,\boldsymbol{A}^{n-1}\boldsymbol{x}(0)]^{-1}.\end{aligned} \tag{3.3.10}$$

我们要找出系统的可辨识条件, 就是要搞清楚 "$[\boldsymbol{x}(0),\boldsymbol{x}(1),\cdots,\boldsymbol{x}(n-1)]\in\mathbb{R}^{n\times n}$ 满秩" 意味着什么? 注意到 $[\boldsymbol{x}(0),\boldsymbol{x}(1),\cdots,\boldsymbol{x}(n-1)]=[\boldsymbol{x}(0),\boldsymbol{A}\boldsymbol{x}(0),\cdots,\boldsymbol{A}^{n-1}\boldsymbol{x}(0)]$. 从上式看, 矩阵 $\boldsymbol{A}$ 可辨识的条件是 **可辨识性矩阵** $[\boldsymbol{x}(0),\boldsymbol{A}\boldsymbol{x}(0),\cdots,\boldsymbol{A}^{n-1}\boldsymbol{x}(0)]\in\mathbb{R}^{n\times n}$ 非奇异 (满秩), 其中 $\boldsymbol{x}(0)$ 为自回归系统的初始值, 相当于激励系统的输入信号. 如果存在向量 $\boldsymbol{b}\in\boldsymbol{R}^n$ 作为初值 $\boldsymbol{x}(0)$, 且 $(\boldsymbol{A},\boldsymbol{b})$ 是可控的, 那么有 $[\boldsymbol{b},\boldsymbol{A}\boldsymbol{b},\cdots,\boldsymbol{A}^{n-1}\boldsymbol{b}]=[\boldsymbol{x}(0),\boldsymbol{A}\boldsymbol{x}(0),\cdots,\boldsymbol{A}^{n-1}\boldsymbol{x}(0)]$ 是满秩的, 系统是可辨识的.

系统可辨识就是要输入信号激励系统的所有模态. 也就是说, 可辨识性矩阵 $[\boldsymbol{x}(0),\boldsymbol{A}\boldsymbol{x}(0),\cdots,\boldsymbol{A}^{n-1}\boldsymbol{x}(0)]$ 必须非奇异. 如果初始状态 $\boldsymbol{x}(0)=\mathbf{0}$, 相当于激励系统的输入信号为零, 则系统是不可辨识的, 说明静止的系统是不可辨识的.

假设矩阵 $\boldsymbol{A}$ 有 n 个不同的非零特征值 λ_i, $i=1,2,\cdots,n$, 对应 n 个独立的特征向量 $\boldsymbol{r}_1$, $\boldsymbol{r}_2,\cdots,\boldsymbol{r}_n$, 矩阵 $\boldsymbol{R}:=[\boldsymbol{r}_1,\boldsymbol{r}_2,\cdots,\boldsymbol{r}_n]\in\mathbb{R}^{n\times n}$ 非奇异. 如果 $\boldsymbol{x}(0)$ 取矩阵 $\boldsymbol{A}$ 的某个特征值 λ_j 对应的特征向量 $\boldsymbol{r}_j$, 即 $\boldsymbol{x}(0)=\boldsymbol{r}_j$ [或取 $\boldsymbol{x}(0)=\alpha\boldsymbol{r}_j$, 情形是一样的, 其中 α 为任意非零常数], 根据特征值与特征向量的关系 $\boldsymbol{A}\boldsymbol{r}_j=\lambda_j\boldsymbol{r}_j$, 有

$$\boldsymbol{A}\boldsymbol{r}_j=\lambda_j\boldsymbol{r}_j,\quad \boldsymbol{A}^2\boldsymbol{r}_j=\boldsymbol{A}\lambda_j\boldsymbol{r}_j=\lambda_j^2\boldsymbol{r}_j,\quad \cdots,\quad \boldsymbol{A}^{n-1}\boldsymbol{r}_j=\lambda_j^{n-1}\boldsymbol{r}_j.$$

或

$$\boldsymbol{A}\boldsymbol{x}(0)=\lambda_j\boldsymbol{x}(0),\quad \boldsymbol{A}^2\boldsymbol{x}(0)=\lambda_j^2\boldsymbol{x}(0),\quad \cdots,\quad \boldsymbol{A}^{n-1}\boldsymbol{x}(0)=\lambda_j^{n-1}\boldsymbol{x}(0).$$

则可辨识性矩阵

$$[\boldsymbol{x}(0),\boldsymbol{A}\boldsymbol{x}(0),\cdots,\boldsymbol{A}^{n-1}\boldsymbol{x}(0)]=[\boldsymbol{x}(0),\lambda_j\boldsymbol{x}(0),\cdots,\lambda_j^{n-1}\boldsymbol{x}(0)]$$

是奇异矩阵 (其各列是线性相关的), 因此系统是不可辨识的. 这意味着 $\boldsymbol{x}(0)=\boldsymbol{r}_j$, $\boldsymbol{x}(0)$ 只激励系统的模态 λ_j^t (因为状态解中包括此项), 没有激励系统的其他模态 λ_i^t $(i\neq j)$, 使系统成为不可辨识的. [注: 在连续系统中模态为 $\exp(\lambda_j t)$, λ_j 为连续系统的特征值.]

如果取 $\boldsymbol{x}(0)$ 为所有特征向量的线性组合, 即 $\boldsymbol{x}(0)=\alpha_1\boldsymbol{r}_1+\alpha_2\boldsymbol{r}_2+\cdots+\alpha_n\boldsymbol{r}_n$, α_i 均为任意非零常数, 则有

$$\begin{aligned}\boldsymbol{A}^i\boldsymbol{x}(0)&=\alpha_1\boldsymbol{A}^i\boldsymbol{r}_1+\alpha_2\boldsymbol{A}^i\boldsymbol{r}_2+\cdots+\alpha_n\boldsymbol{A}^i\boldsymbol{r}_n\\&=\alpha_1\lambda_1^i\boldsymbol{r}_1+\alpha_2\lambda_2^i\boldsymbol{r}_2+\cdots+\alpha_n\lambda_n^i\boldsymbol{r}_n.\end{aligned}$$

因此, 可辨识性矩阵

$$
\begin{aligned}
&[\boldsymbol{x}(0), \boldsymbol{A}\boldsymbol{x}(0), \cdots, \boldsymbol{A}^{n-1}\boldsymbol{x}(0)] \\
=&[\alpha_1\boldsymbol{r}_1+\alpha_2\boldsymbol{r}_2+\cdots+\alpha_n\boldsymbol{r}_n,\ \alpha_1\lambda_1\boldsymbol{r}_1+\alpha_2\lambda_2\boldsymbol{r}_2+\cdots+\alpha_n\lambda_n\boldsymbol{r}_n, \cdots, \\
&\alpha_1\lambda_1^{n-1}\boldsymbol{r}_1+\alpha_2\lambda_2^{n-1}\boldsymbol{r}_2+\cdots+\alpha_n\lambda_n^{n-1}\boldsymbol{r}_n] \\
=&[\boldsymbol{r}_1, \boldsymbol{r}_2, \cdots, \boldsymbol{r}_n]\left\{\begin{bmatrix}\alpha_1\\ \alpha_2\\ \vdots\\ \alpha_n\end{bmatrix}, \begin{bmatrix}\alpha_1\lambda_1\\ \alpha_2\lambda_2\\ \vdots\\ \alpha_n\lambda_n\end{bmatrix}, \cdots, \begin{bmatrix}\alpha_1\lambda_1^{n-1}\\ \alpha_2\lambda_2^{n-1}\\ \vdots\\ \alpha_n\lambda_n^{n-1}\end{bmatrix}\right\} \\
=&\boldsymbol{R}\begin{bmatrix}\alpha_1 & & & \\ & \alpha_2 & & \\ & & \ddots & \\ & & & \alpha_n\end{bmatrix}\begin{bmatrix}1 & \lambda_1 & \lambda_1^2 & \cdots & \lambda_1^{n-1}\\ 1 & \lambda_2 & \lambda_2^2 & \cdots & \lambda_2^{n-1}\\ \vdots & \vdots & \vdots & & \vdots\\ 1 & \lambda_n & \lambda_n^2 & \cdots & \lambda_n^{n-1}\end{bmatrix}
\end{aligned}
$$

是非奇异的, 因为由独立特征向量构成的矩阵 $\boldsymbol{R}$ 是非奇异的, 非零常数 α_i 构成的对角阵是非奇异的, 上式最后一个由不同特征值构成的范德蒙矩阵 (Vandermonde matrix) 也是非奇异的. 在取 $\boldsymbol{x}(0)$ 为所有特征向量的线性组合的条件下, 且线性组合的系数都非零, 可辨识矩阵是非奇异的, 参数矩阵 $\boldsymbol{A}$ 是可辨识的.

简单取 $\boldsymbol{x}(0)=\boldsymbol{r}_1+\boldsymbol{r}_2+\cdots+\boldsymbol{r}_n$, 系统参数矩阵 $\boldsymbol{A}$ 也是可辨识的. 相反, 取 $\boldsymbol{x}(0)=\alpha_1\boldsymbol{r}_1+\alpha_2\boldsymbol{r}_2+\cdots+\alpha_{n-1}\boldsymbol{r}_{n-1}$, 则参数矩阵 $\boldsymbol{A}$ 是不可辨识的. 当系统有重特征值时, $\boldsymbol{A}$ 是可辨识的条件值得进一步研究.

这个例子说明, 系统可辨识的条件是系统的所有模态都必须被输入信号所激励. 这就引出持续激励输入信号的概念. 对上述 $2n+1$ 个参数的单输入单输出系统 (3.3.6) 来说, 可辨识性的充分条件是输入信号至少为 $2n+1$ 阶持续激励条件. 下节讨论输入信号与持续激励条件的关系.

3.3.4 参数估计的收敛性

考虑观测变量 $y, x_1, x_2, \cdots, x_n$. 如果 y 是 $x_1, x_2, \cdots, x_n$ 的线性组合, 那么存在一组参数 $\theta_1, \theta_2, \cdots, \theta_n$ 使得下式成立,

$$y=\theta_1x_1+\theta_2x_2+\cdots+\theta_nx_n.$$

这是确定性情形, 即每个测量变量都是准确的. 通常测量是有误差的, 为了平衡方程, 在上式右边加入噪声项 v, 得到

$$y=\theta_1x_1+\theta_2x_2+\cdots+\theta_nx_n+v.$$

对于 $t=1,2,\cdots,t$ 时, 可得到观测 y 和 x_i, 记作 $y(t)$ 和 $x_i(t)$, 对应的误差记作 $v(t)$, 因此可得到 t 个方程式 [一般观测数据长度 t 应远大于拟合阶次 n (即参数数目): $t\gg n$],

$$
\begin{cases}
y(1)=\theta_1x_1(1)+\theta_2x_2(1)+\cdots+\theta_nx_n(1)+v(1),\\
y(2)=\theta_1x_1(2)+\theta_2x_2(2)+\cdots+\theta_nx_n(2)+v(2),\\
\quad\vdots\\
y(t)=\theta_1x_1(t)+\theta_2x_2(t)+\cdots+\theta_nx_n(t)+v(t).
\end{cases}
\tag{3.3.11}
$$

这些方程也可以简单写作

$$y(t)=\theta_1x_1(t)+\theta_2x_2(t)+\cdots+\theta_nx_n(t)+v(t),\ \ t=1,2,3,\cdots,t. \tag{3.3.12}$$

$\{v(t)\}$ 可看作零均值方差为 σ^2 的随机白噪声序列, n 是拟合模型阶次或模型参数数目 (假设已知), 且当 $t\leqslant 0$ 时, $y(t)=0$, $x_i(t)=0$, $v(t)=0$.

定义 **参数向量** (parameter vector)

$$\boldsymbol{\theta}:=[\theta_1,\theta_2,\cdots,\theta_n]^{\mathrm{T}}\in\mathbb{R}^n,$$

和 **信息向量** (information vector)

$$\boldsymbol{\varphi}(t):=[x_1(t),x_2(t),\cdots,x_n(t)]^{\mathrm{T}}\in\mathbb{R}^n.$$

参照 $\boldsymbol{\theta}$ 和 $\boldsymbol{\varphi}(t)$ 的定义, 式 (3.3.12) 可以写为

$$\begin{aligned}y(t)&=\theta_1x_1(t)+\theta_2x_2(t)+\cdots+\theta_nx_n(t)+v(t)\\&=[x_1(t),x_2(t),\cdots,x_n(t)]\begin{bmatrix}\theta_1\\\theta_2\\\vdots\\\theta_n\end{bmatrix}+v(t)\\&=\boldsymbol{\varphi}^{\mathrm{T}}(t)\boldsymbol{\theta}+v(t).\end{aligned}\tag{3.3.13}$$

上式是一个 **线性回归模型** (linear regressive model), 在系统辨识中称为 **辨识模型** (identification model) 或 **辨识表达式** (identification representation or identification expression).

式 (3.3.11) 可以写为

$$\begin{cases}y(1)=\boldsymbol{\varphi}^{\mathrm{T}}(1)\boldsymbol{\theta}+v(1),\\y(2)=\boldsymbol{\varphi}^{\mathrm{T}}(2)\boldsymbol{\theta}+v(2),\\\quad\vdots\\y(t)=\boldsymbol{\varphi}^{\mathrm{T}}(t)\boldsymbol{\theta}+v(t).\end{cases}\tag{3.3.14}$$

当然, 上式也可在式 (3.3.13) 中令 $t=1,2,\cdots,t$ 得到. 上式写成矩阵形式为

$$\begin{bmatrix}y(1)\\y(2)\\\vdots\\y(t)\end{bmatrix}=\begin{bmatrix}\boldsymbol{\varphi}^{\mathrm{T}}(1)\\\boldsymbol{\varphi}^{\mathrm{T}}(2)\\\vdots\\\boldsymbol{\varphi}^{\mathrm{T}}(t)\end{bmatrix}\boldsymbol{\theta}+\begin{bmatrix}v(1)\\v(2)\\\vdots\\v(t)\end{bmatrix}.$$

也可简单写作

$$\boldsymbol{Y}_t=\boldsymbol{H}_t\boldsymbol{\theta}+\boldsymbol{V}_t,\tag{3.3.15}$$

式中

$$\boldsymbol{Y}_t:=\begin{bmatrix}y(1)\\y(2)\\\vdots\\y(t)\end{bmatrix}\in\mathbb{R}^t,\quad\boldsymbol{H}_t:=\begin{bmatrix}\boldsymbol{\varphi}^{\mathrm{T}}(1)\\\boldsymbol{\varphi}^{\mathrm{T}}(2)\\\vdots\\\boldsymbol{\varphi}^{\mathrm{T}}(t)\end{bmatrix}\in\mathbb{R}^{t\times n},\quad\boldsymbol{V}_t:=\begin{bmatrix}v(1)\\v(2)\\\vdots\\v(t)\end{bmatrix}\in\mathbb{R}^t.$$

最小二乘辨识原理 (least squares identification principle): 就是利用系统的观测数据 $\{y(t), \boldsymbol{\varphi}(t)\}$, 极小下列 **二次准则函数** (quadratic criterion function):

$$\begin{aligned}J(\boldsymbol{\theta}) &:= \sum_{j=1}^{t} v^2(j) = \sum_{j=1}^{t}[y(j) - \boldsymbol{\varphi}^{\mathrm{T}}(j)\boldsymbol{\theta}]^2 \\ &= \boldsymbol{V}_t^{\mathrm{T}}\boldsymbol{V}_t = (\boldsymbol{Y}_t - \boldsymbol{H}_t\boldsymbol{\theta})^{\mathrm{T}}(\boldsymbol{Y}_t - \boldsymbol{H}_t\boldsymbol{\theta})\end{aligned}$$

得到参数向量 $\boldsymbol{\theta}$ 的估计. 设 $\boldsymbol{\theta} = \hat{\boldsymbol{\theta}}_{\mathrm{LS}}$ 时, $\min J(\boldsymbol{\theta}) = J(\hat{\boldsymbol{\theta}}_{\mathrm{LS}})$. 令 $J(\boldsymbol{\theta})$ 对 $\boldsymbol{\theta}$ 的偏导数为零, 得到

$$\left.\frac{\partial J(\boldsymbol{\theta})}{\partial \boldsymbol{\theta}}\right|_{\boldsymbol{\theta}=\hat{\boldsymbol{\theta}}_{\mathrm{LS}}} = -2\boldsymbol{H}_t^{\mathrm{T}}(\boldsymbol{Y}_t - \boldsymbol{H}_t\boldsymbol{\theta})\Big|_{\boldsymbol{\theta}=\hat{\boldsymbol{\theta}}_{\mathrm{LS}}} = \mathbf{0},$$

或

$$(\boldsymbol{H}_t^{\mathrm{T}}\boldsymbol{H}_t)\hat{\boldsymbol{\theta}}_{\mathrm{LS}} = \boldsymbol{H}_t^{\mathrm{T}}\boldsymbol{Y}_t. \tag{3.3.16}$$

这个方程称为 **规范方程** (normal equation) 或 **正则方程**. 在持续激励条件假设下, 数据长度 t 足够大, $(\boldsymbol{H}_t^{\mathrm{T}}\boldsymbol{H}_t)$ 为 **正定矩阵** (positive definite matrix) 时, 由式 (3.3.16) 可以求得

$$\hat{\boldsymbol{\theta}}_{\mathrm{LS}} = (\boldsymbol{H}_t^{\mathrm{T}}\boldsymbol{H}_t)^{-1}\boldsymbol{H}_t^{\mathrm{T}}\boldsymbol{Y}_t. \tag{3.3.17}$$

上式给出的估计 $\hat{\boldsymbol{\theta}}_{\mathrm{LS}}$ 称为 **最小二乘估计** (Least Squares estimate, **LS 估计**). 由于它与数据长度 t 有关, 故可等价写作 $\hat{\boldsymbol{\theta}}_{\mathrm{LS}}(t)$, 在递推算法中记作 $\hat{\boldsymbol{\theta}}(t)$. 将 $\boldsymbol{H}_t$ 和 $\boldsymbol{Y}_t$ 的定义式代入上式, 展开可得

$$\hat{\boldsymbol{\theta}}(t) = \hat{\boldsymbol{\theta}}_{\mathrm{LS}}(t) = (\boldsymbol{H}_t^{\mathrm{T}}\boldsymbol{H}_t)^{-1}\boldsymbol{H}_t^{\mathrm{T}}\boldsymbol{Y}_t \tag{3.3.18}$$

$$= \left[\sum_{j=1}^{t}\boldsymbol{\varphi}(j)\boldsymbol{\varphi}^{\mathrm{T}}(j)\right]^{-1}\left[\sum_{j=1}^{t}\boldsymbol{\varphi}(j)y(j)\right]. \tag{3.3.19}$$

上式就是一次完成最小二乘算法, 也称离线最小二乘辨识算法, 以区别后面的在线辨识算法.

关于离线算法 (3.3.17) 给出的最小二乘估计 $\hat{\boldsymbol{\theta}}_{\mathrm{LS}}$ 的统计性质, 有如下定理[18, 23].

定理 3.3.1 (无偏性定理) 对于系统 (3.3.15), 设噪声向量 $\boldsymbol{V}_t$ 的均值为零, 且 $\boldsymbol{V}_t$ 和 $\boldsymbol{H}_t$ 是 **统计独立的** (statistically independent), 则最小二乘参数估计 $\hat{\boldsymbol{\theta}}_{\mathrm{LS}}$ 是 $\boldsymbol{\theta}$ 的 **无偏估计** (unbiased estimate), 即 $\mathrm{E}[\hat{\boldsymbol{\theta}}_{\mathrm{LS}}] = \boldsymbol{\theta}$.

无偏性是衡量参数估计是否围绕真参数波动的一个统计性质. 无偏性只要求 $\boldsymbol{H}_t$ 与 $\boldsymbol{V}_t$ 统计独立, 并不要求 $\boldsymbol{V}_t$ 是不相关白噪声向量 (uncorrelated white noise vector).

定理 3.3.2 (估计误差协方差定理) 对于系统 (3.3.15), 设噪声向量 $\boldsymbol{V}_t$ 的均值为零, **协方差阵** $\mathrm{cov}[\boldsymbol{V}_t] = \boldsymbol{\Sigma}_v$, 且 $\boldsymbol{V}_t$ 与 $\boldsymbol{H}_t$ 是统计独立的, 则参数估计偏差 $\tilde{\boldsymbol{\theta}}_{\mathrm{LS}} := \hat{\boldsymbol{\theta}}_{\mathrm{LS}} - \boldsymbol{\theta}$ 的协方差阵为

$$\mathrm{cov}[\tilde{\boldsymbol{\theta}}_{\mathrm{LS}}] = \mathrm{E}[(\boldsymbol{H}_t^{\mathrm{T}}\boldsymbol{H}_t)^{-1}\boldsymbol{H}_t^{\mathrm{T}}\boldsymbol{\Sigma}_v\boldsymbol{H}_t(\boldsymbol{H}_t^{\mathrm{T}}\boldsymbol{H}_t)^{-1}].$$

如果 $\{v(t)\}$ 是零均值方差 σ^2 的白噪声序列, 即 $\mathrm{E}[v(t)] = 0, \mathrm{E}[v^2(t)] = \sigma^2$, 就有 $\mathrm{cov}[\boldsymbol{V}_t] = \boldsymbol{\Sigma}_v = \sigma^2\boldsymbol{I}_t$, $\boldsymbol{I}_t$ 为 t 阶单位阵, 参数估计偏差 (估计误差) 协方差阵简化为

$$\begin{aligned}\mathrm{cov}[\tilde{\boldsymbol{\theta}}_{\mathrm{LS}}] &= \mathrm{E}[(\boldsymbol{H}_t^{\mathrm{T}}\boldsymbol{H}_t)^{-1}\boldsymbol{H}_t^{\mathrm{T}}\sigma^2\boldsymbol{H}_t(\boldsymbol{H}_t^{\mathrm{T}}\boldsymbol{H}_t)^{-1}]\\ &= \sigma^2\mathrm{E}[(\boldsymbol{H}_t^{\mathrm{T}}\boldsymbol{H}_t)^{-1}].\end{aligned}$$

两边取迹得到

$$\begin{aligned}\mathrm{E}[\|\hat{\boldsymbol{\theta}}_{\mathrm{LS}}-\boldsymbol{\theta}\|^2] &= \mathrm{tr}\{\mathrm{cov}[\tilde{\boldsymbol{\theta}}_{\mathrm{LS}}]\}\\ &= \sigma^2\mathrm{tr}\{\mathrm{E}[(\boldsymbol{H}_t^{\mathrm{T}}\boldsymbol{H}_t)^{-1}]\}.\end{aligned}$$

$\tilde{\boldsymbol{\theta}}_{\mathrm{LS}}$ 的 **协方差阵** $\mathrm{cov}[\tilde{\boldsymbol{\theta}}_{\mathrm{LS}}]$ 主对角线各元是 $\tilde{\boldsymbol{\theta}}_{\mathrm{LS}}$ 各分量的方差, 它可以衡量参数估计的散度; 而非对角线上各元可以用来衡量参数估计 $\hat{\boldsymbol{\theta}}_{\mathrm{LS}}$ 各分量相互影响的程度或相关性的大小. 从上式可知, 随着数据长度 t 增加, 如果信息向量的乘积矩矩阵 $(\boldsymbol{H}_t^{\mathrm{T}}\boldsymbol{H}_t)$ 的最小特征趋于无穷大, 那么均方参数估计误差收敛于零. 如果 $(\boldsymbol{H}_t^{\mathrm{T}}\boldsymbol{H}_t)\geqslant C\boldsymbol{I}_n\ln\ln t$ (对于常数 $C>0$), 就有

$$\begin{aligned}\lim_{t\to\infty}\mathrm{E}[\|\hat{\boldsymbol{\theta}}_{\mathrm{LS}}-\boldsymbol{\theta}\|^2] &= \lim_{t\to\infty}\sigma^2\mathrm{tr}\{\mathrm{E}[(\boldsymbol{H}_t^{\mathrm{T}}\boldsymbol{H}_t)^{-1}]\}\\ &\leqslant \lim_{t\to\infty}\sigma^2\mathrm{tr}\{\mathrm{E}[(C\boldsymbol{I}_n\ln\ln t)^{-1}]\}\\ &= \lim_{t\to\infty}\frac{n\sigma^2}{C\ln\ln t}=0.\end{aligned}\tag{3.3.20}$$

定理 3.3.3 (一致收敛定理)　对于系统 (3.3.15), 设 $\boldsymbol{V}_t$ 是与 $\boldsymbol{H}_t$ 统计独立的白噪声向量, 即

$$\begin{cases}\mathrm{E}[v(t)]=0, & \mathrm{E}[v(t)v(i)]=0,\ t\neq i,\\ \mathrm{E}[v^2(t)]=\sigma^2, & \mathrm{cov}[\boldsymbol{V}_t]=\sigma^2\boldsymbol{I}_t,\end{cases}$$

且存在常数 $0<\alpha\leqslant\beta$ 使得下列 **弱持续激励条件** (Weak Persistent Excitation condition, **WPE 条件**) 成立,

$$(\mathrm{WPE})\qquad \alpha\boldsymbol{I}\leqslant\frac{1}{t}(\boldsymbol{H}_t^{\mathrm{T}}\boldsymbol{H}_t)\leqslant\beta\boldsymbol{I},\ \text{a.s., for large } t,$$

那么式 (3.3.17) 给出的最小二乘估计 $\hat{\boldsymbol{\theta}}_{\mathrm{LS}}$ 是一致收敛的, 即 $\hat{\boldsymbol{\theta}}_{\mathrm{LS}}$**依概率 1** (wp1) 或 **几乎必然**(almost surely, a.s.) 收敛于真参数向量 $\boldsymbol{\theta}$, 用关系式可表达为

$$\lim_{t\to\infty}\hat{\boldsymbol{\theta}}_{\mathrm{LS}}=\boldsymbol{\theta},\ \text{a.s.}$$

证明　由于 $\boldsymbol{V}_t$ 是不相关白噪声向量, 利用定理 3.3.2 的结论, 有

$$\begin{aligned}0\leqslant\lim_{t\to\infty}\mathrm{cov}[\tilde{\boldsymbol{\theta}}_{\mathrm{LS}}] &= \lim_{t\to\infty}\sigma^2\mathrm{E}[(\boldsymbol{H}_t^{\mathrm{T}}\boldsymbol{H}_t)^{-1}]\\ &= \lim_{t\to\infty}\frac{\sigma^2}{t}\mathrm{E}\left[\left(\frac{1}{t}\boldsymbol{H}_t^{\mathrm{T}}\boldsymbol{H}_t\right)^{-1}\right]\\ &\leqslant \lim_{t\to\infty}\frac{\sigma^2}{t}\frac{\boldsymbol{I}}{\alpha}=\boldsymbol{0},\\ \lim_{t\to\infty}\mathrm{cov}[\tilde{\boldsymbol{\theta}}_{\mathrm{LS}}] &\geqslant \lim_{t\to\infty}\frac{\sigma^2}{t}\frac{\boldsymbol{I}}{\beta}=\boldsymbol{0}.\end{aligned}$$

又由定理 3.3.1 知 $\mathrm{E}[\tilde{\boldsymbol{\theta}}_{\mathrm{LS}}]=\mathbf{0}$, 故 $\lim\limits_{t\to\infty}\hat{\boldsymbol{\theta}}_{\mathrm{LS}}=\boldsymbol{\theta}$, a.s. 定理证毕. □

定理 3.3.4 (**噪声方差估计定理**) 对于系统 (3.3.15), 设 $\boldsymbol{V}_t$ 是与 $\boldsymbol{H}_t$ 统计独立的零均值白噪声向量, 即 $v(t)$ 为零均值随机白噪声:

$$\begin{cases}\mathrm{E}[v(t)]=0, & \mathrm{E}[v(t)v(i)]=0,\ t\neq i,\\ \mathrm{E}[v^2(t)]=\sigma^2, & \mathrm{cov}[\boldsymbol{V}_t]=\sigma^2\boldsymbol{I}_t,\end{cases}$$

参数向量 $\boldsymbol{\theta}$ 的最小二乘估计 $\hat{\boldsymbol{\theta}}_{\mathrm{LS}}$ 取式 (3.3.17), 即

$$\hat{\boldsymbol{\theta}}_{\mathrm{LS}}(t)=(\boldsymbol{H}_t^{\mathrm{T}}\boldsymbol{H}_t)^{-1}\boldsymbol{H}_t^{\mathrm{T}}\boldsymbol{Y}_t, \tag{3.3.21}$$

对应的准则函数值为

$$J[\hat{\boldsymbol{\theta}}_{\mathrm{LS}}(t)]:=[\boldsymbol{Y}_t-\boldsymbol{H}_t\hat{\boldsymbol{\theta}}_{\mathrm{LS}}(t)]^{\mathrm{T}}[\boldsymbol{Y}_t-\boldsymbol{H}_t\hat{\boldsymbol{\theta}}_{\mathrm{LS}}(t)],$$

则平稳随机噪声 $v(t)$ 的方差 σ^2 的估计为

$$\hat{\sigma}^2=\frac{J[\hat{\boldsymbol{\theta}}_{\mathrm{LS}}(t)]}{t-n},\ t\text{充分大时},$$

式中 $n:=\dim\boldsymbol{\theta}=\boldsymbol{\theta}$ 的维数.

证明 定义输出 **残差** (residual) $\varepsilon(t)$ 和残差向量 $\boldsymbol{\varepsilon}_t$ 分别为

$$\varepsilon(i):=y(i)-\boldsymbol{\varphi}^{\mathrm{T}}(i)\hat{\boldsymbol{\theta}}_{\mathrm{LS}}(t),\ i=1,2,\cdots,t,$$

$$\boldsymbol{\varepsilon}_t:=\begin{bmatrix}\varepsilon(1)\\ \varepsilon(2)\\ \vdots\\ \varepsilon(t)\end{bmatrix}=\boldsymbol{Y}_t-\boldsymbol{H}_t\hat{\boldsymbol{\theta}}_{\mathrm{LS}}(t).$$

将式 (3.3.21) 代入上式, 并利用式 (3.3.15) 可得

$$\begin{aligned}\boldsymbol{\varepsilon}_t&=\boldsymbol{Y}_t-\boldsymbol{H}_t(\boldsymbol{H}_t^{\mathrm{T}}\boldsymbol{H}_t)^{-1}\boldsymbol{H}_t^{\mathrm{T}}\boldsymbol{Y}_t\\ &=[\boldsymbol{I}_t-\boldsymbol{H}_t(\boldsymbol{H}_t^{\mathrm{T}}\boldsymbol{H}_t)^{-1}\boldsymbol{H}_t^{\mathrm{T}}]\boldsymbol{Y}_t\\ &=[\boldsymbol{I}_t-\boldsymbol{H}_t(\boldsymbol{H}_t^{\mathrm{T}}\boldsymbol{H}_t)^{-1}\boldsymbol{H}_t^{\mathrm{T}}][\boldsymbol{H}_t\boldsymbol{\theta}+\boldsymbol{V}_t]\\ &=[\boldsymbol{I}_t-\boldsymbol{H}_t(\boldsymbol{H}_t^{\mathrm{T}}\boldsymbol{H}_t)^{-1}\boldsymbol{H}_t^{\mathrm{T}}]\boldsymbol{V}_t\\ &=:\boldsymbol{Q}\boldsymbol{V}_t,\end{aligned}$$

式中 $\boldsymbol{Q}:=\boldsymbol{I}_t-\boldsymbol{H}_t(\boldsymbol{H}_t^{\mathrm{T}}\boldsymbol{H}_t)^{-1}\boldsymbol{H}_t^{\mathrm{T}}$. 因为 $\boldsymbol{Q}^2=\boldsymbol{Q},\boldsymbol{Q}^{\mathrm{T}}=\boldsymbol{Q}$, 即矩阵 $\boldsymbol{Q}$ 为对称幂等矩阵, 所以

$$\mathrm{E}[\boldsymbol{\varepsilon}_t^{\mathrm{T}}\boldsymbol{\varepsilon}_t]=\mathrm{E}[\boldsymbol{V}_t^{\mathrm{T}}\boldsymbol{Q}\boldsymbol{Q}\boldsymbol{V}_t]=\mathrm{E}[\boldsymbol{V}_t^{\mathrm{T}}\boldsymbol{Q}\boldsymbol{V}_t].$$

利用公式

$$\begin{cases}\boldsymbol{x}^{\mathrm{T}}\boldsymbol{A}\boldsymbol{x}=\mathrm{tr}[\boldsymbol{A}\boldsymbol{x}\boldsymbol{x}^{\mathrm{T}}],\\ \mathrm{E}\{\mathrm{tr}[\boldsymbol{A}]\}=\mathrm{tr}\{\mathrm{E}[\boldsymbol{A}]\},\\ \mathrm{tr}[\boldsymbol{A}^{\mathrm{T}}]=\mathrm{tr}[\boldsymbol{A}],\end{cases}$$

由假设 $\boldsymbol{V}_t$ 为不相关白噪声向量, 且与 $\boldsymbol{H}_t$ 统计独立, 则

$$
\begin{aligned}
\mathrm{E}\{J[\hat{\boldsymbol{\theta}}_{\mathrm{LS}}(t)]\} &= \mathrm{E}[\boldsymbol{\varepsilon}_t^{\mathrm{T}}\boldsymbol{\varepsilon}_t] = \mathrm{E}\{\mathrm{tr}[\boldsymbol{Q}\boldsymbol{V}_t^{\mathrm{T}}\boldsymbol{V}_t]\} \\
&= \mathrm{tr}\{\mathrm{E}[\boldsymbol{Q}\boldsymbol{V}_t^{\mathrm{T}}\boldsymbol{V}_t]\} = \sigma^2\mathrm{tr}[\mathrm{E}(\boldsymbol{Q})] \\
&= \sigma^2\mathrm{E}\{\mathrm{tr}[\boldsymbol{I}_t - \boldsymbol{H}_t(\boldsymbol{H}_t^{\mathrm{T}}\boldsymbol{H}_t)^{-1}\boldsymbol{H}_t^{\mathrm{T}}]\} \\
&= \sigma^2\mathrm{E}\{\mathrm{tr}[\boldsymbol{I}_t] - \mathrm{tr}[\boldsymbol{H}_t(\boldsymbol{H}_t^{\mathrm{T}}\boldsymbol{H}_t)^{-1}\boldsymbol{H}_t^{\mathrm{T}}]\} \\
&= \sigma^2(t - \dim\boldsymbol{\theta}).
\end{aligned}
$$

于是

$$
\sigma^2 = \frac{\mathrm{E}[\boldsymbol{\varepsilon}_t^{\mathrm{T}}\boldsymbol{\varepsilon}_t]}{t-\dim\boldsymbol{\theta}} = \frac{\mathrm{E}\{J[\hat{\boldsymbol{\theta}}_{\mathrm{LS}}(t)]\}}{t-\dim\boldsymbol{\theta}}.
$$

上式表明: 可按式

$$
\hat{\sigma}^2 = \frac{J[\hat{\boldsymbol{\theta}}_{\mathrm{LS}}(t)]}{t-\dim\boldsymbol{\theta}}
$$

计算噪声方差的估计值, 这个噪声方差估计是 σ^2 的无偏估计量. 该定理提供了一种计算噪声方差的估计值的方法. □

3.4 激 励 信 号

就系统参数辨识而言, 期望利用系统的输入输出数据能够确定系统参数, 也就是期望输入信号能够激发出系统的所有特征或所有模态, 使得输出数据包括系统模型的全部信息. 这样的信号是充分丰富的 (sufficiently rich) 或称为持续激励信号 (persistent excitation signal). 在系统辨识算法的收敛性分析中, 直接使用输入信号持续激励假设并不方便, 而是使用持续激励条件, 它是指由输入输出数据构成的信息向量满足的不等式. 持续激励条件有强持续激励条件、弱持续激励条件和衰减激励条件等[64].

定理 3.3.3 说明, 在弱持续激励条件下, 参数估计误差收敛于零. 参数估计性质依赖于持续激励条件, 本节介绍激励信号, 下节讨论基本激励条件.

3.4.1 持续激励信号

系统的可辨识性依赖于系统的输入信号, 辨识算法的收敛性依赖于持续激励条件, 下面介绍持续激励信号与持续激励条件.

定义 3.4.1 (持续激励信号的定义) 对于信号 $u_0(t)\in\mathbb{R}$, 定义 n 维信号列向量:

$$
\boldsymbol{\varphi}(t) := [u_0(t), u_0(t-1), \cdots, u_0(t-n+1)]^{\mathrm{T}} \in \mathbb{R}^n,
$$

若存在正常数 α 和整数 $N\geqslant n$ 使得下式成立:

$$
\text{(A1)}\quad \frac{1}{N}\sum_{i=1}^{N}\boldsymbol{\varphi}(t-i+1)\boldsymbol{\varphi}^{\mathrm{T}}(t-i+1) \geqslant \alpha\boldsymbol{I},\ t\geqslant N+n-2,
$$

则称 $u_0(t)$ 为 n 阶 **持续激励信号**, 式中 $\boldsymbol{I}$ 为适当维数单位阵. 条件 (A1) 表示对每一个不小于 $N+n-2$ 的 t 都成立, $t\geqslant N+n-2$ 约束上式求和的信息向量 $\boldsymbol{\varphi}(t-i+1)$ 中的所有输入

项时标都大于零, 因为通常假设 t 小于零时, 所有输入输出变量都设为零. 因此, 条件 (A1) 称为 **强持续激励条件** (Strong Persistent Excitation condition, **SPE 条件**). 条件 (A1) 可以等价写为

$$(\text{A1}')\quad \frac{1}{N}\sum_{i=0}^{N-1}\boldsymbol{\varphi}(t-i)\boldsymbol{\varphi}^{\mathrm{T}}(t-i)\geqslant \alpha\boldsymbol{I},\ t\geqslant N+n-2.$$

或

$$(\text{A1}'')\quad \frac{1}{N}\sum_{i=0}^{N-1}\boldsymbol{\varphi}(t+i)\boldsymbol{\varphi}^{\mathrm{T}}(t+i)\geqslant \alpha\boldsymbol{I},\ t\geqslant n-1.$$

或

$$(\text{A1}''')\quad \frac{1}{N}\sum_{j=t}^{t+N-1}\boldsymbol{\varphi}(j)\boldsymbol{\varphi}^{\mathrm{T}}(j)\geqslant \alpha\boldsymbol{I},\ t\geqslant n-1.$$

注: 存在常数 α 在不同的地方, 其值可能是不一样的. 一般来说, 系统有 n 个参数, 就要求至少 n 阶激励信号.

1. **有限脉冲响应模型 (FIR 模型)**

持续激励信号直接与系统参数可辨识性相关. 下面通过一个简单的有限脉冲响应模型 (Finite Impulse Response model, **FIR 模型**) 加以说明. 设输入为 $u(t)$ 的 n 个参数 $(b_0, b_1, \cdots, b_{n-1})$ 的 FIR 模型为

$$y(t)=b_0u(t)+b_1u(t-1)+\cdots+b_{n-1}u(t-n+1), \tag{3.4.1}$$

其中 $y(t)$ 为系统输出. 定义信息向量 $\boldsymbol{\varphi}(t)$ 和参数向量 $\boldsymbol{\theta}$ 如下,

$$\boldsymbol{\varphi}(t):=\begin{bmatrix}u(t)\\ u(t-1)\\ \vdots\\ u(t-n+1)\end{bmatrix}\in\mathbb{R}^n,\quad \boldsymbol{\theta}:=\begin{bmatrix}b_0\\ b_1\\ \vdots\\ b_{n-1}\end{bmatrix}\in\mathbb{R}^n. \tag{3.4.2}$$

式 (3.4.1) 可以写成最小二乘格式:

$$y(t)=\boldsymbol{\varphi}^{\mathrm{T}}(t)\boldsymbol{\theta}. \tag{3.4.3}$$

考虑 t 到 $t+p-1$ 共 p $(p\geqslant n)$ 组数据, 定义 **堆积输出向量** (stacked output vector) $\boldsymbol{Y}(t)$ 和 **堆积信息矩阵** (stacked information matrix) $\boldsymbol{H}(t)$ 如下,

$$\boldsymbol{Y}(t):=\begin{bmatrix}y(t)\\ y(t+1)\\ \vdots\\ y(t+p-1)\end{bmatrix}\in\mathbb{R}^p,\quad \boldsymbol{H}(t):=\begin{bmatrix}\boldsymbol{\varphi}^{\mathrm{T}}(t)\\ \boldsymbol{\varphi}^{\mathrm{T}}(t+1)\\ \vdots\\ \boldsymbol{\varphi}^{\mathrm{T}}(t+p-1)\end{bmatrix}\in\mathbb{R}^{p\times n}. \tag{3.4.4}$$

由式 (3.4.3) 可得

$$\boldsymbol{Y}(t)=\boldsymbol{H}(t)\boldsymbol{\theta}.$$

上式两边左乘 $\boldsymbol{H}^{\mathrm{T}}(t)$ 可得

$$\boldsymbol{H}^{\mathrm{T}}(t)\boldsymbol{H}(t)\boldsymbol{\theta}=\boldsymbol{H}^{\mathrm{T}}(t)\boldsymbol{Y}(t). \tag{3.4.5}$$

如果 **数据乘积矩矩阵** (data product moment matrix)

$$\begin{aligned}\boldsymbol{S}(t)&:=\boldsymbol{H}^{\mathrm{T}}(t)\boldsymbol{H}(t)\\&=\sum_{i=0}^{p-1}\boldsymbol{\varphi}(t+i)\boldsymbol{\varphi}^{\mathrm{T}}(t+i)\end{aligned}$$

是非奇异的, 那么从式 (3.4.5) 可以得到 $\boldsymbol{\theta}$ 的最小二乘估计:

$$\hat{\boldsymbol{\theta}}=[\boldsymbol{H}^{\mathrm{T}}(t)\boldsymbol{H}(t)]^{-1}\boldsymbol{H}^{\mathrm{T}}(t)\boldsymbol{Y}(t)=\boldsymbol{S}^{-1}(t)\boldsymbol{H}^{\mathrm{T}}(t)\boldsymbol{Y}(t). \tag{3.4.6}$$

$\boldsymbol{S}(t)$ 是对称非负定阵, 它非奇异的条件是 $\boldsymbol{S}(t)>0$. 这就要求 $u(t)$ 为满足条件 (A1) 的至少 n 阶持续激励信号. 数据长度 p 必须大于或等于 n, 因为矩阵乘积的秩等于两个乘积矩阵列秩和行秩中最小的一个.

从这个 FIR 模型参数的最小二乘估计 (3.4.6) 可以看出: 估计 $\hat{\boldsymbol{\theta}}$ 有解, 要求式 (3.4.6) 的非负定矩阵 $\boldsymbol{S}(t)$ 可逆, 即下列持续激励条件成立:

$$\boldsymbol{S}(t)=\sum_{i=0}^{p-1}\boldsymbol{\varphi}(t+i)\boldsymbol{\varphi}^{\mathrm{T}}(t+i)\geqslant\alpha\boldsymbol{I}. \tag{3.4.7}$$

如果输入 $u(t)$ 采用至少 n 阶持续激励信号 (因为参数向量维数为 n), 那么上式与条件 (A1$''$) 是等价的. 可以说持续激励信号是从这个简单的 FIR 模型参数估计有解导出的.

细心的读者可能会看出, 对于这个确定性 FIR 模型 (3.4.1), 似乎并不要求持续激励条件 (3.4.7) 对每一个 t 都成立, 只需对某一个 t 成立即可. 这对于确定性系统确实如此 [对于测量变量含有误差 (简称噪声) 的随机系统, 情况不一样]. 对于 n 个参数的 FIR 模型 (3.4.1), 只需要 n 个方程就可以唯一确定参数向量 $\boldsymbol{\theta}=[b_0,b_1,\cdots,b_{n-1}]^{\mathrm{T}}\in\mathbb{R}^n$, 只需在式 (3.4.1) 中任取至少 n 个不同的 $t=t_s$, $s\in\{0,1,2,\cdots\}$, 就可得到这些方程. 这时, 持续激励条件可修改为

$$\sum_{s=0}^{p-1}\boldsymbol{\varphi}(t_s)\boldsymbol{\varphi}^{\mathrm{T}}(t_s)\geqslant\alpha\boldsymbol{I}. \tag{3.4.8}$$

这时的参数估计为

$$\hat{\boldsymbol{\theta}}=[\boldsymbol{H}^{\mathrm{T}}(t_s)\boldsymbol{H}(t_s)]^{-1}\boldsymbol{H}^{\mathrm{T}}(t_s)\boldsymbol{Y}(t_s)=\boldsymbol{S}^{-1}(t_s)\boldsymbol{H}^{\mathrm{T}}(t_s)\boldsymbol{Y}(t_s).$$

注: 由于 t 是一个时标变量, 是动态变化的, 式 (3.4.4) 修改为从 $t-p+1$ 到 t 的 p 组数据构成的 **堆积输出向量** 和 **堆积信息矩阵**:

$$\boldsymbol{Y}(t):=\begin{bmatrix}y(t)\\y(t-1)\\\vdots\\y(t-p+1)\end{bmatrix}\in\mathbb{R}^p,\quad\boldsymbol{H}(t):=\begin{bmatrix}\boldsymbol{\varphi}^{\mathrm{T}}(t)\\\boldsymbol{\varphi}^{\mathrm{T}}(t-1)\\\vdots\\\boldsymbol{\varphi}^{\mathrm{T}}(t-p+1)\end{bmatrix}\in\mathbb{R}^{p\times n},$$

上述最小二乘估计结论 (3.4.6) 也是不变的.

2. **受控自回归模型** (**CAR 模型**)

对于有限脉冲响应模型, 持续激励条件的信息向量 $\boldsymbol{\varphi}(t)$ 只包含了系统输入信号 $u(t-i)$ [参见式 (3.4.2) 中 $\boldsymbol{\varphi}(t)$ 的定义]. 然而, 对于 **受控自回归模型** (Controlled AutoRegressive model, **CAR 模型**), 情况就不一样了, 因为信息向量不仅包含系统的输入信号 $u(t-i)$, 而且包含系统的输出信号 $y(t-i)$.

考虑下列 CAR 模型,

$$A(z)y(t)=B(z)u(t)+v(t),$$

其中 $y(t)\in\mathbb{R}$ 是系统输出, $u(t)\in\mathbb{R}$ 是系统输入, $v(t)\in\mathbb{R}$ 为零均值白噪声, $A(z)$ 和 $B(z)$ 是单位后移算子 z^{-1} 的多项式 $[z^{-1}y(t)=y(t-1)]$:

$$\begin{aligned}&A(z):=1+a_1z^{-1}+a_2z^{-2}+\cdots+a_{n_a}z^{-n_a},\\&B(z):=b_1z^{-1}+b_2z^{-2}+\cdots+b_{n_b}z^{-n_b}.\end{aligned}$$

这个系统有 $n:=n_a+n_b$ 个参数 (a_i,b_i), 其差分方程形式为

$$y(t)+a_1y(t-1)+\cdots+a_{n_a}y(t-n_a)=b_1u(t-1)+b_2u(t-2)+\cdots+b_{n_b}u(t-n_b)+v(t).$$

定义参数向量 $\boldsymbol{\theta}$ 和信息向量 $\boldsymbol{\varphi}(t)$ 如下,

$$\begin{aligned}\boldsymbol{\theta}&:=[a_1,a_2,\cdots,a_{n_a},b_1,b_2,\cdots,b_{n_b}]^{\mathrm{T}}\in\mathbb{R}^n,\\\boldsymbol{\varphi}(t)&:=[-y(t-1),-y(t-2),\cdots,-y(t-n_a),u(t-1),u(t-2),\cdots,u(t-n_b)]^{\mathrm{T}}\in\mathbb{R}^n.\end{aligned}$$

则 CAR 模型可以写为

$$y(t)=\boldsymbol{\varphi}^{\mathrm{T}}(t)\boldsymbol{\theta}+v(t). \tag{3.4.9}$$

对于这个 CAR 系统的辨识模型 (3.4.9), 系统输出 $y(t)$ 可以写为参数向量 $\boldsymbol{\theta}\in\mathbb{R}^n$ 的线性函数, 这个系统的可辨识的必要条件是输入信号 $u(t)$ 是持续激励信号, 这个 CAR 模型的持续激励条件定义式仍如 (A1$''$) 或式 (3.4.8) 的形式.

不管是线性系统还是非线性系统, 只要能写成式 (3.4.9) 的形式, 那么持续激励条件是一样的, 因为持续激励条件是关于信息向量 $\boldsymbol{\varphi}(t)$ 的, 而不管 $\boldsymbol{\varphi}(t)$ 的内部构成如何. 例如, 对于下列非线性系统

$$y(t)=a_1y(t-1)+a_2y(t-2)y(t-3)+b_1u(t)+b_2u^2(t-1)+c\cos(\sqrt{t})+v(t), \tag{3.4.10}$$

定义信息向量和参数向量如下,

$$\begin{cases}\boldsymbol{\varphi}(t):=[y(t-1),y(t-2)y(t-3),u(t),u^2(t-1),\cos(\sqrt{t})]^{\mathrm{T}}\in\mathbb{R}^5,\\\boldsymbol{\theta}:=[a_1,a_2,b_1,b_2,c]^{\mathrm{T}}\in\mathbb{R}^5.\end{cases}$$

那么这个非线性系统的辨识模型为

$$y(t)=\boldsymbol{\varphi}^{\mathrm{T}}(t)\boldsymbol{\theta}+v(t). \tag{3.4.11}$$

故这是一个线性参数的非线性系统 (即线性参数系统). 这个非线性系统辨识模型与式 (3.4.9) 的线性 CAR 系统辨识模型是一样的. 因此, 不管是线性系统还是非线性系统, 也不管是否能

写成式 (3.4.9) 的形式, 对于可辨识性而言, 一般都要求输入信号是持续激励的.

总之, 对于 FIR 模型, 只要输入是持续激励信号, 那么关于信息向量 $\boldsymbol{\varphi}(t)$ 的强持续激励条件 (A1) 总是成立的 (参见下面的定理 3.4.1). 然而, 对于 DARMA 模型或 CAR 模型, 即使输入是持续激励信号, 由于信息向量中还包含了系统输出 $y(t-i)$, 关于信息向量 $\boldsymbol{\varphi}(t)$ 的强持续激励条件也不一定成立. 从下面的定理 3.4.2 可知, 当 $A(z)$ 与 $B(z)$ 互质 (无公因子), 输入是持续激励信号时, CAR 模型和 DARMA 模型的信息向量 $\boldsymbol{\varphi}(t)$ 满足强持续激励条件 (A1), 就是可辨识的.

3.4.2 弱持续激励信号

对于所有的量测数据, 持续激励信号要求长度为 N, 从任意起点 t 到终点 $t+N-1$ 数据窗内的数据, 都要满足不等式 (A1″). 显然, 对每一个 t, 要求不等式 (A1″) 成立是很严格的. 这也是 (A1″) 称为强持续激励条件的原因. 由此引出弱持续激励信号和弱持续激励条件.

定义 3.4.2 (弱持续激励信号的定义) 对于信号 $u_0(t)\in\mathbb{R}$, 定义 n 维信号列向量:

$$\boldsymbol{\varphi}(t):=[u_0(t),u_0(t-1),\cdots,u_0(t-n+1)]^{\mathrm{T}}\in\mathbb{R}^n,$$

若存在正常数 α 和充分大 t 使得下式成立:

$$\text{(A2)}\qquad \frac{1}{t}\sum_{j=1}^{t}\boldsymbol{\varphi}(j)\boldsymbol{\varphi}^{\mathrm{T}}(j)\geqslant\alpha\boldsymbol{I},$$

或等价写为

$$\text{(A2}'\text{)}\qquad \frac{1}{L}\sum_{t=1}^{L}\boldsymbol{\varphi}(t)\boldsymbol{\varphi}^{\mathrm{T}}(t)\geqslant\alpha\boldsymbol{I},$$

则称 $u_0(t)$ 为 n 阶 **弱持续激励信号** (weak persistent excitation signal), 其中 L 为观测数据长度, $L\gg n$. 条件 (A2) 或 (A2′) 称为 **弱持续激励条件**.

由强持续激励条件可以推导出弱持续激励条件成立 [读者可证明之]. 弱持续激励条件就可保证 FIR 模型和 CAR 模型的最小二乘参数估计的收敛性.

3.4.3 衰减激励信号

辨识算法的收敛性往往是考虑时间 $t\to\infty$ 时参数估计的行为, 然而在实际中, 不容许长时间加入一持续激励信号对系统进行扰动试验, 而衰减激励信号对系统的影响只是暂时的 (短时间的), 实际中更有意义. 因此, 定义衰减激励信号以及研究衰减指数应满足的条件, 保证辨识算法参数估计的收敛性, 对于提高辨识算法的应用效果具有重要意义[64, 141].

定义 3.4.3 (衰减激励信号定义 1) 设

$$\text{(U1)}\qquad u(t)=\frac{u_0(t)}{t^{\varepsilon}}+u_1(t),\ \varepsilon>0,$$

$u_0(t)$ 为满足 (A1) 的持续激励信号, $u_1(t)$ 为非持续激励信号 (最特殊的情形是 $u_1(t)\equiv0$), 则 $u(t)$ 是一个 **衰减激励信号**. 这里 $\varepsilon>0$ 称为 **衰减指数** (attenuating index). 当 $u_1(t)\equiv0$ 时, 信号 $u(t)$ 随着 t 增大而趋于零, 故称为衰减激励信号.

由式 (3.3.20) 可知, 参数估计误差收敛于零, 衰减激励信号 (U1) 构成的信息向量, 其数

据乘积矩矩阵 $(\boldsymbol{H}_t^{\mathrm{T}}\boldsymbol{H}_t)$ 的最小特征值必须趋于无穷大, 所以衰减指数必须满足 $\varepsilon \leqslant \dfrac{1}{2}$.

衰减激励信号的定义有多种形式, 下面给出对数形式的衰减激励信号.

定义 3.4.4 (衰减激励信号定义 2) 设

$$\text{(U2)} \quad u(t)=\frac{u_0(t)}{\ln t}+u_1(t),\ t\geqslant t_0,$$

$u_0(t)$ 为满足 (A1) 的持续激励信号, $u_1(t)$ 为非持续激励信号 (最特殊的情形是 $u_1(t)\equiv 0$), 则 $u(t)$ 也是一个 **衰减激励信号**. 这个定义没有引入衰减指数, 因为这个衰减激励信号比 (U1) 衰减得更慢, 可以保证 $(\boldsymbol{H}_t^{\mathrm{T}}\boldsymbol{H}_t)$ 的最小特征值仍然趋于无穷大. 当然引入衰减指数 $\varepsilon>0$ 也是可以的, 只需将 (U2) 的分母修改为 $(\ln t)^{\varepsilon}$, 其中 $\varepsilon>0$.

定义 3.4.5 (衰减激励信号定义 3) 衰减更慢的重对数衰减激励信号定义为

$$\text{(U3)} \quad u(t)=\frac{u_0(t)}{\ln\ln t}+u_1(t),\ t\geqslant t_0.$$

$$\text{(U4)} \quad u(t)=\frac{u_0(t)}{\ln\ln\ln t}+u_1(t),\ t\geqslant t_0.$$

其他形式的衰减激励信号如下,

$$\text{(U5)} \quad u(t)=\frac{u_0(t)}{t^{\varepsilon}(\ln t)^c+1}+u_1(t),\ t\geqslant t_0,\ c>0,\ 0\leqslant\varepsilon<\frac{1}{2}. \tag{3.4.12}$$

$$\text{(U6)} \quad u(t)=\frac{u_0(t)}{t^{\varepsilon}(\ln t)^c+\cos\pi t+2}+u_1(t),\ t\geqslant t_0,\ c>0,\ 0\leqslant\varepsilon<\frac{1}{2}. \tag{3.4.13}$$

不同形式的衰减激励信号对应的衰减激励条件也有多种形式. 衰减激励信号 (U2)~(U4) 对应的衰减激励条件的表达式较为简单, 在工程上也最容易实现.

下面我们不加证明地给出两个定理.

定理 3.4.1 设 $\{u(t)\}$ 为 n 阶 **持续激励信号**, 则由模型

$$y(t)=(b_1z^{-1}+b_2z^{-2}+\cdots+b_pz^{-p})u(t)$$

产生的输出 $\{y(t)\}$ 也为 n 阶持续激励信号, 其中 b_i 不全为零.

定理 3.4.2 设 $\{u(t)\}$ 为 n 阶持续激励信号, 则由模型

$$\begin{cases} A(z)y(t)=B(z)u(t), \\ A(z):=1+a_1z^{-1}+a_2z^{-2}+\cdots+a_{n_a}z^{-n_a}, \\ B(z):=b_1z^{-1}+b_2z^{-2}+\cdots+b_{n_b}z^{-n_b} \end{cases}$$

产生的输出 $\{y(t)\}$ 为 n 阶持续激励信号的充要条件是 $A(z)$ 与 $B(z)$ 无公因子.

这两个定理目前还没有简洁的证明, 如果读者有兴趣深入研究, 研究成果可以公开发表.

3.4.4 持续激励信号的产生

产生持续激励信号的最简单方法是采用零均值可测白噪声序列, 或伪随机二进制 (PRBS) 序列. 在 Matlab 中, 可用 rand, randn, idinput 等函数产生持续激励输入信号或仿真用的干扰随机噪声. 白噪声是无穷阶持续激励信号, 它可以用作激励任何系统的输入信号. 周期为

n 的 PRBS 码或 M 序列也是一种很好的 n 阶持续激励信号, 它们也可以作为激励系统的输入信号[18].

1. **白噪声激励信号** (white noise excitation signals)

白噪声序列是一种最简单的随机序列. 如果随机序列 $\{v(t)\}$ 均值为零, 方差为 σ^2, 且两两不相关, 则对应的 **相关函数** (correlation function) 为

$$R_v(k) := \mathrm{E}[v(t)v(t+k)] = \begin{cases} \sigma^2, & k=0, \\ 0, & k\neq 0. \end{cases}$$

则这种随机序列 $\{v(t)\}$ 称为 **白噪声序列** (white noise sequence). 当 $k\neq 0$ 时, 白噪声的相关函数 $R_v(k)$ 为零, 即

$$R_v(0)=\sigma^2,\ R_v(1)=R_v(2)=\cdots=R_v(\infty)=0.$$

如果不是白噪声, 也不是周期随机序列, 即相关噪声 (有色噪声), 就有

$$R_v(0)>R_v(1)>R_v(2)>R_v(3)>\ldots$$

对每个固定的 t, **白噪声** (white noise) $v(t)$ 是零均值、方差为常数的独立随机变量. 白噪声序列是平稳各态遍历的.

白噪声序列 $\{v(t)\}$ 的 **谱密度函数** (spectral density function) 为

$$f_v(\omega)=\frac{1}{2\pi}\sum_{k=-\infty}^{+\infty}R_v(k)\mathrm{e}^{-\mathrm{j}k\omega}=\frac{\sigma^2}{2\pi},\ -\pi\leqslant\omega\leqslant\pi.$$

即白噪声的谱密度函数或功率谱密度 (power spectral density) 为常数 $\dfrac{\sigma^2}{2\pi}$, 所以白噪声序列的功率在 $-\pi$ 到 $+\pi$ 的全频段内均匀分布. 基于这个特点, 人们借用光学中 "白色光" 一词, 称这种噪声为 "白" 噪声. 与白噪声对应的是 **有色噪声** (colored noise) 或 **相关噪声** (correlated noise).

同样, 对 **白噪声向量序列** (white noise vector) $\{\boldsymbol{v}(t)\}$, 有

$$\begin{cases} \mathrm{E}[\boldsymbol{v}(t)]=\boldsymbol{0}, \\ \boldsymbol{R}_v(k)=\mathrm{E}[\boldsymbol{v}(t)\boldsymbol{v}^{\mathrm{T}}(t+k)]=\begin{cases} \boldsymbol{R}, & k=0, \\ \boldsymbol{0}, & k\neq 0, \end{cases} \end{cases}$$

其中 $\boldsymbol{R}$ 为 **正定矩阵** (positive definite matrix).

2. **白噪声的产生方法** (generation of white noises)

在辨识仿真研究中, 经常要用到各种不同分布的白噪声序列, 为方便起见, 把各种不同分布的白噪声序列统称为 **随机数** (random number), 这里只讨论 $(0,1)$**均匀分布随机数** [记为 $M(0,1)$] 和正态分布随机数的产生方法及其性质.

产生 $(0,1)$ 均匀分布随机数的一种方法是, 把已有的 $M(0,1)$ 均匀分布的随机数 (如 Rand 的百万随机数) 存放在计算机内存中, 使用时访问内存逐个读取随机数. 例如, 在 FORTRAN 语言中, 直接调用函数 RAN(1) 就可产生 $M(0,1)$ 均匀分布的随机数; 在 Turbo C 语言中, 函数 random(x) 产生均匀分布不超过 x 的整数, 则 random(x)/x 为 $M(0,1)$ 均匀分布的随机数; 在 Matlab 中, rand 和 randn 产生均匀分布和正态分布的随机数. 也可以用 idinput 函数

产生辨识的输入信号. 下面的定理阐述了 **正态分布随机数** 的产生方法.

定理 3.4.3 [18] 设 ξ_1 和 ξ_2 是两个互为独立的 $M(0,1)$ **均匀分布** (uniform distribution) 的随机变量, 则

$$\begin{cases} \eta_1 = \sqrt{-2\ln\xi_1}\,\cos(2\pi\xi_2), \\ \eta_2 = \sqrt{-2\ln\xi_1}\,\sin(2\pi\xi_2) \end{cases}$$

是相互独立、服从 $N(0,1)$ **正态分布的随机变量** (normally distributed random variables).

证明 根据随机变量概率密度的变换关系, 有

$$p(\eta_1,\eta_2) = |\det[\boldsymbol{J}]|^{-1} p(\xi_1,\xi_2),$$

其中 $p(*,*)$ 为概率密度函数, $|a|$ 为 a 的绝对值, $\boldsymbol{J}$ 为 Jacobi 矩阵, 即

$$\begin{aligned} \boldsymbol{J} &= \begin{bmatrix} \dfrac{\partial\eta_1}{\partial\xi_1} & \dfrac{\partial\eta_1}{\partial\xi_2} \\ \dfrac{\partial\eta_2}{\partial\xi_1} & \dfrac{\partial\eta_2}{\partial\xi_2} \end{bmatrix} \\ &= \begin{bmatrix} -\dfrac{1}{\xi_1}\dfrac{1}{\sqrt{-2\ln\xi_1}}\cos(2\pi\xi_2) & -2\pi\sqrt{-2\ln\xi_1}\sin(2\pi\xi_2) \\ -\dfrac{1}{\xi_1}\dfrac{1}{\sqrt{-2\ln\xi_1}}\sin(2\pi\xi_2) & 2\pi\sqrt{-2\ln\xi_1}\cos(2\pi\xi_2) \end{bmatrix}. \end{aligned}$$

则

$$|\det[\boldsymbol{J}]| = \frac{2\pi}{\xi_1}.$$

注意到

$$\eta_1^2 + \eta_2^2 = [\sqrt{-2\ln\xi_1}\,\cos(2\pi\xi_2)]^2 + [\sqrt{-2\ln\xi_1}\,\sin(2\pi\xi_2)]^2 = -2\ln\xi_1.$$

解得

$$\xi_1 = \mathrm{e}^{-\frac{\eta_1^2+\eta_2^2}{2}},$$

及

$$p(\xi_1,\xi_2) = p(\xi_1)p(\xi_2) = 1.$$

那么

$$\begin{aligned} p(\eta_1,\eta_2) &= |\det[\boldsymbol{J}]|^{-1} p(\xi_1,\xi_2) \\ &= \frac{\xi_1}{2\pi} = \frac{1}{2\pi}\mathrm{e}^{-\frac{\eta_1^2+\eta_2^2}{2}} \\ &= \frac{1}{\sqrt{2\pi}}\mathrm{e}^{-\frac{\eta_1^2}{2}}\frac{1}{\sqrt{2\pi}}\mathrm{e}^{-\frac{\eta_2^2}{2}} \\ &= p(\eta_1)p(\eta_2). \end{aligned}$$

可见, η_1 和 η_2 是互为独立、服从 $N(0,1)$ 正态分布的随机变量.

Matlab 程序产生正态分布随机数

下面的 **Matlab 函数** f_rn.m 产生 $N(0,1)$ 正态分布的长度为 length 的两个随机数序列. 用法: eta=f_rn(300) 产生为长度为 300 的两列正态分布的随机数.

```
function eta=f_rn(length)
% Generate the norm distributed random number N(0,1)
% rand('state',1); randn('state',1);
%------------------------------------------------------------------*
% Filename: f_rn.m                                                 *
% Usage: eta=f_rn(300)                                             *
%          produces two random variable sequences with length 300  *
% Feng Ding                                                        *
% Jiangnan University, Wuxi, China                                 *
%------------------------------------------------------------------*
 for i=1:length
     r1=rand(1);
     while r1==0
         r1=rand(1);
     end
     r2=rand(1);
     if i==1
         eta=[sqrt(-2*log(r1))*cos(2*pi*r2), sqrt(-2*log(r1))*sin(2*pi*r2)];
     else
         eta=[eta; sqrt(-2*log(r1))*cos(2*pi*r2), sqrt(-2*log(r1))*sin(2*pi*r2)];
     end
 end
 return
```

假设 $\{u(t)\}$ 是一个零均值, 方差为 σ^2 的白噪声序列, 则其均值和相关函数 $R_u(k)$ 有如下关系,

$$\mathrm{E}[u(t)]=\lim_{L\to\infty}\frac{1}{L}\sum_{t=1}^{L}u(t)=0,$$

$$R_u(k)=\mathrm{E}[u(t)u(t+k)]=\lim_{L\to\infty}\frac{1}{L}\sum_{t=1}^{L}u(t)u(t+k)=R_u(-k).$$

假设 $u(t)\in\mathbb{R}$ 为输入信号, 定义 n 维输入信号向量,

$$\boldsymbol{\varphi}(t):=[u(t),u(t-1),\cdots,u(t-n+1)]^{\mathrm{T}}\in\mathbb{R}^n,$$

将其代入条件 (A1‴) 的左边得到

$$\begin{aligned}\frac{1}{N}\sum_{j=t}^{t+N-1}\boldsymbol{\varphi}(j)\boldsymbol{\varphi}^{\mathrm{T}}(j)&=\frac{1}{N}\sum_{j=t}^{t+N-1}\begin{bmatrix}u(j)\\u(j-1)\\\vdots\\u(j-n+1)\end{bmatrix}[u(j),u(j-1),\cdots,u(j-n+1)]\\&=\frac{1}{N}\sum_{j=t}^{t+N-1}\begin{bmatrix}u^2(j)&\cdots&u(j)u(j-n+1)\\u(j-1)u(j)&\cdots&u(j-1)u(j-n+1)\\u(j-2)u(j)&\cdots&u(j-2)u(j-n+1)\\\vdots&&\vdots\\u(j-n+1)u(j)&\cdots&u^2(j-n+1)\end{bmatrix}.\end{aligned}$$

上式取极限 $N\to\infty$, 利用相关函数的定义可得

$$\lim_{N\to\infty}\frac{1}{N}\sum_{j=t}^{t+N-1}\boldsymbol{\varphi}(j)\boldsymbol{\varphi}^{\mathrm{T}}(j)=\begin{bmatrix} R_u(0) & R_u(1) & \cdots & R_u(n-1)\\ R_u(1) & R_u(0) & \cdots & R_u(n-2)\\ \vdots & \vdots & & \vdots\\ R_u(n-2) & R_u(n-3) & \cdots & R_u(1)\\ R_u(n-1) & R_u(n-2) & \cdots & R_u(0)\end{bmatrix}.$$

根据白噪声的性质:

$$R_u(0)=\sigma^2,\ R_u(1)=R_u(2)=\cdots=R_u(n)=\cdots=R_u(\infty)=0,$$

则有

$$\lim_{N\to\infty}\frac{1}{N}\sum_{j=t}^{t+N-1}\boldsymbol{\varphi}(j)\boldsymbol{\varphi}^{\mathrm{T}}(j)=\sigma^2\boldsymbol{I}_n.$$

因此, 白噪声是一个 n 阶持续激励信号, 也是一个无穷阶持续激励信号. 因为白噪声的谱密度函数在任何频率都大于零, 故可以用作激励任何系统的输入信号. 如果有某些频率使得 $f_u(\omega)=0$, 则 $u(t)$ 是有限阶持续激励信号.

3.5 基本激励条件

辨识算法的收敛性一般要求输入为持续激励信号, 或要求由输入输出数据构成的回归信息向量是充分丰富的 (持续激励的), 等价于一些不同形式的激励条件成立.

辨识算法的收敛性研究都是分析不同激励条件下参数估计的性质. 创新性的成果是研究现存辨识方法在更弱激励条件下的性能, 或者研究新提出辨识方法在不同激励条件下的收敛性能, 建立相关收敛性定理 (参数估计收敛速度, 参数估计误差上界等). 下面讨论本书作者总结和提出的一些基本激励条件. 广义强持续激励条件, 广义弱持续激励条件, 衰减持续激励条件, 都是本书作者提出的较弱激励条件.

3.5.1 强持续激励条件

激励条件是关于输入输出数据构成的回归信息向量 $\boldsymbol{\varphi}(t)\in\mathbb{R}^n$ 的一些不等式. 在不同的激励条件中, 存在正常数 α, β, γ 和整数 $N\geqslant\dim\boldsymbol{\varphi}(t)=n$ 一般是不同的. 下面给出几个不同形式的 **强持续激励条件**, 一个比一个条件弱. 如果不作特别说明, 下面持续激励条件中的 t 取值表示 $t=1,2,3,\cdots$, s 取值表示 $s=1,2,3,\cdots$.

1. **强持续激励条件** 1 (**SPE 条件** 1)

$$\text{(SPE1)}\quad \alpha\boldsymbol{I}\leqslant\frac{1}{N}\sum_{i=0}^{N-1}\boldsymbol{\varphi}(t+i)\boldsymbol{\varphi}^{\mathrm{T}}(t+i)\leqslant\beta\boldsymbol{I},\ \text{a.s.}$$

它有下列等价形式:

$$\text{(SPE1}'\text{)}\quad \alpha\boldsymbol{I}\leqslant\frac{1}{N}\sum_{j=t}^{t+N-1}\boldsymbol{\varphi}(j)\boldsymbol{\varphi}^{\mathrm{T}}(j)\leqslant\beta\boldsymbol{I},\ \text{a.s.}$$

研究表明: 保证辨识算法参数估计收敛性只需要强持续激励条件的下界 $\alpha\boldsymbol{I}$, 下界约束可以推导出一些参数估计算法 (如递推最小二乘算法) 的参数估计误差上界 (对于有限数据长度); 辨识算法收敛性不需要强持续激励条件的上界 $\beta\boldsymbol{I}$, 上界约束可以推导出一些参数估计算法 (如递推最小二乘算法) 的参数估计误差下界.

强持续激励条件 1 要求对每一个 t ($t=1,2,3,\cdots$) 都成立, 即对于窗口长度为 N 的滑动数据窗的信息向量 $\boldsymbol{\varphi}(t)$ 都成立. 这可以解释为对于长度为 $L=Nk$ 的数据量, 强持续激励条件 1 包含了 $Nk-N+1$ 个不等式.

规范化强持续激励条件 (Normalized Strong Persistent Excitation condition, **NSPE 条件**) 如下,

$$\text{(NSPE)}\qquad \frac{1}{N}\sum_{i=0}^{N-1}\frac{\boldsymbol{\varphi}(t+i)\boldsymbol{\varphi}^{\mathrm{T}}(t+i)}{\|\boldsymbol{\varphi}(t+i)\|^2}\geqslant\alpha\boldsymbol{I},\ \text{a.s.}$$

或

$$\text{(NSPE)}\qquad \frac{1}{N}\sum_{i=0}^{N-1}\frac{\boldsymbol{\varphi}(t+i)\boldsymbol{\varphi}^{\mathrm{T}}(t+i)}{1+\|\boldsymbol{\varphi}(t+i)\|^2}\geqslant\alpha\boldsymbol{I},\ \text{a.s.}$$

规范化强持续激励条件不需要对上界作限制, 因为其上界是单位阵. 上式分母中加上的 1 是为了避免分母为零. [注: 其他激励条件也可进行规范化, 这里不一一讨论.]

2. **强持续激励条件** 2 (**SPE 条件** 2)

$$\text{(SPE2)}\qquad \alpha\boldsymbol{I}\leqslant\frac{1}{N}\sum_{i=0}^{N-1}\boldsymbol{\varphi}(Nt+i)\boldsymbol{\varphi}^{\mathrm{T}}(Nt+i)\leqslant\beta\boldsymbol{I},\ \text{a.s.}$$

或等价表示为

$$\text{(SPE2}'\text{)}\qquad \alpha\boldsymbol{I}\leqslant\frac{1}{N}\sum_{j=Nt}^{Nt+N-1}\boldsymbol{\varphi}(j)\boldsymbol{\varphi}^{\mathrm{T}}(j)\leqslant\beta\boldsymbol{I},\ \text{a.s.}$$

$$\text{(SPE2}''\text{)}\qquad \alpha\boldsymbol{I}\leqslant\frac{1}{N}\sum_{i=0}^{N-1}\boldsymbol{\varphi}(t+i)\boldsymbol{\varphi}^{\mathrm{T}}(t+i)\leqslant\beta\boldsymbol{I},\ \text{a.s.},\ t=Nk,\ k=1,2,\cdots$$

强持续激励条件 1 要求对每一个 t 都成立, 弱化了的强持续激励条件 2 只要求对稀少规则的 t 成立 (稀少周期的 t 成立). 换句话说, 强持续激励条件 2 只要求对每一个 $t=Nk$ ($k=0,1,2,\cdots$) 都成立, 即对于窗口长度为 N 的连续数据窗的信息向量 $\boldsymbol{\varphi}(t)$ 都成立. 这可以解释为在长度为 $L=Nk$ 的数据窗内, 强持续激励条件 2 包含了 k 个不等式.

下面是动态数据窗长度的强持续激励条件, **数据窗长度** 由 N 变为 t_s^*.

3. **强持续激励条件** 3 (**SPE 条件** 3)

定义一 **整数序列** (integer sequence) $\{t_s:\ s=0,1,2,\cdots\}$ 满足[33,43,46,47,51]

$$0=t_0<t_1<t_2<t_3<\cdots<t_{s-1}<t_s<\cdots,$$

且 $t_s^*:=t_s-t_{s-1}\geqslant n$. 强持续激励条件 3 如下[120],

$$\text{(SPE3)}\qquad \alpha\boldsymbol{I}\leqslant\frac{1}{t_{s+1}^*}\sum_{i=0}^{t_{s+1}^*-1}\boldsymbol{\varphi}(t_s+i)\boldsymbol{\varphi}^{\mathrm{T}}(t_s+i)\leqslant\beta\boldsymbol{I},\ \text{a.s.}$$

或等价表示为

$$\text{(SPE3}')\qquad \alpha \boldsymbol{I} \leqslant \frac{1}{t_{s+1}-t_s}\sum_{j=t_s}^{t_{s+1}-1}\boldsymbol{\varphi}(j)\boldsymbol{\varphi}^{\mathrm{T}}(j) \leqslant \beta \boldsymbol{I}, \ \text{a.s.}$$

弱化了的强持续激励条件 3 的数据窗长度变为动态的 t_s^*, 它只要求对稀少不规则的 $t=t_s$ $(s=1,2,3,\cdots)$ 成立.

强持续激励条件的上界是有界的, 如果把上界进一步放大, 就得到新的持续激励条件, 我们称为 **广义强持续激励条件** (Generalized Strong Persistent Excitation condition, **GSPE 条件**). 由上述三个强持续激励条件, 可以得到三个对应的广义强持续激励条件.

4. **广义强持续激励条件** 1 (**GSPE 条件** 1)

$$\text{(GSPE1)}\qquad \alpha \boldsymbol{I} \leqslant \frac{1}{N}\sum_{i=0}^{N-1}\boldsymbol{\varphi}(t+i)\boldsymbol{\varphi}^{\mathrm{T}}(t+i) \leqslant \beta t^{\gamma} \boldsymbol{I}, \ \text{a.s.}$$

5. **广义强持续激励条件** 2 (**GSPE 条件** 2)

$$\text{(GSPE2)}\qquad \alpha \boldsymbol{I} \leqslant \frac{1}{N}\sum_{i=0}^{N-1}\boldsymbol{\varphi}(Nt+i)\boldsymbol{\varphi}^{\mathrm{T}}(Nt+i) \leqslant \beta t^{\gamma} \boldsymbol{I}, \ \text{a.s.}$$

或

$$\text{(GSPE2}')\qquad \alpha \boldsymbol{I} \leqslant \frac{1}{N}\sum_{i=0}^{N-1}\boldsymbol{\varphi}(Nt+i)\boldsymbol{\varphi}^{\mathrm{T}}(Nt+i) \leqslant \beta (Nt)^{\gamma} \boldsymbol{I}, \ \text{a.s.}$$

6. **广义强持续激励条件** 3 (**GSPE 条件** 3)

$$\text{(GSPE3)}\qquad \alpha \boldsymbol{I} \leqslant \frac{1}{t_{s+1}^*}\sum_{i=0}^{t_{s+1}^*-1}\boldsymbol{\varphi}(t_s+i)\boldsymbol{\varphi}^{\mathrm{T}}(t_s+i) \leqslant \beta t_s^{\gamma} \boldsymbol{I}, \ \text{a.s.}$$

3.5.2 弱持续激励条件

在所考虑量测数据集中, 强持续激励条件中信息向量要满足许多不等式, 而 **弱持续激励条件** (Weak Persistent Excitation condition, **WPE 条件**) 只有一个不等式.

1. **弱持续激励条件** 1 (**WPE 条件** 1)

$$\text{(WPE1)}\qquad \alpha \boldsymbol{I} \leqslant \frac{1}{t}\sum_{j=1}^{t}\boldsymbol{\varphi}(j)\boldsymbol{\varphi}^{\mathrm{T}}(j) \leqslant \beta \boldsymbol{I}, \ \text{a.s., for large } t.$$

这个条件使用了所有观测信息向量 $\boldsymbol{\varphi}(j)$, $j=1,2,\cdots,t$. 如果观测信息向量 $\boldsymbol{\varphi}(t)$ 是 **各态遍历** 的, 则有

$$\text{(WPE1}')\qquad \lim_{t\to\infty}\frac{1}{t}\sum_{j=1}^{t}\boldsymbol{\varphi}(j)\boldsymbol{\varphi}^{\mathrm{T}}(j) = \boldsymbol{R} > 0, \ \text{a.s.}$$

2. **弱持续激励条件** 2 (**WPE 条件** 2)

$$\text{(WPE2)}\qquad \alpha \boldsymbol{I} \leqslant \frac{1}{t}\sum_{j=1}^{t}\boldsymbol{\varphi}(jN)\boldsymbol{\varphi}^{\mathrm{T}}(jN) \leqslant \beta \boldsymbol{I}, \ \text{a.s., for large } t.$$

这个条件只使用了采样周期为 N 的信息向量 $\boldsymbol{\varphi}(t)=\boldsymbol{\varphi}(jN)$, $j=1,2,\cdots,t$.

3. **弱持续激励条件** 3 (**WPE 条件** 3)

$$\text{(WPE3)}\qquad \alpha \boldsymbol{I} \leqslant \frac{1}{s}\sum_{j=1}^{s}\boldsymbol{\varphi}(t_j)\boldsymbol{\varphi}^{\mathrm{T}}(t_j) \leqslant \beta \boldsymbol{I},\ \text{a.s.},\ \text{for large } s.$$

这个条件使用了非均匀采样间隔 t_j^* 的信息向量 $\boldsymbol{\varphi}(t)=\boldsymbol{\varphi}(t_j),\ j=1,2,\cdots,s$.

相应地, 我们有广义弱持续激励条件.

4. **广义弱持续激励条件** 1 (**GWPE 条件** 1)

本书作者提出的 **广义弱持续激励条件** (Generalized Weak Persistent Excitation condition, **GWPE 条件**) 如下[27, 142]:

$$\text{(GWPE)}\qquad \alpha \boldsymbol{I} \leqslant \frac{1}{t}\sum_{j=1}^{t}\boldsymbol{\varphi}(j)\boldsymbol{\varphi}^{\mathrm{T}}(j) \leqslant \beta t^{\gamma} \boldsymbol{I},\ \text{a.s.},\ \text{for large } t.$$

5. **广义弱持续激励条件** 2 (**GWPE 条件** 2)

$$\text{(GWPE2)}\qquad \alpha \boldsymbol{I} \leqslant \frac{1}{t}\sum_{j=1}^{t}\boldsymbol{\varphi}(jN)\boldsymbol{\varphi}^{\mathrm{T}}(jN) \leqslant \beta t^{\gamma} \boldsymbol{I},\ \text{a.s.},\ \text{for large } t.$$

6. **广义弱持续激励条件** 3 (**GWPE 条件** 3)

$$\text{(GWPE3)}\qquad \alpha \boldsymbol{I} \leqslant \frac{1}{s}\sum_{j=1}^{s}\boldsymbol{\varphi}(t_j)\boldsymbol{\varphi}^{\mathrm{T}}(t_j) \leqslant \beta s^{\gamma} \boldsymbol{I},\ \text{a.s.},\ \text{for large } s.$$

这里引入条件数的概念. 矩阵 $\boldsymbol{X}$ 的 **条件数** (condition number) 定义为 $\boldsymbol{X}$ 的 **最大奇异值** 与 **最小奇异值** 之比 (ratio of the maximal and minimal singular values of $\boldsymbol{X}$). 因此条件数总是不小于 1. 对于对称正定矩阵 $\boldsymbol{X}$, 其条件数等于其 **最大特征值** (maximum eigenvalue) 与 **最小特征值** (minimum eigenvalue) 之比.

从条件数的定义可知: 当 $t\to\infty$ 时, 强持续激励条件与弱持续激励条件中的矩阵的条件数是有界的, 而广义强持续激励条件与广义弱持续激励条件中的矩阵的条件数是无界的.

3.5.3 衰减激励条件

1. **衰减激励条件** 1 (**AE 条件** 1)

这里只讨论我们提出的衰减激励信号 (U1)~(U3) 所对应的 **衰减激励条件** (Attenuating Excitation condition, **AE 条件**)[74, 141, 143] 定义为

$$\text{(AE1)}\qquad \frac{\alpha}{(t+N-1)^{2\varepsilon}}\boldsymbol{I} \leqslant \frac{1}{N}\sum_{i=0}^{N-1}\boldsymbol{\varphi}(t+i)\boldsymbol{\varphi}^{\mathrm{T}}(t+i) \leqslant \beta \boldsymbol{I},\ \text{a.s.}$$

$$\text{(AE1}')\qquad \frac{\alpha}{[\ln(t+N-1)]^{2}}\boldsymbol{I} \leqslant \frac{1}{N}\sum_{i=0}^{N-1}\boldsymbol{\varphi}(t+i)\boldsymbol{\varphi}^{\mathrm{T}}(t+i) \leqslant \beta \boldsymbol{I},\ \text{a.s.}$$

$$\text{(AE1}'')\qquad \frac{\alpha}{[\ln\ln(t+N-1)]^{2}}\boldsymbol{I} \leqslant \frac{1}{N}\sum_{i=0}^{N-1}\boldsymbol{\varphi}(t+i)\boldsymbol{\varphi}^{\mathrm{T}}(t+i) \leqslant \beta \boldsymbol{I},\ \text{a.s.}$$

当衰减指数 $\varepsilon=0$ 时, 衰减激励条件 AE1 等同强持续激励条件 SPE1, 故强持续激励条件是衰减激励条件的一个特例.

2. **衰减激励条件** 2 (**AE 条件** 2)

$$\text{(AE2)}\qquad \frac{\alpha}{(Nt+N-1)^{2\varepsilon}}\boldsymbol{I}\leqslant\frac{1}{N}\sum_{i=0}^{N-1}\boldsymbol{\varphi}(Nt+i)\boldsymbol{\varphi}^{\mathrm{T}}(Nt+i)\leqslant\beta\boldsymbol{I},\ \text{a.s.}$$

$$\text{(AE2}'\text{)}\qquad \frac{\alpha}{[\ln(Nt+N-1)]^{2}}\boldsymbol{I}\leqslant\frac{1}{N}\sum_{i=0}^{N-1}\boldsymbol{\varphi}(Nt+i)\boldsymbol{\varphi}^{\mathrm{T}}(Nt+i)\leqslant\beta\boldsymbol{I},\ \text{a.s.}$$

$$\text{(AE2}''\text{)}\qquad \frac{\alpha}{[\ln\ln(Nt+N-1)]^{2}}\boldsymbol{I}\leqslant\frac{1}{N}\sum_{i=0}^{N-1}\boldsymbol{\varphi}(Nt+i)\boldsymbol{\varphi}^{\mathrm{T}}(Nt+i)\leqslant\beta\boldsymbol{I},\ \text{a.s.}$$

3. **衰减激励条件** 3 (**AE 条件** 3)

$$\text{(AE3)}\qquad \frac{\alpha}{(t_{s+1}-1)^{2\varepsilon}}\boldsymbol{I}\leqslant\frac{1}{t_{s+1}^{*}}\sum_{i=0}^{t_{s+1}^{*}-1}\boldsymbol{\varphi}(t_s+i)\boldsymbol{\varphi}^{\mathrm{T}}(t_s+i)\leqslant\beta\boldsymbol{I},\ \text{a.s.}$$

$$\text{(AE3}'\text{)}\qquad \frac{\alpha}{[\ln(t_{s+1}-1)]^{2}}\boldsymbol{I}\leqslant\frac{1}{t_{s+1}^{*}}\sum_{i=0}^{t_{s+1}^{*}-1}\boldsymbol{\varphi}(t_s+i)\boldsymbol{\varphi}^{\mathrm{T}}(t_s+i)\leqslant\beta\boldsymbol{I},\ \text{a.s.}$$

$$\text{(AE3}'\text{)}\qquad \frac{\alpha}{[\ln\ln(t_{s+1}-1)]^{2}}\boldsymbol{I}\leqslant\frac{1}{t_{s+1}^{*}}\sum_{i=0}^{t_{s+1}^{*}-1}\boldsymbol{\varphi}(t_s+i)\boldsymbol{\varphi}^{\mathrm{T}}(t_s+i)\leqslant\beta\boldsymbol{I},\ \text{a.s.}$$

目前, 衰减激励条件下, 辨识算法的收敛性研究主要集中在时不变确定性系统或时不变随机系统. 本书作者在衰减激励条件下, 研究了一些辨识算法的一致收敛性, 例如, 文献 [143], [144] 针对确定性系统和随机系统多新息辨识算法, 文献 [26], [74], [141] 针对随机系统递推最小二乘、递阶最小二乘和最小均方算法.

3.5.4 其他激励条件

上面讨论的激励条件不等式都是假设依概率 1 (wp1) 或几乎必然 (a.s.) 成立. 事实上, 激励条件还可以以数学期望的形式或条件数学期望的形式给出, 这里简单加以介绍.

我们以期望形式给出的强持续激励条件 1 (Expected SPE condition, **ESPE 条件**) 为

$$\text{(ESPE1)}\qquad \alpha\boldsymbol{I}\leqslant\mathrm{E}\left[\frac{1}{N}\sum_{i=0}^{N-1}\boldsymbol{\varphi}(t+i)\boldsymbol{\varphi}^{\mathrm{T}}(t+i)\right]\leqslant\beta\boldsymbol{I}.$$

文献 [145] 以条件期望给出的强持续激励条件 1 (Conditionally Expectation SPE condition, **CESPE 条件**) 为

$$\text{(CESPE1)}\qquad \alpha\boldsymbol{I}\leqslant\mathrm{E}\left[\frac{1}{N}\sum_{i=0}^{N-1}\boldsymbol{\varphi}(t+i)\boldsymbol{\varphi}^{\mathrm{T}}(t+i)\Big|\mathcal{F}_{t-1}\right]\leqslant\beta\boldsymbol{I},\ \text{a.s.}$$

或

$$\text{(NCESPE1)}\qquad \mathrm{E}\left[\frac{1}{N}\sum_{i=0}^{N-1}\frac{\boldsymbol{\varphi}(t+i)\boldsymbol{\varphi}^{\mathrm{T}}(t+i)}{1+\|\boldsymbol{\varphi}(t+i)\|^{2}}\Big|\mathcal{F}_{t-1}\right]\geqslant\alpha\boldsymbol{I},\ \text{a.s.},$$

其中 $\mathcal{F}_t$ 是由直到 t 时刻的观测数据生成的 σ 代数. 其他激励条件也可以数学期望形式或条件数学期望形式给出, 这里不一一讨论.

3.6 参数估计性质及分析工具

对于递推辨识算法和迭代辨识算法, 期望随着递推变量 t 或迭代变量 k 的增加, 参数估计不断接近系统的真实参数. 参数估计的这种行为称为收敛性. 参数估计的收敛性也指参数辨识方法的收敛性, 或参数估计算法的收敛性, 简称估计算法收敛性或辨识算法的收敛性.

3.6.1 参数估计的统计性质

所谓参数估计的 **收敛性** (convergence) 是指: 当数据量趋于无穷大 (即 $t \to \infty$) 时参数估计的行为, 或参数估计 $\hat{\boldsymbol{\theta}}(t)$ 是否趋于真参数, 或接近真参数向量 $\boldsymbol{\theta}$ 的程度. 设 $\boldsymbol{\theta}$ 是未知参数向量 (矩阵), $\hat{\boldsymbol{\theta}}(t)$ 是 $\boldsymbol{\theta}$ 在时刻 t 的估计, $\tilde{\boldsymbol{\theta}}(t) := \hat{\boldsymbol{\theta}}(t) - \boldsymbol{\theta}$ 是 **参数估计误差** (parameter estimation error) 向量 (矩阵). 参数估计接近真参数的程度可用无偏性、渐近无偏性、一致收敛性、有界收敛性等来描述.

1. **无偏性** (unbiasedness)

对所有的 t, 如果参数估计 $\{\hat{\boldsymbol{\theta}}(t)\}$ 的期望都等于真参数 $\boldsymbol{\theta}$, 即

$$\mathrm{E}[\hat{\boldsymbol{\theta}}(t)] = \boldsymbol{\theta}, \text{ 或 } \mathrm{E}[\hat{\boldsymbol{\theta}}(t) - \boldsymbol{\theta}] = \mathbf{0}, \ t = 1, 2, 3, \cdots$$

就称参数估计是 **无偏估计** (unbiased estimate), 或称参数估计是**无偏的** (unbiased).

2. **渐近无偏性**

当 $t \to \infty$ 时, 如果参数估计 $\hat{\boldsymbol{\theta}}(t)$ 的期望都等于真参数 $\boldsymbol{\theta}$, 即

$$\lim_{t\to\infty} \mathrm{E}[\hat{\boldsymbol{\theta}}(t)] = \boldsymbol{\theta},$$

就说参数估计是渐近无偏的 (asymptotically unbiased).

3. **一致性** (consistency)

对于任意给 $\varepsilon > 0$, 当 $t \to \infty$ 时, 如果 $\|\hat{\boldsymbol{\theta}}(t) - \boldsymbol{\theta}\| < \varepsilon$ 的概率 P 趋于 1, 即

$$\lim_{t\to\infty} P(\|\hat{\boldsymbol{\theta}}(t) - \boldsymbol{\theta}\| < \varepsilon) = 1,$$

就称 $\hat{\boldsymbol{\theta}}(t)$ 是 **一致估计** (consistent estimate), 或称 $\hat{\boldsymbol{\theta}}(t)$**依概率 1** (with probability one, wp1) 或 **几乎必然** (almost surely, a.s.) 收敛于真参数 $\boldsymbol{\theta}$, 记作

$$\lim_{t\to\infty} \hat{\boldsymbol{\theta}}(t) = \boldsymbol{\theta}, \quad \text{wp1},$$

或

$$\lim_{t\to\infty} \hat{\boldsymbol{\theta}}(t) = \boldsymbol{\theta}, \quad \text{a.s.}$$

上式等价于

$$\begin{cases} \lim\limits_{t\to\infty} \mathrm{E}[\hat{\boldsymbol{\theta}}(t)] = \boldsymbol{\theta}, \\ \lim\limits_{t\to\infty} \mathrm{var}[\hat{\boldsymbol{\theta}}(t) - \boldsymbol{\theta}] = \mathbf{0}. \end{cases}$$

4. **均方收敛性** (mean square convergence)

当 $t\to\infty$ 时, 如果参数估计 $\{\hat{\boldsymbol{\theta}}(t)\}$ 满足

$$\lim_{t\to\infty}\mathrm{E}\{[\hat{\boldsymbol{\theta}}(t)-\boldsymbol{\theta}]^{\mathrm{T}}[\hat{\boldsymbol{\theta}}(t)-\boldsymbol{\theta}]\}=0,$$

或

$$\lim_{t\to\infty}\mathrm{E}[\|\hat{\boldsymbol{\theta}}(t)-\boldsymbol{\theta}\|^2]=0,$$

就称 $\hat{\boldsymbol{\theta}}(t)$ 均方收敛于真参数 $\boldsymbol{\theta}$, 或称 $\hat{\boldsymbol{\theta}}(t)$ 是 **均方** (mean square, m.s.) 收敛的, 记作

$$\lim_{t\to\infty}\hat{\boldsymbol{\theta}}(t)=\boldsymbol{\theta},\ \ \text{m.s.}$$

概率论中均方收敛不一定依概率 1 收敛; 依概率 1 收敛也不一定 **均方收敛**.

5. **有效性** (effectiveness)

设 $\{\hat{\boldsymbol{\theta}}(t)\}$ 是无偏随机估计序列, 且有 $\mathrm{E}\{[\hat{\boldsymbol{\theta}}(t)-\boldsymbol{\theta}][\hat{\boldsymbol{\theta}}(t)-\boldsymbol{\theta}]^{\mathrm{T}}\}$ 各元素达到最小值, 则 $\hat{\boldsymbol{\theta}}(t)$ 称为有效估计值. 更详细地说, 有效估计值的偏差 $\tilde{\boldsymbol{\theta}}(t):=\hat{\boldsymbol{\theta}}(t)-\boldsymbol{\theta}$ 的协方差阵达到 Cramér-Rao 不等式下界.

严格地说任何估计都不会达到 Cramér-Rao 不等式的下界, 都是无效的. 本书作者认为, 参数估计误差上界小于可以容忍的值, 就认为参数估计是有效的. 因为真参数 $\boldsymbol{\theta}$ 是未知的, 是要估计的, 即使得到 $\boldsymbol{\theta}$ 的估计 $\hat{\boldsymbol{\theta}}(t)$, 也难以得到参数估计误差 $\tilde{\boldsymbol{\theta}}(t):=\hat{\boldsymbol{\theta}}(t)-\boldsymbol{\theta}$ 的值 [参数估计误差 $\tilde{\boldsymbol{\theta}}(t)$ 只是在仿真中使用的一个评价指标, 实际系统的参数估计误差不可能知道的], 所以通常使用参数估计误差上界来衡量估计精度.

收敛性是参数估计理论的一个重要内容. 当估计值的数学期望等于参数真值时, 参数估计就是无偏估计. 当估计值是数据的线性函数时, 参数估计就是线性估计. 当估计值的均方差最小时, 参数估计为一致最小均方误差估计; 若线性估计又是一致最小均方误差估计, 则称为最优线性无偏估计; 如果无偏估计值的方差达到 Cramér-Rao (克拉默 - 尧) 不等式的下界, 则称为有效估计值; 若以概率 1 收敛于真参数, 就称为一致性估计值. 在一定条件下, 最小二乘估计是最优线性无偏估计, 它的估计值是有效估计, 而且是一致性估计.

3.6.2 Cramér-Rao 不等式

Cramér-Rao 不等式 (Cramér-Rao inequality) 给出了概率意义下和有限数据长度时, 时不变系统参数估计误差协方差的下界公式. 随着数据长度增加, 这个下界趋于零. 有效估计值要求 $\mathrm{E}[\hat{\boldsymbol{\theta}}(t)]=\boldsymbol{\theta}$, 且协方差矩阵 $\mathrm{var}[\hat{\boldsymbol{\theta}}(t)-\boldsymbol{\theta}]$ 各元素为最小. Cramèr-Rao 给出了这个下界公式.

定理 3.6.1 [146] **(Cramér-Rao 不等式)** 考虑一个随机向量 $\boldsymbol{y}$, 它在参数 $\boldsymbol{\theta}$ 条件下的条件概率密度函数记作 $p(\boldsymbol{y}|\boldsymbol{\theta})$. 在一定的正则条件下, 参数 $\boldsymbol{\theta}$ 的任何无偏估计值 $\hat{\boldsymbol{\theta}}$ 都将满足下列不等式,

$$\mathrm{cov}[\tilde{\boldsymbol{\theta}}]=\mathrm{E}\{[\hat{\boldsymbol{\theta}}(t)-\boldsymbol{\theta}][\hat{\boldsymbol{\theta}}(t)-\boldsymbol{\theta}]^{\mathrm{T}}\}\geqslant\boldsymbol{M}^{-1},$$

其中 $\boldsymbol{M}$ 为 Fisher 信息矩阵, 定义为

$$\boldsymbol{M}=\mathrm{E}_{y|\theta}\left\{\left[\frac{\partial\ln p(\boldsymbol{y}|\boldsymbol{\theta})}{\partial\boldsymbol{\theta}}\right]\left[\frac{\partial\ln p(\boldsymbol{y}|\theta)}{\partial\boldsymbol{\theta}}\right]^{\mathrm{T}}\right\}.$$

定理的证明参考文献 [146]. 这个定理即为著名的 Cramér-Rao 不等式. 它表明估计值偏差的方差不能小于 Fisher 信息矩阵逆的对角元素.

Cramér-Rao 不等式 给出了时不变系统 **参数估计误差协方差阵** 下界的估算公式[147]:

$$\mathrm{E}[\tilde{\boldsymbol{\theta}}(t)\tilde{\boldsymbol{\theta}}^{\mathrm{T}}(t)]\geqslant\boldsymbol{M}^{-1}.$$

不幸的是, 人们无法通过计算得到估计误差协方差阵的下界, 因为计算 **Fisher 信息矩阵** (Fisher information matrix) $\boldsymbol{M}$ 需要系统真参数的知识, 所以 Cramér-Rao 不等式只有抽象的理论意义. 分析说明: 对于时不变随机系统的最小二乘算法, 当 $t\to\infty$ 时, 估计误差 (协方差阵) (下界) 趋于零, 即 $\boldsymbol{M}\to\infty$, 所以 Cramér-Rao 的估计误差协方差阵下界的实际用处不大. **参数估计误差上界** 比下界重要, 因为上界可以衡量参数估计精度.

对于时变系统, 如果参数变化规律未知, 任何辨识算法给出的参数估计都不可能收敛于真参数, 即时变参数估计不存在一致收敛性[148, 149]. 因此, 为了评价时变参数估计精度, 作者引入了有界收敛性这一重要概念. 有界收敛性强调参数估计误差上界的估算.

3.6.3 实用有界收敛性

当参数估计几乎必然收敛于真参数就说参数估计是一致收敛的. 如果参数估计不能收敛到真参数, 即当 $t\to\infty$ 时, 参数估计误差 $\tilde{\boldsymbol{\theta}}(t):=\hat{\boldsymbol{\theta}}(t)-\boldsymbol{\theta}$ 不为零. 算法增益不趋于零的 (时变) 参数估计算法的参数估计不可能收敛于真参数. 如果参数估计误差不趋于零, 我们期望这个误差越小越好, 因为参数估计误差是衡量参数估计精度的重要指标. 但是, 由于真参数向量 $\boldsymbol{\theta}$ 是未知的, 所以在实际中, 即使获得参数估计 $\hat{\boldsymbol{\theta}}(t)$, 也无法通过计算得到参数估计误差 $\tilde{\boldsymbol{\theta}}(t)=\hat{\boldsymbol{\theta}}(t)-\boldsymbol{\theta}$. 为此, 我们引入了 **参数估计误差上界** (parameter estimation error upper bound) 的重要概念, 并且期望这个误差上界越小越好. 参数估计误差上界可以间接说明参数估计精度.

研究参数估计算法的性能时, 须区别下列三种收敛性[150]:

(1) **一致收敛性** (consistent convergence):

$$\lim_{t\to\infty}\hat{\boldsymbol{\theta}}(t)=\boldsymbol{\theta},\ \text{a.s. (m.s.)}$$

(2) **有界收敛性** (bounded convergence):

$$\mathrm{E}[\|\hat{\boldsymbol{\theta}}(t)-\boldsymbol{\theta}\|^2]\leqslant f(t)\leqslant\varepsilon<\infty,\ \text{或}\ \|\hat{\boldsymbol{\theta}}(t)-\boldsymbol{\theta}\|^2\leqslant f(t)\leqslant\varepsilon<\infty,\ \text{a.s. (工程上)}.$$

(3) **一般收敛性** (general convergence):

$$\limsup_{t\to\infty}\mathrm{E}[\|\hat{\boldsymbol{\theta}}(t)-\boldsymbol{\theta}\|^2]<\infty,\ \text{或}\ \|\hat{\boldsymbol{\theta}}(t)-\boldsymbol{\theta}\|^2<\infty,\ \text{a.s. (理论上)}.$$

一致收敛性固然重要, 但它只描述了参数估计误差的极限行为 (limit behavior). 对于有限数据点 (实际中只能得到有限数据), 一致收敛性不能给出有关估计误差 $\tilde{\boldsymbol{\theta}}(t)$ 的任何动态信息. 例如, 假设参数估计误差 $\tilde{\boldsymbol{\theta}}(t)$ 以 $1/\sqrt{t}$ 速率收敛于零, 即

$$\|\tilde{\boldsymbol{\theta}}(t)\|^2=O(1/t)\to 0,\ \text{a.s.,}\quad\text{as}\ \ t\to\infty.$$

这里 $f(t)=O(g(t))$ 表示存在未知常数 C 和充分大 t 使得 $f(t)\leqslant Cg(t)$. 于是有

$$\|\tilde{\boldsymbol{\theta}}(t)\|^2\leqslant\frac{C}{t}\to 0.$$

虽然知道这个参数估计误差趋近于零, 但对于某个有限的 t, 不知道估计误差有多大, 因为 C 是未知的, 也许 C 很大, 如 $C=20110607012036$, 对于数据长度 $t=2011$, 这个误差上界还是令人难以接受的. 所以人们更感兴趣知道参数估计误差的上界, 即参数估计的有界收敛性; 或者人们在证明参数估计一致收敛性的同时, 应力求找到误差上界, 即应找出或估计出上式中的 C 值, 这样对于给定的数据长度 $t=L$, 就可以计算出误差上界.

对于 **有界收敛性**, 如果一个算法的误差上界 ε 值较小 (如 $\varepsilon=10^{-3}$), 那么这个算法参数估计精度较高, 算法也有较大应用价值; 反之, ε 值较大 (如 $\varepsilon=10^3$), 就没有太大的应用价值. 有界收敛性是针对实际应用提出的, 具有较大的工程意义. 假如证明了某个算法的参数估计误差上界满足

$$\mathrm{E}[\|\tilde{\boldsymbol{\theta}}(t)\|^2]\leqslant f(t)=\frac{1963.0309}{t^2}+\frac{1990.0223}{t}. \tag{3.6.1}$$

这是一个有界收敛性结果, 它也是一个一致收敛性结果, 因为当 $t\to\infty$ 时, $f(t)\to 0$. 上式提供了一个计算参数估计误差上界的公式, 是十分有用的, 它同时提供了下面这个有趣问题的答案:

- 对于给定的小数 $\varepsilon>0$ 和一个辨识算法, 需要多大的数据量 (即数据长度 $t=L$ 为多大时), 才能保证参数估计误差 (上界) 小于 ε?

如果估计误差收敛于零, 期望找出类似式 (3.6.1) 参数估计误差上界. 研究参数估计的有界性或有界收敛性, 不仅要找到误差上界, 而且要研究如何减少这个误差上界.

在理论分析中, 如果难以得到有界收敛性的结论, 就只能降格以求, 来分析算法的 **一般收敛性**. 一般收敛性表明: 存在常数 C 使得

$$\|\tilde{\boldsymbol{\theta}}(t)\|^2\leqslant C<\infty.$$

通常这个 C 是未知的. 如果能找到这个 C 值, 就变成了有界收敛性问题.

3.6.4 收敛性分析的基本工具

随机过程理论和随机鞅理论是研究递推辨识方法收敛性的主要分析工具. **鞅收敛定理** (martingale convergence theorem) 相当于李雅普诺夫稳定性定理在随机系统中的推广, 它主要用来研究时不变参数系统辨识算法参数估计的一致收敛性, 适用于一些增益趋于零的算法, 例如递推最小二乘算法、随机梯度算法、递推增广最小二乘算法、增广随机梯度算法、多新息随机梯度算法、多新息最小二乘算法、辅助模型最小二乘算法和辅助模型随机梯度算法、递阶随机梯度辨识方法等, 不适用于增益向量不趋于零的遗忘因子最小二乘算法、有限数据窗最小二乘算法、投影算法等. 由于时变参数估计算法不存在一致收敛性, 故鞅收敛定理不适用时变系统参数估计算法. 为此, 本书作者建立了研究时变系统参数估计方法有界收敛性的 **鞅超收敛定理** (martingale hyperconvergence theorem), 为时变系统自适应辨识和控制算法的稳定性和收敛性分析开辟了新思路.

定理 3.6.2 (Frechet 定理) 设 $\{\boldsymbol{x}(t)\}$ 是依概率 1 收敛于 $\boldsymbol{x}_0$ 的随机向量序列, $f(\cdot)$ 为连续标量函数. 则下列概率极限成立,

$$f(\boldsymbol{x}(t)) \to f(\boldsymbol{x}_0), \quad \text{wp1, for} \quad t \to \infty,$$

或写成

$$\lim_{t\to\infty} f(\boldsymbol{x}(t)) = f(\boldsymbol{x}_0), \ \text{wp1}.$$

定理 3.6.3 (极限定理) 设矩阵 $\boldsymbol{A}_t$ 和 $\boldsymbol{B}_t$ 存在概率极限, 且其维数不随 t 的增加而变化, 应用 Frechet 定理, 可得

$$\begin{aligned}&\lim_{t\to\infty}(\boldsymbol{A}_t\boldsymbol{B}_t) = (\lim_{t\to\infty}\boldsymbol{A}_t)(\lim_{t\to\infty}\boldsymbol{B}_t),\\&\lim_{t\to\infty}(\boldsymbol{A}_t^{-1}) = (\lim_{t\to\infty}\boldsymbol{A}_t)^{-1}.\end{aligned}$$

定理 3.6.4 (鞅收敛定理)[60] 设 $\{T(t)\}$, $\{f(t)\}$, $\{g(t)\}$ 均为非负随机变量序列, 它们关于 σ 代数 $\mathcal{F}_t$ 是可测的 (或适应的), 且使得下式成立,

$$\mathrm{E}[T(t+1)|\mathcal{F}_t] \leqslant T(t) - f(t) + g(t).$$

若 $\sum\limits_{t=1}^{\infty} g(t) < \infty$, a.s., 则 $T(t)$ 几乎确定地收敛于一有限的随机变量 T_0, 即 $T(t) \to T_0 < \infty$, a.s., 且 $\sum\limits_{t=1}^{\infty} f(t) < \infty$, a.s.

在辨识算法的收敛性研究中, 通常 $T(t)$ 是参数估计误差的非负定函数, 通过 $T(t)$ 和 $f(t)$ 的收敛性和持续激励条件等来确定参数估计误差是否收敛于零; $f(t)$ 和 $g(t)$ 一般是参数估计误差和系统输入输出数据的函数; $\mathcal{F}_t$ 是直到时刻 t 系统输入输出数据集或是由直到时刻 t 输入输出数据生成的 σ 代数. 利用鞅收敛定理研究时不变系统参数辨识算法的收敛性, 可参见文献 [23], [27], [29], [34], [44], [49], [151].

对于确定序列情形, 鞅收敛定理退化为下列定理.

定理 3.6.5 (鞅收敛定理确定性情形)[47] 设 $\{T(t)\}$, $\{f(t)\}$, $\{g(t)\}$ 均为非负序列, 且满足下列不等式,

$$T(t+1) \leqslant T(t) - f(t) + g(t).$$

若 $\sum\limits_{t=1}^{\infty} g(t) < \infty$, 则 $T(t)$ 收敛于一有限常数 T_0, 即 $T(t) \to T_0$, 且 $\sum\limits_{t=1}^{\infty} f(t) < \infty$.

笔者利用这个定理证明了稀少数据量测系统的辅助模型多新息随机梯度辨识算法的均方收敛性[47].

定理 3.6.6 (鞅超收敛定理)[49, 150, 152] 考虑非负定函数 $T(t) := T[\boldsymbol{x}(t)]$ 和集

$$R_t := [\boldsymbol{x}(t): \ g[\boldsymbol{x}(t)] \leqslant \eta_t < \infty, \ \text{a.s.}],$$

若对于 $\boldsymbol{x}(t) \in \mathbb{R}_t^c$ 有下式成立 (R_t^c 是 R_t 的补集),

$$\mathrm{E}[T(t)|\mathcal{F}_{t-1}]-T(t-1)=:\Delta T(t)\leqslant -b(t),\ \text{a.s.},\ \text{对于}\ \boldsymbol{x}(t)\in R_t^c, \tag{3.6.2}$$

其中 $g(\boldsymbol{x})=(\boldsymbol{a}^{\mathrm{T}}\boldsymbol{x})^2$ 称为收敛变量, $\boldsymbol{a}$ 是一个非零的时变或时不变向量, $\eta_t\geqslant 0$ 是一个非降有界随机变量 (即 $R_t\subset R_{t+1}$), $b(t)$ 是一个随机变量, $(\boldsymbol{x}(t),\mathcal{F}_t)$ 是一个适应序列. 如果 $\boldsymbol{x}(t)\in R_t^c$ 时, $\sum\limits_{t=t_0}^{\infty}b(t)=\infty$, a.s.$(t_0<\infty)$, 则对于充分大 t, 有 $\boldsymbol{x}(t)\in R_t$, a.s. 成立, 或 $\lim\limits_{t\to\infty}\boldsymbol{x}(t)\in R_{\infty}$, a.s..

对于时变参数估计算法, 首先构造一个参数估计误差 $\boldsymbol{x}(t)$ 的非负定函数 $T(t)$, 然后导出不等式 (3.6.2), 找出变量 $b(t)$ 满足条件时的集 R_t, 最后利用强持续激励条件和一些基本不等式关系, 推导出参数估计误差 $\boldsymbol{x}(t)$ 的上界. 由于鞅超收敛定理可以给出参数估计误差的上界, 这对评价参数估计精度, 提高算法的实际应用效果具有重要意义.

鞅超收敛定理是研究时变随机系统辨识算法和自适应控制算法收敛性的有效工具. 鞅超收敛定理的提出和运用鞅超收敛定理的时变参数估计误差有界性一系列研究成果, 建立了时变系统参数估计误差界分析理论体系[49,13.4,150~153]

3.7 最小二乘辨识方法及其收敛定理

最小二乘辨识方法与线性回归模型和伪线性回归模型密切相关. 最小二乘方法是研究线性参数系统的最有效方法. 本节介绍线性回归模型的递推最小二乘辨识算法.

3.7.1 线性回归模型与伪线性回归模型

线性回归模型和伪线性回归模型属于 **线性参数系统** (linear parameter system). 笔者将线性参数系统辨识模型分为四类: ① **线性回归模型**(linear regression model); ② **伪线性回归模型** I; ③ **伪线性回归模型** II; ④ **伪线性回归模型**III. 后三类统称为 **伪线性回归模型** (pseudo-linear regression model). 这四类模型都是 **线性参数模型** (参见 1.3.1 节的定义), 可以是线性系统, 可以是多变量系统, 也可以是线性参数的非线性 (多变量) 系统.

线性回归模型与伪线性回归模型描述的系统输出都是参数空间的线性函数. 线性回归模型的信息向量的各元都是可测的, 不涉及未知噪声项 (如 CAR 系统); 伪线性回归模型 I 的信息向量中只涉及未知白噪声项 (如 CARMA 系统); 伪线性回归模型 II 的信息向量中只涉及未知真实输出项 (如输出误差系统); 不能归于前三类的列为伪线性回归模型III, 即把信息向量涉及真实输出项 $x(t-i)$ 和 (或) 未知白噪声项 $v(t-i)$, 和 (或) 其他相关噪声项 $w(t-i)$ 的模型都归结为 **伪线性回归模型**III.

线性回归模型 与 **伪线性回归模型** 的区别在于: 信息向量 $\boldsymbol{\varphi}(t)$ 是可测的, 就是线性回归模型; 信息向量 $\boldsymbol{\varphi}(t)$ 包含未知真实输出项和 (或) 不可测噪声项, 就是伪线性回归模型.

值得指出的是: 线性回归模型和伪线性回归模型是指系统输出或其他变量是参数的线性函数, 与系统是否是线性无关. 因此, 线性回归模型和伪线性回归模型描述的系统可以线性控制系统, 也可以是非线性控制系统. 例如, 非线性系统 (3.4.10) 可以写为线性回归模型 (3.4.11), 因此下面讨论的递推最小二乘辨识算法和随机梯度辨识算法的收敛结论, 对非线性系统 (3.4.10) 也成立. 动态系统的 CAR 模型 $[A(z)y(t)=B(z)u(t)+v(t)]$, AR 模型 $[A(z)y(t)=$

$v(t)$] 和 FIR 模型 [$y(t)=B(z)u(t)+v(t)$] 属于线性回归模型, 但线性回归模型不限于这些模型. 式 (3.4.1) 也是一个线性回归模型.

3.7.2　递推最小二乘算法

考虑 **线性回归模型**,

$$y(t)=\boldsymbol{\varphi}^{\mathrm{T}}(t)\boldsymbol{\theta}+v(t), \tag{3.7.1}$$

其中 $\{y(t)\}$ 是观测输出序列, $\{v(t)\}$ 是零均值不相关随机噪声序列, $\boldsymbol{\varphi}(t)\in\mathbb{R}^n$ 是观测数据构成的可测信息向量, $\boldsymbol{\theta}\in\mathbb{R}^n$ 是要估计的参数向量.

最小二乘算法是辨识线性回归模型 (3.7.1) 的最有效方法. 线性系统的 CAR 模型, AR 模型和 FIR 模型可以写为这种形式.

1. **CAR 模型的线性回归表示** (linear regression representation of CAR models)

考虑如图 3.7.1 所示的 CAR 系统, 或 **CAR 模型** (或称 **ARX 模型**, 或 **方程误差模型**),

$$A(z)y(t)=B(z)u(t)+v(t), \tag{3.7.2}$$

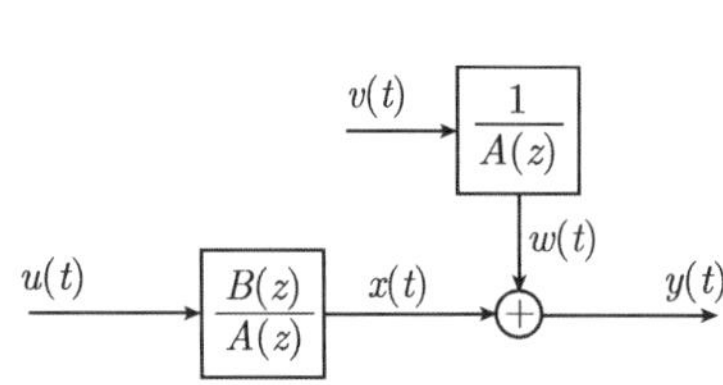

图 3.7.1　CAR 模型描述的系统结构

其中 $\{u(t)\}$ 和 $\{y(t)\}$ 分别是系统的输入和输出序列, $\{v(t)\}$ 是零均值方差为 σ^2 的随机白噪声序列, z^{-1} 为单位后移算子 [$z^{-1}y(t)=y(t-1)$, $zy(t)=y(t+1)$], $A(z)$ 和 $B(z)$ 是单位后移算子 z^{-1} 的常系数时不变多项式:

$$A(z):=1+a_1z^{-1}+a_2z^{-2}+\cdots+a_{n_a}z^{-n_a},$$
$$B(z):=b_1z^{-1}+b_2z^{-2}+\cdots+b_{n_b}z^{-n_b}.$$

设阶次 n_a 和 n_b 已知, 记 $n:=n_a+n_b$, 且 $t\leqslant 0$ 时, $y(t)=0$, $u(t)=0$, $v(t)=0$.

定义 **参数向量**

$$\boldsymbol{\theta}:=[a_1,a_2,\cdots,a_{n_a},b_1,b_2,\cdots,b_{n_b}]^{\mathrm{T}}\in\mathbb{R}^n,$$

和 **信息向量**

$$\boldsymbol{\varphi}(t):=[-y(t-1),-y(t-2),\cdots,-y(t-n_a),u(t-1),u(t-2),\cdots,u(t-n_b)]^{\mathrm{T}}\in\mathbb{R}^n.$$

将多项式 $A(z)$ 和 $B(z)$ 的表达式代入式 (3.7.2) 可得

$$(1+a_1z^{-1}+a_2z^{-2}+\cdots+a_{n_a}z^{-n_a})y(t)=(b_1z^{-1}+b_2z^{-2}+\cdots+b_{n_b}z^{-n_b})u(t)+v(t),$$

利用移位算子的性质, 上式可以写为

$$\begin{aligned}&y(t)+a_1y(t-1)+a_2y(t-2)+\cdots+a_{n_a}y(t-n_a)\\&\quad=b_1u(t-1)+b_2u(t-2)+\cdots+b_{n_b}u(t-n_b)+v(t).\end{aligned}$$

移项, 并写成向量形式可得

$$y(t)=-a_1y(t-1)-a_2y(t-2)-\cdots-a_{n_a}y(t-n_a)$$

$$
\begin{aligned}
&+b_1u(t-1)+b_2u(t-2)+\cdots+b_{n_b}u(t-n_b)+v(t)\\
=&[-y(t-1),-y(t-2),\cdots,-y(t-n_a),\\
&u(t-1),u(t-2),\cdots,u(t-n_b)]\begin{bmatrix}a_1\\a_2\\\vdots\\a_{n_a}\\b_1\\b_2\\\vdots\\b_{n_b}\end{bmatrix}+v(t).
\end{aligned}
$$

参照 $\boldsymbol{\theta}$ 和 $\boldsymbol{\varphi}(t)$ 的定义, 上式可写为形如式 (3.7.1) 的 **辨识模型** 或 **辨识表达式**.

2. **最小二乘估计**

当 $t=1,2,\cdots,t$ 时, 从式 (3.7.1) 可以得到 t 个方程式 (这里 t 可认为是数据长度, $t\gg n$),

$$
\begin{cases}
y(1)=\boldsymbol{\varphi}^{\mathrm{T}}(1)\boldsymbol{\theta}+v(1),\\
y(2)=\boldsymbol{\varphi}^{\mathrm{T}}(2)\boldsymbol{\theta}+v(2),\\
\qquad\vdots\\
y(t)=\boldsymbol{\varphi}^{\mathrm{T}}(t)\boldsymbol{\theta}+v(t).
\end{cases}
$$

把它们写成矩阵形式为

$$
\begin{bmatrix}y(1)\\y(2)\\\vdots\\y(t)\end{bmatrix}=\begin{bmatrix}\boldsymbol{\varphi}^{\mathrm{T}}(1)\\\boldsymbol{\varphi}^{\mathrm{T}}(2)\\\vdots\\\boldsymbol{\varphi}^{\mathrm{T}}(t)\end{bmatrix}\boldsymbol{\theta}+\begin{bmatrix}v(1)\\v(2)\\\vdots\\v(t)\end{bmatrix}.
$$

上式也可简单写作

$$
\boldsymbol{Y}_t=\boldsymbol{H}_t\boldsymbol{\theta}+\boldsymbol{V}_t, \tag{3.7.3}
$$

式中

$$
\boldsymbol{Y}_t:=\begin{bmatrix}y(1)\\y(2)\\\vdots\\y(t)\end{bmatrix}\in\mathbb{R}^t,\quad \boldsymbol{H}_t:=\begin{bmatrix}\boldsymbol{\varphi}^{\mathrm{T}}(1)\\\boldsymbol{\varphi}^{\mathrm{T}}(2)\\\vdots\\\boldsymbol{\varphi}^{\mathrm{T}}(t)\end{bmatrix}\in\mathbb{R}^{t\times n},\quad \boldsymbol{V}_t:=\begin{bmatrix}v(1)\\v(2)\\\vdots\\v(t)\end{bmatrix}\in\mathbb{R}^t.
$$

辨识模型 (3.7.1) 和 (3.7.3) 与 3.3.4 节式 (3.3.13) 和 (3.3.15) 形式一样, 根据 **最小二乘辨识原理**, 定义 **二次准则函数**:

$$
J(\boldsymbol{\theta}):=\boldsymbol{V}_t^{\mathrm{T}}\boldsymbol{V}_t=(\boldsymbol{Y}_t-\boldsymbol{H}_t\boldsymbol{\theta})^{\mathrm{T}}(\boldsymbol{Y}_t-\boldsymbol{H}_t\boldsymbol{\theta}) \tag{3.7.4}
$$

仿照 3.3.4 节的推导, 可得参数向量 $\boldsymbol{\theta}$ 的 **最小二乘估计**:

$$
\hat{\boldsymbol{\theta}}_{\mathrm{LS}}(t)=(\boldsymbol{H}_t^{\mathrm{T}}\boldsymbol{H}_t)^{-1}\boldsymbol{H}_t^{\mathrm{T}}\boldsymbol{Y}_t. \tag{3.7.5}
$$

同样, 在递推算法中参数估计记作 $\hat{\boldsymbol{\theta}}(t)$. 将 $\boldsymbol{H}_t$ 和 $\boldsymbol{Y}_t$ 的定义式代入上式, 展开可得

$$\hat{\boldsymbol{\theta}}(t)=(\boldsymbol{H}_t^{\mathrm{T}}\boldsymbol{H}_t)^{-1}\boldsymbol{H}_t^{\mathrm{T}}\boldsymbol{Y}_t \tag{3.7.6}$$

$$=\left[\sum_{j=1}^{t}\boldsymbol{\varphi}(j)\boldsymbol{\varphi}^{\mathrm{T}}(j)\right]^{-1}\left[\sum_{j=1}^{t}\boldsymbol{\varphi}(j)y(j)\right]. \tag{3.7.7}$$

对于 CAR 模型 (3.7.2), 准则函数 (3.7.4) 也可以等价写成

$$J(\boldsymbol{\theta})=\boldsymbol{V}_t^{\mathrm{T}}\boldsymbol{V}_t=\sum_{j=1}^{t}v^2(j)=\sum_{j=1}^{t}[A(z)y(j)-B(z)u(j)]^2. \tag{3.7.8}$$

对于线性回归模型 (3.7.1), 如果 $\{v(t)\}$ 是零均值方差为 $\mathrm{E}[v^2(t)]=\sigma^2$ 的随机白噪声序列, 输入 $\{u(t)\}$ 是一个确定性序列, 或 $\{u(t)\}$ 是与 $\{v(t)\}$ 不相关的随机序列, 那么 3.3.4 节的 4 个定理成立. 在这样的假设下, 对于 CAR 模型 (3.7.2), 如果 $\boldsymbol{V}_t$ 是白噪声向量, 则 $\boldsymbol{V}_t$ 与 $\boldsymbol{H}_t$ 一定是 **统计独立的** (statistically independent). 事实上, 从信息向量的构成可知, $\boldsymbol{\varphi}(j)$ 不包含 $v(j)$, 因此有

$$\mathrm{E}[\boldsymbol{H}_t^{\mathrm{T}}\boldsymbol{V}_t]=\mathrm{E}\left[\sum_{j=1}^{t}\boldsymbol{\varphi}(j)v(j)\right]=\sum_{j=1}^{t}\mathrm{E}\begin{bmatrix}-y(j-1)v(j)\\ \vdots\\ -y(j-n_a)v(j)\\ u(j-1)v(j)\\ \vdots\\ u(j-n_b)v(j)\end{bmatrix}=\mathbf{0}.$$

3. **最小二乘算法** (least squares algorithm)

下面介绍一个很有用的矩阵求逆引理 (matrix inversion lemma).

引理 3.7.1 (矩阵求逆引理) 设 $\boldsymbol{A}\in\mathbb{R}^{n\times n}$, $\boldsymbol{B}\in\mathbb{R}^{n\times r}$, $\boldsymbol{C}\in\mathbb{R}^{r\times n}$, 假设矩阵 $\boldsymbol{A}$ 和 $(\boldsymbol{I}+\boldsymbol{C}\boldsymbol{A}^{-1}\boldsymbol{B})$ 可逆, 则下列等式成立,

$$(\boldsymbol{A}+\boldsymbol{B}\boldsymbol{C})^{-1}=\boldsymbol{A}^{-1}-\boldsymbol{A}^{-1}\boldsymbol{B}(\boldsymbol{I}+\boldsymbol{C}\boldsymbol{A}^{-1}\boldsymbol{B})^{-1}\boldsymbol{C}\boldsymbol{A}^{-1}. \tag{3.7.9}$$

当采集到一批数据, 可用式 (3.7.5) 或式 (3.7.7) 计算最小二乘估计 $\hat{\boldsymbol{\theta}}(t)$. 这是一种计算最小二乘估计的 **离线辨识** 方法, 或称为最小二乘的 **一次完成算法** (direct algorithm). 对于每一个 t, 式 (3.7.7) 都要计算矩阵逆, 特别当 $\boldsymbol{\theta}$ 维数较大时, 其不足之处是计算量大, 也不适于在线辨识. 下面用递推方式来实现 (计算) 这个最小二乘估计. 值得指出的是, 与下面的递推最小二乘算法不同的是, 这里的递推不是参数估计算式的递推, 而是一些中间变量的递推计算.

定义协方差阵 $\boldsymbol{P}(t)$ 和向量 $\boldsymbol{\xi}(t)$ 如下,

$$\boldsymbol{P}^{-1}(t):=\sum_{j=1}^{t}\boldsymbol{\varphi}(j)\boldsymbol{\varphi}^{\mathrm{T}}(j)=\boldsymbol{P}^{-1}(t-1)+\boldsymbol{\varphi}(j)\boldsymbol{\varphi}^{\mathrm{T}}(j),\quad \boldsymbol{P}(0)=p_0\boldsymbol{I}_n>0, \tag{3.7.10}$$

$$\boldsymbol{\xi}(t):=\sum_{j=1}^{t}\boldsymbol{\varphi}(j)y(j)=\boldsymbol{\xi}(t-1)+\boldsymbol{\varphi}(t)y(t),\quad \boldsymbol{\xi}(0)=\mathbf{0}. \tag{3.7.11}$$

式 (3.7.7) 的最小二乘估计可以表示为

$$\hat{\boldsymbol{\theta}}(t)=\boldsymbol{P}(t)\boldsymbol{\xi}(t). \tag{3.7.12}$$

将矩阵求逆引理 3.7.1 应用到式 (3.7.10), 可得

$$\boldsymbol{P}(t)=\boldsymbol{P}(t-1)-\frac{\boldsymbol{P}(t-1)\boldsymbol{\varphi}(t)\boldsymbol{\varphi}^{\mathrm{T}}(t)\boldsymbol{P}(t-1)}{1+\boldsymbol{\varphi}^{\mathrm{T}}(t)\boldsymbol{P}(t-1)\boldsymbol{\varphi}(t)}. \tag{3.7.13}$$

式 (3.7.11)~(3.7.13) 构成了 **最小二乘算法** (Least Squares algorithm, **LS 算法**)[12]:

$$\hat{\boldsymbol{\theta}}(t)=\boldsymbol{P}(t)\boldsymbol{\xi}(t), \tag{3.7.14}$$

$$\boldsymbol{P}(t)=\boldsymbol{P}(t-1)-\frac{\boldsymbol{P}(t-1)\boldsymbol{\varphi}(t)\boldsymbol{\varphi}^{\mathrm{T}}(t)\boldsymbol{P}(t-1)}{1+\boldsymbol{\varphi}^{\mathrm{T}}(t)\boldsymbol{P}(t-1)\boldsymbol{\varphi}(t)},\quad \boldsymbol{P}(0)=p_0\boldsymbol{I}_n, \tag{3.7.15}$$

$$\boldsymbol{\xi}(t)=\boldsymbol{\xi}(t-1)+\boldsymbol{\varphi}(t)y(t),\ \boldsymbol{\xi}(0)=\mathbf{0}. \tag{3.7.16}$$

4. **递推最小二乘算法的推导** (derivation of the recursive least squares algorithm)

下面讨论式 (3.7.6) 的递推计算式, 即计算参数估计 $\hat{\boldsymbol{\theta}}(t)$ 的递推最小二乘算法. 与上面的最小二乘算法 (3.7.14)~(3.7.16) 不同的是, 这里的递推还包括参数估计的递推计算, 即时刻 t 的参数估计 $\hat{\boldsymbol{\theta}}(t)$ 等于前一时刻的参数估计 $\hat{\boldsymbol{\theta}}(t-1)$ 加上一校正项. 递推最小二乘算法可用于在线辨识系统的参数或实时估计系统的参数.

定义非降矩阵,

$$\begin{aligned}\boldsymbol{P}^{-1}(t)&:=\boldsymbol{H}_t^{\mathrm{T}}\boldsymbol{H}_t=\sum_{j=1}^{t}\boldsymbol{\varphi}(j)\boldsymbol{\varphi}^{\mathrm{T}}(j)\\&=\sum_{j=1}^{t-1}\boldsymbol{\varphi}(j)\boldsymbol{\varphi}^{\mathrm{T}}(j)+\boldsymbol{\varphi}(t)\boldsymbol{\varphi}^{\mathrm{T}}(t).\end{aligned} \tag{3.7.17}$$

进一步可写为递推计算式 (recursive computation formula),

$$\boldsymbol{P}^{-1}(t)=\boldsymbol{P}^{-1}(t-1)+\boldsymbol{\varphi}(t)\boldsymbol{\varphi}^{\mathrm{T}}(t),\quad \boldsymbol{P}(0)=p_0\boldsymbol{I}>0. \tag{3.7.18}$$

由此递推计算式可得

$$\begin{aligned}\boldsymbol{P}^{-1}(t)&=\boldsymbol{P}^{-1}(0)+\sum_{j=1}^{t}\boldsymbol{\varphi}(j)\boldsymbol{\varphi}^{\mathrm{T}}(j)\\&=\boldsymbol{P}^{-1}(0)+\boldsymbol{H}_t^{\mathrm{T}}\boldsymbol{H}_t.\end{aligned} \tag{3.7.19}$$

比较式 (3.7.18) 与式 (3.7.19) 可知, 初值应该取为 $\boldsymbol{P}^{-1}(0)=\mathbf{0}$, 实际中取为一个很小的正定阵, 即 $\boldsymbol{P}^{-1}(0)=\boldsymbol{I}/p_0$ 或 $\boldsymbol{P}(0)=p_0\boldsymbol{I}$, p_0 为一个大常数, 如 $p_0=10^6$.

根据 $\boldsymbol{Y}_t$ 和 $\boldsymbol{H}_t$ 的定义可知,

$$\boldsymbol{Y}_t:=\begin{bmatrix}y(1)\\y(2)\\\vdots\\y(t-1)\\\hline y(t)\end{bmatrix}=\begin{bmatrix}\boldsymbol{Y}_{t-1}\\y(t)\end{bmatrix}\in\mathbb{R}^t,\quad \boldsymbol{H}_t:=\begin{bmatrix}\boldsymbol{\varphi}^{\mathrm{T}}(1)\\\boldsymbol{\varphi}^{\mathrm{T}}(2)\\\vdots\\\boldsymbol{\varphi}^{\mathrm{T}}(t-1)\\\hline \boldsymbol{\varphi}^{\mathrm{T}}(t)\end{bmatrix}=\begin{bmatrix}\boldsymbol{H}_{t-1}\\\boldsymbol{\varphi}^{\mathrm{T}}(t)\end{bmatrix}\in\mathbb{R}^{t\times n}.$$

利用式 (3.7.18), 由式 (3.7.6) 可得

$$\begin{aligned}
\hat{\boldsymbol{\theta}}(t) &= (\boldsymbol{H}_t^{\mathrm{T}}\boldsymbol{H}_t)^{-1}\boldsymbol{H}_t^{\mathrm{T}}\boldsymbol{Y}_t = \boldsymbol{P}(t)\boldsymbol{H}_t^{\mathrm{T}}\boldsymbol{Y}_t \\
&= \boldsymbol{P}(t)\begin{bmatrix}\boldsymbol{H}_{t-1}\\ \boldsymbol{\varphi}^{\mathrm{T}}(t)\end{bmatrix}^{\mathrm{T}}\begin{bmatrix}\boldsymbol{Y}_{t-1}\\ y(t)\end{bmatrix} \\
&= \boldsymbol{P}(t)[\boldsymbol{H}_{t-1}^{\mathrm{T}}, \boldsymbol{\varphi}(t)]\begin{bmatrix}\boldsymbol{Y}_{t-1}\\ y(t)\end{bmatrix} \\
&= \boldsymbol{P}(t)[\boldsymbol{H}_{t-1}^{\mathrm{T}}\boldsymbol{Y}_{t-1} + \boldsymbol{\varphi}(t)y(t)] \\
&= \boldsymbol{P}(t)[\boldsymbol{P}^{-1}(t-1)\boldsymbol{P}(t-1)\boldsymbol{H}_{t-1}^{\mathrm{T}}\boldsymbol{Y}_{t-1} + \boldsymbol{\varphi}(t)y(t)] \\
&= \boldsymbol{P}(t)[\boldsymbol{P}^{-1}(t-1)\hat{\boldsymbol{\theta}}(t-1) + \boldsymbol{\varphi}(t)y(t)] \\
&= \boldsymbol{P}(t)[\boldsymbol{P}^{-1}(t) - \boldsymbol{\varphi}(t)\boldsymbol{\varphi}^{\mathrm{T}}(t)]\hat{\boldsymbol{\theta}}(t-1) + \boldsymbol{P}(t)\boldsymbol{\varphi}(t)y(t) \\
&= \hat{\boldsymbol{\theta}}(t-1) + \boldsymbol{P}(t)\boldsymbol{\varphi}(t)[y(t) - \boldsymbol{\varphi}^{\mathrm{T}}(t)\hat{\boldsymbol{\theta}}(t-1)]. \qquad (3.7.20)
\end{aligned}$$

联立式 (3.7.18) 和式 (3.7.20), 可得辨识系统 (3.7.1) 参数向量 $\boldsymbol{\theta}$ 的 **递推最小二乘算法** (Recursive Least Squares algorithm, **RLS 算法**):

$$\hat{\boldsymbol{\theta}}(t) = \hat{\boldsymbol{\theta}}(t-1) + \boldsymbol{P}(t)\boldsymbol{\varphi}(t)[y(t) - \boldsymbol{\varphi}^{\mathrm{T}}(t)\hat{\boldsymbol{\theta}}(t-1)], \qquad (3.7.21)$$

$$\boldsymbol{P}^{-1}(t) = \boldsymbol{P}^{-1}(t-1) + \boldsymbol{\varphi}(t)\boldsymbol{\varphi}^{\mathrm{T}}(t),\ \boldsymbol{P}(0) = p_0\boldsymbol{I} > 0. \qquad (3.7.22)$$

在分析递推最小二乘算法的收敛性时, 使用式 (3.7.21)、(3.7.22) 的形式更为方便. 在计算参数估计 $\hat{\boldsymbol{\theta}}(t)$ 时, 为避免参数估计误差 **协方差阵** (covariance matrix) $\boldsymbol{P}(t) \in \mathbb{R}^{n\times n}$ 的求逆运算, 通常运用矩阵求逆公式和引入增益向量 $\boldsymbol{L}(t) := \boldsymbol{P}(t)\boldsymbol{\varphi}(t) \in \mathbb{R}^{n\times n}$, 将算法 (3.7.21)、(3.7.22) 化为一种等价形式.

将 **矩阵求逆引理** 3.7.1 应用到式 (3.7.22), 可得

$$\boldsymbol{P}(t) = \boldsymbol{P}(t-1) - \frac{\boldsymbol{P}(t-1)\boldsymbol{\varphi}(t)\boldsymbol{\varphi}^{\mathrm{T}}(t)\boldsymbol{P}(t-1)}{1 + \boldsymbol{\varphi}^{\mathrm{T}}(t)\boldsymbol{P}(t-1)\boldsymbol{\varphi}(t)}. \qquad (3.7.23)$$

因此, 递推最小二乘算法 (3.7.21)、(3.7.22) 可等价表示为

$$\hat{\boldsymbol{\theta}}(t) = \hat{\boldsymbol{\theta}}(t-1) + \boldsymbol{P}(t)\boldsymbol{\varphi}(t)[y(t) - \boldsymbol{\varphi}^{\mathrm{T}}(t)\hat{\boldsymbol{\theta}}(t-1)], \qquad (3.7.24)$$

$$\boldsymbol{P}(t) = \boldsymbol{P}(t-1) - \frac{\boldsymbol{P}(t-1)\boldsymbol{\varphi}(t)\boldsymbol{\varphi}^{\mathrm{T}}(t)\boldsymbol{P}(t-1)}{1 + \boldsymbol{\varphi}^{\mathrm{T}}(t)\boldsymbol{P}(t-1)\boldsymbol{\varphi}(t)}, \quad \boldsymbol{P}(0) = p_0\boldsymbol{I}. \qquad (3.7.25)$$

式 (3.7.23) 两边右乘向量 $\varphi(t)$ 可得

$$\begin{aligned}
\boldsymbol{P}(t)\boldsymbol{\varphi}(t) &= \boldsymbol{P}(t-1)\boldsymbol{\varphi}(t) - \frac{\boldsymbol{P}(t-1)\boldsymbol{\varphi}(t)\boldsymbol{\varphi}^{\mathrm{T}}(t)\boldsymbol{P}(t-1)\boldsymbol{\varphi}(t)}{1 + \boldsymbol{\varphi}^{\mathrm{T}}(t)\boldsymbol{P}(t-1)\boldsymbol{\varphi}(t)} \\
&= \boldsymbol{P}(t-1)\boldsymbol{\varphi}(t)\left[1 - \frac{\boldsymbol{\varphi}^{\mathrm{T}}(t)\boldsymbol{P}(t-1)\boldsymbol{\varphi}(t)}{1 + \boldsymbol{\varphi}^{\mathrm{T}}(t)\boldsymbol{P}(t-1)\boldsymbol{\varphi}(t)}\right] \\
&= \frac{\boldsymbol{P}(t-1)\boldsymbol{\varphi}(t)}{1 + \boldsymbol{\varphi}^{\mathrm{T}}(t)\boldsymbol{P}(t-1)\boldsymbol{\varphi}(t)} = \boldsymbol{L}(t). \qquad (3.7.26)
\end{aligned}$$

借助于增益向量 $\boldsymbol{L}(t)$, 式 (3.7.23) 可以写为

$$\begin{aligned}
\boldsymbol{P}(t) &= \boldsymbol{P}(t-1) - \boldsymbol{L}(t)\boldsymbol{\varphi}^{\mathrm{T}}(t)\boldsymbol{P}(t-1) \\
&= [\boldsymbol{I} - \boldsymbol{L}(t)\boldsymbol{\varphi}^{\mathrm{T}}(t)]\boldsymbol{P}(t-1), \quad \boldsymbol{P}(0) = p_0\boldsymbol{I}.
\end{aligned}$$

因此, **递推最小二乘算法** (**RLS 算法**) 可表达为

$$\hat{\boldsymbol{\theta}}(t)=\hat{\boldsymbol{\theta}}(t-1)+\boldsymbol{L}(t)[y(t)-\boldsymbol{\varphi}^{\mathrm{T}}(t)\hat{\boldsymbol{\theta}}(t-1)], \tag{3.7.27}$$

$$\boldsymbol{L}(t)=\boldsymbol{P}(t-1)\boldsymbol{\varphi}(t)[1+\boldsymbol{\varphi}^{\mathrm{T}}(t)\boldsymbol{P}(t-1)\boldsymbol{\varphi}(t)]^{-1}, \tag{3.7.28}$$

$$\boldsymbol{P}(t)=[\boldsymbol{I}-\boldsymbol{L}(t)\boldsymbol{\varphi}^{\mathrm{T}}(t)]\boldsymbol{P}(t-1),\ \boldsymbol{P}(0)=p_0\boldsymbol{I}. \tag{3.7.29}$$

$\hat{\boldsymbol{\theta}}(t)$ 为时刻 t 参数向量 $\boldsymbol{\theta}$ 的估计, $\boldsymbol{L}(t)$ 称为 **增益向量** (gain vector), $\boldsymbol{P}(t)$ 称为 **协方差矩阵** 或协方差阵, $e(t):=y(t)-\boldsymbol{\varphi}^{\mathrm{T}}(t)\hat{\boldsymbol{\theta}}(t-1)$ 称为 **新息** (innovation).

在递推算法中, 初值通常选择为

$$\boldsymbol{P}(0)=\text{很大对称正定阵, 如 }\boldsymbol{P}(0)=p_0\boldsymbol{I},\ p_0=10^6\gg 1,$$

$$\hat{\boldsymbol{\theta}}(0)=\text{很小实向量, 如 }\hat{\boldsymbol{\theta}}(0)=\mathbf{1}_n/p_0,$$

其中 $\mathbf{1}_n$ 是元均为 1 的 n 维列向量, 即 $\mathbf{1}_n=[1,1,\cdots,1]^{\mathrm{T}}\in\mathbb{R}^n$, $\boldsymbol{P}(0)$ 取一个大对称正定阵是根据 $\boldsymbol{P}^{-1}(t)$ 的定义确定的.

5. **协方差阵的表示**

协方差阵 有下列几种表示,

$$\begin{aligned}\boldsymbol{P}(t)&=\boldsymbol{P}(t-1)-\frac{\boldsymbol{P}(t-1)\boldsymbol{\varphi}(t)\boldsymbol{\varphi}^{\mathrm{T}}(t)\boldsymbol{P}(t-1)}{1+\boldsymbol{\varphi}^{\mathrm{T}}(t)\boldsymbol{P}(t-1)\boldsymbol{\varphi}(t)}\\&=\boldsymbol{P}(t-1)-\boldsymbol{P}(t-1)\boldsymbol{\varphi}(t)[1+\boldsymbol{\varphi}^{\mathrm{T}}(t)\boldsymbol{P}(t-1)\boldsymbol{\varphi}(t)]^{-1}\boldsymbol{\varphi}^{\mathrm{T}}(t)\boldsymbol{P}(t-1)\\&=\boldsymbol{P}(t-1)-\boldsymbol{L}(t)[1+\boldsymbol{\varphi}^{\mathrm{T}}(t)\boldsymbol{P}(t-1)\boldsymbol{\varphi}(t)]\boldsymbol{L}^{\mathrm{T}}(t)\\&=[\boldsymbol{I}-\boldsymbol{L}(t)\boldsymbol{\varphi}^{\mathrm{T}}(t)]\boldsymbol{P}(t-1)\\&=\boldsymbol{P}(t-1)[\boldsymbol{I}-\boldsymbol{\varphi}(t)\boldsymbol{L}^{\mathrm{T}}(t)]\\&=\boldsymbol{P}(t-1)-\boldsymbol{L}(t)[\boldsymbol{P}(t-1)\boldsymbol{\varphi}(t)]^{\mathrm{T}}.\end{aligned}$$

这里利用了 $\boldsymbol{P}(t)$ 是对称阵的性质. 用计算机实现 RLS 算法, 计算量最小的 RLS 算法表达如下,

$$\hat{\boldsymbol{\theta}}(t)=\hat{\boldsymbol{\theta}}(t-1)+\boldsymbol{L}(t)[y(t)-\boldsymbol{\varphi}^{\mathrm{T}}(t)\hat{\boldsymbol{\theta}}(t-1)], \tag{3.7.30}$$

$$\boldsymbol{L}(t)=\frac{[\boldsymbol{P}(t-1)\boldsymbol{\varphi}(t)]}{1+\boldsymbol{\varphi}^{\mathrm{T}}(t)[\boldsymbol{P}(t-1)\boldsymbol{\varphi}(t)]}, \tag{3.7.31}$$

$$\boldsymbol{P}(t)=\boldsymbol{P}(t-1)-\boldsymbol{L}(t)[\boldsymbol{P}(t-1)\boldsymbol{\varphi}(t)]^{\mathrm{T}},\ \boldsymbol{P}(0)=p_0\boldsymbol{I}. \tag{3.7.32}$$

6. **新息与残差**

定义 **残差** $\varepsilon(t):=y(t)-\boldsymbol{\varphi}^{\mathrm{T}}(t)\hat{\boldsymbol{\theta}}(t)$. 新息与残差的区别在于: 假设当前时刻是 t, 当前观测是 $y(t)$ 和 $\boldsymbol{\varphi}(t)$, 残差表达式是使用当前观测数据计算之后的参数估计 $\hat{\boldsymbol{\theta}}(t)$, 而新息是使用之前的参数估计 $\hat{\boldsymbol{\theta}}(t-1)$. 也就是说, 新息使用刷新前的参数估计, 残差使用刷新后的参数估计. 新息与残差有下列关系,

$$\begin{cases}e(t)=[1+\boldsymbol{\varphi}^{\mathrm{T}}(t)\boldsymbol{P}(t-1)\boldsymbol{\varphi}(t)]\varepsilon(t),\\ \varepsilon(t)=[1-\boldsymbol{\varphi}^{\mathrm{T}}(t)\boldsymbol{P}(t)\boldsymbol{\varphi}(t)]e(t).\end{cases}$$

事实上

$$\begin{aligned}\varepsilon(t) &= y(t) - \boldsymbol{\varphi}^{\mathrm{T}}(t)\hat{\boldsymbol{\theta}}(t)\\ &= y(t) - \boldsymbol{\varphi}^{\mathrm{T}}(t)[\hat{\boldsymbol{\theta}}(t-1) + \boldsymbol{L}(t)e(t)]\\ &= y(t) - \boldsymbol{\varphi}^{\mathrm{T}}(t)\hat{\boldsymbol{\theta}}(t-1) - \boldsymbol{\varphi}^{\mathrm{T}}(t)\boldsymbol{L}(t)e(t)\\ &= e(t) - \boldsymbol{\varphi}^{\mathrm{T}}(t)\boldsymbol{L}(t)e(t) = [1-\boldsymbol{\varphi}^{\mathrm{T}}(t)\boldsymbol{L}(t)]e(t)\\ &= [1-\boldsymbol{\varphi}^{\mathrm{T}}(t)\boldsymbol{P}(t)\boldsymbol{\varphi}(t)]e(t)\\ &= \left[1-\boldsymbol{\varphi}^{\mathrm{T}}(t)\frac{\boldsymbol{P}(t-1)\boldsymbol{\varphi}(t)}{1+\boldsymbol{\varphi}^{\mathrm{T}}(t)\boldsymbol{P}(t-1)\boldsymbol{\varphi}(t)}\right]e(t)\\ &= \frac{e(t)}{1+\boldsymbol{\varphi}^{\mathrm{T}}(t)\boldsymbol{P}(t-1)\boldsymbol{\varphi}(t)}.\end{aligned}$$

3.7.3 RLS 算法计算量与计算步骤

1. 递推最小二乘算法的计算量

评价辨识算法的计算量大小, 一般用算法的乘法次数 (包括除法次数) 和加法次数 (包括减法次数) 来衡量. 一次乘法次数或一次加法次数称为一个 flop[154]. 乘法次数与加法次数之和的 flop 数就是算法计算量. 如果同为递推算法, 可以比较每递推计算一步的 flop 数, 来判断算法计算量的大小. 表 3.7.1 列出了 RLS 算法 (3.7.30)~(3.7.32) 每一步递推计算中的乘法次数、加法次数和 **flop 数**. 最近, 丁锋详细研究了线性回归系统、多元线性回归系统、多变量系统的随机梯度辨识算法、最小二乘辨识算法、递推最小二乘辨识算法的最经济计算量, 即实现算法的最少 flop 数[12~14].

表 3.7.1　RLS 算法每步的计算量

变量	计算次序	乘法次数	加法次数
$\hat{\boldsymbol{\theta}}(t)$	$e(t) := y(t) - \boldsymbol{\varphi}^{\mathrm{T}}(t)\hat{\boldsymbol{\theta}}(t-1) \in \mathbb{R}$	n	n
	$\hat{\boldsymbol{\theta}}(t) = \hat{\boldsymbol{\theta}}(t-1) + \boldsymbol{L}(t)e(t) \in \mathbb{R}^n$	n	n
$\boldsymbol{L}(t)$	$\boldsymbol{\zeta}(t) := \boldsymbol{P}(t-1)\boldsymbol{\varphi}(t) \in \mathbb{R}^n$	n^2	$(n-1)n$
	$\boldsymbol{L}(t) = \boldsymbol{\zeta}(t)/[1+\boldsymbol{\varphi}^{\mathrm{T}}(t)\boldsymbol{\zeta}(t)] \in \mathbb{R}^n$	$2n$	n
$\boldsymbol{P}(t)$	$\boldsymbol{P}(t) = \boldsymbol{P}(t-1) - \boldsymbol{L}(t)\boldsymbol{\zeta}^{\mathrm{T}}(t) \in \mathbb{R}^{n\times n}$	n^2	n^2
	总　数	$2n^2+4n$	$2n^2+2n$
	总 flop 数	$4n^2+6n$	

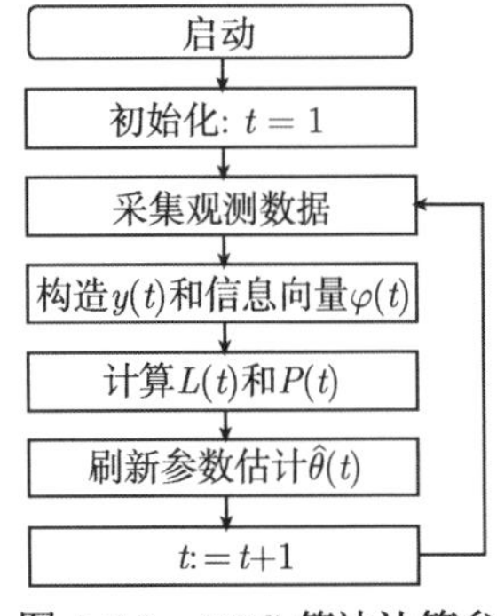

图 3.7.2　RLS 算法计算参数估计 $\hat{\boldsymbol{\theta}}(t)$ 的流程图

2. 递推最小二乘算法的计算步骤

递推最小二乘算法 (3.7.30)~(3.7.32) 的计算步骤如下.

(1) 令 $t=1$, 置参数估计初值 $\hat{\boldsymbol{\theta}}(0) = \mathbf{1}_n/p_0$, 协方差阵初值 $\boldsymbol{P}(0) = p_0\boldsymbol{I}$, $p_0 = 10^6$.

(2) 采集观测数据 $u(t)$ 和 $y(t)$, 构成信息向量 $\boldsymbol{\varphi}(t)$.

(3) 用式 (3.7.31) 计算增益向量 $\boldsymbol{L}(t)$, 用 (3.7.32) 计算协方差阵 $\boldsymbol{P}(t)$.

(4) 通过式 (3.7.30) 刷新参数估计向量 $\hat{\boldsymbol{\theta}}(t)$.

(5) t 增 1 转到第 2 步, 继续进行递推计算.

RLS 算法计算参数估计 $\hat{\boldsymbol{\theta}}(t)$ 的 **流程图** 如图 3.7.2 所示.

3.7.4 RLS 算法仿真例子

例 3.7.1 考虑 CAR 模型仿真对象 (参见图 3.7.3):

$$A(z)y(t)=B(z)u(t)+v(t),$$

$$A(z)=1+a_1z^{-1}+a_2z^{-2}=1-1.60z^{-1}+0.80z^{-2},$$

$$B(z)=b_1z^{-1}+b_2z^{-2}=0.412z^{-1}-0.309z^{-2},$$

$$\boldsymbol{\theta}=[a_1,a_2,b_1,b_2]^{\mathrm{T}}=[-1.60,0.80,0.412,-0.309]^{\mathrm{T}}.$$

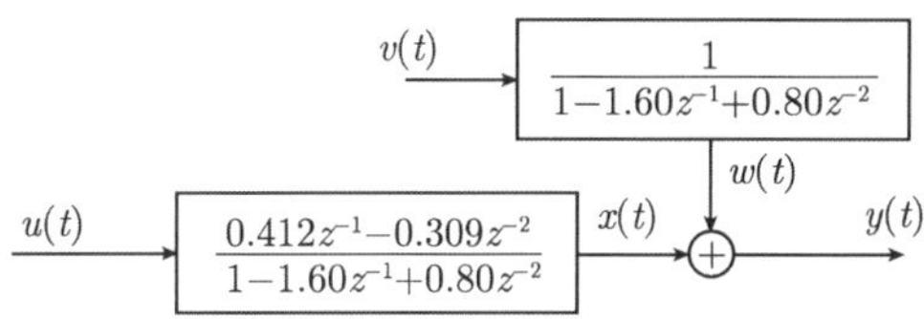

图 3.7.3 例 3.7.1 仿真对象 CAR 模型示意图

仿真时, 输入 $\{u(t)\}$ 采用零均值单位方差不相关可测随机信号序列, $\{v(t)\}$ 采用零均值方差为 σ^2 白噪声序列, 改变 σ^2 可以控制 **噪信比** $\delta_{\rm ns}$ (噪信比的定义见附录 A), 即图 3.7.3 中 $w(t)$ 的方差 $D[w(t)]:=\sigma_w^2$ 与 $x(t)$ 的方差 $D[x(t)]:=\sigma_x^2$ 之比的平方根, 用数学关系式可以表达为

$$\delta_{\rm ns}:=\sqrt{\frac{D[w(t)]}{D[x(t)]}}\times 100\%=\frac{\sigma_w}{\sigma_x}\times 100\%.$$

用 RLS 算法 (3.7.27)~(3.7.29) 辨识这个系统的参数, 不同噪声方差的仿真结果示于表 3.7.2, 参数估计误差 $\delta:=\|\hat{\boldsymbol{\theta}}(t)-\boldsymbol{\theta}\|/\|\boldsymbol{\theta}\|$ 随 t 变化曲线如图 3.7.4 所示, 其中噪声方差 $\sigma^2=0.10^2$ 和 $\sigma^2=1.00^2$ 对应的噪信比为 $\delta_{\rm ns}=50.70\%$ 和 $\delta_{\rm ns}=507.02\%$. 估计误差 δ 随数据长度 t 的变化曲线可以用来衡量参数估计收敛于真值的速率和参数估计精度.

从这个例子, 我们可以得出以下结论.

(1) 递推最小二乘法有很强的鲁棒性 (robustness), 对很高的噪信比 $\delta_{\rm ns}=507.02\%$ (即噪声是信号的 5 倍之大), 参数估计还有很高的收敛精度.

表 3.7.2 例 3.7.1 CAR 模型参数的 RLS 估计及其误差

σ^2	t	a_1	a_2	b_1	b_2	δ (%)
0.10^2	100	−1.66214	0.84708	0.39792	−0.34340	4.63970
	200	−1.63790	0.83457	0.40451	−0.33024	3.00948
	500	−1.59014	0.80147	0.40701	−0.31004	0.60157
	1000	−1.58582	0.79129	0.40987	−0.30695	0.90808
	2000	−1.58308	0.78878	0.41213	−0.30428	1.11959
	3000	−1.58690	0.78992	0.41266	−0.30367	0.93360
1.00^2	100	−1.68586	0.88620	0.26298	−0.43771	12.43406
	200	−1.65053	0.86797	0.32981	−0.39067	7.70981
	500	−1.60291	0.82953	0.36330	−0.35631	3.98050
	1000	−1.58233	0.79882	0.39099	−0.33808	2.14951
	2000	−1.57774	0.78756	0.41508	−0.31971	1.49497
	3000	−1.58645	0.78870	0.41964	−0.30316	1.07945
真值		−1.60000	0.80000	0.41200	−0.30900	

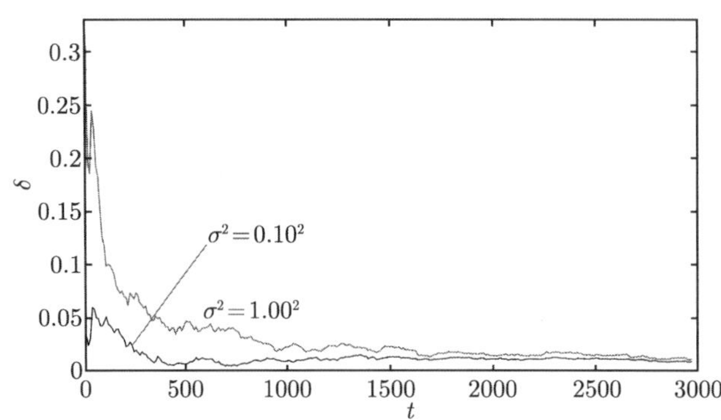

图 3.7.4　例 3.7.1 参数估计误差 δ 随 t 变化曲线 ($\sigma^2=0.10^2$ 和 $\sigma^2=1.00^2$)

(2) 随着数据长度 (递推计算步数) 的增加, 参数估计误差 (总的趋势) 不断减小, 即数据量越大, 参数估计精度越高.

(3) 输入输出信号的幅值越大, 即噪信比越小, 参数估计精度也越高. 换句话说, 较大的输入信号有利于参数辨识.

Matlab 程序

把下列程序写到 LS_ARX.m 文件中, 依次运行 sigma=0.10 和 1.0, 可得到上述例子的仿真结果 (参数估计表和误差曲线图).

```
%--------------------------------------------------------------------------*
% Filename: LS_ARX.m for the RLS algorithm for the ARX models            *
% A(z)y(t)=B(z)u(t)+v(t)                                                  *
% The forgetting factor FF=\lambda                                        *
% The noise variance sigma^2, sigma=0.10 and 1.00                         *
% Feng Ding                                                               *
% Ryerson University, Toronto, Canada                                     *
% January 30, 2009, Friday 20:30 am                                       *
%--------------------------------------------------------------------------*
 clear; format short g
 M='The RLS algorithm for the ARX model'
 FF=1; % The Forgetting factor
 sigma=0.1; % sigma=0.10 and 1.0
 PlotLength=3000; length1=PlotLength+100;
 na=2; nb=2; n=na+nb;
 a=[1, -1.6, 0.8]; b=[0, 0.412, -0.309]; d=[1];
 par0=[a(2:na+1),b(2:nb+1)]';
 p0=1e6; P=eye(n)*p0; r=1;
 par1 = ones(n,1)*1e-6;
%----Compute the noise-to-signal ratio
 sy=f_integral(a,b); sv=f_integral(a,d);
 delta_ns = sqrt(sv/sy)*100*sigma;
 [sy, sv, delta_ns]
%----Generate the input-output data
% rand('state',1);     randn('state',1);
% u=(rand(length1,1) - 0.5)*sqrt(12); v=randn(length1,1);
 rand('state',40);   % randn('state',1);
```

```
eta=f_rn(length1);
u=eta(:,1); v=eta(:,2)*sigma; clear eta;
Gz=tf(b,a,1); Gn=tf(d,a,1);
y=lsim(Gz,u) + lsim(Gn,v);
% for t=n:length1
%      y(t)=par0'*[-y(k-1:-1:k-na); u(k-1:-1:k-nb)]+v(k);
% end
%-----Compute RLS estimate
jj=0; j1=0;
for t = 20:length1
     jj=jj+1;
     varphi=[-y(t-1:-1:t-na); u(t-1:-1:t-nb)];
     L=P*varphi/(FF+varphi'*P*varphi);
     P=P-L*varphi'*P;
     par1=par1+L*(y(t)-varphi'*par1);
     delta=norm(par1-par0)/norm(par0);
     ls(jj,:)=[jj, par1',delta];
     if (jj==100)|(jj==200)|(jj==500)|mod(jj,1000)==0
         j1 = j1+1;
         ls_100(j1,:)=[jj, par1', delta*100];
     end
     if jj==PlotLength
         break
     end
end
ls_100(j1+1,:)=[ 0, par0', 0];
fprintf('\n($\\sigma^2=%5.2f^2$, $\\delta_{\\ns}=%6.2f\\%s$)',
      sigma,delta_ns,'%');
fprintf('\n%s\n','$t$ & $a_1$ & $a_2$ & $b_1$ & $b_2$ &
      $\delta\ (\%)\ \ $ \\');
fprintf('%5d &%10.5f &%10.5f &%10.5f &%10.5f &%10.5f   \\\\\n',ls_100');
figure(1)
jk=(17:10:PlotLength-1)';
plot(ls(jk,1), ls(jk,n+2));

if sigma==0.1
     data1=[ls(:,1), ls(:,n+2)];
     save data1 data1
else   % sigma==1.0
     load data1
     z0=[data1, ls(:,n+2)];
     figure(2);
     plot(z0(jk,1),z0(jk,2),'k',z0(jk,1),z0(jk,3),'b')
     axis([0, 3000, 0, 0.33])
     text(600,0.058,'{\it\sigma^2} = 1.00^2')
     text(600,0.13,'{\it\sigma^2} = 0.10^2')
     line([247,620],[0.024,0.119])
end
```

```
xlabel('\it t'); ylabel('{\it \delta}');
```

程序中计算 **噪信比** (noise-to-signal ratio), 调用了一个计算复积分的函数 f_integral, 把传递函数的分母分子多项式的系数代进去即可计算, 其用法和源码详见附录 A.1 节末尾. 程序中还调用了一个产生正态分布 $N(0,1)$ 的随机数函数 f_rn.m 如下.

```
function eta=f_rn(length)
% Generate the norm distributed random number N(0,1)
% rand('state',1); randn('state',1);
 for i=1:length
     r1=rand(1);
     while r1==0
         r1=rand(1);
     end
     r2=rand(1);
     if i==1
         eta=[sqrt(-2*log(r1))*cos(2*pi*r2), sqrt(-2*log(r1))*sin(2*pi*r2)];
     else
         eta=[eta; sqrt(-2*log(r1))*cos(2*pi*r2),
                   sqrt(-2*log(r1))*sin(2*pi*r2)];
     end
 end
return
```

3.7.5　RLS 算法的收敛定理

辨识方法收敛性分析一直是控制领域的重要研究课题. 长期以来, 科学家以能证明辨识方法的收敛性和找到辨识算法收敛的最简洁、最弱条件引以为自豪和骄傲. 早期的辨识算法收敛性分析假设系统输入和输出信号具有有限非零功率, 噪声是独立同分布的随机序列, 且 4 阶矩存在[155], 或过程噪声和系统输入是平稳的和各态遍历的[156]. 这些理想条件在实际中是很难满足的[37, 38].

关于递推最小二乘辨识算法的收敛性, 尽管许多辨识科学家在不同条件下进行了大量研究, 取得了许多结果, 但是直到 1982 年, 美国斯坦福大学 (Stanford University) 美籍华人统计学家 Lai 和 Wei 在研究线性回归模型标准递推最小二乘 (RLS) 算法的收敛速率方面取得了重要突破: 假设零均值随机噪声 $\{v(t)\}$ 方差 $\mathrm{E}[v^2(t)]=\sigma^2$ 和高阶矩 $\mathrm{E}[|v(t)|^\gamma]<\infty$ 存在 ($\gamma>2$, E 是期望算子), 获得了参数估计误差收敛速率[157], 参数估计误差满足

$$\|\hat{\boldsymbol{\theta}}(t)-\boldsymbol{\theta}\|^2=O\left(\frac{(\ln\lambda_{\max}[\boldsymbol{P}^{-1}(t)])^{1+c}}{\lambda_{\min}[\boldsymbol{P}^{-1}(t)]}\right),\ \text{a.s.,}\ \text{for}\ \gamma=2,\ c>0. \tag{3.7.33}$$

$$\|\hat{\boldsymbol{\theta}}(t)-\boldsymbol{\theta}\|^2=O\left(\frac{\ln\lambda_{\max}[\boldsymbol{P}^{-1}(t)]}{\lambda_{\min}[\boldsymbol{P}^{-1}(t)]}\right),\ \text{a.s.,}\ \text{for}\ \gamma>2. \tag{3.7.34}$$

这里 $\lambda_{\max}[\boldsymbol{X}]$ 表示对称矩阵 $\boldsymbol{X}$ 的最大特征值, $\lambda_{\min}[\boldsymbol{X}]$ 表示对称矩阵 $\boldsymbol{X}$ 的最小特征值.

后来, 最小二乘和随机梯度类算法的收敛性研究都是基于这样所谓的 “方差和高阶矩存在” 弱假设, 包括 Lai 和 Wei[158], Wei[159], Lai 和 Ying[160], Toussi 和 Ren[161] 和 Ren 和 Kumar[162] 的工作. 我国学者 Chen 和 Guo 将这一结论推广到 $\gamma=2$ 时递推增广最小二乘算法, 获得了类似的参数估计收敛结论[163].

笔者认为: 研究参数估计 2 范数 (或 2 阶矩) 的收敛性, 假设过程噪声平稳各态遍历, 且高阶矩存在是不必要的. 最近, 运用鞅收敛定理和鞅超收敛定理等的一系列辨识方法和自适应控制方法的收敛性研究成果表明: 参数估计误差或输出跟踪误差 2 范数的收敛性只依赖于噪声二阶矩统计特性[27, 34, 39, 41, 44, 63, 134, 147, 151, 164, 165]. 这一贡献既保证了参数估计的收敛性, 又极大地减弱了对噪声方差和高阶矩存在假设[37],[38]. 文献 [39], [134] 在强持续激励条件和噪声方差有界条件下, 分别获得了有限数据窗遗忘梯度算法和有限数据窗递推最小二乘算法的参数估计误差界[166].

笔者等研究了双率系统辅助模型递推最小二乘算法参数估计的收敛性能[27], 证明了多变量系统递阶最小二乘和递阶随机梯度算法是一致收敛的[34, 44] 这些证明并没有假设噪声方差和高阶矩存在, 也就是说噪声方差可以是时变的, 即所考虑的系统可能是非平稳的.

文献 [37], [38] 进一步放松现有方法所作的假设条件, 即在弱持续激励条件下研究多输入多输出方程误差系统随机梯度算法的性能, 没有假设系统是平稳和各态遍历的、噪声二阶矩方差为常数和有界、高阶矩存在. 这是目前得到的随机梯度辨识算法收敛的最弱条件. 在证明中推导出两个精妙的等式, 收敛条件和结论很简洁、也很漂亮[29, 37, 38].

为了加强对式 (3.7.33)~(3.7.34) 参数估计误差收敛速率的理解, 假设关于信息向量的 **弱持续激励条件**

$$\text{(WPE)}\qquad 0<\alpha \boldsymbol{I}\leqslant \frac{1}{t}\sum_{j=1}^{t}\boldsymbol{\varphi}(j)\boldsymbol{\varphi}^{\mathrm{T}}(j)\leqslant \beta \boldsymbol{I},\ \text{a.s., for large } t,$$

成立, 我们有

$$\lambda_{\max}[\boldsymbol{P}^{-1}(t)]\leqslant n\beta t,\quad \lambda_{\min}[\boldsymbol{P}^{-1}(t)]\geqslant \alpha t,\quad n:=\dim\boldsymbol{\theta}.$$

则式 (3.7.33)、(3.7.34) 参数估计误差退化为

$$\begin{aligned}\|\hat{\boldsymbol{\theta}}(t)-\boldsymbol{\theta}\|^2&=O\left(\frac{(\ln\lambda_{\max}[\boldsymbol{P}^{-1}(t)])^{1+c}}{\lambda_{\min}[\boldsymbol{P}^{-1}(t)]}\right)=O\left(\frac{[\ln(n\beta t)]^{1+c}}{\alpha t}\right)\\&=O\left(\frac{(\ln t)^{1+c}}{t}\right)\to 0,\ \text{a.s., for } \gamma=2,\ c>0.\end{aligned}\tag{3.7.35}$$

$$\begin{aligned}\|\hat{\boldsymbol{\theta}}(t)-\boldsymbol{\theta}\|^2&=O\left(\frac{\ln\lambda_{\max}[\boldsymbol{P}^{-1}(t)]}{\lambda_{\min}[\boldsymbol{P}^{-1}(t)]}\right)=O\left(\frac{\ln(n\beta t)}{\alpha t}\right)\\&=O\left(\frac{\ln t}{t}\right)\to 0,\ \text{a.s., for } \gamma>2.\end{aligned}\tag{3.7.36}$$

即随数据长度 t 增加, 参数估计误差 $\|\hat{\boldsymbol{\theta}}(t)-\boldsymbol{\theta}\|^2$ 收敛于零.

下面讨论笔者获得的 RLS 算法收敛定理.

设 $\{v(t),\mathcal{F}_t\}$ 是 **鞅差序列** (martingale difference sequence), $\{\mathcal{F}_t\}$ 是由直到时刻 t 的观测生成的 σ 代数序列, 即 $\mathcal{F}_t=\sigma(y(t),\boldsymbol{\varphi}(t),y(t-1),\boldsymbol{\varphi}(t-1),\cdots,y(0),\boldsymbol{\varphi}(0))$. 序列 $\{v(t)\}$ 满足噪声假设:

$$\text{(C1)}\qquad \mathrm{E}[v(t)|\mathcal{F}_{t-1}]=0,\ \text{a.s.}$$

$$\text{(C2)}\qquad \mathrm{E}[v^2(t)|\mathcal{F}_{t-1}]=\sigma^2(t)\leqslant\sigma^2<\infty,\ \text{a.s.}$$

(C3) $\mathrm{E}[v^2(t)|\mathcal{F}_{t-1}]=\sigma^2(t)\leqslant\sigma^2 r^{\varepsilon}(t),\ \text{a.s.},\ 0\leqslant\varepsilon<1.$

即 $\{v(t)\}$ 相当于是零均值、时变方差 $\sigma^2(t)$ 的不相关非平稳随机噪声序列. 上式中 $r(t)$ 在不同算法的收敛性定理中有不同的定义.

由式 (3.7.22) 可得

$$\begin{aligned}\boldsymbol{P}^{-1}(t)&=\boldsymbol{P}^{-1}(t-1)+\boldsymbol{\varphi}(t)\boldsymbol{\varphi}^{\mathrm{T}}(t)\\&=\boldsymbol{P}^{-1}(t-2)+\boldsymbol{\varphi}(t-1)\boldsymbol{\varphi}^{\mathrm{T}}(t-1)+\boldsymbol{\varphi}(t)\boldsymbol{\varphi}^{\mathrm{T}}(t)\\&=\sum_{j=1}^{t}\boldsymbol{\varphi}(j)\boldsymbol{\varphi}^{\mathrm{T}}(j)+\boldsymbol{P}^{-1}(0)\\&=\sum_{j=1}^{t}\boldsymbol{\varphi}(j)\boldsymbol{\varphi}^{\mathrm{T}}(j)+\frac{\boldsymbol{I}}{p_0}.\end{aligned}\tag{3.7.37}$$

对于 RLS 算法, $r(t)$ 定义为协方差阵 $\boldsymbol{P}(t)$ 的逆的 **迹** (trace):

$$\begin{aligned}r(t)&:=\mathrm{tr}[\boldsymbol{P}^{-1}(t)]\\&=\sum_{j=1}^{t}\|\boldsymbol{\varphi}(j)\|^2+n/p_0.\end{aligned}\tag{3.7.38}$$

定理 3.7.1 [63, 142] 对于系统 (3.7.1) 和 RLS 算法 (3.7.21)、(3.7.22), 假设 (C1) 和 (C2) 成立, 那么对任意 $c>1$, RLS 算法给出的参数估计误差满足

(1) $\|\hat{\boldsymbol{\theta}}(t)-\boldsymbol{\theta}\|^2=O\left(\dfrac{[\ln r(t)]^c}{\lambda_{\min}[\boldsymbol{P}^{-1}(t)]}\right)$, a.s.

(2) $\|\hat{\boldsymbol{\theta}}(t)-\boldsymbol{\theta}\|^2=O\left(\dfrac{\ln r(t)[\ln\ln r(t)]^c}{\lambda_{\min}[\boldsymbol{P}^{-1}(t)]}\right)$, a.s.

(3) $\|\hat{\boldsymbol{\theta}}(t)-\boldsymbol{\theta}\|^2=O\left(\dfrac{\ln r(t)\ln\ln r(t)[\ln\ln\ln r(t)]^c}{\lambda_{\min}[\boldsymbol{P}^{-1}(t)]}\right)$, a.s.

(4) $\|\hat{\boldsymbol{\theta}}(t)-\boldsymbol{\theta}\|^2=O\left(\dfrac{\ln r(t)\ln\ln r(t)\ln\ln\ln r(t)[\ln\ln\ln\ln r(t)]^c}{\lambda_{\min}[\boldsymbol{P}^{-1}(t)]}\right)$, a.s.

由非负定矩阵的 **迹** (trace) $\mathrm{tr}[\boldsymbol{X}]$、最大特征值 $\lambda_{\max}[\boldsymbol{X}]$、**行列式** (determinant) $\det[\boldsymbol{X}]:=|\boldsymbol{X}|$ 之间的关系, 可知

$$r(t)=O(\lambda_{\max}[\boldsymbol{P}^{-1}(t)]),\quad \ln r(t)=O(\ln|\boldsymbol{P}^{-1}(t)|),$$

因此定理 3.7.1 中 $r(t)$ 分别用 $\lambda_{\max}[\boldsymbol{P}^{-1}(t)]$ 和 $|\boldsymbol{P}^{-1}(t)|$ 代替, 结论依然成立.

因为 p_0 很大, 所以式 (3.7.37) 右边最后一项可以忽略. 从式 (3.7.38) $r(t)$ 和式 (3.7.37) $\boldsymbol{P}^{-1}(t)$ 的表达式可知: 定理 3.7.1 中 RLS 参数估计 (误差) 只依赖于观测数据 $\boldsymbol{\varphi}(t)$. 如果下列 **广义弱持续激励条件** 成立[27, 63, 142],

$$\text{(GWPE)}\quad \alpha\boldsymbol{I}\leqslant\frac{1}{t}\sum_{j=1}^{t}\boldsymbol{\varphi}(j)\boldsymbol{\varphi}^{\mathrm{T}}(j)\leqslant\beta t^{\gamma}\boldsymbol{I},\ \text{a.s., for large } t.$$

则定理 3.7.1 的结论可以表示为

(1) $\|\hat{\boldsymbol{\theta}}(t)-\boldsymbol{\theta}\|^2=O\left(\frac{[\ln t]^c}{t}\right)\to 0$, a.s.

(2) $\|\hat{\boldsymbol{\theta}}(t)-\boldsymbol{\theta}\|^2=O\left(\frac{\ln t[\ln\ln t]^c}{t}\right)\to 0$, a.s.

(3) $\|\hat{\boldsymbol{\theta}}(t)-\boldsymbol{\theta}\|^2=O\left(\frac{\ln t\ln\ln t[\ln\ln\ln t]^c}{t}\right)\to 0$, a.s.

(4) $\|\hat{\boldsymbol{\theta}}(t)-\boldsymbol{\theta}\|^2=O\left(\frac{\ln t\ln\ln t\ln\ln\ln t[\ln\ln\ln\ln t]^c}{t}\right)\to 0$, a.s.

定理 3.7.1 说明: 当噪声 $\{v(t)\}$ 的方差有界时, 最小二乘参数估计的收敛速率是 $\boldsymbol{P}^{-1}(t)$ 的 **最大特征值** (greatest eigenvalue) 或迹的对数的 c 次方与 $\boldsymbol{P}^{-1}(t)$ 的 **最小特征值** (smallest eigenvalue) 之比. 下面的定理 3.7.2 说明当噪声方差无界时, 最小二乘参数估计误差仍然收敛于零.

定理 3.7.2 [63,142] 对于系统 (3.7.1) 和 RLS 算法 (3.7.21)、(3.7.22), 假设 (C1) 和 (C3) 成立, 那么 RLS 算法给出的参数估计误差满足

$$\|\hat{\boldsymbol{\theta}}(t)-\boldsymbol{\theta}\|^2=o\left(\frac{r(t)}{\lambda_{\min}[\boldsymbol{P}^{-1}(t)]}\right)=o\left(\frac{\lambda_{\max}[\boldsymbol{P}^{-1}(t)]}{\lambda_{\min}[\boldsymbol{P}^{-1}(t)]}\right),\ \text{a.s.}$$

如果下列 **弱持续激励条件** 1 成立,

$$\text{(WPE1)}\quad \alpha\boldsymbol{I}\leqslant\frac{1}{t}\sum_{j=1}^{t}\boldsymbol{\varphi}(j)\boldsymbol{\varphi}^{\mathrm{T}}(j)\leqslant\beta\boldsymbol{I},\ \text{a.s., for large } t.$$

则有 $\lim\limits_{t\to\infty}\|\hat{\boldsymbol{\theta}}(t)-\boldsymbol{\theta}\|^2=0$, a.s., 即参数估计误差收敛于零.

3.7.6 随机梯度辨识算法

线性回归模型 (3.7.1) 重写如下,

$$y(t)=\boldsymbol{\varphi}^{\mathrm{T}}(t)\boldsymbol{\theta}+v(t),\ \boldsymbol{\varphi}(t)\in\mathbb{R}^n,\ \boldsymbol{\theta}\in\mathbb{R}^n. \tag{3.7.39}$$

估计参数向量 $\boldsymbol{\theta}$ 的 **随机梯度算法** (Stochastic Gradient algorithm, **SG 算法**) 如下[167],

$$\hat{\boldsymbol{\theta}}(t)=\hat{\boldsymbol{\theta}}(t-1)+\frac{\boldsymbol{\varphi}(t)}{r(t)}[y(t)-\boldsymbol{\varphi}^{\mathrm{T}}(t)\hat{\boldsymbol{\theta}}(t-1)], \tag{3.7.40}$$

$$r(t)=r(t-1)+\|\boldsymbol{\varphi}(t)\|^2,\ r(0)=1 \text{ or } r(0)=n/p_0. \tag{3.7.41}$$

定理 3.7.3 [37,38] 对于系统 (3.7.39) 和 SG 算法 (3.7.40)、(3.7.41), 定义

$$\boldsymbol{R}(t):=\sum_{j=1}^{t}\boldsymbol{\varphi}(j)\boldsymbol{\varphi}^{\mathrm{T}}(j),\quad r(t):=\mathrm{tr}[\boldsymbol{R}(t)],$$

假设 (C1) 和 (C3) 成立, $r(t)\to\infty$ 和 $r(t)=O(\lambda_{\min}[\boldsymbol{R}(t)])$, 那么 SG 算法参数估计误差满足

$$\|\hat{\boldsymbol{\theta}}(t)-\boldsymbol{\theta}\|^2=o\left(\frac{r(t)}{\lambda_{\min}[\boldsymbol{R}(t)]}\right)\to 0,\ \text{a.s.}$$

即参数估计向量 $\hat{\boldsymbol{\theta}}(t)$ 一致收敛于真参数向量 $\boldsymbol{\theta}$. SG 算法中没有协方差阵 $\boldsymbol{P}(t)$, 但上述 $\boldsymbol{R}(t)$ 定义类似于 $\boldsymbol{P}^{-1}(t)$.

矩阵 $\boldsymbol{R}(t)$ 是由输入输出构成的数据乘积矩矩阵. 因为 $\boldsymbol{R}(t)$ 是非负定对称矩阵, 它随数据增加而不断递增, 又 $r(t) \leqslant n\lambda_{\max}[\boldsymbol{R}(t)]$ 和 $\lambda_{\max}[\boldsymbol{R}(t)] \leqslant r(t)$ 成立, 所以 $r(t) = O(\lambda_{\min}[\boldsymbol{R}(t)])$ 意味着 $\boldsymbol{R}(t)$ 的条件数有界, 相当于关于信息向量 $\boldsymbol{\varphi}(t)$ 的弱持续激励条件 (WPE1) 成立.

值得指出的是: 定理 3.7.3 的条件 (C1) 和 (C3) 是迄今为止, 笔者找到的随机梯度算法参数估计误差二阶矩收敛的最弱条件[37, 38]. 与文献 [156]~[162] 不同的是, 这里并没有假设噪声 $\{v(t)\}$ 的二阶矩有限和高阶矩存在 $\mathrm{E}[v^{\gamma}(t)|\mathcal{F}_{t-1}] < \infty$, a.s. 或 $\mathrm{E}[v^{\gamma}(t)] < \infty$, 对于某 $\gamma > 2$. 事实上, 证明参数估计误差二阶矩的收敛性要求噪声高阶矩存在的条件是苛刻的.

尽管 SG 参数估计误差收敛于零, 但收敛速度很慢. 为了加快 SG 算法的收敛速度, 可在式 (3.7.41) 中引入 **遗忘因子** (forgetting factor) λ, 得到 **遗忘因子随机梯度算法** (Forgetting Factor Stochastic Gradient algorithm, **FFSG 算法**), 简称 **遗忘梯度算法** (Forgetting Gradient algorithm, **FG 算法**)[29,37~39,44]:

$$\hat{\boldsymbol{\theta}}(t) = \hat{\boldsymbol{\theta}}(t-1) + \frac{\boldsymbol{\varphi}(t)}{r(t)}[y(t) - \boldsymbol{\varphi}^{\mathrm{T}}(t)\hat{\boldsymbol{\theta}}(t-1)], \tag{3.7.42}$$

$$r(t) = \lambda r(t-1) + \|\boldsymbol{\varphi}(t)\|^2,\ 0 \leqslant \lambda < 1,\ r(0) = 1 \text{ 或 } r(0) = n/p_0. \tag{3.7.43}$$

遗忘因子可以加快算法开始工作阶段的参数估计收敛速度, 但会增大参数估计误差的方差, 参数估计误差不趋于零 [对随机系统而言]. 为了克服这一缺陷, 笔者在随机梯度辨识算法中引入 **收敛指数** (convergence index) ϵ, 就得到 **修正随机梯度算法** (Modified Stochastic Gradient algorithm, **M-SG 算法**), 或称为 **Epsilon 随机梯度算法** (Epsilon Stochastic Gradient algorithm, **ϵ-SG 算法**)[168, 169]:

$$\hat{\boldsymbol{\theta}}(t) = \hat{\boldsymbol{\theta}}(t-1) + \frac{\boldsymbol{\varphi}(t)}{r^{\epsilon}(t)}[y(t) - \boldsymbol{\varphi}^{\mathrm{T}}(t)\hat{\boldsymbol{\theta}}(t-1)],\ \frac{1}{2} < \epsilon \leqslant 1, \tag{3.7.44}$$

$$r(t) = r(t-1) + \|\boldsymbol{\varphi}(t)\|^2,\ r(0) = 1. \tag{3.7.45}$$

这里 $1/r^{\epsilon}(t)$ 是收敛因子或步长. 修正随机梯度算法是本书作者最近提出的, 它比随机梯度算法具有更高的收敛速度, 其性能优于遗忘梯度算法[168, 169].

3.8 典型辨识算法及其收敛定理

为方便起见, 设 $\{u(t)\}$ 为系统输入序列, $\{y(t)\}$ 为系统观测输出序列, $\{v(t)\}$ 是零均值随机白噪声序列, z^{-1} 为单位后移算子: $z^{-1}y(t) = y(t-1)$ 或 $zy(t) = y(t+1)$, $A(z)$, $B(z)$, $C(z)$ 和 $D(z)$ 是算子 z^{-1} 的常系数时不变多项式, 定义如下,

$$A(z) := 1 + a_1 z^{-1} + a_2 z^{-2} + \cdots + a_{n_a} z^{-n_a} \in \mathbb{R},$$

$$B(z) := b_1 z^{-1} + b_2 z^{-2} + \cdots + b_{n_b} z^{-n_b} \in \mathbb{R},$$

$$C(z) := 1 + c_1 z^{-1} + c_2 z^{-2} + \cdots + c_{n_c} z^{-n_c} \in \mathbb{R},$$

$$D(z) := 1 + d_1 z^{-1} + d_2 z^{-2} + \cdots + d_{n_d} z^{-n_d} \in \mathbb{R}.$$

多项式系数 a_i, b_i, c_i 和 d_i 为模型参数. 根据移位算子的性质, 有

$$\begin{aligned}A(z)y(t) &= (1+a_1z^{-1}+a_2z^{-2}+\cdots+a_{n_a}z^{-n_a})y(t)\\&= y(t)+a_1y(t-1)+a_2y(t-2)+\cdots+a_{n_a}y(t-n_a),\\B(z)u(t) &= (b_1z^{-1}+b_2z^{-2}+\cdots+b_{n_b}z^{-n_b})u(t)\\&= b_1u(t-1)+b_2u(t-2)+\cdots+b_{n_b}u(t-n_b),\\D(z)v(t) &= (1+d_1z^{-1}+d_2z^{-2}+\cdots+d_{n_d}z^{-n_d})v(t)\\&= v(t)+d_1v(t-1)+d_2v(t-2)+\cdots+d_{n_d}v(t-n_d),\ \text{etc.}\end{aligned}$$

设 $\{v(t),\mathcal{F}_t\}$ 是 **鞅差序列**, $\{\mathcal{F}_t\}$ 是由直到时刻 t 的观测生成的 σ 代数序列, 即 $\mathcal{F}_t=\sigma(y(t),\boldsymbol{\varphi}(t),y(t-1),\boldsymbol{\varphi}(t-1),\cdots,y(0),\boldsymbol{\varphi}(0))$. 序列 $\{v(t)\}$ 满足噪声假设:

(C1) $\mathrm{E}[v(t)|\mathcal{F}_{t-1}]=0,\ \text{a.s.}$

(C2) $\mathrm{E}[v^2(t)|\mathcal{F}_{t-1}]=\sigma^2(t)\leqslant\sigma^2<\infty,\ \text{a.s.}$

(C3) $\mathrm{E}[v^2(t)|\mathcal{F}_{t-1}]=\sigma^2(t)\leqslant\sigma^2r^{\varepsilon}(t),\ \text{a.s.},\ 0\leqslant\varepsilon<1.$

本节给出 **伪线性回归模型** I 的递推增广最小二乘辨识算法和增广随机梯度算法的收敛定理、**伪线性回归模型** II 的辅助模型递推最小二乘辨识算法和辅助模型随机梯度辨识算法的收敛定理, 简单讨论 **伪线性回归模型** III 辨识算法的收敛性.

3.8.1 伪线性回归模型 I

一种简单的 **伪线性回归模型** 为

$$y(t)=\boldsymbol{\varphi}^{\mathrm{T}}(t)\boldsymbol{\theta}+v(t),\tag{3.8.1}$$

其中 $\{y(t)\}$ 是观测输出序列, $\{v(t)\}$ 是零均值不相关随机噪声序列, $\boldsymbol{\varphi}(t)\in\mathbb{R}^n$ 是观测数据以及不可测噪声构成的信息向量 [也就是说 $\boldsymbol{\varphi}(t)$ 中有些元是不可测的], $\boldsymbol{\theta}\in\mathbb{R}^n$ 是要估计的参数向量.

伪线性回归模型 I 中的信息向量可以写作

$$\boldsymbol{\varphi}(t)=[\boldsymbol{\phi}^{\mathrm{T}}(t),v(t-1),v(t-2),\cdots,v(t-n_d)]^{\mathrm{T}}\in\mathbb{R}^n,$$

其中 $\boldsymbol{\phi}(t)\in\mathbb{R}^{n_1}$ 是观测数据构成的可测信息向量, $v(t-i)$ 是不可测的未知量噪声项, 在辨识算法中一般用其估计值 $\hat{v}(t-i)$ 代替. 伪线性回归模型 I 的一种等价形式是

$$y(t)=\boldsymbol{\phi}^{\mathrm{T}}(t)\boldsymbol{\theta}_1+D(z)v(t).\tag{3.8.2}$$

由于子信息向量 $\boldsymbol{\phi}(t)$ 可能包含系统输入输出的非线性项, 所以伪线性回归模型并不限于线性系统.

伪线性回归模型 I 中信息向量 $\boldsymbol{\varphi}(t)\in\mathbb{R}^n$ 只包含白噪声 $v(t)$ 的回归项 $v(t-i)$ [如果还包括了其他相关噪声的回归项, 就是伪线性回归模型III]. 动态系统的 CARMA 模型 $[A(z)y(t)=B(z)u(t)+D(z)v(t)]$, ARMA 模型 $[A(z)y(t)=D(z)v(t)]$, MA 模型 $[y(t)=D(z)v(t)]$ 和 CMA 模型 $[y(t)=B(z)u(t)+D(z)v(t)]$ 属于伪线性回归模型 I , 但伪线性回归模型 I 不限于这些模型.

定义 **增广参数向量** (extended parameter vector) $\boldsymbol{\theta}$ 和 **增广信息向量** (extended information vector) $\boldsymbol{\varphi}_0(t)$ 分别为

$$\begin{aligned}\boldsymbol{\theta} &:= [\boldsymbol{\theta}_1^{\mathrm{T}}, d_1, d_2, \cdots, d_{n_d}]^{\mathrm{T}} \in \mathbb{R}^n,\ n := n_a + n_b + n_d,\\ \boldsymbol{\theta}_1 &:= [a_1, a_2, \cdots, a_{n_a}, b_1, b_2, \cdots, b_{n_b}]^{\mathrm{T}} \in \mathbb{R}^{n_a+n_b},\\ \boldsymbol{\varphi}_0(t) &:= [\boldsymbol{\phi}^{\mathrm{T}}(t), v(t-1), v(t-2), \cdots, v(t-n_d)]^{\mathrm{T}} \in \mathbb{R}^n,\\ \boldsymbol{\phi}(t) &:= [-y(t-1), -y(t-2), \cdots, -y(t-n_a), u(t-1), u(t-2), \cdots, u(t-n_b)]^{\mathrm{T}} \in \mathbb{R}^{n_a+n_b}.\end{aligned}$$

则 CARMA 系统 $A(z)y(t) = B(z)u(t) + D(z)v(t)$ 可以写为下列 **伪线性回归模型** 形式,

$$y(t) = \boldsymbol{\varphi}_0^{\mathrm{T}}(t)\boldsymbol{\theta} + v(t). \tag{3.8.3}$$

下面基于伪线性模型 (3.8.3) 的递推增广最小二乘辨识算法和增广随机梯度辨识算法的收敛结论, 对伪线性系统 (3.8.1) 也成立.

1. **递推增广最小二乘算法**(Recursive Extended Least Squares algorithm, RELS)

估计 CARMA 模型 (3.8.3) 参数向量 $\boldsymbol{\theta}$ 的 **递推增广最小二乘算法** (**RELS 算法**) 可表述为

$$\hat{\boldsymbol{\theta}}(t) = \hat{\boldsymbol{\theta}}(t-1) + \boldsymbol{P}(t)\hat{\boldsymbol{\varphi}}(t)[y(t) - \hat{\boldsymbol{\varphi}}^{\mathrm{T}}(t)\hat{\boldsymbol{\theta}}(t-1)], \tag{3.8.4}$$

$$\boldsymbol{P}^{-1}(t) = \boldsymbol{P}^{-1}(t-1) + \hat{\boldsymbol{\varphi}}(t)\hat{\boldsymbol{\varphi}}^{\mathrm{T}}(t),\ \boldsymbol{P}(0) = p_0\boldsymbol{I}, \tag{3.8.5}$$

$$\hat{\boldsymbol{\varphi}}(t) = [\boldsymbol{\phi}^{\mathrm{T}}(t), \hat{v}(t-1), \hat{v}(t-2), \cdots, \hat{v}(t-n_d)]^{\mathrm{T}}, \tag{3.8.6}$$

$$\boldsymbol{\phi}(t) = [-y(t-1), -y(t-2), \cdots, -y(t-n_a), u(t-1), u(t-2), \cdots, u(t-n_b)]^{\mathrm{T}}, \tag{3.8.7}$$

$$\hat{v}(t) = y(t) - \hat{\boldsymbol{\varphi}}^{\mathrm{T}}(t)\hat{\boldsymbol{\theta}}(t). \tag{3.8.8}$$

在上述 RELS 算法中, 没有使用式 (3.8.3) 中不可测向量 $\boldsymbol{\varphi}_0(t)$, 而是使用可测向量 $\hat{\boldsymbol{\varphi}}(t)$, 它是用估计 **残差** $\hat{v}(t-i)$ 代替 $\boldsymbol{\varphi}_0(t)$ 中的不可测噪声 $v(t-i)$ 得到的, 故这个 RELS 算法可以实现.

由式 (3.8.5) 可得

$$\boldsymbol{P}^{-1}(t) = \sum_{j=1}^{t}\hat{\boldsymbol{\varphi}}(j)\hat{\boldsymbol{\varphi}}^{\mathrm{T}}(j) + \frac{\boldsymbol{I}}{p_0}. \tag{3.8.9}$$

定义

$$r(t) := \mathrm{tr}[\boldsymbol{P}^{-1}(t)] = \sum_{j=1}^{t}\|\hat{\boldsymbol{\varphi}}(j)\|^2 + n/p_0, \tag{3.8.10}$$

$$\boldsymbol{P}_0^{-1}(t) := \sum_{j=1}^{t}\boldsymbol{\varphi}_0(j)\boldsymbol{\varphi}_0^{\mathrm{T}}(j) + \frac{\boldsymbol{I}}{p_0}, \tag{3.8.11}$$

$$r_0(t) := \mathrm{tr}[\boldsymbol{P}_0^{-1}(t)] = \sum_{i=1}^{t}\|\boldsymbol{\varphi}_0(j)\|^2 + n/p_0. \tag{3.8.12}$$

与线性回归模型相比, 伪线性回归模型 I 包含了相关噪声项 $D(z)v(t)$, 所以在其收敛性定理中多了对 $D(z)$ 的约束. 关于 RELS 算法的性能有下列定理.

定理 3.8.1 [151, 170] 对于系统 (3.8.3) 和 RELS 算法 (3.8.4)~(3.8.8), 假设 (C1) 和 (C2) 成立, $D^{-1}(z)-\dfrac{1}{2}$ 是严格正实函数, 那么对任意 $c>1$, RELS 算法给出的参数估计误差满足

(1) $\|\hat{\boldsymbol{\theta}}(t)-\boldsymbol{\theta}\|^2=O\left(\dfrac{[\ln r(t)]^c}{\lambda_{\min}[\boldsymbol{P}^{-1}(t)]}\right)$, a.s.

(2) $\|\hat{\boldsymbol{\theta}}(t)-\boldsymbol{\theta}\|^2=O\left(\dfrac{\ln r(t)[\ln\ln r(t)]^c}{\lambda_{\min}[\boldsymbol{P}^{-1}(t)]}\right)$, a.s.

(3) $\|\hat{\boldsymbol{\theta}}(t)-\boldsymbol{\theta}\|^2=O\left(\dfrac{\ln r(t)\ln\ln r(t)[\ln\ln\ln r(t)]^c}{\lambda_{\min}[\boldsymbol{P}^{-1}(t)]}\right)$, a.s.

(4) $\|\hat{\boldsymbol{\theta}}(t)-\boldsymbol{\theta}\|^2=O\left(\dfrac{\ln r(t)\ln\ln r(t)\ln\ln\ln r(t)[\ln\ln\ln\ln r(t)]^c}{\lambda_{\min}[\boldsymbol{P}^{-1}(t)]}\right)$, a.s.

RELS 算法收敛定理 3.8.1 的结论与 RLS 算法收敛定理 3.7.1 的结论很类似, 但有本质区别. 因为 RLS 算法中 $\boldsymbol{P}^{-1}(t)$ [参见式 (3.7.37)] 和 $r(t)$ [参见式 (3.7.38)] 只与观测信息向量 $\boldsymbol{\varphi}(t)$ 有关, 所以定理 3.7.1 中 RLS 参数估计 (误差) 只依赖于观测信息向量 $\boldsymbol{\varphi}(t)$. 然而, RELS 算法中 $\boldsymbol{P}^{-1}(t)$ [参见式 (3.8.9)] 和 $r(t)$ [参见式 (3.8.10)] 与算法算出的向量 $\hat{\boldsymbol{\varphi}}(t)$ 有关, $\hat{\boldsymbol{\varphi}}(t)$ 包含了估计的噪声项 $\hat{v}(t-i)$, 它反过来是根据参数估计 $\hat{\boldsymbol{\theta}}(t)$ 计算的 [参见式 (3.8.8)]. 也就是说, 定理 3.8.1 结论中参数估计误差收敛速度通过式 (3.8.9)、(3.8.10) 和式 (3.8.8) 依赖于自己, 依赖算法本身, 这是不期望的. 一种办法是增加条件, 使 RELS 算法参数估计误差依赖于 $\boldsymbol{P}_0(t)$ 和 $r_0(t)$, 不依赖于 $\boldsymbol{P}(t)$ 和 $r(t)$.

假设 $[\ln r_0(t)]^c=o(\lambda_{\min}[\boldsymbol{P}_0^{-1}(t)]$, 可以证明 $r(t)=O(r_0(t))$, $\lambda_{\min}[\boldsymbol{P}_0^{-1}(t)]=O(\lambda_{\min}[\boldsymbol{P}^{-1}(t)])$, 那么定理 3.8.1 的结论可以表示为

(1) $\|\hat{\boldsymbol{\theta}}(t)-\boldsymbol{\theta}\|^2=O\left(\dfrac{[\ln r_0(t)]^c}{\lambda_{\min}[\boldsymbol{P}_0^{-1}(t)]}\right)$, a.s.

(2) $\|\hat{\boldsymbol{\theta}}(t)-\boldsymbol{\theta}\|^2=O\left(\dfrac{\ln r_0(t)[\ln\ln r_0(t)]^c}{\lambda_{\min}[\boldsymbol{P}_0^{-1}(t)]}\right)$, a.s.

(3) $\|\hat{\boldsymbol{\theta}}(t)-\boldsymbol{\theta}\|^2=O\left(\dfrac{\ln r_0(t)\ln\ln r_0(t)[\ln\ln\ln r_0(t)]^c}{\lambda_{\min}[\boldsymbol{P}_0^{-1}(t)]}\right)$, a.s.

(4) $\|\hat{\boldsymbol{\theta}}(t)-\boldsymbol{\theta}\|^2=O\left(\dfrac{\ln r_0(t)\ln\ln r_0(t)\ln\ln\ln r_0(t)[\ln\ln\ln\ln r_0(t)]^c}{\lambda_{\min}[\boldsymbol{P}_0^{-1}(t)]}\right)$, a.s.

定理 3.8.2 [151] 对于系统 (3.8.3) 和 **RELS 算法** (3.8.4)~(3.8.8), 假设 (C1) 和 (C3) 成立, $D^{-1}(z)-\dfrac{1}{2}$ 是严格正实函数, 那么 RELS 算法给出的参数估计误差满足

$$\|\hat{\boldsymbol{\theta}}(t)-\boldsymbol{\theta}\|^2=o\left(\frac{\lambda_{\max}[\boldsymbol{P}^{-1}(t)]}{\lambda_{\min}[\boldsymbol{P}^{-1}(t)]}\right),\ \text{a.s.}$$

当 $[\ln r_0(t)]^c=o(\lambda_{\min}[\boldsymbol{P}_0^{-1}(t)]$ 时, 有

$$\|\hat{\boldsymbol{\theta}}(t)-\boldsymbol{\theta}\|^2=o\left(\frac{\lambda_{\max}[\boldsymbol{P}_0^{-1}(t)]}{\lambda_{\min}[\boldsymbol{P}_0^{-1}(t)]}\right),\ \text{a.s.}$$

将矩阵求逆引理 (3.7.1) 应用于 (3.8.5), 可以得到避免求协方差矩阵逆的 **RELS 算法**:

$$\hat{\boldsymbol{\theta}}(t)=\hat{\boldsymbol{\theta}}(t-1)+\boldsymbol{L}(t)[y(t)-\hat{\boldsymbol{\varphi}}^{\mathrm{T}}(t)\hat{\boldsymbol{\theta}}(t-1)], \tag{3.8.13}$$

$$\boldsymbol{L}(t)=\boldsymbol{P}(t-1)\hat{\boldsymbol{\varphi}}(t)[1+\hat{\boldsymbol{\varphi}}^{\mathrm{T}}(t)\boldsymbol{P}(t-1)\hat{\boldsymbol{\varphi}}(t)]^{-1}, \tag{3.8.14}$$

$$\boldsymbol{P}(t)=[\boldsymbol{I}-\boldsymbol{L}(t)\hat{\boldsymbol{\varphi}}^{\mathrm{T}}(t)]\boldsymbol{P}(t-1),\ \boldsymbol{P}(0)=p_0\boldsymbol{I}, \tag{3.8.15}$$

$$\hat{\boldsymbol{\varphi}}(t)=[\boldsymbol{\phi}^{\mathrm{T}}(t),\hat{v}(t-1),\hat{v}(t-2),\cdots,\hat{v}(t-n_d)]^{\mathrm{T}}, \tag{3.8.16}$$

$$\boldsymbol{\phi}(t)=[-y(t-1),-y(t-2),\cdots,-y(t-n_a),u(t-1),u(t-2),\cdots,u(t-n_b)]^{\mathrm{T}}, \tag{3.8.17}$$

$$\hat{v}(t)=y(t)-\hat{\boldsymbol{\varphi}}^{\mathrm{T}}(t)\hat{\boldsymbol{\theta}}(t). \tag{3.8.18}$$

这个算法中也可以用 **新息** $e(t):=y(t)-\hat{\boldsymbol{\varphi}}^{\mathrm{T}}(t)\hat{\boldsymbol{\theta}}(t-1)$ 代替式 (3.8.16) $\hat{\boldsymbol{\varphi}}(t)$ 中的残差 $\hat{v}(t)$.

2. **增广随机梯度算法**

伪线性回归模型 (3.8.1) 重写如下,

$$y(t)=\boldsymbol{\varphi}_0^{\mathrm{T}}(t)\boldsymbol{\theta}+v(t),\ \boldsymbol{\theta}\in\mathbb{R}^n, \tag{3.8.19}$$

$$\boldsymbol{\varphi}_0(t):=[\boldsymbol{\phi}^{\mathrm{T}}(t),v(t-1),v(t-2),\cdots,v(t-n_d)]^{\mathrm{T}}\in\mathbb{R}^n.$$

基于信息向量 $\boldsymbol{\varphi}_0(t)$ 中不可测噪声 $v(t-i)$ 用其估计值代替的思想, 可以得到估计 $\boldsymbol{\theta}$ 的 **增广随机梯度算法** (Extended Stochastic Gradient algorithm, **ESG 算法**). 如果信息向量中的不可测噪声 $v(t)$ 用其估计残差 $\hat{v}(t):=y(t)-\boldsymbol{\varphi}^{\mathrm{T}}(t)\hat{\boldsymbol{\theta}}(t)$ 代替, 就得到基于残差的 ESG 算法; 如果 $v(t)$ 用新息 $e(t):=y(t)-\boldsymbol{\varphi}^{\mathrm{T}}(t)\hat{\boldsymbol{\theta}}(t-1)$ 代替, 就得到基于新息的 ESG 算法. 下面我们分别研究这两个算法的收敛性.

(1) **基于残差的 ESG 算法.**

基于残差的 ESG 算法 (Residual based ESG algorithm, **R-ESG 算法**) 可表示为[24]

$$\hat{\boldsymbol{\theta}}(t)=\hat{\boldsymbol{\theta}}(t-1)+\frac{\hat{\boldsymbol{\varphi}}(t)}{r(t)}[y(t)-\hat{\boldsymbol{\varphi}}^{\mathrm{T}}(t)\hat{\boldsymbol{\theta}}(t-1)], \tag{3.8.20}$$

$$r(t)=r(t-1)+\|\hat{\boldsymbol{\varphi}}(t)\|^2,\ r(0)=1, \tag{3.8.21}$$

$$\hat{\boldsymbol{\varphi}}(t)=[\boldsymbol{\phi}^{\mathrm{T}}(t),\hat{v}(t-1),\hat{v}(t-2),\cdots,\hat{v}(t-n_d)]^{\mathrm{T}}, \tag{3.8.22}$$

$$\boldsymbol{\phi}(t)=[-y(t-1),-y(t-2),\cdots,-y(t-n_a),u(t-1),u(t-2),\cdots,u(t-n_b)]^{\mathrm{T}}, \tag{3.8.23}$$

$$\hat{v}(t)=y(t)-\hat{\boldsymbol{\varphi}}^{\mathrm{T}}(t)\hat{\boldsymbol{\theta}}(t). \tag{3.8.24}$$

定理 3.8.3 [24] 对于系统 (3.8.19) 和 R-ESG 算法 (3.8.20)~(3.8.24), 定义

$$\boldsymbol{R}(t):=\sum_{j=1}^{t}\hat{\boldsymbol{\varphi}}(j)\hat{\boldsymbol{\varphi}}^{\mathrm{T}}(j),\quad \boldsymbol{R}_0(t):=\sum_{j=1}^{t}\boldsymbol{\varphi}_0(j)\boldsymbol{\varphi}_0^{\mathrm{T}}(j),\quad r_0(t):=\mathrm{tr}[\boldsymbol{R}_0(t)].$$

假设 (C1) 和 (C2) 成立, $D(z)$ 严格正实, 且 $r(t)\to\infty$,

(C4) $\displaystyle\limsup_{t\to\infty}\frac{r(t)}{\lambda_{\min}[\boldsymbol{R}(t)]}<\infty$, a.s.

那么参数估计误差满足

$$\|\hat{\boldsymbol{\theta}}(t)-\boldsymbol{\theta}\|^2=o\left(\frac{r(t)}{\lambda_{\min}[\boldsymbol{R}(t)]}\right)\to 0,\ \text{a.s.}$$

如果 $[\ln r_0(t)]^c=o(\lambda_{\min}[\boldsymbol{P}_0^{-1}(t)])$ 且 $r_0(t)\to\infty$,

(C5) $\displaystyle\limsup_{t\to\infty}\frac{r_0(t)}{\lambda_{\min}[\boldsymbol{R}_0(t)]}<\infty$, a.s.

则有

$$\|\hat{\boldsymbol{\theta}}(t)-\boldsymbol{\theta}\|^2=o\left(\frac{r_0(t)}{\lambda_{\min}[\boldsymbol{R}_0(t)]}\right)\to 0,\ \text{a.s.}$$

即参数估计误差一致收敛于真参数向量: $[\hat{\boldsymbol{\theta}}(t)-\boldsymbol{\theta}]\to 0$, a.s.

同样, 我们可以得到**基于残差的遗忘因子增广随机梯度算法** (Forgetting Factor R-ESG algorithm, **FF-R-ESG 算法**):

$$\hat{\boldsymbol{\theta}}(t)=\hat{\boldsymbol{\theta}}(t-1)+\frac{\hat{\boldsymbol{\varphi}}(t)}{r(t)}[y(t)-\hat{\boldsymbol{\varphi}}^{\mathrm{T}}(t)\hat{\boldsymbol{\theta}}(t-1)], \tag{3.8.25}$$

$$r(t)=\lambda r(t-1)+\|\hat{\boldsymbol{\varphi}}(t)\|^2,\ 0<\lambda<1,\ r(0)=1, \tag{3.8.26}$$

$$\hat{\boldsymbol{\varphi}}(t)=[\boldsymbol{\phi}^{\mathrm{T}}(t),\hat{v}(t-1),\hat{v}(t-2),\cdots,\hat{v}(t-n_d)]^{\mathrm{T}}, \tag{3.8.27}$$

$$\boldsymbol{\phi}(t)=[-y(t-1),-y(t-2),\cdots,-y(t-n_a),u(t-1),u(t-2),\cdots,u(t-n_b)]^{\mathrm{T}}, \tag{3.8.28}$$

$$\hat{v}(t)=y(t)-\hat{\boldsymbol{\varphi}}^{\mathrm{T}}(t)\hat{\boldsymbol{\theta}}(t). \tag{3.8.29}$$

基于残差的修正增广随机梯度算法 (Residual based Modified Extended Stochastic Gradient algorithm, **R-M-ESG 算法**):

$$\hat{\boldsymbol{\theta}}(t)=\hat{\boldsymbol{\theta}}(t-1)+\frac{\boldsymbol{\varphi}(t)}{r^{\epsilon}(t)}[y(t)-\boldsymbol{\varphi}^{\mathrm{T}}(t)\hat{\boldsymbol{\theta}}(t-1)],\ \frac{1}{2}<\epsilon\leqslant 1, \tag{3.8.30}$$

$$r(t)=r(t-1)+\|\hat{\boldsymbol{\varphi}}(t)\|^2,\ r(0)=1, \tag{3.8.31}$$

$$\hat{\boldsymbol{\varphi}}(t)=[\boldsymbol{\phi}^{\mathrm{T}}(t),\hat{v}(t-1),\hat{v}(t-2),\cdots,\hat{v}(t-n_d)]^{\mathrm{T}}, \tag{3.8.32}$$

$$\boldsymbol{\phi}(t)=[-y(t-1),-y(t-2),\cdots,-y(t-n_a),u(t-1),u(t-2),\cdots,u(t-n_b)]^{\mathrm{T}}, \tag{3.8.33}$$

$$\hat{v}(t)=y(t)-\hat{\boldsymbol{\varphi}}^{\mathrm{T}}(t)\hat{\boldsymbol{\theta}}(t). \tag{3.8.34}$$

(2) **基于新息的 ESG 算法.**

基于新息的 ESG 算法 (Innovation based ESG algorithm, **I-ESG 算法**) 可表示为

$$\hat{\boldsymbol{\theta}}(t)=\hat{\boldsymbol{\theta}}(t-1)+\frac{\hat{\boldsymbol{\varphi}}(t)}{r(t)}e(t), \tag{3.8.35}$$

$$e(t)=y(t)-\hat{\boldsymbol{\varphi}}^{\mathrm{T}}(t)\hat{\boldsymbol{\theta}}(t-1), \tag{3.8.36}$$

$$r(t)=r(t-1)+\|\hat{\boldsymbol{\varphi}}(t)\|^2,\ r(0)=1, \tag{3.8.37}$$

$$\hat{\boldsymbol{\varphi}}(t)=[\boldsymbol{\phi}^{\mathrm{T}}(t),e(t-1),e(t-2),\cdots,e(t-n_d)]^{\mathrm{T}}, \tag{3.8.38}$$

$$\boldsymbol{\phi}(t)=[-y(t-1),-y(t-2),\cdots,-y(t-n_a),u(t-1),u(t-2),\cdots,u(t-n_b)]^{\mathrm{T}}. \tag{3.8.39}$$

I-ESG 算法与 R-ESG 算法收敛条件略有不同, 只需将定理 3.8.3 中 “$D(z)$ 严格正实” 改为 “$D(z)-1/2$ 严格正实”, 就得到 I-ESG 算法的收敛结论.

同样, 我们可以得到**基于新息的遗忘因子增广随机梯度算法** (**FF-I-ESG 算法**):

$$\hat{\boldsymbol{\theta}}(t)=\hat{\boldsymbol{\theta}}(t-1)+\frac{\hat{\boldsymbol{\varphi}}(t)}{r(t)}e(t), \tag{3.8.40}$$

$$e(t)=y(t)-\hat{\boldsymbol{\varphi}}^{\mathrm{T}}(t)\hat{\boldsymbol{\theta}}(t-1), \tag{3.8.41}$$

$$r(t)=\lambda r(t-1)+\|\hat{\boldsymbol{\varphi}}(t)\|^2,\ 0<\lambda<1,\ r(0)=1, \tag{3.8.42}$$

$$\hat{\boldsymbol{\varphi}}(t)=[\boldsymbol{\phi}^{\mathrm{T}}(t),e(t-1),e(t-2),\cdots,e(t-n_d)]^{\mathrm{T}},\tag{3.8.43}$$

$$\boldsymbol{\phi}(t)=[-y(t-1),-y(t-2),\cdots,-y(t-n_a),u(t-1),u(t-2),\cdots,u(t-n_b)]^{\mathrm{T}}.\tag{3.8.44}$$

基于新息的修正增广随机梯度算法 (Innovation based Modified ESG algorithm, I-M-ESG):

$$\hat{\boldsymbol{\theta}}(t)=\hat{\boldsymbol{\theta}}(t-1)+\frac{\hat{\boldsymbol{\varphi}}(t)}{r^{\epsilon}(t)}e(t),\ \frac{1}{2}<\epsilon\leqslant 1,\tag{3.8.45}$$

$$e(t)=y(t)-\hat{\boldsymbol{\varphi}}^{\mathrm{T}}(t)\hat{\boldsymbol{\theta}}(t-1),\tag{3.8.46}$$

$$r(t)=r(t-1)+\|\hat{\boldsymbol{\varphi}}(t)\|^2,\ r(0)=1,\tag{3.8.47}$$

$$\hat{\boldsymbol{\varphi}}(t)=[\boldsymbol{\phi}^{\mathrm{T}}(t),e(t-1),e(t-2),\cdots,e(t-n_d)]^{\mathrm{T}},\tag{3.8.48}$$

$$\boldsymbol{\phi}(t)=[-y(t-1),-y(t-2),\cdots,-y(t-n_a),u(t-1),u(t-2),\cdots,u(t-n_b)]^{\mathrm{T}}.\tag{3.8.49}$$

M-R-ESG 算法和 M-I-ESG 算法统称为修正增广随机梯度算法 (**M-ESG 算法**). M-ESG 算法参数估计误差收敛性分析是一个有待研究的辨识课题. FF-R-ESG 算法和 FF-I-ESG 算法统称为遗忘因子增广随机梯度算法 (**FF-ESG 算法**) . FF-ESG 算法参数估计误差界是辨识领域的研究难题.

定理 3.8.1~3.8.3 的结论对多输入单输出线性系统

$$A(z)y(t)=\sum_{j=1}^{r}B_j(z)u_j(t)+D(z)v(t)$$

和多输入单输出非线性系统

$$A(z)y(t)=\sum_{j=1}^{r}B_j(z)u_j(t)y(t-1)+D(z)v(t)$$

也成立. 这两类系统属于伪线性回归模型 I .

3.8.2　伪线性回归模型 II

伪线性回归模型 I 中信息向量包含了不可测白噪声项 $v(t-i)$, 伪线性回归模型 II 的特征是信息向量包含了不可测输出项: 真实输出或无噪输出 $x(t-i)$. **伪线性回归模型 II** 就是指一类白噪声干扰的标准输出误差模型, 它具有下列形式,

$$y(t)=\frac{f(\boldsymbol{\vartheta},z,u(t))}{A(z)}+v(t),$$

其中 $f(\boldsymbol{\vartheta},z,u(t))$ 是参数向量 $\boldsymbol{\vartheta}$ 的线性函数. 伪线性回归模型 II 可以是线性系统, 也可以是非线性系统. 当 $f(\boldsymbol{\vartheta},z,u(t))=B(z)u(t)$ 时, 就得到线性系统的标准 **输出误差模型**(Output Error mode, OE 模型),

$$y(t)=\frac{B(z)}{A(z)}u(t)+v(t),\tag{3.8.50}$$

其中 $\{u(t)\}$ 和 $\{y(t)\}$ 分别是系统的输入和输出序列, $\{v(t)\}$ 是零均值方差为 σ^2 的随机白噪声序列, $G(z):=\dfrac{B(z)}{A(z)}$ 为系统的传递函数, $A(z)$ 和 $B(z)$ 是单位后移算子 z^{-1} 的多项式, 如前所定义.

输出误差模型示意图如图 3.8.1 所示, 其中 $x(t) := \dfrac{B(z)}{A(z)}u(t)$为系统的 **真实输出** (true output) 或 **无噪输出** (noise-free output) (不可得到), $y(t)$ 是 $x(t)$ 的含噪量测.

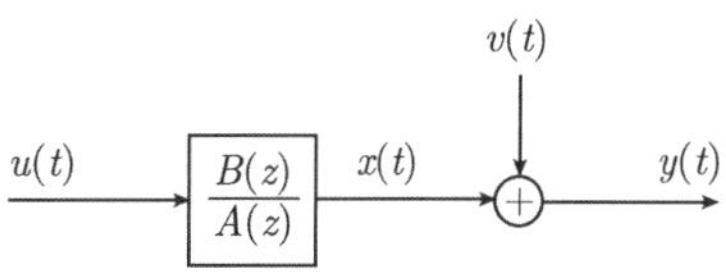

图 3.8.1 输出误差模型

定义 **参数向量** $\boldsymbol{\theta}$ 和 **信息向量** $\boldsymbol{\varphi}_0(t)$ 如下,

$$\boldsymbol{\theta} := [a_1, a_2, \cdots, a_{n_a}, b_1, b_2, \cdots, b_{n_b}]^{\mathrm{T}} \in \mathbb{R}^n,\ n := n_a + n_b,$$

$$\boldsymbol{\varphi}_0(t) := [-x(t-1), -x(t-2), \cdots, -x(t-n_a), u(t-1), u(t-2), \cdots, u(t-n_b)]^{\mathrm{T}} \in \mathbb{R}^n.$$

则可得输出误差系统的伪线性回归模型 II,

$$\begin{aligned} x(t) &= \boldsymbol{\varphi}_0^{\mathrm{T}}(t)\boldsymbol{\theta}, \\ y(t) &= x(t) + v(t) \\ &= \boldsymbol{\varphi}_0^{\mathrm{T}}(t)\boldsymbol{\theta} + v(t). \end{aligned} \tag{3.8.51}$$

这个伪线性回归模型中信息向量 $\boldsymbol{\varphi}_0(t)$ 包含了系统的不可测真实输出 $x(t-i)$.

1. **辅助模型递推最小二乘算法**

输出误差模型的辨识是采用 **辅助模型辨识思想**: 信息向量中不可测真实输出 $x(t-i)$ 用辅助模型的输出代替或估计的输出 $\hat{x}(t-i)$ 代替. 估计伪线性回归模型 (3.8.51) 参数向量 $\boldsymbol{\theta}$ 的 **辅助模型递推最小二乘算法** (Auxiliary Model based Recursive Least Squares algorithm, **AM-RLS 算法**) 为

$$\hat{\boldsymbol{\theta}}(t) = \hat{\boldsymbol{\theta}}(t-1) + \boldsymbol{P}(t)\hat{\boldsymbol{\varphi}}(t)[y(t) - \hat{\boldsymbol{\varphi}}^{\mathrm{T}}(t)\hat{\boldsymbol{\theta}}(t-1)], \tag{3.8.52}$$

$$\boldsymbol{P}^{-1}(t) = \boldsymbol{P}^{-1}(t-1) + \hat{\boldsymbol{\varphi}}(t)\hat{\boldsymbol{\varphi}}^{\mathrm{T}}(t),\ \boldsymbol{P}(0) = p_0\boldsymbol{I}, \tag{3.8.53}$$

$$\hat{\boldsymbol{\varphi}}(t) = [-\hat{x}(t-1), -\hat{x}(t-2), \cdots, -\hat{x}(t-n_a), u(t-1), u(t-2), \cdots, u(t-n_b)]^{\mathrm{T}}, \tag{3.8.54}$$

$$\hat{x}(t) = \hat{\boldsymbol{\varphi}}^{\mathrm{T}}(t)\hat{\boldsymbol{\theta}}(t). \tag{3.8.55}$$

定义

$$\begin{aligned} \boldsymbol{P}_0^{-1}(t) &:= \boldsymbol{P}_0^{-1}(t-1) + \boldsymbol{\varphi}_0(t)\boldsymbol{\varphi}_0^{\mathrm{T}}(t),\ \boldsymbol{P}_0(0) = p_0\boldsymbol{I}, \\ r(t) &:= \mathrm{tr}[\boldsymbol{P}^{-1}(t)] \\ &= \frac{n}{p_0} + \sum_{j=1}^{t} \|\hat{\boldsymbol{\varphi}}(j)\|^2 \\ &= r(t-1) + \|\hat{\boldsymbol{\varphi}}(t)\|^2, \\ r_0(t) &:= \mathrm{tr}[\boldsymbol{P}_0^{-1}(t)] \\ &= \frac{n}{p_0} + \sum_{j=1}^{t} \|\boldsymbol{\varphi}_0(j)\|^2 \\ &= r_0(t-1) + \|\boldsymbol{\varphi}_0(t)\|^2. \end{aligned}$$

AM-RLS 算法的收敛结论与定理 3.8.1 和定理 3.8.2 类似.

定理 3.8.4 [27] 对于系统 (3.8.51) 和 AM-RLS 算法 (3.8.52)~(3.8.55), 假设 (C1) 和 (C2)

成立, $A^{-1}(z)-\dfrac{1}{2}$ 是严格正实函数, $[\ln r_0(t)]^c=o(\lambda_{\min}[\boldsymbol{P}_0^{-1}(t)])$, 那么对于 $c>1$, AM-RLS 算法给出的参数估计误差满足

(1) $\|\hat{\boldsymbol{\theta}}(t)-\boldsymbol{\theta}\|^2=O\left(\dfrac{[\ln r_0(t)]^c}{\lambda_{\min}[\boldsymbol{P}_0^{-1}(t)]}\right)$, a.s.

(2) $\|\hat{\boldsymbol{\theta}}(t)-\boldsymbol{\theta}\|^2=O\left(\dfrac{\ln r_0(t)[\ln\ln r_0(t)]^c}{\lambda_{\min}[\boldsymbol{P}_0^{-1}(t)]}\right)$, a.s.

(3) $\|\hat{\boldsymbol{\theta}}(t)-\boldsymbol{\theta}\|^2=O\left(\dfrac{\ln r_0(t)\ln\ln r_0(t)[\ln\ln\ln r_0(t)]^c}{\lambda_{\min}[\boldsymbol{P}_0^{-1}(t)]}\right)$, a.s.

(4) $\|\hat{\boldsymbol{\theta}}(t)-\boldsymbol{\theta}\|^2=O\left(\dfrac{\ln r_0(t)\ln\ln r_0(t)\ln\ln\ln r_0(t)[\ln\ln\ln\ln r_0(t)]^c}{\lambda_{\min}[\boldsymbol{P}_0^{-1}(t)]}\right)$, a.s.

定理 3.8.5 [27]　对于系统 (3.8.51) 和 AM-RLS 算法 (3.8.52)~(3.8.55), 假设 (C1) 和 (C3) 成立, $D^{-1}(z)-\dfrac{1}{2}$ 是严格正实函数, $[\ln r_0(t)]^c=o(\lambda_{\min}[\boldsymbol{P}_0^{-1}(t)])$, 那么 AM-RLS 算法给出的参数估计误差满足

$$\|\hat{\boldsymbol{\theta}}(t)-\boldsymbol{\theta}\|^2=o\left(\frac{\lambda_{\max}[\boldsymbol{P}_0^{-1}(t)]}{\lambda_{\min}[\boldsymbol{P}_0^{-1}(t)]}\right),\ \text{a.s.}$$

将矩阵求逆引理 (3.7.1) 应用于 (3.8.53), 可以得到避免求协方差矩阵逆的 AM-RLS 算法:

$$\hat{\boldsymbol{\theta}}(t)=\hat{\boldsymbol{\theta}}(t-1)+\boldsymbol{L}(t)[y(t)-\hat{\boldsymbol{\varphi}}^{\mathrm{T}}(t)\hat{\boldsymbol{\theta}}(t-1)], \tag{3.8.56}$$

$$\boldsymbol{L}(t)=\boldsymbol{P}(t-1)\hat{\boldsymbol{\varphi}}(t)[1+\hat{\boldsymbol{\varphi}}^{\mathrm{T}}(t)\boldsymbol{P}(t-1)\hat{\boldsymbol{\varphi}}(t)]^{-1}, \tag{3.8.57}$$

$$\boldsymbol{P}(t)=[\boldsymbol{I}-\boldsymbol{L}(t)\hat{\boldsymbol{\varphi}}^{\mathrm{T}}(t)]\boldsymbol{P}(t-1),\ \boldsymbol{P}(0)=p_0\boldsymbol{I}, \tag{3.8.58}$$

$$\hat{\boldsymbol{\varphi}}(t)=[-\hat{x}(t-1),-\hat{x}(t-2),\cdots,-\hat{x}(t-n_a),u(t-1),u(t-2),\cdots,u(t-n_b)]^{\mathrm{T}}, \tag{3.8.59}$$

$$\hat{x}(t)=\hat{\boldsymbol{\varphi}}^{\mathrm{T}}(t)\hat{\boldsymbol{\theta}}(t). \tag{3.8.60}$$

2. **辅助模型随机梯度算法**

估计伪线性回归模型 (3.8.51) 参数向量 $\boldsymbol{\theta}$ 的 **辅助模型随机梯度算法** (Auxiliary Model based Stochastic Gradient algorithm, **AM-SG 算法**) 为

$$\hat{\boldsymbol{\theta}}(t)=\hat{\boldsymbol{\theta}}(t-1)+\frac{\hat{\boldsymbol{\varphi}}(t)}{r(t)}[y(t)-\hat{\boldsymbol{\varphi}}^{\mathrm{T}}(t)\hat{\boldsymbol{\theta}}(t-1)], \tag{3.8.61}$$

$$r(t)=r(t-1)+\|\hat{\boldsymbol{\varphi}}(t)\|^2,\ r(0)=1, \tag{3.8.62}$$

$$\hat{\boldsymbol{\varphi}}(t)=[-\hat{x}(t-1),-\hat{x}(t-2),\cdots,-\hat{x}(t-n_a),u(t-1),u(t-2),\cdots,u(t-n_b)]^{\mathrm{T}}, \tag{3.8.63}$$

$$\hat{x}(t)=\hat{\boldsymbol{\varphi}}^{\mathrm{T}}(t)\hat{\boldsymbol{\theta}}(t). \tag{3.8.64}$$

定理 3.8.6 [110]　对于系统 (3.8.51) 和 **AM-SG 算法** (3.8.61)~(3.8.64), 定义

$$\boldsymbol{R}(t):=\sum_{j=1}^{t}\hat{\boldsymbol{\varphi}}(j)\hat{\boldsymbol{\varphi}}^{\mathrm{T}}(j),\quad \boldsymbol{R}_0(t):=\sum_{j=1}^{t}\boldsymbol{\varphi}_0(j)\boldsymbol{\varphi}_0^{\mathrm{T}}(j),\quad r_0(t):=\mathrm{tr}[\boldsymbol{R}_0(t)].$$

假设 (C1) 和 (C2) 成立, $A(z)$ 严格正实, 且 $r(t)\to\infty$, $r(t)=O(\lambda_{\min}[\boldsymbol{R}(t)])$, a.s. 那么 AM-SG 算法给出的参数估计误差满足

$$\|\hat{\boldsymbol{\theta}}(t)-\boldsymbol{\theta}\|^2=o\left(\frac{r(t)}{\lambda_{\min}[\boldsymbol{R}(t)]}\right)\to 0,\ \text{a.s.}$$

如果 $[\ln r_0(t)]^c=o(\lambda_{\min}[\boldsymbol{P}_0^{-1}(t)])$, 且 $r_0(t)\to\infty$, $r_0(t)=O(\lambda_{\min}[\boldsymbol{R}_0(t)])$, a.s. 则有

$$\|\hat{\boldsymbol{\theta}}(t)-\boldsymbol{\theta}\|^2=o\left(\frac{r(t)}{\lambda_{\min}[\boldsymbol{R}(t)]}\right)\to 0,\ \text{a.s.}$$

我们可以得到 **辅助模型遗忘因子随机梯度算法** (Auxiliary Model based Forgetting Factor Stochastic Gradient algorithm, **AM-FFSG 算法**), 简称 **辅助模型遗忘梯度算法** (Auxiliary Model based Forgetting Gradient algorithm, **AM-FG 算法**):

$$\hat{\boldsymbol{\theta}}(t)=\hat{\boldsymbol{\theta}}(t-1)+\frac{\hat{\boldsymbol{\varphi}}(t)}{r(t)}[y(t)-\hat{\boldsymbol{\varphi}}^{\mathrm{T}}(t)\hat{\boldsymbol{\theta}}(t-1)], \tag{3.8.65}$$

$$r(t)=\lambda r(t-1)+\|\hat{\boldsymbol{\varphi}}(t)\|^2,\ 0<\lambda<1,\ r(0)=1, \tag{3.8.66}$$

$$\hat{\boldsymbol{\varphi}}(t)=[-\hat{x}(t-1),-\hat{x}(t-2),\cdots,-\hat{x}(t-n_a),u(t-1),u(t-2),\cdots,u(t-n_b)]^{\mathrm{T}}, \tag{3.8.67}$$

$$\hat{x}(t)=\hat{\boldsymbol{\varphi}}^{\mathrm{T}}(t)\hat{\boldsymbol{\theta}}(t). \tag{3.8.68}$$

辅助模型修正随机梯度算法 (Auxiliary Model based Modified Stochastic Gradient algorithm, **AM-M-SG 算法**):

$$\hat{\boldsymbol{\theta}}(t)=\hat{\boldsymbol{\theta}}(t-1)+\frac{\hat{\boldsymbol{\varphi}}(t)}{r^{\epsilon}(t)}[y(t)-\hat{\boldsymbol{\varphi}}^{\mathrm{T}}(t)\hat{\boldsymbol{\theta}}(t-1)],\ \frac{1}{2}<\epsilon\leqslant 1, \tag{3.8.69}$$

$$r(t)=r(t-1)+\|\hat{\boldsymbol{\varphi}}(t)\|^2,\ r(0)=1, \tag{3.8.70}$$

$$\hat{\boldsymbol{\varphi}}(t)=[-\hat{x}(t-1),-\hat{x}(t-2),\cdots,-\hat{x}(t-n_a),u(t-1),u(t-2),\cdots,u(t-n_b)]^{\mathrm{T}}, \tag{3.8.71}$$

$$\hat{x}(t)=\hat{\boldsymbol{\varphi}}^{\mathrm{T}}(t)\hat{\boldsymbol{\theta}}(t). \tag{3.8.72}$$

AM-M-SG 算法 参数估计误差收敛性分析是一个有待研究的辨识课题. **AM-FG 算法** 参数估计误差界是辨识领域的研究难题.

定理 3.8.4~3.8.6 的结论对多输入单输出线性系统

$$y(t)=\frac{1}{A(z)}\sum_{j=1}^{r}B_j(z)u_j(t)+D(z)v(t)$$

和多输入单输出非线性系统

$$y(t)=\frac{1}{A(z)}\sum_{j=1}^{r}B_j(z)u_j(t)y(t-1)+D(z)v(t)$$

也成立. 这两类系统属于伪线性回归模型 II.

3.8.3 伪线性回归模型III

伪线性回归模型 I 的信息向量中只涉及未知白噪声项 $v(t-i)$, 伪线性回归模型 II 的信息向量中只涉及未知真实输出项 $x(t-i)$, 我们把信息向量涉及真实输出项 $x(t-i)$ 和 (或) 未知白噪声项 $v(t-i)$ 和 (或) 其他相关噪声项 $w(t-i)$ 的模型都归结为 **伪线性回归模型III**.

(1) 方程误差类的 **CARAR 模型**

$$A(z)y(t)=B(z)u(t)+\frac{1}{C(z)}v(t)$$

的递推广义最小二乘算法 (**RGLS 算法**) 如下,

$$\hat{\boldsymbol{\theta}}(t)=\hat{\boldsymbol{\theta}}(t-1)+\boldsymbol{L}(t)[y(t)-\hat{\boldsymbol{\varphi}}^{\mathrm{T}}(t)\hat{\boldsymbol{\theta}}(t-1)], \tag{3.8.73}$$

$$\boldsymbol{L}(t)=\frac{\boldsymbol{P}(t-1)\hat{\boldsymbol{\varphi}}(t)}{1+\hat{\boldsymbol{\varphi}}^{\mathrm{T}}(t)\boldsymbol{P}(t-1)\hat{\boldsymbol{\varphi}}(t)}, \tag{3.8.74}$$

$$\boldsymbol{P}(t)=[\boldsymbol{I}-\boldsymbol{L}(t)\hat{\boldsymbol{\varphi}}^{\mathrm{T}}(t)]\boldsymbol{P}(t-1),\ \boldsymbol{P}(0)=p_0\boldsymbol{I}, \tag{3.8.75}$$

$$\hat{\boldsymbol{\varphi}}(t)=\begin{bmatrix}\hat{\boldsymbol{\varphi}}_{\mathrm{s}}(t)\\ \hat{\boldsymbol{\varphi}}_{\mathrm{n}}(t)\end{bmatrix},\quad \hat{\boldsymbol{\theta}}(t)=\begin{bmatrix}\hat{\boldsymbol{\theta}}_{\mathrm{s}}(t)\\ \hat{\boldsymbol{\theta}}_{\mathrm{n}}(t)\end{bmatrix}, \tag{3.8.76}$$

$$\boldsymbol{\varphi}_{\mathrm{s}}(t)=[-y(t-1),-y(t-2),\cdots,-y(t-n_a),u(t-1),u(t-2),\cdots,u(t-n_b)]^{\mathrm{T}}, \tag{3.8.77}$$

$$\hat{\boldsymbol{\varphi}}_{\mathrm{n}}(t)=[-\hat{w}(t-1),-\hat{w}(t-2),\cdots,-\hat{w}(t-n_c)]^{\mathrm{T}}, \tag{3.8.78}$$

$$\hat{w}(t)=y(t)-\boldsymbol{\varphi}_{\mathrm{s}}^{\mathrm{T}}(t)\hat{\boldsymbol{\theta}}_{\mathrm{s}}(t), \tag{3.8.79}$$

$$\hat{\boldsymbol{\theta}}_{\mathrm{s}}(t)=[\hat{a}_1(t),\hat{a}_2(t),\cdots,\hat{a}_{n_a}(t),\hat{b}_1(t),\hat{b}_2(t),\cdots,\hat{b}_{n_b}(t)]^{\mathrm{T}}, \tag{3.8.80}$$

$$\hat{\boldsymbol{\theta}}_{\mathrm{n}}(t)=[\hat{c}_1(t),\hat{c}_2(t),\cdots,\hat{c}_{n_c}(t)]^{\mathrm{T}}. \tag{3.8.81}$$

(2) **CARARMA 模型**

$$A(z)y(t)=B(z)u(t)+\frac{D(z)}{C(z)}v(t)$$

的递推广义增广最小二乘算法 (**RGELS 算法**)[84] 如下,

$$\hat{\boldsymbol{\theta}}(t)=\hat{\boldsymbol{\theta}}(t-1)+\boldsymbol{L}(t)[y(t)-\hat{\boldsymbol{\varphi}}^{\mathrm{T}}(t)\hat{\boldsymbol{\theta}}(t-1)], \tag{3.8.82}$$

$$\boldsymbol{L}(t)=\boldsymbol{P}(t-1)\hat{\boldsymbol{\varphi}}(t)[1+\hat{\boldsymbol{\varphi}}^{\mathrm{T}}(t)\boldsymbol{P}(t-1)\hat{\boldsymbol{\varphi}}(t)]^{-1}, \tag{3.8.83}$$

$$\boldsymbol{P}(t)=[\boldsymbol{I}-\boldsymbol{L}(t)\hat{\boldsymbol{\varphi}}^{\mathrm{T}}(t)]\boldsymbol{P}(t-1),\ \boldsymbol{P}(0)=p_0\boldsymbol{I}, \tag{3.8.84}$$

$$\hat{\boldsymbol{\theta}}(t)=\begin{bmatrix}\hat{\boldsymbol{\theta}}_{\mathrm{s}}(t)\\ \hat{\boldsymbol{\theta}}_{\mathrm{n}}(t)\end{bmatrix},\quad \hat{\boldsymbol{\varphi}}(t)=\begin{bmatrix}\boldsymbol{\varphi}_{\mathrm{s}}(t)\\ \hat{\boldsymbol{\varphi}}_{\mathrm{n}}(t)\end{bmatrix}, \tag{3.8.85}$$

$$\boldsymbol{\varphi}_{\mathrm{s}}(t)=[-y(t-1),-y(t-2),\cdots,-y(t-n_a),u(t-1),u(t-2),\cdots,u(t-n_b)]^{\mathrm{T}}, \tag{3.8.86}$$

$$\hat{\boldsymbol{\varphi}}_{\mathrm{n}}(t)=[-\hat{w}(t-1),-\hat{w}(t-2),\cdots,-\hat{w}(t-n_c),\hat{v}(t-1),\hat{v}(t-2),\cdots,\hat{v}(t-n_d)]^{\mathrm{T}}, \tag{3.8.87}$$

$$\hat{w}(t)=y(t)-\boldsymbol{\varphi}_{\mathrm{s}}^{\mathrm{T}}(t)\hat{\boldsymbol{\theta}}_{\mathrm{s}}(t), \tag{3.8.88}$$

$$\hat{v}(t)=y(t)-\hat{\boldsymbol{\varphi}}^{\mathrm{T}}(t)\hat{\boldsymbol{\theta}}(t),\ \text{或}\ \hat{v}(t)=\hat{w}(t)-\hat{\boldsymbol{\varphi}}_{\mathrm{n}}^{\mathrm{T}}(t)\hat{\boldsymbol{\theta}}_{\mathrm{n}}(t), \tag{3.8.89}$$

$$\hat{\boldsymbol{\theta}}_{\mathrm{s}}(t)=[\hat{a}_1(t),\hat{a}_2(t),\cdots,\hat{a}_{n_a}(t),\hat{b}_1(t),\hat{b}_2(t),\cdots,\hat{b}_{n_b}(t)]^{\mathrm{T}}, \tag{3.8.90}$$

$$\hat{\boldsymbol{\theta}}_{\mathrm{n}}(t)=[\hat{c}_1(t),\hat{c}_2(t),\cdots,\hat{c}_{n_c}(t),\hat{d}_1(t),\hat{d}_2(t),\cdots,\hat{d}_{n_d}(t)]^{\mathrm{T}}. \tag{3.8.91}$$

(3) 输出误差类的 **输出误差滑动平均模型** (Output Error Moving Average model, **OEMA 模型**)[42, 96]

$$y(t)=\frac{B(z)}{A(z)}u(t)+D(z)v(t)$$

的辅助模型递推增广最小二乘算法 (Auxiliary Model based Recursive Extended Least Squares algorithm, **AM-RELS 算法**) 如下,

$$\hat{\boldsymbol{\theta}}(t)=\hat{\boldsymbol{\theta}}(t-1)+\boldsymbol{L}(t)[y(t)-\hat{\boldsymbol{\varphi}}^{\mathrm{T}}(t)\hat{\boldsymbol{\theta}}(t-1)], \tag{3.8.92}$$

$$\boldsymbol{L}(t)=\boldsymbol{P}(t-1)\hat{\boldsymbol{\varphi}}(t)[1+\hat{\boldsymbol{\varphi}}^{\mathrm{T}}(t)\boldsymbol{P}(t-1)\hat{\boldsymbol{\varphi}}(t)]^{-1}, \tag{3.8.93}$$

$$\boldsymbol{P}(t)=[\boldsymbol{I}-\boldsymbol{L}(t)\hat{\boldsymbol{\varphi}}^{\mathrm{T}}(t)]\boldsymbol{P}(t-1),\ \boldsymbol{P}(0)=p_0\boldsymbol{I}, \tag{3.8.94}$$

$$\hat{\boldsymbol{\varphi}}(t)=\begin{bmatrix}\hat{\boldsymbol{\varphi}}_{\mathrm{s}}(t)\\ \hat{\boldsymbol{\varphi}}_{\mathrm{n}}(t)\end{bmatrix},\quad \hat{\boldsymbol{\theta}}(t)=\begin{bmatrix}\hat{\boldsymbol{\theta}}_{\mathrm{s}}(t)\\ \hat{\boldsymbol{\theta}}_{\mathrm{n}}(t)\end{bmatrix}, \tag{3.8.95}$$

$$\hat{\boldsymbol{\varphi}}_{\mathrm{s}}(t)=[-x_{\mathrm{a}}(t-1),-x_{\mathrm{a}}(t-2),\cdots,-x_{\mathrm{a}}(t-n_a),u(t-1),u(t-2),\cdots,u(t-n_b)]^{\mathrm{T}}, \tag{3.8.96}$$

$$\hat{\boldsymbol{\varphi}}_{\mathrm{n}}(t)=[\hat{v}(t-1),\hat{v}(t-2),\cdots,\hat{v}(t-n_d)]^{\mathrm{T}}, \tag{3.8.97}$$

$$x_{\mathrm{a}}(t)=\hat{\boldsymbol{\varphi}}_{\mathrm{s}}^{\mathrm{T}}(t)\hat{\boldsymbol{\theta}}_{\mathrm{s}}(t), \tag{3.8.98}$$

$$\hat{v}(t)=y(t)-\hat{\boldsymbol{\varphi}}^{\mathrm{T}}(t)\hat{\boldsymbol{\theta}}(t), \tag{3.8.99}$$

$$\hat{\boldsymbol{\theta}}_{\mathrm{s}}(t)=[\hat{a}_1(t),\hat{a}_2(t),\cdots,\hat{a}_{n_a}(t),\hat{b}_1(t),\hat{b}_2(t),\cdots,\hat{b}_{n_b}(t)]^{\mathrm{T}}, \tag{3.8.100}$$

$$\hat{\boldsymbol{\theta}}_{\mathrm{n}}(t)=[\hat{d}_1(t),\hat{d}_2(t),\cdots,\hat{d}_{n_d}(t)]^{\mathrm{T}}. \tag{3.8.101}$$

(4) **输出误差自回归模型** (Output Error AutoRegressive model, **OEAR 模型**)

$$y(t)=\frac{B(z)}{A(z)}u(t)+\frac{1}{C(z)}v(t)$$

的辅助模型递推广义最小二乘算法 (**AM-RGLS 算法**) 如下,

$$\hat{\boldsymbol{\theta}}(t)=\hat{\boldsymbol{\theta}}(t-1)+\boldsymbol{L}(t)[y(t)-\hat{\boldsymbol{\varphi}}^{\mathrm{T}}(t)\hat{\boldsymbol{\theta}}(t-1)], \tag{3.8.102}$$

$$\boldsymbol{L}(t)=\boldsymbol{P}(t-1)\hat{\boldsymbol{\varphi}}(t)[1+\hat{\boldsymbol{\varphi}}^{\mathrm{T}}(t)\boldsymbol{P}(t-1)\hat{\boldsymbol{\varphi}}(t)]^{-1}, \tag{3.8.103}$$

$$\boldsymbol{P}(t)=[\boldsymbol{I}-\boldsymbol{L}(t)\hat{\boldsymbol{\varphi}}^{\mathrm{T}}(t)]\boldsymbol{P}(t-1),\ \boldsymbol{P}(0)=p_0\boldsymbol{I}, \tag{3.8.104}$$

$$\hat{\boldsymbol{\varphi}}(t)=\begin{bmatrix}\hat{\boldsymbol{\varphi}}_{\mathrm{s}}(t)\\ \hat{\boldsymbol{\varphi}}_{\mathrm{n}}(t)\end{bmatrix},\quad \hat{\boldsymbol{\theta}}(t)=\begin{bmatrix}\hat{\boldsymbol{\theta}}_{\mathrm{s}}(t)\\ \hat{\boldsymbol{\theta}}_{\mathrm{n}}(t)\end{bmatrix}, \tag{3.8.105}$$

$$\hat{\boldsymbol{\varphi}}_{\mathrm{s}}(t)=[-x_{\mathrm{a}}(t-1),-x_{\mathrm{a}}(t-2),\cdots,-x_{\mathrm{a}}(t-n_a),u(t-1),u(t-2),\cdots,u(t-n_b)]^{\mathrm{T}}, \tag{3.8.106}$$

$$\hat{\boldsymbol{\varphi}}_{\mathrm{n}}(t)=[-\hat{w}(t-1),-\hat{w}(t-2),\cdots,-\hat{w}(t-n_c)]^{\mathrm{T}}, \tag{3.8.107}$$

$$x_{\mathrm{a}}(t)=\hat{\boldsymbol{\varphi}}_{\mathrm{s}}^{\mathrm{T}}(t)\hat{\boldsymbol{\theta}}_{\mathrm{s}}(t), \tag{3.8.108}$$

$$\hat{w}(t)=y(t)-x_{\mathrm{a}}(t)=y(t)-\hat{\boldsymbol{\varphi}}_{\mathrm{s}}^{\mathrm{T}}(t)\hat{\boldsymbol{\theta}}_{\mathrm{s}}(t), \tag{3.8.109}$$

$$\hat{\boldsymbol{\theta}}_{\mathrm{s}}(t)=[\hat{a}_1(t),\hat{a}_2(t),\cdots,\hat{a}_{n_a}(t),\hat{b}_1(t),\hat{b}_2(t),\cdots,\hat{b}_{n_b}(t)]^{\mathrm{T}}, \tag{3.8.110}$$

$$\hat{\boldsymbol{\theta}}_{\mathrm{n}}(t)=[\hat{c}_1(t),\hat{c}_2(t),\cdots,\hat{c}_{n_c}(t)]^{\mathrm{T}}. \tag{3.8.111}$$

(5) **Box-Jenkins 模型** (**BJ 模型**)

$$y(t)=\frac{B(z)}{A(z)}u(t)+\frac{D(z)}{C(z)}v(t)$$

的辅助模型递推广义增广最小二乘算法 (**AM-RGELS 算法**) 如下,

$$\hat{\boldsymbol{\theta}}(t)=\hat{\boldsymbol{\theta}}(t-1)+\boldsymbol{L}(t)[y(t)-\hat{\boldsymbol{\varphi}}^{\mathrm{T}}(t)\hat{\boldsymbol{\theta}}(t-1)], \tag{3.8.112}$$

$$\boldsymbol{L}(t)=\frac{\boldsymbol{P}(t-1)\hat{\boldsymbol{\varphi}}(t)}{1+\hat{\boldsymbol{\varphi}}^{\mathrm{T}}(t)\boldsymbol{P}(t-1)\hat{\boldsymbol{\varphi}}(t)}, \tag{3.8.113}$$

$$\boldsymbol{P}(t)=[\boldsymbol{I}-\boldsymbol{L}(t)\hat{\boldsymbol{\varphi}}^{\mathrm{T}}(t)]\quad \boldsymbol{P}(t-1),\ \boldsymbol{P}(0)=p_0\boldsymbol{I}, \tag{3.8.114}$$

$$\hat{\boldsymbol{\varphi}}(t)=\begin{bmatrix}\hat{\boldsymbol{\varphi}}_{\mathrm{s}}(t)\\ \hat{\boldsymbol{\varphi}}_{\mathrm{n}}(t)\end{bmatrix},\quad \hat{\boldsymbol{\theta}}(t)=\begin{bmatrix}\hat{\boldsymbol{\theta}}_{\mathrm{s}}(t)\\ \hat{\boldsymbol{\theta}}_{\mathrm{n}}(t)\end{bmatrix}, \tag{3.8.115}$$

$$\hat{\boldsymbol{\varphi}}_{\mathrm{s}}(t)=[-x_{\mathrm{a}}(t-1),-x_{\mathrm{a}}(t-2),\cdots,-x_{\mathrm{a}}(t-n_a),u(t-1),u(t-2),\cdots,u(t-n_b)]^{\mathrm{T}}, \tag{3.8.116}$$

$$\hat{\boldsymbol{\varphi}}_{\mathrm{n}}(t)=[-\hat{w}(t-1),-\hat{w}(t-2),\cdots,-\hat{w}(t-n_c),\hat{v}(t-1),\hat{v}(t-2),\cdots,\hat{v}(t-n_d)]^{\mathrm{T}}, \tag{3.8.117}$$

$$x_{\mathrm{a}}(t)=\hat{\boldsymbol{\varphi}}_{\mathrm{s}}^{\mathrm{T}}(t)\hat{\boldsymbol{\theta}}_{\mathrm{s}}(t), \tag{3.8.118}$$

$$\hat{w}(t)=y(t)-x_{\mathrm{a}}(t)=y(t)-\hat{\boldsymbol{\varphi}}_{\mathrm{s}}^{\mathrm{T}}(t)\hat{\boldsymbol{\theta}}_{\mathrm{s}}(t), \tag{3.8.119}$$

$$\hat{v}(t)=\hat{w}(t)-\hat{\boldsymbol{\varphi}}_{\mathrm{n}}^{\mathrm{T}}(t)\hat{\boldsymbol{\theta}}_{\mathrm{n}}(t)=y(t)-\hat{\boldsymbol{\varphi}}^{\mathrm{T}}(t)\hat{\boldsymbol{\theta}}(t), \tag{3.8.120}$$

$$\hat{\boldsymbol{\theta}}_{\mathrm{s}}(t)=[\hat{a}_1(t),\hat{a}_2(t),\cdots,\hat{a}_{n_a}(t),\hat{b}_1(t),\hat{b}_2(t),\cdots,\hat{b}_{n_b}(t)]^{\mathrm{T}}, \tag{3.8.121}$$

$$\hat{\boldsymbol{\theta}}_{\mathrm{n}}(t)=[\hat{c}_1(t),\hat{c}_2(t),\cdots,\hat{c}_{n_c}(t),\hat{d}_1(t),\hat{d}_2(t),\cdots,\hat{d}_{n_d}(t)]^{\mathrm{T}}. \tag{3.8.122}$$

这些线性系统都属于伪线性回归模型III, 其中真实输出为 $x(t):=\dfrac{B(z)}{A(z)}u(t)$, 相关干扰噪声项为 $w(t):=D(z)v(t)$, $w(t):=\dfrac{1}{C(z)}v(t)$ 或 $w(t):=\dfrac{D(z)}{C(z)}v(t)$. 伪线性回归模型III的随机梯度类辨识算法从略. 它们的收敛性可参考文献 [99], [108], [109] 中的方法加以证明. 这些辨识算法的推导可参见第 4 章.

3.9 小结

控制学科是一门基于数学模型的学科, 而系统辨识是建立系统数学模型的理论与方法. 因此, 新的辨识方法的问世, 辨识方法的收敛性能、参数估计性质、参数估计精度, 以及系统可辨识性都是系统辨识的基本问题, 这给辨识的研究者提出了新的课题. 本章围绕这些问题, 简单讨论了辨识算法参数估计的性质, 介绍了激励信号, 总结和给出了一些基本的激励条件, 如强持续激励条件、广义强持续激励条件、弱持续激励条件、广义弱持续激励条件、衰减激励条件等, 介绍了研究辨识算法收敛性的基本数学工具, 详细推导了线性回归模型的递推最小二乘算法, 给出了线性回归模型和伪线性回归模型参数估计的收敛定理. 希望能给辨识爱好者深入研究辨识理论问题与实践问题提供一个轮廓.

本章主要内容已在《南京信息工程大学学报 (自然科学版)》连载:

"丁锋. 系统辨识 (3): 辨识精度与辨识基本问题. 南京信息工程大学学报 (自然科学版), 2011, 3(3): 193-226."

"Ding F. System identification: Part C – Identification accuracy and basic problems. Journal of Nanjing University of Information Science & Technology (Natural Science Edition), 2011, 3(3): 193-226."

3.10 思 考 题

1. 设一随机变量以概率 p 取值 1, 以 $1-p$ 概率取值 0, 计算该随机变量的均值和方差. 设一随机变量以概率 p 取值 1, 以 $1-p$ 概率取值 -1, 计算该随机变量的均值和方差.
2. $X \sim M(0,1)$ 表示随机变量 X 服从 [0, 1] 均匀分布, 计算 X 的均值和方差. 计算 $X \sim M(-1,1)$ 的均值和方差. 假设 $X \sim M(-a,a)$ 为零均值、单位方差均匀分布随机变量, 问 a 为何值?
3. 设 x 和 y 是不相关的随机变量, 证明方差等式 $D[x+y]=D[x]+D[y]$.
4. 设 $\{x(t)\}$ 是一个各态遍历随机过程, 其均值 $\bar{x}=\mathrm{E}[x(t)]$ 和方差 $\sigma^2=D[x(t)]$ 可用下列样本均值和样本方差估计,

$$\hat{x}=\frac{1}{L}\sum_{t=1}^{L}x(t),$$

$$\hat{\sigma}^2=\frac{1}{L}\sum_{t=1}^{L}[x(t)-\hat{x}]^2,$$

其中 L 为样本长度, 试证明:

(1) $\hat{\sigma}^2=\dfrac{1}{L}\displaystyle\sum_{t=1}^{L}x^2(t)-\hat{x}^2$.

(2) $\hat{x}$是$\bar{x}$的无偏估计, 即$\mathrm{E}[\hat{x}]=\bar{x}$.

(3) 若$x(t)$不相关, 则$\hat{x}$的方差为$D[\hat{x}]=\dfrac{\sigma^2}{L}$.

(4) $\hat{\sigma}^2$的均值为$\mathrm{E}[\hat{\sigma}^2]=\dfrac{L-1}{L}\sigma^2$.

(5) 若$\{x(t)\}$的均值为零, 并令$\hat{\sigma}^2=\dfrac{1}{L}\displaystyle\sum_{t=1}^{L}x^2(t)$,

则 $\hat{\sigma}^2$ 的方差为

$$D[\hat{\sigma}^2]=\mathrm{var}[\hat{\sigma}^2]=\frac{2}{L}\sigma^4.$$

5. 计算复积分

$$I=\frac{1}{2\pi\mathrm{j}}\oint_c G(z)G(z^{-1})\frac{\mathrm{d}z}{z},$$

其中

(1) $G(z)=\dfrac{1+bz^{-1}}{1+az^{-1}}$, $|a|<1$,

(2) $G(z)=\dfrac{1+z^{-1}}{(1-0.3z^{-1})(1-0.5z^{-1})}$,

(3) $G(z)=\dfrac{z^{-2}+z^{-3}}{(1-0.3z^{-1})(1-0.5z^{-1})}$,

(4) $G(z)=\dfrac{1-0.2z^{-1}+0.6z^{-2}}{(1-0.4z^{-1})(1-0.8z^{-1})^2}$.

6. 正态分布 $N(\mu,\sigma^2)$ 的随机变量 X 具有下列 **概率密度** (probability density):

$$f(x)=\frac{1}{\sqrt{2\pi}\,\sigma}\mathrm{e}^{-\frac{2(x-\mu)^2}{\sigma^2}},\ -\infty<x<+\infty.$$

试证明 X 的均值为 $\mathrm{E}[X]=\mu$, 方差为 $D[X]=\mathrm{var}[X]=\sigma^2$.

7. 设 $\boldsymbol{Y}=\boldsymbol{A}\boldsymbol{X}+\boldsymbol{b}$, 其中 $\boldsymbol{A}\in\mathbb{R}^{n\times n}$, $\boldsymbol{b}\in\mathbb{R}^n$ 均为常数阵, 并已知 $\boldsymbol{X}$ 服从均值为 $\boldsymbol{\mu}$, 协方差阵为 $\boldsymbol{\Sigma}$ 的 **正态分布**, 即

$$\boldsymbol{X}\sim N(\boldsymbol{\mu},\boldsymbol{\Sigma}).$$

试证明 $\boldsymbol{Y}\sim N(\boldsymbol{A}\boldsymbol{\mu}+\boldsymbol{b},\boldsymbol{A}\boldsymbol{\Sigma}\boldsymbol{A}^{\mathrm{T}})$.

8. 设 $\{u(t)\}$ 为无穷阶 **持续激励信号**, 则由模型

$$y(t)=(b_1z^{-1}+b_2z^{-2}+\cdots+b_nz^{-n})u(t)$$

产生的输出 $\{y(t)\}$ 也为无穷阶持续激励信号, 其中 b_i 不全为零.

9. 设 $\{u(t)\}$ 为无穷阶持续激励信号, 则由模型

$$\begin{cases}A(z)y(t)=B(z)u(t),\\ A(z):=1+a_1z^{-1}+a_2z^{-2}+\cdots+a_nz^{-n},\\ B(z):=b_1z^{-1}+b_2z^{-2}+\cdots+b_nz^{-n}\end{cases}$$

产生的输出 $\{y(t)\}$ 为无穷阶持续激励信号的充要条件是 $A(z)$ 与 $B(z)$ 无公因子.

10. **Household 变换矩阵** 定义如下,

$$\boldsymbol{Q}=\boldsymbol{I}-2\boldsymbol{x}\boldsymbol{x}^{\mathrm{T}},$$

其中 $\boldsymbol{x}$ 是范数(norm) 等于 1 的列向量, 即 $\|\boldsymbol{x}\|^2=1$. 证明

(1) $\boldsymbol{Q}$ 是 **对称矩阵** (symmetric matrix): $\boldsymbol{Q}^{\mathrm{T}}=\boldsymbol{Q}$.

(2) $\boldsymbol{Q}$ 是 **正交矩阵** (orthogonal matrix): $\boldsymbol{Q}^{\mathrm{T}}\boldsymbol{Q}=\boldsymbol{I}$.

(3) 对任意向量 $\boldsymbol{y}$, 一定存在一个 Household 变换矩阵 $\boldsymbol{Q}$ 使得

$$\boldsymbol{Q}\boldsymbol{y}=\|\boldsymbol{y}\|\boldsymbol{e}_1,\quad \boldsymbol{e}_1:=[1,0,0,\cdots,0]^{\mathrm{T}}$$

成立. (提示: 取 $\boldsymbol{x}=\boldsymbol{y}-\|\boldsymbol{y}\|\boldsymbol{e}_1$)

(4) 对任意列满秩矩阵 $\boldsymbol{H}\in\mathbb{R}^{L\times N}$ $(L\geqslant N)$, 一定存在一个正交矩阵 $\bar{\boldsymbol{Q}}=\boldsymbol{Q}_N\boldsymbol{Q}_{N-1}\cdots\boldsymbol{Q}_1$ 使得

$$\bar{\boldsymbol{Q}}\boldsymbol{H}=\begin{bmatrix}\boldsymbol{R}\\ \boldsymbol{0}\end{bmatrix}$$

成立, 其中 $\boldsymbol{Q}_N,\boldsymbol{Q}_{N-1},\cdots,\boldsymbol{Q}_1$ 均为 Household 变换矩阵, $\boldsymbol{R}\in\mathbb{R}^{N\times N}$ 为上三角阵.

11. 考虑下列模型 [参见式 (3.3.15)],

$$\boldsymbol{Y}_t=\boldsymbol{H}_t\boldsymbol{\theta}+\boldsymbol{V}_t$$

参数向量 $\boldsymbol{\theta}$ 的估计问题, 证明 $\boldsymbol{\theta}$ 的最小二乘参数估计 $\hat{\boldsymbol{\theta}}_{\mathrm{LS}}$ 和准则函数 $J(\hat{\boldsymbol{\theta}}_{\mathrm{LS}})$ 满足方程

$$\boldsymbol{R}\hat{\boldsymbol{\theta}}_{\mathrm{LS}}=\boldsymbol{r}_1,\ \text{或}\ \hat{\boldsymbol{\theta}}_{\mathrm{LS}}=\boldsymbol{R}^{-1}\boldsymbol{r}_1,$$
$$J(\hat{\boldsymbol{\theta}}_{\mathrm{LS}})=(\boldsymbol{Y}_t-\boldsymbol{H}_t\hat{\boldsymbol{\theta}}_{\mathrm{LS}})^{\mathrm{T}}(\boldsymbol{Y}_t-\boldsymbol{H}_t\hat{\boldsymbol{\theta}}_{\mathrm{LS}})=\boldsymbol{r}_2^{\mathrm{T}}\boldsymbol{r}_2,$$

其中

$$\begin{bmatrix}\boldsymbol{R}\\ \boldsymbol{0}\end{bmatrix}=\bar{\boldsymbol{Q}}\boldsymbol{H}_t,\quad \begin{bmatrix}\boldsymbol{r}_1\\ \boldsymbol{r}_2\end{bmatrix}=\bar{\boldsymbol{Q}}\boldsymbol{Y}_t,$$

$\bar{\boldsymbol{Q}}=\boldsymbol{Q}_N\boldsymbol{Q}_{N-1}\cdots\boldsymbol{Q}_1$, $N=\dim\boldsymbol{\theta}$, $\boldsymbol{Q}_N,\boldsymbol{Q}_{N-1},\cdots,\boldsymbol{Q}_1$ 均为 Household 变换矩阵.

12\. 设 $\boldsymbol{P}^{-1}(t)=\boldsymbol{P}^{-1}(t-1)+\boldsymbol{\varphi}(t)\boldsymbol{\varphi}^{\mathrm{T}}(t)$, $\boldsymbol{P}(0)=p_0\boldsymbol{I}>0$, 试证明以下各式 (不用矩阵求逆引理),

$$(1)\quad \boldsymbol{\varphi}^{\mathrm{T}}(t)\boldsymbol{P}(t)\boldsymbol{\varphi}(t)=\frac{\boldsymbol{\varphi}^{\mathrm{T}}(t)\boldsymbol{P}(t-1)\boldsymbol{\varphi}(t)}{1+\boldsymbol{\varphi}^{\mathrm{T}}(t)\boldsymbol{P}(t-1)\boldsymbol{\varphi}(t)},$$

$$(2)\quad \boldsymbol{\varphi}^{\mathrm{T}}(t)\boldsymbol{P}(t-1)\boldsymbol{\varphi}(t)=\frac{\boldsymbol{\varphi}^{\mathrm{T}}(t)\boldsymbol{P}(t)\boldsymbol{\varphi}(t)}{1-\boldsymbol{\varphi}^{\mathrm{T}}(t)\boldsymbol{P}(t)\boldsymbol{\varphi}(t)},$$

$$(3)\quad \boldsymbol{\varphi}^{\mathrm{T}}(t)\boldsymbol{P}^2(t)\boldsymbol{\varphi}(t)\leqslant\boldsymbol{\varphi}^{\mathrm{T}}(t)\boldsymbol{P}(t)\boldsymbol{P}(t-1)\boldsymbol{\varphi}(t),$$

$$(4)\quad \boldsymbol{\varphi}^{\mathrm{T}}(t)\boldsymbol{P}^2(t-1)\boldsymbol{\varphi}(t)=\frac{\boldsymbol{\varphi}^{\mathrm{T}}(t)\boldsymbol{P}(t)\boldsymbol{P}(t-1)\boldsymbol{\varphi}(t)}{1-\boldsymbol{\varphi}^{\mathrm{T}}(t)\boldsymbol{P}(t)\boldsymbol{\varphi}(t)},$$

$$(5)\quad \boldsymbol{\varphi}^{\mathrm{T}}(t)\boldsymbol{P}(t-1)\boldsymbol{P}(t)\boldsymbol{\varphi}(t)=\frac{\boldsymbol{\varphi}^{\mathrm{T}}(t)\boldsymbol{P}^2(t)\boldsymbol{\varphi}(t)}{1-\boldsymbol{\varphi}^{\mathrm{T}}(t)\boldsymbol{P}(t)\boldsymbol{\varphi}(t)}.$$

13\. 设 $\boldsymbol{\varphi}(t)\in\mathbb{R}^n$, $\boldsymbol{P}(t)\in\mathbb{R}^{n\times n}$ 满足下列递推关系,

$$\boldsymbol{P}^{-1}(t)=\sum_{j=1}^{t}\boldsymbol{\varphi}(j)\boldsymbol{\varphi}^{\mathrm{T}}(j)=\boldsymbol{P}^{-1}(t-1)+\boldsymbol{\varphi}(t)\boldsymbol{\varphi}^{\mathrm{T}}(t),\ \boldsymbol{P}(0)=\boldsymbol{I}_n.$$

令 $r(t):=\mathrm{tr}[\boldsymbol{P}^{-1}(t)]=r(t-1)+\|\boldsymbol{\varphi}(t)\|^2$, $r(0)=n$, 矩阵 $\boldsymbol{X}$ 的范数定义为 $\|\boldsymbol{X}\|^2:=\mathrm{tr}[\boldsymbol{X}\boldsymbol{X}^{\mathrm{T}}]$, $|\boldsymbol{X}|:=\det[\boldsymbol{X}]$ 为 $\boldsymbol{X}$ 的 **行列式** (determinant), 证明以下各式[27, 29, 37, 38, 47, 76, 142, 151]:

$$(1)\quad \sum_{t=1}^{\infty}\frac{\boldsymbol{\varphi}^{\mathrm{T}}(t)\boldsymbol{P}(t)\boldsymbol{\varphi}(t)}{|\boldsymbol{P}^{-1}(t)|^c}<\infty,\ c>0,$$

$$(2)\quad \sum_{t=1}^{\infty}\boldsymbol{\varphi}^{\mathrm{T}}(t)\boldsymbol{P}(t-1)\boldsymbol{P}(t)\boldsymbol{\varphi}(t)=\sum_{t=1}^{\infty}\boldsymbol{\varphi}^{\mathrm{T}}(t)\boldsymbol{P}(t)\boldsymbol{P}(t-1)\boldsymbol{\varphi}(t)<\infty,$$

$$(3)\quad \sum_{t=1}^{\infty}\frac{\boldsymbol{\varphi}^{\mathrm{T}}(t)\boldsymbol{P}(t)\boldsymbol{\varphi}(t)}{r(t)}<\infty,$$

$$(4)\quad \sum_{t=1}^{\infty}\frac{\|\boldsymbol{P}(t-1)\boldsymbol{\varphi}(t)\|^2}{1+\boldsymbol{\varphi}^{\mathrm{T}}(t)\boldsymbol{P}(t-1)\boldsymbol{\varphi}(t)}<\infty,$$

$$(5)\quad \sum_{t=1}^{\infty}\frac{\|\boldsymbol{\varphi}(t)\|^2}{r^c(t)}<\infty,\ c>1,$$

$$(6)\quad \sum_{t=1}^{\infty}\boldsymbol{\varphi}^{\mathrm{T}}(t)\boldsymbol{P}^2(t)\boldsymbol{\varphi}(t)<\infty,$$

$$(7)\quad \sum_{t=1}^{\infty}\frac{\|\boldsymbol{\varphi}(t)\|^2}{r^c(t-1)r(t)}<\infty,\ c>0,$$

$$(8)\quad \sum_{t=1}^{\infty}\boldsymbol{\varphi}^{\mathrm{T}}(t)\boldsymbol{P}(t-1)\boldsymbol{P}(t)\boldsymbol{P}(t)\boldsymbol{\varphi}(t)<\infty,$$

$$(9)\quad \sum_{t=1}^{\infty}\boldsymbol{\varphi}^{\mathrm{T}}(t)\boldsymbol{P}^c(t)\boldsymbol{\varphi}(t)<\infty,\ c>2.$$

[对于最后一个不等式, 笔者猜测 $c>1$ 时也成立.]

14\. 设 $\boldsymbol{D}\in\mathbb{R}^{m\times n}$, $\boldsymbol{E}\in\mathbb{R}^{n\times m}$, 则下列等式成立:

$$\det[\boldsymbol{I}_m+\boldsymbol{D}\boldsymbol{E}]=\det[\boldsymbol{I}_n+\boldsymbol{E}\boldsymbol{D}],$$

式中 $\det[\boldsymbol{X}]:=|\boldsymbol{X}|$ 为矩阵 $\boldsymbol{X}$ 的 **行列式**.

15\. 设 t 充分大, 矩阵 $\boldsymbol{P}^{-1}(t)=\sum\limits_{j=1}^{t}\boldsymbol{\varphi}(j)\boldsymbol{\varphi}^{\mathrm{T}}(j)$ 可逆, $\boldsymbol{\varphi}(t)\in\mathbb{R}^n$, 试证明

$$\sum_{j=1}^{t}\boldsymbol{\varphi}^{\mathrm{T}}(j)\boldsymbol{P}(t)\boldsymbol{\varphi}(j)=n.$$

16. 式 (3.7.5) 给出参数向量 $\boldsymbol{\theta}$ 的一次完成最小二乘估计为

$$\hat{\boldsymbol{\theta}}_{\mathrm{LS}}(t)=(\boldsymbol{H}_t^{\mathrm{T}}\boldsymbol{H}_t)^{-1}\boldsymbol{H}_t^{\mathrm{T}}\boldsymbol{Y}_t,$$

式 (3.7.21)、(3.7.22) 给出 $\boldsymbol{\theta}$ 的递推估计为 $\hat{\boldsymbol{\theta}}(t)$. 试分析 $\boldsymbol{P}(0)=p_0\boldsymbol{I}$ 和 $\hat{\boldsymbol{\theta}}(0)$ 对参数估计 $\hat{\boldsymbol{\theta}}(t)$ 的影响, 说明 $\hat{\boldsymbol{\theta}}(0)$ 为常数向量, 只要 p_0 足够大, 两个参数估计很接近. 你能导出 $\hat{\boldsymbol{\theta}}_{\mathrm{LS}}(t)$ 与 $\hat{\boldsymbol{\theta}}(t)$ 之间的关系吗?

17. 写出下列系统的最小二乘递推辨识算法,

$$A(z)y(t)=\frac{B(z)}{F(z)}u(t)+v(t),$$

$$A(z)y(t)=\frac{B(z)}{F(z)}u(t)+D(z)v(t),$$

$$A(z)y(t)=\frac{B(z)}{F(z)}u(t)+\frac{D(z)}{C(z)}v(t).$$

18. 证明矩阵恒等式 (假设有关矩阵可逆):

$$(\boldsymbol{I}-\boldsymbol{A})^{-1}=\boldsymbol{I}+(\boldsymbol{I}-\boldsymbol{A})^{-1}\boldsymbol{A}$$

和

$$(\boldsymbol{I}-\boldsymbol{A})^{-1}=\boldsymbol{I}+\boldsymbol{A}+\boldsymbol{A}^2+\cdots+\boldsymbol{A}^{n-1}+(\boldsymbol{I}-\boldsymbol{A})^{-1}\boldsymbol{A}^n.$$

19. **矩阵求逆引理**

设 $\boldsymbol{A}\in\mathbb{R}^{n\times n}$, $\boldsymbol{B}\in\mathbb{R}^{n\times r}$, $\boldsymbol{C}\in\mathbb{R}^{r\times n}$, 假设矩阵 $\boldsymbol{A}$ 和 $(\boldsymbol{I}+\boldsymbol{C}\boldsymbol{A}^{-1}\boldsymbol{B})$ 可逆, 则下列等式成立,

$$(\boldsymbol{A}+\boldsymbol{B}\boldsymbol{C})^{-1}=\boldsymbol{A}^{-1}-\boldsymbol{A}^{-1}\boldsymbol{B}(\boldsymbol{I}+\boldsymbol{C}\boldsymbol{A}^{-1}\boldsymbol{B})^{-1}\boldsymbol{C}\boldsymbol{A}^{-1}.$$

20. **矩阵行列式引理** (matrix determinant lemma)

设矩阵 $\boldsymbol{D}\in\mathbb{R}^{m\times n}$, $\boldsymbol{E}\in\mathbb{R}^{n\times m}$, 则下列等式成立,

$$\det[\boldsymbol{I}_m+\boldsymbol{D}\boldsymbol{E}]=\det[\boldsymbol{I}_n+\boldsymbol{E}\boldsymbol{D}].$$

特别地, 对于向量 $\boldsymbol{a}\in\mathbb{R}^n$ 和 $\boldsymbol{b}\in\mathbb{R}^n$, 有

$$\det[\boldsymbol{I}_n+\boldsymbol{a}\boldsymbol{b}^{\mathrm{T}}]=1+\boldsymbol{b}^{\mathrm{T}}\boldsymbol{a}.$$

21. 如果 $\boldsymbol{A}=\boldsymbol{B}+\boldsymbol{a}\boldsymbol{b}^{\mathrm{T}}$, 其中 $\boldsymbol{A},\boldsymbol{B}\in\mathbb{R}^{n\times n}$, $\boldsymbol{a},\boldsymbol{b}\in\mathbb{R}^n$, 那么下列等式成立,

$$\boldsymbol{b}^{\mathrm{T}}\boldsymbol{A}^{-1}\boldsymbol{a}=\frac{|\boldsymbol{A}|-|\boldsymbol{B}|}{|\boldsymbol{A}|}.$$

22. **特征值位移引理** (eigenvalue shift lemma)[31]

设矩阵 $\boldsymbol{A}\in\mathbb{R}^{n\times n}$ 的 n 个特征值为 $\lambda_i[\boldsymbol{A}]$, $i=1,2,\cdots,n$. 则 $\boldsymbol{A}+s\boldsymbol{I}$ 的特征值为 $\lambda_i[\boldsymbol{A}+s\boldsymbol{I}]=\lambda_i[\boldsymbol{A}]+s$, $i=1,2,\cdots,n$, 其中 s 为一常数.

23. **奇异值位移引理** (singular value shift lemma)[31]

设矩阵 $\boldsymbol{A}\in\mathbb{R}^{n\times n}$ 的 n 个特征值为 $\lambda_i[\boldsymbol{A}]$, $i=1,2,\cdots,n$. 记 $\min\limits_i\{|\lambda_i[\boldsymbol{A}]|\}=\alpha$. 则当 $0\leqslant s\leqslant\alpha$ 时, 下列关系式成立,

(1) $\boldsymbol{A}^{\mathrm{T}}\boldsymbol{A}\geqslant\alpha^2\boldsymbol{I},\quad \boldsymbol{A}\boldsymbol{A}^{\mathrm{T}}\geqslant\alpha^2\boldsymbol{I},$

(2) $(\boldsymbol{A}+s\boldsymbol{I})^{\mathrm{T}}(\boldsymbol{A}+s\boldsymbol{I})\geqslant(\alpha-s)^2\boldsymbol{I},$

(3) $(\boldsymbol{A}+s\boldsymbol{I})(\boldsymbol{A}+s\boldsymbol{I})^{\mathrm{T}}\geqslant(\alpha-s)^2\boldsymbol{I}.$

24. 对于**线性回归问题** (linear regression problem):

$$\begin{aligned}y(t)&=\boldsymbol{\varphi}^{\mathrm{T}}(t)\boldsymbol{\theta}+v(t)\\&=\sum_{i=1}^{n}\varphi_i(t)\theta_i+v(t),\ t=1,2,\cdots,L,\end{aligned}$$

其中 $y(t)$ 和 $\varphi_i(t)$ $(t=1,2,\cdots,L)$ 是观测. 如果误差 $v(t)$ 是零均值、不相关、方差为 σ^2 (对任意 t 方差都相等), 那么 $\boldsymbol{\theta}$ 最小二乘估计 $\hat{\boldsymbol{\theta}}$ 是 **最优线性无偏估计** (best linear unbiased estimate), 因为 $\hat{\boldsymbol{\theta}}$ 可以表示为 $y(t)$ 的线性组合:

$$\begin{aligned}\hat{\boldsymbol{\theta}}&=\left[\sum_{t=1}^{L}\boldsymbol{\varphi}(t)\boldsymbol{\varphi}^{\mathrm{T}}(t)\right]^{-1}\sum_{t=1}^{L}\boldsymbol{\varphi}(t)y(t)\\&=\sum_{t=1}^{L}\left\{\left[\sum_{j=1}^{L}\boldsymbol{\varphi}(j)\boldsymbol{\varphi}^{\mathrm{T}}(j)\right]^{-1}\boldsymbol{\varphi}(t)\right\}y(t).\end{aligned}$$

注: 这里并没有假设 $v(t)$ 是正态分布、也没有说是独立的 (只是要求是更弱的不相关)、更没有假设是独立同分布 (仅仅要求零均值、方差相同). 显然, 对于 CAR 模型, $\hat{\boldsymbol{\theta}}$ 就不是最优线性无偏估计.

25. 判断下列系统的类别: 线性回归模型、伪线性回归模型 I 、伪线性回归模型II、伪线性回归模型III:

(1) $$A(z)y(t)=\sum_{j=1}^{r}B_j(z)u_j(t)+v(t),$$

(2) $$A(z)y(t)=\sum_{j=1}^{r}B_j(z)u_j(t)y(t-1)+v(t),$$

(3) $$A(z)y(t)=\sum_{j=1}^{r}B_j(z)u_j(t)+D(z)v(t),$$

(4) $$y(t)=\frac{1}{A(z)}\sum_{j=1}^{r}B_j(z)u_j(t)+v(t),$$

(5) $$y(t)=\sum_{j=1}^{r}\frac{B_j(z)}{A_j(z)}u_j(t)+v(t),$$

(6) $$y(t)=\sum_{j=1}^{r}B_j(z)u_j(t)+\frac{D(z)}{C(z)}v(t),$$

(7) $$y(t)=\sum_{j=1}^{r}\frac{B_j(z)}{A_j(z)}u_j(t)+\frac{D(z)}{C(z)}v(t),$$

(8) $$A(z)y(t)=\sum_{j=1}^{r}B_j(z)u_j(t)+\frac{D(z)}{C(z)}v(t).$$

26. 证明定理 3.7.1 中的两个关系式:

$$r(t)=O(\lambda_{\max}[\boldsymbol{P}^{-1}(t)]),\quad \ln r(t)=O(\ln|\boldsymbol{P}^{-1}(t)|).$$

27. **遗忘因子递推最小二乘法**

考虑线性回归辨识模型,

$$y(t)=\boldsymbol{\varphi}^{\mathrm{T}}(t)\boldsymbol{\theta}+v(t).\tag{3.10.1}$$

估计参数向量 $\boldsymbol{\theta}$ 的递推最小二乘算法为

$$\hat{\boldsymbol{\theta}}(t)=\hat{\boldsymbol{\theta}}(t-1)+\boldsymbol{P}(t)\boldsymbol{\varphi}(t)[y(t)-\boldsymbol{\varphi}^{\mathrm{T}}(t)\hat{\boldsymbol{\theta}}(t-1)],\tag{3.10.2}$$

$$\boldsymbol{P}^{-1}(t)=\boldsymbol{P}^{-1}(t-1)+\boldsymbol{\varphi}(t)\boldsymbol{\varphi}^{\mathrm{T}}(t),\ \boldsymbol{P}(0)=p_0\boldsymbol{I}. \tag{3.10.3}$$

如果存在常数 $0<\alpha\leqslant\beta$ 使得下列弱持续激励条件成立,

$$\text{(WPE)}\quad \alpha\boldsymbol{I}\leqslant\frac{1}{t}\sum_{j=1}^{t}\boldsymbol{\varphi}(j)\boldsymbol{\varphi}^{\mathrm{T}}(j)\leqslant\beta\boldsymbol{I},\ \text{a.s.}$$

则由式 (3.10.3) 可得

$$(\alpha t+1/p_0)\boldsymbol{I}\leqslant\boldsymbol{P}^{-1}(t)=\sum_{j=1}^{t}\boldsymbol{\varphi}(j)\boldsymbol{\varphi}^{\mathrm{T}}(j)+\boldsymbol{P}^{-1}(0)\leqslant(\beta t+1/p_0)\boldsymbol{I},\ \text{a.s.}$$

或

$$\frac{\boldsymbol{I}}{(\beta t+1/p_0)}\leqslant\boldsymbol{P}(t)\leqslant\frac{\boldsymbol{I}}{(\alpha t+1/p_0)},\ \text{a.s.}$$

当 $t\to\infty$ 时, 协方差阵 $\boldsymbol{P}(t)\to 0$, 故增益向量 $\boldsymbol{L}(t)=\boldsymbol{P}(t)\boldsymbol{\varphi}(t)\to 0$. 由式 (3.10.2) 可知: 当 t 很大时, 修正项 $\Delta\hat{\boldsymbol{\theta}}(t):=\boldsymbol{L}(t)[y(t)-\boldsymbol{\varphi}^{\mathrm{T}}(t)\hat{\boldsymbol{\theta}}(t-1)]\to 0$, 几乎对 $\hat{\boldsymbol{\theta}}(t-1)$ 没有修正能力. 这种现象称为 “数据饱和” 现象, 即随着时间的推移, 采集到的数据越来越多, 新数据所提供的信息被淹没在老数据的海洋之中, 特别是对 **时变参数系统** (time-varying parameter system), 待估计的系统参数是时变的, 要使算法跟踪时变参数, 就不应该让 $\boldsymbol{P}(t)\to 0$ 或 $\boldsymbol{P}^{-1}(t)\to\infty$. 为了做到这一点, 可以在式 (3.10.3) 式中引入 **遗忘因子** (forgetting factor) λ $(0<\lambda<1)$, 得到

$$\boldsymbol{P}^{-1}(t)=\lambda\boldsymbol{P}^{-1}(t-1)+\boldsymbol{\varphi}(t)\boldsymbol{\varphi}^{\mathrm{T}}(t).$$

由此可知, 当 $t\to\infty$ 时, $\boldsymbol{P}(t)$ 不趋于零, 这就可以克服数据饱和现象. 将矩阵求逆引理 3.7.1 应用于上式可得

$$\boldsymbol{P}(t)=\frac{1}{\lambda}\left[\boldsymbol{P}(t-1)-\frac{\boldsymbol{P}(t-1)\boldsymbol{\varphi}(t)\boldsymbol{\varphi}^{\mathrm{T}}(t)\boldsymbol{P}(t-1)}{\lambda+\boldsymbol{\varphi}^{\mathrm{T}}(t)\boldsymbol{P}(t-1)\boldsymbol{\varphi}(t)}\right].$$

上式两边右乘向量 $\boldsymbol{\varphi}(t)$, 并记 $\boldsymbol{L}(t):=\boldsymbol{P}(t)\boldsymbol{\varphi}(t)$ 得

$$\boldsymbol{L}(t)=\boldsymbol{P}(t)\boldsymbol{\varphi}(t)=\frac{\boldsymbol{P}(t-1)\boldsymbol{\varphi}(t)}{\lambda+\boldsymbol{\varphi}^{\mathrm{T}}(t)\boldsymbol{P}(t-1)\boldsymbol{\varphi}(t)}$$

由式 (3.10.2) 和以上各式可归纳出辨识参数向量 $\boldsymbol{\theta}$ 的 **遗忘因子递推最小二乘算法** (Forgetting Factor Recursive Least Squares algorithm, **FF-RLS 算法**), 也称为**指数数据加权** (**遗忘**) **递推最小二乘算法**[147, 150, 152, 171]:

$$\hat{\boldsymbol{\theta}}(t)=\hat{\boldsymbol{\theta}}(t-1)+\boldsymbol{P}(t)\boldsymbol{\varphi}(t)[y(t)-\boldsymbol{\varphi}^{\mathrm{T}}(t)\hat{\boldsymbol{\theta}}(t-1)], \tag{3.10.4}$$

$$\boldsymbol{P}^{-1}(t)=\lambda\boldsymbol{P}^{-1}(t-1)+\boldsymbol{\varphi}(t)\boldsymbol{\varphi}^{\mathrm{T}}(t),\ 0<\lambda<1. \tag{3.10.5}$$

以上两式一般用于收敛性分析, 下面的 **FF-RLS 算法** 用于仿真计算,

$$\hat{\boldsymbol{\theta}}(t)=\hat{\boldsymbol{\theta}}(t-1)+\boldsymbol{L}(t)[y(t)-\boldsymbol{\varphi}^{\mathrm{T}}(t)\hat{\boldsymbol{\theta}}(t-1)], \tag{3.10.6}$$

$$\boldsymbol{L}(t)=\boldsymbol{P}(t)\boldsymbol{\varphi}(t)=\frac{\boldsymbol{P}(t-1)\boldsymbol{\varphi}(t)}{\lambda+\boldsymbol{\varphi}^{\mathrm{T}}(t)\boldsymbol{P}(t-1)\boldsymbol{\varphi}(t)}, \tag{3.10.7}$$

$$\boldsymbol{P}(t)=\frac{1}{\lambda}[\boldsymbol{I}-\boldsymbol{L}(t)\boldsymbol{\varphi}^{\mathrm{T}}(t)]\boldsymbol{P}(t-1),\ 0<\lambda<1,\ \boldsymbol{P}(0)=p_0\boldsymbol{I}. \tag{3.10.8}$$

FF-RLS 算法的初值选择同 RLS 算法. 当 $\lambda=1$ 时, FF-RLS 算法就是 RLS 算法. 遗忘因子越小, 算法跟踪能力越强, 但参数估计波动也越大; 遗忘因子越大, 算法跟踪时变参数的能力越弱.

二者折中考虑是选择时变遗忘因子. 对于时不变系统, 遗忘因子一般不宜太小; 否则, 参数估计波动大.

28. FF-RLS 算法 **协方差阵上下界引理**[147, 152]

对于系统 (3.10.1) 和 FF-RLS 算法 (3.10.6)~(3.10.8), 假设存在常数 $\alpha \leqslant \beta < \infty$ 和整数 $N \geqslant n$, 以至于对任意 $t \geqslant 0$, 下列强持续激励条件成立,

$$\text{(SPE)} \qquad \alpha \boldsymbol{I} \leqslant \frac{1}{N}\sum_{i=1}^{N}\boldsymbol{\varphi}(t+i)\boldsymbol{\varphi}^{\mathrm{T}}(t+i) \leqslant \beta \boldsymbol{I}, \ \text{a.s.}$$

则对于 $t \geqslant N$, 式 (3.10.5) 协方差矩阵 $\boldsymbol{P}(t)$ 满足

$$\frac{\lambda^{N-1}\alpha}{1-\lambda}\boldsymbol{I} + \lambda^t\left[\boldsymbol{P}^{-1}(0) - \frac{\alpha}{1-\lambda}\boldsymbol{I}\right] \leqslant \boldsymbol{P}^{-1}(t) \leqslant \frac{N\beta}{1-\lambda}\boldsymbol{I} + \lambda^t\left[\boldsymbol{P}^{-1}(0) - \frac{N\beta}{1-\lambda}\boldsymbol{I}\right], \ \text{a.s.}$$

有时出于方便, 选择初值 $\boldsymbol{P}^{-1}(0)$ 满足

$$\frac{\alpha}{1-\lambda}\boldsymbol{I} \leqslant \boldsymbol{P}^{-1}(0) \leqslant \frac{N\beta}{1-\lambda}\boldsymbol{I}, \text{或} \ \frac{1-\lambda}{N\beta} \leqslant p_0 \leqslant \frac{1-\lambda}{\alpha},$$

则有

$$\frac{\lambda^{N-1}\alpha}{1-\lambda}\boldsymbol{I} \leqslant \boldsymbol{P}^{-1}(t) \leqslant \frac{N\beta}{1-\lambda}\boldsymbol{I}, \ 0<\lambda<1, \ t \geqslant N;$$

或

$$\frac{1-\lambda}{N\beta}\boldsymbol{I} \leqslant \boldsymbol{P}(t) \leqslant \frac{1-\lambda}{\lambda^{N-1}\alpha}\boldsymbol{I}, \ 0<\lambda<1, \ t \geqslant N.$$

29. 衰减激励条件下, RLS 算法 **协方差阵上下界引理**[74]

对于系统 (3.10.1) 和 RLS 算法 (3.10.2)、(3.10.3), 假设存在常数 $\alpha, \beta > 0$ 和整数 $N \geqslant n$, 以至于对任意 $t > 0$, 下列衰减激励条件成立,

$$\text{(AE)} \qquad \frac{\alpha}{(t+N-1)^{2\varepsilon}}\boldsymbol{I} \leqslant \frac{1}{N}\sum_{i=0}^{N-1}\boldsymbol{\varphi}(t+i)\boldsymbol{\varphi}^{\mathrm{T}}(t+i) \leqslant \beta \boldsymbol{I}, \ \text{a.s.},$$

式中 $\varepsilon > 0$ 称为 **衰减指数** (attenuating index). 则对于 $t \geqslant N$, 式 (3.10.3) 协方差矩阵 $\boldsymbol{P}(t)$ 满足

$$\begin{aligned} N\beta t\boldsymbol{I} + \boldsymbol{P}^{-1}(0) \geqslant \boldsymbol{P}^{-1}(t) &\geqslant \sum_{j=1}^{t-N+1}\frac{\alpha}{(j+N-1)^{2\varepsilon}}\boldsymbol{I} + \boldsymbol{P}^{-1}(0) \\ &\geqslant \begin{cases} \dfrac{\alpha}{1-2\varepsilon}\left[t^{1-2\varepsilon} - N^{1-2\varepsilon}\right]\boldsymbol{I} + \boldsymbol{P}^{-1}(0), & 0 \leqslant \varepsilon < \dfrac{1}{2}, \\ \alpha(\ln t - \ln N)\boldsymbol{I} + \boldsymbol{P}^{-1}(0), & \varepsilon = \dfrac{1}{2}, \\ \dfrac{\alpha}{2\varepsilon-1}\left[\dfrac{1}{N^{2\varepsilon-1}} - \dfrac{1}{t^{2\varepsilon-1}}\right]\boldsymbol{I} + \boldsymbol{P}^{-1}(0), & \varepsilon > \dfrac{1}{2}. \end{cases} \end{aligned}$$

30. 证明 M-ESG 算法、AM-M-SG 算法参数估计的一致收敛性. (提示: 参考文献 [24], [110], [168])

31. 研究 RGELS 算法、AM-RGELS 算法参数估计的收敛性. (提示: 参考文献 [99], [108], [109])

32. 研究 FF-ESG 算法、AM-FFSG 算法 RGELS 算法参数估计误差界.

第 4 章 辅助模型辨识思想与方法

辅助模型辨识思想、多新息辨识理论、递阶辨识原理、耦合辨识概念是本书作者提出的研究辨识问题的原创性新方法, 已经被用在很多辨识问题的研究中, 形成了不同的辨识方法族, 它们可以用于解决许多线性或非线性模型的自适应信号处理, 自适应参数估计, 自适应滤波和预测, 自适应控制等问题. 由于客观事物具有双重属性: 一些特征变量是可观测的, 一些是不可测的. 如果表征系统特征的观测变量都是可测的, 我们就容易建立描述其运动规律的数学模型. 客观事物的不可测属性给我们建立系统数学模型带来特别的困难, 在这种情况下, 如何利用系统的可测信息, 实现对系统未知变量的估算, 来建立系统的数学模型, 是辨识领域极具挑战性的研究课题. 辅助模型辨识思想就是在这样的背景下发展起来的. 本章介绍辅助模型辨识思想和一些基于辅助模型的辨识方法.

4.1 引 言

自动化控制科学的高度发展, 以及对科学最伟大贡献的标志在于计算机的诞生和一些自动化电子产品的普及. 在我们欣赏和享受这些打上时代烙印和刻画了控制科学家痕迹的自动化电子产品时, 在我们感谢自动化科学家给人类铸造了高度的科学文明和人类的辉煌成就时[4~11] 我们不禁要问: 科学是什么?

科学就是解释自然现象, 探索未知世界, 揭示事物的运动规律. 探索未知世界, 其结果具有不可预见性. 探索事物的运动规律具有不可预见性; 探索事物的本质特征具有不可预见性. 事物的一些表层特征可以通过观察得到, 事物的本质特征可以通过对观测信息 (数据) 的处理, 加工, 抽象, 推断获得. 然而, 客观事物具有双重属性: 一些特征变量是可观测的, 一些是不可测的. 就控制科学而言, 就利用系统观测输入输出数据了解系统本质特征 —— 建立系统数学模型的系统辨识而言, 情况更是如此. 对于可测性, 如果表征系统特征的输入输出数据都是可测的, 其内部过程变量 (或状态变量) 也是可测的, 这样的系统对我们来说就是 "透明" 的, 很多辨识方法可以用来建立描述其运动规律的数学模型. 由于客观事物的不可测属性给我们认识世界, 给我们建立描述事物运动规律的数学模型带来特别的困难, 在这种情况下, 如何利用系统的可测信息, 实现对系统未知变量的估算, 来建立系统的数学模型是摆在控制科学家面前的首要任务. 这也是辅助模型辨识思想产生的根源.

辅助模型辨识思想 (auxiliary model identification idea) 是借助于系统的可测信息, 建立一个辅助模型, 用辅助模型的输出代替系统的不可测变量的一种辨识方法. 辅助模型辨识思想渊源于本书作者的硕士学位论文《多变量系统辨识》(1990 年)[45]. 其第 1 篇基于辅助模型辨识思想的研究论文 "传递函数阵子子模型参数递推估计: 辅助模型方法" 发表在 1991 年《控制与决策》第 6 期上[135]. 起初, 辅助模型思想被用来研究多变量系统 **传递函数阵** (transfer function matrix) **子子模型** (Sub-SubModel, SSM) 的辨识问题[45, 135]; 1992 年被用于研究输出误差模型描述的多变量系统辨识问题, 提出了输出误差多变量系统的辅助模型递推最小二乘辨识算法[111]; 1997 年利用鞅收敛定理详细地分析了文献 [111] 中的辅助模型递推最小二乘辨识方法的性能[112]. 后经发展, 2004 年辅助模型辨识思想被首次介绍到国际控制领域, 一些辅助模型辨识研究成果发表在国际期刊《Automatica》[27,47] 和《IEEE Transactions on Automatic Control》上[29]. 如今辅助模型辨识思想已经推广用于解决双率 (多率) 采样数据系统[27~29]、损失数据系统或稀少量测数据系统[46,47], 以及输入非线性输出误差系统的辨识问题[48].

众所周知, 在 CARMA 系统的最小二乘辨识模型 $y(t)=\boldsymbol{\varphi}^{\mathrm{T}}(t)\boldsymbol{\theta}+v(t)$ 中, 信息向量 $\boldsymbol{\varphi}(t)$ 除包含系统可测输入输出数据 $u(t-i)$ 和 $y(t-i)$ 外, 还包含了不可测噪声项 $v(t-i)$, 递推增广最小二乘辨识算法中是用其估计残差 $\hat{v}(t-i)$ 代替信息向量中的不可测项 $v(t-i)$. 将估计值代替不可测未知变量的思想加以发展, 也可解释我们的 **辅助模型辨识思想**.

辅助模型辨识是用系统的可测信息建立一个辅助模型, 用辅助模型的输出代替系统的不可测变量 (如系统的真实输出或系统的状态) 的一种辨识方法, 并且通过选择辅助模型的参变量 (参数), 使 **辅助模型** (auxiliary model) 的输出逼近这些不可测变量, 从而获得系统参数的一致估计[27~29,42,46~48] 辅助模型辨识方法是估计一些存在未知变量系统的一种有效辨识方法, 如输出误差类系统, 本章即将讨论的输入非线性方程误差类系统, 输入非线性输出误差类系统等.

本章将以最小二乘方法为主线研究辅助模型类辨识方法, 即研究输出误差类 (OET) 系统的辅助模型递推最小二乘方法, 输入非线性方程误差类 (IN-EET) 系统的辅助模型递推最小二乘辨识方法, 输入非线性输出误差类 (IN-OET) 系统的辅助模型递推最小二乘辨识方法等. 当然, 也可以用随机梯度方法、多新息随机梯度方法、多新息最小二乘方法等来研究本章的辅助模型类辨识方法.

4.2 辅助模型辨识思想

为方便起见, 设 $\{u(t)\}$ 为系统输入序列, $\{y(t)\}$ 为系统观测输出序列, $\{v(t)\}$ 是零均值方差为 σ^2 的白噪声序列, z^{-1} 为单位后移算子: $z^{-1}y(t)=y(t-1)$ 或 $zy(t)=y(t+1)$, $A(z)$, $B(z)$, $C(z)$ 和 $D(z)$ 是算子 z^{-1} 的常系数时不变多项式, 定义如下,

$$
\begin{aligned}
A(z) &:= 1+a_1z^{-1}+a_2z^{-2}+\cdots+a_{n_a}z^{-n_a},\ a_i\in\mathbb{R},\\
B(z) &:= b_1z^{-1}+b_2z^{-2}+\cdots+b_{n_b}z^{-n_b},\ b_i\in\mathbb{R},\\
C(z) &:= 1+c_1z^{-1}+c_2z^{-2}+\cdots+c_{n_c}z^{-n_c},\ c_i\in\mathbb{R},\\
D(z) &:= 1+d_1z^{-1}+d_2z^{-2}+\cdots+d_{n_d}z^{-n_d},\ d_i\in\mathbb{R}.
\end{aligned}
$$

多项式系数 a_i, b_i, c_i 和 d_i 为模型参数. 根据移位算子的性质, 有

$$
\begin{aligned}
A(z)y(t) &= (1+a_1z^{-1}+a_2z^{-2}+\cdots+a_{n_a}z^{-n_a})y(t)\\
&= y(t)+a_1y(t-1)+a_2y(t-2)+\cdots+a_{n_a}y(t-n_a),\\
B(z)u(t) &= (b_1z^{-1}+b_2z^{-2}+\cdots+b_{n_b}z^{-n_b})u(t)
\end{aligned}
$$

$$
\begin{aligned}
&= b_1u(t-1)+b_2u(t-2)+\cdots+b_{n_b}u(t-n_b),\\
D(z)v(t) &= (1+d_1z^{-1}+d_2z^{-2}+\cdots+d_{n_d}z^{-n_d})v(t)\\
&= v(t)+d_1v(t-1)+d_2v(t-2)+\cdots+d_{n_d}v(t-n_d), \text{ etc.}
\end{aligned}
$$

实际工业系统中, 经常有一些变量的值不可能得到 (如系统的状态, 内部变量, 或系统的某些输出值), 对于这类存在一些不可测变量的系统, 如何估计其参数, 就是辅助模型辨识方法要回答的问题.

递推最小二乘算法处理的 CAR 系统辨识模型

$$y(t)=\boldsymbol{\phi}^{\mathrm{T}}(t)\boldsymbol{\theta}+v(t)$$

假设由系统量测数据构成的信息向量 $\boldsymbol{\phi}(t)$ 的各元都是可以得到的. 递推增广最小二乘算法处理的 CARMA 系统辨识模型

$$y(t)=\boldsymbol{\varphi}^{\mathrm{T}}(t)\boldsymbol{\theta}+v(t)$$

假设信息向量 $\boldsymbol{\varphi}(t)$ 除包含系统的可测输入输出数据外, 还包含了不可测噪声项 $v(t-i)$, 解决的办法是这些不可测噪声项 $v(t-i)$ 用其估计残差 $\hat{v}(t-i)$ 代替.

类似地, 如果信息向量 $\boldsymbol{\varphi}(t)$ 中还包括系统的不可测内部变量, 如系统的真实输出 (即无噪输出) $x(t-i)$, 我们可以用辅助模型的输出 $x_{\mathrm{a}}(t-i)$ 或其估计 $\hat{x}(t-i)$ 代替, 基于这种代替思想的辨识方法, 我们称为 **辅助模型辨识方法** (auxiliary model identification method). 这种 "代替" 的思想用于系统辨识, 就是 **辅助模型辨识思想**. 下面简单介绍基于辅助模型辨识思想的辨识原理.

假设 **线性参数系统** (linear parameter system) 的输入输出关系可以用下列函数关系表示,

$$y(t)=g(\boldsymbol{\vartheta},x(t),x(t-1),\cdots,x(t-n),u(t),u(t-1),\cdots,u(t-n))+v(t), \tag{4.2.1}$$

$$x(t)=f(\boldsymbol{\theta},x(t-1),x(t-2),\cdots,x(t-n),u(t),u(t-1),\cdots,u(t-n)), \tag{4.2.2}$$

离散状态空间模型是这个模型的一个特例, 其中 $y(t)$ 和 $u(t)$ 是可测的输出和输入, $x(t)$ 是 **中间变量** (未知内部变量), $\boldsymbol{\vartheta}$ 和 $\boldsymbol{\theta}$ 是系统的参数向量, $v(t)$ 是零均值随机白噪声. 对于线性参数系统, 函数 $g(\boldsymbol{\vartheta},x(t),x(t-1),\cdots,x(t-n),u(t),u(t-1),\cdots,u(t-n))$ 是参数向量 $\boldsymbol{\vartheta}$ 的线性函数, 是 $x(t),x(t-1),\cdots,x(t-n),u(t),u(t-1),\cdots,u(t-n)$ 的非线性函数; 函数 $f(\boldsymbol{\theta},x(t-1),x(t-2),\cdots,x(t-n),u(t),u(t-1),\cdots,u(t-n))$ 是参数向量 $\boldsymbol{\theta}$ 的线性函数, 是 $x(t-1),x(t-2),\cdots,x(t-n),u(t),u(t-1),\cdots,u(t-n)$ 的非线性函数. 为简化表达, 引入移位算子 z: $zx(t)=x(t+1)$ 或 $z^{-1}x(t)=x(t-1)$, 它们可以简单记作,

$$
\begin{aligned}
g(\boldsymbol{\vartheta},x(t),u(t),z) &:= g(\boldsymbol{\vartheta},x(t),x(t-1),\cdots,x(t-n),u(t),u(t-1),\cdots,u(t-n)),\\
f(\boldsymbol{\theta},x(t-1),u(t),z) &:= f(\boldsymbol{\theta},x(t-1),x(t-2),\cdots,x(t-n),u(t),u(t-1),\cdots,u(t-n)).
\end{aligned}
$$

式 (4.2.1)、(4.2.2) 可以等价写为

$$y(t)=g(\boldsymbol{\vartheta},x(t),u(t),z)+v(t), \tag{4.2.3}$$

$$x(t)=f(\boldsymbol{\theta},x(t-1),u(t),z). \tag{4.2.4}$$

假设函数 $g(*)$ 可以写为或可以分解为下列形式,

$$g(\boldsymbol{\vartheta}, x(t), u(t), z) = x(t) + g'(\boldsymbol{\vartheta}, x(t-1), u(t), z), \tag{4.2.5}$$

那么式 (4.2.3) 可以写为

$$\begin{aligned} y(t) &= x(t) + g'(\boldsymbol{\vartheta}, x(t-1), u(t), z) + v(t) \\ &= f(\boldsymbol{\theta}, x(t-1), u(t), z) + g'(\boldsymbol{\vartheta}, x(t-1), u(t), z) + v(t) \end{aligned}$$

因为假设是线性参数系统, $f(*)$ 和 $g'(*)$ 分别是参数向量 $\boldsymbol{\theta}$ 和 $\boldsymbol{\vartheta}$ 的线性函数, 所以上式可以写为下列辨识模型,

$$\begin{aligned} y(t) &= \boldsymbol{\varphi}^{\mathrm{T}}(x(t-1), u(t), z)\begin{bmatrix}\boldsymbol{\theta}\\ \boldsymbol{\vartheta}\end{bmatrix} + v(t) \\ &= \boldsymbol{\varphi}^{\mathrm{T}}(x(t-1), u(t), z)\boldsymbol{\Theta} + v(t), \end{aligned} \tag{4.2.6}$$

其中 $\boldsymbol{\Theta} := \begin{bmatrix}\boldsymbol{\theta}\\ \boldsymbol{\vartheta}\end{bmatrix}$, 信息向量 $\boldsymbol{\varphi}(x(t-1), u(t), z) \in \mathbb{R}^m$ 的元 $\varphi_i(x(t-1), u(t), z)$ 也是 $x(t-1), x(t-2), \cdots, x(t-n), u(t), u(t-1), \cdots, u(t-n)$ 的非线性函数, 即

$$\boldsymbol{\varphi}(x(t-1), u(t), z) := \begin{bmatrix} \varphi_1(x(t-1), u(t), z) \\ \varphi_2(x(t-1), u(t), z) \\ \vdots \\ \varphi_m(x(t-1), u(t), z) \end{bmatrix} \in \mathbb{R}^m,$$

$$\boldsymbol{\varphi}(x(t-1), u(t), z) := \boldsymbol{\varphi}(x(t-1), x(t-2), \cdots, x(t-n), u(t), u(t-1), \cdots, u(t-n)) \in \mathbb{R}^m,$$

$$\varphi_i(x(t-1), u(t), z) := \varphi_i(x(t-1), x(t-2), \cdots, x(t-n), u(t), u(t-1), \cdots, u(t-n)) \in \mathbb{R}.$$

设 $\hat{\boldsymbol{\Theta}}(t) := \begin{bmatrix}\hat{\boldsymbol{\theta}}(t)\\ \hat{\boldsymbol{\vartheta}}(t)\end{bmatrix}$ 是时刻 t 参数向量 $\boldsymbol{\Theta} = \begin{bmatrix}\boldsymbol{\theta}\\ \boldsymbol{\vartheta}\end{bmatrix}$ 的估计. 对于辨识模型 (4.2.6), 极小化 **准则函数** (criterion function)

$$J_1(\boldsymbol{\Theta}) := \sum_{j=1}^{t}[y(j) - \boldsymbol{\varphi}^{\mathrm{T}}(x(j-1), u(j), z)\boldsymbol{\Theta}]^2$$

可以得到估计参数向量 $\boldsymbol{\Theta}$ 的递推最小二乘算法:

$$\hat{\boldsymbol{\Theta}}(t) = \hat{\boldsymbol{\Theta}}(t-1) + \boldsymbol{P}(t)\boldsymbol{\varphi}(x(t-1), u(t), z)[y(t) - \boldsymbol{\varphi}^{\mathrm{T}}(x(t-1), u(t), z)\hat{\boldsymbol{\Theta}}(t-1)], \tag{4.2.7}$$

$$\boldsymbol{P}(t) = \boldsymbol{P}(t-1) - \frac{\boldsymbol{P}(t-1)\boldsymbol{\varphi}(x(t-1), u(t), z)\boldsymbol{\varphi}^{\mathrm{T}}(x(t-1), u(t), z)\boldsymbol{P}(t-1)}{1 + \boldsymbol{\varphi}^{\mathrm{T}}(x(t-1), u(t), z)\boldsymbol{P}(t-1)\boldsymbol{\varphi}(x(t-1), u(t), z)}. \tag{4.2.8}$$

由于中间变量 $x(t-i)$ 是未知的, 上述计算参数估计 $\hat{\boldsymbol{\Theta}}(t)$ 的算法无法实现. 借助于辅助模型辨识思想: 设 $x_{\mathrm{a}}(t)$ 是辅助模型的输出, 用 $x_{\mathrm{a}}(t-1)$ 代替 $\boldsymbol{\varphi}(x(t-1), u(t), z)$ 中未知 $x(t-1)$, 代替后的信息向量记作

$$\hat{\boldsymbol{\varphi}}(x_{\mathrm{a}}(t-1), u(t), z) := \hat{\boldsymbol{\varphi}}(x_{\mathrm{a}}(t-1), x_{\mathrm{a}}(t-2), \cdots, x_{\mathrm{a}}(t-n), u(t), u(t-1), \cdots, u(t-n)) \in \mathbb{R}^m.$$

根据式 (4.2.4), 辅助模型可以取为

$$x_{\mathrm{a}}(t) = f(\hat{\boldsymbol{\theta}}(t), x_{\mathrm{a}}(t-1), u(t), z)$$

$$= f(\hat{\boldsymbol{\theta}}(t), x_{\rm a}(t-1), x_{\rm a}(t-2), \cdots, x_{\rm a}(t-n), u(t), u(t-1), \cdots, u(t-n)).$$

用 $\hat{\boldsymbol{\varphi}}(x_{\rm a}(t-1), u(t), z)$ 代替式 (4.2.7)、(4.2.8) 中 $\boldsymbol{\varphi}(x(t-1), u(t), z)$, 我们可以得到估计参数向量 $\boldsymbol{\Theta}$ 的辅助模型递推最小二乘算法 (AM-RLS):

$$\hat{\boldsymbol{\Theta}}(t) = \hat{\boldsymbol{\Theta}}(t-1) + \boldsymbol{P}(t)\hat{\boldsymbol{\varphi}}(x_{\rm a}(t-1), u(t), z)[y(t) - \hat{\boldsymbol{\varphi}}^{\rm T}(x_{\rm a}(t-1), u(t), z)\hat{\boldsymbol{\Theta}}(t-1)], \tag{4.2.9}$$

$$\boldsymbol{P}(t) = \boldsymbol{P}(t-1) - \frac{\boldsymbol{P}(t-1)\hat{\boldsymbol{\varphi}}(x_{\rm a}(t-1), u(t), z)\hat{\boldsymbol{\varphi}}^{\rm T}(x_{\rm a}(t-1), u(t), z)\boldsymbol{P}(t-1)}{1 + \hat{\boldsymbol{\varphi}}^{\rm T}(x_{\rm a}(t-1), u(t), z)\boldsymbol{P}(t-1)\hat{\boldsymbol{\varphi}}(x_{\rm a}(t-1), u(t), z)}, \tag{4.2.10}$$

$$\hat{\boldsymbol{\varphi}}(x_{\rm a}(t-1), u(t), z) = \hat{\boldsymbol{\varphi}}(x_{\rm a}(t-1), x_{\rm a}(t-2), \cdots, x_{\rm a}(t-n), u(t), u(t-1), \cdots, u(t-n)), \tag{4.2.11}$$

$$\begin{aligned} x_{\rm a}(t) &= f(\hat{\boldsymbol{\theta}}(t), x_{\rm a}(t-1), u(t), z) \\ &= f(\hat{\boldsymbol{\theta}}(t), x_{\rm a}(t-1), x_{\rm a}(t-2), \cdots, x_{\rm a}(t-n), u(t), u(t-1), \cdots, u(t-n)), \end{aligned} \tag{4.2.12}$$

$$\hat{\boldsymbol{\Theta}}(t) = \begin{bmatrix} \hat{\boldsymbol{\theta}}(t) \\ \hat{\boldsymbol{\vartheta}}(t) \end{bmatrix}. \tag{4.2.13}$$

这就是基于辅助模型辨识思想推导出的递推最小二乘辨识算法. 系统的输出预报为

$$\begin{aligned} \hat{y}(t) &= g(\hat{\boldsymbol{\vartheta}}(t), x_{\rm a}(t), u(t), z) \\ &= g(\hat{\boldsymbol{\vartheta}}(t), x_{\rm a}(t), x_{\rm a}(t-1), \cdots, x_{\rm a}(t-n), u(t), u(t-1), \cdots, u(t-n)). \end{aligned} \tag{4.2.14}$$

为简化, 如果用 $\hat{x}(t)$ 表示 $x_{\rm a}(t)$, 即令 $\hat{x}(t) := x_{\rm a}(t)$, 那么算法 (4.2.9)~(4.2.13) 可以等价写为

$$\hat{\boldsymbol{\Theta}}(t) = \hat{\boldsymbol{\Theta}}(t-1) + \boldsymbol{P}(t)\hat{\boldsymbol{\varphi}}(\hat{x}(t-1), u(t), z)[y(t) - \hat{\boldsymbol{\varphi}}^{\rm T}(\hat{x}(t-1), u(t), z)\hat{\boldsymbol{\Theta}}(t-1)], \tag{4.2.15}$$

$$\boldsymbol{P}(t) = \boldsymbol{P}(t-1) - \frac{\boldsymbol{P}(t-1)\hat{\boldsymbol{\varphi}}(\hat{x}(t-1), u(t), z)\hat{\boldsymbol{\varphi}}^{\rm T}(\hat{x}(t-1), u(t), z)\boldsymbol{P}(t-1)}{1 + \hat{\boldsymbol{\varphi}}^{\rm T}(\hat{x}(t-1), u(t), z)\boldsymbol{P}(t-1)\hat{\boldsymbol{\varphi}}(\hat{x}(t-1), u(t), z)}, \tag{4.2.16}$$

$$\hat{\boldsymbol{\varphi}}(\hat{x}(t-1), u(t), z) = \hat{\boldsymbol{\varphi}}(\hat{x}(t-1), \hat{x}(t-2), \cdots, \hat{x}(t-n), u(t), u(t-1), \cdots, u(t-n)), \tag{4.2.17}$$

$$\begin{aligned} \hat{x}(t) &= f(\hat{\boldsymbol{\theta}}(t), \hat{x}(t-1), u(t), z) \\ &= f(\hat{\boldsymbol{\theta}}(t), \hat{x}(t-1), \hat{x}(t-2), \cdots, \hat{x}(t-n), u(t), u(t-1), \cdots, u(t-n)), \end{aligned} \tag{4.2.18}$$

$$\hat{\boldsymbol{\Theta}}(t) = \begin{bmatrix} \hat{\boldsymbol{\theta}}(t) \\ \hat{\boldsymbol{\vartheta}}(t) \end{bmatrix}. \tag{4.2.19}$$

系统输出预报可以等价写为

$$\begin{aligned} \hat{y}(t) &= g(\hat{\boldsymbol{\vartheta}}(t), \hat{x}(t), u(t), z) \\ &= g(\hat{\boldsymbol{\vartheta}}(t), \hat{x}(t), \hat{x}(t-1), \cdots, \hat{x}(t-n), u(t), u(t-1), \cdots, u(t-n)). \end{aligned} \tag{4.2.20}$$

考虑下列伪线性回归模型 II (一类白噪声干扰的输出误差模型),

$$y(t) = \frac{f(\boldsymbol{\vartheta}, u_1(t), z)}{A(z)} + B_2(z)u_2(t) + v(t),$$

其中 $u_1(t)$ 和 $u_2(t)$ 是系统的两个输入, $f(\boldsymbol{\vartheta}, u_1(t), z) := f(\boldsymbol{\vartheta}, u_1(t), u_1(t-1), \cdots, u_1(t-n))$ 是参数向量 $\boldsymbol{\vartheta}$ 的线性函数, 是 $u_1(t), u_1(t-1), \cdots, u_1(t-n)$ 的非线性函数. 因此, 这个伪线性回归模型 II 是非线性系统, 可以用辅助模型方法来解决其辨识问题, 只需定义下列辅助模型

$$\hat{x}(t) = \frac{f(\hat{\boldsymbol{\vartheta}}(t), u_1(t), z)}{\hat{A}(t, z)},$$

其中 $\hat{A}(t,z)$ 是时刻 $tA(z)$ 的估计.

辅助模型辨识思想可以解决一些存在不可测变量的系统辨识问题. 基于辅助模型辨识思想的辨识理论和方法已成为一类辨识方法族, 可以用于研究 (包括有色噪声模型干扰下) 线性和非线性模型的自适应信号处理、自适应滤波和预测、自适应辨识和参数估计等问题. 辅助模型辨识的相关成果和值得研究的课题如下.

(1) 稀少量测数据系统的辅助模型多新息随机梯度辨识方法[47].

(2) 损失数据输出误差系统的辅助模型 (遗忘因子) 递推最小二乘辨识方法[46].

(3) 输出误差系统 (输出误差滑动平均系统) 的辅助模型 (增广) 随机梯度辨识算法和辅助模型递推 (增广) 最小二乘辨识算法[30].

(4) 输出误差系统辅助模型多新息随机梯度算法的性能分析[94].

(5) 多输入单输出系统的辅助模型多新息随机梯度算法[123].

(6) Hammerstein 输出误差滑动平均系统的辅助模型递推增广最小二乘辨识算法和辅助模型多新息增广最小二乘辨识算法[172].

(7) 输入非线性输出误差自回归系统的辅助模型递推广义最小二乘参数估计算法[173].

(8) 输出误差滑动平均模型 (OEMA) 的辅助模型多新息增广随机梯度辨识方法[42].

(9) 多率多输入系统的辅助模型递推最小二乘算法[174].

(10) 输出误差滑动平均模型的辅助模型递推增广最小二乘辨识方法[96].

(11) 非均匀周期采样系统的辅助模型递推最小二乘算法及其收敛性[175, 176].

(12) Box-Jenkins 系统的辅助模型多新息广义增广随机梯度辨识方法[100].

(13) 非线性 Hammerstein 模型的辅助模型最小二乘辨识方法、辅助模型随机梯度辨识方法[48].

(14) 基于辅助模型的多输入单输出系统多新息最小二乘辨识方法[128].

(15) 基于辅助模型的双率采样数据系统的联合参数与损失输出估计[27].

(16) 基于有限脉冲响应辅助模型的双率采样数据系统辨识[28].

(17) 传递函数阵子子模型参数的辅助模型最小二乘辨识方法[45, 135].

(18) 多变量输出误差系统的辅助模型辨识方法及其收敛性分析[111, 112].

(19) 随机干扰系统的辅助模型递推广义增广最小二乘辨识方法、辅助模型广义增广随机梯度辨识方法[102].

(20) 辅助模型多新息辨识方法族、辅助模型递阶辨识方法族.

4.3 线性输出误差系统

辅助模型辨识方法是研究一些存在不可测内部变量系统的一种有效辨识方法, 下面以简单线性系统的输出误差模型为基础, 介绍辅助模型辨识方法. 这种方法可以推广到双线性参数输出误差系统和非线性输出误差系统[48]. 本节主要参考文献 [27], [29], [30], [111], [112].

4.3.1 辅助模型递推最小二乘算法

考虑 **输出误差模型** (Output Error model, **OE 模型**) 描述的系统 (参见图 4.3.1):

$$y(t)=\frac{B(z)}{A(z)}u(t)+v(t), \tag{4.3.1}$$

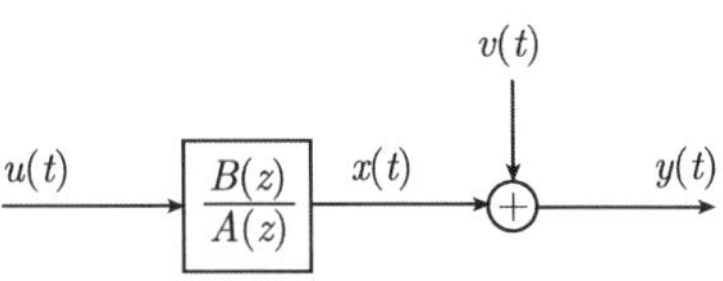

图 4.3.1　输出误差系统 (OE)

其中 $\{u(t)\}$ 和 $\{y(t)\}$ 是可测的系统输入和输出序列, $G(z):=\dfrac{B(z)}{A(z)}$ 为系统的传递函数.

输出误差模型示意图如图 4.3.1 所示, 其中 $x(t)$ 为系统的 **真实输出** (true output) 或 **无噪输出** (noise-free output) (不可得到), $y(t)$ 是 $x(t)$ 的含噪量测.

定义 **参数向量** $\boldsymbol{\theta}$ 和 **信息向量** $\boldsymbol{\varphi}(t)$ 如下,

$$\boldsymbol{\theta}:=[a_1,a_2,\cdots,a_{n_a},b_1,b_2,\cdots,b_{n_b}]^{\mathrm{T}}\in\mathbb{R}^{n_a+n_b},$$

$$\boldsymbol{\varphi}(t):=[-x(t-1),-x(t-2),\cdots,-x(t-n_a),u(t-1),u(t-2),\cdots,u(t-n_b)]^{\mathrm{T}}\in\mathbb{R}^{n_a+n_b}.$$

定义 **中间变量** (intermediate variable):

$$x(t):=\frac{B(z)}{A(z)}u(t). \tag{4.3.2}$$

或

$$A(z)x(t)=B(z)u(t).$$

上式写为差分方程,

$$\begin{aligned}&x(t)+a_1x(t-1)+a_2x(t-2)+\cdots+a_{n_a}x(t-n_a)\\&\quad=b_1u(t-1)+b_2u(t-2)+\cdots+b_{n_b}u(t-n_b).\end{aligned}$$

或

$$x(t)=\boldsymbol{\varphi}^{\mathrm{T}}(t)\boldsymbol{\theta}. \tag{4.3.3}$$

从而可得 **输出误差系统** (4.3.1) 的 **辨识模型** (identification model):

$$\begin{aligned}y(t)&=x(t)+v(t)\\&=\boldsymbol{\varphi}^{\mathrm{T}}(t)\boldsymbol{\theta}+v(t).\end{aligned} \tag{4.3.4}$$

这个模型属于 **伪线性回归模型** II, 因为信息向量 $\boldsymbol{\varphi}(t)$ 中只包含了不可测真实输出 $x(t-i)$. 极小化 **最小二乘准则函数** (least squares criterion function)

$$J_2(\boldsymbol{\theta}):=\sum_{j=1}^{t}[y(j)-\boldsymbol{\varphi}^{\mathrm{T}}(j)\boldsymbol{\theta}]^2,$$

仿照递推最小二乘算法的推导, 可得下列递推最小二乘算法:

$$\hat{\boldsymbol{\theta}}(t)=\hat{\boldsymbol{\theta}}(t-1)+\boldsymbol{P}(t)\boldsymbol{\varphi}(t)[y(t)-\boldsymbol{\varphi}^{\mathrm{T}}(t)\hat{\boldsymbol{\theta}}(t-1)], \tag{4.3.5}$$

$$\boldsymbol{P}(t)=\boldsymbol{P}(t-1)-\frac{\boldsymbol{P}(t-1)\boldsymbol{\varphi}(t)\boldsymbol{\varphi}^{\mathrm{T}}(t)\boldsymbol{P}(t-1)}{1+\boldsymbol{\varphi}^{\mathrm{T}}(t)\boldsymbol{P}(t-1)\boldsymbol{\varphi}(t)}. \tag{4.3.6}$$

因为信息向量 $\boldsymbol{\varphi}(t)$ 中包含了未知的中间变量 $x(t-i)$, 所以上述算法不可实现. 解决方法是借助于辅助模型辨识思想. 参见图 4.3.2, 建立一个与 $\dfrac{B(z)}{A(z)}$ 结构相同的辅助模型 $\dfrac{B_{\rm a}(z)}{A_{\rm a}(z)}$, **辅助模型** 的输出 $x_{\rm a}(t)$ 可以表示为

$$x_{\rm a}(t)=\frac{B_{\rm a}(z)}{A_{\rm a}(z)}u(t).$$

参照式 (4.3.2) 写为式 (4.3.3) 的写法, 上式可以表达为

$$x_{\rm a}(t)=\boldsymbol{\varphi}_{\rm a}^{\rm T}(t)\boldsymbol{\theta}_{\rm a}(t), \tag{4.3.7}$$

其中 $\boldsymbol{\varphi}_{\rm a}(t)$ 和 $\boldsymbol{\theta}_{\rm a}(t)$ 是时刻 t 辅助模型的信息向量和参数向量.

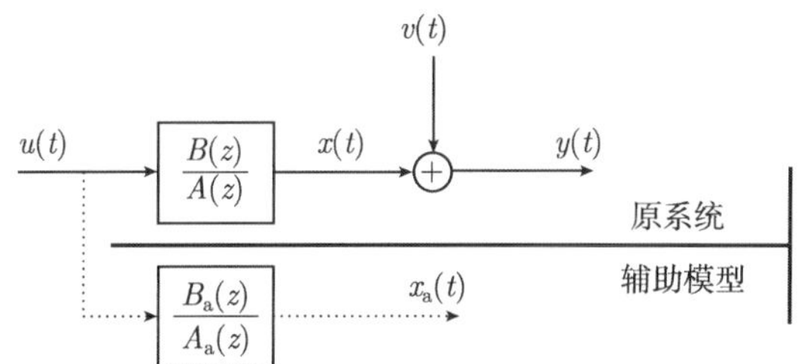

图 4.3.2 带辅助模型的输出误差系统

如果用图 4.3.2 中辅助模型的输出 $x_{\rm a}(t)$ 代替系统的真实输出 $x(t)$, 那么参数向量 $\boldsymbol{\theta}$ 的辨识问题可以利用 $u(t)$ 和 $x_{\rm a}(t)$ 得到解决. 这就是 **辅助模型辨识思想**. 基于这种思想的辨识方法称为 **辅助模型辨识方法**, 或 **参考模型辨识方法** (reference model identification method), 或 **输出误差辨识方法** (output error identification method). 如果 $x_{\rm a}(t)$ 逼近于 $x(t)$, 就可以把辅助模型的输出 $x_{\rm a}(t)$ 作为 $x(t)$ 的一个估计 $\hat{x}(t)$.

问题的关键是, 如何构造辅助模型 (4.3.7), 以便利用数据 $\{u(t),y(t)\}$ 获得 $x(t)$ 的估计 $x_{\rm a}(t)$, 并保证 $x_{\rm a}(t)$ 收敛于 $x(t)$: $x_{\rm a}(t)\to x(t)$, 那么 $\dfrac{B(z)}{A(z)}$ 的辨识问题通过使用 $x_{\rm a}(t)$ 而不是 $x(t)$ 而得到解决. 辅助模型的选择方式将决定辨识算法的具体形式和收敛性能. 当然, 有许多方法选择辅助模型[27~29,42,96,100,135], 这里介绍把 $\dfrac{B(z)}{A(z)}$ 的估计作为辅助模型[27, 29, 30, 47] 的辨识方法, 文献 [28] 介绍了把 $\dfrac{B(z)}{A(z)}$ 的脉冲响应模型估计作为辅助模型.

设 $\hat{\boldsymbol{\theta}}(t)$ 代表参数向量 $\boldsymbol{\theta}$ 的估计. 我们把 $\hat{\boldsymbol{\theta}}(t)$ 作为辅助模型的参数向量 $\boldsymbol{\theta}_{\rm a}(t)$, 用 $x_{\rm a}(t-i)$ 代替 $x(t-i)$ 后的信息向量 $\boldsymbol{\varphi}(t)$ 记作 $\hat{\boldsymbol{\varphi}}(t)$, 同时也把 $\hat{\boldsymbol{\varphi}}(t)$ 作为辅助模型的信息向量 $\boldsymbol{\varphi}_{\rm a}(t)$, 因此有[27, 29, 30, 47],

$$x_{\rm a}(t)=\hat{\boldsymbol{\varphi}}^{\rm T}(t)\hat{\boldsymbol{\theta}}(t),$$
$$\hat{\boldsymbol{\varphi}}(t)=[-x_{\rm a}(t-1),-x_{\rm a}(t-2),\cdots,-x_{\rm a}(t-n_a),u(t-1),u(t-2),\cdots,u(t-n_b)]^{\rm T}\in\mathbb{R}^{n_a+n_b}.$$

在 t 时刻, $\hat{\boldsymbol{\varphi}}(t)$ 是已知的. 因此极小化 **准则函数**

$$J_3(\boldsymbol{\theta}):=\sum_{j=1}^{t}[y(j)-\hat{\boldsymbol{\varphi}}^{\rm T}(j)\boldsymbol{\theta}]^2$$

可以得到估计参数向量 $\boldsymbol{\theta}$ 的基于辅助模型的递推最小二乘算法, 简称为 **辅助模型递推最小二乘算法** (Auxiliary Model based Recursive Least Squares algorithm, **AM-RLS 算法**):

$$\hat{\boldsymbol{\theta}}(t)=\hat{\boldsymbol{\theta}}(t-1)+\boldsymbol{L}(t)[y(t)-\hat{\boldsymbol{\varphi}}^{\mathrm{T}}(t)\hat{\boldsymbol{\theta}}(t-1)], \tag{4.3.8}$$

$$\boldsymbol{L}(t)=\boldsymbol{P}(t)\hat{\boldsymbol{\varphi}}(t)=\frac{\boldsymbol{P}(t-1)\hat{\boldsymbol{\varphi}}(t)}{1+\hat{\boldsymbol{\varphi}}^{\mathrm{T}}(t)\boldsymbol{P}(t-1)\hat{\boldsymbol{\varphi}}(t)}, \tag{4.3.9}$$

$$\begin{aligned}\boldsymbol{P}(t)&=\boldsymbol{P}(t-1)-\frac{\boldsymbol{P}(t-1)\hat{\boldsymbol{\varphi}}(t)\hat{\boldsymbol{\varphi}}^{\mathrm{T}}(t)\boldsymbol{P}(t-1)}{1+\hat{\boldsymbol{\varphi}}^{\mathrm{T}}(t)\boldsymbol{P}(t-1)\hat{\boldsymbol{\varphi}}(t)}\\&=[\boldsymbol{I}-\boldsymbol{L}(t)\hat{\boldsymbol{\varphi}}^{\mathrm{T}}(t)]\boldsymbol{P}(t-1),\ \boldsymbol{P}(0)=p_0\boldsymbol{I},\end{aligned} \tag{4.3.10}$$

$$\hat{\boldsymbol{\varphi}}(t)=[-x_{\mathrm{a}}(t-1),-x_{\mathrm{a}}(t-2),\cdots,-x_{\mathrm{a}}(t-n_a),u(t-1),u(t-2),\cdots,u(t-n_b)]^{\mathrm{T}}, \tag{4.3.11}$$

$$x_{\mathrm{a}}(t)=\hat{\boldsymbol{\varphi}}^{\mathrm{T}}(t)\hat{\boldsymbol{\theta}}(t). \tag{4.3.12}$$

这里, 辅助模型为

$$x_{\mathrm{a}}(t)=\boldsymbol{\varphi}_{\mathrm{a}}^{\mathrm{T}}(t)\boldsymbol{\theta}_{\mathrm{a}}(t)=\hat{\boldsymbol{\varphi}}^{\mathrm{T}}(t)\hat{\boldsymbol{\theta}}(t).$$

辅助模型辨识算法是联合系统参数和系统不可测真实输出同时估计的一种 **联合辨识方法**[107]. 它是一个随 t 增加的递阶交互估计计算过程, 因为计算参数估计需要用到辅助模型的输出 $x_{\mathrm{a}}(t)$, 而计算辅助模型输出 $x_{\mathrm{a}}(t)$ 又要用到参数估计 $\hat{\boldsymbol{\theta}}(t)$. $x_{\mathrm{a}}(t)$ 可以作为 $x(t)$ 的估计 $\hat{x}(t)$. AM-RLS 算法也可以把算法 (4.3.5)、(4.3.6) 中的 $\boldsymbol{\varphi}(t)$ 换为 $\hat{\boldsymbol{\varphi}}(t)$ 得到.

关于输出误差系统的辅助模型递推最小二乘辨识算法的收敛性, 可参考双率系统的辅助模型递推最小二乘辨识算法[27] 和一步状态迟延系统的输入输出表达的辅助模型递推最小二乘辨识算法[108] 的性能分析加以证明. 本书作者分别证明了双率采样数据系统、多变量输出误差系统、损失数据输出误差系统的辅助模型递推最小二乘辨识算法的一致收敛性[27,46,111,112]. 文献 [46] 提出了损失数据输出误差系统的遗忘因子辅助模型递推最小二乘辨识算法, 但只分析了遗忘因子 $\lambda=1$ 时的情形, 即不带遗忘因子的辅助模型递推最小二乘算法的收敛性. 带遗忘因子辅助模型递推最小二乘算法的收敛条件以及参数误差界分析, 也是有待辨识爱好者解决的科学难题[46].

AM-RLS 算法的计算步骤.

(1) 初始化: 令 $t=1$. 置初值 $\boldsymbol{P}(0)=p_0\boldsymbol{I}$, $\hat{\boldsymbol{\theta}}(0)=\mathbf{1}/p_0$, $p_0=10^6$, $x_{\mathrm{a}}(-i)=1/p_0$, $i=0,1,2,\cdots,n_a-1$.

(2) 收集数据 $u(t)$ 和 $y(t)$, 用式 (4.3.11) 构造 $\hat{\boldsymbol{\varphi}}(t)$.

(3) 用式 (4.3.9) 计算 $\boldsymbol{L}(t)$, 用式 (4.3.10) 计算 $\boldsymbol{P}(t)$.

(4) 用式 (4.3.8) 刷新估计 $\hat{\boldsymbol{\theta}}(t)$.

(5) 用式 (4.3.12) 计算 $x_{\mathrm{a}}(t)$.

(6) t 增 1, 转步骤 2, 继续递推计算.

AM-RLS 算法计算参数估计 $\hat{\boldsymbol{\theta}}(t)$ 的 **流程图** 如图 4.3.3 所示.

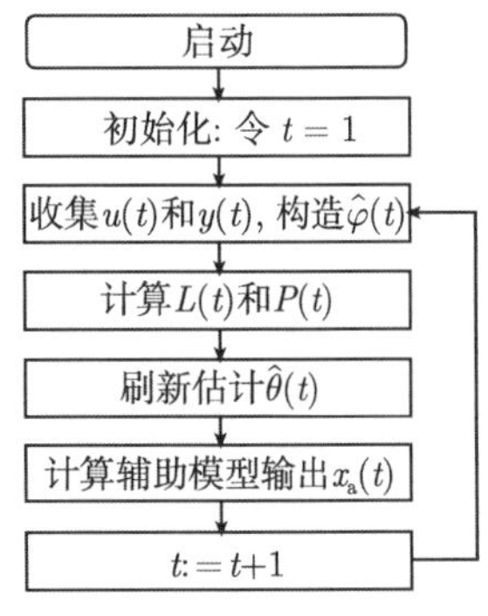

图 4.3.3　计算 AM-RLS 参数估计 $\hat{\boldsymbol{\theta}}(t)$ 的流程图

仿真试验

例 4.3.1　考虑仿真对象 (OE 模型):

$$y(t)=\frac{B(z)}{A(z)}u(t)+v(t),$$

$$A(z)=1+a_1z^{-1}+a_2z^{-2}=1+0.412z^{-1}+0.309z^{-2},$$
$$B(z)=b_1z^{-1}+b_2z^{-2}=0.6804z^{-1}+0.6303z^{-2},$$
$$\boldsymbol{\theta}=[a_1,a_2,b_1,b_2]^{\mathrm{T}}=[0.412,0.309,0.6804,0.6303]^{\mathrm{T}}.$$

仿真时, 输入 $\{u(t)\}$ 采用零均值单位方差均匀分布不相关可测随机信号序列, $\{v(t)\}$ 采用零均值方差为 σ^2 白噪声序列, 改变 σ^2 可以控制噪信比 δ_{ns} (噪信比的定义参见附录 A 或文献 [177], [178]). 对于输出误差模型, 噪信比定义为

$$\delta_{\mathrm{ns}}=\sqrt{\frac{\mathrm{var}[v(t)]}{\mathrm{var}[x(t)]}}\times 100\%.$$

基于量测数据 $\{u(t),y(t)\}$, 用 AM-RLS 算法估计这个系统的参数, 不同噪声方差或噪信比下仿真结果示于表 4.3.1, 其中参数估计误差 $\delta:=\|\hat{\boldsymbol{\theta}}(t)-\boldsymbol{\theta}\|/\|\boldsymbol{\theta}\|$ 随 t 变化曲线如图 4.3.4 所示, $\boldsymbol{\theta}$ 为系统模型参数, $\hat{\boldsymbol{\theta}}(t)$ 为 $\boldsymbol{\theta}$ 的估计. 当噪声方差为 $\sigma^2=0.10^2$ 和 $\sigma^2=0.50^2$ 时, 系统的噪信比分别为 $\delta_{\mathrm{ns}}=11.75\%$ 和 $\delta_{\mathrm{ns}}=58.75\%$. 估计误差 δ 随 t 的变化曲线可以用来衡量参数估计收敛于真值的速率和精度.

为了说明 AM-RLS 算法的辨识效果, 在相同的条件下 ($\sigma^2=0.50^2$, $\delta_{\mathrm{ns}}=58.75\%$), 使用递推最小二乘算法 (RLS)

$$\hat{\boldsymbol{\theta}}(t)=\hat{\boldsymbol{\theta}}(t-1)+\boldsymbol{P}(t)\boldsymbol{\psi}(t)[y(t)-\boldsymbol{\psi}^{\mathrm{T}}(t)\hat{\boldsymbol{\theta}}(t-1)],$$
$$\boldsymbol{P}(t)=\boldsymbol{P}(t-1)-\frac{\boldsymbol{P}(t-1)\boldsymbol{\psi}(t)\boldsymbol{\psi}^{\mathrm{T}}(t)\boldsymbol{P}(t-1)}{1+\boldsymbol{\psi}^{\mathrm{T}}(t)\boldsymbol{P}(t-1)\boldsymbol{\psi}(t)},\ \boldsymbol{P}(0)=p_0\boldsymbol{I},$$
$$\boldsymbol{\psi}(t)=[-y(t-1),-y(t-2),\cdots,-y(t-n_a),u(t-1),u(t-2),\cdots,u(t-n_b)]^{\mathrm{T}}$$

估计这个输出误差系统的参数, 仿真结果示于表 4.3.2, 两个算法参数估计误差 δ 随 t 变化曲线如图 4.3.4 所示.

从表 4.3.1、表 4.3.2 和图 4.3.4 可知: 递推最小二乘算法给出的参数估计误差大, 收敛效果差, 参数估计是有偏的; 而辅助模型最小二乘算法参数估计误差随 t 增加而减少, 并不断趋于零, 说明该方法是有效的.

表 4.3.1 例 4.3.1 模型参数的 AM-RLS 估计

δ_{ns}	t	a_1	a_2	b_1	b_2	δ /%
11.75%	100	0.39565	0.30177	0.68990	0.61758	2.25419
	200	0.40962	0.30311	0.68998	0.62471	1.20465
	500	0.41389	0.31105	0.68579	0.61907	1.20289
	1000	0.41335	0.31294	0.68283	0.62825	0.49365
	2000	0.41078	0.31086	0.68287	0.62798	0.38247
	3000	0.41196	0.30971	0.68209	0.62901	0.21127
58.75%	100	0.30786	0.27283	0.73035	0.54358	14.03517
	200	0.40490	0.27419	0.72898	0.60678	6.09103
	500	0.41699	0.31700	0.70765	0.57179	6.14887
	1000	0.41726	0.32767	0.69266	0.61943	2.39295
	2000	0.40467	0.31771	0.69287	0.61790	1.97482
	3000	0.41138	0.31218	0.68889	0.62367	1.06048
真值		0.41200	0.30900	0.68040	0.63030	

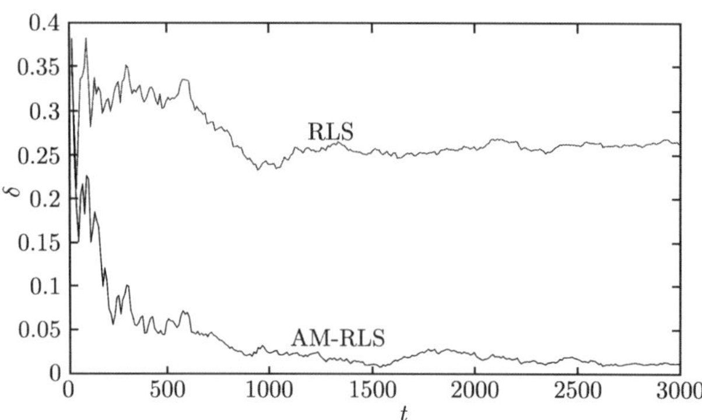

图 4.3.4 例 4.3.1 的 δ 随 t 的变化曲线 ($\sigma^2=0.50^2$, $\delta_{\rm ns}=58.75\%$)

表 4.3.2 例 4.3.1 模型参数的 RLS 估计

$\delta_{\rm ns}$	t	a_1	a_2	b_1	b_2	δ /%
11.75%	100	0.38607	0.30312	0.69343	0.60752	3.52107
	200	0.39071	0.30634	0.68913	0.61019	2.89177
	500	0.39445	0.31465	0.68790	0.60468	3.05816
	1000	0.39857	0.31033	0.68332	0.61686	1.81632
	2000	0.39575	0.30769	0.68271	0.61707	1.99102
	3000	0.39610	0.30674	0.68239	0.61807	1.91161
58.75%	100	0.19463	0.23776	0.74272	0.44900	28.13325
	200	0.17814	0.26600	0.72786	0.43137	29.56350
	500	0.18217	0.28828	0.71697	0.39799	31.05729
	1000	0.21793	0.27132	0.69423	0.47314	23.84141
	2000	0.19853	0.25758	0.69357	0.47168	25.56365
	3000	0.19336	0.24803	0.68976	0.47247	26.07525
真值		0.41200	0.30900	0.68040	0.63030	

Matlab 程序

把下列程序写到 AM_RLS.m 文件中, 当 sigma=0.10 或 sigma=0.50 时, 依次运行 SW=1 (AM-RLS 算法) 和 SW=2 (RLS 算法), 可得到上述例子的仿真结果 (参数估计表和误差曲线图).

```
%---------------------------------------------------------------------*
% Filename: AM_RLS.m for the output error models:                     *
%  y(t)=B(z)/A(z)u(t)+v(t)                                            *
% The noise variance sigma^2=0.10^2 and sigma^2=0.50^2                *
% The auxiliary model based RLS algorithm                             *
% Feng Ding                                                           *
% Ryerson University, Toronto, Canada                                 *
% January 29, 2009, Thursday 0:30 am                                  *
%---------------------------------------------------------------------*
 clear; format short g
M='The AM-RLS algorithm (SW=1) or RLS algorithm (SW=2)'
FF=1; % The Forgetting Factor
 sigma=0.10; % The noise variance sigma^2=0.10^2 and sigma^2=0.50^2
SW=2; % SW=1 for the AM-RLS algorithm
      % SW=2 for the RLS algorithm
 PlotLength=3000; length1=PlotLength+100;
 na = 2; nb = 2; n = na+nb;
 a=[1, 0.412, 0.309]; b=[0, 0.6804,0.6303]; d=[1];
 par0=[a(2:na+1),b(2:nb+1)]'; % The parameter vector
```

```

p0=1e6; P=eye(n)*p0; r=1;
par1=ones(n,1)/p0; % The parameter estimation vector theta
%——Compute the noise-to-signal ratio
sy=f_integral(a,b); sv=1;
delta_ns = sqrt(sv/sy)*100*sigma;
[sy,sv,delta_ns]
%——Generate the input-output data
rand('state',0);    randn('state',0);
u=(rand(length1,1) - 0.5)*sqrt(12); v=randn(length1,1)*sigma;
y=ones(n,1)/p0; x=ones(n,1)/p0; xa=ones(n,1)/p0;
%——AM-RLS algorithm (SW=1) or RLS algorithm (SW=2)
jj=0; j1=0;
for t = n:length1
    jj=jj+1;
    x(t)=par0'*[-x(t-1:-1:t-na);u(t-1:-1:t-nb)];
    y(t)=x(t)+v(t);
    if SW==1
        varphi=[-xa(t-1:-1:t-na); u(t-1:-1:t-nb)];
    else
        varphi=[-y(t-1:-1:t-na); u(t-1:-1:t-nb)];
    end
    L=P*varphi/(FF+varphi'*P*varphi);
    P=(P-L*(varphi'*P))/FF;
    par1=par1+L*(y(t)-varphi'*par1);
    delta=norm(par1-par0)/norm(par0);
    ls(jj,:)=[jj, par1', delta];
    xa(t)=varphi'*par1;
    if (jj==100)|(jj==200)|jj==500|(mod(jj,1000)==0)
        j1 = j1+1;
        ls_100(j1,:)=[jj, par1', delta*100];
    end
end
ls_100(j1+1,:)=[0, par0', 0];
fprintf('\n %s\n',...
    '$t$ & $a_1$ & $a_2$ & $b_1$ & $b_2$ & $\delta\ (\%)\ \ $ \\');
fprintf('%5d &%10.5f &%10.5f &%10.5f &%10.5f &%10.5f\\\\\n',ls_100');
figure(1);
jk=(11:10:PlotLength-1)';
plot(ls(jk,1),ls(jk,n+2),'m')

if SW==1 % AM-RLS
    data1=[ls(:,1), ls(:,n+2)];
    save data1 data1
else % RLS
    load data1 data1
    z0=[data1,ls(:,n+2)];
    figure(2);
    plot(z0(jk,1),z0(jk,2),'k',z0(jk,1),z0(jk,3),'b')
end
xlabel('{\it        t}') ; ylabel('{\it        \delta}')
```

该程序中计算噪信比的复积分函数 f_integral.m 参见附录 A.

4.3.2 辅助模型随机梯度辨识算法

输出误差类系统的辅助模型随机梯度算法是方程误差类系统随机梯度辨识方法的延伸

和推广.

对于输出误差系统 (4.3.1) 对应的辨识模型 (4.3.4), 应用辅助模型辨识思想, 极小化 **梯度准则函数** (gradient criterion function)

$$J_4(\boldsymbol{\theta}) := \mathrm{E}\{[y(t) - \hat{\boldsymbol{\varphi}}^{\mathrm{T}}(t)\boldsymbol{\theta}]^2\}$$

可以得到辨识参数向量 $\boldsymbol{\theta}$ 的 **辅助模型随机梯度算法** (Auxiliary Model based Stochastic Gradient algorithm, **AM-SG 算法**):

$$\hat{\boldsymbol{\theta}}(t) = \hat{\boldsymbol{\theta}}(t-1) + \frac{\boldsymbol{\varphi}(t)}{r(t)}[y(t) - \boldsymbol{\varphi}^{\mathrm{T}}(t)\hat{\boldsymbol{\theta}}(t-1)], \tag{4.3.13}$$

$$r(t) = r(t-1) + \|\boldsymbol{\varphi}(t)\|^2,\ r(0) = 1, \tag{4.3.14}$$

$$\boldsymbol{\varphi}(t) = [-x_{\mathrm{a}}(t-1), -x_{\mathrm{a}}(t-2), \cdots, -x_{\mathrm{a}}(t-n_a), u(t-1), u(t-2), \cdots, u(t-n_b)]^{\mathrm{T}}, \tag{4.3.15}$$

$$x_{\mathrm{a}}(t) = \boldsymbol{\varphi}^{\mathrm{T}}(t)\hat{\boldsymbol{\theta}}(t), \tag{4.3.16}$$

$$\hat{\boldsymbol{\theta}}(t) = [\hat{a}_1(t), \hat{a}_2(t), \cdots, \hat{a}_{n_a}(t), \hat{b}_1(t), \hat{b}_2(t), \cdots, \hat{b}_{n_b}(t)]^{\mathrm{T}}. \tag{4.3.17}$$

文献 [29] 研究了双率采样数据系统辅助模型随机梯度算法的收敛性. 为了提高 **AM-SG 算法** 的收敛速度, 在 AM-SG 算法中引入遗忘因子 λ, 得到 **辅助模型遗忘因子随机梯度算法** (Auxiliary Model based Forgetting Factor Stochastic Gradient algorithm, **AM-FFSG 算法**), 简称 **辅助模型遗忘梯度算法** (Auxiliary Model based Forgetting Gradient algorithm, **AM-FG 算法**):

$$\hat{\boldsymbol{\theta}}(t) = \hat{\boldsymbol{\theta}}(t-1) + \frac{\boldsymbol{\varphi}(t)}{r(t)}[y(t) - \boldsymbol{\varphi}^{\mathrm{T}}(t)\hat{\boldsymbol{\theta}}(t-1)], \tag{4.3.18}$$

$$r(t) = \lambda r(t-1) + \|\boldsymbol{\varphi}(t)\|^2,\ 0 \leqslant \lambda \leqslant 1,\ r(0) = 1, \tag{4.3.19}$$

$$\boldsymbol{\varphi}(t) = [-x_{\mathrm{a}}(t-1), -x_{\mathrm{a}}(t-2), \cdots, -x_{\mathrm{a}}(t-n_a), u(t-1), u(t-2), \cdots, u(t-n_b)]^{\mathrm{T}}, \tag{4.3.20}$$

$$x_{\mathrm{a}}(t) = \boldsymbol{\varphi}^{\mathrm{T}}(t)\hat{\boldsymbol{\theta}}(t), \tag{4.3.21}$$

$$\hat{\boldsymbol{\theta}}(t) = [\hat{a}_1(t), \hat{a}_2(t), \cdots, \hat{a}_{n_a}(t), \hat{b}_1(t), \hat{b}_2(t), \cdots, \hat{b}_{n_b}(t)]^{\mathrm{T}}. \tag{4.3.22}$$

当 $\lambda = 1$ 时, **AM-FG 算法** 退化为 **AM-SG 算法**; 当 $\lambda = 0$ 时, AM-FG 算法退化为辅助模型投影算法. 对于输出误差模型, 本书作者等提出了梯度迭代辨识算法和基于最小二乘的迭代辨识方法[30].

笔者证明了多变量输出误差系统的辅助模型随机梯度算法及其收敛性[110], 证明了双率采样数据系统辅助模型随机梯度算法的收敛性[29, 47], 发表在控制领域国际期刊《Automatica》上的论文 "Parameter estimation with scarce measurements" 证明了稀少量测数据输出误差系统的辅助模型多新息随机梯度算法的收敛性, 包括了辅助模型随机梯度算法作为特殊情形[47]. 在这些证明中, 推导出两个精妙的等式, 收敛结论极其漂亮[29, 37, 38, 110]. 辅助模型遗忘梯度算法和辅助模型投影算法的收敛条件以及参数误差界分析, 至今仍是辨识领域的重要难题.

仿真试验

例 4.3.2 考虑仿真对象 (OE 模型):

$$y(t) = \frac{B(z)}{A(z)}u(t) + v(t),$$

$$
\begin{aligned}
A(z) &= 1 + a_1 z^{-1} + a_2 z^{-2} = 1 + 0.412z^{-1} + 0.309z^{-2}, \\
B(z) &= b_1 z^{-1} + b_2 z^{-2} = 0.6804z^{-1} + 0.6303z^{-2}, \\
\boldsymbol{\theta} &= [a_1, a_2, b_1, b_2]^{\mathrm{T}} = [0.412, 0.309, 0.6804, 0.6303]^{\mathrm{T}}.
\end{aligned}
$$

仿真条件同例 4.3.1, 考虑 3 种情形, 噪声方差与噪信比分别为 $\sigma^2 = 0.00^2$, $\delta_{\rm ns} = 0.00\%$; $\sigma^2 = 0.10^2$, $\delta_{\rm ns} = 11.75\%$; $\sigma^2 = 0.50^2$, $\delta_{\rm ns} = 58.75\%$. 用 AM-SG 算法和 AM-FG 算法估计这个系统的参数, 不同噪声方差或噪信比下 AM-SG 参数估计及其误差如表 4.3.3 所示, AM-SG 参数估计误差 $\delta := \|\hat{\boldsymbol{\theta}}(t) - \boldsymbol{\theta}\|/\|\boldsymbol{\theta}\|$ 随 t 变化曲线如图 4.3.5 所示.

不同遗忘因子下, AM-SG (AM-FG, $\lambda = 1$) 算法和 AM-FG 算法 ($\lambda = 0.95$, $\lambda = 0.99$) 参数估计及其误差如表 4.3.4~表 4.3.6 所示, 参数估计误差 $\delta := \|\hat{\boldsymbol{\theta}}(t) - \boldsymbol{\theta}\|/\|\boldsymbol{\theta}\|$ 随 t 变化曲线如图 4.3.6 所示, 表 4.3.6 是变遗忘因子时的 AM-FG 参数估计.

由表 4.3.3~表 4.3.6, 图 4.3.5 和图 4.3.6 可知, AM-SG 算法收敛速度慢, 参数估计变化平稳, 但参数估计精度低. AM-FG 算法具有较快的收敛速度, 遗忘因子 λ 越小, 算法收敛速度越快, 但参数估计波动越大; λ 越大, 算法的跟踪速度越慢, 但参数估计越平稳. 一种折中

表 4.3.3 不同噪信比下例 4.3.2 模型参数的 AM-SG 估计

$\delta_{\rm ns}$	t	a_1	a_2	b_1	b_2	δ /%
00.00%	100	0.07146	0.22829	0.60433	0.34106	43.39378
	200	0.08395	0.24989	0.62554	0.35162	41.28058
	500	0.09714	0.27256	0.63936	0.36403	39.21187
	1000	0.10659	0.28747	0.64893	0.37629	37.61676
	2000	0.11694	0.29954	0.65677	0.38562	36.21128
	3000	0.12199	0.30521	0.65984	0.39124	35.48235
11.75%	100	0.04815	0.22800	0.62661	0.31980	46.01049
	200	0.06050	0.25005	0.64440	0.32979	44.07446
	500	0.07579	0.27435	0.65334	0.33877	42.15059
	1000	0.08307	0.29009	0.65978	0.35425	40.56315
	2000	0.09252	0.30256	0.66584	0.36493	39.17699
	3000	0.09745	0.30827	0.66781	0.37101	38.44400
58.75%	100	−0.03214	0.20822	0.72210	0.23215	57.15736
	200	−0.02103	0.23339	0.72572	0.24045	55.54825
	500	0.00146	0.26596	0.71497	0.23726	53.82639
	1000	−0.00151	0.28636	0.70813	0.26526	52.10329
	2000	0.00304	0.30206	0.70621	0.28168	50.71738
	3000	0.00686	0.30882	0.70336	0.28971	49.93827
真值		0.41200	0.30900	0.68040	0.63030	

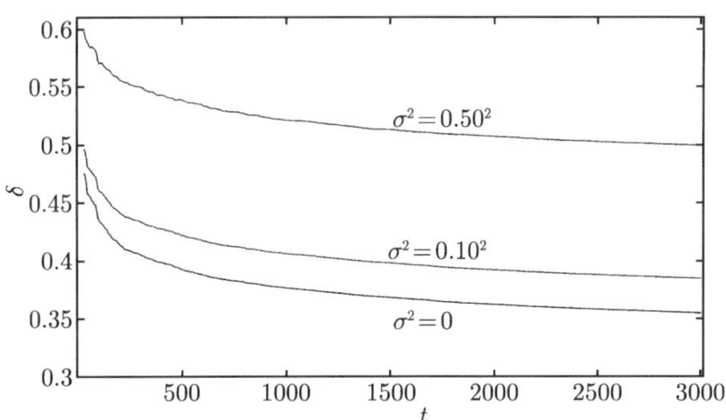

图 4.3.5 不同噪信比下例 4.3.2 的 AM-SG 估计误差 δ 随 t 的变化曲线

表 4.3.4 例 4.3.2 模型参数的 AM-SG 估计 ($\sigma^2 = 0.50^2$, $\delta_{\rm ns} = 58.75\%$)

t	a_1	a_2	b_1	b_2	δ /%
100	−0.03214	0.20822	0.72210	0.23215	57.15736
200	−0.02103	0.23339	0.72572	0.24045	55.54825
500	0.00146	0.26596	0.71497	0.23726	53.82639
1000	−0.00151	0.28636	0.70813	0.26526	52.10329
1500	0.00146	0.29452	0.70423	0.27416	51.29711
2000	0.00304	0.30206	0.70621	0.28168	50.71738
2500	0.00586	0.30620	0.70402	0.28570	50.25745
3000	0.00686	0.30882	0.70336	0.28971	49.93827
真值	0.41200	0.30900	0.68040	0.63030	

表 4.3.5 不同遗忘因子下例 4.3.2 模型参数的 AM-FG 估计 ($\sigma^2 = 0.50^2$, $\delta_{\rm ns} = 58.75\%$)

λ	t	a_1	a_2	b_1	b_2	δ /%
0.99	100	−0.03202	0.22620	0.72237	0.24294	56.22803
	200	−0.00581	0.26647	0.73151	0.25451	53.33981
	500	0.05200	0.33356	0.71332	0.26518	48.48745
	1000	0.07848	0.36328	0.68866	0.38867	39.16551
	1500	0.15890	0.33864	0.67369	0.41336	31.55282
	2000	0.20643	0.34002	0.71162	0.45284	25.93233
	2500	0.26016	0.34118	0.68290	0.47998	20.36830
	3000	0.28120	0.33192	0.69608	0.52766	15.88963
0.95	100	−0.02127	0.29412	0.71426	0.28793	52.16938
	200	0.08877	0.33994	0.74479	0.30642	43.65421
	500	0.23440	0.35127	0.75860	0.40462	28.33733
	1000	0.33802	0.36759	0.68035	0.62344	8.91891
	1500	0.45095	0.25603	0.63671	0.56675	9.55272
	2000	0.40643	0.28174	0.72337	0.61095	5.15826
	2500	0.45889	0.34769	0.67261	0.58175	7.37006
	3000	0.38570	0.34831	0.70010	0.66677	5.92778
真值		0.41200	0.30900	0.68040	0.63030	

表 4.3.6 变遗忘因子下例 4.3.2 模型参数的 AM-FG 估计 ($\sigma^2 = 0.50^2$, $\delta_{\rm ns} = 58.75\%$)

当 $t < 1330$ 时, $\lambda = 0.95$; 当 $t \geqslant 1330$ 时, $\lambda = 0.99$

t	a_1	a_2	b_1	b_2	δ /%
100	−0.02127	0.29412	0.71426	0.28793	52.16938
200	0.08877	0.33994	0.74479	0.30642	43.65421
500	0.23440	0.35127	0.75860	0.40462	28.33733
1000	0.33802	0.36759	0.68035	0.62344	8.91891
1500	0.40132	0.28074	0.67613	0.62005	3.03393
2000	0.40709	0.29313	0.70817	0.61258	3.47801
2500	0.41947	0.30956	0.68157	0.60777	2.24070
3000	0.41093	0.30771	0.69210	0.62855	1.12593
真值	0.41200	0.30900	0.68040	0.63030	

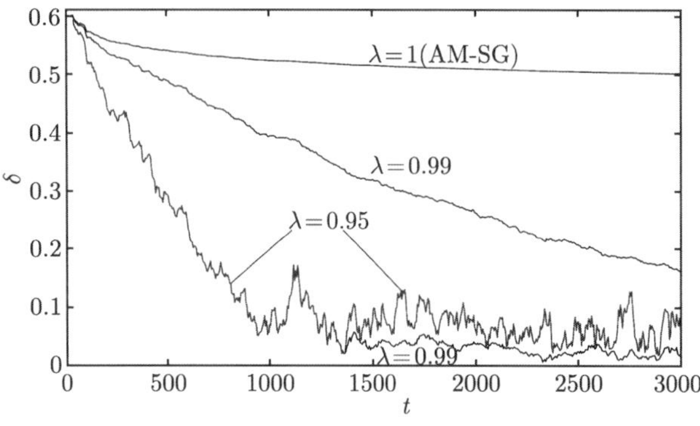

图 4.3.6 不同遗忘因子下例 4.3.2 的 δ 随 t 的变化曲线 ($\sigma^2 = 0.50^2$)

方案是在算法启动的开始阶段选择较小 λ 值, 随后选择较大 λ 值, 并使 λ 逐渐趋于 1, 这样既可以保证算法有一定的收敛速度, 又可减小参数估计波动的方差, 从而得到较高精度的参数估计. 例如, 表 4.3.6 中, 当 $t<1330$ 时, 取 $\lambda=0.95$; 当 $t\geqslant 1330$ 时, 取 $\lambda=0.99$. 而 AM-SG 算法的收敛速度很慢, 几乎没有跟踪 (时变) 参数的能力, 可见引入遗忘因子的重要性. 从表 4.3.4 和图 4.3.6 可知, AM-FG 算法通过选择适当的遗忘因子, 可以获得满意的辨识效果.

Matlab 程序

把下列程序写到 AM_FG1.m 文件中, 当 sigma=0.10 或 sigma=0.50 时, 当 SW=1, FF=1 时, 依次运行当 sigma=0, 0.1, 0.50; 当 SW=2, sigma=0.50 时, 依次运行 FF=1, 0.99, 0.95, 可得到上述例子的仿真结果 (参数估计表和误差曲线图). 适当修改一下, 可得到变遗忘因子的仿真结果.

```
%--------------------------------------------------------------------------*
% Filename: AM_FG1.m for the output error models:                          *
%  y(t)=B(z)/A(z)u(t)+v(t)                                                 *
% The AM-FG algorithm                                                      *
% The forgetting factor FF=\lambda                                         *
% The noise variance sigma^2                                               *
% When FF=1, sigma=0, 0.10 and 0.50                                        *
% When sigma=0.50, FF=1, 0.99, 0.95                                        *
% Feng Ding                                                                *
% Ryerson University, Toronto, Canada                                      *
% January 29, 2009, Thursday 0:30 am                                       *
%--------------------------------------------------------------------------*
  clear; format short g
 M='The AM-FG algorithm for the output error model'
 SW=2; % SW=1: Plot for fixed FF, sigma=0, 0.1 and 0.5
        % SW=2: Plot for fixed sigma, FF=1, 0.99, 0.95
 FF=0.95;    % The forgetting factor
 sigma=0.5;  %sigma=0.5  FF=0.9, 0.95, 0.99 for AM-FG other case
 PlotLength=3000; length1=PlotLength+100;
 na=2; nb = 2; n=na+nb;
 a=[1, 0.412, 0.309]; b=[0, 0.6804,0.6303];
 par0=[a(2:na+1),b(2:nb+1)]'; % The parameter vector
 p0=1e6; r= 1;
 par1=ones(n,1)/p0; % The parameter estimation vector
% Compute the noise-to-signal ratio
 sy=f_integral(a,b); sv=1;
 delta_ns = sqrt(sv/sy)*100*sigma;
 [sy,delta_ns]
%----Generate the input-output data
 rand('state',0);    randn('state',0);
 u=(rand(length1,1) - 0.5)*sqrt(12); v=randn(length1,1)*sigma;
 y=ones(length1,1)/p0;
 x=ones(length1,1)/p0; x1=x;
%----Compute AM-FG estimates
 jj = 0; j1 = 0;
 for t = n:length1
     jj=jj+1;
     if jj==1330
         FF=0.99; % Appropriate modification: add a %
     end
     x(t)=-par0(1:na)'*x(t-1:-1:t-na) + par0(na+1:n)'*u(t-1:-1:t-nb);
```

```
        y(t)=x(t)+v(t);
        varphi=[-x1(t-1:-1:t-na);u(t-1:-1:t-nb)];
        r=FF*r+varphi'*varphi;
        par1=par1+varphi/r*(y(t)-varphi'*par1);
        x1(t)=varphi'*par1;
        delta=norm(par1-par0)/norm(par0);

        ls(jj,:)=[jj, par1',delta];
        if (jj==100)|(jj==200)|(jj==500)|mod(jj,500)==0
            j1 = j1+1;
            ls_100(j1,:)=[jj, par1', delta*100];
        end
        if jj==PlotLength
            break
        end
    end
ls_100(j1+1,:)=[ 0, par0', 0];
fprintf('FF=%4.2f, ($\\sigma^2=%4.2f$, $\\delta_{\\ns}=%6.2f%s',...
    FF, sigma,delta_ns,'\%$)')
fprintf('\n %s\n',...
    '$t$ & $a_1$ & $a_2$ & $b_1$ & $b_2$ & $\delta\ (\%)\ \ $\\\hline');
fprintf('%5d &%10.5f &%10.5f &%10.5f &%10.5f &%10.5f\\\\\n',ls_100');

figure(1); jk=(28:10:PlotLength-1)';
plot(ls(jk,1),ls(jk,n+2))
figure(2);
if SW==1
    if sigma==0
        data1=[ls(:,1), ls(:,n+2)];
        save data1 data1
    elseif sigma==0.10
        load data1
        data2=[data1, ls(:,n+2)];
        save data2 data2
        z0=data2;
        jk=(28:5:PlotLength-1)';
        plot(z0(jk,1), z0(jk,2),'k',z0(jk,1), z0(jk,3),'b')
        axis([0, PlotLength, 0,0.61])
    else
        load data2
        z0=[data2, ls(:,n+2)];
        jk=(28:5:PlotLength-1)';
        plot(z0(jk,1), z0(jk,2),'k',z0(jk,1), z0(jk,3),'b',...
            z0(jk,1), z0(jk,4),'b')
%       axis([0, PlotLength, 0.3,0.61])
        text(1500,0.525,'{\it\sigma}^2 = 0.50^2')
        text(1500,0.41,'{\it\sigma}^2 = 0.10^2')
        text(1500,0.353,'{\it\sigma}^2 = 0')
    end
else % SW==2
    if FF==1
        data1=[ls(:,1), ls(:,n+2)];
        save data1 data1
    elseif FF==0.99001 % Apptopriate modification
        load data1
        data2=[data1, ls(:,n+2)];
        save data2 data2
```

```
        elseif FF==0.95001 % Apptopriate modification
            load data2
            data3=[data2, ls(:,n+2)];
            save data3 data3
        else
            load data3
            z0=[data3, ls(:,n+2)];
            jk=(28:5:PlotLength-1)';
            figure(2)
            plot(z0(jk,1), z0(jk,2),'k',z0(jk,1), z0(jk,3),'k',...
                z0(jk,1), z0(jk,5),'k',z0(jk,1), z0(jk,4),'b')
            axis([0, PlotLength, 0,0.61])
            text(1500,0.535,'{\it\lambda} = 1 (AM-SG)')
            text(1500,0.34,'{\it\lambda} = 0.99')
            text(1100,0.25,'{\it\lambda} = 0.95')
            line([803,1100],[0.138, 0.23])
            line([1648, 1350],[0.1218, 0.23])
            text(1550,0.015,'{\it\lambda} = 0.99')
        end
    end
xlabel('\it          t'); ylabel('{\it    \delta}')
```

4.4 线性输出误差类系统

输出误差类系统 (Output Error Type systems, OET) 包括基本的 **输出误差系统** (OE)、**输出误差滑动平均系统** (OEMA)、**输出误差自回归系统** (OEAR) 和 **输出误差自回归滑动平均系统** (即 **Box-Jenkins 系统**). 这里简单讨论 OEMA, OEAR, Box-Jenkins 系统的辅助模型辨识方法.

4.4.1 线性输出误差滑动平均系统

随机梯度算法, 最小二乘算法, 多新息辨识方法等都可以用于输出误差类模型的辨识. 例如, 对于 OEMA 系统, 我们可以得到辅助模型增广随机梯度算法, 辅助模型递推增广最小二乘算法, 辅助模型多新息增广随机梯度算法, 辅助模型多新息增广最小二乘算法等.

输出误差类的 **输出误差滑动平均模型** (Output Error Moving Average model, **OEMA 模型**) 如图 4.4.1 所示, 其输入输出表达如下,

$$y(t)=\frac{B(z)}{A(z)}u(t)+D(z)v(t). \tag{4.4.1}$$

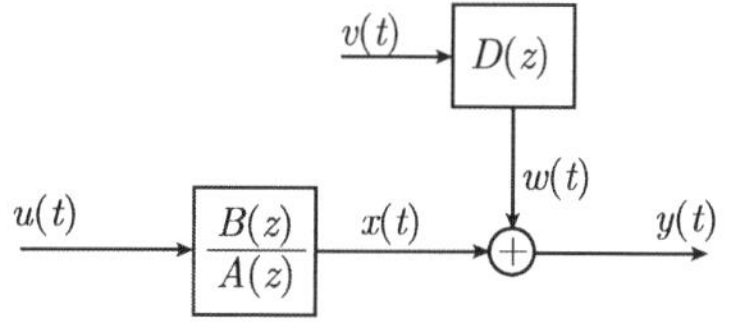

图 4.4.1 输出误差滑动平均系统 (OEMA)

定义系统真实输出 $x(t)$ 和噪声模型输出 $w(t)$ 分别为

$$x(t):=\frac{B(z)}{A(z)}u(t), \tag{4.4.2}$$

$$w(t):=D(z)v(t). \tag{4.4.3}$$

置系统参数向量 $\boldsymbol{\theta}$ 和信息向量 $\boldsymbol{\varphi}(t)$ 如下,

$$\begin{aligned}\boldsymbol{\theta} &:= [a_1, a_2, \cdots, a_{n_a}, b_1, b_2, \cdots, b_{n_b}, d_1, d_2, \cdots, d_{n_d}]^{\mathrm{T}} \in \mathbb{R}^{n_a+n_b+n_d},\\ \boldsymbol{\varphi}(t) &:= [-x(t-1), -x(t-2), \cdots, -x(t-n_a), u(t-1), u(t-2), \cdots, u(t-n_b),\\ &\qquad v(t-1), v(t-2), \cdots, v(t-n_d)]^{\mathrm{T}} \in \mathbb{R}^{n_a+n_b+n_d}.\end{aligned}$$

借助于上述定义, 式 (4.4.2)、(4.4.3) 可以写为

$$\begin{aligned}x(t) &= [1-A(z)]x(t) + B(z)u(t) \qquad (4.4.4)\\ &= -\sum_{i=1}^{n_a} a_i x(t-i) + \sum_{i=1}^{n_b} b_i u(t-i),\\ w(t) &= \sum_{i=1}^{n_d} d_i v(t-i) + v(t).\end{aligned}$$

则 OEMA 系统 (4.4.1) 可以写为下列辨识模型:

$$\begin{aligned}y(t) &= x(t) + w(t)\\ &= -\sum_{i=1}^{n_a} a_i x(t-i) + \sum_{i=1}^{n_b} b_i u(t-i) + \sum_{i=1}^{n_d} d_i v(t-i) + v(t)\\ &= \boldsymbol{\varphi}^{\mathrm{T}}(t)\boldsymbol{\theta} + v(t). \qquad (4.4.5)\end{aligned}$$

因为上式辨识模型信息向量 $\boldsymbol{\varphi}(t)$ 中不仅包含了不可测真实输出 $x(t-i)$, 而且包含了噪声项 $v(t-i)$, 故这是一个 **伪线性回归模型**III.

辨识 OEMA 系统的 **辅助模型递推增广最小二乘算法** (Auxiliary Model based Recursive Extended Least Squares algorithm, **AM-RELS 算法**) 如下,

$$\hat{\boldsymbol{\theta}}(t) = \hat{\boldsymbol{\theta}}(t-1) + \boldsymbol{L}(t)[y(t) - \hat{\boldsymbol{\varphi}}^{\mathrm{T}}(t)\hat{\boldsymbol{\theta}}(t-1)], \qquad (4.4.6)$$

$$\boldsymbol{L}(t) = \boldsymbol{P}(t-1)\hat{\boldsymbol{\varphi}}(t)[1 + \hat{\boldsymbol{\varphi}}^{\mathrm{T}}(t)\boldsymbol{P}(t-1)\hat{\boldsymbol{\varphi}}(t)]^{-1}, \qquad (4.4.7)$$

$$\boldsymbol{P}(t) = [\boldsymbol{I} - \boldsymbol{L}(t)\hat{\boldsymbol{\varphi}}^{\mathrm{T}}(t)]\boldsymbol{P}(t-1), \quad \boldsymbol{P}(0) = p_0\boldsymbol{I}, \qquad (4.4.8)$$

$$\hat{\boldsymbol{\varphi}}(t) = [\hat{\boldsymbol{\varphi}}_{\mathrm{s}}^{\mathrm{T}}(t), \hat{v}(t-1), \hat{v}(t-2), \cdots, \hat{v}(t-n_d)]^{\mathrm{T}}, \qquad (4.4.9)$$

$$\hat{\boldsymbol{\varphi}}_{\mathrm{s}}(t) = [-\hat{x}(t-1), -\hat{x}(t-2), \cdots, -\hat{x}(t-n_a), u(t-1), u(t-2), \cdots, u(t-n_b)]^{\mathrm{T}}, \qquad (4.4.10)$$

$$\hat{x}(t) = \hat{\boldsymbol{\varphi}}_{\mathrm{s}}^{\mathrm{T}}(t)\hat{\boldsymbol{\theta}}_{\mathrm{s}}(t), \qquad (4.4.11)$$

$$\hat{v}(t) = y(t) - \hat{\boldsymbol{\varphi}}^{\mathrm{T}}(t)\hat{\boldsymbol{\theta}}(t), \qquad (4.4.12)$$

$$\hat{\boldsymbol{\theta}}(t) = [\hat{\boldsymbol{\theta}}_{\mathrm{s}}^{\mathrm{T}}(t), \hat{d}_1(t), \hat{d}_2(t), \cdots, \hat{d}_{n_d}(t)]^{\mathrm{T}}, \qquad (4.4.13)$$

$$\hat{\boldsymbol{\theta}}_{\mathrm{s}}(t) = [\hat{a}_1(t), \hat{a}_2(t), \cdots, \hat{a}_{n_a}(t), \hat{b}_1(t), \hat{b}_2(t), \cdots, \hat{b}_{n_b}(t)]^{\mathrm{T}}. \qquad (4.4.14)$$

对于 OEMA 系统, 王冬青教授提出了基于辅助模型的递推增广最小二乘辨识方法 (AM-RELS 算法), 还给出了通过模型变换的递推增广最小二乘算法, **AM-RELS 算法** 原理简单、计算量小, 可以给出高精度参数估计, 且能够用于在线辨识[96]; 王冬青等提出了基于辅助模型的 Hammerstein 非线性输出误差滑动平均系统的 RELS 和多新息增广最小二乘算法[172]; 本书作者等提出了 OEMA 系统的基于辅助模型的多新息增广随机梯度辨识算法 (**AM-MI-ESG 算法**)[42] 和基于辅助模型的多新息增广最小二乘辨识算法 (**AM-MI-ELS 算法**) 和变

间隔 AM-MI-ELS 算法[33], 还提出了输出误差滑动平均模型的基于梯度和基于最小二乘迭代辨识方法[30].

4.4.2 线性输出误差自回归系统

输出误差自回归模型 (Output Error AutoRegressive model, **OEAR 模型**) 如图 4.4.2 所示, 其输入输出表达如下,

$$y(t)=\frac{B(z)}{A(z)}u(t)+\frac{1}{C(z)}v(t). \tag{4.4.15}$$

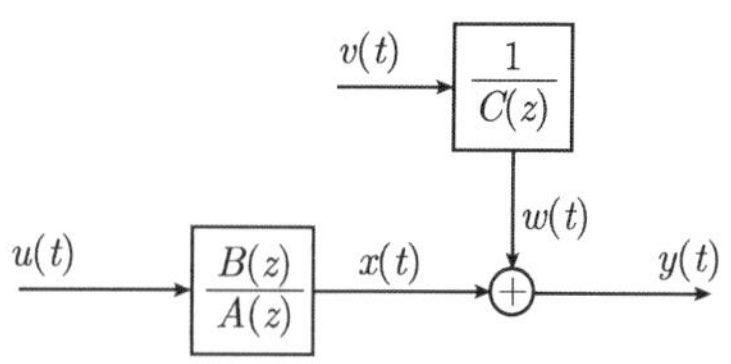

图 4.4.2 输出误差自回归系统 (OEAR)

对于 OEAR 系统, 许多算法能够估计其参数, 如辅助模型广义随机梯度算法, 辅助模型递推广义最小二乘算法, 辅助模型多新息广义随机梯度算法, 辅助模型多新息广义最小二乘算法等.

定义系统真实输出 $x(t)$ 和噪声模型输出 $w(t)$ 分别为

$$x(t):=\frac{B(z)}{A(z)}u(t), \tag{4.4.16}$$

$$w(t):=\frac{1}{C(z)}v(t). \tag{4.4.17}$$

置系统参数向量 $\boldsymbol{\theta}$ 和信息向量 $\boldsymbol{\varphi}(t)$ 如下,

$$\begin{aligned}\boldsymbol{\theta}&:=[a_1,a_2,\cdots,a_{n_a},b_1,b_2,\cdots,b_{n_b},c_1,c_2,\cdots,c_{n_c}]^{\mathrm{T}}\in\mathbb{R}^{n_a+n_b+n_c},\\ \boldsymbol{\varphi}(t)&:=[-x(t-1),-x(t-2),\cdots,-x(t-n_a),u(t-1),u(t-2),\cdots,u(t-n_b),\\ &\qquad -w(t-1),-w(t-2),\cdots,-w(t-n_c)]^{\mathrm{T}}\in\mathbb{R}^{n_a+n_b+n_c}.\end{aligned}$$

借助于上述定义, 式 (4.4.16)、(4.4.17) 可以写为

$$\begin{aligned}x(t)&=[1-A(z)]x(t)+B(z)u(t)\\ &=-\sum_{i=1}^{n_a}a_ix(t-i)+\sum_{i=1}^{n_b}b_iu(t-i),\\ w(t)&=[1-C(z)]w(t)+v(t)\\ &=-\sum_{i=1}^{n_c}c_iw(t-i)+v(t).\end{aligned}$$

则 OEAR 系统 (4.4.15) 可以写为下列辨识模型:

$$\begin{aligned}y(t)&=x(t)+w(t)\\ &=-\sum_{i=1}^{n_a}a_ix(t-i)+\sum_{i=1}^{n_b}b_iu(t-i)-\sum_{i=1}^{n_c}c_iw(t-i)+v(t)\\ &=\boldsymbol{\varphi}^{\mathrm{T}}(t)\boldsymbol{\theta}+v(t).\end{aligned} \tag{4.4.18}$$

因为上式辨识模型信息向量 $\boldsymbol{\varphi}(t)$ 中不仅包含了不可测真实输出 $x(t-i)$, 而且包含了相关噪声项 $w(t-i)$, 故这是一个 **伪线性回归模型**III.

辨识 OEAR 系统的 **辅助模型递推广义最小二乘算法** (Auxiliary Model based Recursive Generalized Least Squares algorithm, **AM-RGLS 算法**) 如下,

$$\hat{\boldsymbol{\theta}}(t)=\hat{\boldsymbol{\theta}}(t-1)+\boldsymbol{L}(t)[y(t)-\hat{\boldsymbol{\varphi}}^{\mathrm{T}}(t)\hat{\boldsymbol{\theta}}(t-1)], \tag{4.4.19}$$

$$\boldsymbol{L}(t)=\boldsymbol{P}(t-1)\hat{\boldsymbol{\varphi}}(t)[1+\hat{\boldsymbol{\varphi}}^{\mathrm{T}}(t)\boldsymbol{P}(t-1)\hat{\boldsymbol{\varphi}}(t)]^{-1}, \tag{4.4.20}$$

$$\boldsymbol{P}(t)=[\boldsymbol{I}-\boldsymbol{L}(t)\hat{\boldsymbol{\varphi}}^{\mathrm{T}}(t)]\boldsymbol{P}(t-1),\ \boldsymbol{P}(0)=p_0\boldsymbol{I}, \tag{4.4.21}$$

$$\hat{\boldsymbol{\varphi}}(t)=[\hat{\boldsymbol{\varphi}}_{\mathrm{s}}^{\mathrm{T}}(t),-\hat{w}(t-1),-\hat{w}(t-2),\cdots,-\hat{w}(t-n_c)]^{\mathrm{T}}, \tag{4.4.22}$$

$$\hat{\boldsymbol{\varphi}}_{\mathrm{s}}(t)=[-\hat{x}(t-1),-\hat{x}(t-2),\cdots,-\hat{x}(t-n_a),u(t-1),u(t-2),\cdots,u(t-n_b)]^{\mathrm{T}}, \tag{4.4.23}$$

$$\hat{x}(t)=\hat{\boldsymbol{\varphi}}_{\mathrm{s}}^{\mathrm{T}}(t)\hat{\boldsymbol{\theta}}_{\mathrm{s}}(t), \tag{4.4.24}$$

$$\hat{w}(t)=y(t)-\hat{x}(t)=y(t)-\hat{\boldsymbol{\varphi}}_{\mathrm{s}}^{\mathrm{T}}(t)\hat{\boldsymbol{\theta}}_{\mathrm{s}}(t), \tag{4.4.25}$$

$$\hat{\boldsymbol{\theta}}(t)=[\hat{\boldsymbol{\theta}}_{\mathrm{s}}^{\mathrm{T}}(t),\hat{c}_1(t),\hat{c}_2(t),\cdots,\hat{c}_{n_c}(t)]^{\mathrm{T}}, \tag{4.4.26}$$

$$\hat{\boldsymbol{\theta}}_{\mathrm{s}}(t)=[\hat{a}_1(t),\hat{a}_2(t),\cdots,\hat{a}_{n_a}(t),\hat{b}_1(t),\hat{b}_2(t),\cdots,\hat{b}_{n_b}(t)]^{\mathrm{T}}. \tag{4.4.27}$$

王冬青等提出了基于辅助模型的 Hammerstein 非线性输出误差自回归系统的递推广义最小二乘参数估计算法[173].

4.4.3　线性 Box-Jenkins 系统

Box-Jenkins 模型 (BJ model) 如图 4.4.3 所示, 其输入输出表达如下,

$$y(t)=\frac{B(z)}{A(z)}u(t)+\frac{D(z)}{C(z)}v(t). \tag{4.4.28}$$

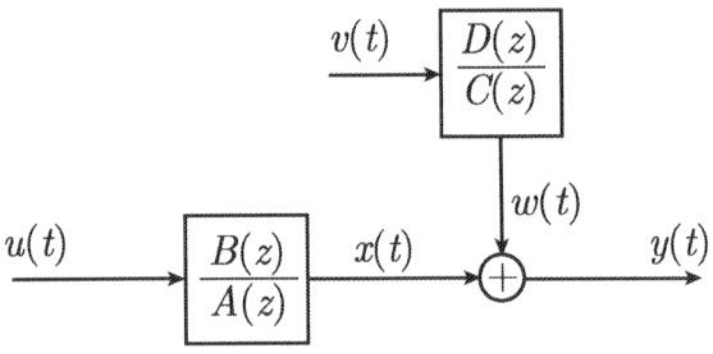

图 4.4.3　Box-Jenkins 系统 (BJ)

辨识这个 Box-Jenkins 系统的方法有辅助模型广义增广随机梯度算法, 辅助模型递推广义增广最小二乘算法, 辅助模型多新息广义增广随机梯度算法, 辅助模型多新息广义增广最小二乘算法等.

定义系统真实输出 $x(t)$ 和噪声模型输出 $w(t)$ 分别为

$$x(t):=\frac{B(z)}{A(z)}u(t), \tag{4.4.29}$$

$$w(t):=\frac{D(z)}{C(z)}v(t). \tag{4.4.30}$$

置系统参数向量 $\boldsymbol{\theta}$ 和信息向量 $\boldsymbol{\varphi}(t)$ 如下,

$$\boldsymbol{\theta}:=[a_1,a_2,\cdots,a_{n_a},b_1,b_2,\cdots,b_{n_b},c_1,c_2,\cdots,c_{n_c},d_1,d_2,\cdots,d_{n_d}]^{\mathrm{T}}\in\mathbb{R}^{n_a+n_b+n_c+n_d},$$

$$\begin{aligned}\boldsymbol{\varphi}(t):=&[-x(t-1),-x(t-2),\cdots,-x(t-n_a),u(t-1),u(t-2),\cdots,u(t-n_b),\\&-w(t-1),-w(t-2),\cdots,-w(t-n_c),v(t-1),v(t-2),\cdots,v(t-n_d)]^{\mathrm{T}}\in\mathbb{R}^{n_a+n_b+n_c+n_d}.\end{aligned}$$

借助于上述定义, 式 (4.4.29)、(4.4.30) 可以写为

$$\begin{aligned}x(t)&=[1-A(z)]x(t)+B(z)u(t)\\&=-\sum_{i=1}^{n_a}a_ix(t-i)+\sum_{i=1}^{n_b}b_iu(t-i),\end{aligned}$$

$$\begin{aligned}w(t)&=[1-C(z)]w(t)+D(z)v(t)\\&=-\sum_{i=1}^{n_c}c_iw(t-i)+\sum_{i=1}^{n_d}d_iv(t-i)+v(t).\end{aligned}$$

则 Box-Jenkins 系统 (4.4.28) 可以写为下列辨识模型:

$$\begin{aligned}y(t)&=x(t)+w(t)\\&=-\sum_{i=1}^{n_a}a_ix(t-i)+\sum_{i=1}^{n_b}b_iu(t-i)-\sum_{i=1}^{n_c}c_iw(t-i)+\sum_{i=1}^{n_d}d_iv(t-i)+v(t)\\&=\boldsymbol{\varphi}^{\mathrm{T}}(t)\boldsymbol{\theta}+v(t).\end{aligned}\tag{4.4.31}$$

因为上式辨识模型信息向量 $\varphi(t)$ 中不仅包含了不可测真实输出 $x(t-i)$, 而且包含了相关噪声项 $w(t-i)$ 和白噪声项 $v(t-i)$, 故这是一个 **伪线性回归模型**III.

辨识 Box-Jenkins 系统的 **辅助模型递推广义增广最小二乘算法** (Auxiliary Model based Generalized Extended Least Squares algorithm, **AM-RGELS 算法**):

$$\hat{\boldsymbol{\theta}}(t)=\hat{\boldsymbol{\theta}}(t-1)+\boldsymbol{L}(t)[y(t)-\hat{\boldsymbol{\varphi}}^{\mathrm{T}}(t)\hat{\boldsymbol{\theta}}(t-1)],\tag{4.4.32}$$

$$\boldsymbol{L}(t)=\frac{\boldsymbol{P}(t-1)\hat{\boldsymbol{\varphi}}(t)}{1+\hat{\boldsymbol{\varphi}}^{\mathrm{T}}(t)\boldsymbol{P}(t-1)\hat{\boldsymbol{\varphi}}(t)},\tag{4.4.33}$$

$$\boldsymbol{P}(t)=[\boldsymbol{I}-\boldsymbol{L}(t)\hat{\boldsymbol{\varphi}}^{\mathrm{T}}(t)]\boldsymbol{P}(t-1),\ \ \boldsymbol{P}(0)=p_0\boldsymbol{I},\tag{4.4.34}$$

$$\hat{\boldsymbol{\varphi}}(t)=[\hat{\boldsymbol{\varphi}}_{\mathrm{s}}^{\mathrm{T}}(t),-\hat{w}(t-1),-\hat{w}(t-2),\cdots,-\hat{w}(t-n_c),\hat{v}(t-1),\hat{v}(t-2),\cdots,\hat{v}(t-n_d)]^{\mathrm{T}},\tag{4.4.35}$$

$$\hat{\boldsymbol{\varphi}}_{\mathrm{s}}(t)=[-\hat{x}(t-1),-\hat{x}(t-2),\cdots,-\hat{x}(t-n_a),u(t-1),u(t-2),\cdots,u(t-n_b)]^{\mathrm{T}},\tag{4.4.36}$$

$$\hat{x}(t)=\hat{\boldsymbol{\varphi}}_{\mathrm{s}}^{\mathrm{T}}(t)\hat{\boldsymbol{\theta}}_{\mathrm{s}}(t),\tag{4.4.37}$$

$$\hat{w}(t)=y(t)-\hat{x}(t),\tag{4.4.38}$$

$$\hat{v}(t)=y(t)-\hat{\boldsymbol{\varphi}}^{\mathrm{T}}(t)\hat{\boldsymbol{\theta}}(t),\tag{4.4.39}$$

$$\hat{\boldsymbol{\theta}}(t)=[\hat{\boldsymbol{\theta}}_{\mathrm{s}}^{\mathrm{T}}(t),\hat{c}_1(t),\hat{c}_2(t),\cdots,\hat{c}_{n_c}(t),\hat{d}_1(t),\hat{d}_2(t),\cdots,\hat{d}_{n_d}(t)]^{\mathrm{T}},\tag{4.4.40}$$

$$\hat{\boldsymbol{\theta}}_{\mathrm{s}}(t)=[\hat{a}_1(t),\hat{a}_2(t),\cdots,\hat{a}_{n_a}(t),\hat{b}_1(t),\hat{b}_2(t),\cdots,\hat{b}_{n_b}(t)]^{\mathrm{T}}.\tag{4.4.41}$$

对于 Box-Jenkins 系统, 王冬青和本书作者提出了基于辅助模型多新息广义增广随机梯度辨识方法 (AM-MI-GESG)[100]; 谢莉等提出了非均匀采样数据系统的辅助模型多新息广义增广随机梯度辨识方法[179]. 文献 [36], [40] 提出了最小二乘迭代辨识方法和梯度迭代辨识方法.

CARAR 系统的 RGLS 算法, CARARMA 系统的 RGELS 算法, 本节讨论的 OEMA 系统的 AM-RELS 算法, OEAR 系统的 AM-RGLS 算法, Box-Jenkins 系统的 AM-RGELS 算法参数估计误差收敛性可参见文献 [99], [108], [109] 中方法加以证明.

4.5 输入非线性方程误差类系统

输入非线性方程误差类 (IN-EET) 系统包括输入非线性有限脉冲响应 (IN-FIR) 系统, 输入非线性受控自回归 (IN-CAR) 系统, 输入非线性受控自回归滑动平均 (IN-CARMA) 系统,输入非线性受控自回归自回归 (IN-CARAR) 系统, 输入非线性受控自回归自回归滑动平均 (IN-CARARMA) 系统.

4.5.1　输入非线性有限脉冲响应系统

输入非线性有限脉冲响应系统 (Input Nonlinear Finite Impulse Response system, IN-FIR) 系统如图 4.5.1 所示, 它是由一个无记忆非线性环节 $f(\cdot)$ 串联一个线性动态 FIR 模型 $G(z)$ 构成的. 非线性部分是系数为 $(\gamma_1,\gamma_2,\cdots,\gamma_m)$ 的已知非线性基 $\boldsymbol{f}=(f_1,f_2,\cdots,f_m)$ 的线性函数:

$$\begin{aligned}\bar{u}(t)&=f(u(t))=\gamma_1f_1(u(t))+\gamma_2f_2(u(t))+\cdots+\gamma_mf_m(u(t))\\&=\sum_{j=1}^{m}\gamma_jf_j(u(t))\\&=\boldsymbol{f}(u(t))\boldsymbol{\gamma},\end{aligned}\tag{4.5.1}$$

其中 $\boldsymbol{f}(u(t)):=[f_1(u(t)),f_2(u(t)),\cdots,f_m(u(t))]\in\mathbb{R}^{1\times m}$ 是基函数构成的行向量, $\boldsymbol{\gamma}:=[\gamma_1,\gamma_2,\cdots,\gamma_m]^{\mathrm{T}}\in\mathbb{R}^m$ 是非线性部分的参数向量.

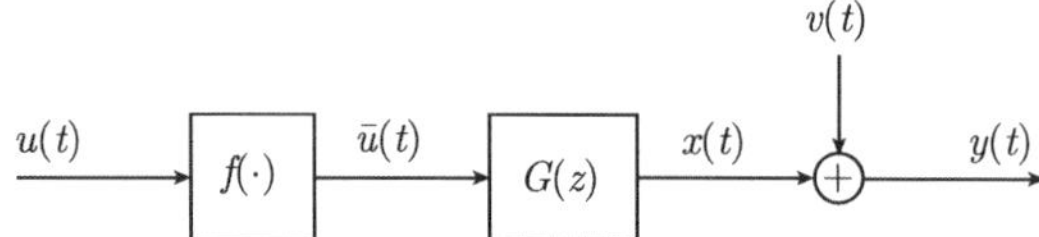

图 4.5.1　输入非线性有限脉冲响应系统 (IN-FIR)

线性部分是一个参数为 $(b_0,b_1,b_2,\cdots,b_n)$ 的 FIR 模型, 其传递函数为

$$G(z)=b_0+b_1z^{-1}+b_2z^{-2}+\cdots+b_nz^{-n}=\sum_{i=0}^{n}b_iz^{-i}.\tag{4.5.2}$$

因此, 线性部分可以表示为

$$\begin{aligned}y(t)&=x(t)+v(t)\\&=G(z)\bar{u}(t)+v(t)\\&=(b_0+b_1z^{-1}+b_2z^{-2}+\cdots+b_nz^{-n})\bar{u}(t)+v(t)\\&=b_0\bar{u}(t)+b_1\bar{u}(t-1)+b_2\bar{u}(t-2)+\cdots+b_n\bar{u}(t-n)+v(t)\qquad(4.5.3)\\&=b_0\boldsymbol{f}(u(t))\boldsymbol{\gamma}+b_1\boldsymbol{f}(u(t-1))\boldsymbol{\gamma}+b_2\boldsymbol{f}(u(t-2))\boldsymbol{\gamma}+\cdots+b_n\boldsymbol{f}(u(t-n))\boldsymbol{\gamma}+v(t)\\&=\boldsymbol{b}^{\mathrm{T}}\boldsymbol{F}(t)\boldsymbol{\gamma}+v(t),\qquad(4.5.4)\end{aligned}$$

其中

$$\begin{aligned}\boldsymbol{b}&:=[b_0,b_1,b_2,\cdots,b_n]^{\mathrm{T}}\in\mathbb{R}^{n+1},\\\boldsymbol{F}(t)&:=\begin{bmatrix}\boldsymbol{f}(u(t))\\\boldsymbol{f}(u(t-1))\\\vdots\\\boldsymbol{f}(u(t-n))\end{bmatrix}\end{aligned}$$

$$
= \begin{bmatrix} f_1(u(t)) & f_2(u(t)) & \cdots & f_m(u(t)) \\ f_1(u(t-1)) & f_2(u(t-1)) & \cdots & f_m(u(t-1)) \\ f_1(u(t-2)) & f_2(u(t-2)) & \cdots & f_m(u(t-2)) \\ \vdots & \vdots & & \vdots \\ f_1(u(t-n)) & f_2(u(t-n)) & \cdots & f_m(u(t-n)) \end{bmatrix} \in \mathbb{R}^{(n+1)\times m}. \tag{4.5.5}
$$

式 (4.5.4) 是一个 **双线性参数模型** (bilinear-parameter model), 式中出现了两个参数集的乘积项, 故该系统不是参数可辨识的. 为了辨识这个系统, 需要规范化系统参数. 基本的规范化方法有: ① 固定 b_i 中的一个, 或者固定 γ_j 中的一个; ② 设 $(b_0, b_1, b_2, \cdots, b_n)$ 或 $(\gamma_1, \gamma_2, \cdots, \gamma_m)$ 的模为 1, 即 $\|\boldsymbol{b}\|^2 = b_0^2 + b_1^2 + b_2^2 + \cdots + b_n^2 = 1$, 或 $\|\boldsymbol{\gamma}\|^2 = \gamma_1^2 + \gamma_2^2 + \cdots + \gamma_m^2 = 1$; 3) 设线性子系统的增益为 1, 即 $G(1) = b_0 + b_1 + b_2 + \cdots + b_n = 1$, 或非线性函数的系数和为 1, 即 $\gamma_1 + \gamma_2 + \cdots + \gamma_m = 1$.

为方便之际, 本章假设 $G(z)$ 的第 1 个系数 $b_0 = 1$. 这样式 (4.5.3) 可以写为

$$
y(t) = \bar{u}(t) + b_1\bar{u}(t-1) + b_2\bar{u}(t-2) + \cdots + b_n\bar{u}(t-n) + v(t).
$$

将式 (4.5.1) 代入上式右边的第 1 项可得

$$
\begin{aligned} y(t) &= \gamma_1 f_1(u(t)) + \gamma_2 f_2(u(t)) + \cdots + \gamma_m f_m(u(t)) \\ &\quad + b_1\bar{u}(t-1) + b_2\bar{u}(t-2) + \cdots + b_n\bar{u}(t-n) + v(t) \\ &= \boldsymbol{\varphi}^{\mathrm{T}}(t)\boldsymbol{\vartheta} + v(t), \end{aligned} \tag{4.5.6}
$$

其中参数向量 $\boldsymbol{\vartheta}$ 和信息向量 $\boldsymbol{\varphi}(t)$ 定义如下,

$$
\boldsymbol{\vartheta} := \begin{bmatrix} b_1 \\ b_2 \\ \vdots \\ b_n \\ \gamma_1 \\ \gamma_2 \\ \vdots \\ \gamma_m \end{bmatrix} \in \mathbb{R}^{n+m}, \quad \boldsymbol{\varphi}(t) := \begin{bmatrix} \bar{u}(t-1) \\ \bar{u}(t-2) \\ \vdots \\ \bar{u}(t-n) \\ f_1(u(t)) \\ f_2(u(t)) \\ \vdots \\ f_m(u(t)) \end{bmatrix} \in \mathbb{R}^{n+m}. \tag{4.5.7}
$$

对于辨识模型 (4.5.6), 极小化 **准则函数**

$$
J_5(\boldsymbol{\vartheta}) := \sum_{j=1}^{t} [y(j) - \boldsymbol{\varphi}^{\mathrm{T}}(j)\boldsymbol{\vartheta}]^2
$$

可得下列递推最小二乘算法:

$$
\hat{\boldsymbol{\vartheta}}(t) = \hat{\boldsymbol{\vartheta}}(t-1) + \boldsymbol{L}(t)[y(t) - \boldsymbol{\varphi}^{\mathrm{T}}(t)\hat{\boldsymbol{\vartheta}}(t-1)], \tag{4.5.8}
$$

$$
\boldsymbol{L}(t) = \boldsymbol{P}(t)\boldsymbol{\varphi}(t) = \frac{\boldsymbol{P}(t-1)\boldsymbol{\varphi}(t)}{1 + \boldsymbol{\varphi}^{\mathrm{T}}(t)\boldsymbol{P}(t-1)\boldsymbol{\varphi}(t)}, \tag{4.5.9}
$$

$$
\boldsymbol{P}(t) = [\boldsymbol{I} - \boldsymbol{L}(t)\boldsymbol{\varphi}^{\mathrm{T}}(t)]\boldsymbol{P}(t-1), \ \boldsymbol{P}(0) = p_0\boldsymbol{I}. \tag{4.5.10}
$$

假设系统的输入输出数据为 $\{u(t), y(t)\}$, 非线性基函数 $f_j(u(t))$ 是已知的, 式 (4.5.7) 中 $\boldsymbol{\varphi}(t)$ 包含了未知中间变量或内部变量 (非线性部分的输出) $\bar{u}(t-i)$, 使得上述算法无法实现. 解

决的办法是借助于辅助模型辨识思想: 未知变量用辅助模型的输出代替或用其估计代替. 具体方法如下. 设 $\hat{u}(t)$ 是辅助模型的输出 (即 $\bar{u}(t)$ 的估计), 用 $\hat{u}(t-i)$ 代替式 (4.5.7) $\boldsymbol{\varphi}(t)$ 中的未知项 $\bar{u}(t-i)$, 代替后的信息向量记作为

$$\begin{aligned}\hat{\boldsymbol{\varphi}}(t) &:= [\hat{u}(t-1), \hat{u}(t-2), \cdots, \hat{u}(t-n), f_1(u(t)), f_2(u(t)), \cdots, f_m(u(t))]^{\mathrm{T}} \\ &= [\hat{u}(t-1), \hat{u}(t-2), \cdots, \hat{u}(t-n), \boldsymbol{f}(u(t))]^{\mathrm{T}} \in \mathbb{R}^{n+m}.\end{aligned}$$

设 $\boldsymbol{\vartheta}$ 在时刻 t 的估计为

$$\hat{\boldsymbol{\vartheta}}(t) := [\hat{b}_1(t), \hat{b}_2(t), \cdots, \hat{b}_n(t), \hat{\boldsymbol{\gamma}}^{\mathrm{T}}(t)]^{\mathrm{T}} \in \mathbb{R}^{n+m},$$

$$\hat{\boldsymbol{\gamma}}(t) := [\hat{\gamma}_1(t), \hat{\gamma}_2(t), \cdots, \hat{\gamma}_m(t)]^{\mathrm{T}} \in \mathbb{R}^{m}.$$

用 $\hat{\gamma}_i(t)$ 代替式 (4.5.1) 中参数 γ_i, 故辅助模型输出 $\hat{u}(t)$ 可通过下式计算,

$$\begin{aligned}\hat{u}(t) &= \hat{\gamma}_1(t)f_1(u(t)) + \hat{\gamma}_2(t)f_2(u(t)) + \cdots + \hat{\gamma}_m(t)f_m(u(t)) \\ &= \sum_{j=1}^{m}\hat{\gamma}_j(t)f_j(u(t)) \\ &= \boldsymbol{f}(u(t))\hat{\boldsymbol{\gamma}}(t).\end{aligned}$$

上式即为计算未知变量 $\bar{u}(t)$ 的辅助模型. 用 $\hat{\boldsymbol{\varphi}}(t)$ 代替式 (4.5.8)~(4.5.10) 中未知 $\boldsymbol{\varphi}(t)$, 我们可以总结出估计输入非线性 FIR 系统参数向量 $\boldsymbol{\vartheta}$ 的 **辅助模型递推最小二乘算法** (**AM-RLS 算法**):

$$\hat{\boldsymbol{\vartheta}}(t) = \hat{\boldsymbol{\vartheta}}(t-1) + \boldsymbol{L}(t)[y(t) - \hat{\boldsymbol{\varphi}}^{\mathrm{T}}(t)\hat{\boldsymbol{\vartheta}}(t-1)], \tag{4.5.11}$$

$$\boldsymbol{L}(t) = \boldsymbol{P}(t)\hat{\boldsymbol{\varphi}}(t) = \frac{\boldsymbol{P}(t-1)\hat{\boldsymbol{\varphi}}(t)}{1 + \hat{\boldsymbol{\varphi}}^{\mathrm{T}}(t)\boldsymbol{P}(t-1)\hat{\boldsymbol{\varphi}}(t)}, \tag{4.5.12}$$

$$\boldsymbol{P}(t) = [\boldsymbol{I} - \boldsymbol{L}(t)\hat{\boldsymbol{\varphi}}^{\mathrm{T}}(t)]\boldsymbol{P}(t-1),\ \boldsymbol{P}(0) = p_0\boldsymbol{I}, \tag{4.5.13}$$

$$\hat{\boldsymbol{\varphi}}(t) = [\hat{u}(t-1), \hat{u}(t-2), \cdots, \hat{u}(t-n), \boldsymbol{f}(u(t))]^{\mathrm{T}}, \tag{4.5.14}$$

$$\begin{aligned}\hat{u}(t) &= \hat{\gamma}_1(t)f_1(u(t)) + \hat{\gamma}_2(t)f_2(u(t)) + \cdots + \hat{\gamma}_m(t)f_m(u(t)) \\ &= \boldsymbol{f}(u(t))\hat{\boldsymbol{\gamma}}(t),\end{aligned} \tag{4.5.15}$$

$$\boldsymbol{f}(u(t)) = [f_1(u(t)), f_2(u(t)), \cdots, f_m(u(t))], \tag{4.5.16}$$

$$\hat{\boldsymbol{\vartheta}}(t) = [\hat{b}_1(t), \hat{b}_2(t), \cdots, \hat{b}_n(t), \hat{\boldsymbol{\gamma}}^{\mathrm{T}}(t)]^{\mathrm{T}}. \tag{4.5.17}$$

输入非线性 FIR 系统 AM-RLS 算法 (4.5.11)~(4.5.17) 的计算步骤如下.

(1) 初始化: 令 $t=1$. 置初值 $\boldsymbol{P}(0) = p_0\boldsymbol{I}$, $\hat{\boldsymbol{\vartheta}}(0) = \mathbf{1}/p_0$, $p_0 = 10^6$, $\hat{u}(-i) = 1/p_0$, $i = 0, 1, 2, \cdots, n-1$. 给定基函数 $f_j(\cdot)$.

(2) 收集数据 $u(t)$ 和 $y(t)$, 用式 (4.5.16) 构造基函数行向量 $\boldsymbol{f}(u(t))$, 用式 (4.5.14) 构造信息向量 $\hat{\boldsymbol{\varphi}}(t)$.

(3) 用式 (4.5.12) 计算增益向量 $\boldsymbol{L}(t)$, 用式 (4.5.13) 计算协方差阵 $\boldsymbol{P}(t)$.

(4) 用式 (4.5.11) 刷新参数估计向量 $\hat{\boldsymbol{\vartheta}}(t)$.

(5) 根据式 (4.5.17), 从 $\hat{\boldsymbol{\vartheta}}(t)$ 中读出 $\hat{\boldsymbol{\gamma}}(t)$, 用式 (4.5.15) 计算辅助模型输出 $\hat{u}(t)$.

(6) t 增 1, 转步骤 2, 继续递推计算.

输入非线性 FIR 系统 AM-RLS 算法计算参数估计 $\hat{\boldsymbol{\vartheta}}(t)$ 的 **流程图** 如图 4.5.2 所示. 文献 [180] 的方法可以推广用于这类双线性参数非线性系统 (4.5.4) 的辨识.

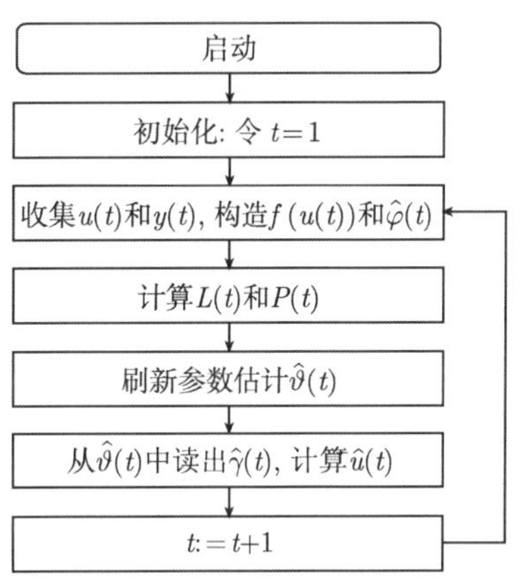

图 4.5.2 计算输入非线性 FIR 系统 AM-RLS 参数估计 $\hat{\boldsymbol{\vartheta}}(t)$ 的流程图

4.5.2 输入非线性受控自回归系统

输入非线性方程误差类系统 (Input Nonlinear Equation Error Type system, IN-EET) 包括基本的输入非线性方程误差模型, 即输入非线性受控自回归模型 (IN-CAR), 输入非线性受控自回归滑动平均模型 (IN-CARMA), 输入非线性受控自回归自回归模型 (IN-CARAR), 输入非线性受控自回归自回归滑动平均模型 (IN-CARARMA).

借助于辅助模型辨识思想, 随机梯度算法、最小二乘算法、多新息辨识方法等都可以发展用于这类输入非线性方程误差类模型的辨识. 例如, 对于 IN-CAR 系统, 我们可以得到辅助模型随机梯度算法, 辅助模型递推最小二乘算法, 辅助模型多新息随机梯度算法, 辅助模型多新息最小二乘算法等. 在下面的讨论中, 我们只给出最小二乘辨识方法.

最近, 本书作者详细综述了输入非线性方程误差系统 (即 IN-CAR 系统) 的各种辨识方法, 给出了过参数化 (over-parameterization) 随机梯度辨识方法, 提出了投影辨识方法、随机梯度辨识算法、遗忘梯度辨识算法 (即遗忘因子随机梯度辨识算法)、**牛顿递推算法**、**牛顿迭代算法** 等[59], 以及梯度迭代辨识方法和最小二乘迭代辨识方法[181]. 文献 [182], [183] 分别研究了输入非线性受控自回归模型的多新息随机梯度参数估计算法和递推最小二乘参数估计方法.

输入非线性方程误差类的 **输入非线性受控自回归系统** (Input Nonlinear CAR system, IN-CAR) 结构如图 4.5.3 所示, 其非线性部分方程为

$$\begin{aligned}\bar{u}(t)=f(u(t))&=\gamma_1 f_1(u(t))+\gamma_2 f_2(u(t))+\cdots+\gamma_m f_m(u(t))\\&=\boldsymbol{f}(u(t))\boldsymbol{\gamma},\end{aligned}\tag{4.5.18}$$

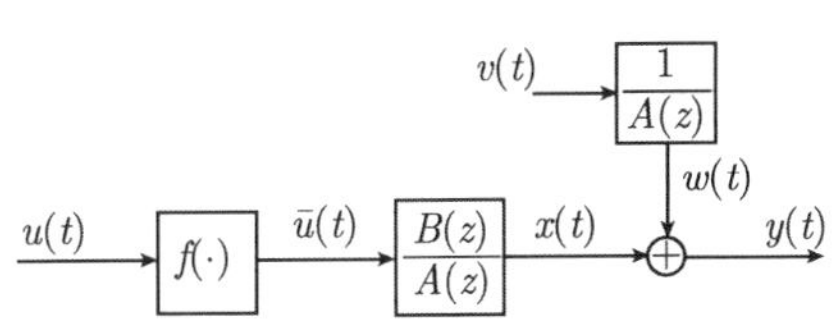

图 4.5.3 输入非线性受控自回归系统 (IN-CAR)

其中 $\boldsymbol{f}(u(t)):=[f_1(u(t)),f_2(u(t)),\cdots,f_m(u(t))]\in\mathbb{R}^{1\times m}$ 是基函数构成的行向量, $\boldsymbol{\gamma}:=[\gamma_1,\ \gamma_2,\ \cdots,\ \gamma_m]^{\mathrm{T}}\in\mathbb{R}^m$ 是非线性部分的参数向量. 线性部分的方程为

$$A(z)y(t)=B(z)\bar{u}(t)+v(t),\tag{4.5.19}$$

其中 $A(z)$ 和 $B(z)$ 是后移算子 z^{-1} 的多项式:

$$A(z):=1+a_1z^{-1}+a_2z^{-2}+\cdots+a_nz^{-n},$$

$$B(z):=1+b_1z^{-1}+b_2z^{-2}+\cdots+b_nz^{-n}.$$

为了获得唯一的参数估计, 我们直接假定了多项式 $B(z)$ 的首项 $b_0=1$. 定义参数向量 $\boldsymbol{\vartheta}$ 和信息向量 $\boldsymbol{\varphi}(t)$ 如下,

$$\boldsymbol{\vartheta} := \begin{bmatrix} \boldsymbol{a} \\ \boldsymbol{b} \\ \boldsymbol{\gamma} \end{bmatrix} \in \mathbb{R}^{2n+m}, \quad \boldsymbol{a} := \begin{bmatrix} a_1 \\ a_2 \\ \vdots \\ a_n \end{bmatrix} \in \mathbb{R}^n, \quad \boldsymbol{b} := \begin{bmatrix} b_1 \\ b_2 \\ \vdots \\ b_n \end{bmatrix} \in \mathbb{R}^n,$$

$$\boldsymbol{\varphi}(t) := [-y(t-1), -y(t-2), \cdots, -y(t-n), \bar{u}(t-1), \bar{u}(t-2), \cdots, \bar{u}(t-n), \boldsymbol{f}(u(t))]^{\mathrm{T}} \in \mathbb{R}^{2n+m}.$$

将式 (4.5.18) 代入式 (4.5.19) 得到辨识模型,

$$\begin{aligned} y(t) &= [1 - A(z)]y(t) + [B(z) - 1]\bar{u}(t) + \bar{u}(t) + v(t) \\ &= -\sum_{i=1}^{n} a_i y(t-i) + \sum_{i=1}^{n} b_i \bar{u}(t-i) + \boldsymbol{f}(u(t))\boldsymbol{\gamma} + v(t) \\ &= \boldsymbol{\varphi}^{\mathrm{T}}(t)\boldsymbol{\vartheta} + v(t). \end{aligned} \tag{4.5.20}$$

信息向量 $\boldsymbol{\varphi}(t)$ 中未知中间变量 $\bar{u}(t-i)$ 用辅助模型的输出 $\hat{\bar{u}}(t-i)$ 代替, 我们可以得到估计输入非线性 CAR 系统参数向量 $\boldsymbol{\vartheta}$ 的 **辅助模型递推最小二乘算法** (**AM-RLS 算法**):

$$\hat{\boldsymbol{\vartheta}}(t) = \hat{\boldsymbol{\vartheta}}(t-1) + \boldsymbol{L}(t)[y(t) - \hat{\boldsymbol{\varphi}}^{\mathrm{T}}(t)\hat{\boldsymbol{\vartheta}}(t-1)], \tag{4.5.21}$$

$$\boldsymbol{L}(t) = \boldsymbol{P}(t-1)\hat{\boldsymbol{\varphi}}(t)[1 + \hat{\boldsymbol{\varphi}}^{\mathrm{T}}(t)\boldsymbol{P}(t-1)\hat{\boldsymbol{\varphi}}(t)]^{-1}, \tag{4.5.22}$$

$$\boldsymbol{P}(t) = [\boldsymbol{I} - \boldsymbol{L}(t)\hat{\boldsymbol{\varphi}}^{\mathrm{T}}(t)]\boldsymbol{P}(t-1), \ \boldsymbol{P}(0) = p_0\boldsymbol{I}, \tag{4.5.23}$$

$$\hat{\boldsymbol{\varphi}}(t) = [-y(t-1), -y(t-2), \cdots, -y(t-n), \hat{\bar{u}}(t-1), \hat{\bar{u}}(t-2), \cdots, \hat{\bar{u}}(t-n), \boldsymbol{f}(u(t))]^{\mathrm{T}}, \tag{4.5.24}$$

$$\hat{\bar{u}}(t) = \boldsymbol{f}(u(t))\hat{\boldsymbol{\gamma}}(t), \tag{4.5.25}$$

$$\boldsymbol{f}(u(t)) = [f_1(u(t)), f_2(u(t)), \cdots, f_m(u(t))], \tag{4.5.26}$$

$$\hat{\boldsymbol{\vartheta}}(t) = [\hat{\boldsymbol{a}}^{\mathrm{T}}(t), \hat{\boldsymbol{b}}^{\mathrm{T}}(t), \hat{\boldsymbol{\gamma}}^{\mathrm{T}}(t)]^{\mathrm{T}}. \tag{4.5.27}$$

值得指出的是: 4.5.1 节 IN-FIR 系统的 AM-RLS 算法, 4.5.2 节 IN-CAR 系统的 AM-RLS 算法的收敛性 (参数估计的一致收敛性, 估计误差的有界收敛性) 是有待解决的辨识课题. 本书作者正在研究这两个算法的性能.

4.5.3 输入非线性受控自回归滑动平均系统

输入非线性受控自回归滑动平均系统 (Input Nonlinear CARMA system, IN-CARMA) 结构如图 4.5.4 所示, 其非线性部分方程为

$$\begin{aligned} \bar{u}(t) &= f(u(t)) = \gamma_1 f_1(u(t)) + \gamma_2 f_2(u(t)) + \cdots + \gamma_m f_m(u(t)) \\ &= \boldsymbol{f}(u(t))\boldsymbol{\gamma}, \end{aligned} \tag{4.5.28}$$

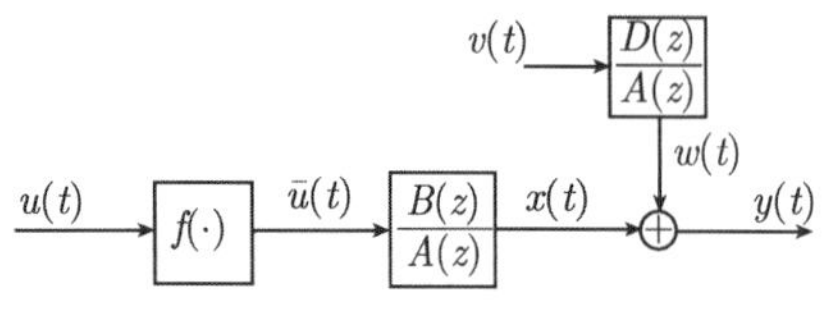

图 4.5.4　输入非线性受控自回归滑动平均系统 (IN-CARMA)

其中 $\boldsymbol{f}(u(t)) := [f_1(u(t)), f_2(u(t)), \cdots, f_m(u(t))] \in \mathbb{R}^{1\times m}$ 是基函数构成的行向量, $\boldsymbol{\gamma} := [\gamma_1, \gamma_2, \cdots, \gamma_m]^{\mathrm{T}} \in \mathbb{R}^m$ 是非线性部分的参数向量. 线性部分的方程为

$$y(t) = \frac{B(z)}{A(z)}\bar{u}(t) + \frac{D(z)}{A(z)}v(t),$$

或

$$A(z)y(t) = B(z)\bar{u}(t) + D(z)v(t), \tag{4.5.29}$$

其中 $A(z)$, $B(z)$ 和 $D(z)$ 是后移算子 z^{-1} 的多项式:

$$A(z) := 1 + a_1 z^{-1} + a_2 z^{-2} + \cdots + a_n z^{-n},$$

$$B(z) := 1 + b_1 z^{-1} + b_2 z^{-2} + \cdots + b_n z^{-n},$$

$$D(z) := 1 + d_1 z^{-1} + d_2 z^{-2} + \cdots + d_{n_d} z^{-n_d}.$$

同样, 我们直接假定了多项式 $B(z)$ 的首项 $b_0 = 1$. 定义参数向量 $\boldsymbol{\vartheta}$ 和信息向量 $\boldsymbol{\varphi}(t)$ 如下,

$$\boldsymbol{\vartheta} := \begin{bmatrix} \boldsymbol{a} \\ \boldsymbol{b} \\ \boldsymbol{\gamma} \\ \boldsymbol{d} \end{bmatrix} \in \mathbb{R}^{2n+m+n_d}, \quad \boldsymbol{a} := \begin{bmatrix} a_1 \\ a_2 \\ \vdots \\ a_n \end{bmatrix} \in \mathbb{R}^n, \quad \boldsymbol{b} := \begin{bmatrix} b_1 \\ b_2 \\ \vdots \\ b_n \end{bmatrix} \in \mathbb{R}^n, \quad \boldsymbol{d} := \begin{bmatrix} d_1 \\ d_2 \\ \vdots \\ d_{n_d} \end{bmatrix} \in \mathbb{R}^{n_d},$$

$$\begin{aligned} \boldsymbol{\varphi}(t) := [&-y(t-1), -y(t-2), \cdots, -y(t-n), \bar{u}(t-1), \bar{u}(t-2), \cdots, \bar{u}(t-n), \boldsymbol{f}(u(t)), \\ &v(t-1), v(t-2), \cdots, v(t-n_d)]^{\mathrm{T}} \in \mathbb{R}^{2n+m+n_d}. \end{aligned}$$

将式 (4.5.28) 代入式 (4.5.29) 得到辨识模型,

$$\begin{aligned} y(t) &= [1 - A(z)]y(t) + [B(z) - 1]\bar{u}(t) + \bar{u}(t) + [D(z) - 1]v(t) + v(t) \\ &= -\sum_{i=1}^{n} a_i y(t-i) + \sum_{i=1}^{n} b_i \bar{u}(t-i) + \boldsymbol{f}(u(t))\boldsymbol{\gamma} + \sum_{i=1}^{n} d_i v(t-i) + v(t) \\ &= \boldsymbol{\varphi}^{\mathrm{T}}(t)\boldsymbol{\vartheta} + v(t). \end{aligned} \tag{4.5.30}$$

信息向量 $\boldsymbol{\varphi}(t)$ 中未知中间变量 $\bar{u}(t-i)$ 用辅助模型的输出 $\hat{\bar{u}}(t-i)$ 代替, 未知噪声项 $v(t-i)$ 用其估计 $\hat{v}(t-i)$ 代替, 我们可以得到估计 IN-CARMA 系统参数向量 $\boldsymbol{\vartheta}$ 的 **辅助模型递推增广最小二乘算法 (AM-RELS 算法)**:

$$\hat{\boldsymbol{\vartheta}}(t) = \hat{\boldsymbol{\vartheta}}(t-1) + \boldsymbol{L}(t)[y(t) - \hat{\boldsymbol{\varphi}}^{\mathrm{T}}(t)\hat{\boldsymbol{\vartheta}}(t-1)], \tag{4.5.31}$$

$$\boldsymbol{L}(t) = \boldsymbol{P}(t-1)\hat{\boldsymbol{\varphi}}(t)[1 + \hat{\boldsymbol{\varphi}}^{\mathrm{T}}(t)\boldsymbol{P}(t-1)\hat{\boldsymbol{\varphi}}(t)]^{-1}, \tag{4.5.32}$$

$$\boldsymbol{P}(t) = [\boldsymbol{I} - \boldsymbol{L}(t)\hat{\boldsymbol{\varphi}}^{\mathrm{T}}(t)]\boldsymbol{P}(t-1), \ \boldsymbol{P}(0) = p_0\boldsymbol{I}, \tag{4.5.33}$$

$$\begin{aligned} \hat{\boldsymbol{\varphi}}(t) = [&-y(t-1), -y(t-2), \cdots, -y(t-n), \hat{\bar{u}}(t-1), \hat{\bar{u}}(t-2), \cdots, \hat{\bar{u}}(t-n), \boldsymbol{f}(u(t)), \\ &\hat{v}(t-1), \hat{v}(t-2), \cdots, \hat{v}(t-n_d)]^{\mathrm{T}}, \end{aligned} \tag{4.5.34}$$

$$\hat{\bar{u}}(t) = \boldsymbol{f}(u(t))\hat{\boldsymbol{\gamma}}(t), \tag{4.5.35}$$

$$\boldsymbol{f}(u(t)) = [f_1(u(t)), f_2(u(t)), \cdots, f_m(u(t))], \tag{4.5.36}$$

$$\hat{v}(t) = y(t) - \hat{\boldsymbol{\varphi}}^{\mathrm{T}}(t)\hat{\boldsymbol{\vartheta}}(t), \tag{4.5.37}$$

$$\hat{\boldsymbol{\vartheta}}(t) = [\hat{\boldsymbol{a}}^{\mathrm{T}}(t), \hat{\boldsymbol{b}}^{\mathrm{T}}(t), \hat{\boldsymbol{\gamma}}^{\mathrm{T}}(t), \hat{\boldsymbol{d}}^{\mathrm{T}}(t)]^{\mathrm{T}}. \tag{4.5.38}$$

本书作者等利用过 **参数化方法** (over-parameterization method), 提出了 IN-CARMA 系统的最小二乘迭代辨识方法和递推增广最小二乘辨识方法[151], 以及梯度迭代辨识方法和增广随机梯度辨识方法[184].

4.5.4 输入非线性受控自回归自回归系统

输入非线性受控自回归自回归系统 (Input Nonlinear CARAR system, IN-CARAR) 结构

如图 4.5.5 所示, 其非线性部分方程为

$$\begin{aligned}\bar{u}(t) &= f(u(t)) = \gamma_1 f_1(u(t)) + \gamma_2 f_2(u(t)) + \cdots + \gamma_m f_m(u(t)) \\ &= \boldsymbol{f}(u(t))\boldsymbol{\gamma},\end{aligned} \tag{4.5.39}$$

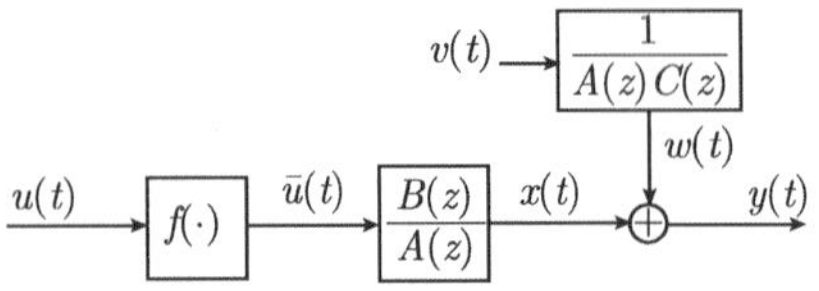

图 4.5.5　输入非线性受控自回归自回归系统 (IN-CARAR)

其中 $\boldsymbol{f}(u(t)) := [f_1(u(t)), f_2(u(t)), \cdots, f_m(u(t))] \in \mathbb{R}^{1\times m}$ 是基函数构成的行向量, $\boldsymbol{\gamma} := [\gamma_1, \gamma_2, \cdots, \gamma_m]^{\mathrm{T}} \in \mathbb{R}^m$ 是非线性部分的参数向量. 线性部分的方程为

$$y(t) = \frac{B(z)}{A(z)}\bar{u}(t) + \frac{1}{A(z)C(z)}v(t),$$

或

$$A(z)y(t) = B(z)\bar{u}(t) + \frac{1}{C(z)}v(t), \tag{4.5.40}$$

其中 $A(z)$, $B(z)$ 和 $C(z)$ 是后移算子 z^{-1} 的多项式:

$$\begin{aligned}A(z) &:= 1 + a_1 z^{-1} + a_2 z^{-2} + \cdots + a_n z^{-n}, \\ B(z) &:= 1 + b_1 z^{-1} + b_2 z^{-2} + \cdots + b_n z^{-n}, \\ C(z) &:= 1 + c_1 z^{-1} + c_2 z^{-2} + \cdots + c_{n_c} z^{-n_c}.\end{aligned}$$

同样假定了多项式 $B(z)$ 的首项 $b_0 = 1$. 定义中间相关噪声变量:

$$w(t) := \frac{1}{C(z)}v(t), \tag{4.5.41}$$

或

$$\begin{aligned}w(t) &= [1 - C(z)]w(t) + v(t) \\ &= -\sum_{i=1}^{n_c} c_i w(t-i) + v(t).\end{aligned} \tag{4.5.42}$$

定义参数向量 $\boldsymbol{\vartheta}$ 和信息向量 $\boldsymbol{\varphi}(t)$ 如下,

$$\boldsymbol{\vartheta} := \begin{bmatrix}\boldsymbol{a}\\ \boldsymbol{b}\\ \boldsymbol{\gamma}\\ \boldsymbol{c}\end{bmatrix} \in \mathbb{R}^{2n+m+n_c}, \quad \boldsymbol{a} := \begin{bmatrix}a_1\\ a_2\\ \vdots\\ a_n\end{bmatrix} \in \mathbb{R}^n, \quad \boldsymbol{b} := \begin{bmatrix}b_1\\ b_2\\ \vdots\\ b_n\end{bmatrix} \in \mathbb{R}^n, \quad \boldsymbol{c} := \begin{bmatrix}c_1\\ c_2\\ \vdots\\ c_{n_c}\end{bmatrix} \in \mathbb{R}^{n_c},$$

$$\begin{aligned}\boldsymbol{\varphi}(t) := [&-y(t-1), -y(t-2), \cdots, -y(t-n), \bar{u}(t-1), \bar{u}(t-2), \cdots, \bar{u}(t-n), \boldsymbol{f}(u(t)), \\ &-w(t-1), -w(t-2), \cdots, -w(t-n_c)]^{\mathrm{T}} \in \mathbb{R}^{2n+m+n_c}.\end{aligned}$$

将式 (4.5.39) 和式 (4.5.41) 代入式 (4.5.40), 利用式 (4.5.42) 可得辨识模型,

$$\begin{aligned}y(t) &= [1 - A(z)]y(t) + [B(z) - 1]\bar{u}(t) + \bar{u}(t) + w(t) \\ &= -\sum_{i=1}^{n} a_i y(t-i) + \sum_{i=1}^{n} b_i \bar{u}(t-i) + \boldsymbol{f}(u(t))\boldsymbol{\gamma} - \sum_{i=1}^{n_c} c_i w(t-i) + v(t) \\ &= \boldsymbol{\varphi}^{\mathrm{T}}(t)\boldsymbol{\vartheta} + v(t).\end{aligned} \tag{4.5.43}$$

信息向量 $\varphi(t)$ 中未知中间变量 $\bar{u}(t-i)$ 用辅助模型的输出 $\hat{\bar{u}}(t-i)$ 代替, 未知相关噪声项 $w(t-i)$ 用其估计 $\hat{w}(t-i)$ 代替, 我们可以得到估计 IN-CARAR 系统参数向量 $\boldsymbol{\vartheta}$ 的 **辅助模型递推广义最小二乘算法 (AM-RGLS 算法)**:

$$\hat{\boldsymbol{\vartheta}}(t)=\hat{\boldsymbol{\vartheta}}(t-1)+\boldsymbol{L}(t)[y(t)-\hat{\boldsymbol{\varphi}}^{\mathrm{T}}(t)\hat{\boldsymbol{\vartheta}}(t-1)], \tag{4.5.44}$$

$$\boldsymbol{L}(t)=\boldsymbol{P}(t-1)\hat{\boldsymbol{\varphi}}(t)[1+\hat{\boldsymbol{\varphi}}^{\mathrm{T}}(t)\boldsymbol{P}(t-1)\hat{\boldsymbol{\varphi}}(t)]^{-1}, \tag{4.5.45}$$

$$\boldsymbol{P}(t)=[\boldsymbol{I}-\boldsymbol{L}(t)\hat{\boldsymbol{\varphi}}^{\mathrm{T}}(t)]\boldsymbol{P}(t-1),\ \boldsymbol{P}(0)=p_0\boldsymbol{I}, \tag{4.5.46}$$

$$\hat{\boldsymbol{\varphi}}(t)=[\hat{\boldsymbol{\varphi}}_{\mathrm{s}}^{\mathrm{T}}(t),-\hat{w}(t-1),-\hat{w}(t-2),\cdots,-\hat{w}(t-n_c)]^{\mathrm{T}}, \tag{4.5.47}$$

$$\hat{\boldsymbol{\varphi}}_{\mathrm{s}}(t)=[-y(t-1),-y(t-2),\cdots,-y(t-n),\hat{\bar{u}}(t-1),\hat{\bar{u}}(t-2),\cdots,\hat{\bar{u}}(t-n),\boldsymbol{f}(u(t))]^{\mathrm{T}}, \tag{4.5.48}$$

$$\hat{\bar{u}}(t)=\boldsymbol{f}(u(t))\hat{\boldsymbol{\gamma}}(t), \tag{4.5.49}$$

$$\boldsymbol{f}(u(t))=[f_1(u(t)),f_2(u(t)),\cdots,f_m(u(t))], \tag{4.5.50}$$

$$\hat{w}(t)=y(t)-\hat{\boldsymbol{\varphi}}_{\mathrm{s}}^{\mathrm{T}}(t)[\hat{\boldsymbol{a}}^{\mathrm{T}}(t),\hat{\boldsymbol{b}}^{\mathrm{T}}(t),\hat{\boldsymbol{\gamma}}^{\mathrm{T}}(t)]^{\mathrm{T}}, \tag{4.5.51}$$

$$\hat{\boldsymbol{\vartheta}}(t)=[\hat{\boldsymbol{a}}^{\mathrm{T}}(t),\hat{\boldsymbol{b}}^{\mathrm{T}}(t),\hat{\boldsymbol{\gamma}}^{\mathrm{T}}(t),\hat{\boldsymbol{c}}^{\mathrm{T}}(t)]^{\mathrm{T}}. \tag{4.5.52}$$

肖永松和岳娜提出了输入非线性动态调节模型的递推广义最小二乘和基于数据滤波的递推最小二乘参数估计[83].

4.5.5 输入非线性受控自回归自回归滑动平均系统

输入非线性受控自回归自回归滑动平均系统 (Input Nonlinear CARARMA system, IN-CARARMA) 结构如图 4.5.6 所示, 其非线性部分方程为

$$\begin{aligned}\bar{u}(t)=f(u(t))&=\gamma_1f_1(u(t))+\gamma_2f_2(u(t))+\cdots+\gamma_mf_m(u(t))\\&=\boldsymbol{f}(u(t))\boldsymbol{\gamma},\end{aligned} \tag{4.5.53}$$

其中 $\boldsymbol{f}(u(t)) := [f_1(u(t)),f_2(u(t)),\cdots,f_m(u(t))] \in \mathbb{R}^{1\times m}$ 是基函数构成的行向量, $\boldsymbol{\gamma} := [\gamma_1,\ \gamma_2,\ \cdots,\ \gamma_m]^{\mathrm{T}} \in \mathbb{R}^m$ 是非线性部分的参数向量.

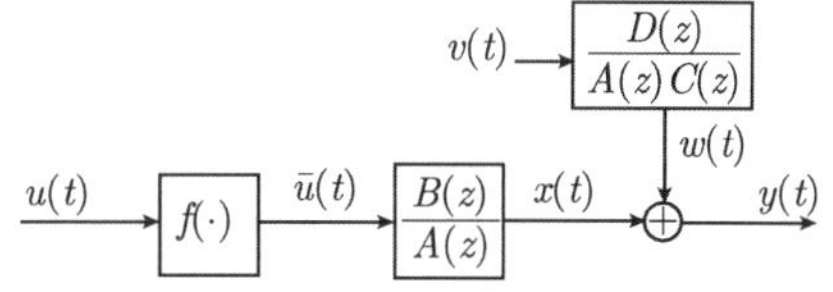

图 4.5.6 输入非线性受控自回归自回归滑动平均系统 (IN-CARARMA)

线性部分的方程为

$$y(t)=\frac{B(z)}{A(z)}\bar{u}(t)+\frac{D(z)}{A(z)C(z)}v(t),$$

或

$$A(z)y(t)=B(z)\bar{u}(t)+\frac{D(z)}{C(z)}v(t), \tag{4.5.54}$$

其中 $A(z)$, $B(z)$, $D(z)$ 和 $C(z)$ 是后移算子 z^{-1} 的多项式:

$$A(z):=1+a_1z^{-1}+a_2z^{-2}+\cdots+a_nz^{-n},$$

$$B(z):=1+b_1z^{-1}+b_2z^{-2}+\cdots+b_nz^{-n},$$

$$C(z):=1+c_1z^{-1}+c_2z^{-2}+\cdots+c_{n_c}z^{-n_c},$$

$$D(z):=1+d_1z^{-1}+d_2z^{-2}+\cdots+d_{n_d}z^{-n_d}.$$

同样假定了多项式 $B(z)$ 的首项 $b_0=1$. 定义中间相关噪声变量:

$$w(t):=\frac{D(z)}{C(z)}v(t), \tag{4.5.55}$$

或

$$\begin{aligned}w(t)&=[1-C(z)]w(t)+[D(z)-1]v(t)+v(t)\\&=-\sum_{i=1}^{n_c}c_iw(t-i)+\sum_{i=1}^{n_d}d_iv(t-i)+v(t).\end{aligned} \tag{4.5.56}$$

定义参数向量 $\boldsymbol{\vartheta}$ 和信息向量 $\boldsymbol{\varphi}(t)$ 如下,

$$\boldsymbol{\vartheta}:=\begin{bmatrix}\boldsymbol{a}\\\boldsymbol{b}\\\boldsymbol{\gamma}\\\boldsymbol{c}\\\boldsymbol{d}\end{bmatrix}\in\mathbb{R}^{2n+m+n_c+n_d},\quad \boldsymbol{a}:=\begin{bmatrix}a_1\\a_2\\\vdots\\a_n\end{bmatrix}\in\mathbb{R}^n,\quad \boldsymbol{b}:=\begin{bmatrix}b_1\\b_2\\\vdots\\b_n\end{bmatrix}\in\mathbb{R}^n,$$

$$\boldsymbol{c}:=\begin{bmatrix}c_1\\c_2\\\vdots\\c_{n_c}\end{bmatrix}\in\mathbb{R}^{n_c},\quad \boldsymbol{d}:=\begin{bmatrix}d_1\\d_2\\\vdots\\d_{n_d}\end{bmatrix}\in\mathbb{R}^{n_d},$$

$$\begin{aligned}\boldsymbol{\varphi}(t):=[&-y(t-1),-y(t-2),\cdots,-y(t-n),\bar{u}(t-1),\bar{u}(t-2),\cdots,\bar{u}(t-n),\boldsymbol{f}(u(t)),\\&-w(t-1),-w(t-2),\cdots,-w(t-n_c),v(t-1),v(t-2),\cdots,v(t-n_d)]^{\mathrm{T}}\in\mathbb{R}^{2n+m+n_c+n_d}.\end{aligned}$$

将式 (4.5.53) 和式 (4.5.55) 代入式 (4.5.54), 利用式 (4.5.56) 可得辨识模型,

$$\begin{aligned}y(t)&=[1-A(z)]y(t)+[B(z)-1]\bar{u}(t)+\bar{u}(t)+w(t)\\&=-\sum_{i=1}^{n}a_iy(t-i)+\sum_{i=1}^{n}b_i\bar{u}(t-i)+\boldsymbol{f}(u(t))\boldsymbol{\gamma}-\sum_{i=1}^{n_c}c_iw(t-i)+\sum_{i=1}^{n_d}d_iv(t-i)+v(t)\\&=\boldsymbol{\varphi}^{\mathrm{T}}(t)\boldsymbol{\vartheta}+v(t).\end{aligned} \tag{4.5.57}$$

信息向量 $\boldsymbol{\varphi}(t)$ 中未知中间变量 $\bar{u}(t-i)$ 用辅助模型的输出 $\hat{\bar{u}}(t-i)$ 代替, 未知相关噪声项 $w(t-i)$ 和白噪声项 $v(t-i)$ 分别用其估计 $\hat{w}(t-i)$ 和 $\hat{v}(t-i)$ 代替, 我们可以得到估计 IN-CARARMA 系统参数向量 $\boldsymbol{\vartheta}$ 的 **辅助模型递推广义增广最小二乘算法** (**AM-RGELS 算法**):

$$\hat{\boldsymbol{\vartheta}}(t)=\hat{\boldsymbol{\vartheta}}(t-1)+\boldsymbol{L}(t)[y(t)-\hat{\boldsymbol{\varphi}}^{\mathrm{T}}(t)\hat{\boldsymbol{\vartheta}}(t-1)], \tag{4.5.58}$$

$$\boldsymbol{L}(t)=\boldsymbol{P}(t-1)\hat{\boldsymbol{\varphi}}(t)[1+\hat{\boldsymbol{\varphi}}^{\mathrm{T}}(t)\boldsymbol{P}(t-1)\hat{\boldsymbol{\varphi}}(t)]^{-1}, \tag{4.5.59}$$

$$\boldsymbol{P}(t)=[\boldsymbol{I}-\boldsymbol{L}(t)\hat{\boldsymbol{\varphi}}^{\mathrm{T}}(t)]\boldsymbol{P}(t-1),\ \boldsymbol{P}(0)=p_0\boldsymbol{I}, \tag{4.5.60}$$

$$\hat{\boldsymbol{\varphi}}(t)=[\hat{\boldsymbol{\varphi}}_{\mathrm{s}}^{\mathrm{T}}(t),-\hat{w}(t-1),-\hat{w}(t-2),\cdots,-\hat{w}(t-n_c),\hat{v}(t-1),\hat{v}(t-2),\cdots,\hat{v}(t-n_d)]^{\mathrm{T}}, \tag{4.5.61}$$

$$\hat{\boldsymbol{\varphi}}_{\mathrm{s}}(t)=[-y(t-1),-y(t-2),\cdots,-y(t-n),\hat{\bar{u}}(t-1),\hat{\bar{u}}(t-2),\cdots,\hat{\bar{u}}(t-n),\boldsymbol{f}(u(t))]^{\mathrm{T}}, \tag{4.5.62}$$

$$\hat{\bar{u}}(t)=\boldsymbol{f}(u(t))\hat{\boldsymbol{\gamma}}(t), \tag{4.5.63}$$

$$\boldsymbol{f}(u(t))=[f_1(u(t)),f_2(u(t)),\cdots,f_m(u(t))], \tag{4.5.64}$$

$$\hat{w}(t)=y(t)-\hat{\boldsymbol{\varphi}}_{\mathrm{s}}^{\mathrm{T}}(t)[\hat{\boldsymbol{a}}^{\mathrm{T}}(t),\hat{\boldsymbol{b}}^{\mathrm{T}}(t),\hat{\boldsymbol{\gamma}}^{\mathrm{T}}(t)]^{\mathrm{T}}, \tag{4.5.65}$$

$$\hat{v}(t)=y(t)-\hat{\boldsymbol{\varphi}}^{\mathrm{T}}(t)\hat{\boldsymbol{\vartheta}}(t), \tag{4.5.66}$$

$$\hat{\boldsymbol{\vartheta}}(t)=[\hat{\boldsymbol{a}}^{\mathrm{T}}(t),\hat{\boldsymbol{b}}^{\mathrm{T}}(t),\hat{\boldsymbol{\gamma}}^{\mathrm{T}}(t),\hat{\boldsymbol{c}}^{\mathrm{T}}(t),\hat{\boldsymbol{d}}^{\mathrm{T}}(t)]^{\mathrm{T}}. \tag{4.5.67}$$

本书作者的博士生李俊红推导了 IN-CARARMA 系统的 **极大似然牛顿迭代算法** (Maximum Likelyhood Newton Iterative algorithm, **ML-NI 算法**). 输入非线性系统 (IN-CARMA, IN-CARAR, IN-CARARMA) 的辅助模型递推最小二乘算法参数估计的一致收敛性仍然是控制科学家有待研究的课题.

4.6 输入非线性输出误差类系统

输入非线性输出误差类系统 (Input Nonlinear Output Error Type system, IN-OET) 包括基本的输入非线性输出误差系统 (IN-OE), 输入非线性输出误差滑动平均系统 (IN-OEMA), 输入非线性输出误差自回归系统 (IN-OEAR), 输入非线性输出误差自回归滑动平均系统 (IN-OEARMA), 即输入非线性 Box-Jenkins 系统 (IN-Box-Jenkins).

4.6.1 输入非线性输出误差系统

输入非线性输出误差系统 (Input Nonlinear Output Error system, IN-OE) 如图 4.6.1 所示, 其中线性动态部分的输出 [也称系统的真实输出或无噪输出] $x(t)$ 和内部变量 $\bar{u}(t)$ (非线性环节的输出) 是不可测的, $u(t)$ 是系统输入, $y(t)$ 是 $x(t)$ 的含噪量测, $v(t)$ 是量测白噪声. (原始) Hammerstein 模型的非线性部分是一个已知阶次的输入的多项式:

$$\bar{u}(t)=f(u(t))=\gamma_1 u(t)+\gamma_2 u^2(t)+\cdots+\gamma_m u^m(t),$$

γ_i 为多项式的系数, m 为多项式的阶次. 后来, Hammerstein 模型非线性部分扩展为一个已知基 (known basis) $(f_1,f_2,\cdots,f_m)$ 的非线性函数:

$$\begin{aligned}\bar{u}(t)&=f(u(t))=\gamma_1 f_1(u(t))+\gamma_2 f_2(u(t))+\cdots+\gamma_m f_m(u(t))\\&=\boldsymbol{f}(u(t))\boldsymbol{\gamma},\end{aligned} \tag{4.6.1}$$

其中 $\boldsymbol{\gamma}:=[\gamma_1,\ \gamma_2,\ \cdots,\ \gamma_m]^{\mathrm{T}}\in\mathbb{R}^m$ 是非线性部分的参数向量, $\boldsymbol{f}(u(t)):=[f_1(u(t)),\ f_2(u(t)),\ \cdots,\ f_m(u(t))]\in\mathbb{R}^{1\times m}$ 是基函数构成的行向量.

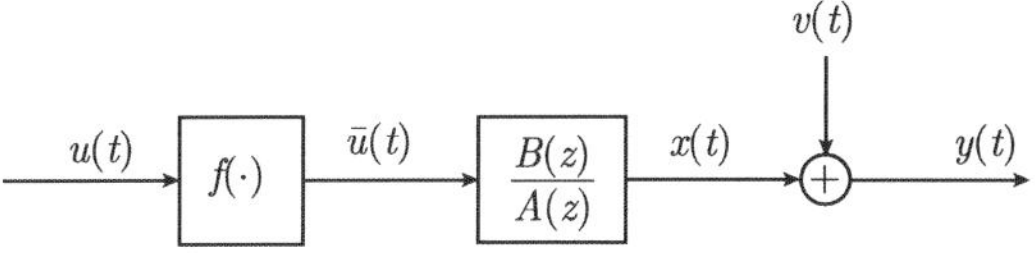

图 4.6.1 输入非线性输出误差系统 (IN-OE)

这个 Hammerstein 模型线性部分是一个输出误差子系统, 其传递函数为

$$G(z):=\frac{B(z)}{A(z)}, \tag{4.6.2}$$

其中 $A(z)$ 和 $B(z)$ 是后移算子 z^{-1} 的多项式:

$$A(z):=1+a_1z^{-1}+a_2z^{-2}+\cdots+a_nz^{-n},$$

$$B(z) := b_0 + b_1 z^{-1} + b_2 z^{-2} + \cdots + b_n z^{-n}.$$

因此, 线性部分可以表示为

$$\begin{aligned} y(t) &= x(t) + v(t), \\ x(t) &= \frac{B(z)}{A(z)}\bar{u}(t). \end{aligned} \tag{4.6.3}$$

为了获得唯一的参数估计, 固定 $b_0 = 1$. 上式可以写为

$$\begin{aligned} x(t) &= [1 - A(z)]x(t) + [B(z) - 1]\bar{u}(t) + \bar{u}(t) \\ &= -\sum_{i=1}^{n} a_i x(t-i) + \sum_{i=1}^{n} b_i \bar{u}(t-i) + \boldsymbol{f}(u(t))\boldsymbol{\gamma}, \end{aligned} \tag{4.6.4}$$

其中参数向量 $\boldsymbol{\vartheta}$ 和信息向量 $\boldsymbol{\varphi}(t)$ 定义如下,

$$\boldsymbol{\vartheta} := \begin{bmatrix} \boldsymbol{a} \\ \boldsymbol{b} \\ \boldsymbol{\gamma} \end{bmatrix} \in \mathbb{R}^{2n+m}, \quad \boldsymbol{a} := \begin{bmatrix} a_1 \\ a_2 \\ \vdots \\ a_n \end{bmatrix} \in \mathbb{R}^{n}, \quad \boldsymbol{b} := \begin{bmatrix} b_1 \\ b_2 \\ \vdots \\ b_n \end{bmatrix} \in \mathbb{R}^{n}, \quad \boldsymbol{\gamma} := \begin{bmatrix} \gamma_1 \\ \gamma_2 \\ \vdots \\ \gamma_m \end{bmatrix} \in \mathbb{R}^{m},$$

$$\boldsymbol{\varphi}(t) := [-x(t-1), -x(t-2), \cdots, -x(t-n), \bar{u}(t-1), \bar{u}(t-2), \cdots, \bar{u}(t-n), \boldsymbol{f}(u(t))]^{\mathrm{T}} \in \mathbb{R}^{2n+m}.$$

将式 (4.6.4) 代入式 (4.6.3) 得到辨识模型

$$\begin{aligned} y(t) &= [1 - A(z)]x(t) + [B(z) - 1]\bar{u}(t) + \bar{u}(t) + v(t) \\ &= -\sum_{i=1}^{n} a_i x(t-i) + \sum_{i=1}^{n} b_i \bar{u}(t-i) + \boldsymbol{f}(u(t))\boldsymbol{\gamma} + v(t) \\ &= \boldsymbol{\varphi}^{\mathrm{T}}(t)\boldsymbol{\vartheta} + v(t). \end{aligned} \tag{4.6.5}$$

对于辨识模型 (4.6.5), 极小化 **准则函数**

$$J_6(\boldsymbol{\vartheta}) := \sum_{j=1}^{t} [y(j) - \boldsymbol{\varphi}^{\mathrm{T}}(j)\boldsymbol{\vartheta}]^2$$

可得下列递推最小二乘算法:

$$\hat{\boldsymbol{\vartheta}}(t) = \hat{\boldsymbol{\vartheta}}(t-1) + \boldsymbol{L}(t)[y(t) - \boldsymbol{\varphi}^{\mathrm{T}}(t)\hat{\boldsymbol{\vartheta}}(t-1)], \tag{4.6.6}$$

$$\boldsymbol{L}(t) = \frac{\boldsymbol{P}(t-1)\boldsymbol{\varphi}(t)}{1 + \boldsymbol{\varphi}^{\mathrm{T}}(t)\boldsymbol{P}(t-1)\boldsymbol{\varphi}(t)}, \tag{4.6.7}$$

$$\boldsymbol{P}(t) = [\boldsymbol{I} - \boldsymbol{L}(t)\boldsymbol{\varphi}^{\mathrm{T}}(t)]\boldsymbol{P}(t-1), \ \boldsymbol{P}(0) = p_0 \boldsymbol{I}. \tag{4.6.8}$$

类似地, 这个算法不能实现, 因为信息向量 $\boldsymbol{\varphi}(t)$ 中包含了系统未知真实输出 $x(t-i)$ 和未知中间变量 $\bar{u}(t-i)$, 解决的办法是它们分别用辅助模型的输出代替 $\hat{x}(t-i)$ 和 $\hat{\bar{u}}(t)$ 代替. 分别用两个辅助模型的输出 $\hat{x}(t-i)$ 和 $\hat{\bar{u}}(t-i)$ 代替式 (4.6.5) 信息向量 $\boldsymbol{\varphi}(t)$ 中的未知项 $x(t-i)$ 和 $\bar{u}(t-i)$, 代替后的信息向量记作为

$$\hat{\boldsymbol{\varphi}}(t) := [-\hat{x}(t-1), -\hat{x}(t-2), \cdots, -\hat{x}(t-n), \hat{\bar{u}}(t-1), \hat{\bar{u}}(t-2), \cdots, \hat{\bar{u}}(t-n), \boldsymbol{f}(u(t))]^{\mathrm{T}} \in \mathbb{R}^{2n+m}.$$

设 $\boldsymbol{\vartheta}$ 在时刻 t 的估计为

$$\hat{\boldsymbol{\vartheta}}(t):=\begin{bmatrix}\hat{\boldsymbol{a}}(t)\\ \hat{\boldsymbol{b}}(t)\\ \hat{\boldsymbol{\gamma}}(t)\end{bmatrix}\in\mathbb{R}^{2n+m},\quad \hat{\boldsymbol{a}}(t):=\begin{bmatrix}\hat{a}_1(t)\\ \hat{a}_2(t)\\ \vdots\\ \hat{a}_n(t)\end{bmatrix}\in\mathbb{R}^{n},$$

$$\hat{\boldsymbol{b}}(t):=\begin{bmatrix}\hat{b}_1(t)\\ \hat{b}_2(t)\\ \vdots\\ \hat{b}_n(t)\end{bmatrix}\in\mathbb{R}^{n},\quad \hat{\boldsymbol{\gamma}}(t):=\begin{bmatrix}\hat{\gamma}_1(t)\\ \hat{\gamma}_2(t)\\ \vdots\\ \hat{\gamma}_m(t)\end{bmatrix}\in\mathbb{R}^{m}.$$

用 $\hat{\boldsymbol{\varphi}}(t)$ 和 $\hat{\boldsymbol{\vartheta}}(t)$ 代替式 (4.6.4) 中的 $\boldsymbol{\varphi}(t)$ 和 $\boldsymbol{\vartheta}$, 那么计算真实输出的辅助模型可以表示为

$$\hat{x}(t)=\hat{\boldsymbol{\varphi}}^{\mathrm{T}}(t)\hat{\boldsymbol{\vartheta}}(t).$$

用 $\hat{\gamma}_i(t)$ 代替式 (4.6.1) 中参数 γ_i, 那么计算非线性环节输出 $\bar{u}(t)$ 的辅助模型为

$$\begin{aligned}\hat{\bar{u}}(t)&=\hat{\gamma}_1(t)f_1(u(t))+\hat{\gamma}_2(t)f_2(u(t))+\cdots+\hat{\gamma}_m(t)f_m(u(t))\\&=\sum_{j=1}^{m}\hat{\gamma}_j(t)f_j(u(t))\\&=\boldsymbol{f}(u(t))\hat{\boldsymbol{\gamma}}(t).\end{aligned}$$

用 $\hat{\boldsymbol{\varphi}}(t)$ 代替式 (4.6.6)~(4.6.8) 中未知 $\boldsymbol{\varphi}(t)$, 我们可以总结出估计输入非线性输出误差系统参数向量 $\boldsymbol{\vartheta}$ 的 **辅助模型递推最小二乘算法 (AM-RLS 算法)**:

$$\hat{\boldsymbol{\vartheta}}(t)=\hat{\boldsymbol{\vartheta}}(t-1)+\boldsymbol{L}(t)[y(t)-\hat{\boldsymbol{\varphi}}^{\mathrm{T}}(t)\hat{\boldsymbol{\vartheta}}(t-1)],\tag{4.6.9}$$

$$\boldsymbol{L}(t)=\boldsymbol{P}(t-1)\hat{\boldsymbol{\varphi}}(t)[1+\hat{\boldsymbol{\varphi}}^{\mathrm{T}}(t)\boldsymbol{P}(t-1)\hat{\boldsymbol{\varphi}}(t)]^{-1},\tag{4.6.10}$$

$$\boldsymbol{P}(t)=[\boldsymbol{I}-\boldsymbol{L}(t)\hat{\boldsymbol{\varphi}}^{\mathrm{T}}(t)]\boldsymbol{P}(t-1),\ \boldsymbol{P}(0)=p_0\boldsymbol{I},\tag{4.6.11}$$

$$\hat{\boldsymbol{\varphi}}(t)=[-\hat{x}(t-1),-\hat{x}(t-2),\cdots,-\hat{x}(t-n),\hat{\bar{u}}(t-1),\hat{\bar{u}}(t-2),\cdots,\hat{\bar{u}}(t-n),\boldsymbol{f}(u(t))]^{\mathrm{T}},\tag{4.6.12}$$

$$\hat{x}(t)=\hat{\boldsymbol{\varphi}}^{\mathrm{T}}(t)\hat{\boldsymbol{\vartheta}}(t),\tag{4.6.13}$$

$$\hat{\bar{u}}(t)=\boldsymbol{f}(u(t))\hat{\boldsymbol{\gamma}}(t),\tag{4.6.14}$$

$$\boldsymbol{f}(u(t))=[f_1(u(t)),f_2(u(t)),\cdots,f_m(u(t))],\tag{4.6.15}$$

$$\hat{\boldsymbol{\vartheta}}(t)=[\hat{\boldsymbol{a}}^{\mathrm{T}}(t),\hat{\boldsymbol{b}}^{\mathrm{T}}(t),\hat{\boldsymbol{\gamma}}^{\mathrm{T}}(t)]^{\mathrm{T}}.\tag{4.6.16}$$

这个 IN-OE 系统辅助模型最小二乘算法的收敛性有待研究.

输入非线性输出误差系统 AM-RLS 算法 (4.6.9)~(4.6.16) 的计算步骤如下.

(1) 初始化: 令 $t=1$. 置初值 $\boldsymbol{P}(0)=p_0\boldsymbol{I}$, $\hat{\boldsymbol{\vartheta}}(0)=\mathbf{1}/p_0$, $p_0=10^6$, $\hat{x}(-i)=1/p_0$, $\hat{\bar{u}}(-i)=1/p_0$, $i=0,1,2,\cdots,n-1$. 给定基函数 $f_j(\cdot)$.

(2) 收集数据 $u(t)$ 和 $y(t)$, 用式 (4.6.15) 构造基函数行向量 $\boldsymbol{f}(u(t))$, 用式 (4.6.12) 构造信息向量 $\hat{\boldsymbol{\varphi}}(t)$.

(3) 用式 (4.6.10) 计算增益向量 $\boldsymbol{L}(t)$, 用式 (4.6.11) 计算协方差阵 $\boldsymbol{P}(t)$.

(4) 用式 (4.6.9) 刷新参数估计向量 $\hat{\boldsymbol{\vartheta}}(t)$.

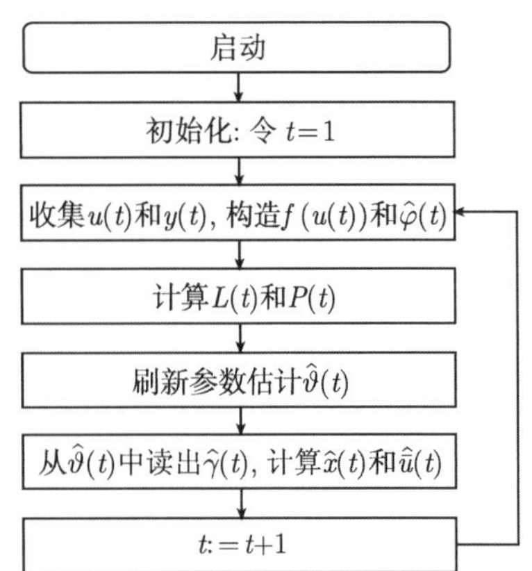

图 4.6.2　计算输入非线性输出误差系统 AM-RLS 参数估计 $\hat{\boldsymbol{\vartheta}}(t)$ 的流程图

(5) 根据式 (4.6.15), 从 $\hat{\boldsymbol{\vartheta}}(t)$ 中读出 $\hat{\gamma}(t)$, 用式 (4.6.13) 计算辅助模型输出 $\hat{x}(t)$, 用式 (4.6.14) 计算辅助模型输出 $\hat{u}(t)$.

(6) t 增 1, 转步骤 2, 继续递推计算.

输入非线性输出误差系统 AM-RLS 算法计算参数估计 $\hat{\boldsymbol{\vartheta}}(t)$ 的 **流程图** 如图 4.6.2 所示.

丁锋等利用过参数化方法, 提出了 IN-OE 系统的辅助模型递推最小二乘算法, 并研究了提出算法的收敛性[48].

4.6.2　输入非线性输出误差滑动平均系统

输入非线性输出误差滑动平均系统 (Input Nonlinear OEMA system, IN-OEMA) 结构如图 4.6.3 所示, 其非线性部分方程为

$$\begin{aligned}\bar{u}(t)&=f(u(t))=\gamma_1f_1(u(t))+\gamma_2f_2(u(t))+\cdots+\gamma_mf_m(u(t))\\&=\boldsymbol{f}(u(t))\boldsymbol{\gamma},\end{aligned}\tag{4.6.17}$$

其中 $\boldsymbol{f}(u(t)):=[f_1(u(t)),f_2(u(t)),\cdots,f_m(u(t))]\in\mathbb{R}^{1\times m}$ 是基函数构成的行向量, $\boldsymbol{\gamma}:=[\gamma_1,\ \gamma_2,\ \cdots,\ \gamma_m]^{\mathrm{T}}\in\mathbb{R}^m$ 是非线性部分的参数向量. 线性部分的方程为

$$y(t)=\frac{B(z)}{A(z)}\bar{u}(t)+D(z)v(t),\tag{4.6.18}$$

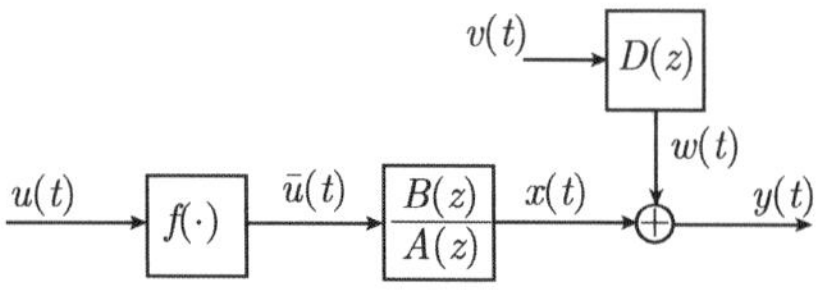

图 4.6.3　输入非线性输出误差滑动平均系统 (IN-OEMA)

其中 $A(z)$, $B(z)$ 和 $D(z)$ 是后移算子 z^{-1} 的多项式:

$$\begin{aligned}A(z)&:=1+a_1z^{-1}+a_2z^{-2}+\cdots+a_nz^{-n},\\B(z)&:=1+b_1z^{-1}+b_2z^{-2}+\cdots+b_nz^{-n},\\D(z)&:=1+d_1z^{-1}+d_2z^{-2}+\cdots+d_{n_d}z^{-n_d}.\end{aligned}$$

同样, 我们直接假定了多项式 $B(z)$ 的首项 $b_0=1$. 定义未知真实输出,

$$x(t):=\frac{B(z)}{A(z)}\bar{u}(t).\tag{4.6.19}$$

定义参数向量 $\boldsymbol{\vartheta}$ 和信息向量 $\boldsymbol{\varphi}(t)$ 如下,

$$\boldsymbol{\vartheta}:=\begin{bmatrix}\boldsymbol{a}\\\boldsymbol{b}\\\boldsymbol{\gamma}\\\boldsymbol{d}\end{bmatrix}\in\mathbb{R}^{2n+m+n_d},\ \boldsymbol{a}:=\begin{bmatrix}a_1\\a_2\\\vdots\\a_n\end{bmatrix}\in\mathbb{R}^n,\ \boldsymbol{b}:=\begin{bmatrix}b_1\\b_2\\\vdots\\b_n\end{bmatrix}\in\mathbb{R}^n,\ \boldsymbol{d}:=\begin{bmatrix}d_1\\d_2\\\vdots\\d_{n_d}\end{bmatrix}\in\mathbb{R}^{n_d},$$

$$\begin{aligned}\boldsymbol{\varphi}(t):=[&-x(t-1),-x(t-2),\cdots,-x(t-n),\bar{u}(t-1),\bar{u}(t-2),\cdots,\bar{u}(t-n),\boldsymbol{f}(u(t)),\\&v(t-1),v(t-2),\cdots,v(t-n_d)]^{\mathrm{T}}\in\mathbb{R}^{2n+m+n_d}.\end{aligned}$$

式 (4.6.19) 可以写为

$$\begin{aligned}x(t)&=[1-A(z)]x(t)+[B(z)-1]\bar{u}(t)+\bar{u}(t)\\&=-\sum_{i=1}^{n}a_ix(t-i)+\sum_{i=1}^{n}b_i\bar{u}(t-i)+\boldsymbol{f}(u(t))\boldsymbol{\gamma}.\end{aligned}\tag{4.6.20}$$

将式 (4.6.19) 代入式 (4.6.18), 利用式 (4.6.20) 得到辨识模型,

$$\begin{aligned}y(t)&=x(t)+[D(z)-1]v(t)+v(t)\\&=-\sum_{i=1}^{n}a_ix(t-i)+\sum_{i=1}^{n}b_i\bar{u}(t-i)+\boldsymbol{f}(u(t))\boldsymbol{\gamma}+\sum_{i=1}^{n}d_iv(t-i)+v(t)\\&=\boldsymbol{\varphi}^{\mathrm{T}}(t)\boldsymbol{\vartheta}+v(t).\end{aligned}\tag{4.6.21}$$

信息向量 $\boldsymbol{\varphi}(t)$ 中未知真实输出 $x(t-i)$ 用辅助模型 (4.6.27) 输出 $\hat{x}(t-i)$ 代替, 未知中间变量 $\bar{u}(t-i)$ 用辅助模型 (4.6.28) 的输出 $\hat{\bar{u}}(t-i)$ 代替, 未知噪声项 $v(t-i)$ 用式 (4.6.29) 中估计 **残差** (residual) $\hat{v}(t-i)$ 代替, 我们可以得到估计 IN-OEMA 系统参数向量 $\boldsymbol{\vartheta}$ 的 **辅助模型递推增广最小二乘算法** (**AM-RELS 算法**):

$$\hat{\boldsymbol{\vartheta}}(t)=\hat{\boldsymbol{\vartheta}}(t-1)+\boldsymbol{L}(t)[y(t)-\hat{\boldsymbol{\varphi}}^{\mathrm{T}}(t)\hat{\boldsymbol{\vartheta}}(t-1)],\tag{4.6.22}$$

$$\boldsymbol{L}(t)=\boldsymbol{P}(t-1)\hat{\boldsymbol{\varphi}}(t)[1+\hat{\boldsymbol{\varphi}}^{\mathrm{T}}(t)\boldsymbol{P}(t-1)\hat{\boldsymbol{\varphi}}(t)]^{-1},\tag{4.6.23}$$

$$\boldsymbol{P}(t)=[\boldsymbol{I}-\boldsymbol{L}(t)\hat{\boldsymbol{\varphi}}^{\mathrm{T}}(t)]\boldsymbol{P}(t-1),\ \ \boldsymbol{P}(0)=p_0\boldsymbol{I},\tag{4.6.24}$$

$$\hat{\boldsymbol{\varphi}}(t)=[\hat{\boldsymbol{\varphi}}_{\mathrm{s}}^{\mathrm{T}}(t),\hat{v}(t-1),\hat{v}(t-2),\cdots,\hat{v}(t-n_d)]^{\mathrm{T}},\tag{4.6.25}$$

$$\hat{\boldsymbol{\varphi}}_{\mathrm{s}}(t)=[-\hat{x}(t-1),-\hat{x}(t-2),\cdots,-\hat{x}(t-n),\hat{\bar{u}}(t-1),\hat{\bar{u}}(t-2),\cdots,\hat{\bar{u}}(t-n),\boldsymbol{f}(u(t))]^{\mathrm{T}},\tag{4.6.26}$$

$$\hat{x}(t)=\hat{\boldsymbol{\varphi}}_{\mathrm{s}}^{\mathrm{T}}(t)[\hat{\boldsymbol{a}}^{\mathrm{T}}(t),\hat{\boldsymbol{b}}^{\mathrm{T}}(t),\hat{\boldsymbol{\gamma}}^{\mathrm{T}}(t)]^{\mathrm{T}},\tag{4.6.27}$$

$$\hat{\bar{u}}(t)=\boldsymbol{f}(u(t))\hat{\boldsymbol{\gamma}}(t),\tag{4.6.28}$$

$$\hat{v}(t)=y(t)-\hat{\boldsymbol{\varphi}}^{\mathrm{T}}(t)\hat{\boldsymbol{\vartheta}}(t),\tag{4.6.29}$$

$$\boldsymbol{f}(u(t))=[f_1(u(t)),f_2(u(t)),\cdots,f_m(u(t))],\tag{4.6.30}$$

$$\hat{\boldsymbol{\vartheta}}(t)=[\hat{\boldsymbol{a}}^{\mathrm{T}}(t),\hat{\boldsymbol{b}}^{\mathrm{T}}(t),\hat{\boldsymbol{\gamma}}^{\mathrm{T}}(t),\hat{\boldsymbol{d}}^{\mathrm{T}}(t)]^{\mathrm{T}}.\tag{4.6.31}$$

王冬青等提出了 IN-OEMA 系统的辅助模型增广最小二乘辨识算法和多新息增广最小二乘算法[172]. 陈晶等提出了多变量 IN-OEMA 系统的辅助模型多新息增广随机梯度辨识算法[185].

4.6.3 输入非线性输出误差自回归系统

输入非线性输出误差自回归系统 (Input Nonlinear OEAR system, IN-OEAR) 结构如图 4.6.4 所示, 其非线性部分方程为

$$\begin{aligned}\bar{u}(t)&=f(u(t))=\gamma_1f_1(u(t))+\gamma_2f_2(u(t))+\cdots+\gamma_mf_m(u(t))\\&=\boldsymbol{f}(u(t))\boldsymbol{\gamma},\end{aligned}\tag{4.6.32}$$

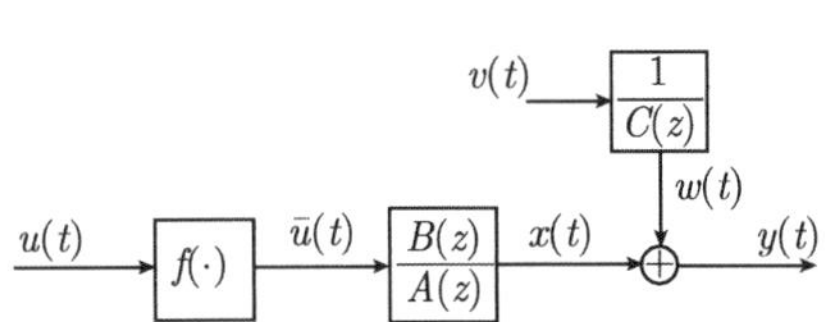

图 4.6.4　输入非线性输出误差自回归系统 (IN-OEAR)

其中 $\boldsymbol{f}(u(t)) := [f_1(u(t)), f_2(u(t)), \cdots, f_m(u(t))] \in \mathbb{R}^{1\times m}$ 是基函数构成的行向量, $\boldsymbol{\gamma} := [\gamma_1, \gamma_2, \cdots, \gamma_m]^{\mathrm{T}} \in \mathbb{R}^m$ 是非线性部分的参数向量. 线性部分的方程为

$$y(t) = \frac{B(z)}{A(z)}\bar{u}(t) + \frac{1}{C(z)}v(t), \tag{4.6.33}$$

其中 $A(z)$, $B(z)$ 和 $C(z)$ 是后移算子 z^{-1} 的多项式:

$$\begin{aligned}
A(z) &:= 1 + a_1z^{-1} + a_2z^{-2} + \cdots + a_nz^{-n},\\
B(z) &:= 1 + b_1z^{-1} + b_2z^{-2} + \cdots + b_nz^{-n},\\
C(z) &:= 1 + c_1z^{-1} + c_2z^{-2} + \cdots + c_{n_c}z^{-n_c}.
\end{aligned}$$

同样, 我们直接假定了多项式 $B(z)$ 的首项 $b_0 = 1$. 定义未知真实输出 $x(t)$ 和中间相关噪声变量 $w(t)$ 如下,

$$x(t) := \frac{B(z)}{A(z)}\bar{u}(t), \tag{4.6.34}$$

$$w(t) := \frac{1}{C(z)}v(t), \tag{4.6.35}$$

定义参数向量 $\boldsymbol{\vartheta}$ 和信息向量 $\boldsymbol{\varphi}(t)$ 如下,

$$\boldsymbol{\vartheta} := \begin{bmatrix}\boldsymbol{a}\\ \boldsymbol{b}\\ \boldsymbol{\gamma}\\ \boldsymbol{c}\end{bmatrix} \in \mathbb{R}^{2n+m+n_c}, \quad \boldsymbol{a} := \begin{bmatrix}a_1\\ a_2\\ \vdots\\ a_n\end{bmatrix} \in \mathbb{R}^n, \quad \boldsymbol{b} := \begin{bmatrix}b_1\\ b_2\\ \vdots\\ b_n\end{bmatrix} \in \mathbb{R}^n, \quad \boldsymbol{c} := \begin{bmatrix}c_1\\ c_2\\ \vdots\\ c_{n_c}\end{bmatrix} \in \mathbb{R}^{n_c},$$

$$\begin{aligned}
\boldsymbol{\varphi}(t) := [&-x(t-1), -x(t-2), \cdots, -x(t-n), \bar{u}(t-1), \bar{u}(t-2), \cdots, \bar{u}(t-n), \boldsymbol{f}(u(t)),\\
&-w(t-1), -w(t-2), \cdots, -w(t-n_c)]^{\mathrm{T}} \in \mathbb{R}^{2n+m+n_c}.
\end{aligned}$$

式 (4.6.34)、(4.6.35) 可以写为

$$\begin{aligned}
x(t) &= [1 - A(z)]x(t) + [B(z) - 1]\bar{u}(t) + \bar{u}(t)\\
&= -\sum_{i=1}^{n} a_ix(t-i) + \sum_{i=1}^{n} b_i\bar{u}(t-i) + \boldsymbol{f}(u(t))\boldsymbol{\gamma}, \qquad (4.6.36)\\
w(t) &= [1 - C(z)]w(t) + v(t)\\
&= -\sum_{i=1}^{n_c} c_iw(t-i) + v(t). \qquad (4.6.37)
\end{aligned}$$

将式 (4.6.34)、(4.6.35) 代入式 (4.6.33), 利用式 (4.6.36)、(4.6.37) 可得辨识模型,

$$\begin{aligned}
y(t) &= x(t) + w(t)\\
&= -\sum_{i=1}^{n} a_ix(t-i) + \sum_{i=1}^{n} b_i\bar{u}(t-i) + \boldsymbol{f}(u(t))\boldsymbol{\gamma} - \sum_{i=1}^{n_c} c_iw(t-i) + v(t)\\
&= \boldsymbol{\varphi}^{\mathrm{T}}(t)\boldsymbol{\vartheta} + v(t). \qquad (4.6.38)
\end{aligned}$$

信息向量 $\boldsymbol{\varphi}(t)$ 中未知真实输出项 $x(t-i)$ 用辅助模型 (4.6.44) 输出 $\hat{x}(t-i)$ 代替, 未知中间变量 $\bar{u}(t-i)$ 用辅助模型 (4.6.45) 输出 $\hat{\bar{u}}(t-i)$ 代替, 未知相关噪声项 $w(t-i)$ 用式 (4.6.46) 的估计 $\hat{w}(t-i)$ 代替, 我们可以得到估计 IN-OEAR 系统参数向量 $\boldsymbol{\vartheta}$ 的 **辅助模型递推广义最小二乘算法 (AM-RGLS 算法)**:

$$\hat{\boldsymbol{\vartheta}}(t)=\hat{\boldsymbol{\vartheta}}(t-1)+\boldsymbol{L}(t)[y(t)-\hat{\boldsymbol{\varphi}}^{\mathrm{T}}(t)\hat{\boldsymbol{\vartheta}}(t-1)], \tag{4.6.39}$$

$$\boldsymbol{L}(t)=\boldsymbol{P}(t-1)\hat{\boldsymbol{\varphi}}(t)[1+\hat{\boldsymbol{\varphi}}^{\mathrm{T}}(t)\boldsymbol{P}(t-1)\hat{\boldsymbol{\varphi}}(t)]^{-1}, \tag{4.6.40}$$

$$\boldsymbol{P}(t)=[\boldsymbol{I}-\boldsymbol{L}(t)\hat{\boldsymbol{\varphi}}^{\mathrm{T}}(t)]\boldsymbol{P}(t-1),\ \ \boldsymbol{P}(0)=p_0\boldsymbol{I}, \tag{4.6.41}$$

$$\hat{\boldsymbol{\varphi}}(t)=[\hat{\boldsymbol{\varphi}}_{\mathrm{s}}^{\mathrm{T}}(t),-\hat{w}(t-1),-\hat{w}(t-2),\cdots,-\hat{w}(t-n_c)]^{\mathrm{T}}, \tag{4.6.42}$$

$$\hat{\boldsymbol{\varphi}}_{\mathrm{s}}(t)=[-\hat{x}(t-1),-\hat{x}(t-2),\cdots,-\hat{x}(t-n),\hat{\bar{u}}(t-1),\hat{\bar{u}}(t-2),\cdots,\hat{\bar{u}}(t-n),\boldsymbol{f}(u(t))]^{\mathrm{T}}, \tag{4.6.43}$$

$$\hat{x}(t)=\hat{\boldsymbol{\varphi}}_{\mathrm{s}}^{\mathrm{T}}(t)[\hat{\boldsymbol{a}}^{\mathrm{T}}(t),\hat{\boldsymbol{b}}^{\mathrm{T}}(t),\hat{\boldsymbol{\gamma}}^{\mathrm{T}}(t)]^{\mathrm{T}}, \tag{4.6.44}$$

$$\hat{\bar{u}}(t)=\boldsymbol{f}(u(t))\hat{\boldsymbol{\gamma}}(t), \tag{4.6.45}$$

$$\hat{w}(t)=y(t)-\hat{x}(t), \tag{4.6.46}$$

$$\boldsymbol{f}(u(t))=[f_1(u(t)),f_2(u(t)),\cdots,f_m(u(t))], \tag{4.6.47}$$

$$\hat{\boldsymbol{\vartheta}}(t)=[\hat{\boldsymbol{a}}^{\mathrm{T}}(t),\hat{\boldsymbol{b}}^{\mathrm{T}}(t),\hat{\boldsymbol{\gamma}}^{\mathrm{T}}(t),\hat{\boldsymbol{c}}^{\mathrm{T}}(t)]^{\mathrm{T}}. \tag{4.6.48}$$

4.6.4 输入非线性 Box-Jenkins 系统

输入非线性 Box-Jenkins 系统 (Input Nonlinear Box-Jenkins system, IN-BJ) 结构如图 4.6.5 所示, 其非线性部分方程为

$$\begin{aligned}\bar{u}(t)&=f(u(t))=\gamma_1f_1(u(t))+\gamma_2f_2(u(t))+\cdots+\gamma_mf_m(u(t))\\&=\boldsymbol{f}(u(t))\boldsymbol{\gamma},\end{aligned} \tag{4.6.49}$$

其中 $\boldsymbol{f}(u(t)):=[f_1(u(t)),f_2(u(t)),\cdots,f_m(u(t))]\in\mathbb{R}^{1\times m}$ 是基函数构成的行向量, $\boldsymbol{\gamma}:=[\gamma_1,\ \gamma_2,\ \cdots,\ \gamma_m]^{\mathrm{T}}\in\mathbb{R}^m$ 是非线性部分的参数向量. 线性部分的方程为

$$y(t)=\frac{B(z)}{A(z)}\bar{u}(t)+\frac{D(z)}{C(z)}v(t), \tag{4.6.50}$$

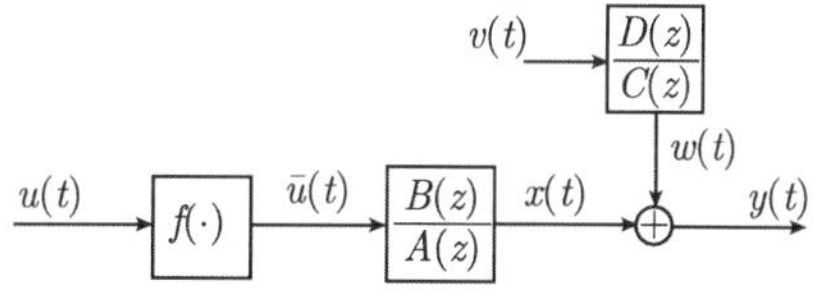

图 4.6.5 输入非线性 Box-Jenkins 系统 (IN-BJ)

其中 $A(z)$, $B(z)$, $D(z)$ 和 $C(z)$ 是后移算子 z^{-1} 的多项式:

$$\begin{aligned}A(z)&:=1+a_1z^{-1}+a_2z^{-2}+\cdots+a_nz^{-n},\\B(z)&:=1+b_1z^{-1}+b_2z^{-2}+\cdots+b_nz^{-n},\\C(z)&:=1+c_1z^{-1}+c_2z^{-2}+\cdots+c_{n_c}z^{-n_c},\\D(z)&:=1+d_1z^{-1}+d_2z^{-2}+\cdots+d_{n_d}z^{-n_d}.\end{aligned}$$

定义未知真实输出 $x(t)$ 和中间相关噪声变量 $w(t)$ 如下,

$$x(t) := \frac{B(z)}{A(z)}\bar{u}(t), \tag{4.6.51}$$

$$w(t) := \frac{D(z)}{C(z)}v(t), \tag{4.6.52}$$

定义参数向量 $\boldsymbol{\vartheta}$ 和信息向量 $\boldsymbol{\varphi}(t)$ 如下,

$$\boldsymbol{\vartheta} := \begin{bmatrix} \boldsymbol{a} \\ \boldsymbol{b} \\ \boldsymbol{\gamma} \\ \boldsymbol{c} \\ \boldsymbol{d} \end{bmatrix} \in \mathbb{R}^{2n+m+n_c+n_d}, \quad \boldsymbol{a} := \begin{bmatrix} a_1 \\ a_2 \\ \vdots \\ a_n \end{bmatrix} \in \mathbb{R}^n, \quad \boldsymbol{b} := \begin{bmatrix} b_1 \\ b_2 \\ \vdots \\ b_n \end{bmatrix} \in \mathbb{R}^n,$$

$$\boldsymbol{c} := \begin{bmatrix} c_1 \\ c_2 \\ \vdots \\ c_{n_c} \end{bmatrix} \in \mathbb{R}^{n_c}, \quad \boldsymbol{d} := \begin{bmatrix} d_1 \\ d_2 \\ \vdots \\ d_{n_d} \end{bmatrix} \in \mathbb{R}^{n_d},$$

$$\begin{aligned}\boldsymbol{\varphi}(t) := [&-x(t-1), -x(t-2), \cdots, -x(t-n), \bar{u}(t-1), \bar{u}(t-2), \cdots, \bar{u}(t-n), \boldsymbol{f}(u(t)), \\ &-w(t-1), -w(t-2), \cdots, -w(t-n_c), v(t-1), v(t-2), \cdots, v(t-n_d)]^{\mathrm{T}} \in \mathbb{R}^{2n+m+n_c+n_d}.\end{aligned}$$

式 (4.6.51)、(4.6.52) 可以写为

$$\begin{aligned} x(t) &= [1 - A(z)]x(t) + [B(z) - 1]\bar{u}(t) + \bar{u}(t) \\ &= -\sum_{i=1}^{n} a_i x(t-i) + \sum_{i=1}^{n} b_i \bar{u}(t-i) + \boldsymbol{f}(u(t))\boldsymbol{\gamma}, \end{aligned} \tag{4.6.53}$$

$$\begin{aligned} w(t) &= [1 - C(z)]w(t) + [D(z) - 1]v(t) + v(t) \\ &= -\sum_{i=1}^{n_c} c_i w(t-i) + \sum_{i=1}^{n_d} d_i v(t-i) + v(t). \end{aligned} \tag{4.6.54}$$

将式 (4.6.51)、(4.6.52) 代入式 (4.6.50), 利用式 (4.6.53)、(4.6.54) 可得辨识模型,

$$\begin{aligned} y(t) &= x(t) + w(t) \\ &= -\sum_{i=1}^{n} a_i x(t-i) + \sum_{i=1}^{n} b_i \bar{u}(t-i) + \boldsymbol{f}(u(t))\boldsymbol{\gamma} - \sum_{i=1}^{n_c} c_i w(t-i) + \sum_{i=1}^{n_d} d_i v(t-i) + v(t) \\ &= \boldsymbol{\varphi}^{\mathrm{T}}(t)\boldsymbol{\vartheta} + v(t). \end{aligned} \tag{4.6.55}$$

信息向量 $\boldsymbol{\varphi}(t)$ 中未知真实输出项 $x(t-i)$ 用辅助模型 (4.6.61) 输出 $\hat{x}(t-i)$ 代替, 未知中间变量 $\bar{u}(t-i)$ 用辅助模型 (4.6.62) 的输出 $\hat{u}(t-i)$ 代替, 未知相关噪声项 $w(t-i)$ 用式 (4.6.63) 的估计 $\hat{w}(t-i)$ 代替, 未知噪声项 $v(t-i)$ 用式 (4.6.64) 中估计残差 $\hat{v}(t-i)$ 代替, 我们可以得到估计 IN-BJ 系统参数向量 $\boldsymbol{\vartheta}$ 的 **辅助模型递推广义增广最小二乘算法** (**AM-RGELS 算法**):

$$\hat{\boldsymbol{\vartheta}}(t) = \hat{\boldsymbol{\vartheta}}(t-1) + \boldsymbol{L}(t)[y(t) - \hat{\boldsymbol{\varphi}}^{\mathrm{T}}(t)\hat{\boldsymbol{\vartheta}}(t-1)], \tag{4.6.56}$$

$$\boldsymbol{L}(t) = \boldsymbol{P}(t-1)\hat{\boldsymbol{\varphi}}(t)[1 + \hat{\boldsymbol{\varphi}}^{\mathrm{T}}(t)\boldsymbol{P}(t-1)\hat{\boldsymbol{\varphi}}(t)]^{-1}, \tag{4.6.57}$$

$$\boldsymbol{P}(t) = [\boldsymbol{I} - \boldsymbol{L}(t)\hat{\boldsymbol{\varphi}}^{\mathrm{T}}(t)]\boldsymbol{P}(t-1), \ \boldsymbol{P}(0) = p_0\boldsymbol{I}, \tag{4.6.58}$$

$$\hat{\boldsymbol{\varphi}}(t) = [\hat{\boldsymbol{\varphi}}_{\mathrm{s}}^{\mathrm{T}}(t), -\hat{w}(t-1), -\hat{w}(t-2), \cdots, -\hat{w}(t-n_c), \hat{v}(t-1), \hat{v}(t-2), \cdots, \hat{v}(t-n_d)]^{\mathrm{T}}, \tag{4.6.59}$$

$$\hat{\boldsymbol{\varphi}}_{\rm s}(t)=[-\hat{x}(t-1),-\hat{x}(t-2),\cdots,-\hat{x}(t-n),\hat{\bar{u}}(t-1),\hat{\bar{u}}(t-2),\cdots,\hat{\bar{u}}(t-n),\boldsymbol{f}(u(t))]^{\rm T}, \tag{4.6.60}$$

$$\hat{x}(t)=\hat{\boldsymbol{\varphi}}_{\rm s}^{\rm T}(t)[\hat{\boldsymbol{a}}^{\rm T}(t),\hat{\boldsymbol{b}}^{\rm T}(t),\hat{\boldsymbol{\gamma}}^{\rm T}(t)]^{\rm T}, \tag{4.6.61}$$

$$\hat{\bar{u}}(t)=\boldsymbol{f}(u(t))\hat{\boldsymbol{\gamma}}(t), \tag{4.6.62}$$

$$\hat{w}(t)=y(t)-\hat{x}(t), \tag{4.6.63}$$

$$\hat{v}(t)=y(t)-\hat{\boldsymbol{\varphi}}^{\rm T}(t)\hat{\boldsymbol{\vartheta}}(t), \tag{4.6.64}$$

$$\boldsymbol{f}(u(t))=[f_1(u(t)),f_2(u(t)),\cdots,f_m(u(t))], \tag{4.6.65}$$

$$\hat{\boldsymbol{\vartheta}}(t)=[\hat{\boldsymbol{a}}^{\rm T}(t),\hat{\boldsymbol{b}}^{\rm T}(t),\hat{\boldsymbol{\gamma}}^{\rm T}(t),\hat{\boldsymbol{c}}^{\rm T}(t),\hat{\boldsymbol{d}}^{\rm T}(t)]^{\rm T}. \tag{4.6.66}$$

输入非线性输出误差类系统 (IN-OEMA, IN-OEAR, IN-BJ) 的辅助模型递推最小二乘算法参数估计的一致收敛性是控制科学家有待解决的辨识难题.

4.6.5 其他输入非线性系统

上述讨论的输入非线性系统假设输入端非线性特性 $\bar{u}=f(u)$ 是已知非线性基 $\boldsymbol{f}=(f_1,f_2,\cdots,f_m)$ 的线性参数函数, 即非线性特性可以写为参数 $(\gamma_1,\gamma_2,\cdots,\gamma_m)$ 的线性组合形式,

$$\bar{u}(t)=f(u(t))=\gamma_1f_1(u(t))+\gamma_2f_2(u(t))+\cdots+\gamma_mf_m(u(t)).$$

还有一些非线性特性, 如预负载死区非线性, 饱和非线性, 滞后继电器非线性, 滞后非线性等 (参见图 4.6.6), 其输出只能表示为输入的分段函数, 难以写成像上式那样的单一表达式形式. 例如, 对于图 4.6.6(b) 中的饱和非线性特性, 其输入输出关系如下,

$$\bar{u}(t)=\begin{cases}-c, & u<-\tau,\\ \dfrac{c}{\tau}u, & -\tau\leqslant u<\tau,\\ c, & u\geqslant\tau.\end{cases}$$

具有这样非线性特性的系统称为硬非线性系统 (systems with hard nonlinearities). 在这方面, 陈晶等针对饱和死区输入非线性 CAR 系统, 引入开关函数和利用辅助模型辨识思想, 提出了有限数据长度下的梯度迭代辨识算法[186]; 王冬青等借助于辅助模型辨识思想和关键项分离原理, 提出了分段非线性 IN-OEAR 系统的辅助模型递推广义最小二乘辨识算法[173].

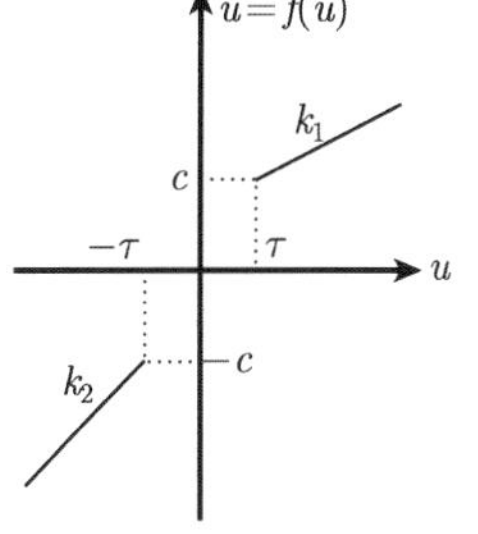

(a) 预负载死区特性(preloads and dead-zones)

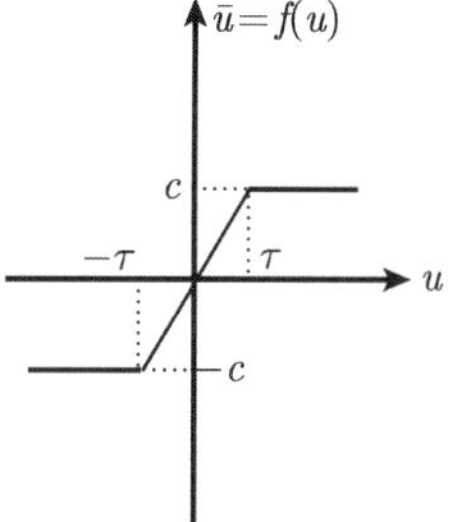

(b) 饱和特性(saturation)

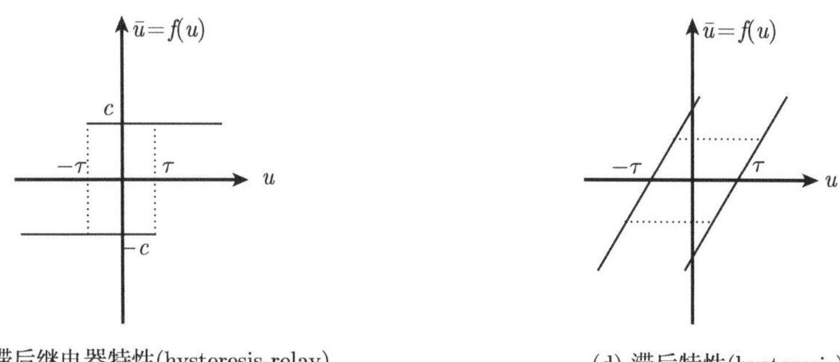

(c) 滞后继电器特性(hysteresis-relay)　　(d) 滞后特性(hysteresis)

图 4.6.6 其他输入非线性特性

由于非线性特性形状各异, 不可能存在通用的辨识方法, 必须针对不同的非线性特性, 采用不同技巧, 研究相应的递推辨识方法或迭代辨识方法. 这也给辨识科学家提出了许多研究课题.

4.7 输出非线性输出误差类系统

输出非线性系统类型要复杂得多, 难以分为输出非线性方程误差类系统 (Output Nonlinear Equation Error Type system, ON-EET) 和输出非线性输出误差类系统 (Output Nonlinear Output Error Type system, ON-OET) 两类. 基本的 **输出非线性输出误差系统** (Output Nonlinear Output Error system, ON-OE) 如图 4.7.1 所示, 其中 $u(t)$ 为系统输入, $x(t)$ 为线性部分的输出 (不可测中间变量), $\bar{y}(t)$ 为非线性部分的输出 (未知的), $v(t)$ 为量测噪声 (可以假定是零均值和有限方差的), $y(t)$ 是系统输出, 即 $\bar{y}(t)$ 的含噪量测, $f(\cdot)$ 是输出端的非线性函数, $G(z):=\dfrac{B(z)}{A(z)}$ 是线性部分的传递函数, 其中 $A(z)$ 和 $B(z)$ 是后移算子 z^{-1} 的多项式:

$$A(z):=1+a_1z^{-1}+a_2z^{-2}+\cdots+a_nz^{-n},$$
$$B(z):=b_0+b_1z^{-1}+b_2z^{-2}+\cdots+b_nz^{-n}.$$

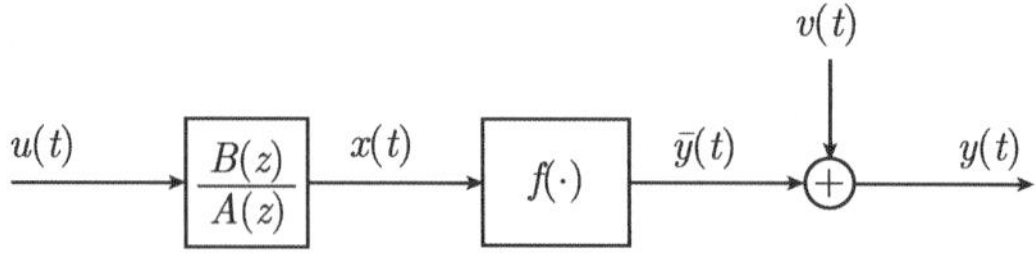

图 4.7.1 输出非线性输出误差系统 (ON-OE)

这个 ON-OE 系统可以表示为

$$x(t)=\frac{B(z)}{A(z)}u(t), \tag{4.7.1}$$

$$\bar{y}(t)=f(x(t)), \tag{4.7.2}$$

$$\begin{aligned}y(t)&=\bar{y}(t)+v(t)\\&=f(x(t))+v(t).\end{aligned} \tag{4.7.3}$$

定义 **参数向量** $\boldsymbol{\theta}$ 和 **信息向量** $\boldsymbol{\varphi}(t)$ 如下,

$$\boldsymbol{\theta}:=[a_1,a_2,\cdots,a_n,b_0,b_1,b_2,\cdots,b_n]^{\mathrm{T}}\in\mathbb{R}^{2n+1},$$

$$\boldsymbol{\varphi}(t):=[-x(t-1),-x(t-2),\cdots,-x(t-n),u(t),u(t-1),u(t-2),\cdots,u(t-n)]^{\mathrm{T}}\in\mathbb{R}^{2n+1}.$$

式 (4.7.1) 可以写为

$$A(z)x(t)=B(z)u(t)$$

或

$$x(t)=[1-A(z)]x(t)+B(z)u(t)=\boldsymbol{\varphi}^{\mathrm{T}}(t)\boldsymbol{\theta}.$$

因此, ON-OE 模型可以等价表示为

$$y(t)=f(x(t))+v(t), \tag{4.7.4}$$

$$x(t)=\boldsymbol{\varphi}^{\mathrm{T}}(t)\boldsymbol{\theta}. \tag{4.7.5}$$

对于这样一个简单的输出非线性输出误差系统, 即使假定非线性函数是一个二次函数,

$$\bar{y}=f(x)=x^2,$$

或

$$\bar{y}(t)=f(x(t))=x^2(t),$$

其辨识问题也是不简单的.

当然, 也可以假设这个输出非线性特性 $\bar{y}=f(x)$ 是已知非线性基 $\boldsymbol{f}=(f_1,f_2,\cdots,f_m)$ 的线性函数, 即非线性特性可以写为参数 $(\gamma_1,\gamma_2,\cdots,\gamma_m)$ 的线性组合形式,

$$\begin{aligned}\bar{y}(t)&=f(x(t))=\gamma_1f_1(x(t))+\gamma_2f_2(x(t))+\cdots+\gamma_mf_m(x(t))\\&=\boldsymbol{f}(x(t))\boldsymbol{\gamma},\end{aligned} \tag{4.7.6}$$

其中 $\boldsymbol{f}(x(t)):=[f_1(x(t)),f_2(x(t)),\cdots,f_m(x(t))]\in\mathbb{R}^{1\times m}$ 是基函数构成的行向量, $\boldsymbol{\gamma}:=[\gamma_1,\gamma_2,\cdots,\gamma_m]^{\mathrm{T}}\in\mathbb{R}^m$ 是非线性部分的参数向量.

对于输出非线性系统, 也需要规范化模型参数, 规范化方法有: ①固定 b_i 中的一个, 或者固定 γ_j 中的一个; ②设 $(b_0,b_1,b_2,\cdots,b_n)$ 或 $(\gamma_1,\gamma_2,\cdots,\gamma_m)$ 的模为 1, 即 $b_0^2+b_1^2+b_2^2+\cdots+b_n^2=1$, 或 $\gamma_1^2+\gamma_2^2+\cdots+\gamma_m^2=1$; ③ 设线性子系统的增益为 1, 即 $G(1)=b_0+b_1+b_2+\cdots+b_n=1$, 或非线性函数的系数和为 1, 即 $\gamma_1+\gamma_2+\cdots+\gamma_m=1$.

具有已知非线性基的输入非线性 CAR 系统可以表示为

$$y(t)=[1-A(z)]y(t)+B(z)f(u(t))+v(t).$$

我们也可以仿照输入非线性系统的上述表达式, 推广出一类输出非线性系统,

$$\begin{aligned}y(t)&=[1-A(z)]f(y(t))+B(z)u(t)+v(t)\\&=-a_1f(y(t-1))-a_2f(y(t-2))-\cdots-a_nf(y(t-n))\\&\quad+b_0u(t)+b_1u(t-1)+\cdots+b_nu(t-n)+v(t).\end{aligned}$$

或更一般形式,

$$\begin{aligned}y(t)=&-a_1f_1(y(t-1))-a_2f_2(y(t-2))-\cdots-a_nf_n(y(t-n))\\&+b_0u(t)+b_1u(t-1)+\cdots+b_nu(t-n)+v(t).\end{aligned}$$

以上两式是输出非线性 CAR 系统. 输入输出非线性系统 (两个静态非线性夹着一个线性子系统), 即 **Hammerstein–Wiener 非线性系统** 的一种形式为

$$\begin{aligned}y(t)=&-a_1f_1(y(t-1))-a_2f_2(y(t-2))-\cdots-a_nf_n(y(t-n))\\&+b_0h_0(u(t))+b_1h_1(u(t-1)+\cdots+b_nh_n(u(t-n))+v(t),\end{aligned}$$

其中 $\boldsymbol{h}=(h_0,h_1,\cdots,h_n)$ 是已知非线性基数函数. 至于其他的输出非线性系统, 我们将在非线性系统辨识的系列论文中介绍.

王冬青等针对一类 Hammerstein–Wiener ARMAX 非线性系统, 提出了增广随机梯度辨识算法[187].

4.8 小 结

系统辨识是研究建立系统数学模型的理论与方法. 尽管建立系统数学模型有很多方法, 但是对于存在不可测变量的系统, 其辨识就更加困难, 必须探索新的辨识方法. 本章主要讨论了一些辅助模型最小二乘辨识方法. 需要指出的是, 随机梯度辨识方法、多新息随机梯度辨识方法[41, 43, 51, 52]、多新息最小二乘辨识方法[33]、有限数据窗最小二乘算法[64, 134] 等等都可以用于本章系统的辨识, 得出相应的辨识方法. 这些方法的性能分析也是有待研究的辨识难题.

丁锋等提出了多输入单输出输出误差系统的辅助模型多新息最小二乘辨识方法[33, 128]; 韩丽丽等研究了多输入多率采样数据输出误差系统的辅助模型辨识方法[174, 188]

本章主要内容已在《南京信息工程大学学报 (自然科学版)》连载:

“丁锋. 系统辨识 (4): 辅助模型辨识思想与方法. 南京信息工程大学学报 (自然科学版), 2011, 3(4): 289-318.”

“Ding F. System identification: Part D – Auxiliary model identification idea and methods. Journal of Nanjing University of Information Science & Technology (Natural Science Edition), 2011, 3(4): 289-318.”

4.9 思 考 题

1. 写出下列输出误差系统的辅助模型辨识算法,

(1) $y(t)=\dfrac{b_0+b_1z^{-1}}{1+az^{-1}}u(t)+v(t),$

(2) $y(t)=\dfrac{b_1z^{-1}+b_2z^{-2}}{1+a_1z^{-1}+a_2z^{-2}}u(t)+(1+dz^{-1})v(t).$

2. 研究下列系统的辅助模型递推最小二乘算法和辅助模型随机梯度辨识算法,

$$A(z)y(t)=\frac{B(z)}{F(z)}u(t)+v(t).$$

3. 研究下列系统的辅助模型递推增广最小二乘算法和辅助模型增广随机梯度辨识算法,

$$A(z)y(t)=\frac{B(z)}{F(z)}u(t)+D(z)v(t).$$

4. 研究下列系统的辅助模型递推广义最小二乘算法和辅助模型广义随机梯度辨识算法,

$$A(z)y(t)=\frac{B(z)}{F(z)}u(t)+\frac{1}{C(z)}v(t).$$

5. 研究下列系统的辅助模型递推广义增广最小二乘算法和辅助模型广义增广随机梯度辨识算法,

$$A(z)y(t)=\frac{B(z)}{F(z)}u(t)+\frac{D(z)}{C(z)}v(t).$$

6. 研究下列系统的辅助模型辨识方法,

$$(1)\quad A(z)y(t)=\frac{B_1(z)u_1(t)+B_2(z)u_2(t)}{F(z)}+D(z)v(t),$$

$$(2)\quad A(z)y(t)=\frac{B_1(z)}{F_1(z)}u_1(t)+B_2(z)u_2(t)+\frac{1}{C(z)}v(t),$$

$$(3)\quad A(z)y(t)=\frac{B_1(z)}{F_1(z)}u_1(t)+\frac{B_2(z)}{F_2(z)}u_2(t)+\frac{D(z)}{C(z)}v(t),$$

$$(4)\quad A(z)y(t)=\frac{B(z)u_1(t)u_2(t)}{F(z)}+\frac{D(z)}{C(z)}v(t).$$

7. 若将 4.3.1 节辅助模型最小二乘算法 (4.3.8)~(4.3.12) 的辅助模型修改为用时刻 $t-1$ 的参数估计, 算法修改为

$$\begin{aligned}
&\hat{\boldsymbol{\theta}}(t)=\hat{\boldsymbol{\theta}}(t-1)+\boldsymbol{L}(t)[y(t)-\hat{\boldsymbol{\varphi}}^{\mathrm{T}}(t)\hat{\boldsymbol{\theta}}(t-1)],\\
&\boldsymbol{L}(t)=\boldsymbol{P}(t)\hat{\boldsymbol{\varphi}}(t)=\frac{\boldsymbol{P}(t-1)\hat{\boldsymbol{\varphi}}(t)}{1+\hat{\boldsymbol{\varphi}}^{\mathrm{T}}(t)\boldsymbol{P}(t-1)\hat{\boldsymbol{\varphi}}(t)},\\
&\boldsymbol{P}(t)=\boldsymbol{P}(t-1)-\frac{\boldsymbol{P}(t-1)\hat{\boldsymbol{\varphi}}(t)\hat{\boldsymbol{\varphi}}^{\mathrm{T}}(t)\boldsymbol{P}(t-1)}{1+\hat{\boldsymbol{\varphi}}^{\mathrm{T}}(t)\boldsymbol{P}(t-1)\hat{\boldsymbol{\varphi}}(t)}\\
&\qquad=[\boldsymbol{I}-\boldsymbol{L}(t)\hat{\boldsymbol{\varphi}}^{\mathrm{T}}(t)]\boldsymbol{P}(t-1),\ \boldsymbol{P}(0)=p_0\boldsymbol{I},\\
&\hat{\boldsymbol{\varphi}}(t)=[-x_{\mathrm{a}}(t-1),-x_{\mathrm{a}}(t-2),\cdots,-x_{\mathrm{a}}(t-n_a),u(t-1),u(t-2),\cdots,u(t-n_b)]^{\mathrm{T}},\\
&x_{\mathrm{a}}(t)=\hat{\boldsymbol{\varphi}}^{\mathrm{T}}(t)\hat{\boldsymbol{\theta}}(t-1),\\
&\hat{\boldsymbol{\theta}}(t)=[\hat{a}_1(t),\hat{a}_2(t),\cdots,\hat{a}_{n_a}(t),\hat{b}_1(t),\hat{b}_2(t),\cdots,\hat{b}_{n_b}(t)]^{\mathrm{T}}.
\end{aligned}$$

试证明其收敛性, 并说明所要求的严格正实条件有何不同? (提示: 参考文献 [27])

8. 将 4.3.2 节 AM-SG 算法 (4.3.13)~(4.3.16) 修改为

$$\begin{aligned}
&\hat{\boldsymbol{\theta}}(t)=\hat{\boldsymbol{\theta}}(t-1)+\frac{\hat{\boldsymbol{\varphi}}(t)}{r(t)}[y(t)-\hat{\boldsymbol{\varphi}}^{\mathrm{T}}(t)\hat{\boldsymbol{\theta}}(t-1)],\\
&r(t)=r(t-1)+\hat{\boldsymbol{\varphi}}^{\mathrm{T}}(t)\hat{\boldsymbol{\varphi}}(t),\ r(0)=1,\\
&\hat{\boldsymbol{\varphi}}(t)=[-x_{\mathrm{a}}(t-1),-x_{\mathrm{a}}(t-2),\cdots,-x_{\mathrm{a}}(t-n_a),u(t-1),u(t-2),\cdots,u(t-n_b)]^{\mathrm{T}},\\
&x_{\mathrm{a}}(t)=\hat{\boldsymbol{\varphi}}^{\mathrm{T}}(t)\hat{\boldsymbol{\theta}}(t-1),\\
&\hat{\boldsymbol{\theta}}(t)=[\hat{a}_1(t),\hat{a}_2(t),\cdots,\hat{a}_{n_a}(t),\hat{b}_1(t),\hat{b}_2(t),\cdots,\hat{b}_{n_b}(t)]^{\mathrm{T}}.
\end{aligned}$$

试证明其收敛性, 并说明所要求的严格正实条件有何不同? (提示: 参考文献 [110])

9. **重要关系式**

对于输出误差系统,

$$x(t)=\boldsymbol{\varphi}^{\mathrm{T}}(t)\boldsymbol{\theta},\quad y(t)=x(t)+v(t),$$

假设 $\{v(t)\}$ 是零均值、方差为 σ^2 的白噪声序列, 估计参数向量 $\boldsymbol{\theta}\in\mathbb{R}^n$ 的辅助模型随机梯度辨识算法如下,

$$\begin{aligned}
&\hat{\boldsymbol{\theta}}(t)=\hat{\boldsymbol{\theta}}(t-1)+\frac{\hat{\boldsymbol{\varphi}(t)}}{r(t)}[y(t)-\hat{\boldsymbol{\varphi}}^{\mathrm{T}}(t)\hat{\boldsymbol{\theta}}(t-1)],\\
&r(t)=r(t-1)+\|\hat{\boldsymbol{\varphi}}(t)\|^2,\ r(0)=1,\\
&\hat{\boldsymbol{\varphi}}(t)=[-\hat{x}(t-1),-\hat{x}(t-2),\cdots,-\hat{x}(t-n_a),u(t-1),u(t-2),\cdots,u(t-n_b)]^{\mathrm{T}},\\
&\hat{x}(t)=\hat{\boldsymbol{\varphi}}^{\mathrm{T}}(t)\hat{\boldsymbol{\theta}}(t),\\
&\hat{\boldsymbol{\theta}}(t)=[\hat{a}_1(t),\hat{a}_2(t),\cdots,\hat{a}_{n_a}(t),\hat{b}_1(t),\hat{b}_2(t),\cdots,\hat{b}_{n_b}(t)]^{\mathrm{T}}.
\end{aligned}$$

证明下列 2 个重要关系式 (参见文献 [29], [37], [38]):

$$\begin{aligned}
S_1(t):=&\,2\sum_{i=1}^{t-1}\frac{\|\hat{\boldsymbol{\varphi}}(t-i)\|^2}{r(t)}\sum_{j=0}^{i-1}\frac{\|\hat{\boldsymbol{\varphi}}(t-j)\|^2}{r^2(t-j)}\sigma^2\\
=&\,\frac{2}{r(t)}\sum_{i=2}^{t}\frac{[r(i-1)-r(0)]\|\hat{\boldsymbol{\varphi}}(i)\|^2}{r^2(i)}\sigma^2\\
\leqslant&\,\frac{2}{r(t)}\sum_{i=2}^{t}\frac{\|\hat{\boldsymbol{\varphi}}(i)\|^2}{r(i)}\sigma^2\leqslant\frac{2\ln r(t)}{r(t)}\sigma^2\to 0,\ \text{a.s.},\\
S_2(t):=&\,2\sum_{i=1}^{t-1}\frac{\|\hat{\boldsymbol{\varphi}}(t-i)\|^2}{r(t)}\sum_{j=0}^{i-1}\frac{\|\hat{\boldsymbol{\varphi}}(t-j)\|^2}{r^2(t-j)}[e(t-j)-v(t-j)]^2\\
=&\,\frac{2}{r(t)}\sum_{i=2}^{t-1}\frac{[r(i-1)-r(0)]\|\hat{\boldsymbol{\varphi}}(i)\|^2}{r^2(i)}[e(i)-v(i)]^2\\
\leqslant&\,\frac{2}{r(t)}\sum_{i=2}^{t}\frac{\|\hat{\boldsymbol{\varphi}}(i)\|^2}{r(i)}[e(i)-v(i)]^2\\
\leqslant&\,\frac{2}{r(t)}\sum_{i=2}^{t}[e(i)-v(i)]^2\to 0,\ \text{a.s.}
\end{aligned}$$

10. 考虑下列 **伪线性回归模型** II (一类白噪声干扰的非线性输出误差模型),

$$\begin{aligned}
&y(t)=\frac{f(\boldsymbol{\vartheta},u(t),z)}{A(z)}+v(t),\\
&A(z):=1+a_1z^{-1}+a_2z^{-2}+\cdots+a_{n_a}z^{-n_a},
\end{aligned}$$

其中 $\{u(t)\}$ 是系统的输入序列, $\{v(t)\}$ 是零均值、方差为 σ^2 的白噪声序列, $f(\boldsymbol{\vartheta},u(t),z):=f(\boldsymbol{\vartheta},$ $u(t),\ u(t-1),\ \cdots,\ u(t-n))$ 是参数向量 $\boldsymbol{\vartheta}$ 的线性函数, 是 $u(t),\ u(t-1),\ \cdots,\ u(t-n)$ 的非线性函数 $\boldsymbol{\varphi}(u(t),\ u(t-1),\ \cdots,\ u(t-n))$, 记作

$$f(\boldsymbol{\vartheta},u(t),z):=\boldsymbol{\vartheta}^{\mathrm{T}}\boldsymbol{\varphi}(u(t),u(t-1),\cdots,u(t-n)).$$

定义辅助模型

$$\hat{x}(t)=\frac{f(\hat{\boldsymbol{\vartheta}}(t),u(t),z)}{\hat{A}(t,z)}$$

$$= \frac{\hat{\boldsymbol{\vartheta}}^{\mathrm{T}}(t)\boldsymbol{\varphi}(u(t), u(t-1), \cdots, u(t-n))}{\hat{A}(t,z)},$$

其中 $\hat{A}(t,z)$ 是 t 时刻 $A(z)$ 的估计. 研究这类伪线性回归模型II的辅助模型递推最小二乘辨识算法和辅助模型随机梯度辨识算法及其收敛性.

11. 考虑下列 **伪线性回归模型**III (一类有色噪声干扰的非线性输出误差模型),

$$y(t) = \frac{f(\boldsymbol{\vartheta}, u_1(t), z)}{A(z)} + B_2(z)u_2(t) + D(z)v(t),$$
$$A(z) := 1 + a_1 z^{-1} + a_2 z^{-2} + \cdots + a_{n_a} z^{-n_a},$$
$$D(z) := 1 + d_1 z^{-1} + d_2 z^{-2} + \cdots + d_{n_d} z^{-n_d},$$

其中 $\{u_1(t)\}$ 和 $\{u_2(t)\}$ 是系统的两个输入序列, $\{v(t)\}$ 是零均值、方差为 σ^2 的白噪声序列, $f(\boldsymbol{\vartheta}, u_1(t), z) := f(\boldsymbol{\vartheta},\ u_1(t),\ u_1(t-1),\ \cdots,\ u_1(t-n))$ 是参数向量 $\boldsymbol{\vartheta}$ 的线性函数, 是 $u_1(t)$, $u_1(t-1)$, $\cdots$, $u_1(t-n)$ 的非线性函数 $\boldsymbol{\varphi}(u_1(t),\ u_1(t-1),\ \cdots,\ u_1(t-n))$, 记作

$$f(\boldsymbol{\vartheta}, u_1(t), z) := \boldsymbol{\vartheta}^{\mathrm{T}}\boldsymbol{\varphi}(u_1(t), u_1(t-1), \cdots, u_1(t-n)).$$

定义辅助模型

$$\hat{x}(t) = \frac{f(\hat{\boldsymbol{\vartheta}}(t), u_1(t), z)}{\hat{A}(t,z)}$$
$$= \frac{\hat{\boldsymbol{\vartheta}}^{\mathrm{T}}(t)\boldsymbol{\varphi}(u_1(t), u_1(t-1), \cdots, u_1(t-n))}{\hat{A}(t,z)},$$

其中 $\hat{A}(t,z)$ 是 t 时刻 $A(z)$ 的估计. 研究这类伪线性回归模型III的辅助模型递推增广最小二乘辨识方法和辅助模型增广随机梯度辨识算法.

12. 研究下列系统的辅助模型辨识方法,

$$y(t) = \frac{\boldsymbol{\varphi}^{\mathrm{T}}(t)\boldsymbol{\theta}}{A(z)} + \frac{D(z)}{C(z)}\boldsymbol{v}(t),$$

其中 $\boldsymbol{\varphi}(t) \in \mathbb{R}^n$ 为已知信息向量, $\boldsymbol{\theta} \in \mathbb{R}^n$ 为未知参数向量.

第 5 章　迭代搜索原理与辨识方法

递推辨识与迭代辨识构成了两类重要的参数估计方法. **递推辨识** (recursive identification) 的递推变量与时间有关, 因而可以用于在线估计系统参数; **迭代辨识** (iterative identification) 的迭代变量是自然数, 与客观世界的时间无关, 通常用于离线估计系统参数. 基于辅助模型辨识思想、多新息辨识理论、递阶辨识原理、耦合辨识概念等辨识方法都可以用递推算法和迭代算法实现. **迭代方法** (iterative method) 渊源很早, 如求解矩阵方程 $\boldsymbol{A}\boldsymbol{x} = \boldsymbol{b}$ 的**雅可比迭代、高斯-赛德尔迭代、牛顿迭代**等. 迭代辨识方法主要使用梯度搜索、最小二乘搜索、牛顿搜索原理来实现. 本章主要研究 CARMA 系统和 Box-Jenkins 系统的最小二乘迭代辨识方法与梯度迭代辨识方法. 这些方法也可推广到其他所有方程误差类系统和输出误差类系统, 以及非线性系统. 迭代辨识方法通常被用于有限量测数据的系统辨识, 其收敛性证明是辨识领域极具挑战性的研究课题.

5.1　引　　言

"Apple 的创始人史蒂夫 • 乔布斯 (Steve Jobs) 的才华、激情和精力是无尽创新的来源, 丰富和改善了我们的生活, 世界因他无限美好." 这是对乔布斯一生成就的高度总结, 也是对当今高度发展的自动化电子产品和应用软件的创造者和开发者的高度歌颂[4~8].创新是这个时代的代名词. 创新需要才华, 创新需要激情, 创新需要高度的敏锐力和洞察力, 创新需要坚强的毅力. 创新是技术的进步, 创新是科学的源泉, 创新是科学发展的源动力. 新思想、新理论、新原理、新概念的诞生都是科学史上的重要里程碑. 就研究建立系统数学模型的理论与方法的系统辨识而言, 辅助模型辨识思想、多新息辨识理论、递阶辨识原理、耦合辨识概念的诞生, 对推动系统辨识学科的研究进程有重要作用.

科学就是解释自然现象, 探索未知世界, 揭示事物的运动规律. 客观事物具有多样性, 具有简单性和复杂性两种特征. 事物的一些表层特征可以通过观察得到, 这是事物简单性的一个方面. 事物的本质特征是事物复杂性的一个方面, 需要通过对观测信息 (数据) 的处理、加工、抽象、推断获得.

系统的外部信息 (即系统的输入输出数据) 通常是可以量测得到的, 而系统本质特征 (即数学模型) 是通过输入输出数据反映出来. 对于一些简单问题, 我们可以通过求解代数方程获得系统的数学模型. 然而, 对于一些复杂系统, 甚至模型方程中还包含了系统的不可测干扰噪声, 即使是线性系统, 也难以用拉普拉斯变换 (Laplace transform) 方法, 即通过输出信号拉普拉斯变换与输入信号拉普拉斯变换之比求得系统的传递函数 (数学模型).

很多辨识方法可以利用系统的输入输出数据来建立系统的数学模型, 如递推最小二乘参数辨识方法. 最小二乘方法适合线性参数估计问题. 然而, 客观世界更多的是非线性问题, 量测数据包含噪声干扰, 给我们建立描述事物运动规律的数学模型带来特别的困难, 在这种情况下, 如何利用系统的观测信息, 利用梯度搜索、牛顿搜索原理, 通过迭代技术来建立系统的数学模型是摆在控制科学家面前的重要任务. 这也是迭代辨识思想产生的根源.

与递推辨识类似, 迭代辨识也是一大类辨识方法. 迭代方法渊源很早, 本书作者首次将它系统地用于系统辨识的研究. 迭代辨识方法一般用于辨识模型信息向量中含有未知项的系统辨识. 因此, 迭代辨识思想适合于所有方程误差类模型和输出误差类模型, 即线性回归模型、伪线性回归模型, 以及非线性系统辨识方法的研究.

迭代辨识的基本思想是, 采用交互估计理论和递阶辨识原理, 利用批数据来刷新参数估计, 信息向量中的未知项用前一步迭代参数估计进行估算, 然后用估计的未知项代替信息向量中的真实未知项, 参数估计利用代替后的信息向量进行刷新. 二者执行了一个递阶计算过程.

一般来说, **递推算法** (recursive algorithm) 用于 **在线辨识** (online identification), 而 **迭代算法** (iterative algorithm) 用于 **离线辨识** (offline identification). 为了区别在线辨识和离线辨识, 我们用带下标 k 的参数向量 $\hat{\boldsymbol{\theta}}_k$ 表示迭代算法给出的参数估计, 用不带下标的参数向量 $\hat{\boldsymbol{\theta}}(t)$ 表示递推算法给出的参数估计[30, 151]. 这里 k 是一个与时间无关的迭代变量, t 是一个时间变量. 利用动态有限数据窗内的数据的迭代算法, 给出的参数估计 $\hat{\boldsymbol{\theta}}_k(t)$ 也可用于在线辨识. 重要的区别是, 递推算法参数估计中的 t 代表时间或与时间有关的量, 而迭代算法参数估计中的迭代变量 k 与时间无关.

本书作者提出的多变量系统递阶梯度迭代算法和递阶随机梯度算法、递阶最小二乘迭代算法和递阶最小二乘算法论文分别发表在《Automatica》2005 年第 2 期[44] 和《IEEE Transactions on Automatic Control》2005 年第 3 期上[34], 随后 Hammerstein 非线性 ARMAX 系统的最小二乘迭代辨识与递推增广最小二乘辨识 Regular Paper 论文发表在《Automatica》2005 年第 9 期上[151], 继而又提出了相应的梯度迭代算法与增广随机梯度算法[184]. 最近, 本书作者等详细研究了输出误差模型 (Output Error model, OE) 和输出误差滑动平均模型 (Output Error Moving Average model, OEMA) 的梯度迭代算法和最小二乘迭代算法[30], 提出了 Hammerstein 非线性系统的投影算法、随机梯度算法、牛顿递推算法和牛顿迭代算法[59]. 王冬青等研究了 Wiener 非线性 ARMAX 系统的最小二乘迭代算法和梯度迭代算法[189].

本章首先介绍用于线性问题的最小二乘原理、用于非线性问题的梯度搜索原理和牛顿迭代方法. 然后研究受控自回归滑动平均 (CARMA) 系统和 Box-Jenkins 系统的梯度迭代辨识方法和最小二乘迭代辨识方法. 最后介绍一类维纳 (Wiener) 系统的迭代辨识方法.

5.2 最小二乘原理与迭代搜索原理

先引入符号: "$A =: X$" 或 "$X := A$" 表示 "A 记作 (定义为) X" 之意 (因为符号 $\triangleq$ 没有左右之分, 含义模糊).

最小二乘原理和迭代搜索原理是研究系统参数估计算法的基本工具.

5.2.1 最小二乘原理

1. **一维例子**

假设测量某个物体长度, n 个人测得的长度分别为 $x_1, x_2, \cdots, x_n$, 那么该物体长度 x 最可能是多少? 按照统计学原理, 定义误差平方和:

$$f(x)=(x_1-x)^2+(x_2-x)^2+\cdots+(x_n-x)^2.$$

令 $f(x)$ 关于 x 的导数为零, 得到

$$f'(x)=-2(x_1-x)-2(x_2-x)-\cdots-2(x_n-x)=0.$$

求解得到

$$x=\frac{x_1+x_2+\cdots+x_n}{n}.$$

由于 $f''(x)=2n>0$, 可知 $f\left(\frac{x_1+x_2+\cdots+x_n}{n}\right)$ 是误差函数 $f(x)$ 的最小值. 这就是 **最小二乘** (least squares) 的基本原理. "二乘" 可理解为 "平方" 的意思, 即误差平方和.

当然, 也可以定义误差的绝对值和:

$$f_1(x)=|x_1-x|+|x_2-x|+\cdots+|x_n-x|,$$

或误差的 4 次方 (6 次方, 8 次方, $\cdots$) 和:

$$f_2(x)=(x_1-x)^4+(x_2-x)^4+\cdots+(x_n-x)^4,$$

求它们的极值. 但这些函数都比求二次函数 $f(x)$ 的极值更复杂, 这就是最小二乘得到广泛应用的原因. 最小二乘在系统辨识、线性拟合、非线性拟合等各个领域都有广泛应用.

2. **二维例子**

图 5.2.1 中有很多 "点"(x_1,y_1), (x_2,y_2), $\cdots$, (x_n,y_n), 它们都很接近某条直线. 假设这条待定的直线为

$$y=kx+b. \tag{5.2.1}$$

点 (x_1,y_1), (x_2,y_2), $\cdots$, (x_n,y_n), 不可能都使上述方程成立. 因此, 目标是确定参数 k 和 b 使得每个点到该直线 "距离"(不是垂直距离, 当然可以考虑垂直距离. 为使求解简单, 这里是采用纵坐标差)

$$\varepsilon_i:=y_i-kx_i-b \tag{5.2.2}$$

平方和

$$J_1(k,b):=\sum_{j=1}^{n}\varepsilon_j^2=(y_1-kx_1-b)^2+(y_2-kx_2-b)^2+\cdots+(y_n-kx_n-b)^2 \tag{5.2.3}$$

最小. 这就是 **最小二乘拟合** (least squares fitting) 问题.

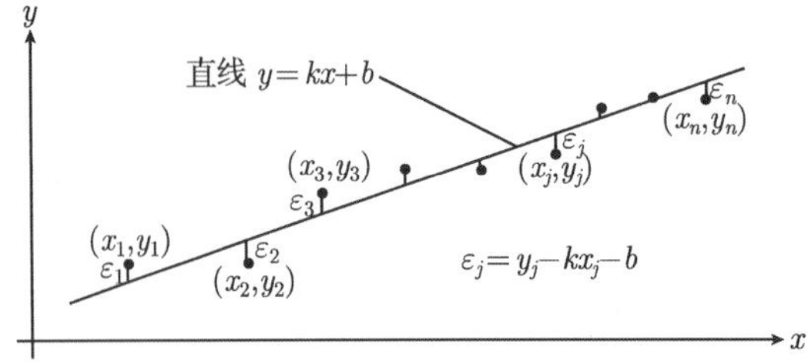

图 5.2.1　离散点线性拟合示意图

分别对 k 和 b 求偏导, 并令其为零得到

$$\frac{\partial J_1(k,b)}{\partial k}=-2x_1(y_1-kx_1-b)-2x_2(y_2-kx_2-b)-\cdots-2x_n(y_n-kx_n-b)=0,$$

$$\frac{\partial J_1(k,b)}{\partial b}=-2(y_1-kx_1-b)-2(y_2-kx_2-b)-\cdots-2(y_n-kx_n-b)=0.$$

或

$$\left(\sum_{j=1}^{n}x_j^2\right)k+\left(\sum_{j=1}^{n}x_j\right)b=\sum_{j=1}^{n}x_jy_j,$$

$$\left(\sum_{j=1}^{n}x_j\right)k+\quad nb\quad=\sum_{j=1}^{n}y_j.$$

因此, 求得的参数拟合值为

$$\begin{bmatrix}k\\b\end{bmatrix}=\begin{bmatrix}\sum_{j=1}^{n}x_j^2 & \sum_{j=1}^{n}x_j\\ \sum_{j=1}^{n}x_j & n\end{bmatrix}^{-1}\begin{bmatrix}\sum_{j=1}^{n}x_jy_j\\ \sum_{j=1}^{n}y_j\end{bmatrix}. \tag{5.2.4}$$

式 (5.2.2) 中 ε_i 可理解为点 (x_j,y_j) 偏离直线 $y=kx+b$ 的 "误差". 如果所有误差 ε_j $(j=1,2,\cdots,n)$ 都为零, 那么这些点就都在一条直线上. 因此, 极小化式 (5.2.3) 中误差平方和 **准则函数** (criterion function) J_1, 就是得到一条离所有点最接近的直线.

为了处理高维 (大于 2 个未知参数) 线性拟合情形, 定义由观测 (数据) 构成的信息向量 $\boldsymbol{\varphi}_j$ 和拟合模型 (5.2.1) 的参数向量 $\boldsymbol{\theta}$ 如下,

$$\boldsymbol{\varphi}_j=\begin{bmatrix}x_j\\1\end{bmatrix},\quad \boldsymbol{\theta}=\begin{bmatrix}k\\b\end{bmatrix}, \tag{5.2.5}$$

那么由式 (5.2.2) 可得

$$\begin{aligned}y_j&=kx_j+b+\varepsilon_j\\&=[x_j,1]\begin{bmatrix}k\\b\end{bmatrix}+\varepsilon_j\\&=\boldsymbol{\varphi}_j^{\mathrm{T}}\boldsymbol{\theta}+\varepsilon_j,\end{aligned} \tag{5.2.6}$$

式中上标 T 表示向量或矩阵转置. 式 (5.2.6) 称为 **线性回归模型** (linear regressive model), 在系统辨识中称为辨识模型或辨识表达式, 因为观测 y_j 是参数向量 $\boldsymbol{\theta}$ 的线性函数. 上式中偏差 ε_j 简称为噪声或随机干扰 (对存在随机测量误差的随机系统而言). 目标是使误差准则函数值 J_1 最小, 也就是直线上下点的距离和相等 —— 线上面的正偏差和与线下面的负偏差和相等, 所以有

$$\frac{\varepsilon_1+\varepsilon_2+\cdots+\varepsilon_n}{n}=0.$$

这可理解为数学上的平均值或概率论中的“样本均值”为零. 而准则函数除以 n, 即 J_1/n 可理解为噪声 ε_j 的样本方差. J_1 达到最小, 即噪声方差最小. 因此, 从统计意义上讲, 拟合得到的最优参数向量 $\boldsymbol{\theta}=\hat{\boldsymbol{\theta}}$ 称为 $\boldsymbol{\theta}$ 的估计, 此时的 **残差** (residual)

$$\varepsilon_j(\hat{\boldsymbol{\theta}})=y_j-\boldsymbol{\varphi}_j^{\mathrm{T}}\hat{\boldsymbol{\theta}}$$

就是不相关零均值白噪声, 且方差最小 (对于足够大的 n).

下面求解向量形式的参数估计. 参照式 (5.2.6), 准则函数 (5.2.3) 可简写为

$$J_2(\boldsymbol{\theta})=\sum_{j=1}^{n}\varepsilon_j^2=\sum_{j=1}^{n}(y_j-\boldsymbol{\varphi}_j^{\mathrm{T}}\boldsymbol{\theta})^2. \tag{5.2.7}$$

对 $\boldsymbol{\theta}$ 求偏导 (本书定义标量对列向量的偏导为列向量), 并令其为零可得

$$\begin{aligned}\frac{\partial J_2(\boldsymbol{\theta})}{\partial\boldsymbol{\theta}}&=-2\sum_{j=1}^{n}\boldsymbol{\varphi}_j(y_j-\boldsymbol{\varphi}_j^{\mathrm{T}}\boldsymbol{\theta})\\&=-2\left[\sum_{j=1}^{n}\boldsymbol{\varphi}_jy_j-\left(\sum_{j=1}^{n}\boldsymbol{\varphi}_j\boldsymbol{\varphi}_j^{\mathrm{T}}\right)\boldsymbol{\theta}\right]=\mathbf{0}.\end{aligned}$$

或

$$\sum_{j=1}^{n}\boldsymbol{\varphi}_jy_j-\left(\sum_{j=1}^{n}\boldsymbol{\varphi}_j\boldsymbol{\varphi}_j^{\mathrm{T}}\right)\boldsymbol{\theta}=\mathbf{0}.$$

故 $\boldsymbol{\theta}$ 的最小二乘估计为

$$\hat{\boldsymbol{\theta}}=\left(\sum_{j=1}^{n}\boldsymbol{\varphi}_j\boldsymbol{\varphi}_j^{\mathrm{T}}\right)^{-1}\sum_{j=1}^{n}\boldsymbol{\varphi}_jy_j. \tag{5.2.8}$$

将 $\boldsymbol{\varphi}_j$ 的定义式 (5.2.5) 代入上式, 即得式 (5.2.4).

定义

$$\boldsymbol{Y}_n:=\begin{bmatrix}y_1\\y_2\\\vdots\\y_n\end{bmatrix}\in\mathbb{R}^n,\quad \boldsymbol{H}_n:=\begin{bmatrix}\boldsymbol{\varphi}_1^{\mathrm{T}}\\\boldsymbol{\varphi}_2^{\mathrm{T}}\\\vdots\\\boldsymbol{\varphi}_n^{\mathrm{T}}\end{bmatrix}\in\mathbb{R}^{n\times 2},\quad \boldsymbol{\varepsilon}_n:=\begin{bmatrix}\varepsilon_1\\\varepsilon_2\\\vdots\\\varepsilon_n\end{bmatrix}\in\mathbb{R}^n.$$

由于

$$\boldsymbol{H}_n^{\mathrm{T}}\boldsymbol{H}_n=[\boldsymbol{\varphi}_1,\boldsymbol{\varphi}_2,\cdots,\boldsymbol{\varphi}_n]\begin{bmatrix}\boldsymbol{\varphi}_1^{\mathrm{T}}\\\boldsymbol{\varphi}_2^{\mathrm{T}}\\\vdots\\\boldsymbol{\varphi}_n^{\mathrm{T}}\end{bmatrix}=\sum_{j=1}^{n}\boldsymbol{\varphi}_j\boldsymbol{\varphi}_j^{\mathrm{T}},$$

$$\boldsymbol{H}_n^{\mathrm{T}}\boldsymbol{Y}_n=[\boldsymbol{\varphi}_1,\boldsymbol{\varphi}_2,\cdots,\boldsymbol{\varphi}_n]\begin{bmatrix}y_1\\y_2\\\vdots\\y_n\end{bmatrix}=\sum_{j=1}^{n}\boldsymbol{\varphi}_jy_j,$$

所以式 (5.2.8) 的最小二乘估计可以表示为

$$\hat{\boldsymbol{\theta}} = (\boldsymbol{H}_n^{\mathrm{T}}\boldsymbol{H}_n)^{-1}\boldsymbol{H}_n^{\mathrm{T}}\boldsymbol{Y}_n. \tag{5.2.9}$$

由式 (5.2.6) 可知,

$$\varepsilon_j = y_j - \boldsymbol{\varphi}_j^{\mathrm{T}}\boldsymbol{\theta}.$$

当 $j = 1, 2, \cdots, n$ 时, 共得 n 方程,

$$\begin{cases} \varepsilon_1 = y_1 - \boldsymbol{\varphi}_1^{\mathrm{T}}\boldsymbol{\theta}, \\ \varepsilon_2 = y_2 - \boldsymbol{\varphi}_2^{\mathrm{T}}\boldsymbol{\theta}, \\ \quad\vdots \\ \varepsilon_n = y_n - \boldsymbol{\varphi}_n^{\mathrm{T}}\boldsymbol{\theta}. \end{cases}$$

把它们写成向量形式为

$$\begin{bmatrix} \varepsilon_1 \\ \varepsilon_2 \\ \vdots \\ \varepsilon_n \end{bmatrix} = \begin{bmatrix} y_1 \\ y_2 \\ \vdots \\ y_n \end{bmatrix} - \begin{bmatrix} \boldsymbol{\varphi}_1^{\mathrm{T}} \\ \boldsymbol{\varphi}_2^{\mathrm{T}} \\ \vdots \\ \boldsymbol{\varphi}_n^{\mathrm{T}} \end{bmatrix} \boldsymbol{\theta}.$$

即得误差向量方程,

$$\boldsymbol{\varepsilon}_n = \boldsymbol{Y}_n - \boldsymbol{H}_n\boldsymbol{\theta}. \tag{5.2.10}$$

令 $\|\boldsymbol{X}\|^2 := \mathrm{tr}[\boldsymbol{X}\boldsymbol{X}^{\mathrm{T}}]$. 准则函数 J_2 可以写成向量乘积形式,

$$\begin{aligned} J_2(\boldsymbol{\theta}) &= \sum_{j=1}^{n} \varepsilon_j^2 = \boldsymbol{\varepsilon}_n^{\mathrm{T}}\boldsymbol{\varepsilon}_n \\ &= (\boldsymbol{Y}_n - \boldsymbol{H}_n\boldsymbol{\theta})^{\mathrm{T}}(\boldsymbol{Y}_n - \boldsymbol{H}_n\boldsymbol{\theta}) \\ &= \|\boldsymbol{Y}_n - \boldsymbol{H}_n\boldsymbol{\theta}\|^2. \end{aligned}$$

将式 (5.2.9) 参数估计代入上式, 可得数据长度为 n 时的 **准则函数值**:

$$\begin{aligned} J_2(\hat{\boldsymbol{\theta}}) &= (\boldsymbol{Y}_n - \boldsymbol{H}_n\hat{\boldsymbol{\theta}})^{\mathrm{T}}(\boldsymbol{Y}_n - \boldsymbol{H}_n\hat{\boldsymbol{\theta}}) \\ &= [\boldsymbol{Y}_n - \boldsymbol{H}_n(\boldsymbol{H}_n^{\mathrm{T}}\boldsymbol{H}_n)^{-1}\boldsymbol{H}_n^{\mathrm{T}}\boldsymbol{Y}_n]^{\mathrm{T}}[\boldsymbol{Y}_n - \boldsymbol{H}_n(\boldsymbol{H}_n^{\mathrm{T}}\boldsymbol{H}_n)^{-1}\boldsymbol{H}_n^{\mathrm{T}}\boldsymbol{Y}_n] \\ &= \boldsymbol{Y}_n^{\mathrm{T}}[\boldsymbol{I}_n - \boldsymbol{H}_n(\boldsymbol{H}_n^{\mathrm{T}}\boldsymbol{H}_n)^{-1}\boldsymbol{H}_n^{\mathrm{T}}]^{\mathrm{T}}[\boldsymbol{I}_n - \boldsymbol{H}_n(\boldsymbol{H}_n^{\mathrm{T}}\boldsymbol{H}_n)^{-1}\boldsymbol{H}_n^{\mathrm{T}}]\boldsymbol{Y}_n \\ &= \boldsymbol{Y}_n^{\mathrm{T}}[\boldsymbol{I}_n - \boldsymbol{H}_n(\boldsymbol{H}_n^{\mathrm{T}}\boldsymbol{H}_n)^{-1}\boldsymbol{H}_n^{\mathrm{T}}]^2\boldsymbol{Y}_n \\ &= \boldsymbol{Y}_n^{\mathrm{T}}[\boldsymbol{I}_n - \boldsymbol{H}_n(\boldsymbol{H}_n^{\mathrm{T}}\boldsymbol{H}_n)^{-1}\boldsymbol{H}_n^{\mathrm{T}}]\boldsymbol{Y}_n. \end{aligned}$$

5.2.2 梯度搜索原理

梯度迭代或最速下降搜索方法, 或梯度方法是十分基本而又最为古老的一种搜索方法, 它的迭代过程简单, 使用方便, 而且又是理解其他一些迭代方法的基础[190]. 下面先介绍一个简单迭代算法.

1. **一个简单迭代算法**

对于方程

$$5x = 20,$$

其解为 $x = \dfrac{20}{5} = 4$. 但也可以进行迭代求解, 把方程变换为

$$(5-a)x = 20 - ax, \quad a > 0.$$

两边除以 $(5-a)$ 得到

$$x = \frac{20 - ax}{5 - a}.$$

采用迭代方法求解: 把方程左边的 x 换为 x_k, 右边的 x 换为 x_{k-1}, 可得递归方程

$$x_k = \frac{20 - ax_{k-1}}{5 - a}, \quad k = 1, 2, 3, \cdots. \tag{5.2.11}$$

取初值 $x_0 = 1$, 当 $a = 0.1$ 和 $a = 0.5$ 时, x 的迭代解 x_k 如表 5.2.1 所示; 当 $a = 1.0$ 和 $a = 2.2$ 时, x 的迭代解 x_k 如表 5.2.2 所示, 迭代误差 $\delta := \dfrac{|x_k - x|}{|x|} \times 100\%$ 随 k 变化情况如图 5.2.2 所示.

表 5.2.1 $\boldsymbol{x}$ 的迭代解 $\boldsymbol{x_k}$ ($a = 0.1$ 和 $a = 0.5$)

$a = 0.1$			$a = 0.5$		
迭代次数 k	迭代解 x_k	误差 $\delta(\%)$	迭代次数 k	迭代解 x_k	误差 $\delta(\%)$
0	1.00000000	75.00000000	0	1.00000000	75.00000000
1	4.06122449	1.53061224	1	4.33333333	8.33333333
2	3.99875052	0.03123698	2	3.96296296	0.92592593
3	4.00002550	0.00063749	3	4.00411523	0.10288066
4	3.99999948	0.00001301	4	3.99954275	0.01143118
5	4.00000001	0.00000027	5	4.00005081	0.00127013
6	4.00000000	0.00000001	6	3.99999435	0.00014113
7	4.00000000	0.00000000	7	4.00000063	0.00001568
8	4.00000000	0.00000000	8	3.99999993	0.00000174
9	4.00000000	0.00000000	9	4.00000001	0.00000019
10	4.00000000	0.00000000	10	4.00000000	0.00000002
真解	4.00000000		真解	4.00000000	

表 5.2.2 $\boldsymbol{x}$ 的迭代解 $\boldsymbol{x_k}$ ($a = 1.0$ 和 $a = 2.2$)

$a = 1.0$			$a = 2.2$		
迭代次数 k	迭代解 x_k	误差 $\delta(\%)$	迭代次数 k	迭代解 x_k	误差 $\delta(\%)$
0	1.00000000	75.00000000	0	1.00000000	75.00000000
1	4.75000000	18.75000000	1	6.35714286	58.92857143
2	3.81250000	4.68750000	2	2.14795918	46.30102041
3	4.04687500	1.17187500	3	5.45517493	36.37937318
4	3.98828125	0.29296875	4	2.85664827	28.58379321
5	4.00292969	0.07324219	5	4.89834779	22.45869467
6	3.99926758	0.01831055	6	3.29415531	17.64611724
7	4.00018311	0.00457764	7	4.55459226	13.86480640
8	3.99995422	0.00114441	8	3.56424894	10.89377646
9	4.00001144	0.00028610	9	4.34237583	8.55939579
10	3.99999714	0.00007153	10	3.73099042	6.72523955
真解	4.00000000		真解	4.00000000	

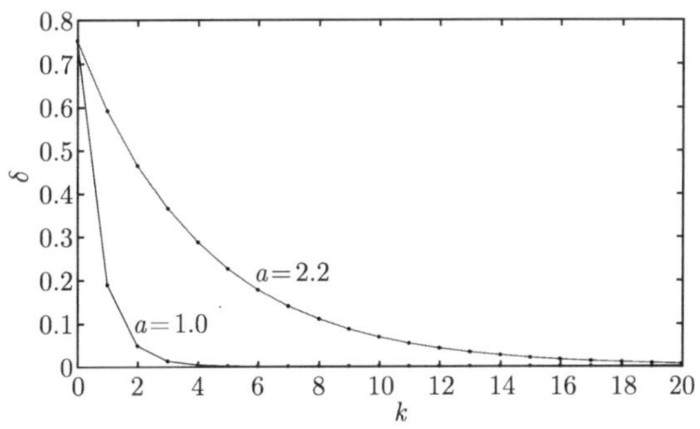

图 5.2.2 迭代误差 δ 随 k 变化曲线 ($a=1.0$ 和 $a=2.2$)

从表 5.2.1、表 5.2.2 可以看出, 随着 a 值增大, 迭代解精度变低, 迭代解误差 δ 变大; 随着 a 值减小, 迭代解收敛于真解 $x=4$ 的速度变快. 当 $a\geqslant 2.5$ 时, 迭代解 x_k 不收敛, 原因很简单, 因为迭代解 (5.2.11) 对应的离散系统特征值在单位圆上或单位圆外, 系统不稳定, 迭代解发散, 不收敛于真解.

Matlab 程序

把下列程序写到 Iterative01.m 文件中, 依次运行 a=0.1, 0.5, 1.0 and 2.2, 可得到表 5.2.1、表 5.2.2 的迭代解和误差.

```
%-----------------------------------------------------------------*
% Filename: Iterative01.m for the linear equation:               *
% 5x=20,                                                          *
% The iterative algorithm:                                        *
% x(k)=[20-a*x(k-1)]/(5-a), x(0)=1                                *
% a=0.1, 0.5, 1.0 and 2.2                                         *
% Feng Ding                                                       *
% Carleton University, Ottawa, Canada                             *
% July 8, 2008                                                    *
%-----------------------------------------------------------------*
 clear; format short g
 M='The iterative algorithm for 5x=20'
% 5x=20 --> (5-a)x=20-ax --> x=(20-ax)/(5-a)
 x0=20/5; % The true solution
 a=2.2; % a=0.1, 0.5, 1.0 and 2.2
 x=1; % The inital value x=x(0)=1;  1, 8
 delta=abs(x-x0)/x0*100; % The error
 ls=[0, x, delta];
 for k=1:20
     x=(20-a*x)/(5-a); % x_k
     delta=abs(x-x0)/x0*100; % The error
     ls=[ls; k, x, delta];
 end
 fprintf('a=%5.2f\n %s\n',a,'$k$ & $x(k)$ & $\delta\ (\%)\ \ $\\\hline')
 fprintf('%5d & %12.8f & %12.8f\\\\\n',ls');
 fprintf(' True solustion & %12.8f & %s\n',x0,' \\\hline');
 if a==1
     data1=[ls(:,1), ls(:,3)/100]
     save data1 data1
 else % a==2.2
     load data1
     z0=[data1, ls(:,3)/100];
```

```
        figure(1); jk=z0(:,1);
        plot(jk,z0(:,2),'k',jk,z0(:,2),'k.',...
            jk,z0(:,3),'b',jk,z0(:,3),'k.'); % The error curve
        text(6,0.215,'{\ita} = 2.2')
        text(2, 0.1,'{\ita} = 1.0')
    end
    xlabel('\it          k'); ylabel('\it     \delta');
```

从这个例子可知, 迭代求解算法是非常有用的. 求解代数方程组 $\boldsymbol{A}\boldsymbol{x}=\boldsymbol{b}$ 的雅可比 (Jacobi) 迭代和高斯 – 赛德尔 (Gauss-Seidel) 迭代是非常著名的迭代方法. 最近, 本书作者等提出了求解 (线性或非线性) 代数方程的递阶梯度迭代算法和递阶最小二乘迭代算法, 可用于求解 $\boldsymbol{A}\boldsymbol{x}=\boldsymbol{b}$, $\boldsymbol{A}\boldsymbol{X}\boldsymbol{B}=\boldsymbol{F}$, 西尔维斯特矩阵方程 $\boldsymbol{A}\boldsymbol{X}+\boldsymbol{X}\boldsymbol{B}=\boldsymbol{F}$, 以及一般矩阵方程[191, 192]

$$\boldsymbol{A}_1\boldsymbol{X}\boldsymbol{B}_1+\boldsymbol{A}_2\boldsymbol{X}\boldsymbol{B}_2+\cdots+\boldsymbol{A}_p\boldsymbol{X}\boldsymbol{B}_p=\boldsymbol{F},$$

和一般耦合矩阵方程[193, 194]

$$\begin{cases}\boldsymbol{A}_{11}\boldsymbol{X}_1\boldsymbol{B}_{11}+\boldsymbol{A}_{12}\boldsymbol{X}_2\boldsymbol{B}_{12}+\cdots+\boldsymbol{A}_{1p}\boldsymbol{X}_p\boldsymbol{B}_{1p}=\boldsymbol{F}_1,\\ \boldsymbol{A}_{21}\boldsymbol{X}_1\boldsymbol{B}_{21}+\boldsymbol{A}_{22}\boldsymbol{X}_2\boldsymbol{B}_{22}+\cdots+\boldsymbol{A}_{2p}\boldsymbol{X}_p\boldsymbol{B}_{2p}=\boldsymbol{F}_2,\\ \quad\cdots\\ \boldsymbol{A}_{p1}\boldsymbol{X}_1\boldsymbol{B}_{p1}+\boldsymbol{A}_{p2}\boldsymbol{X}_2\boldsymbol{B}_{p2}+\cdots+\boldsymbol{A}_{pp}\boldsymbol{X}_p\boldsymbol{B}_{pp}=\boldsymbol{F}_p.\end{cases}$$

这里 $\boldsymbol{X}$ 和 $\boldsymbol{X}_j$ 是未知矩阵, $\boldsymbol{A},\boldsymbol{B},\boldsymbol{F},\boldsymbol{F}_i,\boldsymbol{A}_i,\boldsymbol{B}_i,\boldsymbol{A}_{ij}$ 和 $\boldsymbol{B}_{ij}$ 为适当维数常数矩阵. 详细内容可参见 “递阶辨识原理与方法” 一章.

2. **梯度搜索原理**

假定无约束极值问题,

$$\min f(\boldsymbol{x}),\quad \boldsymbol{x}\in\mathbb{R}^n,$$

其中 $\mathbb{R}^n$ 为 n 维欧氏空间 (Euclidean space), **目标函数** $f(\boldsymbol{x})$ 有一阶连续偏导数, 具有极小点 $\boldsymbol{x}^*$. 以 $\boldsymbol{x}^{(k)}$ 表示极小点的第 k 次近似. 为了求得第 $k+1$ 次近似点 $\boldsymbol{x}^{(k+1)}$. 在点 $\boldsymbol{x}^{(k)}$ 沿方向 $\boldsymbol{p}^{(k)}$ 作射线

$$\boldsymbol{x}=\boldsymbol{x}^{(k)}+\lambda\boldsymbol{p}^{(k)},\ \lambda\geqslant 0.$$

将 $f(\boldsymbol{x})$ 在 $\boldsymbol{x}^{(k)}$ 点处展成 **泰勒级数** (Taylor series):

$$\begin{aligned}f(\boldsymbol{x})&=f(\boldsymbol{x}^{(k)}+\lambda\boldsymbol{p}^{(k)})\\&=f(\boldsymbol{x}^{(k)})+\lambda[\nabla f(\boldsymbol{x}^{(k)})]^{\mathrm{T}}\boldsymbol{p}^{(k)}+\mathrm{o}(\lambda),\end{aligned}$$

其中 $\nabla f(\boldsymbol{x}^{(k)})$ 或 $\mathrm{grad}[f(\boldsymbol{x}^{(k)})]$ 为 $f(\boldsymbol{x})$ 在点 $\boldsymbol{x}^{(k)}$ 的 **梯度** (gradient), 且

$$\lim_{\lambda\to 0}\frac{\mathrm{o}(\lambda)}{\lambda}=0.$$

对于充分小的 λ, 只要

$$[\nabla f(\boldsymbol{x}^{(k)})]^{\mathrm{T}}\boldsymbol{p}^{(k)}<0, \tag{5.2.12}$$

就可保证 $f(\boldsymbol{x}^{(k)}+\lambda\boldsymbol{p}^{(k)})<f(\boldsymbol{x}^{(k)})$. 这时若取

$$\boldsymbol{x}^{(k+1)}=\boldsymbol{x}^{(k)}+\lambda\boldsymbol{p}^{(k)},$$

就能通过迭代, 使目标函数值得到改善.

下面再考察不同的方向 $\boldsymbol{p}^{(k)}$. 假定 $\boldsymbol{p}^{(k)}$ 的模一定, 且不为 0, 并设 $\nabla f(\boldsymbol{x}^{(k)})\neq 0$ (否则, $\boldsymbol{x}^{(k)}$ 是一驻点), 使式 (5.2.12) 成立的 $\boldsymbol{p}^{(k)}$ 有无限多个. 为了使目标函数能得到尽量大的改善, 必须寻求使 $[\nabla f(\boldsymbol{x}^{(k)})]^{\mathrm{T}}\boldsymbol{p}^{(k)}$ 取最小值的 $\boldsymbol{p}^{(k)}$. 由线性代数知道

$$[\nabla f(\boldsymbol{x}^{(k)})]^{\mathrm{T}}\boldsymbol{p}^{(k)}=\|\nabla f(\boldsymbol{x}^{(k)})\|\cdot\|\boldsymbol{p}^{(k)}\|\cos\gamma,$$

其中 γ 为向量 $\nabla f(\boldsymbol{x}^{(k)})$ 与 $\boldsymbol{p}^{(k)}$ 的夹角. 当 $\boldsymbol{p}^{(k)}$ 与 $\nabla f(\boldsymbol{x}^{(k)})$ 同向时, $\gamma=0^\circ$, $\cos\gamma=1$, $[\nabla f(\boldsymbol{x}^{(k)})]^{\mathrm{T}}\boldsymbol{p}^{(k)}$ 取最大值; 当 $\boldsymbol{p}^{(k)}$ 与 $\nabla f(\boldsymbol{x}^{(k)})$ 反向时, $\gamma=180^\circ$, $\cos\gamma=-1$, 这时式 (5.2.12) 成立, 而且其左端取最小值, 我们称方向

$$\boldsymbol{p}^{(k)}=-\nabla f(\boldsymbol{x}^{(k)})$$

为负梯度方向, 它是使函数值下降最快的方向 (在 $\boldsymbol{x}^{(k)}$ 的某一小范围内). 在最小化问题中, 寻求的正是这一方向. 为了得到下一个近似极小, 在选定了搜索方向后, 还要确定步长 λ, 有很多方法可用于选择步长 λ.

一种方法就是取 λ 为某一常数进行试算, 检验是否满足不等式

$$f(\boldsymbol{x}^{(k)}-\lambda\nabla f(\boldsymbol{x}^{(k)}))<f(\boldsymbol{x}^{(k)}). \tag{5.2.13}$$

若上述不等式成立, 就可以迭代下去, 否则缩小 λ 使其满足式 (5.2.13). 由于采用负梯度方向, 满足不等式 (5.2.13) 的 λ 是存在的.

另一种方法是解

$$\min_{\lambda\geqslant 0} f(\boldsymbol{x}^{(k)}-\lambda\nabla f(\boldsymbol{x}^{(k)})). \tag{5.2.14}$$

即通过负梯度方向的一维搜索来确定使 $f(\boldsymbol{x})$ 最小的 $\lambda=\lambda_k$. 这种梯度法就是所谓的最速下降法. **最速下降法** (steepest descent method) 是一种最基本的算法, 由法国数学家 Cauchy 于 1847 年首先提出. 在每次迭代中, 沿最速下降方向 (负梯度方向) 进行搜索, 每步沿负梯度方向取最优步长, 因此这种方法也称为最优梯度法. 特点是方法简单, 只以一阶梯度的信息确定下一步的搜索方向, 工作量小, 存储变量较少, 初始点要求不高, 但收敛速度慢, 越是接近极值点, 收敛越慢; 最速下降法适用于寻优过程的前期迭代, 当接近极值点时, 宜选用其他收敛快的算法.

3. **梯度迭代算法实现**

现将最速下降法算法步骤总结如下.

(1) 给定初始近似点 $\boldsymbol{x}_0\in\mathbb{R}^n$ 及精度 $\varepsilon>0$, 置 $k=0$.

(2) 对于 $\boldsymbol{x}^{(k)}$, 如 $\|\nabla f(\boldsymbol{x}^{(k)})\|\leqslant\varepsilon$, 则 $\boldsymbol{x}^{(k)}$ 为所求得近似解, 如 $\|\nabla f(\boldsymbol{x}^{(k)})\|>\varepsilon$, 则用试探法选择一个小步长 λ_k, 确定下一个近似点

$$\boldsymbol{x}^{(k+1)}=\boldsymbol{x}^{(k)}-\lambda_k\nabla f(\boldsymbol{x}^{(k)}),$$

或用一维搜索法求步长 λ_k, 用式 (5.2.14) 求最佳的步长 λ_k, 即函数

$$g(\lambda) = f(\boldsymbol{x}^{(k)} - \lambda \nabla f(\boldsymbol{x}^{(k)})) \tag{5.2.15}$$

的最小值点 $\lambda = \lambda_k$, 并确定下一个近似点

$$\boldsymbol{x}^{(k+1)} = \boldsymbol{x}^{(k)} - \lambda_k \nabla f(\boldsymbol{x}^{(k)}),$$

或

$$\boldsymbol{x}^{(k+1)} = \boldsymbol{x}^{(k)} - \lambda_k \mathrm{grad}[f(\boldsymbol{x}^{(k)})], \tag{5.2.16}$$

k 增 1, 转到第 2 步, 直到达到要求的精度为止.

例 5.2.1　求 $\min f(\boldsymbol{x}) = \min(x_1^2 + 4x_2^2)$, $\varepsilon = 0.10$ (保留两位小数).

结合计算步骤, 取 $\boldsymbol{x}^{(0)} = (2,2)^{\mathrm{T}}$. 计算梯度:

$$\nabla f(\boldsymbol{x}^{(k)}) = (2x_1, 8x_2)^{\mathrm{T}},\ \nabla f(\boldsymbol{x}^{(0)}) = (4,16)^{\mathrm{T}},\ \|\nabla f(\boldsymbol{x}^{(0)})\| = \sqrt{4^2+16^2} > 16.49 > \varepsilon,$$

故需进一步迭代求 $f(\boldsymbol{x}^{(1)})$. 对于

$$\min_{\lambda \geqslant 0} f(\boldsymbol{x}^{(0)} - \lambda \nabla f(\boldsymbol{x}^{(0)})),$$

记

$$\begin{aligned}\varphi(\lambda) &= f(\boldsymbol{x}^{(0)} - \lambda \nabla f(\boldsymbol{x}^{(0)})) = f(2-4\lambda, 2-16\lambda) \\ &= (2-4\lambda)^2 + 4(2-16\lambda)^2.\end{aligned}$$

显然 $\varphi''(\lambda) > 0$, 所以使 $\varphi'(\lambda) = 0$ 的即为所求得一维搜索极小点.

令 $\varphi'(\lambda) = 0$, 可得 $\lambda_0 \approx 0.13$, 所以

$$\boldsymbol{x}^{(1)} = \boldsymbol{x}^{(0)} - \lambda_0 \nabla f(\boldsymbol{x}^{(0)}) = (1.48, -0.08)^{\mathrm{T}},$$

$$\nabla f(\boldsymbol{x}^{(1)}) = (2.96, -0.64)^{\mathrm{T}},$$

$$\|\nabla f(\boldsymbol{x}^{(1)})\| = 3.03 > \varepsilon.$$

还需要继续迭代, 用同样的方法迭代, 各步情况见表 5.2.3, 其中 $\boldsymbol{x}^{(k)} = (x_1^{(k)}, x_2^{(k)})$.

表 5.2.3　梯度迭代计算结果

k	$(x_1^{(k)}, x_2^{(k)})$	$\nabla f(\boldsymbol{x}^{(k)})$	$\|\nabla f(\boldsymbol{x}^{(k)})\|$	λ_k
0	(2, 2)	(4, 16)	16.49	0.13
1	(1.48, −0.08)	(2.96, −0.64)	3.03	0.44
2	(0.18, 0.20)	(0.36, 1.60)	1.64	0.13
3	(0.13, 0.00)	(0.26, 0.00)	0.26	0.50
4	(0.00, 0.00)	(0.00, 0.00)	$0.00 < \varepsilon$	

由表可知近似最优解为 $\boldsymbol{x}^{(4)} = (0,0)^{\mathrm{T}}$, 事实上它也是真实最优解.

5.2.3 牛顿迭代方法

牛顿迭代方法 (Newton iterative method) 是求解非线性方程 $f(x)=0$ 的一种重要和常用的迭代方法, 其基本思想是将非线性函数逐步线性化, 从而将非线性方程 $f(x)=0$ 近似的转化为线性方程来求解[190].

1. **求方程的根或函数的零点**

计算实系数 x 的二次三项式

$$f(x)=ax^2+bx+c,\ a\neq 0$$

的零点, 即方程 $ax^2+bx+c=0$ 的根, 可以利用求根公式

$$x=\frac{-b\pm\sqrt{b^2-4ac}}{2a}.$$

求 3 次和 4 次实系数多项式的零点, 也有相应的代数求根公式. 但是, **Abel 定理** 告诉我们, 一般 5 次及 5 次以上实系数方程

$$a_0x^n+a_1x^{n-1}+a_2x^{n-2}+\cdots+a_{n-1}x+a_n=0,\ a_0\neq 0,\ n\geqslant 5,$$

的代数求根公式不存在. 为求解高于 5 次方程的根, 牛顿迭代方法就显示出独到优点. 当然, 牛顿方法也适合求非多项式方程的根.

牛顿方法 (Newton method) 可以找已知函数的近似零点. 假设函数 $f(x)$ 在闭区间 $[a,b]$ 上可微, 且 $f(a)f(b)<0$. 目的是在 $[a,b]$ 内找一点 r 是 $f(x)=0$ 的根. 设函数 $f(x)$ 如图 5.2.3 所示, $f(x)$ 有根 $x=r$.

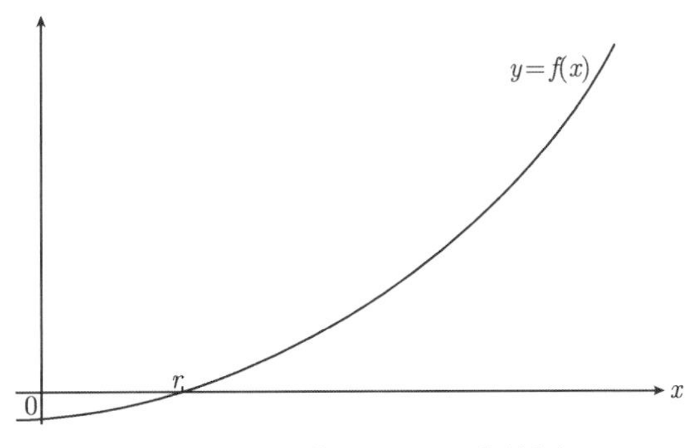

图 5.2.3 函数 $y=f(x)$ 曲线图

设点 x_0 是 r 的一个初始近似根, 在点 x_0 作横轴垂线交函数曲线于点 $(x_0,f(x_0))$, 在点 $(x_0,f(x_0))$ 作切线交横轴于一个新点 x_1, 参见图 5.2.4. 那么 x_1 是 r 的一个比 x_0 更好的一个近似; 现在重复这个过程, 得到一系列点 $x_2, x_3, \cdots$, 直到足够接近 r. 图 5.2.5 说明了确定 x_2 的过程.

下面用数学表达式描述这个过程. 由图 5.2.4 知, 通过点 $(x_0,f(x_0))$ 切线的斜率等于过点 $(x_1,0)$ 和点 $(x_0,f(x_0))$ 直线的斜率, 即

$$f'(x_0)=\frac{0-f(x_0)}{x_1-x_0}.$$

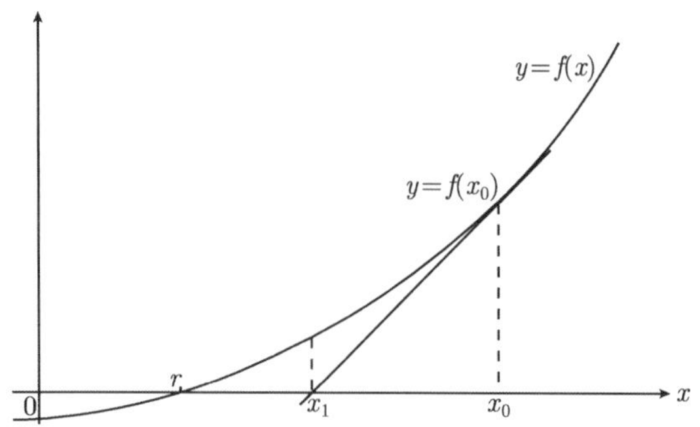

图 5.2.4　经过点 $(x_0, f(x_0))$ 的切线图

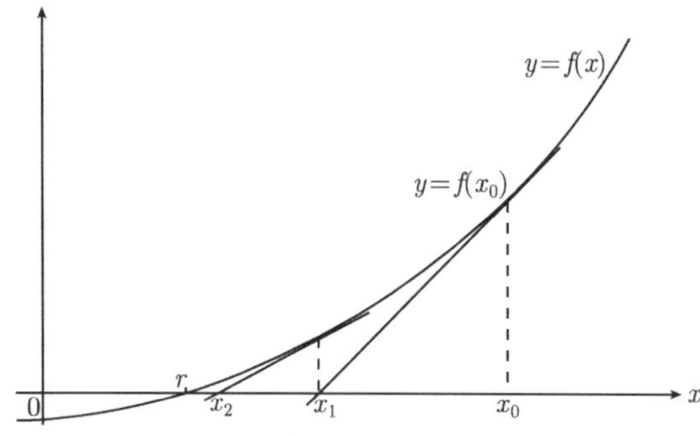

图 5.2.5　经过点 $(x_1, f(x_1))$ 的切线图

或

$$x_1 = x_0 - \frac{f(x_0)}{f'(x_0)}.$$

重复这个过程, 得到求解函数 $f(x)$ 零点或方程 $f(x)=0$ 的根的迭代公式,

$$x_k = x_{k-1} - \frac{f(x_{k-1})}{f'(x_{k-1})},\ k=1,2,3,\cdots. \tag{5.2.17}$$

这个迭代技术就是牛顿方法的核心, 它很容易用计算机程序实现.

例 5.2.2　考虑函数 $f(x)=x^7+9x^5-13x-17$. 区间 $[1,2]$ 上有一个根 [因为 $f(1)<0$, $f(2)>0$]. 设初始点 $x_0=1$, 使用牛顿方法计算的结果如表 5.2.4 所示.

表 5.2.4　牛顿迭代计算结果

k	x_{k-1}	$f(x_{k-1})$	$f'(x_{k-1})$	x_k
1	1.000000000	−20.00000000	39.0000000	1.512820513
2	1.512820513	52.78287188	306.6130739	1.340672368
3	1.340672368	12.33751268	173.0270062	1.269368397
4	1.269368397	1.46911353	133.1159618	1.258332053
5	1.258332053	0.03053547	127.6107243	1.258092767
6	1.258092767	0.00001407	127.4932403	1.258092657

在迭代计算 6 次后, 根 r 的一个近似为 $r=1.258092657$, 精度达到 10^{-6}.

2. **求函数极值**

牛顿方法 是一个著名的找一个或多个自变量方程根的算法. 它可以用来找标量函数 $f(x)$ 的局部最大和最小点 x^*. 如果 x^* 是 $f(x)$ 的平衡点, 那么 x^* 是 $f(x)$ 导数 $f'(x)$ 的根. 因此, 牛顿方法可应用于导函数 $f'(x)$. 假设 $f(x)$ 是一个二次可微函数, 选择初值 x_0 足够接近 x^*, 那么由下式定义的序列 $\{x_k,\ k=1,2,3,\cdots\}$ 收敛于 x^*,

$$x_k = x_{k-1} - \frac{f'(x_{k-1})}{f''(x_{k-1})}. \tag{5.2.18}$$

式 (5.2.18) 就是**求函数 $f(x)$ 极值点的牛顿迭代算法**.

这个迭代算法可以推广到多个自变量 (高维) 情形, 即求 **多元函数** $f(\boldsymbol{x}) = f(x_1, x_2, \cdots, x_n)$ 的极值. 对于多个自变量 $\boldsymbol{x} = (x_1, x_2, \cdots, x_n)$, 只需把导数用 **梯度**

$$\text{grad}[f(\boldsymbol{x})] := \frac{\partial f(\boldsymbol{x})}{\partial \boldsymbol{x}} = \begin{bmatrix} \dfrac{\partial f(\boldsymbol{x})}{\partial x_1} \\ \dfrac{\partial f(\boldsymbol{x})}{\partial x_2} \\ \vdots \\ \dfrac{\partial f(\boldsymbol{x})}{\partial x_n} \end{bmatrix} \in \mathbb{R}^n$$

代替 [梯度有时也用 $\nabla f(\boldsymbol{x})$ 表示], 二阶导数换为 Hessian 矩阵 $\boldsymbol{H}(\boldsymbol{x})$, 就可得到**求多元函数 $f(\boldsymbol{x})$ 极值点的牛顿迭代算法**,

$$\boldsymbol{x}_k = \boldsymbol{x}_{k-1} - [\boldsymbol{H}(\boldsymbol{x}_{k-1})]^{-1}\text{grad}[f(\boldsymbol{x}_{k-1})], \quad \boldsymbol{H}(\boldsymbol{x}) = \frac{\partial^2 f(\boldsymbol{x})}{\partial \boldsymbol{x}\partial \boldsymbol{x}^{\mathrm{T}}}. \tag{5.2.19}$$

通常在牛顿方法中引入一个 **收敛因子** 或小 **步长** (step-size) μ 或 **变步长因子** μ_k, 得到

$$\boldsymbol{x}_k = \boldsymbol{x}_{k-1} - \mu_k[\boldsymbol{H}(\boldsymbol{x}_{k-1})]^{-1}\text{grad}[f(\boldsymbol{x}_{k-1})],\ k=1,2,3,\cdots \tag{5.2.20}$$

梯度 定义为函数 $f(\boldsymbol{x}) = f(x_1, x_2, \cdots, x_n)$ 对列向量 $\boldsymbol{x} \in \mathbb{R}^n$ 的一阶偏导数, 本书把梯度定义为一个列向量. 海赛矩阵是函数 $f(\boldsymbol{x}) = f(x_1, x_2, \cdots, x_n)$ 的二阶偏导数, 即梯度对 $\boldsymbol{x}^{\mathrm{T}}$ 的导数. **海赛矩阵** (Hessian matrix) 定义为

$$\boldsymbol{H}(\boldsymbol{x}) := \frac{\partial f(\boldsymbol{x})}{\partial \boldsymbol{x}\partial \boldsymbol{x}^{\mathrm{T}}} = \frac{\partial \text{grad}[f(\boldsymbol{x})]}{\partial \boldsymbol{x}^{\mathrm{T}}} = \begin{bmatrix} \dfrac{\partial^2 f(\boldsymbol{x})}{\partial x_1^2} & \dfrac{\partial^2 f(\boldsymbol{x})}{\partial x_1 \partial x_2} & \cdots & \dfrac{\partial^2 f(\boldsymbol{x})}{\partial x_1 \partial x_n} \\ \dfrac{\partial^2 f(\boldsymbol{x})}{\partial x_2 \partial x_1} & \dfrac{\partial^2 f(\boldsymbol{x})}{\partial x_2^2} & \cdots & \dfrac{\partial^2 f(\boldsymbol{x})}{\partial x_2 \partial x_n} \\ \vdots & \vdots & & \vdots \\ \dfrac{\partial^2 f(\boldsymbol{x})}{\partial x_n \partial x_1} & \dfrac{\partial^2 f(\boldsymbol{x})}{\partial x_n \partial x_2} & \cdots & \dfrac{\partial^2 f(\boldsymbol{x})}{\partial x_n^2} \end{bmatrix} \in \mathbb{R}^{n\times n}.$$

牛顿方法的几何解释

在每一次迭代中, $f(\boldsymbol{x})$ 用在 $\boldsymbol{x}=\boldsymbol{x}_{k-1}$ 的二次函数近似, 即用在点 $\boldsymbol{x}=\boldsymbol{x}_{k-1}$ 展开为 Taylor 级数的二次项来近似,

$$\begin{aligned}f(\boldsymbol{x})=&f(\boldsymbol{x}_{k-1})+f'(\boldsymbol{x}_{k-1})(\boldsymbol{x}-\boldsymbol{x}_{k-1})\\&+\frac{1}{2}(\boldsymbol{x}-\boldsymbol{x}_{k-1})^{\mathrm{T}}\boldsymbol{H}(\boldsymbol{x}_{k-1})(\boldsymbol{x}-\boldsymbol{x}_{k-1})+o(\|\boldsymbol{x}-\boldsymbol{x}_{k-1}\|^2).\end{aligned}$$

然后通过极小或极大这个二次函数来获得下一个点 $\boldsymbol{x}=\boldsymbol{x}_k$: 令 $f'(\boldsymbol{x})=\mathbf{0}$ 得到迭代解 (5.2.20). 牛顿方法比找极小或极大的梯度下降方法收敛速度快. 然而, 使用牛顿方法需要知道 $f(\boldsymbol{x})$ 的海赛矩阵, 这可能使计算困难. 有多种 **准牛顿方法** (quasi-Newton methods) 使用近似的海赛矩阵. 牛顿方法的不足之处是需要支付大量的计算, 它在每一步都要计算海赛矩阵及其逆.

如果牛顿迭代算法中的迭代变量 k 换为与时间有关的递推变量 t, 在辨识中就得到 **牛顿递推算法**. 李俊红等利用梯度搜索原理和牛顿迭代方法研究了非线性函数的参数估计问题[195].

如前所述, 迭代方法能够用于线性回归模型、伪线性回归模型以及非线性系统辨识算法的研究, 包括方程误差类模型 (CAR, CARMA, CARAR, CARARMA) 和输出误差类模型 (OE, OEMA, OEAR, Box-Jenkins).

本章应用迭代技术, 主要讨论线性系统受控自回归滑动平均模型 (CARMA) 和 Box-Jenkins 模型的迭代辨识问题. 非线性系统的迭代辨识可参考文献 [59], [151], [184]. 迭代辨识的相关研究成果和值得研究的课题如下.

(1) 受控自回归滑动平均 (CARMA) 模型的最小二乘迭代辨识方法[80].

(2) 动态调节模型的最小二乘迭代辨识方法[81].

(3) 有限数据长度下多变量 CARMA 系统的最小二乘迭代参数估计方法[196].

(4) 多变量 CARARMA 系统的最小二乘迭代辨识方法和梯度迭代辨识方法[197].

(5) 使用数据滤波的输出误差滑动平均系统 (OEMA) 的最小二乘递推辨识方法与最小二乘迭代辨识方法[97].

(6) 有限量测数据下 Box-Jenkins 模型的最小二乘迭代方法[36].

(7) 有限量测数据下 Box-Jenkins 模型的梯度迭代参数估计方法[40].

(8) 有限量测数据下输出误差系统和输出误差滑动平均系统梯度迭代辨识方法与最小二乘迭代辨识方法[30].

(9) 基于过参数化方法的 Hammerstein 非线性 ARMAX 系统的最小二乘迭代方法和递推增广最小二乘辨识方法[151].

(10) 基于过参数化方法的 Hammerstein 非线性 ARMAX 系统的梯度迭代方法和增广随机梯度辨识方法[184].

(11) 多变量系统 (multivariable ARX-like system) 的递阶梯度迭代辨识方法和递阶最小二乘迭代辨识方法[34, 44, 138].

(12) 一类非均匀采样输出误差系统的辅助模型最小二乘迭代辨识方法[198].

(13) 有色噪声系统的迭代辨识与递推辨识方法仿真比较研究[199].

(14) 双输入多率输出误差系统的辅助模型最小二乘迭代辨识方法[200].

(15) 多率多输入系统的最小二乘迭代辨识方法与梯度迭代辨识方法[35].

(16) 有色噪声干扰多变量系统的最小二乘迭代辨识和梯度迭代辨识.

(17) 有色噪声干扰 Hammerstein 非线性方程误差类系统的最小二乘迭代辨识和梯度迭代辨识.

(18) Hammerstein 非线性输出误差类系统的最小二乘迭代辨识和梯度迭代辨识[59].

(19) Wiener 非线性系统的最小二乘迭代辨识和梯度迭代辨识[189].

(20) 非均匀采样数据系统的最小二乘迭代辨识和梯度迭代辨识[201].

(21) 反馈回路非线性系统的最小二乘迭代辨识和梯度迭代辨识.

(22) 多变量受控自回归滑动平均系统 (multivariable CARMA-like system) 递阶增广最小二乘辨识算法与递阶最小二乘迭代算法[56].

(23) 多变量输出误差滑动平均系统 (multivariable OEMA-like system) 的递阶梯度迭代参数估计算法[57].

5.3 受控自回归滑动平均模型

为方便起见, 设 $\{u(t)\}$ 为系统输入序列, $\{y(t)\}$ 为系统观测输出序列, $\{v(t)\}$ 是零均值方差为 σ^2 的白噪声序列, z^{-1} 为单位后移算子: $z^{-1}y(t)=y(t-1)$ 或 $zy(t)=y(t+1)$, $A(z)$, $B(z)$, $C(z)$, $D(z)$ 和 $F(z)$ 是算子 z^{-1} 的常系数时不变多项式, 定义如下,

$$
\begin{aligned}
&A(z):=1+a_1z^{-1}+a_2z^{-2}+\cdots+a_{n_a}z^{-n_a},\ a_i\in\mathbb{R},\\
&B(z):=b_1z^{-1}+b_2z^{-2}+\cdots+b_{n_b}z^{-n_b},\ b_i\in\mathbb{R},\\
&C(z):=1+c_1z^{-1}+c_2z^{-2}+\cdots+c_{n_c}z^{-n_c},\ c_i\in\mathbb{R},\\
&D(z):=1+d_1z^{-1}+d_2z^{-2}+\cdots+d_{n_d}z^{-n_d},\ d_i\in\mathbb{R},\\
&F(z):=1+f_1z^{-1}+f_2z^{-2}+\cdots+f_{n_f}z^{-n_f},\ f_i\in\mathbb{R}.
\end{aligned}
$$

多项式系数 a_i, b_i, c_i, d_i 和 f_i 为模型参数, 设阶次 n_a, n_b, n_c, n_d 和 n_f 已知. 根据移位算子的性质, 有

$$
\begin{aligned}
A(z)y(t)&=(1+a_1z^{-1}+a_2z^{-2}+\cdots+a_{n_a}z^{-n_a})y(t)\\
&=y(t)+a_1y(t-1)+a_2y(t-2)+\cdots+a_{n_a}y(t-n_a),\\
B(z)u(t)&=(b_1z^{-1}+b_2z^{-2}+\cdots+b_{n_b}z^{-n_b})u(t)\\
&=b_1u(t-1)+b_2u(t-2)+\cdots+b_{n_b}u(t-n_b),\\
D(z)v(t)&=(1+d_1z^{-1}+d_2z^{-2}+\cdots+d_{n_d}z^{-n_d})v(t)\\
&=v(t)+d_1v(t-1)+d_2v(t-2)+\cdots+d_{n_d}v(t-n_d),\ \text{etc.}
\end{aligned}
$$

受控自回归滑动平均模型 (Controlled AutoRegressive Moving Average model, CARMA), 或称为 **带外加输入自回归滑动平均模型** (AutoRegressive Moving Average model with eXogenous input, ARMAX) 是一种应用非常广泛的系统模型. 现基于迭代技术、最小二乘原理和梯度搜索原理, 研究辨识 CARMA 模型的最小二乘迭代辨识方法和梯度迭代辨识方法. 与

CARMA 模型的递推增广最小二乘算法和增广随机梯度算法相比, 两个迭代算法在每一步迭代计算中, 同时利用了系统所有量测数据信息, 因而分别比同类的递推增广最小二乘算法和增广随机梯度递推算法具有更高的参数估计精度和很快的收敛速度.

考虑 CARMA/ARMAX 模型描述的系统:

$$A(z)y(t)=B(z)u(t)+D(z)v(t), \tag{5.3.1}$$

记 $n:=n_a+n_b+n_d$, 且 $t\leqslant 0$ 时, $y(t)=0$, $u(t)=0$, $v(t)=0$.

5.3.1 递推增广最小二乘辨识方法

先介绍 CARMA 模型的递推增广最小二乘算法, 并分析其问题, 进而引出最小二乘迭代辨识方法.

定义 **增广参数向量** (extended parameter vector) $\boldsymbol{\theta}$ 和包含噪声项的 **增广信息向量** (extended information vector) $\boldsymbol{\phi}(t)$ 如下,

$$\begin{aligned}\boldsymbol{\theta}&:=[a_1,a_2,\cdots,a_{n_a},b_1,b_2,\cdots,b_{n_b},d_1,d_2,\cdots,d_{n_d}]^{\mathrm{T}}\in\mathbb{R}^n,\\ \boldsymbol{\varphi}(t)&:=[-y(t-1),-y(t-2),\cdots,-y(t-n_a),u(t-1),u(t-2),\cdots,u(t-n_b),\\ &\qquad v(t-1),v(t-2),\cdots,v(t-n_d)]^{\mathrm{T}}\in\mathbb{R}^n.\end{aligned} \tag{5.3.2}$$

由式 (5.3.1) 可得 CARMA 系统的辨识模型:

$$\begin{aligned}y(t)&=[1-A(z)]y(t)+B(z)u(t)+D(z)v(t)\\ &=\boldsymbol{\varphi}^{\mathrm{T}}(t)\boldsymbol{\theta}+v(t).\end{aligned} \tag{5.3.3}$$

下列 **递推增广最小二乘算法** (Recursive Extended Least Squares algorithm, **RELS 算法**) 可以获得模型 (5.3.3) 参数向量 $\boldsymbol{\theta}$ 的估计 $\hat{\boldsymbol{\theta}}(t)$:

$$\hat{\boldsymbol{\theta}}(t)=\hat{\boldsymbol{\theta}}(t-1)+\boldsymbol{P}(t)\hat{\boldsymbol{\phi}}(t)[y(t)-\hat{\boldsymbol{\phi}}^{\mathrm{T}}(t)\hat{\boldsymbol{\theta}}(t-1)], \tag{5.3.4}$$

$$\boldsymbol{P}(t)=\boldsymbol{P}(t-1)-\frac{\boldsymbol{P}(t-1)\hat{\boldsymbol{\phi}}(t)\hat{\boldsymbol{\phi}}^{\mathrm{T}}(t)\boldsymbol{P}(t-1)}{1+\hat{\boldsymbol{\phi}}^{\mathrm{T}}(t)\boldsymbol{P}(t-1)\hat{\boldsymbol{\phi}}(t)},\ \boldsymbol{P}(0)=p_0\boldsymbol{I}, \tag{5.3.5}$$

$$\begin{aligned}\hat{\boldsymbol{\phi}}(t)&=[-y(t-1),-y(t-2),\cdots,-y(t-n_a),u(t-1),u(t-2),\cdots,u(t-n_b),\\ &\qquad \hat{v}(t-1),\hat{v}(t-2),\cdots,\hat{v}(t-n_d)]^{\mathrm{T}},\end{aligned} \tag{5.3.6}$$

$$\hat{v}(t)=y(t)-\hat{\boldsymbol{\phi}}^{\mathrm{T}}(t)\hat{\boldsymbol{\theta}}(t), \tag{5.3.7}$$

$$\hat{\boldsymbol{\theta}}(t)=[\hat{a}_1(t),\hat{a}_2(t),\cdots,\hat{a}_{n_a}(t),\hat{b}_1(t),\hat{b}_2(t),\cdots,\hat{b}_{n_b}(t),\hat{d}_1(t),\hat{d}_2(t),\cdots,\hat{d}_{n_d}(t)]^{\mathrm{T}}. \tag{5.3.8}$$

RELS 算法的计算步骤

(1) 令 $t=1$, 给定数据长度 L, 置初值: $\hat{\boldsymbol{\theta}}(0)=\mathbf{1}_n/p_0$, $\boldsymbol{P}(0)=p_0\boldsymbol{I}$, $p_0=10^6$, $\hat{v}(i)=1/p_0$ for $i\leqslant 0$.

(2) 采集输入输出数据 $u(t)$ 和 $y(t)$, 由式 (5.3.6) 构成信息向量 $\hat{\boldsymbol{\phi}}(t)$.

(3) 由式 (5.3.5) 计算协方差阵 $\boldsymbol{P}(t)$.

(4) 通过式 (5.3.4) 刷新参数估计 $\hat{\boldsymbol{\theta}}(t)$.

(5) 由式 (5.3.7) 计算估计残差 $\hat{v}(t)$.

(6) 如果 $t=L$, 则可终止递推计算过程, 得到参数估计 $\hat{\boldsymbol{\theta}}(L)$; 否则 t 增 1 转到第 2 步, 进行递推计算.

RELS 算法 计算参数估计 $\hat{\boldsymbol{\theta}}(t)$ 的 **流程图** 如图 5.3.1 所示.

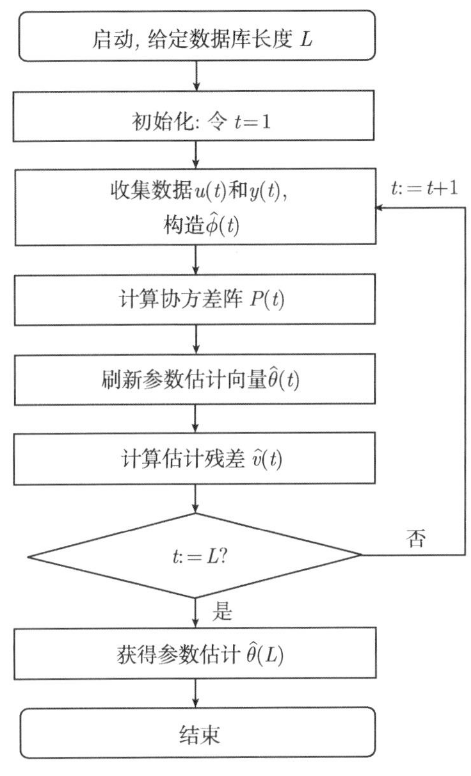

图 5.3.1 计算 RELS 参数估计 $\hat{\boldsymbol{\theta}}(L)$ 的流程图

从上述递推计算过程看, RELS 算法有一个缺点: 实际中人们只能采集到有限的数据 (很有可能是小样本数据) $\{u(i),y(i)\colon i=1,2,\cdots,L\}$ (比如说数据长度 $L=1000$), 在每步递推计算参数估计中, 例如在第 t 步 (如 $t=10$) 递推计算参数估计时, RELS 算法只利用了时刻 t 及 t 之前的数据 $\{u(i),y(i)\colon i=1,2,\cdots,t=10\}$, 而未利用系统时刻 t $(=10)$ 以后的**数据** $\{u(i),y(i)\colon i=t+1=11,\ t+2,\ t+3,\ \cdots,\ L\}$. 也就是说, RELS 算法没有**充分利用系统数据** (尽管在整个递推计算获得 $\hat{\boldsymbol{\theta}}(L)$ 的过程中, RELS 算法利用了**系统所有数据**). 一个自然的问题是, 是否存在一个迭代算法, 在每步迭代计算过程中, 同时使用系统可得到的所有数据 $\{u(i),y(i)\colon i=1,2,3,\cdots,L\}$, 以从数据中提取尽可能多的知识来提高参数估计精度? 答案是肯定的. 这就是下面要介绍的梯度迭代算法和最小二乘迭代辨识方法. 注意: 从这一段中我们可以明白: **充分利用系统数据**与**利用了系统所有数据**是两个不同的概念.

5.3.2 最小二乘迭代辨识方法

考虑从 $i=t-p+1$ 到 $i=t$ 最新的 p 组数据, 定义 **堆积输出向量** (stacked output vector) $\boldsymbol{Y}(t)$, **堆积信息矩阵** (stacked information matrix) $\boldsymbol{\varPhi}(t)$, 堆积白噪声向量 $\boldsymbol{V}(t)$ 如下,

$$
\boldsymbol{Y}(t):=\begin{bmatrix} y(t)\\ y(t-1)\\ \vdots \\ y(t-p+1)\end{bmatrix}\in\mathbb{R}^{p},\quad \boldsymbol{\Phi}(t):=\begin{bmatrix} \boldsymbol{\varphi}^{\mathrm{T}}(t)\\ \boldsymbol{\varphi}^{\mathrm{T}}(t-1)\\ \vdots \\ \boldsymbol{\varphi}^{\mathrm{T}}(t-p+1)\end{bmatrix}\in\mathbb{R}^{p\times n}, \tag{5.3.9}
$$

$$
\boldsymbol{V}(t):=\begin{bmatrix} v(t)\\ v(t-1)\\ \vdots \\ v(t-p+1)\end{bmatrix}\in\mathbb{R}^{p}. \tag{5.3.10}
$$

注: 如果取 $p=L, t=L$ (L 为数据长度), 那么 $\boldsymbol{Y}(t)$ 和 $\boldsymbol{\Phi}(t)$ 就包含了所有量测输入输出数据 $\{u(t),y(t)\text{: } t=1,\ 2,\ \cdots,\ L\}$ (参见后面的有限量测数据 CARMA 模型的最小二乘的迭代算法). 由式 (5.3.3) 可得

$$
\boldsymbol{Y}(t)=\boldsymbol{\Phi}(t)\boldsymbol{\theta}+\boldsymbol{V}(t). \tag{5.3.11}
$$

定义 **准则函数**:

$$
J_3(\boldsymbol{\theta}):=\|\boldsymbol{Y}(t)-\boldsymbol{\Phi}(t)\boldsymbol{\theta}\|^2.
$$

极小化准则函数 $J_3(\boldsymbol{\theta})$, 令其对 $\boldsymbol{\theta}$ 的导数为零得到

$$
\frac{\partial J_3(\boldsymbol{\theta})}{\partial \boldsymbol{\theta}}=-2\boldsymbol{\Phi}^{\mathrm{T}}(t)[\boldsymbol{Y}(t)-\boldsymbol{\Phi}(t)\boldsymbol{Y}(t)]=\mathbf{0}.
$$

假设信息向量 $\boldsymbol{\varphi}(t)$ 是持续激励的 ($p\geqslant n_a+n_b+n_d$), 即 $[\boldsymbol{\Phi}^{\mathrm{T}}(t)\boldsymbol{\Phi}(t)]$ 是可逆矩阵. 上式给出参数向量 $\boldsymbol{\theta}$ 的 **最小二乘估计** (Least Squares estimate, **LS 估计**):

$$
\hat{\boldsymbol{\theta}}(t)=[\boldsymbol{\Phi}^{\mathrm{T}}(t)\boldsymbol{\Phi}(t)]^{-1}\boldsymbol{\Phi}^{\mathrm{T}}(t)\boldsymbol{Y}(t). \tag{5.3.12}
$$

上式不可能计算最小二乘估计 $\hat{\boldsymbol{\theta}}(t)$, 因为 $\boldsymbol{\Phi}(t)$ [也就是 $\boldsymbol{\varphi}(t)$] 中包含了不可测噪声项 $v(t-i)$ [参见式 (5.3.2)]. 这里采用 **递阶辨识原理**: 令 $k=1,2,3,\cdots$ 是一个迭代变量, $\hat{\boldsymbol{\theta}}_k(t)$ 为 $\boldsymbol{\theta}$ 的迭代估计, 信息向量 $\boldsymbol{\varphi}(t)$ 中未知项 $v(t-i)$ 用其第 $k-1$ 次迭代估计值 $\hat{v}_{k-1}(t-i)$ 代替, 代替后的 $\boldsymbol{\varphi}(t)$ 记作

$$
\begin{aligned}
\hat{\boldsymbol{\varphi}}_k(t):=[&-y(t-1),-y(t-2),\cdots,-y(t-n_a),u(t-1),u(t-2),\cdots,u(t-n_b),\\
&\hat{v}_{k-1}(t-1),\hat{v}_{k-1}(t-2),\cdots,\hat{v}_{k-1}(t-n_d)]^{\mathrm{T}}\in\mathbb{R}^{n_a+n_b+n_d}.
\end{aligned} \tag{5.3.13}
$$

由式 (5.3.3) 可得

$$
v(t-i)=y(t-i)-\boldsymbol{\varphi}^{\mathrm{T}}(t-i)\boldsymbol{\theta}.
$$

用 $\hat{\boldsymbol{\varphi}}_k(t-i)$ 和 $\hat{\boldsymbol{\theta}}_k(t)$ 代替上式中 $\boldsymbol{\varphi}(t-i)$ 和 $\boldsymbol{\theta}$, 那么 $v(t-i)$ 的第 k 次迭代估计 $\hat{v}_k(t-i)$ 可由下式计算,

$$
\hat{v}_k(t-i)=y(t-i)-\hat{\boldsymbol{\varphi}}_k^{\mathrm{T}}(t-i)\hat{\boldsymbol{\theta}}_k(t). \tag{5.3.14}
$$

用 $\hat{\varphi}_k(t-i)$ 代替 $\boldsymbol{\Phi}(t)$ 中未知 $\varphi(t-i)$, 代替后的 $\boldsymbol{\Phi}(t)$ 记作

$$\hat{\boldsymbol{\Phi}}_k(t):=\begin{bmatrix}\hat{\varphi}_k^{\mathrm{T}}(t)\\ \hat{\varphi}_k^{\mathrm{T}}(t-1)\\ \vdots\\ \hat{\varphi}_k^{\mathrm{T}}(t-p+1)\end{bmatrix}\in\mathbb{R}^{p\times n}. \tag{5.3.15}$$

用 $\hat{\boldsymbol{\Phi}}_k(t)$ 代替式 (5.3.12) 中 $\boldsymbol{\Phi}(t)$, 可得 **CARMA 模型的最小二乘迭代算法** (Least Squares based Iterative algorithm for CARMA models, **CARMA-LSI 算法**):

$$\hat{\boldsymbol{\theta}}_k(t)=[\hat{\boldsymbol{\Phi}}_k^{\mathrm{T}}(t)\hat{\boldsymbol{\Phi}}_k(t)]^{-1}\hat{\boldsymbol{\Phi}}_k^{\mathrm{T}}(t)\boldsymbol{Y}(t),\ k=1,2,3,\cdots \tag{5.3.16}$$

$$\hat{\boldsymbol{\Phi}}_k(t)=[\hat{\varphi}_k(t),\hat{\varphi}_k(t-1),\cdots,\hat{\varphi}_k(t-p+1)]^{\mathrm{T}}, \tag{5.3.17}$$

$$\boldsymbol{Y}(t)=[y(t),y(t-1),\cdots,y(t-p+1)]^{\mathrm{T}}, \tag{5.3.18}$$

$$\begin{aligned}\hat{\varphi}_k(t)=[&-y(t-1),-y(t-2),\cdots,-y(t-n_a),u(t-1),u(t-2),\cdots,u(t-n_b),\\ &\hat{v}_{k-1}(t-1),\hat{v}_{k-1}(t-2),\cdots,\hat{v}_{k-1}(t-n_d)]^{\mathrm{T}},\end{aligned} \tag{5.3.19}$$

$$\hat{v}_k(t-i)=y(t-i)-\hat{\varphi}_k^{\mathrm{T}}(t-i)\hat{\boldsymbol{\theta}}_k(t),\ i=1,2,\cdots,n_d. \tag{5.3.20}$$

迭代辨识采用交互估计理论和递阶辨识原理, 在每步迭代计算中, 参数估计 $\hat{\boldsymbol{\theta}}_k(t)$ 依赖于前一次迭代噪声估计 $\hat{v}_{k-1}(t-i)$, 参见式 (5.3.16)~(5.3.17) 和 (5.3.19), 反过来, 噪声估计 $\hat{v}_k(t-i)$ 又通过此次迭代的参数估计 $\hat{\boldsymbol{\theta}}_k(t)$ 计算, 参见式 (5.3.20), 二者执行了一个递阶计算过程.

CARMA-LSI 算法的计算步骤

(1) 确定 p, 令 $t=p$. 收集输入输出数据 $\{u(i),y(i)\colon i=0,1,\cdots,p-1\}$, 给定参数估计精度 ε.

(2) 收集输入输出数据 $u(t)$ 和 $y(t)$, 用式 (5.3.18) 构造 $\boldsymbol{Y}(t)$.

(3) 令 $k=1$, 置初值 $\hat{v}_0(t-i)=$ 随机数 $(i=1,2,\cdots,n_d)$ [这样的初值是保证式 (5.3.16) 中矩阵 $\hat{\boldsymbol{\Phi}}_k^{\mathrm{T}}(t)\hat{\boldsymbol{\Phi}}_k(t)$ 可逆].

(4) 用式 (5.3.19) 构造 $\hat{\varphi}_k(t)$, 用式 (5.3.17) 构造 $\hat{\boldsymbol{\Phi}}_k(t)$.

(5) 用式 (5.3.16) 刷新参数估计 $\hat{\boldsymbol{\theta}}_k(t)$.

(6) 用式 (5.3.20) 计算 $\hat{v}_k(t-i)$.

(7) 比较 $\hat{\boldsymbol{\theta}}_k(t)$ 与 $\hat{\boldsymbol{\theta}}_{k-1}(t)$: 如果 $\|\hat{\boldsymbol{\theta}}_k(t)-\hat{\boldsymbol{\theta}}_{k-1}(t)\|>\varepsilon$, k 增 1, 转到步骤 4; 否则, 获得迭代次数 k 和参数估计向量 $\hat{\boldsymbol{\theta}}_k(t)$, t 增 1, 转到步骤 2.

CARMA-LSI 算法计算参数估计 $\hat{\boldsymbol{\theta}}_k(t)$ 的 **流程图** 如图 5.3.2 所示.

CARMA-LSI 算法是利用数据窗长度为 p 的 **有限数据窗** 内的数据 (动态数据窗, 因为窗是随 t 移动的), 极小化准则函数得到的, 因此具有跟踪时变参数的能力, 也可用于在线辨识. 后面要讨论的与时间 t 有关的迭代算法, 如 CARMA-GI, CARAR-LSI, CARAR-GI 算法等, 都具有这些性质.

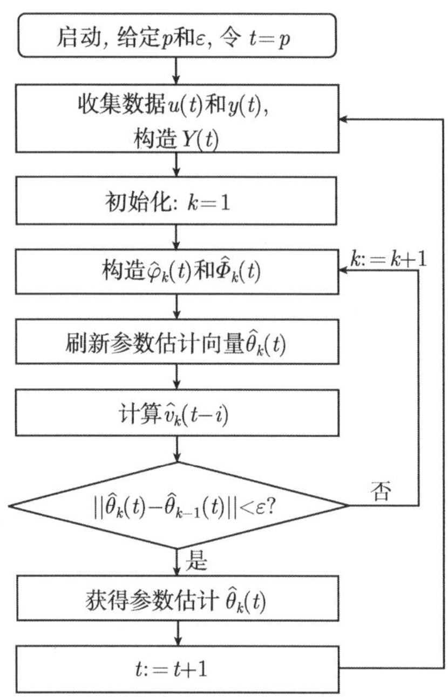

图 5.3.2 计算 CARMA-LSI 参数估计 $\hat{\boldsymbol{\theta}}_k(t)$ 的流程图

有限量测数据 CARMA-LSI 算法

在式 (5.3.9)、(5.3.10) 中取 $p=L$, $t=L$ (L 为数据长度), 有

$$\boldsymbol{Y}(L):=\begin{bmatrix} y(L) \\ y(L-1) \\ \vdots \\ y(1) \end{bmatrix}\in\mathbb{R}^L,\quad \boldsymbol{\Phi}(L):=\begin{bmatrix} \boldsymbol{\varphi}^{\mathrm{T}}(L) \\ \boldsymbol{\varphi}^{\mathrm{T}}(L-1) \\ \vdots \\ \boldsymbol{\varphi}^{\mathrm{T}}(1) \end{bmatrix}\in\mathbb{R}^{L\times n}, \tag{5.3.21}$$

$$\boldsymbol{V}(L):=\begin{bmatrix} v(L) \\ v(L-1) \\ \vdots \\ v(1) \end{bmatrix}\in\mathbb{R}^L. \tag{5.3.22}$$

$\boldsymbol{Y}(L)$ 和 $\boldsymbol{\Phi}(L)$ 就包含了所有量测输入输出数据 $\{u(t),y(t)\text{: } t=1,2,\cdots,L\}$. 由式 (5.3.3) 可得

$$\boldsymbol{Y}(L)=\boldsymbol{\Phi}(L)\boldsymbol{\theta}+\boldsymbol{V}(L). \tag{5.3.23}$$

定义 **最小二乘准则函数** (least squares criterion function):

$$J_4(\boldsymbol{\theta}):=\|\boldsymbol{Y}(L)-\boldsymbol{\Phi}(L)\boldsymbol{\theta}\|^2. \tag{5.3.24}$$

按照 CARMA-LSI 算法的推导思路, 可以得到 **有限量测数据 CARMA 模型的最小二乘迭代算法** (Least Squares based Iterative algorithm for CARMA models with finite measurement data, CARMA-LSI):

$$\hat{\boldsymbol{\theta}}_k=[\hat{\boldsymbol{\Phi}}_k^{\mathrm{T}}(L)\hat{\boldsymbol{\Phi}}_k(L)]^{-1}\hat{\boldsymbol{\Phi}}_k^{\mathrm{T}}(L)\boldsymbol{Y}(L),\ k=1,2,3,\cdots \tag{5.3.25}$$

$$\hat{\boldsymbol{\Phi}}_k(L)=[\hat{\boldsymbol{\varphi}}_k(L),\hat{\boldsymbol{\varphi}}_k(L-1),\cdots,\hat{\boldsymbol{\varphi}}_k(1)]^{\mathrm{T}}, \tag{5.3.26}$$

$$\boldsymbol{Y}(L)=[y(L),y(L-1),\cdots,y(1)]^{\mathrm{T}}, \tag{5.3.27}$$

$$\begin{aligned}\hat{\boldsymbol{\varphi}}_k(t)=[&-y(t-1),-y(t-2),\cdots,-y(t-n_a),u(t-1),u(t-2),\cdots,u(t-n_b),\\&\hat{v}_{k-1}(t-1),\hat{v}_{k-1}(t-2),\cdots,\hat{v}_{k-1}(t-n_d)]^{\mathrm{T}},\end{aligned} \tag{5.3.28}$$

$$\hat{v}_k(t)=y(t)-\hat{\boldsymbol{\varphi}}_k^{\mathrm{T}}(t)\hat{\boldsymbol{\theta}}_k,\ t=1,2,\cdots,L. \tag{5.3.29}$$

有限量测数据 CARMA-LSI 算法的计算步骤

(1) 收集输入输出数据 $\{u(t),y(t)\colon\ t=1,\ 2,\ \cdots,L\}$, 用式 (5.3.27) 构造 $\boldsymbol{Y}(L)$, 给定参数估计精度 ε.

(2) 令 $k=1$, 置初值 $\hat{v}_0(t)=$ 随机数.

(3) 用式 (5.3.28) 构造 $\hat{\boldsymbol{\varphi}}_k(t)$, 用式 (5.3.26) 构造 $\hat{\boldsymbol{\Phi}}_k(L)$.

(4) 用式 (5.3.25) 刷新参数估计 $\hat{\boldsymbol{\theta}}_k$.

(5) 用式 (5.3.29) 计算 $\hat{v}_k(t)$.

(6) 比较 $\hat{\boldsymbol{\theta}}_k$ 与 $\hat{\boldsymbol{\theta}}_{k-1}$: 如果 $\|\hat{\boldsymbol{\theta}}_k-\hat{\boldsymbol{\theta}}_{k-1}\|\leqslant\varepsilon$, 中断循环过程, 获得迭代次数 k 和参数估计向量 $\hat{\boldsymbol{\theta}}_k$; 否则, k 增 1, 转到步骤 3.

有限量测数据 CARMA-LSI 算法计算参数估计 $\hat{\boldsymbol{\theta}}_k$ 的 **流程图** 如图 5.3.3 所示.

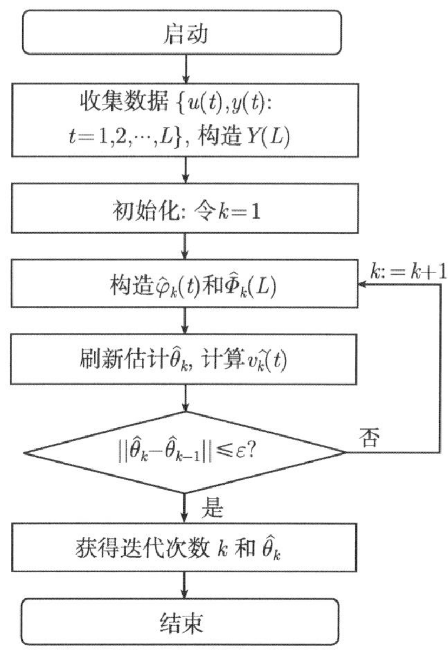

图 5.3.3 计算有限量测数据 CARMA-LSI 参数估计 $\hat{\boldsymbol{\theta}}_k$ 的流程图

迭代算法充分使用了系统数据

从上述计算步骤看, 有限量测数据 CARMA-LSI 算法, 在每一步迭代计算参数估计的过程中, 都使用了系统直到时刻 $t=L$ 所有输入输出数据 $\{u(t),y(t)\colon\ t=1,2,\cdots,L\}$, 是离线的迭代算法. 对于 $n_d=0$ 时的方程误差模型 (即 ARX 模型), 就不需要迭代计算, 是离线的一次完成最小二乘算法. 迭代算法一般用于信息向量含有未知项的辨识问题, 如 CARAR 模型, OEMA 模型, Box-Jenkins 模型等.

多新息辨识方法 是通过扩展新息 (innovation) 长度, 充分使用系统数据信息来提高参数估计精度, 这里的 **最小二乘迭代算法** 是通过迭代计算反复 (重复) 利用系统数据, 提取信息来改善参数估计精度 (参见 "多新息辨识理论与方法" 一章).

迭代算法的计算量

从 RELS 算法计算参数估计 $\hat{\boldsymbol{\theta}}(L)$ 流程图 5.3.1 与有限量测数据 CARMA-LSI 算法计算 $\hat{\boldsymbol{\theta}}_k$ 流程图 5.3.3 可以看出二者的差别. RELS 算法得到估计 $\hat{\boldsymbol{\theta}}(L)$ 的计算量等于每步递推的计算量乘以 L, CARMA-LSI 算法得到估计 $\hat{\boldsymbol{\theta}}_k$ 的计算量等于每步迭代的计算量乘以 k, k 为迭代次数. 仿真研究表明: CARMA-LSI 算法具有很高的收敛速度, 通常只需迭代几次 (几步), 就可获得高精度的参数估计 (最小二乘迭代算法都具有这一性质), 精度高于 RELS 算法. 尽管迭代算法计算量有所增加, 然而在某些要求高精度参数估计场合, 用牺牲计算量来提高参数估计精度也是可取的, 况且所增加的计算量是现代计算机完全可以胜任的.

有限量测数据 CARMA-LSI 算法是一种离线算法, 不适用于在线辨识系统参数. 另外, 在用 CARMA-LSI 算法计算系统的参数估计时, 每一步迭代计算中都要进行 **数据乘积矩矩阵** $[\hat{\boldsymbol{\varPhi}}_k^{\mathrm{T}}(t)\hat{\boldsymbol{\varPhi}}_k(t)]$ 的求逆运算, 增加了每步计算量 (总体计算量未必增加太大, 因为迭代算法收敛速度快). 由于矩阵 $[\hat{\boldsymbol{\varPhi}}_k^{\mathrm{T}}(t)\hat{\boldsymbol{\varPhi}}_k(t) \in \mathbb{R}^{(n_a+n_b+n_d)\times(n_a+n_b+n_d)}$ 和 $\hat{\boldsymbol{\varPhi}}_k^{\mathrm{T}}(L)\hat{\boldsymbol{\varPhi}}_k(L) \in \mathbb{R}^{(n_a+n_b+n_d)\times(n_a+n_b+n_d)}$ 的子矩阵 $(1:n_a+n_b, 1:n_a+n_b)$ 是不随 t 或 k 变化的 (这里使用了 Matlab 中的冒号 ":" 运算符), 故可采用块矩阵求逆公式来减小计算量[105], 这里从略.

迭代算法的收敛性

迭代辨识算法的收敛性研究是很困难的, 也是辨识领域的研究难题, 没有现成方法可以套用. 本章的所有最小二乘迭代算法和梯度迭代辨识算法的收敛性都是有待研究的新课题. 科学研究中难以用理论证明的问题, 用仿真比较进行研究也不失为一种好办法. 仿真例子可以说明这些迭代算法比同类的递推算法精度高.

仿真试验

例 5.3.1 考虑 CARMA 模型仿真对象:

$$
\begin{aligned}
&A(z)y(t) = B(z)u(t) + D(z)v(t),\\
&\quad A(z) = 1 + a_1z^{-1} + a_2z^{-2} = 1 - 1.60z^{-1} + 0.80z^{-2},\\
&\quad B(z) = b_1z^{-1} + b_2z^{-2} = 0.40z^{-1} + 0.30z^{-2},\\
&\quad D(z) = 1 + d_1z^{-1} = 1 - 0.64z^{-1},\\
&\qquad \boldsymbol{\theta} = [a_1, a_2, b_1, b_2, d_1]^{\mathrm{T}} = [-1.60, 0.80, 0.40, 0.30, -0.64]^{\mathrm{T}}.
\end{aligned}
$$

仿真时, 输入 $\{u(t)\}$ 采用零均值单位方差不相关可测随机信号序列, $\{v(t)\}$ 采用零均值方差为 σ^2 白噪声序列. 考虑 3 种不同噪声水平, 噪声方差分别为 $\sigma^2 = 0.10^2$, $\sigma^2 = 0.50^2$ 和 $\sigma^2 = 1.00^2$ 时, 对应的输出噪信比分别为 $\delta_{\mathrm{ns}} = 7.66\%$, $\delta_{\mathrm{ns}} = 38.30\%$ 和 $\delta_{\mathrm{ns}} = 76.59\%$. 分别用 RELS 算法 (5.3.4)~(5.3.8) 和 CARMA-LSI 算法 (5.3.25)~(5.3.29) 估计这个系统的参数, 不同噪声方差和数据长度 $t = L$ 下, RELS 参数估计及其误差 $\delta := \|\hat{\boldsymbol{\theta}}(t) - \boldsymbol{\theta}\|/\|\boldsymbol{\theta}\|$ 如表 5.3.1 所示; 当数据长度分别为 $L = 1000$, $L = 2000$ 和 $L = 3000$ 时, 不同噪声方差下和迭代次数下, CARMA-LSI 参数估计及其误差如表 5.3.2~5.3.5 所示, CARMA-LSI 参数估计及其

误差 $\delta := \|\hat{\boldsymbol{\theta}}_k(L)-\boldsymbol{\theta}\|/\|\boldsymbol{\theta}\|$ 随迭代次数 k 变化曲线如图 5.3.4~图 5.3.6 所示. 表 5.3.2 是从表 5.3.3~表 5.3.5 中提取的迭代次数 $k=10$ 时的 CARMA-LSI 参数估计及其误差.

由表 5.3.1~表 5.3.5 和图 5.3.4~图 5.3.6, 可以得到如下结论.

(1) 不同噪声方差下, 随着数据长度的增加, 两个算法的参数估计误差都随之减小, 参见表 5.3.1 和表 5.3.2.

(2) 加入到系统中的噪声水平越高, 相同数据长度下, 参数估计收敛于真值的速度越慢, 参见表 5.3.1 和表 5.3.2.

(3) 在相同数据长度和噪声方差下, CARMA-LSI 算法的收敛速度明显好于 RELS 算法, 参见表 5.3.1 和表 5.3.2.

表 5.3.1 例 5.3.1 的 RELS 估计 $\hat{\theta}(t)$

σ^2	$t=L$	a_1	a_2	b_1	b_2	d_1	$\delta(\%)$
0.10^2	1000	−1.59598	0.79814	0.39829	0.31398	−0.55252	4.51568
	2000	−1.59786	0.79865	0.39963	0.30565	−0.58351	2.89279
	3000	−1.59783	0.79837	0.40064	0.30324	−0.59893	2.10200
0.50^2	1000	−1.58108	0.79049	0.38850	0.36854	−0.51377	7.41366
	2000	−1.58769	0.79202	0.39665	0.32915	−0.56056	4.37461
	3000	−1.58804	0.79115	0.40226	0.31722	−0.58049	3.24493
1.00^2	1000	−1.55948	0.77317	0.37770	0.43385	−0.48517	10.76744
	2000	−1.57221	0.77996	0.39346	0.35709	−0.54203	6.03880
	3000	−1.57540	0.78130	0.40476	0.33317	−0.56593	4.42690
真值		−1.60000	0.80000	0.40000	0.30000	−0.64000	

表 5.3.2 例 5.3.1 的 CARMA-LSI 迭代估计 $\hat{\theta}(L)$ $(k=10)$

σ^2	L	a_1	a_2	b_1	b_2	d_1	$\delta(\%)$
0.10^2	1000	−1.59746	0.79877	0.39895	0.30981	−0.59785	2.20821
	2000	−1.60034	0.80072	0.39985	0.30210	−0.61364	1.34686
	3000	−1.60041	0.80051	0.40074	0.29990	−0.62064	0.98659
0.50^2	1000	−1.58859	0.79212	0.39474	0.34862	−0.58797	3.70276
	2000	−1.59951	0.79752	0.39930	0.31149	−0.61263	1.51670
	3000	−1.60004	0.79577	0.40384	0.30051	−0.62025	1.04672
1.00^2	1000	−1.58136	0.78563	0.38961	0.39558	−0.57972	5.89917
	2000	−1.59672	0.79103	0.39868	0.32381	−0.60977	2.01938
	3000	−1.59830	0.78690	0.40799	0.30200	−0.61845	1.35311
真值		−1.60000	0.80000	0.40000	0.30000	−0.64000	

表 5.3.3 不同方差下 CARMA-LSI 估计及其误差 $(L=1000)$

σ^2	k	a_1	a_2	b_1	b_2	d_1	$\delta(\%)$
0.10^2	1	−1.59191	0.79399	0.39629	0.31186	−0.00157	32.50714
	2	−1.59758	0.79908	0.39835	0.30979	−0.45372	9.49628
	5	−1.59803	0.79951	0.39895	0.30960	−0.59804	2.19438
	10	−1.59746	0.79877	0.39895	0.30981	−0.59785	2.20821
0.50^2	1	−1.49105	0.70817	0.38463	0.38635	−0.00258	33.54474
	2	−1.59055	0.79618	0.39232	0.34803	−0.46682	9.17086
	5	−1.59755	0.80276	0.39483	0.34551	−0.59494	3.27566
	10	−1.58859	0.79212	0.39474	0.34862	−0.58797	3.70276
1.00^2	1	−1.36441	0.60220	0.37487	0.47947	0.00131	37.36128
	2	−1.58421	0.79171	0.38526	0.39483	−0.48666	9.25247
	5	−1.59917	0.80486	0.38972	0.38956	−0.59507	5.13304
	10	−1.58136	0.78563	0.38961	0.39558	−0.57972	5.89917
真值		−1.60000	0.80000	0.40000	0.30000	−0.64000	

表 5.3.4　不同方差下 CARMA-LSI 估计及其误差 ($L=2000$)

σ^2	k	a_1	a_2	b_1	b_2	d_1	$\delta/\%$
0.10^2	1	−1.59452	0.79574	0.39900	0.30432	−0.00055	32.55145
	2	−1.60034	0.80097	0.39986	0.30212	−0.44979	9.68257
	5	−1.60098	0.80159	0.39986	0.30184	−0.61428	1.31620
	10	−1.60034	0.80072	0.39985	0.30210	−0.61364	1.34686
0.50^2	1	−1.49351	0.70786	0.39517	0.35251	0.00078	33.50273
	2	−1.60057	0.80270	0.39911	0.31105	−0.47111	8.61639
	5	−1.61172	0.81278	0.39951	0.30682	−0.62429	1.24074
	10	−1.59951	0.79752	0.39930	0.31149	−0.61263	1.51670
1.00^2	1	−1.35493	0.59077	0.39178	0.41798	0.00475	37.18003
	2	−1.59770	0.80023	0.39777	0.32338	−0.50041	7.20619
	5	−1.62417	0.82259	0.39911	0.31349	−0.63644	1.82816
	10	−1.59672	0.79103	0.39868	0.32381	−0.60977	2.01938
真值		−1.60000	0.80000	0.40000	0.30000	−0.64000	

表 5.3.5　不同方差下 CARMA-LSI 估计及其误差 ($L=3000$)

σ^2	k	a_1	a_2	b_1	b_2	d_1	$\delta/\%$
0.10^2	1	−1.59456	0.79556	0.40010	0.30225	−0.00310	32.42133
	2	−1.60043	0.80081	0.40104	0.29992	−0.45133	9.60387
	5	−1.60118	0.80153	0.40075	0.29957	−0.62135	0.95552
	10	−1.60041	0.80051	0.40074	0.29990	−0.62064	0.98659
0.50^2	1	−1.49115	0.70487	0.40115	0.34460	−0.01266	32.84796
	2	−1.60261	0.80334	0.40529	0.29944	−0.47922	8.19145
	5	−1.61497	0.81484	0.40399	0.29443	−0.63413	1.16719
	10	−1.60004	0.79577	0.40384	0.30051	−0.62025	1.04672
1.00^2	1	−1.34865	0.58419	0.40457	0.40522	−0.02084	36.14367
	2	−1.60747	0.80601	0.41048	0.29794	−0.51990	6.15673
	5	−1.63633	0.83192	0.40833	0.28644	−0.65489	2.69977
	10	−1.59830	0.78690	0.40799	0.30200	−0.61845	1.35311
真值		−1.60000	0.80000	0.40000	0.30000	−0.64000	

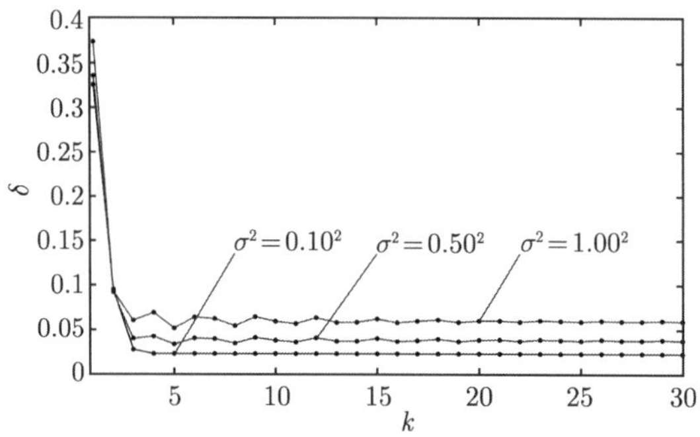

图 5.3.4　不同噪声方差下 CARMA-LSI 估计误差 δ 随 k 变化曲线 ($L=1000$)

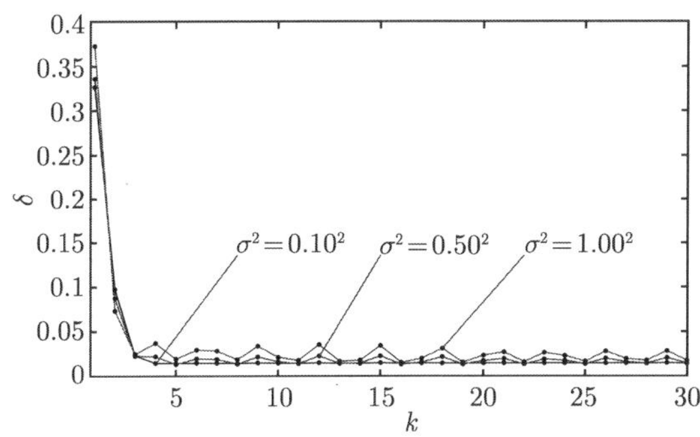

图 5.3.5 不同噪声方差下 CARMA-LSI 估计误差 δ 随 k 变化曲线 ($L=2000$)

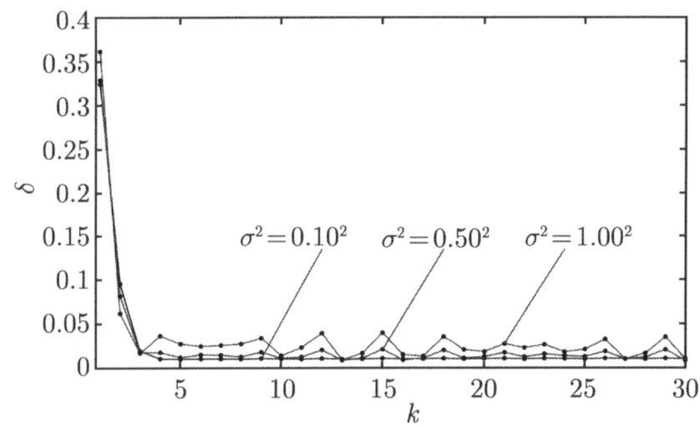

图 5.3.6 不同噪声方差下 CARMA-LSI 估计误差 δ 随 k 变化曲线 ($L=3000$)

(4) 对于迭代算法, 由于数据长度是有限的, 故其参数估计误差不会随迭代次数 k 的增加而趋近于零, 参见图 5.3.4~图 5.3.6.

(5) 最小二乘迭代算法 CARMA-LSI 具有很快的收敛速度, 一般只需迭代几次, 参数估计会很快收敛于真参数附近, 参数估计误差收敛到一定误差范围内, 参见图 5.3.4~图 5.3.6.

Matlab 程序

把下列程序写到 CARMA_LSI.m 文件中, 数据长度分别为 $L=1000$, $L=2000$ 和 $L=3000$ 时, 依次取噪声方差 $\sigma^2=0.10^2$, 0.50^2 和 1.00^2, 运行该程序, 可得到上述例子的仿真结果 (参数估计表和误差曲线图).

```
%------------------------------------------------------------------------*
% Filename: CARMA_LSI.m for the RELS and CARMA-LSI algorithms            *
% for CARMA models                                                       *
% A(z)y(t)=B(z)u(t)+D(z)v(t)                                             *
% The data length L=1000, 2000 and 3000                                  *
% The noise variance sigma^2=0.10^2, 0.50^2 and 1.00^2                   *
% Feng Ding                                                              *
% Ryerson University, Toronto, Canada                                    *
% October 17, 2009, Saturday 23:30                                       *
%------------------------------------------------------------------------*
 clear; format short g
 Method='The RELS and CARMA-LSI algorithms for CARMA models'
 PlotLength=30;
 L=1000; % The data legth L=1000, 2000, 3000 for CARMA-LSI
 length1=3100;
 sigma=.1; % The noise variance sigma=0.10, 0.50 and 1.00
```

```
na=2; nb=2; nd=1; n=na+nb+nd;
a=[1, -1.6, 0.8]; b=[0, 0.4, 0.3]; d=[1, -0.64];
par0=[a(2:na+1),b(2:nb+1),d(2:nd+1)]';
p0=1e6; P=eye(n)*p0; par1=ones(n,1);
%——Compute the noise-to-signal ratio
sy=f_integral(a,b); sv=f_integral(a,d);
[sy sv];
delta_ns=sqrt(sv/sy)*100*sigma;
fprintf('$\\sigma^2=%5.2f^2$, $\\delta_{\\ns}=%6.2f%s\n',...
    sigma,delta_ns,'\%$');
%——Generate the input-output data
rand('state',10); u=(rand(length1,1) - 0.5)*sqrt(12); % The input
randn('state',8); v=randn(length1,1)*sigma; % The noise
y=ones(length1,1)/p0;
for t=n:length1
    y(t)=par0'*[-y(t-1:-1:t-na);u(t-1:-1:t-nb);v(t-1:-1:t-nd)]+v(t);
end
%Gz=tf(b,a,1); Gn=tf(d,a,1); %y=lsim(Gz,u)+lsim(Gn,v);
%——Set the initial values
randn('state',0); v0=randn(length1,1); v1=zeros(length1,1);
%——The RELS algorithm for CARMA systems
t0=30; jj=0; j1=0;
for t=t0:length1
    jj=jj+1;
    varphi=[-y(t-1:-1:t-na); u(t-1:-1:t-nb); v1(t-1:-1:t-nd)];
    P=P-P*varphi*varphi'*P/(1+varphi'*P*varphi);
    par1=par1+P*varphi*(y(t)-varphi'*par1);
    delta=norm(par1-par0)/norm(par0);
    v1(t)=y(t)-varphi'*par1;
    ls(jj,:)=[jj, par1', delta];
    if (jj==100)|(jj==200)|(jj==500)|mod(jj,1000)==0
        j1=j1+1;
        ls100(j1,:)=[jj, par1', delta*100];
    end
    if jj==3000
        break
    end
end
ls100(j1+1,:)=[0, par0', 0];
fprintf('The RELS estimates')
fprintf('\n  $t$ &    $a_1$  &    $a_2$  &    $b_1$  &    $b_2$')
fprintf(' %s\n',' &    $d_1$  &  $\delta\ (\%)\ \ $ \\');
fprintf('%5d &%10.5f &%10.5f &%10.5f &%10.5f &%10.5f &%10.5f\\\\\n',ls100');

figure(1); k=(t0:3000)';
plot(ls(k,1),ls(k,n+2));
xlabel('\it      t'); ylabel('{\it\delta}');
if sigma==0.1
    dat1=[ls(:,1), ls(:,n+2)];
    save dat1 dat1
elseif sigma==0.5
    load dat1
    dat2=[dat1, ls(:,n+2)];
    save dat2 dat2
else
    load dat2
```

```
        z0=[dat2, ls(:,n+2)];
        k=(t0:5:3000)'; jk=z0(k);
        figure(2);
        plot(jk,z0(k,2),'k',jk,z0(k,3),'b',jk,z0(k,4),'m')
        xlabel('\it           t'); ylabel('{\it\delta}');
    end
%——The CARMA-LSI algorithm
    jj=0; Y=y(t0:t0+L-1);
    for k=1:PlotLength
        jj=jj+1; j1=0;
        for t=t0:t0+L-1
            varphi2=[-y(t-1:-1:t-na); u(t-1:-1:t-nb); v0(t-1:-1:t-nd)];
            j1=j1+1;
            Phi(j1,:)=varphi2';
        end
        par2=Phi\Y;
        for t=n+1:length1
            varphi2=[-y(t-1:-1:t-na); u(t-1:-1:t-nb); v0(t-1:-1:t-nd)];
            v0(t)=y(t)-varphi2'*par2;
        end
        delta=norm(par2-par0)/norm(par0);
        ls2(jj,:)=[jj, par2', delta];
        ls200(jj,:)=[jj, par2', delta*100];
    end
    ls200(jj+1,:)=[0, par0', 0];
    fprintf('The CARMA-LSI estimates with the data length L=%d\n',L)
    fprintf('\n  %s  ','$k$  & $a_1$  &    $a_2$  &    $b_1$  &')
    fprintf('   %s\n', '$b_2$  &    $d_1$  &  $\delta\ (\%)\ \ $\\\hline');
    fprintf('%4d &%10.5f &%10.5f &%10.5f &%10.5f &%10.5f &%10.5f\\\\\n',ls200');

    figure(3); plot(ls2(:,1), ls2(:,n+2));
    xlabel('\it          t'); ylabel('{\it\delta}');
    if sigma==0.1
        data1=[ls2(:,1), ls2(:,n+2)];
        save data1 data1
    elseif sigma==0.5
        load data1
        data2=[data1, ls2(:,n+2)];
        save data2 data2
    else
        load data2
        z0=[data2, ls2(:,n+2)];
        figure(4); k=(1:PlotLength); jk=z0(k,1);
        plot(jk,z0(k,2),'k', jk,z0(k,3),'b', jk,z0(k,4),'m',...
            jk,z0(k,2),'k.', jk,z0(k,3),'k.', jk,z0(k,4),'k.')
        axis([0.8, PlotLength, 0, 0.4])
        xlabel('\it           k'); ylabel('{\it\delta}');
        if L==1000
            text(8, 0.15, '{\it\sigma}^2 = 0.10^2')
            text(15, 0.15, '{\it\sigma}^2 = 0.50^2')
            text(22, 0.15, '{\it\sigma}^2 = 1.00^2')
            line([5, 8], [0.021, 0.135]);
            line([12, 15], [0.039, 0.135]);
            line([20, 22], [0.059, 0.135]);
        elseif L==2000
            text(8, 0.15, '{\it\sigma}^2 = 0.10^2')
            text(15, 0.15, '{\it\sigma}^2 = 0.50^2')
```

```
            text(22, 0.15, '{\it\sigma}^2 = 1.00^2')
            line([4, 8], [0.013, 0.135]);
            line([12, 15], [0.021, 0.135]);
            line([18, 22], [0.030, 0.135]);
        elseif L==3000
            text(12, 0.15, '{\it\sigma}^2 = 0.10^2')
            text(18, 0.15, '{\it\sigma}^2 = 0.50^2')
            text(24, 0.15, '{\it\sigma}^2 = 1.00^2')
            line([9, 12], [0.01, 0.135]);
            line([15,18], [0.020, 0.135]);
            line([21, 24], [0.027, 0.135]);
        end
    end
```

5.3.3 梯度迭代辨识方法

令 $k=1,2,3,\cdots$ 是一个迭代变量, $\hat{\boldsymbol{\theta}}_k(t)$ 为 $\boldsymbol{\theta}$ 的迭代估计, $\lambda_{\max}[\boldsymbol{X}]$ 为对称矩阵 $\boldsymbol{X}$ 的最大特征值. 对于优化问题 J_4, 使用负梯度搜索算法 (5.2.16) 可得迭代算法:

$$
\begin{aligned}
\hat{\boldsymbol{\theta}}_k(t) &= \hat{\boldsymbol{\theta}}_{k-1}(t) - \frac{\mu_k(t)}{2}\mathrm{grad}[J_4(\hat{\boldsymbol{\theta}}_{k-1}(t))] \\
&= \hat{\boldsymbol{\theta}}_{k-1}(t) + \mu_k(t)\boldsymbol{\Phi}^{\mathrm{T}}(t)[\boldsymbol{Y}(t) - \boldsymbol{\Phi}(t)\hat{\boldsymbol{\theta}}_{k-1}(t)],
\end{aligned} \tag{5.3.30}
$$

式中 $\mu_k(t)$ 为 **迭代步长** (iterative step-size) 或 **收敛因子** (convergence factor). 辨识的困难是 $\boldsymbol{\Phi}(t)$ [也就是 $\boldsymbol{\varphi}(t)$] 中包含了未知变量 $v(t-i)$, 故这个梯度算法无法计算估计 $\hat{\boldsymbol{\theta}}_k(t)$. 解决方案是采用 **递阶辨识原理**: 这些未知变量用其第 k 次迭代估计值代替, 得到

$$
\hat{\boldsymbol{\theta}}_k(t) = \hat{\boldsymbol{\theta}}_{k-1}(t) + \mu_k(t)\hat{\boldsymbol{\Phi}}_k^{\mathrm{T}}(t)[\boldsymbol{Y}(t) - \hat{\boldsymbol{\Phi}}_k(t)\hat{\boldsymbol{\theta}}_{k-1}(t)],
$$

或

$$
\hat{\boldsymbol{\theta}}_k(t) = [\boldsymbol{I} - \mu_k(t)\hat{\boldsymbol{\Phi}}_k^{\mathrm{T}}(t)\hat{\boldsymbol{\Phi}}_k(t)]\hat{\boldsymbol{\theta}}_{k-1}(t) + \mu_k(t)\hat{\boldsymbol{\Phi}}_k^{\mathrm{T}}(t)\boldsymbol{Y}(t).
$$

上式可以看做一个离散时间系统 (即时标 k 的差分方程, t 看作常量), 为保证 $\hat{\boldsymbol{\theta}}_k(t)$ 的收敛性, 矩阵 $[\boldsymbol{I} - \mu_k(t)\hat{\boldsymbol{\Phi}}_k^{\mathrm{T}}(t)\hat{\boldsymbol{\Phi}}_k(t)]$ 的所有特征值必须在单位圆内, 因此 $\mu_k(t)$ 的一个保守选择是满足

$$
0 < \mu_k(t) \leqslant \frac{2}{\lambda_{\max}[\hat{\boldsymbol{\Phi}}_k^{\mathrm{T}}(t)\hat{\boldsymbol{\Phi}}_k(t)]}. \tag{5.3.31}
$$

由此可得 **CARMA 模型的梯度迭代算法** (Gradient based Iterative algorithm for CARMA models, **CARMA-GI 算法**):

$$
\hat{\boldsymbol{\theta}}_k(t) = \hat{\boldsymbol{\theta}}_{k-1}(t) + \mu_k(t)\hat{\boldsymbol{\Phi}}_k^{\mathrm{T}}(t)[\boldsymbol{Y}(t) - \hat{\boldsymbol{\Phi}}_k(t)\hat{\boldsymbol{\theta}}_{k-1}(t)],\ k=1,2,3,\cdots \tag{5.3.32}
$$

$$
\hat{\boldsymbol{\Phi}}_k(t) = [\hat{\boldsymbol{\varphi}}_k(t), \hat{\boldsymbol{\varphi}}_k(t-1), \cdots, \hat{\boldsymbol{\varphi}}_k(t-p+1)]^{\mathrm{T}}, \tag{5.3.33}
$$

$$
\boldsymbol{Y}(t) = [y(t), y(t-1), \cdots, y(t-p+1)]^{\mathrm{T}}, \tag{5.3.34}
$$

$$
\begin{aligned}
\hat{\boldsymbol{\varphi}}_k(t) = [&-y(t-1), -y(t-2), \cdots, -y(t-n_a), u(t-1), u(t-2), \cdots, u(t-n_b), \\
&\hat{v}_{k-1}(t-1), \hat{v}_{k-1}(t-2), \cdots, \hat{v}_{k-1}(t-n_d)]^{\mathrm{T}},
\end{aligned} \tag{5.3.35}
$$

$$\hat{v}_k(t-i)=y(t-i)-\hat{\varphi}_k^{\mathrm{T}}(t-i)\hat{\boldsymbol{\theta}}_k(t),\ i=1,2,\cdots,n_d, \tag{5.3.36}$$

$$0<\mu_k(t)\leqslant\frac{2}{\lambda_{\max}[\hat{\boldsymbol{\Phi}}_k^{\mathrm{T}}(t)\hat{\boldsymbol{\Phi}}_k(t)]}. \tag{5.3.37}$$

多新息随机梯度辨识方法通过扩展新息 (innovation) 长度、充分使用系统数据信息 (系统的新息) 来提高参数估计精度, 这里的梯度迭代算法也是反复利用系统数据来改善参数估计精度. 这个梯度迭代算法中的 p 也可看做新息长度, 参见第 6 章.

CARMA-GI 算法的计算步骤

(1) 确定 p, 给定参数估计精度 ε, 置 $t=1$, $\hat{\boldsymbol{\theta}}_0(t)=\mathbf{1}_n/p_0$, $p_0=10^6$.

(2) 收集输入输出数据 $u(t)$ 和 $y(t)$, 用式 (5.3.34) 构造 $\boldsymbol{Y}(t)$.

(3) 令 $k=1$, 置初值 $\hat{v}_0(t-i)=1/p_0$.

(4) 用式 (5.3.35) 构造 $\hat{\varphi}_k(t)$, 用式 (5.3.33) 构造 $\hat{\boldsymbol{\Phi}}_k(t)$.

(5) 根据式 (5.3.37) 选择一个大 $\mu_k(t)$, 用式 (5.3.32) 刷新参数估计 $\hat{\boldsymbol{\theta}}_k(t)$.

(6) 用式 (5.3.36) 计算 $\hat{v}_k(t-i)$.

(7) 比较 $\hat{\boldsymbol{\theta}}_k(t)$ 与 $\hat{\boldsymbol{\theta}}_{k-1}(t)$: 如果 $\|\hat{\boldsymbol{\theta}}_k(t)-\hat{\boldsymbol{\theta}}_{k-1}(t)\|>\varepsilon$, k 增 1, 转到步骤 4; 否则, 获得迭代次数 k 和参数估计向量 $\hat{\boldsymbol{\theta}}_k(t)$, 令 $\hat{\boldsymbol{\theta}}_0(t+1):=\hat{\boldsymbol{\theta}}_k(t)$, t 增 1, 转到步骤 2.

有限量测数据 CARMA-GI 算法

这里不加推导地给出**有限量测数据 CARMA 模型的梯度迭代算法** (Gradient based Iterative algorithm for CARMA models with finite measurement data, CARMA-GI):

$$\hat{\boldsymbol{\theta}}_k=\hat{\boldsymbol{\theta}}_{k-1}+\mu_k\hat{\boldsymbol{\Phi}}_k^{\mathrm{T}}(L)[\boldsymbol{Y}(L)-\hat{\boldsymbol{\Phi}}_k(L)\hat{\boldsymbol{\theta}}_{k-1}],\ k=1,2,3,\cdots \tag{5.3.38}$$

$$\hat{\boldsymbol{\Phi}}_k(L)=[\hat{\varphi}_k(L),\hat{\varphi}_k(L-1),\cdots,\hat{\varphi}_k(1)]^{\mathrm{T}}, \tag{5.3.39}$$

$$\boldsymbol{Y}(L)=[y(L),y(L-1),\cdots,y(1)]^{\mathrm{T}}, \tag{5.3.40}$$

$$\begin{aligned}\hat{\varphi}_k(t)=[&-y(t-1),-y(t-2),\cdots,-y(t-n_a),u(t-1),u(t-2),\cdots,u(t-n_b),\\&\hat{v}_{k-1}(t-1),\hat{v}_{k-1}(t-2),\cdots,\hat{v}_{k-1}(t-n_d)]^{\mathrm{T}},\end{aligned} \tag{5.3.41}$$

$$\hat{v}_k(t)=y(t)-\hat{\varphi}_k^{\mathrm{T}}(t)\hat{\boldsymbol{\theta}}_k,\ t=1,2,\cdots,L, \tag{5.3.42}$$

$$0<\mu_k\leqslant\frac{2}{\lambda_{\max}[\hat{\boldsymbol{\Phi}}_k^{\mathrm{T}}(L)\hat{\boldsymbol{\Phi}}_k(L)]}. \tag{5.3.43}$$

为便于说明 CARMA-GI 算法的参数估计精度高, 下面给出可比较的, 估计模型 (5.3.3) 参数向量 $\boldsymbol{\theta}$ 的同类**增广随机梯度算法** (Extended Stochastic Gradient algorithm, **ESG 算法**):

$$\hat{\boldsymbol{\theta}}(t)=\hat{\boldsymbol{\theta}}(t-1)+\frac{\hat{\boldsymbol{\phi}}(t)}{r(t)}[y(t)-\hat{\boldsymbol{\phi}}^{\mathrm{T}}(t)\hat{\boldsymbol{\theta}}(t-1)], \tag{5.3.44}$$

$$r(t)=r(t-1)+\|\hat{\boldsymbol{\phi}}(t)\|^2,\ r(0)=1, \tag{5.3.45}$$

$$\begin{aligned}\hat{\boldsymbol{\phi}}(t)=[&-y(t-1),-y(t-2),\cdots,-y(t-n_a),u(t-1),u(t-2),\cdots,u(t-n_b),\\&\hat{v}(t-1),\hat{v}(t-2),\cdots,\hat{v}(t-n_d)]^{\mathrm{T}},\end{aligned} \tag{5.3.46}$$

$$\hat{v}(t)=y(t)-\hat{\boldsymbol{\phi}}^{\mathrm{T}}(t)\hat{\boldsymbol{\theta}}(t), \tag{5.3.47}$$

$$\hat{\boldsymbol{\theta}}(t)=[\hat{a}_1(t),\hat{a}_2(t),\cdots,\hat{a}_{n_a}(t),\hat{b}_1(t),\hat{b}_2(t),\cdots,\hat{b}_{n_b}(t),\hat{d}_1(t),\hat{d}_2(t),\cdots,\hat{d}_{n_d}(t)]^{\mathrm{T}}. \tag{5.3.48}$$

仿真试验

例 5.3.2　考虑 CARMA 模型仿真对象:

$$A(z)y(t)=B(z)u(t)+D(z)v(t),$$

$$A(z)=1+a_1z^{-1}+a_2z^{-2}=1-1.60z^{-1}+0.80z^{-2},$$

$$B(z)=b_1z^{-1}+b_2z^{-2}=0.40z^{-1}+0.30z^{-2},$$

$$D(z)=1+d_1z^{-1}=1-0.64z^{-1},$$

$$\boldsymbol{\theta}=[a_1,a_2,b_1,b_2,d_1]^{\mathrm{T}}=[-1.60,0.80,0.40,0.30,-0.64]^{\mathrm{T}}.$$

仿真时, 输入 $\{u(t)\}$ 采用零均值单位方差不相关可测随机信号序列, $\{v(t)\}$ 采用零均值方差为 σ^2 白噪声序列. 考虑 3 种不同噪声水平, 噪声方差分别为 $\sigma^2=0.10^2$, $\sigma^2=0.50^2$ 和 $\sigma^2=1.00^2$ 时, 对应的输出噪信比分别为 $\delta_{\rm ns}=7.66\%$, $\delta_{\rm ns}=38.30\%$ 和 $\delta_{\rm ns}=76.59\%$. 分别用 ESG 算法 (5.3.44)~(5.3.48) 和 CARMA-GI 算法 (5.3.38)~(5.3.43) 估计这个系统的参数, 不同噪声方差和数据长度 $t=L$ 下, ESG 参数估计及其误差 $\delta:=\|\hat{\boldsymbol{\theta}}(t)-\boldsymbol{\theta}\|/\|\boldsymbol{\theta}\|$ 如表 5.3.6 所示; 当数据长度分别为 $L=1000$, $L=2000$ 和 $L=3000$ 时, 不同噪声方差下和迭代次数下, CARMA-GI 参数估计及其误差如表 5.3.7~表 5.3.10 所示, CARMA-GI 参数估计及其误差 $\delta:=\|\hat{\boldsymbol{\theta}}_k(L)-\boldsymbol{\theta}\|/\|\boldsymbol{\theta}\|$ 随迭代次数 k 变化曲线如图 5.3.7~图 5.3.9 所示, 其中取

$$\mu_k=\frac{1}{\lambda_{\max}[\hat{\boldsymbol{\Phi}}_k^{\mathrm{T}}(L)\hat{\boldsymbol{\Phi}}_k(L)]}.$$

表 5.3.7 是从表 5.3.8~表 5.3.10 中提取的迭代次数 $k=500$ 时的 CARMA-GI 参数估计及其误差.

由表 5.3.6~表 5.3.10 和图 5.3.7~图 5.3.9, 可知 CARMA-GI 算法估计精度高于 ESG 算法, 但收敛速度比 CARMA-LSI 慢, CARMA-GI 算法需要迭代大约 500 次, CARMA-LSI 算法大约需要几次. 对有色噪声模型, 噪声方差太小, 不利于噪声模型参数的辨识 (参见表 5.3.7 中 $\sigma^2=0.10^2$ 时的参数估计及其误差); 若噪声方差为零, 则噪声模型参数不可辨识.

表 5.3.6　例 5.3.2 的 ESG 估计 $\hat{\boldsymbol{\theta}}(t)$

σ^2	$t=L$	a_1	a_2	b_1	b_2	d_1	$\delta(\%)$
0.10^2	1000	−0.69005	−0.06217	0.03571	0.36445	0.32871	82.80819
	2000	−0.70723	−0.04448	0.05146	0.37163	0.34797	82.27882
	3000	−0.71874	−0.03426	0.06116	0.37647	0.35983	81.96433
0.50^2	1000	−0.54175	−0.16398	0.04696	0.24454	0.48906	94.56753
	2000	−0.55942	−0.14797	0.06010	0.25497	0.50974	94.14576
	3000	−0.57141	−0.13861	0.06871	0.26190	0.52258	93.88218
1.00^2	1000	−0.49399	−0.20685	0.08234	−0.02202	0.44166	96.73401
	2000	−0.50820	−0.18703	0.09077	−0.00654	0.46721	96.33329
	3000	−0.51879	−0.17561	0.09695	0.00341	0.48326	96.07208
真值		−1.60000	0.80000	0.40000	0.30000	−0.64000	

表 5.3.7 例 5.3.2 的 CARMA-GI 迭代估计 $\hat{\boldsymbol{\theta}}(L)$ ($k=500$)

σ^2	L	a_1	a_2	b_1	b_2	d_1	$\delta/\%$
0.10^2	1000	−1.58986	0.79213	0.39572	0.31269	0.13019	39.21480
	2000	−1.59246	0.79387	0.39876	0.30516	0.13008	39.20236
	3000	−1.59230	0.79348	0.39979	0.30321	0.13836	39.62307
0.50^2	1000	−1.58805	0.79396	0.39469	0.34880	−0.58631	3.76511
	2000	−1.59963	0.80183	0.39924	0.31129	−0.61139	1.56896
	3000	−1.60031	0.80159	0.40370	0.30016	−0.61894	1.09168
1.00^2	1000	−1.58064	0.78851	0.38965	0.39595	−0.57892	5.92540
	2000	−1.59674	0.79909	0.39862	0.32363	−0.60939	1.97701
	3000	−1.59828	0.79941	0.40747	0.30124	−0.61808	1.18408
真值		−1.60000	0.80000	0.40000	0.30000	−0.64000	

表 5.3.8 不同方差下 CARMA-GI 估计及其误差 ($L=1000$)

σ^2	k	a_1	a_2	b_1	b_2	d_1	$\delta/\%$
0.10^2	1	−0.47315	−0.33004	0.03022	0.07779	0.00396	90.30612
	10	−0.80870	0.07020	0.23444	0.36039	0.54935	82.14505
	100	−1.54345	0.74939	0.39631	0.33997	0.55753	61.11242
	200	−1.58386	0.78667	0.39504	0.31532	0.40509	53.21343
	500	−1.58986	0.79213	0.39572	0.31269	0.13019	39.21480
0.50^2	1	−0.46888	−0.31910	0.02526	0.06720	0.00484	90.22998
	10	−0.79690	0.07747	0.20359	0.33432	0.54152	82.11964
	100	−1.47660	0.69163	0.38753	0.40617	−0.09603	29.43054
	200	−1.56556	0.77317	0.39220	0.36016	−0.44875	10.45176
	500	−1.58805	0.79396	0.39469	0.34880	−0.58631	3.76511
1.00^2	1	−0.46240	−0.30431	0.01770	0.04897	0.00472	90.17528
	10	−0.76873	0.07555	0.15185	0.27140	0.51063	82.11024
	100	−1.44957	0.66927	0.38115	0.47402	−0.29227	22.26159
	200	−1.56956	0.77813	0.38890	0.40484	−0.55334	7.20390
	500	−1.58064	0.78851	0.38965	0.39595	−0.57892	5.92540
真值		−1.60000	0.80000	0.40000	0.30000	−0.64000	

表 5.3.9 不同方差下 CARMA-GI 估计及其误差 ($L=2000$)

σ^2	k	a_1	a_2	b_1	b_2	d_1	$\delta/\%$
0.10^2	1	−0.47254	−0.33201	0.03133	0.07921	0.00169	90.32729
	10	−0.80495	0.06499	0.23296	0.36239	0.54231	82.10745
	100	−1.54457	0.74984	0.39866	0.33234	0.55447	60.94112
	200	−1.58633	0.78831	0.39844	0.30787	0.40451	53.17616
	500	−1.59246	0.79387	0.39876	0.30516	0.13008	39.20236
0.50^2	1	−0.46887	−0.32198	0.02652	0.06840	0.00213	90.25120
	10	−0.79221	0.06898	0.20935	0.33114	0.53148	82.02221
	100	−1.47992	0.69178	0.39573	0.37189	−0.10684	28.59440
	200	−1.57608	0.77999	0.39852	0.32298	−0.47076	8.83767
	500	−1.59963	0.80183	0.39924	0.31129	−0.61139	1.56896
1.00^2	1	−0.46214	−0.30598	0.01877	0.04964	0.00215	90.17268
	10	−0.76240	0.06681	0.16297	0.26463	0.49989	82.01154
	100	−1.45028	0.66582	0.39366	0.40947	−0.30430	20.68499
	200	−1.58545	0.78844	0.39848	0.33240	−0.58457	3.40325
	500	−1.59674	0.79909	0.39862	0.32363	−0.60939	1.97701
真值		−1.60000	0.80000	0.40000	0.30000	−0.64000	

表 5.3.10　不同方差下 CARMA-GI 估计及其误差 ($L = 3000$)

σ^2	k	a_1	a_2	b_1	b_2	d_1	$\delta/\%$
0.10^2	1	−0.47346	−0.33624	0.03441	0.08042	−0.00105	90.34462
	10	−0.79896	0.05601	0.23400	0.36218	0.53621	82.23487
	100	−1.53993	0.74543	0.39913	0.33391	0.55787	61.13726
	200	−1.58579	0.78756	0.39924	0.30625	0.41085	53.49933
	500	−1.59230	0.79348	0.39979	0.30321	0.13836	39.62307
0.50^2	1	−0.46984	−0.32632	0.02995	0.07022	0.00027	90.27681
	10	−0.78659	0.05951	0.21494	0.33106	0.52571	82.13984
	100	−1.47146	0.68325	0.40146	0.36821	−0.09435	29.35311
	200	−1.57407	0.77727	0.40398	0.31374	−0.46646	9.03550
	500	−1.60031	0.80159	0.40370	0.30016	−0.61894	1.09168
1.00^2	1	−0.46287	−0.30935	0.02192	0.05160	0.00126	90.19130
	10	−0.75814	0.05910	0.17220	0.26452	0.49630	82.10729
	100	−1.43832	0.65431	0.40580	0.39933	−0.29215	21.49139
	200	−1.58453	0.78647	0.40819	0.31208	−0.58837	2.92451
	500	−1.59828	0.79941	0.40747	0.30124	−0.61808	1.18408
真值		−1.60000	0.80000	0.40000	0.30000	−0.64000	

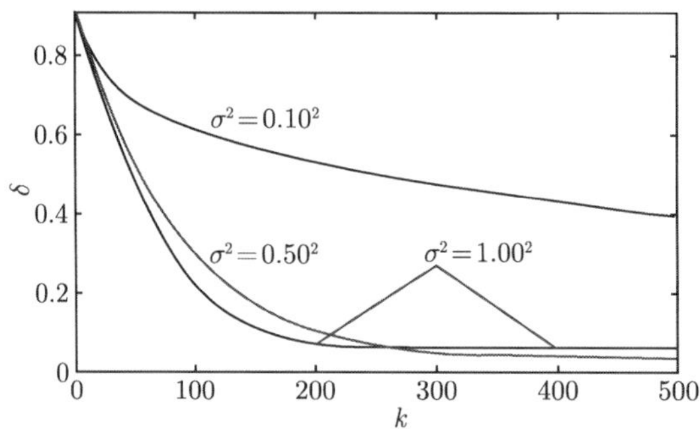

图 5.3.7　不同噪声方差下 CARMA-GI 估计误差 δ 随 k 变化曲线 ($L = 1000$)

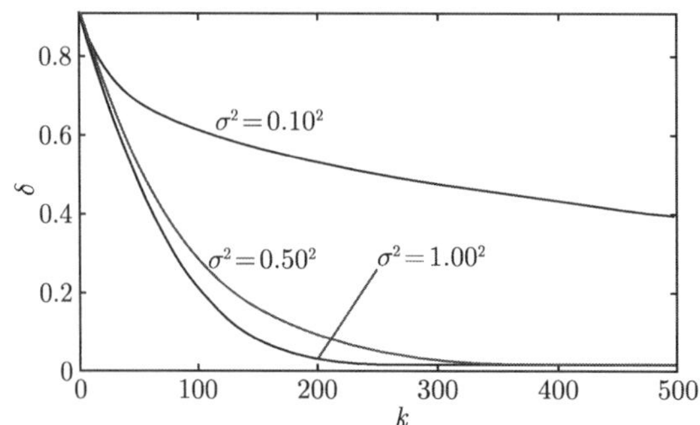

图 5.3.8　不同噪声方差下 CARMA-GI 估计误差 δ 随 k 变化曲线 ($L = 2000$)

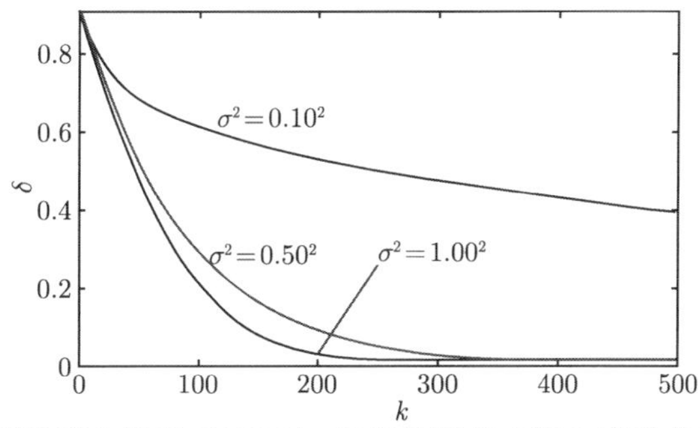

图 5.3.9 不同噪声方差下 CARMA-GI 估计误差 δ 随 k 变化曲线 ($L=3000$)

Matlab 程序

把下列程序写到 CARMA_GI.m 文件中, 数据长度分别为 $L=1000$, $L=2000$ 和 $L=3000$ 时, 依次取噪声方差 $\sigma^2=0.10^2$, 0.50^2 和 1.00^2, 运行该程序, 可得到上述例子的仿真结果 (参数估计表和误差曲线图).

```
%------------------------------------------------------------------------*
% Filename: CARMA_GI.m for the ESG and CARMA-GI algorithms for          *
% the CARMA models                                                       *
% A(z)y(t)=B(z)u(t)+D(z)v(t)                                             *
% The data length L=1000, 2000 and 3000                                  *
% The noise variance sigma^2=0.10^2, 0.50^2 and 1.00^2                   *
% Feng Ding                                                              *
% Ryerson University, Toronto, Canada                                    *
% Created: January 30, 2009, Friday 20:30 pm                             *
% Revised: october 18, 2009, Suday 15:30 pm                              *
%------------------------------------------------------------------------*
 clear; format short g
 Method='The ESG and CARMA-GI algorithms for CARMA models'
 PlotLength=500;
 L=1000;   % L=1000, 2000 and 3000
 sigma=.1; %The noise variance sigma=0.10, 0.50 and 1.00
 length1=3100;

 na=2; nb=2; nd=1; n=na+nb+nd;
 a=[1, -1.6, 0.8]; b=[0, 0.4, 0.3]; d=[1, -0.64];
 par0=[a(2:na+1),b(2:nb+1),d(2:nd+1)]';
 p0=1e6; r=1;
 par1=ones(n,1)/p0; par2=ones(n,1)/p0;
%---Compute the noise-to-signal ratio
 sy=f_integral(a,b); sv=f_integral(a,d);
 [sy sv];
 delta_ns=sqrt(sv/sy)*100*sigma;
 fprintf('$\\sigma^2=%5.2f^2$, $\\delta_{\\ns}=%6.2f%s\n',...
     sigma,delta_ns,'\%$');
%---Generate the input-output data
 rand('state',10); u=(rand(length1,1) - 0.5)*sqrt(12); % The input
 randn('state',8); v=randn(length1,1)*sigma; % The noise
 y=ones(length1,1)/p0;
 randn('state',0); v0=randn(length1,1); v1=zeros(length1,1);
 for t=n:length1
     y(t)=par0'*[-y(t-1:-1:t-na);u(t-1:-1:t-nb);v(t-1:-1:t-nd)]+v(t);
 end
%Gz=tf(b,a,1); Gn=tf(d,a,1); %y=lsim(Gz,u)+lsim(Gn,v);
```

```
%——The ESG algorithm for CARMA systems
 t0=30; jj=0; j1=0;
 for t=t0:length1
     jj=jj+1;
     varphi=[-y(t-1:-1:t-na); u(t-1:-1:t-nb); v1(t-1:-1:t-nd)];
     r=r+varphi'*varphi;
     par1=par1+varphi*(y(t)-varphi'*par1)/r;
     delta=norm(par1-par0)/norm(par0);
     v1(t)=y(t)-varphi'*par1;
     ls(jj,:)=[jj, par1', delta];
     if (jj==100)|(jj==200)|(jj==500)|mod(jj,1000)==0
         j1=j1+1;
         ls100(j1,:)=[jj, par1', delta*100];
     end
     if jj==3000
         break
     end
 end
 ls100(j1+1,:)=[0, par0', 0];
 fprintf('The ESG estimates')
 fprintf('\n  $t$ &    $a_1$   &    $a_2$   &    $b_1$   &    $b_2$')
 fprintf(' %s\n',' &    $d_1$   &  $\delta\ (\%)\ \ $ \\');
 fprintf('%5d &%10.5f &%10.5f &%10.5f &%10.5f &%10.5f &%10.5f\\\\\n',ls100');

 figure(1); k=(t0:3000)';
 plot(ls(k,1),ls(k,n+2));
 xlabel('\it          t'); ylabel('{\it\delta}');
 if sigma==0.1
     dat1=[ls(:,1), ls(:,n+2)];
     save dat1 dat1
 elseif sigma==0.5
     load dat1
     dat2=[dat1, ls(:,n+2)];
     save dat2 dat2
 else
     load dat2
     z0=[dat2, ls(:,n+2)];
     k=(t0:5:3000)'; jk=z0(k);
     figure(2);
     plot(jk,z0(k,2),'k',jk,z0(k,3),'b',jk,z0(k,4),'m')
     xlabel('\it          t'); ylabel('{\it\delta}');
 end
%——The CARMA-GI algorithm
 jj=0; j2=0;
 Y=y(t0:t0+L-1);
 for k=1:PlotLength
     jj=jj+1; j1=0;
     for t=t0:t0+L-1
         varphi2=[-y(t-1:-1:t-na); u(t-1:-1:t-nb); v0(t-1:-1:t-nd)];
         j1=j1+1;
         Phi(j1,:)=varphi2';
     end
     par2=par2+Phi'*(Y-Phi*par2)*1.0/max(eig(Phi'*Phi));
     for t=n+1:length1
         varphi2=[-y(t-1:-1:t-na); u(t-1:-1:t-nb); v0(t-1:-1:t-nd)];
         v0(t)=y(t)-varphi2'*par2;
     end
```

```
        delta=norm(par2-par0)/norm(par0);
        ls2(jj,:)=[jj, par2', delta];
        if jj==1|jj==2|jj==5|jj==10|jj==20|jj==50|...
                jj==100|jj==200|jj==500
            j2=j2+1;
            ls200(j2,:)=[jj, par2', delta*100];
        end
    end
    ls200(j2+1,:)=[0, par0', 0];

    fprintf('The CARMA-GI algorithm with L=%d',L);
    fprintf('\n %s ','$k$  &    $a_1$  &    $a_2$  &    $b_1$  &')
    fprintf('  %s\n', '$b_2$  &    $d_1$  &  $\delta\ (\%)\ \ $\\\hline');
    fprintf('%5d &%10.5f &%10.5f &%10.5f &%10.5f &%10.5f &%10.5f\\\\\n',ls200');

    figure(3);
    plot(ls2(:,1), ls2(:,n+2));
    xlabel('\it        k'); ylabel('{\it\delta}');

    if sigma==0.1
        data1=[ls2(:,1), ls2(:,n+2)];
        save data1 data1
    elseif sigma==0.5
        load data1
        data2=[data1, ls2(:,n+2)];
        save data2 data2
    else % sigma=1
        load data2
        z0=[data2, ls2(:,n+2)];
        figure(4); k=(1:PlotLength-1); jk=z0(k,1);
        plot(jk,z0(k,2),'k', jk,z0(k,3),'b', jk,z0(k,4),'k')
        axis([0, PlotLength, 0, 0.91])
        xlabel('\it        k'); ylabel('{\it\delta}');
        if L==1000
            text(110, 0.63, '{\it\sigma}^2 = 0.10^2')
            text(110, 0.3, '{\it\sigma}^2 = 0.50^2')
            text(300, 0.3, '{\it\sigma}^2 = 1.00^2')
            line([200, 300], [0.07, 0.27]);
            line([400, 300], [0.059, 0.27]);
        elseif L==2000
            text(110, 0.63, '{\it\sigma}^2 = 0.10^2')
            text(110, 0.29, '{\it\sigma}^2 = 0.50^2')
            text(250, 0.29, '{\it\sigma}^2 = 1.00^2')
            line([200, 250], [0.034, 0.26]);
        elseif L==3000
            text(110, 0.635, '{\it\sigma}^2 = 0.10^2')
            text(110, 0.295, '{\it\sigma}^2 = 0.50^2')
            text(250, 0.295, '{\it\sigma}^2 = 1.00^2')
            line([200, 250], [0.029, 0.265]);
        end
    end
```

5.4 Box-Jenkins 模型

考虑下列 **Box-Jenkins 模型** (BJ) 描述的有色噪声系统:

$$y(t)=\frac{B(z)}{A(z)}u(t)+\frac{D(z)}{C(z)}v(t), \tag{5.4.1}$$

其中 $\{u(t)\}$ 和 $\{y(t)\}$ 分别为系统的输入和输出序列, $\{v(t)\}$ 为零均值方差为 σ^2 的随机白噪声序列, $A(z)$, $B(z)$, $C(z)$ 和 $D(z)$ 均为单位后移算子 z^{-1} 的多项式:

$$\begin{aligned}
A(z)&:=1+a_1z^{-1}+a_2z^{-2}+\cdots+a_{n_a}z^{-n_a},\\
B(z)&:=b_1z^{-1}+b_2z^{-2}+\cdots+b_{n_b}z^{-n_b},\\
C(z)&:=1+c_1z^{-1}+c_2z^{-2}+\cdots+c_{n_c}z^{-n_c},\\
D(z)&:=1+d_1z^{-1}+d_2z^{-2}+\cdots+d_{n_d}z^{-n_d}.
\end{aligned}$$

设阶次 n_a, n_b, n_c 和 n_d 已知, 记 $n:=n_a+n_b+n_c+n_d$. 系统量测噪声 $w(t):=\dfrac{D(z)}{C(z)}v(t)$ 为自回归滑动平均模型 (ARMA 模型).

定义 **系统模型输出** 和 **噪声模型输出** 分别为

$$x(t):=\frac{B(z)}{A(z)}u(t), \tag{5.4.2}$$

$$w(t):=\frac{D(z)}{C(z)}v(t). \tag{5.4.3}$$

则式 (5.4.1) 可写为

$$y(t)=x(t)+w(t). \tag{5.4.4}$$

置系统参数向量 $\boldsymbol{\theta}$、**系统模型参数向量** $\boldsymbol{\theta}_{\rm s}$ 和 **噪声模型参数向量** $\boldsymbol{\theta}_{\rm n}$ 分别为

$$\begin{aligned}
\boldsymbol{\theta}&:=\begin{bmatrix}\boldsymbol{\theta}_{\rm s}\\ \boldsymbol{\theta}_{\rm n}\end{bmatrix}\in\mathbb{R}^{n_a+n_b+n_c+n_d},\\
\boldsymbol{\theta}_{\rm s}&:=[a_1,a_2,\cdots,a_{n_a},b_1,b_2,\cdots,b_{n_b}]^{\rm T}\in\mathbb{R}^{n_a+n_b},\\
\boldsymbol{\theta}_{\rm n}&:=[c_1,c_2,\cdots,c_{n_c},d_1,d_2,\cdots,d_{n_d}]^{\rm T}\in\mathbb{R}^{n_c+n_d},
\end{aligned}$$

信息向量 $\boldsymbol{\varphi}(t)$、**系统模型信息向量** $\boldsymbol{\varphi}_{\rm s}(t)$ 和 **噪声模型信息向量** $\boldsymbol{\varphi}_{\rm n}(t)$ 分别为

$$\begin{aligned}
\boldsymbol{\varphi}(t)&:=\begin{bmatrix}\boldsymbol{\varphi}_{\rm s}(t)\\ \boldsymbol{\varphi}_{\rm n}(t)\end{bmatrix}\in\mathbb{R}^{n_a+n_b+n_c+n_d},\\
\boldsymbol{\varphi}_{\rm s}(t)&:=[-x(t-1),-x(t-2),\cdots,-x(t-n_a),u(t-1),u(t-2),\cdots,u(t-n_b)]^{\rm T}\in\mathbb{R}^{n_a+n_b},\\
\boldsymbol{\varphi}_{\rm n}(t)&:=[-w(t-1),-w(t-2),\cdots,-w(t-n_c),v(t-1),v(t-2),\cdots,v(t-n_d)]^{\rm T}\in\mathbb{R}^{n_c+n_d}.
\end{aligned}$$

这里的下标 s 和 n 分别表示系统模型和噪声模型之意, 取自于英文 “system” 和 “noise” 的首字母. 那么式 (5.4.2)~(5.4.4) 写成向量形式分别为

$$x(t)=\boldsymbol{\varphi}_{\rm s}^{\rm T}(t)\boldsymbol{\theta}_{\rm s}, \tag{5.4.5}$$

$$w(t)=\boldsymbol{\varphi}_{\rm n}^{\rm T}(t)\boldsymbol{\theta}_{\rm n}+v(t), \tag{5.4.6}$$

$$y(t)=\boldsymbol{\varphi}^{\rm T}(t)\boldsymbol{\theta}+v(t). \tag{5.4.7}$$

Box-Jenkins 系统的梯度迭代辨识方法和最小二乘迭代辨识方法是本书作者首先提出、并写在本书中, 后由其访问学者王冬青博士和博士生刘艳君整理成文发表在《Computers & Mathematics with Applications》[40] 和《Digital Signal Processing》[36] 上.

5.4.1 梯度迭代辨识方法

考虑从 $i=t-p+1$ 到 $i=t$ 最新的 p 组数据, 定义 **堆积输出向量** $\boldsymbol{Y}(t)$, **堆积信息矩阵** $\boldsymbol{\Phi}(t)$, 堆积白噪声向量 $\boldsymbol{V}(t)$ 如下,

$$\boldsymbol{Y}(t):=\begin{bmatrix} y(t)\\ y(t-1)\\ \vdots\\ y(t-p+1)\end{bmatrix}\in\mathbb{R}^p,\quad \boldsymbol{\Phi}(t):=\begin{bmatrix} \boldsymbol{\varphi}^{\mathrm{T}}(t)\\ \boldsymbol{\varphi}^{\mathrm{T}}(t-1)\\ \vdots\\ \boldsymbol{\varphi}^{\mathrm{T}}(t-p+1)\end{bmatrix}\in\mathbb{R}^{p\times n}, \tag{5.4.8}$$

$$\boldsymbol{V}(t):=\begin{bmatrix} v(t)\\ v(t-1)\\ \vdots\\ v(t-p+1)\end{bmatrix}\in\mathbb{R}^p. \tag{5.4.9}$$

注: 如果取 $p=L, t=L$ (L 为数据长度), 那么 $\boldsymbol{Y}(t)$ 和 $\boldsymbol{\Phi}(t)$ 就包含了所有量测输入输出数据 $\{u(t),y(t)\colon t=1,2,\cdots,L\}$. 由式 (5.4.7) 可得

$$\boldsymbol{Y}(t)=\boldsymbol{\Phi}(t)\boldsymbol{\theta}+\boldsymbol{V}(t). \tag{5.4.10}$$

由于 $\boldsymbol{V}(t)$ 是一个零均值白噪声向量, 定义准则函数:

$$J_5(\boldsymbol{\theta}):=\|\boldsymbol{Y}(t)-\boldsymbol{\Phi}(t)\boldsymbol{\theta}\|^2.$$

令 $k=1,2,3,\cdots$ 是一个迭代变量, $\hat{\boldsymbol{\theta}}_k(t)$ 为 $\boldsymbol{\theta}$ 的迭代估计. 对于优化问题 J_5, 使用负梯度搜索算法 (5.2.16) 可得迭代算法:

$$\begin{aligned}\hat{\boldsymbol{\theta}}_k(t)&=\hat{\boldsymbol{\theta}}_{k-1}(t)-\frac{\mu_k(t)}{2}\mathrm{grad}[J_5(\hat{\boldsymbol{\theta}}_{k-1}(t))]\\ &=\hat{\boldsymbol{\theta}}_{k-1}(t)+\mu_k(t)\boldsymbol{\Phi}^{\mathrm{T}}(t)[\boldsymbol{Y}(t)-\boldsymbol{\Phi}(t)\hat{\boldsymbol{\theta}}_{k-1}(t)],\end{aligned} \tag{5.4.11}$$

式中 $\mu_k(t)$ 为 **迭代步长** 或 **收敛因子**. 对于上式 $\boldsymbol{\Phi}(t)$ [也就是 $\boldsymbol{\varphi}(t)$] 中包含未知变量 $x(t-i)$, $w(t-i)$ 和 $v(t-i)$, 仍采用递阶辨识原理: 这些未知变量用其第 $k-1$ 次迭代估计值 $\hat{x}_{k-1}(t-i)$, $\hat{w}_{k-1}(t-i)$ 和 $\hat{v}_{k-1}(t-i)$ 代替, 代替后的 $\boldsymbol{\varphi}(t)$ 记作

$$\begin{aligned}\hat{\boldsymbol{\varphi}}_k(t)&:=\begin{bmatrix}\hat{\boldsymbol{\varphi}}_{\mathrm{s},k}(t)\\ \hat{\boldsymbol{\varphi}}_{\mathrm{n},k}(t)\end{bmatrix}\in\mathbb{R}^{n_a+n_b+n_c+n_d},\\ \hat{\boldsymbol{\varphi}}_{\mathrm{s},k}(t)&:=[-\hat{x}_{k-1}(t-1),-\hat{x}_{k-1}(t-2),\cdots,-\hat{x}_{k-1}(t-n_a),\\ &\qquad u(t-1),u(t-2),\cdots,u(t-n_b)]^{\mathrm{T}}\in\mathbb{R}^{n_a+n_b},\\ \hat{\boldsymbol{\varphi}}_{\mathrm{n},k}(t)&:=[-\hat{w}_{k-1}(t-1),-\hat{w}_{k-1}(t-2),\cdots,-\hat{w}_{k-1}(t-n_c),\\ &\qquad \hat{v}_{k-1}(t-1),\hat{v}_{k-1}(t-2),\cdots,\hat{v}_{k-1}(t-n_d)]^{\mathrm{T}}\in\mathbb{R}^{n_c+n_d}.\end{aligned}$$

令 $k=1,2,3,\cdots$ 是一个迭代变量, $\hat{\boldsymbol{\theta}}_k(t):=\begin{bmatrix}\hat{\boldsymbol{\theta}}_{\mathrm{s},k}(t)\\ \hat{\boldsymbol{\theta}}_{\mathrm{n},k}(t)\end{bmatrix}$ 是 $\boldsymbol{\theta}=\begin{bmatrix}\boldsymbol{\theta}_{\mathrm{s}}\\ \boldsymbol{\theta}_{\mathrm{n}}\end{bmatrix}$ 的迭代估计. 用 $(t-i)$ 代替式 (5.4.5) 中 t 得到

$$x(t-i)=\boldsymbol{\varphi}_{\mathrm{s}}^{\mathrm{T}}(t-i)\boldsymbol{\theta}_{\mathrm{s}}.$$

用 $\hat{\boldsymbol{\varphi}}_{\mathrm{s},k}(t-i)$ 和 $\hat{\boldsymbol{\theta}}_{\mathrm{s},k}(t)$ 代替上式中 $\boldsymbol{\varphi}_{\mathrm{s}}(t-i)$ 和 $\boldsymbol{\theta}_{\mathrm{s}}$, 可得到 $x(t-i)$ 的第 k 次迭代估计:

$$\hat{x}_k(t-i)=\hat{\boldsymbol{\varphi}}_{\mathrm{s},k}^{\mathrm{T}}(t-i)\hat{\boldsymbol{\theta}}_{\mathrm{s},k}(t). \tag{5.4.12}$$

由式 (5.4.4) 可得

$$w(t-i)=y(t-i)-x(t-i).$$

用 $\hat{x}_k(t-i)$ 代替上式中 $x(t-i)$, 可得 $w(t-i)$ 的第 k 次迭代估计:

$$\begin{aligned}\hat{w}_k(t-i)&=y(t-i)-\hat{x}_k(t-i)\\&=y(t-i)-\hat{\boldsymbol{\varphi}}_{\mathrm{s},k}^{\mathrm{T}}(t-i)\hat{\boldsymbol{\theta}}_{\mathrm{s},k}(t).\end{aligned} \tag{5.4.13}$$

由式 (5.4.6) 可得

$$v(t-i)=w(t-i)-\boldsymbol{\varphi}_{\mathrm{n}}^{\mathrm{T}}(t-i)\boldsymbol{\theta}_{\mathrm{n}}.$$

用 $\hat{w}_k(t-i)$, $\hat{\boldsymbol{\varphi}}_{\mathrm{n},k}(t-i)$ 和 $\hat{\boldsymbol{\theta}}_{\mathrm{n},k}(t)$ 代替上式中 $w(t-i)$, $\boldsymbol{\varphi}_{\mathrm{n}}(t-i)$ 和 $\boldsymbol{\theta}_{\mathrm{n}}$, 可得到 $v(t-i)$ 的第 k 次迭代估计:

$$\hat{v}_k(t-i)=\hat{w}_k(t-i)-\hat{\boldsymbol{\varphi}}_{\mathrm{n},k}^{\mathrm{T}}(t-i)\hat{\boldsymbol{\theta}}_{\mathrm{n},k}(t). \tag{5.4.14}$$

当然, $\hat{v}_k(t-i)$ 也可以这样求: 由式 (5.4.7) 可得

$$v(t-i)=y(t-i)-\boldsymbol{\varphi}^{\mathrm{T}}(t-i)\boldsymbol{\theta}.$$

用 $\hat{\boldsymbol{\varphi}}_k(t-i)$ 和 $\hat{\boldsymbol{\theta}}_k(t)$ 代替上式中 $\boldsymbol{\varphi}(t-i)$ 和 $\boldsymbol{\theta}$, 便得到 $v(t-i)$ 的第 k 次迭代估计:

$$\hat{v}_k(t-i)=y(t-i)-\hat{\boldsymbol{\varphi}}_k^{\mathrm{T}}(t-i)\hat{\boldsymbol{\theta}}_k(t). \tag{5.4.15}$$

用 $\hat{\boldsymbol{\varphi}}_k(t-i)$ 代替 $\boldsymbol{\Phi}(t)$ 中 $\boldsymbol{\varphi}(t-i)$, 代替后的 $\boldsymbol{\Phi}(t)$ 记作

$$\hat{\boldsymbol{\Phi}}_k(t):=\begin{bmatrix}\hat{\boldsymbol{\varphi}}_k^{\mathrm{T}}(t)\\ \hat{\boldsymbol{\varphi}}_k^{\mathrm{T}}(t-1)\\ \vdots\\ \hat{\boldsymbol{\varphi}}_k^{\mathrm{T}}(t-p+1)\end{bmatrix}\in\mathbb{R}^{p\times n}. \tag{5.4.16}$$

用 $\hat{\boldsymbol{\Phi}}_k(t)$ 代替式 (5.4.11) 中 $\boldsymbol{\Phi}(t)$, 我们可以总结出 **Box-Jenkins 模型的梯度迭代算法** (Gradient based Iterative algorithm for Box-Jenkins models, **BJ-GI 算法**):

$$\hat{\boldsymbol{\theta}}_k(t)=\hat{\boldsymbol{\theta}}_{k-1}(t)+\mu_k(t)\hat{\boldsymbol{\Phi}}_k^{\mathrm{T}}(t)[\boldsymbol{Y}(t)-\hat{\boldsymbol{\Phi}}_k(t)\hat{\boldsymbol{\theta}}_{k-1}(t)],\ k=1,2,3,\cdots \tag{5.4.17}$$

$$\hat{\boldsymbol{\Phi}}_k(t)=[\hat{\boldsymbol{\varphi}}_k(t),\hat{\boldsymbol{\varphi}}_k(t-1),\cdots,\hat{\boldsymbol{\varphi}}_k(t-p+1)]^{\mathrm{T}}, \tag{5.4.18}$$

$$\boldsymbol{Y}(t)=[y(t),y(t-1),\cdots,y(t-p+1)]^{\mathrm{T}}, \tag{5.4.19}$$

$$\hat{\boldsymbol{\varphi}}_k(t)=\begin{bmatrix}\hat{\boldsymbol{\varphi}}_{\mathrm{s},k}(t)\\ \hat{\boldsymbol{\varphi}}_{\mathrm{n},k}(t)\end{bmatrix}, \tag{5.4.20}$$

$$\hat{\boldsymbol{\varphi}}_{\mathrm{s},k}(t)=[-\hat{x}_{k-1}(t-1),-\hat{x}_{k-1}(t-2),\cdots,-\hat{x}_{k-1}(t-n_a),u(t-1),u(t-2),\cdots,u(t-n_b)]^{\mathrm{T}}, \tag{5.4.21}$$

$$\begin{aligned}\hat{\boldsymbol{\varphi}}_{\mathrm{n},k}(t)=[&-\hat{w}_{k-1}(t-1),-\hat{w}_{k-1}(t-2),\cdots,-\hat{w}_{k-1}(t-n_c),\\ &\hat{v}_{k-1}(t-1),\hat{v}_{k-1}(t-2),\cdots,\hat{v}_{k-1}(t-n_d)]^{\mathrm{T}},\end{aligned} \tag{5.4.22}$$

$$\hat{\boldsymbol{\theta}}_k(t)=\begin{bmatrix}\hat{\boldsymbol{\theta}}_{\mathrm{s},k}(t)\\ \hat{\boldsymbol{\theta}}_{\mathrm{n},k}(t)\end{bmatrix}, \tag{5.4.23}$$

$$\hat{x}_k(t-i)=\hat{\boldsymbol{\varphi}}_{\mathrm{s},k}^{\mathrm{T}}(t-i)\hat{\boldsymbol{\theta}}_{\mathrm{s},k}(t),\ i=1,2,\cdots,n_a, \tag{5.4.24}$$

$$\begin{aligned}\hat{w}_k(t-i)&=y(t)-\hat{x}_k(t-i)\\ &=y(t-i)-\hat{\boldsymbol{\varphi}}_{\mathrm{s},k}^{\mathrm{T}}(t-i)\hat{\boldsymbol{\theta}}_{\mathrm{s},k}(t),\ i=1,2,\cdots,n_c,\end{aligned} \tag{5.4.25}$$

$$\begin{aligned}\hat{v}_k(t-i)&=\hat{w}_k(t-i)-\hat{\boldsymbol{\varphi}}_{\mathrm{n},k}^{\mathrm{T}}(t-i)\hat{\boldsymbol{\theta}}_{\mathrm{n},k}(t)\\ &=y(t-i)-\hat{\boldsymbol{\varphi}}_k^{\mathrm{T}}(t-i)\hat{\boldsymbol{\theta}}_k(t),\ i=1,2,\cdots,n_d,\end{aligned} \tag{5.4.26}$$

$$0<\mu_k(t)\leqslant\frac{2}{\lambda_{\max}[\hat{\boldsymbol{\Phi}}_k^{\mathrm{T}}(t)\hat{\boldsymbol{\Phi}}_k(t)]}. \tag{5.4.27}$$

BJ-GI 算法的计算步骤

(1) 令 $t=1$, 确定 p, 给定参数估计精度 ε, 置 $\hat{\boldsymbol{\theta}}_0(t)=\mathbf{1}_n$, $p_0=10^6$.

(2) 收集输入输出数据 $u(t)$ 和 $y(t)$, 用式 (5.4.19) 构造 $\boldsymbol{Y}(t)$.

(3) 令 $k=1$, 置 $\hat{x}_0(t-i)=1/p_0$, $\hat{w}_0(t-i)=1/p_0$, $\hat{v}_0(t-i)=1/p_0$, $i=1,2,\cdots,\max[n_a,n_c,n_d]$.

(4) 用式 (5.4.21) 构造 $\hat{\boldsymbol{\varphi}}_{\mathrm{s},k}(t)$, 用式 (5.4.22) 构造 $\hat{\boldsymbol{\varphi}}_{\mathrm{n},k}(t)$, 用式 (5.4.20) 构造 $\hat{\boldsymbol{\varphi}}_k(t)$. 用式 (5.4.18) 构造 $\hat{\boldsymbol{\Phi}}_k(t)$.

(5) 根据式 (5.4.27) 选择一个大 $\mu_k(t)$, 用式 (5.4.17) 刷新参数估计 $\hat{\boldsymbol{\theta}}_k(t)$.

(6) 用式 (5.4.24) 计算 $\hat{x}_k(t-i)$, 用式 (5.4.25) 计算 $\hat{w}_k(t-i)$, 用式 (5.4.26) 计算 $\hat{v}_k(t-i)$.

(7) 比较 $\hat{\boldsymbol{\theta}}_k(t)$ 与 $\hat{\boldsymbol{\theta}}_{k-1}(t)$: 如果

$$\|\hat{\boldsymbol{\theta}}_k(t)-\hat{\boldsymbol{\theta}}_{k-1}(t)\|>\varepsilon,$$

k 增 1, 转到步骤 4; 否则, 获得迭代次数 k 和参数估计向量 $\hat{\boldsymbol{\theta}}_k(t)$, 令 $\hat{\boldsymbol{\theta}}_0(t+1):=\hat{\boldsymbol{\theta}}_k(t)$, t 增 1, 转到步骤 2.

有限量测数据 BJ-GI 算法

在式 (5.4.8)、(5.4.9) 中取 $p=L$, $t=L$ (L 为数据长度), 有

$$\boldsymbol{Y}(L):=\begin{bmatrix}y(L)\\ y(L-1)\\ \vdots\\ y(1)\end{bmatrix}\in\mathbb{R}^L,\quad \boldsymbol{\Phi}(L):=\begin{bmatrix}\boldsymbol{\varphi}^{\mathrm{T}}(L)\\ \boldsymbol{\varphi}^{\mathrm{T}}(L-1)\\ \vdots\\ \boldsymbol{\varphi}^{\mathrm{T}}(1)\end{bmatrix}\in\mathbb{R}^{L\times n},$$

$$\boldsymbol{V}(L):=\begin{bmatrix}v(L)\\v(L-1)\\\vdots\\v(1)\end{bmatrix}\in\mathbb{R}^L,$$

$\boldsymbol{Y}(L)$ 和 $\boldsymbol{\varPhi}(L)$ 就包含了所有量测输入输出数据 $\{u(t),y(t)\text{: } t=1,\ 2,\ \cdots,\ L\}$. 由式 (5.4.7) 可得

$$\boldsymbol{Y}(L)=\boldsymbol{\varPhi}(L)\boldsymbol{\theta}+\boldsymbol{V}(L).\tag{5.4.28}$$

由于 $\boldsymbol{V}(L)$ 是一个零均值白噪声向量, 定义 **准则函数**:

$$J_6(\boldsymbol{\theta}):=\|\boldsymbol{Y}(L)-\boldsymbol{\varPhi}(L)\boldsymbol{\theta}\|^2.$$

按照 BJ-GI 算法的推导思路, 可以得到 **有限量测数据 Box-Jenkins 模型的梯度迭代算法** (Gradient based Iterative algorithm for BJ models with finite measurement data, BJ-GI):

$$\hat{\boldsymbol{\theta}}_k=\hat{\boldsymbol{\theta}}_{k-1}+\mu_k\hat{\boldsymbol{\varPhi}}_k^{\rm T}(L)[\boldsymbol{Y}(L)-\hat{\boldsymbol{\varPhi}}_k(L)\hat{\boldsymbol{\theta}}_{k-1}],\ \ k=1,2,3,\cdots\tag{5.4.29}$$

$$\hat{\boldsymbol{\varPhi}}_k(L)=[\hat{\boldsymbol{\varphi}}_k(L),\hat{\boldsymbol{\varphi}}_k(L-1),\cdots,\hat{\boldsymbol{\varphi}}_k(1)]^{\rm T},\tag{5.4.30}$$

$$\boldsymbol{Y}(L)=[y(L),y(L-1),\cdots,y(1)]^{\rm T},\tag{5.4.31}$$

$$\hat{\boldsymbol{\varphi}}_k(t)=\begin{bmatrix}\hat{\boldsymbol{\varphi}}_{{\rm s},k}(t)\\\hat{\boldsymbol{\varphi}}_{{\rm n},k}(t)\end{bmatrix},\ t=1,2,\cdots,L,\tag{5.4.32}$$

$$\begin{aligned}\hat{\boldsymbol{\varphi}}_{{\rm s},k}(t)=&[-\hat{x}_{k-1}(t-1),-\hat{x}_{k-1}(t-2),\cdots,-\hat{x}_{k-1}(t-n_a),\\&u(t-1),u(t-2),\cdots,u(t-n_b)]^{\rm T},\end{aligned}\tag{5.4.33}$$

$$\begin{aligned}\hat{\boldsymbol{\varphi}}_{{\rm n},k}(t)=&[-\hat{w}_{k-1}(t-1),-\hat{w}_{k-1}(t-2),\cdots,-\hat{w}_{k-1}(t-n_c),\\&\hat{v}_{k-1}(t-1),\hat{v}_{k-1}(t-2),\cdots,\hat{v}_{k-1}(t-n_d)]^{\rm T},\end{aligned}\tag{5.4.34}$$

$$\hat{\boldsymbol{\theta}}_k=\begin{bmatrix}\hat{\boldsymbol{\theta}}_{{\rm s},k}\\\hat{\boldsymbol{\theta}}_{{\rm n},k}\end{bmatrix},\tag{5.4.35}$$

$$\hat{x}_k(t)=\hat{\boldsymbol{\varphi}}_{{\rm s},k}^{\rm T}(t)\hat{\boldsymbol{\theta}}_{{\rm s},k},\ \ k=1,2,\cdots,L,\tag{5.4.36}$$

$$\begin{aligned}\hat{w}_k(t)&=y(t)-\hat{x}_k(t)\\&=y(t)-\hat{\boldsymbol{\varphi}}_{{\rm s},k}^{\rm T}(t)\hat{\boldsymbol{\theta}}_{{\rm s},k},\end{aligned}\tag{5.4.37}$$

$$\hat{v}_k(t)=\hat{w}_k(t)-\hat{\boldsymbol{\varphi}}_{{\rm n},k}^{\rm T}(t)\hat{\boldsymbol{\theta}}_{{\rm n},k},\tag{5.4.38}$$

$$0<\mu_k\leqslant\frac{2}{\lambda_{\max}[\hat{\boldsymbol{\varPhi}}_k^{\rm T}(L)\hat{\boldsymbol{\varPhi}}_k(L)]}.\tag{5.4.39}$$

有限量测数据的 BJ-GI 算法的计算步骤

(1) 收集输入输出数据 $u(t)$ 和 $y(t)$, $i=1,2,\cdots,L$, 用式 (5.4.31) 构造 $\boldsymbol{Y}(L)$.

(2) 令 $k=1$, 置 $\hat{\boldsymbol{\theta}}_0=\mathbf{1}_n/p_0$, $\hat{x}_0(t)=1/p_0$, $\hat{w}_0(t)=1/p_0$, $\hat{v}_0(t)=1/p_0$, $p_0=10^6$.

(3) 用式 (5.4.33) 构造 $\hat{\boldsymbol{\varphi}}_{{\rm s},k}(t)$, 用式 (5.4.34) 构造 $\hat{\boldsymbol{\varphi}}_{{\rm n},k}(t)$, 用式 (5.4.32) 构造 $\hat{\boldsymbol{\varphi}}_k(t)$, 用式 (5.4.30) 构造 $\hat{\boldsymbol{\varPhi}}_k(t)$.

(4) 根据式 (5.4.39) 选择一个大 μ_k, 用式 (5.4.29) 刷新参数估计 $\hat{\boldsymbol{\theta}}_k$.

(5) 用式 (5.4.36) 计算 $\hat{x}_k(t)$, 用式 (5.4.37) 和式 (5.4.38) 分别计算 $\hat{w}_k(t)$ 和 $\hat{v}_k(t)$,

(6) 比较 $\hat{\boldsymbol{\theta}}_k$ 与 $\hat{\boldsymbol{\theta}}_{k-1}$: 如果 $\|\hat{\boldsymbol{\theta}}_k - \hat{\boldsymbol{\theta}}_{k-1}\| \leqslant \varepsilon$, 中断循环过程, 获得迭代次数 k 和参数估计向量 $\hat{\boldsymbol{\theta}}_k$; 否则, k 增 1, 转到步骤 3.

有限量测数据 BJ-GI 算法参数估计 $\hat{\boldsymbol{\theta}}_k$ 的 **流程图** 如图 5.4.1 所示.

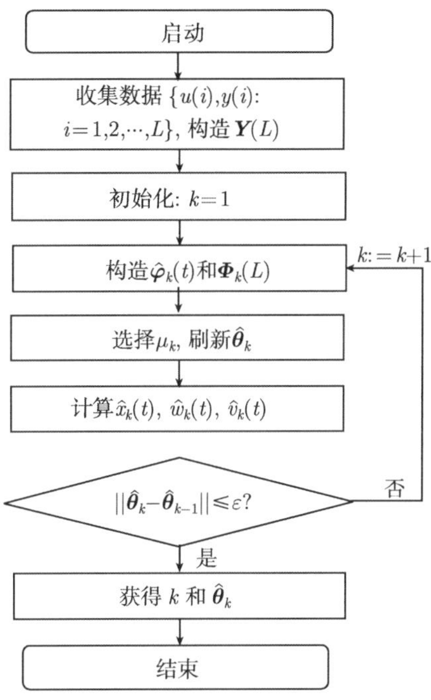

图 5.4.1 有限量测数据 BJ-GI 算法参数估计 $\hat{\boldsymbol{\theta}}_k$ 的流程图

5.4.2 最小二乘迭代方法

假设信息向量 $\boldsymbol{\varphi}(t)$ 是持续激励的, 即 $[\boldsymbol{\Phi}^{\mathrm{T}}(t)\boldsymbol{\Phi}(t)]$ 是可逆矩阵. 极小化准则函数 $J_6(\hat{\boldsymbol{\theta}})$ 给出下列最小二乘估计:

$$\hat{\boldsymbol{\theta}}(t) = [\boldsymbol{\Phi}^{\mathrm{T}}(t)\boldsymbol{\Phi}(t)]^{-1}\boldsymbol{\Phi}^{\mathrm{T}}(t)\boldsymbol{Y}(t). \tag{5.4.40}$$

上式无法计算 $\hat{\boldsymbol{\theta}}(t)$, 因为 $\boldsymbol{\Phi}(t)$ [也就是 $\boldsymbol{\varphi}(t)$] 中包含了未知中间变量 $x(t-i)$, $w(t-i)$, $v(t-i)$. 类似于 BJ-GI 算法的处理方法: $x(t-i)$, $w(t-i)$, $v(t-i)$ 都用它们的估计 $\hat{x}_{k-1}(t-i)$, $\hat{w}_{k-1}(t-i)$, $\hat{v}_{k-1}(t-i)$ 代替, $\boldsymbol{\varphi}(t)$ 用 $\hat{\boldsymbol{\varphi}}_k(t)$ 代替, 用 $\hat{\boldsymbol{\Phi}}_k(t)$ 代替式 (5.4.40) 中 $\boldsymbol{\Phi}(t)$, 可得 **Box-Jenkins 模型的最小二乘迭代算法** (Least Squares based Iterative algorithm for Box-Jenkins models, **BJ-LSI 算法**):

$$\hat{\boldsymbol{\theta}}_k(t) = [\hat{\boldsymbol{\Phi}}_k^{\mathrm{T}}(t)\hat{\boldsymbol{\Phi}}_k(t)]^{-1}\hat{\boldsymbol{\Phi}}_k^{\mathrm{T}}(t)\boldsymbol{Y}(t),\ k=1,2,3,\cdots \tag{5.4.41}$$

$$\hat{\boldsymbol{\Phi}}_k(t) = [\hat{\boldsymbol{\varphi}}_k(t), \hat{\boldsymbol{\varphi}}_k(t-1), \cdots, \hat{\boldsymbol{\varphi}}_k(t-p+1)]^{\mathrm{T}}, \tag{5.4.42}$$

$$\boldsymbol{Y}(t) = [y(t), y(t-1), \cdots, y(t-p+1)]^{\mathrm{T}}, \tag{5.4.43}$$

$$\hat{\boldsymbol{\varphi}}_k(t) = \begin{bmatrix} \hat{\boldsymbol{\varphi}}_{\mathrm{s},k}(t) \\ \hat{\boldsymbol{\varphi}}_{\mathrm{n},k}(t) \end{bmatrix}, \tag{5.4.44}$$

$$\hat{\boldsymbol{\varphi}}_{\mathrm{s},k}(t) = [-\hat{x}_{k-1}(t-1), -\hat{x}_{k-1}(t-2), \cdots, -\hat{x}_{k-1}(t-n_a),$$

$$u(t-1), u(t-2), \cdots, u(t-n_b)]^{\mathrm{T}}, \tag{5.4.45}$$

$$\begin{aligned}\hat{\boldsymbol{\varphi}}_{\mathrm{n},k}(t) = &[-\hat{w}_{k-1}(t-1), -\hat{w}_{k-1}(t-2), \cdots, -\hat{w}_{k-1}(t-n_c),\\ &\hat{v}_{k-1}(t-1), \hat{v}_{k-1}(t-2), \cdots, \hat{v}_{k-1}(t-n_d)]^{\mathrm{T}},\end{aligned} \tag{5.4.46}$$

$$\hat{\boldsymbol{\theta}}_k(t) = \begin{bmatrix}\hat{\boldsymbol{\theta}}_{\mathrm{s},k}(t)\\ \hat{\boldsymbol{\theta}}_{\mathrm{n},k}(t)\end{bmatrix}, \tag{5.4.47}$$

$$\hat{x}_k(t-i) = \hat{\boldsymbol{\varphi}}_{\mathrm{s},k}^{\mathrm{T}}(t-i)\hat{\boldsymbol{\theta}}_{\mathrm{s},k}(t),\ i=1,2,\cdots,n_a, \tag{5.4.48}$$

$$\begin{aligned}\hat{w}_k(t-i) &= y(t) - \hat{x}_k(t-i)\\ &= y(t-i) - \hat{\boldsymbol{\varphi}}_{\mathrm{s},k}^{\mathrm{T}}(t-i)\hat{\boldsymbol{\theta}}_{\mathrm{s},k}(t),\ i=1,2,\cdots,n_c,\end{aligned} \tag{5.4.49}$$

$$\begin{aligned}\hat{v}_k(t-i) &= \hat{w}_k(t-i) - \hat{\boldsymbol{\varphi}}_{\mathrm{n},k}^{\mathrm{T}}(t-i)\hat{\boldsymbol{\theta}}_{\mathrm{n},k}(t)\\ &= y(t-i) - \hat{\boldsymbol{\varphi}}_k^{\mathrm{T}}(t-i)\hat{\boldsymbol{\theta}}_k(t),\ i=1,2,\cdots,n_d.\end{aligned} \tag{5.4.50}$$

BJ-LSI 算法的计算步骤

(1) 确定 p, 令 $t=p$, 收集输入输出数据 $\{u(i), y(i)\colon i=0,1,\cdots,p-1\}$, 给定参数估计精度 ε.

(2) 收集输入输出数据 $u(t)$ 和 $y(t)$, 用式 (5.4.43) 构造 $\boldsymbol{Y}(t)$.

(3) 令 $k=1$, 置 $\hat{x}_0(t-i)=$ 随机数, $\hat{w}_0(t-i)=$ 随机数, $\hat{v}_0(t-i)=$ 随机数, $i=1,2,\cdots,\max[n_a,n_c,n_d]$.

(4) 用式 (5.4.45) 构造 $\hat{\boldsymbol{\varphi}}_{\mathrm{s},k}(t)$, 用式 (5.4.46) 构造 $\hat{\boldsymbol{\varphi}}_{\mathrm{n},k}(t)$, 用式 (5.4.44) 构造 $\hat{\boldsymbol{\varphi}}_k(t)$, 用式 (5.4.42) 构造 $\hat{\boldsymbol{\Phi}}_k(t)$.

(5) 用式 (5.4.41) 刷新参数估计 $\hat{\boldsymbol{\theta}}_k(t)$.

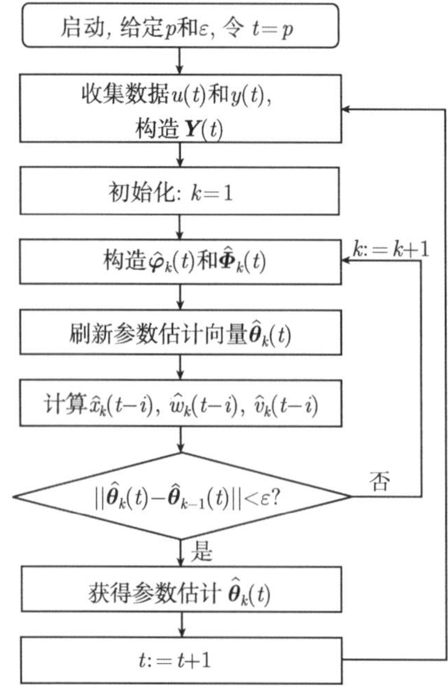

图 5.4.2　计算 BJ-LSI 参数估计 $\hat{\boldsymbol{\theta}}_k(t)$ 的流程图

(6) 用式 (5.4.48) 计算 $\hat{x}_k(t-i)$, 用式 (5.4.49) 计算 $\hat{w}_k(t-i)$, 用式 (5.4.50) 计算 $\hat{v}_k(t-i)$.

(7) 比较 $\hat{\boldsymbol{\theta}}_k(t)$ 与 $\hat{\boldsymbol{\theta}}_{k-1}(t)$: 如果 $\|\hat{\boldsymbol{\theta}}_k(t)-\hat{\boldsymbol{\theta}}_{k-1}(t)\|>\varepsilon$, k 增 1, 转到步骤 4; 否则, 获得迭代次数 k 和参数估计向量 $\hat{\boldsymbol{\theta}}_k(t)$, t 增 1, 转到步骤 2.

BJ-LSI 算法计算参数估计 $\hat{\boldsymbol{\theta}}_k(t)$ 的 **流程图** 如图 5.4.2 所示.

BJ-LSI 算法是利用 **数据窗长度** 为 p 的有限数据窗内的数据, 极小化准则函数得到的, 因此具有跟踪时变参数的能力, 能用于在线辨识, BJ-GI 算法也具有这一性质.

5.5 非线性系统的迭代辨识方法

线性系统模型结构比较简单, 可以用统一的模型来描述, 如差分方程、状态空间模型等, 而非线性系统结构通常很复杂, 难以用统一的模型来描述. 研究最多的是比较简单的 **块结构非线性系统**, 如 **输入非线性系统** (简称 N-L, N–Nonlinear 非线性之意, L–Linear 线性之意), 它是由一个静态非线性环节串联一个线性动态子系统构成的; 另一种是 **输出非线性系统** (简称 L-N), 它是由一个线性动态子系统串联一个静态非线性环节构成的. 如果静态非线性环节是一个多项式或一个已知基的线性组合函数, 则这类输入非线性系统称为 **Hammerstein 非线性系统**, 这类输出非线性系统称为 **Wiener 非线性系统**. 当然, 还有 N–L–N 非线性系统 (有时称为 **Hammerstein–Wiener 非线性系统**), L-N-L 非线性系统 (我们称为 Wiener–Hammerstein 非线性系统). 如果非线性环节在反馈回路上, 其前向通道是一个线性子系统, 或反之, 这样的非线性系统称为 **反馈非线性系统** (feedback nonlinear system). 值得指出的是, 非线性环节也可以是一个非线性动态子系统, 这样的非线性系统块结构研究的不是很多.

文献 [59] 研究了 Hammerstein 非线性方程误差系统的牛顿迭代辨识方法和牛顿递推辨识方法等, 文献 [151] 提出了 Hammerstein 非线性 ARMAX 系统的最小二乘迭代辨识方法和递推增广最小二乘辨识方法, 文献 [189] 讨论了一类特殊 Wiener 非线性系统的最小二乘迭代辨识方法和梯度迭代辨识方法, 所采用的是双线性参数向量输出非线性系统. 这里我们简单讨论一类 **Wiener 非线性系统** 的迭代辨识方法, 如图 5.5.1 所示, 其中 $u(t)$ 为系统输入, $x(t)$ 为线性部分的输出 (不可测中间变量), $\bar{y}(t)$ 为非线性部分的输出 (未知的), $v(t)$ 为量测噪声 (可以假定是零均值和有限方差的), $y(t)$ 是系统输出, 即 $\bar{y}(t)$ 的含噪量测, $f(\cdot)$ 是输出端的非线性函数, $G(z)$ 是线性部分的传递函数, 假设为一个 **FIR 模型** (finite impulse response model):

$$G(z):=b_0+b_1z^{-1}+b_2z^{-2}+\cdots+b_nz^{-n}.$$

这个输出非线性 FIR 系统可以表示为

$$x(t)=G(z)u(t), \tag{5.5.1}$$

$$\bar{y}(t)=f(x(t)), \tag{5.5.2}$$

$$\begin{aligned}y(t)&=\bar{y}(t)+v(t)\\&=f(x(t))+v(t).\end{aligned} \tag{5.5.3}$$

定义 **参数向量** $\boldsymbol{\theta}$ 和 **信息向量** $\boldsymbol{\varphi}(t)$ 如下,

$$\boldsymbol{\theta} := [b_0, b_1, b_2, \cdots, b_n]^{\mathrm{T}} \in \mathbb{R}^{n+1},$$
$$\boldsymbol{\varphi}(t) := [u(t), u(t-1), u(t-2), \cdots, u(t-n)]^{\mathrm{T}} \in \mathbb{R}^{n+1}.$$

则有

$$x(t) = \boldsymbol{\varphi}^{\mathrm{T}}(t)\boldsymbol{\theta}. \tag{5.5.4}$$

对于这样一个简单的输出非线性输出误差系统, 即使假定非线性函数是一个二次函数,

$$\bar{y} = f(x) = x^2,$$

或

$$\bar{y}(t) = f(x(t)) = x^2(t),$$

其辨识问题也是不容易的. 当然, 也可以假设这个输出非线性特性 $\bar{y} = f(x)$ 是已知非线性基 $\boldsymbol{f} = (f_1, f_2, \cdots, f_m)$ 的线性函数, 即非线性特性可以写为参数 $(\vartheta_1, \vartheta_2, \cdots, \vartheta_m)$ 的线性组合形式,

$$\begin{aligned}\bar{y}(t) &= f(x(t)) = \vartheta_1 f_1(x(t)) + \vartheta_2 f_2(x(t)) + \cdots + \vartheta_m f_m(x(t)) \\ &= \boldsymbol{\psi}^{\mathrm{T}}(x(t))\boldsymbol{\vartheta},\end{aligned} \tag{5.5.5}$$

其中 $\boldsymbol{\psi}(x(t)) := [f_1(x(t)), f_2(x(t)), \cdots, f_m(x(t))]^{\mathrm{T}} \in \mathbb{R}^m$ 是基函数构成的向量, $\boldsymbol{\vartheta} := [\vartheta_1, \vartheta_2, \cdots, \vartheta_m]^{\mathrm{T}} \in \mathbb{R}^m$ 是非线性部分的参数向量.

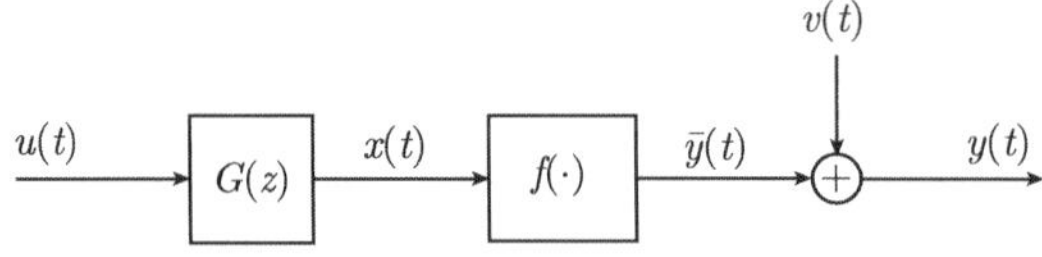

图 5.5.1 输出非线性 FIR 系统 (ON-FIR)

非线性系统模型中一般会出现系统参数的乘积项, 为了得到唯一的参数估计, 需要规范化模型参数[48, 59, 151]. 常用的规范化方法有: ① 固定 b_i 中的一个, 或者固定 ϑ_j 中的一个; ② 设 $(b_0, b_1, b_2, \cdots, b_n)$ 或 $(\vartheta_1, \vartheta_2, \cdots, \vartheta_m)$ 的模为 1, 即 $b_0^2 + b_1^2 + b_2^2 + \cdots + b_n^2 = 1$, 或 $\vartheta_1^2 + \vartheta_2^2 + \cdots + \vartheta_m^2 = 1$; ③ 设线性子系统的增益为 1, 即 $G(1) = b_0 + b_1 + b_2 + \cdots + b_n = 1$, 或非线性函数的系数和为 1, 即 $\vartheta_1 + \vartheta_2 + \cdots + \vartheta_m = 1$.

联立式 (5.5.3)~(5.5.5) 给出输出非线性 FIR 系统的辨识模型:

$$\begin{aligned}y(t) &= f(x(t)) + v(t) \\ &= \boldsymbol{\psi}^{\mathrm{T}}(x(t))\boldsymbol{\vartheta} + v(t),\end{aligned} \tag{5.5.6}$$

$$\bar{y}(t) = f(x(t)) = \boldsymbol{\psi}^{\mathrm{T}}(x(t))\boldsymbol{\vartheta}, \tag{5.5.7}$$

$$x(t) = \boldsymbol{\varphi}^{\mathrm{T}}(t)\boldsymbol{\theta}, \tag{5.5.8}$$

$$\boldsymbol{\psi}(x(t)) = [f_1(x(t)), f_2(x(t)), \cdots, f_m(x(t))]^{\mathrm{T}}, \tag{5.5.9}$$

$$\boldsymbol{\varphi}(t) = [u(t), u(t-1), u(t-2), \cdots, u(t-n)]^{\mathrm{T}}. \tag{5.5.10}$$

这个非线性系统参数向量 $\boldsymbol{\vartheta}$ 和 $\boldsymbol{\theta}$ 辨识的困难在于中间变量 $x(t)$ 是未知的. 这里采用迭代最小二乘来研究 $\boldsymbol{\vartheta}$ 和 $\boldsymbol{\theta}$ 的辨识方法.

设数据长度为 L. 在式 (5.5.7) 约束下, 定义带约束条件的优化 **准则函数**:

$$\begin{aligned}
J_7(\boldsymbol{\vartheta},\boldsymbol{\theta}) &:= \sum_{t=1}^{L}[y(t)-f(x(t))]^2\\
&= \sum_{t=1}^{L}[y(t)-\boldsymbol{\psi}^{\mathrm{T}}(x(t))\boldsymbol{\vartheta}]^2,\\
\bar{y}(t) &= f(x(t)) = \boldsymbol{\psi}^{\mathrm{T}}(x(t))\boldsymbol{\vartheta},\\
x(t) &= \boldsymbol{\varphi}^{\mathrm{T}}(t)\boldsymbol{\theta}.
\end{aligned} \tag{5.5.11}$$

$J_7(\boldsymbol{\vartheta},\boldsymbol{\theta})$ 分别对 $\boldsymbol{\vartheta}$ 和 $\boldsymbol{\theta}$ 求偏导数 (**梯度**):

$$\begin{aligned}
\mathrm{grad}_{\vartheta}[J_7(\boldsymbol{\vartheta},\boldsymbol{\theta})] &:= \frac{\partial J_7(\boldsymbol{\vartheta},\boldsymbol{\theta})}{\partial \boldsymbol{\vartheta}}\\
&= -2\sum_{t=1}^{L}\boldsymbol{\psi}(x(t))[y(t)-\boldsymbol{\psi}^{\mathrm{T}}(x(t))\boldsymbol{\vartheta}]\\
&= -2\sum_{t=1}^{L}[\boldsymbol{\psi}(x(t))y(t)-\boldsymbol{\psi}(x(t))\boldsymbol{\psi}^{\mathrm{T}}(x(t))\boldsymbol{\vartheta}],\\
\mathrm{grad}_{\theta}[J_7(\boldsymbol{\vartheta},\boldsymbol{\theta})] &:= \frac{\partial J_7(\boldsymbol{\vartheta},\boldsymbol{\theta})}{\partial \boldsymbol{\theta}}\\
&= -2\sum_{t=1}^{L}\boldsymbol{\varphi}(t)f'(x(t))[y(t)-f(x(t))]\\
&= -2\sum_{t=1}^{L}[\boldsymbol{\varphi}(t)f'(x(t))y(t)-\boldsymbol{\varphi}(t)f'(x(t))f(x(t))].
\end{aligned}$$

令 $\mu_1(k)\geqslant 0$ 和 $\mu_2(k)\geqslant 0$ 是收敛因子, $k=1,2,3,\cdots$ 是迭代变量, $\hat{\boldsymbol{\vartheta}}_k$ 和 $\hat{\boldsymbol{\theta}}_k$ 是 $\boldsymbol{\vartheta}$ 和 $\boldsymbol{\theta}$ 的迭代估计, 使用梯度搜索, 可得下列 **梯度迭代算法** (Gradient based Iterative algorithm, **GI 算法**):

$$\begin{aligned}
\hat{\boldsymbol{\vartheta}}_k &= \hat{\boldsymbol{\vartheta}}_{k-1}-\frac{\mu_1(k)}{2}\mathrm{grad}_{\vartheta}[J_7(\hat{\boldsymbol{\vartheta}}_{k-1},\hat{\boldsymbol{\theta}}_{k-1})]\\
&= \hat{\boldsymbol{\vartheta}}_{k-1}+\mu_1(k)\sum_{t=1}^{L}[\boldsymbol{\psi}(\hat{x}_{k-1}(t))y(t)-\boldsymbol{\psi}(\hat{x}_{k-1}(t))\boldsymbol{\psi}^{\mathrm{T}}(\hat{x}_{k-1}(t))\hat{\boldsymbol{\vartheta}}_{k-1}],
\end{aligned} \tag{5.5.12}$$

$$\begin{aligned}
\hat{\boldsymbol{\theta}}_k &= \hat{\boldsymbol{\theta}}_{k-1}-\frac{\mu_2(k)}{2}\mathrm{grad}_{\theta}[J_7(\hat{\boldsymbol{\vartheta}}_{k-1},\hat{\boldsymbol{\theta}}_{k-1})]\\
&= \hat{\boldsymbol{\theta}}_{k-1}+\mu_2(k)\sum_{t=1}^{L}[\boldsymbol{\varphi}(t)f'(\hat{x}_{k-1}(t))y(t)-\boldsymbol{\varphi}(t)f'(\hat{x}_{k-1}(t))f(\hat{x}_{k-1}(t))],
\end{aligned} \tag{5.5.13}$$

$$\hat{x}_k = \boldsymbol{\varphi}^{\mathrm{T}}(t)\hat{\boldsymbol{\theta}}_k, \tag{5.5.14}$$

$$\boldsymbol{\psi}(\hat{x}_k(t)) = [f_1(\hat{x}_k(t)),f_2(\hat{x}_k(t)),\cdots,f_m(\hat{x}_k(t))]^{\mathrm{T}}, \tag{5.5.15}$$

$$f(\hat{x}_k(t)) = \boldsymbol{\psi}^{\mathrm{T}}(\hat{x}_k(t))\hat{\boldsymbol{\vartheta}}_k, \tag{5.5.16}$$

$$\begin{aligned}
f'(\hat{x}_k(t)) &= [\boldsymbol{\psi}'(\hat{x}_k(t))]^{\mathrm{T}}\hat{\boldsymbol{\vartheta}}_k\\
&= [f_1'(\hat{x}_k(t)),f_2'(\hat{x}_k(t)),\cdots,f_m'(\hat{x}_k(t))]\hat{\boldsymbol{\vartheta}}_k,
\end{aligned} \tag{5.5.17}$$

$$\boldsymbol{\varphi}(t)=[u(t),u(t-1),u(t-2),\cdots,u(t-n)]^{\mathrm{T}}. \tag{5.5.18}$$

当然, 我们也可以利用最小二乘迭代搜索原理、牛顿迭代搜索等来求解优化问题 J_7, 导出输出非线性系统的最小二乘迭代辨识方法和牛顿迭代辨识方法. 我们也可以定义不同的准则函数, 从而导出输出非线性系统的多新息辨识方法, 输出非线性系统的递推最小二乘辨识方法, 牛顿递推辨识方法等. 非线性系统辨识方法的收敛性, 以及上述算法收敛因子的选择都是极其困难的研究课题.

5.6 小 结

系统辨识是研究建立系统数学模型的理论与方法. 迭代辨识方法是系统辨识的一个重要分支. 本章主要讨论了 CARMA 和 Box-Jenkins 伪线性系统的最小二乘迭代辨识方法与梯度迭代辨识方法. 这些方法也可推广到其他所有方程误差类系统和输出误差类系统. 对于非线性系统, 特别是输入非线性系统、输出非线性系统和反馈非线性系统, 如果是双线性参数非线性模型结构, 那么它们就通过 **过参数化方法** (over-parameterization method), 化为过参数化线性回归模型, 线性系统的辨识方法都可使用, 否则必须使用梯度搜索方法、最小二乘搜索方法、牛顿搜索方法来研究其辨识问题.

本章主要内容已在《南京信息工程大学学报 (自然科学版)》连载:

“丁锋. 系统辨识 (5): 迭代搜索原理与辨识方法. 南京信息工程大学学报 (自然科学版), 2011, 3(6): 481-510.”

“Ding F. System identification: Part E – Iterative search principle and identification methods. Journal of Nanjing University of Information Science & Technology (Natural Science Edition), 2011, 3(6): 481-510.”

5.7 思 考 题

1. 叙述递推算法与迭代算法的区别.
2. 写出 5.3.3 节中有限量测数据 CARMA-GI 算法 (5.3.38)~(5.3.43) 的计算步骤.
3. 绘制 5.3.3 节中有限量测数据 CARMA-GI 算法 (5.3.38)~(5.3.43) 计算参数估计 $\hat{\boldsymbol{\theta}}_k$ 的流程图.
4. 假设数据长度为 L, 写出下列系统的最小二乘迭代辨识算法和梯度迭代辨识算法,

    (1) $y(t)=(1+dz^{-1})v(t)$;

    (2) $y(t)=bu(t)+(1+dz^{-1})v(t)$;

    (3) $y(t)=\dfrac{bz^{-1}}{1+az^{-1}}u(t)+v(t)$;

    (4) $y(t)=\dfrac{bz^{-1}}{1+az^{-1}}u(t)+(1+dz^{-1})v(t)$.

5. 研究下列系统的最小二乘迭代辨识算法和梯度迭代辨识算法,

$$A(z)y(t)=\frac{B(z)}{F(z)}u(t)+v(t).$$

6. 研究下列系统的最小二乘迭代辨识算法和梯度迭代辨识算法,

$$A(z)y(t)=\frac{B(z)}{F(z)}u(t)+D(z)v(t).$$

7. 研究下列系统的最小二乘迭代辨识算法和梯度迭代辨识算法,

$$A(z)y(t)=\frac{B(z)}{F(z)}u(t)+\frac{D(z)}{C(z)}v(t).$$

8. 研究下列系统的最小二乘迭代辨识算法和梯度迭代辨识算法,

(1) $A(z)y(t)=B_1(z)u_1(t)+B_2(z)u_2(t)+D(z)v(t);$

(2) $A(z)y(t)=\dfrac{B_1(z)u_1(t)+B_2(z)u_2(t)}{F(z)}+\dfrac{D(z)}{C(z)}v(t);$

(3) $A(z)y(t)=\dfrac{B_1(z)}{F_1(z)}u_1(t)+\dfrac{B_2(z)}{F_2(z)}u_2(t)+\dfrac{D(z)}{C(z)}v(t);$

(4) $A(z)y(t)=B(z)u_1(t)u_2(t)+D(z)v(t);$

(5) $A(z)y(t)=\dfrac{B(z)u_1(t)u_2(t)}{F(z)}+\dfrac{D(z)}{C(z)}v(t).$

9. 考虑下列 Hammerstein 有限脉冲响应滑动平均系统 (Hammerstein Finite Impulse Response Moving Average system, H-FIR-MA):

$$\begin{aligned}
&y(t)=B(z)\bar{u}(t)+D(z)v(t),\\
&\bar{u}(t)=f(u(t))=\gamma_1 f_1(u(t))+\gamma_2 f_2(u(t))+\cdots+\gamma_m f_m(u(t))\\
&\qquad=\boldsymbol{f}(u(t))\boldsymbol{\gamma},\\
&B(z):=1+b_1z^{-1}+b_2z^{-2}+\cdots+b_{n_b}z^{-n_b},\\
&D(z):=1+d_1z^{-1}+d_2z^{-2}+\cdots+d_{n_d}z^{-n_d}.
\end{aligned}$$

其中 $\boldsymbol{f}(u(t)):=[f_1(u(t)),f_2(u(t)),\cdots,f_m(u(t))]\in\mathbb{R}^{1\times m}$ 是基函数构成的行向量, $\boldsymbol{\gamma}:=[\gamma_1,\gamma_2,\cdots,\gamma_m]^{\mathrm{T}}\in\mathbb{R}^m$ 是非线性部分的参数向量. 假设阶次 n_b 和 n_d 已知, $y(t)=0$, $u(t)=0$, $\bar{u}(t)=0$, $v(t)=0$ for $t\leqslant 0$.

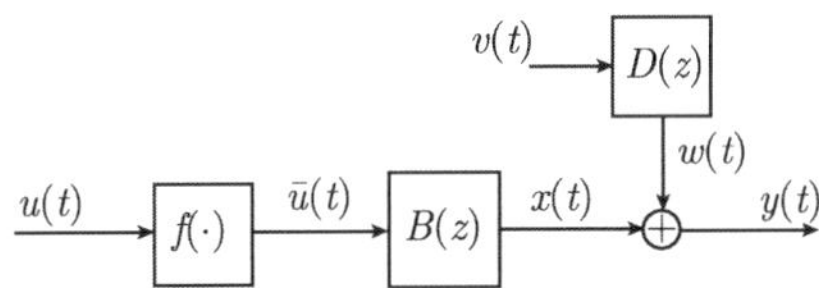

Hammerstein FIR-MA 系统

定义参数向量 $\boldsymbol{\vartheta}$ 和信息向量 $\boldsymbol{\varphi}(t)$ 如下,

$$\boldsymbol{\vartheta}:=\begin{bmatrix}\boldsymbol{b}\\ \boldsymbol{\gamma}\\ \boldsymbol{d}\end{bmatrix}\in\mathbb{R}^{n_b+m+n_d},\quad \boldsymbol{b}:=\begin{bmatrix}b_1\\ b_2\\ \vdots\\ b_{n_d}\end{bmatrix}\in\mathbb{R}^{n_d},\quad \boldsymbol{d}:=\begin{bmatrix}d_1\\ d_2\\ \vdots\\ d_{n_d}\end{bmatrix}\in\mathbb{R}^{n_d},$$

$$\begin{aligned}\boldsymbol{\varphi}(t):=[&\bar{u}(t-1),\bar{u}(t-2),\cdots,\bar{u}(t-n_b),\boldsymbol{f}(u(t)),\\ &v(t-1),v(t-2),\cdots,v(t-n_d)]^{\mathrm{T}}\in\mathbb{R}^{n_b+m+n_d}.\end{aligned}$$

该系统的辨识模型为

$$\begin{aligned}y(t)&=\sum_{i=1}^{n_b}b_i\bar{u}(t-i)+\boldsymbol{f}(u(t))\boldsymbol{\gamma}+\sum_{i=1}^{n_d}d_iv(t-i)+v(t)\\&=\boldsymbol{\varphi}^{\mathrm{T}}(t)\boldsymbol{\vartheta}+v(t).\end{aligned}$$

信息向量 $\boldsymbol{\varphi}(t)$ 中未知中间变量 $\bar{u}(t-i)$ 用辅助模型的输出 $\hat{u}(t-i)$ 代替, 未知噪声项 $v(t-i)$ 用其估计 **残差** (residual) $\hat{v}(t-i)$ 代替, 且

$$\bar{u}(t)=\boldsymbol{f}(u(t))\hat{\boldsymbol{\gamma}}(t),\quad \hat{v}(t)=y(t)-\hat{\boldsymbol{\varphi}}^{\mathrm{T}}(t)\hat{\boldsymbol{\vartheta}}(t),$$

则容易得到估计 H-FIR-MA 系统参数向量 $\boldsymbol{\vartheta}$ 的 **辅助模型递推增广最小二乘算法**. 借鉴迭代搜索原理, 研究 H-FIR-MA 系统的最小二乘迭代辨识方法和梯度迭代辨识方法.

李俊红等研究了这类输入非线性有限脉冲响应滑动平均系统的 **极大似然递推最小二乘算法** (Maximum Likelyhood Recursive Least Squares algorithm, **ML-RLS 算法**)[104] 和 **极大似然随机梯度算法** (Maximum Likelyhood Stochastic Gradient algorithm, **ML-SG 算法**)[202]. 进一步, 可以研究这类输入非线性系统的多新息辨识方法, 以及极大似然最小二乘迭代辨识算法、极大似然梯度迭代辨识方法、极大似然多新息辨识方法.

10. 考虑下列 **伪线性回归模型**II (一类白噪声干扰的非线性输出误差模型),

$$\begin{aligned}y(t)&=\frac{f(\boldsymbol{\vartheta},u(t),z)}{A(z)}+v(t),\\A(z)&:=1+a_1z^{-1}+a_2z^{-2}+\cdots+a_{n_a}z^{-n_a},\end{aligned}$$

其中 $\{u(t)\}$ 是系统的输入序列, $\{v(t)\}$ 是零均值、方差为 σ^2 的白噪声序列, $f(\boldsymbol{\vartheta},u(t),z):=f(\boldsymbol{\vartheta}, u(t), u(t-1), \cdots, u(t-n))$ 是参数向量 $\boldsymbol{\vartheta}$ 的线性函数, 是 $u(t), u(t-1), \cdots, u(t-n)$ 的非线性函数 $\boldsymbol{\varphi}(u(t), u(t-1), \cdots, u(t-n))$, 记作

$$f(\boldsymbol{\vartheta},u(t),z):=\boldsymbol{\vartheta}^{\mathrm{T}}\boldsymbol{\varphi}(u(t),u(t-1),\cdots,u(t-n)).$$

假设数据长度为 L, 采用迭代搜索原理, 定义辅助模型

$$\begin{aligned}\hat{x}_k(t)&=\frac{f(\hat{\boldsymbol{\vartheta}}_k,u(t),z)}{\hat{A}_k(z)}\\&=\frac{\hat{\boldsymbol{\vartheta}}_k^{\mathrm{T}}\boldsymbol{\varphi}(u(t),u(t-1),\cdots,u(t-n))}{\hat{A}_k(z)},\end{aligned}$$

其中 $\hat{A}_k(z)$ 是第 k 次迭代 $A(z)$ 的估计. 研究这类伪线性回归模型II的辅助模型最小二乘迭代辨识方法和辅助模型梯度迭代辨识方法.

11. 考虑下列 **伪线性回归模型**III (一类有色噪声干扰的非线性输出误差模型),

$$\begin{aligned}y(t)&=\frac{f(\boldsymbol{\vartheta},u_1(t),z)}{A(z)}+B_2(z)u_2(t)+D(z)v(t),\\A(z)&:=1+a_1z^{-1}+a_2z^{-2}+\cdots+a_{n_a}z^{-n_a},\\D(z)&:=1+d_1z^{-1}+d_2z^{-2}+\cdots+d_{n_d}z^{-n_d},\end{aligned}$$

其中 $\{u_1(t)\}$ 和 $\{u_2(t)\}$ 是系统的两个输入序列, $\{v(t)\}$ 是零均值、方差为 σ^2 的白噪声序列, $f(\boldsymbol{\vartheta},u_1(t),z):=f(\boldsymbol{\vartheta}, u_1(t), u_1(t-1), \cdots, u_1(t-n))$ 是参数向量 $\boldsymbol{\vartheta}$ 的线性函数, 是 $u_1(t), u_1(t-1), \cdots, u_1(t-n)$ 的非线性函数 $\boldsymbol{\varphi}(u_1(t), u_1(t-1), \cdots, u_1(t-n))$, 记作

$$f(\boldsymbol{\vartheta},u_1(t),z):=\boldsymbol{\vartheta}^{\mathrm{T}}\boldsymbol{\varphi}(u_1(t),u_1(t-1),\cdots,u_1(t-n)).$$

假设数据长度为 L, 采用迭代搜索原理, 定义辅助模型

$$\begin{aligned}\hat{x}_k(t) &= \frac{f(\hat{\boldsymbol{\vartheta}}_k, u_1(t), z)}{\hat{A}(t, z)}\\ &= \frac{\hat{\boldsymbol{\vartheta}}_k^{\mathrm{T}}\boldsymbol{\varphi}(u_1(t), u_1(t-1), \cdots, u_1(t-n))}{\hat{A}_k(z)},\end{aligned}$$

其中 $\hat{A}_k(z)$ 是第 k 次迭代 $A(z)$ 的估计. 研究这类伪线性回归模型III的辅助模型增广最小二乘迭代辨识方法和辅助模型增广梯度迭代辨识方法.

12. 考虑形如式 (4.5.4) 的 **双线性参数系统** (bilinear-parameter system):

$$y(t) = \boldsymbol{b}^{\mathrm{T}}\boldsymbol{F}(t)\boldsymbol{\gamma} + v(t),$$

假设 $\{y(t)\}$ 和 $\{\boldsymbol{F}(t)\}$ 是已知的观测量, $\{v(t)\}$ 是零均值、方差为 σ^2 的白噪声序列, 系统的输出 $y(t)$ 分别是参数向量 $\boldsymbol{b}$ 和 $\boldsymbol{\gamma}$ 的线性函数, 假设数据长度为 L, 研究这类 **双线性参数模型** (bilinear-parameter model) 的最小二乘迭代辨识方法和梯度迭代辨识方法.

13. 考虑下列有色噪声干扰的 **双线性参数系统**:

$$\begin{aligned}y(t) &= \boldsymbol{b}^{\mathrm{T}}\boldsymbol{F}(t)\boldsymbol{\gamma} + D(z)v(t),\\ D(z) &:= 1 + d_1 z^{-1} + d_2 z^{-2} + \cdots + d_{n_d} z^{-n_d},\end{aligned}$$

假设 $\{y(t)\}$ 和 $\{\boldsymbol{F}(t)\}$ 是已知的观测量, $\{v(t)\}$ 是零均值、方差为 σ^2 的白噪声序列, 系统的输出 $y(t)$ 分别是参数向量 $\boldsymbol{b}$ 和 $\boldsymbol{\gamma}$ 的线性函数, 假设数据长度为 L, 研究这类方程误差双线性参数滑动平均系统的最小二乘迭代辨识方法和梯度迭代辨识方法.

14. **块矩阵求逆引理** (Block matrix inversion lemma)

设 $\boldsymbol{A}, \boldsymbol{B}, \boldsymbol{C}, \boldsymbol{D}$ 是适当维数的矩阵, 在假定有关矩阵可逆, 证明

$$\begin{bmatrix} \boldsymbol{A} & \boldsymbol{B} \\ \boldsymbol{C} & \boldsymbol{D} \end{bmatrix}^{-1} = \begin{bmatrix} \boldsymbol{I} & -\boldsymbol{A}^{-1}\boldsymbol{B} \\ \boldsymbol{0} & \boldsymbol{I} \end{bmatrix} \begin{bmatrix} \boldsymbol{A}^{-1} & \boldsymbol{0} \\ \boldsymbol{0} & (\boldsymbol{D}-\boldsymbol{C}\boldsymbol{A}^{-1}\boldsymbol{B})^{-1} \end{bmatrix} \begin{bmatrix} \boldsymbol{I} & \boldsymbol{0} \\ -\boldsymbol{C}\boldsymbol{A}^{-1} & \boldsymbol{I} \end{bmatrix}.$$

15. 研究下列系统的迭代辨识方法,

$$y(t) = \frac{\boldsymbol{\varphi}^{\mathrm{T}}(t)\boldsymbol{\theta}}{A(z)} + \frac{D(z)}{C(z)}\boldsymbol{v}(t),$$

其中 $\boldsymbol{\varphi}(t) \in \mathbb{R}^n$ 为已知信息向量, $\boldsymbol{\theta} \in \mathbb{R}^n$ 为未知参数向量.

第6章　多新息辨识理论与方法

多新息辨识是系统辨识的一个重要分支. 新息是能够改善参数估计精度或状态估计精度的有用信息. 本章详细讨论线性回归模型的各种多新息辨识方法, 包括多新息投影算法、多新息随机梯度算法、多新息遗忘梯度算法、变递推间隔多新息随机梯度算法、多新息最小二乘辨识方法、变递推间隔多新息最小二乘算法等. 给出了方程误差类系统、输出误差类系统、输入非线性系统的随机梯度辨识算法、多新息随机梯度算法和多新息最小二乘辨识算法. 最后简单说明了多新息辨识理论可以发展到多新息观测器和多新息卡尔曼滤波理论.

6.1　引　　言

这是一个信息时代, 是一个知识爆炸时代, 归根结底是信息科学和自动化科学高度发展的时代. 控制论和控制科学给我们认识世界提供了系统的方法论, 给我们改造世界提供了最高效和最有力的手段. 控制科学跨越时空的伟大成就 —— 自动化电子产品的问世、电子设备计算能力和信息处理能力的提升、自动化设备和装备的出现, 彻底改变了我们的生活方式. 新思想、新理论、新原理、新概念的诞生都是科学史上的重要里程碑. 就研究建立系统数学模型的理论与方法的系统辨识而言, 辅助模型辨识思想、多新息辨识理论、递阶辨识原理、耦合辨识概念的诞生, 有助于推动系统辨识学科的研究进程[4~11].

动态系统的数学模型是控制科学的基础. 系统辨识是使用观测信息 (即系统的输入输出数据) 建立描述事物运动规律的数学模型. 典型的随机梯度辨识方法、最小二乘辨识方法就是利用系统输入输出信息计算模型的参数. 为了实时 (real-time) 获得系统模型参数, 提出了递推辨识方法, 它可以在线 (online) 递推计算模型参数. 它的基本思想是当前时刻模型参数估计等于前一时刻参数估计加上增益向量与新息 (innovation) 的乘积进行校正, 这样的递推计算方式可以提高计算效率. 所谓新息就是指能够改善参数估计精度或状态估计精度的有用信息.

回顾辨识的发展史, 自 1967 年国际自动控制联合会 (International Federation of Automatic Control, IFAC) 每三年组织一次 "辨识与系统参数估计" 专题讨论会以来, 系统辨识参数估计方法和各种辨识应用软件工具得到长足发展, 辨识方法的 (有界) 收敛性、收敛速率、估计误差上界的研究也取得了丰富的成果. 但是, 诞生新辨识方法族的确不多, 可见提出新的辨识思想、辨识理论、辨识原理、辨识概念是极其重要的.

近年来, 本书作者等提出和创立了 **辅助模型辨识思想** (auxiliary model identification idea)[27~29,46,47]、**多新息辨识理论** (multi-innovation identification theory)[33,41,43]、**递阶辨识原理** (hierarchical identification principle)[34,44,55,203]、**耦合辨识概念** (coupling identification concept)[11,58] 和 **参数估计误差界理论** (parameter estimation error bound theory), 发展了时不变系统的 **鞅收敛定理** (martingale convergence theorem), 建立了研究时变系统参

数估计误差界的 **鞅超收敛定理** (martingale hyperconvergence theorem) 等, 进而提出和发展了辅助模型辨识方法[111, 112, 128, 135], 多新息辨识方法[42, 51, 52, 78, 143, 204, 205], 递阶辨识方法[53, 54, 74, 136, 137, 206], 耦合辨识方法[11, 58], 以及现存方法和新提出方法在不同条件下的性能分析等一系列研究成果, 形成了一套理论体系. 这些方法与最小二乘法、卡尔曼滤波算法、最小均方算法一样, 可用于解决多种模型的参数估计、**自适应滤波和预测** (adaptive filtering and prediction)、**自适应信号处理** (adaptive signal processing) 和构成自适应控制等问题.

本书作者拓展了新息辨识的概念, 将标量新息扩展到新息向量, 将向量新息扩展到新息矩阵, 从而提出和建立了一种基于新息的辨识理论与方法, 简称为多新息辨识理论与方法. 最近, 作者的多新息随机梯度类辨识方法和多新息最小二乘辨识方法 Regular Paper 分别发表在控制领域国际期刊《Automatica》2007 年第 1 期[41] 和《IEEE Transactions on Systems, Man, and Cybernetics, Part B: Cybernetics》2010 年第 3 期[33] 等上.

本章首先介绍用于线性回归模型的多新息辨识理论, 详细推导了多新息随机梯度辨识方法, 介绍了一些多新息梯度类辨识算法, 推导了 (变递推间隔) 多新息最小二乘算法, 给出了一些派生的多新息最小二乘类辨识算法. 其次将多新息辨识理论用于有色噪声干扰的方程误差类系统和输出误差类系统, 以及输入非线性系统的辨识, 讨论了多新息随机梯度算法和多新息最小二乘算法. 最后将多新息辨识理论应用于观测器设计和卡尔曼滤波, 提出了多新息观测器和多新息卡尔曼滤波器.

6.2 多新息辨识理论

多新息辨识理论是本书作者 1994 年在其博士学位论文《时变参数系统辨识及其应用》中提出的[49]. 他第 1 篇多新息辨识论文 "时变系统辨识的多新息方法" 发表在《自动化学报》1996 年第 1 期上[51]. 最近, 他的一篇关于多新息辨识方法的 Regular Paper "Performance analysis of multi-innovation gradient type identification methods (多新息梯度类辨识方法: 多新息随机梯度、多新息遗忘梯度算法的性能分析)" 发表在控制界国际期刊《Automatica》2007 年第 1 期上[41]. 多新息辨识方法是受文献 [50] 算法间断迭代思想的启发, 最初用类比方法, 直接给出了变递推间隔多新息广义投影辨识算法的数学表达式[51]. 当时尚无法给出详细的理论推导, 后经过深入研究, 从理论上详细推导了多新息投影辨识算法、多新息随机梯度算法、多新息最小二乘辨识算法、变递推间隔多新息最小二乘算法等等. 这使得多新息辨识算法有了严密的数学基础[41, 43, 52, 128, 140]. 本章研究多新息辨识理论与一些多新息辨识方法.

什么是多新息辨识方法?

在前面讨论的一些辨识算法, 如最小二乘类和随机梯度类算法的一个共同特点: 都是利用单新息修正技术的 **单新息辨识方法** (single-innovation identification method), 即对于标量系统:

$$y(t)=\boldsymbol{\varphi}^{\mathrm{T}}(t)\boldsymbol{\theta}+v(t),$$

其中 $y(t)\in\mathbb{R}$ 为输出, $\boldsymbol{\varphi}(t)\in\mathbb{R}^n$ 为输入输出数据构成的信息向量, $\boldsymbol{\theta}\in\mathbb{R}^n$ 为待辨识的参数向量, $v(t)\in\mathbb{R}$ 为零均值随机噪声. 估计上式参数向量 $\boldsymbol{\theta}$ 的最小二乘辨识算法或随机梯度等辨识算法有下列形式,

$$\hat{\boldsymbol{\theta}}(t) = \hat{\boldsymbol{\theta}}(t-1) + \boldsymbol{L}(t)e(t),$$

其中 $\boldsymbol{L}(t) \in \mathbb{R}^n$ 为算法 **增益向量** (gain vector), $e(t) := y(t) - \boldsymbol{\varphi}^{\mathrm{T}}(t)\hat{\boldsymbol{\theta}}(t-1) \in \mathbb{R}$ 为 **标量新息** (scalar innovation), 即单新息 (single-innovation).

这个算法可以这样描述, 时刻 t 的参数估计向量 $\hat{\boldsymbol{\theta}}(t)$ 是用增益向量 $\boldsymbol{L}(t)$ 与标量新息 $e(t)$ 的乘积, 对时刻 $t-1$ 参数估计向量 $\hat{\boldsymbol{\theta}}(t-1)$ 进行修正, 即 $\hat{\boldsymbol{\theta}}(t)$ 是在 $\hat{\boldsymbol{\theta}}(t-1)$ 的基础上加上增益向量 $\boldsymbol{L}(t)$ 与 **新息** $e(t)$ 的乘积. 这种方法也称为新息修正辨识方法或新息辨识方法.

上述算法中新息 $e(t)$ 是标量, 我们把这个标量新息加以推广, 就导出了 **多新息辨识方法** (multi-innovation identification method)[51]. **多新息辨识理论** 就是将单新息修正技术加以推广, 从新息修正角度提出多新息修正技术辨识的概念, 建立多新息修正辨识方法, 简称 **多新息辨识方法**.

顾名思义, 多新息算法就是将新息加以推广. 对标量系统而言, 将算法中的标量新息 $e(t) \in \mathbb{R}$ 推广为 **新息向量** $\boldsymbol{E}(p,t) \in \mathbb{R}^p$, 即 **多新息** (multi-innovation), 为使矩阵乘法维数兼容, **增益向量** $\boldsymbol{L}(t) \in \mathbb{R}^n$ 须推广为 **增益矩阵** (gain matrix) $\boldsymbol{\varGamma}(p,t) \in \mathbb{R}^{n\times p}$, 那么多新息辨识算法可以写作

$$\hat{\boldsymbol{\theta}}(t) = \hat{\boldsymbol{\theta}}(t-1) + \boldsymbol{\varGamma}(p,t)\boldsymbol{E}(p,t),$$

其中 $\boldsymbol{\varGamma}(p,t) \in \mathbb{R}^{n\times p}$ 为 **增益矩阵**, $\boldsymbol{E}(p,t) \in \mathbb{R}^p$ 为 **新息向量** (innovation vector), $p \geqslant 1$ 为 **新息长度** (innovation length). 多新息辨识算法就是从这里命名的.

多新息辨识算法时刻 t 参数估计 $\hat{\boldsymbol{\theta}}(t)$ 是用增益矩阵 $\boldsymbol{\varGamma}(p,t)$ 与新息向量 $\boldsymbol{E}(p,t)$ 的乘积对时刻 $t-1$ 参数估计 $\hat{\boldsymbol{\theta}}(t-1)$ 进行修正. 我们把基于多新息的辨识理论称为 **多新息辨识理论**, 把基于多新息的辨识方法称为 **多新息辨识方法**.

变递推间隔多新息辨识方法

传统递推辨识方法 (如最小二乘算法) 的一个典型特征是, 参数估计每一步更新计算一次, 即当 $t = 1,2,3,\cdots$ 都计算一次参数估计, 亦即 **递推间隔** (recursive interval) 为 1. 这类辨识算法有一个最大缺点: 当系统输入输出包含了不可信数据, 即"坏数据"时, 或某些数据采集不到, 即存在 **损失数据** (missing-data) 时, 算法无法跳过这些数据点, 以避开坏数据对参数估计的影响. 为此, 我们提出了 **变递推间隔** 的递推辨识算法, 它与多新息辨识算法相结合, 便导出本章要讨论的变递推间隔多新息辨识算法. 多新息辨识方法又可分为多新息最小二乘法、多新息随机梯度方法、多新息投影算法等等.

定义可得到的数据点序列: **整数序列** (integer sequence),

$$1 = t_0 < t_1 < t_2 < \cdots < t_{s-1} < t_s < \cdots \tag{6.2.1}$$

即所有 $y(t_s)$ 和 $\boldsymbol{\varphi}(t_s)$, $s = 1,2,\cdots$ 都可量测得到. **变递推间隔多新息算法** (interval-varying multi-innovation algorithm) 是通过新息向量, 即多新息来进行修正的一种参数估计方法, 后一时刻的参数估计 $\hat{\boldsymbol{\theta}}(t_s)$ 是在 $\hat{\boldsymbol{\theta}}(t_{s-1})$ 的基础上依靠 **增益矩阵** $\boldsymbol{\varGamma}(p,t_s) \in \mathbb{R}^{n\times p}$ 与新息向量 (多新息) $\boldsymbol{E}(p,t_s) \in \mathbb{R}^p$ 的乘积来修正的, 亦即

$$\hat{\boldsymbol{\theta}}(t_s) = \hat{\boldsymbol{\theta}}(t_{s-1}) + \boldsymbol{\varGamma}(p,t_s)\boldsymbol{E}(p,t_s),$$

其中 t_s 为计算参数估计的时间点, $t_s^* := t_s - t_{s-1} \geqslant 1$, $s = 1, 2, 3, \cdots$ 为 **递推间隔**.

传统辨识方法是变递推间隔多新息辨识方法的一个特例. 例如, 当 $t_s^* \equiv 1$ 和 $p = 1$ 时, 我们就得到传统辨识方法; 当 $p = 1$ 时, 就得到变递推间隔辨识方法; 当 $t_s^* \equiv 1$ 时, 就得到多新息辨识方法.

由于变递推间隔多新息辨识方法引入了新息长度参量, 采用了间断迭代、变递推间隔方式, 使得其能克服坏数据对参数估计的影响, 提高参数估计精度, 在处理 **损失数据系统** (missing-data system) 和 **不规则采样系统** (irregularly sampled-data systems)[46] 的辨识问题方面, 具有独到的特点.

多新息辨识的相关成果

多新息辨识已经成为一个崭新的辨识领域, 多新息辨识理论也可以用于研究各种模型的辨识问题. 例如:

(1) 多新息随机梯度辨识算法、多新息遗忘梯度辨识算法的性能分析[41, 207].

(2) 输出误差滑动平均模型的辅助模型多新息增广随机梯度辨识方法[42].

(3) 基于辅助模型的多输入单输出系统多新息最小二乘辨识方法[128].

(4) 多输入多输出系统多新息随机梯度辨识算法的一致收敛性[140].

(5) 多率多输入系统多新息随机梯度辨识算法及其收敛性[208].

(6) Box-Jenkins 模型的基于辅助模型的多新息广义增广随机梯度算法[100].

(7) 基于前向神经网络的多新息随机梯度辨识算法[209].

(8) 随机系统多新息辨识在衰减激励条件下的性能分析[144].

(9) 时变多变量系统多新息投影算法的均方收敛性[204].

(10) 线性随机系统多新息随机梯度辨识方法[52].

(11) 衰减激励条件下确定性系统多新息算法的收敛性分析[143].

(12) 时变随机系统的多新息辨识方法[51].

(13) 基于辅助模型的输出误差系统多新息随机梯度算法及其收敛性[94].

(14) 基于辅助模型的多输入单输出系统多新息随机梯度辨识方法[123].

(15) 非均匀采样数据系统的辅助模型多新息广义增广随机梯度算法[100, 179].

(16) 多变量输入非线性系统的辅助模型多新息随机梯度辨识算法[185].

(17) 基于辅助模型的多率多输入系统多新息随机梯度参数估计[210].

(18) 非均匀采样系统的多新息随机梯度辨识性能分析[211].

(19) 多新息随机梯度类辨识方法与多新息最小二乘类辨识方法.

6.3 多新息随机梯度辨识方法

最小二乘辨识算法有快的收敛速度, 但计算量大, 因为需要计算协方差阵. 随机梯度算法的计算量小, 但收敛速度慢. 为了改进随机梯度辨识方法的收敛速度, 可引入新息长度, 从而导出多新息随机梯度算法. 多新息随机梯度算法 (MISG) 就是在随机梯度算法 (SG) 与最小二乘算法 (LS) 的收敛速度和计算量之间找到折中. 本节利用多新息理论, 通过引入新息长度, 研究线性回归模型的多新息随机梯度算法, 以及派生的多新息遗忘梯度算法、多新息投影算法、多新息广义投影算法等. 本节主要内容引自《Automatica》2007 年第 1 期上论文 “Performance analysis of multi-innovation gradient type identification methods”[41].

考虑下列 **线性回归模型** (linear regression model) 的辨识问题,

$$y(t)=\boldsymbol{\varphi}^{\mathrm{T}}(t)\boldsymbol{\theta}+v(t), \tag{6.3.1}$$

其中 $y(t)\in\mathbb{R}$ 为输出, $\boldsymbol{\varphi}(t)\in\mathbb{R}^n$ 为输入输出数据构成的回归信息向量, $\boldsymbol{\theta}\in\mathbb{R}^n$ 为待辨识的参数向量, $v(t)\in\mathbb{R}$ 为零均值随机噪声.

辨识系统 (6.3.1) 参数向量 $\boldsymbol{\theta}$ 的 **随机梯度算法** (**SG 算法**) 如下,

$$\hat{\boldsymbol{\theta}}(t)=\hat{\boldsymbol{\theta}}(t-1)+\frac{\boldsymbol{\varphi}(t)}{r(t)}e(t), \tag{6.3.2}$$

$$e(t)=y(t)-\boldsymbol{\varphi}^{\mathrm{T}}(t)\hat{\boldsymbol{\theta}}(t-1), \tag{6.3.3}$$

$$r(t)=r(t-1)+\|\boldsymbol{\varphi}(t)\|^2,\ r(0)=1. \tag{6.3.4}$$

众所周知, 随机梯度算法的收敛性慢, 为了提高参数估计收敛速度, 将标量新息 $e(t)\in\mathbb{R}$ 扩展为新息向量[41]:

$$\boldsymbol{E}(p,t)=\begin{bmatrix} e(t)\\ e(t-1)\\ \vdots\\ e(t-p+1)\end{bmatrix}\in\mathbb{R}^p,$$

其中正整数 p 表征新息长度, 且

$$e(t-i)=y(t-i)-\boldsymbol{\varphi}^{\mathrm{T}}(t-i)\hat{\boldsymbol{\theta}}(t-i-1).$$

一般情况下, 人们总是认为时刻 $(t-1)$ 的参数估计值 $\hat{\boldsymbol{\theta}}(t-1)$ 比之前时刻 $(t-i)$ $(i=2,3,4,\cdots,p-1)$ 的估计值 $\hat{\boldsymbol{\theta}}(t-i)$ 更接近真参数向量 $\boldsymbol{\theta}$. 因此, 为简化, 新息向量可以合理取为

$$\boldsymbol{E}(p,t):=\begin{bmatrix} y(t)-\boldsymbol{\varphi}^{\mathrm{T}}(t)\hat{\boldsymbol{\theta}}(t-1)\\ y(t-1)-\boldsymbol{\varphi}^{\mathrm{T}}(t-1)\hat{\boldsymbol{\theta}}(t-1)\\ \vdots\\ y(t-p+1)-\boldsymbol{\varphi}^{\mathrm{T}}(t-p+1)\hat{\boldsymbol{\theta}}(t-1)\end{bmatrix}\in\mathbb{R}^p. \tag{6.3.5}$$

定义 **信息矩阵** (information matrix) $\boldsymbol{\Phi}(p,t)$ 和 **堆积输出向量** (stacked information matrix) $\boldsymbol{Y}(p,t)$ 为

$$\boldsymbol{\Phi}(p,t):=[\boldsymbol{\varphi}(t),\boldsymbol{\varphi}(t-1),\cdots,\boldsymbol{\varphi}(t-p+1)]\in\mathbb{R}^{n\times p},$$

$$\boldsymbol{Y}(p,t):=[y(t),y(t-1),\cdots,y(t-p+1)]^{\mathrm{T}}\in\mathbb{R}^p.$$

那么新息向量可以表述成

$$\boldsymbol{E}(p,t)=\boldsymbol{Y}(p,t)-\boldsymbol{\Phi}^{\mathrm{T}}(p,t)\hat{\boldsymbol{\theta}}(t-1).$$

因为 $\boldsymbol{E}(1,t)=e(t)$, $\boldsymbol{\Phi}(1,t)=\boldsymbol{\varphi}(t)$, $\boldsymbol{Y}(1,t)=y(t)$, 所以随机梯度算法 (6.3.2) 可以等价为

$$\hat{\boldsymbol{\theta}}(t)=\hat{\boldsymbol{\theta}}(t-1)+\frac{\boldsymbol{\Phi}(1,t)}{r(t)}[\boldsymbol{Y}(1,t)-\boldsymbol{\Phi}^{\mathrm{T}}(1,t)\hat{\boldsymbol{\theta}}(t-1)].$$

这就是新息长度为 1 的 "多" 新息随机梯度算法. 把上式 $\boldsymbol{\Phi}(1,t)$ 和 $\boldsymbol{Y}(1,t)$ 中的 "1" 换为 p, 就得到新息长度为 p 的多新息随机梯度算法:

$$\hat{\boldsymbol{\theta}}(t)=\hat{\boldsymbol{\theta}}(t-1)+\frac{\boldsymbol{\Phi}(p,t)}{r(t)}\boldsymbol{E}(p,t).$$

线性回归模型 (6.3.1) 的 **多新息随机梯度算法** (Multi-Innovation Stochastic Gradient algorithm, **MISG 算法**) 的基本方程为

$$\hat{\boldsymbol{\theta}}(t)=\hat{\boldsymbol{\theta}}(t-1)+\frac{\boldsymbol{\Phi}(p,t)}{r(t)}\boldsymbol{E}(p,t), \tag{6.3.6}$$

$$\boldsymbol{E}(p,t)=\boldsymbol{Y}(p,t)-\boldsymbol{\Phi}^{\mathrm{T}}(p,t)\hat{\boldsymbol{\theta}}(t-1), \tag{6.3.7}$$

$$r(t)=r(t-1)+\|\boldsymbol{\Phi}(p,t)\|^2,\ r(0)=1, \tag{6.3.8}$$

$$\boldsymbol{Y}(p,t)=[y(t),y(t-1),\cdots,y(t-p+1)]^{\mathrm{T}}, \tag{6.3.9}$$

$$\boldsymbol{\Phi}(p,t)=[\boldsymbol{\varphi}(t),\boldsymbol{\varphi}(t-1),\cdots,\boldsymbol{\varphi}(t-p+1)]. \tag{6.3.10}$$

由于这个算法里 $\boldsymbol{E}(p,t)\in\mathbb{R}^p$ 是一个 **新息向量**, 即多新息, 又是从随机梯度算法派生出来的, 这就是 **多新息随机梯度算法** 名称的来历. 当 $p=1$ 时, 多新息随机梯度算法就退化为随机梯度算法.

为方便起见, 设 t 为当前时刻, 我们把 $y(t)$ 和 $\boldsymbol{\varphi}(t)$ 称为当前数据, $y(t-i)$ 和 $\boldsymbol{\varphi}(t-i)$ $(t=1,2,\cdots)$ 称为过去数据; 式 (6.3.5) 新息向量 $\boldsymbol{E}(p,t)$ 第 1 元为当前新息, 其余为过去新息.

与随机梯度算法相比, 多新息随机梯度算法有下列优点[41].

(1) 在每步递推计算参数估计时, 随机梯度算法 (6.3.2)~(6.3.4) 只使用了当前数据 $y(t)$ 和 $\boldsymbol{\varphi}(t)$, 以及当前新息; 而多新息随机梯度算法 (6.3.6)~(6.3.10) 不仅使用了当前数据和新息, 而且使用了过去数据 $\{y(t-i),\boldsymbol{\varphi}(t-i)$: $i=1,2,\cdots,p-1\}$ 和新息. 这是潜在改善算法收敛性的原因.

(2) 多新息随机梯度辨识算法重复使用了系统数据 (辨识新息): 在时刻 t, MISG 算法使用的数据为 $\{y(t-i),\boldsymbol{\varphi}(t-i)$: $i=0,1,\cdots,p-1\}$; 而在时刻 $t+1$, MISG 算法使用的数据为 $\{y(t+1-i),\boldsymbol{\varphi}(t+1-i)$: $i=0,1,\cdots,p-1\}$; 因此, 在两次相邻时刻递推计算参数估计时, 重复利用的数据为 $\{y(t-i),\boldsymbol{\varphi}(t-i)$: $i=0,1,\cdots,p-2\}$. 这是多新息随机梯度算法改善参数估计精度的原因.

(3) 在相同数据长度下, 增加 p 能减小参数估计误差. 换句话说, 大 p 导致高精度的参数估计. 因此, 新息长度 p 的引入能改善参数估计精度. 然而, MISG 算法比 SG 算法计算量有所增加, 这种增加的计算量是可容忍的, 是计算机完全可以胜任的.

下面给出派生的几个典型多新息梯度类辨识算法.

1. **多新息随机梯度算法**

为了进一步加快随机梯度算法的收敛速度, 可将式 (6.3.8) 修改为 $r(t)=r(t-1)+\|\boldsymbol{\varphi}(t)\|^2$.

修改后的算法也称为 **多新息随机梯度算法 (MISG 算法)**[41]:

$$\hat{\boldsymbol{\theta}}(t)=\hat{\boldsymbol{\theta}}(t-1)+\frac{\boldsymbol{\Phi}(p,t)}{r(t)}\boldsymbol{E}(p,t), \tag{6.3.11}$$

$$\boldsymbol{E}(p,t)=\boldsymbol{Y}(p,t)-\boldsymbol{\Phi}^{\mathrm{T}}(p,t)\hat{\boldsymbol{\theta}}(t-1), \tag{6.3.12}$$

$$r(t)=r(t-1)+\|\boldsymbol{\varphi}(t)\|^2,\ r(0)=1, \tag{6.3.13}$$

$$\boldsymbol{Y}(p,t)=[y(t),y(t-1),\cdots,y(t-p+1)]^{\mathrm{T}}, \tag{6.3.14}$$

$$\boldsymbol{\Phi}(p,t)=[\boldsymbol{\varphi}(t),\boldsymbol{\varphi}(t-1),\cdots,\boldsymbol{\varphi}(t-p+1)]. \tag{6.3.15}$$

2. **多新息遗忘梯度算法**

在式 (6.3.8) 或 (6.3.13) 中引入 **遗忘因子** (forgetting factor) λ, 可得到 **多新息遗忘因子随机梯度算法**, 简称 **多新息遗忘梯度算法** (Multi-Innovation Forgetting Gradient algorithm, **MIFG 算法**)[41]:

$$\hat{\boldsymbol{\theta}}(t)=\hat{\boldsymbol{\theta}}(t-1)+\frac{\boldsymbol{\Phi}(p,t)}{r(t)}\boldsymbol{E}(p,t), \tag{6.3.16}$$

$$\boldsymbol{E}(p,t)=\boldsymbol{Y}(p,t)-\boldsymbol{\Phi}^{\mathrm{T}}(p,t)\hat{\boldsymbol{\theta}}(t-1), \tag{6.3.17}$$

$$r(t)=\lambda r(t-1)+\|\boldsymbol{\varphi}(t)\|^2,\ 0<\lambda<1,\ r(0)=1, \tag{6.3.18}$$

$$\boldsymbol{Y}(p,t)=[y(t),y(t-1),\cdots,y(t-p+1)]^{\mathrm{T}}, \tag{6.3.19}$$

$$\boldsymbol{\Phi}(p,t)=[\boldsymbol{\varphi}(t),\boldsymbol{\varphi}(t-1),\cdots,\boldsymbol{\varphi}(t-p+1)]. \tag{6.3.20}$$

3. **多新息投影算法**

比较随机梯度算法与投影算法的差别, 直接用 $\|\boldsymbol{\Phi}(p,t)\|^2$ 代替式 (6.3.6) 中 $r(t)$, 或将式 (6.3.8) 修改为 $r(t)=\|\boldsymbol{\Phi}(p,t)\|^2$, 就得到 **多新息投影算法** (Multi-Innovation Projection algorithm, MI-Proj)[41]:

$$\hat{\boldsymbol{\theta}}(t)=\hat{\boldsymbol{\theta}}(t-1)+\frac{\boldsymbol{\Phi}(p,t)}{\|\boldsymbol{\Phi}(p,t)\|^2}\boldsymbol{E}(p,t), \tag{6.3.21}$$

$$\boldsymbol{E}(p,t)=\boldsymbol{Y}(p,t)-\boldsymbol{\Phi}^{\mathrm{T}}(p,t)\hat{\boldsymbol{\theta}}(t-1), \tag{6.3.22}$$

$$\boldsymbol{Y}(p,t)=[y(t),y(t-1),\cdots,y(t-p+1)]^{\mathrm{T}}, \tag{6.3.23}$$

$$\boldsymbol{\Phi}(p,t)=[\boldsymbol{\varphi}(t),\boldsymbol{\varphi}(t-1),\cdots,\boldsymbol{\varphi}(t-p+1)]. \tag{6.3.24}$$

从下节可知, 这是一个**简化多新息投影算法**.

4. **多新息广义投影算法**

如果取 $r(t)=\sum\limits_{i=0}^{q-1}\|\boldsymbol{\Phi}(p,t-i)\|^2$, 或直接取 $r(t)=\|\boldsymbol{\Phi}(q,t)\|^2$ (q 为记忆长度), 就得到 **多新息广义投影算法** (Multi-Innovation Generalized Projection algorithm, **MIGP 算法**):

$$\hat{\boldsymbol{\theta}}(t)=\hat{\boldsymbol{\theta}}(t-1)+\frac{\boldsymbol{\Phi}(p,t)}{r(t)}\boldsymbol{E}(p,t), \tag{6.3.25}$$

$$\boldsymbol{E}(p,t)=\boldsymbol{Y}(p,t)-\boldsymbol{\Phi}^{\mathrm{T}}(p,t)\hat{\boldsymbol{\theta}}(t-1), \tag{6.3.26}$$

$$r(t) = \|\boldsymbol{\Phi}(q,t)\|^2,\ q \geqslant p, \tag{6.3.27}$$

$$\boldsymbol{Y}(p,t) = [y(t), y(t-1), \cdots, y(t-p+1)]^{\mathrm{T}}, \tag{6.3.28}$$

$$\boldsymbol{\Phi}(p,t) = [\boldsymbol{\varphi}(t), \boldsymbol{\varphi}(t-1), \cdots, \boldsymbol{\varphi}(t-p+1)]. \tag{6.3.29}$$

当然, 我们还可以得到带遗忘因子的广义投影算法等. 多新息辨识算法的初值选择类似其他递推算法, 可取为 $\hat{\boldsymbol{\theta}}(0) = \mathbf{1}_n/p_0$, $p_0 = 10^6$.

MISG 算法 (6.3.11)~(6.3.15) 随 t 增加, 计算参数估计向量 $\hat{\boldsymbol{\theta}}(t)$ 的步骤如下.

(1) 令 $t=1$: $\hat{\boldsymbol{\theta}}(0) = \mathbf{1}_n/p_0$, $r(0)=1$, $p_0 = 10^6$, $\mathbf{1}_n$ 是一个元均为 1 的 n 维列向量.

(2) 采集输入输出数据 $u(t)$ 和 $y(t)$, 由式 (6.3.14) 构造堆积输出向量 $\boldsymbol{Y}(p,t)$, 由式 (6.3.15) 构造信息矩阵 $\boldsymbol{\Phi}(p,t)$.

(3) 由式 (6.3.12) 计算新息向量 $\boldsymbol{E}(p,t)$, 由式 (6.3.13) 计算 $r(t)$.

(4) 根据式 (6.3.11) 刷新参数估计向量 $\hat{\boldsymbol{\theta}}(t)$.

(5) t 增 1, 转到第 2 步.

MISG 算法计算参数估计 $\hat{\boldsymbol{\theta}}(t)$ 的流程如图 6.3.1 所示.

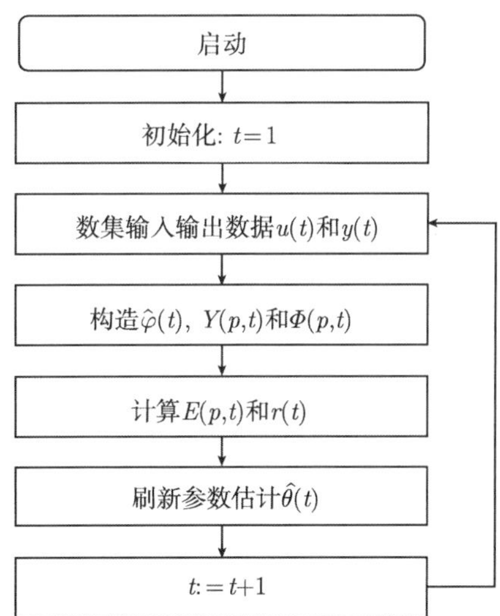

图 6.3.1 MISG 算法计算参数估计 $\hat{\boldsymbol{\theta}}(t)$ 的流程图

仿真试验

例 6.3.1 考虑下列仿真对象[41]:

$$A(z)y(t) = B(z)u(t) + v(t),$$

$$A(z) = 1 + a_1 z^{-1} + a_2 z^{-2} = 1 - 1.35 z^{-1} + 0.75 z^{-2},$$

$$B(z) = b_1 z^{-1} + b_2 z^{-2} = 0.214 z^{-1} + 0.428 z^{-2},$$

其中 $u(t)$ 和 $y(t)$ 分别是系统输入和输出, z^{-1} 为单位后移算子 $[z^{-1}y(t)=y(t-1)]$. 定义

$$\boldsymbol{\theta}:=[a_1,a_2,b_1,b_2]^{\mathrm{T}}=[-1.35,0.75,0.214,0.428]^{\mathrm{T}},$$
$$\boldsymbol{\varphi}(t):=[-y(t-1),-y(t-2),u(t-1),u(t-2)]^{\mathrm{T}},$$

那么这个系统可以写成式 (6.3.1) 的形式.

仿真时, 输入 $\{u(t)\}$ 采用零均值、单位方差的不相关持续激励信号系列, $\{v(t)\}$ 采用零均值、方差为 $\sigma^2=0.50^2$ 的白噪声序列, 系统的 **噪信比** (noise-to-signal ratio) 为 $\delta_{\rm ns}=82.17\%$. 应用随机梯度算法 (6.3.2)~(6.3.4) (即在 MISG 算法中取 $p=1$) 和多新息随机梯度算法 (6.3.11)~(6.3.15) (新息长度 $p=2,3,5,8$) 估计这个系统的参数, SG 参数估计和不同新息长度下的 MISG 参数估计及其误差如表 6.3.1、表 6.3.2, 参数估计误差 $\delta=\|\hat{\boldsymbol{\theta}}(t)-\boldsymbol{\theta}\|/\|\boldsymbol{\theta}\|$ 随 t 变化曲线如图 6.3.2 所示. 为与递推最小二乘算法 (RLS) 比较, 图 6.3.2 画出了递推最小二乘算法 (RLS) 参数估计误差曲线 (最下面一条曲线), RLS 参数估计及其误差如表 6.3.3 所示.

表 6.3.1　例 6.3.1 参数的 SG 估计及其误差 ($\sigma^2=0.50^2$)

t	a_1	a_2	b_1	b_2	$\delta/\%$
100	-0.76472	0.16151	0.24123	0.40523	51.38241
200	-0.80779	0.21529	0.23677	0.41875	47.12495
500	-0.84015	0.26387	0.23090	0.42806	43.58417
1000	-0.87117	0.28736	0.23224	0.43610	41.20002
2000	-0.89937	0.31652	0.23388	0.44622	38.71031
3000	-0.92076	0.33238	0.23351	0.45096	37.08814
真值	-1.35000	0.75000	0.21400	0.42800	

表 6.3.2　例 6.3.1 参数的 MISG 估计及其误差 ($\sigma^2=0.50^2$)

p	t	a_1	a_2	b_1	b_2	$\delta/\%$
2	100	-0.93549	0.31584	0.24571	0.52437	37.65367
	200	-0.98700	0.39483	0.24008	0.52530	32.02370
	500	-1.02305	0.45732	0.23033	0.51589	27.69862
	1000	-1.06238	0.47997	0.23108	0.51214	24.97233
	2000	-1.09087	0.51127	0.23148	0.51085	22.41288
	3000	-1.11673	0.52770	0.22983	0.51078	20.60053
3	100	-1.02081	0.40174	0.45430	0.57502	34.38230
	200	-1.08386	0.49241	0.40548	0.55621	26.98062
	500	-1.11802	0.55979	0.34942	0.52866	21.28862
	1000	-1.15947	0.57521	0.32377	0.51604	18.20722
	2000	-1.18260	0.60257	0.30158	0.50597	15.58672
	3000	-1.20890	0.61771	0.28990	0.50333	13.66972
5	100	-1.10387	0.49617	0.45260	0.53675	27.22614
	200	-1.17700	0.60329	0.38409	0.50868	18.23238
	500	-1.21296	0.66078	0.31110	0.47844	12.16975
	1000	-1.25724	0.66272	0.28158	0.46772	9.25015
	2000	-1.26923	0.68309	0.26180	0.46150	7.42432
	3000	-1.29384	0.69709	0.25068	0.46243	5.69701
8	100	-1.17187	0.56454	0.36826	0.46107	18.65996
	200	-1.24307	0.68807	0.31609	0.44557	9.97342
	500	-1.27780	0.72021	0.25664	0.43397	5.51640
	1000	-1.31636	0.71171	0.23814	0.43280	3.50099
	2000	-1.31518	0.72187	0.23212	0.43592	3.02675
	3000	-1.33656	0.73753	0.22401	0.44222	1.56284
真值		-1.35000	0.75000	0.21400	0.42800	

表 6.3.3 例 6.3.1 参数的 RLS 估计及其误差 ($\sigma^2 = 0.50^2$)

t	a_1	a_2	b_1	b_2	$\delta/\%$
100	-1.33864	0.69960	0.23581	0.37316	4.85174
200	-1.34979	0.74626	0.25588	0.39062	3.47977
500	-1.32966	0.75281	0.22635	0.40322	2.13194
1000	-1.33602	0.74865	0.22112	0.41358	1.32070
2000	-1.32607	0.74130	0.22313	0.42584	1.67829
3000	-1.34912	0.75748	0.21620	0.43159	0.53341
真值	-1.35000	0.75000	0.21400	0.42800	

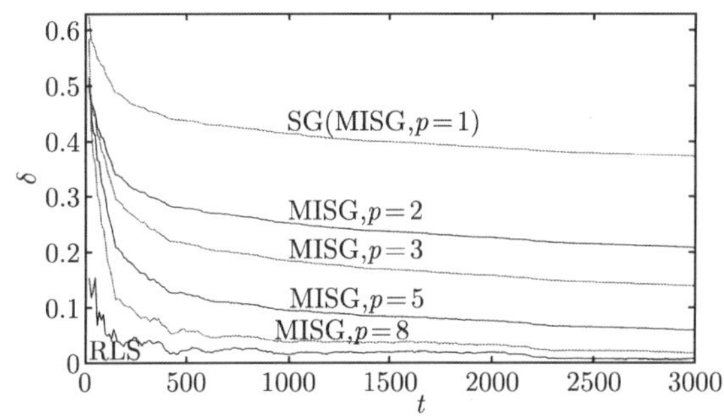

图 6.3.2 例 6.3.1 参数估计误差 δ 随 t 变化曲线 ($\sigma^2 = 0.50^2$)

从表 6.3.1~6.3.3 和图 6.3.2, 我们能看出: MISG 估计 ($p \geqslant 2$) 比 SG 估计有更高的精度; 随着新息长度 p 增加, MISG 算法给出的参数估计误差越来越小, 并随着数据长度 t 增加而趋于零. 随着新息长度增加, MISG 估计越来越接近 RLS 估计.

Matlab 程序

把下列程序写到 MISG_SG_RLS_ex1.m 文件中, 依次运行 $p = 1, 2, 3, 5$ 和 $p = 8$, 可得到上述例子的仿真结果 (参数估计表和误差曲线图).

```
%--------------------------------------------------------------------------*
% Filename: MISG_SG_RLS_ex1.m for the MISG, SG, RLS algorithms            *
% The ARX models: A(z)y(t)=B(z)u(t)+v(t)                                   *
% The noise variance sigma^2=0.50^2                                        *
% The MISG algorithm with the innovation length p=1, 2, 3, 5 and 8         *
% Feng Ding                                                                *
% Jiangnan University, Wuxi, China                                         *
% December 8, 2011, Thursday 01:30 am                                      *
%--------------------------------------------------------------------------*
 clear; clf; format short g
 M='The SG or MISG algorithm for ARX models'
 sigma=0.5; % The noise variance sigma^2=0.50^2
 FF=1; % The forgetting factor \lambda
 p=1;  % The innovation length p=1, 2, 3, 5 and 8

 PlotLength = 3000; length1 = PlotLength + 100;
 na = 2; nb = 2; n = na+nb;
 a=[1, -1.35, 0.75]; b=[0, 0.214, 0.428]; d=1;
 par0=[a(2:na+1),b(2:nb+1)]';
 p0=1e6; P=eye(n)*p0; r=1;
 par1 = ones(n,1)/p0; parLS=par1;
%---Compute the noise-to-signal ratio
 sy=f_integral(a,b); sv=f_integral(a,d);
```

```
delta_ns = sqrt(sv/sy)*100*sigma;
[sy, sv, delta_ns]
%——Generate the input-output data
rand('state',1);     randn('state',0);
%u=(rand(length1,1) - 0.5)*sqrt(12); %v=randn(length1,1);
u=idinput(length1,'rgs',[0, 1], [-1, 1]);
v=idinput(length1,'rgs',[0, 1], [-1, 1])*sigma;
y=ones(n,1)/p0;
for t=n+1:length1
    y(t)=par0'*[-y(t-1:-1:t-na); u(t-1:-1:t-nb)]+v(t);
end
%--Identification
jj = 0; j1 = 0;
for t=10*n:length1,
    jj=jj+1;
    varphi=[-y(t-1:-1:t-na); u(t-1:-1:t-nb)];
    Phi=varphi; Y=y(t:-1:t-p+1);
    for i=1:p-1
        Phi=[Phi, [-y(t-1-i:-1:t-na-i); u(t-1-i:-1:t-nb-i)]];
    end
%——Compute the SG or MISG parameter estimates
    r=FF*r + varphi'*varphi;
    par1=par1+ Phi*(Y - Phi'*par1)/r;
    delta=norm(par1-par0)/norm(par0); % The SG or MISG errors
%——Compute the RLS parameter estimates
    L1=P*varphi/(1+varphi'*P*varphi);
    P=P-L1*(varphi'*P);
    parLS = parLS + L1*(y(t)-varphi'*parLS);
    deltaLS = norm(parLS - par0)/norm(par0); % The RLS error

    ls(jj,:)=[jj, par1', delta];
    lsLS(jj,:)=[jj, parLS', deltaLS];
    if (jj==100)|(jj==200)|(jj==500)|(mod(jj,1000)==0)
        j1 = j1+1;
        ls_100(j1,:)=[jj, par1', delta*100];
        lsLS_100(j1,:)=[jj, parLS', deltaLS*100];
    end
    if jj==PlotLength
        break;
    end
end
ls_100(j1+1,:)=[0, par0', 0];
lsLS_100(j1+1,:)=[0, par0', 0];

fprintf('\n $\\lambda=%5.2f$, ($\\sigma_^2=%5.2f^2$, $\\delta_{\\ns}=%6.2f%s',...
    FF, sigma, delta_ns,'\%$)');
fprintf('\n $t$ & $a_1$ & $a_2$ & $b_1$ & $b_2$ & %s', ...
    '$\delta\ (\%)\ \ $\\\hline');
fprintf('\nThe innovation length $p=%d$, $\\lambda=%6.2f$',p,FF);
fprintf('\n%5d &%10.5f &%10.5f &%10.5f &%10.5f &%10.5f\\\\',ls_100');

fprintf('\n The RLS estimates');
fprintf('\n%5d &%10.5f &%10.5f &%10.5f &%10.5f &%10.5f\\\\',lsLS_100');

figure(1); k0=12;
jk=(k0:1:PlotLength-1)';
plot(ls(jk,1),ls(jk,n+2),'m',lsLS(jk,1),lsLS(jk,n+2),'b')
```

```
xlabel('\it           t'); ylabel('{\it\delta}')

if p==1 % Collect for plotting the error curves
    data1=[ls(:,1), ls(:,n+2)];
    save data1 data1
elseif p==2
    load data1
    data2=[data1, ls(:,n+2)];
    save data2 data2
elseif p==3
    load data2
    data3=[data2, ls(:,n+2)];
    save data3 data3
elseif p==5
    load data3
    data4=[data3, ls(:,n+2)];
    save data4 data4
elseif p==8
    load data4
    z0=[data4, ls(:,n+2)];
    jk=(k0:10:PlotLength-1)';
    jkx=z0(jk,1); figure(2);
    plot(jkx,z0(jk,2),'b',jkx,z0(jk,3),'k',jkx,z0(jk,4),'b',...
        jkx,z0(jk,5),'k',jkx,z0(jk,6),'b',jkx,lsLS(jk,n+2),'k')
    axis([0, PlotLength, 0, 0.63])
    text(1000,z0(1000,2)+0.02,'{SG ( MISG, \itp} = 1 )')
    text(1000,z0(1000,3)+0.02,'{MISG, \itp} = 2')
    text(1000,z0(1000,4)+0.02,'{MISG, \itp} = 3')
    text(1000,z0(1000,5)+0.02,'{MISG, \itp} = 5')
    text(1000,z0(1000,6)+0.02,'{MISG, \itp} = 8')
    text(10,0.015,'{RLS}')
end
xlabel('\it               t'); ylabel('{\it    \delta}')
```

下面利用 **最速下降法** 或 **梯度搜索原理** 推导多新息辨识方法.

1. **多新息投影算法**

在多新息随机梯度算法中, 我们考虑了从 $t-p+1$ 到 t 的长度为 p 的数据窗里共 p 组数据, 定义了 **堆积输出向量** (stacked output vector) $\boldsymbol{Y}(p,t)$ 和 **堆积信息矩阵** (stacked information matrix) $\boldsymbol{\Phi}(p,t)$ 如下,

$$\boldsymbol{Y}(p,t):=\begin{bmatrix} y(t)\\ y(t-1)\\ \vdots\\ y(t-p+1)\end{bmatrix}\in\mathbb{R}^p,\quad \boldsymbol{\Phi}^{\mathrm{T}}(p,t):=\begin{bmatrix} \boldsymbol{\varphi}^{\mathrm{T}}(t)\\ \boldsymbol{\varphi}^{\mathrm{T}}(t-1)\\ \vdots\\ \boldsymbol{\varphi}^{\mathrm{T}}(t-p+1)\end{bmatrix}\in\mathbb{R}^{p\times n}.$$

如果再定义 **堆积噪声向量** (stacked noise vector):

$$\boldsymbol{V}(p,t):=\begin{bmatrix} v(t)\\ v(t-1)\\ \vdots\\ v(t-p+1)\end{bmatrix}\in\mathbb{R}^p,$$

则由式 (6.3.1) 可得到矩阵方程:

$$\boldsymbol{Y}(p,t)=\boldsymbol{\Phi}^{\mathrm{T}}(p,t)\boldsymbol{\theta}+\boldsymbol{V}(p,t). \tag{6.3.30}$$

这就是多新息方法的 **辨识模型**.

设 **准则函数** (criterion function) 为

$$\begin{aligned}J(\boldsymbol{\theta}) &:= \|\boldsymbol{V}(p,t)\|^2\\ &= \|\boldsymbol{Y}(p,t)-\boldsymbol{\Phi}^{\mathrm{T}}(p,t)\boldsymbol{\theta}\|^2.\end{aligned} \tag{6.3.31}$$

这是一个有限数据窗准则函数. 假设 **步长** 为 μ_t, 求 $J(\boldsymbol{\theta})$ 最小值的梯度迭代算法可表示为

$$\begin{aligned}\hat{\boldsymbol{\theta}}(t) &= \hat{\boldsymbol{\theta}}(t-1)-\frac{\mu_t}{2}\mathrm{grad}[J(\hat{\boldsymbol{\theta}}(t-1))]\\ &= \hat{\boldsymbol{\theta}}(t-1)+\mu_t\boldsymbol{\Phi}(p,t)[\boldsymbol{Y}(p,t)-\boldsymbol{\Phi}^{\mathrm{T}}(p,t)\hat{\boldsymbol{\theta}}(t-1)].\end{aligned} \tag{6.3.32}$$

定义新息向量:

$$\boldsymbol{E}(p,t):=\boldsymbol{Y}(p,t)-\boldsymbol{\Phi}^{\mathrm{T}}(p,t)\hat{\boldsymbol{\theta}}(t-1)\in\mathbb{R}^p.$$

则有

$$\hat{\boldsymbol{\theta}}(t)=\hat{\boldsymbol{\theta}}(t-1)+\mu_t\boldsymbol{\Phi}(p,t)\boldsymbol{E}(p,t). \tag{6.3.33}$$

下面求 **最佳步长** (best step-size) μ_t. 将 $\boldsymbol{\theta}=\hat{\boldsymbol{\theta}}(t)$ 代入式 (6.3.31) 可得

$$\begin{aligned}g(\mu_t) &:= J(\hat{\boldsymbol{\theta}}(t))=\|\boldsymbol{Y}(p,t)-\boldsymbol{\Phi}^{\mathrm{T}}(p,t)[\hat{\boldsymbol{\theta}}(t-1)+\mu_t\boldsymbol{\Phi}(p,t)\boldsymbol{E}(p,t)]\|^2\\ &= \|[\boldsymbol{I}-\mu_t\boldsymbol{\Phi}^{\mathrm{T}}(p,t)\boldsymbol{\Phi}(p,t)]\boldsymbol{E}(p,t)\|^2\\ &= \boldsymbol{E}^{\mathrm{T}}(p,t)[\boldsymbol{I}-\mu_t\boldsymbol{\Phi}^{\mathrm{T}}(p,t)\boldsymbol{\Phi}(p,t)]^2\boldsymbol{E}(p,t)\\ &= \boldsymbol{E}^{\mathrm{T}}(p,t)[\boldsymbol{I}-2\mu_t\boldsymbol{\Phi}^{\mathrm{T}}(p,t)\boldsymbol{\Phi}(p,t)+\mu_t^2\boldsymbol{\Phi}^{\mathrm{T}}(p,t)\boldsymbol{\Phi}(p,t)\boldsymbol{\Phi}^{\mathrm{T}}(p,t)\boldsymbol{\Phi}(p,t)]\boldsymbol{E}(p,t)\\ &= \|\boldsymbol{E}(p,t)\|^2-2\mu_t\|\boldsymbol{\Phi}(p,t)\boldsymbol{E}(p,t)\|^2+\mu_t^2\|\boldsymbol{\Phi}^{\mathrm{T}}(p,t)\boldsymbol{\Phi}(p,t)\boldsymbol{E}(p,t)\|^2.\end{aligned}$$

极小化 $g(\mu_t)$, 令 $g'(\mu_t)=0$, 即

$$-2\|\boldsymbol{\Phi}(p,t)\boldsymbol{E}(p,t)\|^2+2\mu_t\|\boldsymbol{\Phi}^{\mathrm{T}}(p,t)\boldsymbol{\Phi}(p,t)\boldsymbol{E}(p,t)\|^2=0.$$

由此可求得最佳步长为

$$\begin{aligned}\mu_t &= \frac{\|\boldsymbol{\Phi}(p,t)\boldsymbol{E}(p,t)\|^2}{\|\boldsymbol{\Phi}^{\mathrm{T}}(p,t)\boldsymbol{\Phi}(p,t)\boldsymbol{E}(p,t)\|^2}\\ &= \frac{\boldsymbol{E}^{\mathrm{T}}(p,t)\boldsymbol{\Phi}^{\mathrm{T}}(p,t)\boldsymbol{\Phi}(p,t)\boldsymbol{E}(p,t)}{\boldsymbol{E}^{\mathrm{T}}(p,t)\boldsymbol{\Phi}^{\mathrm{T}}(p,t)\boldsymbol{\Phi}(p,t)\boldsymbol{\Phi}^{\mathrm{T}}(p,t)\boldsymbol{\Phi}(p,t)\boldsymbol{E}(p,t)}.\end{aligned} \tag{6.3.34}$$

将上式代入 (6.3.33) 即得 **多新息投影算法**[43]:

$$\hat{\boldsymbol{\theta}}(t)=\hat{\boldsymbol{\theta}}(t-1)+\mu_t\boldsymbol{\Phi}(p,t)\boldsymbol{E}(p,t), \tag{6.3.35}$$

$$\mu_t=\frac{\|\boldsymbol{\Phi}(p,t)\boldsymbol{E}(p,t)\|^2}{\|\boldsymbol{\Phi}^{\mathrm{T}}(p,t)\boldsymbol{\Phi}(p,t)\boldsymbol{E}(p,t)\|^2}, \tag{6.3.36}$$

$$\boldsymbol{E}(p,t)=\boldsymbol{Y}(p,t)-\boldsymbol{\Phi}^{\mathrm{T}}(p,t)\hat{\boldsymbol{\theta}}(t-1), \tag{6.3.37}$$

$$\boldsymbol{\Phi}(p,t)=[\boldsymbol{\varphi}(t),\boldsymbol{\varphi}(t-1),\cdots,\boldsymbol{\varphi}(t-p+1)], \tag{6.3.38}$$

$$\boldsymbol{Y}(p,t)=[y(t),y(t-1),\cdots,y(t-p+1)]^{\mathrm{T}}. \tag{6.3.39}$$

如果式 (6.3.36) 的分母为零, 就令 $\hat{\boldsymbol{\theta}}(t)=\hat{\boldsymbol{\theta}}(t-1)$. 因为收敛因子 μ_t 的计算比较复杂, 故对其进行简化. 由于对于任意实向量 $\boldsymbol{x}$ 和非负定对称矩阵 $\boldsymbol{Q}$, 下式成立,

$$\boldsymbol{x}^{\mathrm{T}}\boldsymbol{Q}\boldsymbol{x}\leqslant\lambda_{\max}[\boldsymbol{Q}]\boldsymbol{x}^{\mathrm{T}}\boldsymbol{x}\leqslant\|\boldsymbol{Q}\|\boldsymbol{x}^{\mathrm{T}}\boldsymbol{x}.$$

于是, **收敛因子** 可以保守取为

$$\mu_t=\frac{1}{\lambda_{\max}[\boldsymbol{\Phi}(p,t)\boldsymbol{\Phi}^{\mathrm{T}}(p,t)]}.$$

因为计算矩阵的 **迹** 比计算 **特征值** 简单, 所以 **收敛因子** 可以更保守取为

$$\mu_t=\frac{1}{\|\boldsymbol{\Phi}(p,t)\|^2}.$$

如果取上式 μ_t 作为收敛因子, 就得到 **简化多新息投影算法** (6.3.21)~(6.3.24).

由式 (6.3.35) 与 (6.3.37) 可得

$$\begin{aligned}\hat{\boldsymbol{\theta}}(t)&=\hat{\boldsymbol{\theta}}(t-1)+\mu_t\boldsymbol{\Phi}(p,t)[\boldsymbol{Y}(p,t)-\boldsymbol{\Phi}^{\mathrm{T}}(p,t)\hat{\boldsymbol{\theta}}(t-1)]\\&=[\boldsymbol{I}-\mu_t\boldsymbol{\Phi}(p,t)\boldsymbol{\Phi}^{\mathrm{T}}(p,t)]\hat{\boldsymbol{\theta}}(t-1)+\mu_t\boldsymbol{\Phi}(p,t)\boldsymbol{Y}(p,t).\end{aligned}$$

如果 $\mu_t\boldsymbol{\Phi}(p,t)\boldsymbol{\Phi}^{\mathrm{T}}(p,t)$ 的特征值大于 2, $\hat{\boldsymbol{\theta}}(t)$ 就不可能收敛.

2. **变递推间隔多新息投影算法**

在实际问题中, 可能发生数据丢失的情况. 也就是说, 对每一个 t, $y(t)$ 和 $\boldsymbol{\varphi}(t)$ 不可能总是可得到. 为了处理数据丢失情况, 定义一个 **整数序列** $\{t_s,\ s=0,1,2,\cdots\}$:

$$0=t_0<t_1<t_2<t_3<\cdots<t_{s-1}<t_s<\cdots,$$

且 $t_s^*:=t_s-t_{s-1}\geqslant 1$. 假设当 $t=t_s$ $(s=1,2,\cdots)$ 时, $y(t)$ 和 $\boldsymbol{\varphi}(t)$ 都可得到, 即对任意 $s=1,2,3,\cdots$, $y(t_s)$ 和 $\boldsymbol{\varphi}(t_s)$ 都可得到. 用 t_s 代替式 (6.3.30) 中 t, 可得一类 **损失数据系统** (missing-data system) 的 **辨识模型**:

$$\boldsymbol{Y}(p,t_s)=\boldsymbol{\Phi}^{\mathrm{T}}(p,t_s)\boldsymbol{\theta}+\boldsymbol{V}(p,t_s). \tag{6.3.40}$$

定义 **准则函数**:

$$J(\boldsymbol{\theta}):=\|\boldsymbol{Y}(p,t_s)-\boldsymbol{\Phi}^{\mathrm{T}}(p,t_s)\boldsymbol{\theta}\|^2. \tag{6.3.41}$$

设 **收敛因子** 或 **迭代步长** 为 μ_{t_s}, 采用与上类似的推导方法, 可得 **变递推间隔多新息投影算法** (interval-Varying Multi-Innovation Projection algorithm, **V-MI-Proj 算法**)[33, 43]:

$$\hat{\boldsymbol{\theta}}(t_s)=\hat{\boldsymbol{\theta}}(t_{s-1})+\mu_{t_s}\boldsymbol{\Phi}(p,t_s)\boldsymbol{E}(p,t_s),\ s=1,2,3,\cdots \tag{6.3.42}$$

$$\hat{\boldsymbol{\theta}}(t)=\hat{\boldsymbol{\theta}}(t_s),\ t\in T_s:=\{t_s,t_s+1,\cdots,t_{s+1}-1\}, \tag{6.3.43}$$

$$\mu_{t_s}=\frac{\|\boldsymbol{\varPhi}(p,t_s)\boldsymbol{E}(p,t_s)\|^2}{\|\boldsymbol{\varPhi}^{\mathrm{T}}(p,t_s)\boldsymbol{\varPhi}(p,t_s)\boldsymbol{E}(p,t_s)\|^2}, \tag{6.3.44}$$

$$\boldsymbol{E}(p,t_s)=\boldsymbol{Y}(p,t_s)-\boldsymbol{\varPhi}^{\mathrm{T}}(p,t_s)\hat{\boldsymbol{\theta}}(t_{s-1}), \tag{6.3.45}$$

$$\boldsymbol{\varPhi}(p,t_s)=[\boldsymbol{\varphi}(t_s),\boldsymbol{\varphi}(t_s-1),\cdots,\boldsymbol{\varphi}(t_s-p+1)], \tag{6.3.46}$$

$$\boldsymbol{Y}(p,t_s)=[y(t_s),y(t_s-1),\cdots,y(t_s-p+1)]^{\mathrm{T}}, \tag{6.3.47}$$

$$0=t_0<t_1<t_2<\cdots,\quad 1\leqslant t_s^*:=t_s-t_{s-1}. \tag{6.3.48}$$

变递推间隔多新息辨识算法也可以这样理解: 实际中一些系统的控制周期与参数估计刷新周期不相同. 在这种情形下, t_s^* 可认为是控制周期, 但是在这一个周期 t_s^* 秒内, 每 t_s^*/N 秒 (N 为一正整数) 都可获得一组可用的数据信息, 可利用其中 p 组数据所包含的信息进行参数辨识, 即用这些信息产生的 **新息向量** $\boldsymbol{E}(p,t_s)$ 来对 $\hat{\boldsymbol{\theta}}(t_{s-1})$ 进行修正, 多新息 (修正) 算法就是因此而得名. 这里 $\boldsymbol{E}(p,t_s)$ 的每一元都是新息, 与新息的定义相吻合, 易于理解. 当 $t_s^*=p=1$ 时, 多新息算法就是常规的单新息修正算法 (投影算法). 式 (6.3.43) 表示在数据丢失的区间内, 保持参数估计不变.

同样, 我们有简化的 **变递推间隔多新息投影算法** (V-MI-Proj):

$$\hat{\boldsymbol{\theta}}(t_s)=\hat{\boldsymbol{\theta}}(t_{s-1})+\frac{\boldsymbol{\varPhi}(p,t_s)}{\|\boldsymbol{\varPhi}(p,t_s)\|^2}\boldsymbol{E}(p,t_s),\ s=1,2,3,\cdots \tag{6.3.49}$$

$$\hat{\boldsymbol{\theta}}(t)=\hat{\boldsymbol{\theta}}(t_s),\ t\in T_s=\{t_s,t_s+1,\cdots,t_{s+1}-1\}, \tag{6.3.50}$$

$$\boldsymbol{E}(p,t_s)=\boldsymbol{Y}(p,t_s)-\boldsymbol{\varPhi}^{\mathrm{T}}(p,t_s)\hat{\boldsymbol{\theta}}(t_{s-1}), \tag{6.3.51}$$

$$\boldsymbol{\varPhi}(p,t_s)=[\boldsymbol{\varphi}(t_s),\boldsymbol{\varphi}(t_s-1),\cdots,\boldsymbol{\varphi}(t_s-p+1)], \tag{6.3.52}$$

$$\boldsymbol{Y}(p,t_s)=[y(t_s),y(t_s-1),\cdots,y(t_s-p+1)]^{\mathrm{T}}, \tag{6.3.53}$$

$$0=t_0<t_1<t_2<\cdots,\quad 1\leqslant t_s^*=t_s-t_{s-1}. \tag{6.3.54}$$

为了防止式 (6.3.49) 右边第二项分母为零, 解决的方法之一是, 当 $\|\boldsymbol{\varPhi}(p,t_s)\|^2=0$ 时, 令 $\hat{\boldsymbol{\theta}}(t_s)=\hat{\boldsymbol{\theta}}(t_{s-1})$, 或者在式 (6.3.49) 右边第二项分母上加上一个正常数, 将式 (6.3.49) 修改为

$$\hat{\boldsymbol{\theta}}(t_s)=\hat{\boldsymbol{\theta}}(t_{s-1})+\frac{\boldsymbol{\varPhi}(p,t_s)}{1+\|\boldsymbol{\varPhi}(p,t_s)\|^2}[\boldsymbol{Y}(p,t_s)-\boldsymbol{\varPhi}^{\mathrm{T}}(p,t_s)\hat{\boldsymbol{\theta}}(t_{s-1})].$$

3. 变递推间隔多新息广义投影算法

变递推间隔多新息投影辨识算法 (6.3.49)~(6.3.54) 可以推广为 **变递推间隔多新息广义投影算法** (interval-Varying Multi-Innovation Generalized Projection algorithm, **V-MIGP 算法**)[47,51]:

$$\hat{\boldsymbol{\theta}}(t_s)=\hat{\boldsymbol{\theta}}(t_{s-1})+\frac{\boldsymbol{\varPhi}(p,t_s)}{r(q,t_s)}[\boldsymbol{Y}(p,t_s)-\boldsymbol{\varPhi}^{\mathrm{T}}(p,t_s)\hat{\boldsymbol{\theta}}(t_{s-1})],\ s=1,2,3,\cdots \tag{6.3.55}$$

$$\hat{\boldsymbol{\theta}}(t)=\hat{\boldsymbol{\theta}}(t_s),\ t\in T_s=\{t_s,t_s+1,\cdots,t_{s+1}-1\}, \tag{6.3.56}$$

$$r(q,t_s)=\mathrm{tr}[\boldsymbol{\varPhi}(q,t_s)\boldsymbol{\varPhi}^{\mathrm{T}}(q,t_s)],\ q\geqslant p, \tag{6.3.57}$$

$$\boldsymbol{\varPhi}(p,t_s)=[\boldsymbol{\varphi}(t_s),\boldsymbol{\varphi}(t_s-1),\cdots,\boldsymbol{\varphi}(t_s-p+1)], \tag{6.3.58}$$

$$\boldsymbol{Y}(p,t_s)=[y(t_s),y(t_s-1),\cdots,y(t_s-p+1)]^{\mathrm{T}}, \tag{6.3.59}$$

$$0=t_0<t_1<t_2<\cdots,\quad 1\leqslant t_s^*=t_s-t_{s-1}. \tag{6.3.60}$$

4. **变递推间隔多新息随机梯度算法**

进一步可推广为 **变递推间隔多新息随机梯度算法** (interval-Varying Multi-Innovation Stochastic Gradient identification algorithm, **V-MISG 算法**)[47, 51]:

$$\hat{\boldsymbol{\theta}}(t_s)=\hat{\boldsymbol{\theta}}(t_{s-1})+\frac{\boldsymbol{\Phi}(p,t_s)}{r(t_s)}[\boldsymbol{Y}(p,t_s)-\boldsymbol{\Phi}^{\mathrm{T}}(p,t_s)\hat{\boldsymbol{\theta}}(t_{s-1})],\ s=1,2,3,\cdots \tag{6.3.61}$$

$$\hat{\boldsymbol{\theta}}(t)=\hat{\boldsymbol{\theta}}(t_s),\ t\in T_s=\{t_s,t_s+1,\cdots,t_{s+1}-1\}, \tag{6.3.62}$$

$$r(t_s)=\|\boldsymbol{\Phi}(s,t_s)\|^2=\sum_{i=0}^{s-1}\|\boldsymbol{\varphi}(t_s-i)\|^2, \tag{6.3.63}$$

$$\boldsymbol{\Phi}(p,t_s)=[\boldsymbol{\varphi}(t_s),\boldsymbol{\varphi}(t_s-1),\cdots,\boldsymbol{\varphi}(t_s-p+1)], \tag{6.3.64}$$

$$\boldsymbol{Y}(p,t_s)=[y(t_s),y(t_s-1),\cdots,y(t_s-p+1)]^{\mathrm{T}}, \tag{6.3.65}$$

$$0=t_0<t_1<t_2<\cdots,\quad 1\leqslant t_s^*=t_s-t_{s-1}. \tag{6.3.66}$$

6.4 多新息梯度类辨识方法

多新息辨识算法派生出如下一些算法:

1. **多新息广义投影算法**

当递推间隔 $t_s^*\equiv 1$ 时, 从 V-MIGP 算法 (6.3.55)~(6.3.60) 得到 **多新息广义投影算法** (Multi-Innovation Generalized Projection algorithm, **MIGP 算法**):

$$\hat{\boldsymbol{\theta}}(t)=\hat{\boldsymbol{\theta}}(t-1)+\frac{\boldsymbol{\Phi}(p,t)}{r(q,t)}[\boldsymbol{Y}(p,t)-\boldsymbol{\Phi}^{\mathrm{T}}(p,t)\hat{\boldsymbol{\theta}}(t-1)], \tag{6.4.1}$$

$$r(q,t)=\mathrm{tr}[\boldsymbol{\Phi}(q,t)\boldsymbol{\Phi}^{\mathrm{T}}(q,t)],\ q\geqslant p, \tag{6.4.2}$$

$$\boldsymbol{\Phi}(p,t)=[\boldsymbol{\varphi}(t),\boldsymbol{\varphi}(t-1),\cdots,\boldsymbol{\varphi}(t-p+1)], \tag{6.4.3}$$

$$\boldsymbol{Y}(p,t)=[y(t),y(t-1),\cdots,y(t-p+1)]^{\mathrm{T}}. \tag{6.4.4}$$

当记忆长度 $q=p$ 时, MIGP 算法退化为 **多新息投影算法**.

2. **多新息随机梯度算法**

当递推间隔 $t_s^*\equiv 1$ 时, 从 V-MISG 算法 (6.3.61)~(6.3.66) 得到 **多新息随机梯度算法**:

$$\hat{\boldsymbol{\theta}}(t)=\hat{\boldsymbol{\theta}}(t-1)+\frac{\boldsymbol{\Phi}(p,t)}{r(t)}[\boldsymbol{Y}(p,t)-\boldsymbol{\Phi}^{\mathrm{T}}(p,t)\hat{\boldsymbol{\theta}}(t-1)], \tag{6.4.5}$$

$$r(t)=\sum_{i=0}^{t-1}\|\boldsymbol{\varphi}(t-i)\|^2=r(t-1)+\|\boldsymbol{\varphi}(t)\|^2,\ r(0)=1, \tag{6.4.6}$$

$$\boldsymbol{\Phi}(p,t)=[\boldsymbol{\varphi}(t),\boldsymbol{\varphi}(t-1),\cdots,\boldsymbol{\varphi}(t-p+1)], \tag{6.4.7}$$

$$\boldsymbol{Y}(p,t)=[y(t),y(t-1),\cdots,y(t-p+1)]^{\mathrm{T}}. \tag{6.4.8}$$

3. **变递推间隔广义投影算法**

当新息长度 $p=1$ 时, 从 V-MIGP 算法 (6.3.55)~(6.3.60) 得到 **变递推间隔广义投影算**

法 (interval-Varying Generalized Projection algorithm, **V-GP 算法**):

$$\hat{\boldsymbol{\theta}}(t_s)=\hat{\boldsymbol{\theta}}(t_{s-1})+\frac{\boldsymbol{\varphi}(t_s)}{r(q,t_s)}[y(t_s)-\boldsymbol{\varphi}^{\mathrm{T}}(t_s)\hat{\boldsymbol{\theta}}(t_{s-1})], \tag{6.4.9}$$

$$\hat{\boldsymbol{\theta}}(t)=\hat{\boldsymbol{\theta}}(t_s),\ t\in T_s=\{t_s,t_s+1,\cdots,t_{s+1}-1\}, \tag{6.4.10}$$

$$r(q,t_s)=\sum_{i=0}^{q-1}\|\boldsymbol{\varphi}(t_s-i)\|^2,\ q\geqslant 1, \tag{6.4.11}$$

$$0=t_0<t_1<t_2<\cdots,\quad 1\leqslant t_s^*=t_s-t_{s-1}. \tag{6.4.12}$$

当记忆长度 $q=p=1$ 时, V-GP 算法退化为 **变递推间隔投影算法** (interval-Varying Projection algorithm, **V-Proj 算法**).

4. **变递推间隔随机梯度算法**

当新息长度 $p=1$ 时, 从 V-MISG 算法 (6.3.61)~(6.3.66) 得到 **变递推间隔随机梯度算法** (interval-Varying Stochastic Gradient algorithm, **V-SG 算法**):

$$\hat{\boldsymbol{\theta}}(t_s)=\hat{\boldsymbol{\theta}}(t_{s-1})+\frac{\boldsymbol{\varphi}(t_s)}{r(t_s)}[y(t_s)-\boldsymbol{\varphi}^{\mathrm{T}}(t_s)\hat{\boldsymbol{\theta}}(t_{s-1})], \tag{6.4.13}$$

$$\hat{\boldsymbol{\theta}}(t)=\hat{\boldsymbol{\theta}}(t_s),\ t\in T_s=\{t_s,t_s+1,\cdots,t_{s+1}-1\}, \tag{6.4.14}$$

$$r(t_s)=\sum_{i=0}^{s-1}\|\boldsymbol{\varphi}(t_s-i)\|^2,q\geqslant 1, \tag{6.4.15}$$

$$0=t_0<t_1<t_2<\cdots,\quad 1\leqslant t_s^*=t_s-t_{s-1}. \tag{6.4.16}$$

5. **等递推间隔广义投影算法**

当递推间隔 $t_s^*\equiv d$, $p=1$ 时, 从 V-MIGP 算法 (6.3.55)~(6.3.60) 得到 **等递推间隔广义投影算法** (interval-Equating Generalized Projection algorithm, **E-GP 算法**):

$$\hat{\boldsymbol{\theta}}(t)=\hat{\boldsymbol{\theta}}(t-d)+\frac{\boldsymbol{\varphi}(t)}{r(q,t)}[y(t)-\boldsymbol{\varphi}^{\mathrm{T}}(t)\hat{\boldsymbol{\theta}}(t-d)], \tag{6.4.17}$$

$$r(q,t)=\sum_{i=0}^{q-1}\|\boldsymbol{\varphi}(t-i)\|^2,\ q\geqslant 1. \tag{6.4.18}$$

或

$$\hat{\boldsymbol{\theta}}(id)=\hat{\boldsymbol{\theta}}((i-1)d)+\frac{\boldsymbol{\varphi}(id)}{r(q,id)}[y(id)-\boldsymbol{\varphi}^{\mathrm{T}}(id)\hat{\boldsymbol{\theta}}((i-1)d)], \tag{6.4.19}$$

$$\hat{\boldsymbol{\theta}}(t)=\hat{\boldsymbol{\theta}}((i-1)d),\ t\in T_i=\{(i-1)d,(i-1)d+1,\cdots,id-1\}, \tag{6.4.20}$$

$$r(q,id)=\sum_{j=0}^{q-1}\|\boldsymbol{\varphi}(id-j)\|^2,\ q\geqslant 1. \tag{6.4.21}$$

当记忆长度 $q=p=1$ 时, E-GP 算法退化为 **等递推间隔投影算法** (interval-Equating Projection algorithm, **E-Proj 算法**).

6. **等递推间隔随机梯度算法**

当递推间隔 $t_s^*\equiv d$, $p=1$ 时, 从 V-MISG 算法 (6.3.61)~(6.3.66) 得到 **等递推间隔随机梯度算法** (interval-Equating Stochastic Gradient algorithm, **E-SG 算法**):

$$\hat{\boldsymbol{\theta}}(t)=\hat{\boldsymbol{\theta}}(t-d)+\frac{\boldsymbol{\varphi}(t)}{r(t)}[y(t)-\boldsymbol{\varphi}^{\mathrm{T}}(t)\hat{\boldsymbol{\theta}}(t-d)], \tag{6.4.22}$$

$$r(t)=\sum_{i=0}^{t-1}\|\boldsymbol{\varphi}(t-i)\|^2=r(t-1)+\|\boldsymbol{\varphi}(t)\|^2,\ r(0)=1. \tag{6.4.23}$$

7. **等递推间隔多新息广义投影算法**

当递推间隔 $t_s^*\equiv d$ $(s=1,2,\cdots)$ 时, 从 V-MIGP 算法 (6.3.55)~(6.3.60) 得到 **等递推间隔多新息广义投影算法** (interval-Equating Multi-Innovation Generalized Projection algorithm, **E-MIGP 算法**):

$$\hat{\boldsymbol{\theta}}(t)=\hat{\boldsymbol{\theta}}(t-d)+\frac{\boldsymbol{\Phi}(p,t)}{r(q,t)}[\boldsymbol{Y}(p,t)-\boldsymbol{\Phi}^{\mathrm{T}}(p,t)\hat{\boldsymbol{\theta}}(t-d)], \tag{6.4.24}$$

$$r(q,t)=\mathrm{tr}[\boldsymbol{\Phi}(q,t)\boldsymbol{\Phi}^{\mathrm{T}}(q,t)]=\sum_{i=0}^{q-1}\|\boldsymbol{\varphi}(t-i)\|^2,\ q\geqslant p, \tag{6.4.25}$$

$$\boldsymbol{\Phi}(p,t)=[\boldsymbol{\varphi}(t),\boldsymbol{\varphi}(t-1),\cdots,\boldsymbol{\varphi}(t-p+1)], \tag{6.4.26}$$

$$\boldsymbol{Y}(p,t)=[y(t),y(t-1),\cdots,y(t-p+1)]^{\mathrm{T}}. \tag{6.4.27}$$

或

$$\hat{\boldsymbol{\theta}}(id)=\hat{\boldsymbol{\theta}}((i-1)d)+\frac{\boldsymbol{\Phi}(p,id)}{r(q,id)}[\boldsymbol{Y}(p,id)-\boldsymbol{\Phi}^{\mathrm{T}}(p,id)\hat{\boldsymbol{\theta}}((i-1)d)], \tag{6.4.28}$$

$$\hat{\boldsymbol{\theta}}(t)=\hat{\boldsymbol{\theta}}((i-1)d),\ t\in T_i=\{(i-1)d,(i-1)d+1,\cdots,id-1\}, \tag{6.4.29}$$

$$\boldsymbol{\Phi}(p,id)=[\boldsymbol{\varphi}(id),\boldsymbol{\varphi}(id-1),\cdots,\boldsymbol{\varphi}(id-p+1)], \tag{6.4.30}$$

$$r(q,id)=\mathrm{tr}[\boldsymbol{\Phi}(q,id)\boldsymbol{\Phi}^{\mathrm{T}}(q,id)],\ q\geqslant p, \tag{6.4.31}$$

$$\boldsymbol{Y}(p,id)=[y(id),y(id-1),\cdots,y(id-p+1)]^{\mathrm{T}}. \tag{6.4.32}$$

当记忆长度 $q=p$ 时, E-MIGP 算法退化为 **等递推间隔多新息投影算法** (interval-Equating Multi-Innovation Projection identification algorithm, **E-MI-Proj 算法**).

8. **等递推间隔多新息随机梯度算法**

当递推间隔 $t_s^*\equiv d$ 时, 从 V-MISG 算法 (6.3.61)~(6.3.66) 得到 **等递推间隔多新息随机梯度算法** (interval-Equating Multi-Innovation Stochastic Gradient algorithm, **E-MISG 算法**):

$$\hat{\boldsymbol{\theta}}(t)=\hat{\boldsymbol{\theta}}(t-d)+\frac{\boldsymbol{\Phi}(p,t)}{r(t)}[\boldsymbol{Y}(p,t)-\boldsymbol{\Phi}^{\mathrm{T}}(p,t)\hat{\boldsymbol{\theta}}(t-d)], \tag{6.4.33}$$

$$r(t)=r(t-1)+\|\boldsymbol{\varphi}(t)\|^2,\ r(0)=1, \tag{6.4.34}$$

$$\boldsymbol{\Phi}(p,t)=[\boldsymbol{\varphi}(t),\boldsymbol{\varphi}(t-1),\cdots,\boldsymbol{\varphi}(t-p+1)], \tag{6.4.35}$$

$$\boldsymbol{Y}(p,t)=[y(t),y(t-1),\cdots,y(t-p+1)]^{\mathrm{T}}. \tag{6.4.36}$$

9. **多新息遗忘梯度算法**

在 MISG 算法中引入遗忘因子 λ, 得到 **多新息遗忘因子随机梯度算法** (Multi-Innovation Forgetting factor stochastic Gradient algorithm, **MI-FFSG 算法**) 简称为 **多新息遗忘梯度算**

法(Multi-Innovation Forgetting Gradient algorithm, **MIFG 算法**):

$$\hat{\boldsymbol{\theta}}(t)=\hat{\boldsymbol{\theta}}(t-1)+\frac{\boldsymbol{\Phi}(p,t)}{r(t)}[\boldsymbol{Y}(p,t)-\boldsymbol{\Phi}^{\mathrm{T}}(p,t)\hat{\boldsymbol{\theta}}(t-1)], \tag{6.4.37}$$

$$r(t)=\lambda r(t-1)+\|\boldsymbol{\varphi}(t)\|^2,\ 0<\lambda\leqslant 1,\ r(0)=1, \tag{6.4.38}$$

$$\boldsymbol{\Phi}(p,t)=[\boldsymbol{\varphi}(t),\boldsymbol{\varphi}(t-1),\cdots,\boldsymbol{\varphi}(t-p+1)], \tag{6.4.39}$$

$$\boldsymbol{Y}(p,t)=[y(t),y(t-1),\cdots,y(t-p+1)]^{\mathrm{T}}. \tag{6.4.40}$$

10. **等递推间隔多新息遗忘梯度算法**

在 E-MISG 算法中引入遗忘因子 λ, 得到 **等递推间隔多新息遗忘梯度算法** (interval-Equating Multi-Innovation Forgetting factor stochastic Gradient algorithm, **E-MIFG 算法**):

$$\hat{\boldsymbol{\theta}}(t)=\hat{\boldsymbol{\theta}}(t-d)+\frac{\boldsymbol{\Phi}(p,t)}{r(t)}[\boldsymbol{Y}(p,t)-\boldsymbol{\Phi}^{\mathrm{T}}(p,t)\hat{\boldsymbol{\theta}}(t-d)], \tag{6.4.41}$$

$$r(t)=\lambda r(t-1)+\|\boldsymbol{\varphi}(t)\|^2,\ 0\leqslant\lambda\leqslant 1,\ r(0)=1, \tag{6.4.42}$$

$$\boldsymbol{\Phi}(p,t)=[\boldsymbol{\varphi}(t),\boldsymbol{\varphi}(t-1),\cdots,\boldsymbol{\varphi}(t-p+1)], \tag{6.4.43}$$

$$\boldsymbol{Y}(p,t)=[y(t),y(t-1),\cdots,y(t-p+1)]^{\mathrm{T}}. \tag{6.4.44}$$

此外, 当递推间隔 $t_s^*=1$, 新息长度 $p=1$ 时, V-MIGP 算法退化为 **广义投影算法** (GP), V-MISG 算法退化为 **随机梯度算法** (SG).

6.5　多新息最小二乘辨识方法

考虑下列线性回归模型描述的标量系统

$$y(t)=\boldsymbol{\varphi}^{\mathrm{T}}(t)\boldsymbol{\theta}+v(t), \tag{6.5.1}$$

其中 $y(t)\in\mathbb{R}$ 为系统输出, $\boldsymbol{\theta}\in\mathbb{R}^n$ 为待辨识的参数向量, $\boldsymbol{\varphi}(t)\in\mathbb{R}^n$ 是由系统输入 $u(t)\in\mathbb{R}$ 和输出 $y(t)$ 构成的回归信息向量,$v(t)\in\mathbb{R}$ 为零均值随机噪声.

辨识的目标是, 利用系统的输入输出数据 $\{u(i),y(i),0\leqslant i\leqslant t\}$ 或 $\{y(i),\boldsymbol{\varphi}(i),0\leqslant i\leqslant t\}$, 提出多新息最小二乘辨识算法, 对系统的未知参数向量 $\boldsymbol{\theta}$ 进行实时估计.

考虑 $t-p+1$ 到 t 时共 p 组数据, 令

$$\boldsymbol{Y}(p,t):=\begin{bmatrix}y(t)\\ y(t-1)\\ \vdots\\ y(t-p+1)\end{bmatrix}\in\mathbb{R}^p,$$

$$\boldsymbol{V}(p,t):=\begin{bmatrix}v(t)\\ v(t-1)\\ \vdots\\ v(t-p+1)\end{bmatrix}\in\mathbb{R}^p,$$

$$\boldsymbol{\Phi}(p,t):=[\boldsymbol{\varphi}(t),\boldsymbol{\varphi}(t-1),\cdots,\boldsymbol{\varphi}(t-p+1)]\in\mathbb{R}^{n\times p}.$$

则由式 (6.5.1) 可得到矩阵方程:

$$\boldsymbol{Y}(p,t)=\boldsymbol{\Phi}^{\mathrm{T}}(p,t)\boldsymbol{\theta}+\boldsymbol{V}(p,t).$$

上式称为多新息辨识方法的 **辨识模型** 或 **辨识表达式**. 取 **准则函数** 为

$$\begin{aligned}J(\boldsymbol{\theta}):&=\sum_{j=1}^{t}[\boldsymbol{Y}(p,j)-\boldsymbol{\Phi}^{\mathrm{T}}(p,j)\boldsymbol{\theta}]^{\mathrm{T}}[\boldsymbol{Y}(p,j)-\boldsymbol{\Phi}^{\mathrm{T}}(p,j)\boldsymbol{\theta}]\\&=\sum_{j=1}^{t}\|\boldsymbol{Y}(p,j)-\boldsymbol{\Phi}^{\mathrm{T}}(p,j)\boldsymbol{\theta}\|^2.\end{aligned}$$

如不作特别申明, 矩阵 $\boldsymbol{X}$ 的范数均定义为 $\|\boldsymbol{X}\|^2:=\mathrm{tr}[\boldsymbol{X}\boldsymbol{X}^{\mathrm{T}}]$. 定义矩阵

$$\boldsymbol{Z}_t:=\begin{bmatrix}\boldsymbol{Y}(p,1)\\\boldsymbol{Y}(p,2)\\\vdots\\\boldsymbol{Y}(p,t)\end{bmatrix}\in\mathbb{R}^{pt},\quad \boldsymbol{H}_t:=\begin{bmatrix}\boldsymbol{\Phi}^{\mathrm{T}}(p,1)\\\boldsymbol{\Phi}^{\mathrm{T}}(p,2)\\\vdots\\\boldsymbol{\Phi}^{\mathrm{T}}(p,t)\end{bmatrix}\in\mathbb{R}^{(pt)\times n}.$$

则准则函数可以写为

$$J(\boldsymbol{\theta})=(\boldsymbol{Z}_t-\boldsymbol{H}_t\boldsymbol{\theta})^{\mathrm{T}}(\boldsymbol{Z}_t-\boldsymbol{H}_t\boldsymbol{\theta}).$$

设 $\boldsymbol{\theta}=\hat{\boldsymbol{\theta}}_{\mathrm{MILS}}$ 使 $J(\boldsymbol{\theta})|_{\hat{\boldsymbol{\theta}}_{\mathrm{MILS}}}=\min$. 令

$$\left.\frac{\partial J(\boldsymbol{\theta})}{\partial\boldsymbol{\theta}}\right|_{\boldsymbol{\theta}=\hat{\boldsymbol{\theta}}_{\mathrm{MILS}}}=\left.\frac{\partial[(\boldsymbol{Z}_t-\boldsymbol{H}_t\boldsymbol{\theta})^{\mathrm{T}}(\boldsymbol{Z}_t-\boldsymbol{H}_t\boldsymbol{\theta})]}{\partial\boldsymbol{\theta}}\right|_{\boldsymbol{\theta}=\hat{\boldsymbol{\theta}}_{\mathrm{MILS}}}=\mathbf{0}.$$

展开之, 并运用如下两个向量微分公式:

$$\frac{\partial}{\partial\boldsymbol{x}}(\boldsymbol{a}^{\mathrm{T}}\boldsymbol{x})=\boldsymbol{a},\quad \frac{\partial}{\partial\boldsymbol{x}}(\boldsymbol{x}^{\mathrm{T}}\boldsymbol{A}\boldsymbol{x})=(\boldsymbol{A}+\boldsymbol{A}^{\mathrm{T}})\boldsymbol{x},$$

可得

$$(\boldsymbol{H}_t^{\mathrm{T}}\boldsymbol{H}_t)\hat{\boldsymbol{\theta}}_{\mathrm{MILS}}=\boldsymbol{H}_t^{\mathrm{T}}\boldsymbol{Z}_t,$$

或

$$\begin{aligned}\hat{\boldsymbol{\theta}}_{\mathrm{MILS}}&=(\boldsymbol{H}_t^{\mathrm{T}}\boldsymbol{H}_t)^{-1}\boldsymbol{H}_t^{\mathrm{T}}\boldsymbol{Z}_t\\&=\left[\sum_{j=1}^{t}\boldsymbol{\Phi}(p,j)\boldsymbol{\Phi}^{\mathrm{T}}(p,j)\right]^{-1}\left[\sum_{j=1}^{t}\boldsymbol{\Phi}(p,j)\boldsymbol{Y}^{\mathrm{T}}(p,j)\right].\end{aligned}$$

这就是多新息辨识一次完成最小二乘估计. 令

$$\boldsymbol{P}^{-1}(t)=\sum_{j=1}^{t}\boldsymbol{\Phi}(p,j)\boldsymbol{\Phi}^{\mathrm{T}}(p,j).$$

则有

$$\boldsymbol{P}^{-1}(t)=\boldsymbol{P}^{-1}(t-1)+\boldsymbol{\Phi}(p,t)\boldsymbol{\Phi}^{\mathrm{T}}(p,t).$$

仿照递推最小二乘辨识方法的推导过程, 能够得到 **多新息最小二乘算法** (Multi-Innovation Least Squares algorithm, **MILS 算法**) 如下[33],

$$\hat{\boldsymbol{\theta}}(t)=\hat{\boldsymbol{\theta}}(t-1)+\boldsymbol{P}(t)\boldsymbol{\Phi}(p,t)[\boldsymbol{Y}(p,t)-\boldsymbol{\Phi}^{\mathrm{T}}(p,t)\hat{\boldsymbol{\theta}}(t-1)], \tag{6.5.2}$$

$$\boldsymbol{P}^{-1}(t)=\boldsymbol{P}^{-1}(t-1)+\boldsymbol{\Phi}(p,t)\boldsymbol{\Phi}^{\mathrm{T}}(p,t),\ \boldsymbol{P}(0)=p_0\boldsymbol{I}, \tag{6.5.3}$$

$$\boldsymbol{\Phi}(p,t)=[\boldsymbol{\varphi}(t),\boldsymbol{\varphi}(t-1),\cdots,\boldsymbol{\varphi}(t-p+1)], \tag{6.5.4}$$

$$\boldsymbol{Y}(p,t)=[y(t),y(t-1),\cdots,y(t-p+1)]^{\mathrm{T}}. \tag{6.5.5}$$

或

$$\hat{\boldsymbol{\theta}}(t)=\hat{\boldsymbol{\theta}}(t-1)+\boldsymbol{L}(t)[\boldsymbol{Y}(p,t)-\boldsymbol{\Phi}^{\mathrm{T}}(p,t)\hat{\boldsymbol{\theta}}(t-1)], \tag{6.5.6}$$

$$\boldsymbol{L}(t)=\boldsymbol{P}(t)\boldsymbol{\Phi}(p,t)=\boldsymbol{P}(t-1)\boldsymbol{\Phi}(p,t)[\boldsymbol{I}_p+\boldsymbol{\Phi}^{\mathrm{T}}(p,t)\boldsymbol{P}(t-1)\boldsymbol{\Phi}(p,t)]^{-1}, \tag{6.5.7}$$

$$\begin{aligned}\boldsymbol{P}(t)&=\boldsymbol{P}(t-1)-\boldsymbol{P}(t-1)\boldsymbol{\Phi}(p,t)[\boldsymbol{I}_p+\boldsymbol{\Phi}^{\mathrm{T}}(p,t)\boldsymbol{P}(t-1)\boldsymbol{\Phi}(p,t)]^{-1}\boldsymbol{\Phi}^{\mathrm{T}}(p,t)\boldsymbol{P}(t-1)\\&=\boldsymbol{P}(t-1)-\boldsymbol{L}(t)\boldsymbol{\Phi}^{\mathrm{T}}(p,t)\boldsymbol{P}(t-1),\end{aligned} \tag{6.5.8}$$

$$\boldsymbol{\Phi}(p,t)=[\boldsymbol{\varphi}(t),\boldsymbol{\varphi}(t-1),\cdots,\boldsymbol{\varphi}(t-p+1)], \tag{6.5.9}$$

$$\boldsymbol{Y}(p,t)=[y(t),y(t-1),\cdots,y(t-p+1)]^{\mathrm{T}}. \tag{6.5.10}$$

$\boldsymbol{L}(t)\in\mathbb{R}^{n\times p}$ 为系统 **增益矩阵**, $\boldsymbol{P}(t)\in\mathbb{R}^{n\times n}$ 为 **协方差矩阵**, $p\geqslant 1$ 为 **新息长度**, $\hat{\boldsymbol{\theta}}(t)$ 为 $\boldsymbol{\theta}$ 在 t 时刻的估计. 算法的初值选择同常规最小二乘算法, 如取 $p_0\gg 1$, $\hat{\boldsymbol{\theta}}(0)=\mathbf{1}_n/p_0$. 当 $p=1$ 时, 上述算法退化为标准递推最小二乘算法.

值得指出的是, 对于量测数据 $\{y(t),\boldsymbol{\varphi}(t)\colon t=1,2,\cdots,L\}$ (L 为数据长度), 随机梯度算法从 $t=1$ 到 $t=L$ 递推计算出参数估计, 比递推最小二乘算法递推计算出的参数估计精度低, 因为随机梯度算法收敛慢. 也就是说, 两个算法同样使用了一批数据, 但随机梯度算法从量测数据中提取的信息要少, 故随机梯度算法使用数据的 “效率” 低, 而多新息随机梯度算法提高了数据使用的效率, 能提高参数估计精度. 最小二乘算法的收敛速度快, 使用数据的效率本身就很高, 所以多新息最小二乘算法对参数估计精度的改进是很有限的. 只有在数据缺失情况的间断递推或变递推间隔时, 递推计算步数相同的情况下, 才显示出计算效率的特点. 这就引出了下面的变递推间隔多新息最小二乘辨识方法.

6.6 变递推间隔多新息最小二乘辨识方法

上述多新息最小二乘法与常规递推最小二乘法都是采用逐步递推计算, 不能克服坏数据对参数估计的影响. 下面介绍具有克服坏数据能力或处理 **损失数据** 的变递推间隔最小二乘法.

考虑下列线性回归模型描述的标量系统:

$$y(t)=\boldsymbol{\varphi}^{\mathrm{T}}(t)\boldsymbol{\theta}+v(t), \tag{6.6.1}$$

其中 $y(t)\in\mathbb{R}$ 为系统输出, $\boldsymbol{\theta}\in\mathbb{R}^n$ 为待辨识的参数向量, $\boldsymbol{\varphi}(t)\in\mathbb{R}^n$ 是由系统输入 $u(t)\in\mathbb{R}$ 和输出 $y(t)$ 构成的回归信息向量, $v(t)\in\mathbb{R}$ 为零均值随机噪声.

辨识的目标是利用系统的输入输出数据 $\{y(i),\varphi(i),0\leqslant i\leqslant t\}$, 提出变递推间隔多新息最小二乘辨识算法, 对系统的未知参数向量 $\boldsymbol{\theta}$ 进行实时估计.

考虑 $t-p+1$ 到 t 时共 p 组数据, 令

$$\boldsymbol{Y}(p,t):=\begin{bmatrix}y(t)\\y(t-1)\\\vdots\\y(t-p+1)\end{bmatrix}\in\mathbb{R}^p,$$

$$\boldsymbol{V}(p,t):=\begin{bmatrix}v(t)\\v(t-1)\\\vdots\\v(t-p+1)\end{bmatrix}\in\mathbb{R}^p,$$

$$\boldsymbol{\Phi}(p,t):=[\boldsymbol{\varphi}(t),\boldsymbol{\varphi}(t-1),\cdots,\boldsymbol{\varphi}(t-p+1)]\in\mathbb{R}^{n\times p}.$$

由式 (6.6.1) 可得 **辨识模型**:

$$\boldsymbol{Y}(p,t)=\boldsymbol{\Phi}^{\mathrm{T}}(p,t)\boldsymbol{\theta}+\boldsymbol{V}(p,t).\tag{6.6.2}$$

定义 **整数序列** (integer sequence) $\{t_s,s=0,1,2,\cdots\}$ 满足

$$0=t_0<t_1<t_2<\cdots,\quad 1\leqslant t_s^*:=t_s-t_{s-1}.$$

用 t_s 代替式 (6.6.2) 中 t, 可得 **变递推间隔多新息辨识方法** 的 **辨识模型**:

$$\boldsymbol{Y}(p,t_s)=\boldsymbol{\Phi}^{\mathrm{T}}(p,t_s)\boldsymbol{\theta}+\boldsymbol{V}(p,t_s).$$

取 **准则函数** 为

$$\begin{aligned}J(\boldsymbol{\theta})&:=\sum_{i=1}^{s}[\boldsymbol{Y}(p,t_i)-\boldsymbol{\Phi}^{\mathrm{T}}(p,t_i)\boldsymbol{\theta}]^{\mathrm{T}}[\boldsymbol{Y}(p,t_i)-\boldsymbol{\Phi}^{\mathrm{T}}(p,t_i)\boldsymbol{\theta}]\\&=\sum_{i=1}^{s}\|\boldsymbol{Y}(p,t_i)-\boldsymbol{\Phi}^{\mathrm{T}}(p,t_i)\boldsymbol{\theta}\|^2.\end{aligned}$$

参照递推最小二乘辨识方法的推导过程, 能够得到 **变递推间隔多新息最小二乘算法** (interval-Varying Multi-Innovation Least Squares algorithm, **V-MILS 算法**) 如下[33],

$$\begin{aligned}\hat{\boldsymbol{\theta}}(t_s)&=\hat{\boldsymbol{\theta}}(t_{s-1})+\boldsymbol{P}(t_s)\boldsymbol{\Phi}(p,t_s)[\boldsymbol{Y}(p,t_s)-\boldsymbol{\Phi}^{\mathrm{T}}(p,t_s)\hat{\boldsymbol{\theta}}(t_{s-1})],\\\hat{\boldsymbol{\theta}}(t)&=\hat{\boldsymbol{\theta}}(t_s),\ t\in T_s:=\{t_s,t_s+1,\cdots,t_{s+1}-1\},\\\boldsymbol{P}^{-1}(t_s)&=\boldsymbol{P}^{-1}(t_{s-1})+\boldsymbol{\Phi}(p,t_s)\boldsymbol{\Phi}^{\mathrm{T}}(p,t_s),\ \boldsymbol{P}(0)=p_0\boldsymbol{I}_n,\\\boldsymbol{\Phi}(p,t_s)&=[\boldsymbol{\varphi}(t_s),\boldsymbol{\varphi}(t_s-1),\cdots,\boldsymbol{\varphi}(t_s-p+1)],\\\boldsymbol{Y}(p,t_s)&=[y(t_s),y(t_s-1),\cdots,y(t_s-p+1)]^{\mathrm{T}},\\&0=t_0<t_1<t_2<\cdots,\quad 1\leqslant t_s^*:=t_s-t_{s-1}.\end{aligned}$$

或

$$\hat{\boldsymbol{\theta}}(t_s)=\hat{\boldsymbol{\theta}}(t_{s-1})+\boldsymbol{L}(t_s)[\boldsymbol{Y}(p,t_s)-\boldsymbol{\Phi}^{\mathrm{T}}(p,t_s)\hat{\boldsymbol{\theta}}(t_{s-1})],\tag{6.6.3}$$

$$\hat{\boldsymbol{\theta}}(t)=\hat{\boldsymbol{\theta}}(t_s),\ t\in T_s:=\{t_s,t_s+1,\cdots,t_{s+1}-1\}, \tag{6.6.4}$$

$$\boldsymbol{L}(t_s)=\boldsymbol{P}(t_s)\boldsymbol{\Phi}(p,t_s)=\boldsymbol{P}(t_{s-1})\boldsymbol{\Phi}(p,t_s)[\boldsymbol{I}_p+\boldsymbol{\Phi}^{\mathrm{T}}(p,t_s)\boldsymbol{P}(t_{s-1})\boldsymbol{\Phi}(p,t_s)]^{-1}, \tag{6.6.5}$$

$$\boldsymbol{P}(t_s)=\boldsymbol{P}(t_{s-1})-\boldsymbol{L}(t_s)\boldsymbol{\Phi}^{\mathrm{T}}(p,t_s)\boldsymbol{P}(t_{s-1}), \tag{6.6.6}$$

$$\boldsymbol{\Phi}(p,t_s)=[\boldsymbol{\varphi}(t_s),\boldsymbol{\varphi}(t_s-1),\cdots,\boldsymbol{\varphi}(t_s-p+1)], \tag{6.6.7}$$

$$\boldsymbol{Y}(p,t_s)=[y(t_s),y(t_s-1),\cdots,y(t_s-p+1)]^{\mathrm{T}}, \tag{6.6.8}$$

$$0=t_0<t_1<t_2<\cdots,\quad 1\leqslant t_s^*:=t_s-t_{s-1}. \tag{6.6.9}$$

$\boldsymbol{L}(t_s)\in\mathbb{R}^{n\times p}$ 为变递推间隔多新息最小二乘辨识算法的 **增益矩阵**, $\boldsymbol{P}(t_s)\in\mathbb{R}^{n\times n}$ 为 **协方差矩阵**.

从这个算法中, 我们可以看出: 修正的新息向量可以表达为

$$[\boldsymbol{Y}(p,t_s)-\boldsymbol{\Phi}^{\mathrm{T}}(p,t_s)\hat{\boldsymbol{\theta}}(t_{s-1})]=\begin{bmatrix} y(t_s)-\boldsymbol{\varphi}^{\mathrm{T}}(t_s)\hat{\boldsymbol{\theta}}(t_{s-1}) \\ y(t_s-1)-\boldsymbol{\varphi}^{\mathrm{T}}(t_s-1)\hat{\boldsymbol{\theta}}(t_{s-1}) \\ \vdots \\ y(t_s-p+1)-\boldsymbol{\varphi}^{\mathrm{T}}(t_s-p+1)\hat{\boldsymbol{\theta}}(t_{s-1}) \end{bmatrix},$$

其中 $\{y(t_s-i+1)-\boldsymbol{\varphi}^{\mathrm{T}}(t_s-i+1)\hat{\boldsymbol{\theta}}(t_{s-1}),\ i=1,2,\cdots,p\}$ 分别为 $t=t_s,\ t_s-1,\ \cdots,\ t_s-p+1$ 时的新息, 因此从这个角度出发, 我们把 $\boldsymbol{Y}(p,t_s)-\boldsymbol{\Phi}^{\mathrm{T}}(p,t_s)\hat{\boldsymbol{\theta}}(t_{s-1})$ 称为时刻 $t=t_s$ 的 **多新息**, 多新息辨识算法也是因此而得名的. 此外, t_s 不必取连续的自然数 (即 t_s^* 不恒等于 1), 该算法的递推间隔是变化的, 这是与最小二乘算法的最大不同之处. 当遇到坏数据或不可信数据时, 变递推间隔多新息辨识方法可跳过这部分数据, 因而具有鲁棒性.

6.7 多新息最小二乘类辨识方法

变递推间隔多新息最小二乘辨识可以派生出 **多新息最小二乘类辨识算法** (Multi-Innovation Least Squares Type identification algorithm, MILST), 有下列几种特别形式.

1. **递推最小二乘算法**

当递推间隔 $t_s^*=1$, 新息长度 $p=1$ 时, 得到 **递推最小二乘算法** (Recursive Least Squares algorithm, **RLS 算法**):

$$\hat{\boldsymbol{\theta}}(t)=\hat{\boldsymbol{\theta}}(t-1)+\boldsymbol{P}(t)\boldsymbol{\varphi}(t)[y(t)-\boldsymbol{\varphi}^{\mathrm{T}}(t)\hat{\boldsymbol{\theta}}(t-1)],$$

$$\boldsymbol{P}^{-1}(t)=\boldsymbol{P}^{-1}(t-1)+\boldsymbol{\varphi}(t)\boldsymbol{\varphi}^{\mathrm{T}}(t),\ \boldsymbol{P}(0)=p_0\boldsymbol{I}.$$

2. **变递推间隔最小二乘算法**

当新息长度 $p=1$ 时, 得到 **变递推间隔最小二乘算法** (interval-Varying Least Squares algorithm, **V-LS 算法**):

$$\hat{\boldsymbol{\theta}}(t_s)=\hat{\boldsymbol{\theta}}(t_{s-1})+\boldsymbol{P}(t_s)\boldsymbol{\varphi}(t_s)[y(t_s)-\boldsymbol{\varphi}^{\mathrm{T}}(t_s)\hat{\boldsymbol{\theta}}(t_{s-1})], \tag{6.7.1}$$

$$\hat{\boldsymbol{\theta}}(t)=\hat{\boldsymbol{\theta}}(t_s),\ t\in T_s:=\{t_s,t_s+1,\cdots,t_{s+1}-1\}, \tag{6.7.2}$$

$$\boldsymbol{P}^{-1}(t_s)=\boldsymbol{P}^{-1}(t_{s-1})+\boldsymbol{\varphi}(t_s)\boldsymbol{\varphi}^{\mathrm{T}}(t_s),\ \boldsymbol{P}(0)=p_0\boldsymbol{I}. \tag{6.7.3}$$

3. **多新息最小二乘算法**

当递推间隔 $t_s^*=1\ (s=1,2,\cdots)$ 时, 得到 **多新息最小二乘算法** (Multi-Innovation Least Squares algorithm, **MILS 算法**):

$$\hat{\boldsymbol{\theta}}(t)=\hat{\boldsymbol{\theta}}(t-1)+\boldsymbol{P}(t)\boldsymbol{\Phi}(p,t)[\boldsymbol{Y}(p,t)-\boldsymbol{\Phi}^{\mathrm{T}}(p,t)\hat{\boldsymbol{\theta}}(t-1)], \tag{6.7.4}$$

$$\boldsymbol{P}^{-1}(t)=\boldsymbol{P}^{-1}(t-1)+\boldsymbol{\Phi}(p,t)\boldsymbol{\Phi}^{\mathrm{T}}(p,t), \boldsymbol{P}(0)=p_0\boldsymbol{I}, \tag{6.7.5}$$

$$\boldsymbol{\Phi}(p,t)=[\boldsymbol{\varphi}(t),\boldsymbol{\varphi}(t-1),\cdots,\boldsymbol{\varphi}(t-p+1)], \tag{6.7.6}$$

$$\boldsymbol{Y}(p,t)=[y(t),y(t-1),\cdots,y(t-p+1)]^{\mathrm{T}}. \tag{6.7.7}$$

4. **等递推间隔多新息最小二乘算法**

当 **递推间隔** $t_s^*\equiv d$ 常数时, 得到 **等递推间隔多新息最小二乘算法** (interval-Equating Multi-Innovation Least Squares algorithm, **E-MILS 算法**):

$$\hat{\boldsymbol{\theta}}(t)=\hat{\boldsymbol{\theta}}(t-d)+\boldsymbol{P}(t)\boldsymbol{\Phi}(p,t)[\boldsymbol{Y}(p,t)-\boldsymbol{\Phi}^{\mathrm{T}}(p,t)\hat{\boldsymbol{\theta}}(t-d)], \tag{6.7.8}$$

$$\boldsymbol{P}^{-1}(t)=\boldsymbol{P}^{-1}(t-d)+\boldsymbol{\Phi}(p,t)\boldsymbol{\Phi}^{\mathrm{T}}(p,t), \boldsymbol{P}(0)=p_0\boldsymbol{I}, \tag{6.7.9}$$

$$\boldsymbol{\Phi}(p,t)=[\boldsymbol{\varphi}(t),\boldsymbol{\varphi}(t-1),\cdots,\boldsymbol{\varphi}(t-p+1)], \tag{6.7.10}$$

$$\boldsymbol{Y}(p,t)=[y(t),y(t-1),\cdots,y(t-p+1)]^{\mathrm{T}}. \tag{6.7.11}$$

5. **等递推间隔最小二乘算法**

当递推间隔间隔 $t_s^*\equiv d$, 新息长度 $p=1$ 时, 得到 **等递推间隔最小二乘算法** (interval-Equating Least Squares algorithm, **E-LS 算法**):

$$\hat{\boldsymbol{\theta}}(t)=\hat{\boldsymbol{\theta}}(t-d)+\boldsymbol{P}(t)\boldsymbol{\varphi}(t)[y(t)-\boldsymbol{\varphi}^{\mathrm{T}}(t)\hat{\boldsymbol{\theta}}(t-d)], \tag{6.7.12}$$

$$\boldsymbol{P}^{-1}(t)=\boldsymbol{P}^{-1}(t-d)+\boldsymbol{\varphi}(t)\boldsymbol{\varphi}^{\mathrm{T}}(t),\ \boldsymbol{P}(0)=p_0\boldsymbol{I}. \tag{6.7.13}$$

6. **变递推间隔有限数据窗多新息最小二乘算法**

当 **数据窗长度** 为 q 时, 可得到 **变递推间隔有限数据窗多新息最小二乘算法** (interval-Varying Multi-Innovation Least Squares algorithm over the Finite Data Window, **V-FDW-MILS 算法**):

$$\hat{\boldsymbol{\theta}}(t_s)=\hat{\boldsymbol{\theta}}(t_{s-1})+\boldsymbol{P}(t_s)\boldsymbol{\Phi}(p,t_s)[\boldsymbol{Y}(p,t_s)-\boldsymbol{\Phi}^{\mathrm{T}}(p,t_s)\hat{\boldsymbol{\theta}}(t_{s-1})], \tag{6.7.14}$$

$$\hat{\boldsymbol{\theta}}(t)=\hat{\boldsymbol{\theta}}(t_s),\ t\in T_s:=\{t_s,t_s+1,\cdots,t_{s+1}-1\}, \tag{6.7.15}$$

$$\begin{aligned}\boldsymbol{P}^{-1}(t_s)&=\sum_{i=0}^{q-1}\boldsymbol{\Phi}(p,t_{s-i})\boldsymbol{\Phi}^{\mathrm{T}}(p,t_{s-i})\\&=\boldsymbol{P}^{-1}(t_{s-1})+\boldsymbol{\Phi}(p,t_s)\boldsymbol{\Phi}^{\mathrm{T}}(p,t_s)-\boldsymbol{\Phi}(p,t_{s-q+1})\boldsymbol{\Phi}^{\mathrm{T}}(p,t_{s-q+1}),\end{aligned} \tag{6.7.16}$$

$$\boldsymbol{\Phi}(p,t_s)=[\boldsymbol{\varphi}(t_s),\boldsymbol{\varphi}(t_s-1),\cdots,\boldsymbol{\varphi}(t_s-p+1)], \tag{6.7.17}$$

$$\boldsymbol{Y}(p,t_s)=[y(t_s),y(t_s-1),\cdots,y(t_s-p+1)]^{\mathrm{T}}. \tag{6.7.18}$$

7. **有限数据窗多新息最小二乘算法**

当递推间隔 $t_s^*=1$, 数据窗长度为 q 时, 得到 **有限数据窗多新息最小二乘算法** (Multi-

Innovation Least Squares algorithm over the Finite Data Window, **FDW-MILS 算法**):

$$\hat{\boldsymbol{\theta}}(t)=\hat{\boldsymbol{\theta}}(t-1)+\boldsymbol{P}(t)\boldsymbol{\Phi}(p,t)[\boldsymbol{Y}(p,t)-\boldsymbol{\Phi}^{\mathrm{T}}(p,t)\hat{\boldsymbol{\theta}}(t-1)], \tag{6.7.19}$$

$$\begin{aligned}\boldsymbol{P}^{-1}(t)&=\sum_{i=0}^{q}\boldsymbol{\Phi}(p,t-i)\boldsymbol{\Phi}^{\mathrm{T}}(p,t-i)\\&=\boldsymbol{P}^{-1}(t-1)+\boldsymbol{\Phi}(p,t)\boldsymbol{\Phi}^{\mathrm{T}}(p,t)-\boldsymbol{\Phi}(p,t-q+1)\boldsymbol{\Phi}^{\mathrm{T}}(p,t-q+1),\end{aligned} \tag{6.7.20}$$

$$\boldsymbol{\Phi}(p,t)=[\boldsymbol{\varphi}(t),\boldsymbol{\varphi}(t-1),\cdots,\boldsymbol{\varphi}(t-p+1)], \tag{6.7.21}$$

$$\boldsymbol{Y}(p,t)=[y(t),y(t-1),\cdots,y(t-p+1)]^{\mathrm{T}}. \tag{6.7.22}$$

8. **等递推间隔有限数据窗多新息最小二乘算法**

当递推间隔 $t_s^*\equiv d$, 数据窗长度为 q 时, 得到 **等递推间隔有限数据窗多新息最小二乘算法** (interval-Equating Multi-Innovation Least Squares algorithm over the Finite Data Window, **E-FDW-MILS 算法**):

$$\hat{\boldsymbol{\theta}}(t)=\hat{\boldsymbol{\theta}}(t-d)+\boldsymbol{P}(t)\boldsymbol{\Phi}(p,t)[\boldsymbol{Y}(p,t)-\boldsymbol{\Phi}^{\mathrm{T}}(p,t)\hat{\boldsymbol{\theta}}(t-d)], \tag{6.7.23}$$

$$\boldsymbol{P}^{-1}(t)=\sum_{i=0}^{q}\boldsymbol{\Phi}(p,t-i)\boldsymbol{\Phi}^{\mathrm{T}}(p,t-i),\ \boldsymbol{P}(0)=p_0\boldsymbol{I}, \tag{6.7.24}$$

$$\boldsymbol{\Phi}(p,t)=[\boldsymbol{\varphi}(t),\boldsymbol{\varphi}(t-1),\cdots,\boldsymbol{\varphi}(t-p+1)], \tag{6.7.25}$$

$$\boldsymbol{Y}(p,t)=[y(t),y(t-1),\cdots,y(t-p+1)]^{\mathrm{T}}. \tag{6.7.26}$$

9. **等递推间隔投影算法**

当新息长度 $p=1$, 记忆长度 (或数据窗长度) $q=1$ 时, 得到 **等递推间隔投影算法** (interval-Equating Projection algorithm, **E-Proj 算法**).

此外, 在上述一些算法中引入遗忘因子 λ, 可以得到 **变递推间隔遗忘因子最小二乘算法** (V-FF-RLS)、**遗忘因子多新息最小二乘算法** (FF-MILS), **等递推间隔遗忘因子递推最小二乘算法** (E-FF-RLS) 等许多算法, 这里不一一介绍了.

6.8 方程误差类系统

为方便起见, 设 $\{u(t)\}$ 为系统输入序列, $\{y(t)\}$ 为系统观测输出序列, $\{v(t)\}$ 是零均值方差为 σ^2 的白噪声序列, z^{-1} 为单位后移算子: $z^{-1}y(t)=y(t-1)$ 或 $zy(t)=y(t+1)$, $A(z)$、$B(z)$、$C(z)$、$D(z)$ 和 $F(z)$ 是算子 z^{-1} 的常系数时不变多项式, 定义如下,

$$A(z):=1+a_1z^{-1}+a_2z^{-2}+\cdots+a_{n_a}z^{-n_a},\ a_i\in\mathbb{R},$$

$$B(z):=b_1z^{-1}+b_2z^{-2}+\cdots+b_{n_b}z^{-n_b},\ b_i\in\mathbb{R},$$

$$C(z):=1+c_1z^{-1}+c_2z^{-2}+\cdots+c_{n_c}z^{-n_c},\ c_i\in\mathbb{R},$$

$$D(z):=1+d_1z^{-1}+d_2z^{-2}+\cdots+d_{n_d}z^{-n_d},\ d_i\in\mathbb{R},$$

$$F(z):=1+f_1z^{-1}+f_2z^{-2}+\cdots+f_{n_f}z^{-n_f},\ f_i\in\mathbb{R}.$$

多项式系数 a_i, b_i, c_i, d_i 和 f_i 为模型参数, 设阶次 n_a, n_b, n_c, n_d 和 n_f 已知, 且 $t\leqslant 0$ 时,

$y(t)=0$, $u(t)=0$, $v(t)=0$. 根据移位算子的性质, 有

$$\begin{aligned}
A(z)y(t) &= (1+a_1z^{-1}+a_2z^{-2}+\cdots+a_{n_a}z^{-n_a})y(t)\\
&= y(t)+a_1y(t-1)+a_2y(t-2)+\cdots+a_{n_a}y(t-n_a),\\
B(z)u(t) &= (b_1z^{-1}+b_2z^{-2}+\cdots+b_{n_b}z^{-n_b})u(t)\\
&= b_1u(t-1)+b_2u(t-2)+\cdots+b_{n_b}u(t-n_b),\\
D(z)v(t) &= (1+d_1z^{-1}+d_2z^{-2}+\cdots+d_{n_d}z^{-n_d})v(t)\\
&= v(t)+d_1v(t-1)+d_2v(t-2)+\cdots+d_{n_d}v(t-n_d), \text{ etc.}
\end{aligned}$$

上述讨论的各种多新息梯度类辨识方法和多新息最小二乘类辨识方法可以推广用于各种模型 (包括有色噪声模型、非线性模型) 的参数估计. 为简化起见, 下面的讨论只给出多新息随机梯度类辨识方法和多新息最小二乘类辨识方法, 其他的变递推间隔多新息辨识方法、变递推间隔多新息最小二乘辨识方法等, 这里不加讨论.

6.8.1 受控自回归系统

考虑下列 **受控自回归系统** (CAR)[43],

$$A(z)y(t)=B(z)u(t)+v(t), \tag{6.8.1}$$

定义参数向量 $\boldsymbol{\theta}$ 和信息向量 $\boldsymbol{\varphi}(t)$ 如下,

$$\begin{aligned}
\boldsymbol{\theta} &:= [a_1,\cdots,a_{n_a},b_1,\cdots,b_{n_b}]^{\mathrm{T}}\in\mathbb{R}^n,\ n:=n_a+n_b,\\
\boldsymbol{\varphi}(t) &:= [-y(t-1),-y(t-2),\cdots,-y(t-n_a),u(t-1),u(t-2),\cdots,u(t-n_b)]^{\mathrm{T}}\in\mathbb{R}^n,
\end{aligned}$$

把多项式 $A(z)$ 和 $B(z)$ 表达式代入式 (6.8.1), 并利用移位算子的性质得到 CAR 系统的辨识模型:

$$y(t)=\boldsymbol{\varphi}^{\mathrm{T}}(t)\boldsymbol{\theta}+v(t). \tag{6.8.2}$$

这个线性回归模型的信息向量 $\boldsymbol{\varphi}(t)$ 是由可测的输入输出数据构成的, 故前面讨论的各种多新息梯度类算法和多新息最小二乘类算法都可用于上述模型的辨识.

6.8.2 受控自回归滑动平均系统

考虑下列 **受控自回归滑动平均系统** (CARMA)[205],

$$A(z)y(t)=B(z)u(t)+D(z)v(t). \tag{6.8.3}$$

定义增广参数向量 $\boldsymbol{\theta}$ 和包含噪声项的信息向量 $\boldsymbol{\varphi}(t)$ 如下,

$$\begin{aligned}
\boldsymbol{\theta} &:= [a_1,a_2,\cdots,a_{n_a},b_1,b_2,\cdots,b_{n_b},d_1,d_2,\cdots,d_{n_d}]^{\mathrm{T}}\in\mathbb{R}^n,\ n:=n_a+n_b+n_d,\\
\boldsymbol{\varphi}(t) &:= [-y(t-1),-y(t-2),\cdots,-y(t-n_a),u(t-1),u(t-2),\cdots,u(t-n_b),\\
&\qquad v(t-1),v(t-2),\cdots,v(t-n_d)]^{\mathrm{T}}\in\mathbb{R}^n,
\end{aligned}$$

把多项式 $A(z)$, $B(z)$ 和 $D(z)$ 表达式代入式 (6.8.3), 并利用移位算子的性质得到 CARMA 系统的辨识模型:

$$y(t)=\boldsymbol{\varphi}^{\mathrm{T}}(t)\boldsymbol{\theta}+v(t). \tag{6.8.4}$$

估计 CARMA 系统参数向量 $\boldsymbol{\theta}$ 的 **增广随机梯度算法** (Extended Stochastic Gradient algorithm, **ESG 算法**) 如下,

$$\hat{\boldsymbol{\theta}}(t)=\hat{\boldsymbol{\theta}}(t-1)+\frac{\hat{\boldsymbol{\varphi}}(t)}{r(t)}e(t), \tag{6.8.5}$$

$$e(t)=y(t)-\hat{\boldsymbol{\varphi}}^{\mathrm{T}}(t)\hat{\boldsymbol{\theta}}(t-1), \tag{6.8.6}$$

$$r(t)=r(t-1)+\|\hat{\boldsymbol{\varphi}}(t)\|^2,\ r(0)=1, \tag{6.8.7}$$

$$\begin{aligned}\hat{\boldsymbol{\varphi}}(t)=[&-y(t-1),-y(t-2),\cdots,-y(t-n_a),u(t-1),u(t-2),\cdots,u(t-n_b),\\&\hat{v}(t-1),\hat{v}(t-2),\cdots,\hat{v}(t-n_d)]^{\mathrm{T}},\end{aligned} \tag{6.8.8}$$

$$\hat{v}(t)=y(t)-\hat{\boldsymbol{\varphi}}^{\mathrm{T}}(t)\hat{\boldsymbol{\theta}}(t). \tag{6.8.9}$$

为了改善 ESG 算法的收敛速度, 仿照上面的多新息随机梯度算法的推导步骤[41, 42, 78], 扩展**标量新息** (scalar innovation) $e(t)\in\mathbb{R}$ 为一个新息向量 (即多新息) (innovation vector, i.e., also multi-innovation)

$$\boldsymbol{E}(p,t):=\begin{bmatrix}y(t)-\hat{\boldsymbol{\varphi}}^{\mathrm{T}}(t)\hat{\boldsymbol{\theta}}(t-1)\\ y(t-1)-\hat{\boldsymbol{\varphi}}^{\mathrm{T}}(t-1)\hat{\boldsymbol{\theta}}(t-1)\\ \vdots\\ y(t-p+1)-\hat{\boldsymbol{\varphi}}^{\mathrm{T}}(t-p+1)\hat{\boldsymbol{\theta}}(t-1)\end{bmatrix}\in\mathbb{R}^p.$$

通过定义堆积输出向量 $\boldsymbol{Y}(p,t)$ 和堆积信息矩阵 $\hat{\boldsymbol{\Phi}}(p,t)$:

$$\boldsymbol{Y}(p,t):=[y(t),y(t-1),\cdots,y(t-p+1)]^{\mathrm{T}},$$

$$\hat{\boldsymbol{\Phi}}(p,t):=[\hat{\boldsymbol{\varphi}}(t),\hat{\boldsymbol{\varphi}}(t-1),\cdots,\hat{\boldsymbol{\varphi}}(t-p+1)],$$

可以得到估计 CARMA 系统参数向量 $\boldsymbol{\theta}$ 的 **多新息增广随机梯度算法** (Multi-Innovation Extended Stochastic Gradient algorithm, **MI-ESG 算法**)[78, 205]:

$$\hat{\boldsymbol{\theta}}(t)=\hat{\boldsymbol{\theta}}(t-1)+\frac{\hat{\boldsymbol{\Phi}}(p,t)}{r(t)}\boldsymbol{E}(p,t), \tag{6.8.10}$$

$$\boldsymbol{E}(p,t)=\boldsymbol{Y}(p,t)-\hat{\boldsymbol{\Phi}}^{\mathrm{T}}(p,t)\hat{\boldsymbol{\theta}}(t-1), \tag{6.8.11}$$

$$r(t)=r(t-1)+\|\hat{\boldsymbol{\Phi}}(p,t)\|^2,\ r(0)=1, \tag{6.8.12}$$

$$\boldsymbol{Y}(p,t)=[y(t),y(t-1),\cdots,y(t-p+1)]^{\mathrm{T}}, \tag{6.8.13}$$

$$\hat{\boldsymbol{\Phi}}(p,t)=[\hat{\boldsymbol{\varphi}}(t),\hat{\boldsymbol{\varphi}}(t-1),\cdots,\hat{\boldsymbol{\varphi}}(t-p+1)], \tag{6.8.14}$$

$$\begin{aligned}\hat{\boldsymbol{\varphi}}(t)=[&-y(t-1),-y(t-2),\cdots,-y(t-n_a),u(t-1),u(t-2),\cdots,u(t-n_b),\\&\hat{v}(t-1),\hat{v}(t-2),\cdots,\hat{v}(t-n_d)]^{\mathrm{T}},\end{aligned} \tag{6.8.15}$$

$$\hat{v}(t)=y(t)-\hat{\boldsymbol{\varphi}}^{\mathrm{T}}(t)\hat{\boldsymbol{\theta}}(t). \tag{6.8.16}$$

式 (6.8.12) 可以修改为

$$r(t)=r(t-1)+\|\hat{\boldsymbol{\varphi}}(t)\|^2,\ r(0)=1.$$

MI-ESG 算法 (6.8.10)~(6.8.16) 随 t 增加, 计算参数估计向量 $\hat{\boldsymbol{\theta}}(t)$ 的步骤如下.

(1) 令 $t=1$: $\hat{\boldsymbol{\theta}}(0)=\mathbf{1}_n/p_0$, $\hat{v}(t-i)=1/p_0$ $(i=1, 2, \cdots, n_d)$, $r(0)=1$, $p_0=10^6$.

(2) 采集输入输出数据 $u(t)$ 和 $y(t)$, 由式 (6.8.13) 构造堆积输出向量 $\boldsymbol{Y}(p,t)$, 由式 (6.8.15) 构造信息向量 $\hat{\boldsymbol{\varphi}}(t)$, 由式 (6.8.14) 构造堆积信息矩阵 $\hat{\boldsymbol{\Phi}}(p,t)$.

(3) 由式 (6.8.11) 计算新息向量 $\boldsymbol{E}(p,t)$, 由式 (6.8.12) 计算 $r(t)$.

(4) 根据式 (6.8.10) 刷新参数估计向量 $\hat{\boldsymbol{\theta}}(t)$, 由式 (6.8.16) 计算残差 $\hat{v}(t)$.

(5) t 增 1, 转到第 2 步.

MI-ESG 算法与 MISG 算法有相似的性能. MI-ESG 算法计算参数估计 $\hat{\boldsymbol{\theta}}(t)$ 的流程如图 6.8.1 所示.

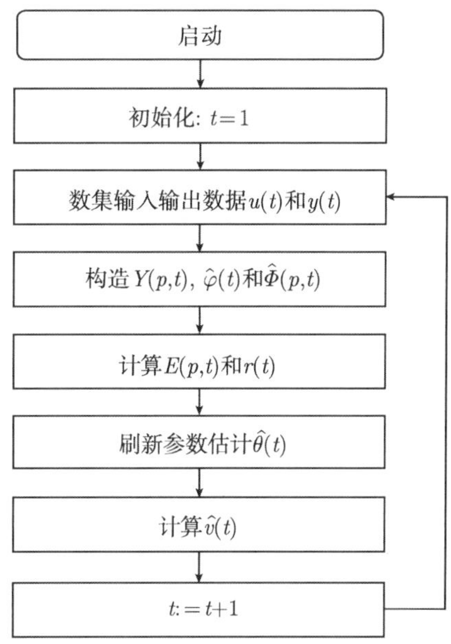

图 6.8.1 MI-ESG 算法计算参数估计 $\hat{\boldsymbol{\theta}}(t)$ 的流程图

仿照多新息最小二乘算法 (6.5.6)~(6.5.10) 的推导, 我们可以得到估计 CARMA 系统参数向量 $\boldsymbol{\theta}$ 的 **多新息增广最小二乘算法** (Multi-Innovation Extended Least Squares algorithm, **MI-ELS 算法**)[33]:

$$\hat{\boldsymbol{\theta}}(t)=\hat{\boldsymbol{\theta}}(t-1)+\boldsymbol{L}(t)[\boldsymbol{Y}(p,t)-\hat{\boldsymbol{\Phi}}^{\mathrm{T}}(p,t)\hat{\boldsymbol{\theta}}(t-1)], \tag{6.8.17}$$

$$\boldsymbol{L}(t)=\boldsymbol{P}(t)\hat{\boldsymbol{\Phi}}(p,t)=\boldsymbol{P}(t-1)\hat{\boldsymbol{\Phi}}(p,t)[\boldsymbol{I}_p+\hat{\boldsymbol{\Phi}}^{\mathrm{T}}(p,t)\boldsymbol{P}(t-1)\hat{\boldsymbol{\Phi}}(p,t)]^{-1}, \tag{6.8.18}$$

$$\boldsymbol{P}(t)=\boldsymbol{P}(t-1)-\boldsymbol{L}(t)\hat{\boldsymbol{\Phi}}^{\mathrm{T}}(p,t)\boldsymbol{P}(t-1),\ \ \boldsymbol{P}(0)=p_0\boldsymbol{I}, \tag{6.8.19}$$

$$\boldsymbol{Y}(p,t)=[y(t),y(t-1),\cdots,y(t-p+1)]^{\mathrm{T}}, \tag{6.8.20}$$

$$\hat{\boldsymbol{\Phi}}(p,t)=[\hat{\boldsymbol{\varphi}}(t),\hat{\boldsymbol{\varphi}}(t-1),\cdots,\hat{\boldsymbol{\varphi}}(t-p+1)], \tag{6.8.21}$$

$$\begin{aligned}\hat{\boldsymbol{\varphi}}(t)=[&-y(t-1),-y(t-2),\cdots,-y(t-n_a),u(t-1),u(t-2),\cdots,u(t-n_b),\\&\hat{v}(t-1),\hat{v}(t-2),\cdots,\hat{v}(t-n_d)]^{\mathrm{T}},\end{aligned} \tag{6.8.22}$$

$$\hat{v}(t)=y(t)-\hat{\boldsymbol{\varphi}}^{\mathrm{T}}(t)\hat{\boldsymbol{\theta}}(t). \tag{6.8.23}$$

这里 $\boldsymbol{E}(p,t) := \boldsymbol{Y}(p,t) - \hat{\boldsymbol{\Phi}}^{\mathrm{T}}(p,t)\hat{\boldsymbol{\theta}}(t-1) \in \mathbb{R}^p$ 为新息向量.

6.8.3 受控自回归自回归系统

考虑下列 **受控自回归自回归系统** (CARAR),

$$A(z)y(t) = B(z)u(t) + \frac{1}{C(z)}v(t). \tag{6.8.24}$$

令

$$w(t) := \frac{1}{C(z)}v(t), \tag{6.8.25}$$

定义增广参数向量 $\boldsymbol{\theta}$ 和包含噪声项的信息向量 $\boldsymbol{\varphi}(t)$ 如下,

$$\begin{aligned}
\boldsymbol{\theta} &:= [\boldsymbol{\theta}_{\mathrm{s}}^{\mathrm{T}}, c_1, c_2, \cdots, c_{n_c}]^{\mathrm{T}} \in \mathbb{R}^{n_a+n_b+n_c},\\
\boldsymbol{\theta}_{\mathrm{s}} &:= [a_1, a_2, \cdots, a_{n_a}, b_1, b_2, \cdots, b_{n_b}]^{\mathrm{T}} \in \mathbb{R}^{n_a+n_b},\\
\boldsymbol{\varphi}(t) &= [\boldsymbol{\varphi}_{\mathrm{s}}^{\mathrm{T}}(t), -w(t-1), -w(t-2), \cdots, -w(t-n_c)]^{\mathrm{T}} \in \mathbb{R}^{n_a+n_b+n_c},\\
\boldsymbol{\varphi}_{\mathrm{s}}(t) &:= [-y(t-1), -y(t-2), \cdots, -y(t-n_a), u(t-1), u(t-2), \cdots, u(t-n_b)]^{\mathrm{T}} \in \mathbb{R}^{n_a+n_b}.
\end{aligned}$$

由式 (6.8.24)、(6.8.25) 可得

$$\begin{aligned}
y(t) &= [1-A(z)]y(t) + B(z)u(t) + w(t)\\
&= \boldsymbol{\varphi}_{\mathrm{s}}^{\mathrm{T}}(t)\boldsymbol{\theta}_{\mathrm{s}} + w(t)\\
&= \boldsymbol{\varphi}^{\mathrm{T}}(t)\boldsymbol{\theta} + v(t).
\end{aligned} \tag{6.8.26}$$

估计 CARAR 系统参数向量 $\boldsymbol{\theta}$ 的 **广义随机梯度算法** (Generalized Stochastic Gradient algorithm, **GSG 算法**) 如下,

$$\hat{\boldsymbol{\theta}}(t) = \hat{\boldsymbol{\theta}}(t-1) + \frac{\hat{\boldsymbol{\varphi}}(t)}{r(t)}e(t), \tag{6.8.27}$$

$$e(t) = y(t) - \hat{\boldsymbol{\varphi}}^{\mathrm{T}}(t)\hat{\boldsymbol{\theta}}(t-1), \tag{6.8.28}$$

$$r(t) = r(t-1) + \|\hat{\boldsymbol{\varphi}}(t)\|^2,\ r(0) = 1, \tag{6.8.29}$$

$$\hat{\boldsymbol{\varphi}}(t) = [\boldsymbol{\varphi}_{\mathrm{s}}^{\mathrm{T}}(t), -\hat{w}(t-1), -\hat{w}(t-2), \cdots, -\hat{w}(t-n_c)]^{\mathrm{T}}, \tag{6.8.30}$$

$$\boldsymbol{\varphi}_{\mathrm{s}}(t) = [-y(t-1), -y(t-2), \cdots, -y(t-n_a), u(t-1), u(t-2), \cdots, u(t-n_b)]^{\mathrm{T}}, \tag{6.8.31}$$

$$\hat{w}(t) = y(t) - \boldsymbol{\varphi}_{\mathrm{s}}^{\mathrm{T}}(t)\hat{\boldsymbol{\theta}}_{\mathrm{s}}(t), \tag{6.8.32}$$

$$\hat{\boldsymbol{\theta}}(t) = [\hat{\boldsymbol{\theta}}_{\mathrm{s}}^{\mathrm{T}}(t), \hat{c}_1(t), \hat{c}_2(t), \cdots, \hat{c}_{n_c}(t)]^{\mathrm{T}}, \tag{6.8.33}$$

$$\hat{\boldsymbol{\theta}}_{\mathrm{s}}(t) = [\hat{a}_1(t), \hat{a}_2(t), \cdots, \hat{a}_{n_a}(t), \hat{b}_1(t), \hat{b}_2(t), \cdots, \hat{b}_{n_b}(t)]^{\mathrm{T}}. \tag{6.8.34}$$

估计 CARAR 系统参数向量 $\boldsymbol{\theta}$ 的 **多新息广义随机梯度算法** (Multi-Innovation Generalized Stochastic Gradient algorithm, **MI-GSG 算法**) 如下,

$$\hat{\boldsymbol{\theta}}(t) = \hat{\boldsymbol{\theta}}(t-1) + \frac{\hat{\boldsymbol{\Phi}}(p,t)}{r(t)}\boldsymbol{E}(p,t), \tag{6.8.35}$$

$$\boldsymbol{E}(p,t) = \boldsymbol{Y}(p,t) - \hat{\boldsymbol{\Phi}}^{\mathrm{T}}(p,t)\hat{\boldsymbol{\theta}}(t-1), \tag{6.8.36}$$

$$r(t) = r(t-1) + \|\hat{\boldsymbol{\varphi}}(t)\|^2,\ r(0) = 1, \tag{6.8.37}$$

$$\boldsymbol{Y}(p,t) = [y(t), y(t-1), \cdots, y(t-p+1)]^{\mathrm{T}}, \tag{6.8.38}$$

$$\hat{\boldsymbol{\Phi}}(p,t) = [\hat{\boldsymbol{\varphi}}(t), \hat{\boldsymbol{\varphi}}(t-1), \cdots, \hat{\boldsymbol{\varphi}}(t-p+1)], \tag{6.8.39}$$

$$\hat{\boldsymbol{\varphi}}(t) = [\boldsymbol{\varphi}_{\mathrm{s}}^{\mathrm{T}}(t), -\hat{w}(t-1), -\hat{w}(t-2), \cdots, -\hat{w}(t-n_c)]^{\mathrm{T}}, \tag{6.8.40}$$

$$\boldsymbol{\varphi}_{\mathrm{s}}(t) = [-y(t-1), -y(t-2), \cdots, -y(t-n_a), u(t-1), u(t-2), \cdots, u(t-n_b)]^{\mathrm{T}}, \tag{6.8.41}$$

$$\hat{w}(t) = y(t) - \boldsymbol{\varphi}_{\mathrm{s}}^{\mathrm{T}}(t)\hat{\boldsymbol{\theta}}_{\mathrm{s}}(t), \tag{6.8.42}$$

$$\hat{\boldsymbol{\theta}}(t) = [\hat{\boldsymbol{\theta}}_{\mathrm{s}}^{\mathrm{T}}(t), \hat{c}_1(t), \hat{c}_2(t), \cdots, \hat{c}_{n_c}(t)]^{\mathrm{T}}, \tag{6.8.43}$$

$$\hat{\boldsymbol{\theta}}_{\mathrm{s}}(t) = [\hat{a}_1(t), \hat{a}_2(t), \cdots, \hat{a}_{n_a}(t), \hat{b}_1(t), \hat{b}_2(t), \cdots, \hat{b}_{n_b}(t)]^{\mathrm{T}}. \tag{6.8.44}$$

CARAR 系统参数向量 $\boldsymbol{\theta}$ 的 **多新息广义最小二乘算法** (Multi-Innovation Generalized Least Squares algorithm, **MI-GLS 算法**)[33] 如下,

$$\hat{\boldsymbol{\theta}}(t) = \hat{\boldsymbol{\theta}}(t-1) + \boldsymbol{L}(t)[\boldsymbol{Y}(p,t) - \hat{\boldsymbol{\Phi}}^{\mathrm{T}}(p,t)\hat{\boldsymbol{\theta}}(t-1)], \tag{6.8.45}$$

$$\boldsymbol{L}(t) = \boldsymbol{P}(t-1)\hat{\boldsymbol{\Phi}}(p,t)[\boldsymbol{I}_p + \hat{\boldsymbol{\Phi}}^{\mathrm{T}}(p,t)\boldsymbol{P}(t-1)\hat{\boldsymbol{\Phi}}(p,t)]^{-1}, \tag{6.8.46}$$

$$\boldsymbol{P}(t) = \boldsymbol{P}(t-1) - \boldsymbol{L}(t)\hat{\boldsymbol{\Phi}}^{\mathrm{T}}(p,t)\boldsymbol{P}(t-1),\ \boldsymbol{P}(0) = p_0\boldsymbol{I}, \tag{6.8.47}$$

$$\boldsymbol{Y}(p,t) = [y(t), y(t-1), \cdots, y(t-p+1)]^{\mathrm{T}}, \tag{6.8.48}$$

$$\hat{\boldsymbol{\Phi}}(p,t) = [\hat{\boldsymbol{\varphi}}(t), \hat{\boldsymbol{\varphi}}(t-1), \cdots, \hat{\boldsymbol{\varphi}}(t-p+1)], \tag{6.8.49}$$

$$\hat{\boldsymbol{\varphi}}(t) = [\boldsymbol{\varphi}_{\mathrm{s}}^{\mathrm{T}}(t), -\hat{w}(t-1), -\hat{w}(t-2), \cdots, -\hat{w}(t-n_c)]^{\mathrm{T}}, \tag{6.8.50}$$

$$\boldsymbol{\varphi}_{\mathrm{s}}(t) = [-y(t-1), -y(t-2), \cdots, -y(t-n_a), u(t-1), u(t-2), \cdots, u(t-n_b)]^{\mathrm{T}}, \tag{6.8.51}$$

$$\hat{w}(t) = y(t) - \boldsymbol{\varphi}_{\mathrm{s}}^{\mathrm{T}}(t)\hat{\boldsymbol{\theta}}_{\mathrm{s}}(t), \tag{6.8.52}$$

$$\hat{\boldsymbol{\theta}}(t) = [\hat{\boldsymbol{\theta}}_{\mathrm{s}}^{\mathrm{T}}(t), \hat{c}_1(t), \hat{c}_2(t), \cdots, \hat{c}_{n_c}(t)]^{\mathrm{T}}, \tag{6.8.53}$$

$$\hat{\boldsymbol{\theta}}_{\mathrm{s}}(t) = [\hat{a}_1(t), \hat{a}_2(t), \cdots, \hat{a}_{n_a}(t), \hat{b}_1(t), \hat{b}_2(t), \cdots, \hat{b}_{n_b}(t)]^{\mathrm{T}}. \tag{6.8.54}$$

6.8.4 受控自回归自回归滑动平均系统

考虑下列 **受控自回归自回归滑动平均系统** (CARARMA),

$$A(z)y(t) = B(z)u(t) + \frac{D(z)}{C(z)}v(t). \tag{6.8.55}$$

定义中间相关噪声变量:

$$w(t) := \frac{D(z)}{C(z)}v(t), \tag{6.8.56}$$

和参数向量 $\boldsymbol{\theta}$ 和信息向量 $\boldsymbol{\varphi}(t)$ 如下,

$$\boldsymbol{\theta} := \begin{bmatrix} \boldsymbol{\theta}_{\mathrm{s}} \\ \boldsymbol{\theta}_{\mathrm{n}} \end{bmatrix} \in \mathbb{R}^{n_a+n_b+n_c+n_d},$$

$$\boldsymbol{\theta}_{\mathrm{s}} := [a_1, a_2, \cdots, a_{n_a}, b_1, b_2, \cdots, b_{n_b}]^{\mathrm{T}} \in \mathbb{R}^{n_a+n_b},$$

$$\boldsymbol{\theta}_{\mathrm{n}} := [c_1, c_2, \cdots, c_{n_c}, d_1, d_2, \cdots, d_{n_d}]^{\mathrm{T}} \in \mathbb{R}^{n_c+n_d},$$

$$\boldsymbol{\varphi}(t):=\begin{bmatrix}\boldsymbol{\varphi}_{\mathrm{s}}(t)\\ \boldsymbol{\varphi}_{\mathrm{n}}(t)\end{bmatrix}\in\mathbb{R}^{n_a+n_b+n_c+n_d},$$
$$\boldsymbol{\varphi}_{\mathrm{s}}(t):=[-y(t-1),-y(t-2),\cdots,-y(t-n_a),u(t-1),u(t-2),\cdots,u(t-n_b)]^{\mathrm{T}}\in\mathbb{R}^{n_a+n_b},$$
$$\boldsymbol{\varphi}_{\mathrm{n}}(t):=[-w(t-1),-w(t-2),\cdots,-w(t-n_c),v(t-1),v(t-2),\cdots,v(t-n_d)]^{\mathrm{T}}\in\mathbb{R}^{n_c+n_d}.$$

这里的下标 s 和 n 分别表示系统模型和噪声模型之意. 由式 (6.8.55)~(6.8.56) 可得辨识模型,

$$\begin{aligned}w(t)&=[1-C(z)]w(t)+[D(z)-1]v(t)+v(t)\\&=\boldsymbol{\varphi}_{\mathrm{n}}^{\mathrm{T}}(t)\boldsymbol{\theta}_{\mathrm{n}}+v(t),\\y(t)&=[1-A(z)]y(t)+B(z)u(t)+w(t)\\&=\boldsymbol{\varphi}_{\mathrm{s}}^{\mathrm{T}}(t)\boldsymbol{\theta}_{\mathrm{s}}+w(t)\qquad(6.8.57)\\&=\boldsymbol{\varphi}_{\mathrm{s}}^{\mathrm{T}}(t)\boldsymbol{\theta}_{\mathrm{s}}+\boldsymbol{\varphi}_{\mathrm{n}}^{\mathrm{T}}(t)\boldsymbol{\theta}_{\mathrm{n}}+v(t)\\&=\boldsymbol{\varphi}^{\mathrm{T}}(t)\boldsymbol{\theta}+v(t).\qquad(6.8.58)\end{aligned}$$

信息向量 $\boldsymbol{\varphi}(t)$ 中未知相关噪声项 $w(t-i)$ 和白噪声项 $v(t-i)$ 分别用其估计 $\hat{w}(t-i)$ 和 $\hat{v}(t-i)$ 代替, 可以得到估计 CARARMA 系统参数向量 $\boldsymbol{\theta}$ 的 **广义增广随机梯度算法** (Generalized Extended Stochastic Gradient algorithm, **GESG 算法**):

$$\hat{\boldsymbol{\theta}}(t)=\hat{\boldsymbol{\theta}}(t-1)+\frac{\hat{\boldsymbol{\varphi}}(t)}{r(t)}e(t),\tag{6.8.59}$$
$$e(t)=y(t)-\hat{\boldsymbol{\varphi}}^{\mathrm{T}}(t)\hat{\boldsymbol{\theta}}(t-1),\tag{6.8.60}$$
$$r(t)=r(t-1)+\|\hat{\boldsymbol{\varphi}}(t)\|^2,\ r(0)=1,\tag{6.8.61}$$
$$\hat{\boldsymbol{\varphi}}(t)=[\boldsymbol{\varphi}_{\mathrm{s}}^{\mathrm{T}}(t),\boldsymbol{\varphi}_{\mathrm{n}}^{\mathrm{T}}(t)]^{\mathrm{T}},\tag{6.8.62}$$
$$\boldsymbol{\varphi}_{\mathrm{s}}(t)=[-y(t-1),-y(t-2),\cdots,-y(t-n_a),u(t-1),u(t-2),\cdots,u(t-n_b)]^{\mathrm{T}},\tag{6.8.63}$$
$$\hat{\boldsymbol{\varphi}}_{\mathrm{n}}(t)=[-\hat{w}(t-1),-\hat{w}(t-2),\cdots,-\hat{w}(t-n_c),\hat{v}(t-1),\hat{v}(t-2),\cdots,\hat{v}(t-n_d)]^{\mathrm{T}},\tag{6.8.64}$$
$$\hat{w}(t)=y(t)-\boldsymbol{\varphi}_{\mathrm{s}}^{\mathrm{T}}(t)\hat{\boldsymbol{\theta}}_{\mathrm{s}}(t),\tag{6.8.65}$$
$$\hat{v}(t)=y(t)-\hat{\boldsymbol{\varphi}}^{\mathrm{T}}(t)\hat{\boldsymbol{\theta}}(t),\tag{6.8.66}$$
$$\hat{\boldsymbol{\theta}}(t)=[\hat{\boldsymbol{\theta}}_{\mathrm{s}}^{\mathrm{T}}(t),\hat{\boldsymbol{\theta}}_{\mathrm{n}}^{\mathrm{T}}(t)]^{\mathrm{T}}.\tag{6.8.67}$$

估计 CARARMA 系统参数向量 $\boldsymbol{\theta}$ 的 **多新息广义随机梯度算法** (Multi-Innovation Generalized Extended Stochastic Gradient algorithm, **MI-GESG 算法**) 如下,

$$\hat{\boldsymbol{\theta}}(t)=\hat{\boldsymbol{\theta}}(t-1)+\frac{\hat{\boldsymbol{\Phi}}(p,t)}{r(t)}\boldsymbol{E}(p,t),\tag{6.8.68}$$
$$\boldsymbol{E}(p,t)=\boldsymbol{Y}(p,t)-\hat{\boldsymbol{\Phi}}^{\mathrm{T}}(p,t)\hat{\boldsymbol{\theta}}(t-1),\tag{6.8.69}$$
$$r(t)=r(t-1)+\|\hat{\boldsymbol{\varphi}}(t)\|^2,\ r(0)=1,\tag{6.8.70}$$
$$\boldsymbol{Y}(p,t)=[y(t),y(t-1),\cdots,y(t-p+1)]^{\mathrm{T}},\tag{6.8.71}$$
$$\hat{\boldsymbol{\Phi}}(p,t)=[\hat{\boldsymbol{\varphi}}(t),\hat{\boldsymbol{\varphi}}(t-1),\cdots,\hat{\boldsymbol{\varphi}}(t-p+1)],\tag{6.8.72}$$

$$\hat{\boldsymbol{\varphi}}(t)=[\boldsymbol{\varphi}_{\rm s}^{\rm T}(t),\boldsymbol{\varphi}_{\rm n}^{\rm T}(t)]^{\rm T}, \tag{6.8.73}$$

$$\boldsymbol{\varphi}_{\rm s}(t)=[-y(t-1),-y(t-2),\cdots,-y(t-n_a),u(t-1),u(t-2),\cdots,u(t-n_b)]^{\rm T}, \tag{6.8.74}$$

$$\hat{\boldsymbol{\varphi}}_{\rm n}(t)=[-\hat{w}(t-1),-\hat{w}(t-2),\cdots,-\hat{w}(t-n_c),\hat{v}(t-1),\hat{v}(t-2),\cdots,\hat{v}(t-n_d)]^{\rm T}, \tag{6.8.75}$$

$$\hat{w}(t)=y(t)-\boldsymbol{\varphi}_{\rm s}^{\rm T}(t)\hat{\boldsymbol{\theta}}_{\rm s}(t), \tag{6.8.76}$$

$$\hat{v}(t)=y(t)-\hat{\boldsymbol{\varphi}}^{\rm T}(t)\hat{\boldsymbol{\theta}}(t), \tag{6.8.77}$$

$$\hat{\boldsymbol{\theta}}(t)=[\hat{\boldsymbol{\theta}}_{\rm s}^{\rm T}(t),\hat{\boldsymbol{\theta}}_{\rm n}^{\rm T}(t)]^{\rm T}. \tag{6.8.78}$$

估计 CARARMA 系统参数向量 $\boldsymbol{\theta}$ 的**多新息广义最小二乘算法** (Multi-Innovation Generalized Extended Least Squares algorithm, **MI-GELS 算法**)[33] 如下,

$$\hat{\boldsymbol{\theta}}(t)=\hat{\boldsymbol{\theta}}(t-1)+\boldsymbol{L}(t)[\boldsymbol{Y}(p,t)-\hat{\boldsymbol{\Phi}}^{\rm T}(p,t)\hat{\boldsymbol{\theta}}(t-1)], \tag{6.8.79}$$

$$\boldsymbol{L}(t)=\boldsymbol{P}(t-1)\hat{\boldsymbol{\Phi}}(p,t)[\boldsymbol{I}_p+\hat{\boldsymbol{\Phi}}^{\rm T}(p,t)\boldsymbol{P}(t-1)\hat{\boldsymbol{\Phi}}(p,t)]^{-1}, \tag{6.8.80}$$

$$\boldsymbol{P}(t)=\boldsymbol{P}(t-1)-\boldsymbol{L}(t)\hat{\boldsymbol{\Phi}}^{\rm T}(p,t)\boldsymbol{P}(t-1),\ \boldsymbol{P}(0)=p_0\boldsymbol{I}, \tag{6.8.81}$$

$$\boldsymbol{Y}(p,t)=[y(t),y(t-1),\cdots,y(t-p+1)]^{\rm T}, \tag{6.8.82}$$

$$\hat{\boldsymbol{\Phi}}(p,t)=[\hat{\boldsymbol{\varphi}}(t),\hat{\boldsymbol{\varphi}}(t-1),\cdots,\hat{\boldsymbol{\varphi}}(t-p+1)], \tag{6.8.83}$$

$$\hat{\boldsymbol{\varphi}}(t)=[\boldsymbol{\varphi}_{\rm s}^{\rm T}(t),\boldsymbol{\varphi}_{\rm n}^{\rm T}(t)]^{\rm T}, \tag{6.8.84}$$

$$\boldsymbol{\varphi}_{\rm s}(t)=[-y(t-1),-y(t-2),\cdots,-y(t-n_a),u(t-1),u(t-2),\cdots,u(t-n_b)]^{\rm T}, \tag{6.8.85}$$

$$\hat{\boldsymbol{\varphi}}_{\rm n}(t)=[-\hat{w}(t-1),-\hat{w}(t-2),\cdots,-\hat{w}(t-n_c),\hat{v}(t-1),\hat{v}(t-2),\cdots,\hat{v}(t-n_d)]^{\rm T}, \tag{6.8.86}$$

$$\hat{w}(t)=y(t)-\boldsymbol{\varphi}_{\rm s}^{\rm T}(t)\hat{\boldsymbol{\theta}}_{\rm s}(t), \tag{6.8.87}$$

$$\hat{v}(t)=y(t)-\hat{\boldsymbol{\varphi}}^{\rm T}(t)\hat{\boldsymbol{\theta}}(t), \tag{6.8.88}$$

$$\hat{\boldsymbol{\theta}}(t)=[\hat{\boldsymbol{\theta}}_{\rm s}^{\rm T}(t),\hat{\boldsymbol{\theta}}_{\rm n}^{\rm T}(t)]^{\rm T}. \tag{6.8.89}$$

6.9 输出误差类系统

6.9.1 输出误差系统

考虑输出误差系统[46, 47, 94],

$$y(t)=\frac{B(z)}{A(z)}u(t)+v(t). \tag{6.9.1}$$

令

$$x(t):=\frac{B(z)}{A(z)}u(t). \tag{6.9.2}$$

定义参数向量 $\boldsymbol{\theta}$ 和包含噪声项的信息向量 $\boldsymbol{\varphi}(t)$ 如下,

$$\boldsymbol{\theta}:=[a_1,a_2,\cdots,a_{n_a},b_1,b_2,\cdots,b_{n_b}]^{\rm T}\in\mathbb{R}^{n_a+n_b},$$

$$\boldsymbol{\varphi}(t):=[-x(t-1),-x(t-2),\cdots,-x(t-n_a),u(t-1),u(t-2),\cdots,u(t-n_b)]^{\rm T}\in\mathbb{R}^{n_a+n_b}.$$

由式 (6.9.1)~(6.9.2) 可得输出误差系统的辨识模型,

$$x(t)=\boldsymbol{\varphi}^{\mathrm{T}}(t)\boldsymbol{\theta},$$
$$y(t)=\boldsymbol{\varphi}^{\mathrm{T}}(t)\boldsymbol{\theta}+v(t). \tag{6.9.3}$$

估计输出系统参数向量 $\boldsymbol{\theta}$ 的 **辅助模型随机梯度算法** (Auxiliary Model based Stochastic Gradient algorithm, **AM-SG 算法**) 如下,

$$\hat{\boldsymbol{\theta}}(t)=\hat{\boldsymbol{\theta}}(t-1)+\frac{\hat{\boldsymbol{\varphi}}(t)}{r(t)}e(t), \tag{6.9.4}$$
$$e(t)=y(t)-\hat{\boldsymbol{\varphi}}^{\mathrm{T}}(t)\hat{\boldsymbol{\theta}}(t-1), \tag{6.9.5}$$
$$r(t)=r(t-1)+\|\hat{\boldsymbol{\varphi}}(t)\|^2,\ r(0)=1, \tag{6.9.6}$$
$$\hat{\boldsymbol{\varphi}}(t)=[-\hat{x}(t-1),-\hat{x}(t-2),\cdots,-\hat{x}(t-n_a),u(t-1),u(t-2),\cdots,u(t-n_b)]^{\mathrm{T}}, \tag{6.9.7}$$
$$\hat{x}(t)=\hat{\boldsymbol{\varphi}}^{\mathrm{T}}(t)\hat{\boldsymbol{\theta}}(t). \tag{6.9.8}$$

为了改善 AM-SG 算法的收敛速度, 扩展标量新息 $e(t)\in\mathbb{R}$ 为一个新息向量 (即多新息) $\boldsymbol{E}(p,t)\in\mathbb{R}^p$, 可以得到估计输出系统参数向量 $\boldsymbol{\theta}$ 的 **辅助模型多新息随机梯度算法** (Auxiliary Model based Multi-Innovation Stochastic Gradient algorithm, **AM-MISG 算法**)[94]:

$$\hat{\boldsymbol{\theta}}(t)=\hat{\boldsymbol{\theta}}(t-1)+\frac{\hat{\boldsymbol{\Phi}}(p,t)}{r(t)}\boldsymbol{E}(p,t), \tag{6.9.9}$$
$$\boldsymbol{E}(p,t)=\boldsymbol{Y}(p,t)-\hat{\boldsymbol{\Phi}}^{\mathrm{T}}(p,t)\hat{\boldsymbol{\theta}}(t-1), \tag{6.9.10}$$
$$r(t)=r(t-1)+\|\hat{\boldsymbol{\varphi}}(t)\|^2,\ r(0)=1, \tag{6.9.11}$$
$$\boldsymbol{Y}(p,t)=[y(t),y(t-1),\cdots,y(t-p+1)]^{\mathrm{T}}, \tag{6.9.12}$$
$$\hat{\boldsymbol{\Phi}}(p,t)=[\hat{\boldsymbol{\varphi}}(t),\hat{\boldsymbol{\varphi}}(t-1),\cdots,\hat{\boldsymbol{\varphi}}(t-p+1)], \tag{6.9.13}$$
$$\hat{\boldsymbol{\varphi}}(t)=[-\hat{x}(t-1),-\hat{x}(t-2),\cdots,-\hat{x}(t-n_a),u(t-1),u(t-2),\cdots,u(t-n_b)]^{\mathrm{T}}, \tag{6.9.14}$$
$$\hat{x}(t)=\hat{\boldsymbol{\varphi}}^{\mathrm{T}}(t)\hat{\boldsymbol{\theta}}(t). \tag{6.9.15}$$

在这个算法的收敛性证明中, 需要将式 (6.9.15) 修改为

$$\hat{x}(t-i)=\hat{\boldsymbol{\varphi}}^{\mathrm{T}}(t-i)\hat{\boldsymbol{\theta}}(t),\ i=p-1,p-2,\cdots,1,0.$$

当新息长度 $p=1$ 时, AM-MISG 算法退化为 AM-SG 算法.

估计输出系统参数向量 $\boldsymbol{\theta}$ 的 **辅助模型多新息最小二乘算法** (Auxiliary Model based Multi-Innovation Least Squares algorithm, **AM-MILS 算法**)[33] 如下,

$$\hat{\boldsymbol{\theta}}(t)=\hat{\boldsymbol{\theta}}(t-1)+\boldsymbol{L}(t)[\boldsymbol{Y}(p,t)-\hat{\boldsymbol{\Phi}}^{\mathrm{T}}(p,t)\hat{\boldsymbol{\theta}}(t-1)], \tag{6.9.16}$$
$$\boldsymbol{L}(t)=\boldsymbol{P}(t-1)\hat{\boldsymbol{\Phi}}(p,t)[\boldsymbol{I}_p+\hat{\boldsymbol{\Phi}}^{\mathrm{T}}(p,t)\boldsymbol{P}(t-1)\hat{\boldsymbol{\Phi}}(p,t)]^{-1}, \tag{6.9.17}$$
$$\boldsymbol{P}(t)=\boldsymbol{P}(t-1)-\boldsymbol{L}(t)\hat{\boldsymbol{\Phi}}^{\mathrm{T}}(p,t)\boldsymbol{P}(t-1),\ \boldsymbol{P}(0)=p_0\boldsymbol{I}, \tag{6.9.18}$$
$$\boldsymbol{Y}(p,t)=[y(t),y(t-1),\cdots,y(t-p+1)]^{\mathrm{T}}, \tag{6.9.19}$$
$$\hat{\boldsymbol{\Phi}}(p,t)=[\hat{\boldsymbol{\varphi}}(t),\hat{\boldsymbol{\varphi}}(t-1),\cdots,\hat{\boldsymbol{\varphi}}(t-p+1)], \tag{6.9.20}$$

$$\hat{\boldsymbol{\varphi}}(t)=[-\hat{x}(t-1),-\hat{x}(t-2),\cdots,-\hat{x}(t-n_a),u(t-1),u(t-2),\cdots,u(t-n_b)]^{\mathrm{T}}, \tag{6.9.21}$$

$$\hat{x}(t)=\hat{\boldsymbol{\varphi}}^{\mathrm{T}}(t)\hat{\boldsymbol{\theta}}(t). \tag{6.9.22}$$

当新息长度 $p=1$ 时, AM-MILS 算法退化为 AM-RLS 算法.

6.9.2 输出误差滑动平均系统

考虑 **输出误差滑动平均模型** (Output Error Moving Average model, **OEMA 模型**) 描述的系统,

$$y(t)=\frac{B(z)}{A(z)}u(t)+D(z)v(t). \tag{6.9.23}$$

定义未知 **中间变量** (intermediate variable) 或内部变量 (inner variable),

$$x(t):=\frac{B(z)}{A(z)}u(t). \tag{6.9.24}$$

置系统参数向量 $\boldsymbol{\theta}$ 和信息向量 $\boldsymbol{\varphi}(t)$ 如下,

$$\boldsymbol{\theta}:=[\boldsymbol{\theta}_{\mathrm{s}}^{\mathrm{T}},d_1,d_2,\cdots,d_{n_d}]^{\mathrm{T}}\in\mathbb{R}^{n_a+n_b+n_d},$$

$$\boldsymbol{\theta}_{\mathrm{s}}:=[a_1,a_2,\cdots,a_{n_a},b_1,b_2,\cdots,b_{n_b}]^{\mathrm{T}}\in\mathbb{R}^{n_a+n_b},$$

$$\boldsymbol{\varphi}(t):=[\boldsymbol{\varphi}_{\mathrm{s}}^{\mathrm{T}}(t),v(t-1),v(t-2),\cdots,v(t-n_d)]^{\mathrm{T}}\in\mathbb{R}^{n_a+n_b+n_d},$$

$$\boldsymbol{\varphi}_{\mathrm{s}}(t):=[-x(t-1),-x(t-2),\cdots,-x(t-n_a),u(t-1),u(t-2),\cdots,u(t-n_b)]^{\mathrm{T}}\in\mathbb{R}^{n_a+n_b}.$$

借助于上述定义, 式 (6.9.24) 和 (6.9.23) 可以写为下列辨识模型:

$$x(t)=[1-A(z)]x(t)+B(z)u(t) \tag{6.9.25}$$

$$=\boldsymbol{\varphi}_{\mathrm{s}}^{\mathrm{T}}(t)\boldsymbol{\theta}_{\mathrm{s}}, \tag{6.9.26}$$

$$y(t)=x(t)+D(z)v(t)$$

$$=\boldsymbol{\varphi}^{\mathrm{T}}(t)\boldsymbol{\theta}+v(t). \tag{6.9.27}$$

因为上式辨识模型信息向量 $\boldsymbol{\varphi}(t)$ 中不仅包含了不可测真实输出 $x(t-i)$, 而且包含了噪声项 $v(t-i)$, 我们用其估计值代替, 可以得到估计 OEMA 系统参数向量 $\boldsymbol{\theta}$ 的 **辅助模型增广随机梯度算法** (Auxiliary Model based Extended Stochastic gradient algorithm, **AM-ESG 算法**)[42]:

$$\hat{\boldsymbol{\theta}}(t)=\hat{\boldsymbol{\theta}}(t-1)+\frac{\hat{\boldsymbol{\varphi}}(t)}{r(t)}e(t), \tag{6.9.28}$$

$$e(t)=y(t)-\hat{\boldsymbol{\varphi}}^{\mathrm{T}}(t)\hat{\boldsymbol{\theta}}(t-1), \tag{6.9.29}$$

$$r(t)=r(t-1)+\|\hat{\boldsymbol{\varphi}}(t)\|^2,\ r(0)=1, \tag{6.9.30}$$

$$\hat{\boldsymbol{\varphi}}(t)=[\hat{\boldsymbol{\varphi}}_{\mathrm{s}}^{\mathrm{T}}(t),\hat{v}(t-1),\hat{v}(t-2),\cdots,\hat{v}(t-n_d)]^{\mathrm{T}}, \tag{6.9.31}$$

$$\hat{\boldsymbol{\varphi}}_{\mathrm{s}}(t)=[-\hat{x}(t-1),-\hat{x}(t-2),\cdots,-\hat{x}(t-n_a),u(t-1),u(t-2),\cdots,u(t-n_b)]^{\mathrm{T}}, \tag{6.9.32}$$

$$\hat{x}(t)=\hat{\boldsymbol{\varphi}}_{\mathrm{s}}^{\mathrm{T}}(t)\hat{\boldsymbol{\theta}}_{\mathrm{s}}(t), \tag{6.9.33}$$

$$\hat{v}(t)=y(t)-\hat{\boldsymbol{\varphi}}^{\mathrm{T}}(t)\hat{\boldsymbol{\theta}}(t), \tag{6.9.34}$$

$$\hat{\boldsymbol{\theta}}(t)=[\hat{\boldsymbol{\theta}}_{\mathrm{s}}^{\mathrm{T}}(t),\hat{d}_1(t),\hat{d}_2(t),\cdots,\hat{d}_{n_d}(t)]^{\mathrm{T}}, \tag{6.9.35}$$

$$\hat{\boldsymbol{\theta}}_{\rm s}(t)=[\hat{a}_1(t),\hat{a}_2(t),\cdots,\hat{a}_{n_a}(t),\hat{b}_1(t),\hat{b}_2(t),\cdots,\hat{b}_{n_b}(t)]^{\rm T}. \tag{6.9.36}$$

估计 OEMA 系统参数向量 $\boldsymbol{\theta}$ 的 **辅助模型多新息增广随机梯度算法** (Auxiliary Model based Multi-Innovation Extended Stochastic Gradient algorithm, **AM-MI-ESG 算法**)[42] 如下,

$$\hat{\boldsymbol{\theta}}(t)=\hat{\boldsymbol{\theta}}(t-1)+\frac{\hat{\boldsymbol{\Phi}}(p,t)}{r(t)}\boldsymbol{E}(p,t), \tag{6.9.37}$$

$$\boldsymbol{E}(p,t)=\boldsymbol{Y}(p,t)-\hat{\boldsymbol{\Phi}}^{\rm T}(p,t)\hat{\boldsymbol{\theta}}(t-1), \tag{6.9.38}$$

$$r(t)=r(t-1)+\|\hat{\boldsymbol{\varphi}}(t)\|^2,\ r(0)=1, \tag{6.9.39}$$

$$\boldsymbol{Y}(p,t)=[y(t),y(t-1),\cdots,y(t-p+1)]^{\rm T}, \tag{6.9.40}$$

$$\hat{\boldsymbol{\Phi}}(p,t)=[\hat{\boldsymbol{\varphi}}(t),\hat{\boldsymbol{\varphi}}(t-1),\cdots,\hat{\boldsymbol{\varphi}}(t-p+1)], \tag{6.9.41}$$

$$\hat{\boldsymbol{\varphi}}(t)=[\hat{\boldsymbol{\varphi}}_{\rm s}^{\rm T}(t),\hat{v}(t-1),\hat{v}(t-2),\cdots,\hat{v}(t-n_d)]^{\rm T}, \tag{6.9.42}$$

$$\hat{\boldsymbol{\varphi}}_{\rm s}(t)=[-\hat{x}(t-1),-\hat{x}(t-2),\cdots,-\hat{x}(t-n_a),u(t-1),u(t-2),\cdots,u(t-n_b)]^{\rm T}, \tag{6.9.43}$$

$$\hat{x}(t)=\hat{\boldsymbol{\varphi}}_{\rm s}^{\rm T}(t)\hat{\boldsymbol{\theta}}_{\rm s}(t), \tag{6.9.44}$$

$$\hat{v}(t)=y(t)-\hat{\boldsymbol{\varphi}}^{\rm T}(t)\hat{\boldsymbol{\theta}}(t), \tag{6.9.45}$$

$$\hat{\boldsymbol{\theta}}(t)=[\hat{\boldsymbol{\theta}}_{\rm s}^{\rm T}(t),\hat{d}_1(t),\hat{d}_2(t),\cdots,\hat{d}_{n_d}(t)]^{\rm T}, \tag{6.9.46}$$

$$\hat{\boldsymbol{\theta}}_{\rm s}(t)=[\hat{a}_1(t),\hat{a}_2(t),\cdots,\hat{a}_{n_a}(t),\hat{b}_1(t),\hat{b}_2(t),\cdots,\hat{b}_{n_b}(t)]^{\rm T}. \tag{6.9.47}$$

估计 OEMA 系统参数向量 $\boldsymbol{\theta}$ 的 **辅助模型多新息增广最小二乘算法** (Auxiliary Model based Multi-Innovation Extended Least Squares algorithm, **AM-MI-ELS 算法**)[33] 如下,

$$\hat{\boldsymbol{\theta}}(t)=\hat{\boldsymbol{\theta}}(t-1)+\boldsymbol{L}(t)[\boldsymbol{Y}(p,t)-\hat{\boldsymbol{\Phi}}^{\rm T}(p,t)\hat{\boldsymbol{\theta}}(t-1)], \tag{6.9.48}$$

$$\boldsymbol{L}(t)=\boldsymbol{P}(t-1)\hat{\boldsymbol{\Phi}}(p,t)[\boldsymbol{I}_p+\hat{\boldsymbol{\Phi}}^{\rm T}(p,t)\boldsymbol{P}(t-1)\hat{\boldsymbol{\Phi}}(p,t)]^{-1}, \tag{6.9.49}$$

$$\boldsymbol{P}(t)=\boldsymbol{P}(t-1)-\boldsymbol{L}(t)\hat{\boldsymbol{\Phi}}^{\rm T}(p,t)\boldsymbol{P}(t-1),\ \boldsymbol{P}(0)=p_0\boldsymbol{I}, \tag{6.9.50}$$

$$\boldsymbol{Y}(p,t)=[y(t),y(t-1),\cdots,y(t-p+1)]^{\rm T}, \tag{6.9.51}$$

$$\hat{\boldsymbol{\Phi}}(p,t)=[\hat{\boldsymbol{\varphi}}(t),\hat{\boldsymbol{\varphi}}(t-1),\cdots,\hat{\boldsymbol{\varphi}}(t-p+1)], \tag{6.9.52}$$

$$\hat{\boldsymbol{\varphi}}(t)=[\hat{\boldsymbol{\varphi}}_{\rm s}^{\rm T}(t),\hat{v}(t-1),\hat{v}(t-2),\cdots,\hat{v}(t-n_d)]^{\rm T}, \tag{6.9.53}$$

$$\hat{\boldsymbol{\varphi}}_{\rm s}(t)=[-\hat{x}(t-1),-\hat{x}(t-2),\cdots,-\hat{x}(t-n_a),u(t-1),u(t-2),\cdots,u(t-n_b)]^{\rm T}, \tag{6.9.54}$$

$$\hat{x}(t)=\hat{\boldsymbol{\varphi}}_{\rm s}^{\rm T}(t)\hat{\boldsymbol{\theta}}_{\rm s}(t), \tag{6.9.55}$$

$$\hat{v}(t)=y(t)-\hat{\boldsymbol{\varphi}}^{\rm T}(t)\hat{\boldsymbol{\theta}}(t), \tag{6.9.56}$$

$$\hat{\boldsymbol{\theta}}(t)=[\hat{\boldsymbol{\theta}}_{\rm s}^{\rm T}(t),\hat{d}_1(t),\hat{d}_2(t),\cdots,\hat{d}_{n_d}(t)]^{\rm T}, \tag{6.9.57}$$

$$\hat{\boldsymbol{\theta}}_{\rm s}(t)=[\hat{a}_1(t),\hat{a}_2(t),\cdots,\hat{a}_{n_a}(t),\hat{b}_1(t),\hat{b}_2(t),\cdots,\hat{b}_{n_b}(t)]^{\rm T}. \tag{6.9.58}$$

6.9.3 输出误差自回归系统

考虑下列 **输出误差自回归模型** (Output Error AutoRegressive model, **OEAR 模型**) 描述的系统,

$$y(t)=\frac{B(z)}{A(z)}u(t)+\frac{1}{C(z)}v(t). \tag{6.9.59}$$

定义系统真实输出 $x(t)$ 和噪声模型输出 $w(t)$ 分别为

$$x(t):=\frac{B(z)}{A(z)}u(t), \tag{6.9.60}$$

$$w(t):=\frac{1}{C(z)}v(t). \tag{6.9.61}$$

置系统参数向量 $\boldsymbol{\theta}$ 和信息向量 $\boldsymbol{\varphi}(t)$ 如下,

$$\begin{aligned}
\boldsymbol{\theta}&:=[\boldsymbol{\theta}_{\rm s}^{\rm T},c_1,c_2,\cdots,c_{n_c}]^{\rm T}\in\mathbb{R}^{n_a+n_b+n_c},\\
\boldsymbol{\theta}_{\rm s}&:=[a_1,a_2,\cdots,a_{n_a},b_1,b_2,\cdots,b_{n_b}]^{\rm T}\in\mathbb{R}^{n_a+n_b},\\
\boldsymbol{\varphi}(t)&:=[\boldsymbol{\varphi}_{\rm s}^{\rm T}(t),-w(t-1),-w(t-2),\cdots,-w(t-n_c)]^{\rm T}\in\mathbb{R}^{n_a+n_b+n_c},\\
\boldsymbol{\varphi}_{\rm s}(t)&:=[-x(t-1),-x(t-2),\cdots,-x(t-n_a),u(t-1),u(t-2),\cdots,u(t-n_b)]^{\rm T}\in\mathbb{R}^{n_a+n_b}.
\end{aligned}$$

借助于上述定义, 式 (6.9.60)、式 (6.9.61) 可以写为

$$\begin{aligned}
x(t)&=[1-A(z)]x(t)+B(z)u(t)\\
&=\boldsymbol{\varphi}_{\rm s}^{\rm T}(t)\boldsymbol{\theta}_{\rm s}, \qquad (6.9.62)\\
w(t)&=[1-C(z)]w(t)+v(t).
\end{aligned}$$

则 OEAR 系统 (6.9.59) 可以写为下列辨识模型:

$$\begin{aligned}
y(t)&=x(t)+w(t)\\
&=x(t)+[1-C(z)]w(t)+v(t)\\
&=\boldsymbol{\varphi}^{\rm T}(t)\boldsymbol{\theta}+v(t).
\end{aligned} \tag{6.9.63}$$

辨识模型信息向量 $\boldsymbol{\varphi}(t)$ 中包含的不可测真实输出 $x(t-i)$ 和相关噪声项 $w(t-i)$ 用其估计值代替, 可以得到辨识 OEAR 系统参数向量 $\boldsymbol{\theta}$ 的 **辅助模型广义随机梯度算法** (Auxiliary Model based Generalized Stochastic Gradient algorithm, **AM-GSG 算法**):

$$\hat{\boldsymbol{\theta}}(t)=\hat{\boldsymbol{\theta}}(t-1)+\frac{\hat{\boldsymbol{\varphi}}(t)}{r(t)}e(t), \tag{6.9.64}$$

$$e(t)=y(t)-\hat{\boldsymbol{\varphi}}^{\rm T}(t)\hat{\boldsymbol{\theta}}(t-1), \tag{6.9.65}$$

$$r(t)=r(t-1)+\|\hat{\boldsymbol{\varphi}}(t)\|^2,\ r(0)=1, \tag{6.9.66}$$

$$\hat{\boldsymbol{\varphi}}(t)=[\hat{\boldsymbol{\varphi}}_{\rm s}^{\rm T}(t),-\hat{w}(t-1),-\hat{w}(t-2),\cdots,-\hat{w}(t-n_c)]^{\rm T}, \tag{6.9.67}$$

$$\hat{\boldsymbol{\varphi}}_{\rm s}(t)=[-\hat{x}(t-1),-\hat{x}(t-2),\cdots,-\hat{x}(t-n_a),u(t-1),u(t-2),\cdots,u(t-n_b)]^{\rm T}, \tag{6.9.68}$$

$$\hat{x}(t)=\hat{\boldsymbol{\varphi}}_{\rm s}^{\rm T}(t)\hat{\boldsymbol{\theta}}_{\rm s}(t), \tag{6.9.69}$$

$$\hat{w}(t)=y(t)-\hat{x}(t), \tag{6.9.70}$$

$$\hat{\boldsymbol{\theta}}(t)=[\hat{\boldsymbol{\theta}}_{\rm s}^{\rm T}(t),\hat{c}_1(t),\hat{c}_2(t),\cdots,\hat{c}_{n_c}(t)]^{\rm T}, \tag{6.9.71}$$

$$\hat{\boldsymbol{\theta}}_{\rm s}(t)=[\hat{a}_1(t),\hat{a}_2(t),\cdots,\hat{a}_{n_a}(t),\hat{b}_1(t),\hat{b}_2(t),\cdots,\hat{b}_{n_b}(t)]^{\rm T}. \tag{6.9.72}$$

辨识 OEAR 系统参数向量 $\boldsymbol{\theta}$ 的 **辅助模型多新息广义随机梯度算法** (Auxiliary Model based

Multi-Innovation Generalized Stochastic Gradient algorithm, **AM-MI-GSG 算法**) 如下,

$$\hat{\boldsymbol{\theta}}(t)=\hat{\boldsymbol{\theta}}(t-1)+\frac{\hat{\boldsymbol{\Phi}}(p,t)}{r(t)}\boldsymbol{E}(p,t), \tag{6.9.73}$$

$$\boldsymbol{E}(p,t)=\boldsymbol{Y}(p,t)-\hat{\boldsymbol{\Phi}}^{\mathrm{T}}(p,t)\hat{\boldsymbol{\theta}}(t-1), \tag{6.9.74}$$

$$r(t)=r(t-1)+\|\hat{\boldsymbol{\varphi}}(t)\|^2,\ r(0)=1, \tag{6.9.75}$$

$$\boldsymbol{Y}(p,t)=[y(t),y(t-1),\cdots,y(t-p+1)]^{\mathrm{T}}, \tag{6.9.76}$$

$$\hat{\boldsymbol{\Phi}}(p,t)=[\hat{\boldsymbol{\varphi}}(t),\hat{\boldsymbol{\varphi}}(t-1),\cdots,\hat{\boldsymbol{\varphi}}(t-p+1)], \tag{6.9.77}$$

$$\hat{\boldsymbol{\varphi}}(t)=[\hat{\boldsymbol{\varphi}}_{\mathrm{s}}^{\mathrm{T}}(t),-\hat{w}(t-1),-\hat{w}(t-2),\cdots,-\hat{w}(t-n_c)]^{\mathrm{T}}, \tag{6.9.78}$$

$$\hat{\boldsymbol{\varphi}}_{\mathrm{s}}(t)=[-\hat{x}(t-1),-\hat{x}(t-2),\cdots,-\hat{x}(t-n_a),u(t-1),u(t-2),\cdots,u(t-n_b)]^{\mathrm{T}}, \tag{6.9.79}$$

$$\hat{x}(t)=\hat{\boldsymbol{\varphi}}_{\mathrm{s}}^{\mathrm{T}}(t)\hat{\boldsymbol{\theta}}_{\mathrm{s}}(t), \tag{6.9.80}$$

$$\hat{w}(t)=y(t)-\hat{x}(t), \tag{6.9.81}$$

$$\hat{\boldsymbol{\theta}}(t)=[\hat{\boldsymbol{\theta}}_{\mathrm{s}}^{\mathrm{T}}(t),\hat{c}_1(t),\hat{c}_2(t),\cdots,\hat{c}_{n_c}(t)]^{\mathrm{T}}, \tag{6.9.82}$$

$$\hat{\boldsymbol{\theta}}_{\mathrm{s}}(t)=[\hat{a}_1(t),\hat{a}_2(t),\cdots,\hat{a}_{n_a}(t),\hat{b}_1(t),\hat{b}_2(t),\cdots,\hat{b}_{n_b}(t)]^{\mathrm{T}}. \tag{6.9.83}$$

辨识 OEAR 系统参数向量 $\boldsymbol{\theta}$ 的 **辅助模型多新息广义最小二乘算法** (Auxiliary Model based Multi-Innovation Generalized Least Squares algorithm, **AM-MI-GLS 算法**) 如下,

$$\hat{\boldsymbol{\theta}}(t)=\hat{\boldsymbol{\theta}}(t-1)+\boldsymbol{L}(t)[\boldsymbol{Y}(p,t)-\hat{\boldsymbol{\Phi}}^{\mathrm{T}}(p,t)\hat{\boldsymbol{\theta}}(t-1)], \tag{6.9.84}$$

$$\boldsymbol{L}(t)=\boldsymbol{P}(t-1)\hat{\boldsymbol{\Phi}}(p,t)[\boldsymbol{I}_p+\hat{\boldsymbol{\Phi}}^{\mathrm{T}}(p,t)\boldsymbol{P}(t-1)\hat{\boldsymbol{\Phi}}(p,t)]^{-1}, \tag{6.9.85}$$

$$\boldsymbol{P}(t)=\boldsymbol{P}(t-1)-\boldsymbol{L}(t)\hat{\boldsymbol{\Phi}}^{\mathrm{T}}(p,t)\boldsymbol{P}(t-1),\ \boldsymbol{P}(0)=p_0\boldsymbol{I}, \tag{6.9.86}$$

$$\boldsymbol{Y}(p,t)=[y(t),y(t-1),\cdots,y(t-p+1)]^{\mathrm{T}}, \tag{6.9.87}$$

$$\hat{\boldsymbol{\Phi}}(p,t)=[\hat{\boldsymbol{\varphi}}(t),\hat{\boldsymbol{\varphi}}(t-1),\cdots,\hat{\boldsymbol{\varphi}}(t-p+1)], \tag{6.9.88}$$

$$\hat{\boldsymbol{\varphi}}(t)=[\hat{\boldsymbol{\varphi}}_{\mathrm{s}}^{\mathrm{T}}(t),-\hat{w}(t-1),-\hat{w}(t-2),\cdots,-\hat{w}(t-n_c)]^{\mathrm{T}}, \tag{6.9.89}$$

$$\hat{\boldsymbol{\varphi}}_{\mathrm{s}}(t)=[-\hat{x}(t-1),-\hat{x}(t-2),\cdots,-\hat{x}(t-n_a),u(t-1),u(t-2),\cdots,u(t-n_b)]^{\mathrm{T}}, \tag{6.9.90}$$

$$\hat{x}(t)=\hat{\boldsymbol{\varphi}}_{\mathrm{s}}^{\mathrm{T}}(t)\hat{\boldsymbol{\theta}}_{\mathrm{s}}(t), \tag{6.9.91}$$

$$\hat{w}(t)=y(t)-\hat{x}(t), \tag{6.9.92}$$

$$\hat{\boldsymbol{\theta}}(t)=[\hat{\boldsymbol{\theta}}_{\mathrm{s}}^{\mathrm{T}}(t),\hat{c}_1(t),\hat{c}_2(t),\cdots,\hat{c}_{n_c}(t)]^{\mathrm{T}}, \tag{6.9.93}$$

$$\hat{\boldsymbol{\theta}}_{\mathrm{s}}(t)=[\hat{a}_1(t),\hat{a}_2(t),\cdots,\hat{a}_{n_a}(t),\hat{b}_1(t),\hat{b}_2(t),\cdots,\hat{b}_{n_b}(t)]^{\mathrm{T}}. \tag{6.9.94}$$

6.9.4 Box-Jenkins 系统

考虑下列 Box-Jenkins 系统,

$$y(t)=\frac{B(z)}{A(z)}u(t)+\frac{D(z)}{C(z)}v(t). \tag{6.9.95}$$

定义系统真实输出 $x(t)$ 和噪声模型输出 $w(t)$ 分别为

$$x(t):=\frac{B(z)}{A(z)}u(t), \tag{6.9.96}$$

$$w(t) := \frac{D(z)}{C(z)}v(t). \tag{6.9.97}$$

定义参数向量 $\boldsymbol{\theta}$ 和信息向量 $\boldsymbol{\varphi}(t)$ 如下,

$$\boldsymbol{\theta} := \begin{bmatrix} \boldsymbol{\theta}_{\rm s} \\ \boldsymbol{\theta}_{\rm n} \end{bmatrix} \in \mathbb{R}^{n_a+n_b+n_c+n_d},$$

$$\boldsymbol{\theta}_{\rm s} := [a_1, a_2, \cdots, a_{n_a}, b_1, b_2, \cdots, b_{n_b}]^{\rm T} \in \mathbb{R}^{n_a+n_b},$$

$$\boldsymbol{\theta}_{\rm n} := [c_1, c_2, \cdots, c_{n_c}, d_1, d_2, \cdots, d_{n_d}]^{\rm T} \in \mathbb{R}^{n_c+n_d},$$

$$\boldsymbol{\varphi}(t) := \begin{bmatrix} \boldsymbol{\varphi}_{\rm s}(t) \\ \boldsymbol{\varphi}_{\rm n}(t) \end{bmatrix} \in \mathbb{R}^{n_a+n_b+n_c+n_d},$$

$$\boldsymbol{\varphi}_{\rm s}(t) := [-x(t-1), -x(t-2), \cdots, -x(t-n_a), u(t-1), u(t-2), \cdots, u(t-n_b)]^{\rm T} \in \mathbb{R}^{n_a+n_b},$$

$$\boldsymbol{\varphi}_{\rm n}(t) := [-w(t-1), -w(t-2), \cdots, -w(t-n_c), v(t-1), v(t-2), \cdots, v(t-n_d)]^{\rm T} \in \mathbb{R}^{n_c+n_d}.$$

由式 (6.9.96)~(6.9.97) 可得

$$x(t) = \boldsymbol{\varphi}_{\rm s}^{\rm T}(t)\boldsymbol{\theta}_{\rm s}, \tag{6.9.98}$$

$$\begin{aligned} w(t) &= [1-C(z)]w(t) + [D(z)-1]v(t) + v(t) \\ &= \boldsymbol{\varphi}_{\rm n}^{\rm T}(t)\boldsymbol{\theta}_{\rm n} + v(t), \end{aligned} \tag{6.9.99}$$

把式 (6.9.96) 和式 (6.9.97) 代入式 (6.9.95) 可得

$$\begin{aligned} y(t) &= x(t) + w(t) \\ &= \boldsymbol{\varphi}_{\rm s}^{\rm T}(t)\boldsymbol{\theta}_{\rm s} + \boldsymbol{\varphi}_{\rm n}^{\rm T}(t)\boldsymbol{\theta}_{\rm n} + v(t) \\ &= [\boldsymbol{\varphi}_{\rm s}^{\rm T}(t), \boldsymbol{\varphi}_{\rm n}^{\rm T}(t)] \begin{bmatrix} \boldsymbol{\theta}_{\rm s} \\ \boldsymbol{\theta}_{\rm n} \end{bmatrix} + v(t) \\ &= \boldsymbol{\varphi}^{\rm T}(t)\boldsymbol{\theta} + v(t). \end{aligned} \tag{6.9.100}$$

辨识 Box-Jenkins 系统参数向量 $\boldsymbol{\theta}$ 的 **辅助模型广义增广随机梯度算法** (Auxiliary Model based Generalized Extended Stochastic Gradient algorithm, **AM-GESG 算法**) 如下,

$$\hat{\boldsymbol{\theta}}(t) = \hat{\boldsymbol{\theta}}(t-1) + \frac{\hat{\boldsymbol{\varphi}}(t)}{r(t)}e(t), \tag{6.9.101}$$

$$e(t) = y(t) - \hat{\boldsymbol{\varphi}}^{\rm T}(t)\hat{\boldsymbol{\theta}}(t-1), \tag{6.9.102}$$

$$r(t) = r(t-1) + \|\hat{\boldsymbol{\varphi}}(t)\|^2,\ r(0) = 1, \tag{6.9.103}$$

$$\hat{\boldsymbol{\varphi}}(t) = \begin{bmatrix} \hat{\boldsymbol{\varphi}}_{\rm s}(t) \\ \hat{\boldsymbol{\varphi}}_{\rm n}(t) \end{bmatrix},\quad \hat{\boldsymbol{\theta}}(t) = \begin{bmatrix} \hat{\boldsymbol{\theta}}_{\rm s}(t) \\ \hat{\boldsymbol{\theta}}_{\rm n}(t) \end{bmatrix}, \tag{6.9.104}$$

$$\hat{\boldsymbol{\varphi}}_{\rm s}(t) = [-\hat{x}(t-1), -\hat{x}(t-2), \cdots, -\hat{x}(t-n_a), u(t-1), u(t-2), \cdots, u(t-n_b)]^{\rm T}, \tag{6.9.105}$$

$$\hat{\boldsymbol{\varphi}}_{\rm n}(t) = [-\hat{w}(t-1), -\hat{w}(t-2), \cdots, -\hat{w}(t-n_c), \hat{v}(t-1), \hat{v}(t-2), \cdots, \hat{v}(t-n_d)]^{\rm T}, \tag{6.9.106}$$

$$\hat{x}(t) = \hat{\boldsymbol{\varphi}}_{\rm s}^{\rm T}(t)\hat{\boldsymbol{\theta}}_{\rm s}(t), \tag{6.9.107}$$

$$\hat{w}(t) = y(t) - \hat{x}(t), \tag{6.9.108}$$

$$\hat{v}(t) = y(t) - \hat{\boldsymbol{\varphi}}^{\rm T}(t)\hat{\boldsymbol{\theta}}(t). \tag{6.9.109}$$

辨识 Box-Jenkins 系统参数向量 $\boldsymbol{\theta}$ 的 **辅助模型多新息广义增广随机梯度算法** (Auxiliary

Model based Multi-Innovation Generalized Extended Stochastic Gradient algorithm, **AM-MI-GESG 算法**)[100] 如下,

$$\hat{\boldsymbol{\theta}}(t)=\hat{\boldsymbol{\theta}}(t-1)+\frac{\hat{\boldsymbol{\Phi}}(p,t)}{r(t)}\boldsymbol{E}(p,t), \tag{6.9.110}$$

$$\boldsymbol{E}(p,t)=\boldsymbol{Y}(p,t)-\hat{\boldsymbol{\Phi}}^{\mathrm{T}}(p,t)\hat{\boldsymbol{\theta}}(t-1), \tag{6.9.111}$$

$$r(t)=r(t-1)+\|\hat{\boldsymbol{\varphi}}(t)\|^2,\ r(0)=1, \tag{6.9.112}$$

$$\boldsymbol{Y}(p,t)=[y(t),y(t-1),\cdots,y(t-p+1)]^{\mathrm{T}}, \tag{6.9.113}$$

$$\hat{\boldsymbol{\Phi}}(p,t)=[\hat{\boldsymbol{\varphi}}(t),\hat{\boldsymbol{\varphi}}(t-1),\cdots,\hat{\boldsymbol{\varphi}}(t-p+1)], \tag{6.9.114}$$

$$\hat{\boldsymbol{\varphi}}(t)=\begin{bmatrix}\hat{\boldsymbol{\varphi}}_{\mathrm{s}}(t)\\ \hat{\boldsymbol{\varphi}}_{\mathrm{n}}(t)\end{bmatrix},\quad \hat{\boldsymbol{\theta}}(t)=\begin{bmatrix}\hat{\boldsymbol{\theta}}_{\mathrm{s}}(t)\\ \hat{\boldsymbol{\theta}}_{\mathrm{n}}(t)\end{bmatrix}, \tag{6.9.115}$$

$$\hat{\boldsymbol{\varphi}}_{\mathrm{s}}(t)=[-\hat{x}(t-1),-\hat{x}(t-2),\cdots,-\hat{x}(t-n_a),u(t-1),u(t-2),\cdots,u(t-n_b)]^{\mathrm{T}}, \tag{6.9.116}$$

$$\hat{\boldsymbol{\varphi}}_{\mathrm{n}}(t)=[-\hat{w}(t-1),-\hat{w}(t-2),\cdots,-\hat{w}(t-n_c),\hat{v}(t-1),\hat{v}(t-2),\cdots,\hat{v}(t-n_d)]^{\mathrm{T}}, \tag{6.9.117}$$

$$\hat{x}(t)=\hat{\boldsymbol{\varphi}}_{\mathrm{s}}^{\mathrm{T}}(t)\hat{\boldsymbol{\theta}}_{\mathrm{s}}(t), \tag{6.9.118}$$

$$\hat{w}(t)=y(t)-\hat{x}(t), \tag{6.9.119}$$

$$\hat{v}(t)=y(t)-\hat{\boldsymbol{\varphi}}^{\mathrm{T}}(t)\hat{\boldsymbol{\theta}}(t). \tag{6.9.120}$$

当新息长度 $p=1$ 时, AM-MI-GESG 算法退化为 AM-GESG 算法.

辨识 Box-Jenkins 系统参数向量 $\boldsymbol{\theta}$ 的 **辅助模型多新息广义增广最小二乘算法** (Auxiliary Model based Multi-Innovation Generalized Extended Least Squares algorithm, **AM-MI-GELS 算法**) 如下,

$$\hat{\boldsymbol{\theta}}(t)=\hat{\boldsymbol{\theta}}(t-1)+\boldsymbol{L}(t)[\boldsymbol{Y}(p,t)-\hat{\boldsymbol{\Phi}}^{\mathrm{T}}(p,t)\hat{\boldsymbol{\theta}}(t-1)], \tag{6.9.121}$$

$$\boldsymbol{L}(t)=\boldsymbol{P}(t-1)\hat{\boldsymbol{\Phi}}(p,t)[\boldsymbol{I}_p+\hat{\boldsymbol{\Phi}}^{\mathrm{T}}(p,t)\boldsymbol{P}(t-1)\hat{\boldsymbol{\Phi}}(p,t)]^{-1}, \tag{6.9.122}$$

$$\boldsymbol{P}(t)=\boldsymbol{P}(t-1)-\boldsymbol{L}(t)\hat{\boldsymbol{\Phi}}^{\mathrm{T}}(p,t)\boldsymbol{P}(t-1),\ \boldsymbol{P}(0)=p_0\boldsymbol{I}, \tag{6.9.123}$$

$$\boldsymbol{Y}(p,t)=[y(t),y(t-1),\cdots,y(t-p+1)]^{\mathrm{T}}, \tag{6.9.124}$$

$$\hat{\boldsymbol{\Phi}}(p,t)=[\hat{\boldsymbol{\varphi}}(t),\hat{\boldsymbol{\varphi}}(t-1),\cdots,\hat{\boldsymbol{\varphi}}(t-p+1)], \tag{6.9.125}$$

$$\hat{\boldsymbol{\varphi}}(t)=\begin{bmatrix}\hat{\boldsymbol{\varphi}}_{\mathrm{s}}(t)\\ \hat{\boldsymbol{\varphi}}_{\mathrm{n}}(t)\end{bmatrix},\quad \hat{\boldsymbol{\theta}}(t)=\begin{bmatrix}\hat{\boldsymbol{\theta}}_{\mathrm{s}}(t)\\ \hat{\boldsymbol{\theta}}_{\mathrm{n}}(t)\end{bmatrix}, \tag{6.9.126}$$

$$\hat{\boldsymbol{\varphi}}_{\mathrm{s}}(t)=[-\hat{x}(t-1),-\hat{x}(t-2),\cdots,-\hat{x}(t-n_a),u(t-1),u(t-2),\cdots,u(t-n_b)]^{\mathrm{T}}, \tag{6.9.127}$$

$$\hat{\boldsymbol{\varphi}}_{\mathrm{n}}(t)=[-\hat{w}(t-1),-\hat{w}(t-2),\cdots,-\hat{w}(t-n_c),\hat{v}(t-1),\hat{v}(t-2),\cdots,\hat{v}(t-n_d)]^{\mathrm{T}}, \tag{6.9.128}$$

$$\hat{x}(t)=\hat{\boldsymbol{\varphi}}_{\mathrm{s}}^{\mathrm{T}}(t)\hat{\boldsymbol{\theta}}_{\mathrm{s}}(t), \tag{6.9.129}$$

$$\hat{w}(t)=y(t)-\hat{x}(t), \tag{6.9.130}$$

$$\hat{v}(t)=y(t)-\hat{\boldsymbol{\varphi}}^{\mathrm{T}}(t)\hat{\boldsymbol{\theta}}(t). \tag{6.9.131}$$

6.10 输入非线性受控自回归自回归滑动平均系统

考虑下列 **输入非线性受控自回归自回归滑动平均系统** (Input Nonlinear CARARMA

system, IN-CARARMA)[8],

$$A(z)y(t)=B(z)\bar{u}(t)+\frac{D(z)}{C(z)}v(t), \tag{6.10.1}$$

其结构如图 6.10.1 所示, 其非线性部分方程为

$$\begin{aligned}\bar{u}(t)&=f(u(t))=\gamma_1 f_1(u(t))+\gamma_2 f_2(u(t))+\cdots+\gamma_m f_m(u(t))\\&=\boldsymbol{f}(u(t))\boldsymbol{\gamma},\end{aligned} \tag{6.10.2}$$

其中 $\boldsymbol{f}(u(t)):=[f_1(u(t)),f_2(u(t)),\cdots,f_m(u(t))]\in\mathbb{R}^{1\times m}$ 是基函数构成的行向量, $\boldsymbol{\gamma}:=[\gamma_1,\gamma_2,\cdots,\gamma_m]^{\mathrm{T}}\in\mathbb{R}^m$ 是非线性部分的参数向量. 假定多项式

$$B(z):=b_0+b_1z^{-1}+b_2z^{-2}+\cdots+b_{n_b}z^{-n_b} \tag{6.10.3}$$

的首项系数 $b_0=1$. 当然也可假定 $B(z):=z^{-1}+b_2z^{-2}+b_3z^{-3}+\cdots+b_{n_b}z^{-n_b}$.

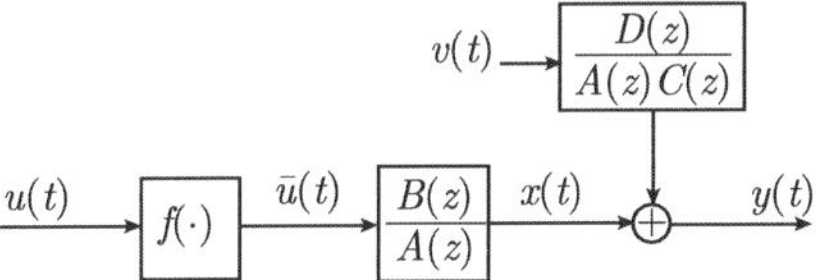

图 6.10.1 输入非线性受控自回归自回归滑动平均系统 (IN-CARARMA)

定义中间相关噪声变量:

$$w(t):=\frac{D(z)}{C(z)}v(t). \tag{6.10.4}$$

定义参数向量 $\boldsymbol{\theta}$ 和信息向量 $\boldsymbol{\varphi}(t)$ 如下,

$$\boldsymbol{\theta}:=\begin{bmatrix}\boldsymbol{\theta}_{\mathrm{s}}\\\boldsymbol{\theta}_{\mathrm{n}}\end{bmatrix}\in\mathbb{R}^{n_a+n_b+m+n_c+n_d},\quad \boldsymbol{\theta}_{\mathrm{s}}:=\begin{bmatrix}\boldsymbol{a}\\\boldsymbol{b}\\\boldsymbol{\gamma}\end{bmatrix}\in\mathbb{R}^{n_a+n_b+m},\quad \boldsymbol{\theta}_{\mathrm{n}}:=\begin{bmatrix}\boldsymbol{c}\\\boldsymbol{d}\end{bmatrix}\in\mathbb{R}^{n_c+n_d},$$

$$\boldsymbol{a}:=\begin{bmatrix}a_1\\a_2\\\vdots\\a_{n_a}\end{bmatrix}\in\mathbb{R}^{n_a},\quad \boldsymbol{b}:=\begin{bmatrix}b_1\\b_2\\\vdots\\b_{n_b}\end{bmatrix}\in\mathbb{R}^{n_b},\quad \boldsymbol{c}:=\begin{bmatrix}c_1\\c_2\\\vdots\\c_{n_c}\end{bmatrix}\in\mathbb{R}^{n_c},\quad \boldsymbol{d}:=\begin{bmatrix}d_1\\d_2\\\vdots\\d_{n_d}\end{bmatrix}\in\mathbb{R}^{n_d},$$

$$\begin{aligned}\boldsymbol{\varphi}(t):=&[\boldsymbol{\varphi}_{\mathrm{s}}^{\mathrm{T}}(t),-w(t-1),-w(t-2),\cdots,-w(t-n_c),\\&v(t-1),v(t-2),\cdots,v(t-n_d)]^{\mathrm{T}}\in\mathbb{R}^{n_a+n_b+m+n_c+n_d},\end{aligned}$$

$$\begin{aligned}\boldsymbol{\varphi}_{\mathrm{s}}(t):=&[-y(t-1),-y(t-2),\cdots,-y(t-n_a),\\&\bar{u}(t-1),\bar{u}(t-2),\cdots,\bar{u}(t-n_b),\boldsymbol{f}(u(t))]\in\mathbb{R}^{n_a+n_b+m}.\end{aligned}$$

将式 (6.10.2) 和式 (6.10.4) 代入式 (6.10.1), 可得辨识模型:

$$\begin{aligned}y(t)&=[1-A(z)]y(t)+[B(z)-1]\bar{u}(t)+\bar{u}(t)+w(t)\\&=\boldsymbol{\varphi}_{\mathrm{s}}^{\mathrm{T}}(t)\boldsymbol{\theta}_{\mathrm{s}}+w(t) &(6.10.5)\\&=\boldsymbol{\varphi}_{\mathrm{s}}^{\mathrm{T}}(t)\boldsymbol{\theta}_{\mathrm{s}}+[1-C(z)]w(t)+[D(z)-1]v(t)+v(t)\\&=\boldsymbol{\varphi}^{\mathrm{T}}(t)\boldsymbol{\theta}+v(t). &(6.10.6)\end{aligned}$$

信息向量 $\boldsymbol{\varphi}(t)$ 中未知中间变量 $\bar{u}(t-i)$ 用辅助模型的输出 $\hat{\bar{u}}(t-i)$ 代替, 未知相关噪声项 $w(t-i)$ 和白噪声项 $v(t-i)$ 分别用其估计 $\hat{w}(t-i)$ 和 $\hat{v}(t-i)$ 代替, 可以得到估计 IN-CARARMA 系统参数向量 $\boldsymbol{\theta}$ 的 **辅助模型广义增广随机梯度算法** (**AM-GESG 算法**):

$$\hat{\boldsymbol{\theta}}(t)=\hat{\boldsymbol{\theta}}(t-1)+\frac{\hat{\boldsymbol{\varphi}}(t)}{r(t)}e(t), \tag{6.10.7}$$

$$e(t)=y(t)-\hat{\boldsymbol{\varphi}}^{\mathrm{T}}(t)\hat{\boldsymbol{\theta}}(t-1), \tag{6.10.8}$$

$$r(t)=r(t-1)+\|\hat{\boldsymbol{\varphi}}(t)\|^2,\ r(0)=1, \tag{6.10.9}$$

$$\begin{aligned}\hat{\boldsymbol{\varphi}}(t)=[&\hat{\boldsymbol{\varphi}}_{\mathrm{s}}^{\mathrm{T}}(t),-\hat{w}(t-1),-\hat{w}(t-2),\cdots,-\hat{w}(t-n_c),\\ &\hat{v}(t-1),\hat{v}(t-2),\cdots,\hat{v}(t-n_d)]^{\mathrm{T}},\end{aligned} \tag{6.10.10}$$

$$\begin{aligned}\hat{\boldsymbol{\varphi}}_{\mathrm{s}}(t)=[&-y(t-1),-y(t-2),\cdots,-y(t-n_a),\\ &\hat{\bar{u}}(t-1),\hat{\bar{u}}(t-2),\cdots,\hat{\bar{u}}(t-n_b),\boldsymbol{f}(u(t))]^{\mathrm{T}},\end{aligned} \tag{6.10.11}$$

$$\hat{\bar{u}}(t)=\boldsymbol{f}(u(t))\hat{\boldsymbol{\gamma}}(t), \tag{6.10.12}$$

$$\boldsymbol{f}(u(t))=[f_1(u(t)),f_2(u(t)),\cdots,f_m(u(t))], \tag{6.10.13}$$

$$\hat{\boldsymbol{\theta}}(t)=\begin{bmatrix}\hat{\boldsymbol{\theta}}_{\mathrm{s}}(t)\\ \hat{\boldsymbol{\theta}}_{\mathrm{n}}(t)\end{bmatrix},\quad \hat{\boldsymbol{\theta}}_{\mathrm{s}}(t)=\begin{bmatrix}\hat{\boldsymbol{a}}(t)\\ \hat{\boldsymbol{b}}(t)\\ \hat{\boldsymbol{\gamma}}(t)\end{bmatrix}, \tag{6.10.14}$$

$$\hat{w}(t)=y(t)-\hat{\boldsymbol{\varphi}}_{\mathrm{s}}^{\mathrm{T}}(t)\hat{\boldsymbol{\theta}}_{\mathrm{s}}(t), \tag{6.10.15}$$

$$\hat{v}(t)=y(t)-\hat{\boldsymbol{\varphi}}^{\mathrm{T}}(t)\hat{\boldsymbol{\theta}}(t). \tag{6.10.16}$$

估计 IN-CARARMA 系统参数向量 $\boldsymbol{\theta}$ 的 **辅助模型多新息广义增广随机梯度算法** (Auxiliary Model based Multi-Innovation Generalized Extended Stochastic Gradient algorithm, **AM-MI-GESG 算法**) 如下,

$$\hat{\boldsymbol{\theta}}(t)=\hat{\boldsymbol{\theta}}(t-1)+\frac{\hat{\boldsymbol{\Phi}}(p,t)}{r(t)}\boldsymbol{E}(p,t), \tag{6.10.17}$$

$$\boldsymbol{E}(p,t)=\boldsymbol{Y}(p,t)-\hat{\boldsymbol{\Phi}}^{\mathrm{T}}(p,t)\hat{\boldsymbol{\theta}}(t-1), \tag{6.10.18}$$

$$r(t)=r(t-1)+\|\hat{\boldsymbol{\varphi}}(t)\|^2,\ r(0)=1, \tag{6.10.19}$$

$$\boldsymbol{Y}(p,t)=[y(t),y(t-1),\cdots,y(t-p+1)]^{\mathrm{T}}, \tag{6.10.20}$$

$$\hat{\boldsymbol{\Phi}}(p,t)=[\hat{\boldsymbol{\varphi}}(t),\hat{\boldsymbol{\varphi}}(t-1),\cdots,\hat{\boldsymbol{\varphi}}(t-p+1)], \tag{6.10.21}$$

$$\begin{aligned}\hat{\boldsymbol{\varphi}}(t)=[&\hat{\boldsymbol{\varphi}}_{\mathrm{s}}^{\mathrm{T}}(t),-\hat{w}(t-1),-\hat{w}(t-2),\cdots,-\hat{w}(t-n_c),\\ &\hat{v}(t-1),\hat{v}(t-2),\cdots,\hat{v}(t-n_d)]^{\mathrm{T}},\end{aligned} \tag{6.10.22}$$

$$\begin{aligned}\hat{\boldsymbol{\varphi}}_{\mathrm{s}}(t)=[&-y(t-1),-y(t-2),\cdots,-y(t-n_a),\\ &\hat{\bar{u}}(t-1),\hat{\bar{u}}(t-2),\cdots,\hat{\bar{u}}(t-n_b),\boldsymbol{f}(u(t))]^{\mathrm{T}},\end{aligned} \tag{6.10.23}$$

$$\hat{\bar{u}}(t)=\boldsymbol{f}(u(t))\hat{\boldsymbol{\gamma}}(t), \tag{6.10.24}$$

$$\boldsymbol{f}(u(t))=[f_1(u(t)),f_2(u(t)),\cdots,f_m(u(t))], \tag{6.10.25}$$

$$\hat{\boldsymbol{\theta}}(t)=\begin{bmatrix}\hat{\boldsymbol{\theta}}_{\mathrm{s}}(t)\\ \hat{\boldsymbol{\theta}}_{\mathrm{n}}(t)\end{bmatrix},\quad \hat{\boldsymbol{\theta}}_{\mathrm{s}}(t)=\begin{bmatrix}\hat{\boldsymbol{a}}(t)\\ \hat{\boldsymbol{b}}(t)\\ \hat{\boldsymbol{\gamma}}(t)\end{bmatrix}, \tag{6.10.26}$$

$$\hat{w}(t)=y(t)-\hat{\varphi}_{\mathrm{s}}^{\mathrm{T}}(t)\hat{\theta}_{\mathrm{s}}(t), \tag{6.10.27}$$

$$\hat{v}(t)=y(t)-\hat{\varphi}^{\mathrm{T}}(t)\hat{\theta}(t). \tag{6.10.28}$$

估计 IN-CARARMA 系统参数向量 $\boldsymbol{\theta}$ 的 **辅助模型多新息广义增广最小二乘算法** (Auxiliary Model based Multi-Innovation Generalized Extended Least Squares algorithm, **AM-MI-GELS 算法**) 如下,

$$\hat{\theta}(t)=\hat{\theta}(t-1)+L(t)[Y(p,t)-\hat{\Phi}^{\mathrm{T}}(p,t)\hat{\theta}(t-1)], \tag{6.10.29}$$

$$L(t)=P(t-1)\hat{\Phi}(p,t)[I_p+\hat{\Phi}^{\mathrm{T}}(p,t)P(t-1)\hat{\Phi}(p,t)]^{-1}, \tag{6.10.30}$$

$$P(t)=P(t-1)-L(t)\hat{\Phi}^{\mathrm{T}}(p,t)P(t-1),\ P(0)=p_0I, \tag{6.10.31}$$

$$Y(p,t)=[y(t),y(t-1),\cdots,y(t-p+1)]^{\mathrm{T}}, \tag{6.10.32}$$

$$\hat{\Phi}(p,t)=[\hat{\varphi}(t),\hat{\varphi}(t-1),\cdots,\hat{\varphi}(t-p+1)], \tag{6.10.33}$$

$$\begin{aligned}\hat{\varphi}(t)=[&\hat{\varphi}_{\mathrm{s}}^{\mathrm{T}}(t),-\hat{w}(t-1),-\hat{w}(t-2),\cdots,-\hat{w}(t-n_c),\\&\hat{v}(t-1),\hat{v}(t-2),\cdots,\hat{v}(t-n_d)]^{\mathrm{T}},\end{aligned} \tag{6.10.34}$$

$$\begin{aligned}\hat{\varphi}_{\mathrm{s}}(t)=[&-y(t-1),-y(t-2),\cdots,-y(t-n_a),\\&\hat{u}(t-1),\hat{u}(t-2),\cdots,\hat{u}(t-n_b),f(u(t))]^{\mathrm{T}},\end{aligned} \tag{6.10.35}$$

$$\hat{u}(t)=f(u(t))\hat{\gamma}(t), \tag{6.10.36}$$

$$f(u(t))=[f_1(u(t)),f_2(u(t)),\cdots,f_m(u(t))], \tag{6.10.37}$$

$$\hat{\theta}(t)=\begin{bmatrix}\hat{\theta}_{\mathrm{s}}(t)\\\hat{\theta}_{\mathrm{n}}(t)\end{bmatrix},\quad \hat{\theta}_{\mathrm{s}}(t)=\begin{bmatrix}\hat{a}(t)\\\hat{b}(t)\\\hat{\gamma}(t)\end{bmatrix}, \tag{6.10.38}$$

$$\hat{w}(t)=y(t)-\hat{\varphi}_{\mathrm{s}}^{\mathrm{T}}(t)\hat{\theta}_{\mathrm{s}}(t), \tag{6.10.39}$$

$$\hat{v}(t)=y(t)-\hat{\varphi}^{\mathrm{T}}(t)\hat{\theta}(t). \tag{6.10.40}$$

本节讨论了输入非线性 CARARMA 系统的辅助模型广义增广随机梯度算法、辅助模型多新息广义增广随机梯度度算法、辅助模型广义增广最小二乘算法, 它包括了输入非线性 FIR 系统 (IN-FIR)、输入非线性 CARMA 系统 (IN-CARMA)、输入非线性 CARAR 系统 (IN-CARAR) 等特殊情形. 这个方法可以推广到输入非线性输出误差系统 (IN-OE)、输入非线性输出误差滑动平均系统 (IN-OEMA)、输入非线性输出误差自回归系统 (IN-OEAR) 和输入非线性 Box-Jenkins 系统 (IN-BJ). 这些辨识算法的收敛性分析 (参数估计的一致收敛性, 估计误差的有界收敛性) 仍然是控制科学家有待解决的辨识难题.

6.11 多新息观测器和多新息卡尔曼滤波器

6.11.1 多新息观测器

考虑离散时间 **状态空间模型** 描述的系统,

$$\begin{cases}x(t+1)=Ax(t)+Bu(t),\\ y(t)=Cx(t)+Du(t),\end{cases} \tag{6.11.1}$$

其中 $\boldsymbol{x}(t) \in \mathbb{R}^n$ 为状态向量, $\boldsymbol{u}(t) \in \mathbb{R}^r$ 为输入向量, $\boldsymbol{y}(t) \in \mathbb{R}^m$ 为输出向量, $\boldsymbol{A} \in \mathbb{R}^{n\times n}$, $\boldsymbol{B} \in \mathbb{R}^{n\times r}$, $\boldsymbol{C} \in \mathbb{R}^{m\times n}$ 和 $\boldsymbol{D} \in \mathbb{R}^{m\times r}$ 为系统参数矩阵.

系统 (6.11.1) 的闭环 **观测器** 为

$$\begin{cases} \hat{\boldsymbol{x}}(t+1) = \boldsymbol{A}\hat{\boldsymbol{x}}(t) + \boldsymbol{B}\boldsymbol{u}(t) + \boldsymbol{L}[\boldsymbol{y}(t) - \hat{\boldsymbol{y}}(t)] \\ \qquad\qquad =: \boldsymbol{A}\hat{\boldsymbol{x}}(t) + \boldsymbol{B}\boldsymbol{u}(t) + \boldsymbol{L}\boldsymbol{e}(t), \\ \hat{\boldsymbol{y}}(t) = \boldsymbol{C}\hat{\boldsymbol{x}}(t) + \boldsymbol{D}\boldsymbol{u}(t), \end{cases}$$

其中 $\boldsymbol{L} \in \mathbb{R}^{n\times m}$ 为增益矩阵, $\boldsymbol{e}(t) := \boldsymbol{y}(t) - \hat{\boldsymbol{y}}(t) = \boldsymbol{y}(t) - \boldsymbol{C}\hat{\boldsymbol{x}}(t) - \boldsymbol{D}\boldsymbol{u}(t)$ 为向量新息, 用于反馈校正观测器状态偏差. 扩展 $\boldsymbol{e}(t)$ 则得到 **多新息观测器** (multi-innovation observer):

$$\begin{cases} \hat{\boldsymbol{x}}(t+1) = \boldsymbol{A}\hat{\boldsymbol{x}}(t) + \boldsymbol{B}\boldsymbol{u}(t) + \sum\limits_{i=1}^{p} \boldsymbol{L}_i\boldsymbol{e}(t-i+1), \\ \hat{\boldsymbol{y}}(t) = \boldsymbol{C}\hat{\boldsymbol{x}}(t) + \boldsymbol{D}\boldsymbol{u}(t), \\ \boldsymbol{e}(t) = \boldsymbol{y}(t) - \hat{\boldsymbol{y}}(t) = \boldsymbol{y}(t) - \boldsymbol{C}\hat{\boldsymbol{x}}(t) - \boldsymbol{D}\boldsymbol{u}(t), \end{cases}$$

其中 $\boldsymbol{L}_i \in \mathbb{R}^{n\times m}$ 为增益矩阵, p 为新息长度. 丁锋等给出了状态空间系统的基于卡尔曼滤波思想的时变增益最优观测器设计方法[212].

6.11.2　多新息卡尔曼滤波器

考虑下列随机系统 **状态空间模型** (state space model),

$$\begin{cases} \boldsymbol{x}(t+1) = \boldsymbol{A}\boldsymbol{x}(t) + \boldsymbol{B}\boldsymbol{u}(t) + \boldsymbol{w}(t), \ \ \boldsymbol{w}(t): \ \text{Noise} \\ y(t) = \boldsymbol{C}\boldsymbol{x}(t) + \boldsymbol{D}\boldsymbol{u}(t) + v(t). \end{cases} \tag{6.11.2}$$

其中 $\boldsymbol{x}(t) \in \mathbb{R}^n$ 为 **状态向量** (state vector), $\boldsymbol{u}(t) \in \mathbb{R}^r$ 为 **输入向量** (input vector), $\boldsymbol{y}(t) \in \mathbb{R}^m$ 为 **输出向量** (output vector), $\boldsymbol{w}(t) \in \mathbb{R}^n$ 为零均值 **过程噪声向量** (process noise vector), $\boldsymbol{v}(t) \in \mathbb{R}^m$ 为零均值 **观测噪声向量** (observation noise vector), $\boldsymbol{A} \in \mathbb{R}^{n\times n}$, $\boldsymbol{B} \in \mathbb{R}^{n\times r}$, $\boldsymbol{C} \in \mathbb{R}^{m\times n}$ 和 $\boldsymbol{D} \in \mathbb{R}^{m\times r}$ 为 **系统参数矩阵** (system parameter matrix), $\mathrm{E}[\boldsymbol{w}(t)\boldsymbol{w}^{\mathrm{T}}(t)] = \boldsymbol{R}_w \in \mathbb{R}^{n\times n}$, $\mathrm{E}[\boldsymbol{v}(t)\boldsymbol{v}^{\mathrm{T}}(t)] = \boldsymbol{R}_v \in \mathbb{R}^{m\times m}$.

假设白噪声过程 $\{\boldsymbol{w}(t)\}$ 和 $\{\boldsymbol{v}(t)\}$ 与系统输入 $\{\boldsymbol{u}(t)\}$ 不相关, **一步超前卡尔曼状态估计算法** (one-step ahead Kalman state estimation algorithm), 或 **卡尔曼滤波算法** (Kalman filtering algorithm), 或卡尔曼新息滤波器如下,

$$\begin{cases} \hat{\boldsymbol{x}}(t+1) = \boldsymbol{A}\hat{\boldsymbol{x}}(t) + \boldsymbol{B}\boldsymbol{u}(t) + \boldsymbol{L}(t)\boldsymbol{e}(t), \\ \boldsymbol{L}(t) = \boldsymbol{A}\boldsymbol{P}(t)\boldsymbol{C}^{\mathrm{T}}[R_v + \boldsymbol{C}\boldsymbol{P}(t)\boldsymbol{C}^{\mathrm{T}}]^{-1}, \\ \boldsymbol{P}(t+1) = \boldsymbol{A}\boldsymbol{P}(t)\boldsymbol{A}^{\mathrm{T}} + \boldsymbol{R}_w - \boldsymbol{A}\boldsymbol{P}(t)\boldsymbol{C}^{\mathrm{T}}[R_v + \boldsymbol{C}\boldsymbol{P}(t)\boldsymbol{C}^{\mathrm{T}}]^{-1}\boldsymbol{C}\boldsymbol{P}(t)\boldsymbol{A}^{\mathrm{T}}. \end{cases}$$

其中 $\boldsymbol{L}(t) \in \mathbb{R}^{n\times m}$ 为时变增益矩阵, $\boldsymbol{e}(t) := \boldsymbol{y}(t) - \hat{\boldsymbol{y}}(t) = \boldsymbol{y}(t) - \boldsymbol{C}\hat{\boldsymbol{x}}(t) - \boldsymbol{D}\boldsymbol{u}(t)$ 为向量新息. 扩展 $\boldsymbol{e}(t)$ 为新息矩阵

$$\boldsymbol{E}(p,t) := \begin{bmatrix} \boldsymbol{e}(t) \\ \boldsymbol{e}(t-1) \\ \boldsymbol{e}(t-2) \\ \vdots \\ \boldsymbol{e}(t-p+1) \end{bmatrix} = \begin{bmatrix} \boldsymbol{y}(t) - \boldsymbol{C}\hat{\boldsymbol{x}}(t) - \boldsymbol{D}\boldsymbol{u}(t) \\ \boldsymbol{y}(t-1) - \boldsymbol{C}\hat{\boldsymbol{x}}(t-1) - \boldsymbol{D}\boldsymbol{u}(t-1) \\ \boldsymbol{y}(t-2) - \boldsymbol{C}\hat{\boldsymbol{x}}(t-2) - \boldsymbol{D}\boldsymbol{u}(t-2) \\ \vdots \\ \boldsymbol{y}(t-p+1) - \boldsymbol{C}\hat{\boldsymbol{x}}(t-p+1) - \boldsymbol{D}\boldsymbol{u}(t-p+1) \end{bmatrix} \in \mathbb{R}^{(mp)},$$

则得到 **多新息卡尔曼状态估计算法** (多新息卡尔曼状态滤波算法, 多新息卡尔曼新息滤波器),

$$\begin{aligned}\hat{\boldsymbol{x}}(t+1) &= \boldsymbol{A}\hat{\boldsymbol{x}}(t) + \boldsymbol{B}\boldsymbol{u}(t) + [\boldsymbol{L}_1(t), \boldsymbol{L}_2(t), \cdots, \boldsymbol{L}_p(t)]\boldsymbol{E}(p,t)\\ &= \boldsymbol{A}\hat{\boldsymbol{x}}(t) + \boldsymbol{B}\boldsymbol{u}(t) + \sum_{i=1}^{p}\boldsymbol{L}_i(t)\boldsymbol{e}(t-i+1).\end{aligned}$$

这里可取增益矩阵 $\boldsymbol{L}_i(t) = \boldsymbol{L}(t-i+1)$.

多新息卡尔曼滤波器优于 (至少等于) 卡尔曼滤波器, 因为只需取 $\boldsymbol{L}_1(t) = \boldsymbol{L}(t)$, $\boldsymbol{L}_2(t) = \boldsymbol{L}_3(t) = \cdots = \boldsymbol{L}_p(t) = \boldsymbol{0}$.

6.12 小 结

系统辨识是利用系统采样数据信息辨识系统数学模型参数的过程. 多新息辨识方法是充分利用和扩展辨识新息的一种辨识方法, 即通过对辨识新息的扩展, 从标量新息到新息向量, 从向量新息到新息矩阵, 提出的一种基于新息的辨识理论与方法. 这种多新息辨识理论可以发展到观测器设计和卡尔曼滤波中, 研究和提出多新息观测器设计和多新息卡尔曼滤波理论与方法.

多新息辨识方法是系统辨识的一个重要分支. 本章详细讨论了线性回归模型、方程误差类系统、输出误差类系统、输入非线性系统的多新息梯度类辨识方法和多新息最小二乘类辨识方法等, 简单说明了多新息辨识理论可以应用于观测器设计和卡尔曼滤波器的设计. 这些方法也可推广到输出非线性方程误差类系统和输出非线性输出误差类系统, 以及反馈非线性系统.

本章没有讨论多新息辨识方法的收敛性, 相关的研究可参考论文《Box-Jenkins 模型的基于辅助模型的多新息广义增广随机梯度算法》[100], 《多输入多输出系统多新息随机梯度辨识算法及其一致收敛性》[140], 《使用多新息辨识理论的多率多输入系统辨识》[208], 《基于辅助模型的输出误差滑动平均系统多新息增广随机梯度参数估计方法》[42]. 一些有色噪声干扰系统多新息辨识算法的收敛性分析仍然是辨识领域有待解决的困难课题.

本章主要内容已在《南京信息工程大学学报 (自然科学版)》连载:

"丁锋. 系统辨识 (6): 多新息辨识理论与方法. 南京信息工程大学学报 (自然科学版), 2012, 4(1): 1-28."

"Ding F. System identification: Part F – Multi-innovation identification theory and methods. Journal of Nanjing University of Information Science & Technology (Natural Science Edition), 2012, 4(1): 1-28."

6.13 思 考 题

1. 写出下列系统的多新息最小二乘辨识算法和多新息随机梯度辨识算法,

(1) $y(t) = (1 + dz^{-1})v(t)$;

(2) $y(t) = bu(t) + (1 + dz^{-1})v(t)$;

(3) $y(t) = \dfrac{bz^{-1}}{1 + az^{-1}}u(t) + v(t)$;

(4) $y(t)=\dfrac{bz^{-1}}{1+az^{-1}}u(t)+(1+dz^{-1})v(t).$

2. 写出估计下列系统参数向量 $\boldsymbol{\vartheta}$ 的多新息随机梯度辨识算法,

$$y(t)=\boldsymbol{\vartheta}^{\mathrm{T}}\boldsymbol{\varphi}(u(t),u(t-1),\cdots,u(t-n))+v(t),$$

其中 $\boldsymbol{\varphi}(u(t), u(t-1), \cdots, u(t-n))$ 是 $u(t), u(t-1), \cdots, u(t-n)$ 的非线性函数, $\{u(t)\}$ 是系统的输入序列, $\{v(t)\}$ 是零均值、方差为 σ^2 的白噪声序列.

3. 研究下列 AR-OE 系统的辅助模型多新息最小二乘算法和辅助模型多新息随机梯度算法,

$$A(z)y(t)=\frac{B(z)}{F(z)}u(t)+v(t).$$

4. 研究下列系统的 AR-OEMA 辅助模型多新息增广最小二乘算法和辅助模型多新息增广随机梯度算法,

$$A(z)y(t)=\frac{B(z)}{F(z)}u(t)+D(z)v(t).$$

5. 研究下列 AR-OEAR 系统的辅助模型多新息广义最小二乘算法和辅助模型多新息广义随机梯度算法,

$$A(z)y(t)=\frac{B(z)}{F(z)}u(t)+\frac{1}{C(z)}v(t).$$

6. 研究下列 AR-OEARMA 系统 (AR-Box-Jenkins 系统) 的辅助模型多新息广义增广最小二乘算法和辅助模型多新息广义增广随机梯度算法,

$$A(z)y(t)=\frac{B(z)}{F(z)}u(t)+\frac{D(z)}{C(z)}v(t).$$

7. 研究下列系统的多新息最小二乘辨识算法和多新息随机梯度辨识算法,

(1) $A(z)y(t)=B_1(z)u_1(t)+B_2(z)u_2(t)+D(z)v(t);$

(2) $A(z)y(t)=B_1(z)u_1(t)+B_2(z)u_2(t)+\dfrac{D(z)}{C(z)}v(t);$

(3) $A(z)y(t)=B_1(z)u(t)u(t-1)+B_2(z)u(t)y(t)+\dfrac{D(z)}{C(z)}v(t).$

8. 研究下列系统的辅助模型多新息最小二乘辨识算法和辅助模型多新息随机梯度辨识算法,

(1) $A(z)y(t)=\dfrac{B_1(z)u_1(t)+B_2(z)u_2(t)}{F(z)}+\dfrac{D(z)}{C(z)}v(t);$

(2) $A(z)y(t)=\dfrac{B_1(z)}{F_1(z)}u_1(t)+\dfrac{B_2(z)}{F_2(z)}u_2(t)+\dfrac{D(z)}{C(z)}v(t);$

(3) $A(z)y(t)=\dfrac{B(z)u(t)y(t-1)}{F(z)}+\dfrac{D(z)}{C(z)}v(t).$

9. 考虑下列 **伪线性回归模型** II (一类白噪声干扰的非线性输出误差模型),

$$y(t)=\frac{f(\boldsymbol{\vartheta},u(t),z)}{A(z)}+v(t),$$
$$A(z):=1+a_1z^{-1}+a_2z^{-2}+\cdots+a_{n_a}z^{-n_a},$$

其中 $\{u(t)\}$ 是系统的输入序列, $\{v(t)\}$ 是零均值、方差为 σ^2 的白噪声序列, $f(\boldsymbol{\vartheta},u(t),z):=f(\boldsymbol{\vartheta}, u(t), u(t-1), \cdots, u(t-n))$ 是参数向量 $\boldsymbol{\vartheta}$ 的线性函数, 是 $u(t), u(t-1), \cdots, u(t-n)$ 的非线性函数 $\boldsymbol{\varphi}(u(t), u(t-1), \cdots, u(t-n))$, 记作

$$f(\boldsymbol{\vartheta},u(t),z):=\boldsymbol{\vartheta}^{\mathrm{T}}\boldsymbol{\varphi}(u(t),u(t-1),\cdots,u(t-n)).$$

定义辅助模型

$$\begin{aligned}\hat{x}(t)&=\frac{f(\hat{\boldsymbol{\vartheta}}(t),u(t),z)}{\hat{A}(t,z)}\\&=\frac{\hat{\boldsymbol{\vartheta}}^{\mathrm{T}}(t)\boldsymbol{\varphi}(u(t),u(t-1),\cdots,u(t-n))}{\hat{A}(t,z)},\end{aligned}$$

其中 $\hat{A}(t,z)$ 是 t 时刻 $A(z)$ 的估计. 研究这类伪线性回归模型 II 的辅助模型多新息最小二乘辨识算法和辅助模型多新息随机梯度辨识算法及其收敛性. (提示: 参考文献 [27], [29])

10. 考虑下列 **伪线性回归模型**III (一类有色噪声干扰的非线性输出误差模型),

$$\begin{aligned}y(t)&=\frac{f(\boldsymbol{\vartheta},u_1(t),z)}{A(z)}+B_2(z)u_2(t)+D(z)v(t),\\A(z)&:=1+a_1z^{-1}+a_2z^{-2}+\cdots+a_{n_a}z^{-n_a},\\D(z)&:=1+d_1z^{-1}+d_2z^{-2}+\cdots+d_{n_d}z^{-n_d},\end{aligned}$$

其中 $\{u_1(t)\}$ 和 $\{u_2(t)\}$ 是系统的两个输入序列, $\{v(t)\}$ 是零均值、方差为 σ^2 的白噪声序列, $f(\boldsymbol{\vartheta},u_1(t),z):=f(\boldsymbol{\vartheta},u_1(t),u_1(t-1),\cdots,u_1(t-n))$ 是参数向量 $\boldsymbol{\vartheta}$ 的线性函数, 是 $u_1(t),u_1(t-1),\cdots,u_1(t-n)$ 的非线性函数 $\boldsymbol{\varphi}(u_1(t),u_1(t-1),\cdots,u_1(t-n))$, 记作

$$f(\boldsymbol{\vartheta},u_1(t),z):=\boldsymbol{\vartheta}^{\mathrm{T}}\boldsymbol{\varphi}(u_1(t),u_1(t-1),\cdots,u_1(t-n)).$$

定义辅助模型

$$\begin{aligned}\hat{x}(t)&=\frac{f(\hat{\boldsymbol{\vartheta}}(t),u_1(t),z)}{\hat{A}(t,z)}\\&=\frac{\hat{\boldsymbol{\vartheta}}^{\mathrm{T}}(t)\boldsymbol{\varphi}(u_1(t),u_1(t-1),\cdots,u_1(t-n))}{\hat{A}(t,z)},\end{aligned}$$

其中 $\hat{A}(t,z)$ 是 $A(z)$ 在时刻 t 的估计. 研究这类伪线性回归模型III的辅助模型多新息增广最小二乘辨识算法和辅助模型增广随机梯度辨识算法.

11. 考虑形如式 (4.5.4) 的 **双线性参数系统**,

$$y(t)=\boldsymbol{b}^{\mathrm{T}}\boldsymbol{F}(t)\boldsymbol{\gamma}+v(t),$$

假设 $\{y(t)\}$ 和 $\{\boldsymbol{F}(t)\}$ 是已知的观测量, $\{v(t)\}$ 是零均值、方差为 σ^2 的白噪声序列, 系统的输出 $y(t)$ 分别是参数向量 $\boldsymbol{b}$ 和 $\boldsymbol{\gamma}$ 的线性函数, 研究这类 **双线性参数模型** 基于分解的多新息最小二乘迭代辨识方法和多新息随机梯度辨识方法.

12. 考虑下列有色噪声干扰的 **双线性参数系统**,

$$\begin{aligned}y(t)&=\boldsymbol{b}^{\mathrm{T}}\boldsymbol{F}(t)\boldsymbol{\gamma}+D(z)v(t),\\D(z)&:=1+d_1z^{-1}+d_2z^{-2}+\cdots+d_{n_d}z^{-n_d},\end{aligned}$$

假设 $\{y(t)\}$ 和 $\{\boldsymbol{F}(t)\}$ 是已知的观测量, $\{v(t)\}$ 是零均值、方差为 σ^2 的白噪声序列, 系统的输出 $y(t)$ 分别是参数向量 $\boldsymbol{b}$ 和 $\boldsymbol{\gamma}$ 的线性函数, 研究这类方程误差双线性参数滑动平均系统的多新息增广最小二乘辨识方法和多新息增广随机梯度辨识方法.

13. 设 $\boldsymbol{\varphi}(t)\in\mathbb{R}^n$, $\boldsymbol{P}(t)\in\mathbb{R}^{n\times n}$ 满足下列递推关系,

$$\boldsymbol{P}^{-1}(t)=\boldsymbol{P}^{-1}(t-1)+\boldsymbol{\varphi}(t)\boldsymbol{\varphi}^{\mathrm{T}}(t),\ \boldsymbol{P}(0)=\boldsymbol{I}_n.$$

令 $r(t):=\mathrm{tr}[\boldsymbol{P}^{-1}(t)]=r(t-1)+\|\boldsymbol{\varphi}(t)\|^2$, $r(0)=n$. 对任意 i $(i=0,1,\cdots,p-1)$, 证明以下各

式[27, 128, 142]:

(1) $\sum\limits_{t=1}^{\infty}\boldsymbol{\varphi}^{\mathrm{T}}(t-i)\boldsymbol{P}^3(t)\boldsymbol{\varphi}(t-i)<\infty;$

(2) $\sum\limits_{t=1}^{\infty}\boldsymbol{\varphi}^{\mathrm{T}}(t-i)\boldsymbol{P}(t-1)\boldsymbol{P}(t)\boldsymbol{P}(t-1)\boldsymbol{\varphi}(t-i)<\infty;$

(3) $\sum\limits_{t=1}^{\infty}\boldsymbol{\varphi}^{\mathrm{T}}(t-i)\boldsymbol{P}(t)\boldsymbol{P}(t-1)\boldsymbol{P}(t)\boldsymbol{\varphi}(t-i)<\infty;$

(4) $\sum\limits_{t=1}^{\infty}\dfrac{\boldsymbol{\varphi}^{\mathrm{T}}(t-i)\boldsymbol{P}(t)\boldsymbol{\varphi}(t-i)}{r^c(t)}<\infty,$ for any $c>0;$

(5) $\sum\limits_{t=1}^{\infty}\dfrac{\boldsymbol{\varphi}^{\mathrm{T}}(t-i)\boldsymbol{P}(t)\boldsymbol{\varphi}(t-i)}{[\ln r(t)]^c}<\infty,$ for any $c>1;$

(6) $\sum\limits_{t=1}^{\infty}\boldsymbol{\varphi}^{\mathrm{T}}(t-i)\boldsymbol{P}^c(t)\boldsymbol{\varphi}(t-i)<\infty,$ for any $c>1.$

14. 考虑线性回归模型,

$$y(t)=\boldsymbol{\varphi}^{\mathrm{T}}(t)\boldsymbol{\theta}+v(t),$$

其中 $y(t)$ 是观测输出, $\boldsymbol{\theta}\in\mathbb{R}^n$ 为待辨识的参数向量, $\boldsymbol{\varphi}(t)\in\mathbb{R}^n$ 是由系统输入和直到时刻 $(t-1)$ 及以前的输出构成的回归信息向量, $\{v(t)\}$ 是零均值白噪声序列. 估参数向量 $\boldsymbol{\theta}$ 的 **多新息随机梯度算法** (MISG) 如下,

$$\begin{aligned}
\hat{\boldsymbol{\theta}}(t)&=\hat{\boldsymbol{\theta}}(t-1)+\frac{\boldsymbol{\Phi}(p,t)}{r(t)}[\boldsymbol{Y}(p,t)-\boldsymbol{\Phi}^{\mathrm{T}}(p,t)\hat{\boldsymbol{\theta}}(t-1)],\\
r(t)&=r(t-1)+\|\boldsymbol{\varphi}(t)\|^2,\ r(0)=1,\\
\boldsymbol{Y}(p,t)&=[y(t),y(t-1),\cdots,y(t-p+1)]^{\mathrm{T}},\\
\boldsymbol{\Phi}(p,t)&=[\boldsymbol{\varphi}(t),\boldsymbol{\varphi}(t-1),\cdots,\boldsymbol{\varphi}(t-p+1)],
\end{aligned}$$

其中 p 为新息长度, $\hat{\boldsymbol{\theta}}(t)$ 为 $\boldsymbol{\theta}$ 的估计, $\hat{\boldsymbol{\theta}}(0)$ 取很小实向量. 假设系统噪声 $v(t)$ 是与输入 $u(t)$ 不相关的零均值、方差为 σ^2 的随机噪声, 且均方有界, 即

$$\mathrm{E}[v(t)]=0,\quad \mathrm{E}[v^2(t)]=\sigma^2(t)\leqslant\sigma^2,\quad \mathrm{E}[v(t)v(i)]=0,\ i\neq t,$$

存在常数 $0<\alpha\leqslant\beta<\infty$ 和整数 $p\geqslant n$ 使得下列条件成立:

$$\alpha\boldsymbol{I}\leqslant\frac{1}{p}\sum_{i=1}^{p}\boldsymbol{\varphi}(t-i+1)\boldsymbol{\varphi}^{\mathrm{T}}(t-i+1)\leqslant\beta\boldsymbol{I},\ \text{a.s.},\ t\geqslant p.$$

证明以下各式:

(1) $\|\boldsymbol{\varphi}(t)\|^2\leqslant\delta_1:=np\beta;$

(2) $(t-p+1)n\alpha\leqslant r(t)\leqslant(t+p)n\beta;$

(3) $\boldsymbol{I}-\dfrac{\boldsymbol{\Phi}(p,t)\boldsymbol{\Phi}^{\mathrm{T}}(p,t)}{r(t)}\leqslant\left(1-\dfrac{p\alpha}{(t+p)n\beta}\right)\boldsymbol{I};$

(4) $\mathrm{E}[\|\boldsymbol{\Phi}(p,t)\boldsymbol{V}(p,t)\|^2]\leqslant p\beta\mathrm{E}[\|\boldsymbol{V}(p,t)\|^2]\leqslant p^2\beta\sigma^2;$

(5) $\mathrm{E}[\|\boldsymbol{\Phi}(p,t)\boldsymbol{V}(p,t)\|]\leqslant\sqrt{\mathrm{E}[\|\boldsymbol{\Phi}(p,t)\boldsymbol{V}(p,t)\|^2]}\leqslant p\sqrt{\beta}\sigma;$

(6) $\mathrm{E}\left[\left\|\dfrac{\boldsymbol{\Phi}(p,t)\boldsymbol{V}(p,t)}{r(t)}\right\|\right]\leqslant\dfrac{p\sqrt{\beta}\,\sigma}{(t-p+1)n\alpha}.$

15. 考虑下列时变参数线性回归模型,

$$y(t)=\boldsymbol{\varphi}^{\mathrm{T}}(t)\boldsymbol{\theta}(t-1)+v(t),$$

其中 $y(t)$ 是观测输出, $\boldsymbol{\theta}(t)\in\mathbb{R}^n$ 为待辨识的时变参数向量, $\boldsymbol{\varphi}(t)\in\mathbb{R}^n$ 是由系统输入和直到时刻 $(t-1)$ 及以前的输出构成的回归信息向量, $\{v(t)\}$ 是零均值白噪声序列. 估计时变参数向量 $\boldsymbol{\theta}(t)$ 的**多新息遗忘梯度算法 (MIFG 算法)** 如下,

$$\begin{aligned}
\hat{\boldsymbol{\theta}}(t)&=\hat{\boldsymbol{\theta}}(t-1)+\frac{\boldsymbol{\Phi}(p,t)}{r(t)}[\boldsymbol{Y}(p,t)-\boldsymbol{\Phi}^{\mathrm{T}}(p,t)\hat{\boldsymbol{\theta}}(t-1)],\\
r(t)&=\lambda r(t-1)+\|\boldsymbol{\varphi}(t)\|^2,\ 0<\lambda<1,\\
\boldsymbol{\Phi}(p,t)&=[\boldsymbol{\varphi}(t),\boldsymbol{\varphi}(t-1),\cdots,\boldsymbol{\varphi}(t-p+1)],\\
\boldsymbol{Y}(p,t)&=[y(t),y(t-1),\cdots,y(t-p+1)]^{\mathrm{T}},
\end{aligned}$$

其中 p 为新息长度, $\hat{\boldsymbol{\theta}}(t)$ 为 $\boldsymbol{\theta}(t)$ 的估计, $\hat{\boldsymbol{\theta}}(0)$ 取很小实向量. 假设存在正常数 α,β 和整数 $N\geqslant n$ 使得下列 **强持续激励条件** 成立,

$$\text{(SPE)}\quad \alpha\boldsymbol{I}\leqslant\frac{1}{N}\sum_{i=0}^{N-1}\boldsymbol{\varphi}(t+i)\boldsymbol{\varphi}^{\mathrm{T}}(t+i)\leqslant\beta\boldsymbol{I},\ \text{a.s.},\ t>0;$$

信息向量 $\boldsymbol{\varphi}(t)$ 有下界, 即 $\|\boldsymbol{\varphi}(t)\|^2\geqslant\alpha>0$, 选择 $r(0)$ 满足

$$\frac{\alpha}{1-\lambda}\leqslant r(0)\leqslant\frac{nN\beta}{1-\lambda}.$$

证明[41]

$$\frac{\alpha}{1-\lambda}\leqslant r(t)\leqslant\frac{\delta_1}{1-\lambda},\ \text{a.s.},\ \delta_1:=nN\beta,\ 0<\lambda<1.$$

进一步, 假设 $\{v(t)\}$ 是与参数变化率 $\{\boldsymbol{w}(t):=\boldsymbol{\theta}(t)-\boldsymbol{\theta}(t-1)\}$ 不相关的零均值随机序列, 且满足

$$\begin{aligned}
&\text{(C1)}\quad \mathrm{E}[v(t)]=0,\quad \mathrm{E}[v(t)v(i)]=0,\ i\neq t,\\
&\qquad\quad\ \mathrm{E}[\boldsymbol{w}(t)]=\boldsymbol{0},\quad \mathrm{E}[v(t)\boldsymbol{w}(i)]=\boldsymbol{0},\\
&\text{(C2)}\quad \mathrm{E}[v^2(t)]=\sigma_v^2(t)\leqslant\sigma_v^2<\infty,\\
&\qquad\quad\ \mathrm{E}[\|\boldsymbol{w}(t)\|^2]=\sigma_w^2(t)\leqslant\sigma_w^2<\infty,\\
&\text{(C3)}\quad \limsup_{t\to\infty}\frac{1}{t}\sum_{i=1}^{t}v^2(i)\leqslant\sigma_v^2<\infty,\ \text{a.s.},\\
&\qquad\quad\ \limsup_{t\to\infty}\frac{1}{t}\sum_{i=1}^{t}\|\boldsymbol{w}(i)\|^2\leqslant\sigma_w^2<\infty,\ \text{a.s.}
\end{aligned}$$

取 $p=N$, SPE 条件成立, 令

$$\boldsymbol{W}(p,t):=\begin{bmatrix}0\\ \boldsymbol{\varphi}^{\mathrm{T}}(t-1)\boldsymbol{w}(t-1)\\ \boldsymbol{\varphi}^{\mathrm{T}}(t-2)[\boldsymbol{w}(t-1)+\boldsymbol{w}(t-2)]\\ \vdots\\ \boldsymbol{\varphi}^{\mathrm{T}}(t-p+1)\sum\limits_{j=1}^{p-1}\boldsymbol{w}(t-j)\end{bmatrix}\in\mathbb{R}^p,$$

$$\boldsymbol{V}(p,t):=\begin{bmatrix}v(t)\\ v(t-1)\\ \vdots\\ v(t-p+1)\end{bmatrix}\in\mathbb{R}^p.$$

证明下列各式[41]:

(1) $\boldsymbol{I}-\dfrac{\boldsymbol{\Phi}(p,t)\boldsymbol{\Phi}^{\mathrm{T}}(p,t)}{r(t)}\leqslant\left[1-\dfrac{\alpha(1-\lambda)}{n\beta}\right]\boldsymbol{I}$;

(2) $\mathrm{E}[\|\boldsymbol{\Phi}(p,t)\boldsymbol{W}(p,t)\|^2]\leqslant\dfrac{(p-1)p^3\beta^2\sigma_w^2}{2}\leqslant\dfrac{p^4\beta^2\sigma_w^2}{2}$;

(3) $\mathrm{E}[\|\boldsymbol{\Phi}(p,t)\boldsymbol{V}(p,t)\|^2]\leqslant p\beta\mathrm{E}[\|\boldsymbol{V}(p,t)\|^2]\leqslant p^2\beta\sigma_v^2$;

(4) $\mathrm{E}[\|\boldsymbol{\Phi}(p,t)\boldsymbol{W}(p,t)\|]\leqslant\sqrt{\mathrm{E}[\|\boldsymbol{\Phi}(p,t)\boldsymbol{W}(p,t)\|^2]}\leqslant\dfrac{p^2\beta\sigma_w}{\sqrt{2}}$;

(5) $\mathrm{E}[\|\boldsymbol{\Phi}(p,t)\boldsymbol{V}(p,t)\|]\leqslant\sqrt{\mathrm{E}[\|\boldsymbol{\Phi}(p,t)\boldsymbol{V}(p,t)\|^2]}\leqslant p\sqrt{\beta}\,\sigma_v$;

(6) $\mathrm{E}\left[\left\|\dfrac{\boldsymbol{\Phi}(p,t)\boldsymbol{W}(p,t)}{r(t)}\right\|^2\right]\leqslant\dfrac{p^4\beta^2(1-\lambda)^2\sigma_w^2}{2\alpha^2}$;

(7) $\mathrm{E}\left[\left\|\dfrac{\boldsymbol{\Phi}(p,t)\boldsymbol{V}(p,t)}{r(t)}\right\|^2\right]\leqslant\dfrac{p^2\beta(1-\lambda)^2\sigma_v^2}{\alpha^2}$;

(8) $\mathrm{E}\left[\left\|\dfrac{\boldsymbol{\Phi}(p,t)\boldsymbol{W}(p,t)}{r(t)}\right\|\right]\leqslant\dfrac{p^2\beta(1-\lambda)\sigma_w}{\sqrt{2}\,\alpha}$;

(9) $\mathrm{E}\left[\left\|\dfrac{\boldsymbol{\Phi}(p,t)\boldsymbol{V}(p,t)}{r(t)}\right\|\right]\leqslant\dfrac{p\sqrt{\beta}(1-\lambda)\sigma_v}{\alpha}$.

16. **关键不等式**[41, 204]

对于实数 a, x 和 y, 下列不等式成立:

$$2xy\leqslant ax^2+y^2/a,\quad (x+y)^2\leqslant(1+a)x^2+\Big(1+\frac{1}{a}\Big)y^2,\ a>0.$$

这里 a 为待定参量. 在系统稳定性分析或辨识算法收敛性分析中, 设这个待定参量的目的是为了避免和式李雅普诺夫函数两边取范数产生交叉相关项的困难. 例如, 对 $\boldsymbol{c}=\boldsymbol{x}+\boldsymbol{y}$ 取范数给出: $\|\boldsymbol{c}\|^2=\|\boldsymbol{x}\|^2+2\boldsymbol{x}^{\mathrm{T}}\boldsymbol{y}+\|\boldsymbol{y}\|^2$. 若 $\boldsymbol{x}$ 与 $\boldsymbol{y}$ 相关, 取期望导致相关交叉项 $2\boldsymbol{x}^{\mathrm{T}}\boldsymbol{y}$ 计算的困难. 待定参量 a 可以避免出现交叉项 $2\boldsymbol{x}^{\mathrm{T}}\boldsymbol{y}$. a 的值通过保证参数估计收敛来选择.

17. 研究下列系统的多新息辨识方法,

$$y(t)=\frac{\boldsymbol{\varphi}^{\mathrm{T}}(t)\boldsymbol{\theta}}{A(z)}+\frac{D(z)}{C(z)}v(t),$$

其中 $\boldsymbol{\varphi}(t)\in\mathbb{R}^n$ 为已知信息向量, $\boldsymbol{\theta}\in\mathbb{R}^n$ 为未知参数向量.

第 7 章 递阶辨识原理与方法

递阶辨识是系统辨识的一个重要分支. 递阶辨识原理是在大系统递阶控制的“分解 – 协调原理”基础上发展起来的, 它不仅能够解决参数数目多、维数高、大规模系统辨识算法计算量大的问题, 而且能够解决结构复杂的双线性参数系统、多线性参数系统、非线性系统的辨识问题.

本章首先介绍递阶辨识原理和线性方程组 $\boldsymbol{Ax} = \boldsymbol{b}$ 的著名雅可比迭代和高斯 – 赛德尔迭代, 给出了线性方程组的迭代方法族; 其次将雅可比迭代思想和递阶辨识原理用于研究一般矩阵方程和耦合矩阵方程的递阶梯度迭代求解方法和递阶最小二乘迭代求解方法; 再次介绍方程误差模型的两阶段最小二乘辨识方法 (一个简单的递阶辨识方法) 和线性回归模型的递阶最小二乘辨识方法; 最后研究类多变量 CARMA 系统的递阶辨识方法.

7.1 引 言

随着自动化技术、电子科学技术的进步, 以及计算设备能力的提高, 人们处理大规模问题的能力也越来越强. 随着问题规模的扩大, 随之而来的是计算量也越大. 同样, 系统辨识面临的辨识对象规模也是越来越庞大, 变量越来越多, 维数越来越高, 导致辨识算法的计算量也越来越大. 在这种背景下, 提出新思想、新理论、新原理、新概念, 研究出新辨识方法, 减小辨识算法的计算量已成为必然.

递阶辨识 (hierarchical identification) 是基于辨识模型分解而发展起来的一种新型辨识方法, 其基础是递阶辨识原理, 是为解决结构复杂、维数高、大规模系统辨识问题提出的. 基本思想是通过对辨识模型的分解, 使得子辨识问题的规模变小, 相对于原问题要简单, 从而减小了辨识方法的计算量. 新思想、新理论、新原理、新概念的诞生都是科学史上的重要里程碑. 就研究建立系统数学模型的理论与方法的系统辨识而言, 辅助模型辨识思想、多新息辨识理论、递阶辨识原理、耦合辨识概念的诞生等, 有助于推动系统辨识学科的研究进程[4~11].

本章介绍一类新型的辨识方法 —— 递阶辨识方法. 它是基于本书作者提出的递阶辨识原理而建立的一些辨识方法. 递阶辨识的重要研究成果发表在国际期刊《Automatica》和《IEEE Transactions on Automatic Control》等.

递阶辨识原理 (hierarchical identification principle), 即分解辨识原理, 是丁锋博士毕业不久, 1996 年给清华大学硕士、博士研究生讲授“大系统理论及应用”时, 受大系统递阶控制的 **分解 – 协调原理** (decomposition–coordination principle) 的启发提出的. 其第 1 篇递阶辨识论文 “大系统的递阶辨识” 发表在《自动化学报》1999 年第 1 期[53]. 递阶辨识不仅可用于解决维数大、变量多的大系统辨识的计算量大问题, 而且对所谓的小系统, 以及具有复杂结构耦合多变量系统的辨识也非常有用. 如在多变量系统传递函数阵 **主模型** (main model) 的递阶辨识方面, 显示出其独到的特点. 在递阶辨识领域, 本书作者等首次提出了 **递阶辨识**

原理 的概念, 提出了传递函数主模型的递阶梯度迭代辨识方法和递阶随机梯度辨识方法[44]、递阶最小二乘迭代辨识方法和递阶最小二乘辨识方法[34, 138], 提出了状态空间模型的递阶辨识方法[54]、双率系统提升状态空间模型的递阶辨识方法[55] 等. 其在递阶辨识领域的主要学术贡献如下.

(1) 发展了 "基于子系统分解的大系统 **递阶控制** (hierarchical control) 的分解 – 协调原理", 进而提出了 "基于辨识模型分解的递阶辨识原理及其交互估计理论", 并将其应用于变量多、结构复杂、强耦合大规模多变量系统的辨识建模, 首次提出了这类复杂耦合大规模多变量系统的递阶辨识方法, 有效地解决一类复杂多变量系统辨识方法计算量大的问题, 为复杂系统的辨识建模和参数估计提供了新方法[34,44,53~55,138].

提出的递阶辨识原理, 是根据系统参数化后辨识模型的结构特征, 对辨识模型表达式进行分解, 不同于传统多变量系统的子系统分解辨识方法, 也不同于再建立一个时变参数模型的传统 **递阶分层辨识**.

(2) 首次将递阶辨识原理用于研究大型李雅普诺夫 (Lyapunov) 矩阵方程、西尔维斯特 (Sylvester) 矩阵方程、一般矩阵方程、耦合西尔维斯特矩阵方程、一般耦合矩阵方程的递阶迭代求解问题. 把这类耦合矩阵方程中的未知待求解矩阵看做一个待辨识系统参数矩阵, 提出了计算量小、收敛速度快的递阶最小二乘迭代方法和递阶梯度迭代方法, 为系统与控制中大型耦合矩阵方程的递阶迭代解提出了新方法[191~194,213~216].

(3) 利用李雅普诺夫稳定性理论、随机过程理论和鞅收敛定理, 研究了一些矩阵方程求解迭代算法的收敛性和多变量系统递阶辨识方法的收敛性能, 丰富和发展了辨识建模理论.

基于递阶辨识原理的递阶辨识方法已经成为一个崭新的辨识领域, 可以用于研究各种结构复杂的多变量系统和非线性系统的辨识问题. 例如:

(1) 大系统的递阶辨识[53].

(2) 多变量离散时间系统传递函数阵参数的递阶梯度迭代辨识方法与递阶随机梯度辨识方法[44].

(3) 多变量系统传递函数模型的递阶最小二乘迭代辨识方法与递阶最小二乘辨识方法[34].

(4) 多输入多输出 ARX-like 系统递阶最小二乘辨识算法的一致性[138].

(5) 基于递阶辨识原理的一类矩阵方程的递阶梯度迭代算法[192].

(6) 基于递阶辨识原理的耦合西尔维斯特矩阵方程与一般耦合矩阵方程的最小二乘迭代解[194].

(7) 多变量系统状态空间模型的递阶辨识[54].

(8) 一般双率系统状态空间模型及其递阶辨识[136].

(9) 基于递阶辨识原理的一般双率系统提升状态空间模型的递阶辨识[55].

(10) 非均匀周期采样离散时间系统状态空间模型的递阶辨识[203].

(11) 双率采样数据系统递阶最小二乘参数辨识方法及其收敛性[217].

(12) 非均匀采样数据系统的递阶最小二乘参数估计及其收敛性[218, 219].

(13) 使用递阶辨识原理的广义西尔维斯特矩阵方程的迭代解[191].

(14) 基于递阶辨识原理的一般耦合矩阵方程的递阶梯度迭代解[193].

(15) 非均匀周期采样多率系统的一种递阶辨识方法[137].

(16) 衰减激励条件下递阶最小二乘辨识的均方收敛性[74].

(17) 鞅超收敛定理与传递函数阵递阶随机梯度辨识方法的收敛性分析[206].

(18) 递阶辨识方法在转台伺服系统调试中的应用研究[220].

(19) 基于递阶辨识原理的非均匀采样系统递阶最小二乘参数估计算法及其收敛性分析[218].

本章应用递阶辨识原理, 讨论一些递阶辨识方法: 矩阵方程的递阶梯度迭代算法, 耦合矩阵方程的递阶最小二乘迭代算法, 线性回归模型的递阶辨识方法, 多变量系统的递阶迭代辨识算法等.

7.2 递阶辨识原理

递阶辨识原理 分为三步: ① **辨识模型分解**, 将一个辨识模型分解为多个维数较小、变量较少的子辨识模型或称子系统 (这些子系统可能是虚拟的). 有时这种分解是必需的, 如具有公分母传递函数矩阵的辨识问题: 辨识模型既包含一个参数向量, 又包含一个参数矩阵. 有时为减小计算量, 也需要把一个线性辨识模型进行分解; ② **子系统辨识**或子模型辨识, 辨识每一个子系统或子模型. 忽略各子辨识模型间的交叉关联项, 即把耦合的关联项看做是已知的, 根据最小二乘原理等分别辨识每个子系统的参数向量或参数矩阵; ③ **子系统间关联项协调**, 辨识模型分解为 N 个子辨识模型, 各个子辨识模型间存在耦合关联项, 即一个子模型包含了其他一些子模型的未知变量. 辨识的困难在于如何处理各子系统间的关联项. 因为第 i 个子系统包含了其他一些子系统的未知参数向量或参数矩阵, 所以子系统辨识算法难以实现. 为了解决这一问题, 在计算时刻 t 第 i 个子系统参数的估计时, 包含在第 i 个子系统中的其他子系统的未知参数向量或参数矩阵, 用它们在前一时刻的估计值代替, 使得每个子系统的辨识方法能够实现.

递阶辨识实际上是一种 **交互估计理论** . 递阶辨识算法也可称为 **松弛辨识算法** (bootstrap identification algorithm).

我们已经讨论的一些辨识方法, 如最小二乘法、最小均方算法等, 都是采用描述输入输出关系的线性或伪线性回归辨识模型. 线性回归模型如 CAR 模型 (ARX 模型), 伪线性回归模型如 CARMA 模型 (ARMAX 模型)、OE 模型、CARAR/ARARX 模型、CARARMA/ARARMAX 模型等的输出关于参数空间是线性的, 且具有如下 **最小二乘格式** (least squares form):

$$\boldsymbol{y}(t)=\boldsymbol{\theta}^{\mathrm{T}}\boldsymbol{\varphi}(t)+\boldsymbol{v}(t), \tag{7.2.1}$$

其中 $\boldsymbol{y}(t)$ 是系统输出变量 (向量), $\boldsymbol{v}(t)$ 是零均值随机白噪声 (向量), $\boldsymbol{\theta}$ 为参数向量 (矩阵), $\boldsymbol{\varphi}(t)$ 是由时刻 t 以前系统输入 $\boldsymbol{u}(t)$ 和输出 $\boldsymbol{y}(t)$ 等变量 (向量) 构成的回归信息向量. 在这类具有最小二乘格式的辨识模型中, 输出 $\boldsymbol{y}(t)$ 关于参数空间 $\boldsymbol{\theta}$ 是线性的, 所以其辨识问题相对比较简单.

然而, 有些模型是难以写成如上的最小二乘格式. 例如, 对于状态空间模型:

$$\begin{cases}\boldsymbol{x}(t+1)=\boldsymbol{A}\boldsymbol{x}(t)+\boldsymbol{B}\boldsymbol{u}(t)+\boldsymbol{w}(t),\\ \quad\boldsymbol{y}(t)\quad=\boldsymbol{C}\boldsymbol{x}(t)+\boldsymbol{D}\boldsymbol{u}(t)+\boldsymbol{v}(t),\end{cases}$$

其输出与系统参数矩阵是非线性关系:

$$\boldsymbol{y}(t)=\boldsymbol{C}(z\boldsymbol{I}-\boldsymbol{A})^{-1}[\boldsymbol{B}\boldsymbol{u}(t)+\boldsymbol{w}(t)]+\boldsymbol{D}\boldsymbol{u}(t)+\boldsymbol{v}(t),$$

其中 $\boldsymbol{I}$ 是一个适当维数的单位阵, $\boldsymbol{x}(t)\in\mathbb{R}^n$ 为未知状态向量, $\boldsymbol{u}(t)\in\mathbb{R}^r$ 为输入向量, $\boldsymbol{y}(t)\in\mathbb{R}^m$ 为输出向量, $\boldsymbol{w}(t)\in\mathbb{R}^n$ 为零均值过程噪声向量, $\boldsymbol{v}(t)\in\mathbb{R}^m$ 为零均值观测噪声向量, $\boldsymbol{A}\in\mathbb{R}^{n\times n}$, $\boldsymbol{B}\in\mathbb{R}^{n\times r}$, $\boldsymbol{C}\in\mathbb{R}^{m\times n}$, $\boldsymbol{D}\in\mathbb{R}^{m\times r}$ 为未知系统参数矩阵. 状态空间辨识模型要复杂得多, 它既包含系统未知参数矩阵, 又包含未知系统状态, 且是它们的乘积关系的非线性函数, 这使得研究状态空间模型的辨识方法更为困难. 状态空间模型的辨识可采用近 20 年发展起来的 **子空间系统辨识方法** (subspace state space identification method), 简称为 4SID. 4SID 已经形成一个辨识分支. 另一些状态空间模型辨识方法是递阶辨识, 可参见相关文献 [54], [55], [114], [138], [203].

本书作者等 1999 年提出的递阶辨识原理及其交互估计理论, 是专门用来解决这类复杂关系、非常规辨识模型的辨识问题的. 递阶辨识模型通常要复杂得多, 它可能包含系统的未知参数向量和未知参数矩阵, 甚至包含未知系统状态, 还可能是它们乘积关系的非线性函数, 一般不具备最小二乘格式, 如双线性参数系统、多线性参数系统、非线性系统等. 这使得研究这类模型的辨识方法更为困难.

递阶辨识模型 (hierarchical identification model) 一般可表示为

$$\boldsymbol{y}(t)=\boldsymbol{H}(\boldsymbol{\psi}_1(t),\boldsymbol{\psi}_2(t),\cdots,\boldsymbol{\psi}_m(t),\boldsymbol{\theta}_1,\boldsymbol{\theta}_2,\cdots,\boldsymbol{\theta}_r)+\boldsymbol{v}(t), \tag{7.2.2}$$

其中 $\boldsymbol{\psi}_i(t)\ (i=1,2,\cdots,m)$ 是由系统输入输出数据构成的回归向量 (矩阵), $\boldsymbol{\theta}_i\ (i=1,2,\cdots,r)$ 是系统待辨识的参数向量或参数矩阵. $\boldsymbol{\psi}_i(t)$ 可以是向量, 也可以是矩阵, 各 $\boldsymbol{\psi}_i(t)$ 的维数可以不相等; 同样, $\boldsymbol{\theta}_i$ 可以是向量, 也可以是矩阵, 各 $\boldsymbol{\theta}_i$ 的维数也可以不相等.

下面列举了一些递阶辨识模型:

(1) $\boldsymbol{y}(t)=\boldsymbol{\psi}_1(t)\boldsymbol{\theta}_1+\boldsymbol{\theta}_2\boldsymbol{\psi}_2(t)+\boldsymbol{v}(t)$,

(2) $\boldsymbol{y}(t)=\boldsymbol{\psi}_1(t)\boldsymbol{\theta}_1+\boldsymbol{\theta}_2\boldsymbol{\psi}_2(t)\boldsymbol{\theta}_3+\boldsymbol{v}(t)$,

(3) $\boldsymbol{y}(t)=\boldsymbol{\theta}_1\boldsymbol{\psi}_1(t)+\boldsymbol{\theta}_2\boldsymbol{\psi}_2(t)\boldsymbol{\theta}_3+\boldsymbol{v}(t)$.

线性辨识模型 (7.2.1) 也可以采用基于分解的方法, 提出递阶最小二乘辨识方法, 来减小计算量, 可参见 7.7 节和文献 [53], [217], [218].

有些递阶辨识模型通过重新参数化, 可以化为最小二乘格式, 但是这种参数化会导致参数向量维数大大增加, 增加算法的计算量. 例如, 一个 $m\times n$ 维参数矩阵, 化为参数向量则为 mn 维, 则最小二乘参数估计的协方差矩阵由 $m\times m$ 维或 $n\times n$ 维增加到 $mn\times mn$ 维, 计算量大大增加. 例如, **Hammerstein 非线性系统** 经过参数化得到下列递阶辨识模型[59, 221]:

$$y(t)=\boldsymbol{\varphi}^{\mathrm{T}}(t)\boldsymbol{a}+\boldsymbol{b}^{\mathrm{T}}\boldsymbol{F}(t)\boldsymbol{c}+v(t),$$

其中 $y(t)$ 是系统输出, $\boldsymbol{\varphi}(t)$ 是信息向量, $\boldsymbol{F}(t)$ 是系统输入的非线性函数构成的回归矩阵, $v(t)$ 是干扰噪声, $\boldsymbol{a}\in\mathbb{R}^{n_a}$, $\boldsymbol{b}\in\mathbb{R}^{n_b}$ 和 $\boldsymbol{c}\in\mathbb{R}^{n_c}$ 是系统参数向量. 这个非线性辨识模型包含了系统非线性部分参数与线性部分参数的乘积, 可以用递阶辨识原理导出其辨识方法, 可参见文献 [59]. 如果对该模型进行参数化, 导出一个最小二乘辨识模型, 其参数向量的维数大大增加(因为参数向量包含了线性部分参数与非线性部分参数的乘积项, 参数向量 $\begin{bmatrix}\boldsymbol{a}\\\boldsymbol{b}\\\boldsymbol{c}\end{bmatrix}\in$

$\mathbb{R}^{n_a+n_b+n_c}$ 增大到 $\begin{bmatrix} \boldsymbol{a} \\ \boldsymbol{b}\otimes\boldsymbol{c} \end{bmatrix} \in \mathbb{R}^{n_a+n_bn_c}$), 会增加算法的计算量, 这种方法称为 **过参数化方法** (over-parameterization method), 可参见文献 [48], [151], [184].

一个多变量系统传递函数矩阵模型, 经过参数化得到下列最典型的递阶辨识模型[34, 44]:

$$\boldsymbol{y}(t) + \boldsymbol{\psi}(t)\boldsymbol{\alpha} = \boldsymbol{\theta}^{\mathrm{T}}\boldsymbol{\varphi}(t) + \boldsymbol{w}(t),$$

其中 $\boldsymbol{y}(t) \in \mathbb{R}^m$ 为系统输出, $\boldsymbol{\psi}(t) \in \mathbb{R}^{m\times n}$ 为输出信息矩阵, $\boldsymbol{\varphi}(t) \in \mathbb{R}^{n_0}$ 为输入信息向量, $\boldsymbol{w}(t) \in \mathbb{R}^m$ 为噪声向量. 这个模型辨识的困难在于: 既包含一个参数向量 $\boldsymbol{\alpha} \in \mathbb{R}^n$ (系统特征多项式的系数), 又包含了一个参数向量 $\boldsymbol{\theta}^{\mathrm{T}} \in \mathbb{R}^{m\times n_0}$. 这类复杂模型的辨识可以用递阶辨识原理解决, 参见 7.8 节.

7.3 迭代方法族

本节先介绍线性方程组 $\boldsymbol{Ax} = \boldsymbol{b}$ 的著名 **雅可比迭代方法** (Jacobi iterative method) 和 **高斯 – 赛德尔迭代方法** (Gauss-Seidel iterative method), 接着讨论本书作者提出的一大类 **迭代方法族**, 进一步把迭代方法族推广到矩阵方程 $\boldsymbol{AXB} = \boldsymbol{F}$, 提出相应的 **梯度迭代方法** 和 **最小二乘迭代方法**, 本节主要内容选自文献 [191], [193], [194], [213].

7.3.1 雅可比和高斯 – 赛德尔迭代

考虑 3 个未知数 (x_1, x_2, x_3) 的线性方程组:

$$\begin{cases} a_{11}x_1 + a_{12}x_2 + a_{13}x_3 = b_1, \\ a_{21}x_1 + a_{22}x_2 + a_{23}x_3 = b_2, \\ a_{31}x_1 + a_{32}x_2 + a_{33}x_3 = b_3. \end{cases}$$

这里, a_{ij} 为系数, b_i 为常数. 设 $a_{ii} \neq 0$, 从这 3 个方程, 我们可以分别求出:

$$\begin{cases} x_1 = \dfrac{1}{a_{11}}[b_1 - a_{12}x_2 - a_{13}x_3], \\ x_2 = \dfrac{1}{a_{22}}[b_2 - a_{21}x_1 - a_{23}x_3], \\ x_3 = \dfrac{1}{a_{33}}[b_3 - a_{31}x_1 - a_{32}x_2]. \end{cases}$$

但是, 上述方程右边存在未知数, 所以无法求解. 解决的方法之一是采用迭代原理: 设 $k = 1, 2, 3, \cdots$ 为迭代变量, $x_i(k)$ 是 x_i 的迭代解, 给定 $x_i(0)$, 那么可通过下列方程获得 **迭代解** (iterative solution):

$$\begin{cases} x_1(k) = \dfrac{1}{a_{11}}[b_1 - a_{12}x_2(k-1) - a_{13}x_3(k-1)], \\ x_2(k) = \dfrac{1}{a_{22}}[b_2 - a_{21}x_1(k-1) - a_{23}x_3(k-1)], \\ x_3(k) = \dfrac{1}{a_{33}}[b_3 - a_{31}x_1(k-1) - a_{32}x_2(k-1)]. \end{cases}$$

这就是 **雅可比迭代** (Jacobi iteration).

这里, 我们是依次计算 $x_1(k)$, $x_2(k)$, $x_3(k)$ 的. 由于在计算 $x_2(k)$ 时, $x_1(k)$ 已经得到, 故上述第 2 个方程中的 $x_1(k-1)$ 可用 $x_1(k)$ 代替; 同理, 在计算 $x_3(k)$ 时, $x_1(k)$ 和 $x_2(k)$ 已经得到, 就用 $x_1(k)$ 和 $x_2(k)$ 代替上述第 3 个方程中的 $x_1(k-1)$ 和 $x_2(k-1)$, 就得到 **高斯 – 赛德尔迭代** (Gauss–Seidel iteration):

$$\begin{cases} x_1(k)=\dfrac{1}{a_{11}}[b_1-a_{12}x_2(k-1)-a_{13}x_3(k-1)], \\ x_2(k)=\dfrac{1}{a_{22}}[b_2-a_{21}x_1(k)-a_{23}x_3(k-1)], \\ x_3(k)=\dfrac{1}{a_{33}}[b_3-a_{31}x_1(k)-a_{32}x_2(k)]. \end{cases}$$

如果按照逆序计算 $x_3(k)$, $x_2(k)$, $x_1(k)$ (当然, 也可以先计算 $x_2(k)$), 则得到另一种形式的高斯 – 赛德尔迭代算法:

$$\begin{cases} x_1(k)=\dfrac{1}{a_{11}}[b_1-a_{12}x_2(k)-a_{13}x_3(k)], \\ x_2(k)=\dfrac{1}{a_{22}}[b_2-a_{21}x_1(k-1)-a_{23}x_3(k)], \\ x_3(k)=\dfrac{1}{a_{33}}[b_3-a_{31}x_1(k-1)-a_{32}x_2(k-1)]. \end{cases}$$

推广到一般情形, 考虑 n 个变量 $\boldsymbol{x}=[x_1,x_2,\cdots,x_n]^{\mathrm{T}}\in\mathbb{R}^n$ 的矩阵方程:

$$\boldsymbol{A}\boldsymbol{x}=\boldsymbol{b}, \tag{7.3.1}$$

其中

$$\boldsymbol{A}=\begin{bmatrix} a_{11} & a_{12} & \cdots & a_{1n} \\ a_{21} & a_{22} & \cdots & a_{2n} \\ \vdots & \vdots & & \vdots \\ a_{n1} & a_{n2} & \cdots & a_{nn} \end{bmatrix}\in\mathbb{R}^{n\times n},\quad \boldsymbol{b}=\begin{bmatrix} b_1 \\ b_2 \\ \vdots \\ b_n \end{bmatrix}\in\mathbb{R}^n.$$

把矩阵 $\boldsymbol{A}$ 分解为 **严格下三角阵** (strictly lower triangle matrix) $\boldsymbol{L}$, **对角阵** (diagonal matrix) $\boldsymbol{D}$ 和 **严格上三角阵** (strictly upper triangle matrix) $\boldsymbol{U}$, 它们满足

$$\boldsymbol{A}=\boldsymbol{L}+\boldsymbol{D}+\boldsymbol{U},$$

其中

$$\boldsymbol{D}:=\mathrm{diag}[a_{11},a_{22},\cdots,a_{nn}]\in\mathbb{R}^{n\times n},$$

$$\boldsymbol{L}:=\begin{bmatrix} 0 & 0 & 0 & \cdots & 0 \\ a_{21} & 0 & 0 & & 0 \\ a_{31} & a_{32} & 0 & \ddots & \vdots \\ \vdots & & \ddots & \ddots & 0 \\ a_{n1} & a_{n2} & \cdots & a_{n,n-1} & 0 \end{bmatrix}\in\mathbb{R}^{n\times n},$$

$$\boldsymbol{U} := \begin{bmatrix} 0 & a_{12} & a_{13} & \cdots & a_{1n} \\ 0 & 0 & a_{23} & & a_{2n} \\ 0 & 0 & 0 & \ddots & \vdots \\ \vdots & \vdots & \ddots & \ddots & a_{n-1,n} \\ 0 & 0 & \cdots & 0 & 0 \end{bmatrix} \in \mathbb{R}^{n\times n}.$$

那么雅可比和高斯 – 赛德尔迭代具有下列一般形式:

$$\boldsymbol{Mx}(k) = \boldsymbol{Nx}(k-1) + \boldsymbol{b},\ k = 1, 2, 3, \cdots.$$

当 $\boldsymbol{M} = \boldsymbol{D}$, $\boldsymbol{N} = -(\boldsymbol{L} + \boldsymbol{U})$ 时, 得到 **雅可比迭代算法**:

$$\boldsymbol{Dx}(k) = -(\boldsymbol{L} + \boldsymbol{U})\boldsymbol{x}(k-1) + \boldsymbol{b}.$$

当 $\boldsymbol{M} = \boldsymbol{L} + \boldsymbol{D}$, $\boldsymbol{N} = -\boldsymbol{U}$ 时, 得到 **高斯 – 赛德尔迭代算法**:

$$(\boldsymbol{L} + \boldsymbol{D})\boldsymbol{x}(k) = -\boldsymbol{Ux}(k-1) + \boldsymbol{b}.$$

当 $\boldsymbol{A}$ 为 **对称正定阵**, 或为 **对角优势矩阵**, 雅可比迭代和高斯 – 赛德尔迭代可以保证迭代解 $\boldsymbol{x}(k)$ 收敛于精确解 $\boldsymbol{x} = \boldsymbol{A}^{-1}\boldsymbol{b}$, 即 $\boldsymbol{x}(k) \to \boldsymbol{x} = \boldsymbol{A}^{-1}\boldsymbol{b}$.

一般情况下, 雅可比和高斯 – 赛德尔迭代不能保证迭代解收敛于精确解, 也不适合求解非方系统, 即 $\boldsymbol{A} \in \mathbb{R}^{m\times n}$ 为非方阵. 这促使我们研究雅可比迭代和高斯 – 赛德尔迭代算法的收敛条件, 以及新的迭代方法族.

7.3.2 矩阵方程 $\boldsymbol{Ax} = \boldsymbol{b}$ 迭代方法族

对于方程 $\boldsymbol{Ax} = \boldsymbol{b}$, 设 $\boldsymbol{G} \in \mathbb{R}^{n\times n}$ 为一个满秩待定矩阵, $\mu > 0$ 为迭代步长或 **收敛因子**. 我们提出的一大类 **迭代方法族** (a large family of iterative methods) 如下[191, 193, 194],

$$\boldsymbol{x}(k) = \boldsymbol{x}(k-1) + \mu\boldsymbol{G}_k[b - \boldsymbol{Ax}(k-1)],\ k = 1, 2, 3, \cdots. \tag{7.3.2}$$

这个迭代方法包括 **雅可比迭代方法** 和 **高斯 – 赛德尔迭代方法** 作为特例. 当 $\boldsymbol{G}_k = \boldsymbol{D}^{-1}$ 和 $\mu = 1$ 时, 我们得到雅可比迭代方法; 当 $\boldsymbol{G}_k = (\boldsymbol{L} + \boldsymbol{D})^{-1}$ 和 $\mu = 1$ 时, 我们得到高斯 – 赛德尔迭代方法.

定理 7.3.1[193] 假设线性系统 (7.3.1) 有唯一解, 则对于任意初值 $\boldsymbol{x}(0)$, 算法 (7.3.2) 给出的迭代解 $\boldsymbol{x}(k)$ 收敛于精确解 $\boldsymbol{x}$ (即 $\lim\limits_{k\to\infty} \boldsymbol{x}(k) = \boldsymbol{x}$) 的充分条件是下列不等式成立:

$$\mu(\boldsymbol{G}_k\boldsymbol{A})^{\mathrm{T}}(\boldsymbol{G}_k\boldsymbol{A}) + \varepsilon\boldsymbol{I} \leqslant (\boldsymbol{G}_k\boldsymbol{A})^{\mathrm{T}} + (\boldsymbol{G}_k\boldsymbol{A}),\ \text{for all } k, \tag{7.3.3}$$

其中 ε 是一个不依赖 k 的小正常数. 事实上, 如果 $(\boldsymbol{G}_k\boldsymbol{A})^{\mathrm{T}} + (\boldsymbol{G}_k\boldsymbol{A})$ 是正定阵, 那么收敛因子的一个保守选择是

$$0 < \mu \leqslant \frac{\lambda_{\min}[(\boldsymbol{G}_k\boldsymbol{A})^{\mathrm{T}} + (\boldsymbol{G}_k\boldsymbol{A})]}{\lambda_{\max}[(\boldsymbol{G}_k\boldsymbol{A})^{\mathrm{T}}(\boldsymbol{G}_k\boldsymbol{A})]},\ \text{for all } k,$$

其中 $\lambda_{\max}[\boldsymbol{X}]$ ($\lambda_{\min}[\boldsymbol{X}]$) 代表方阵 $\boldsymbol{X}$ 的最大 (最小) 特征值.

值得注意的是, 对于时不变系统: $\boldsymbol{x}(k) = \boldsymbol{Hx}(k-1)$, $\boldsymbol{H} \in \mathbb{R}^{n\times n}$; $\boldsymbol{H}$ 的所有特征值都在单位圆内, 可以保证 $\boldsymbol{x}(k)$ 收敛于零. 但是, 对于时变系统: $\boldsymbol{x}(k) = \boldsymbol{H}_k\boldsymbol{x}(k-1)$, $\boldsymbol{H}_k \in \mathbb{R}^{n\times n}$, $\boldsymbol{H}_k$ 的特征值在单位圆内或在单位圆外, 既不是时变系统稳定的 **必要条件** (necessary condition), 也不是 **充分条件** (sufficient condition), 参见文献 [193] 中附录.

$(\boldsymbol{I}-\boldsymbol{D}^{-1}\boldsymbol{A})$ 的特征值在单位圆内保证雅可比迭代解收敛于精确解; $[\boldsymbol{I}-(\boldsymbol{L}+\boldsymbol{D})^{-1}\boldsymbol{A}]$ 的特征值在单位圆内, 就保证高斯－赛德尔迭代解收敛于精确解. 当引入收敛因子 μ 后, 它们的收敛条件得以减弱, 变为 $(\boldsymbol{I}-\mu\boldsymbol{D}^{-1}\boldsymbol{A})$ 和 $[\boldsymbol{I}-\mu(\boldsymbol{L}+\boldsymbol{D})^{-1}\boldsymbol{A}]$ 的特征值在单位圆内. 从定理 7.3.1 可以得到下列两个重要推论[193].

推论 7.3.1　取 $\boldsymbol{G}_k=\boldsymbol{A}^{\mathrm{T}}$ ($\boldsymbol{A}$ 可以是一个列满秩 $m\times n$ 非方矩阵), 则 **梯度迭代算法** (Gradient based Iterative algorithm, **GI 算法**):

$$\begin{cases}\boldsymbol{x}(k)=\boldsymbol{x}(k-1)+\mu\boldsymbol{A}^{\mathrm{T}}[\boldsymbol{b}-\boldsymbol{A}\boldsymbol{x}(k-1)],\\ \mu\leqslant 2\{\lambda_{\max}[\boldsymbol{A}^{\mathrm{T}}\boldsymbol{A}]\}^{-1},\ \text{或}\ \mu\leqslant\dfrac{2}{\|\boldsymbol{A}\|^2},\end{cases}\tag{7.3.4}$$

保证 $\boldsymbol{x}(k)\to\boldsymbol{x}$. 矩阵范数定义为 $\|\boldsymbol{X}\|^2:=\mathrm{tr}[\boldsymbol{X}\boldsymbol{X}^{\mathrm{T}}]$.

因为算法 (7.3.4) 可以通过极小化 $J(\boldsymbol{x}):=\|\boldsymbol{A}\boldsymbol{x}-\boldsymbol{b}\|^2$, 使用负梯度搜索得到, 故称为梯度迭代算法.

推论 7.3.2　取 $\boldsymbol{G}_k=\boldsymbol{A}^{-1}$, 则下列最小二乘迭代算法产生的迭代解收敛于 $\boldsymbol{x}$:

$$\boldsymbol{x}(k)=\boldsymbol{x}(k-1)+\mu\boldsymbol{A}^{-1}[\boldsymbol{b}-\boldsymbol{A}\boldsymbol{x}(k-1)],\ 0<\mu\leqslant 2.\tag{7.3.5}$$

如果 $\boldsymbol{A}$ 是一个列满秩 $m\times n$ 非方矩阵, 那么下列 **最小二乘迭代算法** (Least Squares based Iterative algorithm, **LSI 算法**) 保证 $\boldsymbol{x}(k)\to\boldsymbol{x}$:

$$\boldsymbol{x}(k)=\boldsymbol{x}(k-1)+\mu(\boldsymbol{A}^{\mathrm{T}}\boldsymbol{A})^{-1}\boldsymbol{A}^{\mathrm{T}}[\boldsymbol{b}-\boldsymbol{A}\boldsymbol{x}(k-1)],\ 0<\mu\leqslant 2.\tag{7.3.6}$$

当 $\mu=1$ 时, 用这个算法只需计算一步, 就得到 $\boldsymbol{A}\boldsymbol{x}=\boldsymbol{b}$ 的 **最小二乘解** (least squares solution): $\boldsymbol{x}(1)=(\boldsymbol{A}^{\mathrm{T}}\boldsymbol{A})^{-1}\boldsymbol{A}^{\mathrm{T}}\boldsymbol{b}$, 故该算法具有最快的收敛速度. 因此, 迭代算法 (7.3.6) 也称为最小二乘迭代算法, 或迭代最小二乘算法. 尽管这个迭代算法需要计算矩阵的逆, 但是对求解耦合矩阵 (如 $\boldsymbol{A}\boldsymbol{X}+\boldsymbol{X}\boldsymbol{B}=\boldsymbol{F}$) 的最小二乘迭代解非常有用, 因为 $\boldsymbol{A}$ 是常数矩阵, 故只需计算一次矩阵逆.

从推论 7.3.1、推论 7.3.2 可知, 梯度迭代算法 (7.3.4) 在确定收敛因子时, 都需要计算矩阵特征值, 支出附加的计算量. 梯度迭代算法 (7.3.4) 和最小二乘迭代算法 (7.3.6) 还适合非方系统, 故可以用来计算 **非方系统** (non-square system of linear equations) 的迭代解; 且最小二乘迭代算法的 **收敛因子** 并不依赖矩阵 $\boldsymbol{A}$, 收敛因子容易选择, 它只需要计算一次矩阵逆.

7.3.3　矩阵方程 $\boldsymbol{AXB}=\boldsymbol{F}$ 的迭代解

考虑矩阵方程,

$$\boldsymbol{AXB}=\boldsymbol{F},\tag{7.3.7}$$

其中 $\boldsymbol{A}\in\mathbb{R}^{p\times m}$, $\boldsymbol{B}\in\mathbb{R}^{n\times q}$ 和 $\boldsymbol{F}\in\mathbb{R}^{p\times q}$ 是给定常数矩阵, $\boldsymbol{X}\in\mathbb{R}^{m\times n}$ 是未知矩阵.

引理 7.3.1[191]　如果 $\boldsymbol{A}$ (列满秩), $\boldsymbol{B}$(行满秩) (隐含 $p\geqslant m$, $n\leqslant q$), 则在最小二乘意义下, 方程 (7.3.7) 有唯一解:

$$\boldsymbol{X}=(\boldsymbol{A}^{\mathrm{T}}\boldsymbol{A})^{-1}\boldsymbol{A}^{\mathrm{T}}\boldsymbol{F}\boldsymbol{B}^{\mathrm{T}}(\boldsymbol{B}\boldsymbol{B}^{\mathrm{T}})^{-1};$$

而 **齐次矩阵方程** (homogeneous matrix equation) $\boldsymbol{AXB}=\boldsymbol{0}$ 有零解: $\boldsymbol{X}=\boldsymbol{0}$.

根据推论 7.3.1 和推论 7.3.2, 可以得出求解方程 (7.3.7) 的梯度迭代算法和最小二乘迭代算法, 总结为以下定理.

定理 7.3.2[191] 在引理 7.3.1 条件下, **梯度迭代算法(GI 算法)**:

$$\boldsymbol{X}(k)=\boldsymbol{X}(k-1)+\mu\boldsymbol{A}^{\mathrm{T}}[\boldsymbol{F}-\boldsymbol{A}\boldsymbol{X}(k-1)\boldsymbol{B}]\boldsymbol{B}^{\mathrm{T}}, \tag{7.3.8}$$

$$0<\mu\leqslant\frac{2}{\lambda_{\max}[\boldsymbol{A}^{\mathrm{T}}\boldsymbol{A}]\lambda_{\max}[\boldsymbol{B}\boldsymbol{B}^{\mathrm{T}}]}, \text{ 或 } \mu\leqslant\frac{2}{\|\boldsymbol{A}\|^2\|\boldsymbol{B}\|^2}. \tag{7.3.9}$$

和 **最小二乘迭代算法(LSI 算法)**:

$$\boldsymbol{X}(k)=\boldsymbol{X}(k-1)+\mu(\boldsymbol{A}^{\mathrm{T}}\boldsymbol{A})^{-1}\boldsymbol{A}^{\mathrm{T}}[\boldsymbol{F}-\boldsymbol{A}\boldsymbol{X}(k-1)\boldsymbol{B}]\boldsymbol{B}^{\mathrm{T}}(\boldsymbol{B}\boldsymbol{B}^{\mathrm{T}})^{-1},\ 0<\mu\leqslant 2. \tag{7.3.10}$$

保证 $\boldsymbol{X}(k)\to\boldsymbol{X}$.

7.4 一般矩阵方程

本节运用递阶辨识原理推导西尔维斯特矩阵方程的递阶梯度迭代求解算法, 主要内容选自文献 [191], [192].

7.4.1 西尔维斯特矩阵方程 $\boldsymbol{A}\boldsymbol{X}+\boldsymbol{X}\boldsymbol{B}=\boldsymbol{F}$

对于矩阵 $\boldsymbol{A}=(a_{ij})\in\mathbb{R}^{m\times n}$ 和 $\boldsymbol{B}=(b_{ij})\in\mathbb{R}^{p\times r}$, $\boldsymbol{A}\otimes\boldsymbol{B}$ 表示它们的 **克罗内克尔积** (Kronecker product) 或直积, 定义为

$$\boldsymbol{A}\otimes\boldsymbol{B}=(a_{ij}\boldsymbol{B})\in\mathbb{R}^{mp\times nr};$$

对于 $m\times n$ 矩阵

$$\boldsymbol{X}=[\boldsymbol{x}_1,\boldsymbol{x}_2,\cdots,\boldsymbol{x}_n]\in\mathbb{R}^{m\times n},\quad \boldsymbol{x}_i\in\mathbb{R}^m,\quad i=1,2,\cdots,n,$$

$\mathrm{col}[\boldsymbol{X}]$ 表示由矩阵 $\boldsymbol{X}$ 的列构成的向量, 即

$$\mathrm{col}[\boldsymbol{X}]:=\begin{bmatrix}\boldsymbol{x}_1\\ \boldsymbol{x}_2\\ \vdots\\ \boldsymbol{x}_n\end{bmatrix}\in\mathbb{R}^{mn}.$$

考虑下列西尔维斯特矩阵方程 (Sylvester matrix equation) 的求解问题,

$$\boldsymbol{A}\boldsymbol{X}+\boldsymbol{X}\boldsymbol{B}=\boldsymbol{F}, \tag{7.4.1}$$

式中 $\boldsymbol{A}\in\mathbb{R}^{m\times m}$, $\boldsymbol{B}\in\mathbb{R}^{n\times n}$ 和 $\boldsymbol{F}\in\mathbb{R}^{m\times n}$ 均是已知常数矩阵, $\boldsymbol{X}\in\mathbb{R}^{m\times n}$ 是待求的未知矩阵.

引理 7.4.1 设 $\lambda_i[\boldsymbol{X}]$ 表示矩阵 $\boldsymbol{X}$ 的第 i 个特征值. 矩阵方程 (7.4.1) 有唯一解的充分必要条件是, 对任意的 i 和 j, 有 $\lambda_i[\boldsymbol{A}]+\lambda_j[\boldsymbol{B}]\neq 0$. 这个唯一解可表示为

$$\mathrm{col}[\boldsymbol{X}]=[(\boldsymbol{I}_n\otimes\boldsymbol{A})+(\boldsymbol{B}^{\mathrm{T}}\otimes\boldsymbol{I}_m)]^{-1}\mathrm{col}[\boldsymbol{F}]; \tag{7.4.2}$$

对应的齐次方程 $\boldsymbol{A}\boldsymbol{X}+\boldsymbol{X}\boldsymbol{B}=0$ 有唯一解: $\boldsymbol{X}=\boldsymbol{0}$.

特别地，当 $\boldsymbol{B}=\boldsymbol{A}^{\mathrm{T}}$ 时，式 (7.4.1) 退化为 **连续时间李雅普诺夫矩阵方程**. 存在唯一解的充分必要条件是对于任意的 i 和 j, $\lambda_i[\boldsymbol{A}]+\lambda_j[\boldsymbol{A}]\neq 0$.

虽然式 (7.4.2) 可以用来求解矩阵方程 (7.4.1), 但是随着矩阵 $\boldsymbol{X}$ 维数的增加, 所需的存储量迅速增加, 因为用式 (7.4.2) 计算 $\boldsymbol{X}$, 需要求 $(mn)\times(mn)$ 维矩阵的逆, 使得存储量大大增加. 因此, 有必要提出一个实用算法迭代计算矩阵方程 (7.4.1) 的解 $\boldsymbol{X}$.

根据递阶辨识原理, 把系统 (7.4.1) 分解为两个子系统, 且认为 $\boldsymbol{X}$ 为系统的待辨识参数矩阵, 然后利用 **最小二乘优化原理** (least squares optimization principle) 和推论 7.3.1, 分别导出每个子系统参数矩阵的迭代解, 具体步骤如下.

1. **系统分解**

定义两个矩阵:

$$\boldsymbol{b}_1:=\boldsymbol{F}-\boldsymbol{X}\boldsymbol{B}, \tag{7.4.3}$$

$$\boldsymbol{b}_2:=\boldsymbol{F}-\boldsymbol{A}\boldsymbol{X}. \tag{7.4.4}$$

那么从式 (7.4.1) 可以得到两个 **虚拟子系统**:

$$\mathrm{S}_1:\boldsymbol{A}\boldsymbol{X}=\boldsymbol{b}_1,$$

$$\mathrm{S}_2:\boldsymbol{X}\boldsymbol{B}=\boldsymbol{b}_2.$$

2. **子系统迭代解**

对于子系统 S_1 和 S_2, 分别构造两个 **准则函数**:

$$J_1(\boldsymbol{X}):=\|\boldsymbol{A}\boldsymbol{X}-\boldsymbol{b}_1\|^2,$$

$$J_2(\boldsymbol{X}):=\|\boldsymbol{X}\boldsymbol{B}-\boldsymbol{b}_2\|^2,$$

计算其梯度

$$\mathrm{grad}[J_1(\boldsymbol{X})]=2\boldsymbol{A}^{\mathrm{T}}[\boldsymbol{A}\boldsymbol{X}-\boldsymbol{b}_1],$$

$$\mathrm{grad}[J_2(\boldsymbol{X})]=2[\boldsymbol{X}\boldsymbol{B}-\boldsymbol{b}_2]\boldsymbol{B}^{\mathrm{T}},$$

令 $\boldsymbol{X}_1(t)$ 和 $\boldsymbol{X}_2(t)$ 分别对应于 S_1 和 S_2 参数矩阵 $\boldsymbol{X}$ 的估计或迭代解. 用负梯度搜索极小化 $J_1(\boldsymbol{X})$ 和 $J_2(\boldsymbol{X})$, 或者应用推论 7.3.1 于系统 S_1 和 S_2, 直接导出下列迭代方程:

$$\boldsymbol{X}_1(t)=\boldsymbol{X}_1(t-1)+\mu\boldsymbol{A}^{\mathrm{T}}[\boldsymbol{b}_1-\boldsymbol{A}\boldsymbol{X}_1(t-1)], \tag{7.4.5}$$

$$\boldsymbol{X}_2(t)=\boldsymbol{X}_2(t-1)+\mu[\boldsymbol{b}_2-\boldsymbol{X}_2(t-1)\boldsymbol{B}]\boldsymbol{B}^{\mathrm{T}}. \tag{7.4.6}$$

这里, μ 称为 **迭代步长** 或 **收敛因子**, 可以选择为

$$\mu=\frac{1}{\|\boldsymbol{A}\|^2+\|\boldsymbol{B}\|^2}.$$

将式 (7.4.3) 代入式 (7.4.5), 式 (7.4.4) 代入式 (7.4.6) 得到

$$\boldsymbol{X}_1(t)=\boldsymbol{X}_1(t-1)+\mu\boldsymbol{A}^{\mathrm{T}}[\boldsymbol{F}-\boldsymbol{A}\boldsymbol{X}_1(t-1)-\boldsymbol{X}\boldsymbol{B}], \tag{7.4.7}$$

$$\boldsymbol{X}_2(t)=\boldsymbol{X}_2(t-1)+\mu[\boldsymbol{F}-\boldsymbol{A}\boldsymbol{X}-\boldsymbol{X}_2(t-1)\boldsymbol{B}]\boldsymbol{B}^{\mathrm{T}}. \tag{7.4.8}$$

一个困难出现了, 因为式 (7.4.7) 和 (7.4.8) 右边包含了未知矩阵 $\boldsymbol{X}$, 所以不可能实现算法 (7.4.7) 和 (7.4.8).

3. **关联项协调**

为了处理两个算法 (7.4.7)、(7.4.8) 右边间的关联项 $\boldsymbol{X}$, 利用递阶辨识原理: 式 (7.4.7) 和 (7.4.8) 中未知 $\boldsymbol{X}$ 分别用其在 $(t-1)$ 时刻的估计值 $\boldsymbol{X}_1(t-1)$ 和 $\boldsymbol{X}_2(t-1)$ 代替, 得到

$$\boldsymbol{X}_1(t)=\boldsymbol{X}_1(t-1)+\mu\boldsymbol{A}^{\mathrm{T}}[\boldsymbol{F}-\boldsymbol{A}\boldsymbol{X}_1(t-1)-\boldsymbol{X}_1(t-1)\boldsymbol{B}], \tag{7.4.9}$$

$$\boldsymbol{X}_2(t)=\boldsymbol{X}_2(t-1)+\mu[\boldsymbol{F}-\boldsymbol{A}\boldsymbol{X}_2(t-1)-\boldsymbol{X}_2(t-1)\boldsymbol{B}]\boldsymbol{B}^{\mathrm{T}}. \tag{7.4.10}$$

事实上, 只需要一个迭代解 $\boldsymbol{X}(t)$, 而不是两个解 $\boldsymbol{X}_1(t)$ 和 $\boldsymbol{X}_2(t)$. 一种方法是取它们的平均值作为 $\boldsymbol{X}(t)$, 即得到计算矩阵方程 (7.4.1) 迭代解的 **递阶梯度迭代算法** (Hierarchical Gradient based Iterative algorithm, **HGI 算法**)[191, 192]:

$$\boldsymbol{X}(t)=\frac{\boldsymbol{X}_1(t)+\boldsymbol{X}_2(t)}{2}, \tag{7.4.11}$$

$$\boldsymbol{X}_1(t)=\boldsymbol{X}(t-1)+\frac{\boldsymbol{A}^{\mathrm{T}}[\boldsymbol{F}-\boldsymbol{A}\boldsymbol{X}(t-1)-\boldsymbol{X}(t-1)\boldsymbol{B}]}{\|\boldsymbol{A}\|^2+\|\boldsymbol{B}\|^2}, \tag{7.4.12}$$

$$\boldsymbol{X}_2(t)=\boldsymbol{X}(t-1)+\frac{[\boldsymbol{F}-\boldsymbol{A}\boldsymbol{X}(t-1)-\boldsymbol{X}(t-1)\boldsymbol{B}]\boldsymbol{B}^{\mathrm{T}}}{\|\boldsymbol{A}\|^2+\|\boldsymbol{B}\|^2}. \tag{7.4.13}$$

该算法名称来历是使用了递阶辨识原理和梯度搜索的迭代算法, 其初值可取为 $\boldsymbol{X}(0)=\mathbf{1}_{m\times n}/p_0$, $p_0=10^6$, $\mathbf{1}_{m\times n}$ 是其元均为 1 的 $m\times n$ 矩阵, 即

$$\mathbf{1}_{m\times n}=\begin{bmatrix}1 & 1 & \cdots & 1\\ \vdots & \vdots & & \vdots\\ 1 & 1 & \cdots & 1\end{bmatrix}\in\mathbb{R}^{m\times n}.$$

定理 7.4.1[191, 192] 如果方程 (7.4.1) 在最小二乘意义下有唯一解 $\boldsymbol{X}$, 那么对于任意初值 $\boldsymbol{X}(0)$, 算法 (7.4.11)~(7.4.13) 给出的迭代解 $\boldsymbol{X}(t)$ 收敛于 $\boldsymbol{X}$, 即 $\lim\limits_{t\to\infty}\boldsymbol{X}(t)=\boldsymbol{X}$; 或估计误差 $\boldsymbol{X}(t)-\boldsymbol{X}$ 收敛于零.

证明 定义估计误差矩阵:

$$\tilde{\boldsymbol{X}}_1(t):=\boldsymbol{X}_1(t)-\boldsymbol{X},$$

$$\tilde{\boldsymbol{X}}_2(t):=\boldsymbol{X}_2(t)-\boldsymbol{X}.$$

那么有

$$\tilde{\boldsymbol{X}}(t)=\boldsymbol{X}(t)-\boldsymbol{X}=\frac{\tilde{\boldsymbol{X}}_1(t)+\tilde{\boldsymbol{X}}_2(t)}{2}. \tag{7.4.14}$$

令

$$\boldsymbol{\xi}(t):=\boldsymbol{A}\tilde{\boldsymbol{X}}(t-1), \tag{7.4.15}$$

$$\boldsymbol{\eta}(t):=\tilde{\boldsymbol{X}}(t-1)\boldsymbol{B}. \tag{7.4.16}$$

利用式 (7.4.1) 和 (7.4.11)~(7.4.13), 可得

$$\begin{aligned}\tilde{\boldsymbol{X}}_1(t)&=\tilde{\boldsymbol{X}}(t-1)+\frac{\boldsymbol{A}^{\rm T}[-\boldsymbol{A}\tilde{\boldsymbol{X}}(t-1)-\tilde{\boldsymbol{X}}(t-1)\boldsymbol{B}]}{\|\boldsymbol{A}\|^2+\|\boldsymbol{B}\|^2}\\&=\tilde{\boldsymbol{X}}(t-1)+\frac{\boldsymbol{A}^{\rm T}[-\boldsymbol{\xi}(t)-\boldsymbol{\eta}(t)]}{\|\boldsymbol{A}\|^2+\|\boldsymbol{B}\|^2},\\\tilde{\boldsymbol{X}}_2(t)&=\tilde{\boldsymbol{X}}(t-1)+\frac{[-\boldsymbol{A}\tilde{\boldsymbol{X}}(t-1)-\tilde{\boldsymbol{X}}(t-1)\boldsymbol{B}]\boldsymbol{B}^{\rm T}}{\|\boldsymbol{A}\|^2+\|\boldsymbol{B}\|^2}\\&=\tilde{\boldsymbol{X}}(t-1)+\frac{[-\boldsymbol{\xi}(t)-\boldsymbol{\eta}(t)]\boldsymbol{B}^{\rm T}}{\|\boldsymbol{A}\|^2+\|\boldsymbol{B}\|^2}.\end{aligned}$$

使用式 (7.4.15) 和式 (7.4.16) 可得

$$\begin{aligned}\|\tilde{\boldsymbol{X}}_1(t)\|^2&={\rm tr}[\tilde{\boldsymbol{X}}_1^{\rm T}(t)\tilde{\boldsymbol{X}}_1(t)]\\&=\|\tilde{\boldsymbol{X}}(t-1)\|^2+\frac{2{\rm tr}\{\tilde{\boldsymbol{X}}^{\rm T}(t-1)\boldsymbol{A}^{\rm T}[-\boldsymbol{\xi}(t)-\boldsymbol{\eta}(t)]\}}{\|\boldsymbol{A}\|^2+\|\boldsymbol{B}\|^2}+\frac{\|\boldsymbol{A}^{\rm T}[-\boldsymbol{\xi}(t)-\boldsymbol{\eta}(t)]\|^2}{(\|\boldsymbol{A}\|^2+\|\boldsymbol{B}\|^2)^2}\\&\leqslant\|\tilde{\boldsymbol{X}}(t-1)\|^2+\frac{2{\rm tr}\{\boldsymbol{\xi}^{\rm T}(t)[-\boldsymbol{\xi}(t)-\boldsymbol{\eta}(t)]\}}{\|\boldsymbol{A}\|^2+\|\boldsymbol{B}\|^2}+\frac{\|\boldsymbol{A}\|^2\|\boldsymbol{\xi}(t)+\boldsymbol{\eta}(t)\|^2}{(\|\boldsymbol{A}\|^2+\|\boldsymbol{B}\|^2)^2}.\end{aligned}\tag{7.4.17}$$

类似地, 有

$$\begin{aligned}\|\tilde{\boldsymbol{X}}_2(t)\|^2&={\rm tr}[\tilde{\boldsymbol{X}}_2(t)\tilde{\boldsymbol{X}}_2^{\rm T}(t)]\\&\leqslant\|\tilde{\boldsymbol{X}}(t-1)\|^2+\frac{2{\rm tr}\{[-\boldsymbol{\xi}(t)-\boldsymbol{\eta}(t)]\boldsymbol{\eta}^{\rm T}(t)\}}{\|\boldsymbol{A}\|^2+\|\boldsymbol{B}\|^2}+\frac{\|\boldsymbol{B}\|^2\|\boldsymbol{\xi}(t)+\boldsymbol{\eta}(t)\|^2}{(\|\boldsymbol{A}\|^2+\|\boldsymbol{B}\|^2)^2}.\end{aligned}\tag{7.4.18}$$

利用式 (7.4.17) 和式 (7.4.18), 从式 (7.4.14) 可得

$$\begin{aligned}\|\tilde{\boldsymbol{X}}(t)\|^2&=\frac{\|\tilde{\boldsymbol{X}}_1(t)+\tilde{\boldsymbol{X}}_2(t)\|^2}{4}\\&\leqslant\frac{\|\tilde{\boldsymbol{X}}_1(t)\|^2+\|\tilde{\boldsymbol{X}}_2(t)\|^2}{2}\\&\leqslant\|\tilde{\boldsymbol{X}}(t-1)\|^2-\frac{\|\boldsymbol{\xi}(t)+\boldsymbol{\eta}(t)\|^2}{2(\|\boldsymbol{A}\|^2+\|\boldsymbol{B}\|^2)}\\&\leqslant\|\tilde{\boldsymbol{X}}(0)\|^2-\sum_{i=1}^{t}\frac{\|\boldsymbol{\xi}(i)+\boldsymbol{\eta}(i)\|^2}{2(\|\boldsymbol{A}\|^2+\|\boldsymbol{B}\|^2)}.\end{aligned}$$

于是有

$$\sum_{t=1}^{\infty}\frac{\|\boldsymbol{\xi}(t)+\boldsymbol{\eta}(t)\|^2}{2(\|\boldsymbol{A}\|^2+\|\boldsymbol{B}\|^2)}<\infty,$$

和

$$\boldsymbol{\xi}(t)+\boldsymbol{\eta}(t)\to\boldsymbol{0},\ t\to\infty,$$

或

$$\boldsymbol{A}\tilde{\boldsymbol{X}}(t-1)+\tilde{\boldsymbol{X}}(t-1)\boldsymbol{B}\to\boldsymbol{0},\ t\to\infty.$$

根据引理 7.4.1 可知: $\tilde{\boldsymbol{X}}(t-1)\to\boldsymbol{0}$. 定理 7.4.1 证毕. □

算法 (7.4.9) 或 (7.4.10) 称为 **单边迭代算法** (single-side iterative algorithm), 它不能保证 $\boldsymbol{X}_i(t)$ $(i=1,2)$ 收敛于 $\boldsymbol{X}$; 而 (7.4.11)~(7.4.13) 称为 **平衡迭代算法** (balanced iterative algorithm), 它可以简单写为

$$\boldsymbol{X}(t)=\boldsymbol{X}(t-1)+\mu\boldsymbol{A}^{\mathrm{T}}[\boldsymbol{F}-\boldsymbol{A}\boldsymbol{X}(t-1)-\boldsymbol{X}(t-1)\boldsymbol{B}]/2 \\ +\mu[\boldsymbol{F}-\boldsymbol{A}\boldsymbol{X}(t-1)-\boldsymbol{X}(t-1)\boldsymbol{B}]\boldsymbol{B}^{\mathrm{T}}/2. \tag{7.4.19}$$

为了加快算法的收敛性能, 从上述定理证明过程可以看出: 收敛因子也可选择为

$$0<\mu\leqslant\frac{2}{\lambda_{\max}[\boldsymbol{A}^{\mathrm{T}}\boldsymbol{A}]+\lambda_{\max}[\boldsymbol{B}\boldsymbol{B}^{\mathrm{T}}]}. \tag{7.4.20}$$

这个收敛因子并不是最佳的 (保守的). 事实上, 存在一个最佳的 μ 以至于 $\boldsymbol{X}(t)$ 收敛于 $\boldsymbol{X}$ 有更快的收敛速度.

7.4.2 矩阵方程 $\boldsymbol{AXB}+\boldsymbol{X}=\boldsymbol{F}$

下面研究矩阵方程

$$\boldsymbol{AXB}+\boldsymbol{X}=\boldsymbol{F} \tag{7.4.21}$$

的迭代解, 其中 $\boldsymbol{A}\in\mathbb{R}^{m\times m},\boldsymbol{B}\in\mathbb{R}^{n\times n}$ 和 $\boldsymbol{F}\in\mathbb{R}^{m\times n}$ 为给定常数矩阵, $\boldsymbol{X}\in\mathbb{R}^{m\times n}$ 是未知矩阵. 特别地, 当 $\boldsymbol{A}=\boldsymbol{B}^{\mathrm{T}}$ 时, 式 (7.4.21) 是 **离散时间李雅普诺夫矩阵方程**. 此外, 如果上式中 $\boldsymbol{B}$ 是可逆的, 用 $\boldsymbol{B}^{-1}$ 右乘上述方程, 则得到式 (7.4.1) 的形式.

不幸的是, 一个简单的迭代算法:

$$\boldsymbol{X}(t)=\boldsymbol{F}-\boldsymbol{AX}(t-1)\boldsymbol{B},$$

不能保证 $\boldsymbol{X}(t)$ 收敛于 $\boldsymbol{X}$.

引理 7.4.2 矩阵方程 (7.4.21) 有唯一解的充分必要条件是, 对于任意 i 和 j, $\lambda_i[\boldsymbol{A}]\lambda_j[\boldsymbol{B}]\neq-1$; 这个唯一解为

$$\mathrm{col}[\boldsymbol{X}]=[(\boldsymbol{B}^{\mathrm{T}}\otimes\boldsymbol{A})+\boldsymbol{I}_{mn}]^{-1}\mathrm{col}[\boldsymbol{F}];$$

对应齐次方程 $\boldsymbol{AXB}+\boldsymbol{X}=0$ 有唯一零解: $\boldsymbol{X}=\boldsymbol{0}$.

类似于上面的推导, 应用定理 7.3.2, 能够得到计算矩阵方程 (7.4.21) 迭代解的 **递阶梯度迭代算法**[191, 192]:

$$\boldsymbol{X}(t)=\frac{\boldsymbol{X}_1(t)+\boldsymbol{X}_2(t)}{2}, \tag{7.4.22}$$

$$\boldsymbol{X}_1(t)=\boldsymbol{X}(t-1)+\mu\boldsymbol{A}^{\mathrm{T}}[\boldsymbol{F}-\boldsymbol{AX}(t-1)\boldsymbol{B}-\boldsymbol{X}(t-1)]\boldsymbol{B}^{\mathrm{T}}, \tag{7.4.23}$$

$$\boldsymbol{X}_2(t)=\boldsymbol{X}(t-1)+\mu[\boldsymbol{F}-\boldsymbol{AX}(t-1)\boldsymbol{B}-\boldsymbol{X}(t-1)], \tag{7.4.24}$$

$$\mu=\frac{2}{\lambda_{\max}[\boldsymbol{A}^{\mathrm{T}}\boldsymbol{A}]\lambda_{\max}[\boldsymbol{B}\boldsymbol{B}^{\mathrm{T}}]+1}=:2\mu_0,\ \text{或}\ 0<\mu\leqslant\frac{2}{\|\boldsymbol{A}\|^2\|\boldsymbol{B}\|^2+1}. \tag{7.4.25}$$

定理 7.4.2 如果矩阵方程有唯一解 $\boldsymbol{X}$, 那么算法 (7.4.22)~(7.4.25) 给出的迭代解 $\boldsymbol{X}(t)$ 收敛于 $\boldsymbol{X}$, 即 $\lim\limits_{t\to\infty}\boldsymbol{X}(t)=\boldsymbol{X}$.

7.4.3 矩阵方程 $\boldsymbol{AXB}+\boldsymbol{CXD}=\boldsymbol{F}$

本小节主要内容选自文献 [191], [192].

应用递阶辨识原理求解下列 **广义西尔维斯特矩阵方程** (generalized Sylvester matrix equation) 的迭代解,

$$\boldsymbol{AXB}+\boldsymbol{CXD}=\boldsymbol{F}, \tag{7.4.26}$$

其中 $\boldsymbol{A},\boldsymbol{C}\in\mathbb{R}^{m\times m}$, $\boldsymbol{B},\boldsymbol{D}\in\mathbb{R}^{n\times n}$ 和 $\boldsymbol{F}\in\mathbb{R}^{m\times n}$ 是给定常数矩阵, $\boldsymbol{X}\in\mathbb{R}^{m\times n}$ 是未知矩阵.

引理 7.4.3 方程 (7.4.26) 有唯一解, 当且仅当 $[\boldsymbol{B}^{\mathrm{T}}\otimes\boldsymbol{A}+\boldsymbol{D}^{\mathrm{T}}\otimes\boldsymbol{C}]$ 是非奇异的, 且这个唯一解为

$$\mathrm{col}[\boldsymbol{X}]=[\boldsymbol{B}^{\mathrm{T}}\otimes\boldsymbol{A}+\boldsymbol{D}^{\mathrm{T}}\otimes\boldsymbol{C}]^{-1}\mathrm{col}[\boldsymbol{F}], \tag{7.4.27}$$

对应的齐次方程 $\boldsymbol{AXB}+\boldsymbol{CXD}=\boldsymbol{0}$ 有零解, 即 $\boldsymbol{X}=\boldsymbol{0}$.

特别地, 当 $\boldsymbol{D}=\boldsymbol{A}^{\mathrm{T}}$, $\boldsymbol{B}=\boldsymbol{C}=\boldsymbol{I}$, 方程 (7.4.26) 退化为 **连续时间李雅普诺夫矩阵方程**; 其唯一解存在的充分必要条件是对任意 i 和 j, $\lambda_i[\boldsymbol{A}]+\lambda_j[\boldsymbol{A}]\neq 0$.

根据递阶辨识原理, 把系统 (7.4.26) 分解为两个子系统, 然后分别计算每个子系统的迭代解, 方法如下. 定义两个矩阵:

$$\boldsymbol{b}_1:=\boldsymbol{F}-\boldsymbol{CXD}, \tag{7.4.28}$$

$$\boldsymbol{b}_2:=\boldsymbol{F}-\boldsymbol{AXB}. \tag{7.4.29}$$

那么, 从 (7.4.26) 可以得到两个虚拟子系统:

$$\mathrm{S}_3:\boldsymbol{AXB}=\boldsymbol{b}_1,$$

$$\mathrm{S}_4:\boldsymbol{CXD}=\boldsymbol{b}_2.$$

根据定理 7.3.2 的式 (7.3.8), 容易写出子系统 S_3 和 S_4 的梯度迭代解 $\boldsymbol{X}_1(t)$ 和 $\boldsymbol{X}_2(t)$:

$$\boldsymbol{X}_1(t)=\boldsymbol{X}_1(t-1)+\mu\boldsymbol{A}^{\mathrm{T}}[\boldsymbol{b}_1-\boldsymbol{AX}_1(t-1)\boldsymbol{B}]\boldsymbol{B}^{\mathrm{T}},$$

$$\boldsymbol{X}_2(t)=\boldsymbol{X}_2(t-1)+\mu\boldsymbol{C}^{\mathrm{T}}[\boldsymbol{b}_2-\boldsymbol{CX}_2(t-1)\boldsymbol{D}]\boldsymbol{D}^{\mathrm{T}}.$$

收敛因子 μ 在后面给出. 将式 (7.4.28) 和式 (7.4.29) 代入上两式, 得到

$$\boldsymbol{X}_1(t)=\boldsymbol{X}_1(t-1)+\mu\boldsymbol{A}^{\mathrm{T}}[\boldsymbol{F}-\boldsymbol{AX}_1(t-1)\boldsymbol{B}-\boldsymbol{CXD}]\boldsymbol{B}^{\mathrm{T}},$$

$$\boldsymbol{X}_2(t)=\boldsymbol{X}_2(t-1)+\mu\boldsymbol{C}^{\mathrm{T}}[\boldsymbol{F}-\boldsymbol{AXB}-\boldsymbol{CX}_2(t-1)\boldsymbol{D}]\boldsymbol{D}^{\mathrm{T}}.$$

同样, 困难是因为上述两个表达式的右边包含了未知的矩阵 $\boldsymbol{X}$, 故不可能实现这个算法. 解决的方法还是基于递阶辨识原理: 两式中的 $\boldsymbol{X}$ 分别用它们在前一时刻的估计值 $\boldsymbol{X}_1(t-1)$ 和 $\boldsymbol{X}_2(t-1)$ 代替, 得到

$$\boldsymbol{X}_1(t)=\boldsymbol{X}_1(t-1)+\mu\boldsymbol{A}^{\mathrm{T}}[\boldsymbol{F}-\boldsymbol{AX}_1(t-1)\boldsymbol{B}-\boldsymbol{CX}_1(t-1)\boldsymbol{D}]\boldsymbol{B}^{\mathrm{T}}, \tag{7.4.30}$$

$$\boldsymbol{X}_2(t)=\boldsymbol{X}_2(t-1)+\mu\boldsymbol{C}^{\mathrm{T}}[\boldsymbol{F}-\boldsymbol{AX}_2(t-1)\boldsymbol{B}-\boldsymbol{CX}_2(t-1)\boldsymbol{D}]\boldsymbol{D}^{\mathrm{T}}. \tag{7.4.31}$$

同样, 取 $\boldsymbol{X}_1(t)$ 和 $\boldsymbol{X}_2(t)$ 的平均值作为 $\boldsymbol{X}$ 的迭代解 $\boldsymbol{X}(t)$, 即

$$\boldsymbol{X}(t)=\frac{\boldsymbol{X}_1(t)+\boldsymbol{X}_2(t)}{2}.$$

保证迭代方程的收敛性, 收敛因子可以选择为

$$0<\mu\leqslant\frac{2}{\lambda_{\max}[\boldsymbol{AA}^{\mathrm{T}}]\lambda_{\max}[\boldsymbol{BB}^{\mathrm{T}}]+\lambda_{\max}[\boldsymbol{CC}^{\mathrm{T}}]\lambda_{\max}[\boldsymbol{DD}^{\mathrm{T}}]}=:2\mu_0.$$

由此可得广义西尔维斯特矩阵方程的 **递阶梯度迭代算法**[191, 192]:

$$\boldsymbol{X}(t)=\frac{\boldsymbol{X}_1(t)+\boldsymbol{X}_2(t)}{2}, \tag{7.4.32}$$

$$\boldsymbol{X}_1(t)=\boldsymbol{X}(t-1)+\mu\boldsymbol{A}^{\mathrm{T}}[\boldsymbol{F}-\boldsymbol{A}\boldsymbol{X}(t-1)\boldsymbol{B}-\boldsymbol{C}\boldsymbol{X}(t-1)\boldsymbol{D}]\boldsymbol{B}^{\mathrm{T}}, \tag{7.4.33}$$

$$\boldsymbol{X}_2(t)=\boldsymbol{X}(t-1)+\mu\boldsymbol{C}^{\mathrm{T}}[\boldsymbol{F}-\boldsymbol{A}\boldsymbol{X}(t-1)\boldsymbol{B}-\boldsymbol{C}\boldsymbol{X}(t-1)\boldsymbol{D}]\boldsymbol{D}^{\mathrm{T}}, \tag{7.4.34}$$

$$0<\mu\leqslant\frac{2}{\lambda_{\max}[\boldsymbol{A}\boldsymbol{A}^{\mathrm{T}}]\lambda_{\max}[\boldsymbol{B}\boldsymbol{B}^{\mathrm{T}}]+\lambda_{\max}[\boldsymbol{C}\boldsymbol{C}^{\mathrm{T}}]\lambda_{\max}[\boldsymbol{D}\boldsymbol{D}^{\mathrm{T}}]}=:2\mu_0. \tag{7.4.35}$$

其初值仍选择为 $\boldsymbol{X}(0)=\boldsymbol{1}_{m\times n}/p_0,\ p_0=10^6$.

定理 7.4.3[191] 如果方程 (7.4.26) 有唯一解 (或最小二乘解)$\boldsymbol{X}$, 那么对任意有限的初值 $\boldsymbol{X}(0)$, 迭代算法 (7.4.32)~(7.4.35) 产生的迭代解 $\boldsymbol{X}(t)$ 收敛于 $\boldsymbol{X}$, 即 $\boldsymbol{X}(t)\to\boldsymbol{X}$.

证明 定义误差矩阵:

$$\tilde{\boldsymbol{X}}_1(t):=\boldsymbol{X}_1(t)-\boldsymbol{X},$$

$$\tilde{\boldsymbol{X}}_2(t):=\boldsymbol{X}_2(t)-\boldsymbol{X}.$$

则有

$$\tilde{\boldsymbol{X}}(t)=\boldsymbol{X}(t)-\boldsymbol{X}=\frac{\tilde{\boldsymbol{X}}_1(t)+\tilde{\boldsymbol{X}}_2(t)}{2},$$

$$\|\tilde{\boldsymbol{X}}(t)\|^2=\frac{\|\tilde{\boldsymbol{X}}_1(t)+\tilde{\boldsymbol{X}}_2(t)\|^2}{4}\leqslant\frac{\|\tilde{\boldsymbol{X}}_1(t)\|^2+\|\tilde{\boldsymbol{X}}_2(t)\|^2}{2}. \tag{7.4.36}$$

令

$$\boldsymbol{\xi}(t)=\boldsymbol{A}\tilde{\boldsymbol{X}}(t-1)\boldsymbol{B}, \tag{7.4.37}$$

$$\boldsymbol{\eta}(t)=\boldsymbol{C}\tilde{\boldsymbol{X}}(t-1)\boldsymbol{D}. \tag{7.4.38}$$

使用 (7.4.26)、(7.4.33) 和 (7.4.34), 可得

$$\begin{aligned}\tilde{\boldsymbol{X}}_1(t)&=\tilde{\boldsymbol{X}}(t-1)+\mu\boldsymbol{A}^{\mathrm{T}}[-\boldsymbol{A}\tilde{\boldsymbol{X}}(t-1)\boldsymbol{B}-\boldsymbol{C}\tilde{\boldsymbol{X}}(t-1)\boldsymbol{D}]\boldsymbol{B}^{\mathrm{T}}\\&=\tilde{\boldsymbol{X}}(t-1)+\mu\boldsymbol{A}^{\mathrm{T}}[-\boldsymbol{\xi}(t)-\boldsymbol{\eta}(t)]\boldsymbol{B}^{\mathrm{T}},\\\tilde{\boldsymbol{X}}_2(t)&=\tilde{\boldsymbol{X}}(t-1)+\mu\boldsymbol{C}^{\mathrm{T}}[-\boldsymbol{A}\tilde{\boldsymbol{X}}(t-1)\boldsymbol{B}-\boldsymbol{C}\tilde{\boldsymbol{X}}(t-1)\boldsymbol{D}]\boldsymbol{D}^{\mathrm{T}}\\&=\tilde{\boldsymbol{X}}(t-1)+\mu\boldsymbol{C}^{\mathrm{T}}[-\boldsymbol{\xi}(t)-\boldsymbol{\eta}(t)]\boldsymbol{D}^{\mathrm{T}}.\end{aligned}$$

利用公式: $\mathrm{tr}[\boldsymbol{A}\boldsymbol{B}]=\mathrm{tr}[\boldsymbol{B}\boldsymbol{A}]$, $\mathrm{tr}[\boldsymbol{A}^{\mathrm{T}}]=\mathrm{tr}[\boldsymbol{A}]$, 以及 (7.4.37) 和 (7.4.38), 有

$$\begin{aligned}\|\tilde{\boldsymbol{X}}_1(t)\|^2&=\mathrm{tr}[\tilde{\boldsymbol{X}}_1^{\mathrm{T}}(t)\tilde{\boldsymbol{X}}_1(t)]\\&=\|\tilde{\boldsymbol{X}}(t-1)\|^2+2\mu\mathrm{tr}\{\tilde{\boldsymbol{X}}^{\mathrm{T}}(t-1)\boldsymbol{A}^{\mathrm{T}}[-\boldsymbol{\xi}(t)-\boldsymbol{\eta}(t)]\boldsymbol{B}^{\mathrm{T}}\}+\mu^2\|\boldsymbol{A}^{\mathrm{T}}[-\boldsymbol{\xi}(t)-\boldsymbol{\eta}(t)]\boldsymbol{B}^{\mathrm{T}}\|^2\\&\leqslant\|\tilde{\boldsymbol{X}}(t-1)\|^2+2\mu\mathrm{tr}\{\boldsymbol{\xi}^{\mathrm{T}}(t)[-\boldsymbol{\xi}(t)-\boldsymbol{\eta}(t)]\}+\mu^2\lambda_{\max}[\boldsymbol{A}\boldsymbol{A}^{\mathrm{T}}]\lambda_{\max}[\boldsymbol{B}\boldsymbol{B}^{\mathrm{T}}]\|\boldsymbol{\xi}(t)+\boldsymbol{\eta}(t)\|^2.\end{aligned}$$

同理

$$\begin{aligned}\|\tilde{\boldsymbol{X}}_2(t)\|^2&=\mathrm{tr}[\tilde{\boldsymbol{X}}_2(t)\tilde{\boldsymbol{X}}_2^{\mathrm{T}}(t)]\\&\leqslant\|\tilde{\boldsymbol{X}}(t-1)\|^2+2\mu\mathrm{tr}\{[-\boldsymbol{\xi}(t)-\boldsymbol{\eta}(t)]\boldsymbol{\eta}^{\mathrm{T}}(t)\}+\mu^2\lambda_{\max}[\boldsymbol{C}\boldsymbol{C}^{\mathrm{T}}]\lambda_{\max}[\boldsymbol{D}\boldsymbol{D}^{\mathrm{T}}]\|\boldsymbol{\xi}(t)+\boldsymbol{\eta}(t)\|^2.\end{aligned}$$

将上两式代入 (7.4.36) 可得

$$\begin{aligned}\|\tilde{\boldsymbol{X}}(t)\|^2 \leqslant &\|\tilde{\boldsymbol{X}}(t-1)\|^2-\mu\|\boldsymbol{\xi}(t)+\boldsymbol{\eta}(t)\|^2\\&+\frac{\mu^2}{2}\{\lambda_{\max}[\boldsymbol{A}\boldsymbol{A}^{\mathrm{T}}]\lambda_{\max}[\boldsymbol{B}\boldsymbol{B}^{\mathrm{T}}]+\lambda_{\max}[\boldsymbol{C}\boldsymbol{C}^{\mathrm{T}}]\lambda_{\max}[\boldsymbol{D}\boldsymbol{D}^{\mathrm{T}}]\}\|\boldsymbol{\xi}(t)+\boldsymbol{\eta}(t)\|^2\\&=\|\tilde{\boldsymbol{X}}(t-1)\|^2-\frac{\mu}{2}\left(2-\frac{\mu}{\mu_0}\right)\|\boldsymbol{\xi}(t)+\boldsymbol{\eta}(t)\|^2\\&\leqslant\|\tilde{\boldsymbol{X}}(0)\|^2-\frac{\mu}{2}\left(2-\frac{\mu}{\mu_0}\right)\sum_{i=1}^{t}\|\boldsymbol{\xi}(i)+\boldsymbol{\eta}(i)\|^2.\end{aligned}$$

如果选择

$$0<\mu\leqslant 2\mu_0=\frac{2}{\lambda_{\max}[\boldsymbol{A}^{\mathrm{T}}\boldsymbol{A}]\lambda_{\max}[\boldsymbol{B}\boldsymbol{B}^{\mathrm{T}}]+\lambda_{\max}[\boldsymbol{C}^{\mathrm{T}}\boldsymbol{C}]\lambda_{\max}[\boldsymbol{D}\boldsymbol{D}^{\mathrm{T}}]},$$

则有

$$\sum_{t=1}^{\infty}\|\boldsymbol{\xi}(t)+\boldsymbol{\eta}(t)\|^2<\infty.$$

根据级数收敛的必要条件, 可得

$$\boldsymbol{\xi}(t)+\boldsymbol{\eta}(t)\to\boldsymbol{0},\ t\to\infty,$$

或

$$\boldsymbol{A}\tilde{\boldsymbol{X}}(t-1)\boldsymbol{B}+\boldsymbol{C}\tilde{\boldsymbol{X}}(t-1)\boldsymbol{D}\to\boldsymbol{0},\ \text{当}\ t\to\infty.$$

根据引理 7.4.3, 当 $t\to\infty$ 时, 有 $\tilde{\boldsymbol{X}}(t)\to\boldsymbol{0}$. 定理 7.4.3 证毕. □

同样, 算法 (7.4.30) 或 (7.4.31) 称为 **单边迭代算法** , 它不能保证 $\boldsymbol{X}_i(t)$ 收敛到 $\boldsymbol{X}$; 算法 (7.4.32)~(7.4.34) 称为 **平衡迭代算法**[191, 192], 它可以简单写为

$$\begin{aligned}\boldsymbol{X}(t)=&\boldsymbol{X}(t-1)+\mu\boldsymbol{A}^{\mathrm{T}}[\boldsymbol{F}-\boldsymbol{A}\boldsymbol{X}(t-1)\boldsymbol{B}-\boldsymbol{C}\boldsymbol{X}(t-1)\boldsymbol{D}]\boldsymbol{B}^{\mathrm{T}}/2\\&+\mu\boldsymbol{C}^{\mathrm{T}}[\boldsymbol{F}-\boldsymbol{A}\boldsymbol{X}(t-1)\boldsymbol{B}-\boldsymbol{C}\boldsymbol{X}(t-1)\boldsymbol{D}]\boldsymbol{D}^{\mathrm{T}}/2.\end{aligned}$$

类似地, 如果根据定理 7.3.2 的式 (7.3.10), 能够推出矩阵方程 (7.4.26) 的 **递阶最小二乘迭代算法** 如下[191, 192]:

$$\begin{aligned}&\boldsymbol{X}(t)=\frac{\boldsymbol{X}_1(t)+\boldsymbol{X}_2(t)}{2},\\&\boldsymbol{X}_1(t)=\boldsymbol{X}(t-1)+\mu(\boldsymbol{A}^{\mathrm{T}}\boldsymbol{A})^{-1}\boldsymbol{A}^{\mathrm{T}}[\boldsymbol{F}-\boldsymbol{A}\boldsymbol{X}(t-1)\boldsymbol{B}-\boldsymbol{C}\boldsymbol{X}(t-1)\boldsymbol{D}]\boldsymbol{B}^{\mathrm{T}}(\boldsymbol{B}\boldsymbol{B}^{\mathrm{T}})^{-1},\\&\boldsymbol{X}_2(t)=\boldsymbol{X}(t-1)+\mu(\boldsymbol{C}^{\mathrm{T}}\boldsymbol{C})^{-1}\boldsymbol{C}^{\mathrm{T}}[\boldsymbol{F}-\boldsymbol{A}\boldsymbol{X}(t-1)\boldsymbol{B}-\boldsymbol{C}\boldsymbol{X}(t-1)\boldsymbol{D}]\boldsymbol{D}^{\mathrm{T}}(\boldsymbol{D}\boldsymbol{D}^{\mathrm{T}})^{-1},\\&\quad\mu\leqslant 4.\end{aligned}$$

笔者也难以证明这个递阶最小二乘迭代算法的收敛性. 方程 (7.4.26) 可以推广为

$$\boldsymbol{A}\boldsymbol{X}_1\boldsymbol{B}+\boldsymbol{C}\boldsymbol{X}_2\boldsymbol{D}=\boldsymbol{F}.$$

7.4.4 矩阵方程 $\boldsymbol{A}_1\boldsymbol{X}\boldsymbol{B}_1+\cdots+\boldsymbol{A}_p\boldsymbol{X}\boldsymbol{B}_p=\boldsymbol{F}$

本小节主要内容选自文献 [191], [192].

考虑 **一般矩阵方程** (general matrix equation):

$$\boldsymbol{A}_1\boldsymbol{X}\boldsymbol{B}_1+\boldsymbol{A}_2\boldsymbol{X}\boldsymbol{B}_2+\cdots+\boldsymbol{A}_p\boldsymbol{X}\boldsymbol{B}_p=\boldsymbol{F}, \tag{7.4.39}$$

其中 $\boldsymbol{A}_j\in\mathbb{R}^{p\times m}$, $\boldsymbol{B}_j\in\mathbb{R}^{n\times q}$ 和 $\boldsymbol{F}\in\mathbb{R}^{m\times n}$ 为给定常数矩阵, $\boldsymbol{X}\in\mathbb{R}^{m\times n}$ 是未知矩阵.

引理 7.4.4 如果 $\sum\limits_{j=1}^{p}(\boldsymbol{B}_j^{\mathrm{T}}\otimes\boldsymbol{A}_j)$ 非奇异, 则在最小二乘意义下, 矩阵方程 (7.4.39) 有唯一解:

$$\mathrm{col}[\boldsymbol{X}]=\left[\sum_{j=1}^{p}(\boldsymbol{B}_j^{\mathrm{T}}\otimes\boldsymbol{A}_j)\right]^{-1}\mathrm{col}[\boldsymbol{F}];$$

而齐次方程 $\boldsymbol{A}_1\boldsymbol{X}\boldsymbol{B}_1+\boldsymbol{A}_2\boldsymbol{X}\boldsymbol{B}_2+\cdots+\boldsymbol{A}_p\boldsymbol{X}\boldsymbol{B}_p=\mathbf{0}$ 有零解: $\boldsymbol{X}=\mathbf{0}$. □

参照上小节的推导方法, 能够写出计算方程 (7.4.39) 迭代解的 **递阶梯度迭代算法**[191, 192]:

$$\boldsymbol{X}(t)=[\boldsymbol{X}_1(t)+\boldsymbol{X}_2(t)+\cdots+\boldsymbol{X}_p(t)]/p, \tag{7.4.40}$$

$$\boldsymbol{X}_i(t)=\boldsymbol{X}(t-1)+\mu\boldsymbol{A}_i^{\mathrm{T}}\left[\boldsymbol{F}-\sum_{j=1}^{p}\boldsymbol{A}_j\boldsymbol{X}(t-1)\boldsymbol{B}_j\right]\boldsymbol{B}_i^{\mathrm{T}},\ i=1,2,\cdots,p, \tag{7.4.41}$$

$$0<\mu\leqslant\frac{2}{\sum\limits_{j=1}^{p}\lambda_{\max}[\boldsymbol{A}_j^{\mathrm{T}}\boldsymbol{A}_j]\lambda_{\max}[\boldsymbol{B}_j\boldsymbol{B}_j^{\mathrm{T}}]},\ \text{或}\ 0<\mu\leqslant\frac{2}{\sum\limits_{j=1}^{p}\|\boldsymbol{A}_j\|^2\|\boldsymbol{B}_j\|^2}. \tag{7.4.42}$$

定理 7.4.4[191, 192] 如果方程 (7.4.26) 有唯一解 (或最小二乘解)$\boldsymbol{X}$, 那么对任意初值 $\boldsymbol{X}(0)$, 迭代算法 (7.4.40)~(7.4.42) 产生的迭代解 $\boldsymbol{X}(t)$ 收敛于 $\boldsymbol{X}$, 即 $\boldsymbol{X}(t)\to\boldsymbol{X}$.

类似地, 能够得到计算方程 (7.4.39) 迭代解的 **递阶最小二乘迭代算法**[191, 192]:

$$\boldsymbol{X}(t)=[\boldsymbol{X}_1(t)+\boldsymbol{X}_2(t)+\cdots+\boldsymbol{X}_p(t)]/p, \tag{7.4.43}$$

$$\boldsymbol{X}_i(t)=\boldsymbol{X}(t-1)+\mu(\boldsymbol{A}_i^{\mathrm{T}}\boldsymbol{A}_i)^{-1}\boldsymbol{A}_i^{\mathrm{T}}\left[\boldsymbol{F}-\sum_{j=1}^{p}\boldsymbol{A}_j\boldsymbol{X}(t-1)\boldsymbol{B}_j\right]\boldsymbol{B}_i^{\mathrm{T}}(\boldsymbol{B}_i\boldsymbol{B}_i^{\mathrm{T}})^{-1}, \tag{7.4.44}$$

$$0<\mu\leqslant 2p,\ i=1,2,\cdots,p. \tag{7.4.45}$$

一般矩阵方程, 包括西尔维斯特矩阵方程的递阶最小二乘迭代算法的收敛性证明是极其困难的, 作者还没有找到办法, 还有待读者深入研究、进一步证明.

一般矩阵方程 (7.4.39) 可以推广为

$$\boldsymbol{A}_1\boldsymbol{X}_1\boldsymbol{B}_1+\boldsymbol{A}_2\boldsymbol{X}_2\boldsymbol{B}_2+\cdots+\boldsymbol{A}_p\boldsymbol{X}_p\boldsymbol{B}_p=\boldsymbol{F},$$

求解其的递阶梯度迭代算法和递阶最小二乘迭代算法的收敛性都是需要进一步研究的.

7.5 耦合矩阵方程

应用递阶辨识原理先研究耦合西尔维斯特矩阵方程的递阶梯度迭代算法, 然后通过引入 **块矩阵内积** (block matrix inner product), 简称 **star 积** 或 $\star$ **积**, 把梯度迭代算法推广用于一般耦合矩阵方程的求解. 本节主要内容选自文献 [193].

7.5.1 耦合西尔维斯特矩阵方程

考虑下列 **耦合西尔维斯特矩阵方程** (coupled Sylvester matrix equation),

$$\begin{cases} \boldsymbol{AX}+\boldsymbol{YB}=\boldsymbol{C}, \\ \boldsymbol{DX}+\boldsymbol{YE}=\boldsymbol{F}. \end{cases} \tag{7.5.1}$$

这里 $\boldsymbol{A}, \boldsymbol{D} \in \mathbb{R}^{m\times m}$, $\boldsymbol{B}, \boldsymbol{E} \in \mathbb{R}^{n\times n}$, $\boldsymbol{C}, \boldsymbol{F} \in \mathbb{R}^{m\times n}$ 是给定常数矩阵, $\boldsymbol{X}, \boldsymbol{Y} \in \mathbb{R}^{m\times n}$ 是要求解的未知矩阵.

下列引理是明显的.

引理 7.5.1 矩阵方程 (7.5.1) 有唯一解的充分必要条件是矩阵

$$\boldsymbol{\Phi} := \begin{bmatrix} \boldsymbol{I}_n \otimes \boldsymbol{A} & \boldsymbol{B}^{\mathrm{T}} \otimes \boldsymbol{I}_m \\ \boldsymbol{I}_n \otimes \boldsymbol{D} & \boldsymbol{E}^{\mathrm{T}} \otimes \boldsymbol{I}_m \end{bmatrix} \in \mathbb{R}^{(2mn)\times(2mn)}$$

非奇异. 且这个唯一解为

$$\mathrm{col}[\boldsymbol{X}, \boldsymbol{Y}] = \boldsymbol{\Phi}^{-1}\mathrm{col}[\boldsymbol{C}, \boldsymbol{F}], \tag{7.5.2}$$

对应的齐次方程组 ($\boldsymbol{AX}+\boldsymbol{YB}=\boldsymbol{0}$, $\boldsymbol{DX}+\boldsymbol{YE}=\boldsymbol{0}$) 有唯一解: $\boldsymbol{X}=\boldsymbol{Y}=\boldsymbol{0}$.

讨论 **耦合矩阵方程** (coupled matrix equation) 的迭代解, 方法仍是根据递阶辨识原理, 唯一的差别是如何处理两个方程的分解问题, 即如何把系统 (7.5.1) 分解为两个子系统, 这里把 $\boldsymbol{X}$ 和 $\boldsymbol{Y}$ 当做系统待辨识的参数矩阵, 然后利用推论 7.3.1, 分别导出每个子系统参数矩阵的迭代解, 具体步骤如下.

定义两个矩阵:

$$\boldsymbol{b}_1 := \begin{bmatrix} \boldsymbol{C}-\boldsymbol{YB} \\ \boldsymbol{F}-\boldsymbol{YE} \end{bmatrix}, \tag{7.5.3}$$

$$\boldsymbol{b}_2 := [\boldsymbol{C}-\boldsymbol{AX}, \boldsymbol{F}-\boldsymbol{DX}]. \tag{7.5.4}$$

从式 (7.5.1), 可以得到两个 **虚拟子系统**:

$$\mathrm{S}_5: \begin{bmatrix} \boldsymbol{A} \\ \boldsymbol{D} \end{bmatrix} \boldsymbol{X} = \boldsymbol{b}_1,$$

$$\mathrm{S}_6: \boldsymbol{Y}[\boldsymbol{B}, \boldsymbol{E}] = \boldsymbol{b}_2.$$

令 $\boldsymbol{X}(t)$ 和 $\boldsymbol{Y}(t)$ 分别为系统 S_5 和 S_6 中 $\boldsymbol{X}$ 和 $\boldsymbol{Y}$ 的估计或迭代解. 应用推论 7.3.1 于系统 S_5 和 S_6, 能够导出下列迭代方程:

$$\boldsymbol{X}(t) = \boldsymbol{X}(t-1) + \mu \begin{bmatrix} \boldsymbol{A} \\ \boldsymbol{D} \end{bmatrix}^{\mathrm{T}} \left\{ \boldsymbol{b}_1 - \begin{bmatrix} \boldsymbol{A} \\ \boldsymbol{D} \end{bmatrix} \boldsymbol{X}(t-1) \right\}, \tag{7.5.5}$$

$$\boldsymbol{Y}(t) = \boldsymbol{Y}(t-1) + \mu\{\boldsymbol{b}_2 - \boldsymbol{Y}(t-1)[\boldsymbol{B}, \boldsymbol{E}]\}[\boldsymbol{B}, \boldsymbol{E}]^{\mathrm{T}}. \tag{7.5.6}$$

这里, μ 为迭代步长或收敛因子, 可以取为

$$0 < \mu \leqslant \frac{2}{\|\boldsymbol{A}\|^2 + \|\boldsymbol{B}\|^2 + \|\boldsymbol{D}\|^2 + \|\boldsymbol{E}\|^2}.$$

将式 (7.5.3) 代入式 (7.5.5), 式 (7.5.4) 代入式 (7.5.6) 得到

$$\boldsymbol{X}(t) = \boldsymbol{X}(t-1) + \mu \begin{bmatrix} \boldsymbol{A} \\ \boldsymbol{D} \end{bmatrix}^{\mathrm{T}} \left\{ \begin{bmatrix} \boldsymbol{C}-\boldsymbol{YB} \\ \boldsymbol{F}-\boldsymbol{YE} \end{bmatrix} - \begin{bmatrix} \boldsymbol{A} \\ \boldsymbol{D} \end{bmatrix} \boldsymbol{X}(t-1) \right\}$$

$$= \boldsymbol{X}(t-1) + \mu \begin{bmatrix} \boldsymbol{A} \\ \boldsymbol{D} \end{bmatrix}^{\mathrm{T}} \begin{bmatrix} \boldsymbol{C} - \boldsymbol{Y}\boldsymbol{B} - \boldsymbol{A}\boldsymbol{X}(t-1) \\ \boldsymbol{F} - \boldsymbol{Y}\boldsymbol{E} - \boldsymbol{D}\boldsymbol{X}(t-1) \end{bmatrix}, \tag{7.5.7}$$

$$\boldsymbol{Y}(t) = \boldsymbol{Y}(t-1) + \mu\{[\boldsymbol{C} - \boldsymbol{A}\boldsymbol{X}, \boldsymbol{F} - \boldsymbol{D}\boldsymbol{X}] - \boldsymbol{Y}(t-1)[\boldsymbol{B}, \boldsymbol{E}]\}[\boldsymbol{B}, \boldsymbol{E}]^{\mathrm{T}}$$

$$= \boldsymbol{Y}(t-1) + \mu[\boldsymbol{C} - \boldsymbol{A}\boldsymbol{X} - \boldsymbol{Y}(t-1)\boldsymbol{B}, \boldsymbol{F} - \boldsymbol{D}\boldsymbol{X} - \boldsymbol{Y}(t-1)\boldsymbol{E}][\boldsymbol{B}, \boldsymbol{E}]^{\mathrm{T}}. \tag{7.5.8}$$

借助于递阶辨识原理, 式 (7.5.7) 和式 (7.5.8) 中的未知量 $\boldsymbol{Y}$ 和 $\boldsymbol{X}$ 分别用它们在时刻 $t-1$ 的估计 $\boldsymbol{Y}(t-1)$ 和 $\boldsymbol{X}(t-1)$ 代替, 就得到计算耦合矩阵方程 (7.5.1) 迭代解的 **递阶梯度迭代算法**:

$$\boldsymbol{X}(t) = \boldsymbol{X}(t-1) + \mu \begin{bmatrix} \boldsymbol{A} \\ \boldsymbol{D} \end{bmatrix}^{\mathrm{T}} \begin{bmatrix} \boldsymbol{C} - \boldsymbol{A}\boldsymbol{X}(t-1) - \boldsymbol{Y}(t-1)\boldsymbol{B} \\ \boldsymbol{F} - \boldsymbol{D}\boldsymbol{X}(t-1) - \boldsymbol{Y}(t-1)\boldsymbol{E} \end{bmatrix}, \tag{7.5.9}$$

$$\boldsymbol{Y}(t) = \boldsymbol{Y}(t-1) + $$

$$+\mu[\boldsymbol{C} - \boldsymbol{A}\boldsymbol{X}(t-1) - \boldsymbol{Y}(t-1)\boldsymbol{B}, \boldsymbol{F} - \boldsymbol{D}\boldsymbol{X}(t-1) - \boldsymbol{Y}(t-1)\boldsymbol{E}][\boldsymbol{B}, \boldsymbol{E}]^{\mathrm{T}}, \tag{7.5.10}$$

$$0 < \mu \leqslant \frac{2}{\|\boldsymbol{A}\|^2 + \|\boldsymbol{B}\|^2 + \|\boldsymbol{D}\|^2 + \|\boldsymbol{E}\|^2}. \tag{7.5.11}$$

这个迭代算法的初值可以选择为 $\boldsymbol{X}(0) = \boldsymbol{Y}(0) = 10^{-6}\mathbf{1}_{m\times n}$.

定理 7.5.1[193] 如果耦合矩阵方程 (7.5.1) 在最小二乘意义下有唯一解 $\boldsymbol{X}$ 和 $\boldsymbol{Y}$, 那么对任意初值, 算法 (7.5.9)、(7.5.10) 给出的迭代解 $\boldsymbol{X}(t)$ 和 $\boldsymbol{Y}(t)$ 分别收敛于 $\boldsymbol{X}$ 和 $\boldsymbol{Y}$, 即

$$\lim_{t\to\infty} \boldsymbol{X}(t) = \boldsymbol{X}, \quad \lim_{t\to\infty} \boldsymbol{Y}(t) = \boldsymbol{Y}.$$

收敛因子也可以按下式选择

$$0 < \mu \leqslant \frac{2}{\lambda_{\max}[\boldsymbol{A}^{\mathrm{T}}\boldsymbol{A}] + \lambda_{\max}[\boldsymbol{D}^{\mathrm{T}}\boldsymbol{D}] + \lambda_{\max}[\boldsymbol{B}\boldsymbol{B}^{\mathrm{T}}] + \lambda_{\max}[\boldsymbol{E}\boldsymbol{E}^{\mathrm{T}}]}.$$

7.5.2 一般耦合矩阵方程

本书作者等首次通过定义块矩阵内积 (star 积或 $\star$ 积)[193, 194], 广义化耦合西尔维斯特矩阵方程, 进一步导出下列 **一般耦合矩阵方程** (general coupled matrix equations) 的迭代解,

$$\begin{cases} \boldsymbol{A}_{11}\boldsymbol{X}_1\boldsymbol{B}_{11} + \boldsymbol{A}_{12}\boldsymbol{X}_2\boldsymbol{B}_{12} + \cdots + \boldsymbol{A}_{1p}\boldsymbol{X}_p\boldsymbol{B}_{1p} = \boldsymbol{F}_1, \\ \boldsymbol{A}_{21}\boldsymbol{X}_1\boldsymbol{B}_{21} + \boldsymbol{A}_{22}\boldsymbol{X}_2\boldsymbol{B}_{22} + \cdots + \boldsymbol{A}_{2p}\boldsymbol{X}_p\boldsymbol{B}_{2p} = \boldsymbol{F}_2, \\ \quad\cdots \\ \boldsymbol{A}_{p1}\boldsymbol{X}_1\boldsymbol{B}_{p1} + \boldsymbol{A}_{p2}\boldsymbol{X}_2\boldsymbol{B}_{p2} + \cdots + \boldsymbol{A}_{pp}\boldsymbol{X}_p\boldsymbol{B}_{pp} = \boldsymbol{F}_p. \end{cases} \tag{7.5.12}$$

这里, $\boldsymbol{A}_{ij} \in \mathbb{R}^{m\times m}, \boldsymbol{B}_{ij} \in \mathbb{R}^{n\times n}$ 和 $\boldsymbol{F}_i \in \mathbb{R}^{m\times n}$ 是给定常数矩阵, $\boldsymbol{X}_i \in \mathbb{R}^{m\times n}$ 是未知矩阵.

为了更简洁表示要讨论的迭代算法, 我们定义 $\star$ **积** , 即 **块矩阵内积**, 用符号 $\star$ 表示[191, 194]. 它不同于 **Hadamard 积** (内积), 也不同于一般矩阵乘法, 是二者的推广. 下列矩阵 $\boldsymbol{X}$, $\boldsymbol{Y}$, $\boldsymbol{S}_A$ 等等的各元都是由矩阵构成的. 当这些矩阵元为标量时, star 积退化为简单的内积 (Hadamard 积). 定义

$$\boldsymbol{X} := \begin{bmatrix} \boldsymbol{X}_1 \\ \boldsymbol{X}_2 \\ \vdots \\ \boldsymbol{X}_p \end{bmatrix} \in \mathbb{R}^{(mp)\times n}, \quad \boldsymbol{Y} := \begin{bmatrix} \boldsymbol{Y}_1 \\ \boldsymbol{Y}_2 \\ \vdots \\ \boldsymbol{Y}_p \end{bmatrix} \in \mathbb{R}^{(np)\times m}, \quad \boldsymbol{X}_i, \boldsymbol{Y}_i^{\mathrm{T}} \in \mathbb{R}^{m\times n},$$

$$\boldsymbol{S}_A := \begin{bmatrix} \boldsymbol{A}_{11} & \boldsymbol{A}_{12} & \cdots & \boldsymbol{A}_{1p} \\ \boldsymbol{A}_{21} & \boldsymbol{A}_{22} & \cdots & \boldsymbol{A}_{2p} \\ \vdots & \vdots & & \vdots \\ \boldsymbol{A}_{p1} & \boldsymbol{A}_{p2} & \cdots & \boldsymbol{A}_{pp} \end{bmatrix}, \quad \boldsymbol{S}_B := \begin{bmatrix} \boldsymbol{B}_{11} & \boldsymbol{B}_{12} & \cdots & \boldsymbol{B}_{1p} \\ \boldsymbol{B}_{21} & \boldsymbol{B}_{22} & \cdots & \boldsymbol{B}_{2p} \\ \vdots & \vdots & & \vdots \\ \boldsymbol{B}_{p1} & \boldsymbol{B}_{p2} & \cdots & \boldsymbol{B}_{pp} \end{bmatrix},$$

$$\boldsymbol{S}_{B^{\mathrm{T}}} := \begin{bmatrix} \boldsymbol{B}_{11}^{\mathrm{T}} & \boldsymbol{B}_{12}^{\mathrm{T}} & \cdots & \boldsymbol{B}_{1p}^{\mathrm{T}} \\ \boldsymbol{B}_{21}^{\mathrm{T}} & \boldsymbol{B}_{22}^{\mathrm{T}} & \cdots & \boldsymbol{B}_{2p}^{\mathrm{T}} \\ \vdots & \vdots & & \vdots \\ \boldsymbol{B}_{p1}^{\mathrm{T}} & \boldsymbol{B}_{p2}^{\mathrm{T}} & \cdots & \boldsymbol{B}_{pp}^{\mathrm{T}} \end{bmatrix},$$

$$\boldsymbol{S}_p := \begin{bmatrix} \boldsymbol{B}_{11}^{\mathrm{T}} \otimes \boldsymbol{A}_{11} & \boldsymbol{B}_{12}^{\mathrm{T}} \otimes \boldsymbol{A}_{12} & \cdots & \boldsymbol{B}_{1p}^{\mathrm{T}} \otimes \boldsymbol{A}_{1p} \\ \boldsymbol{B}_{21}^{\mathrm{T}} \otimes \boldsymbol{A}_{21} & \boldsymbol{B}_{22}^{\mathrm{T}} \otimes \boldsymbol{A}_{22} & \cdots & \boldsymbol{B}_{2p}^{\mathrm{T}} \otimes \boldsymbol{A}_{2p} \\ \vdots & \vdots & & \vdots \\ \boldsymbol{B}_{p1}^{\mathrm{T}} \otimes \boldsymbol{A}_{p1} & \boldsymbol{B}_{p2}^{\mathrm{T}} \otimes \boldsymbol{A}_{p2} & \cdots & \boldsymbol{B}_{pp}^{\mathrm{T}} \otimes \boldsymbol{A}_{pp} \end{bmatrix}.$$

这些矩阵的 $\star$ **积** 定义为

$$\boldsymbol{X} \star \boldsymbol{Y} = \begin{bmatrix} \boldsymbol{X}_1 \\ \boldsymbol{X}_2 \\ \vdots \\ \boldsymbol{X}_p \end{bmatrix} \star \begin{bmatrix} \boldsymbol{Y}_1 \\ \boldsymbol{Y}_2 \\ \vdots \\ \boldsymbol{Y}_p \end{bmatrix} = \begin{bmatrix} \boldsymbol{X}_1\boldsymbol{Y}_1 \\ \boldsymbol{X}_2\boldsymbol{Y}_2 \\ \vdots \\ \boldsymbol{X}_p\boldsymbol{Y}_p \end{bmatrix},$$

$$\boldsymbol{S}_A \star \boldsymbol{X} = \begin{bmatrix} \boldsymbol{A}_{11}\boldsymbol{X}_1 & \boldsymbol{A}_{12}\boldsymbol{X}_2 & \cdots & \boldsymbol{A}_{1p}\boldsymbol{X}_p \\ \boldsymbol{A}_{21}\boldsymbol{X}_1 & \boldsymbol{A}_{22}\boldsymbol{X}_2 & \cdots & \boldsymbol{A}_{2p}\boldsymbol{X}_p \\ \vdots & \vdots & & \vdots \\ \boldsymbol{A}_{p1}\boldsymbol{X}_1 & \boldsymbol{A}_{p2}\boldsymbol{X}_2 & \cdots & \boldsymbol{A}_{pp}\boldsymbol{X}_p \end{bmatrix},$$

$$\boldsymbol{X} \star \boldsymbol{S}_B = \begin{bmatrix} \boldsymbol{X}_1\boldsymbol{B}_{11} & \boldsymbol{X}_1\boldsymbol{B}_{12} & \cdots & \boldsymbol{X}_1\boldsymbol{B}_{1p} \\ \boldsymbol{X}_2\boldsymbol{B}_{21} & \boldsymbol{X}_2\boldsymbol{B}_{22} & \cdots & \boldsymbol{X}_2\boldsymbol{B}_{2p} \\ \vdots & \vdots & & \vdots \\ \boldsymbol{X}_p\boldsymbol{B}_{p1} & \boldsymbol{X}_p\boldsymbol{B}_{p2} & \cdots & \boldsymbol{X}_p\boldsymbol{B}_{pp} \end{bmatrix},$$

$$\boldsymbol{S}_A \star \boldsymbol{S}_B = \begin{bmatrix} \boldsymbol{A}_{11}\boldsymbol{B}_{11} & \boldsymbol{A}_{12}\boldsymbol{B}_{12} & \cdots & \boldsymbol{A}_{1p}\boldsymbol{B}_{1p} \\ \boldsymbol{A}_{21}\boldsymbol{B}_{21} & \boldsymbol{A}_{22}\boldsymbol{B}_{22} & \cdots & \boldsymbol{A}_{2p}\boldsymbol{B}_{2p} \\ \vdots & \vdots & & \vdots \\ \boldsymbol{A}_{p1}\boldsymbol{B}_{p1} & \boldsymbol{A}_{p2}\boldsymbol{B}_{p2} & \cdots & \boldsymbol{A}_{pp}\boldsymbol{B}_{pp} \end{bmatrix}.$$

在上述定义中, 假设矩阵和被乘矩阵维数是兼容的, 即维数一致可相乘. 我们定义块矩阵 **star Kronecker 积** (用符号 $\circledast$ 表示, 简称 $\circledast$ **积**) 如下,

$$\boldsymbol{S}_{B^{\mathrm{T}}} \circledast \boldsymbol{S}_A = \boldsymbol{S}_p.$$

对于 Hadamard 积, 用符号 $\circ$ 表示, 有 $\boldsymbol{X} \circ \boldsymbol{Y} = \boldsymbol{Y} \circ \boldsymbol{X}$, 但是 $\boldsymbol{X} \circ \boldsymbol{S}_A$ 没有意义. star 积优于矩阵乘法的计算, 即 $\boldsymbol{A}\boldsymbol{B} \star \boldsymbol{C} = \boldsymbol{A}(\boldsymbol{B} \star \boldsymbol{C}) \neq (\boldsymbol{A}\boldsymbol{B}) \star \boldsymbol{C}$, 矩阵和被乘矩阵不必维数相同. 一般地, $\boldsymbol{A} \star \boldsymbol{B} \neq \boldsymbol{B} \star \boldsymbol{A}$, $\boldsymbol{A} \star \boldsymbol{B} \star \boldsymbol{C} = (\boldsymbol{A} \star \boldsymbol{B}) \star \boldsymbol{C} \neq \boldsymbol{A} \star (\boldsymbol{B} \star \boldsymbol{C})$.

令 $\boldsymbol{I}_{mp\times m} = [\boldsymbol{I}_m, \boldsymbol{I}_m, \cdots, \boldsymbol{I}_m]^{\mathrm{T}} \in \mathbb{R}^{(mp)\times m}$. 那么 star 积有下列性质:

(1) $\boldsymbol{I}_{mp\times m}^{\mathrm{T}} \boldsymbol{X} \star \boldsymbol{Y} = [\boldsymbol{X}_1, \boldsymbol{X}_2, \cdots, \boldsymbol{X}_p]\boldsymbol{Y} = \sum\limits_{i=1}^{p} \boldsymbol{X}_i \boldsymbol{Y}_i$.

(2) $\mathrm{tr}\left\{\boldsymbol{X}_i^{\mathrm{T}}\begin{bmatrix}\boldsymbol{A}_{1i}\\ \boldsymbol{A}_{2i}\\ \vdots\\ \boldsymbol{A}_{pi}\end{bmatrix}^{\mathrm{T}}\begin{bmatrix}\tilde{\boldsymbol{F}}_1\\ \tilde{\boldsymbol{F}}_2\\ \vdots\\ \tilde{\boldsymbol{F}}_p\end{bmatrix}\star\begin{bmatrix}\boldsymbol{B}_{1i}^{\mathrm{T}}\\ \boldsymbol{B}_{2i}^{\mathrm{T}}\\ \vdots\\ \boldsymbol{B}_{pi}^{\mathrm{T}}\end{bmatrix}\right\}=\mathrm{tr}\left\{\begin{bmatrix}\boldsymbol{A}_{1i}\boldsymbol{X}_i\boldsymbol{B}_{1i}\\ \boldsymbol{A}_{2i}\boldsymbol{X}_i\boldsymbol{B}_{2i}\\ \vdots\\ \boldsymbol{A}_{pi}\boldsymbol{X}_i\boldsymbol{B}_{pi}\end{bmatrix}^{\mathrm{T}}\begin{bmatrix}\tilde{\boldsymbol{F}}_1\\ \tilde{\boldsymbol{F}}_2\\ \vdots\\ \tilde{\boldsymbol{F}}_p\end{bmatrix}\right\}.$

(3) $\left\|\begin{bmatrix}\boldsymbol{A}_{1i}\\ \boldsymbol{A}_{2i}\\ \vdots\\ \boldsymbol{A}_{pi}\end{bmatrix}^{\mathrm{T}}\begin{bmatrix}\tilde{\boldsymbol{F}}_1\\ \tilde{\boldsymbol{F}}_2\\ \vdots\\ \tilde{\boldsymbol{F}}_p\end{bmatrix}\star\begin{bmatrix}\boldsymbol{B}_{1i}^{\mathrm{T}}\\ \boldsymbol{B}_{2i}^{\mathrm{T}}\\ \vdots\\ \boldsymbol{B}_{pi}^{\mathrm{T}}\end{bmatrix}\right\|^2\leqslant\sum_{j=1}^{p}\|\boldsymbol{A}_{ji}\|^2\|\boldsymbol{B}_{ji}\|^2\left\|\begin{bmatrix}\tilde{\boldsymbol{F}}_1\\ \tilde{\boldsymbol{F}}_2\\ \vdots\\ \tilde{\boldsymbol{F}}_p\end{bmatrix}\right\|^2.$

引理 7.5.2[193, 194] 如果矩阵 $\boldsymbol{S}_p$ 非奇异, 那么矩阵方程 (7.5.12) 有唯一解:

$$\mathrm{col}[\boldsymbol{X}_1,\boldsymbol{X}_2,\cdots,\boldsymbol{X}_p]=\boldsymbol{S}_p^{-1}\mathrm{col}[\boldsymbol{F}_1,\boldsymbol{F}_2,\cdots,\boldsymbol{F}_p];$$

如果 $\boldsymbol{F}_i=\boldsymbol{0}\ (i=1,2,\cdots,p)$, 那么对应的齐次方程 (7.5.12) 有唯一零解: $\boldsymbol{X}_i=\boldsymbol{0}\ (i=1,2,\cdots,p)$.

为了建立一般耦合矩阵 (7.5.12) 的递阶梯度迭代算法, 需要把耦合西尔维斯特矩阵方程 (7.5.1) 广义化成下列一般形式:

$$\begin{cases}\boldsymbol{A}\boldsymbol{X}\boldsymbol{I}_B+\boldsymbol{I}_A\boldsymbol{Y}\boldsymbol{B}=\boldsymbol{C},\\ \boldsymbol{D}\boldsymbol{X}\boldsymbol{I}_E+\boldsymbol{I}_D\boldsymbol{Y}\boldsymbol{E}=\boldsymbol{F},\end{cases}$$

其递阶梯度迭代解可以表示为

$$\boldsymbol{X}(t)=\boldsymbol{X}(t-1)+\mu\begin{bmatrix}\boldsymbol{A}\\ \boldsymbol{D}\end{bmatrix}^{\mathrm{T}}\left\{\begin{bmatrix}\boldsymbol{C}-\boldsymbol{A}\boldsymbol{X}(t-1)\boldsymbol{I}_B-\boldsymbol{I}_A\boldsymbol{Y}(t-1)\boldsymbol{B}\\ \boldsymbol{F}-\boldsymbol{D}\boldsymbol{X}(t-1)\boldsymbol{I}_E-\boldsymbol{I}_D\boldsymbol{Y}(t-1)\boldsymbol{E}\end{bmatrix}\star[\boldsymbol{I}_B,\boldsymbol{I}_E]^{\mathrm{T}}\right\},$$

$$\boldsymbol{Y}(t)=\boldsymbol{Y}(t-1)+\mu\begin{bmatrix}\boldsymbol{I}_A\\ \boldsymbol{I}_D\end{bmatrix}^{\mathrm{T}}\left\{\begin{bmatrix}\boldsymbol{C}-\boldsymbol{A}\boldsymbol{X}(t-1)\boldsymbol{I}_E-\boldsymbol{I}_D\boldsymbol{Y}(t-1)\boldsymbol{B}\\ \boldsymbol{F}-\boldsymbol{D}\boldsymbol{X}(t-1)\boldsymbol{I}_E-\boldsymbol{I}_D\boldsymbol{Y}(t-1)\boldsymbol{E}\end{bmatrix}\star[\boldsymbol{B},\boldsymbol{E}]^{\mathrm{T}}\right\}.$$

如果 $\boldsymbol{I}_A,\boldsymbol{I}_B,\boldsymbol{I}_D$ 和 $\boldsymbol{I}_E$ 均为适当维数的单位阵, 那么这个迭代算法完全等价于 (7.5.9)、(7.5.10).

令 $\boldsymbol{X}_i(t)$ 为 $\boldsymbol{X}_i$ 的估计或迭代解. 有了上述推广, 能够得到计算一般耦合矩阵方程 (7.5.12) 迭代解 $\boldsymbol{X}_i\ (i=1,2,\cdots,p)$ 的 **递阶梯度迭代算法**[193]:

$$\boldsymbol{X}_i(t)=\boldsymbol{X}_i(t-1)+\mu\begin{bmatrix}\boldsymbol{A}_{1i}\\ \boldsymbol{A}_{2i}\\ \vdots\\ \boldsymbol{A}_{pi}\end{bmatrix}^{\mathrm{T}}\begin{bmatrix}\boldsymbol{F}_1-\sum\limits_{j=1}^{p}\boldsymbol{A}_{1j}\boldsymbol{X}_j(t-1)\boldsymbol{B}_{1j}\\ \boldsymbol{F}_2-\sum\limits_{j=1}^{p}\boldsymbol{A}_{2j}\boldsymbol{X}_j(t-1)\boldsymbol{B}_{2j}\\ \vdots\\ \boldsymbol{F}_p-\sum\limits_{j=1}^{p}\boldsymbol{A}_{pj}\boldsymbol{X}_j(t-1)\boldsymbol{B}_{pj}\end{bmatrix}\star[\boldsymbol{B}_{1i},\boldsymbol{B}_{2i},\cdots,\boldsymbol{B}_{pi}]^{\mathrm{T}},\tag{7.5.13}$$

$$\mu\leqslant 2\left(\sum_{i=1}^{p}\sum_{j=1}^{p}\|\boldsymbol{A}_{ij}\boldsymbol{B}_{ij}\|^2\right)^{-1}.\tag{7.5.14}$$

定理 7.5.2 如果矩阵方程 (7.5.12) 有唯一解 $\boldsymbol{X}_i,\ i=1,2,\cdots,p$, 那么对任意初值, 算

法 (7.5.13)、(7.5.14) 给出的迭代解 $\boldsymbol{X}_i(t)$ 收敛于 $\boldsymbol{X}_i$, 即

$$\lim_{t\to\infty}\boldsymbol{X}_i(t)=\boldsymbol{X}_i,\ i=1,2,\cdots,p.$$

如果令

$$\boldsymbol{X}(t):=\begin{bmatrix}\boldsymbol{X}_1(t)\\ \boldsymbol{X}_2(t)\\ \vdots\\ \boldsymbol{X}_p(t)\end{bmatrix}\in\mathbb{R}^{(mp)\times n},\quad \boldsymbol{F}:=\begin{bmatrix}\boldsymbol{F}_1\\ \boldsymbol{F}_2\\ \vdots\\ \boldsymbol{F}_p\end{bmatrix}\in\mathbb{R}^{(mp)\times n}.$$

那么式 (7.5.12) 可以简单写为

$$\boldsymbol{S}_A\star\boldsymbol{X}\star\boldsymbol{S}_B\boldsymbol{I}_{np\times n}=\boldsymbol{F}.$$

使用 star 积性质, 算法 (7.5.13) 可以写成下列更紧凑形式,

$$\begin{aligned}\boldsymbol{X}(t)&=\boldsymbol{X}(t-1)+\mu\boldsymbol{S}_A^{\mathrm{T}}\begin{bmatrix}\boldsymbol{F}_1-\sum\limits_{j=1}^{p}\boldsymbol{A}_{1j}\boldsymbol{X}_j(t-1)\boldsymbol{B}_{1j}\\ \boldsymbol{F}_2-\sum\limits_{j=1}^{p}\boldsymbol{A}_{2j}\boldsymbol{X}_j(t-1)\boldsymbol{B}_{2j}\\ \vdots\\ \boldsymbol{F}_p-\sum\limits_{j=1}^{p}\boldsymbol{A}_{pj}\boldsymbol{X}_j(t-1)\boldsymbol{B}_{pj}\end{bmatrix}\star\boldsymbol{S}_{B^{\mathrm{T}}}\\ &=\boldsymbol{X}(t-1)+\mu\boldsymbol{S}_A^{\mathrm{T}}[\boldsymbol{F}-\boldsymbol{S}_A\star\boldsymbol{X}(t-1)\star\boldsymbol{S}_B\boldsymbol{I}_{np\times n}]\star\boldsymbol{S}_{B^{\mathrm{T}}}.\end{aligned}$$

耦合矩阵方程的最小二乘迭代解算法可参见文献 [194].

7.5.3 其他矩阵方程

假设下面矩阵方程的最小二乘解存在, 可以借助于递阶辨识原理研究其递阶梯度迭代算法和递阶最小二乘迭代算法及其收敛性.

1. 研究下列矩阵方程的迭代求解算法:

$$\boldsymbol{A}_i\boldsymbol{x}=\boldsymbol{b}_i,\ \boldsymbol{A}_i\in\mathbb{R}^{m_i\times n},\boldsymbol{b}_i\in\mathbb{R}^{m_i},\quad i=1,2,\cdots,N. \tag{7.5.15}$$

2. 求解下列矩阵方程, 并推导其梯度迭代算法和最小二乘迭代算法:

(1) $\boldsymbol{A}_i\boldsymbol{x}=\boldsymbol{b},\ i=1,2,\cdots,N;$

(2) $\boldsymbol{A}\boldsymbol{x}=\boldsymbol{b}_i,\ i=1,2,\cdots,N;$

(3) $\begin{cases}\boldsymbol{A}_i\boldsymbol{x}=\boldsymbol{b},\ i=1,2,\cdots,N,\\ \boldsymbol{A}\boldsymbol{x}=\boldsymbol{b}_j,\ j=1,2,\cdots,N.\end{cases}$

3. 假设最小二乘解存在, 推导下列矩阵方程的梯度迭代算法和最小二乘迭代算法:

$$\boldsymbol{A}_1\boldsymbol{X}_1\boldsymbol{B}_1+\boldsymbol{A}_2\boldsymbol{X}_2\boldsymbol{B}_2+\cdots+\boldsymbol{A}_N\boldsymbol{X}_N\boldsymbol{B}_N=\boldsymbol{F}.$$

4. 求解下列矩阵方程, 并推导其梯度迭代算法和最小二乘迭代算法:

$$\begin{aligned}&(1)\quad \boldsymbol{A}_i\boldsymbol{X}\boldsymbol{B}=\boldsymbol{F},\ i=1,2,\cdots,N;\\&(2)\quad \boldsymbol{A}\boldsymbol{X}\boldsymbol{B}_i=\boldsymbol{F}_i,\ i=1,2,\cdots,N;\\&(3)\quad \begin{cases}\boldsymbol{A}_i\boldsymbol{X}\boldsymbol{B}=\boldsymbol{F},\ i=1,2,\cdots,N,\\ \boldsymbol{A}\boldsymbol{X}\boldsymbol{B}_j=\boldsymbol{F}_j,\ j=1,2,\cdots,N.\end{cases}\end{aligned} \tag{7.5.16}$$

5. 假设最小二乘解存在, 推导下列矩阵方程的梯度迭代算法和最小二乘迭代算法:

$$\boldsymbol{A}_1\boldsymbol{X}_1\boldsymbol{B}_1+\boldsymbol{A}_2\boldsymbol{X}_2\boldsymbol{B}_2+\cdots+\boldsymbol{A}_N\boldsymbol{X}_N\boldsymbol{B}_N=\boldsymbol{F}.$$

6. 假设最小二乘解存在, 借鉴矩阵方程 $\boldsymbol{A}\boldsymbol{X}\boldsymbol{B}=\boldsymbol{F}$ 的迭代求解算法, 推导下列矩阵方程的梯度迭代算法和最小二乘迭代算法[215]:

$$\begin{cases}\boldsymbol{A}_1\boldsymbol{X}\boldsymbol{B}_1=\boldsymbol{F}_1,\\ \boldsymbol{A}_2\boldsymbol{X}\boldsymbol{B}_2=\boldsymbol{F}_2,\\ \quad\vdots\\ \boldsymbol{A}_N\boldsymbol{X}\boldsymbol{B}_N=\boldsymbol{F}_N.\end{cases}$$

7. 求解下列矩阵方程, 并推导其梯度迭代算法和最小二乘迭代算法:

$$\begin{cases}\boldsymbol{A}\boldsymbol{X}+\boldsymbol{X}\boldsymbol{B}=\boldsymbol{C},\\ \boldsymbol{D}\boldsymbol{X}+\boldsymbol{X}\boldsymbol{E}=\boldsymbol{F};\end{cases}$$

和

$$\begin{cases}\boldsymbol{A}_1\boldsymbol{X}+\boldsymbol{X}\boldsymbol{B}_1=\boldsymbol{F}_1,\\ \boldsymbol{A}_2\boldsymbol{X}+\boldsymbol{X}\boldsymbol{B}_2=\boldsymbol{F}_2,\\ \quad\vdots\\ \boldsymbol{A}_N\boldsymbol{X}+\boldsymbol{X}\boldsymbol{B}_N=\boldsymbol{F}_N.\end{cases}$$

8. 假设最小二乘解存在, 借鉴耦合西尔维斯特耦合矩阵方程

$$\begin{cases}\boldsymbol{A}\boldsymbol{X}+\boldsymbol{Y}\boldsymbol{B}=\boldsymbol{C},\\ \boldsymbol{D}\boldsymbol{X}+\boldsymbol{Y}\boldsymbol{E}=\boldsymbol{F}.\end{cases}$$

的迭代求解算法, 推导下列矩阵方程的梯度迭代算法和最小二乘迭代算法:

$$\begin{cases}\boldsymbol{A}_1\boldsymbol{X}+\boldsymbol{Y}\boldsymbol{B}_1=\boldsymbol{F}_1,\\ \boldsymbol{A}_2\boldsymbol{X}+\boldsymbol{Y}\boldsymbol{B}_2=\boldsymbol{F}_2,\\ \quad\vdots\\ \boldsymbol{A}_N\boldsymbol{X}+\boldsymbol{Y}\boldsymbol{B}_N=\boldsymbol{F}_N.\end{cases}$$

9. 假设最小二乘解存在, 推导下列耦合矩阵方程的梯度迭代算法和最小二乘迭代算法:

$$\begin{cases}\boldsymbol{A}_1\boldsymbol{X}\boldsymbol{B}_1+\boldsymbol{A}_2\boldsymbol{X}\boldsymbol{B}_2=\boldsymbol{F}_1,\\ \boldsymbol{C}_1\boldsymbol{X}\boldsymbol{D}_1+\boldsymbol{C}_2\boldsymbol{X}\boldsymbol{D}_2=\boldsymbol{F}_2;\end{cases}$$

和

$$\begin{cases}\boldsymbol{A}_1\boldsymbol{X}\boldsymbol{B}_1+\boldsymbol{A}_2\boldsymbol{X}\boldsymbol{B}_2+\cdots+\boldsymbol{A}_q\boldsymbol{X}\boldsymbol{B}_q=\boldsymbol{F}_1,\\ \boldsymbol{C}_1\boldsymbol{X}\boldsymbol{D}_1+\boldsymbol{C}_2\boldsymbol{X}\boldsymbol{D}_2+\cdots+\boldsymbol{C}_q\boldsymbol{X}\boldsymbol{D}_q=\boldsymbol{F}_2.\end{cases}$$

10. 假设最小二乘解存在，推导下列耦合矩阵方程的梯度迭代算法和最小二乘迭代算法:

$$\begin{cases} \boldsymbol{A}_{11}\boldsymbol{X}\boldsymbol{B}_{11}+\boldsymbol{A}_{12}\boldsymbol{X}\boldsymbol{B}_{12}+\cdots+\boldsymbol{A}_{1q}\boldsymbol{X}\boldsymbol{B}_{1q}=\boldsymbol{F}_1, \\ \boldsymbol{A}_{21}\boldsymbol{X}\boldsymbol{B}_{21}+\boldsymbol{A}_{22}\boldsymbol{X}\boldsymbol{B}_{22}+\cdots+\boldsymbol{A}_{2q}\boldsymbol{X}\boldsymbol{B}_{2q}=\boldsymbol{F}_2, \\ \quad\vdots \\ \boldsymbol{A}_{p1}\boldsymbol{X}\boldsymbol{B}_{p1}+\boldsymbol{A}_{p2}\boldsymbol{X}\boldsymbol{B}_{p2}+\cdots+\boldsymbol{A}_{pq}\boldsymbol{X}\boldsymbol{B}_{pq}=\boldsymbol{F}_p. \end{cases}$$

11. 假设最小二乘解存在，推导下列耦合矩阵方程的梯度迭代算法和最小二乘迭代算法:

$$\begin{cases} \boldsymbol{A}_{11}\boldsymbol{X}_1\boldsymbol{B}_{11}+\boldsymbol{A}_{12}\boldsymbol{X}_2\boldsymbol{B}_{12}+\cdots+\boldsymbol{A}_{1q}\boldsymbol{X}_q\boldsymbol{B}_{1q}=\boldsymbol{F}_1, \\ \boldsymbol{A}_{21}\boldsymbol{X}_1\boldsymbol{B}_{21}+\boldsymbol{A}_{22}\boldsymbol{X}_2\boldsymbol{B}_{22}+\cdots+\boldsymbol{A}_{2q}\boldsymbol{X}_q\boldsymbol{B}_{2q}=\boldsymbol{F}_2, \\ \quad\vdots \\ \boldsymbol{A}_{p1}\boldsymbol{X}_1\boldsymbol{B}_{p1}+\boldsymbol{A}_{p2}\boldsymbol{X}_2\boldsymbol{B}_{p2}+\cdots+\boldsymbol{A}_{pq}\boldsymbol{X}_q\boldsymbol{B}_{pq}=\boldsymbol{F}_p. \end{cases}$$

12. 假设最小二乘解存在,推导下列矩阵方程的梯度迭代算法和最小二乘迭代算法[214, 216]:

(1) $\boldsymbol{A}\boldsymbol{X}+\boldsymbol{X}^{\mathrm{T}}\boldsymbol{B}=\boldsymbol{F}$;

(2) $\boldsymbol{A}\boldsymbol{X}\boldsymbol{B}+\boldsymbol{C}\boldsymbol{X}^{\mathrm{T}}\boldsymbol{D}=\boldsymbol{F}$;

(3) $\boldsymbol{A}_1\boldsymbol{X}\boldsymbol{B}_1+\cdots+\boldsymbol{A}_p\boldsymbol{X}\boldsymbol{B}_p+\boldsymbol{C}_1\boldsymbol{X}^{\mathrm{T}}\boldsymbol{D}_1+\cdots+\boldsymbol{C}_q\boldsymbol{X}^{\mathrm{T}}\boldsymbol{D}_q=\boldsymbol{F}$.

13. 假设最小二乘解存在，推导下列耦合矩阵方程的梯度迭代算法和最小二乘迭代算法:

$$\begin{cases} \boldsymbol{A}_1\boldsymbol{X}\boldsymbol{B}_1+\boldsymbol{C}_1\boldsymbol{X}^{\mathrm{T}}\boldsymbol{D}_1=\boldsymbol{F}_1, \\ \boldsymbol{A}_2\boldsymbol{X}\boldsymbol{B}_2+\boldsymbol{C}_2\boldsymbol{X}^{\mathrm{T}}\boldsymbol{D}_2=\boldsymbol{F}_2. \end{cases}$$

14. 假设最小二乘解存在，推导下列耦合矩阵方程的梯度迭代算法和最小二乘迭代算法:

$$\begin{cases} \boldsymbol{A}_{11}\boldsymbol{X}\boldsymbol{B}_{11}+\cdots+\boldsymbol{A}_{1q}\boldsymbol{X}\boldsymbol{B}_{1q}+\boldsymbol{C}_{11}\boldsymbol{X}^{\mathrm{T}}\boldsymbol{D}_{11}+\cdots+\boldsymbol{C}_{1q}\boldsymbol{X}^{\mathrm{T}}\boldsymbol{D}_{1q}=\boldsymbol{F}_1, \\ \boldsymbol{A}_{21}\boldsymbol{X}\boldsymbol{B}_{21}+\cdots+\boldsymbol{A}_{2q}\boldsymbol{X}\boldsymbol{B}_{2q}+\boldsymbol{C}_{21}\boldsymbol{X}^{\mathrm{T}}\boldsymbol{D}_{21}+\cdots+\boldsymbol{C}_{2q}\boldsymbol{X}^{\mathrm{T}}\boldsymbol{D}_{2q}=\boldsymbol{F}_2, \\ \quad\vdots \\ \boldsymbol{A}_{p1}\boldsymbol{X}\boldsymbol{B}_{p1}+\cdots+\boldsymbol{A}_{pq}\boldsymbol{X}\boldsymbol{B}_{pq}+\boldsymbol{C}_{p1}\boldsymbol{X}^{\mathrm{T}}\boldsymbol{D}_{p1}+\cdots+\boldsymbol{C}_{pq}\boldsymbol{X}^{\mathrm{T}}\boldsymbol{D}_{pq}=\boldsymbol{F}_p. \end{cases}$$

15. 假设最小二乘解存在,推导下列一般耦合矩阵方程的梯度迭代算法和最小二乘迭代算法:

$$\begin{cases} \boldsymbol{A}_{11}\boldsymbol{X}_1\boldsymbol{B}_{11}+\cdots+\boldsymbol{A}_{1q}\boldsymbol{X}_q\boldsymbol{B}_{1q}+\boldsymbol{C}_{11}\boldsymbol{X}_1^{\mathrm{T}}\boldsymbol{D}_{11}+\cdots+\boldsymbol{C}_{1q}\boldsymbol{X}_q^{\mathrm{T}}\boldsymbol{D}_{1q}=\boldsymbol{F}_1, \\ \boldsymbol{A}_{21}\boldsymbol{X}_1\boldsymbol{B}_{21}+\cdots+\boldsymbol{A}_{2q}\boldsymbol{X}_q\boldsymbol{B}_{2q}+\boldsymbol{C}_{21}\boldsymbol{X}_1^{\mathrm{T}}\boldsymbol{D}_{21}+\cdots+\boldsymbol{C}_{2q}\boldsymbol{X}_q^{\mathrm{T}}\boldsymbol{D}_{2q}=\boldsymbol{F}_2, \\ \quad\vdots \\ \boldsymbol{A}_{p1}\boldsymbol{X}_1\boldsymbol{B}_{p1}+\cdots+\boldsymbol{A}_{pq}\boldsymbol{X}_q\boldsymbol{B}_{pq}+\boldsymbol{C}_{p1}\boldsymbol{X}_1^{\mathrm{T}}\boldsymbol{D}_{p1}+\cdots+\boldsymbol{C}_{pq}\boldsymbol{X}_p^{\mathrm{T}}\boldsymbol{D}_{pq}=\boldsymbol{F}_p. \end{cases}$$

16. 上述一些矩阵方程引入了矩阵转置，当然也可以引入共轭矩阵，共轭转置矩阵等，导出一系列矩阵方程，这里仅列出 3 例:

(1) $\boldsymbol{A}\boldsymbol{X}+\bar{\boldsymbol{X}}\boldsymbol{B}=\boldsymbol{F}$;

(2) $\boldsymbol{A}\boldsymbol{X}\boldsymbol{B}+\boldsymbol{C}\bar{\boldsymbol{X}}\boldsymbol{D}=\boldsymbol{F}$;

(3) $\begin{cases} \boldsymbol{A}_1\boldsymbol{X}\boldsymbol{B}_1+\boldsymbol{C}_1\bar{\boldsymbol{X}}\boldsymbol{D}_1=\boldsymbol{F}_1, \\ \boldsymbol{A}_2\boldsymbol{X}\boldsymbol{B}_2+\boldsymbol{C}_2\bar{\boldsymbol{X}}\boldsymbol{D}_2=\boldsymbol{F}_2. \end{cases}$

读者可以推广到多个未知矩阵情况.

17. 借助于矩阵分块和递阶辨识原理, 也可研究上述一些矩阵方程的迭代算法. 例如, 对于方程:

$$\boldsymbol{A}\boldsymbol{x}=\boldsymbol{b},\ \boldsymbol{A}\in\mathbb{R}^{m\times n},\ \boldsymbol{x}\in\mathbb{R}^n,\ \boldsymbol{b}\in\mathbb{R}^m,$$

假设 $m\geqslant n$, $\boldsymbol{A}$ 满秩. 把 $\boldsymbol{A}$ 分成 2×2 块,

$$\boldsymbol{A}=\left[\begin{array}{cc}\boldsymbol{A}_{11} & \boldsymbol{A}_{12}\\ \boldsymbol{A}_{21} & \boldsymbol{A}_{22}\end{array}\right],\ \boldsymbol{A}_{ij}\in\mathbb{R}^{m_i\times n_j},\ \boldsymbol{x}=\left[\begin{array}{c}\boldsymbol{x}_1\\ \boldsymbol{x}_2\end{array}\right],\ \boldsymbol{b}=\left[\begin{array}{c}\boldsymbol{b}_1\\ \boldsymbol{b}_2\end{array}\right],$$
$$\boldsymbol{x}_i\in\mathbb{R}^{n_i},\ \boldsymbol{b}_i\in\mathbb{R}^{m_i},\ m_1+m_2=m,\ n_1+n_2=n$$

得到

$$\begin{cases} \boldsymbol{A}_{11}\boldsymbol{x}_1+\boldsymbol{A}_{12}\boldsymbol{x}_2=\boldsymbol{b}_1, \\ \boldsymbol{A}_{21}\boldsymbol{x}_1+\boldsymbol{A}_{22}\boldsymbol{x}_2=\boldsymbol{b}_2. \end{cases}$$

应用递阶辨识原理, 推导相应的迭代解算法.

18. 假设矩阵方程

$$\boldsymbol{A}\boldsymbol{X}\boldsymbol{B}=\boldsymbol{F},\ \boldsymbol{A}\in\mathbb{R}^{m\times n},\ \boldsymbol{B}\in\mathbb{R}^{n\times r},\ \boldsymbol{F}\in\mathbb{R}^{m\times r}$$

的最小二乘解存在, 这个解可以表示为

$$\boldsymbol{X}=(\boldsymbol{A}^{\mathrm{T}}\boldsymbol{A})^{-1}\boldsymbol{A}^{\mathrm{T}}\boldsymbol{F}\boldsymbol{B}^{\mathrm{T}}(\boldsymbol{B}\boldsymbol{B}^{\mathrm{T}})^{-1}\in\mathbb{R}^{n\times n}.$$

一类新问题的提法: 通常这个解不是对称的, 如何求这个矩阵方程的对称解, 即求解一个满足下列优化问题的解,

$$\min_{\boldsymbol{X}=\boldsymbol{X}^{\mathrm{T}}}\|\boldsymbol{F}-\boldsymbol{A}\boldsymbol{X}\boldsymbol{B}\|^2.$$

再如, 假设对于某个特殊矩阵 $\boldsymbol{J}$, 在满足 $\boldsymbol{J}^{\mathrm{T}}\boldsymbol{X}\boldsymbol{J}=\boldsymbol{X}$ 所有解 $\boldsymbol{X}$ 的集合中, 找出一个解满足 $\boldsymbol{A}\boldsymbol{X}\boldsymbol{B}=\boldsymbol{F}$, 即求下列条件优化问题的解,

$$\min_{\boldsymbol{X}=\boldsymbol{J}^{\mathrm{T}}\boldsymbol{X}\boldsymbol{J}}\|\boldsymbol{F}-\boldsymbol{A}\boldsymbol{X}\boldsymbol{B}\|^2.$$

这种思想可派生出很多值得研究的问题, 可用于本章所列出的其他矩阵方程的解.

19. 研究下列矩阵方程的迭代解:

(1) $\boldsymbol{X}+\boldsymbol{A}\boldsymbol{X}^{-1}\boldsymbol{B}=\boldsymbol{F}$;

(2) $\boldsymbol{A}\boldsymbol{X}\boldsymbol{B}+\boldsymbol{C}\boldsymbol{X}^{-1}\boldsymbol{D}=\boldsymbol{F}$.

这些矩阵方程还可进行横向和纵向推广, 如

(1) $\boldsymbol{A}_1\boldsymbol{X}\boldsymbol{B}_1+\cdots+\boldsymbol{A}_p\boldsymbol{X}\boldsymbol{B}_p+\boldsymbol{C}_1\boldsymbol{X}^{-1}\boldsymbol{D}_1+\cdots+\boldsymbol{C}_q\boldsymbol{X}^{-1}\boldsymbol{D}_q=\boldsymbol{F}$;

(2) $\boldsymbol{A}_1\boldsymbol{X}_1\boldsymbol{B}_1+\cdots+\boldsymbol{A}_p\boldsymbol{X}_p\boldsymbol{B}_p+\boldsymbol{C}_1\boldsymbol{X}_1^{-1}\boldsymbol{D}_1+\cdots+\boldsymbol{C}_q\boldsymbol{X}_p^{-1}\boldsymbol{D}_q=\boldsymbol{F}$.

7.6 方程误差模型的两阶段递推最小二乘辨识方法

本节的两阶段递推最小二乘算法是下节递阶最小二乘算法的一个特殊情形. 两阶段辨识方法也可称为交互估计方法, 一般将系统中的参数分为两个参数向量, 由两个存在关联的算法分别估计其参数. 最近, 作者的硕士生段红红等研究了输出误差模型的两阶段递推最小二乘参数估计算法[222]; 姚国玉等讨论了受控自回归滑动平均模型 (CARMA) 的两阶段最小二乘迭代辨识算法[223]; 肖永松等提出了基于残差的交互最小二乘算法[106]; 丁锋提出了受控 ARARMA 系统的两阶段最小二乘迭代估计方法[90]; 丁锋和段红红提出了 Box-Jenkins 系统的两阶段递推最小二乘辨识方法和两阶段多新息随机梯度辨识方法[91].

7.6.1 系统描述与问题构成

考虑受控自回归模型 (CAR) 描述的系统,

$$A(z)y(t)=B(z)u(t)+v(t). \tag{7.6.1}$$

其中 $\{u(t)\}$ 和 $\{y(t)\}$ 分别是系统的输入和输出序列, $\{v(t)\}$ 是零均值方差为 σ^2 的随机白噪声序列, z^{-1} 为单位后移算子 $[z^{-1}y(t)=y(t-1),\ zy(t)=y(t+1)]$, $A(z)$ 和 $B(z)$ 是单位后移算子 z^{-1} 的常系数时不变多项式:

$$\begin{aligned}A(z)&:=1+a_1z^{-1}+a_2z^{-2}+\cdots+a_{n_a}z^{-n_a},\\ B(z)&:=b_1z^{-1}+b_2z^{-2}+\cdots+b_{n_b}z^{-n_b}.\end{aligned}$$

设阶次 n_a 和 n_b 已知, 记 $n:=n_a+n_b$, 且 $t\leqslant 0$ 时, $y(t)=0,\ u(t)=0,\ v(t)=0$.

下面基于分解技术推导 CAR 系统的两阶段递推最小二乘辨识算法. 分别定义 AR 部分参数向量 $\boldsymbol{\theta}_a$ 和 MA 部分参数向量 $\boldsymbol{\theta}_b$:

$$\begin{aligned}\boldsymbol{\theta}_a&:=[a_1,a_2,\cdots,a_{n_a}]^{\mathrm{T}}\in\mathbb{R}^{n_a},\\ \boldsymbol{\theta}_b&:=[b_1,b_2,\cdots,b_{n_b}]^{\mathrm{T}}\in\mathbb{R}^{n_b}.\end{aligned}$$

和信息向量:

$$\begin{aligned}\boldsymbol{\varphi}(t)&:=\begin{bmatrix}\boldsymbol{\varphi}_a(t)\\ \boldsymbol{\varphi}_b(t)\end{bmatrix}\in\mathbb{R}^{n},\\ \boldsymbol{\varphi}_a(t)&:=[-y(t-1),-y(t-2),\cdots,-y(t-n_a)]^{\mathrm{T}}\in\mathbb{R}^{n_a},\\ \boldsymbol{\varphi}_b(t)&:=[u(t-1),u(t-2),\cdots,u(t-n_b)]^{\mathrm{T}}\in\mathbb{R}^{n_b}.\end{aligned}$$

参数向量 $\boldsymbol{\theta}:=\begin{bmatrix}\boldsymbol{\theta}_a\\ \boldsymbol{\theta}_b\end{bmatrix}\in\mathbb{R}^n$ 包含了系统所有参数.

式 (7.6.1) 可以写为

$$\begin{aligned}y(t)&=[1-A(z)]y(t)+B(z)u(t)+v(t)\\ &=(-a_1z^{-1}-a_2z^{-2}-\cdots-a_{n_a}z^{n_a})y(t)+(b_1z^{-1}+b_2z^{-2}+\cdots+b_{n_b}z^{n_b})u(t)+v(t)\\ &=-a_1y(t-1)-a_2y(t-2)-\cdots-a_{n_a}y(t-n_a)\end{aligned}$$

$$
\begin{aligned}
&+b_1u(t-1)+b_2u(t-2)+\cdots+b_{n_b}u(t-n_b)+v(t)\\
&=\boldsymbol{\varphi}_a^{\mathrm{T}}(t)\boldsymbol{\theta}_a+\boldsymbol{\varphi}_b^{\mathrm{T}}(t)\boldsymbol{\theta}_b+v(t) \qquad (7.6.2)\\
&=\boldsymbol{\varphi}^{\mathrm{T}}(t)\boldsymbol{\theta}+v(t). \qquad (7.6.3)
\end{aligned}
$$

7.6.2 两阶段递推辨识算法

两阶段递推最小二乘辨识方法的基本思想是: 将辨识模型 (7.6.2) 分解为两个子系统, 分别辨识每个子系统的参数向量. 定义两个虚拟输出变量:

$$y_1(t):=y(t)-\boldsymbol{\varphi}_b^{\mathrm{T}}(t)\boldsymbol{\theta}_b, \qquad (7.6.4)$$

$$y_2(t):=y(t)-\boldsymbol{\varphi}_a^{\mathrm{T}}(t)\boldsymbol{\theta}_a. \qquad (7.6.5)$$

系统 (7.6.2) 可以分解为下列两个虚拟子系统 (或称子辨识模型),

$$y_1(t)=\boldsymbol{\varphi}_a^{\mathrm{T}}(t)\boldsymbol{\theta}_a+v(t),$$

$$y_2(t)=\boldsymbol{\varphi}_b^{\mathrm{T}}(t)\boldsymbol{\theta}_b+v(t).$$

这两个子系统分别包含了 AR 部分参数向量 $\boldsymbol{\theta}_a$ 和 MA 部分参数向量 $\boldsymbol{\theta}_b$. 定义两个准则函数:

$$J_1(\boldsymbol{\theta}_a):=\sum_{j=1}^{t}[y_1(j)-\boldsymbol{\varphi}_a^{\mathrm{T}}(j)\boldsymbol{\theta}_a]^2,$$

$$J_2(\boldsymbol{\theta}_b):=\sum_{j=1}^{t}[y_2(j)-\boldsymbol{\varphi}_b^{\mathrm{T}}(j)\boldsymbol{\theta}_b]^2.$$

令 $J_1(\boldsymbol{\theta}_a)$ 和 $J_2(\boldsymbol{\theta}_b)$ 分别关于参数向量 $\boldsymbol{\theta}_a$ 和 $\boldsymbol{\theta}_b$ 的偏导数为零, 得到

$$\frac{\partial J_1(\boldsymbol{\theta}_a)}{\partial\boldsymbol{\theta}_a}=-2\boldsymbol{\varphi}_a(j)\sum_{j=1}^{t}[y_1(j)-\boldsymbol{\varphi}_a^{\mathrm{T}}(j)\boldsymbol{\theta}_a]=\mathbf{0},$$

$$\frac{\partial J_2(\boldsymbol{\theta}_b)}{\partial\boldsymbol{\theta}_b}=-2\boldsymbol{\varphi}_b(j)\sum_{j=1}^{t}[y_2(j)-\boldsymbol{\varphi}_b^{\mathrm{T}}(j)\boldsymbol{\theta}_b]=\mathbf{0}.$$

令 $\hat{\boldsymbol{\theta}}(t):=\begin{bmatrix}\hat{\boldsymbol{\theta}}_a(t)\\ \hat{\boldsymbol{\theta}}_b(t)\end{bmatrix}\in\mathbb{R}^n$ 是 $\boldsymbol{\theta}=\begin{bmatrix}\boldsymbol{\theta}_a\\ \boldsymbol{\theta}_b\end{bmatrix}\in\mathbb{R}^n$ 在时刻 t 的估计. 由上两式可以得到下列递推最小二乘算法,

$$\hat{\boldsymbol{\theta}}_a(t)=\hat{\boldsymbol{\theta}}_a(t-1)+\boldsymbol{L}_a(t)[y_1(t)-\boldsymbol{\varphi}_a^{\mathrm{T}}(t)\hat{\boldsymbol{\theta}}_a(t-1)], \qquad (7.6.6)$$

$$\boldsymbol{L}_a(t)=\boldsymbol{P}_a(t-1)\boldsymbol{\varphi}_a(t)[1+\boldsymbol{\varphi}_a^{\mathrm{T}}(t)\boldsymbol{P}_a(t-1)\boldsymbol{\varphi}_a(t)]^{-1}, \qquad (7.6.7)$$

$$\boldsymbol{P}_a(t)=[\boldsymbol{I}-\boldsymbol{L}_a(t)\boldsymbol{\varphi}_a^{\mathrm{T}}(t)]\boldsymbol{P}_a(t-1),\ \boldsymbol{P}_a(0)=p_0\boldsymbol{I}, \qquad (7.6.8)$$

$$\hat{\boldsymbol{\theta}}_b(t)=\hat{\boldsymbol{\theta}}_b(t-1)+\boldsymbol{L}_b(t)[y_2(t)-\boldsymbol{\varphi}_b^{\mathrm{T}}(t)\hat{\boldsymbol{\theta}}_b(t-1)], \qquad (7.6.9)$$

$$\boldsymbol{L}_b(t)=\boldsymbol{P}_b(t-1)\boldsymbol{\varphi}_b(t)[1+\boldsymbol{\varphi}_b^{\mathrm{T}}(t)\boldsymbol{P}_b(t-1)\boldsymbol{\varphi}_b(t)]^{-1}, \qquad (7.6.10)$$

$$\boldsymbol{P}_b(t)=[\boldsymbol{I}-\boldsymbol{L}_b(t)\boldsymbol{\varphi}_b^{\mathrm{T}}(t)]\boldsymbol{P}_b(t-1),\ \boldsymbol{P}_b(0)=p_0\boldsymbol{I}. \qquad (7.6.11)$$

将式 (7.6.4) 和 (7.6.5) 分别代入式 (7.6.6) 和 (7.6.9) 得到

$$\hat{\boldsymbol{\theta}}_a(t)=\hat{\boldsymbol{\theta}}_a(t-1)+\boldsymbol{L}_a(t)[y(t)-\boldsymbol{\varphi}_b^{\mathrm{T}}(t)\boldsymbol{\theta}_b-\boldsymbol{\varphi}_a^{\mathrm{T}}(t)\hat{\boldsymbol{\theta}}_a(t-1)], \tag{7.6.12}$$

$$\hat{\boldsymbol{\theta}}_b(t)=\hat{\boldsymbol{\theta}}_b(t-1)+\boldsymbol{L}_b(t)[y(t)-\boldsymbol{\varphi}_a^{\mathrm{T}}(t)\boldsymbol{\theta}_a-\boldsymbol{\varphi}_b^{\mathrm{T}}(t)\hat{\boldsymbol{\theta}}_b(t-1)]. \tag{7.6.13}$$

困难在于式 (7.6.12) 和 (7.6.13) 右边分别包含了未知参数向量 $\boldsymbol{\theta}_b$ 和 $\boldsymbol{\theta}_a$, 使得这个递推算法无法实现, 解决的办法是：式 (7.6.12) 中未知 $\boldsymbol{\theta}_b$ 和式 (7.6.13) 中未知 $\boldsymbol{\theta}_a$ 分别用其在时刻 $(t-1)$ 的估计 $\hat{\boldsymbol{\theta}}_b(t-1)$ 和 $\hat{\boldsymbol{\theta}}_a(t-1)$ 代替, 得到

$$\begin{aligned}\hat{\boldsymbol{\theta}}_a(t)&=\hat{\boldsymbol{\theta}}_a(t-1)+\boldsymbol{L}_a(t)[y(t)-\boldsymbol{\varphi}_b^{\mathrm{T}}(t)\hat{\boldsymbol{\theta}}_b(t-1)-\boldsymbol{\varphi}_a^{\mathrm{T}}(t)\hat{\boldsymbol{\theta}}_a(t-1)]\\&=\hat{\boldsymbol{\theta}}_a(t-1)+\boldsymbol{L}_a(t)[y(t)-\boldsymbol{\varphi}^{\mathrm{T}}(t)\hat{\boldsymbol{\theta}}(t-1)],\end{aligned} \tag{7.6.14}$$

$$\begin{aligned}\hat{\boldsymbol{\theta}}_b(t)&=\hat{\boldsymbol{\theta}}_b(t-1)+\boldsymbol{L}_b(t)[y(t)-\boldsymbol{\varphi}_a^{\mathrm{T}}(t)\hat{\boldsymbol{\theta}}_a(t-1)-\boldsymbol{\varphi}_b^{\mathrm{T}}(t)\hat{\boldsymbol{\theta}}_b(t-1)]\\&=\hat{\boldsymbol{\theta}}_b(t-1)+\boldsymbol{L}_b(t)[y(t)-\boldsymbol{\varphi}^{\mathrm{T}}(t)\hat{\boldsymbol{\theta}}(t-1)].\end{aligned} \tag{7.6.15}$$

联立式 (7.6.14), (7.6.7)~(7.6.8), 以及式 (7.6.15), (7.6.10)、(7.6.11) 给出 CAR 模型的 **两阶段递推最小二乘算法** (Two-Stage Recursive Least Squares algorithm, **TS-RLS 算法**):

$$\hat{\boldsymbol{\theta}}_a(t)=\hat{\boldsymbol{\theta}}_a(t-1)+\boldsymbol{L}_a(t)[y(t)-\boldsymbol{\varphi}^{\mathrm{T}}(t)\hat{\boldsymbol{\theta}}(t-1)], \tag{7.6.16}$$

$$\boldsymbol{L}_a(t)=\boldsymbol{P}_a(t-1)\boldsymbol{\varphi}_a(t)[1+\boldsymbol{\varphi}_a^{\mathrm{T}}(t)\boldsymbol{P}_a(t-1)\boldsymbol{\varphi}_a(t)]^{-1}, \tag{7.6.17}$$

$$\boldsymbol{P}_a(t)=[\boldsymbol{I}-\boldsymbol{L}_a(t)\boldsymbol{\varphi}_a^{\mathrm{T}}(t)]\boldsymbol{P}_a(t-1),\ \boldsymbol{P}_a(0)=p_0\boldsymbol{I}, \tag{7.6.18}$$

$$\boldsymbol{\varphi}_a(t)=[-y(t-1),-y(t-2),\cdots,-y(t-n_a)]^{\mathrm{T}}, \tag{7.6.19}$$

$$\hat{\boldsymbol{\theta}}_b(t)=\hat{\boldsymbol{\theta}}_b(t-1)+\boldsymbol{L}_b(t)[y(t)-\boldsymbol{\varphi}^{\mathrm{T}}(t)\hat{\boldsymbol{\theta}}(t-1)], \tag{7.6.20}$$

$$\boldsymbol{L}_b(t)=\boldsymbol{P}_b(t-1)\boldsymbol{\varphi}_b(t)[1+\boldsymbol{\varphi}_b^{\mathrm{T}}(t)\boldsymbol{P}_b(t-1)\boldsymbol{\varphi}_b(t)]^{-1}, \tag{7.6.21}$$

$$\boldsymbol{P}_b(t)=[\boldsymbol{I}-\boldsymbol{L}_b(t)\boldsymbol{\varphi}_b^{\mathrm{T}}(t)]\boldsymbol{P}_b(t-1),\ \boldsymbol{P}_b(0)=p_0\boldsymbol{I}, \tag{7.6.22}$$

$$\boldsymbol{\varphi}_b(t)=[u(t-1),u(t-2),\cdots,u(t-n_b)]^{\mathrm{T}}. \tag{7.6.23}$$

$\boldsymbol{L}_a(t)\in\mathbb{R}^{n_a}$ 和 $\boldsymbol{L}_b(t)\in\mathbb{R}^{n_b}$ 是两个增益向量, $\boldsymbol{P}_a(t)\in\mathbb{R}^{n_a\times n_a}$ 和 $\boldsymbol{P}_b(t)\in\mathbb{R}^{n_b\times n_b}$ 是两个协方差阵.

两阶段递推最小二乘算法 (7.6.16)~(7.6.23) 计算参数估计向量 $\hat{\boldsymbol{\theta}}_a(t)$ 和 $\hat{\boldsymbol{\theta}}_b(t)$ 的步骤如下.

(1) 令 $t=1$, 置初值 $\boldsymbol{P}_a(0)=p_0\boldsymbol{I}$, $\boldsymbol{P}_b(0)=p_0\boldsymbol{I}$, $\hat{\boldsymbol{\theta}}_a(0)=\mathbf{1}_{n_a}/p_0$, $\hat{\boldsymbol{\theta}}_b(0)=\mathbf{1}_{n_b}/p_0$, $u(i)=0$, $y(i)=0$ $(i\leqslant 0)$, p_0 是一个大常数, 如取 $p_0=10^6$.

(2) 收集输入输出数据 $u(t)$ 和 $y(t)$, 由式 (7.6.19) 构成输出信息向量 $\boldsymbol{\varphi}_a(t)$, 由式 (7.6.23) 构成输入信息向量 $\boldsymbol{\varphi}_b(t)$.

(3) 由式 (7.6.17) 和式 (7.6.21) 分别计算增益向量 $\boldsymbol{L}_a(t)$ 和 $\boldsymbol{L}_b(t)$, 由式 (7.6.18) 和式 (7.6.22) 分别计算协方差阵 $\boldsymbol{P}_a(t)$ 和 $\boldsymbol{P}_b(t)$.

(4) 由式 (7.6.16) 和式 (7.6.20) 分别刷新参数估计向量 $\hat{\boldsymbol{\theta}}_a(t)$ 和 $\hat{\boldsymbol{\theta}}_b(t)$.

(5) t 增 1, 转到第 2 步, 继续进行递推计算.

两阶段递推最小二乘算法 (7.6.16)~(7.6.23) 计算参数估计向量 $\hat{\boldsymbol{\theta}}_a(t)$ 和 $\hat{\boldsymbol{\theta}}_b(t)$ 的 **流程图** 如图 7.6.1 所示.

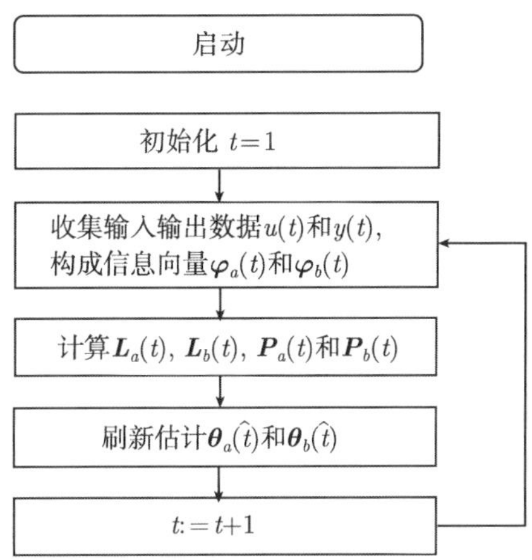

图 7.6.1 计算 TS-RLS 参数估计流程图

7.6.3 仿真例子

例 7.6.1 考虑下列仿真对象:

$$
\begin{aligned}
&A(z)y(t)=B(z)u(t)+v(t),\\
&\quad A(z)=1-1.60z^{-1}+0.80z^{-2},\\
&\quad B(z)=0.40z^{-1}+0.30z^{-2},\\
&\quad\quad \boldsymbol{\theta}=[a_1,a_2,b_1,b_2]^{\mathrm{T}}=[-1.60,0.80,0.40,0.30]^{\mathrm{T}}.
\end{aligned}
$$

仿真时, 输入 $\{u(t)\}$ 采用零均值单位方差不相关随机信号序列, $\{v(t)\}$ 采用零均值方差为 σ^2 的白噪声序列. 分别应用 RLS 算法和 TS-RLS 算法估计这个系统的参数, 不同噪声方差下, 参数估计及其估计误差如表 7.6.1、表 7.6.2 所示, 相对参数估计误差 $\delta:=\|\hat{\boldsymbol{\theta}}(t)-\boldsymbol{\theta}\|/\|\boldsymbol{\theta}\|$ 随 t 变化曲线如图 7.6.2、图 7.6.3. 当噪声方差 $\sigma^2=0.50^2$ 和 $\sigma^2=1.00^2$ 时, 系统的噪信比分别为 $\delta_{\mathrm{ns}}=73.45\%$ 和 $\delta_{\mathrm{ns}}=146.90\%$.

表 7.6.1 TS-RLS 和 RLS 估计及其误差 ($\sigma^2=0.50^2$)

算法	t	a_1	a_2	b_1	b_2	$\delta/\%$
Two-Stage RLS	100	−1.71211	0.88328	0.32057	0.13366	13.30039
	200	−1.66797	0.85248	0.32085	0.23830	7.20152
	500	−1.63741	0.82489	0.37863	0.26118	3.67390
	1000	−1.61862	0.81140	0.39060	0.29275	1.37313
	2000	−1.60589	0.80104	0.39416	0.31381	0.86514
	3000	−1.60649	0.80327	0.39541	0.30852	0.66638
RLS	100	−1.63888	0.83362	0.39776	0.23851	4.31659
	200	−1.61819	0.81953	0.36694	0.31016	2.35179
	500	−1.61013	0.80486	0.39672	0.29823	0.63718
	1000	−1.59820	0.79588	0.40125	0.31938	1.07333
	2000	−1.59145	0.78957	0.39820	0.33116	1.83078
	3000	−1.59803	0.79661	0.39811	0.31958	1.07989
真值		−1.60000	0.80000	0.40000	0.30000	

表 7.6.2　TS-RLS 和 RLS 估计及其误差 ($\sigma^2 = 1.00^2$)

算法	t	a_1	a_2	b_1	b_2	$\delta/\%$
Two-Stage RLS	100	−1.67491	0.86114	0.29626	0.09491	15.16857
	200	−1.64569	0.84130	0.27301	0.26231	7.93005
	500	−1.62260	0.81190	0.37077	0.27133	3.06203
	1000	−1.60968	0.80316	0.38918	0.31751	1.30831
	2000	−1.59872	0.79265	0.39068	0.34665	2.59025
	3000	−1.59937	0.79666	0.39215	0.33140	1.76571
RLS	100	−1.62005	0.82797	0.41545	0.21035	5.23638
	200	−1.61331	0.82177	0.33847	0.33124	3.96132
	500	−1.60439	0.79973	0.39486	0.30301	0.39861
	1000	−1.59631	0.79369	0.40281	0.33906	2.14456
	2000	−1.58958	0.78578	0.39624	0.35969	3.35716
	3000	−1.59451	0.79314	0.39612	0.33961	2.19440
真值		−1.60000	0.80000	0.40000	0.30000	

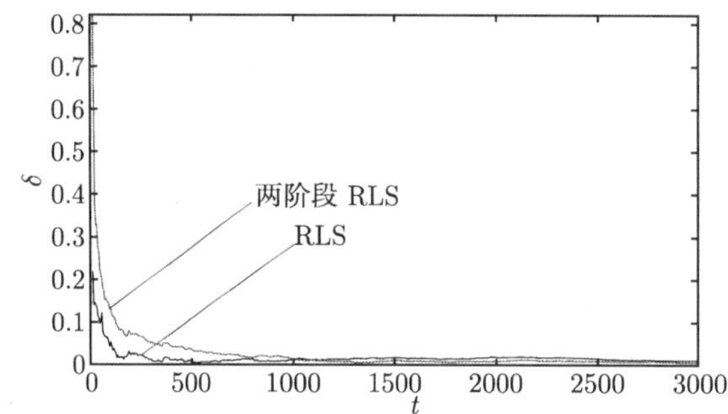

图 7.6.2　TS-RLS 和 RLS 参数估计误差 δ 随 t 变化曲线 ($\sigma^2 = 0.50^2$)

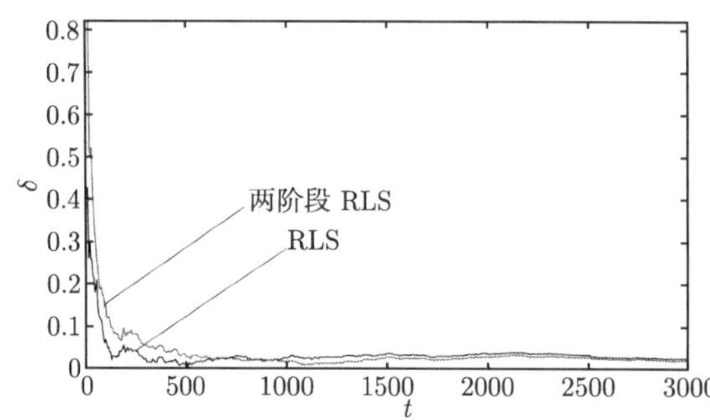

图 7.6.3　TS-RLS 和 RLS 参数估计误差 δ 随 t 变化曲线 ($\sigma^2 = 1.00^2$)

从表 7.6.1、表 7.6.2 和图 7.6.2、图 7.6.3, 我们可以看出: 随着数据长度的增加, 两阶段递推最小二乘算法参数估计很接近递推最小二乘算法参数估计, 但计算量要小.

Matlab 程序

把下列程序写到 TwoStage_RLS_ARX_ex1.m 文件中, 依次运行 sigma=0.50 和 sigma=1.00, 可得到上述例子的仿真结果 (参数估计表和误差曲线图).

```
%--------------------------------------------------------------------*
% Filename: TwoStage_RLS_ARX_ex1.m for ARX models                    *
%          A(z)y(t)=B(z)u(t)+v(t)                                    *
% The noise variance sigma^2=0.50^2 and 1.00^2                       *
```

```
%--------------------------------------------------------------------------------*
 clear; format short g

 M='Two-Stage RLS algorithm  for ARX models'
 FF=1; % The Forgetting Factor
 sigma=1; % The noise variance sigma^2=0.50^2 and sigma^2=1.00^2
 PlotLength=3000; length1=PlotLength+100;
 na=2; nb=2; n=na+nb;
 a=[-1.6, 0.80]; b=[0.40, 0.30]; par0=[a, b]';
 p0=1e6; P1=eye(na)*p0; P2=eye(nb)*p0; P=eye(n)*p0;
 par1=ones(na,1)/p0;  par2=ones(nb,1)/p0;
 parLS=[par1; par2];
%---Compute the noise-to-signal ratio
 a1=[1, a]; b1=[0, b]; d=1
 sy=f_integral(a1,b1);  sv=f_integral(a1,d);
 delta_ns=sqrt(sv/sy)*100*sigma;
 [sy, sv, delta_ns]
%---Generate the input output data
 rand('state',2); randn('state',3);
 u=(rand(length1,1) - 0.5)*sqrt(12); v=randn(length1,1)*sigma;
 y=ones(n,1)/p0;
 for t=n:length1
     y(t)=par0'*[-y(t-1:-1:t-na); u(t-1:-1:t-nb)]+v(t);
 end
 jj=0; j1=0;
 for t=n: length1
     jj=jj + 1;
     varphia=-y(t-1:-1:t-na); varphib=u(t-1:-1:t-nb);
     varphi=[varphia; varphib];
     % The RLS estimates
     L=P*varphi/(FF+varphi'*P*varphi);
     P=(P-L*varphi'*P)/FF;
     parLS=parLS+L*(y(t)-varphi'*parLS);
     deltaLS=norm(parLS-par0)/norm(par0);
     lsLS(jj,:)=[jj, parLS', deltaLS];

     par12=[par1;par2];
     L1=P1*varphia/(FF+varphia'*P1*varphia);
     P1=(P1-L1*varphia'*P1)/FF;
     par1=par1+L1*(y(t)-varphi'*par12);

     L2=P2*varphib/(FF+varphib'*P2*varphib);
     P2=(P2-L2*varphib'*P2)/FF;
     par2=par2+L2*(y(t)-varphi'*par12);
     delta=norm(par12-par0)/norm(par0);
     ls(jj,:)=[jj, par12', delta];
     if (jj==100)|(jj==200)|(jj==500)|mod(jj,1000)==0
         j1=j1+1;
```

```
            ls_100LS(j1,:)=[jj, parLS', deltaLS*100];
            ls_100(j1,:)=[jj, par1', par2', delta*100];
        end
    end
    ls_100LS(j1+1,:)=[0, par0',0];
    ls_100(j1+1,:)=[0, par0', 0];

    fprintf('\n Two-Stage RLS')
    fprintf('\n%s\n','$t$&$a_1$&$a_2$&$b_1$&$b_2$&$\delta\(\%)\\$\\');
    fprintf('%5d &%10.5f &%10.5f&%10.5f &%10.5f &%10.5f\\\\\n',ls_100');

    fprintf('\n RLS')
    fprintf('\n%s\n','$t$&$a_1$&$a_2$&$b_1$&$b_2$&$\delta\(\%)\\$\\');
    fprintf('%5d &%10.5f &%10.5f &%10.5f &%10.5f &%10.5f\\\\\n',ls_100LS');

    figure(1)
    k=(2*n:5:PlotLength-1)';
    jk=ls(k,1);
    plot(jk,lsLS(k,n+2),'k',jk,ls(k,n+2),'b')
    xlabel('\it      t'); ylabel('{\it    \delta}');
    axis([0, PlotLength, 0, 0.82])
    text(800,0.4,'Two-Stage RLS')
    line([100,800], [ls(100,n+2), 0.38])
    text(1000,0.3,'RLS')
    line([250,1000], [lsLS(250,n+2), 0.28])
```

7.7　线性回归模型的递阶最小二乘辨识方法

本节主要内容选自原始文献 “大系统的递阶辨识”《自动化学报》1999 年第 5 期[53]. 丁锋等提出了 (双率采样数据系统) 状态空间模型的递阶辨识方法[54, 55, 136], 多变量系统的递阶梯度迭代方法和递阶随机梯度辨识方法[44], 以及递阶最小二乘迭代方法和递阶最小二乘辨识方法[34]. 最近, 丁洁等利用多项式变换技术讨论了双率采样数据系统的递阶最小二乘辨识算法[217]. 下节研究有色噪声干扰多变量系统的递阶辨识方法.

7.7.1　辨识模型与问题构成

考虑用 CAR/ARX 模型描述的动态 (大) 系统:

$$A(z)y(t)=B(z)u(t)+v(t), \tag{7.7.1}$$

其中 $\{u(t)\}$ 和 $\{y(t)\}$ 分别是系统的输入和输出序列, $\{v(t)\}$ 是零均值白噪声序列, $A(z)$ 和 $B(z)$ 是后移算子 z^{-1} 的多项式:

$$A(z):=1+a_1z^{-1}+a_2z^{-2}+\cdots+a_{n_a}z^{-n_a},$$

$$B(z):=b_1z^{-1}+b_2z^{-2}+\cdots+b_{n_b}z^{-n_b}.$$

(a_i, b_i) 为待辨识的参数, 设阶次 n_a 和 n_b 已知, 维数 $n := n_a + n_b$ 很大. $\boldsymbol{\varphi}(t) \in \mathbb{R}^n$ 是由直到时刻 $(t-1)$ 系统的输出 $y(t)$ 和输入 $u(t)$ 构成的回归信息向量.

定义参数向量 $\boldsymbol{\theta}$ 和信息向量 $\boldsymbol{\varphi}(t)$ 分别为

$$\boldsymbol{\theta} := [a_1, a_2, \cdots, a_{n_a}, b_1, b_2, \cdots, b_{n_b}]^{\mathrm{T}} \in \mathbb{R}^n,$$

$$\boldsymbol{\varphi}(t) := [-y(t-1), -y(t-2), \cdots, -y(t-n_a), u(t-1), u(t-2), \cdots, u(t-n_b)]^{\mathrm{T}} \in \mathbb{R}^n.$$

则式 (7.7.1) 可以写成如下 **(总) 辨识模型** (total identification model):

$$y(t) = \boldsymbol{\varphi}^{\mathrm{T}}(t)\boldsymbol{\theta} + v(t). \tag{7.7.2}$$

递推最小二乘法 (RLS):

$$\hat{\boldsymbol{\theta}}(t) = \hat{\boldsymbol{\theta}}(t-1) + \boldsymbol{P}(t)\boldsymbol{\varphi}(t)[y(t) - \boldsymbol{\varphi}^{\mathrm{T}}(t)\hat{\boldsymbol{\theta}}(t-1)], \tag{7.7.3}$$

$$\boldsymbol{P}(t) = \boldsymbol{P}(t-1) - \frac{\boldsymbol{P}(t-1)\boldsymbol{\varphi}(t)\boldsymbol{\varphi}^{\mathrm{T}}(t)\boldsymbol{P}(t-1)}{1 + \boldsymbol{\varphi}^{\mathrm{T}}(t)\boldsymbol{P}(t-1)\boldsymbol{\varphi}(t)} \tag{7.7.4}$$

可用于大系统 (7.7.2) 的参数估计. 但由于大系统的维数高, 变量和待估计的参数数目多, 使得估计算法的计算量和存储量急剧增加, 以致在算法的实现上造成极大的困难, 这就是所谓的 "维数灾". 在这种情况下, 研究大系统的分解辨识算法, 提出计算量小的辨识算法已成为必然.

7.7.2 递阶最小二乘算法的推导

下面应用递阶辨识原理研究系统 (7.7.2) 的辨识问题, 具体做法如下.

1. **辨识模型分解**

将大系统 (7.7.2) 的信息向量和参数向量分解为 N 个维数为 n_i 的 **子信息向量** (sub-information vector) $\boldsymbol{\varphi}_i(t)$ 和 **子参数向量** (sub-parameter vector) $\boldsymbol{\theta}_i$ 如下,

$$\boldsymbol{\varphi}(t) = \begin{bmatrix} \boldsymbol{\varphi}_1(t) \\ \boldsymbol{\varphi}_2(t) \\ \vdots \\ \boldsymbol{\varphi}_N(t) \end{bmatrix}, \quad \boldsymbol{\varphi}_i(t) \in \mathbb{R}^{n_i},$$

$$\boldsymbol{\theta} = \begin{bmatrix} \boldsymbol{\theta}_1 \\ \boldsymbol{\theta}_2 \\ \vdots \\ \boldsymbol{\theta}_N \end{bmatrix}, \quad \boldsymbol{\theta}_i \in \mathbb{R}^{n_i}, \quad n_1 + n_2 + \cdots + n_N = n.$$

于是, 可以把系统 (7.7.2) 分解为 N 个 **虚拟子系统** (ficticious subsystem), 即 **子辨识模型** (Sub-IDentification model, Sub-ID), 如图 7.7.1. 它们可以表示为

$$y_i(t) = \boldsymbol{\varphi}_i^{\mathrm{T}}(t)\boldsymbol{\theta}_i + v(t),\ i = 1, 2, \cdots, N, \tag{7.7.5}$$

其中

$$y_i(t) := y(t) - \alpha_i(t) = y(t) - \sum_{j=1, j\neq i}^{N} \boldsymbol{\varphi}_j^{\mathrm{T}}(t)\boldsymbol{\theta}_j, \tag{7.7.6}$$

$$\alpha_i(t) := \sum_{j=1, j\neq i}^{N} \boldsymbol{\varphi}_j^{\mathrm{T}}(t)\boldsymbol{\theta}_j,\ i=1,2,\cdots,N. \tag{7.7.7}$$

$\alpha_i(t)$ 称为各子系统间的关联项 (associate items).

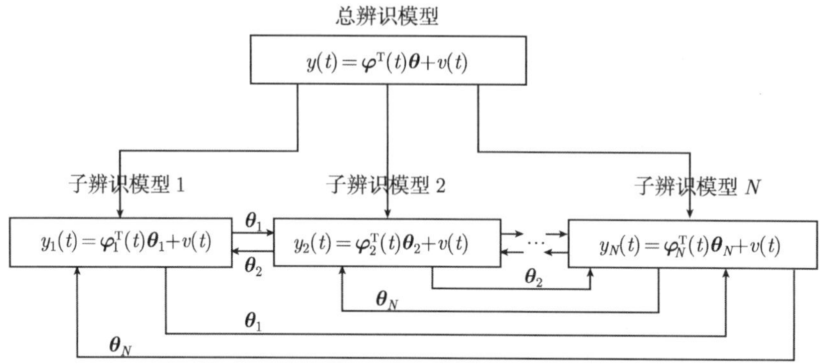

图 7.7.1 (总) 辨识模型分解为子辨识模型的递阶结构

2. **子模型辨识 或 子系统辨识**

递阶辨识的目标就是用系统的输入输出数据 $\{u(t),y(t)\}$ 或 $\{y(t),\boldsymbol{\varphi}(t)\}$ 来估计每一个子系统 (7.7.5) 的参数 $\boldsymbol{\theta}_i$. 由于 $v(t)$ 是白噪声, 故根据最小二乘原理, 可获得参数 $\boldsymbol{\theta}_i$ 的无偏估计. 估计子系统 (7.7.5) 参数 $\boldsymbol{\theta}_i$ 的递推最小二乘算法为

$$\hat{\boldsymbol{\theta}}_i(t)=\hat{\boldsymbol{\theta}}_i(t-1)+\boldsymbol{L}_i(t)[y_i(t)-\boldsymbol{\varphi}_i^{\mathrm{T}}(t)\hat{\boldsymbol{\theta}}_i(t-1)], \tag{7.7.8}$$

$$\boldsymbol{L}_i(t)=\frac{\boldsymbol{P}_i(t-1)\boldsymbol{\varphi}_i(t)}{1+\boldsymbol{\varphi}_i^{\mathrm{T}}(t)\boldsymbol{P}_i(t-1)\boldsymbol{\varphi}_i(t)}, \tag{7.7.9}$$

$$\boldsymbol{P}_i^{-1}(t)=\boldsymbol{P}_i^{-1}(t-1)+\boldsymbol{\varphi}_i(t)\boldsymbol{\varphi}_i^{\mathrm{T}}(t),\ i=1,2,\cdots,N. \tag{7.7.10}$$

这个算法中 $y_i(t)$ 是未知的, 把式 (7.7.6) 中 $y_i(t)$ 代入式 (7.7.8) 可得

$$\hat{\boldsymbol{\theta}}_i(t)=\hat{\boldsymbol{\theta}}_i(t-1)+\boldsymbol{L}_i(t)\left[y(t)-\sum_{j=1,j\neq i}^{N}\boldsymbol{\varphi}_j^{\mathrm{T}}(t)\boldsymbol{\theta}_j-\boldsymbol{\varphi}_i^{\mathrm{T}}(t)\hat{\boldsymbol{\theta}}_i(t-1)\right]. \tag{7.7.11}$$

这个算法中 $\boldsymbol{\varphi}_i(t)$ 是已知的, 但上式右边包含了其他子系统的未知子参数向量 $\boldsymbol{\theta}_j$ $(j\neq i)$, 所以无法实现这个算法.

3. **子系统辨识算法间关联项协调**

为了进行递推计算, 根据 **递阶辨识原理**: 式 (7.7.11) 中未知的 $\boldsymbol{\theta}_j$ 用它在时刻 $(t-1)$ 的估计值 $\hat{\boldsymbol{\theta}}_j(t-1)$ 代替, 可得

$$\begin{aligned}\hat{\boldsymbol{\theta}}_i(t)&=\hat{\boldsymbol{\theta}}_i(t-1)+\boldsymbol{L}_i(t)\left[y(t)-\sum_{j=1,j\neq i}^{N}\boldsymbol{\varphi}_j^{\mathrm{T}}(t)\hat{\boldsymbol{\theta}}_j(t-1)-\boldsymbol{\varphi}_i^{\mathrm{T}}(t)\hat{\boldsymbol{\theta}}_i(t-1)\right]\\&=\hat{\boldsymbol{\theta}}_i(t-1)+\boldsymbol{L}_i(t)[y(t)-\boldsymbol{\varphi}^{\mathrm{T}}(t)\hat{\boldsymbol{\theta}}(t-1)].\end{aligned} \tag{7.7.12}$$

综上所述, 我们能够得到估计子参数向量 $\boldsymbol{\theta}_i$ 的 **递阶最小二乘算法** (Hierarchical Least Squares algorithm, **HLS 算法**)[53, 74]:

$$\hat{\boldsymbol{\theta}}_i(t)=\hat{\boldsymbol{\theta}}_i(t-1)+\boldsymbol{L}_i(t)[y(t)-\boldsymbol{\varphi}^{\mathrm{T}}(t)\hat{\boldsymbol{\theta}}(t-1)], \tag{7.7.13}$$

$$\boldsymbol{P}_i^{-1}(t) = \boldsymbol{P}_i^{-1}(t-1) + \boldsymbol{\varphi}_i(t)\boldsymbol{\varphi}_i^{\mathrm{T}}(t),\ i=1,2,\cdots,N. \tag{7.7.14}$$

递阶最小二乘算法 可以等价写为

$$\hat{\boldsymbol{\theta}}_i(t) = \hat{\boldsymbol{\theta}}_i(t-1) + \boldsymbol{L}_i(t)[y(t) - \boldsymbol{\varphi}^{\mathrm{T}}(t)\hat{\boldsymbol{\theta}}(t-1)], \tag{7.7.15}$$

$$\boldsymbol{L}_i(t) = \boldsymbol{P}_i(t)\boldsymbol{\varphi}_i(t) = \frac{\boldsymbol{P}_i(t-1)\boldsymbol{\varphi}_i(t)}{1+\boldsymbol{\varphi}_i^{\mathrm{T}}(t)\boldsymbol{P}_i(t-1)\boldsymbol{\varphi}_i(t)}, \tag{7.7.16}$$

$$\boldsymbol{P}_i(t) = [\boldsymbol{I} - \boldsymbol{L}_i(t)\boldsymbol{\varphi}_i^{\mathrm{T}}(t)]\boldsymbol{P}_i(t-1),\ i=1,2,\cdots,N. \tag{7.7.17}$$

算法初值可以选择为 $\boldsymbol{P}_i(0) = p_0\boldsymbol{I}$, $\hat{\boldsymbol{\theta}}_i(0) = \mathbf{1}_{n_i}/p_0$, $p_0 = 10^6$.

若定义 **块对角阵** (block diagonal matrix):

$$\boldsymbol{P}(t) := \mathrm{blockdiag}[\boldsymbol{P}_i(t),\ i=1,2,\cdots,N] = \begin{bmatrix} \boldsymbol{P}_1(t) & \mathbf{0} & \cdots & \mathbf{0} \\ \mathbf{0} & \boldsymbol{P}_2(t) & \cdots & \mathbf{0} \\ \vdots & \vdots & & \vdots \\ \mathbf{0} & \mathbf{0} & \cdots & \boldsymbol{P}_N(t) \end{bmatrix}. \tag{7.7.18}$$

于是, 估计系统 (7.7.2) 参数向量 $\boldsymbol{\theta}$ 的 **递阶最小二乘算法** 可以等价改写为

$$\hat{\boldsymbol{\theta}}(t) = \hat{\boldsymbol{\theta}}(t-1) + \boldsymbol{P}(t)\boldsymbol{\varphi}(t)[y(t) - \boldsymbol{\varphi}^{\mathrm{T}}(t)\hat{\boldsymbol{\theta}}(t-1)], \tag{7.7.19}$$

$$\boldsymbol{P}^{-1}(t) = \boldsymbol{P}^{-1}(t-1) + \mathrm{blockdiag}[\boldsymbol{\varphi}_i(t)\boldsymbol{\varphi}_i^{\mathrm{T}}(t),\ i=1,2,\cdots,N],\ \boldsymbol{P}(0) = p_0\boldsymbol{I}, \tag{7.7.20}$$

$$\hat{\boldsymbol{\theta}}(t) = \begin{bmatrix} \hat{\boldsymbol{\theta}}_1(t) \\ \hat{\boldsymbol{\theta}}_2(t) \\ \vdots \\ \hat{\boldsymbol{\theta}}_N(t) \end{bmatrix}. \tag{7.7.21}$$

注: 这里协方差矩阵 $\boldsymbol{P}(t)$ 是重新定义的, 不是式 (7.7.3)、(7.7.4) 中的 $\boldsymbol{P}(t)$.

下面比较 RLS 算法和递阶辨识算法的计算量. RLS 算法 (7.7.3)、(7.7.4) 和递阶辨识算法每计算一步的计算量大小如表 7.7.1 所示, 表中小括号里的数表示 $n=100$, $N=10$, $n_i=10$, $i=1,2,\cdots,N$ 时, 两种参数估计算法的计算量. 从表 7.7.1 可以看出, RLS 算法的计算量很大, 而递阶辨识算法的计算量小得多. 例如, 当 $n=100$ 时, RLS 算法每一步需要的乘法次数为 20400, 加法次数为 20200; 把系统分为 $N=10$ 个子系统, 而递阶最小二乘算法每一步需要的乘法次数为 2400, 加法次数为 2200.

表 7.7.1 最小二乘辨识算法与递阶辨识算法计算量比较

参数估计方法	乘法次数	加法次数
递推最小二乘算法	$2n^2+4n$ (20400)	$2n^2+2n$ (20200)
递阶最小二乘算法	$\sum\limits_{i=1}^{N}(2n_i^2+4n_i)$ (2400)	$\sum\limits_{i=1}^{N}(2n_i^2+2n_i)$ (2200)

7.7.3 递阶最小二乘算法的收敛性

丁锋等提出了线性回归模型的递阶最小二乘辨识方法, 并研究了其简化算法的收敛性[53], 证明了衰减激励条件下递阶最小二乘辨识的均方收敛性[74], 随后提出了基于分解的 Hammerstein 非线性系统递阶多新息随机梯度辨识方法[221]. 丁洁等提出了双率采样数据系统的

递阶最小二乘辨识方法, 并研究了其收敛性[217]; 刘艳君和丁锋提出了基于递阶辨识原理的非均匀采样系统递阶最小二乘估计方法[218, 219]. 下面简单给出证明递阶最小二乘辨识算法 (7.7.15)~(7.7.17) 收敛性的基本思路.

引理 7.7.1(块对角阵正定性引理)[53] 若分块对称矩阵

$$\boldsymbol{A}=\begin{bmatrix}\boldsymbol{A}_{11} & \boldsymbol{A}_{12} & \cdots & \boldsymbol{A}_{1N}\\ \boldsymbol{A}_{21} & \boldsymbol{A}_{22} & \cdots & \boldsymbol{A}_{2N}\\ \vdots & \vdots & & \vdots\\ \boldsymbol{A}_{N1} & \boldsymbol{A}_{N2} & \cdots & \boldsymbol{A}_{NN}\end{bmatrix},\quad \boldsymbol{A}_{ij}=\boldsymbol{A}_{ji}^{\mathrm{T}}\in\mathbb{R}^{n_i\times n_j}$$

满足 $\alpha\boldsymbol{I}\leqslant\boldsymbol{A}\leqslant\beta\boldsymbol{I}$, 其中 α 和 β 为正常数. 则有

$$\alpha\boldsymbol{I}\leqslant\begin{bmatrix}\boldsymbol{A}_{11} & \boldsymbol{0} & \cdots & \boldsymbol{0}\\ \boldsymbol{0} & \boldsymbol{A}_{22} & \cdots & \boldsymbol{0}\\ \vdots & \vdots & & \vdots\\ \boldsymbol{0} & \boldsymbol{0} & \cdots & \boldsymbol{A}_{NN}\end{bmatrix}\leqslant\beta\boldsymbol{I}.$$

引理 7.7.2[53] 对于大系统 (7.7.2), 假设存在正整数 p, 正常数 α 和 β 使得下列 **强持续激励条件** 成立,

$$\text{(SPE)}\qquad \alpha\boldsymbol{I}\leqslant\frac{1}{p}\sum_{i=0}^{p-1}\boldsymbol{\varphi}(t-i)\boldsymbol{\varphi}^{\mathrm{T}}(t-i)\leqslant\beta\boldsymbol{I},\ p\geqslant n.$$

令

$$\boldsymbol{H}^{-1}(t):=\sum_{j=1}^{t}\boldsymbol{\varphi}(j)\boldsymbol{\varphi}^{\mathrm{T}}(j)+\boldsymbol{H}^{-1}(0),\ \boldsymbol{H}(0):=p_0\boldsymbol{I}.$$

那么 **协方差矩阵** $\boldsymbol{H}(t)$ 满足

$$\boldsymbol{H}^{-1}(t-p)+p\alpha\boldsymbol{I}\leqslant\boldsymbol{H}^{-1}(t)\leqslant\boldsymbol{H}^{-1}(t-p)+p\beta\boldsymbol{I},$$

和

$$(t-p)\alpha\boldsymbol{I}\leqslant\boldsymbol{H}^{-1}(t)\leqslant[\beta(t+p)+1/p_0]\boldsymbol{I}.$$

证明 根据 $\boldsymbol{H}(t)$ 的定义可得

$$\begin{aligned}\boldsymbol{H}^{-1}(t)&=\boldsymbol{H}^{-1}(t-1)+\boldsymbol{\varphi}(t)\boldsymbol{\varphi}^{\mathrm{T}}(t)\\&=\boldsymbol{H}^{-1}(t-2)+\boldsymbol{\varphi}(t-1)\boldsymbol{\varphi}^{\mathrm{T}}(t-1)+\boldsymbol{\varphi}(t)\boldsymbol{\varphi}^{\mathrm{T}}(t)\\&=\boldsymbol{H}^{-1}(t-p)+\sum_{k=0}^{p-1}\boldsymbol{\varphi}(t-k)\boldsymbol{\varphi}^{\mathrm{T}}(t-k).\end{aligned}$$

利用持续激励条件 (SPE), 可得

$$\boldsymbol{H}^{-1}(t-p)+p\alpha\boldsymbol{I}\leqslant\boldsymbol{H}^{-1}(t)\leqslant\boldsymbol{H}^{-1}(t-p)+p\beta\boldsymbol{I}.$$

令 $t=pi+k,\ 0\leqslant k<p$, 于是有

$$\begin{aligned}\boldsymbol{H}^{-1}(t=pi+k) &\leqslant \boldsymbol{H}^{-1}[p(i-1)+k]+p\beta\boldsymbol{I}\\ &=\boldsymbol{H}^{-1}[p(i-2)+k]+2p\beta\boldsymbol{I}=\boldsymbol{H}^{-1}(k)+ip\beta\boldsymbol{I}\\ &\leqslant \boldsymbol{H}^{-1}(0)+(i+1)p\beta\boldsymbol{I}\leqslant \boldsymbol{H}^{-1}(0)+(t+p)\beta\boldsymbol{I}\\ &=[\beta(t+p)+1/p_0]\boldsymbol{I}.\end{aligned}$$

同理

$$\boldsymbol{H}^{-1}(t=pi+k)\geqslant \boldsymbol{H}^{-1}(k)+ip\alpha\boldsymbol{I}\geqslant ip\alpha\boldsymbol{I}\geqslant (t-p)\alpha\boldsymbol{I},\ t>p.$$

引理 7.7.2 证毕. □

定理 7.7.1[53] 对于大系统 (7.7.2), 如果强持续激励条件 (SPE) 成立, $\{v(t)\}$ 满足假设:

(C1) $\mathrm{E}[v(t)|\mathcal{F}_{t-1}]=0,\ \text{a.s.},$

(C2) $\mathrm{E}[v^2(t)|\mathcal{F}_{t-1}]=\sigma^2(t)\leqslant\sigma^2<\infty,\ \text{a.s.},$

(C3) $\lim\limits_{t\to\infty}\sup\dfrac{1}{t}\sum\limits_{i=1}^{t}v^2(i)\leqslant\sigma^2<\infty,\ \text{a.s.}.$

其中 $\{v(t),\mathcal{F}_t\}$ 是 **鞅差序列** (martingale difference sequence), $\mathcal{F}_t$ 是由直到时刻 t 的观测生成的 σ 代数. 递阶辨识算法 (7.7.13)~(7.7.14) 或 (7.7.15)~(7.7.17) 给出的参数估计 $\hat{\boldsymbol{\theta}}(t)$ 一致 (a.s.) 收敛于真参数向量 $\boldsymbol{\theta}$, 或参数估计误差一致收敛于零, 即 $\lim\limits_{t\to\infty}\hat{\boldsymbol{\theta}}(t)=\boldsymbol{\theta}$, a.s.

7.8 类多变量 CARMA 系统的递阶辨识方法

递阶辨识原理是研究复杂多变量系统辨识方法的一个有效工具[34, 44, 55]. 最近, 作者的硕士生张哲宁等研究了多变量输出误差滑动平均系统的递阶梯度迭代参数估计算法[57]; 向丽丽等研究了单输入多输出系统的辅助模型递阶最小二乘算法[139]. 下面介绍滑动平均噪声干扰的多变量系统递阶梯度迭代方法和递阶最小二乘迭代算法[56].

考虑类多变量 CARMA 系统 (即多变量 CARMA-like 系统)[34, 44, 56],

$$\alpha(z)\boldsymbol{y}(t)=\boldsymbol{Q}(z)\boldsymbol{u}(t)+\boldsymbol{D}(z)\boldsymbol{v}(t),\tag{7.8.1}$$

其中 $\alpha(z)$ 是系统的 n 次特征多项式, 它定义为传递矩阵的各元最小公分母首一多项式, $\boldsymbol{Q}(z)$ 和 $\boldsymbol{D}(z)$ 是 z^{-1} 的矩阵多项式:

$$\begin{aligned}&\alpha(z):=1+\alpha_1z^{-1}+\alpha_2z^{-2}+\cdots+\alpha_nz^{-n},\ \alpha_i\in\mathbb{R}^1,\\ &\boldsymbol{Q}(z):=\boldsymbol{Q}_1z^{-1}+\boldsymbol{Q}_2z^{-2}+\cdots+\boldsymbol{Q}_nz^{-n},\ \boldsymbol{Q}_i\in\mathbb{R}^{m\times r},\\ &\boldsymbol{D}(z):=\boldsymbol{I}+\boldsymbol{D}_1z^{-1}+\boldsymbol{D}_2z^{-2}+\cdots+\boldsymbol{D}_nz^{-n},\ \boldsymbol{D}_i\in\mathbb{R}^{m\times m}.\end{aligned}$$

特征多项式 $\alpha(z)$ 的辨识具有重要的意义, 如系统极点配置、观测器设计等[34, 44].

首先考虑一种特殊情形: $\boldsymbol{D}(z)=d(z)\boldsymbol{I}$, 然后考虑 $\boldsymbol{D}(z)$ 为矩阵情形, 这里 $d(z)$ 为一多项式:

$$d(z):=1+d_1z^{-1}+d_2z^{-2}+\cdots+d_nz^{-n},\ d_i\in\mathbb{R}.$$

则模型 (7.8.1) 也可以为

$$\alpha(z)\boldsymbol{y}(t)=\boldsymbol{Q}(z)\boldsymbol{u}(t)+d(z)\boldsymbol{v}(t), \tag{7.8.2}$$

其系统结构如图 7.8.1 所示, $\boldsymbol{G}(z):=\dfrac{\boldsymbol{Q}(z)}{\alpha(z)}\in\mathbb{R}^{m\times r}$ 为系统的传递函数矩阵.

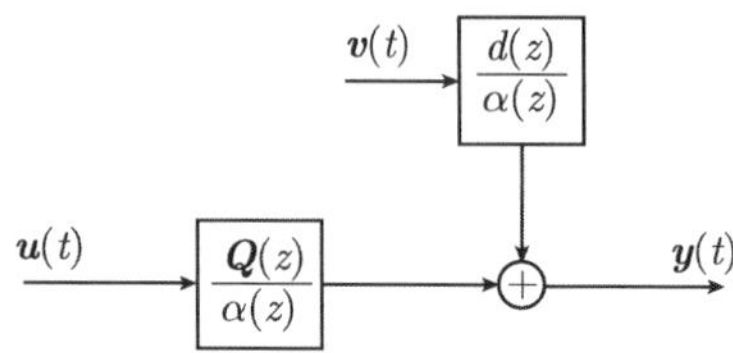

图 7.8.1 CARMA-like 模型描述的多变量系统

7.8.1 递阶梯度迭代辨识算法

定义参数向量 $\boldsymbol{\vartheta}$、参数矩阵 $\boldsymbol{\theta}$、输入信息向量 $\boldsymbol{\varphi}(t)$ 和输出信息矩阵 $\boldsymbol{\psi}(t)$ 如下,

$$\boldsymbol{\vartheta}:=[\alpha_1,\alpha_2,\cdots,\alpha_n,d_1,d_2,\cdots,d_{n_d}]^{\mathrm{T}}\in\mathbb{R}^{n+n_d},$$

$$\boldsymbol{\theta}^{\mathrm{T}}:=[\boldsymbol{Q}_1,\boldsymbol{Q}_2,\cdots,\boldsymbol{Q}_n]\in\mathbb{R}^{m\times(nr)},$$

$$\boldsymbol{\varphi}(t):=\begin{bmatrix}\boldsymbol{u}(t-1)\\ \boldsymbol{u}(t-2)\\ \vdots\\ \boldsymbol{u}(t-n)\end{bmatrix}\in\mathbb{R}^{(nr)},$$

$$\boldsymbol{\psi}(t):=[\boldsymbol{y}(t-1),\boldsymbol{y}(t-2),\cdots,\boldsymbol{y}(t-n),-\boldsymbol{v}(t-1),-\boldsymbol{v}(t-2),\cdots,-\boldsymbol{v}(t-n_d)]\in\mathbb{R}^{m\times(n+n_d)}.$$

于是, 从式 (7.8.1) 可以得到辨识模型:

$$\boldsymbol{y}(t)+\boldsymbol{\psi}(t)\boldsymbol{\vartheta}=\boldsymbol{\theta}^{\mathrm{T}}\boldsymbol{\varphi}(t)+\boldsymbol{v}(t). \tag{7.8.3}$$

这个模型待辨识的参数包括两部分: 一个是参数向量 $\boldsymbol{\vartheta}$, 一个是由传递矩阵分子多项式矩阵系数构成的参数矩阵 $\boldsymbol{\theta}$, 且信息矩阵 $\boldsymbol{\psi}(t)$ 中还包含了未知噪声项 $\boldsymbol{v}(t-i)$, 所以传统的最小二乘辨识方法不能直接应用, 这是辨识的困难. 这里基于递阶辨识原理和迭代搜索原理来解决这一困难. 递阶辨识的基本原理就是将一个系统分解为多个维数较小、变量较少的子系统, 然后分别辨识每个子系统的参数. 迭代搜索原理是将系统中信息矩阵所含的未知噪声项用其迭代估计值来代替[27, 55]. 具体细节如下.

定义两个中间向量:

$$\boldsymbol{b}_1(t):=\boldsymbol{\theta}^{\mathrm{T}}\boldsymbol{\varphi}(t),$$

$$\boldsymbol{b}_2(t):=\boldsymbol{\psi}(t)\boldsymbol{\vartheta}.$$

分解式 (7.8.3) 为下列两个虚拟子系统:

$$\mathrm{S}_1\ \boldsymbol{y}(t)=-\boldsymbol{\psi}(t)\boldsymbol{\vartheta}+\boldsymbol{b}_1(t)+\boldsymbol{v}(t),$$

$$\mathrm{S}_2\ \boldsymbol{y}(t)=\boldsymbol{\theta}^{\mathrm{T}}\boldsymbol{\varphi}(t)-\boldsymbol{b}_2(t)+\boldsymbol{v}(t).$$

设数据长度 $t\gg mn_0+n$, 定义

$$\boldsymbol{Y}_1(t):=\begin{bmatrix}\boldsymbol{y}(1)\\ \boldsymbol{y}(2)\\ \vdots\\ \boldsymbol{y}(t)\end{bmatrix}\in\mathbb{R}^{(mt)},\quad \boldsymbol{\varPsi}(t):=\begin{bmatrix}\boldsymbol{\psi}(1)\\ \boldsymbol{\psi}(2)\\ \vdots\\ \boldsymbol{\psi}(t)\end{bmatrix}\in\mathbb{R}^{(mt)\times(n+n_d)},$$

$$\boldsymbol{V}_1(t):=\begin{bmatrix}\boldsymbol{v}(1)\\ \boldsymbol{v}(2)\\ \vdots\\ \boldsymbol{v}(t)\end{bmatrix}\in\mathbb{R}^{(mt)},$$

$$\boldsymbol{B}_1(t):=\begin{bmatrix}\boldsymbol{b}_1(1)\\ \boldsymbol{b}_1(2)\\ \vdots\\ \boldsymbol{b}_1(t)\end{bmatrix}=\begin{bmatrix}\boldsymbol{\theta}^{\mathrm{T}}\boldsymbol{\varphi}(1)\\ \boldsymbol{\theta}^{\mathrm{T}}\boldsymbol{\varphi}(2)\\ \vdots\\ \boldsymbol{\theta}^{\mathrm{T}}\boldsymbol{\varphi}(t)\end{bmatrix}\in\mathbb{R}^{(mt)},\tag{7.8.4}$$

$$\boldsymbol{Y}_2(t):=[\boldsymbol{y}(1),\boldsymbol{y}(2),\cdots,\boldsymbol{y}(t)]\in\mathbb{R}^{m\times t},$$

$$\boldsymbol{\varPhi}(t):=[\boldsymbol{\varphi}(1),\boldsymbol{\varphi}(2),\cdots,\boldsymbol{\varphi}(t)]\in\mathbb{R}^{(nr)\times t},$$

$$\begin{aligned}\boldsymbol{B}_2(t)&:=[\boldsymbol{b}_2(1),\boldsymbol{b}_2(2),\cdots,\boldsymbol{b}_2(t)]\\&=[\boldsymbol{\psi}(1)\boldsymbol{\vartheta},\boldsymbol{\psi}(2)\boldsymbol{\vartheta},\cdots,\boldsymbol{\psi}(t)\boldsymbol{\vartheta}]\in\mathbb{R}^{m\times t},\end{aligned}\tag{7.8.5}$$

$$\boldsymbol{V}_2(t):=[\boldsymbol{v}(1),\boldsymbol{v}(2),\cdots,\boldsymbol{v}(t)]\in\mathbb{R}^{m\times t}.$$

因此可以得到

$$\begin{aligned}&S_1:\quad \boldsymbol{Y}_1(t)=-\boldsymbol{\varPsi}(t)\boldsymbol{\vartheta}+\boldsymbol{B}_1(t)+\boldsymbol{V}_1(t),\\&S_2:\quad \boldsymbol{Y}_2(t)=\boldsymbol{\theta}^{\mathrm{T}}\boldsymbol{\varPhi}(t)-\boldsymbol{B}_2(t)+\boldsymbol{V}_2(t).\end{aligned}$$

定义两个准则函数:

$$\begin{aligned}&J_1(\boldsymbol{\vartheta}):=\|\boldsymbol{Y}_1(t)+\boldsymbol{\varPsi}(t)\boldsymbol{\vartheta}-\boldsymbol{B}_1(t)\|^2,\\&J_2(\boldsymbol{\theta}):=\|\boldsymbol{Y}_2(t)-\boldsymbol{\theta}^{\mathrm{T}}\boldsymbol{\varPhi}(t)+\boldsymbol{B}_2(t)\|^2.\end{aligned}$$

令 $k=1,2,\cdots$ 为迭代变量, $\hat{\boldsymbol{\vartheta}}_k$ 和 $\hat{\boldsymbol{\theta}}_k$ 分别为 $\boldsymbol{\vartheta}$ 和 $\boldsymbol{\theta}$ 在第 k 次迭代的参数估计, $\mu_k(t)\geqslant 0$ 为 **时变步长** (time-varying step-size) 或 **时变收敛因子** (time-varying convergence factor). 使用负梯度搜索, 极小化准则函数 $J_1(\boldsymbol{\vartheta})$ 和 $J_2(\boldsymbol{\theta})$ 得到 $\boldsymbol{\vartheta}$ 和 $\boldsymbol{\theta}$ 迭代解:

$$\begin{aligned}\hat{\boldsymbol{\vartheta}}_k&=\hat{\boldsymbol{\vartheta}}_{k-1}-\frac{\mu_k(t)}{2}\mathrm{grad}[J_1(\hat{\boldsymbol{\vartheta}}_{k-1})]\\&=\hat{\boldsymbol{\vartheta}}_{k-1}-\mu_k(t)\boldsymbol{\varPsi}^{\mathrm{T}}(t)[\boldsymbol{Y}_1(t)-\boldsymbol{B}_1(t)+\boldsymbol{\varPsi}(t)\hat{\boldsymbol{\vartheta}}_{k-1}],\\\hat{\boldsymbol{\theta}}_k&=\hat{\boldsymbol{\theta}}_{k-1}-\frac{\mu_k(t)}{2}\mathrm{grad}[J_2(\hat{\boldsymbol{\theta}}_{k-1})]\\&=\hat{\boldsymbol{\theta}}^{\mathrm{T}}_{k-1}+\mu_k(t)\boldsymbol{\varPhi}(t)[\boldsymbol{Y}_2(t)-\hat{\boldsymbol{\theta}}^{\mathrm{T}}_{k-1}\boldsymbol{\varPhi}(t)+\boldsymbol{B}_2(t)]^{\mathrm{T}}.\end{aligned}$$

将式 (7.8.4) 中 $\boldsymbol{B}_1(t)$ 和式 (7.8.5) 中 $\boldsymbol{B}_2(t)$ 分别代入以上两式得到

$$\hat{\boldsymbol{\vartheta}}_k=\hat{\boldsymbol{\vartheta}}_{k-1}-\mu_k(t)\boldsymbol{\Psi}^{\mathrm{T}}(t)\left(\boldsymbol{Y}_1(t)-\begin{bmatrix}\boldsymbol{\theta}^{\mathrm{T}}\boldsymbol{\varphi}(1)\\ \boldsymbol{\theta}^{\mathrm{T}}\boldsymbol{\varphi}(2)\\ \vdots\\ \boldsymbol{\theta}^{\mathrm{T}}\boldsymbol{\varphi}(t)\end{bmatrix}+\boldsymbol{\Psi}(t)\hat{\boldsymbol{\vartheta}}_{k-1}\right), \tag{7.8.6}$$

$$\hat{\boldsymbol{\theta}}_k=\hat{\boldsymbol{\theta}}_{k-1}+\mu_k(t)\boldsymbol{\Phi}(t)\{\boldsymbol{Y}_2(t)-\hat{\boldsymbol{\theta}}_{k-1}^{\mathrm{T}}\boldsymbol{\Phi}(t)+[\boldsymbol{\psi}(1)\boldsymbol{\vartheta},\boldsymbol{\psi}(2)\boldsymbol{\vartheta},\cdots,\boldsymbol{\psi}(t)\boldsymbol{\vartheta}]\}^{\mathrm{T}}. \tag{7.8.7}$$

由于上两式右边分别含有未知参数矩阵 $\boldsymbol{\theta}$ 和参数向量 $\boldsymbol{\vartheta}$, 故算法 (7.8.6)~(7.8.7) 不能实现. 为解决这一困难, 利用递阶辨识原理[34, 44], 式 (7.8.6) 中 $\boldsymbol{\theta}$ 和式 (7.8.7) 中 $\boldsymbol{\vartheta}$ 分别用它们在前一次迭代的估计 $\hat{\boldsymbol{\theta}}_{k-1}$ 和 $\hat{\boldsymbol{\vartheta}}_{k-1}$ 代替, 得到

$$\hat{\boldsymbol{\vartheta}}_k=\hat{\boldsymbol{\vartheta}}_{k-1}-\mu_k(t)\boldsymbol{\Psi}^{\mathrm{T}}(t)\left(\boldsymbol{Y}_1(t)-\begin{bmatrix}\hat{\boldsymbol{\theta}}_{k-1}^{\mathrm{T}}\boldsymbol{\varphi}(1)\\ \hat{\boldsymbol{\theta}}_{k-1}^{\mathrm{T}}\boldsymbol{\varphi}(2)\\ \vdots\\ \hat{\boldsymbol{\theta}}_{k-1}^{\mathrm{T}}\boldsymbol{\varphi}(t)\end{bmatrix}+\boldsymbol{\Psi}(t)\hat{\boldsymbol{\vartheta}}_{k-1}\right), \tag{7.8.8}$$

$$\begin{aligned}\hat{\boldsymbol{\theta}}_k=&\hat{\boldsymbol{\theta}}_{k-1}+\mu_k(t)\boldsymbol{\Phi}(t)\{\boldsymbol{Y}_2(t)-\hat{\boldsymbol{\theta}}_{k-1}^{\mathrm{T}}\boldsymbol{\Phi}(t)\\ &+[\boldsymbol{\psi}(1)\hat{\boldsymbol{\vartheta}}_{k-1},\boldsymbol{\psi}(2)\hat{\boldsymbol{\vartheta}}_{k-1},\cdots,\boldsymbol{\psi}(t)\hat{\boldsymbol{\vartheta}}_{k-1}]\}^{\mathrm{T}}.\end{aligned} \tag{7.8.9}$$

由于 $\boldsymbol{\Psi}(t)$, 也就是 $\boldsymbol{\psi}(t)$ 中包含了不可测噪声项 $\boldsymbol{v}(t-i)$, 根据迭代搜索原理, 将 $\boldsymbol{\psi}(t)$ 中的 $\boldsymbol{v}(t-i)$ 用其第 $k-1$ 次迭代估计值 $\hat{\boldsymbol{v}}_{k-1}(t-i)$ 代替, 代替后的 $\boldsymbol{\psi}(t)$ 记作

$$\begin{aligned}\hat{\boldsymbol{\psi}}_k(t):=&[\boldsymbol{y}(t-1),\boldsymbol{y}(t-2),\cdots,\boldsymbol{y}(t-n),\\ &-\hat{\boldsymbol{v}}_{k-1}(t-1),-\hat{\boldsymbol{v}}_{k-1}(t-2),\cdots,-\hat{\boldsymbol{v}}_{k-1}(t-n_d)]\in\mathbb{R}^{m\times(n+n_d)}.\end{aligned}$$

由式 (7.8.3) 可得

$$\boldsymbol{v}(t)=\boldsymbol{y}(t)+\boldsymbol{\psi}(t)\boldsymbol{\vartheta}-\boldsymbol{\theta}^{\mathrm{T}}\boldsymbol{\varphi}(t).$$

用 $\hat{\boldsymbol{\psi}}_k(t)$ 和 $\hat{\boldsymbol{\theta}}_k$ 代替上式中的 $\boldsymbol{\psi}(t)$ 和 $\boldsymbol{\theta}$, 那么 $\boldsymbol{v}(t)$ 第 k 次迭代估计值 $\hat{\boldsymbol{v}}_k(t)$ 可由下式计算,

$$\hat{\boldsymbol{v}}_k(t):=\boldsymbol{y}(t)+\hat{\boldsymbol{\psi}}_k(t)\hat{\boldsymbol{\vartheta}}_k-\hat{\boldsymbol{\theta}}_k^{\mathrm{T}}\boldsymbol{\varphi}(t).$$

定义

$$\hat{\boldsymbol{\Psi}}_k(t):=\begin{bmatrix}\hat{\boldsymbol{\psi}}_k(1)\\ \hat{\boldsymbol{\psi}}_k(2)\\ \vdots\\ \hat{\boldsymbol{\psi}}_k(t)\end{bmatrix}\in\mathbb{R}^{(mt)\times(n+n_d)}.$$

用 $\hat{\boldsymbol{\Psi}}_k(t)$ 和 $\hat{\boldsymbol{\psi}}_k(t)$ 分别代替式 (7.8.8) 和 (7.8.9) 中的 $\boldsymbol{\Psi}(t)$ 和 $\boldsymbol{\psi}(t)$ 得到

$$\hat{\boldsymbol{\vartheta}}_k=\hat{\boldsymbol{\vartheta}}_{k-1}-\mu_k(t)\hat{\boldsymbol{\Psi}}_k^{\mathrm{T}}(t)\left(\boldsymbol{Y}_1(t)-\begin{bmatrix}\hat{\boldsymbol{\theta}}_{k-1}^{\mathrm{T}}\boldsymbol{\varphi}(1)\\ \hat{\boldsymbol{\theta}}_{k-1}^{\mathrm{T}}\boldsymbol{\varphi}(2)\\ \vdots\\ \hat{\boldsymbol{\theta}}_{k-1}^{\mathrm{T}}\boldsymbol{\varphi}(t)\end{bmatrix}+\hat{\boldsymbol{\Psi}}_k(t)\hat{\boldsymbol{\vartheta}}_{k-1}\right), \tag{7.8.10}$$

$$\hat{\boldsymbol{\theta}}_k = \hat{\boldsymbol{\theta}}_{k-1} + \mu_k(t)\boldsymbol{\Phi}(t)\{\boldsymbol{Y}_2(t) - \hat{\boldsymbol{\theta}}_{k-1}^{\mathrm{T}}\boldsymbol{\Phi}(t) + [\hat{\boldsymbol{\psi}}_k(1)\hat{\boldsymbol{\vartheta}}_{k-1}, \hat{\boldsymbol{\psi}}_k(2)\hat{\boldsymbol{\vartheta}}_{k-1}, \cdots, \hat{\boldsymbol{\psi}}_k(t)\hat{\boldsymbol{\vartheta}}_{k-1}]\}^{\mathrm{T}}, \tag{7.8.11}$$

或

$$\hat{\boldsymbol{\vartheta}}_k = [\boldsymbol{I} - \mu_k(t)\hat{\boldsymbol{\Psi}}_k^{\mathrm{T}}(t)\hat{\boldsymbol{\Psi}}_k(t)]\hat{\boldsymbol{\vartheta}}_{k-1} - \mu_k(t)\hat{\boldsymbol{\Psi}}_k^{\mathrm{T}}(t)\left(\boldsymbol{Y}_1(t) - \begin{bmatrix} \hat{\boldsymbol{\theta}}_{k-1}^{\mathrm{T}}\boldsymbol{\varphi}(1) \\ \hat{\boldsymbol{\theta}}_{k-1}^{\mathrm{T}}\boldsymbol{\varphi}(2) \\ \vdots \\ \hat{\boldsymbol{\theta}}_{k-1}^{\mathrm{T}}\boldsymbol{\varphi}(t) \end{bmatrix}\right),$$

$$\hat{\boldsymbol{\theta}}_k = \hat{\boldsymbol{\theta}}_{k-1}[\boldsymbol{I} - \mu_k(t)\boldsymbol{\Phi}(t)\boldsymbol{\Phi}^{\mathrm{T}}(t)] + \mu_k(t)\boldsymbol{\Phi}(t)\{\boldsymbol{Y}_2(t) + [\hat{\boldsymbol{\psi}}_k(1)\hat{\boldsymbol{\vartheta}}_{k-1}, \hat{\boldsymbol{\psi}}_k(2)\hat{\boldsymbol{\vartheta}}_{k-1}, \cdots, \hat{\boldsymbol{\psi}}_k(t)\hat{\boldsymbol{\vartheta}}_{k-1}]\}^{\mathrm{T}}.$$

以上两式可看作是两个参数估计作为状态的离散状态方程, 其收敛的必要条件是矩阵 $[\boldsymbol{I} - \mu_k(t)\hat{\boldsymbol{\Psi}}_k^{\mathrm{T}}(t)\hat{\boldsymbol{\Psi}}_k(t)]$ 和 $[\boldsymbol{I} - \mu_k(t)\boldsymbol{\Phi}(t)\boldsymbol{\Phi}^{\mathrm{T}}(t)]$ 的特征值在单位圆内, 所以收敛因子必须满足

$$\mu_k(t) \leqslant \frac{2}{\lambda_{\max}[\hat{\boldsymbol{\Psi}}_k^{\mathrm{T}}(t)\hat{\boldsymbol{\Psi}}_k(t)]},$$

$$\mu_k(t) \leqslant \frac{2}{\lambda_{\max}[\boldsymbol{\Phi}(t)\boldsymbol{\Phi}^{\mathrm{T}}(t)]},$$

其中 $\lambda_{\max}[\boldsymbol{X}]$ 为方阵 $\boldsymbol{X}$ 的最大特征值, 它们的交集为

$$\mu_k(t) \leqslant \frac{2}{\max\{\lambda_{\max}[\hat{\boldsymbol{\Psi}}_k^{\mathrm{T}}(t)\hat{\boldsymbol{\Psi}}_k(t)], \lambda_{\max}[\boldsymbol{\Phi}(t)\boldsymbol{\Phi}^{\mathrm{T}}(t)]\}}.$$

一种保守的选择是

$$\mu_k(t) \leqslant \frac{2}{\lambda_{\max}[\hat{\boldsymbol{\Psi}}_k^{\mathrm{T}}(t)\hat{\boldsymbol{\Psi}}_k(t)] + \lambda_{\max}[\boldsymbol{\Phi}(t)\boldsymbol{\Phi}^{\mathrm{T}}(t)]},$$

或

$$\mu_k(t) \leqslant \frac{2}{\|\hat{\boldsymbol{\Psi}}_k(t)\|^2 + \|\boldsymbol{\Phi}(t)\|^2}. \tag{7.8.12}$$

综合以上各式, 把 $\boldsymbol{Y}_1(t)$, $\hat{\boldsymbol{\Psi}}_k(t)$, $\boldsymbol{Y}_2(t)$, $\boldsymbol{\Phi}(t)$ 的定义式代入式 (7.8.10)~(7.8.12), 可总结出多变量 CARMA-like 模型的递阶梯度迭代辨识算法 (Hierarchical Gradient based Iterative identification algorithm, **HGI 算法**):

$$\hat{\boldsymbol{\vartheta}}_k = \hat{\boldsymbol{\vartheta}}_{k-1} - \mu_k(t)\sum_{j=1}^{t}\hat{\boldsymbol{\psi}}_k^{\mathrm{T}}(j)[\boldsymbol{y}(j) + \hat{\boldsymbol{\psi}}_k(j)\hat{\boldsymbol{\vartheta}}_{k-1} - \hat{\boldsymbol{\theta}}_{k-1}^{\mathrm{T}}\boldsymbol{\varphi}(j)], \tag{7.8.13}$$

$$\hat{\boldsymbol{\theta}}_k = \hat{\boldsymbol{\theta}}_{k-1} + \mu_k(t)\sum_{j=1}^{t}\boldsymbol{\varphi}(t)[\boldsymbol{y}(j) + \hat{\boldsymbol{\psi}}_k(j)\hat{\boldsymbol{\vartheta}}_{k-1} - \hat{\boldsymbol{\theta}}_{k-1}^{\mathrm{T}}\boldsymbol{\varphi}(j)]^{\mathrm{T}}, \tag{7.8.14}$$

$$\boldsymbol{\varphi}(t) = [\boldsymbol{u}^{\mathrm{T}}(t-1), \boldsymbol{u}^{\mathrm{T}}(t-2), \cdots, \boldsymbol{u}^{\mathrm{T}}(t-n)]^{\mathrm{T}}, \tag{7.8.15}$$

$$\hat{\boldsymbol{\psi}}_k(t) = [\boldsymbol{y}(t-1), \boldsymbol{y}(t-2), \cdots, \boldsymbol{y}(t-n), -\hat{\boldsymbol{v}}_{k-1}(t-1), -\hat{\boldsymbol{v}}_{k-1}(t-2), \cdots, -\hat{\boldsymbol{v}}_{k-1}(t-n_d)], \tag{7.8.16}$$

$$\hat{\boldsymbol{v}}_k(t) = \boldsymbol{y}(t) + \hat{\boldsymbol{\psi}}_k(t)\hat{\boldsymbol{\vartheta}}_k - \hat{\boldsymbol{\theta}}_k^{\mathrm{T}}\boldsymbol{\varphi}(t), \tag{7.8.17}$$

$$\mu_k(t) \leqslant 2\left(\sum_{j=1}^{t}[\|\hat{\boldsymbol{\psi}}_k(j)\|^2+\|\boldsymbol{\varphi}(j)\|^2]\right)^{-1}=\mu_0(t). \tag{7.8.18}$$

在计算参数估计时, 可以取算法中 $t=L$, L 为数据长度. HGI 算法 (7.8.13)~(7.8.18) 的计算步骤如下.

(1) 令 $k=1$, 置初值 $\hat{\boldsymbol{v}}_0(t)=\mathbf{0}$, $\boldsymbol{\vartheta}_0=\mathbf{1}_{n+n_d}/p_0$, $\boldsymbol{\theta}_0^{\mathrm{T}}=\mathbf{1}_{m\times(nr)}/p_0$, $\mathbf{1}_{n+n_d}$ 是元素全为 1 的$(n+n_d)$维列向量, $\mathbf{1}_{m\times(nr)}$ 是元素全为 1 的 $m\times(nr)$ 维矩阵, $p_0=10^6$.

(2) 收集输入输出数据 $\{\boldsymbol{u}(t),\boldsymbol{y}(t)\colon\ t=1,2,\cdots,L\}$, L 为数据长度, 用式 (7.8.15) 构造 $\boldsymbol{\varphi}(t)$. 给定小正数 ϵ.

(3) 用式 (7.8.16) 构造 $\hat{\boldsymbol{\psi}}_k(t)$. 根据式 (7.8.18) 选择 $\mu_k(t)$. 为使算法有快的收敛速度, 可取尽可能大的 $\mu_k(t)$, 如取 $\mu_k(t)=\mu_0(t)$.

(4) 根据式 (7.8.13) 和式 (7.8.14) 刷新估计向量 $\hat{\boldsymbol{\vartheta}}_k$ 和参数估计矩阵 $\hat{\boldsymbol{\theta}}_k$, 用式 (7.8.17) 计算 $\hat{\boldsymbol{v}}_k(t)$.

(5) 如果 $\hat{\boldsymbol{\vartheta}}_k$ 与 $\hat{\boldsymbol{\vartheta}}_{k-1}$, $\hat{\boldsymbol{\theta}}_k$ 与 $\hat{\boldsymbol{\theta}}_{k-1}$ 很接近, 或者

$$\|\hat{\boldsymbol{\vartheta}}_k-\hat{\boldsymbol{\vartheta}}_{k-1}\|+\|\hat{\boldsymbol{\theta}}_k-\hat{\boldsymbol{\theta}}_{k-1}\|\leqslant\epsilon,$$

就结束计算, 获得参数估计 $\hat{\boldsymbol{\vartheta}}_k$ 和 $\hat{\boldsymbol{\theta}}_k$. 否则, k 增 1, 转到步骤 3.

HGI 算法的 **流程图** 如图 7.8.2 所示.

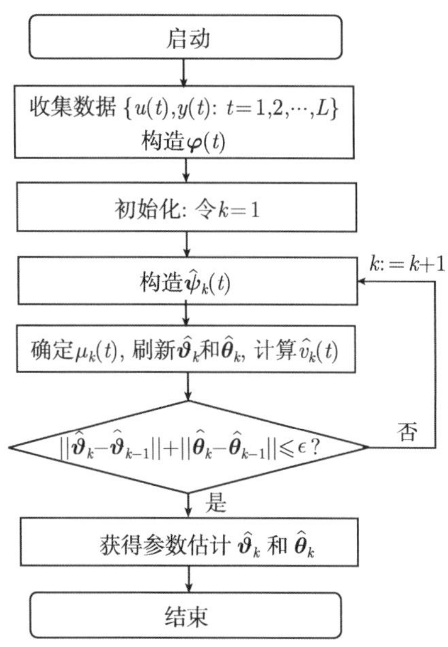

图 7.8.2　计算 HGI 参数估计 $\hat{\boldsymbol{\vartheta}}_k$ 和 $\hat{\boldsymbol{\theta}}_k$ 的流程图

7.8.2　递阶最小二乘迭代算法

运用推论 7.3.2, 极小化上述两个准则函数, 可得到 $\boldsymbol{\vartheta}$ 和 $\boldsymbol{\theta}$ 的迭代表达式,

$$\hat{\boldsymbol{\vartheta}}_k=\hat{\boldsymbol{\vartheta}}_{k-1}+\mu_k(t)[\boldsymbol{\Psi}^{\mathrm{T}}(t)\boldsymbol{\Psi}(t)]^{-1}\boldsymbol{\Psi}^{\mathrm{T}}(t)[\boldsymbol{B}_1(t)-\boldsymbol{Y}_1(t)-\boldsymbol{\Psi}(t)\hat{\boldsymbol{\vartheta}}_{k-1}], \tag{7.8.19}$$

$$\hat{\boldsymbol{\theta}}_k=\hat{\boldsymbol{\theta}}_{k-1}+\mu_k(t)\{[\boldsymbol{B}_2(t)+\boldsymbol{Y}_2(t)-\hat{\boldsymbol{\theta}}_{k-1}^{\mathrm{T}}\boldsymbol{\Phi}(t)]\boldsymbol{\Phi}^{\mathrm{T}}(t)[\boldsymbol{\Phi}(t)\boldsymbol{\Phi}^{\mathrm{T}}(t)]^{-1}\}^{\mathrm{T}}, \tag{7.8.20}$$

其中 $k=1,2,\cdots$, $\mu_k(t)\geqslant 0$, $\hat{\boldsymbol{\vartheta}}_k$ 和 $\hat{\boldsymbol{\theta}}_k$ 与递阶梯度迭代算法中的定义相同. 将式 (7.8.4) 中 $\boldsymbol{B}_1(t)$ 和式 (7.8.5) 中 $\boldsymbol{B}_2(t)$ 分别代入以上两式得到

$$\hat{\boldsymbol{\vartheta}}_k=\hat{\boldsymbol{\vartheta}}_{k-1}+\mu_k(t)[\boldsymbol{\Psi}^{\mathrm{T}}(t)\boldsymbol{\Psi}(t)]^{-1}\boldsymbol{\Psi}^{\mathrm{T}}(t)\left(\begin{bmatrix}\boldsymbol{\theta}^{\mathrm{T}}\boldsymbol{\varphi}(1)\\ \boldsymbol{\theta}^{\mathrm{T}}\boldsymbol{\varphi}(2)\\ \vdots\\ \boldsymbol{\theta}^{\mathrm{T}}\boldsymbol{\varphi}(t)\end{bmatrix}-\boldsymbol{Y}_1(t)-\boldsymbol{\Psi}(t)\hat{\boldsymbol{\vartheta}}_{k-1}\right), \tag{7.8.21}$$

$$\begin{aligned}\hat{\boldsymbol{\theta}}_k=&\hat{\boldsymbol{\theta}}_{k-1}+\mu_k(t)\{[\boldsymbol{\psi}(1)\boldsymbol{\vartheta},\boldsymbol{\psi}(2)\boldsymbol{\vartheta},\cdots,\boldsymbol{\psi}(t)\boldsymbol{\vartheta}]\\&+\boldsymbol{Y}_2(t)-\hat{\boldsymbol{\theta}}_{k-1}^{\mathrm{T}}\boldsymbol{\Phi}(t)\boldsymbol{\Phi}^{\mathrm{T}}(t)[\boldsymbol{\Phi}(t)\boldsymbol{\Phi}^{\mathrm{T}}(t)]^{-1}\}^{\mathrm{T}}.\end{aligned} \tag{7.8.22}$$

根据递阶辨识原理[44], 式 (7.8.21) 中 $\boldsymbol{\theta}$ 和式 (7.8.22) 中 $\boldsymbol{\vartheta}$ 分别用它们前一次的迭代估计 $\hat{\boldsymbol{\theta}}_{k-1}$ 和 $\hat{\boldsymbol{\vartheta}}_{k-1}$ 代替, 得到

$$\hat{\boldsymbol{\vartheta}}_k=\hat{\boldsymbol{\vartheta}}_{k-1}+\mu_k(t)[\boldsymbol{\Psi}^{\mathrm{T}}(t)\boldsymbol{\Psi}(t)]^{-1}\boldsymbol{\Psi}^{\mathrm{T}}(t)\left(\begin{bmatrix}\hat{\boldsymbol{\theta}}_{k-1}^{\mathrm{T}}\boldsymbol{\varphi}(1)\\ \hat{\boldsymbol{\theta}}_{k-1}^{\mathrm{T}}\boldsymbol{\varphi}(2)\\ \vdots\\ \hat{\boldsymbol{\theta}}_{k-1}^{\mathrm{T}}\boldsymbol{\varphi}(t)\end{bmatrix}-\boldsymbol{Y}_1(t)-\boldsymbol{\Psi}(t)\hat{\boldsymbol{\vartheta}}_{k-1}\right), \tag{7.8.23}$$

$$\begin{aligned}\hat{\boldsymbol{\theta}}_k=&\hat{\boldsymbol{\theta}}_{k-1}+\mu_k(t)\{[\boldsymbol{\psi}(1)\hat{\boldsymbol{\vartheta}}_{k-1},\boldsymbol{\psi}(2)\hat{\boldsymbol{\vartheta}}_{k-1},\cdots,\boldsymbol{\psi}(t)\hat{\boldsymbol{\vartheta}}_{k-1}]\\&+\boldsymbol{Y}_2(t)-\hat{\boldsymbol{\theta}}_{k-1}^{\mathrm{T}}\boldsymbol{\Phi}(t)\boldsymbol{\Phi}^{\mathrm{T}}(t)[\boldsymbol{\Phi}(t)\boldsymbol{\Phi}^{\mathrm{T}}(t)]^{-1}\}^{\mathrm{T}}.\end{aligned} \tag{7.8.24}$$

将 $\boldsymbol{Y}_1(t)$, $\boldsymbol{Y}_2(t)$, $\boldsymbol{\Psi}(t)$ 和 $\boldsymbol{\Phi}(t)$ 的定义式分别代入以上两式可以得到

$$\begin{aligned}\hat{\boldsymbol{\vartheta}}_k&=\hat{\boldsymbol{\vartheta}}_{k-1}-\mu_k(t)[\boldsymbol{\Psi}^{\mathrm{T}}(t)\boldsymbol{\Psi}(t)]^{-1}\sum_{j=1}^{t}\boldsymbol{\psi}^{\mathrm{T}}(j)[\boldsymbol{y}(j)+\boldsymbol{\psi}(j)\hat{\boldsymbol{\vartheta}}_{k-1}-\hat{\boldsymbol{\theta}}_{k-1}^{\mathrm{T}}\boldsymbol{\varphi}(j)]\\&=\hat{\boldsymbol{\vartheta}}_{k-1}-\mu_k(t)\left[\sum_{j=1}^{t}\boldsymbol{\psi}^{\mathrm{T}}(j)\boldsymbol{\psi}(j)\right]^{-1}\sum_{j=1}^{t}\boldsymbol{\psi}^{\mathrm{T}}(j)[\boldsymbol{y}(j)+\boldsymbol{\psi}(j)\hat{\boldsymbol{\vartheta}}_{k-1}-\hat{\boldsymbol{\theta}}_{k-1}^{\mathrm{T}}\boldsymbol{\varphi}(j)]\\&=[1-\mu_k(t)]\hat{\boldsymbol{\vartheta}}_{k-1}-\mu_k(t)\left[\sum_{j=1}^{t}\boldsymbol{\psi}^{\mathrm{T}}(j)\boldsymbol{\psi}(j)\right]^{-1}\sum_{j=1}^{t}\boldsymbol{\psi}^{\mathrm{T}}(j)[\boldsymbol{y}(j)-\hat{\boldsymbol{\theta}}_{k-1}^{\mathrm{T}}\boldsymbol{\varphi}(j)],\end{aligned} \tag{7.8.25}$$

$$\begin{aligned}\hat{\boldsymbol{\theta}}_k&=\hat{\boldsymbol{\theta}}_{k-1}+\mu_k(t)[\boldsymbol{\Phi}(t)\boldsymbol{\Phi}^{\mathrm{T}}(t)]^{-1}\sum_{j=1}^{t}\boldsymbol{\varphi}(j)[\boldsymbol{y}(j)+\boldsymbol{\psi}(j)\hat{\boldsymbol{\vartheta}}_{k-1}-\hat{\boldsymbol{\theta}}_{k-1}^{\mathrm{T}}\boldsymbol{\varphi}(j)]\\&=\hat{\boldsymbol{\theta}}_{k-1}+\mu_k(t)\left[\sum_{j=1}^{t}\boldsymbol{\varphi}(j)\boldsymbol{\varphi}^{\mathrm{T}}(j)\right]^{-1}\sum_{j=1}^{t}\boldsymbol{\varphi}(j)[\boldsymbol{y}(j)+\boldsymbol{\psi}(j)\hat{\boldsymbol{\vartheta}}_{k-1}-\hat{\boldsymbol{\theta}}_{k-1}^{\mathrm{T}}\boldsymbol{\varphi}(j)]^{\mathrm{T}}\\&=[1-\mu_k(t)]\hat{\boldsymbol{\theta}}_{k-1}+\mu_k(t)\left[\sum_{j=1}^{t}\boldsymbol{\varphi}(j)\boldsymbol{\varphi}^{\mathrm{T}}(j)\right]^{-1}\sum_{j=1}^{t}\boldsymbol{\varphi}(j)[\boldsymbol{y}(j)+\boldsymbol{\psi}(j)\hat{\boldsymbol{\vartheta}}_{k-1}]^{\mathrm{T}}.\end{aligned} \tag{7.8.26}$$

与递阶梯度迭代辨识算法类似, 上两式 $\boldsymbol{\psi}(t)$ 中包含的不可测噪声项 $\boldsymbol{v}(t-i)$, 用其第 $k-1$ 次迭代的估计值 $\hat{\boldsymbol{v}}_{k-1}(t-i)$ 代替, 取 $\mu_k(t)=1$, 可得多变量 CARMA-like 系统的递阶最小二乘迭代辨识算法 (Hierarchical Least Squares based Iterative identification algorithm, **HLSI 算法**):

$$\hat{\boldsymbol{\vartheta}}_k = -\left[\sum_{j=1}^{t}\hat{\boldsymbol{\psi}}_k^{\mathrm{T}}(j)\hat{\boldsymbol{\psi}}_k(j)\right]^{-1}\sum_{j=1}^{t}\hat{\boldsymbol{\psi}}_k^{\mathrm{T}}(j)[\boldsymbol{y}(j)-\hat{\boldsymbol{\theta}}_{k-1}^{\mathrm{T}}\boldsymbol{\varphi}(j)], \tag{7.8.27}$$

$$\hat{\boldsymbol{\theta}}_k = \left[\sum_{j=1}^{t}\boldsymbol{\varphi}(j)\boldsymbol{\varphi}^{\mathrm{T}}(j)\right]^{-1}\sum_{j=1}^{t}\boldsymbol{\varphi}(j)[\boldsymbol{y}(j)+\hat{\boldsymbol{\psi}}_k(j)\hat{\boldsymbol{\vartheta}}_{k-1}]^{\mathrm{T}}, \tag{7.8.28}$$

$$\boldsymbol{\varphi}(t) = [\boldsymbol{u}^{\mathrm{T}}(t-1),\boldsymbol{u}^{\mathrm{T}}(t-2),\cdots,\boldsymbol{u}^{\mathrm{T}}(t-n)]^{\mathrm{T}}, \tag{7.8.29}$$

$$\begin{aligned}\hat{\boldsymbol{\psi}}_k(t) = {} & [\boldsymbol{y}(t-1),\boldsymbol{y}(t-2),\cdots,\boldsymbol{y}(t-n),-\hat{\boldsymbol{v}}_{k-1}(t-1),\\ & -\hat{\boldsymbol{v}}_{k-1}(t-2),\cdots,-\hat{\boldsymbol{v}}_{k-1}(t-n_d)],\end{aligned} \tag{7.8.30}$$

$$\hat{\boldsymbol{v}}_k(t) = \boldsymbol{y}(t)+\hat{\boldsymbol{\psi}}_k(t)\hat{\boldsymbol{\vartheta}}_k-\hat{\boldsymbol{\theta}}_k^{\mathrm{T}}\boldsymbol{\varphi}(t). \tag{7.8.31}$$

在计算参数估计时, 可取这个算法中的 $t=L$, L 为数据长度. 递阶最小二乘迭代算法 (7.8.27)~(7.8.31) 的计算步骤如下.

(1) 收集输入输出数据 $\{\boldsymbol{u}(t),\boldsymbol{y}(t)\text{: } t=1,2,\cdots,L\}$, L 为数据长度. 用式 (7.8.29) 构造 $\boldsymbol{\varphi}(t)$, 给定小正数 ϵ.

(2) 令 $k=1$, 置初值 $\boldsymbol{\vartheta}_0=\mathbf{1}_{n+n_d}$, $\boldsymbol{\theta}_0^{\mathrm{T}}=\mathbf{1}_{m\times(nr)}$, $\mathbf{1}_{n+n_d}$ 是元素全为 1 的$(n+n_d)$维列向量, $\mathbf{1}_{m\times(nr)}$ 是元素全为 1 的 $m\times(nr)$ 维矩阵, $\hat{\boldsymbol{v}}_0(t)=$ 随机向量.

(3) 用式 (7.8.30) 构造 $\hat{\psi}_k(t)$.

(4) 用式 (7.8.27) 和式 (7.8.28) 刷新参数估计 $\hat{\boldsymbol{\vartheta}}_k$ 和 $\hat{\boldsymbol{\theta}}_k$.

(5) 用式 (7.8.31) 计算 $\hat{\boldsymbol{v}}_k(t)$.

(6) 如果 $\hat{\boldsymbol{\vartheta}}_k$ 与 $\hat{\boldsymbol{\vartheta}}_{k-1}$, $\hat{\boldsymbol{\theta}}_k$ 与 $\hat{\boldsymbol{\theta}}_{k-1}$ 很接近, 满足

$$\|\hat{\boldsymbol{\vartheta}}_k-\hat{\boldsymbol{\vartheta}}_{k-1}\|+\|\hat{\boldsymbol{\theta}}_k-\hat{\boldsymbol{\theta}}_{k-1}\|\leqslant\epsilon,$$

就结束计算, 获得参数估计 $\hat{\boldsymbol{\vartheta}}_k$ 和 $\hat{\boldsymbol{\theta}}_k$, 否则, k 增 1, 转到步骤 3.

HLSI 算法计算参数的流程如图 7.8.3 所示.

7.8.3 交互噪声干扰的情形

下面考虑 $\boldsymbol{D}(z)$ 多项式矩阵情形, 重写交互噪声干扰下的多变量 CARMA-like 模型 (7.8.1) 如下,

$$\alpha(z)\boldsymbol{y}(t)=\boldsymbol{Q}(z)\boldsymbol{u}(t)+\boldsymbol{D}(z)\boldsymbol{v}(t), \tag{7.8.32}$$

式中各变量的定义同上.

交互噪声干扰情形, 即 $\boldsymbol{D}(z)$ 为多项式矩阵情形, 推导递阶辨识方法的思路与系统 (7.8.1) 类似, 只是参数向量 $\boldsymbol{\vartheta}$、参数矩阵 $\boldsymbol{\theta}$、信息向量 $\boldsymbol{\varphi}(t)$ 和信息矩阵 $\psi(t)$ 需重新定义:

$$\begin{aligned}\boldsymbol{\vartheta} &:= [\alpha_1,\alpha_2,\cdots,\alpha_n]^{\mathrm{T}}\in\mathbb{R}^n,\\ \boldsymbol{\theta}^{\mathrm{T}} &:= [\boldsymbol{Q}_1,\boldsymbol{Q}_2,\cdots,\boldsymbol{Q}_n,\boldsymbol{D}_1,\boldsymbol{D}_2,\cdots,\boldsymbol{D}_{n_d}]\in\mathbb{R}^{m\times(nr+mn_d)},\\ \boldsymbol{\varphi}(t) &:= [\boldsymbol{u}^{\mathrm{T}}(t-1),\boldsymbol{u}^{\mathrm{T}}(t-2),\cdots,\boldsymbol{u}^{\mathrm{T}}(t-n),\boldsymbol{v}^{\mathrm{T}}(t-1),\boldsymbol{v}^{\mathrm{T}}(t-2),\cdots,\boldsymbol{v}^{\mathrm{T}}(t-n_d)]^{\mathrm{T}}\in\mathbb{R}^{(nr+mn_d)},\\ \boldsymbol{\psi}(t) &:= [\boldsymbol{y}(t-1),\boldsymbol{y}(t-2),\cdots,\boldsymbol{y}(t-n)]\in\mathbb{R}^{m\times n}.\end{aligned}$$

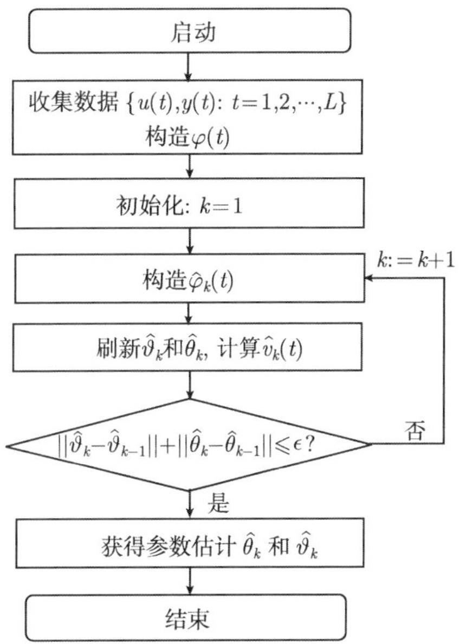

图 7.8.3 计算 HLSI 参数估计 $\hat{\boldsymbol{\vartheta}}_k$ 和 $\hat{\boldsymbol{\theta}}_k$ 的流程图

于是, 从式 (7.8.32) 可以得到辨识模型:

$$\boldsymbol{y}(t)+\boldsymbol{\psi}(t)\boldsymbol{\vartheta}=\boldsymbol{\theta}^{\mathrm{T}}\boldsymbol{\varphi}(t)+\boldsymbol{v}(t). \tag{7.8.33}$$

这个模型与辨识模型 (7.8.3) 类似, 因此同样可以通过定义两个中间向量, 将模型 (7.8.33) 分解为两个虚拟子系统, 然后根据递阶辨识原理和梯度搜索原理, 就可以得到交互噪声干扰情形下的多变量系统的递阶迭代辨识算法.

1. **递阶梯度迭代算法:**

$$\hat{\boldsymbol{\vartheta}}_k=\hat{\boldsymbol{\vartheta}}_{k-1}-\mu_k(t)\sum_{j=1}^{t}\boldsymbol{\psi}^{\mathrm{T}}(j)[\boldsymbol{y}(j)+\boldsymbol{\psi}(j)\hat{\boldsymbol{\vartheta}}_{k-1}-\hat{\boldsymbol{\theta}}_{k-1}^{\mathrm{T}}\hat{\boldsymbol{\varphi}}_k(j)], \tag{7.8.34}$$

$$\hat{\boldsymbol{\theta}}_k=\hat{\boldsymbol{\theta}}_{k-1}+\mu_k(t)\sum_{j=1}^{t}\hat{\boldsymbol{\varphi}}_k(t)[\boldsymbol{y}(j)+\boldsymbol{\psi}(j)\hat{\boldsymbol{\vartheta}}_{k-1}-\hat{\boldsymbol{\theta}}_{k-1}^{\mathrm{T}}\hat{\boldsymbol{\varphi}}_k(j)]^{\mathrm{T}}, \tag{7.8.35}$$

$$\begin{aligned}\hat{\boldsymbol{\varphi}}_k(t)=[&\boldsymbol{u}^{\mathrm{T}}(t-1),\boldsymbol{u}^{\mathrm{T}}(t-2),\cdots,\boldsymbol{u}^{\mathrm{T}}(t-n),\hat{\boldsymbol{v}}_{k-1}^{\mathrm{T}}(t-1),\\&\hat{\boldsymbol{v}}_{k-1}^{\mathrm{T}}(t-2),\cdots,\hat{\boldsymbol{v}}_{k-1}^{\mathrm{T}}(t-n_d)]^{\mathrm{T}},\end{aligned} \tag{7.8.36}$$

$$\boldsymbol{\psi}(t)=[\boldsymbol{y}(t-1),\boldsymbol{y}(t-2),\cdots,\boldsymbol{y}(t-n)], \tag{7.8.37}$$

$$\hat{\boldsymbol{v}}_k(t)=\boldsymbol{y}(t)+\boldsymbol{\psi}(t)\hat{\boldsymbol{\vartheta}}_k-\hat{\boldsymbol{\theta}}_k^{\mathrm{T}}\hat{\boldsymbol{\varphi}}_k(t), \tag{7.8.38}$$

$$\mu_k(t)\leqslant 2\left(\sum_{j=1}^{t}[\|\boldsymbol{\psi}(j)\|^2+\|\hat{\boldsymbol{\varphi}}_k(j)\|^2]\right)^{-1}. \tag{7.8.39}$$

2. **递阶最小二乘迭代算法:**

$$\hat{\boldsymbol{\vartheta}}_k=-\left[\sum_{j=1}^{t}\boldsymbol{\psi}^{\mathrm{T}}(j)\boldsymbol{\psi}(j)\right]^{-1}\sum_{j=1}^{t}\boldsymbol{\psi}^{\mathrm{T}}(j)[\boldsymbol{y}(j)-\hat{\boldsymbol{\theta}}_{k-1}^{\mathrm{T}}\hat{\boldsymbol{\varphi}}_k(j)], \tag{7.8.40}$$

$$\hat{\boldsymbol{\theta}}_k = \left[\sum_{j=1}^{t}\hat{\boldsymbol{\varphi}}(j)\hat{\boldsymbol{\varphi}}^{\mathrm{T}}(j)\right]^{-1}\sum_{j=1}^{t}\hat{\boldsymbol{\varphi}}(j)[\boldsymbol{y}(j)+\boldsymbol{\psi}_k(j)\hat{\boldsymbol{\vartheta}}_{k-1}], \tag{7.8.41}$$

$$\hat{\boldsymbol{\varphi}}_k(t) = [\boldsymbol{u}^{\mathrm{T}}(t-1), \boldsymbol{u}^{\mathrm{T}}(t-2), \cdots, \boldsymbol{u}^{\mathrm{T}}(t-n), \hat{\boldsymbol{v}}_{k-1}^{\mathrm{T}}(t-1), \hat{\boldsymbol{v}}_{k-1}^{\mathrm{T}}(t-2), \cdots, \hat{\boldsymbol{v}}_{k-1}^{\mathrm{T}}(t-n_d)]^{\mathrm{T}}, \tag{7.8.42}$$

$$\hat{\boldsymbol{v}}_k(t) = \boldsymbol{y}(t) + \boldsymbol{\psi}(t)\hat{\boldsymbol{\vartheta}}_k - \hat{\boldsymbol{\theta}}_k^{\mathrm{T}}\hat{\boldsymbol{\varphi}}_k(t), \tag{7.8.43}$$

$$\hat{\boldsymbol{\Phi}}_k(t) = [\hat{\boldsymbol{\varphi}}_k(1), \hat{\boldsymbol{\varphi}}_k(2), \cdots, \hat{\boldsymbol{\varphi}}_k(t)]. \tag{7.8.44}$$

交互噪声干扰下的多变量 CARMA-like 系统的递阶梯度迭代算法和递阶最小二乘迭代算法的计算步骤与流程图在此不再一一列出.

7.9 小 结

递阶辨识是基于辨识模型分解而发展起来的一种新型辨识方法, 是为解决结构复杂、维数高、大规模系统辨识问题提出的. 基本思想是通过对辨识模型的分解, 使得子辨识问题的规模变小, 相对于原问题要简单, 从而减小辨识方法的计算量. 递阶辨识原理也可以用于研究一般矩阵方程和耦合矩阵方程的递阶梯度迭代求解方法和递阶最小二乘迭代求解方法. 本章讨论了线性回归模型的两阶段递阶递推最小二乘方法、递阶最小二乘辨识方法, 讨论了多变量 CARMA-like 系统的递阶梯度迭代算法和递阶最小二乘迭代算法. 递阶辨识原理可推广用于研究有色噪声干扰的各类多变量系统、双线性参数系统、非线性系统, 以及反馈非线性系统的辨识问题.

提出的基于递阶辨识原理的多变量系统递阶辨识方法, 解决了国际辨识专家加拿大教授 Sinha and Kwong 在 (Automatica, 1979, 4: 471-475) 中三十多年前提出的存在交互干扰噪声的耦合多变量系统领域的辨识难题.

本章讨论的递阶辨识方法可以推广到其他多变量系统和类多变量系统[5, 11], 以及非线性系统[48, 151].

本章主要内容已在《南京信息工程大学学报 (自然科学版)》连载:

"丁锋. 系统辨识 (7): 递阶辨识原理与方法. 南京信息工程大学学报 (自然科学版), 2012, 4(2): 97-124."

"Ding F. System identification: Part G – Hierarchical identification principle and methods. Journal of Nanjing University of Information Science & Technology (Natural Science Edition), 2012, 4(2): 97-124."

7.10 思 考 题

1. 对于方程:

$$\boldsymbol{A}\boldsymbol{x} = \boldsymbol{b},\ \boldsymbol{A} \in \mathbb{R}^{m\times n},\ \boldsymbol{x} \in \mathbb{R}^{n},\ \boldsymbol{b} \in \mathbb{R}^{m},$$

假设 $m \geqslant n$, $\boldsymbol{A}$ 满秩. 按下列方式分解,

$$\boldsymbol{A}=[\boldsymbol{A}_1,\boldsymbol{A}_2,\cdots,\boldsymbol{A}_N],\ \boldsymbol{A}_i\in\mathbb{R}^{m\times n_i},\ \boldsymbol{x}=\begin{bmatrix}\boldsymbol{x}_1\\ \boldsymbol{x}_2\\ \vdots\\ \boldsymbol{x}_N\end{bmatrix},\ \boldsymbol{x}_i\in\mathbb{R}^{n_i},\ n_1+n_2+\cdots+n_N=n,$$

得到

$$\boldsymbol{A}_1\boldsymbol{x}_1+\boldsymbol{A}_2\boldsymbol{x}_2+\cdots+\boldsymbol{A}_N\boldsymbol{x}_N=\boldsymbol{b}.$$

应用递阶辨识原理, 推导相应的迭代解算法. 此外, 按下列方式分解,

$$\boldsymbol{A}=\begin{bmatrix}\boldsymbol{A}_1\\ \boldsymbol{A}_2\\ \vdots\\ \boldsymbol{A}_N\end{bmatrix},\quad \boldsymbol{A}_i\in\mathbb{R}^{m_i\times n},\ \boldsymbol{b}=\begin{bmatrix}\boldsymbol{b}_1\\ \boldsymbol{b}_2\\ \vdots\\ \boldsymbol{b}_N\end{bmatrix},\quad \boldsymbol{b}_i\in\mathbb{R}^{m_i},\ m_1+m_2+\cdots+m_N=m,$$

得到

$$\boldsymbol{A}_i\boldsymbol{x}=\boldsymbol{b}_i,\ i=1,2,\cdots,N.$$

应用递阶辨识原理, 推导相应的迭代解算法.

2. 众所周知, **高斯削元方法** (Gauss elimination) 可以用于求解矩阵方程 $\boldsymbol{AX}=\boldsymbol{B}$, 试将高斯削元法加以推广用于求解矩阵方程 $(\boldsymbol{A}\otimes\boldsymbol{B})\boldsymbol{X}=\boldsymbol{F}$, 并考虑 $\boldsymbol{A}$ 或 $\boldsymbol{B}$ 为对角阵或单位阵情形.
3. 证明引理 7.7.1 和引理 7.7.1.
4. 证明定理 7.3.2 中最小二乘迭代算法迭代解的收敛性.
5. 设 $\boldsymbol{A}\in\mathbb{R}^{m\times m},\boldsymbol{B}\in\mathbb{R}^{n\times n}$, $\boldsymbol{C}\in\mathbb{R}^{m\times n}$, $\boldsymbol{X}\in\mathbb{R}^{m\times n}$, 证明下列二方程等价,

$$\boldsymbol{AX}+\boldsymbol{XB}=\boldsymbol{F}$$

和

$$(\boldsymbol{I}_n\otimes\boldsymbol{A})+(\boldsymbol{B}^{\mathrm{T}}\otimes\boldsymbol{I}_m)\mathrm{col}[\boldsymbol{X}]=\mathrm{col}[\boldsymbol{F}].$$

6. 证明引理 7.4.1 和引理 7.5.2.
7. 证明定理 7.4.2 和定理 7.4.4.
8. 在引理 7.4.4 的条件下, 证明梯度迭代算法 (7.4.40)~(7.4.42) 给出的迭代解收敛于一般矩阵方程 (7.4.39) 的最小二乘解.
9. 证明下列 3 个关系式:

(1)
$$\begin{aligned}\|\boldsymbol{G}_1[\boldsymbol{X}+(\boldsymbol{G}_1^{\mathrm{T}}\boldsymbol{G}_1)^{-1}\boldsymbol{Y}]\|^2&=\mathrm{tr}\{[\boldsymbol{X}+(\boldsymbol{G}_1^{\mathrm{T}}\boldsymbol{G}_1)^{-1}\boldsymbol{Y}]^{\mathrm{T}}(\boldsymbol{G}_1^{\mathrm{T}}\boldsymbol{G}_1)[\boldsymbol{X}+(\boldsymbol{G}_1^{\mathrm{T}}\boldsymbol{G}_1)^{-1}\boldsymbol{Y}]\}\\&=\mathrm{tr}[\boldsymbol{X}^{\mathrm{T}}(\boldsymbol{G}_1^{\mathrm{T}}\boldsymbol{G}_1)\boldsymbol{X}+2\boldsymbol{X}^{\mathrm{T}}\boldsymbol{Y}+\boldsymbol{Y}^{\mathrm{T}}(\boldsymbol{G}_1^{\mathrm{T}}\boldsymbol{G}_1)^{-1}\boldsymbol{Y}]\\&=\|\boldsymbol{G}_1\boldsymbol{X}\|^2+2\mathrm{tr}[\boldsymbol{X}^{\mathrm{T}}\boldsymbol{Y}]+\|(\boldsymbol{G}_1^{\mathrm{T}}\boldsymbol{G}_1)^{-1/2}\boldsymbol{Y}\|^2.\end{aligned}$$

(2)
$$\begin{aligned}&\mathrm{tr}\{[\boldsymbol{X}+(\boldsymbol{A}_i^{\mathrm{T}}\boldsymbol{A}_i)^{-1}\boldsymbol{Y}(\boldsymbol{B}_i\boldsymbol{B}_i^{\mathrm{T}})^{-1}]^{\mathrm{T}}(\boldsymbol{A}_i^{\mathrm{T}}\boldsymbol{A}_i)[\boldsymbol{X}+(\boldsymbol{A}_i^{\mathrm{T}}\boldsymbol{A}_i)^{-1}\boldsymbol{Y}(\boldsymbol{B}_i\boldsymbol{B}_i^{\mathrm{T}})^{-1}](\boldsymbol{B}_i\boldsymbol{B}_i^{\mathrm{T}})\}\\&=\mathrm{tr}[\boldsymbol{X}^{\mathrm{T}}(\boldsymbol{A}_i^{\mathrm{T}}\boldsymbol{A}_i)\boldsymbol{X}(\boldsymbol{B}_i\boldsymbol{B}_i^{\mathrm{T}})+2\boldsymbol{X}^{\mathrm{T}}\boldsymbol{Y}+(\boldsymbol{B}_i\boldsymbol{B}_i^{\mathrm{T}})^{-1}\boldsymbol{Y}^{\mathrm{T}}(\boldsymbol{A}_i^{\mathrm{T}}\boldsymbol{A}_i)^{-1}\boldsymbol{Y}]\\&=\|\boldsymbol{A}_i\boldsymbol{X}\boldsymbol{B}_i\|^2+2\mathrm{tr}[\boldsymbol{X}^{\mathrm{T}}\boldsymbol{Y}]+\mathrm{tr}[(\boldsymbol{B}_i\boldsymbol{B}_i^{\mathrm{T}})^{-1}\boldsymbol{Y}^{\mathrm{T}}(\boldsymbol{A}_i^{\mathrm{T}}\boldsymbol{A}_i)^{-1}\boldsymbol{Y}]\\&\leqslant\|\boldsymbol{A}_i\boldsymbol{X}\boldsymbol{B}_i\|^2+2\mathrm{tr}[\boldsymbol{X}^{\mathrm{T}}\boldsymbol{Y}]+\|(\boldsymbol{A}_i^{\mathrm{T}}\boldsymbol{A}_i)^{-1/2}\boldsymbol{Y}(\boldsymbol{B}_i\boldsymbol{B}_i^{\mathrm{T}})^{-1/2}\|^2.\end{aligned}$$

(3)
$$\begin{aligned}[\boldsymbol{x}+(\boldsymbol{A}^{\mathrm{T}}\boldsymbol{A})^{-1}\boldsymbol{y}]^{\mathrm{T}}(\boldsymbol{A}^{\mathrm{T}}\boldsymbol{A})[\boldsymbol{x}+(\boldsymbol{A}^{\mathrm{T}}\boldsymbol{A})^{-1}\boldsymbol{y}]&=\boldsymbol{x}^{\mathrm{T}}(\boldsymbol{A}^{\mathrm{T}}\boldsymbol{A})\boldsymbol{x}+2\boldsymbol{x}^{\mathrm{T}}\boldsymbol{y}+\boldsymbol{y}^{\mathrm{T}}(\boldsymbol{A}^{\mathrm{T}}\boldsymbol{A})^{-1}\boldsymbol{y}\\&=\|\boldsymbol{Ax}\|^2+2\boldsymbol{x}^{\mathrm{T}}\boldsymbol{y}+\|(\boldsymbol{A}^{\mathrm{T}}\boldsymbol{A})^{-1/2}\boldsymbol{y}\|^2.\end{aligned}$$

10. 参见 7.5 节, 证明 star 积有下列性质:

(1) $\boldsymbol{I}_{np\times n}^{\mathrm{T}}\boldsymbol{X}\star\boldsymbol{Y}=[\boldsymbol{X}_1,\boldsymbol{X}_2,\cdots,\boldsymbol{X}_p]\boldsymbol{Y}=\sum\limits_{i=1}^{p}\boldsymbol{X}_i\boldsymbol{Y}_i,$

(2) $$\operatorname{tr}\left\{\boldsymbol{X}_i^{\mathrm{T}}\begin{bmatrix}\boldsymbol{A}_{1i}\\ \boldsymbol{A}_{2i}\\ \vdots\\ \boldsymbol{A}_{pi}\end{bmatrix}^{\mathrm{T}}\begin{bmatrix}\tilde{\boldsymbol{F}}_1\\ \tilde{\boldsymbol{F}}_2\\ \vdots\\ \tilde{\boldsymbol{F}}_p\end{bmatrix}\star\begin{bmatrix}\boldsymbol{B}_{1i}^{\mathrm{T}}\\ \boldsymbol{B}_{2i}^{\mathrm{T}}\\ \vdots\\ \boldsymbol{B}_{pi}^{\mathrm{T}}\end{bmatrix}\right\}=\operatorname{tr}\left\{\begin{bmatrix}\boldsymbol{A}_{1i}\boldsymbol{X}_i\boldsymbol{B}_{1i}\\ \boldsymbol{A}_{2i}\boldsymbol{X}_i\boldsymbol{B}_{2i}\\ \vdots\\ \boldsymbol{A}_{pi}\boldsymbol{X}_i\boldsymbol{B}_{pi}\end{bmatrix}^{\mathrm{T}}\begin{bmatrix}\tilde{\boldsymbol{F}}_1\\ \tilde{\boldsymbol{F}}_2\\ \vdots\\ \tilde{\boldsymbol{F}}_p\end{bmatrix}\right\},$$

(3) $$\left\|\begin{bmatrix}\boldsymbol{A}_{1i}\\ \boldsymbol{A}_{2i}\\ \vdots\\ \boldsymbol{A}_{pi}\end{bmatrix}^{\mathrm{T}}\begin{bmatrix}\tilde{\boldsymbol{F}}_1\\ \tilde{\boldsymbol{F}}_2\\ \vdots\\ \tilde{\boldsymbol{F}}_p\end{bmatrix}\star\begin{bmatrix}\boldsymbol{B}_{1i}^{\mathrm{T}}\\ \boldsymbol{B}_{2i}^{\mathrm{T}}\\ \vdots\\ \boldsymbol{B}_{pi}^{\mathrm{T}}\end{bmatrix}\right\|^2\leqslant\sum_{j=1}^{p}\|\boldsymbol{A}_{ji}\|^2\|\boldsymbol{B}_{ji}\|^2\left\|\begin{bmatrix}\tilde{\boldsymbol{F}}_1\\ \tilde{\boldsymbol{F}}_2\\ \vdots\\ \tilde{\boldsymbol{F}}_p\end{bmatrix}\right\|^2,$$

(4) $$\left\|(\boldsymbol{A}_i^{\mathrm{T}}\boldsymbol{A}_i)^{-1/2}\begin{bmatrix}\boldsymbol{A}_{1i}\\ \boldsymbol{A}_{2i}\\ \vdots\\ \boldsymbol{A}_{pi}\end{bmatrix}^{\mathrm{T}}\begin{bmatrix}\tilde{\boldsymbol{F}}_1\\ \tilde{\boldsymbol{F}}_2\\ \vdots\\ \tilde{\boldsymbol{F}}_p\end{bmatrix}\star\begin{bmatrix}\boldsymbol{B}_{1i}^{\mathrm{T}}\\ \boldsymbol{B}_{2i}^{\mathrm{T}}\\ \vdots\\ \boldsymbol{B}_{pi}^{\mathrm{T}}\end{bmatrix}(\boldsymbol{B}_i\boldsymbol{B}_i^{\mathrm{T}})^{-1/2}\right\|^2\leqslant mn\left\|\begin{bmatrix}\tilde{\boldsymbol{F}}_1\\ \tilde{\boldsymbol{F}}_2\\ \vdots\\ \tilde{\boldsymbol{F}}_p\end{bmatrix}\right\|^2.$$

11. **块对角阵正定性引理** (block diagonal positive definite matrix lemma)[53]

假设分块对称矩阵

$$\boldsymbol{A}=\begin{bmatrix}\boldsymbol{A}_{11} & \boldsymbol{A}_{12} & \cdots & \boldsymbol{A}_{1N}\\ \boldsymbol{A}_{21} & \boldsymbol{A}_{22} & \cdots & \boldsymbol{A}_{2N}\\ \vdots & \vdots & & \vdots\\ \boldsymbol{A}_{N1} & \boldsymbol{A}_{N2} & \cdots & \boldsymbol{A}_{NN}\end{bmatrix},\ \boldsymbol{A}_{ij}=\boldsymbol{A}_{ji}^{\mathrm{T}}\in\mathbb{R}^{n_i\times n_j}$$

满足 $\alpha\boldsymbol{I}\leqslant\boldsymbol{A}\leqslant\beta\boldsymbol{I}$, 其中 α 和 β 为非负常数. 则有

$$\alpha\boldsymbol{I}\leqslant\begin{bmatrix}\boldsymbol{A}_{11} & \boldsymbol{0} & \cdots & \boldsymbol{0}\\ \boldsymbol{0} & \boldsymbol{A}_{22} & \cdots & \boldsymbol{0}\\ \vdots & \vdots & & \vdots\\ \boldsymbol{0} & \boldsymbol{0} & \cdots & \boldsymbol{A}_{NN}\end{bmatrix}\leqslant\beta\boldsymbol{I}.$$

12. 假设存在向量序列 $\boldsymbol{x}(k)\in\mathbb{R}^n$ 和 $\boldsymbol{\phi}(i)\in\mathbb{R}^n$ 使得 $k\to\infty$ 时, 对每个 $i\in[1,t]$ $(t\gg n)$, 方程

$$\boldsymbol{\phi}^{\mathrm{T}}(i)\boldsymbol{x}(k)=0$$

都成立, 向量 $\boldsymbol{\phi}(i)$ 是 **充分丰富** 的 (sufficiently rich), 即存在正数 c 和整数 $N\geqslant n$ 以至于任意 $i\geqslant N$, 下列不等式成立,

$$\text{(SPE)}\quad \frac{1}{N}\sum_{l=1}^{N}\boldsymbol{\phi}(i+l)\boldsymbol{\phi}^{\mathrm{T}}(i+l)\geqslant c\boldsymbol{I}.$$

则有 $\lim\limits_{k\to\infty}\boldsymbol{x}(k)=\boldsymbol{0}$ 成立[44].

13. 假设向量序列 $\boldsymbol{x}(t)\in\mathbb{R}^n$ 和 $\boldsymbol{\phi}(t)\in\mathbb{R}^n$ 满足下列方程:

$$\begin{cases}\boldsymbol{\phi}^{\mathrm{T}}(t)\boldsymbol{x}(t)=0,\ \text{当}\ t\to\infty\text{时};\\ \lim\limits_{t\to\infty}[\boldsymbol{x}(t)-\boldsymbol{x}(t-j)]=\boldsymbol{0},\ \text{a.s. for any}\ 0<j<\infty;\end{cases}$$

向量 $\boldsymbol{\phi}(t)$ 是持续激励的, 即存在正常数 c, c_1 和整数 $N\geqslant n$ 以至于下列持续激励条件成立,

$$\text{(SPE)}\quad c\boldsymbol{I}\leqslant\frac{1}{N}\sum_{i=1}^{N}\boldsymbol{\phi}(t+i)\boldsymbol{\phi}^{\mathrm{T}}(t+i)\leqslant c_1\boldsymbol{I},\ \text{a.s., for any}\ t\geqslant 0.$$

那么 $\lim\limits_{t\to\infty}\boldsymbol{x}(t)=\boldsymbol{0}$[44].

14. 研究下列 AR-OE 系统的辅助模型递阶最小二乘辨识算法,

$$A(z)y(t)=\frac{B(z)}{F(z)}u(t)+v(t).$$

15. 研究下列系 AR-OEMA 统的辅助模型递阶增广最小二乘辨识算法,

$$A(z)y(t)=\frac{B(z)}{F(z)}u(t)+D(z)v(t).$$

16. 研究下列系 AR-OEAR 统的辅助模型递阶广义最小二乘辨识算法,

$$A(z)y(t)=\frac{B(z)}{F(z)}u(t)+\frac{1}{C(z)}v(t).$$

17. 研究下列 AR-BJ 系统的辅助模型递阶广义增广最小二乘辨识算法,

$$A(z)y(t)=\frac{B(z)}{F(z)}u(t)+\frac{D(z)}{C(z)}v(t).$$

18. 研究下列系统的递阶最小二乘类辨识算法,

(1) $A(z)y(t)=B_1(z)u_1(t)+B_2(z)u_2(t)+D(z)v(t);$

(2) $A(z)y(t)=B(z)u_1(t)u_2(t)+D(z)v(t);$

(3) $A(z)y(t)=B(z)u(t)y(t)+\dfrac{D(z)}{C(z)}v(t).$

19. 研究下列系统的辅助模型递阶最小二乘类辨识算法,

(1) $A(z)y(t)=\dfrac{B_1(z)u_1(t)+B_2(z)u_2(t)}{F(z)}+\dfrac{D(z)}{C(z)}v(t);$

(2) $A(z)y(t)=\dfrac{B_1(z)}{F_1(z)}u_1(t)+\dfrac{B_2(z)}{F_2(z)}u_2(t)+\dfrac{D(z)}{C(z)}v(t);$

(3) $A(z)y(t)=\dfrac{B(z)u_1(t)u_2(t)}{F(z)}+\dfrac{D(z)}{C(z)}v(t).$

20. 将多新息辨识理论与递阶辨识原理相结合, 研究下列系统的多新息递阶最小二乘辨识算法,

(1) $A(z)y(t)=B_1(z)u_1(t)+B_2(z)u_2(t)+D(z)v(t);$

(2) $A(z)y(t)=B(z)u_1(t)u_2(t)+D(z)v(t).$

21. 将辅助模型辨识思想与多新息辨识理论相结合, 研究下列系统的辅助模型多新息递阶最小二乘辨识算法,

(1) $A(z)y(t)=\dfrac{B_1(z)u_1(t)+B_2(z)u_2(t)}{F(z)}+\dfrac{D(z)}{C(z)}v(t);$

(2) $A(z)y(t)=\dfrac{B_1(z)}{F_1(z)}u_1(t)+\dfrac{B_2(z)}{F_2(z)}u_2(t)+\dfrac{D(z)}{C(z)}v(t).$

22. 考虑下列多变量系统辨识模型[34, 44],

$$\boldsymbol{y}(t)+\boldsymbol{\psi}(t)\boldsymbol{\alpha}=\boldsymbol{\theta}^{\mathrm{T}}\boldsymbol{\varphi}(t)+\boldsymbol{v}(t),$$

其中 $\boldsymbol{y}(t)\in\mathbb{R}^m$ 为系统输出, $\boldsymbol{\psi}(t)\in\mathbb{R}^{m\times n}$ 为输出信息矩阵, $\boldsymbol{\varphi}(t)\in\mathbb{R}^{nr}$ 为输入信息向量, $\boldsymbol{v}(t)\in\mathbb{R}^m$ 为白噪声向量. 研究这类模型的多新息递阶辨识方法.

23. 研究下列系统的递阶辨识算法,

$$y(t)=\frac{\boldsymbol{\varphi}^{\mathrm{T}}(t)\boldsymbol{\theta}}{A(z)}+\frac{D(z)}{C(z)}\boldsymbol{v}(t),$$

其中 $\boldsymbol{\varphi}(t)\in\mathbb{R}^n$ 为已知信息向量, $\boldsymbol{\theta}\in\mathbb{R}^n$ 为未知参数向量.

24. 设复数序列 $\{z(t)=x(t)+\mathrm{j}\,y(t),\ t=0,1,2,\cdots\}$ ($\mathrm{j}=\sqrt{-1}$) 满足方程

$$z(t)=\alpha z(t-1)+\frac{1-\alpha}{z(t-1)},\ 0<\alpha<1.$$

证明: 若 $z(0)$ 的实部大于零, 即 $\mathrm{Re}[z(0)]>0$, 则 $z(t)$ 收敛于 1, 即 $\lim\limits_{t\to\infty} z(t)=1$; 若 $\mathrm{Re}[z(0)]<0$, 则 $\lim\limits_{t\to\infty} z(t)=-1$.

25. 设矩阵序列 $\{\boldsymbol{A}(t)\in\mathbb{R}^{n\times n},\ t=0,1,2,\cdots\}$ 满足方程:

$$\boldsymbol{A}(t)=\alpha\boldsymbol{A}(t-1)+(1-\alpha)\boldsymbol{A}^{-1}(t-1),\ 0<\alpha<1.$$

证明: 若 $\boldsymbol{A}(0)$ 的所有特征值的实部都大于零, 即 $\mathrm{Re}\{\lambda_i[\boldsymbol{A}(0)]\}>0\ (i=1,2,\cdots,n)$, 则 $\boldsymbol{A}(t)$ 收敛于单位阵 $\boldsymbol{I}_n$, 即 $\lim\limits_{t\to\infty}\boldsymbol{A}(t)=\boldsymbol{I}_n$; 若 $\mathrm{Re}\{\lambda_i[\boldsymbol{A}(0)]\}<0\ (i=1,2,\cdots,n)$, 则 $\lim\limits_{t\to\infty}\boldsymbol{A}(t)=-\boldsymbol{I}_n$.

第8章　耦合辨识概念与方法

耦合辨识是系统辨识的一个重要分支, 是新近发展和提炼形成的一种辨识概念, 主要用于研究结构复杂的参数耦合线性和非线性多变量系统的辨识问题. 辅助模型辨识思想、多新息辨识理论、递阶辨识原理、耦合辨识概念是本书作者提出的一些新的辨识研究思路、理念和方法, 能够用于研究存在未知过程变量的不可测系统的辨识, 能够提高辨识方法的收敛速度和参数估计精度, 能够解决结构复杂、大规模多变量系统及参数耦合多变量系统的辨识问题、减小辨识算法的计算量.

本章首先介绍多变量系统耦合辨识概念, 在此基础上讨论多变量系统的几种 (全) 耦合最小二乘辨识方法、(全) 耦合随机梯度辨识方法、部分耦合随机梯度辨识方法、部分耦合最小二乘辨识方法等, 最后说明耦合辨识方法可推广用于有色噪声干扰多变量系统的辨识, 文中列出了一些多变量系统模型结构, 阐述了耦合辨识概念可以结合辅助模型辨识思想、多新息辨识理论、递阶辨识原理、迭代搜索原理 (梯度迭代、最小二乘迭代、牛顿迭代) 等来研究线性或非线性多变量系统的辨识问题.

8.1　引　　言

科学的发展是多层次的、多方位的, 大到宏观宇宙太空的探索, 小到微观粒子的划分. 科学创新需要与众不同的思想, 科学发现可能源于大胆的假说、推断、猜测, 甚至是一般人认为不可能的假设. 例如: 牛顿的万有引力定律; 笔者提出的辅助模型辨识思想、多新息辨识理论、递阶辨识原理, 以及本章的耦合辨识概念等. 再如, 在经典运动物理学中, 对于不同惯性参照系, 荷兰物理学家、1902 年诺贝尔奖获得者亨德里克・洛伦兹 (Hendrik Antoon Lorentz, 1853 年 7 月 28 日 ~1928 年 2 月 4 日) 推导出不同惯性参照系之间物理量的转换关系, 在数学上表现为几个简单的方程式 (类似于高中数学中的坐标平移或坐标变换方程). 这些简单的坐标变换方程后来称为著名的洛伦兹变换 (Lorentz transformation). 洛伦兹变换也成为**狭义相对论** (special relativity) 中的基本方程组.

在一个相对的空间里, 阿尔伯特・爱因斯坦 (Albert Einstein, 1879 年 3 月 14 日 ~1955 年 4 月 18 日, 1921 年诺贝尔奖获得者) 作了一个大胆的 “绝对的” 假设: 不同参照系中光速是不变的, 即光速是绝对的, 或光速不变原理假设, 从而导致 **相对论** (relativity) 的诞生. 众所周知, 坐在火车上的人与火车相对速度为零, 不可解释骑在光速上的人与光线的速度仍然是光速, 即光速没有相对性, 相对论的解释是光速太高 (这不需要解释, 因为本身就是一种假设, 这个绝对的假设作为唯一绝对的参照系). 光速不变就把不同参照系中的洛伦兹方程链接起来, 进行简单的求解, 就得出时间、长度、质量等在不同参照系中都是变化的. 这改变了人们的时空观, 所以说 “洛伦兹变换公式” 是爱因斯坦狭义相对论的数学基础. 爱因斯坦对相对论的主要贡献就是基于洛伦兹变换, 假设光速是不变的. 这也是为什么有的学者评论: 爱因斯坦是否偷了洛伦兹的思想?

科学发现需要敏锐的洞察力、大胆的假说和假设, 还需要坚忍的毅力. 20 世纪 70 年代初, 物理学家们普遍认为, 世界上只有三种夸克, 用三种夸克的理论就能够解释世界上所有的现象. 1974 年, 丁肇中 (Samuel Chao Chung Ting, 1936 年 1 月 27 日 ~, 华裔美国实验物理学家, 美国麻省理工学院教授, 因发现一种新的基本粒子 ——“J 粒子”, 于 1976 年获得诺贝尔物理学奖) 提出了 “寻找新粒子与新物质” 的实验方案, 可惜未能被多数物理学家们重视. 但他执著地求索, 最终在实验中发现了新粒子 ——“J 粒子”, 这一实验结果证明了当时三种夸克的理论是错误的. 这个发现, 被国际高能物理学界誉为物理发展史上的一个重要里程碑. 丁肇中回忆这段实验经历时说:“做基础研究要有信心, 做你认为正确的事, 就要坚持去做, 不要畏惧困难, 不要因为多数人的反对而改变, 也不要去管其他人怎么看, 换句话说, 要原谅大多数人的错误. 科学是少数人推翻多数人的观念: 科学是多数服从少数, 只有少数人把多数人的观念推翻以后, 科学才能向前发展, 才能引领社会前进.”

记得 20 年前, 笔者在清华大学攻读博士学位时, 选择了 “时变系统辨识” 作为我的博士论文研究课题, 得到我的导师方崇智教授等老一辈过程辨识专家的反对, 他们以及领域同行都认为系统辨识发展得很成熟, 要想作出成绩极其困难, 希望我选择一个容易取得成果的课题. 但我坚持了自己的选择, 完全是出于我对系统辨识的爱, 这种爱使得我能不断克服研究工作中的重重困难, 使我有坚强的毅力去面对和攻克一个个科学难题, 取得一个个新的突破. 尽管这种毅力使我失去早在 1997 年评上清华大学教授的机会, 但使我愉悦的是对科学的贡献, 得到的是对系统辨识的贡献 —— 辅助模型辨识思想的创立、多新息辨识理论的提出、递阶辨识原理的诞生、耦合辨识概念的形成, 以及用于随机时变系统参数估计算法和自适应控制算法收敛性研究的鞅超收敛定理的问世[11, 64, 150, 152].

笔者认为: 科学发现、科学创新的方式是多样的, 探索未知是一种创新, 从小到大是一种创新 (如发现遥远的巨大天体), 从大到小也是一种创新 (如发现构成物质的基本粒子、微粒子、微微粒子等). 对研究建立系统数学模型的系统辨识学科来说, 对于存在未知过程变量的系统来说, 用系统的可测信息建立一个辅助模型, 用辅助模型的输出代替系统的不可测未知变量, 从而解决存在未知内部变量的系统辨识问题, 这种新的研究思路就是辅助模型辨识思想. 回顾标量代数到向量代数, 再到矩阵代数、矩阵理论的发展历程, 就是从小到大的过程, 多新息辨识理论就是从小到大的例子: 将系统的标量辨识新息扩展为新息向量, 将向量新息扩展为新息矩阵, 从而诞生了多新息辨识理论与多新息辨识方法. 递阶辨识原理就是从大到小的例子: 采用分解技术, 将维数高、结构复杂的大规模系统的辨识问题化为维数低、相对容易的辨识问题进行求解, 导致了递阶辨识方法, 这就是递阶辨识原理产生的基础. 耦合辨识概念就是基于一个合理假设, 新的数据可以改进参数估计精度, 将共有的子系统辨识算法中的参数估计连接起来, 提出了耦合辨识方法, 这就是耦合辨识概念的形成过程.

新思想、新理论、新原理、新概念的诞生都是科学史上的重要里程碑. 就研究建立系统数学模型的理论与方法的系统辨识而言, 辅助模型辨识思想、多新息辨识理论、递阶辨识原理、耦合辨识概念的诞生, 有助于推动系统辨识学科的研究进程[4~11].笔者认为: 新的方法, 可以根据某种准则或原理推导出来, 也可以采用某种近似、或类比、或某种合理的假设直接给出. 这些新方法可能目前无法用严密的数学语言进行推导, 倘若我们能证明这些方法的有效性, 或仿真实验结果可行, 或实际应用成功, 那么不管在什么假设下、不管用什么途径提出的方法都是有效的[52].

本章介绍一类新型的辨识方法: 耦合辨识方法. 它是基于本书作者提出的耦合辨识概念而建立的一些辨识方法. 耦合辨识的第 1 篇重要研究论文发表在国际期刊《IEEE Transactions on Automatic Control》上[58]. 基于耦合辨识概念的耦合辨识方法可望发展为一个崭新的辨识领域, 耦合辨识概念可以用于研究各种结构复杂的线性或非线性多变量系统的辨识问题. 本章应用耦合辨识概念, 讨论一些原创性耦合辨识方法, 首次在本书中发表.

8.2 耦合辨识概念

耦合辨识概念 (coupling identification concept) 主要用于研究结构复杂、子系统间存在参数耦合的线性或非线性多变量系统辨识问题. 简单地说, 耦合辨识概念是研究参数耦合多变量系统辨识的理论与方法. 这里的耦合是指多变量系统的一些子系统辨识模型间的参数耦合关系, 说明多变量子系统辨识算法参数估计间的耦合关系, 并非指多变量系统不同通道输入和输出变量间的耦合关系.

对于标量线性系统, 或标量线性参数系统 (一类特殊的非线性系统)[5], 通常可以把系统的参数分离出来, 构成一个参数向量 $\boldsymbol{\theta}\in\mathbb{R}^n$, 把系统的输入 $u(t)$、输出 $y(t)$ 等变量构成一个信息向量 $\boldsymbol{\varphi}(t)\in\mathbb{R}^n$, 系统方程就可等价转换为下列单一的 **辨识模型** (identification model):

$$y(t)=\boldsymbol{\varphi}^{\mathrm{T}}(t)\boldsymbol{\theta}+v(t), \tag{8.2.1}$$

或

$$y(t)=\boldsymbol{\theta}^{\mathrm{T}}\boldsymbol{\varphi}(t)+v(t),$$

其中 $v(t)$ 为零均值随机干扰噪声.

对于标量系统, 辨识模型只有一个, 不存在子系统间参数耦合关系. 对于多变量系统 (即多输入多输出系统), 系统的输出有多个, 可以按照输出的数目分解为多个子系统, 每个子系统是一个多输入单输出系统. 假设有 m 个输出 $y_i(t)$, $i=1,2,\cdots,m$, 有 r 个输入 $u_j(t)$, $j=1,2,\cdots,r$, 就输出 $y_i(t)$ 构成的子系统而言, 同样可把子系统 i 的参数收集起来构成一个参数向量 $\boldsymbol{\theta}_i\in\mathbb{R}^{n_i}$, 把系统的 r 个输入 $u_j(t)$ 和输出 $y_i(t)$ 等变量构成子系统 i 的信息向量 $\boldsymbol{\varphi}_i(t)\in\mathbb{R}^{n_i}$, 子系统 i 也可等价转换为下列形式的一个辨识模型:

$$y_i(t)=\boldsymbol{\varphi}_i^{\mathrm{T}}(t)\boldsymbol{\theta}_i+v_i(t), \tag{8.2.2}$$

其中 $v_i(t)$ 为第 i 个子系统的干扰噪声.

多变量辨识模型的类别

当 $i=1,2,\cdots,m$ 时, 从式 (8.2.2) 就得到 m 个辨识模型. 这 m 个子系统辨识模型之间的关系可能有下列几种情况.

1. **独立型** (子系统参数向量独立、信息向量独立)

对于 m 个辨识模型 (8.2.2), 子系统 i 的参数向量 $\boldsymbol{\theta}_i$ 与子系统 j 的参数向量 $\boldsymbol{\theta}_j$ $(i\neq j)$

是独立的, 子系统 i 的信息向量 $\boldsymbol{\varphi}_i(t)$ 与子系统 j 的信息向量 $\boldsymbol{\varphi}_j(t)$ $(i \neq j)$ 也是独立的, 那么所有标量系统的辨识方法都可应用于子系统 (8.2.2) 的辨识.

2. **部分信息向量耦合型** (子系统部分信息向量耦合、参数向量独立)

对于 m 个辨识模型 (8.2.2), 子系统 i 的参数向量 $\boldsymbol{\theta}_i$ 与子系统 j 的参数向量 $\boldsymbol{\theta}_j$ $(i \neq j)$ 是独立的, 子系统 i 与子系统 j 拥有部分相同的信息向量, 记作为 $\boldsymbol{\phi}(t)(i \neq j)$, 不同部分的信息向量记作为 $\boldsymbol{\phi}_i(t)$ 和 $\boldsymbol{\phi}_j(t)$, 这时子系统 i 和子系统 j 辨识模型有下列形式,

$$y_i(t) = [\boldsymbol{\phi}^{\mathrm{T}}(t), \boldsymbol{\phi}_i^{\mathrm{T}}(t)]\boldsymbol{\theta}_i + v_i(t), \tag{8.2.3}$$

$$y_j(t) = [\boldsymbol{\phi}^{\mathrm{T}}(t), \boldsymbol{\phi}_j^{\mathrm{T}}(t)]\boldsymbol{\theta}_j + v_j(t). \tag{8.2.4}$$

它们可以等价写为

$$y_i(t) = [\boldsymbol{\phi}^{\mathrm{T}}(t), \boldsymbol{\phi}_i^{\mathrm{T}}(t)]\boldsymbol{\theta}_i + v_i(t), \quad i = 1, 2, \cdots, m. \tag{8.2.5}$$

对于这种子系统拥有部分相同的 **子信息向量** $\phi(t)$ 的多变量系统, 需要研究新的辨识方法 (包括递推方法、迭代方法、牛顿方法等), 以减少子系统参数辨识方法的计算量.

3. **部分参数向量耦合型** (子系统部分参数向量耦合、信息向量独立)

对于 m 个辨识模型 (8.2.2), 子系统 i 与子系统 j 有部分相同的参数向量 $\boldsymbol{\vartheta}$ $(i \neq j)$, 这时子系统 i 和子系统 j 辨识模型有下列形式,

$$y_i(t) = \boldsymbol{\varphi}_i^{\mathrm{T}}(t) \begin{bmatrix} \boldsymbol{\vartheta} \\ \boldsymbol{\vartheta}_i \end{bmatrix} + v_i(t), \tag{8.2.6}$$

$$y_j(t) = \boldsymbol{\varphi}_j^{\mathrm{T}}(t) \begin{bmatrix} \boldsymbol{\vartheta} \\ \boldsymbol{\vartheta}_j \end{bmatrix} + v_j(t). \tag{8.2.7}$$

它们可以等价写为

$$y_i(t) = \boldsymbol{\varphi}_i^{\mathrm{T}}(t) \begin{bmatrix} \boldsymbol{\vartheta} \\ \boldsymbol{\vartheta}_i \end{bmatrix} + v_i(t), \quad i = 1, 2, \cdots, m. \tag{8.2.8}$$

4. **部分参数向量和部分信息向量耦合型** (子系统部分参数向量和部分信息向量耦合)

模型 (8.2.8) 包含了下列特殊情况:

$$y_i(t) = [\boldsymbol{\varphi}^{\mathrm{T}}(t), \boldsymbol{\varphi}_i^{\mathrm{T}}(t)] \begin{bmatrix} \boldsymbol{\vartheta} \\ \boldsymbol{\vartheta}_i \end{bmatrix} + v_i(t), \quad i = 1, 2, \cdots, m. \tag{8.2.9}$$

5. **参数向量耦合型** (子系统参数向量耦合、信息向量独立)

对于 m 个辨识模型 (8.2.2), 最特殊的情况是所有子系统拥有一个共同的参数向量 $\boldsymbol{\theta}$, 这时辨识模型 (8.2.2) 可以写为

$$y_i(t) = \boldsymbol{\varphi}_i^{\mathrm{T}}(t)\boldsymbol{\theta} + v_i(t), \quad i = 1, 2, \cdots, m. \tag{8.2.10}$$

如果进一步令

$$\boldsymbol{y}(t) := \begin{bmatrix} y_1(t) \\ y_2(t) \\ \vdots \\ y_m(t) \end{bmatrix} \in \mathbb{R}^m, \quad \boldsymbol{\Phi}(t) := \begin{bmatrix} \boldsymbol{\varphi}_1^{\mathrm{T}}(t) \\ \boldsymbol{\varphi}_2^{\mathrm{T}}(t) \\ \vdots \\ \boldsymbol{\varphi}_m^{\mathrm{T}}(t) \end{bmatrix} \in \mathbb{R}^{m \times n}, \quad \boldsymbol{v}(t) := \begin{bmatrix} v_1(t) \\ v_2(t) \\ \vdots \\ v_m(t) \end{bmatrix} \in \mathbb{R}^m. \tag{8.2.11}$$

那么式 (8.2.10) 可以等价写为

$$\boldsymbol{y}(t)=\boldsymbol{\Phi}(t)\boldsymbol{\theta}+\boldsymbol{v}(t). \tag{8.2.12}$$

这是一个 **多变量线性回归模型** (multivariable linear regression model) 或 **多元线性回归模型** (multivariate linear regression model)[5, 120, 224]. 这个模型很有用途, 特别有意义. 周期时变系统可采用这个辨识模型, 批过程 (batch process) 重复控制系统也可采用这个辨识模型. 因为对于同一个时不变参数系统 (可以是标量系统), 使用不同的输入信号序列多次激励这个系统, 也就是说, 进行重复实验, 得到输入输出数据, 就可用这个多元辨识模型.

这个模型还可以用于 **迭代学习控制系统** (iterative learning control system) 的辨识[225]. 迭代学习控制是一种重复控制, 且第 $k+1$ 批次时刻 t 的控制信号 $u_{k+1}(t)$ 是在前一次 $u_k(t)$ 基础上用输出跟踪误差 $e_k(t+1)$ 加以修正, 控制的目标是设计一个输入信号, 使系统的输出跟踪期望的输出. 迭代重复学习控制一般采用离散时间模型 (因为需要记录先前的输入信号), 如

$$A(z)y_k(t)=B(z)u_k(t)+v_k(t). \tag{8.2.13}$$

这里 $v_k(t)$ 为噪声, 系统迟延为 d, $\{u_k(t)\}$ 和 $\{y_k(t)\}$ 分别是系统的输入和输出序列, z^{-1} 为单位后移算子 $[z^{-1}y(t)=y(t-1),\ zy(t)=y(t+1)]$, $A(z)$ 和 $B(z)$ 是单位后移算子 z^{-1} 的常系数时不变多项式:

$$\begin{aligned}A(z)&:=1+a_1z^{-1}+a_2z^{-2}+\cdots+a_{n_a}z^{-n_a},\\B(z)&:=b_1z^{-1}+b_2z^{-2}+\cdots+b_{n_b}z^{-n_b}.\end{aligned}$$

假设 $A(z)$ 稳定, 否则先使用反馈使系统稳定, 然后将迭代学习控制用于闭环系统. 假设采样周期为 T, 考虑 L 个输入、输出样本:

$$\begin{aligned}&u_k(t),\ t=lT,\ l\in\{0,1,\cdots,L-1\},\\&y_k(t),\ t=lT,\ l\in\{d,d+1,\cdots,d+L-1\},\end{aligned}$$

期望输出为

$$y_d(t),\ t=lT,\ l\in\{d,d+1,\cdots,d+L-1\}.$$

系统的跟踪性能是以误差信号 $e_k(t):=y_d(t)-y_k(t)$ 的大小来评价的. 实际中, 系统的运行时间长度 L 总是有限的, 尽管有时为了分析和设计总是假设 L 是无穷大. 迭代次数 k 可以是无限的, $k\in\{0,1,2,\cdots\}$, 但更希望学习很有限的次数, 系统的跟踪误差令人满意. d 是严格真传递函数 $G(z):=\dfrac{B(z)}{A(z)}$ 的分母分子相对阶次, 在这里假设相对阶次为 1, 即 $d=1$. 广泛使用的迭代学习算法为

$$u_{k+1}(t)=Q(z)[u_k(t)+R(z)e_k(t+1)],$$

其中 $Q(z)$ 和 $R(z)$ 是 z^{-1} 的常系数时不变多项式, 分别定义为 Q- 滤波器和学习函数[225].

当 $k=1,2,\cdots,m$ 时, 参数化系统 (8.2.13), 像式 (8.2.11) 那样定义相关向量和矩阵, 就可得到式 (8.2.12) 的辨识模型.

这里笔者要强调一下, 迭代学习控制中, 式 (8.2.13) 表达不清晰. 大家注意, 由于有 $k=1,2,\cdots$ 的存在, 式 (8.2.13) 中的 t 是不同参照系的时间. 比如时间以 "天" 为单位 (即 24 小时), 系统每天模仿同一个动作的控制, $k=1$ 代表今天 (第 1 天), 那么 $t=0$ 代表今天凌晨零点开始; $k=2$ 代表明天 (第 2 天), 那么对应的 $t=0$ 代表明天凌晨零点开始, 依次类推, 在这种情况下, 迭代学习控制系统模型 (8.2.13) 应该修正为

$$A(z)y(24k+t)=B(z)u(24k+t)+v(24k+t),\ k=0,1,2,\cdots \tag{8.2.14}$$

且 $t=lT$ 只能是有限的, 期望输出 $y_d(t)$ 中的 t 是每一个参照系的时间, 精确表述就应该修改为 $y_d(24k+t)$, 由于是每天模仿同一个动作, 因而是一个周期函数:

$$y_d(24+t)=y_d(t),$$

而 t 的取值只能是有限的: $0\leqslant t<24$. 这相当于期望输出 $y_d(t)$ 是一个周期函数. 因此, 迭代学习控制的期望输出可认为是一周期函数.

6. **部分参数向量耦合、部分信息向量耦合型** (子系统部分参数向量耦合、部分信息向量耦合)

对于 m 个辨识模型 (8.2.2), 子系统 i 与子系统 j 有部分相同的参数向量, 记作 $\boldsymbol{\alpha}$ $(i\neq j)$, 不同部分的参数向量记为 $\boldsymbol{\theta}_i$ 和 $\boldsymbol{\theta}_j$, 子系统 i 与子系统 j 拥有部分相同的信息向量, 记作 $\boldsymbol{\varphi}(t)$ $(i\neq j)$, 不同部分的信息向量记为 $-\boldsymbol{\psi}_i(t)$ 和 $-\boldsymbol{\psi}_j(t)$, 这时子系统 i 和子系统 j 辨识模型有下列形式,

$$y_i(t)=[-\boldsymbol{\psi}_i(t),\boldsymbol{\varphi}^{\mathrm{T}}(t)]\begin{bmatrix}\boldsymbol{\alpha}\\ \boldsymbol{\theta}_i\end{bmatrix}+v_i(t), \tag{8.2.15}$$

$$y_j(t)=[-\boldsymbol{\psi}_j(t),\boldsymbol{\varphi}^{\mathrm{T}}(t)]\begin{bmatrix}\boldsymbol{\alpha}\\ \boldsymbol{\theta}_j\end{bmatrix}+v_j(t). \tag{8.2.16}$$

或等价写为

$$\begin{aligned}y_i(t)&=[-\boldsymbol{\psi}_i(t),\boldsymbol{\varphi}^{\mathrm{T}}(t)]\begin{bmatrix}\boldsymbol{\alpha}\\ \boldsymbol{\theta}_i\end{bmatrix}+v_i(t)\\&=-\boldsymbol{\psi}_i(t)\boldsymbol{\alpha}+\boldsymbol{\varphi}^{\mathrm{T}}(t)\boldsymbol{\theta}_i+v_i(t)\\&=-\boldsymbol{\psi}_i(t)\boldsymbol{\alpha}+\boldsymbol{\theta}_i^{\mathrm{T}}\boldsymbol{\varphi}(t)+v_i(t),\ i=1,2,\cdots,m.\end{aligned} \tag{8.2.17}$$

令

$$\boldsymbol{\psi}(t):=\begin{bmatrix}\boldsymbol{\psi}_1(t)\\ \boldsymbol{\psi}_2(t)\\ \vdots\\ \boldsymbol{\psi}_m(t)\end{bmatrix}\in\mathbb{R}^{m\times n},\quad \boldsymbol{\theta}:=[\boldsymbol{\theta}_1,\boldsymbol{\theta}_2,\cdots,\boldsymbol{\theta}_m]\in\mathbb{R}^{n\times m}.$$

则式 (8.2.17) 可以等价写为

$$\begin{bmatrix}y_1(t)\\ y_2(t)\\ \vdots\\ y_m(t)\end{bmatrix}=\begin{bmatrix}-\boldsymbol{\psi}_1(t)\boldsymbol{\alpha}\\ -\boldsymbol{\psi}_2(t)\boldsymbol{\alpha}\\ \vdots\\ -\boldsymbol{\psi}_m(t)\boldsymbol{\alpha}\end{bmatrix}+\begin{bmatrix}\boldsymbol{\theta}_1^{\mathrm{T}}\boldsymbol{\varphi}(t)\\ \boldsymbol{\theta}_2^{\mathrm{T}}\boldsymbol{\varphi}(t)\\ \vdots\\ \boldsymbol{\theta}_m^{\mathrm{T}}\boldsymbol{\varphi}(t)\end{bmatrix}+\begin{bmatrix}v_1(t)\\ v_2(t)\\ \vdots\\ v_m(t)\end{bmatrix},$$

即

$$\boldsymbol{y}(t)=-\boldsymbol{\psi}(t)\boldsymbol{\alpha}+\boldsymbol{\theta}^{\mathrm{T}}\boldsymbol{\varphi}(t)+\boldsymbol{v}(t),$$

或

$$\boldsymbol{y}(t)+\boldsymbol{\psi}(t)\boldsymbol{\alpha}=\boldsymbol{\theta}^{\mathrm{T}}\boldsymbol{\varphi}(t)+\boldsymbol{v}(t). \tag{8.2.18}$$

这就是拥有一个公分母作为特征多项式的多变量系统输入输出表达 (input-output representation) 辨识模型或传递函数阵主模型的多变量系统辨识模型, 我们称之为多变量系统的 **递阶辨识模型** (hierarchical identification model)[34,44,54~57],其特征是系统包含了一个参数向量 $\boldsymbol{\alpha}$ 和一个参数矩阵 $\boldsymbol{\theta}$. 后面我们还要讨论这类多变量系统的耦合辨识问题.

7. **信息向量耦合型**(子系统信息向量耦合、参数向量独立)

多变量受控自回归系统属于这类信息向量耦合型多变量系统, 参见 [14], [37], [38], 这里从略.

对于第 2 种情形, 即子系统部分信息向量相同的辨识模型 (8.2.5), 可以研究部分信息向量耦合的辨识方法; 对于后 3 种情形, 即子系统部分参数耦合辨识模型 (8.2.8), 子系统参数全耦合辨识模型 (8.2.10), 以及子系统部分参数耦合与部分信息向量耦合辨识模型 (8.2.17), 由于子系统间存在参数耦合关系, 独立的子系统辨识方法计算量大, 所以必须借助于耦合辨识概念, 研究新的耦合辨识方法, 以解决子系统辨识方法计算量大的问题.

耦合辨识概念是继笔者提出和建立辅助模型辨识思想、多新息辨识理论、递阶辨识原理后, 新近提炼形成的一种辨识理念和方法. 它可以用于参数耦合多变量系统的辨识, 可以结合现存的辨识方法 (如递推最小二乘辨识方法[6]、辅助模型辨识方法[7]、多新息辨识方法[9]、递阶辨识方法 (两阶段或多阶段辨识方法)[5]、迭代辨识方法[8]、基于滤波的辨识方法[25]、牛顿方法[59]) 等, 研究各种干扰噪声模型的多变量系统辨识问题, 提出相应的耦合辨识方法.

耦合辨识概念是二十余年前, 笔者 1988 年在清华大学攻读硕士学位时, 学习 "过程辨识" [18] 多变量线性过程的参数估计方法时, 受到具有公分母特征值多项式传递函数阵的多变量系统递推最小二乘估计方法, 以及子系统辨识方法的启发 (后来建立了递阶辨识原理, 并提出了一系列递阶辨识方法[34, 44, 53, 206]), 经过多年的思考提炼出了耦合辨识概念. 第 1 篇耦合辨识重要研究论文 "Partially coupled stochastic gradient identification methods for non-uniformly sampled systems (非均匀采样系统的部分参数耦合随机梯度辨识方法)" 发表在国际期刊《IEEE Transactions on Automatic Control》2010 年第 8 期上[58].

文献 [18] 的方法实际上是本章的全耦合递推最小二乘辨识方法, 已经证明全耦合递推最小二乘辨识方法只是多变量系统递推最小二乘算法的不同表现形式, 只是避免矩阵求逆. 本章发展和研究了多变量全耦合随机梯度辨识方法、部分耦合最小二乘方法、部分耦合随机梯度辨识方法等一些原创性辨识方法, 首次在本书发表.

8.3 全耦合辨识方法

首先定义一些符号. $\mathbf{1}_n$ 是元均为 1 的 n 维列向量; $\boldsymbol{I}$ 为适当维数的单位阵; $\boldsymbol{I}_n$ 为 n 阶单位阵; 范数定义为 $\|\boldsymbol{X}\|^2:=\mathrm{tr}[\boldsymbol{X}\boldsymbol{X}^{\mathrm{T}}]$.

耦合辨识方法分为部分耦合辨识方法与全耦合辨识方法. 全耦合辨识方法有时简称为耦合辨识方法. 耦合辨识方法就是各子系统拥有一个共同的参数向量, 这个参数向量的估计在每个子系统辨识方法间形成耦合关系, 这样的辨识方法称为耦合辨识方法. 如果子系统辨识方法间的所有参数估计都耦合起来, 就称为 **(全) 耦合辨识方法** (fully coupled identification method); 如果子系统辨识方法间只有部分参数估计耦合起来, 就称为 **部分耦合辨识方法** (partially coupled identification method). 本节讨论全耦合辨识方法.

考虑下列 **多变量线性回归系统** (multivariable linear regressive system),

$$\boldsymbol{y}(t)=\boldsymbol{\Phi}(t)\boldsymbol{\theta}+\boldsymbol{v}(t), \tag{8.3.1}$$

其中 $\boldsymbol{y}(t)=[y_1(t),y_2(t),\cdots,y_m(t)]^{\mathrm{T}}\in\mathbb{R}^m$ 为 m 维系统输出向量, $\boldsymbol{\Phi}(t)\in\mathbb{R}^{m\times n}$ 是由系统输入输出数据构成的回归信息矩阵, $\boldsymbol{\theta}\in\mathbb{R}^n$ 是待辨识的系统参数向量, $\boldsymbol{v}(t)=[v_1(t),v_2(t),\cdots,v_m(t)]^{\mathrm{T}}\in\mathbb{R}^m$ 是零均值白噪声向量. 假设 $t\leqslant 0$ 时, $\boldsymbol{y}(t)=\mathbf{0}$, $\boldsymbol{\Phi}(t)=\mathbf{0}$ 和 $\boldsymbol{v}(t)=\mathbf{0}$.

令 $\hat{\boldsymbol{\theta}}(t)$ 为参数向量 $\boldsymbol{\theta}$ 在时刻 t 的估计. 定义和极小化 **梯度准则函数** (gradient crierion function)

$$J(\boldsymbol{\theta}):=\|\boldsymbol{y}(t)-\boldsymbol{\Phi}(t)\boldsymbol{\theta}\|^2$$

或 **最小二乘准则函数** (least squares criterion function)

$$J(\boldsymbol{\theta}):=\sum_{j=1}^{t}\|\boldsymbol{y}(j)-\boldsymbol{\Phi}(j)\boldsymbol{\theta}\|^2,$$

可以得到下列递推辨识算法,

$$\hat{\boldsymbol{\theta}}(t)=\hat{\boldsymbol{\theta}}(t-1)+\boldsymbol{L}(t)[\boldsymbol{y}(t)-\boldsymbol{\Phi}(t)\hat{\boldsymbol{\theta}}(t-1)],$$

其中 $\boldsymbol{L}(t)\in\mathbb{R}^{n\times m}$ 为增益矩阵.

当我们取增益矩阵为

$$\boldsymbol{L}(t):=\frac{\boldsymbol{\Phi}^{\mathrm{T}}(t)}{R(t)},\quad R(t)=R(t-1)+\|\boldsymbol{\Phi}(t)\|^2,\ R(0)=1,$$

就得到了估计参数向量 $\boldsymbol{\theta}$ 的 **随机梯度算法** (Stochastic Gradient algorithm, **SG 算法**):

$$\hat{\boldsymbol{\theta}}(t)=\hat{\boldsymbol{\theta}}(t-1)+\boldsymbol{L}(t)[\boldsymbol{y}(t)-\boldsymbol{\Phi}(t)\hat{\boldsymbol{\theta}}(t-1)],\ \hat{\boldsymbol{\theta}}(0)=\mathbf{1}_n/p_0, \tag{8.3.2}$$

$$\boldsymbol{L}(t)=\frac{\boldsymbol{\Phi}^{\mathrm{T}}(t)}{R(t)}, \tag{8.3.3}$$

$$R(t)=R(t-1)+\|\boldsymbol{\Phi}(t)\|^2,\ R(0)=1. \tag{8.3.4}$$

当我们取增益矩阵为

$$\boldsymbol{L}(t):=\boldsymbol{P}(t)\boldsymbol{\Phi}^{\mathrm{T}}(t),$$

就得到了估计参数向量 $\boldsymbol{\theta}$ 的 **递推最小二乘算法** (**RLS 算法**):

$$\hat{\boldsymbol{\theta}}(t)=\hat{\boldsymbol{\theta}}(t-1)+\boldsymbol{L}(t)[\boldsymbol{y}(t)-\boldsymbol{\Phi}(t)\hat{\boldsymbol{\theta}}(t-1)],\ \hat{\boldsymbol{\theta}}(0)=\mathbf{1}_n/p_0, \tag{8.3.5}$$

$$\boldsymbol{L}(t)=\boldsymbol{P}(t)\boldsymbol{\Phi}^{\mathrm{T}}(t), \tag{8.3.6}$$

$$\boldsymbol{P}^{-1}(t)=\boldsymbol{P}^{-1}(t-1)+\boldsymbol{\Phi}^{\mathrm{T}}(t)\boldsymbol{\Phi}(t),\ \boldsymbol{P}(0)=p_0\boldsymbol{I}_n. \tag{8.3.7}$$

为避免计算式 (8.3.7) 大矩阵 $\boldsymbol{P}(t) \in \mathbb{R}^{n\times n}$ 的逆 (一般 $n > m$), 应用矩阵求逆引理

$$(\boldsymbol{A}+\boldsymbol{BC})^{-1} = \boldsymbol{A}^{-1} - \boldsymbol{A}^{-1}\boldsymbol{B}(\boldsymbol{I}+\boldsymbol{C}\boldsymbol{A}^{-1}\boldsymbol{B})^{-1}\boldsymbol{C}\boldsymbol{A}^{-1} \tag{8.3.8}$$

于式 (8.3.7), 得到等价递推最小二乘算法:

$$\hat{\boldsymbol{\theta}}(t) = \hat{\boldsymbol{\theta}}(t-1) + \boldsymbol{L}(t)[\boldsymbol{y}(t) - \boldsymbol{\Phi}(t)\hat{\boldsymbol{\theta}}(t-1)],\ \hat{\boldsymbol{\theta}}(0) = \mathbf{1}_n/p_0, \tag{8.3.9}$$

$$\boldsymbol{L}(t) = \boldsymbol{P}(t-1)\boldsymbol{\Phi}^{\mathrm{T}}(t)[\boldsymbol{I}_m + \boldsymbol{\Phi}(t)\boldsymbol{P}(t-1)\boldsymbol{\Phi}^{\mathrm{T}}(t)]^{-1}, \tag{8.3.10}$$

$$\boldsymbol{P}(t) = [\boldsymbol{I}_n - \boldsymbol{L}(t)\boldsymbol{\Phi}(t)]\boldsymbol{P}(t-1),\ \boldsymbol{P}(0) = p_0\boldsymbol{I}_n. \tag{8.3.11}$$

递推算法中, 参数估计向量初值一般取为零或很小实向量, 如 $\hat{\boldsymbol{\theta}}(0) = \mathbf{1}_n/p_0$, $p0 = 10^6$. 多变量 RLS 算法 (8.3.9)~(8.3.11) 中各变量的维数如表 8.3.1 所示.

表 8.3.1 多变量 RLS 算法中各变量维数

变量名称	维数
输出向量	$\boldsymbol{y}(t) \in \mathbb{R}^m$
参数向量	$\boldsymbol{\theta} \in \mathbb{R}^n$
参数估计向量	$\hat{\boldsymbol{\theta}}(t) \in \mathbb{R}^n$
信息矩阵	$\boldsymbol{\Phi}(t) \in \mathbb{R}^{m\times n}$
增益矩阵	$\boldsymbol{L}(t) \in \mathbb{R}^{n\times m}$
协方差阵	$\boldsymbol{P}(t) \in \mathbb{R}^{n\times n}$

在每一步递推过程中, 多变量 RLS 算法 (8.3.9)~(8.3.11) 都需要计算矩阵逆 $[\boldsymbol{I}_m + \boldsymbol{\Phi}(t)\boldsymbol{P}(t-1)\boldsymbol{\Phi}^{\mathrm{T}}(t)]^{-1} \in \mathbb{R}^{m\times m}$, 使得计算复杂性增加. 特别对于大 m (m 为输出的维数), 计算量就很大. 这是多变量 RLS 算法 (8.3.9)~(8.3.11) 的缺点. 这也激发我们研究新的耦合参数估计算法.

刘艳君等研究了多变量随机梯度辨识算法的收敛性[120], 刘艳君和丁锋分析了多变量系统递推最小二乘参数估计算法的收敛性[224].

8.3.1 子系统最小二乘估计算法

下面基于最小二乘辨识原理推导耦合最小二乘辨识方法.

令 $\boldsymbol{\phi}_i^{\mathrm{T}}(t) \in \mathbb{R}^{1\times n}$ 是 $\boldsymbol{\Phi}(t)$ 的第 i 行, 即

$$\boldsymbol{\Phi}(t) := \begin{bmatrix} \boldsymbol{\phi}_1^{\mathrm{T}}(t) \\ \boldsymbol{\phi}_2^{\mathrm{T}}(t) \\ \vdots \\ \boldsymbol{\phi}_m^{\mathrm{T}}(t) \end{bmatrix} \in \mathbb{R}^{m\times n}.$$

式 (8.3.1) 可以分解为 m 个辨识模型 (子系统):

$$y_i(t) = \boldsymbol{\phi}_i^{\mathrm{T}}(t)\boldsymbol{\theta} + v_i(t),\ i = 1,2,\cdots,m, \tag{8.3.12}$$

它们的每一个都包含了一个共同的参数向量 $\boldsymbol{\theta} \in \mathbb{R}^n$. 很明显, 只需其中一个子系统就可以辨识出参数向量 $\boldsymbol{\theta}$. 然而, 我们必须利用所有子系统 (即所有采集到的观测数据) 来辨识 $\boldsymbol{\theta}$ 以提高参数估计精度.

根据最小二乘原理, 从式 (8.3.12) 可以获得 m 个 RLS 算法, 即 **子系统最小二乘算法** (Subsystem Least Squares algorithm, **SLS 算法**)

$$\hat{\boldsymbol{\theta}}(t)=\hat{\boldsymbol{\theta}}(t-1)+\boldsymbol{P}_i(t)\boldsymbol{\phi}_i(t)[y_i(t)-\boldsymbol{\phi}_i^{\mathrm{T}}(t)\hat{\boldsymbol{\theta}}(t-1)],\ \hat{\boldsymbol{\theta}}(0)=\mathbf{1}_n/p_0, \tag{8.3.13}$$

$$\boldsymbol{P}_i^{-1}(t)=\boldsymbol{P}_i^{-1}(t-1)+\boldsymbol{\phi}_i(t)\boldsymbol{\phi}_i^{\mathrm{T}}(t),\ \boldsymbol{P}_i(0)=p_0\boldsymbol{I}_n,\ i=1,2,\cdots,m, \tag{8.3.14}$$

其中 $\boldsymbol{P}_i(t)\in\mathbb{R}^{n\times n}$ 是第 i 个子系统的协方差阵.

注意到每个子系统最小二乘算法 (8.3.13)、(8.3.14) 用了一个共同的参数估计向量 $\hat{\boldsymbol{\theta}}(t)$, 但是每个子系统的参数估计 $\hat{\boldsymbol{\theta}}(t)$ 是独立的, 即子系统 i 的参数估计与子系统 j 的参数估计 $\hat{\boldsymbol{\theta}}(t)$ 无关 $(i\neq j)$. 为清晰起见, 我们把式 (8.3.13) 中第 i 个子系统的参数向量 $\hat{\boldsymbol{\theta}}(t)$ 记作 $\hat{\boldsymbol{\theta}}_i(t)$, 所以第 i 个子系统 SLS 算法 (8.3.13)、(8.3.14) 可以等价写为

$$\hat{\boldsymbol{\theta}}_i(t)=\hat{\boldsymbol{\theta}}_i(t-1)+\boldsymbol{P}_i(t)\boldsymbol{\phi}_i(t)[y_i(t)-\boldsymbol{\phi}_i^{\mathrm{T}}(t)\hat{\boldsymbol{\theta}}_i(t-1)],\ \hat{\boldsymbol{\theta}}_i(0)=\mathbf{1}_n/p_0, \tag{8.3.15}$$

$$\boldsymbol{P}_i^{-1}(t)=\boldsymbol{P}_i^{-1}(t-1)+\boldsymbol{\phi}_i(t)\boldsymbol{\phi}_i^{\mathrm{T}}(t),\ \boldsymbol{P}_i(0)=p_0\boldsymbol{I}_n,\ i=1,2,\cdots,m. \tag{8.3.16}$$

应用矩阵求逆引理, 可以得到等价的子系统 SLS 算法 (**SLS 算法**):

$$\hat{\boldsymbol{\theta}}_i(t)=\hat{\boldsymbol{\theta}}_i(t-1)+\boldsymbol{L}_i(t)[y_i(t)-\boldsymbol{\phi}_i^{\mathrm{T}}(t)\hat{\boldsymbol{\theta}}_i(t-1)],\ \hat{\boldsymbol{\theta}}_i(0)=\mathbf{1}_n/p_0, \tag{8.3.17}$$

$$\boldsymbol{L}_i(t)=\boldsymbol{P}_i(t)\boldsymbol{\phi}_i(t)=\boldsymbol{P}_i(t-1)\boldsymbol{\phi}_i(t)[1+\boldsymbol{\phi}_i^{\mathrm{T}}(t)\boldsymbol{P}_i(t-1)\boldsymbol{\phi}_i(t)]^{-1}, \tag{8.3.18}$$

$$\boldsymbol{P}_i(t)=[\boldsymbol{I}_n-\boldsymbol{L}_i(t)\boldsymbol{\phi}_i^{\mathrm{T}}(t)]\boldsymbol{P}_i(t-1),\ \boldsymbol{P}_i(0)=p_0\boldsymbol{I}_n,\ i=1,2,\cdots,m. \tag{8.3.19}$$

这意味着子系统参数估计算法 $\hat{\boldsymbol{\theta}}_i(t)$ 间没有任何耦合, 参见图 8.3.1 所示的 SLS 算法 (8.3.15)、(8.3.16) 的方块图.

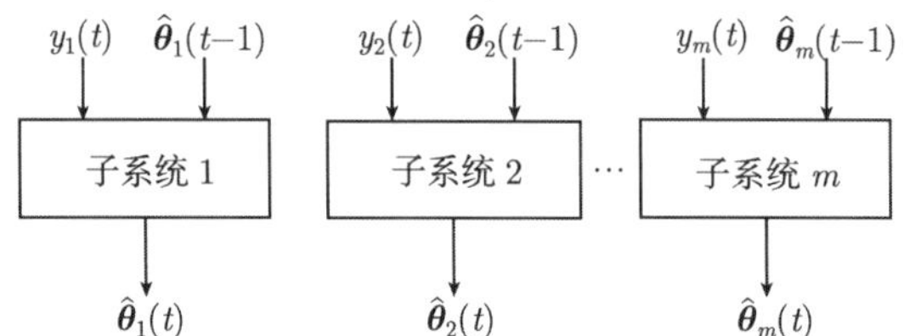

图 8.3.1　子系统最小二乘算法的示意图

注: 对于 $i=1,2,\cdots,m$, 我们从 (8.3.15)~(8.3.16) 获得 m 个参数估计向量 $\hat{\boldsymbol{\theta}}_i(t)$, 它们都是共同参数向量 $\boldsymbol{\theta}$ 的估计. 这导致参数向量 $\boldsymbol{\theta}$ 的大量冗余估计, 因为每个 SLS 算法都对 $\boldsymbol{\theta}$ 进行了估计. 一种办法是采用其平均作为 $\boldsymbol{\theta}$ 的估计:

$$\hat{\boldsymbol{\theta}}(t):=\frac{\hat{\boldsymbol{\theta}}_1(t)+\hat{\boldsymbol{\theta}}_2(t)+\cdots+\hat{\boldsymbol{\theta}}_m(t)}{m}\in\mathbb{R}^n. \tag{8.3.20}$$

如果把式 (8.3.20) 的参数估计 $\hat{\boldsymbol{\theta}}(t)$ 仅仅作为参数向量 $\boldsymbol{\theta}$ 的输出, 那么各子系统辨识算法仍是独立的, 其参数估计性能 ($\hat{\boldsymbol{\theta}}_i(t)$ 的收敛性) 与多变量系统递推最小二乘算法性能类似, 因为各子系统参数估计互不相关. 因为一般认为平均值估计 $\hat{\boldsymbol{\theta}}(t)$ 是 "最好" 的估计, 所以可以用 $\hat{\boldsymbol{\theta}}(t-1)$ 代替 SLS 算法 (8.3.15)、(8.3.16) 或 (8.3.17)~(8.3.19) 中的 $\hat{\boldsymbol{\theta}}_i(t-1)$, 就得到一个简单的 **耦合子系统最小二乘算法** (Coupled Subsystem Least Squares algorithm, **C-SLS 算法**):

$$\hat{\boldsymbol{\theta}}_i(t)=\hat{\boldsymbol{\theta}}(t-1)+\boldsymbol{P}_i(t)\boldsymbol{\phi}_i(t)[y_i(t)-\boldsymbol{\phi}_i^{\mathrm{T}}(t)\hat{\boldsymbol{\theta}}(t-1)],\ \hat{\boldsymbol{\theta}}(0)=\mathbf{1}_n/p_0, \tag{8.3.21}$$

$$\boldsymbol{P}_i^{-1}(t)=\boldsymbol{P}_i^{-1}(t-1)+\boldsymbol{\phi}_i(t)\boldsymbol{\phi}_i^{\mathrm{T}}(t),\ \boldsymbol{P}_i(0)=p_0\boldsymbol{I}_n,\ i=1,2,\cdots,m, \tag{8.3.22}$$

$$\hat{\boldsymbol{\theta}}(t)=\frac{\hat{\boldsymbol{\theta}}_1(t)+\hat{\boldsymbol{\theta}}_2(t)+\cdots+\hat{\boldsymbol{\theta}}_m(t)}{m}. \tag{8.3.23}$$

或

$$\hat{\boldsymbol{\theta}}_i(t)=\hat{\boldsymbol{\theta}}(t-1)+\boldsymbol{L}_i(t)[y_i(t)-\boldsymbol{\phi}_i^{\mathrm{T}}(t)\hat{\boldsymbol{\theta}}(t-1)],\ \hat{\boldsymbol{\theta}}(0)=\mathbf{1}_n/p_0, \tag{8.3.24}$$

$$\boldsymbol{L}_i(t)=\boldsymbol{P}_i(t)\boldsymbol{\phi}_i(t)=\boldsymbol{P}_i(t-1)\boldsymbol{\phi}_i(t)[1+\boldsymbol{\phi}_i^{\mathrm{T}}(t)\boldsymbol{P}_i(t-1)\boldsymbol{\phi}_i(t)]^{-1}, \tag{8.3.25}$$

$$\boldsymbol{P}_i(t)=[\boldsymbol{I}_n-\boldsymbol{L}_i(t)\boldsymbol{\phi}_i^{\mathrm{T}}(t)]\boldsymbol{P}_i(t-1),\ \boldsymbol{P}_i(0)=p_0\boldsymbol{I}_n,\ i=1,2,\cdots,m, \tag{8.3.26}$$

$$\hat{\boldsymbol{\theta}}(t)=\frac{\hat{\boldsymbol{\theta}}_1(t)+\hat{\boldsymbol{\theta}}_2(t)+\cdots+\hat{\boldsymbol{\theta}}_m(t)}{m}. \tag{8.3.27}$$

这个耦合子系统递推最小二乘算法的收敛性有待进一步研究. 下面推导耦合最小二乘算法来避免冗余估计.

8.3.2 耦合最小二乘估计算法

对于递推参数估计算法, 我们期望其是收敛的, 即假设参数估计随着数据长度的增大而收敛于真参数. 也就是说, 可以认为第 $i-1$ 个子系统在时刻 t 的参数估计 $\hat{\boldsymbol{\theta}}_{i-1}(t)$ 比第 i 个子系统在时刻 $t-1$ 的参数估计 $\hat{\boldsymbol{\theta}}_i(t-1)$ 更接近真参数 $\boldsymbol{\theta}$[10, 33, 41, 43, 78, 94].

参考文献 [58] 中的部分耦合随机梯度辨识方法, 并借助于 Jacobi 和 Gauss-Seidel 迭代思想[154], 用 $\hat{\boldsymbol{\theta}}_{i-1}(t)$ 代替式 (8.3.15) 右边的 $\hat{\boldsymbol{\theta}}_i(t-1)$, $i=2,3,\cdots,m$, 用 $\hat{\boldsymbol{\theta}}_m(t-1)$ 代替式 (8.3.15) $i=1$ 时右边的 $\hat{\boldsymbol{\theta}}_1(t-1)$, 则得到下列 **参数估计与协方差阵耦合最小二乘算法** (Coupled Least Squares identification algorithm, **C-LS 算法**)[18, 226]:

$$\hat{\boldsymbol{\theta}}_i(t)=\hat{\boldsymbol{\theta}}_{i-1}(t)+\boldsymbol{L}_i(t)[y_i(t)-\boldsymbol{\phi}_i^{\mathrm{T}}(t)\hat{\boldsymbol{\theta}}_{i-1}(t)], \tag{8.3.28}$$

$$\boldsymbol{L}_i(t)=\boldsymbol{P}_i(t)\boldsymbol{\phi}_i(t), \tag{8.3.29}$$

$$\boldsymbol{P}_i^{-1}(t)=\boldsymbol{P}_{i-1}^{-1}(t)+\boldsymbol{\phi}_i(t)\boldsymbol{\phi}_i^{\mathrm{T}}(t),\ i=2,3,\cdots,m, \tag{8.3.30}$$

$$\hat{\boldsymbol{\theta}}_1(t)=\hat{\boldsymbol{\theta}}_m(t-1)+\boldsymbol{L}_1(t)[y_1(t)-\boldsymbol{\phi}_1^{\mathrm{T}}(t)\hat{\boldsymbol{\theta}}_m(t-1)],\ \hat{\boldsymbol{\theta}}_m(0)=\mathbf{1}_n/p_0, \tag{8.3.31}$$

$$\boldsymbol{L}_1(t)=\boldsymbol{P}_1(t)\boldsymbol{\phi}_1(t), \tag{8.3.32}$$

$$\boldsymbol{P}_1^{-1}(t)=\boldsymbol{P}_m^{-1}(t-1)+\boldsymbol{\phi}_1(t)\boldsymbol{\phi}_1^{\mathrm{T}}(t),\ \boldsymbol{P}_m(0)=p_0\boldsymbol{I}_n. \tag{8.3.33}$$

应用矩阵求逆引理 (8.3.8) 于式 (8.3.30) 和 (8.3.33), 则 **C-LS 算法** 可以等价表达为

$$\hat{\boldsymbol{\theta}}_i(t)=\hat{\boldsymbol{\theta}}_{i-1}(t)+\boldsymbol{L}_i(t)[y_i(t)-\boldsymbol{\phi}_i^{\mathrm{T}}(t)\hat{\boldsymbol{\theta}}_{i-1}(t)], \tag{8.3.34}$$

$$\boldsymbol{L}_i(t)=\boldsymbol{P}_{i-1}(t)\boldsymbol{\phi}_i(t)/[1+\boldsymbol{\phi}_i^{\mathrm{T}}(t)\boldsymbol{P}_{i-1}(t)\boldsymbol{\phi}_i(t)], \tag{8.3.35}$$

$$\boldsymbol{P}_i(t)=[\boldsymbol{I}-\boldsymbol{L}_i(t)\boldsymbol{\phi}_i^{\mathrm{T}}(t)]\boldsymbol{P}_{i-1}(t),\ i=2,3,\cdots,m, \tag{8.3.36}$$

$$\hat{\boldsymbol{\theta}}_1(t)=\hat{\boldsymbol{\theta}}_m(t-1)+\boldsymbol{L}_1(t)[y_1(t)-\boldsymbol{\phi}_1^{\mathrm{T}}(t)\hat{\boldsymbol{\theta}}_m(t-1)],\ \hat{\boldsymbol{\theta}}_m(0)=\mathbf{1}_n/p_0, \tag{8.3.37}$$

$$\boldsymbol{L}_1(t)=\boldsymbol{P}_m(t-1)\boldsymbol{\phi}_1(t)/[1+\boldsymbol{\phi}_1^{\mathrm{T}}(t)\boldsymbol{P}_m(t-1)\boldsymbol{\phi}_1(t)], \tag{8.3.38}$$

$$\boldsymbol{P}_1(t)=[\boldsymbol{I}-\boldsymbol{L}_1(t)\boldsymbol{\phi}_1^{\mathrm{T}}(t)]\boldsymbol{P}_m(t-1),\ \boldsymbol{P}_m(0)=p_0\boldsymbol{I}_n. \tag{8.3.39}$$

上述算法中, 子系统辨识算法间参数估计 $\hat{\boldsymbol{\theta}}_i(t)$ 和协方差阵 $\boldsymbol{P}_i(t)$ 都是耦合的, $\hat{\boldsymbol{\theta}}_i(t)\in\mathbb{R}^n$、$\boldsymbol{L}_i(t)\in\mathbb{R}^n$ 和 $\boldsymbol{P}_i(t)\in\mathbb{R}^{n\times n}$ 分别为第 i 个子系统时刻 t 的参数估计向量、增益向量和协方差阵.

参数估计与协方差阵耦合最小二乘辨识算法 (8.3.34)~(8.3.39) 的示意图如图 8.3.2 所示.

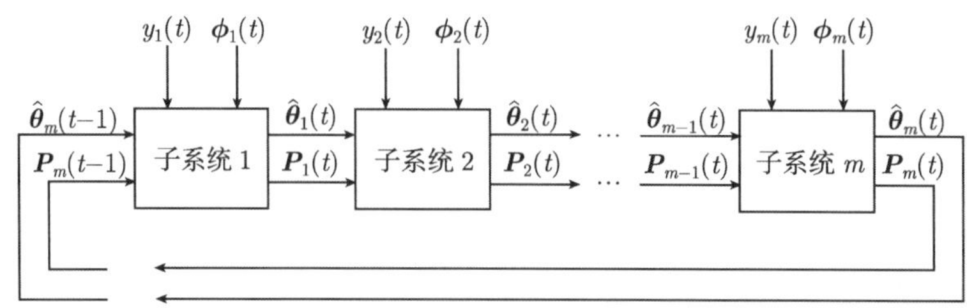

图 8.3.2 耦合最小二乘算法的示意图

C-LS 算法 (8.3.34)~(8.3.39) 计算参数估计向量 $\hat{\boldsymbol{\theta}}_m(t)$ 的步骤如下.

(1) 置初值: 令 $t=1$, $\hat{\boldsymbol{\theta}}_m(0)=\mathbf{1}_n/p_0$, $\boldsymbol{P}_m(0)=p_0\boldsymbol{I}_n$, $p_0=10^6$.

(2) 收集观测数据 $\boldsymbol{y}(t)$ 和 $\boldsymbol{\Phi}(t)$, 设 $\boldsymbol{\phi}_i^{\mathrm{T}}(t)\in\mathbb{R}^{1\times n}$ 为 $\boldsymbol{\Phi}(t)$ 的第 i 行.

(3) 用式 (8.3.38) 计算增益向量 $\boldsymbol{L}_1(t)$, 用式 (8.3.39) 计算协方差阵 $\boldsymbol{P}_1(t)$, 用式 (8.3.37) 刷新参数估计向量 $\hat{\boldsymbol{\theta}}_1(t)$.

(4) $i=2,3,\cdots,m$, 用式 (8.3.35) 计算增益向量 $\boldsymbol{L}_i(t)$, 用式 (8.3.36) 计算协方差阵 $\boldsymbol{P}_i(t)$, 用式 (8.3.34) 刷新参数估计向量 $\hat{\boldsymbol{\theta}}_i(t)$.

(5) t 增 1, 转到第 2 步.

注: 多变量 RLS 算法 (8.3.9)~(8.3.11) 要求计算矩阵逆 $[\boldsymbol{I}_m+\boldsymbol{\Phi}(t)\boldsymbol{P}(t-1)\boldsymbol{\Phi}^{\mathrm{T}}(t)]^{-1}$, 参见式 (8.3.10), 但是 C-LS 算法 (8.3.34)~(8.3.39) 不涉及计算矩阵逆. 因此, C-LS 算法优于多变量 RLS 算法.

笔者已经证明: 耦合最小二乘辨识算法 (8.3.34)~(8.3.39) 等价于多变量 RLS 算法 (8.3.9)~(8.3.11), 且两个算法中的参数估计和协方差阵有关系: $\hat{\boldsymbol{\theta}}(t)=\hat{\boldsymbol{\theta}}_m(t)$, $\boldsymbol{P}(t)=\boldsymbol{P}_m(t)$[18, 226]. 也就是说, 多变量 RLS 算法 (8.3.9)~(8.3.11) 与耦合最小二乘辨识算法 (8.3.34)~(8.3.39) 产生的参数估计是一样的, 只是形式上的差别.

正如笔者在引言中指出的: 科学创新需要与众不同的思想, 科学发现可能源于大胆的、甚至是不可能的假设, 或一些改变. 在此, 我们对与多变量 RLS 算法等价的耦合最小二乘辨识算法进行改造, 提出新的耦合辨识方法. 注意到耦合最小二乘辨识算法 (8.3.34)~(8.3.39) 中, 子系统辨识算法间参数估计 $\hat{\boldsymbol{\theta}}_i(t)$ 和协方差阵 $\boldsymbol{P}_i(t)$ 都是耦合的, 我们去掉子系统辨识算法 (8.3.34)~(8.3.39) 间协方差阵的耦合, 便得到一个新的 **参数估计全耦合最小二乘算法**:

$$\hat{\boldsymbol{\theta}}_1(t)=\hat{\boldsymbol{\theta}}_m(t-1)+\boldsymbol{L}_1(t)[y_1(t)-\boldsymbol{\phi}_1^{\mathrm{T}}(t)\hat{\boldsymbol{\theta}}_m(t-1)],\ \hat{\boldsymbol{\theta}}_m(0)=\mathbf{1}_n/p_0, \tag{8.3.40}$$

$$\boldsymbol{L}_1(t)=\boldsymbol{P}_1(t-1)\boldsymbol{\phi}_1(t)/[1+\boldsymbol{\phi}_1^{\mathrm{T}}(t)\boldsymbol{P}_1(t-1)\boldsymbol{\phi}_1(t)], \tag{8.3.41}$$

$$\boldsymbol{P}_1(t)=[\boldsymbol{I}-\boldsymbol{L}_1(t)\boldsymbol{\phi}_1^{\mathrm{T}}(t)]\boldsymbol{P}_1(t-1),\ \boldsymbol{P}_1(0)=p_0\boldsymbol{I}_n, \tag{8.3.42}$$

$$\hat{\boldsymbol{\theta}}_i(t)=\hat{\boldsymbol{\theta}}_{i-1}(t)+\boldsymbol{L}_i(t)[y_i(t)-\boldsymbol{\phi}_i^{\mathrm{T}}(t)\hat{\boldsymbol{\theta}}_{i-1}(t)], \tag{8.3.43}$$

$$\boldsymbol{L}_i(t)=\boldsymbol{P}_i(t-1)\boldsymbol{\phi}_i(t)/[1+\boldsymbol{\phi}_i^{\mathrm{T}}(t)\boldsymbol{P}_i(t-1)\boldsymbol{\phi}_i(t)], \tag{8.3.44}$$

$$\boldsymbol{P}_i(t)=[\boldsymbol{I}-\boldsymbol{L}_i(t)\boldsymbol{\phi}_i^{\mathrm{T}}(t)]\boldsymbol{P}_i(t-1),\ \boldsymbol{P}_i(0)=p_0\boldsymbol{I}_n,\ i=2,3,\cdots,m. \tag{8.3.45}$$

参数估计与协方差阵耦合最小二乘辨识算法 (8.3.34)~(8.3.39) 只需设置两个初值 $\hat{\boldsymbol{\theta}}(0)=\mathbf{1}_n/p_0$ 和 $\boldsymbol{P}_m(0)=p_0\boldsymbol{I}_n$; 而参数估计耦合最小二乘辨识算法 (8.3.40)~(8.3.45) 需设置 $(m+1)$

个初值 $\hat{\boldsymbol{\theta}}_m(0)=\mathbf{1}_n/p_0$ 和 $\boldsymbol{P}_i(0)=p_0\boldsymbol{I}_n,\ i=1,2,\cdots,m$.

参数估计 (全) 耦合最小二乘辨识算法 (8.3.40)~(8.3.45) 的示意图如图 8.3.3 所示, 输出的参数估计为 $\hat{\boldsymbol{\theta}}(t)=\hat{\boldsymbol{\theta}}_m(t)$. 这个耦合最小二乘辨识算法的收敛性有待进一步研究.

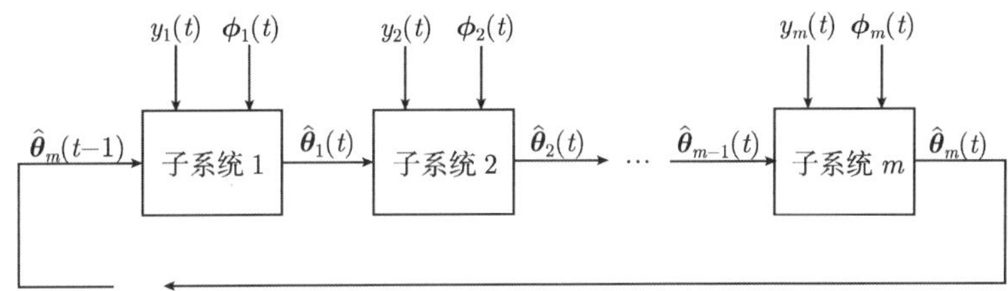

图 8.3.3 参数估计耦合最小二乘辨识算法示意图

下面我们通过某种 "推理"(类比或假设) 给出耦合随机梯度辨识方法.

8.3.3 耦合随机梯度估计算法

梯度算法中没有协方差矩阵, 比较随机梯度辨识算法与递推最小二乘辨识算法的结构形式, 从耦合子系统最小二乘 (C-SLS) 算法 (8.3.21)~(8.3.23) 可以得到简单的 **耦合子系统随机梯度算法** (Coupled Subsystem Stochastic Gradient algorithm, **C-SSG 算法**):

$$\hat{\boldsymbol{\theta}}_i(t)=\hat{\boldsymbol{\theta}}(t-1)+\frac{\boldsymbol{\phi}_i(t)}{r_i(t)}[y_i(t)-\boldsymbol{\phi}_i^{\mathrm{T}}(t)\hat{\boldsymbol{\theta}}(t-1)],\ \hat{\boldsymbol{\theta}}(0)=\mathbf{1}_n/p_0,\tag{8.3.46}$$

$$r_i(t)=r_i(t-1)+\|\boldsymbol{\phi}_i(t)\|^2,\ r_i(0)=1,\ i=1,2,\cdots,m,\tag{8.3.47}$$

$$\hat{\boldsymbol{\theta}}(t)=\frac{\hat{\boldsymbol{\theta}}_1(t)+\hat{\boldsymbol{\theta}}_2(t)+\cdots+\hat{\boldsymbol{\theta}}_m(t)}{m}.\tag{8.3.48}$$

引入 **遗忘因子** (Forgetting Factor, FF) $0\leqslant\lambda\leqslant 1$, 可以得到 **遗忘因子 C-SSG 算法**[39, 41, 44]:

$$\hat{\boldsymbol{\theta}}_i(t)=\hat{\boldsymbol{\theta}}(t-1)+\frac{\boldsymbol{\phi}_i(t)}{r_i(t)}[y_i(t)-\boldsymbol{\phi}_i^{\mathrm{T}}(t)\hat{\boldsymbol{\theta}}(t-1)],\ \hat{\boldsymbol{\theta}}(0)=\mathbf{1}_n/p_0,\tag{8.3.49}$$

$$r_i(t)=\lambda r_i(t-1)+\|\boldsymbol{\phi}_i(t)\|^2,\quad r_i(0)=1,\ 0\leqslant\lambda\leqslant 1,\ i=1,2,\cdots,m,\tag{8.3.50}$$

$$\hat{\boldsymbol{\theta}}(t)=\frac{\hat{\boldsymbol{\theta}}_1(t)+\hat{\boldsymbol{\theta}}_2(t)+\cdots+\hat{\boldsymbol{\theta}}_m(t)}{m}.\tag{8.3.51}$$

引入 **收敛指数** (convergence index) ϵ, 可以得到 **修正 C-SSG 算法**[168, 169]:

$$\hat{\boldsymbol{\theta}}_i(t)=\hat{\boldsymbol{\theta}}(t-1)+\frac{\boldsymbol{\phi}_i(t)}{r_i^{\epsilon}(t)}[y_i(t)-\boldsymbol{\phi}_i^{\mathrm{T}}(t)\hat{\boldsymbol{\theta}}(t-1)],\ \hat{\boldsymbol{\theta}}(0)=\mathbf{1}_n/p_0,\ \frac{1}{2}<\epsilon\leqslant 1,\tag{8.3.52}$$

$$r_i(t)=r_i(t-1)+\|\boldsymbol{\phi}_i(t)\|^2,\ r_i(0)=1,\ i=1,2,\cdots,m,\tag{8.3.53}$$

$$\hat{\boldsymbol{\theta}}(t)=\frac{\hat{\boldsymbol{\theta}}_1(t)+\hat{\boldsymbol{\theta}}_2(t)+\cdots+\hat{\boldsymbol{\theta}}_m(t)}{m}.\tag{8.3.54}$$

值得注意的是: 在递阶随机梯度辨识算法[10, 44] 中, 也可引入遗忘因子或收敛指数, 或同时引入遗忘因子和收敛指数.

定义 $r_i(t):=\mathrm{tr}[\boldsymbol{P}_i^{-1}(t)]$. 从耦合最小二乘算法 (8.3.28)~(8.3.33) 可以得到 **耦合随机梯度算法** (Coupled Stochastic Gradient algorithm, **C-SG 算法**):

$$\hat{\boldsymbol{\theta}}_i(t)=\hat{\boldsymbol{\theta}}_{i-1}(t)+\frac{\boldsymbol{\phi}_i(t)}{r_i(t)}[y_i(t)-\boldsymbol{\phi}_i^{\mathrm{T}}(t)\hat{\boldsymbol{\theta}}_{i-1}(t)],\ \hat{\boldsymbol{\theta}}_m(0)=\mathbf{1}_n/p_0,\tag{8.3.55}$$

$$r_i(t)=r_{i-1}(t)+\|\boldsymbol{\phi}_i(t)\|^2,\ i=2,3,\cdots,m, \tag{8.3.56}$$

$$\hat{\boldsymbol{\theta}}_1(t)=\hat{\boldsymbol{\theta}}_m(t-1)+\frac{\boldsymbol{\phi}_1(t)}{r_1(t)}[y_1(t)-\boldsymbol{\phi}_1^{\mathrm{T}}(t)\hat{\boldsymbol{\theta}}_m(t-1)], \tag{8.3.57}$$

$$r_1(t)=r_m(t-1)+\|\boldsymbol{\phi}_1(t)\|^2,\ r_m(0)=1. \tag{8.3.58}$$

也可在上述耦合随机梯度算法中引入遗忘因子或收敛指数, 得到相应的遗忘因子 C-SG 算法或修正 C-SG 算法.

耦合随机梯度算法 (8.3.55)~(8.3.58) 的子系统辨识算法间除参数估计 $\hat{\boldsymbol{\theta}}_i(t)$ 耦合外, $r_i(t)$ 也是耦合的. 如果去掉 $r_i(t)$ 的耦合, 再引入遗忘因子 λ, 就得到简单的遗忘因子 **耦合随机梯度算法** (Coupled Stochastic Gradient algorithm, **C-SG 算法**):

$$\hat{\boldsymbol{\theta}}_1(t)=\hat{\boldsymbol{\theta}}_m(t-1)+\frac{\boldsymbol{\phi}_1(t)}{r_1(t)}[y_1(t)-\boldsymbol{\phi}_1^{\mathrm{T}}(t)\hat{\boldsymbol{\theta}}_m(t-1)],\ \hat{\boldsymbol{\theta}}_m(0)=\mathbf{1}_n/p_0, \tag{8.3.59}$$

$$r_1(t)=\lambda r_1(t-1)+\|\boldsymbol{\phi}_1(t)\|^2,\ 0\leqslant\lambda\leqslant 1,\ r_1(0)=1, \tag{8.3.60}$$

$$\hat{\boldsymbol{\theta}}_i(t)=\hat{\boldsymbol{\theta}}_{i-1}(t)+\frac{\boldsymbol{\phi}_i(t)}{r_i(t)}[y_i(t)-\boldsymbol{\phi}_i^{\mathrm{T}}(t)\hat{\boldsymbol{\theta}}_{i-1}(t)], \tag{8.3.61}$$

$$r_i(t)=\lambda r_i(t-1)+\|\boldsymbol{\phi}_i(t)\|^2,\ r_i(0)=1,\ i=2,3,\cdots,m. \tag{8.3.62}$$

当然, 也可以引入多新息辨识理论, 进一步推导出多变量系统的耦合多新息随机梯度辨识算法, 耦合多新息最小二乘辨识方法. 这些辨识算法的收敛性有待进一步研究.

8.4 部分耦合随机梯度辨识方法

考虑 **状态空间模型** 描述的线性多变量系统:

$$\begin{cases}\boldsymbol{x}(t+1)=\boldsymbol{A}\boldsymbol{x}(t)+\boldsymbol{B}\boldsymbol{u}(t),\\ \quad\boldsymbol{y}(t)\ \ =\boldsymbol{C}\boldsymbol{x}(t),\end{cases} \tag{8.4.1}$$

其中 $\boldsymbol{x}(t)\in\mathbb{R}^n$ 为状态向量, $\boldsymbol{u}(t)=[u_1(t),u_2(t),\cdots,u_r(t)]^{\mathrm{T}}\in\mathbb{R}^r$ 为系统输入向量, $\boldsymbol{y}(t)=[y_1(t),\ y_2(t),\ \cdots,\ y_m(t)]^{\mathrm{T}}\in\mathbb{R}^m$ 为系统输出向量, $(\boldsymbol{A},\boldsymbol{B},\boldsymbol{C})$ 为适当维数的系统矩阵.

状态空间模型 (8.4.1) 的输入输出与其 **传递函数矩阵** $\boldsymbol{G}(z)\in\mathbb{R}^{m\times r}$ 有下列关系:

$$\boldsymbol{y}(t)=\boldsymbol{G}(z)\boldsymbol{u}(t), \tag{8.4.2}$$

$$\begin{aligned}\boldsymbol{G}(z)&=\boldsymbol{C}(z\boldsymbol{I}-\boldsymbol{A})^{-1}\boldsymbol{B}=\frac{\boldsymbol{C}\,\mathrm{adj}[z\boldsymbol{I}-\boldsymbol{A}]\boldsymbol{B}}{\det[z\boldsymbol{I}-\boldsymbol{A}]}\\ &=\frac{z^{-n}\boldsymbol{C}\,\mathrm{adj}[z\boldsymbol{I}-\boldsymbol{A}]\boldsymbol{B}}{z^{-n}\det[z\boldsymbol{I}-\boldsymbol{A}]}=:\frac{\boldsymbol{Q}(z)}{\alpha(z)},\end{aligned}$$

其中 $\alpha(z)$ 是系统的 n 次特征多项式, 定义为传递矩阵的各元最小公分母首一多项式, 即 $\boldsymbol{G}(z)$ 的最小公分母, $\boldsymbol{Q}(z)$ 是 z^{-1} 的矩阵多项式, 它们可以表达为

$$\begin{aligned}\alpha(z)&:=z^{-n}\det[z\boldsymbol{I}-\boldsymbol{A}]\\ &=1+\alpha_1z^{-1}+\alpha_2z^{-2}+\cdots+\alpha_nz^{-n},\ \alpha_i\in\mathbb{R},\\ \boldsymbol{Q}(z)&:=z^{-n}\boldsymbol{C}\,\mathrm{adj}[z\boldsymbol{I}-\boldsymbol{A}]\boldsymbol{B}\\ &=\boldsymbol{Q}_1z^{-1}+\boldsymbol{Q}_2z^{-2}+\cdots+\boldsymbol{Q}_nz^{-n},\ \boldsymbol{Q}_i\in\mathbb{R}^{m\times r}.\end{aligned}$$

特征多项式 $\alpha(z)$ 的辨识, 对于控制系统极点配置、观测器设计、稳定性分析十分重要.

式 (8.4.2) 可以写作

$$\boldsymbol{y}(t)=\frac{\boldsymbol{Q}(z)}{\alpha(z)}\boldsymbol{u}(t).$$

我们把这个模型称为多变量系统传递函数阵 **主模型** (main model), 其特征是传递函数阵 $\boldsymbol{G}(z)=\dfrac{\boldsymbol{Q}(z)}{\alpha(z)}$ 有一个系统特征多项式作为公分母, 分子为一个矩阵多项式. 主模型是相对于分子系统的 **子模型** (submodel) 而言. 上式又可写为

$$\alpha(z)\boldsymbol{y}(t)=\boldsymbol{Q}(z)\boldsymbol{u}(t),$$

基于这个模型, 引入一个随机干扰项 $\boldsymbol{v}(t)\in\mathbb{R}^m$, 可得类多变量 CAR 系统 (**类多变量 ARX 系统**), 简称 **多变量 CAR-like 系统** (多变量 ARX-like 系统)[34, 44, 120]:

$$\alpha(z)\boldsymbol{y}(t)=\boldsymbol{Q}(z)\boldsymbol{u}(t)+\boldsymbol{v}(t),$$

其中 $\boldsymbol{v}(t)=[v_1(t),v_2(t),\cdots,v_m(t)]^{\mathrm{T}}\in\mathbb{R}^m$ 是一个零均值随机噪声向量. 将移位算子 z^{-1} 的多项式 $\alpha(z)$ 和多项式矩阵 $\boldsymbol{Q}(z)$ 代入上式得到

$$\begin{aligned}&\boldsymbol{y}(t)+\alpha_1\boldsymbol{y}(t-1)+\alpha_2\boldsymbol{y}(t-2)+\cdots+\alpha_n\boldsymbol{y}(t-n)\\&\quad=\boldsymbol{Q}_1\boldsymbol{u}(t-1)+\boldsymbol{Q}_2\boldsymbol{u}(t-2)+\cdots+\boldsymbol{Q}_n\boldsymbol{u}(t-n)+\boldsymbol{v}(t).\end{aligned}$$

进一步可以写为

$$\boldsymbol{y}(t)+[\boldsymbol{y}(t-1),\boldsymbol{y}(t-2),\cdots,\boldsymbol{y}(t-n)]\begin{bmatrix}\alpha_1\\\alpha_2\\\vdots\\\alpha_n\end{bmatrix}=[\boldsymbol{Q}_1,\boldsymbol{Q}_2,\cdots,\boldsymbol{Q}_n]\begin{bmatrix}\boldsymbol{u}(t-1)\\\boldsymbol{u}(t-2)\\\vdots\\\boldsymbol{u}(t-n)\end{bmatrix}+\boldsymbol{v}(t).\quad(8.4.3)$$

定义 **参数矩阵 $\boldsymbol{\theta}$**、**参数向量 $\boldsymbol{\alpha}$**、**输入信息向量 $\boldsymbol{\varphi}(t)$** 和 **输出信息矩阵 $\boldsymbol{\psi}(t)$** 如下,

$$\begin{aligned}&\boldsymbol{\theta}^{\mathrm{T}}:=[\boldsymbol{Q}_1,\boldsymbol{Q}_2,\cdots,\boldsymbol{Q}_n]\in\mathbb{R}^{m\times(nr)},\\&\boldsymbol{\alpha}:=\begin{bmatrix}\alpha_1\\\alpha_2\\\vdots\\\alpha_n\end{bmatrix}\in\mathbb{R}^n,\quad\boldsymbol{\varphi}(t):=\begin{bmatrix}\boldsymbol{u}(t-1)\\\boldsymbol{u}(t-2)\\\vdots\\\boldsymbol{u}(t-n)\end{bmatrix}\in\mathbb{R}^{nr},\\&\boldsymbol{\psi}(t):=[\boldsymbol{y}(t-1),\boldsymbol{y}(t-2),\cdots,\boldsymbol{y}(t-n)]\in\mathbb{R}^{m\times n}.\end{aligned}$$

于是, 从式 (8.4.3) 可以得到多变量 ARX-like 系统的递阶辨识模型[34, 44, 56, 57, 121, 138]:

$$\boldsymbol{y}(t)+\boldsymbol{\psi}(t)\boldsymbol{\alpha}=\boldsymbol{\theta}^{\mathrm{T}}\boldsymbol{\varphi}(t)+\boldsymbol{v}(t).\quad(8.4.4)$$

8.4.1 随机梯度辨识算法

辨识模型 (8.4.4) 包含一个参数向量 $\boldsymbol{\alpha}\in\mathbb{R}^n$ 和一个参数矩阵 $\boldsymbol{\theta}\in\mathbb{R}^{(nr)\times m}$. 为了辨识 $\boldsymbol{\alpha}$ 和 $\boldsymbol{\theta}$, 一种方法是将模型 (8.4.4) 转换为一种新的形式. 令 $\boldsymbol{\theta}_i\in\mathbb{R}^{nr}$ 为 $\boldsymbol{\theta}$ 的第 i 列, 置

$$\boldsymbol{\vartheta} := \begin{bmatrix} \boldsymbol{\alpha} \\ \mathrm{col}[\boldsymbol{\theta}] \end{bmatrix} = \begin{bmatrix} \boldsymbol{\alpha} \\ \boldsymbol{\theta}_1 \\ \boldsymbol{\theta}_2 \\ \vdots \\ \boldsymbol{\theta}_m \end{bmatrix} \in \mathbb{R}^{n+mnr},$$

$$\boldsymbol{\Phi}(t) := [-\boldsymbol{\psi}(t), \boldsymbol{I}_m \otimes \boldsymbol{\varphi}^{\mathrm{T}}(t)] \in \mathbb{R}^{m\times(n+mnr)}. \tag{8.4.5}$$

式 (8.4.4) 可以写为

$$\boldsymbol{y}(t) = \boldsymbol{\Phi}(t)\boldsymbol{\vartheta} + \boldsymbol{v}(t). \tag{8.4.6}$$

这里参数向量 $\boldsymbol{\vartheta}$ 包含了系统的所有参数.

令 $\hat{\boldsymbol{\alpha}}(t)$, $\hat{\boldsymbol{\theta}}(t)$ 和 $\hat{\boldsymbol{\vartheta}}(t)$ 分别代表 $\boldsymbol{\alpha}$, $\boldsymbol{\theta}$ 和 $\boldsymbol{\vartheta}$ 在时刻 t 的估计. 使用负梯度搜索, 极小化 **梯度准则函数**,

$$J_3(\boldsymbol{\vartheta}) := \|\boldsymbol{y}(t) - \boldsymbol{\Phi}(t)\boldsymbol{\vartheta}\|^2,$$

可以得到估计参数向量 $\boldsymbol{\vartheta}$ 的 **随机梯度算法** (**SG 算法**):

$$\hat{\boldsymbol{\vartheta}}(t) = \hat{\boldsymbol{\vartheta}}(t-1) + \frac{\boldsymbol{\Phi}^{\mathrm{T}}(t)}{R(t)}[\boldsymbol{y}(t) - \boldsymbol{\Phi}(t)\hat{\boldsymbol{\vartheta}}(t-1)], \tag{8.4.7}$$

$$R(t) = R(t-1) + \|\boldsymbol{\Phi}(t)\|^2,\ R(0) = 1. \tag{8.4.8}$$

尽管这个随机梯度算法 (8.4.7)、(8.4.8) 能够估计参数向量 $\boldsymbol{\vartheta}$, 但计算量大, 原因在于辨识模型 (8.4.6) 中信息矩阵 $\boldsymbol{\Phi}(t)$ 包含了太多的零元, 导致参数向量维数太大. 令 $\boldsymbol{\psi}_i(t) \in \mathbb{R}^n$ 为 $\boldsymbol{\psi}(t)$ 的第 i 行, 即

$$\boldsymbol{\psi}(t) := \begin{bmatrix} \boldsymbol{\psi}_1(t) \\ \boldsymbol{\psi}_2(t) \\ \vdots \\ \boldsymbol{\psi}_m(t) \end{bmatrix} \in \mathbb{R}^{m\times n}.$$

那么矩阵 $\boldsymbol{\Phi}(t)$ 可以展开为

$$\begin{aligned} \boldsymbol{\Phi}(t) &= [-\boldsymbol{\psi}(t), \boldsymbol{I}_m \otimes \boldsymbol{\varphi}^{\mathrm{T}}(t)] \\ &= \begin{bmatrix} -\boldsymbol{\psi}_1(t) & \boldsymbol{\varphi}^{\mathrm{T}}(t) & \mathbf{0} & \cdots & \mathbf{0} \\ -\boldsymbol{\psi}_2(t) & \mathbf{0} & \boldsymbol{\varphi}^{\mathrm{T}}(t) & \cdots & \mathbf{0} \\ \vdots & \vdots & \vdots & & \vdots \\ -\boldsymbol{\psi}_1(t) & \mathbf{0} & \mathbf{0} & \cdots & \boldsymbol{\varphi}^{\mathrm{T}}(t) \end{bmatrix} \in \mathbb{R}^{m\times(n+mnr)}. \end{aligned} \tag{8.4.9}$$

从这里可以看出: 矩阵 $\boldsymbol{\Phi}(t)$ 包含了 $mn(mr+1)$ 元, 其中有 $(m-1)mnr$ 个零元. 同样, 基于辨识模型 (8.4.6) 的最小二乘辨识方法计算量也很大.

下面推导计算量小的子系统随机梯度算法和部分耦合随机梯度算法.

8.4.2　子系统随机梯度辨识算法

定义子系统信息向量

$$\boldsymbol{\phi}_i(t) := \begin{bmatrix} -\boldsymbol{\psi}_i^{\mathrm{T}}(t) \\ \boldsymbol{\varphi}(t) \end{bmatrix} \in \mathbb{R}^{n+nr}. \tag{8.4.10}$$

根据式 (8.4.9) 中 $\boldsymbol{\Phi}(t)$ 的结构, 式 (8.4.6) 可以写为

$$\begin{bmatrix} y_1(t) \\ y_2(t) \\ \vdots \\ y_m(t) \end{bmatrix} = \begin{bmatrix} -\boldsymbol{\psi}_1(t) & \boldsymbol{\varphi}^{\mathrm{T}}(t) & \mathbf{0} & \cdots & \mathbf{0} \\ -\boldsymbol{\psi}_2(t) & \mathbf{0} & \boldsymbol{\varphi}^{\mathrm{T}}(t) & \cdots & \mathbf{0} \\ \vdots & \vdots & \vdots & & \vdots \\ -\boldsymbol{\psi}_1(t) & \mathbf{0} & \mathbf{0} & \cdots & \boldsymbol{\varphi}^{\mathrm{T}}(t) \end{bmatrix} \begin{bmatrix} \boldsymbol{\alpha} \\ \boldsymbol{\theta}_1 \\ \boldsymbol{\theta}_2 \\ \vdots \\ \boldsymbol{\theta}_m \end{bmatrix} + \begin{bmatrix} v_1(t) \\ v_2(t) \\ \vdots \\ v_m(t) \end{bmatrix}.$$

其第 i 个子系统为 (其可以分解为下列 m 个子系统:)

$$\begin{aligned} y_i(t) &= [-\boldsymbol{\psi}_i(t), \boldsymbol{\varphi}^{\mathrm{T}}(t)] \begin{bmatrix} \boldsymbol{\alpha} \\ \boldsymbol{\theta}_i \end{bmatrix} + v_i(t), \\ &= \boldsymbol{\phi}_i^{\mathrm{T}}(t) \begin{bmatrix} \boldsymbol{\alpha} \\ \boldsymbol{\theta}_i \end{bmatrix} + v_i(t),\ i = 1, 2, \cdots, m. \end{aligned} \tag{8.4.11}$$

使用负梯度搜索, 极小化 **梯度准则函数**,

$$J_4(\boldsymbol{\alpha}, \boldsymbol{\theta}_i) := \left\{ y_i(t) - \boldsymbol{\phi}_i^{\mathrm{T}}(t) \begin{bmatrix} \boldsymbol{\alpha} \\ \boldsymbol{\theta}_i \end{bmatrix} \right\}^2,\ i = 1, 2, \cdots, m.$$

可以得到估计参数向量 $\boldsymbol{\alpha}$ 和 $\boldsymbol{\theta}_i$ 的子系统随机梯度 (SSG) 算法:

$$\begin{bmatrix} \hat{\boldsymbol{\alpha}}(t) \\ \hat{\boldsymbol{\theta}}_i(t) \end{bmatrix} = \begin{bmatrix} \hat{\boldsymbol{\alpha}}(t-1) \\ \hat{\boldsymbol{\theta}}_i(t-1) \end{bmatrix} + \frac{\boldsymbol{\phi}_i(t)}{R_i(t)} \left\{ y_i(t) - \boldsymbol{\phi}_i^{\mathrm{T}}(t) \begin{bmatrix} \hat{\boldsymbol{\alpha}}(t-1) \\ \hat{\boldsymbol{\theta}}_i(t-1) \end{bmatrix} \right\}, \tag{8.4.12}$$

$$R_i(t) = R_i(t-1) + \|\boldsymbol{\phi}_i(t)\|^2,\ R_i(0) = 1,\ i = 1, 2, \cdots, m. \tag{8.4.13}$$

SSG 算法 (8.4.12)、(8.4.13) 可以给出参数向量 $\boldsymbol{\alpha}$ 和 $\boldsymbol{\theta}_i$ 的估计, $i = 1, 2, \cdots, m$. 但是对于每个 i, $\boldsymbol{\alpha}$ 都估计了一次, 为区分每个子系统中 $\boldsymbol{\alpha}$ 的估计, 我们加下标 i, 记作 $\hat{\boldsymbol{\alpha}}_i(t)$, 便得到下列 SSG 辨识算法:

$$\begin{bmatrix} \hat{\boldsymbol{\alpha}}_i(t) \\ \hat{\boldsymbol{\theta}}_i(t) \end{bmatrix} = \begin{bmatrix} \hat{\boldsymbol{\alpha}}_i(t-1) \\ \hat{\boldsymbol{\theta}}_i(t-1) \end{bmatrix} + \frac{\boldsymbol{\phi}_i(t)}{R_i(t)} \left\{ y_i(t) - \boldsymbol{\phi}_i^{\mathrm{T}}(t) \begin{bmatrix} \hat{\boldsymbol{\alpha}}_i(t-1) \\ \hat{\boldsymbol{\theta}}_i(t-1) \end{bmatrix} \right\},\ \hat{\boldsymbol{\alpha}}_i(0) = \mathbf{1}_n/p_0, \tag{8.4.14}$$

$$R_i(t) = R_i(t-1) + \|\boldsymbol{\phi}_i(t)\|^2,\ R_i(0) = 1,\ \hat{\boldsymbol{\theta}}_i(0) = \mathbf{1}_{nr}/p_0,\ i = 1, 2, \cdots, m. \tag{8.4.15}$$

子系统随机梯度辨识算法 (8.4.14)~(8.4.15) 示意图如图 8.4.1 所示.

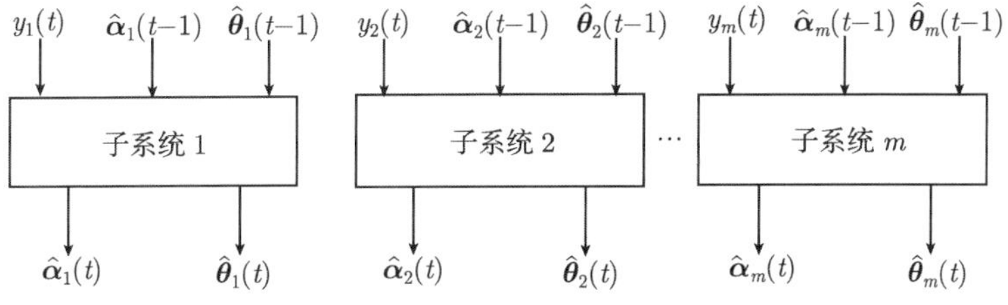

图 8.4.1 子系统随机梯度算法示意图

注: 式 (8.4.14) 中 $\hat{\boldsymbol{\theta}}_i(t)$ 是参数向量 $\boldsymbol{\theta}_i$ 的估计, $\hat{\boldsymbol{\alpha}}_i(t)$ 是子系统间共同参数向量 $\boldsymbol{\alpha}$ 的估计. 同理, 将每个子系统的估计 $\hat{\boldsymbol{\alpha}}_i(t)$ 的平均值作为参数向量 $\boldsymbol{\alpha}$ 的估计, 即

$$\hat{\boldsymbol{\alpha}}(t) = \frac{\hat{\boldsymbol{\alpha}}_1(t) + \hat{\boldsymbol{\alpha}}_2(t) + \cdots + \hat{\boldsymbol{\alpha}}_m(t)}{m} \in \mathbb{R}^n. \tag{8.4.16}$$

用平均值 $\hat{\boldsymbol{\alpha}}(t-1)$ 代替 SSG 算法 (8.4.14)、(8.4.15) 中的 $\hat{\boldsymbol{\alpha}}_i(t-1)$, 就得到一个简单的**部分耦合子系统随机梯度算法** (Partially Coupled Subsystem Stochastic Gradient algorithm, **PC-SSG 算法**):

$$\begin{bmatrix}\hat{\boldsymbol{\alpha}}_i(t)\\ \hat{\boldsymbol{\theta}}_i(t)\end{bmatrix}=\begin{bmatrix}\hat{\boldsymbol{\alpha}}(t-1)\\ \hat{\boldsymbol{\theta}}_i(t-1)\end{bmatrix}+\frac{\boldsymbol{\phi}_i(t)}{R_i(t)}\left\{y_i(t)-\boldsymbol{\phi}_i^{\mathrm{T}}(t)\begin{bmatrix}\hat{\boldsymbol{\alpha}}(t-1)\\ \hat{\boldsymbol{\theta}}_i(t-1)\end{bmatrix}\right\},\ \hat{\boldsymbol{\alpha}}(0)=\mathbf{1}_n/p_0, \tag{8.4.17}$$

$$R_i(t)=R_i(t-1)+\|\boldsymbol{\phi}_i(t)\|^2,\ R_i(0)=1,\ \hat{\boldsymbol{\theta}}_i(0)=\mathbf{1}_{nr}/p_0,\ i=1,2,\cdots,m, \tag{8.4.18}$$

$$\hat{\boldsymbol{\alpha}}(t)=\frac{\hat{\boldsymbol{\alpha}}_1(t)+\hat{\boldsymbol{\alpha}}_2(t)+\cdots+\hat{\boldsymbol{\alpha}}_m(t)}{m}. \tag{8.4.19}$$

下面讨论部分耦合随机梯度辨识算法, 以避免参数向量 $\boldsymbol{\alpha}$ 的冗余估计.

8.4.3 部分耦合随机梯度辨识算法

在子系统辨识模型 (8.4.11) 中, 只有参数向量 $\boldsymbol{\alpha}\in\mathbb{R}^n$ 是耦合的, 即各子系统有一个共同的参数向量 $\boldsymbol{\alpha}$, 借助于前面讨论的全耦合最小二乘辨识方法 (即耦合最小二乘算法) 的推导思路, 不难得到 **部分耦合随机梯度算法** (Partially Coupled Stochastic Gradient algorithm, **PC-SG 算法**)[58]:

$$\begin{bmatrix}\hat{\boldsymbol{\alpha}}_i(t)\\ \hat{\boldsymbol{\theta}}_i(t)\end{bmatrix}=\begin{bmatrix}\hat{\boldsymbol{\alpha}}_{i-1}(t)\\ \hat{\boldsymbol{\theta}}_i(t-1)\end{bmatrix}+\frac{\boldsymbol{\phi}_i(t)}{R_i(t)}\left\{y_i(t)-\boldsymbol{\phi}_i^{\mathrm{T}}(t)\begin{bmatrix}\hat{\boldsymbol{\alpha}}_{i-1}(t)\\ \hat{\boldsymbol{\theta}}_i(t-1)\end{bmatrix}\right\},\ \hat{\boldsymbol{\theta}}_i(0)=\mathbf{1}_{nr}/p_0, \tag{8.4.20}$$

$$R_i(t)=R_i(t-1)+\|\boldsymbol{\phi}_i(t)\|^2,\ R_i(0)=1,\ i=2,3,\cdots,m, \tag{8.4.21}$$

$$\begin{bmatrix}\hat{\boldsymbol{\alpha}}_1(t)\\ \hat{\boldsymbol{\theta}}_1(t)\end{bmatrix}=\begin{bmatrix}\hat{\boldsymbol{\alpha}}_m(t-1)\\ \hat{\boldsymbol{\theta}}_1(t-1)\end{bmatrix}+\frac{\boldsymbol{\phi}_1(t)}{R_1(t)}\left\{y_1(t)-\boldsymbol{\phi}_1^{\mathrm{T}}(t)\begin{bmatrix}\hat{\boldsymbol{\alpha}}_m(t-1)\\ \hat{\boldsymbol{\theta}}_1(t-1)\end{bmatrix}\right\},\ \hat{\boldsymbol{\alpha}}_m(0)=\mathbf{1}_n/p_0, \tag{8.4.22}$$

$$R_1(t)=R_1(t-1)+\|\boldsymbol{\phi}_1(t)\|^2,\ R_1(0)=1,\ \hat{\boldsymbol{\theta}}_1(0)=\mathbf{1}_{nr}/p_0, \tag{8.4.23}$$

$$\boldsymbol{\varphi}(t)=[\boldsymbol{u}^{\mathrm{T}}(t-1),\boldsymbol{u}^{\mathrm{T}}(t-2),\cdots,\boldsymbol{u}^{\mathrm{T}}(t-n)]^{\mathrm{T}}, \tag{8.4.24}$$

$$\boldsymbol{\psi}(t)=[\boldsymbol{y}(t-1),\boldsymbol{y}(t-2),\cdots,\boldsymbol{y}(t-n)], \tag{8.4.25}$$

$$\boldsymbol{\psi}(t)=\begin{bmatrix}\boldsymbol{\psi}_1(t)\\ \boldsymbol{\psi}_2(t)\\ \vdots\\ \boldsymbol{\psi}_m(t)\end{bmatrix},\quad \boldsymbol{\phi}_i(t)=\begin{bmatrix}-\boldsymbol{\psi}_i^{\mathrm{T}}(t)\\ \boldsymbol{\varphi}(t)\end{bmatrix}. \tag{8.4.26}$$

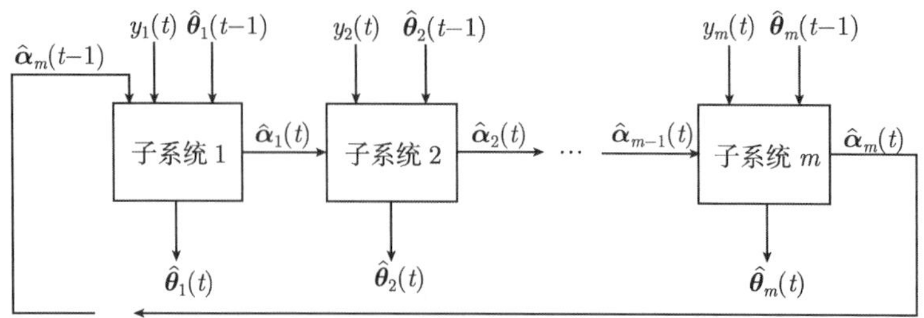

图 8.4.2 部分耦合随机梯度算法示意图

部分耦合随机梯度辨识方法 (8.4.20)~(8.4.26) 的示意图如图 8.4.2 所示, 其中只有参数估计向量 $\hat{\boldsymbol{\alpha}}_i(t)$ 是耦合在各子系统辨识算法之间, 参数向量 $\hat{\boldsymbol{\theta}}_i(t)$ 是没有耦合的, 它是各子系统的参数估计. 这就是部分耦合名称的来历. 参数向量 $\boldsymbol{\alpha}$, $\boldsymbol{\theta}_1$, $\boldsymbol{\theta}_2$, $\cdots$, $\boldsymbol{\theta}_m$ 的估计分别是 $\hat{\boldsymbol{\alpha}}(t) := \hat{\boldsymbol{\alpha}}_m(t)$, $\hat{\boldsymbol{\theta}}_1(t)$, $\hat{\boldsymbol{\theta}}_2(t)$, $\cdots$, $\hat{\boldsymbol{\theta}}_m(t)$.

注: 与 SG 算法 (8.4.7)、(8.4.8) 和 PC-SSG 算法 (8.4.17)~(8.4.19) 相比, PC-SG 算法 (8.4.20)~(8.4.26) 由于避免了参数向量 $\boldsymbol{\alpha}$ 的冗余估计, 具有高的计算效率. 它们每一步的计算量比较如表 8.4.1 所示. 当 $n = 5$ 时, 一个 5 个输入, 5 个输出的 5 阶系统, 其每一步的乘法次数和加法次数参见表 8.4.1 中方括号里数据. 可见, PC-SG 算法计算量最小.

一般来说, 一个递推算法的计算量可以用其每一步的乘法次数和加法次数来衡量. 有的文献上把一次乘法次数或一次加法次数称为一个 flop[12, 154]. 因此, 每递推计算一步, SG 算法需要 1955+1950=3905 flops; PC-SSG 算法需要 460+470=930 flops; PC-SSG 算法需要 455+450=905 flops.

表 8.4.1 辨识算法计算量比较

算法	乘法次数		加法次数	
SG	$3m(n+mnr)+m$	[1955]	$3m(n+mnr)$	[1950]
PC-SSG	$3m(n+nr)+m+n$	[460]	$3m(n+nr)+(m-1)n$	[470]
PC-SG	$3m(n+nr)+m$	[455]	$3m(n+nr)$	[450]

利用 PC-SG 算法 (8.4.20)~(8.4.26) 计算参数估计 $\hat{\boldsymbol{\alpha}}_m(t)$ 和 $\hat{\boldsymbol{\theta}}_i(t)$ $(i = 1, 2, \cdots, m)$ 的步骤如下.

(1) 设置初值: $t = 1$, $\hat{\boldsymbol{\alpha}}_m(0) = \mathbf{1}_n/p_0$, $\hat{\boldsymbol{\theta}}_i(0) = \mathbf{1}_{n_0}/p_0$, $R_i(0) = 1$, $i = 1, 2, \cdots, m$, $p_0 = 10^6$.

(2) 收集输入输出数据 $\boldsymbol{u}(t)$ 和 $\boldsymbol{y}(t)$, 由式 (8.4.24) 构成输入信息向量 $\boldsymbol{\varphi}(t)$, 由式 (8.4.25) 构成输出信息矩阵 $\boldsymbol{\psi}(t)$, 由式 (8.4.26) 抽出 $\boldsymbol{\psi}_i(t)$ $(i = 1, 2, \cdots, m)$, 并构成 $\boldsymbol{\phi}_i(t)$.

(3) 由式 (8.4.23) 计算 $R_1(t)$, 由式 (8.4.22) 刷新参数估计 $\hat{\boldsymbol{\alpha}}_1(t)$ 和 $\hat{\boldsymbol{\theta}}_1(t)$.

(4) 对每一个 i, $i = 2, 3, \cdots, m$, 由式 (8.4.21) 计算 $R_i(t)$, 由式 (8.4.20) 刷新参数估计 $\hat{\boldsymbol{\alpha}}_i(t)$ 和 $\hat{\boldsymbol{\theta}}_i(t)$.

(5) t 增 1, 转到第 (2) 步.

利用 PC-SG 算法 (8.4.20)~(8.4.26) 计算参数估计 $\hat{\boldsymbol{\alpha}}_m(t)$ 和 $\hat{\boldsymbol{\theta}}_i(t)$ $(i = 1, 2, \cdots, m)$ 的 **流程图** 如图 8.4.3 所示.

为了提高参数估计收敛速度, 可以在随机梯度算法中引入 **遗忘因子** λ, 即式 (8.4.8)、(8.4.21) 和 (8.4.23) 中引入 λ, 得到

$$R(t) = \lambda R(t-1) + \|\boldsymbol{\Phi}(t)\|^2,\ R(0) = 1,\ 0 \leqslant \lambda \leqslant 1, \tag{8.4.27}$$

$$R_i(t) = \lambda R_i(t-1) + \|\boldsymbol{\phi}_i(t)\|^2,\ R_i(0) = 1,\ i = 1, 2, \cdots, m,\ 0 \leqslant \lambda \leqslant 1. \tag{8.4.28}$$

我们就获得带遗忘因子 λ 的 SG 算法 (8.4.7) 和 (8.4.27), 以及带遗忘因子 λ 的 PC-SG 算法 (8.4.20)、(8.4.22)、(8.4.28)、(8.4.24)~(8.4.26). 当然, 也可以引入收敛指数来提高随机梯度算法的收敛速度.

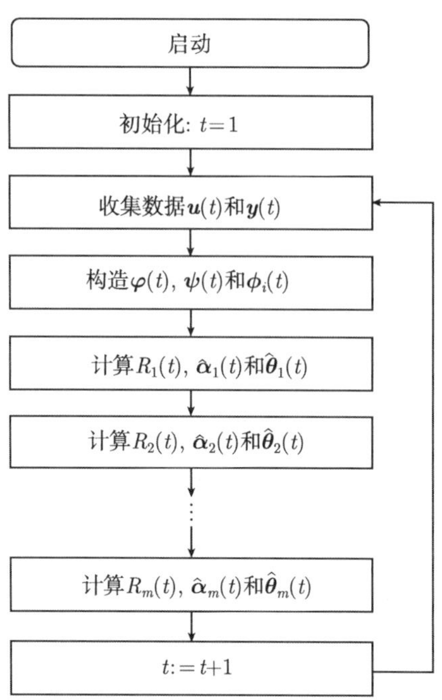

图 8.4.3 计算参数估计 $\hat{\boldsymbol{\alpha}}_m(t)$ 和 $\hat{\boldsymbol{\theta}}_i(t)$ 流程图 $(i=1,2,\cdots,m)$

8.5 部分耦合最小二乘辨识方法

部分耦合辨识方法是在全耦合辨识方法基础上发展起来的[226]. 本书作者等在发表了非均匀采样数据系统的部分耦合随机梯度辨识方法后[58], 对耦合辨识机理进行深入思考, 逐渐形成了耦合辨识概念. 随后笔者指导的博士生研究生刘艳君根据耦合辨识概念, 以文献 [58], [226] 工作为基础, 推导了部分耦合最小二乘辨识方法[227]. 本节介绍几个部分耦合最小二乘辨识方法.

8.5.1 最小二乘辨识算法

对式 (8.4.6) 的辨识模型:

$$\boldsymbol{y}(t)=\boldsymbol{\Phi}(t)\boldsymbol{\vartheta}+\boldsymbol{v}(t), \tag{8.5.1}$$

极小化 **最小二乘准则函数**

$$J(\boldsymbol{\vartheta}):=\sum_{j=1}^{t}\|\boldsymbol{y}(j)-\boldsymbol{\Phi}(j)\boldsymbol{\vartheta}\|^2,$$

得到下列多变量递推最小二乘辨识算法 (**RLS 算法**):

$$\hat{\boldsymbol{\vartheta}}(t)=\hat{\boldsymbol{\vartheta}}(t-1)+\boldsymbol{L}(t)[\boldsymbol{y}(t)-\boldsymbol{\Phi}(t)\hat{\boldsymbol{\vartheta}}(t-1)], \tag{8.5.2}$$

$$\boldsymbol{L}(t)=\boldsymbol{P}(t-1)\boldsymbol{\Phi}^{\mathrm{T}}(t)[\boldsymbol{I}_m+\boldsymbol{\Phi}(t)\boldsymbol{P}(t-1)\boldsymbol{\Phi}^{\mathrm{T}}(t)]^{-1}, \tag{8.5.3}$$

$$\boldsymbol{P}(t)=[\boldsymbol{I}_{n+mnr}-\boldsymbol{L}(t)\boldsymbol{\Phi}(t)]\boldsymbol{P}(t-1),\ \boldsymbol{P}(0)=p_0\boldsymbol{I}_{n+mnr}. \tag{8.5.4}$$

这里 $\hat{\boldsymbol{\vartheta}}(t)$ 是时刻 t 参数向量 $\boldsymbol{\vartheta}$ 的估计, $\boldsymbol{P}(t)$ 是 $(n+mnr)\times(n+mnr)$ 维协方差阵.

注: 多变量 RLS 算法 (8.5.2)~(8.5.4) 在每一步递推计算中都要计算大维数协方差阵 $\boldsymbol{P}(t)$, 导致算法的计算量很大.

8.5.2 子系统最小二乘辨识算法

对于式 (8.4.11) 的辨识模型:

$$\begin{aligned}y_i(t)&=[-\boldsymbol{\psi}_i(t),\boldsymbol{\varphi}^{\mathrm T}(t)]\begin{bmatrix}\boldsymbol{\alpha}\\ \boldsymbol{\theta}_i\end{bmatrix}+v_i(t),\\ &=\boldsymbol{\phi}_i^{\mathrm T}(t)\begin{bmatrix}\boldsymbol{\alpha}\\ \boldsymbol{\theta}_i\end{bmatrix}+v_i(t),\ i=1,2,\cdots,m,\end{aligned}\tag{8.5.5}$$

极小化 **最小二乘准则函数**

$$J(\boldsymbol{\alpha},\boldsymbol{\theta}_i):=\sum_{j=1}^{t}\left\{y_i(j)-\boldsymbol{\phi}_i^{\mathrm T}(j)\begin{bmatrix}\boldsymbol{\alpha}\\ \boldsymbol{\theta}_i\end{bmatrix}\right\}^2,\ i=1,2,\cdots,m,$$

我们可以得到估计参数向量 $\boldsymbol{\alpha}$ 和 $\boldsymbol{\theta}_i$ 的子系统最小二乘算法:

$$\begin{bmatrix}\hat{\boldsymbol{\alpha}}(t)\\ \hat{\boldsymbol{\theta}}_i(t)\end{bmatrix}=\begin{bmatrix}\hat{\boldsymbol{\alpha}}(t-1)\\ \hat{\boldsymbol{\theta}}_i(t-1)\end{bmatrix}+\boldsymbol{P}_i(t)\boldsymbol{\phi}_i(t)\left\{y_i(t)-\boldsymbol{\phi}_i^{\mathrm T}(t)\begin{bmatrix}\hat{\boldsymbol{\alpha}}(t-1)\\ \hat{\boldsymbol{\theta}}_i(t-1)\end{bmatrix}\right\},\tag{8.5.6}$$

$$\boldsymbol{P}_i^{-1}(t)=\boldsymbol{P}_i^{-1}(t-1)+\boldsymbol{\phi}_i(t)\boldsymbol{\phi}_i^{\mathrm T}(t),\quad i=1,2,\cdots,m.\tag{8.5.7}$$

出于同样的原因, 为了区别每个子系统对共同参数向量 $\boldsymbol{\alpha}$ 的估计, 在子系统的参数估计 $\hat{\boldsymbol{\alpha}}(t)$ 上加上下标 i, 得到

$$\begin{bmatrix}\hat{\boldsymbol{\alpha}}_i(t)\\ \hat{\boldsymbol{\theta}}_i(t)\end{bmatrix}=\begin{bmatrix}\hat{\boldsymbol{\alpha}}_i(t-1)\\ \hat{\boldsymbol{\theta}}_i(t-1)\end{bmatrix}+\boldsymbol{P}_i(t)\boldsymbol{\phi}_i(t)\left\{y_i(t)-\boldsymbol{\phi}_i^{\mathrm T}(t)\begin{bmatrix}\hat{\boldsymbol{\alpha}}_i(t-1)\\ \hat{\boldsymbol{\theta}}_i(t-1)\end{bmatrix}\right\}.\tag{8.5.8}$$

对于 $\boldsymbol{\alpha}$ 的冗余估计, 用它们的平均值作为 $\boldsymbol{\alpha}$ 的估计, 即

$$\hat{\boldsymbol{\alpha}}(t)=\frac{\hat{\boldsymbol{\alpha}}_1(t)+\hat{\boldsymbol{\alpha}}_2(t)+\cdots+\hat{\boldsymbol{\alpha}}_m(t)}{m}.\tag{8.5.9}$$

式 (8.5.7)~(8.5.9) 构成了 **子系统最小二乘算法** (**SLS 算法**), 总结如下,

$$\begin{bmatrix}\hat{\boldsymbol{\alpha}}_i(t)\\ \hat{\boldsymbol{\theta}}_i(t)\end{bmatrix}=\begin{bmatrix}\hat{\boldsymbol{\alpha}}_i(t-1)\\ \hat{\boldsymbol{\theta}}_i(t-1)\end{bmatrix}+\boldsymbol{P}_i(t)\boldsymbol{\phi}_i(t)\left\{y_i(t)-\boldsymbol{\phi}_i^{\mathrm T}(t)\begin{bmatrix}\hat{\boldsymbol{\alpha}}_i(t-1)\\ \hat{\boldsymbol{\theta}}_i(t-1)\end{bmatrix}\right\},\tag{8.5.10}$$

$$\boldsymbol{P}_i^{-1}(t)=\boldsymbol{P}_i^{-1}(t-1)+\boldsymbol{\phi}_i(t)\boldsymbol{\phi}_i^{\mathrm T}(t),\ \boldsymbol{P}(0)=p_0\boldsymbol{I}_{n+nr},\ i=1,2,\cdots,m,\tag{8.5.11}$$

$$\hat{\boldsymbol{\alpha}}(t)=\frac{\hat{\boldsymbol{\alpha}}_1(t)+\hat{\boldsymbol{\alpha}}_2(t)+\cdots+\hat{\boldsymbol{\alpha}}_m(t)}{m},\ \hat{\boldsymbol{\alpha}}(0)=\mathbf{1}_n/p_0,\ \hat{\boldsymbol{\theta}}_i(0)=\mathbf{1}_{nr}/p_0.\tag{8.5.12}$$

应用矩阵求逆引理, 可以等价写为

$$\begin{bmatrix}\hat{\boldsymbol{\alpha}}_i(t)\\ \hat{\boldsymbol{\theta}}_i(t)\end{bmatrix}=\begin{bmatrix}\hat{\boldsymbol{\alpha}}_i(t-1)\\ \hat{\boldsymbol{\theta}}_i(t-1)\end{bmatrix}+\boldsymbol{L}_i(t)\left\{y_i(t)-\boldsymbol{\phi}_i^{\mathrm T}(t)\begin{bmatrix}\hat{\boldsymbol{\alpha}}_i(t-1)\\ \hat{\boldsymbol{\theta}}_i(t-1)\end{bmatrix}\right\},\tag{8.5.13}$$

$$\boldsymbol{L}_i(t)=\boldsymbol{P}_i(t)\boldsymbol{\phi}_i(t)=\boldsymbol{P}_i(t-1)\boldsymbol{\phi}_i(t)[1+\boldsymbol{\phi}_i^{\mathrm T}(t)\boldsymbol{P}_i(t-1)\boldsymbol{\phi}_i(t)]^{-1},\tag{8.5.14}$$

$$\boldsymbol{P}_i(t)=[\boldsymbol{I}_{n+nr}-\boldsymbol{L}_i(t)\boldsymbol{\phi}_i^{\mathrm T}(t)]\boldsymbol{P}_i(t-1),\ \boldsymbol{P}(0)=p_0\boldsymbol{I}_{n+nr},\ i=1,2,\cdots,m,\tag{8.5.15}$$

$$\hat{\boldsymbol{\alpha}}(t)=\frac{\hat{\boldsymbol{\alpha}}_1(t)+\hat{\boldsymbol{\alpha}}_2(t)+\cdots+\hat{\boldsymbol{\alpha}}_m(t)}{m},\ \hat{\boldsymbol{\alpha}}(0)=\mathbf{1}_n/p_0,\ \hat{\boldsymbol{\theta}}_i(0)=\mathbf{1}_{nr}/p_0.\tag{8.5.16}$$

8.5.3 部分耦合子系统最小二乘辨识算法

用平均值 $\hat{\boldsymbol{\alpha}}(t-1)$ 代替 SLS 算法 (8.5.10)~(8.5.12) 或 (8.5.13)~(8.5.16) 中的 $\hat{\boldsymbol{\alpha}}_i(t-1)$, 就得到一个简单的 **部分耦合子系统最小二乘算法** (Partially Coupled Subsystem Least Squares algorithm, **PC-SLS 算法**):

$$\begin{bmatrix}\hat{\boldsymbol{\alpha}}_i(t)\\ \hat{\boldsymbol{\theta}}_i(t)\end{bmatrix}=\begin{bmatrix}\hat{\boldsymbol{\alpha}}(t-1)\\ \hat{\boldsymbol{\theta}}_i(t-1)\end{bmatrix}+\boldsymbol{P}_i(t)\boldsymbol{\phi}_i(t)\left\{y_i(t)-\boldsymbol{\phi}_i^{\mathrm{T}}(t)\begin{bmatrix}\hat{\boldsymbol{\alpha}}(t-1)\\ \hat{\boldsymbol{\theta}}_i(t-1)\end{bmatrix}\right\}, \tag{8.5.17}$$

$$\boldsymbol{P}_i^{-1}(t)=\boldsymbol{P}_i^{-1}(t-1)+\boldsymbol{\phi}_i(t)\boldsymbol{\phi}_i^{\mathrm{T}}(t),\ \boldsymbol{P}(0)=p_0\boldsymbol{I}_{n+nr},\ i=1,2,\cdots,m, \tag{8.5.18}$$

$$\hat{\boldsymbol{\alpha}}(t)=\frac{\hat{\boldsymbol{\alpha}}_1(t)+\hat{\boldsymbol{\alpha}}_2(t)+\cdots+\hat{\boldsymbol{\alpha}}_m(t)}{m},\ \hat{\boldsymbol{\alpha}}(0)=\mathbf{1}_n/p_0,\ \hat{\boldsymbol{\theta}}_i(0)=\mathbf{1}_{nr}/p_0. \tag{8.5.19}$$

应用矩阵求逆引理, **PC-SLS 算法** 可以等价写为

$$\begin{bmatrix}\hat{\boldsymbol{\alpha}}_i(t)\\ \hat{\boldsymbol{\theta}}_i(t)\end{bmatrix}=\begin{bmatrix}\hat{\boldsymbol{\alpha}}(t-1)\\ \hat{\boldsymbol{\theta}}_i(t-1)\end{bmatrix}+\boldsymbol{L}_i(t)\left\{y_i(t)-\boldsymbol{\phi}_i^{\mathrm{T}}(t)\begin{bmatrix}\hat{\boldsymbol{\alpha}}(t-1)\\ \hat{\boldsymbol{\theta}}_i(t-1)\end{bmatrix}\right\}, \tag{8.5.20}$$

$$\boldsymbol{L}_i(t)=\boldsymbol{P}_i(t)\boldsymbol{\phi}_i(t)=\boldsymbol{P}_i(t-1)\boldsymbol{\phi}_i(t)[1+\boldsymbol{\phi}_i^{\mathrm{T}}(t)\boldsymbol{P}_i(t-1)\boldsymbol{\phi}_i(t)]^{-1}, \tag{8.5.21}$$

$$\boldsymbol{P}_i(t)=[\boldsymbol{I}_{n+nr}-\boldsymbol{L}_i(t)\boldsymbol{\phi}_i^{\mathrm{T}}(t)]\boldsymbol{P}_i(t-1),\ \boldsymbol{P}(0)=p_0\boldsymbol{I}_{n+nr},\ i=1,2,\cdots,m, \tag{8.5.22}$$

$$\hat{\boldsymbol{\alpha}}(t)=\frac{\hat{\boldsymbol{\alpha}}_1(t)+\hat{\boldsymbol{\alpha}}_2(t)+\cdots+\hat{\boldsymbol{\alpha}}_m(t)}{m},\ \hat{\boldsymbol{\alpha}}(0)=\mathbf{1}_n/p_0,\ \hat{\boldsymbol{\theta}}_i(0)=\mathbf{1}_{nr}/p_0. \tag{8.5.23}$$

这个 PC-SLS 辨识算法的特点是: 各子系统协方差阵 $\boldsymbol{P}_i(t)\in\mathbb{R}^{(nr)\times(nr)}$ 是独立的.

8.5.4 部分耦合最小二乘辨识算法

利用耦合辨识概念, 仿照 C-LS 算法的推导, 不难得到下列 **部分耦合最小二乘算法** (Partially Coupled Least Squares algorithm, **PC-LS 算法**):

$$\begin{bmatrix}\hat{\boldsymbol{\alpha}}_1(t)\\ \hat{\boldsymbol{\theta}}_1(t)\end{bmatrix}=\begin{bmatrix}\hat{\boldsymbol{\alpha}}_m(t-1)\\ \hat{\boldsymbol{\theta}}_1(t-1)\end{bmatrix}+\boldsymbol{P}_1(t)\boldsymbol{\phi}_1(t)\left\{y_1(t)-\boldsymbol{\phi}_1^{\mathrm{T}}(t)\begin{bmatrix}\hat{\boldsymbol{\alpha}}_m(t-1)\\ \hat{\boldsymbol{\theta}}_1(t-1)\end{bmatrix}\right\}, \tag{8.5.24}$$

$$\boldsymbol{P}_1^{-1}(t)=\boldsymbol{P}_m^{-1}(t-1)+\boldsymbol{\phi}_1(t)\boldsymbol{\phi}_1^{\mathrm{T}}(t),\ \boldsymbol{P}_m(0)=p_0\boldsymbol{I}_{n+nr},\ \hat{\boldsymbol{\alpha}}_m(0)=\mathbf{1}_n/p_0, \tag{8.5.25}$$

$$\begin{bmatrix}\hat{\boldsymbol{\alpha}}_i(t)\\ \hat{\boldsymbol{\theta}}_i(t)\end{bmatrix}=\begin{bmatrix}\hat{\boldsymbol{\alpha}}_{i-1}(t)\\ \hat{\boldsymbol{\theta}}_i(t-1)\end{bmatrix}+\boldsymbol{P}_i(t)\boldsymbol{\phi}_i(t)\left\{y_i(t)-\boldsymbol{\phi}_i^{\mathrm{T}}(t)\begin{bmatrix}\hat{\boldsymbol{\alpha}}_{i-1}(t)\\ \hat{\boldsymbol{\theta}}_i(t-1)\end{bmatrix}\right\}, \tag{8.5.26}$$

$$\boldsymbol{P}_i^{-1}(t)=\boldsymbol{P}_{i-1}^{-1}(t)+\boldsymbol{\phi}_i(t)\boldsymbol{\phi}_i^{\mathrm{T}}(t),\ \hat{\boldsymbol{\theta}}_i(0)=\mathbf{1}_{nr}/p_0,\ i=2,3,\cdots,m. \tag{8.5.27}$$

应用矩阵求逆引理, **PC-LS 算法** 总结如下,

$$\begin{bmatrix}\hat{\boldsymbol{\alpha}}_1(t)\\ \hat{\boldsymbol{\theta}}_1(t)\end{bmatrix}=\begin{bmatrix}\hat{\boldsymbol{\alpha}}_m(t-1)\\ \hat{\boldsymbol{\theta}}_1(t-1)\end{bmatrix}+\boldsymbol{L}_1(t)\left\{y_1(t)-\boldsymbol{\phi}_1^{\mathrm{T}}(t)\begin{bmatrix}\hat{\boldsymbol{\alpha}}_m(t-1)\\ \hat{\boldsymbol{\theta}}_1(t-1)\end{bmatrix}\right\}, \tag{8.5.28}$$

$$\boldsymbol{L}_1(t)=\frac{\boldsymbol{P}_m(t-1)\boldsymbol{\phi}_1(t)}{1+\boldsymbol{\phi}_1^{\mathrm{T}}(t)\boldsymbol{P}_m(t-1)\boldsymbol{\phi}_1(t)}, \tag{8.5.29}$$

$$\boldsymbol{P}_1(t)=[\boldsymbol{I}-\boldsymbol{L}_1(t)\boldsymbol{\phi}_1^{\mathrm{T}}(t)]\boldsymbol{P}_m(t-1),\quad \boldsymbol{P}_m(0)=p_0\boldsymbol{I}_{n+nr},\ \hat{\boldsymbol{\alpha}}_m(0)=\mathbf{1}_n/p_0, \tag{8.5.30}$$

$$\begin{bmatrix}\hat{\boldsymbol{\alpha}}_i(t)\\ \hat{\boldsymbol{\theta}}_i(t)\end{bmatrix}=\begin{bmatrix}\hat{\boldsymbol{\alpha}}_{i-1}(t)\\ \hat{\boldsymbol{\theta}}_i(t-1)\end{bmatrix}+\boldsymbol{L}_i(t)\left\{y_i(t)-\boldsymbol{\phi}_i^{\mathrm{T}}(t)\begin{bmatrix}\hat{\boldsymbol{\alpha}}_{i-1}(t)\\ \hat{\boldsymbol{\theta}}_i(t-1)\end{bmatrix}\right\}, \tag{8.5.31}$$

$$\boldsymbol{L}_i(t)=\frac{\boldsymbol{P}_{i-1}(t)\boldsymbol{\phi}_i(t)}{1+\boldsymbol{\phi}_i^{\mathrm{T}}(t)\boldsymbol{P}_{i-1}(t-1)\boldsymbol{\phi}_i(t)}, \tag{8.5.32}$$

$$\boldsymbol{P}_i(t)=[\boldsymbol{I}-\boldsymbol{L}_i(t)\boldsymbol{\phi}_i^{\mathrm{T}}(t)]\boldsymbol{P}_{i-1}(t),\ \hat{\boldsymbol{\theta}}_i(0)=\mathbf{1}_{nr}/p_0,\ i=2,3,\cdots,m, \tag{8.5.33}$$

$$\boldsymbol{\varphi}(t)=[\boldsymbol{u}^{\mathrm{T}}(t-1),\boldsymbol{u}^{\mathrm{T}}(t-2),\cdots,\boldsymbol{u}^{\mathrm{T}}(t-n)]^{\mathrm{T}}, \tag{8.5.34}$$

$$\boldsymbol{\psi}(t)=[\boldsymbol{y}(t-1),\boldsymbol{y}(t-2),\cdots,\boldsymbol{y}(t-n)], \tag{8.5.35}$$

$$\boldsymbol{\psi}(t)=\begin{bmatrix}\boldsymbol{\psi}_1(t)\\ \boldsymbol{\psi}_2(t)\\ \vdots\\ \boldsymbol{\psi}_m(t)\end{bmatrix},\ \boldsymbol{\phi}_i(t)=\begin{bmatrix}-\boldsymbol{\psi}_i^{\mathrm{T}}(t)\\ \boldsymbol{\varphi}(t)\end{bmatrix}. \tag{8.5.36}$$

PC-LS 辨识算法的特点是：各子系统协方差阵 $\boldsymbol{P}_i(t)\in\mathbb{R}^{(n+nr)\times(n+nr)}$ 是耦合的. $\hat{\boldsymbol{\alpha}}(t):=\hat{\boldsymbol{\alpha}}_m(t)$, $\hat{\boldsymbol{\theta}}_1(t)$, $\hat{\boldsymbol{\theta}}_2(t)$, $\cdots$, $\hat{\boldsymbol{\theta}}_m(t)$ 分别是参数向量 $\boldsymbol{\alpha}$, $\boldsymbol{\theta}_1$, $\boldsymbol{\theta}_2$, $\cdots$, $\boldsymbol{\theta}_m$ 的估计.

PC-LS 算法实现步骤如下.

(1) 初始化: $t=1$, $\hat{\boldsymbol{\alpha}}_m(0)=\mathbf{1}_n/p_0$, $\hat{\boldsymbol{\theta}}_i(0)=\mathbf{1}_{nr}/p_0$, $\boldsymbol{P}_m(0)=p_0\boldsymbol{I}_{n+nr}$, $i=1,2,\cdots,m$, $p_0=10^6$.

(2) 收集输入输出数据 $\boldsymbol{u}(t)$ 和 $\boldsymbol{y}(t)$, 由式 (8.5.34) 构成输入信息向量 $\boldsymbol{\varphi}(t)$, 由式 (8.5.35) 构成输出信息矩阵 $\boldsymbol{\psi}(t)$, 从式 (8.5.36) $\boldsymbol{\psi}(t)$ 中提取 $\boldsymbol{\psi}_i(t)$ $(i=1,2,\cdots,m)$, 并构成 $\boldsymbol{\phi}_i(t)$.

(3) 由式 (8.5.29) 计算增益向量 $\boldsymbol{L}_1(t)$, 由式 (8.5.30) 计算协方差阵 $\boldsymbol{P}_1(t)$, 由式 (8.5.28) 刷新参数估计 $\hat{\boldsymbol{\alpha}}_1(t)$ 和 $\hat{\boldsymbol{\theta}}_1(t)$.

(4) 对每一个 i $(i=2,3,\cdots,m)$, 由式 (8.5.32) 计算增益向量 $\boldsymbol{L}_i(t)$, 由式 (8.5.33) 计算协方差阵 $\boldsymbol{P}_i(t)$, 由式 (8.5.31) 刷新参数估计 $\hat{\boldsymbol{\alpha}}_i(t)$ 和 $\hat{\boldsymbol{\theta}}_i(t)$.

(5) t 增 1, 转到第 2 步.

注: PC-LS 算法 (8.5.28)~(8.5.36) 不需要计算矩阵逆, 也不需要计算 $\hat{\boldsymbol{\alpha}}_i(t)$ 的平均值, 而且 m 个协方差阵 $\boldsymbol{P}_i(t)$ 维数 $(n+nr)\times(n+nr)$ 要远小于多变量 RLS 算法 (8.5.2)~(8.5.4) 的协方差阵 $\boldsymbol{P}(t)$ 的维数 $(n+mnr)\times(n+mnr)$; m 个协方差阵 $\boldsymbol{P}_i(t)$ 包含了 $mn^2(r+1)^2$ 个元素, 远远小于协方差阵 $\boldsymbol{P}(t)$ 的 $n^2(mr+1)^2$ 个元素. 当 $m=n=r=5$ 时, 前者为 $mn^2(r+1)^2=4500$, 后者为 $n^2(mr+1)^2=16900$.

8.6 有色噪声干扰多变量系统耦合辨识方法

耦合辨识概念能够用于其他多变量系统辨识, 并且可以结合各种辨识方法, 如递推最小二乘方法、随机梯度辨识方法、辅助模型辨识方法、多新息辨识方法[9]、递阶辨识方法 (两阶段或多阶段辨识方法)[5]、迭代辨识方法[8, 195]、基于滤波的辨识方法[25]、牛顿方法[59] 等, 研究各种干扰噪声模型的多变量系统辨识问题, 提出相应的耦合辨识方法.

对于有色噪声干扰的多变量系统, 可以针对系统模型结构和噪声模型的不同形式, 借用“增广”或“广义”化参数向量的维数的方法, 如增广随机梯度、增广最小二乘、广义随机梯度、广义最小二乘、广义增广随机梯度、广义增广最小二乘, 辅助模型随机梯度、或辅助模型最小二乘等方法[7], 来研究相应的耦合辨识方法. 这里的方法也可换为迭代辨识方法、多新息辨识方法等.

8.6.1 多元伪线性回归系统

考虑下列有色噪声干扰的 **多元伪线性回归系统**, 即多变量伪线性回归系统,

$$\boldsymbol{y}(t)=\boldsymbol{\Phi}(t)\boldsymbol{\theta}+\boldsymbol{C}^{-1}(z)\boldsymbol{D}(z)\boldsymbol{v}(t), \tag{8.6.1}$$

其中 $\boldsymbol{y}(t)=[y_1(t),y_2(t),\cdots,y_m(t)]^{\mathrm{T}}\in\mathbb{R}^m$ 为系统输出向量, $\boldsymbol{\Phi}(t)\in\mathbb{R}^{m\times n}$ 是由系统输入输出数据构成的回归信息矩阵, $\boldsymbol{v}(t)=[v_1(t),v_2(t),\cdots,v_m(t)]^{\mathrm{T}}\in\mathbb{R}^m$ 是零均值白噪声向量, $\boldsymbol{\theta}\in\mathbb{R}^n$ 是系统模型待辨识的参数向量, $\boldsymbol{C}(z)$ 和 $\boldsymbol{D}(z)$ 为单位阵, 或为单位后移算子 z^{-1} $(z^{-1}\boldsymbol{x}(t)=\boldsymbol{x}(t-1))$ 的多项式

$$c(z):=1+c_1z^{-1}+c_2z^{-2}+\cdots+c_{n_c}z^{-n_c},\ c_i\in\mathbb{R},$$
$$d(z):=1+d_1z^{-1}+d_2z^{-2}+\cdots+d_{n_d}z^{-n_d},\ d_i\in\mathbb{R},$$

或为多项式矩阵

$$\boldsymbol{C}(z):=\boldsymbol{I}+\boldsymbol{C}_1z^{-1}+\boldsymbol{C}_2z^{-2}+\cdots+\boldsymbol{C}_{n_c}z^{-n_c},\ \boldsymbol{C}_i\in\mathbb{R}^{m\times m},$$
$$\boldsymbol{D}(z):=\boldsymbol{I}+\boldsymbol{D}_1z^{-1}+\boldsymbol{D}_2z^{-2}+\cdots+\boldsymbol{D}_{n_d}z^{-n_d},\ \boldsymbol{D}_i\in\mathbb{R}^{m\times m}.$$

c_i 和 d_i 为噪声模型参数, $\boldsymbol{C}_i\in\mathbb{R}^{m\times m}$ 和 $\boldsymbol{D}_i\in\mathbb{R}^{m\times m}$ 为待辨识噪声模型的参数矩阵. 假设 n_c 和 n_d 已知, $t\leqslant 0$ 时, $\boldsymbol{y}(t)=\mathbf{0}$, $\boldsymbol{\Phi}(t)=\mathbf{0}$ 和 $\boldsymbol{v}(t)=\mathbf{0}$.

也可在式 (8.6.1) 输出向量 $\boldsymbol{y}(t)$ 前引入多项式 $\alpha(z)$ 或矩阵多项式 $\boldsymbol{A}(z)$, 推广为一般情形

$$\alpha(z)\boldsymbol{y}(t)=\boldsymbol{\Phi}(t)\boldsymbol{\theta}+\boldsymbol{C}^{-1}(z)\boldsymbol{D}(z)\boldsymbol{v}(t), \tag{8.6.2}$$

或

$$\boldsymbol{A}(z)\boldsymbol{y}(t)=\boldsymbol{\Phi}(t)\boldsymbol{\theta}+\boldsymbol{C}^{-1}(z)\boldsymbol{D}(z)\boldsymbol{v}(t), \tag{8.6.3}$$

其中 $\alpha(z)$ 的定义同上,

$$\boldsymbol{A}(z):=\boldsymbol{I}+\boldsymbol{A}_1z^{-1}+\boldsymbol{A}_2z^{-2}+\cdots+\boldsymbol{A}_{n_a}z^{-n_a},\quad \boldsymbol{A}_i\in\mathbb{R}^{m\times m}.$$

进一步可推广为

$$\boldsymbol{y}(t)=\frac{\boldsymbol{\Phi}(t)}{\alpha(z)}\boldsymbol{\theta}+\boldsymbol{C}^{-1}(z)\boldsymbol{D}(z)\boldsymbol{v}(t), \tag{8.6.4}$$

或

$$\boldsymbol{y}(t)=\boldsymbol{A}^{-1}(z)\boldsymbol{\Phi}(t)\boldsymbol{\theta}+\boldsymbol{C}^{-1}(z)\boldsymbol{D}(z)\boldsymbol{v}(t). \tag{8.6.5}$$

同样, $\boldsymbol{C}(z)$ 和 $\boldsymbol{D}(z)$ 可为单位阵, 或多项式, 或多项式矩阵. 系统 (8.6.4) 和 (8.6.5) 需要借助于辅助模型辨识思想[7] 来研究其耦合辨识方法.

针对 $\boldsymbol{C}(z)$ 和 $\boldsymbol{D}(z)$ 的不同取值, 我们可以从式 (8.6.1) 得到下列几种特殊形式.

1. **多元伪线性滑动平均系统** (multivariate pseudo-linear moving average system),

$$\boldsymbol{y}(t)=\boldsymbol{\Phi}(t)\boldsymbol{\theta}+d(z)\boldsymbol{v}(t), \tag{8.6.6}$$

或

$$\boldsymbol{y}(t)=\boldsymbol{\Phi}(t)\boldsymbol{\theta}+\boldsymbol{D}(z)\boldsymbol{v}(t). \tag{8.6.7}$$

读者可以利用耦合辨识概念, 研究系统 (8.6.6) 和 (8.6.7) 的耦合增广随机梯度辨识算法与耦合增广最小二乘辨识算法, 以及基于滤波的耦合随机梯度辨识算法与耦合最小二乘辨识算法、耦合迭代辨识方法等.

2. **多元伪线自回归性系统** (multivariate pseudo-linear autoregressive system),

$$\boldsymbol{y}(t)=\boldsymbol{\Phi}(t)\boldsymbol{\theta}+\frac{1}{c(z)}\boldsymbol{v}(t), \tag{8.6.8}$$

或

$$\boldsymbol{y}(t)=\boldsymbol{\Phi}(t)\boldsymbol{\theta}+\boldsymbol{C}^{-1}(z)\boldsymbol{v}(t). \tag{8.6.9}$$

我们能够推导系统 (8.6.8) 和 (8.6.9) 的耦合广义随机梯度辨识算法、耦合广义最小二乘辨识算法、耦合多新息辨识算法等, 以及基于滤波的耦合辨识算法.

3. **多元伪线自回归滑动平均性系统** (multivariate pseudo-linear autoregressive moving average system)

$$\boldsymbol{y}(t)=\boldsymbol{\Phi}(t)\boldsymbol{\theta}+\frac{d(z)}{c(z)}\boldsymbol{v}(t), \tag{8.6.10}$$

或

$$\boldsymbol{y}(t)=\boldsymbol{\Phi}(t)\boldsymbol{\theta}+\frac{\boldsymbol{D}(z)}{c(z)}\boldsymbol{v}(t), \tag{8.6.11}$$

或

$$\boldsymbol{y}(t)=\boldsymbol{\Phi}(t)\boldsymbol{\theta}+\boldsymbol{C}^{-1}(z)d(z)\boldsymbol{v}(t), \tag{8.6.12}$$

或

$$\boldsymbol{y}(t)=\boldsymbol{\Phi}(t)\boldsymbol{\theta}+\boldsymbol{C}^{-1}(z)\boldsymbol{D}(z)\boldsymbol{v}(t). \tag{8.6.13}$$

我们能够推导出系统 (8.6.10)~(8.6.13) 的耦合广义增广随机梯度辨识算法与耦合广义增广最小二乘辨识算法, 以及基于滤波的耦合随机梯度辨识算法与耦合最小二乘辨识算法等.

8.6.2 类多变量方程误差类系统

考虑下列类多变量 CARARMA 系统 (多变量 CARARMA-like 系统), 又称类多变量 ARARMAX 系统 (多变量 ARARMAX-like 系统)[5],

$$\alpha(z)\boldsymbol{y}(t)=\boldsymbol{Q}(z)\boldsymbol{u}(t)+\boldsymbol{C}^{-1}(z)\boldsymbol{D}(z)\boldsymbol{v}(t), \tag{8.6.14}$$

有关变量定义同上.

针对 $\boldsymbol{C}(z)$ 和 $\boldsymbol{D}(z)$ 的不同取值, 我们可以得到下列几种特殊形式.

1. **类多变量受控滑动平均系统** (类多变量 CARMA 系统, 简称多变量 CARMA-like 系统, 或类多变量 ARMAX 系统, 简称多变量 ARMAX-like 系统. “类” 翻译成 “-like”, 其他类同),

$$\alpha(z)\boldsymbol{y}(t)=\boldsymbol{Q}(z)\boldsymbol{u}(t)+d(z)\boldsymbol{v}(t), \tag{8.6.15}$$

或

$$\alpha(z)\boldsymbol{y}(t)=\boldsymbol{Q}(z)\boldsymbol{u}(t)+\boldsymbol{D}(z)\boldsymbol{v}(t). \tag{8.6.16}$$

文献 [56] 研究多变量 CARMA-like 系统的递阶最小二乘迭代辨识方法. 读者可以利用耦合辨识概念, 研究系统 (8.6.15) 和 (8.6.16) 的部分耦合增广随机梯度辨识算法与部分耦合增广最小二乘辨识算法, 以及基于滤波的部分耦合随机梯度辨识算法与部分耦合最小二乘辨识算法等.

2. **类多变量受控自回归系统** (多变量 CARAR-like 系统或多变量 ARARX-like 系统),

$$\alpha(z)\boldsymbol{y}(t)=\boldsymbol{Q}(z)\boldsymbol{u}(t)+\frac{1}{c(z)}\boldsymbol{v}(t), \tag{8.6.17}$$

或

$$\alpha(z)\boldsymbol{y}(t)=\boldsymbol{Q}(z)\boldsymbol{u}(t)+\boldsymbol{C}^{-1}(z)\boldsymbol{v}(t). \tag{8.6.18}$$

我们能够推导系统 (8.6.17) 和 (8.6.18) 的部分耦合广义随机梯度辨识算法与部分耦合广义最小二乘辨识算法, 以及基于滤波的部分耦合随机梯度辨识算法与部分耦合最小二乘辨识算法、迭代辨识方法等. 王冬青等利用递阶辨识原理与梯度搜索研究了这类多变量系统的递阶迭代参数估计算法[121].

3. **类多变量受控自回归自回归滑动平均系统** (多变量 CARARMA-like 系统或多变量 ARARMAX-like 系统),

$$\alpha(z)\boldsymbol{y}(t)=\boldsymbol{Q}(z)\boldsymbol{u}(t)+\frac{d(z)}{c(z)}\boldsymbol{v}(t), \tag{8.6.19}$$

或

$$\alpha(z)\boldsymbol{y}(t)=\boldsymbol{Q}(z)\boldsymbol{u}(t)+\frac{\boldsymbol{D}(z)}{c(z)}\boldsymbol{v}(t), \tag{8.6.20}$$

或

$$\alpha(z)\boldsymbol{y}(t)=\boldsymbol{Q}(z)\boldsymbol{u}(t)+\boldsymbol{C}^{-1}(z)d(z)\boldsymbol{v}(t), \tag{8.6.21}$$

或

$$\alpha(z)\boldsymbol{y}(t)=\boldsymbol{Q}(z)\boldsymbol{u}(t)+\boldsymbol{C}^{-1}(z)\boldsymbol{D}(z)\boldsymbol{v}(t). \tag{8.6.22}$$

我们能够推导系统 (8.6.19)~(8.6.22) 的部分耦合广义增广随机梯度辨识算法与部分耦合广义增广最小二乘辨识算法, 以及基于滤波的部分耦合随机梯度辨识算法与部分耦合最小二乘辨识算法等.

8.6.3 类多变量输出误差类系统

下面讨论类多变量输出误差类系统的耦合辨识算法.

考虑下列类多变量 Box-Jenkins 系统 (多变量 Box-Jenkins-like 系统), 又称类多变量 OEARMA 系统 (多变量 OEARMA-like 系统),

$$\boldsymbol{y}(t)=\frac{\boldsymbol{Q}(z)}{\alpha(z)}\boldsymbol{u}(t)+\boldsymbol{C}^{-1}(z)\boldsymbol{D}(z)\boldsymbol{v}(t), \tag{8.6.23}$$

有关变量定义同上. 这类系统需要借助于辅助模型辨识思想来研究其耦合辨识方法.

针对 $\boldsymbol{C}(z)$ 和 $\boldsymbol{D}(z)$ 的不同取值, 从系统 (8.6.23), 我们可以得到下列几种特殊形式.

1. **类多变量输出误差系统** (multivariable OE-like system),

$$\boldsymbol{y}(t)=\frac{\boldsymbol{Q}(z)}{\alpha(z)}\boldsymbol{u}(t)+\boldsymbol{v}(t). \tag{8.6.24}$$

读者可以利用耦合辨识概念和辅助模型辨识思想, 研究系统 (8.6.24) 的部分耦合辅助模型随机梯度辨识算法与部分耦合辅助模型最小二乘辨识算法.

2. **类多变量输出误差滑动平均系统** (multivariable OEMA-like system),

$$\boldsymbol{y}(t)=\frac{\boldsymbol{Q}(z)}{\alpha(z)}\boldsymbol{u}(t)+d(z)\boldsymbol{v}(t), \tag{8.6.25}$$

或

$$\boldsymbol{y}(t)=\frac{\boldsymbol{Q}(z)}{\alpha(z)}\boldsymbol{u}(t)+\boldsymbol{D}(z)\boldsymbol{v}(t). \tag{8.6.26}$$

文献 [57] 研究多变量 OEMA-like 系统的递阶梯度迭代辨识方法. 读者可以推导出系统 (8.6.25) 和 (8.6.26) 的部分耦合辅助模型增广随机梯度辨识算法与部分耦合辅助模型增广最小二乘辨识算法, 以及基于滤波的部分耦合辅助模型随机梯度辨识算法与部分耦合辅助模型最小二乘辨识算法.

3. **类多变量输出误差自回归系统** (multivariable OEAR-like system),

$$\boldsymbol{y}(t)=\frac{\boldsymbol{Q}(z)}{\alpha(z)}\boldsymbol{u}(t)+\frac{1}{c(z)}\boldsymbol{v}(t), \tag{8.6.27}$$

或

$$\boldsymbol{y}(t)=\frac{\boldsymbol{Q}(z)}{\alpha(z)}\boldsymbol{u}(t)+\boldsymbol{C}^{-1}(z)\boldsymbol{v}(t). \tag{8.6.28}$$

我们能够推导出系统 (8.6.27) 和 (8.6.28) 的部分耦合辅助模型广义随机梯度辨识算法与部分耦合辅助广义最小二乘辨识算法, 以及基于滤波的部分耦合辅助模型随机梯度辨识算法与部分耦合辅助模型最小二乘辨识算法.

4. **类多变量输出误差自回归滑动平均系统** (multivariable OEARMA-like system, i.e., multivariable Box-Jenkins-like system),

$$\boldsymbol{y}(t)=\frac{\boldsymbol{Q}(z)}{\alpha(z)}\boldsymbol{u}(t)+\frac{d(z)}{c(z)}\boldsymbol{v}(t), \tag{8.6.29}$$

或

$$\boldsymbol{y}(t)=\frac{\boldsymbol{Q}(z)}{\alpha(z)}\boldsymbol{u}(t)+\frac{\boldsymbol{D}(z)}{c(z)}\boldsymbol{v}(t), \tag{8.6.30}$$

或

$$\boldsymbol{y}(t)=\frac{\boldsymbol{Q}(z)}{\alpha(z)}\boldsymbol{u}(t)+\boldsymbol{C}^{-1}(z)d(z)\boldsymbol{v}(t), \tag{8.6.31}$$

或

$$\boldsymbol{y}(t)=\frac{\boldsymbol{Q}(z)}{\alpha(z)}\boldsymbol{u}(t)+\boldsymbol{C}^{-1}(z)\boldsymbol{D}(z)\boldsymbol{v}(t). \tag{8.6.32}$$

我们能够推导系统 (8.6.29)~(8.6.32) 的部分耦合辅助模型广义增广随机梯度辨识算法与部分耦合辅助模型广义增广最小二乘辨识算法, 以及基于滤波的部分耦合辅助模型随机梯度辨识算法与部分耦合辅助模型最小二乘辨识算法. 文献 [122] 讨论了类多变量 Box-Jenkins 系统的辅助模型递阶最小二乘迭代辨识算法.

8.6.4 多变量方程误差类系统

下面简单给出可用耦合辨识概念来研究的多变量方程误差类系统模型结构.

考虑下列类多变量 CARARMA 系统 (多变量 CARARMA-like 系统), 又称类多变量 ARARMAX 系统 (多变量 ARARMAX-like 系统),

$$\boldsymbol{A}(z)\boldsymbol{y}(t)=\boldsymbol{B}(z)\boldsymbol{u}(t)+\boldsymbol{C}^{-1}(z)\boldsymbol{D}(z)\boldsymbol{v}(t), \tag{8.6.33}$$

有关变量定义同上, 多项式矩阵 $\boldsymbol{B}(z)$ 定义为

$$\boldsymbol{B}(z):=\boldsymbol{B}_1z^{-1}+\boldsymbol{B}_2z^{-2}+\cdots+\boldsymbol{B}_{n_b}z^{-n_b},\ \boldsymbol{B}_i\in\mathbb{R}^{m\times r}.$$

针对 $\boldsymbol{C}(z)$ 和 $\boldsymbol{D}(z)$ 的不同取值, 我们可以得到下列几种特殊形式.

1. **多变量方程误差系统** (multivariable equation error system), 或 **多变量 CAR 系统** (**多变量 ARX 系统**),

$$\boldsymbol{A}(z)\boldsymbol{y}(t)=\boldsymbol{B}(z)\boldsymbol{u}(t)+\boldsymbol{v}(t). \tag{8.6.34}$$

本书作者 2008 年发表在《中国科学》上的论文研究了多变量方程误差系统随机梯度辨识方法的收敛性[37, 38].

2. **多变量方程误差滑动平均系统** (multivariable equation error moving average system, i.e., multivariable EEMA system), 或 **多变量 CARMA 系统** (**多变量 ARMAX 系统**),

$$\boldsymbol{A}(z)\boldsymbol{y}(t)=\boldsymbol{B}(z)\boldsymbol{u}(t)+d(z)\boldsymbol{v}(t), \tag{8.6.35}$$

或

$$\boldsymbol{A}(z)\boldsymbol{y}(t)=\boldsymbol{B}(z)\boldsymbol{u}(t)+\boldsymbol{D}(z)\boldsymbol{v}(t). \tag{8.6.36}$$

3. **多变量方程误差自回归系统** (multivariable equation error autoregressive system, i.e., multivariable EEAR system), 或 **多变量 CARAR 系统** (**多变量 ARARX 系统**),

$$\boldsymbol{A}(z)\boldsymbol{y}(t)=\boldsymbol{B}(z)\boldsymbol{u}(t)+\frac{1}{c(z)}\boldsymbol{v}(t), \tag{8.6.37}$$

或

$$\boldsymbol{A}(z)\boldsymbol{y}(t)=\boldsymbol{B}(z)\boldsymbol{u}(t)+\boldsymbol{C}^{-1}(z)\boldsymbol{v}(t), \tag{8.6.38}$$

4. **多变量受控自回归自回归滑动平均系统** (multivariable CARARMA system),

$$\boldsymbol{A}(z)\boldsymbol{y}(t)=\boldsymbol{B}(z)\boldsymbol{u}(t)+\frac{d(z)}{c(z)}\boldsymbol{v}(t), \tag{8.6.39}$$

或

$$\boldsymbol{A}(z)\boldsymbol{y}(t)=\boldsymbol{B}(z)\boldsymbol{u}(t)+\frac{\boldsymbol{D}(z)}{c(z)}\boldsymbol{v}(t), \tag{8.6.40}$$

或

$$\boldsymbol{A}(z)\boldsymbol{y}(t)=\boldsymbol{B}(z)\boldsymbol{u}(t)+\boldsymbol{C}^{-1}(z)d(z)\boldsymbol{v}(t), \tag{8.6.41}$$

或

$$\boldsymbol{A}(z)\boldsymbol{y}(t)=\boldsymbol{B}(z)\boldsymbol{u}(t)+\boldsymbol{C}^{-1}(z)\boldsymbol{D}(z)\boldsymbol{v}(t). \tag{8.6.42}$$

这类系统的辨识可以用递推广义增广最小二乘算法和广义增广随机梯度算法, 其收敛性分析仿照文献 [108], [109] 中方法进行证明. 丁锋和谢新民研究了这类多变量系统递推广义增广最小二乘辨识算法的收敛性[107].

8.6.5 多变量输出误差类系统

下面简单给出可用耦合辨识概念来研究的多变量输出误差类系统模型结构.

考虑下列多变量 OEARMA 系统 (多变量 Box-Jenkins 系统),

$$\boldsymbol{y}(t)=\boldsymbol{A}^{-1}(z)\boldsymbol{B}(z)\boldsymbol{u}(t)+\boldsymbol{C}^{-1}(z)\boldsymbol{D}(z)\boldsymbol{v}(t). \tag{8.6.43}$$

进一步可广义化为

$$f(z)\boldsymbol{y}(t)=\boldsymbol{A}^{-1}(z)\boldsymbol{B}(z)\boldsymbol{u}(t)+\boldsymbol{C}^{-1}(z)\boldsymbol{D}(z)\boldsymbol{v}(t), \tag{8.6.44}$$

或

$$\boldsymbol{F}(z)\boldsymbol{y}(t)=\boldsymbol{A}^{-1}(z)\boldsymbol{B}(z)\boldsymbol{u}(t)+\boldsymbol{C}^{-1}(z)\boldsymbol{D}(z)\boldsymbol{v}(t), \tag{8.6.45}$$

其中

$$f(z):=1+f_1z^{-1}+f_2z^{-2}+\cdots+f_nz^{-n},\ f_i\in\mathbb{R},$$
$$\boldsymbol{F}(z):=\boldsymbol{I}+\boldsymbol{F}_1z^{-1}+\boldsymbol{F}_2z^{-2}+\cdots+\boldsymbol{F}_{n_f}z^{-n_f},\ \boldsymbol{F}_i\in\mathbb{R}^{m\times m}.$$

针对 $\boldsymbol{C}(z)$ 和 $\boldsymbol{D}(z)$ 的不同取值, 从式 (8.6.43), 我们可以得到下列几种特殊形式.

1. **多变量输出误差系统** (multivariable output error system),

$$\boldsymbol{y}(t)=\boldsymbol{A}^{-1}(z)\boldsymbol{B}(z)\boldsymbol{u}(t)+\boldsymbol{v}(t), \tag{8.6.46}$$

丁锋等提出了这类多变量输出误差系统的辅助模型随机梯度辨识算法和辅助模型递推最小二乘辨识算法, 并研究了其收敛性[110~112]. 读者可以利用耦合辨识概念, 研究系统 (8.6.46) 的部分耦合辅助模型随机梯度辨识算法与部分耦合辅助模型最小二乘辨识算法.

2. **多变量输出误差滑动平均系统** (multivariable OEMA system),

$$\boldsymbol{y}(t)=\boldsymbol{A}^{-1}(z)\boldsymbol{B}(z)\boldsymbol{u}(t)+d(z)\boldsymbol{v}(t), \tag{8.6.47}$$

或

$$\boldsymbol{y}(t)=\boldsymbol{A}^{-1}(z)\boldsymbol{B}(z)\boldsymbol{u}(t)+\boldsymbol{D}(z)\boldsymbol{v}(t). \tag{8.6.48}$$

3. **多变量输出误差自回归系统** (multivariable OEAR system),

$$\boldsymbol{y}(t)=\boldsymbol{A}^{-1}(z)\boldsymbol{B}(z)\boldsymbol{u}(t)+\frac{1}{c(z)}\boldsymbol{v}(t), \tag{8.6.49}$$

或

$$\boldsymbol{y}(t)=\boldsymbol{A}^{-1}(z)\boldsymbol{B}(z)\boldsymbol{u}(t)+\boldsymbol{C}^{-1}(z)\boldsymbol{v}(t). \tag{8.6.50}$$

4. **多变量输出误差自回滑动平均系统** (multivariable OEARMA system), 即多变量 Box-Jenkins 系统:

$$\boldsymbol{y}(t)=\boldsymbol{A}^{-1}(z)\boldsymbol{B}(z)\boldsymbol{u}(t)+\frac{d(z)}{c(z)}\boldsymbol{v}(t), \tag{8.6.51}$$

或

$$\boldsymbol{y}(t)=\boldsymbol{A}^{-1}(z)\boldsymbol{B}(z)\boldsymbol{u}(t)+\frac{\boldsymbol{D}(z)}{c(z)}\boldsymbol{v}(t), \tag{8.6.52}$$

或

$$\boldsymbol{y}(t)=\boldsymbol{A}^{-1}(z)\boldsymbol{B}(z)\boldsymbol{u}(t)+\boldsymbol{C}^{-1}(z)d(z)\boldsymbol{v}(t), \tag{8.6.53}$$

或

$$\boldsymbol{y}(t)=\boldsymbol{A}^{-1}(z)\boldsymbol{B}(z)\boldsymbol{u}(t)+\boldsymbol{C}^{-1}(z)\boldsymbol{D}(z)\boldsymbol{v}(t). \tag{8.6.54}$$

这类系统的辨识可以用辅助模型递推广义增广最小二乘算法和辅助模型广义增广随机梯度算法, 其收敛性分析仿照文献 [108], [109] 中方法进行证明.

以上所列多变量系统模型结构的 (部分) 耦合最小二乘辨识方法和 (部分) 耦合随机梯度辨识方法等及其收敛性证明都是领域有待研究的重要课题.

8.7 小 结

耦合辨识是基于多变量子系统间存在耦合参数而发展起来的一种新型辨识方法. 耦合辨识概念是解决结构复杂、参数耦合线性或非线性多变量系统辨识问题而提出的一种辨识理念与方法. 目的是通过子系统参数估计的耦合, 减少子系统参数向量的冗余估计, 减小辨识算法的计算量、提高辨识算法的收敛速度.

耦合辨识概念也可以用于研究一般矩阵方程和耦合矩阵方程的梯度迭代求解方法和最小二乘迭代求解方法. 本章讨论了多变量线性回归系统的几种全耦合最小二乘辨识算法、耦合随机梯度辨识算法、讨论了拥有公分母特征多项式多变量系统的几种部分耦合最小二乘辨识方法、部分耦合随机梯度辨识算法. 最后, 列出了可用耦合辨识概念进行研究的有色噪声干扰的一些多元系统模型结构, 包括有色噪声干扰多元伪线性回归系统、多变量方程误差系统和多变量输出误差系统、类多变量方程误差系统和类多变量输出误差系统等.

提出的耦合辨识概念, 能够研究和解决国际辨识专家加拿大教授 Sinha 和 Kwong 在 (Automatica, 1979, 4: 471-475) 三十多年前中提出的存在交互干扰噪声的耦合多变量系统领域的辨识难题.

值得指出的是: 辨识在自适应控制、预测控制、故障诊断等方面有广泛应用. 新的辨识方法用于这些领域的研究, 将导致一系列自校正控制方法、自校正预测控制方法、基于参数估计的故障诊断方法等[288~236].

本章主要内容已在《南京信息工程大学学报 (自然科学版)》连载:

"丁锋. 系统辨识 (8): 耦合辨识概念与方法. 南京信息工程大学学报 (自然科学版), 2012, 4(3): 193-212."

"Ding F. System identification: Part H – Coupling identification concept and methods. Journal of Nanjing University of Information Science & Technology (Natural Science Edition), 2012, 4(3): 193-212."

8.8 思 考 题

1. **块矩阵分解引理** (block matrix decomposition lemma)

设方阵 $\boldsymbol{A}$ 分块如下,

$$\boldsymbol{A}:=\begin{bmatrix}\boldsymbol{A}_1 & \boldsymbol{A}_{12}\\ \boldsymbol{A}_{21} & \boldsymbol{A}_2\end{bmatrix},$$

其中 $\boldsymbol{A}_1$ 和 $\boldsymbol{A}_2$ 都是方阵. 现假设 $\boldsymbol{A}_1$ 非异, 那么 $\boldsymbol{Q}_1:=\boldsymbol{A}_2-\boldsymbol{A}_{21}\boldsymbol{A}_1^{-1}\boldsymbol{A}_{12}$ 与 $\boldsymbol{A}$ 同为非奇异矩阵, 且 $\boldsymbol{A}$ 可分解为

$$\begin{bmatrix}\boldsymbol{A}_1 & \boldsymbol{A}_{12}\\ \boldsymbol{A}_{21} & \boldsymbol{A}_2\end{bmatrix}=\begin{bmatrix}\boldsymbol{I} & \boldsymbol{0}\\ \boldsymbol{A}_{21}\boldsymbol{A}_1^{-1} & \boldsymbol{I}\end{bmatrix}\begin{bmatrix}\boldsymbol{A}_1 & \boldsymbol{0}\\ \boldsymbol{0} & \boldsymbol{Q}_1\end{bmatrix}\begin{bmatrix}\boldsymbol{I} & \boldsymbol{A}_1^{-1}\boldsymbol{A}_{12}\\ \boldsymbol{0} & \boldsymbol{I}\end{bmatrix}.$$

对偶地, 若 $\boldsymbol{A}_2$ 非异, 则 $\boldsymbol{Q}_2:=\boldsymbol{A}_1-\boldsymbol{A}_{12}\boldsymbol{A}_2^{-1}\boldsymbol{A}_{21}$ 与 $\boldsymbol{A}$ 同为非奇异矩阵, 且有

$$\begin{bmatrix}\boldsymbol{A}_1 & \boldsymbol{A}_{12}\\ \boldsymbol{A}_{21} & \boldsymbol{A}_2\end{bmatrix}=\begin{bmatrix}\boldsymbol{I} & \boldsymbol{A}_{12}\boldsymbol{A}_2^{-1}\\ \boldsymbol{0} & \boldsymbol{I}\end{bmatrix}\begin{bmatrix}\boldsymbol{A}_1-\boldsymbol{A}_{12}\boldsymbol{A}_2^{-1}\boldsymbol{A}_{21} & \boldsymbol{0}\\ \boldsymbol{0} & \boldsymbol{A}_2\end{bmatrix}\begin{bmatrix}\boldsymbol{I} & \boldsymbol{0}\\ \boldsymbol{A}_2^{-1}\boldsymbol{A}_{21} & \boldsymbol{I}\end{bmatrix}.$$

这里, 矩阵 $\boldsymbol{Q}_1$ 和 $\boldsymbol{Q}_2$ 分别称为 $\boldsymbol{A}_1$ 和 $\boldsymbol{A}_2$ 对于 $\boldsymbol{A}$ 的**舒尔补** (Schur complement).

2. **三角块矩阵求逆引理** (block triangular matrix inversion lemma)

设可逆方阵 $\boldsymbol{A}$ 分块如下,

$$\boldsymbol{A}:=\begin{bmatrix}\boldsymbol{A}_1 & \boldsymbol{0}\\ \boldsymbol{A}_{21} & \boldsymbol{A}_2\end{bmatrix},\text{ 或 }\boldsymbol{A}:=\begin{bmatrix}\boldsymbol{A}_1 & \boldsymbol{A}_{12}\\ \boldsymbol{0} & \boldsymbol{A}_2\end{bmatrix},$$

其中 $\boldsymbol{A}_1$ 和 $\boldsymbol{A}_2$ 都是方阵. 特别地, 如果 $\boldsymbol{A}$ 是可逆块三角矩阵, 那么 $\boldsymbol{A}_1$ 和 $\boldsymbol{A}_2$ 都可逆, 且有下列 2 个矩阵逆公式,

(1) $$\begin{bmatrix}\boldsymbol{A}_1 & \boldsymbol{0}\\ \boldsymbol{A}_{21} & \boldsymbol{A}_2\end{bmatrix}^{-1}=\begin{bmatrix}\boldsymbol{A}_1^{-1} & \boldsymbol{0}\\ -\boldsymbol{A}_2^{-1}\boldsymbol{A}_{21}\boldsymbol{A}_1^{-1} & \boldsymbol{A}_2^{-1}\end{bmatrix};$$

(2) $$\begin{bmatrix}\boldsymbol{A}_1 & \boldsymbol{A}_{12}\\ \boldsymbol{0} & \boldsymbol{A}_2\end{bmatrix}^{-1}=\begin{bmatrix}\boldsymbol{A}_1^{-1} & -\boldsymbol{A}_1^{-1}\boldsymbol{A}_{12}\boldsymbol{A}_2^{-1}\\ \boldsymbol{0} & \boldsymbol{A}_2^{-1}\end{bmatrix}.$$

3. **块矩阵求逆引理** (block matrix inversion lemma)

设可逆方阵 $\boldsymbol{A}$ 分块如下,

$$\boldsymbol{A}:=\begin{bmatrix}\boldsymbol{A}_1 & \boldsymbol{A}_{12}\\ \boldsymbol{A}_{21} & \boldsymbol{A}_2\end{bmatrix},$$

其中 $\boldsymbol{A}_1$ 和 $\boldsymbol{A}_2$ 都是方阵. 令 $\boldsymbol{Q}_1:=\boldsymbol{A}_2-\boldsymbol{A}_{21}\boldsymbol{A}_1^{-1}\boldsymbol{A}_{12}$, $\boldsymbol{Q}_2:=\boldsymbol{A}_1-\boldsymbol{A}_{12}\boldsymbol{A}_2^{-1}\boldsymbol{A}_{21}$. 则下列 2 个等式成立:

(1) $$\begin{bmatrix}\boldsymbol{A}_1 & \boldsymbol{A}_{12}\\ \boldsymbol{A}_{21} & \boldsymbol{A}_2\end{bmatrix}^{-1}=\begin{bmatrix}\boldsymbol{A}_1^{-1}+\boldsymbol{A}_1^{-1}\boldsymbol{A}_{12}\boldsymbol{Q}_1^{-1}\boldsymbol{A}_{21}\boldsymbol{A}_1^{-1} & -\boldsymbol{A}_1^{-1}\boldsymbol{A}_{12}\boldsymbol{Q}_1^{-1}\\ -\boldsymbol{Q}_1^{-1}\boldsymbol{A}_{21}\boldsymbol{A}_1^{-1} & \boldsymbol{Q}_1^{-1}\end{bmatrix};$$

(2) $\begin{bmatrix} \boldsymbol{A}_1 & \boldsymbol{A}_{12} \\ \boldsymbol{A}_{21} & \boldsymbol{A}_2 \end{bmatrix}^{-1} = \begin{bmatrix} \boldsymbol{Q}_2^{-1} & -\boldsymbol{Q}_2^{-1}\boldsymbol{A}_{12}\boldsymbol{A}_2^{-1} \\ -\boldsymbol{A}_2^{-1}\boldsymbol{A}_{21}\boldsymbol{Q}_2^{-1} & \boldsymbol{A}_2^{-1}+\boldsymbol{A}_2^{-1}\boldsymbol{A}_{21}\boldsymbol{Q}_2^{-1}\boldsymbol{A}_{12}\boldsymbol{A}_2^{-1} \end{bmatrix}.$

4. **块矩阵行列式引理** (block matrix determinant lemma)

设方阵 $\boldsymbol{A}$ 分块如下,

$$\boldsymbol{A} := \begin{bmatrix} \boldsymbol{A}_1 & \boldsymbol{A}_{12} \\ \boldsymbol{A}_{21} & \boldsymbol{A}_2 \end{bmatrix},$$

其中 $\boldsymbol{A}_1$ 和 $\boldsymbol{A}_2$ 都是方阵. 如果 $\boldsymbol{A}_1$ 非异, 则有

$$\det[\boldsymbol{A}] = \det[\boldsymbol{A}_1]\det[\boldsymbol{A}_2 - \boldsymbol{A}_{21}\boldsymbol{A}_1^{-1}\boldsymbol{A}_{12}];$$

同样, 如果 $\boldsymbol{A}_2$ 非异, 则有

$$\det[\boldsymbol{A}] = \det[\boldsymbol{A}_2]\det[\boldsymbol{A}_1 - \boldsymbol{A}_{12}\boldsymbol{A}_2^{-1}\boldsymbol{A}_{21}].$$

特别地, 对于任意矩阵 $\boldsymbol{D}\in\mathbb{R}^{m\times n}$ 和 $\boldsymbol{E}\in\mathbb{R}^{n\times m}$, 我们有

$$\det\begin{bmatrix} \boldsymbol{I}_m & \boldsymbol{D} \\ -\boldsymbol{E} & \boldsymbol{I}_n \end{bmatrix} = \det[\boldsymbol{I}_n + \boldsymbol{E}\boldsymbol{D}] = \det[\boldsymbol{I}_m + \boldsymbol{D}\boldsymbol{E}].$$

这个引理说明: 运用矩阵分解公式, 我们可以通过矩阵的子矩阵计算其行列式.

5. **基于信息矩阵分解的递推最小二乘辨识方法和最小二乘迭代辨识方法**

对于式 (8.2.5) 的信息向量耦合多变量系统:

$$y_i(t) = [\boldsymbol{\phi}^{\mathrm{T}}(t), \boldsymbol{\phi}_i^{\mathrm{T}}(t)]\boldsymbol{\theta}_i + v_i(t),\ i=1,2,\cdots,m,$$

为减小最小二乘辨识方法的计算量, 利用协方差矩阵分解, 研究这类多变量的递推最小二乘辨识方法和最小二乘迭代辨识方法. (提示: 参考文献 [105])

6. **部分耦合随机梯度辨识方法和部分耦合最小二乘辨识方法**

对于式 (8.2.9) 的信息向量和参数向量耦合多变量系统:

$$y_i(t) = [\boldsymbol{\varphi}^{\mathrm{T}}(t), \boldsymbol{\varphi}_i^{\mathrm{T}}(t)]\begin{bmatrix} \boldsymbol{\vartheta} \\ \boldsymbol{\vartheta}_i \end{bmatrix} + v_i(t),\ i=1,2,\cdots,m,$$

研究其部分耦合随机梯度辨识方法和部分耦合最小二乘辨识方法.

7. 对于式 (8.2.8) 的参数向量耦合多变量系统:

$$y_i(t) = \boldsymbol{\varphi}_i^{\mathrm{T}}(t)\begin{bmatrix} \boldsymbol{\vartheta} \\ \boldsymbol{\vartheta}_i \end{bmatrix} + v_i(t),\ i=1,2,\cdots,m,$$

研究其部分耦合随机梯度辨识方法和部分耦合最小二乘辨识方法.

8. 当干扰为滑动平均噪声时, 式 (8.2.5) 的信息向量耦合多变量系统扩展为

$$y_i(t) = [\boldsymbol{\phi}^{\mathrm{T}}(t), \boldsymbol{\phi}_i^{\mathrm{T}}(t)]\boldsymbol{\theta}_i + d_i(z)v_i(t),\ i=1,2,\cdots,m,$$

分别考虑两种情形:

$$d_i(z) := 1 + d_i(1)z^{-1} + d_i(2)z^{-2} + \cdots + d_i(n_d)z^{-n_d},\ d_i(j)\in\mathbb{R},$$
$$d_i(z) := d(z) = 1 + d_1z^{-1} + d_2z^{-2} + \cdots + d_{n_d}z^{-n_d},\ d_i\in\mathbb{R},$$

利用协方差矩阵分解, 研究这类多变量的递推增广最小二乘辨识方法和最小二乘迭代辨识方法. (提示: 参考文献 [105])

9. 当干扰为滑动平均噪声时, 式 (8.2.9) 的信息向量和参数向量耦合多变量系统扩展为

$$y_i(t)=[\boldsymbol{\varphi}^{\mathrm{T}}(t),\boldsymbol{\varphi}_i^{\mathrm{T}}(t)]\begin{bmatrix}\boldsymbol{\vartheta}\\ \boldsymbol{\vartheta}_i\end{bmatrix}+d_i(z)v_i(t),\ i=1,2,\cdots,m,$$

分别考虑两种情形:

$$d_i(z):=1+d_i(1)z^{-1}+d_i(2)z^{-2}+\cdots+d_i(n_d)z^{-n_d},\ d_i(j)\in\mathbb{R},$$

$$d_i(z):=d(z)=1+d_1z^{-1}+d_2z^{-2}+\cdots+d_{n_d}z^{-n_d},\ d_i\in\mathbb{R},$$

研究这类多变量系统的部分耦合增广随机梯度辨识方法和部分耦合增广最小二乘递推 (迭代) 辨识方法.

10. 当干扰为滑动平均噪声时, 式 (8.2.8) 的参数向量耦合多变量系统扩展为

$$y_i(t)=\boldsymbol{\varphi}_i^{\mathrm{T}}(t)\begin{bmatrix}\boldsymbol{\vartheta}\\ \boldsymbol{\vartheta}_i\end{bmatrix}+d_i(z)v_i(t),\ i=1,2,\cdots,m,$$

分别考虑两种情形:

$$d_i(z):=1+d_i(1)z^{-1}+d_i(2)z^{-2}+\cdots+d_i(n_d)z^{-n_d},\ d_i(j)\in\mathbb{R},$$

$$d_i(z):=d(z)=1+d_1z^{-1}+d_2z^{-2}+\cdots+d_{n_d}z^{-n_d},\ d_i\in\mathbb{R},$$

研究这类多变量需要的部分耦合增广随机梯度辨识方法和部分耦合增广最小二乘递推 (迭代) 辨识方法.

11. **均值极限引理** (average value limit lemma)[29]

假设非负序列 $\{f(t)\}$ 有极限 f_0, 即 $\lim\limits_{t\to\infty}f(t)=f_0$, 则下式成立:

$$\lim_{t\to\infty}\frac{1}{t}[f(1)+f(2)+\cdots+f(t)]=f_0.$$

12. **极限级数引理** (limit-series lemma)[75]

设函数 $f(t)\geqslant 0$, $g(t)\geqslant 0$, 极限 $\lim\limits_{t\to\infty}f(t)=f_0<\infty$ 存在, 而

$$\sum_{t=1}^{\infty}g(t)=\infty,\quad \sum_{t=1}^{\infty}f(t)g(t)<\infty,$$

则有 $f_0=0$.

13. **Kronecker 引理** (Kronecker lemma)[60]

对于实序列 $\{a_k\}$ 和 $\{b_k\}$, 如果 $b_k\to\infty$, 且 $\sum\limits_{k=1}^{\infty}a_k/b_k$ 收敛, 则有

$$\lim_{n\to\infty}\frac{1}{b_k}\sum_{k=1}^{n}a_k=0.$$

14. **Toeplitz 引理** (Toeplitz lemma)[60]

设双时标序列 $\{a_{nm},\ n=1,2,3,\cdots,\ m=1,2,\cdots,n\}$ 满足

$$\lim_{n\to\infty}a_{nm}=0,\ \text{for any } m,$$

及 $\sum\limits_{m=1}^{n}|a_{nm}|=o(1)$, 则有

$$x_n\to 0\ \Longrightarrow\ \sum_{m=1}^{n}a_{nm}\to 0;$$

进一步, 设 $\sum\limits_{m=1}^{n}a_{nm}\to 1$, 则有

$$x_n\to x\ \Longrightarrow\ \sum_{m=1}^{n}a_{nm}x_m\to x.$$

参 考 文 献

[1] 万百五. 控制论创立六十年. **控制理论与应用**, 2008, 25(4): 597-602.

[2] 廖晓昕. 漫谈 Lyapunov 稳定性的理论、方法和应用. **南京信息工程大学学报** (自然科学版), 2009, 1(1): 1-15.

[3] 廖晓昕. 综合国力非线性扩散模型稳定性分析. **南京信息工程大学学报** (自然科学版), 2009, 1(3): 247-251.

[4] 丁锋. 系统辨识 (1): 辨识导引. **南京信息工程大学学报** (自然科学版), 2011, 3(1): 1-22.

[5] 丁锋. 系统辨识 (2): 系统描述的基本模型. **南京信息工程大学学报** (自然科学版), 2011, 3(2): 97-117.

[6] 丁锋. 系统辨识 (3): 辨识精度与辨识基本问题. **南京信息工程大学学报** (自然科学版), 2011, 3(3): 193-226.

[7] 丁锋. 系统辨识 (4): 辅助模型辨识思想与方法. **南京信息工程大学学报** (自然科学版), 2011, 3(4): 289-318.

[8] 丁锋. 系统辨识 (5): 迭代搜索原理与辨识方法. **南京信息工程大学学报** (自然科学版), 2011, 3(6): 481-510.

[9] 丁锋. 系统辨识 (6): 多新息辨识理论与方法. **南京信息工程大学学报** (自然科学版), 2012, 4(1): 1-28.

[10] 丁锋. 系统辨识 (7): 递阶辨识原理与方法. **南京信息工程大学学报**(自然科学版), 2012, 4(2): 97-124.

[11] 丁锋. 系统辨识 (8): 耦合辨识概念与方法. **南京信息工程大学学报** (自然科学版), 2012, 4(3): 193-212.

[12] 丁锋. 辨识方法的计算效率 (1): 递推算法. **南京信息工程大学学报** (自然科学版), 2012, 4(4): 289-300.

[13] 丁锋. 辨识方法的计算效率 (2): 迭代算法. **南京信息工程大学学报** (自然科学版), 2012, 4(5): 385-401.

[14] 丁锋. 辨识方法的计算效率 (3): 信息向量耦合算法. **南京信息工程大学学报** (自然科学版), 2012, 4(6): 481-495.

[15] Chen L, Li J H, Ding R F. Identification of the second-order systems based on the step response. **Mathematical and Computer Modelling**, 2011, 53(5-6): 1074-1083.

[16] Zadeh L A. From circuit theory to system theory. **Proceedings of the IRE**, 1962, 50(5): 856-865.

[17] Ljung L. Convergence analysis of parametric identification methods. **IEEE Transactions on Automatic Control**, 1978, 23(5): 770-783.

[18] 方崇智, 萧德云. 过程辨识. 北京: 清华大学出版社, 1988.

[19] 丁锋, 谢新民. 动态系统时变参数跟踪估计. **控制与决策**, 1992, 7(3): 205-210.

[20] Yin H H, Zhu Z F, Ding F. Model order determination using the Hankel matrix of impulse responses. **Applied Mathematics Letters**, 2011, 24(5): 797-802.

[21] 丁韬, 丁锋. 状态方程阶次辨识. **清华大学学报** (自然科学版), 2002, 42(1): 108-110.

[22] 丁锋. 双线性系统阶次辨识. **清华大学研究生学报**, 1991, 5(1): 1-3.

[23] 谢新民, 丁锋. 自适应控制系统. 北京: 清华大学出版社, 2002.

[24] Xiao Y S, Wang D Q, Ding F. The residual based ESG algorithm and its performance analysis. **Journal of the Franklin Institute–Engineering and Applied Mathematics**, 2010, 347(2): 426-437.

[25] Wang D Q, Ding F. Input-output data filtering based recursive least squares parameter estimation for CARARMA systems. **Digital Signal Processing**, 2010, 20(4): 991-999.

[26] 丁锋, 丁韬. 衰减激励条件下随机系统最小二乘的收敛性. **湖北工学院学报**, 2001, 16(1): 5-7.

[27] Ding F, Chen T. Combined parameter and output estimation of dual-rate systems using an auxiliary model. **Automatica**, 2004, 40(10): 1739-1748.

[28] Ding F, Chen T. Identification of dual-rate systems based on finite impulse response models. **International Journal of Adaptive Control and Signal Processing**, 2004, 18(7): 589-598.

[29] Ding F, Chen T. Parameter estimation of dual-rate stochastic systems by using an output error method. **IEEE Transactions on Automatic Control**, 2005, 50(9): 1436-1441.

[30] Ding F, Liu X P, Liu G. Gradient based and least-squares based iterative identification methods for OE and OEMA systems. **Digital Signal Processing**, 2010, 20(3): 664-677.

[31] 丁锋, 丁韬, 杨家本. 辅助变量最小二乘辨识的均方收敛性. **控制与决策** (增刊), 2001, 16(s): 741-744.

[32] Ding F, Chen T. Parameter estimation for dual-rate systems with finite measurement data. **Dynamics of Continuous, Discrete and Impulsive Systems, Series B: Applications and Algorithms**, 2004, 11(1): 101-121.

[33] Ding F, Liu X P, Liu G. Multi-innovation least squares identification for system modeling. **IEEE Transactions on Systems, Man, and Cybernetics, Part B: Cybernetics**, 2010, 40(3): 767-778.

[34] Ding F, Chen T. Hierarchical least squares identification methods for multivariable systems. **IEEE Transactions on Automatic Control**, 2005, 50(3): 397-402.

[35] Liu X G, Lu J. Least squares based iterative identification for a class of multirate systems. **Automatica**, 2010, 46(3): 549-554.

[36] Liu Y J, Wang D Q, Ding F. Least-squares based iterative algorithms for identifying Box-Jenkins models with finite measurement data. **Digital Signal Processing**, 2010, 20(5): 1458-1467.

[37] 丁锋, 杨慧中, 刘飞. 弱条件下随机梯度算法性能分析. **中国科学 E 辑: 信息科学**, 2008, 38(12): 2173-2184.

[38] Ding F, Yang H Z, Liu F. Performance analysis of stochastic gradient algorithms under weak conditions. **Science in China Series F–Information Sciences**, 2008, 51(9): 1269-1280.

[39] 丁锋, 丁韬, 杨家本, 徐用懋. 时变参数遗忘梯度估计算法的收敛性. **自动化学报**, 2002, 28(6): 962-968.

[40] Wang D Q, Yang G W, Ding F. Gradient-based iterative parameter estimation for Box-Jenkins systems with finite measurement data. **Computers & Mathematics with Applications**, 2010, 60(5): 1200-1208.

[41] Ding F, Chen T. Performance analysis of multi-innovation gradient type identification methods. **Automatica**, 2007, 43(1): 1-14.

[42] Ding F, Liu X P, Liu G. Auxiliary model based multi-innovation extended stochastic gradient parameter estimation with colored measurement noises. **Signal Processing**, 2009, 89(10): 1883-1890.

[43] Ding F. Several multi-innovation identification methods. **Digital Signal Processing**, 2010, 20(4): 1027-1039.

[44] Ding F, Chen T. Hierarchical gradient-based identification of multivariable discrete-time systems. **Automatica**, 2005, 41(2): 315-325.

[45] 丁锋. 多变量系统辨识. 北京: 清华大学自动化系**硕士学位论文**, 1990.

[46] Ding F, Ding J. Least squares parameter estimation with irregularly missing data. **International Journal of Adaptive Control and Signal Processing**, 2010, 24(7): 540-553.

[47] Ding F, Liu G, Liu XP. Parameter estimation with scarce measurements. **Automatica**, 2011, 47(8): 1646-1655.

[48] Ding F, Shi Y, Chen T. Auxiliary model based least-squares identification methods for Hammerstein output-error systems. **Systems & Control Letters**, 2007, 56(5): 373-380.

[49] 丁锋. 时变参数系统辨识及其应用. 北京: 清华大学自动化系**博士学位论文**, 1994.

[50] Moustafa K A F. Identification of stochastic time-varying systems. **IEE Proceeding, Part D: Control Theory and Applications**, 1983, 130(4): 137-142.

[51] 丁锋, 谢新民, 方崇智. 时变系统辨识的多新息方法. **自动化学报**, 1996, 22(1): 85-91.

[52] 丁锋, 萧德云, 丁韬. 多新息随机梯度辨识方法. **控制理论与应用**, 2003, 20(6): 870-874.

[53] 丁锋, 杨家本. 大系统的递阶辨识. **自动化学报**, 1999, 25(5): 647-654.

[54] 丁锋, 萧德云. 多变量系统状态空间模型的递阶辨识. **控制与决策**, 2005, 20(8): 848-853+859.

[55] Ding F, Chen T. Hierarchical identification of lifted state-space models for general dual-rate systems. **IEEE Transactions on Circuits and Systems–I: Regular Papers**, 2005, 52(6): 1179-1187.

[56] Han H Q, Xie L, Ding F, et al. Hierarchical least squares based iterative identification for multivariable systems with moving average noises. **Mathematical and Computer Modelling**, 2010, 51(9-10): 1213-1220.

[57] Zhang Z N, Ding F, Liu X G. Hierarchical gradient based iterative parameter estimation algorithm for multivariable output error moving average systems. **Computers & Mathematics with Applications**, 2011, 61(3): 672-682.

[58] Ding F, Liu G, Liu X P. Partially coupled stochastic gradient identification methods for non-uniformly sampled systems. **IEEE Transactions on Automatic Control**, 2010, 55(8): 1976-1981.

[59] Ding F, Liu X P, Liu G. Identification methods for Hammerstein nonlinear systems. **Digital Signal Processing**, 2011, 21(2): 215-238.

[60] Goodwin G C, Sin K S. Adaptive Filtering, Prediction and Control. Prentice Hall, Englewood Cliffs, New Jersey, 1984.

[61] 冯纯伯, 史维. 自适应控制. 北京: 电子工业出版社, 1986.

[62] Ljung L. System Identification: Theory for the User. 2nd ed. New Jersey: Prentice Hall, Englewood Cliffs, 1999.

[63] Ding F, Chen T. Modeling and identification for multirate systems. **Acta Automatica Sinica**, 2005, 31(1): 105-122.

[64] 丁锋, 杨慧中, 纪志成. 时变系统辨识方法及其收敛定理. **江南大学学报** (自然科学版), 2006, 5(1): 115-126.

[65] 刘艳君, 丁锋. 通过极小化参数估计误差协方差阵的递推最小二乘算法. **科学技术与工程**, 2008, 8(11): 2941-2944.

[66] 王治祥, 丁锋. z-s 变换及其应用. **控制与决策**, 1995, 10(1): 89-92.

[67] 廖育武, 于丽, 丁锋. 自回归模型的多新息随机梯度和多新息最小二乘辨识方法. **科学技术与工程**, 2008, 8(4): 1058-1060.

[68] 周毅, 丁锋. 依等价 AR 模型阶次递增的自回归滑动平均模型辨识. **华东理工大学学报** (自然科学版), 2008, 34(3): 425-431.

[69] 丁锋, 杨家本. 大系统频域模型简化的两种方法. **系统工程**, 1998, 16(5): 60-66.

[70] Ding J, Han L L, Chen X M. Time series AR modeling with missing observations based on the polynomial transformation. **Mathematical and Computer Modelling**, 2010, 51(5-6): 527-536.

[71] Ding F, Shi Y, Chen T. Performance analysis of estimation algorithms of non-stationary ARMA processes. **IEEE Transactions on Signal Processing**, 2006, 54(3): 1041-1053.

[72] Ding F, Shi Y, Chen T. Amendments to "Performance analysis of estimation algorithms of non-stationary ARMA processes". **IEEE Transactions on Signal Processing**, 2008, 56(10) Part I: 4983-4984.

[73] 周毅, 丁锋. 滑动平均模型的最小二乘辨识方法比较研究. **科学技术与工程**, 2007, 7(18): 4570-4575.

[74] 丁锋, 丁韬, 杨家本, 徐用懋. 衰减激励条件下递阶最小二乘辨识的均方收敛性. **控制与决策**, 2002, 17(1): 6-10.

[75] Ding F, Liu X P, Yang H Z. Parameter identification and intersample output estimation for dual-rate systems. **IEEE Transactions on Systems, Man, and Cybernetics, Part A: Systems and Humans**, 2008, 38(4): 966-975.

[76] Xiao Y S, Ding F, Zhou Y, et al. On consistency of recursive least squares identification algorithms for controlled auto-regression models. **Applied Mathematical Modelling**, 2008, 32(11): 2207-2215.

[77] 丁锋, 谢新民. 多变量系统递推增广最小二乘法收敛性分析. **控制与决策**, 1992, 7(6): 443-447.

[78] Liu Y J, Yu L, Ding F. Multi-innovation extended stochastic gradient algorithm and its performance analysis. **Circuits, Systems and Signal Processing**, 2010, 29(4): 649-667.

[79] Ding J, Ding F. The residual based extended least squares identification method for dual-rate systems. **Computers & Mathematics with Applications**, 2008, 56(6): 1479-1487.

[80] 王金海, 丁锋. CARMA 模型离线最小二乘迭代辨识方法. **科学技术与工程**, 2007, 7(23): 5998-6003.

[81] 陈晓伟, 丁锋. 动态调节模型的最小二乘迭代辨识方法. **科学技术与工程**, 2007, 7(23): 5994-5997.

[82] Wang W, Li J H, Ding R F. Maximum likelihood parameter estimation algorithm for controlled autoregressive autoregressive (CARAR) models. **International Journal of Computer Mathematics**, 2011, 88(16): 3458-3467.

[83] Xiao Y S, Yue N. Parameter estimation for nonlinear dynamical adjustment models. **Mathematical and Computer Modelling**, 2011, 54 (5-6): 1561-1568.

[84] 丁锋. 辨识 Box-Jenkins 模型参数的递推广义增广最小二乘法. **控制与决策**, 1990, 5(6): 53-56.

[85] 张勇, 杨慧中. 有色噪声干扰输出误差系统的偏差补偿递推最小二乘辨识方法. **自动化学报**, 2007,

33(10): 1053-1060.

[86] 杨慧中, 张勇. Box-Jenkins 模型偏差补偿方法与其他辨识方法的比较. **控制理论与应用**, 2007, 24(2): 215-222.

[87] Ding F, Xiao Y S. A finite-data-window least squares algorithm with a forgetting factor for dynamical modeling. **Applied Mathematics and Computation**, 2007, 186(1): 184-192.

[88] Wang W, Ding F, Dai J Y. Maximum likelihood least squares identification for systems with autoregressive moving average noise. **Applied Mathematical Modelling**, 2012, 36(5): 1842-1853.

[89] Li J H. Parameter estimation for Hammerstein CARARMA systems based on the Newton iteration. **Applied Mathematics Letters**, 2013, 26(1): 91-96.

[90] Ding F. Two-stage least squares based iterative estimation algorithm for CARARMA system modeling. **Applied Mathematical Modelling**, 2013, 37(x). http://dx.doi.org/10.1016/j.apm.2012.10.014.

[91] Ding F, Duan H H. Two-stage parameter estimation algorithms for Box-Jenkins systems. **IET Signal Processing**, 2013.

[92] Zhang Y, Cui G M. Bias compensation methods for stochastic systems with colored noise. **Applied Mathematical Modelling**, 2011, 35(4): 1709-1716.

[93] Zhang Y. Unbiased identification of a class of multi-input single-output systems with correlated disturbances using bias compensation methods. **Mathematical and Computer Modelling**, 2011, 53(9-10): 1810-1819.

[94] Wang D Q, Ding F. Performance analysis of the auxiliary models based multi-innovation stochastic gradient estimation algorithm for output error systems. **Digital Signal Processing**, 2010, 20(3): 750-762.

[95] Ding F. State filtering and parameter estimation for state space systems with scarce measurements. **Digital Signal Processing**, 2013, 23(x).

[96] 王冬青. 基于辅助模型的递推增广最小二乘辨识方法. **控制理论与应用**, 2009, 26(1): 51-56.

[97] Wang D Q. Least squares-based recursive and iterative estimation for output error moving average systems using data filtering. **IET Control Theory and Applications**, 2011, 5(14): 1648-1657.

[98] Ding J, Ding F. Bias compensation based parameter estimation for output error moving average systems. **International Journal of Adaptive Control and Signal Processing**, 2011, 25(12): 1100-1111.

[99] Ding F, Yue N. Two-stage parameter estimation for systems with colored noises based on the filtering technique. **Information Sciences**, 2013.

[100] 王冬青, 丁锋. Box-Jenkins 模型的基于辅助模型的多新息广义增广随机梯度算法. **控制与决策**, 2008, 23(9): 999-1003+1010.

[101] Xie L, Yang H Z, Ding F. Recursive least squares parameter estimation for non-uniformly sampled systems based on the data filtering. **Mathematical and Computer Modelling**, 2011, 54(1-2): 315-324.

[102] 谢莉, 王冬青, 丁锋. 随机干扰系统的辅助模型递推广义增广最小二乘辨识方法. **科学技术与工程**, 2008, 8(14): 3944-3945+3965.

[103] Wang L Y, Xie L, Wang X F. The residual based interactive stochastic gradient algorithms for

controlled moving average models. **Applied Mathematics and Computation**, 2009, 211(2): 442-449.

[104] Li J H, Ding F, Yang G W. Maximum likelihood least squares identification method for input nonlinear finite impulse response moving average systems. **Mathematical and Computer Modelling**, 2012, 55(3-4): 442-450.

[105] Hu H Y, Ding F. An iterative least squares estimation algorithm for controlled moving average systems based on matrix decomposition. **Applied Mathematics Letters**, 2012, 25(12): 2332-2338.

[106] Xiao Y S, Zhang Y, Ding J, et al. The residual based interactive least squares algorithms and simulation studies. **Computers & Mathematics with Applications**, 2009, 58(6): 1190-1197.

[107] 丁锋, 谢新民. 线性多变量系统的联合辨识算法. **控制理论与应用**, 1992, 9(5): 545-550.

[108] Ding F, Gu Y. Performance analysis of the auxiliary model-based least-squares identification algorithm for one-step state-delay systems. **International Journal of Computer Mathematics**, 2012, 89(15): 2019-2028.

[109] Ding F, Gu Y. Performance analysis of the auxiliary model-based stochastic gradient parameter estimation algorithm for state space systems with one-step state delay. **Circuits, Systems and Signal Processing**, 2013, doi: 10.1007/s00034-012-9463-5

[110] Ding F, Liu X P. Auxiliary model based stochastic gradient algorithm for multivariable output error systems. **Acta Automatica Sinica**, 2010, 36(7): 993-998.

[111] 丁锋, 谢新民. 多变量系统的辅助模型辨识算法. **清华大学学报** (自然科学版), 1992, 32(4): 100-106.

[112] 丁锋. 多变量系统的辅助模型辨识方法的收敛性分析. **控制理论与应用**, 1997, 14(2): 192-200.

[113] Chen J, Ding F. Least squares and stochastic gradient parameter estimation for multivariable nonlinear Box-Jenkins models based on the auxiliary model and multi-innovation identification theory. **Engineering Computations**, 2012, 29(8).

[114] 丁锋, 谢新民. 系统参数和状态联合估计. **控制与决策**, 1994, 9(3): 223-225.

[115] Zhuang L F, Pan F, Ding F. Parameter and state estimation algorithm for single-input single-output linear systems using the canonical state space models. **Applied Mathematical Modelling**, 2012, 36(8): 3454-3463.

[116] Gu Y, Ding F. Auxiliary model based least squares identification method for a state space model with a unit time-delay. **Applied Mathematical Modelling**, 2012, 36(12): 5773-5779.

[117] Gu Y, Ding R F. Observable state space realizations for multivariable systems. **Computers & Mathematics with Applications**, 2012, 63(9): 1389-1399.

[118] Ding F. Transformations between some special matrices. **Computers & Mathematics with Applications**, 2010, 59(8): 2676-2695.

[119] 谢新民, 丁锋. 线性多变量系统的辨识规范型及结构辨识算法. **清华大学学报** (自然科学版), 1992, 32(1): 99-107.

[120] Liu Y J, Sheng J, Ding R F. Convergence of stochastic gradient algorithm for multivariable ARX-like systems. **Computers & Mathematics with Applications**, 2010, 59(8): 2615-2627.

[121] Wang D Q, Ding R, Dong X Z. Iterative parameter estimation for a class of multivariable systems based on the hierarchical identification principle and the gradient search. **Circuits, Systems and Signal Processing**, 2012, 31(6): 2167-2177.

[122] Zhang Z N, Jia J, Ding R F. Hierarchical least squares based iterative estimation algorithm

for multivariable Box-Jenkins-like systems using the auxiliary model. **Applied Mathematical Computation**, 2012, 218(9): 5580-5587.

[123] Liu Y J, Xiao Y S, Zhao X L. Multi-innovation stochastic gradient algorithm for multiple-input single-output systems using the auxiliary model. **Applied Mathematics and Computation**, 2009, 215(4): 1477-1483.

[124] Ding J, Ding F, Zhang S. Parameter identification of multi-input, single-output systems based on FIR models and least squares principle. **Applied Mathematics and Computation**, 2008, 197(1): 297-305.

[125] Xiao Y S, Chen H B, Ding F. Identification of multi-input systems based on the correlation techniques. **International Journal of Systems Science**, 2011, 42(1): 139-147.

[126] 丁锋. 基于输出估计的多输入系统随机梯度估计算法. **南京信息工程大学学报** (自然科学版), 2010, 2(6): 481-488.

[127] Ding F, Chen T, Qiu L. Bias compensation based recursive least squares identification algorithm for MISO systems. **IEEE Transactions on Circuits and Systems–II: Express Briefs**, 2006, 53(5): 349-353.

[128] Ding F, Chen H B, Li M. Multi-innovation least squares identification methods based on the auxiliary model for MISO systems. **Applied Mathematics and Computation**, 2007, 187(2): 658-668.

[129] Han H Q, Song G L, Xiao Y S, et al. Performance analysis of the AM-SG parameter estimation for multivariable systems. **Applied Mathematics and Computation**, 2011, 217(12): 5566-5572.

[130] 陈慧波, 丁锋. SIMO 系统辅助变量最小二乘盲辨识方法. **系统工程与电子技术**, 2009, 31(4): 905-910.

[131] Shi Y, Ding F, Chen T. Multirate crosstalk identification in xDSL systems. **IEEE Transactions on Communications**, 2006, 54(10): 1878-1886.

[132] Shi Y, Ding F, Chen T. 2-Norm based recursive design of transmultiplexers with designable filter length. **Circuits, Systems and Signal Processing**, 2006, 25(4): 447-462.

[133] 黄祖毅, 陈建清, 李东海. 基于有理分式等价的系统阶次和参数同时辨识. **清华大学学报** (自然科学版), 2003, 43(6): 794-797.

[134] 丁锋, 丁韬, 萧德云, 等. 时变系统有限数据窗最小二乘辨识算法的有界收敛性. **自动化学报**, 2002, 28(5): 754-761.

[135] 丁锋, 谢新民. 传递函数阵子子模型参数递推估计: 辅助模型方法. **控制与决策**, 1991, 6(6): 447-452.

[136] 丁锋, 陈通文, 萧德云. 一般双率系统状态空间模型及其递阶辨识. **自动化学报**, 2004, 30(5): 652-663.

[137] 丁锋, 陈通文, 萧德云. 非均匀周期采样多率系统的一种递阶辨识方法. **电子学报**, 2004, 32(9): 1414-1420.

[138] Wang L Y, Ding F, Liu X P. Consistency of HLS estimation algorithms for MIMO ARX-like systems. **Applied Mathematics and Computation**, 2007, 190(2): 1081-1093.

[139] Xiang L L, Xie L B, Ding R F. Hierarchical least squares algorithms for single-input multiple-output systems based on the auxiliary model. **Mathematical and Computer Modelling**, 2010, 52(5-6): 918-924.

[140] Han L L, Ding F. Multi-innovation stochastic gradient algorithms for multi-input multi-output

systems. **Digital Signal Processing**, 2009, 19(4): 545-554.

[141] 丁锋, 萧德云, 丁韬. 衰减激励条件下最小均方算法的收敛性. **控制理论与应用**, 2003, 20(1): 109-112.

[142] Ding F, Liu X P, Shi Y. Convergence analysis of estimation algorithms of dual-rate stochastic systems. **Applied Mathematics and Computation**, 2006, 176(1): 245-261.

[143] 丁锋, 杨家本. 衰减激励条件下确定性系统多新息算法的收敛性分析. **清华大学学报** (自然科学版), 1998, 38(9): 111-115.

[144] 丁锋, 丁韬, 杨家本, 等. 随机系统多新息辨识在衰减激励条件下的性能分析. **清华大学学报** (自然科学版), 2001, 41(9): 115-117.

[145] 郭雷. 时变随机系统 – 稳定性、估计与控制. 长春: 吉林科学技术出版社, 1993.

[146] Goodwin, Payne. Dynamic System Identification – Experiment Design and Data Analysis. New York: Academic Press, 1977.

[147] Ding F, Chen T. Performance bounds of the forgetting factor least squares algorithm for time-varying systems with finite measurement data. **IEEE Transactions on Circuits and Systems–I: Regular Papers**, 2005, 52(3): 555-566.

[148] 丁锋, 丁韬, 杨家本. 遗忘漂移时变系统的辨识. **清华大学学报** (自然科学版), 2002, 42(3): 365-368.

[149] 丁锋, 杨家本, 徐用懋. 广义时变系统的最小二乘辨识方法. **清华大学学报** (自然科学版), 2000, 40(3): 86-89.

[150] 丁锋. 鞅超收敛定理与遗忘因子最小二乘算法的收敛性分析. **控制理论与应用**, 1997, 14(1): 90-95.

[151] Ding F, Chen T. Identification of Hammerstein nonlinear ARMAX systems. **Automatica**, 2005, 41(9): 1479-1489.

[152] 丁锋, 杨家本. 关于鞅超收敛定理与遗忘因子最小二乘算法的收敛性分析. **控制理论与应用**, 1999, 16(4): 569-572.

[153] 丁韬, 丁锋. 最小二乘参数估计误差上界及收敛速率. **基础自动化** (增刊), 2001, 8(s): 31-33.

[154] Golub G H, Van Loan C F. Matrix Computations. 3rd ed. Baltimore, MD: Johns Hopkins University Press, 1996.

[155] Ljung L. Consistency of the least-squares identification method. **IEEE Transactions on Automatic Control**, 1976, 21(5): 779-781.

[156] Solo V. The Convergence of AML. **IEEE Transactions on Automatic Control**, 1979, 24(6): 958-962.

[157] Lai T L, Wei C Z. Least squares estimates in stochastic regression models with applications to identification and control of dynamic systems. **The Annals of Statistics**, 1982, 10(1): 154-166.

[158] Lai T L, Wei C Z. Extended least squares and their applications to adaptive control and prediction in linear systems. **IEEE Transactions on Automatic Control**, 1986, 31(10): 898-906.

[159] Wei C Z. Adaptive prediction by least squares prediction in stochastic regression models with applications to time series. **The Annals of Statistics**, 1987, 15(4): 1667-1682.

[160] Lai T L, Ying Z L. Recursive identification and adaptive prediction in linear stochastic systems. **SIAM Journal on Control and Optimization**, 1991, 29(5): 1061-1090.

[161] Toussi K, Ren W. On the convergence of least squares estimates in white noise. **IEEE Transactions on Automatic Control**, 1994, 39(2): 364-368.

[162] Ren W, Kumar PR. Stochastic adaptive prediction and model reference control. **IEEE Transactions on Automatic Control**, 1994, 39(10): 2047-2060.

[163] Chen H F, Guo L. Identifiation and Stochastic Adaptive Control. Boston, MA: Birkhäuser, 1991.

[164] Ding F, Yang J B, Ding T. Performance analysis of the least mean square algorithm for time-varying systems. **Control Theory and Applications**, 2001, 18(3): 433-437.

[165] Ding F, Xiao D Y, Ding T. Bounded convergence of the forgetting factor least squares algorithm for time-varying systems. **Control Theory and Applications**, 2002, 19(3): 423-427.

[166] Ding F, Yang J B, Xu Y M. Convergence analysis of forgetting gradient algorithms by using the martingale hyperconvergence theorem. **Tsinghua Science and Technology**, 2000, 5(2): 187-192.

[167] 丁锋, 杨家本. 随机梯度算法的收敛性分析. **清华大学学报** (自然科学版), 1999, 39(1): 83-86.

[168] Chen J, Ding F. Modified stochastic gradient algorithms with fast convergence rates. **Journal of Vibration and Control**, 2011, 17(9): 1281-1286.

[169] Ding J, Shi Y, Wang H G, et al. A modified stochastic gradient based parameter estimation algorithm for dual-rate sampled-data systems. **Digital Signal Processing**, 2010, 20(4): 1238-1247.

[170] Ding F, Chen T. Author's reply to "Comments on 'Identification of Hammerstein nonlinear ARMAX systems' ". **Automatica**, 2007, 43(8): 1497.

[171] Ding F, Xie X M, Fang C Z. Convergence of the forgetting factor algorithm for identifying time-varying systems. **Control Theory and Applications**, 1994, 11(5): 634-638.

[172] Wang D Q, Chu Y Y, Ding F. Auxiliary model-based RELS and MI-ELS algorithms for Hammerstein OEMA systems. **Computers & Mathematics with Applications**, 2010, 59(9): 3092-3098.

[173] Wang D Q, Chu Y Y, Yang G W, et al. Auxiliary model-based recursive generalized least squares parameter estimation for Hammerstein OEAR systems. **Mathematical and Computer Modelling**, 2010, 52(1-2): 309-317.

[174] Han L L, Sheng J, Ding F, et al. Auxiliary models based recursive least squares identification for multirate multi-input systems. **Mathematical and Computer Modelling**, 2009, 50(7-8): 1100-1106.

[175] 刘艳君, 谢莉, 丁锋. 非均匀采样数据系统的 AM-RLS 辨识方法及仿真研究. **系统仿真学报**, 2009, 21(19): 6186-6189.

[176] Liu Y J, Xie L, Ding F. An auxiliary model based recursive least squares parameter estimation algorithm for non-uniformly sampled multirate systems. **Proceedings of the Institution of Mechanical Engineers, Part I: Journal of Systems & Control Engineering**, 2009, 223(4): 445-454.

[177] 丁锋, 杨家本. 系统噪信比的计算. **清华大学学报** (自然科学版), 1998, 38(9): 107-110.

[178] Åström K J. Recursive formulas for the evaluation of certain complex integrals. **Quarterly of Applied Mathematics**, 1970, 28(2): 283-288.

[179] Xie L, Liu Y J, Yang H Z, et al. Modelling and identification for non-uniformly periodically sampled-data systems. **IET Control Theory and Applications**, 2010, 4(5): 784-794.

[180] 丁锋, 杨慧中. 基于梯度的扰动时变系统辨识算法及其收敛性. **江南大学学报** (自然科学版), 2005, 4(3): 221-226.

[181] Ding F, Liu X G, Chu J. Gradient based and least squares based iterative algorithms for Hammerstein systems using the hierarchical identification principle. **IET Control Theory and**

Applications, 2013, 7(x).

[182] Xiao Y S, Song G L, Liao Y W, et al. Multi-innovation stochastic gradient parameter estimation for input nonlinear controlled autoregressive models. **International Journal of Control, Automation, and Systems**, 2012, 10(3): 639-643.

[183] Xiong W L, Fan W, Ding R. Least-squares parameter estimation algorithm for a class of input nonlinear systems. **Journal of Applied Mathematics**, 2012, Article ID 684074, 1-14.

[184] Ding F, Shi Y, Chen T. Gradient-based identification methods for Hammerstein nonlinear ARMAX models. **Nonlinear Dynamics**, 2006, 45(1-2): 31-43.

[185] Chen J, Zhang Y, Ding R F. Auxiliary model based multi-innovation algorithms for multivariable nonlinear systems. **Mathematical and Computer Modelling**, 2010, 52(9-10): 1428-1434.

[186] Chen J, Wang X P, Ding R F. Gradient based estimation algorithm for Hammerstein systems with saturation and dead-zone nonlinearities. **Applied Mathematical Modelling**, 2012, 36(1): 238-243.

[187] Wang D Q, Ding F. Extended stochastic gradient identification algorithms for Hammerstein–Wiener ARMAX systems. **Computers & Mathematics with Applications**, 2008, 56(12): 3157-3164.

[188] Han L L, Wu F X, Sheng J, et al. Two recursive least squares parameter estimation algorithms for multirate multiple-input systems by using the auxiliary model. **Mathematics and Computers in Simulation**, 2012, 82(5): 777-789.

[189] Wang D Q, Ding F. Least squares based and gradient based iterative identification for Wiener nonlinear systems. **Signal Processing**, 2011, 91(5): 1182-1189.

[190] 袁平. 多变量系统辨识方法比较研究（I）. 无锡: 江南大学**硕士学位论文**, 2008.

[191] Ding F, Liu X P, Ding J. Iterative solutions of the generalized Sylvester matrix equations by using the hierarchical identification principle. **Applied Mathematics and Computation**, 2008, 197(1): 41-50.

[192] Ding F, Chen T. Gradient based iterative algorithms for solving a class of matrix equations. **IEEE Transactions on Automatic Control**, 2005, 50(8): 1216-1221.

[193] Ding F, Chen T. On iterative solutions of general coupled matrix equations. **SIAM Journal on Control and Optimization**, 2006, 44(6): 2269-2284.

[194] Ding F, Chen T. Iterative least squares solutions of coupled Sylvester matrix equations. **Systems & Control Letters**, 2005, 54(2): 95-107.

[195] Li J H, Ding R F, Yang Y. Iterative parameter identification methods for nonlinear functions. **Applied Mathematical Modelling**, 2012, 36(6): 2739-2750.

[196] Bao B, Xu Y Q, Sheng J, et al. Least squares based iterative parameter estimation algorithm for multivariable controlled ARMA systems modelling with finite measurement data. **Mathematical and Computer Modelling**, 2011, 53(9-10): 1664-1669.

[197] Ding F, Liu Y J, Bao B. Gradient based and least squares based iterative estimation algorithms for multi-input multi-output systems. **Proceedings of the Institution of Mechanical Engineers, Part I: Journal of Systems & Control Engineering**, 2012, 226(1): 43-55.

[198] 蒋红霞, 王金海, 丁锋. 一类非均匀采样系统的迭代最小二乘辨识. **系统工程与电子技术**, 2008, 30(8): 1535-1539.

[199] 陈晓伟, 丁锋. 有色噪声系统的迭代辨识与递推辨识方法仿真比较研究. **系统仿真学报**, 2008,

20(21): 5758-5762.

[200] 陆静, 张彩霞, 丁锋. 双输入多率输出误差系统最小二乘迭代辨识. **科学技术与工程**, 2008, 8(16): 4683-4686.

[201] Xie L, Yang H Z. Gradient based iterative identification for non-uniform sampled output error systems. **Journal of Vibration and Control**, 2011, 17(3): 471-478.

[202] Li J H, Ding F. Maximum likelihood stochastic gradient estimation for Hammerstein systems with colored noise based on the key term separation technique. **Computers & Mathematics with Applications**, 2011, 62(11): 4170-4177.

[203] Ding F, Qiu L, Chen T. Reconstruction of continuous-time systems from their non-uniformly sampled discrete-time systems. **Automatica**, 2009, 45(2): 324-332.

[204] 丁锋, 丁韬. 时变多变量系统多新息投影算法的均方收敛性. **湖北工学院学报**, 2001, 16(4): 16-20.

[205] 于丽, 刘艳君, 丁锋. CARMA 模型多新息增广随机梯度参数估计算法的收敛性分析. **系统工程与电子技术**, 2009, 31(6): 1446-1449.

[206] Ding F, Yang J B, Xu Y M. Convergence of hierarchical stochastic gradient identification for transfer function matrix models. **Control Theory and Applications**, 2001, 18(6): 949-953.

[207] 于丽, 丁锋, 张佳波. 多新息随机梯度辨识方法的收敛性研究. **科学技术与工程**, 2007, 7(21): 5474-5478+5484.

[208] Han L L, Ding F. Identification for multirate multi-input systems using the multi-innovation identification theory. **Computers & Mathematics with Applications**, 2009, 57(9): 1438-1449.

[209] 刘英玉, 申东日, 陈义俊, 等. 基于前向神经网络的多新息随机梯度辨识算法. **哈尔滨商业大学学报**(自然科学版), 2006, 22(2): 83-86.

[210] Han L L, Ding F. Parameter estimation for multirate multi-input systems using auxiliary model and multi-innovation. **Journal of Systems Engineering and Electronics**, 2010, 21(6): 1079-1083.

[211] 丁洁, 谢莉, 丁锋. 非均匀采样系统多新息随机梯度辨识性能分析. **控制与决策**, 2011, 26(9): 1338-1342.

[212] 丁锋, 刘艳君, 于丽. 基于卡尔曼滤波思想的时变增益最优观测器设计. **科学技术与工程**, 2008, 8(15): 4346-4348.

[213] 丁锋, 黎明, 代冀阳. 递阶辨识原理与迭代方法族. **第 25 届中国控制会议论文集**, 2006.8.7-11, 黑龙江, 哈尔滨, pp. 418-422.

[214] Xie L, Ding J, Ding F. Gradient based iterative solutions for general linear matrix equations. **Computers & Mathematics with Applications**, 2009, 58(7): 1441-1448.

[215] Ding J, Liu Y J, Ding F. Iterative solutions to matrix equations of the form AiXBi=Fi. **Computers & Mathematics with Applications**, 2010, 59(11): 3500-3507.

[216] Xie L, Liu Y J, Yang H Z. Gradient based and least squares based iterative algorithms for matrix equations $AXB+CX^{T}D=F$. **Applied Mathematics and Computation**, 2010, 217(5): 2191-2199.

[217] Ding J, Ding F, Liu X P, et al. Hierarchical least squares identification for linear SISO systems with dual-rate sampled-data. **IEEE Transactions on Automatic Control**, 2011, 56(11): 2677-2683.

[218] Liu Y J, Ding F, Shi Y. Least squares estimation for a class of non–uniformly sampled systems

based on the hierarchical identification principle. **Circuits, Systems and Signal Processing**, 2012, 31(6): 1985-2000.

[219] 刘艳君, 丁锋. 非均匀周期采样系统的递阶最小二乘辨识方法. **控制与决策**, 2011, 26(3): 453-456.

[220] 赵霞, 姚郁, 方强. 递阶辨识方法在转台伺服系统调试中的应用研究. **控制理论与应用**, 2002, 19(2): 229-234.

[221] Ding F. Hierarchical multi-innovation stochastic gradient algorithm for Hammerstein nonlinear system modeling. **Applied Mathematical Modelling**, 2013, 37(4): 1694-1704.

[222] Duan H H, Jia J, Ding R F. Two-stage recursive least squares parameter estimation algorithm for output error models. **Mathematical and Computer Modelling**, 2012, 55(3-4): 1151-1159.

[223] Yao G Y, Ding R F. Two-stage least squares based iterative identification algorithm for controlled autoregressive moving average (CARMA) systems. **Computers & Mathematics with Applications**, 2012, 63(5): 975-984.

[224] Liu Y J, Ding F. Convergence properties of the least squares estimation algorithm for multivariable systems. **Applied Mathematical Modelling**, 2013, 37(1-2): 476-483.

[225] Bristow D A, Tharayil M, Alleyne A G. A survey of iterative learning control. **IEEE Control Systems Magazine**, 2006, 26(3): 96-114.

[226] Ding F. Coupled least squares identification for multivariable systems. **IET Control Theory and Applications**, 2013, 7(x).

[227] Liu Y J, Ding R. Partially coupled estimation algorithm for discrete-time multiple-input multiple-output systems. **The 24th Chinese Control and Decision Conference (2012 CCDC)**, 2012, Taiyuan, 2093-2098.

[228] 丁锋, 谢新民, 方崇智. 一类非线性系统的加权自校正控制. **自动化学报**, 1993, 19(4): 458-461.

[229] 柴天佑. 多变量自适应解耦控制及应用. 北京: 科学出版社, 2001.

[230] Ding F, Chen T. Least squares based self-tuning control of dual-rate systems. **International Journal of Adaptive Control and Signal Processing**, 2004, 18(8): 697-714.

[231] Ding F, Chen T. A gradient based adaptive control algorithm for dual-rate systems. **Asian Journal of Control**, 2006, 8(4): 314-323.

[232] Ding F, Chen T. Adaptive digital control of Hammerstein nonlinear systems with limited output sampling. **SIAM Journal on Control and Optimization**, 2007, 45(6): 2257-2276.

[233] 刘勇, 丁锋. 模型参数未知的双率采样数据系统广义预测控制方法. **科学技术与工程**, 2007, 7(23): 6055-6061.

[234] 肖永松, 丁锋. 基于多项式变换的双率最小方差自校正控制. **科学技术与工程**, 2008, 8(5): 1169-1172.

[235] 肖永松, 丁锋. 双率系统极点配置自校正控制算法. **微计算机信息**, 2008, 24(7): 175-176+191.

[236] Zhang J B, Ding F, Shi Y. Self-tuning control based on multi-innovation stochastic gradient parameter estimation. **Systems & Control Letters**, 2009, 58(1): 69-75.

附录A　系统的噪信比及其计算

实际系统的 **噪信比** (noise-to-signal ratio) 是无法知道的. 噪信比是人们在系统仿真研究中衡量噪声水平的一个重要指标. 噪信比的大小可以说明仿真算法的抗干扰能力. 顾名思义, 系统噪信比就是系统输出中噪声的均方差与不含噪输出信号的均方差之比. 其计算方法之一是数理统计方法, 即用计算机产生几千个噪声随机数和系统输出信号随机数, 然后分别计算它们的方差得到. 但是, 这种方法比较麻烦. 那么, 是否可以根据系统的传递函数直接计算系统的噪信比呢? 答案是肯定的. 这里利用系统相关函数的 Z 变换和逆 Z 变换关系, 导出了系统噪信比的计算公式, 它使得噪信比可以直接通过系统模型和噪声模型传递函数的复积分得到. 同时, 给出了这个复积分的递推计算式, 它避免了复积分留数的复杂运算, 简化了用数字仿真确定噪信比的计算量. 并将这一方法推广用于计算多变量系统的噪信比. 数值例子说明给出方法是有效的.

下面介绍 **单输入单输出系统** (Single-Input Single-Output system, SISO) 的噪信比的计算方法. 主要内容引自文献:“丁锋, 杨家本. 系统噪信比的计算, 清华大学学报 (自然科学版), 1998, 38(9): 107-110”.

A.1　单输入单输出系统

噪信比定义为系统输出中噪声的标准差与无噪输出的标准差之比. 因此, 计算噪信比时, 都需将系统转换为如图 A.1.1 所示的输出误差类模型结构形式. 这里考虑单输入单输出 (SISO) 随机系统, 图 A.1.1 中 $u(t)$ 为系统的输入, $x(t)$ 为系统的无噪输出 (真实输出), $v(t)$ 为零均值不相关随机噪声, $w(t)$ 为噪声模型的输出, $y(t)$ 为系统的含噪输出 (noisy output), $G(z)$ 和 $H(z)$ 分别为系统模型和噪声模型的传递函数 (通常为有理分式). 由图 A.1.1 可得方程:

$$\begin{aligned} y(t) &= x(t) + w(t) \\ &= G(z)u(t) + H(z)v(t), \end{aligned} \tag{A.1.1}$$

$$x(t) = G(z)u(t), \tag{A.1.2}$$

$$w(t) = H(z)v(t). \tag{A.1.3}$$

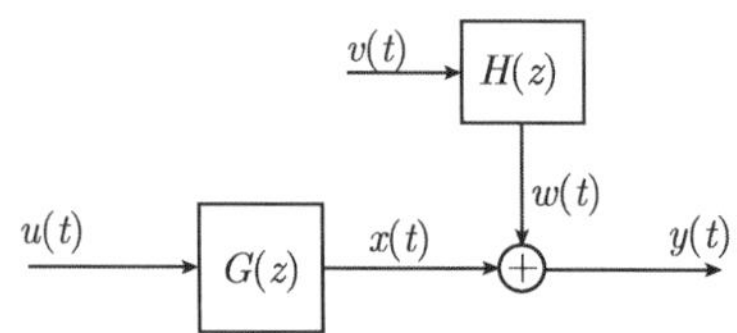

图 A.1.1　随机系统的结构框图

1. **SISO 系统噪信比的定义**

SISO 系统的 **噪信比** $\delta_{\rm ns}$ 定义为系统输入为零时, 噪声作用于系统的输出的均方差, 与噪声为零时, 输入作用于系统的输出的均方差之比, 即图 A.1.1 中 $w(t)$ 的方差 $D[w(t)] := \sigma_w^2$ 与 $x(t)$ 的方差 $D[x(t)] := \sigma_x^2$ 之比的平方根, 用数学关系式可以表达为

$$\delta_{\rm ns} = \sqrt{\frac{D[y(t)|_{u(t)=0}]}{D[y(t)|_{v(t)=0}]}} \times 100\%$$

或

$$\delta_{\rm ns} = \sqrt{\frac{D[w(t)]}{D[x(t)]}} \times 100\% = \frac{\sigma_w}{\sigma_x} \times 100\%, \tag{A.1.4}$$

其中 $D[x(t)] := \mathrm{var}[x(t)]$ 为 $x(t)$ 的方差, $D[w(t)] := \mathrm{var}[w(t)]$ 为 $w(t)$ 的方差.

2. **噪声方差的计算**

定理 A.1.1 对图 A.1.1 的系统 (A.1.1)~(A.1.3), $x(t)$ 是 $u(t)$ 驱动有理传递函数 $G(z)$ 的输出, $w(t)$ 是 $v(t)$ 驱动有理传递函数 $H(z)$ 的输出, 设输入 $\{u(t)\}$ 是零均值方差为 σ_u^2 的不相关随机变量序列 (这样的假设说明 $u(t)$ 是一个平稳信号, 存在相关函数), $\{v(t)\}$ 是零均值方差为 σ_v^2 的不相关白噪声序列, 那么 $x(t)$ 和 $w(t)$ 的方差 $D[x(t)] = \sigma_x^2$ 和 $D[w(t)] = \sigma_w^2$ 可分别表示为

$$\begin{aligned}
\sigma_w^2 &= D[H(z)v(t)] = \frac{\sigma_v^2}{2\pi \mathrm{j}} \oint_c H(z)H(z^{-1})\frac{\mathrm{d}z}{z}, \quad \mathrm{j} = \sqrt{-1}, \\
\sigma_x^2 &= D[G(z)u(t)] = \frac{\sigma_u^2}{2\pi \mathrm{j}} \oint_c G(z)G(z^{-1})\frac{\mathrm{d}z}{z},
\end{aligned}$$

其中 c 是沿 z 平面单位圆逆时针方向一周的封闭曲线.

证明 设系统模型传递函数 $G(z)$ 对应的脉冲响应序列为 $\{g(t)\}$, 它们构成如下 Z 变换对:

$$\begin{aligned}
G(z) &= \sum_{t=0}^{\infty} g(t)z^{-t}, \\
g(t) &= \frac{1}{2\pi \mathrm{j}} \oint_c G(z)z^{t-1}\mathrm{d}z.
\end{aligned}$$

根据 **离散卷积定理** (discrete convolution theorem), $x(t)$ 可以表示为

$$x(t) = \sum_{i=0}^{\infty} g(i)u(t-i).$$

则 $x(t)$ 的 **相关函数** (correlation function) 为

$$\begin{aligned}
R_x(n) &= \mathrm{E}[x(t)x(t+n)] \\
&= \mathrm{E}\left[\sum_{i=0}^{\infty} g(i)u(t-i) \sum_{l=0}^{\infty} g(l)u(t+n-l)\right] \\
&= \sum_{i=0}^{\infty}\sum_{l=0}^{\infty} g(i)g(l)\mathrm{E}[u(t-i)u(t+n-l)]
\end{aligned}$$

$$=\sum_{i=0}^{\infty}\sum_{l=0}^{\infty}g(i)g(l)R_u(n-l+i),$$

其中 $R_u(n)=\mathrm{E}[u(t)u(t+n)]$ 为 $\{u(t)\}$ 的相关函数. 对上式进行双边 Z 变换, 得

$$\begin{aligned}f_x(z)&=Z[R_x(n)]=\sum_{n=-\infty}^{\infty}R_x(n)z^{-n}\\&=\sum_{n=-\infty}^{\infty}\left[\sum_{i=0}^{\infty}\sum_{l=0}^{\infty}g(i)g(l)R_u(n-l+i)\right]z^{-n}.\end{aligned}$$

令 $n-l+i=m$, 即 $n=m+l-i$, 所以有

$$\begin{aligned}f_x(z)&=\sum_{l=0}^{\infty}g(l)z^{-l}\sum_{i=0}^{\infty}g(i)z^{i}\sum_{m=-\infty}^{\infty}R_u(m)z^{-m}\\&=G(z)G(z^{-1})f_u(z),\end{aligned}\tag{A.1.5}$$

其中 $f_u(z)$ 为 $R_u(n)$ 的 Z 变换, 即

$$f_u(z)=Z[R_u(n)]=\sum_{n=-\infty}^{\infty}R_u(n)z^{-n}.\tag{A.1.6}$$

对式 (A.1.5) 进行逆 Z 变换, 可得

$$\begin{aligned}R_x(n)&=Z^{-1}[f_x(z)]=\frac{1}{2\pi\mathrm{j}}\oint_c f_x(z)z^{n-1}\mathrm{d}z\\&=\frac{1}{2\pi\mathrm{j}}\oint_c G(z)G(z^{-1})f_u(z)z^{n-1}\mathrm{d}z.\end{aligned}\tag{A.1.7}$$

由 $\{u(t)\}$ 为零均值方差为 σ_u^2 的不相关随机序列的假设, 可知

$$R_u(n)=\mathrm{E}[u(t)u(t+n)]=\begin{cases}\sigma_u^2, & n=0,\\0, & n\neq 0.\end{cases}$$

将上式代入式 (A.1.6) 可得

$$f_u(z)=\sigma_u^2.$$

将上式代入式 (A.1.7) 可得

$$R_x(n)=\frac{\sigma_u^2}{2\pi\mathrm{j}}\oint_c G(z)G(z^{-1})z^{n-1}\mathrm{d}z.$$

进行变量替换, 令 $z=\mathrm{e}^{\mathrm{j}\omega}$, 有

$$R_x(n)=\frac{\sigma_u^2}{2\pi}\oint_{-\pi}^{\pi}G(\mathrm{e}^{\mathrm{j}\omega})G(\mathrm{e}^{-\mathrm{j}\omega})\mathrm{e}^{\mathrm{j}n\omega}\mathrm{d}\omega.$$

当 $n=0$ 时, 可得

$$\sigma_x^2=D[x(t)]=\mathrm{E}[x^2(t)]=R_x(0)=\frac{\sigma_u^2}{2\pi}\oint_{-\pi}^{\pi}G(\mathrm{e}^{\mathrm{j}\omega})G(\mathrm{e}^{-\mathrm{j}\omega})\mathrm{d}\omega$$

$$= \frac{\sigma^2}{2\pi \mathrm{j}} \oint_c G(z)G(z^{-1})\frac{\mathrm{d}z}{z}.$$

同理可得

$$\begin{aligned}\sigma_w^2 &= D[w(t)] = \mathrm{E}[\mathrm{e}^2(t)] = R_w(0) \\ &= \frac{\sigma_v^2}{2\pi} \oint_{-\pi}^{\pi} H(\mathrm{e}^{\mathrm{j}\omega})H(\mathrm{e}^{-\mathrm{j}\omega})\mathrm{d}\omega \\ &= \frac{\sigma_v^2}{2\pi \mathrm{j}} \oint_c H(z)H(z^{-1})\frac{\mathrm{d}z}{z}.\end{aligned} \tag{A.1.8}$$

定理证毕. □

3. **噪信比的计算公式**

对图 A.1.1 的系统 (A.1.1)~(A.1.3), 假设传递函数 $G(z)$ 和 $H(z)$ 已知, 输入 $\{u(t)\}$ 的方差为 σ_u^2, $\{v(t)\}$ 的方差为 σ_v^2, 根据式 (A.1.4) 和定理 A.1.1, 可知系统 (A.1.1) **噪信比的计算公式** 为

$$\delta_{\mathrm{ns}} = \frac{\sigma_w}{\sigma_x} \times 100\%, \tag{A.1.9}$$

$$\sigma_w^2 = D[w(t)] = D[H(z)v(t)] = \frac{\sigma_v^2}{2\pi \mathrm{j}} \oint_c H(z)H(z^{-1})\frac{\mathrm{d}z}{z}, \quad \mathrm{j} = \sqrt{-1}, \tag{A.1.10}$$

$$\sigma_x^2 = D[x(t)] = D[G(z)u(t)] = \frac{\sigma_u^2}{2\pi \mathrm{j}} \oint_c G(z)G(z^{-1})\frac{\mathrm{d}z}{z}, \tag{A.1.11}$$

其中 c 是沿 z 平面单位圆逆时针方向一周的封闭曲线.

当 $G(z)$ 和 $H(z)$ 为有理分式, 且表达式比较简单时, 可以直接用 **留数** (residue) 计算式 (A.1.10) 和式 (A.1.11). 当 $G(z)$ 和 $H(z)$ 的表达式比较复杂时, 计算式 (A.1.10) 和式 (A.1.11) 的留数比较困难. 为此, 我们提供一个计算形如式 (A.1.10) 或式 (A.1.11) 复积分留数的代数公式.

例 A.1.1 求下列系统的噪信比,

$$(1 - 0.4z^{-1})y(t) = z^{-1}u(t) + (1 - 0.3z^{-1})v(t),$$

其中 $\{u(t)\}$ 和 $\{v(t)\}$ 均为零均值不相关随机噪声序列, 且

$$D[u(t)] = \sigma_u^2 = 1.00^2, \quad D[v(t)] = \sigma_v^2.$$

解 对于本例有

$$G(z) = \frac{z^{-1}}{1 - 0.4^{-1}}, \ H(z) = \frac{1 - 0.3z^{-1}}{1 - 0.4z^{-1}},$$

$$\begin{aligned}\sigma_x^2 &= D[G(z)u(t)] = \frac{\sigma_u^2}{2\pi \mathrm{j}} \oint_c G(z)G(z^{-1})\frac{\mathrm{d}z}{z} \\ &= \frac{\sigma_u^2}{2\pi \mathrm{j}} \oint_c \frac{z^{-1}}{1 - 0.4z^{-1}} \cdot \frac{z}{1 - 0.4z}\frac{\mathrm{d}z}{z} \\ &= \frac{\sigma_u^2}{2\pi \mathrm{j}} \oint_c \frac{\mathrm{d}z}{(z - 0.4)(1 - 0.4z)}\end{aligned}$$

$$
\begin{aligned}
&= \sigma_u^2 \cdot (z-0.4)\frac{1}{(z-0.4)(1-0.4z)}\bigg|_{z=0.4} \\
&= \sigma_u^2 \cdot \frac{1}{1-0.4z}\bigg|_{z=0.4} \\
&= \sigma_u^2 \cdot \frac{1}{1-0.4\times 0.4} = \frac{25}{21}\sigma_u^2,
\end{aligned}
$$

$$
\begin{aligned}
\sigma_w^2 &= D[H(z)v(t)] = \frac{\sigma_v^2}{2\pi \mathrm{j}}\oint_c H(z)H(z^{-1})\frac{\mathrm{d}z}{z} \\
&= \frac{\sigma_v^2}{2\pi \mathrm{j}}\oint_c \frac{1-0.3z^{-1}}{1-0.4z^{-1}}\cdot\frac{1-0.3z}{1-0.4z}\frac{\mathrm{d}z}{z} \\
&= \sigma_v^2\left[\frac{(z-0.3)(1-0.3z)}{(z-0.4)(1-0.4z)}\bigg|_{z=0} + \frac{(z-0.3)(1-0.3z)}{(1-0.4z)z}\bigg|_{z=0.4}\right] \\
&= \sigma_v^2\left[\frac{-0.3}{-0.4} + \frac{0.1(1-0.12)}{(1-0.16)0.4}\right] = \frac{85}{84}\sigma_v^2.
\end{aligned}
$$

故系统的噪信比为

$$
\delta_{\mathrm{ns}} = \sqrt{\frac{\sigma_w^2}{\sigma_u^2}} = \sqrt{\frac{85}{84}\sigma_v^2\cdot\frac{21}{25\sigma_u^2}} = \sqrt{\frac{17}{20}}\,\frac{\sigma_v}{\sigma_u}.
$$

因此, 取 $\sigma_u^2 = 1.00^2$ 时, 改变噪声 $\{v(t)\}$ 的方差 σ_v^2 的大小, 就可以控制噪信比. 当 $\sigma_v^2 = 1.00^2$ 时, 系统的噪信比为

$$
\delta_{\mathrm{ns}} = \sqrt{\frac{17}{20}} = \sqrt{0.85} = 92.195\%.
$$

4. **复积分留数的代数公式**

设

$$
\begin{aligned}
&G(z) = \frac{B(z)}{A(z)}, \\
&A(z) := a_0 + a_1 z^{-1} + a_2 z^{-2} + \cdots + a_{n_a} z^{-n_a},\ a_0 > 0, \\
&B(z) := b_0 + b_1 z^{-1} + b_2 z^{-2} + \cdots + b_{n_b} z^{-n_b}.
\end{aligned}
$$

令 $n = \max[n_a, n_b]$, 且设 $i > n_a$ 时, $a_i = 0$, $i > n_b$ 时, $b_i = 0$. 于是有

$$
\begin{aligned}
&A(z) = a_0 + a_1 z^{-1} + a_2 z^{-2} + \cdots + a_n z^{-n},\ a_0 > 0, \\
&B(z) = b_0 + b_1 z^{-1} + b_2 z^{-2} + \cdots + b_n z^{-n}.
\end{aligned}
$$

置 $c_i(n) = a_i$, $d_i(n) = b_i$, 而 $c_i(k)$ 和 $d_i(k)$ 分别按下列各式计算:

$$
c_i(k) = \frac{c_0(k+1)c_i(k+1) - c_{k+1}(k+1)c_{k+1-i}(k+1)}{c_0(k+1)}, \tag{A.1.12}
$$

$$
d_i(k) = \frac{c_0(k+1)d_i(k+1) - d_{k+1}(k+1)c_{k+1-i}(k+1)}{c_0(k+1)}, \tag{A.1.13}
$$

$$
i = 0, 1, 2, \cdots, k; \quad k = n-1, n-2, \cdots, 1, 0.
$$

则有下列 **复积分计算公式**：

$$\begin{aligned} I &:= \frac{1}{2\pi \mathrm{j}} \oint_c G(z)G(z^{-1})\frac{\mathrm{d}z}{z} \\ &= \frac{1}{2\pi \mathrm{j}} \oint_c \frac{B(z)}{A(z)}\frac{B(z^{-1})}{A(z^{-1})}\frac{\mathrm{d}z}{z} \\ &= \frac{1}{a_0}\sum_{k=0}^{n}\frac{d_k^2(k)}{c_0(k)}. \end{aligned} \tag{A.1.14}$$

此公式引自参考文献："Åström K J. Recursive formulas for the evaluation of certain complex integrals. Quarterly of Applied Mathematics, 1970, 28(2): 283-288". 这个积分公式中包含 $B(z)B(z^{-1})$, 因此只要 $A(z)$ 为首一多项式, 传递函数 $G(z) := \dfrac{B(z)}{A(z)}$ 与传递函数 $\dfrac{z^kB(z)}{A(z)}$、$\dfrac{z^{-k}B(z)}{A(z)}$ (k 为一整数) 有相同的积分值. 这说明系统的噪信比与系统的迟延没有关系. 上述复积分的计算很容易用计算机程序实现 (见例 A.1.2 后).

例 A.1.2 按式 (A.1.14) 计算例 A.1.1 中的 σ_w^2.

解 由于 $A(z)=1-0.4z^{-1}$, $B(z)=1-0.3z^{-1}$, $n=1$, 则有 $c_0(1)=a_0=1$, $c_1(1)=a_1=-0.4$, $d_0(1)=b_0=1$, $d_1(1)=b_1=-0.3$,

$$c_0(0)=\frac{c_0(1)c_0(1)-c_1(1)c_1(1)}{c_0(1)}=\frac{1^2-(-0.4)^2}{1}=0.84,$$

$$d_0(0)=\frac{c_0(1)d_0(1)-d_1(1)c_1(1)}{c_0(1)}=\frac{1\times 1-(-0.3)(-0.4)}{1}=0.88,$$

$$\begin{aligned} \sigma_w^2 &= \frac{\sigma_v^2}{2\pi \mathrm{j}}\oint_c \frac{1-0.3z^{-1}}{1-0.4z^{-1}}\cdot\frac{1-0.3z}{1-0.4z}\frac{\mathrm{d}z}{z}=\sigma_v^2\frac{1}{a_0}\sum_{k=0}^{1}\frac{d_k^2(k)}{c_0(k)} \\ &= \sigma_v^2\frac{1}{a_0}\left[\frac{d_0^2(0)}{c_0(0)}+\frac{d_1^2(1)}{c_0(1)}\right]=\sigma_v^2\frac{1}{1}\left[\frac{0.88^2}{0.84}+\frac{(-0.3)^2}{1}\right]=\frac{85}{84}\sigma_v^2. \end{aligned}$$

Matlab 程序

复积分计算公式 (A.1.14) 的计算机程序实现.

```
function In=f_integral(a,b)
%-----------------------------------------------------------------------*
% Feng Ding                                                             *
% Tsinghua University, Beijing, China,        1988.09-2002.06           *
% University of Alberta, Edmonton, Canada,    2002.06-2005.10           *
% Jiangnan Univeristy, Wuxi, China,           2004-                     *
% Carleton University, Ottawa, Canada,        2008.05-2008.12           *
% Ryerson University, Toronto, Canada,        2009.01-2009.10           *
% Fortran to C to Matlab program from September 1988                    *
%-----------------------------------------------------------------------*
% Compute the complex integral value.                                   *
%  The function performs the evaluating of the integral                 *
%  of the rational function, i.e.                                       *
%  I=Integral{[B(z)*B(z^-1)/A(z)*A(z^-1)*z}/2*pi*j                      *
%     around the unit circle, where                                     *
%    A(z)=a(0)+a(1)*z^(-1)+ ... +a(Na)z^(-Na)                           *
%    B(z)=b(0)+b(1)*z^(-1)+ ... +b(Nb)z^(-Nb)                           *
```

```
%   The following formulae:                                                  *
%   I=[SUM{b(i,i)^2/a(0,i)}]/a(0), [i is from 0 to N]                         *
%   where                                                                    *
%              a(0,k+1)*a(i,k+1)-a(k+1,k+1)*a(k+1-i,k+1)                      *
%   a(i,k)=-----------------------------------------------------              *
%                     a(0,k+1)                                               *
%              a(0,k+1)*b(i,k+1)-b(k+1,k+1)*a(k+1-i,k+1)                      *
%   b(i,k)=-----------------------------------------------------              *
%                     a(0,k+1)                                               *
%   k=N-1,N-2, ... ,1,0; i=0,1, ... ,k                                        *
%   a(i,N)=a(i); b(i,N)=b(i); N=MAX(Na+1,Nb+1)                                *
% Usage: integl(Na,Nb,A,B)                                                   *
%   Description of Parameters:                                               *
%   Na,Nb -Orders of the polynomails A(z),B(z) (max.=20)                      *
%   A      -Vector with cofficients of the polynomial A(z), i.e.,            *
%             A=[a(0),a(1),...,a(Na),0,...,0]   (dim. Na1>=Na+1+1)           *
%   B      -Vector with cofficients of the polynomial B(z), i.e.,            *
%             B=[b(0),b(1), ... ,b(Nb),0,...,0] (dim. Nb1>=Nb+1+1)           *
%   Return  -Integral value.                                                 *
%----------------------------------------------------------------------------*
% na1,nb1,nmax,i,k,aw(21),a0,ri,r,iw;
% Crude stability test */
 na1=length(a); nb1=length(b);
 nmax=max(na1,nb1);
 a0=a(1);
 if(na1>nb1)
     for i=nb1+1:na1
         b(i)=0;
     end
 else
     for i=na1+1:nb1
         a(i)=0;
     end
 end
 if a(1)<=0
     info='a(1) is not positive.'
     pause
 end
 if sum(a)<=0
     info='A(z) has some roots of |z|>=1.'
     pause
 end
 r=a(1); iw=1;
 for i=2:na1
     iw=-iw; r=-r+a(i);
 end
 if iw<=0
     r=-r;
 end
 if r<=0
     info='A(z) has some roots of |z|>=1.'
     pause
 end
%-----Computing the integral value
 ri=b(nmax)*b(nmax)/a(1);
 for k=nmax-1:-1:1
     for i=0:k-1
```

```
            aw(i+1)=a(i+1)-a(k+1)*a(k+1-i)/a(1);
            b(i+1)=b(i+1)-b(k+1)*a(k+1-i)/a(1);
            if aw(1)<=0
                info='The A(z) has some roots of |z|>=1.'
                pause
            end
        end
        for i=1:k
            a(i)=aw(i);
        end
        ri=ri+b(k)*b(k)/a(1);
    end
    ri=ri/a0;
    In=ri;
    return
```

在 Matlab 命令窗口, 用上述函数 f_integral 计算例 A.1.2, 结果如下. 在 Matlab 程序中调用这个函数的例子, 参见前面章节中的相关例子, 如例 3.7.1.

```
>> format short
>> a=[1, -0.4]

a =

    1.0000   -0.4000

>> b=[1, -0.3]

b =

    1.0000   -0.3000

>> format rat
>> I=f_integral(a,b)

I =

      85/84
```

A.2 多输入多输出系统

同样, 在计算多变量系统的噪信比时, 需先把多输入多输出 (MIMO) 系统化为下列输出误差类模型形式,

$$\begin{aligned}\boldsymbol{y}(t) &= \boldsymbol{x}(t) + \boldsymbol{w}(t) \\ &= \boldsymbol{G}(z)\boldsymbol{u}(t) + \boldsymbol{H}(z)\boldsymbol{v}(t),\end{aligned} \tag{A.2.1}$$

$$\boldsymbol{x}(t) = \boldsymbol{G}(z)\boldsymbol{u}(t), \tag{A.2.2}$$

$$\boldsymbol{w}(t) = \boldsymbol{H}(z)\boldsymbol{v}(t), \tag{A.2.3}$$

其中 $\boldsymbol{u}(t) = [u_1(t), u_2(t), \cdots, u_r(t)]^{\mathrm{T}} \in \mathbb{R}^r$ 为系统的 **输入向量** (input vector), $y(t) = [y_1(t), y_2(t), \cdots, y_m(t)]^{\mathrm{T}} \in \mathbb{R}^m$ 为系统的 **输出向量** (output vector), $\boldsymbol{v}(t) = [v_1(t), v_2(t), \cdots, v_p(t)]^{\mathrm{T}} \in$

$\mathbb{R}^p$ 为随机噪声向量 (不可测), $\boldsymbol{x}(t)=[x_1(t),x_2(t),\cdots,x_m(t)]^{\mathrm{T}}\in\mathbb{R}^m$ 为系统的无噪输出向量, $\boldsymbol{w}(t)=[w_1(t),w_2(t),\cdots,w_m(t)]^{\mathrm{T}}\in\mathbb{R}^m$ 为噪声模型的输出向量,

$$\boldsymbol{G}(z)=[g_{il}(z)]=\begin{bmatrix}\dfrac{b_{11}(z)}{a_{11}(z)} & \dfrac{b_{12}(z)}{a_{12}(z)} & \cdots & \dfrac{b_{1r}(z)}{a_{1r}(z)}\\ \dfrac{b_{12}(z)}{a_{12}(z)} & \dfrac{b_{22}(z)}{a_{22}(z)} & \cdots & \dfrac{b_{2r}(z)}{a_{2r}(z)}\\ \vdots & \vdots & & \vdots\\ \dfrac{b_{m1}(z)}{a_{m1}(z)} & \dfrac{b_{m2}(z)}{a_{m2}(z)} & \cdots & \dfrac{b_{mr}(z)}{a_{mr}(z)}\end{bmatrix}\in\mathbb{R}^{m\times r}\text{为系统的传递函数矩阵,}$$

$$\boldsymbol{H}(z)=[h_{il}(z)]=\begin{bmatrix}\dfrac{d_{11}(z)}{c_{11}(z)} & \dfrac{d_{12}(z)}{c_{12}(z)} & \cdots & \dfrac{d_{1p}(z)}{c_{1p}(z)}\\ \dfrac{d_{12}(z)}{c_{12}(z)} & \dfrac{d_{22}(z)}{c_{22}(z)} & \cdots & \dfrac{d_{2p}(z)}{c_{2p}(z)}\\ \vdots & \vdots & & \vdots\\ \dfrac{d_{m1}(z)}{d_{m1}(z)} & \dfrac{d_{m2}(z)}{d_{m2}(z)} & \cdots & \dfrac{d_{mp}(z)}{c_{mp}(z)}\end{bmatrix}\in\mathbb{R}^{m\times p}\text{为噪声模型的传递函数矩阵.}$$

1. 多变量系统噪信比的定义

多变量系统的第 i 个输出通道的 **噪信比** $\delta_{\mathrm{ns}}(i)$ 定义为 $w_i(t)$ 的方差 $\sigma_{w_i}^2:=D[w_i(t)]$ 与 $x_i(t)$ 的方差 $\sigma_{x_i}^2:=D[x_i(t)]$ 之比的平方根, 即

$$\delta_{\mathrm{ns}}(i)=\sqrt{\frac{D[w_i(t)]}{D[x_i(t)]}}\times 100\%=\frac{\sigma_{w_i}}{\sigma_{x_i}}\times 100\%. \tag{A.2.4}$$

2. 多变量系统的噪信比的计算

系统 (A.2.1)~(A.2.3) 可分解为 m 个多输入单输出子系统:

$$\begin{aligned}x_i(t)&=\sum_{j=1}^{r}g_{ij}(z)u_j(t)\\&=\sum_{j=1}^{r}\frac{b_{ij}(z)}{a_{ij}(z)}u_j(t),\ i=1,2,\cdots,m,\end{aligned} \tag{A.2.5}$$

$$\begin{aligned}w_i(t)&=\sum_{j=1}^{p}h_{ij}(z)v_j(t)\\&=\sum_{j=1}^{p}\frac{d_{ij}(z)}{c_{ij}(z)}v_j(t),\ i=1,2,\cdots,m.\end{aligned} \tag{A.2.6}$$

假设输入 $\{u_i(t)\}$ 采用零均值方差为 $\sigma_u^2(i)$ 的不相关随机噪声序列, 即

$$\mathrm{E}[u_i(t)]=0,\quad D[u_i(t)]=\sigma_u^2(i),\quad \mathrm{E}[u_i(t)u_j(s)]=0,\ i\neq j\ \text{或}\ t\neq s,$$

$\{v_i(t)\}$ 是零均值方差为 $\sigma_v^2(i)$ 的不相关白噪声序列, 且与 $\{u_i(t)\}$ 不相关. 因为两个不相关随机变量之和的方差等于它们方差之和, 故使用定理 A.1.1 有

$$D[w_i(t)]=D\left[\sum_{j=1}^{p}h_{ij}(z)v_j(t)\right]=\sum_{j=1}^{p}D[h_{ij}(z)v_j(t)]$$

$$=\sum_{j=1}^{p}\frac{\sigma_v^2(j)}{2\pi \mathrm{j}}\oint_c h_{ij}(z)h_{ij}(z^{-1})\frac{\mathrm{d}z}{z}$$
$$=\sum_{j=1}^{p}\frac{\sigma_v^2(j)}{2\pi \mathrm{j}}\oint_c \frac{d_{ij}(z)}{c_{ij}(z)}\frac{d_{ij}(z^{-1})}{c_{ij}(z^{-1})}\frac{\mathrm{d}z}{z},\ i=1,2,\cdots,m. \tag{A.2.7}$$

同理

$$D[x_i(t)]=\sum_{j=1}^{m}\frac{\sigma_u^2(j)}{2\pi \mathrm{j}}\oint_c g_{ij}(z)g_{ij}(z^{-1})\frac{\mathrm{d}z}{z}$$
$$=\sum_{j=1}^{m}\frac{\sigma_u^2(j)}{2\pi \mathrm{j}}\oint_c \frac{b_{ij}(z)}{a_{ij}(z)}\frac{b_{ij}(z^{-1})}{a_{ij}(z^{-1})}\frac{\mathrm{d}z}{z},\ i=1,2,\cdots,m. \tag{A.2.8}$$

式 (A.2.7) 和式 (A.2.8) 可以根据复积分计算公式 (A.1.14) 计算. 如果给定多变量系统的描述形式不同于式 (A.2.1)~(A.2.3), 则应先化为式 (A.2.1)~(A.2.3) 的形式, 再进行计算.

A.3 思 考 题

1. 利用复积分公式 (A.1.14), 并编写程序计算下列复积分:

$$I=\frac{1}{2\pi \mathrm{j}}\oint_c G(z)G(z^{-1})\frac{\mathrm{d}z}{z},$$

其中

(1) $G(z)=\dfrac{1+0.75z^{-1}-0.5z^{-2}}{1-0.75z^{-1}+0.5z^{-2}}$;

(2) $G(z)=\dfrac{1+z^{-1}}{(1-0.3z^{-1})(1-0.5z^{-1})}$;

(3) $G(z)=\dfrac{z^{-2}+z^{-3}}{(1-0.3z^{-1})(1-0.5z^{-1})}$;

(4) $G(z)=\dfrac{1-0.2z^{-1}+0.6z^{-2}}{(1-0.4z^{-1})(1-0.8z^{-1})^2}$;

(5) $G(z)=\dfrac{1-0.75z^{-1}+0.5z^{-2}-0.8z^{-3}}{1-1.35z^{-1}+0.68z^{-2}}$;

(6) $G(z)=\dfrac{z^{-1}+0.95z^{-2}}{(1-0.2z^{-1})(1-0.5z^{-1})^2}$.

2. 设 $y(t)$ 为系统输出, 输入 $u(t)$ 和噪声 $v(t)$ 均为零均值不相关随机噪声序列, 且 $\sigma_u^2=1.00$, $\sigma_v^2=0.50^2$ 和 $\sigma_v^2=2.00^2$. 求下列标量系统的噪信比 δ_{ns}:

(1) $(1-1.4z^{-1}+0.48z^{-2})y(t)=(z^{-1}+0.5z^{-2})u(t)+v(t)$;

(2) $y(t)=\dfrac{z^{-1}+0.5z^{-2}}{1-1.4z^{-1}+0.48z^{-2}}u(t)+v(t)$;

(3) $(1-1.4z^{-1}+0.48z^{-2})y(t)=(z^{-1}+0.5z^{-2})u(t)+(1-0.2z^{-1})v(t)$;

(4) $(1-1.4z^{-1}+0.48z^{-2})y(t)=(z^{-1}+0.5z^{-2})u(t)+\dfrac{1}{1-0.4z^{-1}}v(t)$;

(5) $(1-1.4z^{-1}+0.48z^{-2})y(t)=(z^{-1}+0.5z^{-2})u(t)+\dfrac{1-0.2z^{-1}}{1-0.4z^{-1}}v(t)$;

(6) $(1-0.8z^{-1}+0.16z^{-2})y(t)=(1+0.7z^{-1}-z^{-2})u(t)+v(t)$.

3. 设 $\{\boldsymbol{u}(t)\}$ 为零均值单位方差随机向量序列, $\{\boldsymbol{v}(t)\}$ 为零均值方差为 $\{2.00^2, 2.00^2\}$ 的白噪声向量序列. 求下列多变量系统的噪信比 $\{\delta_{\rm ns}(1), \delta_{\rm ns}(2)\}$:

(1) $$\begin{bmatrix} 1-0.3z^{-1} & -0.1z^{-1} \\ -0.1z^{-1} & 1-0.7z^{-1} \end{bmatrix}\boldsymbol{y}(t) = \begin{bmatrix} 0.3z^{-1} & 0.4z^{-1} \\ 0.7z^{-1} & 0.5z^{-1} \end{bmatrix}\boldsymbol{u}(t) + \boldsymbol{v}(t);$$

(2) $$(1-0.3z^{-1})\boldsymbol{y}(t) = \begin{bmatrix} 0.3z^{-1} & 0.4z^{-1} \\ 0.7z^{-1} & 0.5z^{-1} \end{bmatrix}\boldsymbol{u}(t) + \boldsymbol{v}(t);$$

(3) $$\boldsymbol{y}(t) = \begin{bmatrix} 1-0.3z^{-1} & -0.1z^{-1} \\ -0.1z^{-1} & 1-0.7z^{-1} \end{bmatrix}^{-1}\begin{bmatrix} 0.3z^{-1} & 0.4z^{-1} \\ 0.7z^{-1} & 0.5z^{-1} \end{bmatrix}\boldsymbol{u}(t) + \boldsymbol{v}(t);$$

(4) $$\begin{bmatrix} 1-0.3z^{-1} & -0.1z^{-1} \\ -0.1z^{-1} & 1-0.7z^{-1} \end{bmatrix}\boldsymbol{y}(t)\begin{bmatrix} 0.3z^{-1} & 0.4z^{-1} \\ 0.7z^{-1} & 0.5z^{-1} \end{bmatrix}\boldsymbol{u}(t)\cdot$$
$$+\begin{bmatrix} 1+0.1z^{-1} & 0.1z^{-1} \\ -0.2z^{-1} & 1+0.3z^{-1} \end{bmatrix}\boldsymbol{v}(t);$$

(5) $$\begin{bmatrix} 1-0.3z^{-1} & -0.1z^{-1} \\ -0.1z^{-1} & 1-0.7z^{-1} \end{bmatrix}\boldsymbol{y}(t) = \begin{bmatrix} 0.3z^{-1} & 0.4z^{-1} \\ 0.7z^{-1} & 0.5z^{-1} \end{bmatrix}\boldsymbol{u}(t)$$
$$+\begin{bmatrix} 1-0.1z^{-1} & -0.1z^{-1} \\ -0.1z^{-1} & 1+0.2z^{-1} \end{bmatrix}^{-1}\boldsymbol{v}(t);$$

(6) $$\begin{bmatrix} 1-0.3z^{-1} & -0.1z^{-1} \\ -0.1z^{-1} & 1-0.7z^{-1} \end{bmatrix}\boldsymbol{y}(t) = \begin{bmatrix} 0.3z^{-1} & 0.4z^{-1} \\ 0.7z^{-1} & 0.5z^{-1} \end{bmatrix}\boldsymbol{u}(t)$$
$$+\begin{bmatrix} 1-0.1z^{-1} & -0.1z^{-1} \\ -0.1z^{-1} & 1+0.2z^{-1} \end{bmatrix}^{-1}\begin{bmatrix} 1+0.1z^{-1} & 0.1z^{-1} \\ -0.2z^{-1} & 1+0.3z^{-1} \end{bmatrix}\boldsymbol{v}(t).$$

附录B　主要缩略语英汉对照

缩略语	说 明
A	
a.s.	almost surely (几乎必然, 几乎肯定)
AE	Attenuating Excitation condition (衰减激励条件)
AM	Auxiliary Model (辅助模型)
AM-FG	Auxiliary Model based Forgetting Gradeint algorithm (辅助模型遗忘梯度算法)
AM-M-SG	Auxiliary Model based Modified SG algorithm (辅助模型修正随机梯度算法)
AM-MI-ELS	Auxiliary Model based Multi-Innovation Extended LS algorithm (辅助模型多新息增广最小二乘算法)
AM-MI-ESG	Auxiliary Model based Multi-Innovation Extended SG algorithm (辅助模型多新息增广随机梯度算法)
AM-MILS	Auxiliary Model based Multi-Innovation LS algorithm (辅助模型多新息最小二乘算法)
AM-MISG	Auxiliary Model based Multi-Innovation SG algorithm (辅助模型多新息随机梯度算法)
AM-RELS	Auxiliary Model based Recursive Extended LS algorithm (辅助模型递推增广最小二乘算法)
AM-RGELS	Auxiliary Model based Recursive Generalized Extended LS algorithm (辅助模型递推广义增广最小二乘算法)
AM-RGLS	Auxiliary Model based Recursive Generalized LS algorithm (辅助模型递推广义最小二乘算法)
AM-RLS	Auxiliary Model based Recursive LS algorithm (辅助模型递推最小二乘算法)
AM-SG	Auxiliary Model based Stochastic Gradeint algorithm (辅助模型随机梯度算法)
AR	AutoRegressive model (自回归模型)
AR-BJ	AutoRegressive Box-Jenkins model (自回归 Box-Jenkins 模型)
AR-OE	AutoRegressive Output Error model (自回归输出误差模型)
AR-OEAR	AutoRegressive Output Error AutoRegressivee model (自回归输出误差自回归模型)
AR-OEMA	AutoRegressive Output Error Moving Average model

	(自回归输出误差滑动平均模型)
ARARMAX	AutoRegressive ARMA model with eXogenous input (具有外部输入自回归 ARMA 模型)
ARARX	AutoRegressive AR model with eXogenous input (具有外部输入自回归自回归模型)
ARIMA	AutoRegressive Integrated Moving Average model (自回归积分滑动平均模型)
ARMA	AutoRregressive Moving Average model (自回归滑动平均模型)
ARMAX	ARMA model with eXogenous input (具有外部输入 ARMA 模型)
ARX	AR model with eXogenous input (具有外部输入 AR 模型)

B

BJ	Box-Jenkins model (Box-Jenkins 模型)
Bootstrap	Bootstrap algorithm (松弛算法)

C

C-ARMA	Controlled AutoRegressive Moving Average model (受控 ARMA 模型)
C-LS	Coupled Least Squares algorithm (耦合最小二乘算法)
C-SG	Coupled Stochastic Gradient algorithm (耦合随机梯度算法)
C-SLS	Coupled Subsystem Least Squares algorithm (耦合子系统最小二乘算法)
C-SSG	Coupled Subsystem Stochastic Gradient algorithm (耦合子系统随机梯度算法)
CAR	Controlled AutoRregressive model (受控 AR 模型)
CARAR	Controlled AutoRegressive AutoRegressive model (受控 ARAR 模型)
CARARMA	Controlled AutoRegressive ARMA model (受控自回归 ARMA 模型)
CARIMA	Controlled AutoRegressive Integrated Moving Average model (受控 ARIMA 模型)
CARMA	Controlled AutoRegressive Moving Average model (受控自回归滑动平均模型)
CMA	Controlled Moving Average model (受控滑动平均模型)
CV-MLS	CoVariance Modified Least Squares method (协方差修正最小二乘法)
CVRS-LS	CoVariance ReSetting Least Squares method (协方差复位最小二乘法)

D

DARMA	Deterministic AutoRegressive Moving Average model (确定性 ARMA 模型)

E

E-FDW-MILS	interval-Equating MILS algorithm over the Finite Data Window

	(等递推间隔有限数据窗多新息最小二乘算法)
E-GP	interval-Equating Generalized Projection algorithm (等递推间隔广义投影算法)
E-LS	interval-Equating Least Squares algorithm (等递推间隔最小二乘算法)
E-MIFG	interval-Equating Multi-Innovation Forgetting Gradient algorithm (等递推间隔多新息遗忘梯度算法)
E-MIGP	interval-Equating Multi-Innovation Generalized Projection algorithm (等递推间隔多新息广义投影算法)
E-MILS	interval-Equating Multi-Innovation Least Squares algorithm (等递推间隔多新息最小二乘算法)
E-MISG	interval-Equating Multi-innovation Stochastic Gradient algorithm (等递推间隔多新息随机梯度算法)
E-SG	interval-Equating Stochastic Gradient algorithm (等递推间隔随机梯度算法)
EKF	Extended Kalman Filtering/Filter (增广卡尔曼滤波)
ELS	Extended Least Squares method (增广最小二乘法)
ESG	Extended Stochastic Gradient algorithm (增广随机梯度算法)

F

FD	Forgetting Drifting algorithm (遗忘漂移算法)
FDW	Finite Data Window (有限数据窗)
FDW-LS	Finite Data Window Least Squares method (有限数据窗最小二乘法)
FF	Forgetting Factor (遗忘因子)
FF-ESG	Forgetting Factor Extended Stochastic Gradient algorithm (遗忘因子增广随机梯度算法)
FF-LS	Forgetting Factor Least Squares method (遗忘因子最小二乘法)
FDW-MILS	Finite Data Window Multi-Innovation Least Squares algorithm (有限数据窗多新息最小二乘算法)
FF-RLS	Forgetting Factor Recursive Least Squares algorithm (遗忘因子递推最小二乘算法)
FFSG	Forgetting Factor Stochastic Gradient algorithm (遗忘因子随机梯度算法)
FG = FFSG	Forgetting Gradient identification algorithm (遗忘梯度辨识算法)
FIR	Finite Impulse Response model (有限脉冲响应模型)
FIR-MA	Finite Impulse Response Moving Average model (有限脉冲响应滑动平均模型)
FM-LS	Fixed Memory Least Squares method (限定记忆最小二乘法)
FP	Forgetting Projection identification algorithm (遗忘投影辨识算法)

G

GI	Gradient based Iterative algorithm (梯度迭代算法)

GELS	Generalized Extended Least Squares method (广义增广最小二乘法)
GESG	Generalized Extended Stochastic Gradient algorithm (广义增广随机梯度算法)
GLS	Generalized Least Squares method (广义最小二乘法)
GSG	Generalized Stochastic Gradient algorithm (广义随机梯度算法)
GSPE	Generalized Strong Persistent Excitation condition (广义强持续激励条件)
GWPE	Generalized Weak Persistent Excitation condition (广义弱持续激励条件)

H

HFG	Hierarchical Forgetting Gradient algorithm (递阶遗忘梯度算法)
HGI	Hierarchical Gradient based Iterative algorithm (递阶梯度迭代算法)
HLS	Hierarchical Least Squares algorithm (递阶最小二乘算法)
HLSI	Hierarchical Least Squares based Iterative algorithm (递阶最小二乘迭代算法)
HSG	Hierarchical Stochastic Gradient algorithm (递阶随机梯度算法)

I

I-ESG	Innovation based Extended Stochastic Gradient algorithm (基于新息的增广随机梯度算法)
ILS	Iterative Least Squares algorithm (迭代最小二乘算法)
ILS	Interactive Least Squares algorithm (交互最小二乘算法)
ISG	Interactive Stochastic Grdaient algorithm (交互随机梯度算法)

K

KF	Kalman Filter (卡尔曼滤波器)
KF	Kalman Filtering algorithm (卡尔曼滤波算法)

L

LS	Least Squares algorithm (最小二乘算法)
LSE	Least Squares Estimate (最小二乘估计)
LSI	Least Squares based Iterative algorithm (最小二乘迭代算法)

M

m.s.	mean square convergence (均方收敛性)
M-ESG	Modified Extended Stochastic Gradient algorithm (修正增广随机梯度算法)
MA	Moving Average model (滑动平均模型)
MCT	Martingale Convergence Theorem (鞅收敛定理)
MHCT	Martingale HyperConvergence Theorem (鞅超收敛定理)

MI-FFSG　Multi-Innovation Forgetting Factor Stochastic Gradient algorithm (多新息遗忘因子随机梯度算法)
MIFG　Multi-Innovation Forgetting Gradient algorithm (多新息遗忘梯度算法)
MIGP　Multi-Innovation Generalized Projection algorithm (多新息广义投影算法)
MILS　Multi-Innovation Least Squares algorithm (多新息最小二乘算法)
MIMO　Multi-Input Multi-Output system (多输入多输出系统)
MIMO　Multiple-Input Multiple-Output system (多输入多输出系统)
MISG　Multi-innovation Stochastic Gradient algorithm (多新息随机梯度算法)
MISO　Multiple-Input Single-Output system (多输入单输出系统)
MRAC　Model Reference Adaptive Control (模型参考自适应控制)
MRAS　Model Reference Adaptive System (模型参考自适应系统)

N

NSPE　Normalized Strong Persistent Excitation condition (规范化强持续激励条件)

O

OE　Output Error model (输出误差模型)
OEAR　Output Error AutoRegressive model (输出误差自回归模型)
OEARMA　OEARMA = Box-Jenkins model
OEMA　Output Error Moving Average model (输出误差滑动平均模型)

P

PC-LS　Partially Coupled Least Squares algorithm (部分耦合最小二乘算法)
PC-SG　Partially Coupled Stochastic Gradient algorithm (部分耦合随机梯度算法)
PC-SLS　Partially Coupled Subsystem Least Squares algorithm (部分耦合子系统最小二乘算法)
PC-SSG　Partially Coupled Subsystem Stochastic Gradient algorithm (部分耦合子系统随机梯度算法)
PLS　Partial Least Squares algorithm (偏最小二乘算法)

R

RDM　Recursive Method with Discounted measurements (递推折息法)
RELS　Recursive Extended Least Squares method (递推增广最小二乘法)
RFM　Recursive Fixed Memory method (递推限定记忆法)
RG　Recursive Gradient algorithm (递推梯度算法)
RGELS　Recursive Generalized Extended Least Squares method (递推广义增广最小二乘法)
RGLS　Recursive Generalized Least Squares method (递推广义最小二乘法)

RLS	Recursive Least Squares method (递推最小二乘法)

S

SG	Stochastic Gradient algorithm (随机梯度算法)
SIMO	Single-Input Multiple-Output system (单输入多输出系统)
SISO	Single-Input Single-Output system (单输入单输出系统)
SPE	Strong Persistent Excitation condition (强持续激励条件)
SLS	Subsystem Least Squares algorithm (子系统最小二乘算法)
STC	Self-Tuning Control algorithm (自校正控制算法)
STR	Self-Tuning Regulator (自校正调节器)

T

TLS	Total Least Squares algorithm (全最小二乘算法)
TS-RLS	Two-Stage Recursive Least Squares algorithm (两阶段递推最小二乘算法)

V

V-FDW-MILS	interval-Varying MILS algorithm over the Finite Data Window (变递推间隔有限数据窗多新息最小二乘算法)
V-GP	interval-Varying Generalized Projection algorithm (变递推间隔广义投影算法)
V-LS	interval-Varying Least Squares algorithm (变递推间隔最小二乘算法)
V-MIFG	interval-Varying Multi-Innovation Forgetting Gradient algorithm (变递推间隔多新息遗忘梯度算法)
V-MIGP	interval-Varying Multi-Innovation Generalized Projection algorithm (变递推间隔多新息广义投影算法)
V-MILS	interval-Varying Multi-Innovation Least Squares algorithm (变递推间隔多新息最小二乘算法)
V-MISG	interval-Varying Multi-innovation Stochastic Gradient algorithm (变递推间隔多新息随机梯度算法)
V-SG	interval-Varying Stochastic Gradient algorithm (变递推间隔随机梯度算法)

W

wp1	with probability one (依概率 1)
WLS	Weighted Least Squares method (加权最小二乘法)
WPE	Weak Persistent Excitation condition (弱持续激励条件)

Z

$z-s$	$z-s$ transform ($z-s$ 变换)

附录C　有关术语汉英对照

A

Abel 定理 (Abel theorem)

B

白噪声 (white noise)
白噪声序列 (white noise sequence)
白噪声向量 (white noise vector)
　　不相关白噪声向量 (uncorrelated white noise vector)
必要条件 (necessary condition)
变步长 (step-size-varying)
变递推间隔 (interval-varying)
变换 (transform/transformation)
　　Fourier 变换 (Fourier transform)
　　Household 变换矩阵 (Household transformation matrix)
　　Z 变换 (Z transform)
　　$z-s$ 变换 ($z-s$ transform)
　　傅里叶变换对 (Fourier transform pair)
　　广义双线性变换 (generalized bilinear transform)
　　阶跃响应不变变换 (step response invariance transform)
　　拉普拉斯变换 (Laplace transform)
　　脉冲响应不变变换 (impulse response invariance transform)
　　逆 Z 变换 (inverse Z transform)
　　欧拉变换 (Euler transform)
　　双线性变换 (bilinear transform)
　　线性变换 (linear transformation)
辨识 (identification)
　　参数辨识 (parameter identification)
　　递推辨识 (recursive identification)
　　迭代辨识 (iterative identification)
　　离线辨识 (offline identification)
　　在线辨识 (online identification)
　　实时辨识 (real-time identification)
辨识表达式 (identification representation or identification expression)

辨识模型 (identification model)
辨识算法 (identification algorithm)
　　递阶最小二乘辨识算法 (HLS: Hierarchical Least Squares identification algorithm)
　　递阶随机梯度辨识算法 (HSG: Hierarchical Stochastic Gradient identification algorithm)
　　递推最小二乘辨识算法 (RLS: Recursive Least Squares identification algorithm)
　　多新息随机梯度辨识算法
　　　　(MISG: Multi-Innovation Stochastic Gradient identification algorithm)
　　多新息投影辨识算法 (MIP: Multi-Innovation Projection identification algorithm)
　　多新息遗忘梯度辨识算法
　　　　(MIFG: Multi-Innovation Forgetting Gradient identification algorithm)
　　多新息最小二乘辨识算法 (MILS: Multi-Innovation Least Squares identification algorithm)
　　辅助模型递推最小二乘辨识算法
　　　　(AM-RLS: Auxiliary Model based Recursive Least Squares identification algorithm)
　　辅助模型随机梯度辨识算法
　　　　(AM-SG: Auxiliary Model based Stochastic Gradient identification algorithm)
　　辅助模型遗忘梯度辨识算法
　　　　(AM-FG: Auxiliary Model based Forgetting Gradient identification algorithm)
　　松弛辨识算法 (Bootstrap identification algorithm)
　　随机梯度辨识算法 (SG: Stochastic Gradient identification algorithm)
　　投影辨识算法 (projection identification algorithm)
　　遗忘梯度辨识算法 (FG: Forgetting Gradient identification algorithm)
　　遗忘因子随机梯度辨识算法
　　　　(FFSG: Forgetting Factor Stochastic Gradient identification algorithm)
　　有限数据窗最小二乘辨识算法
　　　　(FDW-LS: Finite Data Window Least Squares identification algorithm)
步长 (step-size)
不规则采样数据系统 (irregularly sampled-data system)

C

Cramér-Rao 不等式 (Cramér-Rao inequality)
采样周期 (sampling period)
残差 (residual)
参数 (parameter)
　　马可夫参数 (Markov parameter)
　　时变参数向量 (time-varying parameter vector)
　　线性参数空间 (linear parameter space)
参数变化率 (parameter changing rate)
参数辨识 (parameter identification)

参数估计 (parameter estimation)

　　一致参数估计 (consistent parameter estimation)

参数估计值 (parameter estimate)

参数估计算法 (parameter estimation algorithm)

参数估计误差 (parameter estimation error)

参数估计误差界 (parameter estimation error bound)

参数估计误差界理论 (parameter estimation error bound theory)

参数估计误差上界 (parameter estimation error upper bound)

参数估计误差下界 (parameter estimation error lower bound)

参数估计向量 (parameter estimation vector)

参数集 (parameter set)

参数矩阵 (parameter matrix)

参数空间 (parameter space)

参数向量 (parameter vector)

持续激励 (persistent excitation)

　　广义强持续激励条件 (GSPE: Generalized Strong Persistent Excitation condition)

　　广义弱持续激励条件 (GWPE: Generalized Weak Persistent Excitation condition)

　　强持续激励条件 (SPE: Strong Persistent Excitation condition)

　　弱持续激励条件 (WPE: Weak Persistent Excitation condition)

持续激励的 (persistently exciting)

持续激励条件 (persistent excitation condition)

持续激励信号 (persistently excited signal or persistent excitation signal)

充分丰富的 (sufficiently rich)

充分条件 (sufficient condition)

充分必要条件 (necessary and sufficient conditions)

传递函数 (transfer function)

　　脉冲传递函数 (impulse transfer function)

　　严格正实传递函数 (strictly positive real transfer function)

　　严格正实传递函数阵 (strictly positive real transfer function matrix)

传递函数阵 (transfer function matrix) = 传递函数矩阵

传递函数矩阵 (transfer function matrix)

传递矩阵 (transfer matrix) = 传递函数矩阵

D

单边迭代算法 (single-side iterative algorithm)

单位脉冲响应 (unit impulse response)

单位阵 (identity matrix) = 单位矩阵

单新息辨识方法 (single-innovation identification method)

当且仅当 (if and only if)
递阶辨识方法 (hierarchical identification method)
递阶辨识原理 (hierarchical identification principle)
递阶随机梯度辨识方法 (HSG: Hierarchical Stochastic Gradient identification method)
递阶梯度迭代算法 (HGI: Hierarchical Gradient based Iterative algorithm)
递阶最小二乘辨识方法 (HLS: Hierarchical Least Squares identification method)
递阶最小二乘迭代算法 (HLSI: Hierarchical Least Squares based Iterative algorithm)
迭代方法族 (family of iterative methods)
迭代解 (iterative solution)
迭代算法 (iterative algorithm)
　　带收敛因子的高斯 – 赛德尔迭代算法
　　　　(Gauss-Seidel iterative algorithm with a forgetting factor)
　　带收敛因子的雅可比迭代算法 (Jacobi iterative algorithm with a forgetting factor)
　　单边迭代算法 (single-side iterative algorithm)
　　递阶梯度迭代算法 (HGI: Hierarchical Gradient based Iterative algorithm)
　　递阶最小二乘迭代算法 (HLSI: Hierarchical Least Squares based Iterative algorithm)
　　高斯 – 赛德尔迭代方法 (Gauss-Seidel Iterative method)
　　平衡迭代算法 (balanced iterative algorithm)
　　梯度迭代算法 (GI: Gradient based Iterative algorithm)
　　雅可比迭代方法 (Jacobi iterative method)
　　最小二乘迭代算法 (LSI: Least Squares based Iterative algorithm)
定理 (theorem)
　　采样恢复定理 (sampling and retrieving theorem)
　　估计误差协方差定理 (estimation error covariance theorem)
　　极限定理 (limit theorem)
　　卷积定理 (convolution theorem)
　　离散卷积定理 (discrete convolution theorem)
　　留数定理 (residue theorem)
　　奈奎斯特 – 香农采样定理 (Nyquist–Shannon sampling theorem)
　　谱分解定理 (spectral decomposition theorem)
　　无偏性定理 (unbiasedness theorem)
　　香农采样定理 (Shannon sampling theorem)
　　鞅超收敛定理 (MHCT: Martingale HyperConvergence Theorem)
　　鞅收敛定理 (MCT: Martingale Convergence Theorem)
　　鞅收敛定理确定性情形 (Deterministic version of MCT)
　　一致收敛定理 (consistent convergence theorem)
　　噪声方差估计定理 (noise variance estimation theorem)
独立同分布 (iid or i.i.d.: independent and identical distribution)

对称阵 (symmetric matrix) = 对称矩阵
对角阵 (diagonal matrix) = 对角矩阵
多新息 (multi-innovation)
多新息辨识 (multi-innovation identification)
多新息辨识方法 (multi-innovation identification method)
多新息辨识理论 (multi-innovation identification theory)
多新息理论 (multi-innovation theory)
多新息随机梯度辨识算法
　　(MISG: Multi-Innovation Stochastic Gradient identification algorithm)
多新息最小二乘辨识算法 (MILS: Multi-Innovation Least Squares identification algorithm)

E

二次准则函数 (quadratic criterion function)
二阶矩过程 (second-order moment process)

F

Fisher 信息矩阵 (Fisher information matrix)
Fourier 变换 (Fourier transform)
范数 (norm)
方程 (equation)
　　差分方程 (difference equation)
　　广义西尔维斯特矩阵方程 (generalized Sylvester matrix equation)
　　规范方程 (normal equation)
　　李雅普诺夫矩阵方程 (Lyapunuv matrix equation)
　　耦合矩阵方程 (coupled matrix equation)
　　齐次矩阵方程 (homogeneous matrix equation)
　　微分方程 (differential equation)
　　西尔维斯特矩阵方程 (Sylvester matrix equation)
　　一般矩阵方程 (general matrix equation)
　　一般耦合矩阵方程 (general coupled matrix equations)
　　正则方程 (normal equation)
非参数模型 (non-parametric model)
非方系统 (non-square system of linear equations)
非负定函数 (non-negative definite function)
非负定矩阵 (non-negative definite matrix)
分布函数 (distribution function)
分块对角阵 (block diagonal matrix) = 分块对角矩阵
分解 – 协调原理 (decomposition–coordination principle)

傅里叶变换对 (Fourier transform pair)
辅助变量 (instrumental variable)
辅助矩阵 (instrumental matrix)
辅助模型 (auxiliary model)
辅助模型辨识 (auxiliary model identification)
辅助模型辨识方法 (auxiliary model identification method)
辅助模型辨识思想 (auxiliary model identification idea)
辅助模型递推最小二乘辨识算法
　　(AM-RLS: Auxiliary Model based Recursive Least Squares identification algorithm)
辅助模型随机梯度辨识算法
　　(AM-SG: Auxiliary Model based Stochastic Gradient identification algorithm)
辅助向量 (instrumental vector)

G

Gauss-Seidel 迭代方法 (Gauss-Seidel Iterative method)
高斯 – 赛德尔迭代方法 (Gauss-Seidel Iterative method)
各态遍历的 (ergodic)
各态遍历性 (ergodicity)
功率谱密度 (power spectral density)
估计 (estimation, estimate)
　　参数估计算法 (parameter estimation algorithm)
　　参数估计误差 (PEE: Parameter Estimation Error)
　　参数估计误差上界 (parameter estimation error upper bound)
　　无偏估计 (unbiased estimate)
　　状态估计算法 (state estimation algorithm)
　　状态估计误差 (state estimation error)
　　最小二乘估计 (LSE: Least Squares Estimate)
估计算法 (estimation algorithm)
　　参数估计算法 (parameter estimation algorithm)
　　联合参数与状态估计算法 (combined parameter and state estimation algorithm)
　　状态估计算法 (state estimation algorithm)
规范化持续激励条件 (normal persistent excitation condition)
规范方程 (normal equation) = 正则方程
规范型 (canonical form)
　　观测器规范型 (observer canonical form)
　　控制器规范型 (controller canonical form)
　　能观测性规范型 (observability canonical form)
　　能控性规范型 (controllability canonical form)

过程 (process)

　　二阶矩过程 (second-order moment process)

　　宽平稳过程 (wide stationary process)

　　随机过程 (stochastic process)

过程噪声向量 (process noise vector)

H

Hadamard 积 (Hadamard product)

Hermite 矩阵 (Hermite matrix)

Household 变换 (Household transformation)

Household 变换矩阵 (Household transformation matrix)

函数 (function)

　　传递函数 (transfer function)

　　二次准则函数 (quadratic criterion function)

　　非负定函数 (non-negative definite function)

　　分布函数 (distribution function)

　　互相关函数 (cross correlation function)

　　加权准则函数 (weighted criterion function)

　　均值函数 (mean value function)

　　脉冲传递函数 (impulse transfer function)

　　内插函数 (interpolation function)

　　谱密度函数 (spectral density function)

　　损失函数 (cost function) = 准则函数

　　相关函数 (correlation function)

　　协方差关函数 (covariance function)

　　准则函数 (criterion function)

行列式 (determinant)

互相关函数 (cross correlation function)

J

Jacobi 迭代 (Jacobi iteration)

迹 (trace)

极点 (pole)

几乎必然 (a.s.: almost surely)

几乎肯定 (a.s.: almost surely)

激励条件 (excitation condition)

　　广义持续激励条件 (generalized persistent excitation condition)

　　规范化持续激励条件 (normal persistent excitation condition)

　　强持续激励条件 (SPE: Strong Persistent Excitation conditions)
　　衰减激励条件 (AE: Attenuating Excitation condition)
　　条件激励条件 (conditional excitation condition)
激励信号 (excitation signal)
　　衰减激励信号 (attenuating excitation signal)
　　持续激励信号 (persistent excitation signal)
加权准则函数 (weighted criterion function)
矩阵 (matrix)
　　Fisher 信息矩阵 (Fisher information matrix)
　　Household 变换矩阵 (Household transform matrix)
　　Toeplitz 矩阵 (Toeplitz matrix)
　　单位矩阵 (identity matrix) = 单位阵
　　导数矩阵 (derivative matrix)
　　对称矩阵 (symmetric matrix) = 对称阵
　　对角阵 (diagonal matrix) = 对角矩阵
　　范德蒙矩阵 (Vandermonde matrix)
　　非负定矩阵 (non-negative definite matrix)
　　非奇异矩阵 (non-singular matrix)
　　汉克尔矩阵 (Hankel matrix)
　　行满秩矩阵 (full-row rank matrix)
　　赫米特矩阵 (Hermite matrix)
　　矩阵求逆引理 (matrix inversion lemma)
　　可逆矩阵 (invertible matrix)
　　块矩阵求逆引理 (block matrix inversion lemma)
　　列满秩矩阵 (full-column rank matrix)
　　满秩矩阵 (full rank matrix)
　　时变参数矩阵 (time-varying parameter matrix)
　　协方差矩阵 (covariance matrix)
　　严格上三角阵 (strictly upper triangular matrix)
　　严格下三角阵 (strictly lower triangular matrix)
　　友矩阵 (companion matrix)
　　增益矩阵 (gain matrix)
　　正定矩阵 (positive definite matrix)
　　正交矩阵 (orthogonal matrix)
　　转移矩阵 (transition matrix)
　　状态转移矩阵 (state transition matrix)
矩阵求逆引理 (matrix inversion lemma)
卷积定理 (convolution theorem)

均匀分布 (uniform distribution)

K

Kronecker 积 (Kronecker product)
Kronecker 引理 (Kronecker lemma)
卡尔曼滤波 (KF: Kalman Filtering)
卡尔曼滤波器 (KF: Kalman Filter)
卡尔曼滤波算法 (KF: Kalman Filtering algorithm)
克罗内克尔积 (Kronecker product)
克罗内克尔引理 (Kronecker lemma)
块矩阵内积 (block matrix inner product, i.e., star product)
宽平稳过程 (wide stationary process)

L

拉格朗日乘子 (Lagrange multiplier)
拉普拉斯变换 (Laplace transform)
拉普拉斯算子 (Laplace operator)
离散化 (discretization)
离散正实引理 (discrete positive real lemma)
离线算法 (offline algorithm)
零点 (zero)
零阶保持器 (zero-order hold)
留数 (residue)
留数定理 (residue theorem)
鲁棒性 (robustness)

M

脉冲传递函数 (impulse transfer function)
脉冲响应 (impulse response)
模态 (mode) = 振型
模型 (model)
　ARX 模型 (具有外加输入的 AR 模型) (AR model with eXogenous input)
　ARX/CAR 模型 (ARX/CAR model)
　ARMAX/CARMA 模型 (ARMAX/CARMA model)
　ARARX/CARAR 模型 (ARARX/CARAR model)
　ARARMAX/CARARMA 模型 (ARARMAX/CARARMA model)
　Box-Jenkins 模型 (BJ: Box-Jenkins model)
　辨识模型 (identification model)

方程误差模型 (equation error model)
辅助模型 (auxiliary model)
广义输出误差模型 (GOE: Generalized Output Error model)
滑动平均模型 (MA: Moving Average model)
马可夫参数模型 (Markov parameter model)
脉冲响应模型 (impulse response model)
确定性系统模型 (deterministic system model)
确定性自回归滑动平均模型
(DARMA: Deterministic AutoRegressive Moving Average model)
输出误差模型 (OE: Output Error model)
输出误差自回归模型 (OEAR: Output Error AutoRegressive model)
输出误差滑动平均模型 (OEMA: Output Error Moving Avergae model)
输出误差自回归滑动平均模型
(OEARMA: Output Error AutoRegressive Moving Average model) = Box-Jenkins 模型
随机系统模型 (stochastic system model)
无限脉冲响应模型 (IIR: Infinite Impulse Response model)
线性回归模型 (linear regressive model or linear regression model)
有限脉冲响应模型 (FIR: Finite Impulse Response model)
噪声模型 (noise model)
主模型 (main model)
状态空间模型 (state space model)
状态空间模型的解 (solution of the state space model)
自回归模型 (AR: AutoRegressive model)
自回归滑动平均模型 (ARMA: AutoRegressive Moving Average model)
子模型 (SM: SubModel)
子子模型 (SSM: Sub-SubModel)

N

内插函数 (interpolation function)

O

耦合辨识 (coupling identification)
耦合辨识方法 (coupled identification method)
耦合辨识概念 (coupling identification concept)
耦合随机梯度算法 (C-SG: Coupled Stochastic Gradient algorithm)
耦合子系统随机梯度算法 (C-SSG: Coupled Subsystem Stochastic Gradient algorithm)
耦合子系统最小二乘算法 (C-SLS: Coupled Subsystem Least Squares algorithm)

耦合最小二乘算法 (C-LS: Coupled Least Squares algorithm)

P

频率特性 (frequency characteristic)
频率响应 (frequency response)
平衡迭代算法 (balanced iterative algorithm)
平稳各态遍历序列 (stationary and ergodic sequence)
谱 (spectrum)
谱半径 (Spectral radius)
谱分解 (spectral decomposition)
谱分解定理 (spectral decomposition theorem)
谱密度 (spectral density)
　　功率谱密度 (power spectral density)
谱密度函数 (spectral density function)

Q

奇异矩阵 (singular matrix)
奇异值 (singular value)
奇异值分解 (singular value decomposition)
确定性系统 (deterministic system)

R

弱持续激励条件 (WPE: Weak Persistent Excitation condition)
弱持续激励信号 (Weak Persistent Excitation signal)

S

star 积 (star product, $\star$ product) = 块矩阵内积
上三角阵 (strictly upper triangular matrix) = 上三角矩阵
时变参数矩阵 (time-varying parameter matrix)
时变参数向量 (time-varying parameter vector)
实随机序列 (real stochastic sequence)
收敛变量 (convergence variable)
收敛速率 (convergence rate)
收敛性 (convergence)
　　一般收敛性 (general convergence)
　　有界收敛性 (bounded convergence)
收敛性能 (convergence performance or convergence property)
收敛因子 (convergence factor)

输出变量 (output variable)
输出向量 (output vector)
输入向量 (input vector)
衰减指数 (attenuating index)
算法 (algorithm), 又见辨识算法
　递阶多新息随机梯度算法
　　(HMISG: Hierarchical Multi-Innovation Stochastic Gradient identification algorithm)
　递阶多新息遗忘梯度算法
　　(HMIFG: Hierarchical Multi-Innovation Forgetting Gradient identification algorithm)
　递阶多新息最小二乘算法
　　(HMILS: Hierarchical Multi-Innovation Least Squares identification algorithm)
　递阶梯度迭代算法 (HGI: Hierarchical Gradient based Iterative identification algorithm)
　递阶随机梯度算法 (HSG: Hierarchical Stochastic Gradient identification algorithm)
　递阶遗忘因子随机梯度算法
　　(HFFSG: Hierarchical Forgetting Factor Stochastic Gradient identification algorithm)
　递阶投影算法 (hierarchical projection algorithm)
　递阶投影辨识算法 (hierarchical projection identification algorithm)
　递阶遗忘梯度辨识算法 (HFG: Hierarchical Forgetting Gradient identification algorithm)
　递阶最小二乘迭代算法 (HLSI: Hierarchical Least Squares based Iterative algorithm)
　广义投影辨识算法 (GP: Generalized Projection identification)
　离线算法 (offline algorithm)
　投影辨识算法 (projection identification algorithm)
　协方差复位最小二乘算法 (CVRS-LS: CoVariance ReSetting Least Squares algorithm)
　协方差修正最小二乘算法 (CV-MLS: Covariance Modified Least Squares algorithm)
　有限数据窗最小二乘算算法 (FDWLS: Finite Data Window Least Squares algorithm)
　在线算法 (online algorithm)
　增广随机梯度算法 (ESG: Extended Stochastic Gradient algorithm)
　最小均方算法 (LMS: Least Mean Square algorithm)
算子 (operator)
　单位后移算子 (unit backward shift operator)
　单位前移算子 (unit forward shift operator)
　拉普拉斯算子 (Laplace operator)
　微分算子 (differentiate operator)
随机逼近原理 (stochastic approximation principle)
随机变量 (random variable)
随机过程 (stochastic process)
随机数 (random number)
随机系统模型 (stochastic system model)

随机向量 (stochastic vector)
随机信号 (stochastic signal)
随机序列 (stochastic sequence)
损失函数 (cost function) = 准则函数
损失数据 (missing-data)
损失数据系统 (missing-data system)

T

Toeplitz 矩阵 (Toeplitz matrix)
Toeplitz 引理 (Toeplitz lemma)
特征值 (eigenvalue)
　　最大特征值 (maximum eigenvalue or greatest eigenvalue)
　　最小特征值 (minimum eigenvalue or smallest eigenvalue)
梯度 (gradient)
　　最速下降梯度方法 (steepest descent gradient method)
　　负梯度搜索 (negative gradient search)
　　随机梯度辨识算法 (SG: Stochastic Gradient identification algorithm)
梯度迭代算法 (GI: Gradient based Iterative algorithm)
梯度搜索 (gradient search)
条件期望 (conditional expectation)
条件数 (condition number)
统计独立的 (statistically independent)

W

维数 (dimension or size)
无偏性 (unbiasedness)
　　渐近无偏性 (asymptotic unbiasedness)
无噪输出 (noise-free output)

X

系统 (system)
　　标量系统 (scalar system) = 单输入单输出系统
　　单输入单输出系统 (SISO: Single-Input Single-Output system)
　　单输入多输出系统 (SIMO: Single-Input Multiple-Output system)
　　多输入单输出系统 (MISO: Multiple-Input Single-Output system)
　　多输入多输出系统 (MIMO: Multi-Input Multi-Output system)
　　非线性系统 (nonlinear system)
　　离散时间系统 (discrete-time system)

连续时间系统 (continuous-time system)
确定性系统 (deterministic system)
时变系统 (time-varying system)
时不变系统 (time-invariant system)
随机系统 (stochastic system)
线性时不变确定性系统 (linear time-invariant deterministic system)
线性时不变系统 (linear time-invariant system)
线性定常确定性系统 (linear time-invariant deterministic system)
线性定常系统 (linear time-invariant system)
线性确定性系统 (linear deterministic system)
线性系统 (linear system)
系统参数 (system parameter)
系统阶次 (system order)
系统结构 (system structure)
系统结构指数 (system structure index)
下三角阵 (strictly lower triangular matrix) = 下三角矩阵
线性参数空间 (linear parameter space)
线性回归模型 (linear regressive model or linear regression model)
线性组合 (linear combination)
相关函数 (correlation function)
互相关函数 (cross correlation function)
向量 (vector)
参数向量 (parameter vector)
观测噪声向量 (observation noise)
过程噪声向量 (process noise vector)
输出向量 (output vector)
输入向量 (input vector)
特征向量 (eigenvector)
信息向量 (information vector)
增益向量 (gain vector)
状态向量 (state vector)
协方差函数 (covariance function)
协方差阵上下界 (covariance matrix upper and lower bounds)
信息矩阵 (information matrix)
Fisher 信息矩阵 (Fisher information matrix)
堆积输出信息矩阵 (stacked output information matrix)
堆积输入信息矩阵 (stacked input information matrix)
输出向量协方差矩阵 (output vector covariance matrix)

输出信息矩阵 (output information matrix)
输入向量协方差矩阵 (input vector covariance matrix)
输入信息矩阵 (input information matrix)
信息向量 (information vector)
输出信息向量 (output information vector)
输入信息向量 (input information vector)
堆积输出信息向量 (stacked output information vector)
堆积输入信息向量 (stacked input information vector)
新息 (innovation)
多新息 (multi-innovation)
新息长度 (innovation length)
新息向量 (innovation vector)
性能分析 (performance analysis)

Y

Yule-Walker 估计 (Yule-Walker estimate)
雅可比迭代 (Jacobi iteration)
雅可比迭代方法 (Jacobi iterative method)
严格上三角阵 (strictly upper triangular matrix)
严格下三角阵 (strictly lower triangular matrix)
鞅差向量序列 (martingale difference vector sequence)
鞅差序列 (martingale difference sequence)
鞅超收敛定理 (MHCT: Martingale HyperConvergence Theorem)
鞅收敛定理 (MCT: Martingale Convergence Theorem)
一般收敛性 (general convergence)
一步超前卡尔曼状态估计算法 (one-step ahead Kalman state estimation algorithm)
一阶偏导数 (first-order partial derivative)
一致参数估计 (consistent parameter estimation)
依概率 1 (wp1: with probability one)
遗忘因子 (forgetting factor)
引理 (lemma)
Kronecker 引理 (Kronecker lemma)
Toeplitz 引理 (Toeplitz lemma)
极限级数引理 (limit-series lemma)
矩阵行列式引理 (matrix determinant lemma)
矩阵求逆引理 (matrix inversion lemma)
均值极限引理 (average value limit lemma)
凯莱 – 哈密尔顿引理 (Cayley-Hamilton lemma)

　　克罗内克尔引理 (Kronecker lemma)
　　块对角阵正定性引理 (block diagonal positive definite matrix lemma)
　　块矩阵分解引理 (block matrix decomposition lemma)
　　块矩阵行列式引理 (block matrix determinant lemma)
　　块矩阵求逆引理 (block matrix inversion lemma)
　　离散正实引理 (discrete positive real lemma)
　　奇异值位移引理 (singular value shift lemma)
　　三角块矩阵求逆引理 (block triangular matrix inversion lemma)
　　特征值位移引理 (eigenvalue shift lemma)
　　协方差阵上下界引理 (covariance matrix upper and lower bound lemma)
　　有限增益稳定引理 (finite gain stability lemma)
因子 (factor)
　　遗忘因子 (forgetting factor)
　　收敛因子 (convergence factor)
有界收敛性 (bounded convergence)
有限数据窗 (finite data window)
有限增益稳定引理 (finite gain stability lemma)

Z

Z 变换 (Z transform)
Z 变换对 (Z transform pair)
$z-s$ 变换 ($z-s$ transform)
在线算法 (online algorithm)
噪声 (noise)
　　不相关噪声 (uncorrelated noise)
　　不相关随机噪声 (uncorrelated random noise)
　　随机噪声 (random noise or stochastic noise)
　　相关噪声 (correlated noise)
　　有色噪声 (colored noise)
噪声模型 (noise model)
噪信比 (noise-to-signal ratio)
增益矩阵 (gain matrix)
增益向量 (gain vector)
真实输出 (true output)
正定矩阵 (positive definite matrix)
正交矩阵 (orthogonal matrix)
正态分布 (normal distribution)
正则方程 (normal equation)

指数 (index)
　　系统结构指数 (system structure index)
　　衰减指数 (attenuating index)
主模型 (main model)
转移矩阵 (transition matrix)
状态变量 (state variable)
状态估计 (state estimation)
状态估计算法 (state estimation algorithm)
状态估计误差 (state estimation error)
状态向量 (state vector)
准则函数 (criterion function)
　　二次准则函数 (quadratic criterion function)
　　加权准则函数 (weighted criterion function)
　　梯度准则函数 (gradient criterion function)
　　最小二乘准则函数 (least squars criterion function)
自适应滤波和预测 (adaptive filtering and prediction)
自适应控制 (adaptive control)
自适应信号处理 (adaptive signal processing)
子子模型 (SSM: Sub-SubModel)
最佳步长 (best step-size)
最速下降法 (steepest descent method)
最小二乘 (LS: Least Squares)
最小二乘辨识原理 (least squares identification principle)
最小二乘迭代算法 (LSI: Least Squares based Iterative algorithm)
最小二乘方法 (least squares method)
最小二乘格式 (least squares form)
最小二乘估计 (LSE: Least Squares Estimate)
最小二乘解 (least squares solution)
最小二乘算法 (least squares algorithm)
　　递推最小二乘算法 (RLS: Recursive Least Squares algorithm)
　　递推增广最小二乘算法 (RELS: Recursive Extended Least Squares algorithm)
　　递推广义最小二乘算法 (RGLS: Recursive Generalized Least Squares algorithm)
　　递推广义增广最小二乘算法
　　　　(RGELS: Recursive Generalized Extended Least Squares algorithm)
　　迭代最小二乘算法 (ILS: Iterative Least Squares algorithm)
　　广义最小二乘算法 (GLS: Generalized Least Squares algorithm)
　　广义增广最小二乘算法 (GELS: Generalized Extended Least Squares algorithm)
　　增广最小二乘算法 (ELS: Extended Least Squares algorithm)

最小二乘优化原理 (least squares optimization principle)
最小二乘原理 (least square principle)
最小二乘准则函数 (least squars criterion function)
最小相位系统 (minimum phase system)

索　引

后　记

在 1992 年与导师合作完成《自适应控制系统》后, 作者在清华大学继续从事系统辨识科研和教学工作, 就着手写作《辨识方法与性能分析》一书, 到 2002 年初基本完成, 正准备交由清华大学出版社时, 作者来到加拿大阿尔伯塔大学 (University of Alberta), 师从陈通文教授 (Professor Tongwen Chen) 作博士后和研究员三年多. 几年来, 学术上取得了飞跃, 一些重要研究成果陆续发表在控制界国际著名期刊上. 因此, 终止了 "辨识方法与性能分析" 一书的出版想法, 开始撰写一部大型百万字著作《系统辨识理论与方法》.

写这部大型著作的目的是想全面介绍一些经典辨识方法和近年发展起来的新型辨识方法, 以及一些典型系统辨识方法性能分析. 用了近十年时间,《系统辨识理论与方法》一书已初具轮毂. 正在那时, 应《南京信息工程大学学报》(自然科学版) 执行主编罗琦教授的特别邀请, 从 2011 年第 1 期到 2012 年第 3 期在该刊连载系统辨识科学论文 8 期, 部分内容取材于那部大型著作, 且写进了一些新的辨识方法. 随后出版了《南京信息工程大学学报》"系统辨识论文连载文集".

以 "系统辨识论文连载文集" 蓝本为基础, 并进行补充, 便形成了《系统辨识新论》一书. 顾名思义, 系统辨识新论主要讨论系统辨识的新思想、新理论、新原理、新概念与辨识新方法, 较少涉及辨识方法的收敛性能, 关于辨识方法的收敛性分析可参见作者即将出版的《系统辨识方法性能分析》一书.

在《系统辨识新论》一书即将出版之际, 作者要感谢中国工程院院士、浙江大学孙优贤教授为本书写序, 感谢青岛大学王冬青教授审阅本书和写序. 感谢加拿大维多利亚大学 (University of Victoria) Yang Shi 博士、上海大学张宪霞博士、哈尔滨工业大学深圳研究生院吴爱国博士、浙江大学刘兴高教授为本书提出的宝贵意见. 北京工商大学刘翠玲教授、内蒙古科技大学李爱莲副教授和张勇讲师、作者的博士研究生刘艳君、谢莉、李俊红、丁洁、韩丽丽、陈晶、李向丽、胡惠轶、顾亚、张华民、陈慧波等, 以及肖永松等 36 位硕士生为本书的出版付出了一定工作, 在此表示感谢.

本书的出版也得到江南大学物联网工程学院 (原通信与控制工程学院) 很多同事的支持和鼓励, 得到 "轻工过程先进控制教育部重点实验室"(江南大学)、"工业控制技术国家重点实验室" 开放课题 (浙江大学)、111 引智计划 (江南大学)、国家自然科学基金项目的资助, 本书的出版也得到作者家人的支持, 得到关心我的老师和同学的支持, 在此一一表示感谢.

最后, 向我的导师 —— 清华大学自动化系方崇智教授、谢新民教授, 以及我的老师和同事萧德云教授和杨家本教授表示感谢!

由于作者水平有限, 书中难免存在不当之处, 敬请读者批评指正.

下面以作者对科学的感受作为后记的结束语.

为科学进步、为国家发展、为人类幸福、为爱人所爱.

2004 年 04 月 15 日星期四

科学研究是一件很快乐的事.

2005 年 04 月 18 日星期一

科学是我最崇高的事业、一生的追求. 是您使我忘我、使我享受快乐和幸福.

2007 年 11 月 20 日星期二

长久和专注地对同一个问题的深入思考是科学发现的源泉.

2010 年 01 月 05 日星期二

世界的、中国的、江南大学的、丁锋的;

丁锋的、江南大学的、中国的、世界的.

2011 年 09 月 27 日星期二